韓國新聞

THE KOREA PRESS
1969～1974年度

THE KOREAN RESIDENTS UNION
IN JAPAN GENERAL HEAD OFFICE

在日本大韓民国居留民団中央機関紙

上

韓国新聞社 発行

発刊の辞

在日本大韓民国居留民団々員の指針として中央機関紙である韓国新聞は厳しい情勢と幾多の試錬を経ながら同胞の先陣に立ってその権益を護り続けて今日に至ったのも団員各位の限りない援護の賜であり、茲に深謝の意を惜しみません。

先に自由生活社の犠牲によって貴重な資料による劃期的な本紙縮刷初版を発刊して世に贈ったことは既にご承知のことと存じます。

この度第一輯に続いて第二輯の縮刷版を刊行して団員諸氏のもとに贈ることになりました。

これ偏へに韓国新聞を根気強く生み育てた組織先輩と同志諸兄姉の不断の努力の遺産に他なりません。

この様な貴重な遺産を受継ぎ、団是である反共の志操を貫き組織の強化と発展のために勇気と信念を発揮して悔なき中央会館建設をもって団史を飾ることこそ我等の二世、三世が民団組織に喜んで馳せ参ずる示唆となれば刊行者として本懐であります。

一九七四年八月十五日

在日本大韓民国居留民団
中央団長・韓国新聞社々長

尹　達　鏞

目次内容

一九七三年

一九七四年

東京韓国新聞

一九六九年

一九七一年

一九七三年〈創刊号〉

一九七四年

東海新報

一九六九年

一九七〇年

(1969)

韓國新聞社

韓國新聞

韓國新聞社
発行
東京都文京区春日町
2丁目120－13
定価 1カ月100円

綱領

一、われわれは大韓民国の国是を遵守する
一、われわれは在留同胞の権益擁護を期する
一、われわれは在留同胞の民生安定を期する
一、われわれは在留同胞の文化向上を期する
一、われわれは世界平和と国際親善を期する

論壇

「国軍の日」に想う

民団は政治に不介入

[illegible]

（鄭大栄）

【写真】李禧元中央本部団長[illegible]

実務者研修会

学び導く

[illegible]

【写真】[illegible]

意欲と探求心が旺盛

活動目標は永住権申請 万博招請事業促進

[illegible]

万博参観団招請 事業実務要綱

[illegible]

国民投票は10月15日から

本国政府・与党は改憲案に対する国民投票実施を協議の末、国民投票を十月十五日から二十日の間に実施する事に決めた。

水害同胞に愛の手を

南海岸に史上最大の集中豪雨

人命被害634・財産被害160億ウォン

[illegible]

【写真】60年目の大豪雨に襲われた釜山水害地

韓国ノリ20万束 万博で直売許可

[illegible]

万博招請人員増加を要請

李中央本部団長請願に帰国

[illegible]

韓国水害へ一万ドル

日本政府から見舞金贈る

日本政府は韓国南部を襲った水害にたいし一万ドルの見舞金を韓国政府に贈ることを決め、十八日駐日韓国大使館を通じて手渡した。

ソウルでペン・クラブ大会 [illegible]

[illegible]

落穂

[illegible]

国連総会で[illegible]

[illegible]

総合展示調査団 29日来韓

[illegible]

在日済州開発協会創立十周年記念懸賞論文募集

[illegible]

記

一、趣旨
[illegible]

一、題目
(1)郷土開発に関する綜合的な意見又は方策
(2)産業部門別
1、農業 2、畜産業 3、水産業 4、観光 5、抒情

一、応募資格 [illegible]

一、応募枚数 [illegible]

一、用紙 [illegible]

一、原稿締切 一九六九年十一月三十日（消印有効）

一、発表 一九七〇年二月本協会理事会[illegible]

一、選賞操作（各部門別）[illegible]

一、審査委員 [illegible]

一、提出先 [illegible]

一九六九年九月十五日

済州開発協会

空の護りに新鋭機

韓国空軍ファントム機を導入

空からの北傀侵入許すまじ
—新しく導入したファントム機の偉容—

国防力強化に新たな転機

韓国空軍の、宿願の的であった最新鋭全天候ジェット戦闘機、F4Dファントム機一個大隊〇〇台中、一回分として6台を29日導入し、国防力強化に新たな転機をもたらした。

ファントム機の導入は、去年の1・21事態とプエブロ号だ捕などひきつづく事態によって、韓半島の緊張が高まるや、ジョンソン米大統領が対韓追加軍援一億ドル支援を約束し、ついでサイラス・バンス特使を派韓、韓国政府当局者と具体的な内容を協議した。この時はじめて現役機のうち世界で最も優秀な戦闘爆撃機であるファントム機導入問題が提起されたもの、これは同じ四月18日「朴ージョンソン」ホノルル韓米頂上会談後、共同声明で公式に発表され、その後、二回にわたる韓米国防閣僚会談の共同声明でも再確認し、このたび実現にこぎつけたものである。

これによって、韓国空軍は戦闘機としてF5A(フリダム・ファイタ)、F86セイバー、F86Dファントム機などを保有することになった。

遊撃を兼ねる全天候爆撃機

全天候爆撃と遊撃を兼ねる多目的戦爆機であるファントムは北傀が保有している最新鋭戦闘機MIG21(時速2・0マッハ)より0・5マッハ速い時速二・五マッハである。

遊撃面で現在韓国空軍が保有しているF5Aが全天候でないため雨天や曇天には出撃が困る反面、ファントムは電子装置で盲目飛行のための自動航法・レーダー装置と高性能コンピューターが装置されているので曇天はもちろん夜間にも正確な爆弾投下が可能であり、MIG21よりも速度・中継航、性能・武装面すべての面で優れている。

重量は三〇屯

価格二百万ドル

ファントムは最大重量がF5Aの5倍をこえる約30トンの巨体で一台の価格は200万ドルである。各種機銃・誘導弾・ロケットで、MIG21の二倍乃至4倍の戦力を備えたファントムは爆弾搭載量が8トンでB29の2倍、F5Aの6倍にもなる。

戦闘行動半径が850ノーティカル・マイルでMIG21より340ノーティカルマイルが大きい。

離陸後の垂直上昇率が一分に3万ft、最高9万8千4百ftまで飛行可能な1万6千5百ポンドの多発ジェット・エンジンを持っている。

MIG21は、1万2千6百50ポンドの単発ジェット・エンジンである。

世界四番目のファントム国

米・英・イランに次いで世界で4番目にファントム保有国となった韓国は、すでに〇〇〇名の戦闘操縦士と整備士を米国に派遣して訓練を終え、ファントム機運営のための能力を整備し、装備も完備した。

米国の受援国の中では韓国が最初のファントム保有国となった。これには又韓国操縦士の実力が高く評価されたためでもある。

現在北傀が保有している航空機の機数は14機で約500台、このうち最新鋭戦闘機であるMIG21は、ソ連から供給されたもので30ミリ機関砲2門と対空ミサイル二門を装備している。わが空軍のF5Aは北傀のMIG19Cと性能が等しい程度である。アメリカが、このたび韓国へ、ファントム機を供給することによって、今後F5A、F86を新型F5−21戦闘機にかえていく増援計画は韓国空軍現代化の足場をととのえることになる。

これによって、わが空軍は一躍マッハ1からマッハ2に音速次元を高めるようになり空軍の生長過程に大きな転機をもたらし、敵のMIG21をあらゆる面で制圧することが出来るようになった。

空軍現代化の足場とならん

韓国空軍は今年のうちに、ファントム一個大隊全部を導入する予定である。しかし北傀が空軍力増強に注力してき、又北傀が戦争を挑発するばあい、短期奇襲戦の様相を呈することを軍事専門家は判断している。ここで勝敗の鍵は、どちらの空軍力がより優勢であるかにかかっているといえよう。ファントム一個大隊だけでなく、継続的な航空機導入が必要である。

空軍の基礎は軽飛二〇台が

わが空軍が、こんにちのマッハ2まで成長するには幾多の迂余曲節を経なければならなかった。

一九四九年四月十三日米軍からL4型連絡飛行機十台を引き受け、朝鮮警備隊として発足したのが空軍の端であった。

四八年十月十四日、再びL5十台を引き受けて、四九年十月一日初めて陸軍から分離され、空軍として独立したのである。

22台の飛行機で迎えた動乱

六・二五動乱直前の五〇年五月には、国民の献金でT6十台をカナダより導入、本格的訓練をするようになったが、軽飛行機わずか二十二台で動乱を迎えたのである。

その後七月二日、二〇世紀戦後のプロペラ機であるF51ムスタン戦闘機十台を引き受けたのが最初の戦闘機保有になる。

そして53年、休戦調印まで五千三回の敵の補給路遮断作戦と二千八百余回の空地協同作戦に出撃、陸軍の作戦に空での援護射撃を与えたのは今でも当時を思いうかばせるものがある。

躍進する空軍世界の隊列に

五五年C46導入を機に、F86Fセイバー戦爆機が迎えられ韓国空軍はジェット化して、主力はムスタンからセイバーに移りかわったのである。

六〇年十一月F86D戦爆機の導入によって全天候機をもつようになり、初めて夜間出撃ができるようになった。

韓国空軍が育現化したのは第二次世界大戦終戦後、二十年目で空軍が発足して十七年目である。六五年四月F5A戦爆機導入からはじまっている。それが今度のファントム機の引き受けで音速の次元が高められ、やっと音速面で世界の隊列に加わるようになった。

F4ファントム機は五八年米国のマクドナル・ダグラス社が開発して海軍艦載機として使われたが機能が意外にも優秀で武装・制動・燃料系統を改良、六五年に空軍の戦術機として使用された。空中だけでなく海面上で音速を突破したのはこれが世界最初であった。

新品種栽培状況

新種開発に成功

収穫高一気に倍増可能

わが国でも稲の収穫を倍増できる「奇蹟の米」栽培に成功したとの朗報が伝えられた。

農村振興庁によると去る六五年からフィリッピンの国際米作研究所とわが専門家達の活動による稲の新しい品種開発試験を進めてきたが、この度一反歩(三百坪)から平均六二四キロ(4・33石)の収穫があげられる新品種の栽培に成功したとのこと。

わが国在来品種の稲平均収穫高は一反歩当り、三一三キロからすると“短稈穂重型”と名付けられたこの新品種は九六%、すなわちほとんどその倍をあげうるとの事である。

比国から生れる

いわゆる「奇蹟の米」とはわかり易くいって単位面積当り、収穫高を一挙に大幅ひきあげ稲作の生産性に革命的な変化をもたらす品種をいう。比国が数年前このような新種の栽培に成功し「奇蹟の米」という名で広く世界に知られ、急増する人口に追いつけぬ食糧事情に大きな圧迫を受ける農業生産面にあって、稲作が主である東南アジア各国に大きな衝撃を与えていた。

フィリッピン自体の米生産増加もさる事ながら、東南アジア各国の稲作生産性をのばすためのたゆまない努力は、最近数年来、米需給面からみた東南アジアの版図をかえたのが実情である。

フィリッピンが「奇蹟の米」等に助けられ昨年より米の輸出国として登場したのは事実であるが、セイロンの生産好転、特に剰余米が年毎にふえ続けている日本の実例を見逃がすわけにはゆかない。

このうちにあって未だ大量の米を輸入せねばならぬとは、わが国をはじめとしてインドネシア、印度、パキスタン等、深くかえりみなくてはならないだろう。

転機来る

農村振興庁が、試験栽培に成功した新品種はフィリッピン、台湾、日本の三種を配合、開発したわが風土に適したものといわれており、味がやや落ちるのがきずだといわれるが、しかしぜいたくを列べるときではない。折角凱歌をあげた関係者達に望むところは尚一

層生産に努力して早く品種の改良を重ね、収穫量も増し、味もすぐれたよりよい品種開発へ努力し、そしてその普及に力を注ぎ、農事指導に全力を傾けてもらいたいものである。

今日進んでいる国、又その国の研究に組みしている国ほど農業生産性が高く後進国は貧困までも、これらより輸入して、先・後進の格差を一層開く最も大きな原因の一つをなしている厳然たる事実をわれわれはきもに銘じなければならない。言いかえれば、われわれが真に経済開発の成果を得るならば農業生産性を高め、先ず食糧を自給自足し、農産物の加工業、輸出をふやし、農家所得を増大させ、着実にして近代的な工業化の礎としての農村の体質強化を計らねばならない。

「奇蹟の米」出現か

短稈穂重型の新種発明

わが国稲作に一大革命

韓国版「奇蹟の米」の栽培成就は何よりも、稲農作の生産性を倍増出来る確かな見通しを得たものとしても適切な要因

三系統品種のうち、わが国の気候風土に最も適し、病虫害にもよく耐えることができ、収穫の時期(一年一作)であることを考慮するとき、国際米作研究所との技術提携は一年に四期作まで、可能であり四年でできる試験栽培を二年に縮めることができるという利点を生かすためのもので、毎年わが国の稲育種専門家を始めとする、土壌・生育など技術者をこの研究所に常駐させながら共同研究を重ねて来た。

この新稲品種育成過程では、前述の三品種のうち共通な多様性を最大に生かすために力点を置いた。

最初の「ユガラ」および「タイジュン・ネイチブ１」の交配では「ユガラ」の多様性と病気に強い遺伝因子と「タイジュン・ネイチブ１」の多様性および倒伏に強い因子だけを選ぶ方式の交配試験で、一代雑種(F1)を選抜・育成する過程で「ユガラ」の長稈をなくすことが、最も大きなポイントであったとこの研究チームの核心メンバーである農振庁水稲育種担当は語っている。

ネイチブ1」、また世界的に奇蹟を産む米として認められている、フィリッピンのIR8などの三種である。

豊かな穂を生かして

一つの稲の品種を育成するのには、最少九〜十五年の期間が必要し、地域適用試験まで経り一反歩から600kgを収穫することのできる品種が固定されたのである。

五年間に七代の雑種を選抜・育成することができたのは、フィリッピンでの世代短縮試験栽培に負うところが多かったためである。わが国でも去る6月末、6百坪規模の世代短縮実験を着手しはじめた。

できるかぎり丈を低く

従来、わが国の稲作が米作というより藁作に傾いた結果になったのは、稲品種自体の背丈が、平均一米内外の大きさであるため穂が実るまですべての営養分を伸びるためにだけ消耗し、稲粒の実りは失敗したという式の営農であったためであると分析されている。

この新品種は①稲稈にかかわらない特性があり肥料を受け入れる耐肥性も強く肥料を施すほど増収され②米が75cm内外で短かいため折れずの害分かれも在来種より50%も多く為に増収効果が大で一反歩で600kg以上収穫の可能な多収性品種であるためわが国の食糧問題を解決する鍵になりうるという点で明るい明日を約束している。

農村振興庁は、この稲品種の実用化のため一九七二年まで、地域別適用試験と種子増殖事業を並行し七三年には全体の面積の半分に当る58万町歩に、この品種を普及する計画である。

であるから、関係者の労を多とすし、新品種に固定させたのが、このたび新たに育てあげた短稈穂重型稲で、食糧増産に新紀元を画することになったのである。

日本の「ユガラ」は代表的な多収穫性品種で稲の背丈が平均90cmで耐肥力が強く台湾の「タイジュン・ネイチブ１」も、元来は日本系統品種を台湾の気候や土質にあうよう改良されたもので、倒伏しにくく、穂数が多いのが特徴であり台湾での奨励品種に指定されている。

フィリッピンの国際米作研究所が交配・育成したIR8の原種は、インディカ系統で、平均50cmの短い丈の多様性品種で一段歩当り七〇〇〜八〇〇kgを収穫することができる品種である。

この新品種を交配育成するまでには、農村振興庁作物試験場の崔鉉玉博士が率いる研究チームの根気強い努力と執念、そしてこの収穫をあげるまで協力した稲育種学界とフィリッピンの国際米作研究所(IRRI)の援助も大きかった。

短稈穂重型品種の元は、日本の「ユガラ」と台湾の「タイジュン

農村振興庁はこのような優秀な品種だけを選択し、65年から国際米作研究所との技術提携のもとで共同研究に着手、世代短縮温室がなかったわが国の研究上の欠陥を

北韓実態

反乱として罰するデモ

監視するのが職業同盟

無報酬労働の正体は？

北韓の労働法令の労働規律には“八時間労働”など、労働者のために規定が設けられているが、これらは空念仏となり、世界でも稀なほど過酷な強労働が課されている実情にある。

その原因はやはり、金日成の封建的な、千里馬運動ではじまった“責任業割当て制”の絶対性にあったといえる。結局、労働力は金日成の独裁政権確立に最大限に利用されながら今日に至っている。

労働者は賃金もなく(六〇年の労働者、事務員の平均賃金は七十三円、以後は発表されていない)衣・食・住の配給も、他の階層よりよくないが、デモなどはできない機構になっている(デモはすべて暴動、反乱と見なされ、厳罰に処される)。

北韓のあらゆる機関、工場などは職業同盟という機構があり、これは社会主義労働競争運動を遂行するもので労働者や事務員などの労働状態はいうまでもなく生活態度までも監視している。またこの機構は能率的に労働を推進するため、労働力の動員作業も綿密に行っている。

同様に、農業勤労者同盟が農業関係部門におかれており、また婦女子に対しては女性同盟、青年層に対しては青年同盟がある。

北韓には一九四六年七月二十四日に公布した“労働法令”というものがあるが、これは今日までただ一回の修正も加えられぬまま同法令にうたわれている労働規律は、過重労働を強いられることになり、以前より労働条件は悪くなった。

北韓労働法令第一条を見ると、“すべての国家・社会団体、消費組合および個人の企業所と事業機関の労働者や事務員に一日八時間の労働を制定する”とある。

この中に“個人の企業所”という一句があるが、これは労働法令が四六年に制定されたままのものであり、北韓には実際上、現在個人の企業所はない。

北韓は一九五八年八月を期してすべての個人商工業を撤廃、企業を国営として、つまり、あらゆる生産手段での個人所有を認めないことにして以来、北韓の住民は北韓労働党の雇用労働者に転落、一日平均十二時間から十六時間の過重労働を強いられることになり、以前より労働条件は悪くなった。

労働時間一日十六時間

なお、北韓の労働法は“八時間労働”を明示している以外に“時間外労働は一年に二百五十時間を越えてはならない”と規定しているにもかかわらず、北韓の労働者たちは千里馬運動をはじめ、多くの増産運動で驚くほどの長時間労働を余儀なくされた上、これらの時間外労働に対する報酬もずっと受けていないのである。

北韓はこうした時間外労働も一日の仕事と考えているため、別に報酬が出ないのはあたりまえだとしており、またこれは党が“時間外労働”を強いたのではなく、各種団体が自発的に決行して行っている“愛国労働”だと説明している。

十六時間労働の過酷さ

愛国という名の無報酬労働

北韓の労働条件

労働者と農民と事務員

つぎに北韓の労働者、農民、事務員、漁夫、婦女子、学生たちの労働実体をのぞいて見よう。

▽労働者＝一日に十二時間ないし十五時間の労働をしており、労働日数は年間二百三十日以上、女子は百八十日以上と決められており、労務者が、もし午後をすると思想的批判の対象となり、“たるんでいる”“精神がなっていない”“反動”“逆者”など判定されその果てには炭鉱労働現場につれて行かれ

何かの事情でこの日数に充たないと、配給物資の減量という処罰を受ける。一年三百六十五日のうち、二百三十日の労働日を除くと冬季前後の農閑期しか残らないが、この農閑期は別の副業が課されており、たとえば山間地帯などでは、“虎狩り年間計画”などで虎を狩ったり、その他の狩猟、伐採、鉱山の手不足などにかり出されている。

▽農民＝一日に十四時間ないし十六時間の労働。夜明けの星がまだ消えぬうちに仕事に出て夜空に星が見える時間まで働くが、この長時間酷使はいわゆる“星見の運動”と称されて愛国的運動の一つとなっている。農業男子の労働日数は年間二百三十日以上、女子は

▽事務員＝一日に十二時間ないし十五時間労働。事務員には“午後に二時間が与えられる”ことになっているが、これは高級幹部に上回る実情にある。“午睡時間”を与えるための口実で実際上一般事務員で午睡の時間を取る者は一人もいない。一般事

女と漁夫に無理な労働

▽漁夫＝年間に課されている出漁日数は、三百日以上となっている。一年のうち、この“三百日以上”の出漁日を除くと五十日ないし六十日しか残らないが、北韓海域は風波がひどいので出漁できない日数は五十〜六十日をはるかに上回る実情にある。こうした自然現象があるにもかかわらず、三百日以上と規定していることは明らかに過重で北韓漁夫たちは風波に生死をかけて働いていることになるが、“不満”の意思表示はできない、というよりあり得ない状態になっている。

出漁日数が“三百日”を下回ると責任を追及される。

▽婦女子＝北韓労働法第十四条を見ると、“労働婦女子および女事務員が妊娠しているとき、解産前三十五日と解産後四十二日間は休暇を与えることができる”となっているが、実際上、婦女子たちは出産前後に一週間くらいの休暇しか受けていない。もし二週間程度の休暇が与えられるとすればそれは特権層に属する婦女子である。

なお、婦女子の労働時間は、炭鉱のような重労働の職場ででも男子と全く同じである。

義務労働は学生までも

▽学生＝学生にもすべて公式義務労働時間が課せられており、大学生が年十週間、高等技術学校の学生が八週間ないし十週間、中学生が四十日間、義務として労働に服することになっている。しかしこれはあくまでも最低限の公式義務労働日数であって、いわゆる自発的愛国労働の日数を加えると労働日数はずっとふえ、実際の労働日数はかなりのものにのぼっている。そこで大学生は道路工事、建設工事など二つの工事を受けもって継続して作業することが多い。

また、人民学校(小学校)の児童たちまでも“水汲(く)み、薪(たきぎ)集め、兎の飼育”などで労働力として動員される。

北韓労働法第十一条は公休日を決め“一月一日、三月一日、五月一日、八月十五日、十二月三十一日を名節(公休日)に規定し、一般休息日は日曜日と定めるとうたい、これらの日は労働を休むことに決定しているにもかかわらず北韓では日曜日を“休日”と思う人もいないくらい日曜日でも名種の労働が課せられている。土曜日の半ドン制も決められているが、実施されていない。

規準量のため休日なし

なお、北韓労働法第十二条では①全労働者にたいし年間二週間の定期休暇を与える。②十六歳未満の少年には一カ月間の休暇を与える。③有害な険労働場の労働者には二週間の追加休暇を与えるなどと規定しているが、いずれも、実施されておらず、現在実際に行なわれている休暇または休養日は模範労働者の名誉、あるいは英雄称号を受けた労働者や事務員に限られている。

×

北韓は以上述べたように全労働者にたいして“労働規準量”という名の責任量を決め、これを達成する制度を実施しており、明らかに過重労働を強要しているが、その報酬は驚くほどの低賃金で、労賃制度の規定も、掲げられたものと実際とではかなり違っている。

(SISA)

1億5千万円の募金運動決定

50万ドルを日本で募金

活動方針を協議

万博後援会活動開始

25日には大阪で拡大会議

(李熙健会長)

2千8百万ドル

大阪　夏季幹部講習会

目的意識確立へ討議活発

610名が参加

国慶日参観団30日に出発

埼玉本部も

跆拳道普及に本腰

韓国の水害民に誠金おくる

朝鮮奨学会事件に新事実

公判に新局面展開

"(鮫在範)まぼろしの証人"証言台へ

ニセの譲渡書作成

大阪の旅館で韓に頼まれ

9月25日は秋夕……母国の冬はかけ足でやってくる

「虹のかけ橋」画家

韓国風景を水彩で描く

横田画伯の作品　昌徳宮

送還はいつの日か

厚生省倉庫に2000余体

太平洋戦争韓国人犠牲者遺骨奉還会　日本の措置非難

声明書(要旨)

崔順震氏帰国

YMCAで韓国料理講習会開催

尋ね人

長生きして下さい

「敬老の日」各地で多彩な催し

東京韓国学校 28日に運動会

角力・ブランコ競技

静岡県地方本部特集版 第二集

70名が母国訪問へ
各支部事務部長の費用一切は本部が負担

組織の整備と強化を期し、本部団長はじめ各支部の団長や役員たちの団員が一致団結している静岡県地方本部の躍進ぶりは、本紙の前号において「大きく前進する静岡県地方本部の光復節特集」としてこれを全国に紹介したところであるが、さらに同本部では来る十月一日の「国軍の日」の祝典に参加すべく約七〇名ちかくの団員が大挙母国を訪問することになった。

本部管内団員数が他地方に比べ少数であるにも拘らず、このように多数の団員が一挙に母国訪問をすることだけでも注目に値する壮挙であるのに、それ以上に中央を感嘆させているのは、同本部団長と各支部団長が一元化に向って積極的な[illegible]祖国をこの目で見ようと呼びかけたところ、日本で一度も帰国したことのない初めての団員が応じたところにある。

またこの約七〇名の訪問者たちの中に、各支部の事務部長全員が参加していることも意義あることとであるが、ここに注目すべきは組織活動の第一線で黙々として縁の下の力もち的活動に従事しているこの各支部事務部長たちに、是非祖国の現況を見せるために、各支部団長と本部団長が協力しあって、経費一切を共同で負担し、事務部長たちは文字通り「無償」で母国訪問をすることになったことである。

いままで、毎年全国各地から、数多くの母国訪問団が往復しているが、生活に恵まれない末端組織の第一線で実務業務に携わっている支部事務部長たちの経費を団長たちが負担しあって母国を訪問させたところは他にその例を見ない。

この「組織美談」とも呼ぶべき快挙に対し、静岡県下の団員たちは、今さらのように組織指導者たちへの尊敬と信頼の情をかき立てられ、この心情はさらに進んで「組織強化」へと燃えてゆくのである。

このような団長たちの温い配慮と、一般団員たちの力強い激励の声に送られて祖国を訪問して帰った事務部長たちの活躍こそは期して待つべきものがある筈である。この静岡県地方本部も管下各支部の壮挙を祝福する意味において本紙はここに「静岡県地方本部特集」の第二集を編集する次第であるが、願わくはこの特集記事にある静岡県地方本部の壮挙が、深刻と混乱により民団本来の主体性を喪失し、現在の状態から脱皮しえない一部地方組織に対しその反省を促求するよき前例となることである（編集局）

実に有意義な快挙
静岡県地方本部 議長 趙成沢

さきにわが静岡県地方本部が挙行した「第二十四回光復節記念祝典行事」の大成功と、今回の母国訪問団の壮挙に対し心から万歳を叫び拍手をおくるものであります。

[illegible]

指導者の使命を痛感
静岡県地方本部監察委員長 李錫範

[illegible]

祖国の正しい姿を見よ
東部支部団長 金済厚

[illegible]

全国に披露したい気持
清水支部団長 金海甲

[illegible]

愛団・愛族の精神で
静岡支部団長 徐正洙

[illegible]

団結を原動力に
[illegible]団長 車鍾勲

[illegible]

創団以来の大行事
[illegible]団長 洪禹範

[illegible]

この成果を学院設立へ
[illegible] 卓又千[illegible]

[illegible]

胸うたれるおもい
[illegible]婦人会県本部会長 趙宋任

[illegible]

文 化

「脆弱地区」に光明を
僻地農漁村へ学生奉仕団

驚異的な発展をつづけている韓国の近代化のかげに、一部僻地の農漁村が旧態依然とした後進性から脱皮できずにいる実情を開発するため、本国の若い学徒たちはいま「学生農漁村開発奉仕団」を結成して、全国的な奉仕活動をくりひろげている。

[illegible]国の一部農漁村は、後進性を払拭できず、あらゆる面で近代化のおくれが指摘されている。

このような地域を本国では『脆弱地区』と呼んでいるが、全国各地の大学生たちは、この『脆弱地区』を開発するために、すすんで奉仕団を結成し、去る五月一日を期して全国的な奉仕活動を展開している。

このような学生たちの奉仕活動に対し、国内の団体や有志家からの支援申込みも多数あるが、特に[illegible]では、全面的な協力と援助を約束して、かれら学生奉仕団の士気を大いに鼓舞した。

奉仕団の当面のおもな活動は、まず、疲弊している農漁村の衛生環境の改善と、保健指導に重点をおき、医師免状をもつ指導教授を先頭にして各地を巡回しながら、農漁村民の診察と施薬をするとともに、環境の衛生指導に奉仕している。

この学生奉仕団の活動に対し農漁村民たちは心から感謝し、いまや各地では奉仕団の巡回を待っているほどであるが、この輝かしい学生奉仕団の活動の裏面には、かれら学生たちの活動指導に老躯をかえりみず精力的な活躍をしている団長任永信博士（中央大学総長）と、事務局長李[illegible]氏の力が大きく貢献している。

任博士は、現在韓国教育連合会長であり、李氏は、かって韓国学生運動のすぐれた指導者という異色の経歴の持主でもある。

（写真＝農村での医療奉仕活動光景、円内は任永信博士）

お知らせ

このたび本紙では、地方在住団員の慰安と、わが国の古典歌舞の紹介を兼ね、目下中央本部で推進中の永住権申請促進啓蒙運動の一環として「歌舞芸術団」を招聘し地方巡演をすることになりました。

なお同芸術団一行には、伝統あるわが国の古典舞踊と国楽のほかに、若い世代のために有名歌手たちの歌謡曲も用意してあります。

地方公演の際には物心両面の御協力と支援を衷心からお願い申上げます。

各地方公演の日程は、一行が来日次第、紙上でもって通知致します。

韓国歌舞芸術団名単

団長
国楽

全金韓係文爲金韓黄宋崔車黄白韓慎楊黄金
成圭貞秋順明貞美正錦喜銀一恵璟伝美恩
黄享式順蘭任淑姫淑淑実淑真善英蘭淑和善

国楽　　　　　　　　歌手
朴金李宋韓李咸金朴元韓李金李李尹呉趙李
京秀承聖恵恵明貞福熙明姫潤玉妫錫基東殷
淑絹礼喜善鈴求九信玉姫淑姫于祐斗澤光官

一九六九年九月二十五日
韓国新聞社

韓國新聞

発行所
発行人　鄭烔和
東京都文京区春日町2丁目20−13
編集 (815) 1451〜3
業務 (812) 0673
定価 1カ月100円
振替口座東京 34988番

綱　領

一、われわれは大韓民国の国是を遵守する
一、われわれは在留同胞の権益擁護を期する
一、われわれは在留同胞の民生安定を期する
一、われわれは在留同胞の文化向上を期する
一、われわれは世界平和と国際親善を期する

三軍の守り強く　防共戦線に異状なし

祖国の栄光荷い凛々しいパレード

歴戦連勝の輝かしい伝統　崇高な殉国精神が基盤

部隊旗の威容　1日「国軍の日」記念式典に於いて1万余名の陸・海・空軍・海兵隊と郷土予備隊が250個の部隊旗を先頭に歩武堂々査閲台前を行進中

威風堂々、歓呼のるつぼ

在日韓国人代表六百十名も参観

女軍訓練所に一日入隊
在日大韓婦人会一行

ソウル人口4百80万

1年間に40万が転入

韓・日民間漁業会談　今月末ソウルで

朴正煕大統領諭旨

＝試練と苦難を肝に銘じ＝

第十五回 定期中央委員会　十月17・18日 日傷会館で

万博招請希望者　定員二倍突破　本国交渉に期待

宋贊鎬総領事を先頭に　永住権申請促進運動展開　北海道本部支団長会議

論壇

われらは実践運動に踏みだそう　＝北海道地方本部に見習いを＝

われわれの民団は如何にあるべきかについて、論議が十年一日の如く繰り返され、甲論乙駁の状態を今日なお続けている。

しかし、これらの論議が無意味であり、無価値のものであるかというと、決してそうではない。その論議が争い交されるなかで進歩されつつあるものを、われわれ自体が摂取することに努めれば論議は論議としての価値が存在することになるのである。

これらの、論議は民団の強化と前進性を見出すための論議であることには何人も疑う余地のないものであるが、俗にいう"机上の空論"に落ちないように論争がなされなければならない。ただ、如何なる崇高な論理を説いても、その論が無駄化され、また弱化される価値ある論議でなければ、それ自体が無意味なものであると云わねばならない。

[illegible]

水害同胞に愛の手を

落穂

韓日親善芸術団公演

檀紀4302年　全国で開天節祝賀式

予備軍に共用火器　韓・米原則合意

公　告

本団規約第三章第一節第十八条により左の通り第十五回定期中央委員会を召集する。（但し規約上の会期は九月であるが今回に限り執行部の已むを得ざる事情による要請に依り十月に開催することになったものである）

記

一、日時　一九六九年十月十七日午前十時から十八日迄（二日間）
二、場所　日傷会館　東京都新宿区市谷本村町四二、電話二六九－八一五一
三、会議事項
Ⅰ　各分科委員会構成
（1）常任委員会（2）特別委員会
Ⅱ　報告受理（1）三機関経過報告（2）特別委員会経過報告（3）本国政府と民団強化対策会議の報告
Ⅲ　議題　第1号議案　規約に関する条団的討議の件
第2号議案　規約に対する既制定規定の再検討及び未制定規定の起草に関する件
第3号議案　代議員中央委員認定の基準と認定数の全面的検討に関する件
第4号議案　韓日法相会談以後に於ける永住権申請促進及待遇問題に関する件
第5号議案　万博招請事業に関する件
Ⅳ　委員提出議案
Ⅴ　請願案件の処理
Ⅵ　其他

一九六九年　九月十一日
在日本大韓民国居留民団中央本部
議長　朴　根　世

在日済州開発協会創立十周年記念懸賞論文募集

記

一、趣旨
一、題目
一、発表

済州開発協会

北韓実態

小学生のように点数で
お手洗へ行くヒマさえない
北韓の労働条件

小学生のように

"どこ変われば品変わる"のである。北韓政権が産業部門での各生産をあげるために最も用いる働かせている面をのぞくと、働く者に対するさまざまの"運動"が目につく。いわく、"早取り運動" "シャベル千回運動" "水の溜めっこ運動" "腰のばし無しの運動"等々。有名な"千里馬運動"しか知らぬ多くの局外の人びとは、その千里馬運動の下に隠つもの、尻を叩かれるきびしい運動があったことに、今さらのように驚くのだが、それらはすべて人民を小学生のように、否それ以下に扱いながら、ただ働かせようとするものがある意味で、陥たんたるものである。

北韓の工場・企業所では生産をあげるために、さまざまの名の運動を繰り広げている。（すべて"運動"と名づけて労働者を督励しているようである）

紡織工場女工は味噌汁を飲むな

腰には赤い袋を

古い機械の故障が精神の負担

目標達成出来ねば

仕方ない粗製乱造

数々の運動は農村でも

休憩時間にも草刈り

（SISA）

オープン間近い朝鮮ホテル

韓国の輝かしい成功

金　定　煥

未来への時代開かる
挫折した赤化統一工作

武装グリラ浸透は失敗

軍事挑発は韓国に有利

経済力で北を引き離す

近代化への前進を急ぐ

伸びる首都休戦線まで

東洋のマンハッタンに

統計で見る韓国の変貌

京釜高速道路来春完成

80年代には大型経済国

韓国の繁栄を象徴する蔚山工業団地

わが家のしあわせ永住権から

一日もはやく　わたくしたちの この國に住む権利を取得しよう

韓日協定の、法的地位協定できめられた在日韓国人の永住権許可申請期間も、あと残すところ1年3カ月となりました。

民団では在日政府公館と協力して、期間内に全同胞が申請を完了するよう大規模な指導啓発運動を展開しており、本年を「永住権申請の年」としております。在日韓国人が1日もはやく安定した生活をおくるために、未申請の人が1人もいなくなるよう、お互いに勧誘に努力しあいましょう。

協定永住権を取得することにより在日同胞は

1、まず、今までの暫定的であった地位から大きく前進し、権利でもって日本に永住することができます。

2、したがって、協定永住権を取得していない人たちや、一般外国人とちがい、協定永住権をもっている人は、ほとんどの場合に、退去を強制されることがありません。

三、また、海外旅行に必要な再入国許可においても制限がないだけでなく、ひとつの家族が離散して住むことがないよう、人道的な配慮を受けることになっているとともに、

四、子女の教育問題でも、日本の公立小・中学校への入学が認められ、また上級学校への進学にもその入学資格が認定されております。

五、生活保護の必要な人に対しても、従前どおりの生活保護が受けられるようになっており、国民健康保険に加入することができます。

六、外国人の財産取得に関する政令の適用をうける一般外国人とは違い、主務大臣の認可を得なくても土地・建物等の財産取得が可能です。

七、日本から永住帰国をする場合には、自己財産の本国搬入または送金が、協定によって保障されております。

在日同胞の皆さんには、さる8月19・20の両日間に開かれた韓日法相会議の結果として、皆さんが安心して永住権を申請できるような措置がとられてありますから、一日もはやく永住権を申請するようお知らせする次第であります。もし皆さんの中で、永住権申請に関しての疑問や質問がありましたら、もよりの民団本部や支部分団事務所か、または駐日大使館の「領事課」、あるいは、永住権申請案内所」と、各地にあるわが国の各級領事館に、直接来訪するか書信でお問合せ下さい。皆さんの期待に副うよう努力すべく準備し待機しております。

なお、皆さんの親戚はもとより知りあいのかたがたにも、以上の事実を周知徹底させて今年中に、永住権申請の該当者は一人も欠けることなく、申請を完了するよう御協力下さい。

日本相撲界に韓国ブーム

写真＝左から南海山、二子山親方、高麗山

徐・金両君大活躍
順調な成績に親方(二子山)も大満足

南海山(金君) 序ノ口で優勝

日本の国技といわれている相撲に多少とも関心のある人なら、千秋楽の翌朝の新聞に載っている番付順の場所成績表にたいていは目を通すものである。

今年の秋場所もさる九月二十八日に千秋楽を打ちあげ、大関玉乃島が優勝を飾り翌二十九日の新聞には例によって番付け順に取り表(成績表)が掲載され、序二段、序ノ口などの優勝力士の名前も発表したが、その順位の最下位ともいうべき「序ノ口」の優勝力士は南海山で成績は六勝一敗であり、その南海山の出身地が"韓国"となっていた。この南海山と呼ばれる"おすもうさん"はその記事のとおりまさしく韓国人なのである。それもわずか数ヶ月に日本で相撲修業をするために渡って来た十九歳の青年なのである。

この南海山のほかにも日本の相撲界にはもう一人の韓国人"おすもうさん"がいるがそれは南海山が修業中の二子山部屋の兄弟子である高麗山がその人であり、この高麗山の今場所の成績もやはり六勝一敗で二子山親方(もと横綱若乃花)が南海山とともにその将来をショク望している新人である。

金イルがスカウト

この二人が日本の相撲界に入門したいきさつは、昨秋韓国旅行に出かけた二子山親方が釜山で高麗山(本名徐[illegible]、二十一歳)を見つけて、その立派な体格と[illegible]力がすっかり気にいりこれをスカウトしたのが縁となって"おすもう高麗山"が出現したのであるが南海山の場合は、現在日本のプロレス界で活躍している韓国人レスラー金イル氏(大木金太郎)が慶南の韓国相撲界で有望な新人であった南海山(本名金成実、十九歳)をスカウトして二子山親方に紹介したもの。

二人ともそろって慶尚南道の出身であるが、高麗山は金海郡金海邑、南海山は南海郡南海邑がそれぞれの生れ故郷である。

現在、日本の相撲界にはハワイ出身の高見山という異色の外人力士が幕内の上位に活躍中で、その人気も大へんなものがあるが、韓国人である二人の将来性はどうであろうか。これについて二人を手とり足とり指導している二子山親方は、

「二人ともいまのところ順調に成長しているが、高麗山などはあまりにも順調過ぎるので心配なぐらいだ。あいつは今年の一月[illegible]この場所までずーっと[illegible]のいい星を残しているから幕下まではあとひと息だし、南海山もあの長身と腕力は全く抜群で、とくに腕力は強くほどだ。二人ともケイコ熱心だから将来性は十分にある。一日もはやく十両になった二人をつれて金浦の空港に降りたい」

と語っているほどであるから、いまに韓国出身の関取が出現して最近は鈍屈を云々されている日本の相撲界に新風をおくりこむかも知れない。

二子山部屋における二人の韓国出身力士が好調に勝ち星をあげ、その将来が有望されているのをみた他の各部屋でも、韓国から新人発掘を計画する親方がふえ、すでにある部屋では親方の学校時代の韓国人先輩に依頼して二人をスカウトに乗り出しており、日本の相撲界にはこのところちょっとした韓国ブームといった観がある。そのうち十両以上に韓国旋風が吹く可能性も十分。

このように韓国ブームのきっかけとなり、二子山親方と相撲界から大いに期待されている二人にも悩みはある。まず言葉と風習のまるで違う日本に来たその日から二人を悩ましているのが「さびしさ」であるが、これはかりは親方でもどうにもならないらしい。

涼風に"コレラ"退散
長官陣頭指揮の防疫対策

コレラ発生・死亡の現況

発生30日で新患激減
10月10日までに完全撲滅か

気温低下も防疫に一役

万博後援会大阪で運営会議開催

具体的決定持越す
次回拡大会議、20日東京で

聾唖施設に寄附
本国遠征の在日ゴルファー
団長に河仁種氏

韓日古代文化講習会
黄寿永氏招き親和会で

東京韓国学校秋季大運動会

ソウル天安間高速道路開通

計数管理確立を
"勘"に頼る事業計画捨てよ

在日韓国人公認会計士　尹達鏞

人と発言

群舞紅鶴百羽
日本から昌慶苑へ

身も心も晴れやか
朝総連生野地区の韓籍　金萬守氏民団へ

文化

アジアの文化交流推進のための韓日両国青年学生の果たす役割について

アジアの長所を理解し 共通な知性磨く努力を

池坊短大教授　三崎義泉

真の文化交流を

興味と好奇心の追求排せよ

日韓両国の間だけに限らず、アジアの諸国、諸民族がその文化を交流させるということは、そもそも何のためなのでしょうか。もしその点が明確でなかったら、国々の文化の交流とは、互いにそれぞれの国の社会情勢を見たり、過去からの有名な遺蹟や遺産を知りあったりするだけの、観光旅行をさかんにするだけのこととなります。Sight seeing、そこでは、われわれの前にはさまざまなScene spectacleが出現いたしますが、われわれは常にそれを、一定の距離を置いて対象的に眺めるだけであり、……

急がれる文化向上の問題発見

西洋的行きづまり打開して

万物の真実の姿は

真の風雪草木の意味

統一問題の与論調査

ソウル大行政調査院が実施

ソウル大学行政大学院行政調査研究所は、統一問題に関する全国的な世論調査を、国土統一院の後援で実施することになり、去る二十日からすでに予備調査に着手している。

「統一問題」を単一テーマにする全国的な規模の世論調査は、これが初めてであり、この調査の主目的は大韓民国内の統一問題に関する意識を把握して、国民世論先導のための資料収集にあるものとみられている。

調査対象を①都市―農村(人口比)②年令(25歳以下、解放と6・25を経験した学生―青年層、35歳以下、45歳以下46歳以上)③教育程度(小卒以下、中・高卒、専門―大学卒以上)……

ワールド・カップ・サッカー10日から

今年は強い、韓国チーム

二年前の雪辱期す

スポーツ

東映チーム訪韓

張・白選手らの活躍期待

金基洙選手引退

新江藤降しチャンピオンに

産業銀行全勝優勝

三国招請親善籠球大会で

総合成績

一位 産銀(韓国) 8戦…勝
二位 企銀(〃) 六勝二敗

わが国人口3100万

経済活動人口千万突破

尹伊桑氏に栄誉

秋は収穫の季節……運動会のシーズンでもある。田野に豊作のよろこびと、祈りをこめた農楽がひびき渡れば、学校では運動会の鼓笛が秋空にとよめく。今日ばかりは野良仕事のつらさも、宿題のくるしさも忘れて、踊り……舞い そして笑う。

韓國新聞
発行所
発行人 鄭煥和
東京都文京区春日町2丁目20−13
編集 (815) 1451〜3
業務 (812) 0673
定価 1カ月100円
振替口座東京 34988番

綱領
一、われわれは大韓民国の国是を遵守する
一、われわれは在留同胞の権益擁護を期する
一、われわれは在留同胞の民生安定を期する
一、われわれは在留同胞の文化向上を期する
一、われわれは世界平和と国際親善を期する

"賢明な判断、公正な管理を"

朴大統領国民投票を控え全国放送

70年代の繁栄期し もう一度十字架を 国民の理解と支持訴う

朴正煕大統領は、10日午前青瓦台大接見室にて、全国テレビラジオ放送網を通じて演説、「誰でも」一回以上大統領に重任する事ができない現行憲法をなおして三回までの連任を可能にするか、否かを問う国民投票であり、同時に現政府に対する信任投票である」と、今度の「10・17」国民投票の性格を規定し、「政府は公正な投票管理に最善を尽すべきであり、穏かならに法と秩序を維持しながら公正な雰囲気のもとでなされるよう全国民の協力」を訴えた。

信任で安定寄与 不正投票阻止

永久執権ではない

北傀武装スパイ侵入

駐韓米軍の削減計画は当分ない

主権・官権の対決

東京で韓日民間漁業協議会

南江ダム完工

万博招請増員に曙光 政府、請願事項に全面合意 李禧元中央団長帰任談

紙面の充実と機構の整備強化 日刊化推進に全力傾注

落穂

国民投票実施に際しての 特別談話文

一九六九年十月十日

大統領 朴正煕

成長戦略からみた韓国経済

国内資源利用度高め　合理化基礎に質的改善を

◇出席者
▲趙東弼(高大教授・経済学博士)
▲李昌烈(高大教授・経済学博士)
▲南悳祐(西江大教授・経済学博士)
司会　金定台(韓国日報経済部長)
日時　十月七日

▲司会　皆さんをお招きし、韓国経済発展の足跡をたどりながら中進国に突入している飛躍的な発展を成しとげた動因と、これからの持続的な高度成長をとげる上に要請される所見を伺いたいと思います。60年代にわが国の経済は、実に刮目するに値するもので、全国民たちに、大統領閣下の祖国近代化に対する強力な意志が、自立経済を成就させることができるという自信をもたせ、われわれの歴史を偉大な前進の段階へとおきかえたのであります。

になり輸出は無慮14倍となり、今年の目標7億ドル達成も無難な見通しです。

そして雇用も著しく増大して68年度の失業率は63年の8・1%から5・1%に減ってきています。

一方このような高度成長をバック

経済学者たちの70年代展望

ビルが林立するソウル市街

経済開発計画の成功は何か

哲学的基礎は強力な指導力

外資依存より国内資源開発

70年代は中進国に突入する

能率低下誘う保護政策止揚

受援態勢の整備強化を

市場開拓急ぎ合理化追求を

自給自足経済の確立　世界に誇る伸張ぶり

北韓実態

冷酷なほどきびしい監視政治

拡がりつつある反独裁反共運動

北傀政権維持する「階級制」社会構造

機械から米は出ぬ重工業優先に反撥

反抗運動が熾烈　中央集権と監視で維持

保安署襲撃する新義州学生たち

反金日成運動は数えきれぬほど

底知れず根深い自由韓国支持運動

歩く寄る大手商社

韓国に大型プロジェクトを

日本からの輸出代金が入金

日本向けノリ

釜山に外資合弁工場

一韓国工作機械一　成人に竣工成る

生産指数二四五%

ソウル大卒業生　89・2%が就職

本国論調

主権者の衿持と信任投票
―激しく揺れる政局を警戒―


われわれは新民党側がそのように非理性的な決戦略策で窮余の名において糾弾されなくてはならないであろう。

(ソウル新聞社説)

わが家のしあわせ永住権から

あらゆる権利が保障されます はやく申請しましょう

韓日協定の、法的地位協定できめられた在日韓国人の永住権許可申請期間も、あと残すところ1年3カ月となりました。

民団では在日政府公館と協力して、期間内に全同胞が申請を完了するよう大規模な指導啓発運動を計画しており、本年を「永住権申請の年」としております。在日韓国人が1日もはやく安定した生活をおくるために、未申請の人が1人もいなくなるよう、お互いに勧誘に努力しあいましょう。

協定永住権を取得することにより在日同胞は

1、まず、今までの暫定的であった地位から大きく前進し、権利でもって日本に永住することができます。

2、したがって、協定永住権を取得していない人たちや一般外国人とちがい、協定永住権をもっている人は、ほとんどの場合に、退去を強制されることがありません。

三、また、海外旅行に必要な再入国許可においても制限がないだけでなく、ひとつの家族が離散して住むことがないよう、人道的な配慮を受けることになっているとともに、

四、子女の教育問題でも、日本の公立小・中学校への入学が認められ、また上級学校への進学にもその入学資格が認定されております。

五、生活保護の必要な人に対しても、従前どおりの生活保護が受けられるようになっており、国民健康保険に加入することができます。

六、外国人の財産取得に関する政令の適用をうける一般外国人とは違い、主務大臣の認可を得なくても土地・建物等の財産取得が可能です。

七、日本から永住帰国をする場合には、自己財産の本国搬入または送金が、協定によって保障されております。

在日同胞の皆さんには、さる8月19・20の両日間に開かれた韓日両国法相会議の結果として、皆さんが安心して永住権を申請できるような措置がとられておりますから、一日もはやく永住権を申請するようお知らせする次第であります。もし皆さんの中で、永住権申請に関しての疑問や質問がありましたら、もよりの民団本部や支部分団事務所か、または駐日大使館の「第一領事課、あるいは、永住権申請案内室」と、各地にあるわが国の各級領事館に、直接来訪するか、書信でお問い合わせ下さい。皆さんの期待にそうよう努力すべく準備し待機しております。

なお、皆さんの親戚はもとより、知りあいの方たちにも、以上の事実を周知徹底させて、今年中に永住権申請の該当者は一人も欠けることなく、申請を完了するようご協力下さい。

在日韓国人慰問に 民俗舞踊団再び来日

10月21日から20日間 全国十都市を巡回公演

政府では、今年も在日韓国人を慰問するために、慰問民俗舞踊団を派遣することになった。

一行は来る十月二十日に福岡板付空港に到着し、二十一日から十一月九日までの二十日間にわたり、全国各地（東京など十都市）を巡回公演することになっている。

慰問団の正式名称は「在日同胞慰問韓国民俗舞踊団」で、公演には駐日公報館の洪[illegible]館長が団長となって、一行と行動をともにすることになっている。

この一行は、さきのメキシコオリンピック開催当時、韓国を代表して「世界民族芸術フェスティバル」に参加し、絶讃をあびた芸術団で、帰途には日本にたちより、東京と大阪で公演、大歓迎をうけたこともある。一行は総員三十名。

慰問団公演日程

十月二十日 福岡着
〃二十一日 北九州市小倉体育館で公演
〃二十二日 広島市で公演
〃二十四日 名古屋市春日井市民会館で公演
〃二十六日 京都市、丸山公園で公演
〃二十七日 神戸市、中央体育館で公演
〃二十九日 大阪市、中央公会堂で公演
〃三十一日 北海道札幌市、中島スポーツセンターで公演
十一月三日 宮城県仙台市、県民会館で公演
〃 四日 横浜市、教育会館で公演
〃 五日 東京、九段会館で公演
〃 七日 テレビ出演

韓国人戦没者慰霊祭

28日、本願寺で遺骨奉還会が

太平洋戦争韓国人戦没者遺骨奉還会（姜渭鍾会長）では、来る二十八日午後一時から、東京の築地本願寺で、戦没者の慰霊祭を執行することになった。

この慰霊祭は、同会の主催でこれまでも毎年行われてきたが、今年の慰霊祭には本国から遺族代表として、[illegible]・元済州道知事も来日して参席するとのことで、このほかにも本国から数名の遺族が来日する。慰霊祭参席のあとは、日本政府の厚生省と外務省その他の関係当局を訪問して、厚生省で保管したままになっている二千三百柱の戦没者遺骨の早急な本国送還を要請し、その実現を促すことになっている。

遺骨奉還会の数年間にわたる日本政府への交渉と、本国政府の積極的な援護交渉により、未送還の遺骨二千三百柱は、来年早々にも送還できるのではないかとみられ、したがって東京での慰霊祭も本年だけになるので、主催側の奉還会では、なるべく多くの在日同胞が、この日の慰霊祭に出席し、戦後二十四年を経過した今日もなお、厚生省の倉庫の中に保管された祖国の英霊を慰めるよう特に要望している。

なおこの慰霊祭は、民団中央本部と駐日大使館および日本の厚生省援護局が協賛・後援している。

花郎台で東本主催研修会

管下支部三機関・実務者対象に

東京本部主催による、管下各支部三機関および実務者の研修会が、さる八、九の両日にわたって韓青中央研修所（花郎台）で開講した。

八日の開講式には、中央本部から朴太煥事務総長、大使館から申[illegible]参事官、東京韓国学校宋基鶴校長、同校安聖出理事長の諸氏も参席して来賓のあいさつを述べた。

同研修会は二日間、[illegible]（申参事官）、祖国近代史（張暁）、民団規約および事務体系講座に関する諸問題（朴事務総長）、民団史（鄭哲）などに関する研修に汗を流した。

鄭在俊東本団長あいさつ

長い間の懸案であった第一回研修会が開講できてうれしい。今後はつづけて第二、第三回の研修会をひらくつもりだ。おたがいが心をひとつにして研修につとめることは実に有意義なことであり、とくに、若い幹部の努力で建てられた、この花郎台で研修会をもったことに深い感銘をおぼえる次第だ。民団は、目下、いろいろと多事多端である。この研修会での学習が、これからさきの組織強化と発展に、大きな成果となって現われることを希望する。

朴事務総長あいさつ

この有意義な研修会が盛大に開講したことにまず敬意を表する。とくに、この会場に出席している実務者諸氏の真摯な態度から私は、大いに感銘されるものがある。私も東京都下の一支部の事務部長から組織生活をスタートし、県本部を経て中央に来たものだが、[illegible]しながら団費徴収にかけまわったあの支部勤めの頃が、私の組織生活でもっとも充実した時代ではなかったかと思う。われわれの組織では、組織機関に規則的な体制がなく、ある人がある日突然団長に就任したり[illegible]したりするが、組織に欠かせない幹部人材は実務者である。徹底した組織理論と実務能力を培養してわが民団組織の支柱的存在となるよう、希望してやまない。

14日に関東、関西地区協議会開催

[illegible]にせまった中央委員会を前にし、各地で地区協議会があいついでいる。

さる十四日、関東地区では[illegible]の伊香保で関東地区協議会が、和歌山では関西地区協議会がひらかれ、過般の中央委員会での懸案事項と、当面の諸問題を審議し、来る中央委員会を意義あるものにするための熱心な討議がかさねられた。

見捨ててよいのか 韓国の原爆被害者

第二次大戦の傷跡 悲惨！苦しさに発狂者も

良心問われる日本の無関心

原爆の被害者は韓国にもいる。広島と長崎の空に光った一瞬の閃光は、瞬時に数十万の生命を灰と化してしまったが、瓦礫の間にたおれて火のついた枯木のように、ブスブスと煙をあげて燃えていった黒焦げの死骸の中には、実に五万名のわが同胞の悲惨な死体も含まれていた。さらにこの"死のまち"では数千の同胞が、焼けただれ打ち砕かれた体をひきずり、水を求め、助けを求め、肉親の名を呼びながら生と死の間をさまよった末に幸いにも命をとりとめ、家族の待つ母国へ帰っている。その数約八千名。かれらは生きて帰っている。だが、はたして生きて帰った彼らは死者よりも幸わせだったのだろうか。彼らが死者より幸福である条件はあまりにも少ない。理由は、彼らが韓国人であるからである。彼ら韓国人被爆者は医療、生活、職業に対する救済からの対策も保障も関心も得られないまま、今日まで完全に見捨てられている。おなじ広島、長崎の空の下で、日本人たちより数倍も不幸な運命のもとで被爆しながら、世界の同情と関心を一身にあつめ、国家と社会の手厚い保護と支援をうけている日本人被爆者たちの現状にくらべ、彼ら韓国人被爆者の実状はあまりにも悲惨である。

悲惨な運命に泣いているのは数千の被爆者だけではない。

広島、長崎の両市で原爆投下の犠牲になった五万余の韓国人は、当時、徴用工、強制募集労務者、軍属、徴兵軍人、学徒兵、女子挺身隊などの名目で日本政府と軍部により、強制動員されたものが大多数で、このほかに、日本帝国主義の植民地政策で土地と家を追われ、玄海灘を渡った相当数の自由労務者とその家族たちであった。

であるから広島、長崎の原爆投下により父母兄弟を、夫を、わが子を一瞬に失った遺家族たちは数十万に達し、いまなお彼ら遺家族たちは、はるか日本の広島を呪い長崎を恨み、戦争を憎み、日本を恨んでいるのである。

広島と長崎は、世界のヒロシマ、ナガサキとなったが、そこで失われた韓国人の生命と、その死を悲しむ韓国人の涙に対しては、世界はあまりにも無関心である。

彼らは自らの意思でヒロシマに行ったのではなく、頭上に原爆投下を要請したのでもない。だが彼らは死んでゆき、あるいは傷ついて帰り、家族は悲嘆のどん底におとしいれられているが、彼らは全く見捨てられている。これでよいのだろうか。彼らになんの罪があるのだろうか。彼らはわが身の不運としてただ諦めるよりないのだろうか。彼らにこの不遇をもたらしたものは、はたして許されるのだろうか。

ソウルにある「社団法人韓国原爆被害者援護協会」の発表によると、現在同協会には三、〇〇八名の被爆者が登録して医療その他の援護を求めているといわれ、現在まで判明しただけでも、ここ数年の間に三九五名の韓国被爆者が、なんら適切な施療措置も受けないまま死亡しており、多数の発狂者まで出しているとのことである。

いまだ韓国には、これら原爆患者に対する専門の調査機関がないので、正確な実情は把握できていないが、民間機関の統計によると、戦後に帰国した被爆者は約八千名で、そのうちの三千名が最近までに死亡している。

前記の被爆者援護協会では毎年八月六日に、遺家族ならびに生存被爆者たちと共に韓国人原爆犠牲者の慰霊祭を挙行しており、今年は慶尚南道陜川郡の海印寺でおこない、祭場には朴大統領と丁国務総理からの献花も届けられたが、駐韓日本大使館からは金山大使が「個人の資格」を強調しながら、若干の香典が送られてきただけだったとのことである。

同協会の会員である被爆者辛泳洙氏から、日本語で次のような、被爆当時を回顧する手記が本紙に寄せられたので、全文を転載するが、この手記の末尾で辛氏は「私は、日本に連れて行かれ、火焔地獄の中に投げこまれた罪のない蟻であった」と書いている。なお同氏は、原爆当日は広島にいたが、さいわい爆心地の外にいたので助かったのである。

原爆に生きのびて

辛泳洙

西瓜のようになった私の顔

私の運命を大きくかえたあの日八月六日の朝は晴れたよい天気だった。出勤するために電車を待ちながら、私は頭上を悠々と飛んでゆく一機のB29をぼんやり見送った。瞬間ピカッと閃光。これで私の人生劇の第一の幕は降りた。若い二十七歳の青年であった私はこの瞬間でなくなり、それからの私は、もはや以前の私ではなく、全然別の人間になったのである。

突然の事ながらも私は、夢中で両手をひろげて目を押え、親指で耳の穴を塞いで口を大きくひらき地べたに"伏せ"の姿勢を取った。防空訓練で習った通りに。

しばらくその儘の姿勢でいたが何でもないようである。自分が死んでいるのか、生きているのかわからない。足を動かしてみたら自由に動く。歩いてみた……歩ける。

ああ俺は生きているのだなと思って気をとりなおし、あたりを見わたすと、まさに阿鼻叫喚――。宗教絵で見る地獄の絵画そのままであった。―（当時の模様は詳しく知ってる方が日本には大勢いられることだから、ここでは省略することにしよう）―。

わけがわからぬままに一応比治山の方を向いて歩きだした。どうやら歩けるらしい。途中で方向をかえて宇品の方へ歩いた。歩きながら気がついたのだが顔がどうもおかしい。手でさわってみて驚いた。すごくはれ上がっているのだ。目も鼻もあったものでない。まるで西瓜みたいに丸々としているのだ。

歩くうちにだんだんと力が抜けてきて、焼跡を警戒している憲兵の前でたおれてしまった。そのうち兵隊を乗せたトラックに乗せられて宇品に着いた。空いた倉庫みたいなところに莚みたいなものを敷き、その上に寝かされた。なんだか油みたいな薬を顔に塗られて数日間寝ていたら、船で似島へ送られた。それから似島近くの、どこだかしらない町の村の小学校、そこからさらに二十日市町工業学校の収容所へと転々としたものであった。

ある朝に耳がポロリ

この二十日市収容所には一カ月くらいいたように思う。女の医師もいて血液検査をしたり、体温を計ったりして一通り病院めいたことはしていたけれど、ろくに薬らしい薬ももらえなかった。日に二度おかゆをもらった。

私が日本へ連れてきた弟という少年丁萬（当時十七、八才）が、見るかげもなく変り果てた私を訪ねて来たのも二十日市であった。

弟は、近くの朝鮮人部落をさがしまわって、西瓜と馬鈴薯と薬を手に入れては、ねている私を養ってくれた。

今も忘れられないのはこの収容所（工業学校）の病室（教室）から、便所へゆく途中の廊下の下に唐辛子が一株二株勢よく茂っているのを見たことである。白い花が咲いていた。まもなく散って青い小さな実がなることだろう。日本人は唐辛子なんかあまり好まない。まして生のままでは…。私は便所の往き帰りに唐辛子の実の日ごとに大きくなるのを見ては一人で楽しんだ。

ある真夜中、皆が寝静まった頃を見計って、私は重大な決意をした。便所にゆくふりをして帰りに唐辛子の実を二つだけ素早くもぎ取った。蒲団を頭の上までかぶって、こっそりと食べてみたが、すこしも辛くなく、ただ青くさいだけであった。

公共の物を盗んだことと、朝鮮人であることがバレはしないかとおそれること、このふたつの不安を味わっただけであった。

私の左の耳がだんだんと木片みたいに固くなり、ある朝ポロリと落ちてしまったのも二十日市であった。髪の毛がぬけたり、歯茎から血が出たり、隣りの患者は次々と死んでゆく。さながら兵団墓地に寝かされているような気持であった。昼に寝たり夜に起きたり、まるで夢遊病者のように生死の境をさまよっていた。

何か栄養になるものを食べたい、父母や兄弟に逢いたい、しかし俺は生きて再び祖国へ帰れるだろうかと、半ばあきらめながらも帰心矢のような思いで五カ月が過ぎていった。

秋も深まり、ようやく歩けるようになったので、帰る計画をたてはじめた。退職金だの補償金だのと、そんなものはくれる者もなくまたもらえるとも思ってもいなかった。

さらば……ヒロシマよ

いよいよ帰国の途につく日に私は、私の初恋の人を葬った広島がそれなりに名残り惜しくもあり、己斐から市内に入り市内を一巡りして、下関行の汽車に身を乗せたのであった。瓦礫の広島で変らぬのは、幾条もの川と舗装された道路と、ところどころにポツンと立っている石灯籠、今も私の脳裏に残っているのはこれだけである。

いまは新しい観光都市として立派に復興したとのことだが、広島はどのように変ったのだろうか。

下関では木の棒を腰に下げたアメリカのMPや、日本の官服のまま太極旗を手にして、韓国の愛国歌をうたっている韓国出身の学徒兵を初めてみた。下関から船便を得ず、山陰線の浜田まで、無蓋の貨物列車に乗せられた。沿線で稲刈りをしていた日本の娘さんたちが、手を振って見送ってくれたのも印象的であった。

浜田港の波打際近くの、草がチラホラする広場で、元気な帰還者たちは仮設の舞台を設けてのど自慢大会をひらき、哀愁たっぷりの、祖国の流行歌を唄ったりして[illegible]を慰め合ったものである。

スクリュウの音も気味悪く、もの悲しい汽笛の音を残して、船は真夜中の浜田港をしずかに離れていった。さらば日本よ、いま、満身創痍ともいうべき私は、原爆の土産を手に、見るも無残な姿で祖国へ帰るのだ。万感が胸にこみあげ私は暗闇の船倉でひとり嗚咽した。

日本との通信が絶え、広島に新型爆弾が投下され全滅したことをきいて、故郷の家族たちの心配は大変なものであったらしい。母はあちこちのお寺に願をかけたり、巫女に占いをしてもらったりするのが日課であったという。ある盲目の占い師の、もったいぶった占いが「蝶々が火の中に飛び込んだ占卦」だったらしい。

とんでもない御託宣である。罪もない私は日本に連れて行かれ、火焔地獄の中に投げこまれたのだ。

文化賞設置など討議

第一回中央教育委開催

来る十七、八の両日間東京で開催される第十五回中央委員会に先立ち、中央教育委員会では、さる十一日午後二時より中央本部会議室で、第一回教育委員会をひらき

一、規約審議問題
一、委員長選出問題
一、文化賞設置問題

などを討議したが、この日の委員会での討議内容はつぎのとおりである。

一、規約草案は、審議委員を選出して審議を委嘱し、審議作成された規約は、全体会議に報告して承認をうける。全体会議で承認された規約は、民団の次期中央委員会に提出し傘下団体として発足できるよう認准をうけるが、中央委員会開催が間近に迫っているので、この作業を早急に推進する。

一、中央委員長の選任は、諸般の事情からみて現委員長（金[illegible]氏）を再び推戴する。

一、文化賞設置は、授賞規定（案）を審議した結果、同賞の目的と性格および物価情勢などからみて、賞金は各部門とも最低額を三十万円とすることにし、これを中央執行部に建議する。授賞日は毎年の三月一日の三・一節記念式場で行う。[illegible]は随時に接受するが十二月までに締切り、一月中に審査して、同月中に発表する。

この外に同日の委員会では、在日韓国社会の民族教育現況から教育委員会の活動は臨時たりとも中断することは許されないので、同委員会が中央委員会において正式に傘下団体として認准をうけるまで、民団中央本部に要請することを決議した。

また来る第十五回中央委員会には教育委員会全員が出席し、教育問題に関する討議の際には、十分な発言の時間をもらうことを決議した。

同日の教育委員会は、在日韓国人二世に対する民団の教育方針と施策が、民団執行部の交替や人事問題で左右されてはいけないし、また現在危機状態にある教育事業をたて直すためにも、一貫性のあるものにするための基礎づくりをするのが教育委員会発足の目的であることを再確認し、この基本性格を、こんどの中央委員会で明確にさせ、中央委員会後には、再び第二回中央教育委員会を招集することになっている。

双十節盛況

民団からも祝辞

十月十日は友邦自由中国の建国記念日ともいえる「双十国慶日」中華民国留日東京華僑総会主催の慶祝大会が、この日の午前九時から有楽町の日劇で開かれ、中央本部を代表して[illegible]局長が出席、祝辞を述べた。

太平洋戦争韓国人戦没者慰霊祭案内

太平洋戦争の犠牲になったわが国の若き軍人軍属並びに戦災により死去された一般同胞の霊を慰めるために、左記の通り慰霊祭を執行いたします。

御多忙中と存じますが、皆様の御参席を賜りますよう右御案内申し上げます。

一九六九年十月十五日

太平洋戦争韓国人遺骨奉還会
会長 姜渭鍾
顧問 李裕天
〃 権逸
〃 金光男
〃 丁賛鎮

慰霊祭次第

日時 一九六九年十月二十八日正午
会場 東京都築地本願寺（地下鉄築地下車）

一、挨拶 [illegible]
一、祭文 [illegible]
一、弔辞 [illegible]
〃 [illegible]
一、挨拶 [illegible]
以上

方子妃の近影

英親王妃の自叙伝映画化

苦難と波乱の夫婦愛主題に

文　化

修交四周年記念に
来春公開予定、韓・日協力で

日本に別れを告げてソウルに帰りましてから、早くも五度目の秋がおとずれました。もうすぐ大陸性のきびしい寒い冬がやってきますが、私自身も、もうすっかり韓国の風土の中にとけこんでしまって、今では言葉の不自由も少しずつなくなりました。主人は病床で七十歳をむかえました。長年の夢にまで見ていた祖国のためにつくせる日が、いまここに、ようやくやってきているのに、からだの自由がきかないとは……ただそればかりが残念で、あきらめてはいるものの、なおあきらめきれない思いでいっぱいです。東京に住んでいたころ、主人はいつか故国へ帰れる日がきたら、昔の王家の土地を、わずかでも譲ってもらい、その一部で農村青年のための研究農場を開きたい」といっておられました。また私は、不幸な子どもたちのための力になり、なにか社会に尽す仕事をしたいと考え、おりにふれては二人で話しあってまいりました。これが私たち二人の余生をかけたライフワークとしての念願だったのです。しかし、運命はどうにもならず、悲しいことに、一九六三年十一月、ベッドに臥したまま祖国の病院へ運ばれて以来、臥床の日をすごす身となった主人にとって、積年の念願が果たされる日は、もはや不可能といわねばならないかもしれません。(方子妃の手記「私の念願」から…)

一九四五年八月十五日の解放前までは日政により李王垠殿下と呼ばれてきた英親王と方子妃との、五十年にわたる波乱万丈の夫婦愛を題材にした映画が、韓日修交四周年を記念してつくられるという。

李朝第二十八代の王位継承者でありながら、当時の日本帝国主義による韓国侵略の人質として十一歳の幼少時に日本へ連れてこられた英親王と、日本の皇族であった梨本宮家の娘であった方子妃が、当時の為政者たちから「日鮮融和の礎(いしずえ)となるために」との美名のもとに、政略結婚を押しつけられてから五十年になる。

複雑な政治と謀略の犠牲となって結ばれたお二方ではあるが、おたがいの立場を理解しあい、深い愛情でもって、あらゆる苦難を乗りこえてきた美しい夫婦愛は、日本ではもとよりのこと、当時はこの結婚を複雑な感情で冷視していた韓国からも、かぎりない愛情と温い同情で迎えいれられていた。

とくに英親王が一九五九年に、旅先のニューヨークで脳血栓でたおれて以来、方子妃の苦難は筆舌に尽し難いものがあった。

さらにお二方につらかったのは英親王に対する一部の人たちの心ない敵視と、逆に英親王を政治に利用しようとする一部の同胞たちの策動だった。四・一九学生革命で没落した李承晩政権時代には、まだすっかり健康も回復していない英親王を、政治的にかつぎ出そうとする空気がつよく、駐英大使にとの要請もあったが、お二方は政治的に利用されるのをおそれ、これをきっぱり辞退した。

そして五・一六軍事革命のあった一九六一年五月中旬に英親王は、一時小康を保っていた病状が再発して極度に悪化し、重態を伝えられる日がつづいたが、これをきいた最高会議の朴正煕議長は、東京の病床に特使を派遣して、療養費を含む生活費一さいを、韓国政府が保証することを伝え、自宅で臥床中であった英親王を、築地の聖路加病院に入院するようにして、お二方をいたく感激させた。

さらに同年十一月、朴正煕議長は、訪米の途中東京に立寄り、病床に花輪を贈るとともに、芝の迎賓館で方子妃に「国籍問題も、経済問題も、すべて用意して、故国はあなた方二人を待っております。いつでもお帰り下さい」と、お二方の帰国をすすめ、また英親王のただ一人の妹である徳恵公主(小学校六年生のとき、留学の名目で日本に連行、対馬の旧領主であった宗伯爵と強制結婚させられて精神に異常をきたし、長年松沢精神病院に収容されていた)の籍を韓国籍にもどし、特別機で帰国させソウル大学病院へ入院できるようにとりはからった。

このような、朴大統領と政府の配慮により英親王夫妻は一九六三年十一月二十二日、羽田から特別機で帰国したが、英親王は病院のベット車で空港まで運ばれ、金浦に到着してからも、そのままベット車でソウル市の聖母病院に、いまもなお昏睡した意識の[illegible]入院生活をつづけていられるが、方子妃は帰国以来今日まで一日も、病院への見舞いを欠かすことなくつづけていられるとのことである。

帰国の方子妃は、病床の英親王にかわって韓国社会への奉仕を決意して、直ちにソウル赤十字支社に入会し、有志婦人たちとともに「慈行会」という社会奉仕団体を組織して、精薄児や小児マヒ児の治療奉仕をはじめられた。その後財団法人「明暉園」を設立して、聾唖と小児マヒの男女青少年を収容して職業指導を行なっていられるが、この「明暉園」の名は、英親王の雅号「明暉」をとって命名したものである。

こんど映画化されるのは、方子妃の自叙伝「動乱の中の女王」(講談社刊)から主題をとったもので、この映画化を最初に計画したのは東宝と日活の両社であった。方子妃は韓国の映画会社を希望され、その結果、ソウルの漢陽映画社が映画化することとなった。

製作費三千万ウォン(日貨一億八百万円)上映時間二時間半の大作を予定しており、物語りの大半が日本を舞台としているので、日本の映画会社「大映」と提携し、同社は、脚本家、監督などを斡旋、その他日本ロケでの撮影にも、いろいろ便宜を提供することになるもようだ。

また現在、四十六人の俳優によるキャストを組んでいるが、約半数は日本人俳優である。

英親王の役は、もちろん韓国人俳優が演じるが、方子妃役については最初に高峰秀子、有馬稲子など日本女優が候補にあがった。しかし、これは方子妃の強力な反対で韓国人女優が演じることになったが、方子妃は反対の理由として「私は結婚以来、韓国人として生きてきた。日本人の女優が、韓国人としての私の役を十分にこなしてくれなかったら、私ももう年老いたから、いままでの私の努力が、とりかえしのつかないことになる」と語ったといわれる。

なお、この映画は去る三日から撮影を開始しており、本国では旧正月(来年の二月下旬)に公開が予定されているが、来年は、また、英親王ご夫妻の金婚式の年でもある。

ハングルの日式典
洪陵で盛大に挙行

10月9日は523周年「ハングルの日」この日、全国津々浦々では世宗大王の業績を讃い、ハングル文化の中興をちかう各種行事がもよおされた。ハングル学会と世宗大王記念事業会は午前10時ソウル洪陵、世宗大王記念館で市民・学生など約500名が参加して記念式をあげた。

崔鉉培ハングル学会長は「科学的で学びやすいハングルで、新文化の建設を築こう」とのべた。この日の式で[illegible]

社団法人 大韓原爆被害者援護協会設立の動機
悲惨な闘病生活者に人権を取返えしてやりたい

理事長　裵　度　煥

一九六六年八月六日付中央日報という記事にはさらに、一生同じ原爆病で苦しんでいるかは知られていない。[illegible]

ある。この時から始めて二十七年間続けられた長い間の日本に対する憎しみも、一九四五年八月十五日以後氷解してしまった。[illegible]

無誠意な関係者
香典にも「個人」資格で

[illegible]

京釜・京仁線を電化
中央線電化後に着工予定

鉄道庁では、中央線の電化に続き七一年からは京釜線、京仁線、ソウル郊外線などを電鉄化する計画を進めている。現在進行中の中央線の電鉄化が七一年までに完工すればただちに京仁線、ホール郊外線、京釜線の順で工事を進め、七九年までに完成させることになっている。

電鉄化の内容は❶京仁線に五駅を新設、平均駅間距離を三・四キロに短縮、現在の旅客列車一日平均十五回運行を百三十八回に増やす❷運行時間を現在の一時間から三十五分に短縮、ラッシュアワーには五分間隔で運行させる。

またソウル郊外線には❶十駅を新設、現在の一日七回運行の旅客列車を百十四回、貨物列車を三十回運行させる❷運行時間を現在の二時間三十分から一時間五十分に短縮する❸将来建設されるソウル市内地下鉄を京仁、京釜線と連結させてソウルの中心部と郊外周辺一帯を完全な一日生活圏に引き入れる計画である。

韓国ボーイ・スカウト
創立47周年記念式

韓国ボーイ・スカウト連盟創立47周年記念式が五日午後3時、南山野外音楽堂で、韓国ボーイスカウト名誉総裁である朴正熙大統領夫妻をはじめ洪文教部長官などが出席、4千余のスカウト隊員の参加裡にひらかれた。朴大統領は祝辞で「スカウト指導者と隊員は、創意と実践力を持ってわれわれの目標である自主国防と自立経済を達成するため率先しよう」と強調した。

十八日に王仁祭
枚方で韓・日・中三国共催で

日本文化に大きな貢献をなしたわれらの祖先、博士王仁の徳を慰める王仁祭がきたる十八日大阪府枚方市藤坂の「王仁墓」で挙行される。今年も韓国、自由中国、日本の三ヵ国合同で行われるが、祭主は博士王仁顕彰奉賛会である。

当日は東信学校、韓国学校、日本の地元渚小学校の生徒たちがそれぞれお国自慢のおどりなどを霊前で披露する。

新刊と書評
韓国の憲法
―その成立と展開―
金　熙　鎮　著

在日韓国人の若い学究の労作「韓国の憲法」(東京・敬文堂刊)が出刊された。

著者は、今春早稲田大学大学院政治学研究科卒の金熙鎮氏(写真)。

内容は五章から成り立っており第一章大韓民国憲法制定前の政治情況　第二章大韓民国憲法の制定(一九六二年までの憲法改正状況)　第三章大韓民国憲法の特色(本書の中核―比較憲法的考察)　第四章[illegible]　第五章[illegible]

著者の略歴はつぎのとおり。

一九三八年四月韓国慶尚北道で出生

一九六三年三月早稲田大学第一政治経済学部政治学科卒業

一九六九年早稲田大学大学院政治学研究科修了

本書は現在韓国で大きな政治問題となっている憲法改正問題はもちろん、大統領選挙法、国会議員選挙法その他各種の法律や資料を[illegible]韓国憲法体制を知るためには必読すべき書である。

これに関し早稲田大学大西邦敏政治学博士はつぎのとおりすいせんしている。

「われわれ日本人にとって、韓国は極めて身近な存在であるにもかかわらず、その実情があまりにも知られていない。特に憲法の領域においてそうである。

このたび、金君が韓国の憲法を、しかも日本語でまとめて、出版されたことは、まことに時宜を得たことだと思う。

同君は、なかなかの篤学の士で本書が韓国の憲法を知る上において好個の文献であると確信している。

これを契機に同君の一層の飛躍を期待してやまない。」

体裁=A5版四四五頁、高級アート紙、上質紙使用クロス装

販価　二千円

申込元　民団中央本部文教局

販売元　札幌市北二条西三　株式会社　オメガ

電(〇一二二)二三ー一七

(写真=金熙鎮氏)

日本語の残滓追放急げ
…ハングルの日におもう…

洗練要する国語
方言、古語の発掘機構を

ソウル中央大学教授　南　広　祐

ふたたび523周年ハングルの日を迎えた。[illegible]

韓國新聞
発行所
発行人 鄭 烱 和
東京都文京区春日町 2丁目20−13
編集 (815) 1451〜3
業務 (812) 0673
定価 1カ月100円
振替口座東京 34988番

綱領
一、われわれは大韓民国の国是を遵守する
一、われわれは在留同胞の権益擁護を期する
一、われわれは在留同胞の民生安定を期する
一、われわれは在留同胞の文化向上を期する
一、われわれは世界平和と国際親善を期する

調和と飛躍の第十五回中央委員会

李禧元執行部就任以来の初の中央委員会が十七、十八の両日に開かれたが、李禧元中央団長は挨拶の中で〝永住権申請促進運動、万博招請事業完遂、中央会館建設、韓国新聞日刊化問題〟の四大事業目標を樹立・宣揚した。これらの課題は現時点において民団に与えられた至上課題でありこれを真正面から李禧元中央団長は取り組み、近年往々に沈滞気味な民団に一大活を注入し、生気をとりもどすべく英断に踏みきったことは、今回の中央委員会で高く評価され、これが反映して会場には真剣さのうちに熱気が溢れ、施策に対する質疑は前進的意欲を示していた。これに対する李禧元中央団長の身命を賭して、この四大事業目標達成にまい進することを表明し、民団組織の強化前進を促すとともに確固たる信念のもとに完遂することを述べて協力を要請した。

目標と計画を実践
権益擁護を主軸に

永住権申請促進　中央会館建設
万博招請事業　韓国新聞日刊化
事業達成を期す

民団第十五回中央委員会は、去る十七、十八日の両日にわたって、東京都新宿区日傷会館において中央委員八十九名（定員百三十名）出席のもとに開催。

第一日は十七日正午より文圭準副議長の『中央委員会は最も意義深く、今後われらの居留民団が進むべき道を決めるであろう。したがって皆さんの建設的な良き意見に対しては、議決機関が厳正中立の立場で、皆さんの意思を反映させるつもりである』との力強い開会の辞が述べられて、李禧元中央団長、朴根世議長、張聡明監察委員長の挨拶があり『未曾有の民団強化対策会議が政府主催のもとに本国で開催され、多大の成果を収めた……皆さんの子孫にまで価値ある遺産を残すために、皆さんが必ずや、成し遂げねばならない、皆さん自らの課題であると信ずる』と駐日大使館姜永奎公使↗

写真　李禧元中央団長の挨拶

↖の来賓祝辞をうけ……中央委員会にふさわしい……

……

公約実現化へ努む
李禧元中央団長挨拶（要旨）

「第十五回中央委員会を迎え、李禧元執行部のこれまでの活動と今後の方針を明らかにする。

去る三月二六日の定期大会の際候補者三人が立ち、その公約はいずれも大同小異で、私の公約の異なる点は、民団をいかに運営すべきかという方法においてである。

われわれの民族的権益闘争であった法的地位問題は、第三三回定期大会で、在日同胞全体の運命を託された重要なものであった。この問題解決への私の姿勢は、条約はあくまでも国家対国家が締結し……

……

民団発展に絶好の機会
朴根世議長挨拶（要旨）

……

明快な措置を講ず
張聡明監察委員長挨拶

……

執行部経過報告

〈人事に関して〉

……

〈組織全般について〉

……

〈財政に関して〉

……

〈万博後援事業招請に関して〉

……

再建に参与の道
韓・越軍事約定改正

……

電機工業工場建設

……

改正憲法公布

……

〔写真〕 第十五回中央委員会

……

第15回中央委員会決議事項

……

論壇
疑義をはさんで糺せよ
=第十五回中央委員会を顧みる=

一般の世論は今回、東京市ケ谷の日傷会館で開かれた第十五回中央委員会は低調そのものであったと評している。

民団における大会は全体大会にしても、選挙というものがない場合は何時も低調振りである。これは選挙につきものの大衆が持つ、賭博心理的な大衆心理が多大に反映して会場の空気をかりたてるからに外ならない。

ことさらに、中央委員会は全体大会よりも委員定数も少数であるのと民団における施策の検討是非を論ずることを主目的とされているがため、通俗的な会議風景に終ったことが世論には低調にみえたのである。

しかし、民団の施策が主的目的の中央委員会が斯の如き低調であってはならない。施策を論ずれば論ずる程、熱気があふれ、質疑応答の火花が交錯化して会場には施策の攻防が白熱化されなければならぬものである。

ところが、このような会議風景が醸しだされないのには、種々な原因があるのであろうが、先ず、第一に率直に評すれば中央委員諸氏の不勉強に基づくことを指摘したい。

例えば、日韓文化協会の土地にからむ疑惑問題は問題を糺すという質問心理以外に射倖的心理が多分にふくまれたものであるから多分にも活気をみせたのであるが、その他についての世論の通り低調であったと批されてもいたしかたないものであろう。

ナポレオンが〝一個師団よりも一本の新聞〟と絶叫したように、近代文化国家社会の最大なる武器であり、指導機関である新聞言論の府を、ないがしろにする国家社会は発展も進歩もあり得ないものである。

この重要な議題と議案を今回の中央委員会に執行部は提供したのにもかかわらず、委員諸氏は議題の一部をただ……る程で、あとは馬耳東風のごとく審議を通過せしめたことは返えすがえすも心のこりがするものである。

すなわち、われわれの機関紙である韓国新聞の日刊化に対して一体基本財政は如何に確保するのか、新聞製作機構と配布網機構の確立を如何に整備充実せしめるのか、などの基本条項についてはなに一つとして論ずることもなく、ただ漠然として、日刊化は結構な話であるとの安易な態度と思考で、中央委員諸氏が採った態度には一まつの淋しさを感ずるのは筆者のみであろうか。もうすこし、論評するならば〝誰れかが日刊化に出来得ればよし出来なければもと元である〟という無責任な機関紙に対する考え方がこのような態度に逢着せしめたと評する以外になにものもない気がしてならない。

遡い起すと、いまから六年前の一九六三年第二十九回の全体大会において金載華執行部を樹立した当時の推進執行部は代議員の質疑が尖鋭化しつつある過程に、執行部は野党民団に鋭利な打ちのめし方を工作したため、新進にして若輩であった金今石氏に十票の差票で敗北を喫したが、その当時は選挙の全体大会といえども民団施策を中心議題に論陣が布かれ、議論が戦かわれたのであった。このような白熱化する民団の会議を、最近、沈滞気味の民団会議に活を入れるため、範としたい。

そのものの是非は別としても、活のある時は進歩するものである。施策に対して疑を差しはさんで議し、攻防の論議をめぐらす、その施策はかならず良い施策を生みだすものである。

われわれ民団は、執行部はもちろんのこと代議員も、一般団員も、真剣に民団施策に対して討議をし、研究をし疑をはさんで、それを糺すべきが、民団の発展と向上の礎であることを銘記すべきである。

崔 天 栄

社告

副社長兼営業局長　盧 得 説

……

施政刷新の内閣改造

秘書室長 金正濂・中央情報部長 金桂元

期待される新経済トリオ

去る十七日の国民投票で、圧倒的多数により再信任を受けた朴正熙大統領は二十一日、施政刷新のため、内閣と側近要職者の改編を断行した。

もっとも注目されていた李厚洛大統領官邸秘書室長を更迭、その後任に金正濂商工部長官を任命、もう一つの焦点とされていた金炯旭中央情報部長の更迭も行ない、後任に金桂元前参謀総長を新たに任命した。

米の対日入超10億ドル

自由化で協力を力説するジ国務次官

10.21内閣改造の意味

改憲後遺症の制動ねらったのか?

政局転換と71年を目ざす布石

金桂元情報部長

金正濂秘書室長

対日民間請求権補償問題

来年から補償開始

韓国の改憲と北の脅威

A・スムーラ

望まれる強力な指導力

ミサイル基地建設は脅威

北の脅威は深刻なもの

スキが共産侵略招く

韓国の西部戦線をみる

軍事優先で経済は失敗

ミ基地建設ソ連が援助

不安造成をねらう北韓

朝総連系の動きが注目

(SISA)

北の情勢は粛清と追放

カムバックするか

金鍾泌氏の動き注目

水害同胞に愛の手を

水害義援金運動を展開中、目標額五万ドル、在日大韓民国居留民団中央本部 "本国水害救護委員会"

明日を開く科学の城

戻ったエリートの頭脳で

韓国科学技術研究所の竣工

ゆたかな くらしは 永住権から

申請は 一日もはやく

韓日協定の、法的地位協定できめられた在日韓国人の永住権許可申請期間も、あと残すところ1年3カ月となりました。

民団では在日政府公館と協力して、期間内に全同胞が申請を完了するよう大規模な指導啓発運動を計画しており、本年を「永住権申請の年」としております。在日韓国人が1日もはやく安定した生活をおくるために、未申請の人が1人もいなくなるよう、お互いに勧誘に努力しあいましょう。

協定永住権を取得することにより在日同胞は

1、まず、今までの暫定的であった地位から大きく前進し、権利でもって日本に永住することができます。
2、したがって、協定永住権を取得していない人たちや一般外国人とちがい、協定永住権をもっている人は、ほとんどの場合に、退去を強制されることがありません。
三、また、海外旅行に必要な再入国許可においても制限がないだけでなく、ひとつの家族が離散して住むことがないよう、人道的な配慮を受けることになっているとともに、
四、子女の教育問題でも、日本の公立小・中学校への入学が認められ、また上級学校への進学にもその入学資格が認定されております。
五、生活保護の必要な人に対しても、従前どおりの生活保護が受けられるようになっており、国民健康保険に加入することができます。
六、外国人の財産取得に関する政令の適用をうける一般外国人とは違い、主務大臣の認可を得なくても土地・建物等の財産取得が可能です。
七、日本から永住帰国をする場合には、自己財産の本国搬入または送金が、協定によって保障されております。

在日同胞の皆さんには、さる8月19・20の両日間に開かれた韓日両国法相会議の結果として、皆さんが安心して永住権を申請できるような措置がとられてありますから、一日もはやく永住権を申請するようお知らせする次第であります。もし皆さんの中で、永住権申請に関しての疑問や質問がありましたら、もよりの民団本部や支部分団事務所か、または駐日大使館の「第一領事課、あるいは、永住権申請案内室」と、各地にあるわが国の各級領事館に、直接来訪するか、書信でお問い合わせ下さい。皆さんの期待にそうよう努力すべく準備し待機しております。

なお、皆さんの親戚はもとより、知りあいの方たちにも、以上の事実を周知徹底させて、今年中に永住権申請の該当者は一人も欠けることなく、申請を完了するようご協力下さい。

祖国の威信と組織の命運かけ 永住権申請促進運動展開

(朴事務総長)

対朝総連との優劣を問い

在日六十万同胞を民団の傘下に

当分間、団務を二分し

申請促進 万博後援 事業達成に臨戦態勢

朴中央事務総長談話発表

テレビラジオも利用

芸能・遊説班など全国に派遣

あばいてやろう 朝総連のウソとデマ！

一、期間

二、永住権申請事業

宣伝

二、中立系朝総連系同胞に対する宣伝啓蒙

三、遊説班組織

五、啓蒙事業

優美華麗な舞台

来日の民俗舞踊団各地で絶讃

広汎な後援活動へ

各界代表網羅し拡大会議

在日韓国人万博後援会

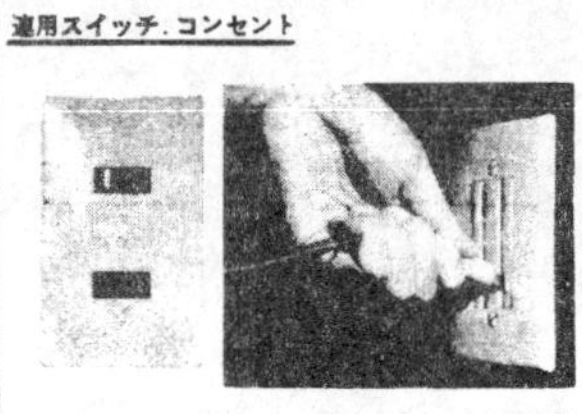

お知らせ

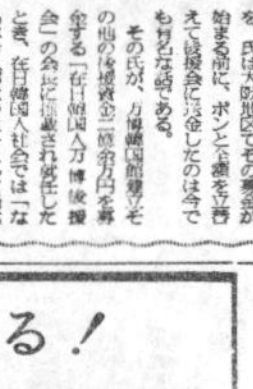

植木通産次官も出席

29日から31日までソウルで 第八回日韓青年学生会議

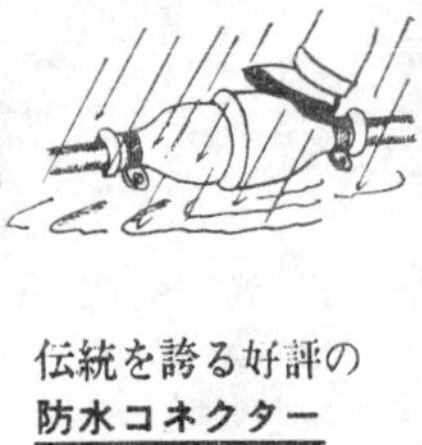

人と発言

在日韓国人万博後援会々長に就任した 李熙健氏

(大阪興銀理事長)

『EXPO70』は、人類の進歩と調和をテーマにしているが、これはあくまでも"理解と友情"を基礎にしてこそ進歩と調和もありうる。私はこのテーマをそのままそっくり在日韓国人社会に進呈して、万博後援の精神としたい。

民団では万博への参観団招請を、経済界では万博後援事業をそれぞれ推進することになるが相互に"調和"と"理解"なくしては、この事業はどちらも成

文化・社会

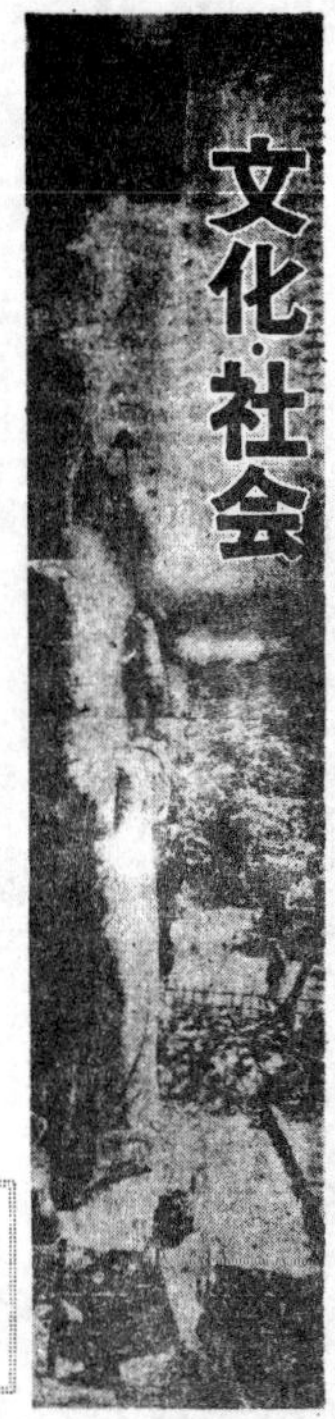

近く、日本映画週間 政府も原則的には許可か

文化交流の名目て攻勢

日本映画の見本市ともいえる「日本映画週間」を、ソウルで開催するための交渉が、両国の映画関係者たちの間で活発に展開されている。さる8月8日、日本映画製作者連盟は、日本の外務省および、駐韓日本大使館と韓国映画製作者協会に対し、日本映画週間開催に関する積極的な協力と支援を要請すると同時に、韓国政府の許可を得られるよう、交渉してくれることも併せて依頼した。さる6月にマニラで開かれた本年度「アジア映画祭」に参加したわが国の代表団は、帰途に東京で日本「映連」の後援のもとに二日間、韓国映画見本市を開催したことがあるが、これを契機に日本側でも、ソウルでの日本映画週間開催を検討するようになり結局はこれを表明化して、韓国政府の許可を得るために外交チャンネルを動員するとともに、韓国の「映協」との有機的な連絡をとりながら、開催に伴なう技術的な問題を検討している。(近着の本国紙より)

韓国上陸ねらう日本映画

与論は圧倒的に反対だが…政府の態度微妙

日本「映連」は、韓国政府の許可を要請すると同時に

①「日本映画週間」の名称使用がダメならば「日本映画特別試写会」としてもよい。

②映連の単独主催が不可能ならば駐韓日本大使館との共同主催にしてもよい。

③11月中に5日間、ソウルの劇場かホールで、政府の人士および言論人など指導クラスの特別な人士だけを招請して、劇映画および文化映画をそれぞれ五本ずつ上映するが、

④事情が許すならば、一般の有料入場者にも鑑賞させ、その収益金を慈善団体に寄付したいとの意思表示もしている。

また日本「映連」は、韓国政府の許可を前提にしてすでに15万ドルの予算を確保し、映画五社(松竹、東映、日活、大映、東宝)の女優を含む十余名の代表団も構成しているが、さきに日本で韓国映画見本市を開催したという負い目と、また、両国間の映画交流を通じての海外輸出市場開拓までを計算にいれている韓国「映協」は、日本映画の"制限つき公開"の実現を希望しているのが実情である。

その一例として、韓国「映協」は日本側に対し、今年中に韓国映画五本を2万ドルで輸入するように要請しており、これに対し日本側は好意的な反応を示し、映画五社が一本ずつを引き受けて、自社の配給ルートに乗せて上映するとの原則をたてている。

一方、文化公報部では、韓日両国の国交も正常化してすでに数年を経過したし、いろいろな文化交流が活発な現状からみて、一般公開をしない日本映画鑑賞会ならば許可を与えてもよいとの方針であるが、その許可内容は、十一月中の適当な時期に三日間、一般劇場でない会場で、招請者に限り無料で上映させるなどである。

このようなケースは、さる66年ソウルで開かれたアジア映画祭に日本が出品した劇映画三本をソウル市民会館で、招請者に限って公開したこともあるから、決して、目新しい措置ではない。

政府は解放以来今日まで、対日政策に伴ない、いっさい許さなかったが、韓日両国の映画交流は、さる63年度あたりから、日本色が濃厚な米国映画「戦場にかける橋」「八月十五夜の茶屋」「サヨナラ」「赤と白」など日本人俳優が主演級で出演している劇映画と、「東京オリンピック」「力道山物語」「世紀の決闘」など、日本人が製作した文化映画の輸入だけは許可している。

だからといって政府が、これらの映画を、なんらの規制や基準も設けないで、許可したわけではない。

政府は65年7月、韓日国交正常化に伴なう対策として、いわゆる7・13公約を発表したのであるが、この中での映画部門に関する個所には

日本の 頽廃的風潮が問題 青少年への悪影響恐れる

「映画の交流は段階的に実施するが、第一段階である66年度には俳優の交流を、第二段階の66年度には両国の合作映画を、第三段階の67年度には劇映画の輸入を認める」となっていた。

政府の、この段階的な映画交流政策が発表されるや、もっ外と湧きあがった国内の反対与論にたたかれ、この政策は実現されなかった。

このような空気の中でも韓国映画は日本へ輸出され、「赤いマフラー」「成春香」などは、日本においても相当な観客を動員したといっている。このほかに「死者と生者」「下宿生」「麻浦の長者」などが、傑々な興行収益ではあったが日本の各地で、散発的な上映実績を残している。

国民感情を刺激しないで、しかも、固有の民族芸術を害しない範囲内での韓・日民間交流を実施するとの政策方針は、その後若干おもむきを変え、いまでは、その時期は明確に示さないが、「互恵の原則にもとづいて、制限された範囲内で、政府の監督下に段階的な実施をする」との前提で

①俳優の交流は、韓国人俳優が日本映画に出演する比率に応じて日本人俳優の韓国映画出演を認めるが、その年間出演回数とその本数は厳しく制限する。

②合作本数は、年間国産映画製作本数の3分の1を越えてはならない。またシナリオも両国の作家が均等した本数を執筆すること。

③日本映画の輸入は、年間外国映画輸入本数の10分の1(6本)を越えてはならないし、また優秀な作品に限る。また輸入資格は、韓国映画を日本に輸出して60日を経過した実績をもつもの、または、合作映画でもって日本の観客動員に好成績を残したものに限る。

との原則をたてている。

ともあれ、これまで固く閉されていた日本映画との交流は、いまや日本側の要請よりも、「国産映画の日本市場進出」という韓国側の必要に迫られて、何らか措置を講じざるを得ない段階に至っている。

すでに共産圏をもふくめての全世界に、配給網を確立している日本を足場にして、まず60万名の同胞がほんでいる日本に、韓国映画専設館のひとつでも、設けてみようというのが韓国映協の意図であるが、この計画に対する各界の与論はつぎのとおりである。

各界の与論

▼柳周鉉(作家)＝「輸入」とは私たちに、精神的にも物質的にもなんらかのプラスをもたらす場合に、お金を支払って買い入れるものである。日本の映画がわが国に益するかのようにいわれるが、決してそうではない。わが[illegible]の育成のためにも、日本映画の販路を与えるのは時期尚早である。

のである。映画とは根本的には[illegible]原則的には[illegible]ねばならないであろうが、[illegible]復古的な感情が作用するであろうことが予想され、まず不愉快であろう。

次に、現在衰退一路にある国内映画界に与える打撃が大きいであろう。三番目は、私がみた日本映画全般の傾向からして、日本映画の輸入はわが国の青少年に、決して有益な影響力は与えないとおもう。再考するなら、くだらないギャング映画や「007」類の悪い影響しかないということである。

ただし国民感情が本当に民族的な良識をもって、高い水準の芸術映画だけを輸入するとの保障があるなら、交流はしてもよいのではなかろうか

▼鄭[illegible](作家)＝市場開拓のための映画輸入ならば反対するが、ただ鑑賞するだけにとどめるなら文化交流の意味で、日本の映画を無理に反対する必要もない。

しかし日本の風潮が大変に頽廃的であるのに問題がある。このような頽廃的な風潮の中で作られた日本映画が、わが国に入ってきて観客に与える影響が心配である。すこしも"ため"にはならないのが事実だ。

▼鄭明模(ソウル師大教授)＝なるべく日本映画はわが国に入れないでほしい。われわれがマス・メディアを通じて西洋文化を受けいれているのに、いまさら日本の媒介は不要であるとおもう。

日本とわが国の関係からみて、批判力のない大衆が、日本的なムードにのまれてしまう危険性が多分にある。日本的ムードは百害あって一利なしである。

自覚し、意識している知識分子がいくら阻止につとめても、映画のように強い伝達力のあるメディアが入ってくると、どうにもならない。

▼趙元(京東教会牧師)＝反対だ。この反対は決して文化的な鎖国主義ではない。われわれは日本帝国主義の植民地で四十年間、奴レイのような生活を強制されてきている。日本帝国主義の特色は、文化面にまで深く入りこみ、この亜片のような毒素はいまだに清算されていない。また現在の日本をみると、その根性がすこしも変わっていない。なお私がみた外国映画のうちで、日本の映画ほどデカタンな映画は他になかった。

スポーツ

ワールド・カップ サッカー終る 成績は二位、収益は黒字

さる十二日からソウルで開かれた「ワールド・カップ・サッカー」予選は、セミ・プロ級の選手を中心に編成された強力な選手団を送りこんだオーストラリアが優勝。メキシコ・オリンピック予選での敗戦の雪辱を期したわが国の選手団は、善戦敢闘したが、日本には圧勝したものの、オーストラリアに敗した一戦がもとで、ついに二位に甘んじる結果となった。

この結果、一位＝オーストラリア、二位＝韓国、三位＝日本となり、わが国は開催地でありながら優勝は逸したが、興行面の収益は大きな黒字となるという皮肉な現象を起し、わが国のサッカー界を満足させている。

大韓蹴球協会の発表によると、こんどの予選で入場料の収入4千3百万ウォン・テレビ中継料金7百80万ウォンなどで、総計5千百万ウォンの収入をあげ、オーストラリアと日本両チームの往復航空券代および、その滞在費その他の諸経費4千余万ウォンを差引いても、1千余万ウォンの黒字であるという。

なお、テレビ中継料の中には、日本のNHKの1万5千ドルも含まれている。

選手の資格調査を依頼

韓国蹴球協会はこのほど、FIFA(国際サッカー連盟)に対し、ワールドカップ予選(ソウル)で、勝ち抜き一位となった豪州チーム選手のうち七人が英国人のパスポートで来韓していた。これら選手の資格を徹底的に調査してほしいと要請した。

一方、豪州チームの監督は、この件に関し「絶対に問題はない」といっているが、FIFAの調査結果が注目されている。

呼称問題解決 韓国も出場を決定 ムルデカサッカー

国名の呼称問題で出場を見合わせていたムルデカ・サッカーへ、韓国も出場することになった。

大韓体育会は二十日、韓国のサッカーチームが、三十日からマレーシアのクアラルンプールで行なわれる、ムルデカ大会に参加することを承認した。

韓国が今日まで出場を見合わせていたのは、同大会における韓国の呼称が「サウス・コリア(南韓)」となっていたためであるが、同大会から韓国の主張どおりに、「コリア」とすることを通知してきたので、出場することをきめ、数日中に選手団が出発することになった。

東映チーム 韓国遠征へ出発 母国での活躍が期待 張・白・金田

今年も韓国へ遠征する日本のプロ野球チーム東映フライヤーズ一行は、さる二十三日午後四時の大韓航空(KAL)便で羽田を出発した。

一行は同チームの大川オーナー代理、松本監督、田沢代表以下一軍選手全員で、韓国遠征は、これで四度目。同チームは、韓国とはすっかり"おなじみ"になっている。

特に東映には、張本(張)、白、金田などの韓国人選手が多数在籍しており、彼らには他の選手と違い、母国で晴れの姿をみてもらう感激も大きいものがあるが、母国でもかれら韓国人選手の帰国を待ちわびており、大歓迎が予想される。

本国の新聞には張選手がパ・リーグの首位打者をかちとり、白選手も六位の好成績をあげ、金田投手も新人賞が最有力視される勝ち星をあげていることが報道されているので、彼らの人気は絶大なものであるだけに、母国での活躍にかける期待も大きい。

(写真は羽田空港での出発を前に見送人に手をふる張(左)、金田(右)選手)

二十八校続々と開講

ソウル、高、延大も開講決定

改憲反対のデモで校門を閉めて休学中であった全国の四十以上の大学が、今週中には全部開講する。

さる二十日までに文教部にとどいた報告によると中央大、建国大(短大を含む)、友石大(短大を含む)、全北大、全南大、東亜大、嶺南大(短大を含む)など七つの総合大学と、国民大、釜山水産大、春川大、春川農大、忠南大など五つの単科大学が、この日から全面開講。

また朝鮮大は二十一日、延世大・韓国外大は二十二日、忠北大、仁荷工大、漢陽大、慶熙大、東国大は二十三日、成均館大、西江大は二十七日から全面開講を決定しており、ソウル大の中の農大が全学開講、延世大の中の商政大、理工大、教養大が二十日から、教養学部が二十一日から開講を予定しており、高大は四学年だけが二十一日に開講する。しかし高大は、二十一日に教務委員会ではっきりした開講日を決定することになっている。

ソウル大では二十日午後、学・処長会議で開講日時を決定することになっているが、二十三日には全面的に開講するものとみられる。

二十日現在で、開講した二十八大学はつぎのとおりである。

崇実大、ソラブル芸大、韓国神学大、長老教神学大、済州大、啓明大、関東大、監理教神学大、監理教大田大、カトリック医大、弘益大、円光大、公州師大、国民大、京畿工大、清州大、釜山水産大、東亜大、建国大、友石大、中央大、全北大、全南大、建国短大、友石短大、春川大、春川農大、忠南大。

香典を建設基金に

京都韓国学校へ権氏が喜捨

民団京都府地方本部李相権団長夫人の母堂朴[illegible]女史は、さる九月二十八日逝去したが、故朴女史の長男権[illegible]氏は、葬儀の結果、葬儀当日に寄せられた香典四十五万余円を、京都韓国学校の建設基金に寄附することになり、李団長を通じて同校の崔永五理事長に伝達した。

なお、京都本部の経済部長であり同校の副理事長を兼ねている白南善氏も故朴女史の女婿である。

67年ノーベル賞 ベ博士、講演に来韓

一九六七年度のノーベル物理学賞受賞者である米国の、核物理学者ハンス・A・ベテ博士(米、コーネル大学教授)が、韓国物理学会の招請でさる19日に来韓した。

ベ博士は、ソウルと大邱市で「恒星エネルギー生成」に関する学術講演会をすることになっている。

第50回体育大会に

百四十名の選手を派遣

体育会 在日体育有功者褒彰も

第50回全国体育大会は来たる二十八日にソウルで、全国各道から選出された選手をあつめて開幕する。

この大会には日本からも、在日本大韓体育会が百四十名の大選手団を派遣して参加することになっている。

本年の体育大会は、当初十月四日から九日までの六日間を予定していたが、国民投票のためにこれが延期され、十月二十八日から六日間にわたって開催することになったもの。

在日同胞選手が出場する種目は蹴球部(一般部・高校部)、排球部(大学部)、庭球部(一般部・高校部)、ホッケー部、ラクビー部、野球部、卓球部、柔道部、体操部、射撃部、陸上部、拳闘部。

なお今回の大会では、体育振興と、これまでのオリンピック、ユニバーシアード、アジアオリンピックなどの開催にあたり在日同胞として多大な支援を惜しまなかった経済人および組織指導者、実技指導者と実務者などの功労に報いるために「有功者褒彰」を行なうが、こんど褒彰をうける人は鄭建永、許弼奭、李裕天、鄭泰柱、李熙健、朴漢植氏など四十余名で、これらの有功者は今回の体育大会のロイヤル・ボックスに招待され、褒彰牌が授与されることになっている。

新刊と書評

「在日韓国人」—僑胞八十年史— 金相賢著

著者は現在新民党に所属している国会議員であり、また海外僑胞問題研究所を主宰し、海外同胞問題に関しては、なみなみならぬ情熱をもって取り組んでいる。

また、数回にわたり「在日僑胞実態調査」のために来日し、北は北海道から九州の南端と対馬の小さな島まで巡り歩いて、意欲的な調査と資料集めに努力したのはすでに有名である。

その苦労と努力の結晶がこの著書となってあらわれたがこれは在日同胞の問題と歴史的背景が、在日同胞以外の手で集大成されたもので、この一冊に打ちこんだ著者の情熱に対しては、ただ感服と敬意以外にない。著者は在日同胞の問題に関する限りは、その地位(国会議員)を離れ、怒りと、かなしみと憤りと愛いにかりたてられた一個の学究の立場で対しており、その姿は攻撃そのものである。

これまで多くの知識人と政治人が来日し僑胞社会に足を運んでいるが、そのほとんどが、日本に来たついでに"ただ、見て、帰る"ことだけに終始したの観があるが著者は、日本の全域を踏査して、数十数万の同胞と直接に表情を分ちあい、個人の感情や潜在意識を完全に把握し、『民族』という高い次元で、在日同胞の過去と現状と、さらに将来の問題にまでとりくんだところに本書の尊さがある。しかも、一定の歴史観に徹して問題を分析・批判してその実態を完全に把握して叙述方法と、その責任感には拍手と共感をおくってやまないものがある。在日同胞にはもちろんのこと、本国の人たちにも是非一読をすすめたい著書である。(写)写真＝金相賢氏

—◇—

◎本書購入希望者は左記まで御注文下されば、取次ぎ致します。東京都文京区春日二〜二〇〜一三 民団中央本部宣伝局TEL(03)八一三—二二六一—五番

本国水災民救護誠金拠出者名単

三重県地方本部

民団伊勢支部	一、五〇〇円
金浩学	三、〇〇〇円
金大観	一、〇〇〇円
文敏子	五〇〇円
金敏板	五〇〇円
安大烈	三〇〇円
金必寿	一、〇〇〇円
金敬鎮	一、〇〇〇円
金元博	一〇〇円
高成鎮	五〇〇円
張吉潔	一、〇〇〇円
朴石岩	三、〇〇〇円
金甲成	一、〇〇〇円
李宇西	三、〇〇〇円
李鳳熙	五〇〇円
金永岩	五〇〇円
徐在鎬	三、〇〇〇円
姜外成	三、〇〇〇円
徐相泰	一、〇〇〇円
李有万	一、〇〇〇円
尹炳武	三、〇〇〇円
李碩根	三、〇〇〇円
蘇東燦	三、〇〇〇円
林壬周	五〇〇円
林貞秀	五、〇〇〇円
南哲鎮	一、〇〇〇円
李済旭	一、〇〇〇円
呉鳳源	三、〇〇〇円
金千徳	一、〇〇〇円
李宗洙	五〇〇円
張賛相	五、〇〇〇円
鄭仁植	五、〇〇〇円
金炳賛	五、〇〇〇円
姜済連	五、〇〇〇円
李命連	五、〇〇〇円
金昌八	三、〇〇〇円
陳奉根	三、〇〇〇円
李元万	三、〇〇〇円
朴五駿	三、〇〇〇円
洪淳弘	三、〇〇〇円
金炳奎	三、〇〇〇円
朴梅方	一、〇〇〇円
許達	一、〇〇〇円
呉琨会	三、〇〇〇円
崔栄大	一、〇〇〇円
申文均	三、〇〇〇円
尹俊烈	三、〇〇〇円
金珠業	三、〇〇〇円
鄭徳権	一、〇〇〇円
李相植	一、〇〇〇円
金寅春	一、〇〇〇円
朴洪鉉	五、〇〇〇円
張之峰	一、〇〇〇円
黄衍連	五〇〇円
孫竹根	一、〇〇〇円
朴洪大	一、〇〇〇円
金福童	三、〇〇〇円
柳江植	三、〇〇〇円
鄭元奭	三、〇〇〇円
金太一	一、〇〇〇円
朴基春	一、〇〇〇円
殷熙貞	一、〇〇〇円
朴英基	三、〇〇〇円
金七得	三、〇〇〇円
孔斗泳	三、〇〇〇円
李斗千	三、〇〇〇円
尹湘模	三、〇〇〇円
權正鉉	三、〇〇〇円
柳吉文	一、〇〇〇円
黄丁生	三、〇〇〇円
李鐘植	五、〇〇〇円
朴佑鎮	三、〇〇〇円
婦人会三重県本部	五、〇〇〇円
韓青三重県本部	一〇、〇〇〇円
民団松阪支部	五、〇〇〇円
総合計	一六四、七〇〇円

韓國新聞
韓國新聞社
発行人 鄭烱和
東京都文京区春日町2丁目20－13
電話 (815) 1451～3
(813) 2261～3
振替口座東京 34988番

綱領
一、われわれは大韓民国の国是を遵守する
一、われわれは在留同胞の権益擁護を期する
一、われわれは在留同胞の民生安定を期する
一、われわれは在留同胞の文化向上を期する
一、われわれは世界平和と国際親善を期する

肉親・旧友と交わる万博

"人類の進歩と調和"万博

民団中央本部受入れ体制完了

政府指示 招請手続き簡素化

"人類の進歩と調和"を共通のテーマに掲げ、来年三月十五日から六カ月間、世界の国々が参加して大阪で開かれる「日本万国博覧会」は、いよいよ数カ月を余すところとなった。われわれの祖国が韓国館を建立してこれに参加するにあたり、民団、各機関、大使館はじめ各級領事館が一体となって、万博後援および招請事業を成功させるため全力をあげてまい進している。そこで去る十月二十日ヒルトン・ホテルで万博後援会拡大運営会議に引続き、二十二日には中央執行委員と地協事務局長の合同会議が開かれ同事業全般にわたり真剣な討議が行なわれた。

後援会総予算 2億5千万円

中央会館建設にも拍車

(1) 万博後援拡大運営会議

まず、去る十月十七・十八日の民団第十五回中央委員会のあと、二十日午後三時からヒルトン・ホテルで万博後援拡大運営会議が開かれ、民団、大使館など傘下各団体・機関の代表四十余名が参席したなかで、議案審議などがあって午後六時閉会した。

(2) 中央執行委員と地協事務局長の合同会議

去る十月十七・十八日の第十五回中央委員会の決議により一任された"万博後援および招請事業に関する件"を審議するため、去る十月二十二日午後二時から、中央本部会議室で中央執行委員と……

万博会場に建設中の韓国館

東京ヒルトン・ホテルでの拡大運営会議

キリスト者[illegible]

二千の聴衆あつめ九段会館で アジアキリスト教反共大会盛ん

キリスト教とマルクス主義は、なぜ相容れないのか、それはひっきょう「神の存在を認めぬ偶像崇拝である」からであり「神や宗教に公然と反抗し、さらに積極的に抹殺することを正当化する理論である」との解釈から"キリスト者は反共を叫ぶ"のスローガンのもとに、共産主義に対する思想的攻勢をとっている日本キリスト教反共連合では十一月三日の休日を選んで、同日午後五時半から都内九段会館に約二千人のクリスチャンを集め世界反共連盟……

なかで、大会はまず程鎮鎮による讃美歌に始まり、金田数男牧師の司会によって進められ……

久保木会長

反共をアピールするキリスト教反共大会

70年度の対韓援助額

米政府 議会に2億8千万ドル要請

UN政治委 統一解決まで反対

韓国統一復興委員団解体案

韓国へ八千余万ドル 世銀の69会計年度借款

広がる促進運動

急速に伸びる永住権申請数

万博招請は民団だけ

国民投票後の見解示す

朴正煕大統領は二十五日、共和党の国民投票対策委員長と市・道事務局長の礼訪を受けた席上で、「こんどの国民投票で国民が現政府を圧倒的に支持してくれたのは野党側の代案がなかったためであるのではないと……

朴炳憲後援会事務局長談話

朴炳憲局長

中央方針に率先協力

東本第七回地方委員会で

李民生局長談話

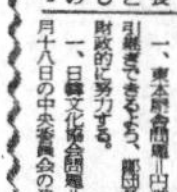
李禧元局長

故金竜煥愛知県本部団長の一周忌および胸像除幕式

昨年十一月十三日、民団破壊を企てる暴漢に襲われ公務中に殉職した故金竜煥愛知県地方本部団長の一周忌と、故金竜煥団長の生前の功績を永久に記念する胸像除幕式がそれぞれ左記のとおり行なわれる。

記

◎一周忌
一、日時 一九六九年十一月十二日（水）午前十一時
一、場所 自宅（岡崎市伊加町字東郷中六一）

◎胸像除幕式
一、日時 一九六九年十一月十三日（木）午前十時
一、場所 愛知県地方本部会館（名古屋市中村区鷹羽町三丁目）

閔忠植氏駐豪大使に

新駐日公使に 韓準石氏就任

落穂

永住権申請案内

今年は、永住権申請の年です。

在日同胞の皆さんが一日も早く安定した生活を営むためには、まだ永住権を申請していない方々が一人もれなく申請するよう、お互いに努力し、勧誘しましょう。

協定永住権を受けることによって、

(一)、何よりもまず、これまでの暫定的であった地位をはなれて、権利として日本に永住することができるよう保障され、

(二)、したがって、協定永住許可を受けていない者や一般外国人とはちがい、協定永住許可者は、ほとんどすべての場合において、退去を強制されることがありません。

(三)、さらに、同永住許可者に対しては、海外旅行に必要な再入国許可における制限がないばかりでなく、一家族が離散することのないよう、人道的な配慮が十分ゆきとどくようになっており、

(四)、子女の教育問題においても、日本の公立小・中学校への入学が認定され、また上級学校進学においても、その入学資格が認められております。

(五)、生活保護を必要とする人には、従前どおりの生活保護が受けられるようになっており、とくに、国民健康保険に加入することができます。

(六)、外国人財産取得に関する政令の適用を受ける一般外国人とはちがい、主務大臣の認可なしに土地・建物などの財産を取得することができます。

(七)、日本から永住帰国する場合には、自己財産の本国搬入または送金などが、協定上保障されております。

在日同胞の皆さん！

去る八月十九・二十日の両日間に開催された"韓・日法相会談"の結果、皆さん方が安心して永住権を申請することができるような措置が講じられておりますから、一日でも早く、永住権を申請されるよう、かさねてお願いする次第であります。

もし皆さん方の中で、同永住権申請に関連して、質問または相談なさる事項がある場合には駐日大使館（第一領事課、または永住権申請案内室）あるいは、地方に所在するわが国の各級領事館へ直接来訪されるか、書信で同事由を問い合わせて下されば、必ずや皆さんのご期待にそえるよう、全力を尽す所存であります。

なお、皆さんの親戚の方々にはもとより、親しい知人の皆さんにも、以上の事実を広く周知させて、今年中に、永住権申請該当者は一人残らず、この申請を完了できるようご協力下さることをお願いします。

一九六九年十一月　日

駐日韓国大使館

豊作の秋迎えた韓国

ダン・H・シャノン

韓国の農業は二年続きの干害、水害にわざわいされて、ここ数年はごく低調であったが、今年は三年ぶりに"豊饒の秋"を迎え、穀物の生産は韓国国民の自足を約束するほどに豊富である。

今年も八月と九月に大雨があって収穫前の稲が流されたが、全国的にすさまじかった過去二年の干害とは違って、この秋は豊かな"みのり"の時期となった。

一九六九年の米穀生産量は四千五十万石と推定されているが、水害の前の予想では四百五十万石生産といわれていた。大雨で実際の収穫高は減ったが、それでも韓国民の食糧は"自給自足"可能というわけである。

需要量六百万トンを自給

機械化時代も間近か

灌漑事業への注力が奏効

肥料殺虫剤高米価政策

経験を生かす灌漑事業

工業優先で農業等閑視

工業化活気失業率四％

間近な機械化時代到来

政府はこの失業問題を解消させ次第、農業人口を縮小させる方向へ向かって、農地の整備を行なう方針である。

かって韓国の人口分布は地方にほんで農業にたずさわる者たちがその過半数を占めていた。しかし現在は全人口の五二％が都市人口となっており、その比率は逆転しつつある。

一九七一年の初めには第三次経済開発五カ年計画が始まるが、それからは韓国も農村人口を縮少させる方向へ向かうようである。

しかし、現在のところではまだ韓国の農業は完全に機械化されていないが、韓国の農村部はいよいよ"機械化の時期"が到来したとみえている。現在はやっと二万台の動力つき耕運機しかないが、農林部はこれを来年の末までには一万七千台以上にふやして行く計画である。

ところが本当の"農村機械化"を実現するためにはこれに適応した農地や灌漑施設がもっと大々的になされなければならないといわれる。

（米国ロサンゼルス・タイムズ紙駐日特派員、最近韓国を訪問した）

（SISA）

韓国ウォン平価切下げ

通貨還収と起債を抑制

経済5部長官発表

韓米経済委合同会議

協力と民間企業の役割討議

新型爆撃機

B52にかわる

米空軍5社に試作依頼

国を代表し、最も強力とされるものに試作させる予定である。

B1型機は旧型、全般の高性能、高速力、精密レーダーに装備されないよう試作計画には超低空飛行能力を持つことが要求される。

空軍当局ではB1型機の実戦化を七〇年代半ばと推定、その際の開発費を約二千五百万ドル（九十億円）とみている。

民間経済人の相互協力の面での推進される活発な協議によって、国際経済協力も民間人の協同によってのみその成果をあげることができると強調した。

硬化した政局を打開

国会正常化

与野政治的折衝を模索

一億四千万ドル

対日輸出目標達成

体質改善されるか

陣痛重ねる韓国新民党

とにかく、"選挙法の確定"で政局の正常化に乗じて新民党に入党への機会が多くなった、党内の派閥を固めたいということだ。

（KPI）

活発な外人韓国投資

トップは日本、次がアメリカ

韓日生産性会議

議題は経営情報等

人気賞は韓国館

サンジェゴ国際博で

チリおよび米国のサンジェゴ国際博覧会に参加している韓国館は人気賞と奨励賞を受賞した。

同博覧会はさる十月十日から十一月二日までひらかれていたが、韓国館は主催側から二つの部門で賞を受け、連日押すな押すなの満員で一週間に十一万二千人余りの観覧者が訪れた。

なお、漁網やタイヤにたいしては多くのバイヤーから取引きがあったという。

婦人会の本格活動具体化

三大目標決まる
本年十一月から来年五月まで

組織強化
永住権促進
勝共再武装

在日大韓婦人会中央本部では、十一月七日から七カ月間にわたって、会長三会長をはじめ全役員が岩手県を皮切りに、日本全国四十八県の地方本部を巡回して(1)組織強化(2)永住権申請促進(3)勝共精神再武装の三大目標を完遂するための大々的な婦人会運動を展開することになった。なお同本部では、この一大事業を推進するに先立ち去る十月二十六、二十七、八日の三日間にわたり、東京近県の役員講習会を開催した。そこで本紙では一日、会長三会長にインタビュー、運動の要旨と具体的進め方、スケジュールについて、いろいろとその抱負をきいた。

役員講習会も開く

写真は会長三会長の開講あいさつ

慈行会が東洋画展
精薄児育成園の募金

多彩な行事展開
東京韓国学校文化祭

李舜夏氏学生に奨学金

不遇な同胞に尽す
米国留学の崔茂子さん

科学者の積極参加と頭脳流出に同胞の協力を……
姜仁煥文教局長談

集まれ"韓国の頭脳"
科学技術処が優遇策

資格規準
誘致の措置
優先順位
申請方法
活動報告書
政府補助金
具備書類

東京韓国学校
第二回理事会

二、巡回予定県名

上映される韓国劇映画作品名

教育人事

写真は東京日比谷公会堂での公演

各地で大好評の民俗舞踊団公演終る

新会館建設
北海道北見支部

新築された民団北見支部

京王稲田、新ビル
スポーツジム併設

韓国人遺骨奉還会で慰霊祭

三多摩本部に韓

民族衣裳で運動会
長野県伊那支部

郷土・崔洲子氏
正式離婚

尋ね人

十一月の映画会

お知らせ

写真　大韓仏教曹渓宗在日弘法院長李行願氏

在日仏教徒の大同団結図る

朝総連の組織的な攻勢から信徒を護る

李行願弘法院長が祈願

在日韓国人仏教徒の保護および布教の拡大をはかり二年前に開院した大韓仏教曹渓宗在日弘法院（前東国大学常務理事李行願院長）では去る八月六日をもって開院満二周年を迎えたが、日本全国に散在している韓国民族系寺院一五〇、信徒五万がいるだけに同弘法院の今後における存在と動きが大きくクローズアップされてきた。

もともと韓国における仏教は、正統派として曹渓宗一本にしぼられており、一部新興派を除いては釈迦像と比丘僧の問題が合意されているだけで、全体的にまとまった大きな宗教勢力をなしているが数年前から在日信徒の大同団結が国家的見地からも強く要望されてきた。というのは、在日朝総連系による信徒の政治的利用が、北韓引き上げ問題を中心に日増しにその度を露骨化してきたからである。

元来、共産主義社会を標榜する朝総連が宗教を否定するマルキストたちで構成されているにもかかわらず、これら仏教徒たちを包摂しようとしているのは不届きもはなはだしいものであるが、そこは彼ら一流の詭弁と巧妙なやり口で、北韓送還など一連の利用価値がある限り何とでもなるわけで、すでに信徒成から数度にわたる功労賞を同系の仏教連合会ではうけているという。

そこで大韓仏教曹渓宗では、これら朝総連の組織的大攻勢から信徒を護るべく在日弘法院を開き、さきに発足した在日大韓仏教徒連合会（趙明錫会長）を支援して、内には信徒の団結と布教活動の拡大、外には韓日仏教交流と本格的な宗教運動を展開しながら展開し始め着実に成果をおさめているおりから、同弘法院の国際社会における宗教活動に期待をかける意味で、ここにその足どりをふりかえって見ることにする。

在日弘法院の足どり

△一九六六年――訪韓した日本の西本願寺僧侶一行に韓国に安置した日本人遺骨を伝達する。日本仏教界から招請を受けた李行願僧侶は日本に放置されている韓国人遺骨の奉還と慰霊、在日同胞の教化が急であることを痛感、日本各界に弘法院設立を力説。

大韓仏教曹渓宗在日弘法院設立推進委員会が発起され、李行願僧侶が委員長に就任、都内渋谷区代々木の村田マンション内に事務所を置く。

△一九六七年――富士霊園の理社長から弘法院修行道場と納骨塔敷地として六千坪を寄贈される。

都内新宿区大京町二一番地に弘法院をひらき院長に李行願僧侶が就任。

WFB青年大会に弘法院代表の金知見氏が参加。

弘法院があっせんして、韓日仏教親善交流のため日本僧侶寺院僧長一行が訪韓。

△一九六八年――第一回在日韓国人無縁仏慰霊祭を弘法院主催で日本厚生省の中でひらく。

日本仏教連盟が主催した万国戦没犠牲者大法要に韓国側を代表として参加。

△一九六九年――二月十日に会館の移転完了（文京区春日二丁目二三―五）この位置は民団中央本部に隣接し、今後の弘法活動にも大へん有利となる。

なお春日二丁目に移転してからは、第二回在日韓国人無縁仏慰霊祭を前年度と同じく日本厚生省内でもよおしている。（現在厚生省には二千三百柱の韓国人遺骨が安置されている）

定例行事としては毎月十曜日に法会をひらき、他に料理講習会韓国語教室、生花教室、茶道などの一般教養を通して布教活動をしている。

このようなたゆまぬ活動の結実として三百余世帯の信徒が新たに入信してきた。一方、大阪・京都などの韓国系寺院にも分院を設置、有機的な連帯関係を結ぶのに成功、教勢は拡大一路にある。

文化

精巧な文化財

青磁象嵌蒲柳水禽文浄瓶は高麗12世紀の作品で、僧侶たちの不善を洗う儀礼式に使われた仏教道具の一種であり、国宝66号に指定された珍品である。

返り咲く小畑実　日生劇場でリサイタル

さきほど古巣の日本ビクターから、昔なつかしいメロディ「勘太郎いつ帰る」「未練のワルツ」などでカムバックした小畑実（韓小龍）さんが、来たる十一月十一日（火）午後一時から日生劇場でリサイタルをひらくことになった。

本紙「日本の中の韓国人」でも紹介した通り、往年の人気はまさに日本一で、レコードの売れ行きでは記録を破ること数度に及んだほどの大歌手であったことは、オールドファンなら、だれでもが知っている常識である。

このたびひらかれるリサイタルでは第一部がヒットパレードで、過去ヒットした懐かしいメロディのかずかずを歌い、第二部では「愛こそいのち」「霧に咲く花」など、全十二曲を新しく発表する意欲的なプロが組まれている。

当日、伴奏には八十人編成の宮間利之とニューハード・プラス・ストリングス、司会は高橋圭三とこれも一流どころの出演で舞台を飾る。

小畑さんは去る三月五日カムバック以来、国際劇場や京都南座でのワンマンショーでは往年にせまる人気をあげており、つい先日「雨の六本木」と「未練の街」が発売されたばかりである。

ちなみに小畑さんは、カルビ焼きで有名な「レストラン六本木」の経営者でもある。

母国に学んだ喜びと感激

日本チームの中の在日韓国人選手

去る九月九日から十四日まで五日間、韓国ソウル新聞社主催の韓日親善女子大学バスケットボール試合がソウルで開かれ、日本側代表選手として名古屋の安城学院大学チームがこれに参加、全日程を終え帰日した。その選手の中にわが在日韓国人の鄭楽波さんが加わっていた。つぎにソウル新聞社発行の"サンデーソウル"九月二十一日号に掲載された鄭さんの当時の活躍ぶりと同胞としての体験談を紹介する。

整った顔――目・鼻・口のどの部分を見ても申し分のない美人である。普通のバスケットボール選手を描いてインタビューした記者をびっくりさせるほどであった。

名古屋安城学院大学の女子バスケット・チームのメンバーの一人、鄭楽波（竹村美恵子）さんはれっきとした在日韓国人である。

身長一七〇センチの背の高いお嬢さん。ソウル新聞社主催の韓日親善女子大学バスケットボール試合に参加するため日本側代表選手の一人としてさる九月八日、生まれて初めて母国を訪れた。

「母国を初めて訪れるというられしさで、出発前の数日間はろくに眠れませんでした。来てみたら周囲の皆さんがとても親切にしてくれるので涙が出るほどです」と語る鄭さんは、長野県松本市で土木建築業を営んでいる鄭錦永（五〇・民団長野県地方本部副団長）氏の次女。

父・鄭錦永氏は一九四二年に来日、現在「竹村組」という長野県屈指の建設会社を経営しており、母は日本人である。

楽波さんがバスケットボールを始めたのは女子高校入学時で選手経歴は四年になる。背が高いということで中学の先生に勧められたのが動機で、練習に励むうち、素質もあったのだろう、当然なるべくして選手になった。

「鄭さんは体力があるのでオールゲームを無難にすませた。まだシュートが不安定だという不安があり、守備がもろいとはいえ、リバウンドが優れており、ゴールの下でのボールの扱いには敵しようなセンスをもっている。素質もあり、体が柔軟で性格も明朗積極的なので、将来が期待される」と安城大学の石田コーチは評する。

第一回戦で、国内女子大学バスケットボールの最強チーム・梨花大学をおさえた時がもっとも印象的だった。このゲームで鄭さんは、後半での五反則により退場するまで独りで九点を獲得した。

「母国の選手たちはプレーの半径が大へん広いし、シュートも日本選手よりはるかに正確なようです。ライン近くまで突入しながら手際よくチャンスを作るプレーは学びたいと思います」と鄭さんは控え目に語る。

ソウルの市内見学先で、ハングルで書かれている商店の看板が読めた。これは長野韓国学園で三カ月間国語を学んだおかげとのこと。これからもいっそう熱心に勉強して、このつぎの母国訪問の時にはきっと韓国語を話せるようにしたい、と約束。

家でも、時々キムチをつけて食べていたが、母国で食べた料理中ではプルゴキ（焼肉）が一番おいしかった。特別好きだという食物はなく、何でもよく食べる、と朗らかに笑った。

「しばしばコーチの先生から叱られます。ファウルが多いからです。ソウルでの試合でも第一回戦、第二回戦で合計六反則をおかしました。一度ファウルをすると、くやしくて仕方がありません。それでまたファウルしてしまうのです。悪い習慣とは知りながらもなかなかなおりません」

性急で、我が強い面もあるらしい。趣味は読書。文学作品を読むのが好きとのこと。

日本に帰ったら、父に自分の目で見た母国の姿を誇らしげに報告するつもりである、といい、こんどの母国訪問は韓国人としての自負心をもたせてくれたよい機会であった、と喜んでいた。これからは友達にあっても堂々と祖国の話ができるとのことである。

なお鄭さんは「父が日本に渡ったのは二十二才の時だそうです。その後二十八年という長い年月がすぎました。現在では生活の基盤もでき、比較的豊かな暮しです。姉と弟にも母国を心から愛するようにすることが私の責任であると思います」と述べた。

十九才。安城学院大学家政科一年在学中。

この「サンデーソウル」の報道をきっかけに、母国の大学生から多数の激励の手紙がきている。

国際人として正しい英語を

英会話・留学指導に尽す李牧師

一般社会生活においても、国際人として活躍する場合にも英語は不可欠のものとなっている。趣味として、また実用として"話せる正しい英語、役に立つ英語"を身につけたい、と願う一般社会人（男女を問わず）や受験の必要から、あるいは留学へのチャンスをつかみ、その指導を受けたいと願う青年学生に耳よりなニュース。

これまで数多く在日韓国人の青年学生の英語指導に当たり、そのうち十五名の学生に米国留学への道を開き、その指導にあたってきた豊かな経験をもつ韓国系米国人・李基俊牧師が、受講者の能力と希望に応じた教授法で、英語を親切丁寧に教えてくれ、個人、グループ、出張教授のいずれにかかわらず、都合のよい時間を選択でき授業料についてもご相談に応じる。

長年の間、米国で教育学を研究するかたわら、大学で教鞭をとってきた李牧師は「日本社会の差別と不利な条件のもとに、才能を十分発揮する機会にめぐまれない同胞の青年学生を気の毒に思う。米国では東洋人に対する印象もよく、好感をもって迎えられ、あらゆる分野に進出できる機会が与えられる。私は一人でも多く、有能で向学心に燃える同胞の青年学生を見出して、留学への道を開きその指導に誠意をつくしたい。そして、これら青年学生が、祖国の建設と発展のために寄与してくれることを切に願うのです」とその抱負を披歴（ひれき）してくれた。

李基俊牧師の略歴＝ニューヨーク神学校、デラウェア州立大学院・南カリフォルニア大学院、イマキュレート・ハート大学院、ブルトン大学院卒業。韓国の神学校教授、米メカレスト大・南カリフォルニアカレッジ図書館長、横浜市共立女子聖書学院教授などを歴任。

◎係から＝受講希望者は左記へ

東京都港区六本木6―18―30

（第六ビル）(電)四〇二―二二五九

李基俊

「韓国の憲法」

金熙鎮著

在日韓国人の若い学究の労作「韓国の憲法」（東京・敬文堂発行）が刊行された。

著者は今春、早稲田大学大学院政治学研究科（比較憲法専攻）卒の金熙鎮氏(31)。

本書は、わが国の憲法を比較憲法的視野から体系的にわかりやすく分析・解説し、随所に著者の独創的な見解と考察が加えられている。付録には、国会法、政府組織法、政党法、大統領選挙法、法院組織法、国家保安法その他、各種の法令や資料が豊富に収録されており、韓国の憲法体制や政治構造を知るためには必読すべき書である。

なお本書には、早稲田大学教授・大西邦敏政治学博士のすいせんの言葉が寄せられている。

体裁＝A五版四四八頁、高級アート紙、上質紙使用クロス装。

販価　二千円

申込先　韓国新聞社議業局

販売元　株式会社オメガ（札幌市北二条西三丁目TEL（〇一一二）二三―一七五四）

（写真＝韓国の憲法）

本国水災民救援金

山口県地方本部　小野田支部

朴[illegible]	一、〇〇〇円
李[illegible]	一、〇〇〇円
孫[illegible]俊	一、〇〇〇円
李広生	三、〇〇〇円
李上之	三、〇〇〇円
金[illegible]連	三、〇〇〇円
[illegible]	二、〇〇〇円
[illegible]	一、〇〇〇円
[illegible]	五〇〇〇円
全[illegible]東	一、〇〇〇円
李乙岩	一、〇〇〇円
李秉煥	二、〇〇〇円
李正吾	三〇〇円
朴奎元	二〇〇円
朴棋礼	二〇〇円
権[illegible]石	一〇〇円
丁秉述	一〇〇円
沈相鎬	一、〇〇〇円
朴小石	一、〇〇〇円
馬竜寿	四〇〇円
朴来修	三〇〇円
文尚根	五〇〇円
朴正男	一、〇〇〇円
高[illegible]	五〇〇円
李宗律	一、〇〇〇円

（以下氏名・金額 [illegible]）

埼玉県地方本部

県本部役職員　計七四、五〇〇円

浦和支部　計一一〇、〇〇〇円

川口支部　計三三、三〇〇円

草加支部　計三〇、〇〇〇円

大宮支部　計二五、〇〇〇円

県本部役職員	七四、五〇〇円
浦和支部	一一〇、〇〇〇円
県北支部	五五、〇〇〇円
県南支部	三九、〇〇〇円
草加支部	三〇、〇〇〇円
川口支部	三三、三〇〇円
大宮支部	二五、〇〇〇円
西部支部	四〇、〇〇〇円
秩父支部	三〇、〇〇〇円
総合計	四三六、八〇〇円

韓國新聞
発行所 韓國新聞社
発行人
東京都文京区春日町2丁目20−13
電話 (815) 1451〜3
(811) 2261〜3
振替口座東京 34988番

綱　領
一、われわれは大韓民国の国是を遵守する
一、われわれは在留同胞の権益擁護を期する
一、われわれは在留同胞の民生安定を期する
一、われわれは在留同胞の文化向上を期する
一、われわれは世界平和と国際親善を期する

われわれの権利は永住権から

安定した生活営むため 一日も早く永住権を

大使館 民団 大々的に啓蒙運動展開

来る一九七一年一月十六日は、"日本国に居住する大韓民国国民の法的地位および待遇に関する日本国と大韓民国間の協定"が発効して丁度五年に当たる重要な日である。すなわち協定永住権申請の期限になるわけで、およそ一年を余すところとなった。そこで民団はじめ各傘下団体と機関が、永住権申請促進を一〇〇％達成させるため、全国いたるところで講演、パンフレットの配布、申請手続きの指導、文書など、あらゆる方法を活用して積極的に促進運動を推進しているが、このほど駐日大使館では、永住権の意義とその申請方法など全般にわたる事項をわかりやすく解説した「永住権申請案内」（別掲）を約二万部印刷、近く全国にわたり配布される。

各県に指導員配し

申請代書・代筆行う 戸別訪問も実施

韓日親善を基底 広げられる永住の道

序

駐日本国大韓民国 特命全権大使 厳敏永

一九六九年十一月

暫定的地位でなく 法的権利で永住保障

本国家族招請有利に

教育・健保・生活保護への保障

再入国 期間 回数 許可制限なし

朝総連の虚偽宣伝攻勢を粉砕しよう

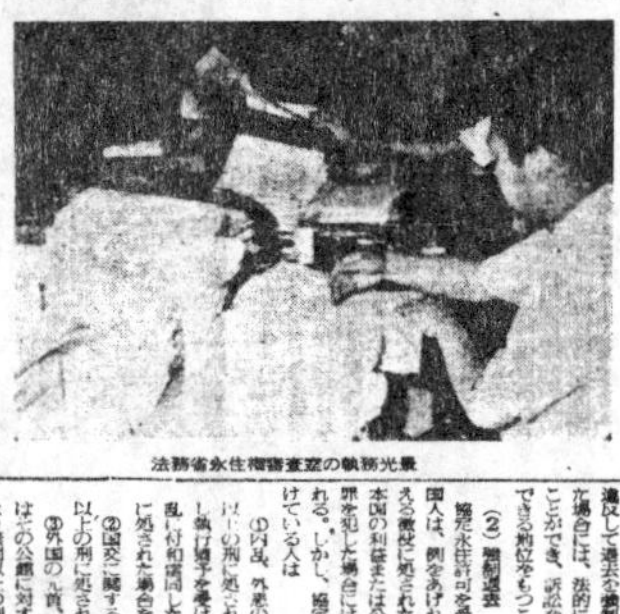

法務省永住権審査室の執務光景

自費母国留学生募集要綱

一、対象

在日韓国人で、母国の大学以上の学校へ入学または編入したいと希望する者、および一年間の予備課程だけを希望する者。

二、資格

(1) 日本国の外国人登録法による登録を済ませた大韓民国国民
(2) 大韓民国教育法上の大学入学資格、または大学院入学資格をもつ者
(3) 日本で初・中・高（十二年間）を卒業した者（予定の者も含む）
(4) 基礎学力が十分あり、反国家的活動に加担した事実がない者で、旅券および再入国申請手続きが可能な者

三、提出書類

(1) 入学願書（所定様式二通）
(2) 留学調書（所定様式二通）
(3) 卒業証明書（小・中・高別）各一通
(4) 成績証明書（大学志望者は高校、大学院志望者は大学成績表）二通
(5) 国民登録済証（民団推薦状を含む）一通
(6) 外国人登録済証明書
(7) 写真（入学願書に添付）二枚

四、提出期間

自 一九六九年十一月二十日
至 一九六九年十二月二十日（一ヵ月）

五、提出先

民団中央本部文教局

六、詮衡

(1) 第一次詮衡（大使館奨学官室実施）

イ、詮衡科目

◎大学および予備校希望者＝国語・英語・数学・作文・面接
◎大学院入学および大学編入希望者＝国語・英語・論文・面接

ロ、詮衡日時および場所

後日追って通知する

(2) 第二次詮衡

本国文教部が志望大学との合意の上、決定する。

七、参考事項

(1) 合格した者は、一年間、国民教育を受ける。
ただし、入学希望者のうち、一年間の学業成績が優秀な場合、一九七一年度に、希望により志望大学へ特別推薦することも可能。
(2) 希望校は第三志望校まで記入するも、同一校の記入は認められない。なお、地方校への志望を勧奨する。
(3) 入学校の転科はいっさい許可しない。したがって、科の選択には慎重を期されたい。
(4) 志望大学の決定は、志望どおりなされない場合もありうるので了承されたし。
(5) その他、問い合わせたい事項は、各地方本部文教部、韓国教育文化センターおよび中央本部文教局へ問い合わせること。
(6) 具備書類のうち大使館の所定様式書類は、所管の韓国教育文化センターで請求すること。

一九六九年十一月　日

民団中央本部文教局

わが家のしあわせは 永住権から

家族の一時訪日 好意的に受理される
居住歴推認は容易に

(一面よりつづき)

⑤協定永住者に対し、(イ)再入国許可申請は特別な事情がない限り日本の所管入国管理事務所で処理しており同許可の回数および期間に対する制限は行なわず、第三国への旅行のための再入国許可申請に対しても、法務省(本省)で処理するため時間がかかることもあるが、特別な制限を加えていない

兄弟の一時訪問のための日本入国については、原則的に、最初二カ月程度の期間の査証(ビザ)を発給してもらい、入国後はその状況に応じて、一回まで在留期間を更新することには、好意的に処理されるようになっている。

一時訪問を目的として入国した者は、必ず期間内に出国することが望ましいし、同査証を…

四月二十八日)までの期間に日本に入国した者は、一般永住許可申請、すなわち出入国管理令による永住権申請をすることができ、

(ロ)一般永住許可を申請するときに注意すべき点は、

(a)観察期間

従来、特別在留許可後五年間の観察期間を設けたが、一九六八年三月十五日以後、申請者た…

(d)健康であること

単に常識的な意味で健康であればよく、これを証明するために一般国立病院で発行している簡単な健康診断書を提出すればことたりる。

(e)身元保証人

身元が確実な日本人または在日韓国人であれば十分である。

韓日法相会談での合意事項

留学のための再入国に特恵

協定の円滑運営期し
同数再入国許可の賦与を

配偶者子女の入国特別配慮

(2) 一般永住許可

永住申請 全国的に促進啓蒙運動展開

「永住権申請案内書」

金日成伝広告を謝罪
北傀の虚偽宣伝を暴露
ロンドンタイムス

抑制策むなしく貨幣発行高ふえる

永住権申請に関し相談を受けつけるところ
大使館・領事館　住所一覧表

名称	住所	電話
駐日本国大韓民国大使館	東京都港区南麻布1−2−5	(03) 452−7611〜3
駐大阪総領事館	大阪市南区末吉橋4−23−1 第2心斎橋ビル9階	(06) 252−4251〜3
駐札幌総領事館	札幌市南2条西4−26北海道商銀4階	(0122) 62−0288
駐福岡総領事館	福岡市赤坂1−10−25	(092) 77−0461〜3
駐仙台領事館	仙台市北5番町9−3	(0222) 21−2751〜2
駐横浜領事館	横浜市中区山手町1−8	(045) 201−4531
駐名古屋領事館	名古屋市東区東外堀町1−8	(052) 961−9221〜7
駐神戸領事館	神戸市生田区中山手通り2−73 (YMCA向い)山口自転車ビル	(078) 22−4853・5455
駐下関領事館	下関市大和町5 数局ビル	(0832) 66−5341〜3
駐日韓国公報館	東京都千代田区永田町2−29 ホテルニュージャパン東新館	(03) 580−2577

民団中央および各地方本部　住所一覧表

地方名	住所	電話
民団	中央本部　東京都文京区春日2−20−13	(03) 813−2261〜3
東京	東京都文京区本郷3−32−7.	(03) 811−1535
神奈川	横浜市神奈川区鶴屋町3−18	(045) 311−4903〜5
千葉	千葉市新宿町2−35	(0472) 42−4621〜3
山梨	甲府市丸ノ内2−20番6号	(0552) 22−5444
栃木	宇都宮市塙田町326	(0286) 2−7777
茨城	水戸市西原町3210	(0292) 21−3337
埼玉	浦和市常盤町4−16−7	(0488) 31−3950
三多摩	立川市錦町1−3−20	(0425) 22−2381
群馬	前橋市古市場町字松瀬497−5	(0272) 51−2328
静岡	静岡市相生町2丁目	(0542) 45−4531
長野	松本市深志2−8−10	(02634) 2−2635
秋田	秋田市土崎港中央2−9−54	(01862) 5−0935
福島	郡山市深沢2−11−21	(02492) 2−9072
宮城	仙台市茂市ケ坂8−1	(0222) 23−9610
北海道	札幌市南九条西4−10	(0122) 52−2269
山形	山形市赤町7−41	(02362) 2−9506
青森	青森市長島101	017(?) 2−3317
岩手	盛岡市[illegible]15−18	(0193?) 2−0118
新潟	新潟市弁天町3−21	[illegible] 44−[illegible]942
石川	金沢市[illegible]58−甲4	[illegible] 31−7914
福井	福井市[illegible]2−8−12	(0776) 22−[illegible]431
富山	富山市牛島新町3−21	(0731) 32−5779
愛知	名古屋市中村区[illegible]町3−56	(052) 571−6431〜5
岐阜	岐阜市錦町2−9	(0582) 51−3703
三重	津市古河町1−1−15	(05928) 8−4308
大阪	大阪市北区中崎町43	(06) 371−7331
兵庫	神戸市生田区北長狭通4−1−1	(078) 39−0658
京都	京都市左京区下鴨宮崎町19	(075) 781−8281
奈良	奈良市大和高田市日之出町2−1274	(07455) 2−2098
滋賀	大津市島の関9−5号	(07754) 2−3639
和歌山	和歌山市[illegible]町2−9	(0734) 22−3233
広島	広島市東蟹屋町7番9号	(0822) 61−6171
岡山	岡山市本町5番5	(0862) 25−0826
鳥取	鳥取市行徳67−11	(0857) 22−6780
島根	江津市[illegible]1138	(08555) 2−2660
山口	下関市竹崎町429	(0832) 23−8271
福岡	福岡市明治町1−13	(092) 43−7231〜3
長崎	長崎市川口町9番17号	(0958) 44−0781
佐賀	佐賀市大財町1−2−4	(09522) 3−7450
大分	大分市勢家502−5	(09752) 3−1446
宮崎	宮崎市川原町7番13号	(0985) 2−7519
熊本	熊本市[illegible]町477−5	(0963) 52−1965
鹿児島	鹿児島城南町2番25号	(09922) 2−2706
対馬島	長崎県下県郡厳原大字国分1351	
愛媛	新居浜市泉川町松原	(08972) 4−7261
徳島	徳島県小松島市北浜	(08853) 2−3077・2−0308(夜間)
高知	高知市日之出町199番地	(0888) 82−8777
香川	高松市常盤町1−32丸町会館ビル二階	(0878) 31−8955

韓國新聞
発行所 韓國新聞社
発行人 鄭烱和
東京都文京区春日町2丁目20-13
電話 (815) 1451〜3
(813) 2261〜3
振替口座東京 34988番

綱領
一、われわれは大韓民国の国是を遵守する
一、われわれは在留同胞の権益擁護を期する
一、われわれは在留同胞の民生安定を期する
一、われわれは在留同胞の文化向上を期する
一、われわれは世界平和と国際親善を期する

万博後援・招請事業を成功させよう

日本政府の万博招請に対し 丁一権総理夫妻派遣
朴大統領名代として

一九七〇年三月十五日から六ヵ月間、大阪で開催される「70年万国博覧会」を迎えるに当り、民団中央本部では〝万博後援および招請事業〟を完遂するため、各傘下団体、各機関、駐日各級公館と一体となって努力しており、一方われわれ大韓民国の誠意ある……

丁一権総理

永住権申請を促進
毎月二万名を目標

（写真）李禧元中央団長の記者会見

大阪地方本部 第三十八回臨時大会
団長に崔鳳学氏が当選

大阪地方本部団長に当選した崔鳳学氏

会館新築案を決議
第八回神奈川地方委員会で

駐日特派員の見た自衛隊
鄭泰演

新鋭は空軍地上装備
若い隊員の精神武装に悩み

一等修交勲章
佐藤首相へ伝達

小学児童の体力
成長率ふえる

ごあいさつ

民族中興の旗幟（し）をかかげ、祖国近代化事業遂行のために、昼夜をわかたず、献身的に努力されている皆さんのご健勝と所管事業の繁栄を衷心からお喜び申しあげます。当社の「韓国新聞」は、在日本大韓民国居留民団の機関紙として、在日韓国人六十万の団結と権益を代弁してまいりました。「韓国新聞」が発行されてからもはや二十余年の星霜をへましたが、その間、在日韓国人の精神的な糧として、本国政府の熱烈な声援と在日韓国人の皆さんの深いご努力のお陰で、本国政府の施策と国家の目的を伝達・報道する役割を果たしてきたのであります。

今般、本紙では、祖国の飛躍的な経済発展の様相、とくに地方行政区域を単位とする地方行政の施策面、経済建設状況、産業、教育、文化などをすべて網羅した地方の復興状態を特集として編集したく存じます。これにより、祖国に対する認識と民族意識を高め、さらに在日韓国人との相互理解と紐帯を強化し、祖国に対する正しい認識を高め、朝総連とその系列の執拗な虚偽宣伝攻勢に打ち勝つ強固な精神を涵養するに役立つものと確信する次第であります。

右の趣旨を十分ご理解の上、目的達成のために、同特集に要する資料などを提供下さるようお願い申しあげるとともに、皆さん方の限りないご支援、ご指導とご鞭撻を賜りたく切にお願いいたし、とりあえずごあいさつに代えます。

一九六九年十一月二十五日

東京都文京区春日町二丁目二十番地十三
在日本大韓民国居留民団中央本部
韓国新聞社
社長 鄭烱和
韓国支社 ソウル特別市中区南大門路四街七五
国際私書函二〇九四号
電話 ㉘九七三一
　　 ㉘〇七一八六

鄭烱和社長

落穂

人事発令

一九六九年十一月二十日付きをもって次のように発令します。

万博招請事業推進委員会
委員長 李禧元
副委員長 尹致夏
委員 文圭準
〃 民団各地協事務局長

万博招請事業本国連絡事務所
所長 李成甫

組織局長 丁海龍
〃次長 朴相元
経済局次長 孫秀棋
文教局次長 金珍寧
宣伝局次長 朴英勲

在日本大韓民国居留民団
中央本部団長 李禧元

国連総会 UN統韓決議案支持

北傀侵略性糾弾

崔外務 国連政治委員会で力説

この日採択された統韓決議案はUN統韓原則の再確認以外にUNCURKと国連軍など、駐韓国連機関の継続存続、北傀武力挑発への関心を表明し、北傀武力挑発の中止と停戦協定の順守を促し、UNCURKの機能を強化して……

国政委員会はまた、共産側が韓国から国連の諸機関を追い出し、UNから韓国問題処理を中止させることを目的として提出した三ヵ案をつぎつぎに否決させた。

北の南侵に対処

70年 防衛態勢強化

韓国は世界18位

総合基準によるランキング

国連通商開発会議発表

中進国に近ずく成長

二年後はアジアの先頭に

米の戦略核兵器4千

公式発表の4倍と米誌報道

ソ連宇宙ロケット爆発

月計画に支障

米TV放送

北の転覆戦術変更

NYT報道

駐韓米軍撤収ねらい浸透激減

路線修正を提議

韓日航空協定改正で

野党の大統領候補

金鍾三氏出馬の意向

浦項総合製鉄所

建設計画実務者会議開く

日本経済成長率13％

物価上昇5％、輸出164億ドル

日本経済企画庁発表

AID品目を拡大

韓国ウォン平価切下げ以後

4.2対1に縮まる

対日貿易逆調の比率

対日請求権資金

5次年度計画割当てきまる

全国卸売り物価

指数一三五・七へ

積立式預金制

海外就職者のために

本国通信部長に李成甫氏

ウ・タント総長訪韓

英霊よ永遠に安かれ

故 金竜煥愛知県地方本部団長

しめやかな中に厳粛な追悼式

故金竜煥愛知県地方本部団長一周忌追悼式と胸像の除幕式が、十三日名古屋市の愛知県地方本部で、李禧元中央団長はじめ全国の各級組織代表二百余名が参席し厳粛にとり行なわれた。

追悼式は、午前十一時より、本部五階の講堂で執行されたが、式場正面に「愛国志士故金竜煥同志一周忌追悼式」と書かれた懸幕の下には、胸に埋まるように故人の写真が飾られ、縁辺とした花の香が、参席者たちの深い哀しみとともに場内いっぱいにひろがるなかで、追悼式の実行委員会である愛知県本部団長の開式あいさつから式ははじまった。

参席者全員が起立して愛国歌を斉唱したあと、団長が遺影の前に伏して拝礼。つづいて李禧元中央団長、[illegible]団長、[illegible]博士（友人代表）、[illegible]氏（友人代表）の順で追悼の辞がしずかに読みあげられた。

追悼辞のあと、朴大使[illegible]長からこの日の追悼式に寄せられた弔電を披露し、参席者全員の焼香と遺族代表のあいさつで追悼式は終り、つづいて午後一時四十分から同本部二階で、胸像除幕に移ったが、この日中央からは李中央団長、[illegible]監察委員長、金[illegible]一監察委員、朴大使[illegible]、朴[illegible]経済局長が参席した。

追悼式につづいて行われた胸像除幕式は、追悼式に参席した全員が参席して盛大に挙行された。

日展会員の鈴木[illegible]氏により製作された胸像は、高さ一㍍の黒大理石の台の上にたてられた等身大のもので製作日数三十日、製作費は百万円である。

故人の温容そのままの胸像は、荘厳な雰囲気の中での「入魂の儀」とともに、白布のベールをぬいたが、この胸像は故人が殉職の数時間前まで執務していた団長室へ永遠に鎮座することになった。

ソウル市内に銅像建立

除幕式のあと李中央団長は、故金団長の国立墓地埋葬問題に関する報告をおこなったが、現在国立墓地に故金団長の遺骨を埋葬するのはいろいろと難関があり、その代案として丁国務総理から、ソウル市内の公園に銅像を建立するようにとの指示があったと、そのいきさつを説明し、この配慮は、故金団長ばかりでなく全在日同胞の栄誉であるとして、李団長はさっそく建立準備に着手することを確認した。

〝原爆広島〟に韓国人慰霊碑

異国の地広島で原爆の犠牲になった韓国人被爆死没者の霊を慰めるため、広島市内の河畔に、在日韓国人の手で「韓国人原爆犠牲者慰霊碑」が建立される。

在日韓国人、なかでも広島在住の韓国人の間では、以前から「独自の慰霊碑建立を」と望む声が強かった。四十二年春、代表が故浜井前広島市長に慰霊碑建設の計画を話したところ、好意的な返事があり、これがきっかけになって広島韓国人原爆犠牲者慰霊碑建設委員会が結成された。[illegible]

碑を建てるほか、周囲に木を植えて美化する。[illegible]

建設費の二百五十万円は、おもに在日韓国人からの寄金でまかなうが、[illegible]

韓京紀さん発明の新型エレベーター

万国博の電力館に設置

在日韓国人の若い技術者の手でつくられた世界で初めての「観覧用二階建円形軸往式エレベーター」（ツーデッキシステム）が、万国博で披露されることになった。

この世界でも珍しい新型エレベーターは、東京電力、関西電力、九州電力、東北電力など日本の電力会社からなる「電気事業連合会」が、総予算二十億円をかけて万博会場に建設する「電力館（エレクトリアム）」内に設置されるもので、その製作費用は二基で五千万円である。

このエレベータを受注したのは横浜市の「横浜エレベーター(株)」であるが、製作したのは同社工務の主任技師である韓京紀さん（日本名[illegible]（30））で、同氏は日本生れの二世であり、本籍はソウル特別市である。

韓さんの説明によると、このエレベーターの特徴は、上部デッキは上昇客だけが利用し、内部側面は十四個体になって十三個の窓がついており、足元には二十四個の照明がついているなど、従来のエレベーターとは全く異る形で、昇降路はレール固定の二本の柱があるだけで観客は上部デッキから館内を眺められるようになっている。

この新しいエレベーターは今月末にはいよいよ大阪に陸送されて会場入りをすることになるが、横浜エレベーターの横井専務は、このエレベーターの製作にあたった韓さんの技術を高く評価し「日本には大小十数社のエレベーター・メーカーがあるが、このエレベーターをつくり得る技術者は韓さんのほかはありません。この高度な技術があってこそ、世界でも初めてのこの新式エレベーターが誕生したのです」と絶賛している。

世界の先端諸国が技術を競う万国博の会場に、韓国人の手になるエレベーターが、一度に六十五名の観光客を乗せて、会場の上空を昇降する偉容に接するのも間近い。

（写真・新型エレベーター）

教育後援会の法人化運動本格化

[illegible]

民団諸手続きは永住権申請者に限る

京都で組織分科委員会

[illegible]

作品即売会

三姉で　明暉職業補導園

[illegible]

愛媛韓国会館落成

[illegible]

韓国製空気散弾銃に人気

[illegible]

在日大韓体育会主催で

全日本蹴球選合タブルス優勝祝賀会

[illegible]

活発化する地方本部の動き

[illegible]

在日新聞通信協会

[illegible]

韓国資料を無料貸与

横浜の韓国図書館で

[illegible]

ソウルでバスの事故死

〈京都の呉大周さん〉

[illegible]

お知らせ

[illegible]

十一月の映画会

[illegible]

尋ね人

[illegible]

スポーツ

快挙、韓国初の栄冠
混合ダブルス金・楊組優勝

文化

瞻星台は、西暦647年(新羅時代)に建立された天文台で、もっとも古いものの一つとして有名。慶尚北道慶州にあり、国宝第105号に指定されている。

ニューヨーク・タイムス ロンドン・タイムス に広告掲載
デッチあげの「金日成伝」
西欧陣営への宣伝狙う

あいまいな共産党創設

両紙の無節操ぶりを責める

母はクリスチャンで本名は金成柱

誰一人知らない抗日斗士

韓国の雑誌

韓国傑作写真集①　祈り　故 裴相河 作

文化祭盛況
東京韓国学校

第十三回文化祭を迎えた東京韓国学校では、十一月七日正午から予定通り、日本青年会館に約千五百人の学父兄らが集まった中で、華やかにひらかれた。

この日、大使館からは金容燮首席奨学官、民団中央では金仁洙文教局長らが、国民儀礼につづいて

それぞれ祝辞をのべた。

プログラムは、映画「アポロ十一号月到着」に始まり、マンドリン演奏、創作舞踊と進んだが、中・高生による演劇「チャムパッコル時節」と、初・中・高合同出演のオペレッタ「沈清伝」が好演され、観客の大喝采を浴びる、校歌の合唱のうちに、民族色豊かな第十三回文化祭の幕を閉じた。

中・高生による「チャムパッコル時節」

文化芸術賞の新人賞決まる

今年、政府で創設した文化芸術賞の新人賞受賞者五人がきまった。

四世紀頃の古墳を発掘
嶺南大学

本国水災民救護誠金拠出者名単

埼玉県　県本部

李南台	一〇、〇〇〇円
許相臣	五、〇〇〇円
朴永吉	五、〇〇〇円
崔山文	五、〇〇〇円
鄭度夫	五、〇〇〇円
朴正植	五、〇〇〇円
尹相八	五、〇〇〇円
李仁述	五、〇〇〇円
張光鎬	四、〇〇〇円
許尚太	三、〇〇〇円
田明竜	五、〇〇〇円
裵福烈	三、〇〇〇円
呉則千	三、〇〇〇円
金正柱	三、〇〇〇円
金海述	三、〇〇〇円
呉日出	三、〇〇〇円
金永勇	三、〇〇〇円
李載東	三、〇〇〇円
金正宅	三、〇〇〇円
洪寶祿	一、〇〇〇円
崔奉祥	一、〇〇〇円

西部支部　計　三九、〇〇〇円

兵庫県　地方本部

総合計　四三六、八〇〇円

総合計　五〇四、五二〇円

計　一四四、五〇〇円

69年度奨学生

韓國新聞

発行所
韓國新聞社
発行人
鄭烔和
東京都文京区春日町
2丁目20−13
電話 (815) 1451〜3
(813) 2261〜3
振替口座東京34988番

綱　領

一、われわれは大韓民国の国是を遵守する
一、われわれは在留同胞の権益擁護を期する
一、われわれは在留同胞の民生安定を期する
一、われわれは在留同胞の文化向上を期する
一、われわれは世界平和と国際親善を期する

永住権申請促進運動展開

民団の威信と総力をかけて

近畿地区で活動の第一声

幹部戸別訪問で申請に拍車

年内四万名の目標達成

永住権申請促進全国キャンペーンは、大阪を中心とする近畿地区で、同地区年内四万名申請完了の目標を高く掲げて……韓民国の威信と民団組織の命運を賭けて展開されるこの永住権申請促進運動は、さる十月十七・八日の両日、東京で……要事業としてその推進が決議され、その間中央では運動の具体的な実施方法を練っていたが、まず同胞居住数が……近畿地協管内（大阪・京都・兵庫・滋賀、奈良・和歌山）の各地方本部で、年内に四万の申請完了を実現させるた……を側面から支援して目標達成を期するために、中央からは法的地位委員長である李禧元中央団長をはじめ、同委員会……元問次長、崔聖明監察委員長、鄭烔和韓国新聞社長の諸氏が大挙西下して、近畿各地の各種会合に出席し、永住権申……とともに、申請に関連する質疑に対し懇切な解説を行なって、四万名新規申請達成に拍車をかけた。

写真近畿地協で永住権申請促進協議会

李禧元中央団長陣頭指揮

一気に盛りあがる促進運動

写真　陣頭指揮する李禧元団長

福祉社会建設を目標

七〇年代は『民族中興の年代』

朴正煕大統領施政演説

写真　朴大統領

二十五日の国会本会議で政府が提出した一九七〇年度予算に対する朴正煕大統領の施政演説（丁一権国務総理代読）があった。朴大統領はこの日の演説で新年の施政の基本方針を明らかにしながら、「開発の六〇年代」を送り「躍進の七〇年代」を迎えたわれわれは七〇年代こそ「民族中興の年代」として歴史に記録する転換の契機としなければならないといった。

さらに朴大統領は「七〇年代には是非ともわれわれの念願である経済自立と祖国近代化を達成してわれわれがともに繁栄を分け合うことのできる福祉社会を建設しなければならない」と強調して国民に勤勉と貯蓄と奨素を呼びかけながら「こんご数年の間、われわれがなにを指向しどのように果すかによって国運の進退が左右され、近代化の基礎の上に自由、自立、繁栄、統一の新たな韓国を建設するか否かが決定されるだろう」と述べた。

なお、朴大統領はまた政府が編成した四千三百四十三億ウォン規模の新年予算案が健全予算の原則のもとに編成されていることを指摘しながらつぎの諸点を明らかにした。

①一九七〇年度経済運営の基本方向としては、その間の高度成長の傾向を安定化させながら成長率は一一％ぐらいに達成させ、適正水準の投資を誘致することによ……

規約修正に民主的総意

中央監察委員会要領通達

朴性鎮中央法地委副委員長の要旨

来年度も関税減免

─輸入新聞用紙

政府は七〇年度にも新聞・通信社が導入する新聞用紙に限り、現行の導入関税四・五％を引続き適用、減免措置をとる方針を固めた。

関係当局によると、三〇％の現行導入関税を新聞・通信社が需要者として導入する新聞用紙に限り四・五％に減免しているが、財務部の関税減免部令時効が六九年十二月末となっているため、同部令を改正することに関係当局で合意したという。

なお、商工部が集計した十月末現在の新聞・通信社が導入した新聞用紙は、本年度総需要九万六千トンに対し、一万トである。

生野支部を筆頭に

大阪地方本部　促進具体化

近畿地協での永住権促進運動方針を早速実践に移して、年内に二万名の新規申請完了を期する民団大阪地方本部では、近畿開催の翌二十七日には、はやくも同本部管下三十支部の三機関と事務部長および傘下団体代表者会議を召集した。

十一月二十七日の午後二時、大阪本部の小講堂に参集した二百名の各支部役職員は、崔鳳学本部団長、李中央団長から永住権申請促進に関する説明を聴き、年末をひかえ二万名の新規申請を達成させる意気を溢れるようにしめしあっていた。全員が本部から割当られた申請者数に対して不満の声ひとつあげず、むしろよろこんでこれを受けいれ、具体的な運動展開の方法を論じあうだけであった。

この日の割当数の最高は生野支部の五、〇〇〇名。年末までの実動日数を三十日とみて一日に約一七〇名を申請させなければならない。韓景在経済局長がこの数字を割当てたとき場内からは思わず"ホウ"と歓声があがり立ち上った宋台仙生野支部団長の顔を全員が見あげたが、宋団長は平然としてこの割当て数を諒承し万場は拍手と声援をおくってこれを激励した。

この日の支部役職員会議には李中央監察委員長、白中央副議長、金中央監察委員、鄭韓国新聞社長朴中央法地委副委員長も出席してそれぞれ今次促進運動のもつ意義に関する説明があり、会議は午後六時過ぎに散会した。

なお支部役職員会議で各支部へ割当られた申請者数はつぎのとおりである。

写真　大阪地方本部永住権促進協議会で説明する崔鳳学団長

生野支部	五、〇〇〇名
西成支部	一、六〇〇名
東成支部	二、〇〇〇名
布施支部	一、九〇〇名
東淀川支部	一、四〇〇名
城東支部	八五〇名
東住吉支部	八〇〇名
八尾支部	一、六〇〇名
北大阪支部	五〇〇名
堺支部	六五〇名
住吉支部	五〇〇名
泉大津支部	五〇〇名
中央支部	三〇〇名
北河内支部	三五〇名
泉南支部	三五〇名
西淀川支部	四五〇名
吹田支部	三〇〇名
南大阪支部	二〇〇名
高槻支部	二〇〇名
豊能支部	二五〇名
都島支部	三〇〇名
大正支部	三〇〇名
港支部	二〇〇名
枚岡支部	二一〇名
福島支部	二〇〇名
泉北支部	二三〇名
此花支部	二〇〇名
阿部野支部	一五〇名
茨木支部	一七〇名
旭支部	四〇〇名
計	二二、〇五〇名

発展するソウル特別市

金玄玉ソウル特別市長

望まれる政府の育成策

銀行昇格後押しを

本国　金融機関進出は不適

在日本韓国人信用組合協会

わが国金融機関の日本進出への努力とはうらはらに、在日韓国人の信用組合である在日韓国人信用組合協会では、国内金融機関の日本進出を反対しており、政府の適切な措置が望まれている。日本における韓国人信用組合の……本国市中銀行が日本に支店を開設することになれば、双方の競争により相対的に業務が弱化し……な支障を及ぼす──として反対を唱え、さらに日本における貿易決済、輸出金融、外換業務は、韓国外換銀行の……第一銀行東京支店のみで十分であると、主張している。

したがって韓信協では、政府が……に換えようとするものではない。

しかし、すでに大阪に事務所を……

独島は韓国領土

外務部　日本の主張反駁

輸出増進に巨歩

馬山を自由貿易地域に

躍進する東京商銀

来年度新卒者を募集しております。

東京商銀信用組合

総務部

韓日合意書に調印

明るい工業経済の前途

浦項総合製鉄工場

日米首脳共同声明

韓日の安保は直結

米日事前協議に弾力性

韓国に五千万ドル

米下院歳出分委で承認

韓国外交方針

70年度は安全保障

70年奨学目標

新たな国民像創造

第3漢江橋上棟

駐カナダ大使に

陳弼植前外務次官

大陸棚の石油開発

海洋開発10カ年計画で具体化

築かれる工業基地

国土総合開発基本計画で

世界に伸びるソウル

世界のメガロポリスへ飛躍

豊饒と福祉の揺籃を築いて

国づくりの動脈をまあねく

漢江の奇蹟は血と汗の結晶

四百万人のマイホーム建設

ハコバンを2DKと交換へ

水不足解消と南山トンネル

"漢江の奇蹟"ふまえ

活気あふれる韓国の首都

永住申請 全国的に促進啓蒙運動展開

年内手続きを強く要望

張聡明中央監察委員長力説

[illegible]

各地にひろがる促進熱

京都 兵庫 地方本部も運動推進

[illegible]

兵庫県地方本部定期地方委員会

関西地区の焦点

生野支部 年内五千名目標

[illegible]

軽挙妄動に厳重警告

李禧元団長談話発表

李禧元団長

[illegible]

永住権取得し安定生活築こう

[illegible]

韓日両国は協調と繁栄の道を

秋田県本部会館落成式 厳敏永大使、記者会見で語る

厳大使のあいさつと秋田県本部会館

[illegible]

権友会は告訴した

[illegible]

誣告罪で対決

[illegible]

岡山韓国会館落成

岡山韓国会館落成式

[illegible]

事業本国連絡所長

李成甫氏赴任に際して語る

李成甫所長

[illegible]

万博に備えて改築

生野支部 事務所の竣工なる

[illegible]

大韓婦人会大阪本部定期大会を開く

[illegible]

原爆犠牲者の慰霊碑

建設委員会を結成

[illegible]

新世界新聞創刊二十五周年祝賀式

[illegible]

尋ね人

[illegible]

わが家のしあわせは 永住権から

自費母国留学生募集要綱

一、対　象

在日韓国人で、母国の大学以上の学校へ入学または編入したいと希望する者、および一年間の予備課程だけを希望する者。

二、資　格

(1) 日本国の外国人登録法による登録を済ませた大韓民国国民

(2) 大韓民国教育法上の大学入学資格、または大学院入学資格をもつ者

(3) 日本で初・中・高（十二年間）を卒業した者（予定の者も含む）

(4) 基礎学力が十分あり、反国家的活動に加担した事実がない者で、旅券および再入国申請手続きが可能な者

三、提出書類

(1) 入学願書（所定様式二通）

(2) 留学調書（所定様式二通）

(3) 卒業証明書（小・中・高別）各一通

(4) 成績証明書（大学志望者は高校、大学院志望者は大学成績表）二通

(5) 国民登録済証（民団推薦状を含む）一通

(6) 外国人登録済証明書

(7) 写真（入学願書に添付）二枚

四、提出期間

自 一九六九年十一月二十日
至 一九六九年十二月二十日（一ヵ月）

五、提出先

民団中央本部文教局

六、詮　衡

(1) 第一次詮衡（大使館奨学官室実施）

イ、詮衡科目

◎大学および予備校希望者＝国語・英語・数学・作文・面接

◎大学院入学および大学編入希望者＝国語・英語・論文・面接

ロ、詮衡日時および場所

後日追って通知する

(2) 第二次詮衡

本国文教部が志望大学と合意の上、決定する。

七、参考事項

(1) 合格した者は、一年間、国民教育を受ける。

ただし、入学希望者のうち、一年間の学業成績が優秀な場合、一九七一年度に、希望により志望大学へ特別推薦することも可能。

(2) 希望校は第三志望校まで記入するも、同一校の記入は認められない。なお、地方校への志望を勧奨する。

(3) 入学校の転科はいっさい許可しない。したがって、科の選択には慎重を期されたい。

(4) 志望大学の決定は、志望どおりなされない場合もありうるので了承されたし。

(5) その他、問い合わせたい事項は、各地方本部文教部、韓国教育文化センターおよび民団中央本部文教局へ問い合わせること。

(6) 具備書類のうち大使館の所定様式書類は、所管の韓国教育文化センターで請求すること。

一九六九年十一月　日

民団中央本部文教局

文化

高麗王朝（西歴918－1392）の精巧な青磁炉

『私の祖国はソ連』

機会主義者の金日成

「民主朝鮮」元編集長の韓載徳氏が語る素顔

北韓を知ろうとするにはまず、北韓の政治を独裁している朝鮮労働党を知らなければならない。そしてこの朝鮮労働党を知るためには、この党の首領として権力をほしいままに行使している金日成について知る必要がある。最近、自由諸国で〝偽造囚童〟として騒がれた「金日成伝」がウソの伝記であることはすでに例をあげて書いたが、この「金日成伝」が金日成の偶像化運動に必要不可欠のものであったことは否めない事実である。金日成偶人崇拝主義を徹底化することは北韓の独裁政治形態を一層いびつなものにする結果となり、北韓の独裁は、他の共産諸国のどの国の独裁よりもはなはだしいものとなった。

ちょっとした武勇談

「ねつ造だということは知りつつも、読んでいて全く面白いヨ」と、ある日本人の新聞記者がいったが、〝金日成伝〟はちょっとした武勇談よりもっと面白く書かれている。私がその初版で「金日成伝」を書いたときも、金日成は革命家として…

〝中国共産党〟に入党したのだ

嘘だらけの英雄伝

抗日遊撃隊の虚構記録

利益如何で動く金日成

ソ連に行ったこともなし、というのもウソ

ソ連公民権を持つ男が首相に

イデオロギーの上では中共寄り

スターリンと毛沢東のマネゴト

金慶信将軍の〝顕利〟を発見

五大古宮の観樹木実態調査

飛翼廣天雷製造の鋳物址を発見

韓国作品好評　イタリアのキャビで開かれた

筆者紹介

〝朝鮮民族主義〟にビクビク

新刊と書評

ユニークな力作！

「明日のインテリア」

伊丹潤著

本国水災民救護誠金拠出者名単

韓國新聞

発行 韓國新聞社
発行人 鄭 烔 和
東京都文京区春日町 2丁目20―13
電話 (815) 1451―3・(813) 2261―3
振替口座東京 34988番

民団綱領
一、われわれは大韓民国の国是を遵守する
一、われわれは在留同胞の権益擁護を期する
一、われわれは在留同胞の民生安定を期する
一、われわれは在留同胞の文化向上を期する
一、われわれは世界平和と国際親善を期する

厳敏永駐日大使逝去さる

内外の深い哀悼裡に

12日特別機で無言の帰国

厳敏永駐日大韓民国特命全権大使はさる五日から、過労による肝硬変症をおこし、東京慈恵医大病院に入院治療をうけていたが、九日夜半、突然に危篤状態におち十日の未明一時三十分、夫人李慶昌女史に臨終の床に付添われて逝去された。

故厳敏永大使

厳粛に告別式

[illegible]

民団、三機関長を派遣

16日執行の外務部葬へ

[illegible]

写真説明＝日本陸上自衛隊の儀仗隊によって大使館をあとにする故厳大使の霊柩（左上）告別式で献花する大使夫人李慶昌女史（下）と佐藤日本総理大臣。

勲一等旭日大綬章 故人へ日本政府が

[illegible]

大阪民団も衝撃

[illegible]

国家へ功績多し 淋しかった臨終の床

故人の面影

[illegible]

北傀、海賊的野蛮行為を敢行

大韓航空機を乗取る

江陵発〔YS11〕乗客もろとも

大韓航空（KAL）が十一日午後四時半すぎ発表したところによると、同日午後零時二十分東海岸の江陵飛行場をたったソウル行KAL（YS11）八二六便（乗客四十六人、乗員四）が何ものかに乗取られ、北韓の宣徳空港に強制着陸させられたという。[illegible]

北韓に拉致されたものと同じYS11機

機体早急に返還せよ

中央公安室談

帰還交渉は長引くか

[illegible]

徹底的に糾弾

民団中央で声明発表

[illegible]

スパイからむ

治安局長が発表

[illegible]

自費母国留学生募集要綱

一、対 象

在日韓国人で、母国の大学以上の学校へ入学または編入したいと希望する者、および一年間の予備課程だけを希望する者。

二、資 格

(1) 日本国の外国人登録法による登録を済ませた大韓民国国民
(2) 大韓民国教育法上の大学入学資格、または大学院入学資格をもつ者
(3) 日本で初・中・高（十二年間）を卒業した者（予定の者も含む）
(4) 基礎学力が十分あり、反国家的活動に加担した事実がない者で、旅券および再入国申請手続きが可能な者

三、提出書類

(1) 入学願書（所定様式二通）
(2) 留学調書（所定様式二通）
(3) 卒業証明書（小・中・高別）各一通
(4) 成績証明書（大学志望者は高校、大学院志望者は大学成績表）二通
(5) 国民登録済証（民団推薦状を含む）一通
(6) 外国人登録済証明書
(7) 写真（入学願書に添付）二枚

四、提出期間

自 一九六九年十一月二十日
至 一九六九年十二月二十日（一ヵ月）

五、提出先

民団中央本部文教局

六、詮 衡

(1) 第一次詮衡（大使館奨学官室実施）
イ、詮衡科目
○大学および予備校希望者＝国語・英語・数学・作文・面接
○大学院入学および大学編入希望者＝国語・英語・論文・面接
ロ、詮衡日時および場所
後日追って通知する
(2) 第二次詮衡
本国文教部が志望大学と合意の上、決定する。

七、参考事項

(1) 合格した者は、一年間、国民教育を受ける。
ただし、入学希望者のうち、一年間の学業成績が優秀な場合、一九七一年度に、希望により志望大学へ特別推薦することも可能。
(2) 希望校は第三志望校まで記入するも、同一校の記入は認められない。なお、地方校への志望を勧奨する。
(3) 入学校の転科はいっさい許可しない。したがって、科の選択には慎重を期されたい。
(4) 志望大学の決定は、志望どおりなされない場合もありうるので了承されたし。
(5) その他、問い合わせたい事項は、各地方本部文教部、韓国教育文化センターおよび民団中央本部文教局へ問い合わせること。
(6) 具備書類のうち大使館の所定様式書類は、所管の韓国教育文化センターで請求すること。

一九六九年十一月 日

民団中央本部文教局

国土統一への研究進む

南北総選挙対策たてる
70年代後半が決定的時機

政府は国土統一のため〝国連監視下で、人口比例による南北韓総選挙〟を行なうという原則で総合的〝統一総選対策〟を立てている。これはずっと北韓が国連の権威と権能を否定し続けているが、こんご国際情勢の移り変りに伴い北韓が国連の権威と権能を認定して国連原則を受諾する場合にそなえて作成されるもので単一大統領候補者の選出と南北有権者の絶対的な支持を獲得するために対策がねられている。

申長官談

国会、予備審査に
新年度の予算案

サハリン同胞送還に促進策

非常外交6カ年計画
米軍減縮にそなえて立案か

借款償還の延期検討
日本が対韓債権国会議を構想

外務行政の改善など
総合国政刷新方案まとめる

外資導入指針を大幅に強化

十一月末まで1億6千万ドル

新たに11億円借款

五千万ドル復活　米対韓特別軍援

在外公務員紀綱確立方案を作成

経済の安定基調に脅威

住宅難70年代に解決
来年は庶民用に14万戸

外国輸入品の価格より高い二十品目

貨幣発行高はますます増加

経済成長15.5%
33.3%にのびた輸入増加率
韓国銀行調査の推計

ソウル―大田間高速道路が開通

世界に伸びるソウル (2)

偉大な夢の実現へ
健全な市民倫理観確立

交通難解決と家庭環境建設

偉大な夢実現

内部行政改革

市民道徳確立

結論

〈ソウル支社発〉

第二漢江橋近くにあるクローバ形の立体交差路

新規四万達成は確実

近畿一円の啓蒙活動に成果

民団運動の本年度掉尾を飾る永住権申請促進キャンペーンは、目下、大阪を中心とする近畿一円で活発に展開され、目標としている新規申請四万名達成は確実視されている。

永住権申請の促進へ

写真は、さる11月22日大阪商工会においてひらかれた万博後援会の会議もよう

年内に目標達成の決意

特別措置法の制定要望

横浜で"戸籍法"実務者講習会

文化賞制定本決り

静岡で文教分科委員会

このほど、民団静岡県地方本部でひらかれた民団中央の分教分科委員会では、委員長選出をはじめ在日韓国人の文化賞制定などをきめた。

当日、同委員会には中央から姜仁煥文教局長と事務次長が参席、白丁赫副議長が委員会成立を宣言、静岡県本部団長の歓迎あいさつのあと、同県本部・支部文教委員の個人紹介が拍手裡におこなわれあと委員長選出に入ったが、李甲寿氏ほか四名の銓衡委員が銓衡した結果、全員一致で尹致夏氏を委員長に選出した。

つづいて、文化賞制定問題の討議に移り姜文教局長から案件全文を朗読同賞の内容は審議のすえこれを可決した。なお同賞の内容は体育、芸術、学術、教育四部門について在日同胞社会に貢献したものを表彰の対象として、毎年十月九日の「ハングル」―国文―の日に施賞するというもの。

施賞にあたっては、賞状のほか副賞として二十万円を贈呈することにし、各県地方本部で合議を見た上、団長名で候補者を中央へ推せんする。

なお賞施は来年度からとし、夏季学校問題について意見の交換が活発におこなわれたあと、盛会裡に同委員会の幕を閉じた。

所長に魚宗徳氏
教育文化センター 島根県に設置さる

コリアン・チャペル 新会堂に移転

総連系続々民団へ

鶴見支部で九月以来46名

待遇改善訴う 岡山県光明園の韓国人患者たち

故厳大使を偲ぶ

―微笑に秘めた庶民的な人柄―

民団広島団長　崔成源

十二月十二日・東京で

故郷に灯りを 晋州に電灯施設費

鄭賢式氏

八重桜苗木 母国へ送る 埼玉民団の朴氏

唐代の銅貨2万個発見 ＝済州島で＝

12月5日、午後十時ごろ済州市三徒一洞一五二七の文相行さん(大一)の家の前の地下で千三百年ほど前のものと思われる唐代の銅貨開元通宝など2万余個が掘り出された。

韓国孤児に三千六百弗 米貿易商社が

張勲選手が結婚

67年ミス・コリア 金英華嬢と

張勲選手

北傀スパイ5名逮捕

秋田で朝総連中央幹部が関連

在日本軍人会でベトナム慰問団

社告

壬辰倭乱（1592年・李朝宣祖25年）の時、日本軍の侵攻を撃退した世界最初の鋼鉄艦で李舜臣将軍が創製

「金日成伝がウソの伝記であることは、韓載徳氏の〝金日成伝の初版を書いたのは私〟の中で例をあげながら説明したが、「金日成伝」の著者である白峯という人も聞いたことのない人である。少なくとも初版を書いた韓氏が北韓で文筆家として活躍していた時代には〝いなかった〟存在である。白峯がどういう人なのかは、はっきりしないが「金日成伝」がつくりごとだとは知りながらも、読む人にドラマチックな不思議なムードに引きずりこんでいく点などからして、恐らくはそうした〝文筆力〟を買われた新人なのだろうと思われる。（編集部）

〝私の祖国はソ連〟
機会主義者の金日成
「民主朝鮮」元編集長の韓載徳氏が語る素顔

〈その二〉

金日成は民族主義者ではない。

現在、民族主義者のようなことを言っているのは、四十年近くの間日本帝国主義に支配されてきた朝鮮民族を治めるのには、〝民族主義〟を強く打ち出していかないとなかなかむずかしいということがわかったからで、私が側近者であった頃（一九五八年まで）は〝国際共産主義〟を標榜していた。

よく私は「本当の金日成と、今の北韓の金日成とは、どう違うのですか」という質問を受けるが、第一に私は本当の金日成将軍は民族主義者であったこと、現在の北韓の金日成、すなわち金成柱は民族主義者ではない点を挙げたい。

〈本当の金日成より三十歳も年下〉

本当の金日成は旧韓国軍の将校〝参領〟であったが、日本が日韓合併のさいに韓国軍を強制解散したことに激憤し、満州に亡命して金佐鎮や洪範図両将軍（いずれも旧韓帝国の将校出身）らと共に独立運動を続けていた人で、金日成将軍は一九三〇年代に抗日闘争の日々のうちに異国の荒野で病いに倒れ、うらみ多い生涯を閉じた。

彼はよめもめとらず、家族もなく一生を祖国光復のため捧げた愛国者で、孤魂と消えたとき、すでに四十歳はとっくに過ぎていたといわれるから、もし、いま生きていれば八十歳以上であることに間違いはない。

しかし金成柱は今年五十八歳で本当の金日成よりも三十歳ぐらい年下である。

金成柱が本当の金日成でないことを証明するとき、多くの人は、金佐鎮将軍（韓国の前国会議員金斗漢の父親）などの例や、証拠を並べて〝年齢の違い〟を第一に挙げるが、私は、そのこともさることながら、金成柱が金日成のような民族主義者でない点を強く挙げたい。

〈感じやすい年ごろを中国共産党で〉

金成柱は感じやすい年頃を中国人の中で育ち、朝鮮の民族主義からは程遠い影響力を受けた。

父親の金亨稷は息子の成柱に民族教育をほどこしたいと、当時の独立団体〝正義府〟が独立闘士養成のために建てた華成義塾に入学させたのであるが、この学校は強い子たちが多くて、けんか好きの金成柱もこの学校では北韓の彰徳学校に通っていたころのように、お山の大将になれなかったことを嫌い、この学校から逃げ出したい気持になっていた。

一九二六年、父親が亡くなると成柱はさっそく華成義塾からのがれるように、吉林の中国人学校である毓文中学校にはいった。

この学校は共産主義の思想の強い学校で、生徒たちは中国共産青年同盟少年部に加入していたので金成柱も中国共産青年同盟の少年部にはいった。

この時のことを現在、北韓の「革命運動史」の二百八十七ページで次のように言っている。

「華成義塾は朝鮮民族主義者たちが独立軍養成を目的として建てた学校だった。従って同義塾の生徒たちはその生活過程で民族主義運動の弱点と制限を持っていた。これを理解した金日成同志は祖国光復のためには他の道に進まなければならぬと切実に悟るようになり、この学校が気に入らなかった。そこで間もなく華成義塾をやめて、吉林毓文中学校に入学した」と。

北韓の「革命運動史」という書籍自身が〝作られた〟ものであるから、その全体にわたって、金日成を革命の父、朝鮮解放の恩人……と歌うように書かれているが、それでも、十四歳の少年が「祖国光復のためには他の道に進まなければならないと切実に悟って」民族主義を捨て、共産主義に走った……というのもおかしな話である。

〈満洲時代、朝鮮人共産主義者を密告〉

しかし、金成柱が民族主義者でないことは確かである。

少年時代に中国人の学校で学び多感な時代に中共青年同盟組織の影響を受けたことも多分にその要因となっていると思われるが、私の知る限りにおいて、金成柱は共産主義者である。

金成柱が一九三七年、満州で中共の東満抗日連合軍第二方面軍第六師長（一師は百名～二百名）になれたのも、金成柱が民族主義者でなかったからであった。当時、満州で抗日闘争をやっていた朝鮮人は百人が百人とも、民族主義的でありすぎて困るというのが中共側の言い分であった。

中共に忠誠を誓うところか、これらの朝鮮人闘士たちは、明けても暮れても〝民族〟〝民族〟で中共の傘下にあることを好まず〝朝鮮百人が百戸〟を夢みていた、としてにらまれていた。

しかし、金成柱は違っていた。むしろ、金成柱は朝鮮人共産主義者の有力者を「朝鮮人民族主義者……」うんぬんと、中共機関に密告して殺させ、点数をかせいでは中共に対する〝忠誠心あり〟と評価された唯一の朝鮮人であった。

ところが、金成柱は当時のことを北韓の科学院歴史研究所編「朝鮮近代革命史」では「金日成同志は朝鮮問題の掲げた〝朝鮮人自治〟というスローガンに、朝鮮の共産主義者が賛成するであろうという主観的な判断から、朝鮮の共産主義者を政治的にうたがったり朝鮮革命のための朝鮮共産主義者の闘かいを民族主義的な偏向として、烙印をおすような無原則な見解に辛らつな批判を加えた」と表現して、己れの過ぎし日の行動をかくそうとしている。

〈金日成のうそと二重人格を知る者〉

だが、金成柱の御都合主義的行動とこうした二重人格者的傾向を知っている者は少なからずいた。

五六年に粛清された尹公欽（当時商業相）も、そうであった。

金日成は韓国動乱後、軍事優先政策を取り（これはパンよりも大砲ということだった……）千里馬運動で労働者の尻を叩いたが、ハラがすいて疲れ切った労働者のサボタージュや、原因不明の工場機械の破壊事件などがあり（北韓では公然とデモができないので、これは〝デモ〟と見なして当然すべき政治事件であった……）尹公欽はソ連・延安派の大物、朴昌玉や崔昌益とともに、軍事優先策を真正面から批判して立ち上がった。

当時から金日成はもう独裁より独歩し、ソ連や中共からの援助外資は、全部と言っていいほど、軍需製鉄所や興南火薬工場の再建につぎこんでいた。

〈知りすぎた男は消される〉

しかし、朴昌玉らは〝反乱〟として処刑され、金日成の独裁はいっそう強固なものになっていったが、尹公欽は、当時金日成を批判して「党と人民をあざむく者……」と言っており、真先に死刑となった。

それには理由があった。

一九五六年、第三回党大会前に金日成は、金日成派の朴金喆を通じて、田江道党委員長韓雲（尹公欽の妻）に「以前に祖国光復会会員であったと証言してほしい」と頼んだ事実があり、このことを尹公欽は知っていた。

金日成の側近にいる者は「知りすぎた男は消される」という皮肉な事件に注意しなければならない。

すなわち、金日成は利用したあげく、用済みとなると捨てるか消すか……である。

私がさきに「金日成伝の初版を書いたのは私」の文中で「ウソを書かせられるのに耐えきれなくなった」と書いたが、そうした理由のほかに「知りすぎた私も消されるのでは……」という疑惑がまるで動物の本能のように脳裏をかすめたのではなかったか……という気がする。

どうせ消されるなら、イチかバチか、逃げてみようという気も心のどこかにあったのではないか……と今にして我ながら思うのである。

思えば、この感は当たっていた。

こんどの「金日成伝」と私の書いた「金日成伝」の違いなどから推察するとき、多分、今ころは私は北韓では不必要な人間というより邪魔な人間として消されていただろうと思う。

金日成が自分でしゃべったことが、時代と環境によって変わるのだから、私の書いた「金日成伝」は焼払えばそれで済みもしようが、私という人間は殺さない限り、金日成には〝毒〟の存在のように映ることだろうから……。

〈裏切られた男、朴金喆〉

一九六七年には、金日成にあれほど忠誠を尽くしてきた朴金喆も粛清された。

そして、金日成は自から「一九三六年五月満州で朝鮮独立のための秘密結社〝祖国光復会〟を組織した」うんぬんと言っているが、これがウソであることは、朴金喆も知っている。

朴金喆といえば、この男ほど金日成に尽しながら裏切られた男もまた少ないということができる。

金成柱が一九三七年六月四日、普天堡を襲撃したとき（これは金日成がいうように革命のために襲撃したのではなく、金成柱部隊は食糧と衣料の不足で困っていたための調達作戦だった……）、普天堡の町から約二キロ離れた山の麓まで金成柱の道案内をしたのが朴金喆であった。

そのころから、金成柱は自分と同じ服装をさせた警手を数名連れて歩いていたが、普天堡の町でけたたましい銃声とともに、火の竜巻があがるのをみて、金成柱は朴金喆をそこに残したまま、鴨緑江を渡って満州の口隅木山の中へ逃げこんだ。

このとき朴金喆は警察につかまり、一九四五年八月十五日、解放の日までソウルの西大門刑務所で刑に服していた。

〈衣食品集めの〝普天堡〟襲撃〉

朴金喆は六七年に粛清されたとき〝日本側のスパイだった〟とまで言われている。ソウルの刑務所で日本官憲と結びつき、特別待遇をうけていたと言うのであるが、これは金日成が粛清するものに対しては、誰にでも〝帝国主義のスパイだ〟と汚名を着せるので、あまりあてにならない。

むしろ、朴金喆が〝知りすぎていた男〟のためだったろう。

しかし、韓国の北韓問題研究家の間では、強硬派の金日成と違い朴金喆が〝対南工作〟でも比較的おんけんであり、六六年の「全国十要塞化、全人民武装化」宣言のさいにも「軍事より経済再建が先」という考えをもっていたからだと分析されている。

この衣食品のぶんどり戦であった普天堡事件も、金日成は年間数千万円の予算を投じてねつ造歴史学者を養成している「科学院歴史研究所」の「革命運動史」でその事件をこう言っている。

「街のすみずみから、とび出してきた老若男女の市民は〝朝鮮独立万歳〟〝金日成将軍万歳〟と叫びながら、遊撃隊員を抱きしめ、しばし熱い涙で……金日成同志は街に姿をあらわして、歓呼に湧く普天堡の人民にあいさつを送りながら、祖国光復のために〝白帝〟とたたかう演説をおこない、群衆を限りなく感動させ、その胸に〝勝利への確信〟を植えつけた……」

〈地主と資本家に隷属と・かっぱらい〉

満州で行なわれた金成柱部隊の襲撃はすべて〝馬賊〟や〝山賊〟の行為であった。

昼は山中で寝ていて、夜になると、満州へ移民してきてせっせと働いた朝鮮人たちのやっと人並みの生活をなしうるようになった人びとから、衣料や食料、金をかっさらって行くのである。

金日成が現在言っているように〝独立のための抗日闘争〟ではなかったのである。

しかし、金日成はなおも言う。

それらの朝鮮人たちは、日本官憲と結託し、資本家に隷属して私腹をこやしたのだから天誅だ……と。

「このような抗日遊撃隊は、日本帝国主義およびかれらと結託している地主と、隷属資本家に反対して戦った……」（北韓の「朝鮮近代革命運動史」第八章、第一節）

本当の金日成将軍と、現在の北韓の金日成との違いの最たるものは、前者が民族主義者であったのに反し、後者は熱らかな共産主義者だということである。

金成柱は、巧妙に金日成になりすまして、北韓のヘゲモニーを握ってからもずっと、国際共産主義の路線を打出してきたが、私が北韓を脱出する少し前ごろからようやく、北韓でも〝朝鮮民族の自主〟ということが目覚め始めていた。

それでも金日成のいう〝自主〟は民族の〝自主〟とは明らかに違うものであったのだが、（彼は国際共産主義の中の〝自主〟を目指した）しかし、だんだんと〝民族主義〟を利用しなければ、北韓を治めることもできないと思うようになる金日成については後に述べる。（つづく）

無影塔物語

わが国の古代および中世期の文化は、東洋は勿論、世界的にも、その素晴らしい芸術性が、専門学者、あるいは、観光旅行者達の讃辞の中でも認められているが、われわれ在日韓国人は勿論、古文化に興味が多い日本人においても、まず、韓国へ旅行する前に、あらゆる古蹟に対する説明、あるいは、伝説まで常識的に知っておけば、せっかくの古蹟踏査の意義がより価値あるはずである。

韓国古代文化が、日本の古代文化創造に、大きく貢献したことは、歴史によく現われている事実であるが、特に、新羅文化の黄金期といわれる中期の聖徳王～景徳王（西紀七〇二～七六四）の時代は、唐を中心に、新羅、日本の三カ国が、お互いに貿使、留学生、技師、僧侶、学者を交流させて、宗教、学問、芸術などの発展に数多くの花を咲かせた。

唐の長安、新羅の金城（現在の慶州）日本の奈良は、当時の三カ国間の国際的文化交流の中心地となった。

新羅の諸石塔の中で、芸術的に一番素晴らしい「多宝塔」と「釈迦塔」があるが、この釈迦塔（一名無影塔）について、唐から来た石工と、彼の妻との間の世にも哀しいロマンスが今も仏国寺（釈迦塔と影池）を訪れる人達に美しい伝説として語り伝えられている。

新羅三十五代景徳王十年金大城が仏国寺建立の頃、境内に、二つの石塔を立てることを思い立って遠く唐から石工を呼びよせた。

石工は祖国の栄誉にかけて、畢生の大業として創作意欲に燃え全力を傾注した。

その間、故国では彼の若い妻（阿斯女）が独りで暮らし、消息を待ちあぐんだが、一向にたよりがないため、彼女は恋しさのあまり、遂に意を決して長い旅路にのぼった。

夫に逢える念願が弱い女を勇気づけて万難を排し、数万里の路を徒歩で新羅に辿り着くまでには数年かかった。

やがて、阿斯女は夫のいる仏国寺に現われ門番に告げたが、意外にも断わられた。

その理由としては、女が建物に近づくのは不浄だということだった。

阿斯女は張りつめていた気持が、いっぺんにゆるみ、その場に泣き崩れた。

この哀れな姿を眺めていた門番は、彼女をいたわるつもりで「向うの南山の麓に大きな池があります。そこで待って下さい。塔が完成すれば、その影が池の面に映るでしょう。その時になれば　あなたの　夫に逢えますから……」。と勇気づけた。

しかし、池と塔の建築場との距離は五里も離れていた。

阿斯女は、一縷の望みを持って門番のいうがまま、その池におもむいて、塔の影が映るのを朝夕水面をみつめて暮らした。

その後、塔は完成された。石工の魂がこもった釈迦塔は、その壮麗な姿をくっきりと中空にうかべた。見る者をして、驚嘆の声が口から洩れた。石工はしばし、塔の前で感慨に耽った。

その時だった。門番が来て妻の仔細を話した。

石工はびっくりして、一走りに池に向って飛んで行ったが、池のほとりは、ひっそりとして妻の姿は見あたらず無情な松風の音が耳朶をさえぎるばかり。石工は失神したようにこんどは村の方へ駈けて行った。

村人をとらえて聞くと、阿斯女は塔の影を待ちあぐんだ末、池の中に身を投じて死んだという。

石工は池に戻り、そのふちを気狂いのようにクルクル回りながら妻の名を呼びもとめたあげく、どたっと池端に座って慟哭にくれた。

その時であった。彼の前に妻が現れた。石工は狂喜して「阿斯女！」と叫ぶが早く、飛びついていったが、それは大きな岩だった。彼は茫然とたたずみ、その岩を眺めていると、こんどはその岩がおもむろに仏の姿にかわっていった。石工はしまった！と心に叫んで、深い夢から醒めたように我に戻り、両手を合わせた。

そして亡妻のため、その岩で仏像を刻んだ。

その後、この池に影池の名が生じ、釈迦塔は一名無影塔と呼ばれるようになった。いまも影池のほとりには、唐の石工が刻んだ仏像がこの哀しい物語りと共に優雅な姿で立っている。

（写真は釈迦塔）

韓国傑作写真集②　金豊煥作　青春

写真右は、朴大統領に贈られた作品、左の人物が柳忠偉氏

〝わが人生に絶望はない〟
片腕片足の書芸家　柳忠偉氏の数奇な運命

片腕片足の不具の身でありながら、一手で書く韓国書芸の若手書芸家として名声を高めている人がいる。

この人、柳忠偉氏（四三・元陸軍大尉）は、現在、釜山に居をかまえ日夜、書芸の道に精進しているが、今日の大成をみるまでには、涙ぐましい人生の記録を残してきた。

柳氏は、六・二五動乱の時に、西部戦線で負傷、不幸にも右腕と左足を失なってしまった。

その胸には戦功をたたえる勲章が輝やいていたが、現実はあまりにも冷たく、不具の身の職場を探して転々とさすらい、一時は人生の虚無と絶望に悩えていたが、一念発起、期するところあって五台山の奥深く月精寺を訪ね、今は亡き住職、暁峰先生を師に仰ぎ、一心に書芸の道を志し、十年の歳月が流れた。

やがて、その百折不屈の意志と血のにじむような努力が実り、凡人の想像を絶える独得な書体をたたえた作品が、次々と生まれていった。

香り高いその芸術的価値は、いつのまにか国内いたるところに知れわたり、数十回にわたる個展をひらくなど名声の紙価を高めるに至ったのである。

〝人生に絶望はない〟という、何よりもこれは、生きた教訓であり、われわれの範として、柳忠偉氏の存在を、ひろくここに紹介するものである。

なお柳氏は、日本での書芸展を熱心に希望しており、韓日文化交流の意味で、招請を受けもってくれる有志や団体を探している。

「韓国絵画大観」発刊
三国時代から現代まで

日がたつにつれ、古書画に対する価値評価が高くなっており、一千百八十余ページに達する豪華な大「韓国絵画大観」が出刊され、関心を集めている。

三国時代から現代に到るまで、二千五百年間の、韓国絵画史を画家と作品を中心に系統的に集大成したこの「絵画大観」は傑出した七百四十名の歴史画家と、彼等の代表作一千余点を、時代別に紹介する一方、その中で、七百余点を影印して収録し、かさねて作品に対する解説を図説でいちいち精細紹介しているので、絵画史での完璧を期している。

この「絵画大観」は、自らが生きてきた美術史ともいえる劉復烈翁（七〇）が生涯をささげて、一万余点の古美術作品を渉猟しながら研究と考証を積んできた結果、完成したもので、学界はもちろん、古美術愛好家の間に、高い評価を受けている。（四×六、五百部限定版。一、一八〇ページ・一六、〇〇〇ウオン）

尋ね人

◎山下フサ（長崎県南松浦郡岐宿村三八九第一号・山下次郎の次女）さんをさがしています。

私の伯父、故李世業（成田実）の夫人であり、成田君子、功の二人の子供がおります。

当時の住所は、愛知県東春日井郡旭村新居三瓶でした。

御存知の方は、韓国慶北金泉市平和洞三三四の十三番地「泰康」方、李永文まで連絡して下さい。

金瑞鎮（通名・金江瑞鎮）

本籍・慶北道清津市倉坪里五八番地、一九四六年三月早稲田大学理工学部機械科を卒業。右の方を現在ブラジル在住の本人の弟（金東鎮氏）がさがしております。心当りのある方は左記へご連絡下されば幸いです。

連絡先・東京都世田谷区上野毛二－二十一－五、李永三　電話（七〇三）二六二〇－三番。

本国水災民救護誠金拠出者名単

岩手県地方本部

合計	三五、八〇〇円
韓哲文	三、〇〇〇円
金根実	二、〇〇〇円
厳柱鳳	一、〇〇〇円
宋智守	一、〇〇〇円
河小介	二、〇〇〇円
金鳳国	二、〇〇〇円
李漆植	二、〇〇〇円
盧成永	二、〇〇〇円
朴殷浩	一、〇〇〇円
李栄石	二、〇〇〇円
李春植	二、〇〇〇円
金判文	一、〇〇〇円
朴明圭	一、〇〇〇円
徐泰柱	一、〇〇〇円
陳敬大	二、〇〇〇円
董福永	二、〇〇〇円
林長春	二、〇〇〇円
盧在英	一、〇〇〇円
崔材善	一、〇〇〇円
楊且出	一、〇〇〇円
金東洙	一、〇〇〇円
張訓鎬	二、〇〇〇円
朴春守	五〇〇円
石田ハルエ	三〇〇円

栃木県地方本部

合計	七〇〇、〇〇〇円
宇都宮連合支部	二四二、〇〇〇円
小山支部	八〇、〇〇〇円
栃木支部	一〇〇、〇〇〇円
足利支部	一三一、〇〇〇円
佐野支部	五〇、〇〇〇円
県北支部	五〇、〇〇〇円
鹿沼支部	二〇、〇〇〇円
今市支部	八、〇〇〇円
商工会	二九、〇〇〇円

☆　☆

韓國新聞
発行所 韓国新聞社
発行人 鄭烱和
東京都文京区春日町2丁目20－13
電話（815）1451～3
（813）2261～3
振替口座東京 34988番

民団綱領
一、われわれは大韓民国の国是を遵守する
一、われわれは在留同胞の権益擁護を期する
一、われわれは在留同胞の民生安定を期する
一、われわれは在留同胞の文化向上を期する
一、われわれは世界平和と国際親善を期する

北傀の野蛮行為を糾弾

世界の与論に訴う

拉北機と乗客の返還を

民団全国代表者会議ひらく

さきほどの大韓航空YS11機の北傀スパイによる拉北事件は、本国はもちろん、在日同胞社会にも大きなショックを与え、この無慈悲な蛮行に対し、激しい怒りがぶちまけられているが、民団中央本部では、歳末もあわただしい二十二日午後一時から、市ケ谷の日傷会館で、糾弾全国代表者大会をひらき民間機強奪を非難する声を、呼訴文と決議文にまとめ、国際赤十字と日本赤十字にそれぞれ手渡し、この事件に対する世界の与論に訴えた。

この日、会場にあてられた日傷会館には、関東地協や九州地協などの代表者が参席、中央の姜仁煥文教局長と丁海竜組織局長司会のもと、会長団（張聡明、鄭在俊、朴根世、張烈相、池昌男の各氏）が指名されて着席、鄭在俊関東地協局長の"この事件は民族への背反行為である。これから先もこの種の蛮行がおきるものと予想されるから、この機に団員皆さんの団結を強固にしよう。北傀には再びかかる蛮行なきよう反省を促し、乗組員と乗客の安全保障と機体の即時返還を要求する。と同時に本国当局に対しても国民にこのような不安感を与えることのないよう望む"との趣旨の開会の辞がのべられ、つづいて中央の池昌男副団長の抗議の声、中央の朴根世議長による演説が熱烈に深い感銘を与えた。

かくして大会ふん囲気もようやく盛り上り、中央の朴太煥事務総長の力強い決議文と、東本の[illegible]副団長の呼訴文が朗読され万場一致で採択、陳情団がそれぞれ次のように編成され国際赤十字の極東代表 HARRY C. ANGST 氏と日本赤十字へそれぞれ伝達された。

◇国際赤十字担当＝池昌男、朴根世、丁[illegible]、[illegible]の各氏
◇日本赤十字担当＝張聡明、文圭準、鄭在俊、張烈相の各氏

アピール（呼訴文）

世界の平和と人類の福祉向上のため、昼夜をわかたず苦労なさっている閣下に対し衷心から感謝の意を表し、次のように訴えるものであります。

＜呼訴事実＞

西紀一九六九年十二月十一日午後十二時二十分頃、大韓民国江陵空港を出発して、ソウルに向う大韓航空YS11機が、乗客四十六名と乗務員四名が乗ったまま、共匪武装スパイによって北韓へ拉致されました。

彼等は、西紀一九五八年二月十六日、大韓民国航空DC三型と乗客二十八名、乗務員四名を拉致した事件において、二回目のこの非人道的な海賊行為を犯したものであります。全世界の人類が、お互いに権利と自由をより尊重し平和をきずくのを至上目標に望んでいるこの時、共産主義者達は、全人類の大業に対して、卑怯な手段と方法で挑発行為をほしいままにしておるのであります。

人権と自由のために戦う我等在日本韓国人等は、総蹶起し非人道的な蛮行を強行する彼等を糾弾すると同時に、拉北した乗客と機体をすぐ、送還させようとの糾弾大会を今日日傷会館で開き、同拉北乗客と機体送還に関し、是非積極的努力をなさって下さるよう閣下へ訴えるためのこの呼訴文と別添決議文を、同糾弾大会の名のもとに伝致しますから、この趣旨を御賢察なさって、拉北機と乗客の送還方を積極的に進めて下さるよう訴えるものであります。

西紀一九六九年十二月二十二日
在日本大韓民国居留民団
大韓航空YS11機拉北糾弾全国代表者大会
会長 [illegible]

決議文

西紀一九六九年十二月十一日[illegible]共産徒党たちは、われわれの民間航空機と乗客を海賊よりもひどい蛮行で拉北した。

朴正煕大統領閣下のもと、全国民が一致団結して反共態勢を鉄桶のようにし、祖国近代化に邁進して経済復興をはかり、国家が発展しているこの時、これを妨害、国際的に日ましに高揚されている大韓民国の国威を冒涜することによって、暴政のため、恐怖におびえている北韓同胞たちに、彼等の悪政を隠ぺいしようと北傀赤徒たちは兇悪無双な手段と方法でもって、過般の一・二一武装スパイ団派をはじめとして、プエブロ号の拉北事件など、あらゆる非人道的な蛮行を継続恣行してきたのである。

去る十二月十一日の卑怯な海賊行為は、平和統一を口ぐせのようにしている北傀徒党たちの荒唐無稽な武力赤化を夢見ているものであり、赤徒たちの末路として金日成の最後を告げるあがきであることを満天下に暴露してしまったのである。

拉北された大韓航空機および乗客を、即時送還せよとの汎民族的な運動に、自由世界全国民の参与を訴えるものであり、金日成徒党の蛮行を糾弾するために、在日本大韓民国居留民団および傘下各級組織代表は、今日、東京日傷会館に参集して、大韓航空機拉北事件糾弾全国代表者大会を開催して、全体在日韓国人の総意と大会の名をもって次のように決議するものである。

（一）金日成徒党は無謀な武力赤化統一の挑発策動を即刻中止せよ。
（一）北傀の海賊行為と非人道的な蛮行を全世界自由国民に暴露しこれを糾弾する。
（一）北傀は、拉北した航空機と乗客を即刻送還せよ。
（一）北傀の手先、朝総連の兇悪を粉砕して、汎民族的な反共態勢強化に総結集しよう。

在日本大韓民国居留民団
大韓航空YS11機拉北糾弾全国代表者大会
会長 李禧元

北傀糾弾全国代表者会議のもよう

拉致機即刻返還せよ

本国で北傀糾弾国民大会

大韓航空機拉北など、野獣のような蛮行を糾弾する北傀蛮行糾弾汎国民大会が12月13日、ソウルをはじめ釜山、大邱・光州など全国各地で3百余万名の市民学生の参加で一斉に行なわれた。北傀の強盗さながらの蛮行に怒りを禁じえない市民、学生は、北傀の侵略挑発を糾弾し勝共態勢確立をちかった。

この日、午前10時ソウル奨忠壇公園で開かれた汎国民運動けっ起大会には各社会団体代表・市民・学生30余万名が参加、残酷な北傀の蛮行を糾弾した。燃え上る怒りと憎悪に零下11度の寒さを忘れ、反共隊列に参加した市民は、北傀の旅客機拉致は海賊的行為だと規定し、北傀の野欲と蛮行を粉砕しなければならないと叫んだ。

全国民の一糸不乱の反共精神を再び誇ったこのけっ起大会で市民は、5百万市民の名において別項の決議文と朴正煕大統領・北韓同胞・国連事務総長・赤十字社国際委員長、自由友邦各国に伝える「乗客と旅客機をつれもどし、金日成徒党をこらしめよう」という内容のメッセージを採択した。

メッセージの朗読が終るや、徽文高校2年呉命吉君（17）ら3名が壇上にかけ上り「滅共統一」など血書を書き、反共の掛声は天風[illegible]を衝いて響いた。

[illegible]けっ起大会を終えたのち、市民学生は「殺人魔金日成打倒せよ」などのプラカードを前に2支路6街―半島ホテル―市庁前へ市街行進をしたのち、市庁前広場で北傀の金日成火刑式を行なった。

決議文

一、金日成徒党は無謀で空虚な武力赤化統一の策動を即刻中止せよ。
二、北韓同胞は、恐怖に追入れている金日成徒党の残虐性を、世界自由愛護民に暴露し、全国民は共産独裁打倒に憤然とけっ起せよ。
三、北傀は強制拉致したわが民間航空機と乗客、乗務員を即刻送還せよ
四、北傀のこのような蛮行と挑発行為が続けば、われわれは一撃のもとにこらしめを辞さないことを強力に警告する。

北韓撃墜の米ヘリ乗員釈放

さる八月十七日に北韓軍に撃墜されて抑留となっていた米軍ヘリコプター乗員三人が三日、百九日ぶりで釈放された。乗員はデビッド・H・クロフォード大尉、マルコム・V・レプケ准尉、ハーマン・E・ホフスタッター曹長。米国はこの三人が北韓に撃墜された後生存していることを確認、板門店の軍事停戦委を通じて再三身柄引渡しを要求したが、北韓は「ヘリコプターを北韓に飛ばした目的を明らかにせよ」と頭から突っぱねていた。この三日午前、板門店第六回目の非公開会議で、米国が謝罪するという形でやっと釈放となったもの。なお、国連軍側の[illegible]ムス国連軍代表は北韓側の、領空侵犯を「二度と繰返さない」という謝罪文に署名した。

故 厳大使告別式

―霊前に樹交勲章追叙―

故厳敏永駐日大使の告別式が、16日午後1時、中央庁東側広場で外務部葬で厳修された。韓国基督教連合会金鍾永牧師の葬礼で進行された告別式は、ソウル芸術高等学校合唱団の弔歌がなり響く中、[illegible]国会事務総長の故人略歴報告について、政府が追叙する一等樹交勲章が丁一権国務総理によって霊前に奉呈され、崔圭夏外務部長官と同窓代表[illegible]議員の弔詞順に挙行された。

告別式には告別委員会顧問の李孝祥国会議長・閔復基大法院長・丁一権国務総理をはじめ3部要人と駐韓外交使節及び親友など多数が参加、李孝祥国会議長、閔復基大法院長、丁一権国務総理、崔圭夏外務部長官、[illegible]駐韓外交使節団長、朴璟遠内務部長官、[illegible]などの順序で霊前に献花し、故人のめい福を祈った。

日本天皇が弔電

裕仁日本天皇は十六日、朴正煕大統領にあてて「卓越した能力を持った故厳敏永駐日大使の思わぬ逝去を心痛く思い深い弔意を表する」という内容の弔電を送ってきた。

なお、日本政府は十一日、故厳大使に、韓・日両国の友好関係のための貢献により、勲一等旭日大綬章を贈った。

本国論調

北傀の強盗行為を糾弾する

拉致した乗客・機体即刻かえせ

70年代の赤化武力統一を豪語し武力挑発を[illegible]としていた北傀は11日、わが国の民間航空機一台を強制的に拉致を企むことによって、北傀が無道な蛮行だけを専念する不法強盗集団であることをまたもや証拠づけた。

即11日午後0時20分、江陵飛行場を飛びたちソウルへ飛行していた大韓航空所属YS11旅客機（HL5208）が乗客47名と、乗務員4名など51名を乗せたまま拉北されたのである。

これは明らかに北傀の武力的挑発行為であり、"休戦軍事協定"を違反した不法行為であることを規定するものである。

わが国で民間航空機（乗客を含む）が北傀スパイによって拉北されたのは今度が2度目である。

一度目は一九五八年二月一六日当時のKNA（大韓国民航空社）滄浪号（乗客30名と乗務員4名）拉北事件である。

まず第1次的に要請されることは北傀地域に拉北されたKAL旅客機の乗客および乗務員全員と、同機体を早急に返還することにした。

一方わが側赤十字社でも国際赤十字社あてに早期送還のための方途を講じると同時に、国内外に亘るすべての手段をあげて早期送還のための最善の努力を尽すことを明らかにした。米国も拉北報道に接して深い関心を表明し、北傀はその機体と乗客および乗務員が本来の目的地に向うよう即時とりはからうべきだとの公式態度を表明した。

また[illegible]外務部長官は、KAL機の拉北経緯が正確に糾明されると同時に多角的な送還交渉をおげる方針であることを明らかにした。

一方わが側赤十字社でも国際赤十字社あてに早期送還のための万般のあっせん交渉を要請した。

これによってまず政府当局が打つことのできる一次的な外交的措置は一段階は終ったと思える。

われわれもまた北傀の不法蛮行に対して痛憤を禁じえない。同時にこのたびの拉北者の家族の皆さんには深い同情と激励を送るしだいである。

第2には捜査当局は、このたびの事件の経緯と背後関係を徹底的に明すことである。

原則的には検問の警察官は乗客に対する身分調査と所持品調査を徹底的にするよう規定されているのである。

KNA滄浪号拉北事件の時にも乗客検査を徹底的にすることができないとで起きた事件であると記憶している。

奸悪な北傀スパイは、小さなすきでもあれば、侵攻を企らむのが常套手段であることを再認識しなければならないと思う。

KAL機拉北事件の正しい真相が明らかになりしだいその責任の所在は明らかになるであろうが、70年代赤化統一のための前哨的蛮行であることは間違いないと思われるし、今度の事件のばあいでも事前に綿密にしくまれた計画的蛮行であるということに対し意見を同じくするのである。

そうでなければ、今度の事件のような事が起るはずはないと思われるのである。

我々が知るかぎりでは、日常民間航空機に対する飛行管制業務は軍民協助下に徹底的に実施されていることと思われる。

関係当局は今度の事件をひとつの教訓として受けとめるべきである＜ソウル新聞12月13日＞

本紙日刊化へ一歩前進

本国の育成案に応え

文公部へ具体計画書提出

洪泉公報館長

かねてから、本紙の日刊化のため本社ではその具体案を急いでいたが、このほど、その試案がまとまり、本国政府の文化公報部へ関係書類を提出して、その結果を待つことになった。

すなわち、さきの民団第十[illegible]確認したところ、本紙の日刊[illegible]におけるもっと[illegible]の一つとして取りあげられてきたが、最近とみに活々としてきている北傀の対南韓ゲリラ活動や、[illegible]のニューヨークタイムズ[illegible]の広告掲載をはじめとする一連の宣伝攻勢に対処するためにも、その[illegible]されてきたのである。

[illegible]日刊化[illegible]めの唯一[illegible]財政難にしぼられていた。

しかし、この問題も万難を排除から約二千万円の捻出が約束されており、またこれを基金に約三千万円の株を発行する案もまとまってきたところなので、更に最終的な指針[illegible]本国当局が時を同じくして呼応したものである。

今般の文化公報部では、たまたま海外駐在の公報館長会議をひらいており、この会議へ洪泉駐日公報館長が参席するのを機会に、この案件が提出されたもので、近くその具体案が双方で協議されることになる予定で、その成果が期待されている。

拉北機の早期帰還へ
多角的な交渉を展開する
国会本議会で事件の責任追及

与党単独で開かれている国会本会議は十六日、丁一権国務総理、崔圭夏外務、朴璟遠内務、任忠植国防、白善燁交通部長官を出席させた中で、さる十一日KAL旅客機が北韓に乗取られた事件にたいする質疑を繰広げた。

質問に立った金鍾鯛、張正圭、金奎植議員らは「旅客機の離陸前に検問・検索をおろそかにしたため、事前に同事件の摘発をすることができなかったことは否めない事実で、これは治安関係者の紀綱がゆるんでいるからである。これすなわち、対共治安の盲点を、現わしたものに外ならない」と主張、「朴内務長官はこれに責任を負う用意はないのか」とただした。

これにたいし、朴内務長官は、「こんどの事件では国民に非常にすまないと思っている。内務長官としてはこのような事件が再発しないように十分な措置を取ることが、責任を果たす道であると考えている」と答えた。

なお、崔圭夏外務長官は答弁の中で「米国など友邦諸国と中立国および国際赤十字社、米国赤十字社などを通じて政府は拉北された人びとと機体の早期帰還を期し多角的な交渉を繰広げている」と証言した。

新民党で声明発表　責任の所在を追及せよ

新民党の議員総会は十三日声明を通じ「KAL機拉北事件にたいし驚がくと憤怒を禁じ得ない」と述べ、「政府は事件の真相と責任の所在を明らかにし、徹底した対応策を講究、乗客と機体がただちに送還されるようにせよ」と促求した。

航空機保安緊急対策作成される

交通部は十三日、十一日のKAL機拉北事件を契機に、飛行場勤務職員への司法権賦与、武装保安官の搭乗、操縦士の武器携帯、地上検索および保安措置強化などを骨子とした「航空機保安緊急対策」を作成した。

これは、同日、白善燁交通部長官が国務会議（閣議）に報告した保安対策で①飛行禁止線を南へ下げてソウル―江陵線以北の運航を中止②江陵からの航路を三陟経由に変更し③乗務員身元照会を強化④旅客機は操縦士室と客室を二重とびらで完全にしゃ断し⑤乗客の名前または他人名義使用は認めないことにし⑥搭乗客を徹底的に検問・検索およびその記録を維持することに決めている。

ところが、この保安対策には異論もあり、申範植文化公報部長官は国務会議が終わった後次のように語った。「交通部がつくったこの保安対策は政府対策の[illegible]一部であり、政府の総合対策は内務部、国防部などの関係部処がこんど作成する方針である」

なお、政府は北韓に乗取られたKAL機と乗客乗員全員五十一人の送還交渉を赤十字国際委員会（ICRC）に依頼したが、一方、日米両国政府にも送還のあっせんかたを要請したほか、駐韓国連軍司令部にも板門店での軍事停戦委員会を通じて早期送還が行なわれるようその交渉展開を申し入れた。

なお、外電によると、ICRCは十二日につづいて十三日にも北韓赤十字側にたいし、乗取り機の乗員たちの身辺および健康状態を知らせてくれるよう要求したといわれる。

一方、北韓側は十一日のKAL機乗取り事件について、十二日夜十時の平壌放送で初めて言及、パイロットの氏名をあげて「反動支配にたいする義挙」と称えたが乗客についてはなにもふれなかった。

旅客船、貨物船などの拉致警告

対スパイ対策本部は十五日、北韓はこんご航空機の拉致にとどまらず、旅客船、貨物船など船舶の拉致も敢行するだろうと予想されると警告し、東・西海岸の休戦線付近海域に就航している旅客船と貨物船にたいしては特別な保安措置を取るよう関係当局に要請し

総規模四千三百二十億
国会　新年度予算案総合審査

国会は十六日、丁一権国務総理を始め全閣僚が出席した中で予算決算委員会を開き、政府が提出した新年予算案にたいする総合審査に着手、金鶴烈副総理兼経済企画院長官の提案説明を聞いた後政策質疑にはいった。

同予算決算委は新民党が引続き国会出席をボイコットしているため、共和党単独で運営されたが、十八日には財経委と運営委を除いた各常任委

不法所持者に最高死刑まで　文化財保護法改正

国際的犯罪と規定　国連で促求決議案

日本調査団が来韓　浦項総合製鉄工場の設計へ

不均衡是正へ一致
韓日貿易協議会おわる

ポリプロピレン工場建設の運び

農水産物の輸出促進を　＝韓銀が主張＝

70年度目標10億ドル
輸出振興総合施策確定

輸入は21億ドル

(単位＝百万ドル)
①米国＝五二〇　②日本＝二〇二　③南ベトナム＝四八　④香港＝三〇　⑤西独＝三〇　⑥カナダ＝二三　⑦英国＝一七　⑧オランダ＝一八　⑨マレーシア＝一六　⑩台湾＝一〇

戦争準備に狂奔した10年
北傀の60年代を解剖する

(国際問題研究所)　康仁徳

主犯は北傀のスパイ

副操縦士が抱込れたと推定

KAL機 拉致事件の捜査内容

張某の陳述から

南山に最大の電波塔　高さ2百7メートル

ソウル南山八角亭横に高さ…

論壇

北傀の鬼畜集団の正体

航空機拉致事件が教える

写真・祖国国体10種競技に優勝した鄭福松（21・中大）選手

体育有功者を表彰

在日大韓体育会で

イスラム寺院

ーソウル漢南洞にー

金恩沢委員長

韓青14回臨時大会

委員長に金恩澤君

委員長　金恩沢
副委員長　金承植
監査　金正輝
〃　金栄顕

ソウルで国際ペン大会開催

一世紀を生きた沈老人

毎日ドブロクを二合飲んで

ハングルを読む機械

仁荷工大李柱根教授が発明

お知らせ

なんと生卵を百個飲み下す

天道教東中央教会における故金氏の葬儀

金坡禹氏

孫和色さん

訂正

人事発令

尋ね人

文化

新羅王朝の瓦

"私の祖国はソ連"

機会主義者の金日成

「民主朝鮮」元編集長の韓載徳氏が語る素顔

〈その三〉

今春、ボドゴルヌイ・ソ連最高会議幹部会議長が平壌を訪問したとき、金日成との間で二つの問題が話し合われた。一つは世界共産党会議への出席勧誘であったが、金日成はヌラリクラリとさっぱり返事をしない。そこでボドゴルヌイ議長が結局出席するのか、しないのか……とたずねたところ、金日成は開会まで二十日しかないのに「未定だ」と答えた。ボドゴルヌイは仕方なく、ぜひ出てくれと頼んだ。第二に四月十五日のEC一二一機撃墜事件はハネ上がりにもほどがあるとたしなめたのに対して、金日成は悪かったと答えたという。このように金日成が国内では勇ましいことを言いながら、外交的にはっきりしないのはなぜか……ことと

金日成が"自主独立路線"について はっきりと語り出したのは、

〈おのれの力も知らぬドン・キホーテ〉

しかし"自我"中心であり、…

〈党規約前文と金日成〉

〈"偉大な"誇大妄想狂〉

〈"日本軍国主義"の中の自由を〉

〈社会主義を亡す金日成の独善〉

〈ソ連・コンプレックス〉

〈ウラ付けのない口先だけの"自主"〉

北韓で文化革命

新版「ソ連共産党史」

最悪の筆頭にベリヤ

尊敬されているスターリン

再評価されるレーニンの遺書

大粛清の嵐をとりいれる

フルシチョフ 反党分子扱い

毛沢東言及は すべて削除

読者を別世界に誘う

―ライフ編集長評―

広告掲載拒否

唐時代の銭 済州で発見

韓国写真傑作集 ⑱ 李亨禄作 「構成」

本国水災民救護誠金拠出者名単

神奈川県地方本部

永住権申請案内

今年は、永住権申請の年です。在日同胞の皆さんが一日も早く安定した生活を営むためには、まだ永住権を申請していない方々が一人もれなく申請するよう、お互いに努力し、勧誘しましょう。

協定永住権を受けることによって、

(一)、何よりもまず、これまでの暫定的であった地位をはなれて、権利として日本に永住することができるよう保障され、

(二)、したがって、協定永住許可を受けていない者や一般外国人とはちがい、協定永住許可者は、ほとんどすべての場合において、退去を強制されることがありません。

(三)、さらに、同永住許可者に対しては、海外旅行に必要な再入国許可における制限がないばかりでなく、一家族が離散することのないよう、人道的な配慮が十分ゆきとどくようになっており、

(四)、子女の教育問題においても、日本の公立小・中学校への入学が認定され、また上級学校進学においても、その入学資格が認められております。

(五)、生活保護を必要とする人には、従前どおりの生活保護が受けられるようになっており、とくに、国民健康保険に加入することができます。

(六)、外国人財産取得に関する政令の適用を受ける一般外国人とはちがい、主務大臣の認可なしに土地・建物などの財産を取得することができます。

(七)、日本から永住帰国する場合には、自己財産の本国搬入または送金などが、協定上保障されております。

在日同胞の皆さん！

去る八月十九・二十日の両日間に開催された"韓・日法相会談"の結果、皆さん方が安心して永住権を申請することができるような措置が講じられておりますから、一日でも早く、永住権を申請されるよう、かさねてお願いする次第であります。

もし皆さん方の中で、同永住権申請に関連して、質問または相談なさる事項がある場合には駐日大使館(第一領事課、または永住権申請案内室)あるいは、地方に所在するわが国の各級領事館へ直接来訪されるか、書信で同事由を問い合わせて下されば、必ずや皆さんのご期待にそえるよう、全力を尽す所存であります。

なお、皆さんの親戚の方々にはもとより、親しい知人の皆さんにも、以上の事実を広く周知させて、一日でも早く、永住権申請該当者は一人残らず、この申請を完了できるよう、ご協力下さることをお願いします。

駐日韓国大使館

祖国近代化へのシンボル・ソウル市街

韓國新聞

発行所　韓國新聞社
発行人　[illegible]
東京都文京区春日町
2丁目20—13
電話 (815) 1451〜3
(813) 2261〜3
振替口座東京 34988番

民団綱領

一、われわれは大韓民国の国是を遵守する
一、われわれは在留同胞の権益擁護を期する
一、われわれは在留同胞の民生安定を期する
一、われわれは在留同胞の文化向上を期する
一、われわれは世界平和と国際親善を期する

新春特集

固い団結で異域生活の苦難のりこえよう

朴大統領閣下の海外同胞に送るメッセージ

朴正熙大統領閣下は、一九七〇年の新年を迎えてつぎのような海外同胞に送るメッセージを発表した。

親愛なる海外同胞の皆さん！　希望に満ちた新らしき年を迎え、私はまず、海外同胞皆さんの家庭に、幸運が訪れるよう祝願し、故国を離れた異域の逆境の中でも、生甲斐のある生活を営むため、努力している皆さんに万腔の敬意を表するものであります。

年毎に正月になれば、個人か家庭はもちろん、すべての国と民族は、過ぎし日を鏡に映し、より豊かで幸せな栄来を設計するものでありますが、われわれにあっては、新らしき年代が始まる今年の正月は、一層より深い意義があるものと思われます。

過ぐる六十年代は、わが民族の新らしき覚醒と透徹した使命感で、民族中興課業の着実な基盤を構築した開発の十年でありました。

その間、われわれは、自主自立への意志と自助自意の努力で、驚くほどの発展をもたらし、実に躍進韓国の新らしき面目をひろく世界に誇示することができたのであります。

今、祖国は、五十年代の不安と沈滞を克服し、明るい未来が約束され、希望と活気に満ちた国として、限りなき前進をつづけているのであります。

海外同胞の皆さん！

われわれは、今日、大望の七十年代に入りながら、如何なる挑戦と試錬にも打ち勝つ勇気をつちかいわれわれの自助的な努力が、価値ある結実をもたらすよう、新らしき決意を確かめなければなりません。

朴大統領閣下

国内外の同胞皆さんが、力を集めて意を同じくしていけば、来たる七十年代は、全く自立、繁栄・統一のための民族中興の道のりの上に、新らしき里程標をうちたてるべき栄光ある時代になるものと確信するものであります。

祖国は、国民一人一人の、心の中にあるといわれます。

皆さんが、常に大韓民国国民としての[illegible]をもち、皆さんが立っているその土地にあって、祖国を代弁し、また発展する祖国を誇示し、同胞どうしで団合し協力して、異域生活の難かしさをきりぬけていくよう切にお願いするものであります。

皆さん一人一人が、[illegible]誠実でもって、すすんで努力し、よりよき生活を[illegible]んでいけば、それは、すなわち、皆さん自身の[illegible]と繁[illegible]の道であり、またわが民族に対する友邦の[illegible]と親善を厚くして、祖国の繁栄と発展につくす道であると信じています。

なにとぞ、新年に望むことのすべてが成就し、皆さんの前途に神の御加護と、祝福がもたらされるよう祈願して止みません。

'70 謹賀新年

在日本大韓民国居留民団 中央本部

議長	朴根世
副議長	文圭準
〃	白丁赫
監察委員長	張聡明
監察委員	金皓一
〃	丁永沢
団長	李禧元
副団長	尹達鏞
〃	池昌男
事務総長	朴太煥
〃次長	朴炳憲
総務局長	李聖南
〃次長	柳乙作
組織局長	丁海龍
〃次長	朴相元
経済局長	朴炳憲
〃次長	孫秀祺
民生局長	李鍾舜
〃次長	姜徳才
文教局長	姜仁煥
〃次長	金珍寧
宣伝局長	鄭炯和
〃次長	朴英勲
経済専門委員長	金運日

在日韓国人万博後援会

名誉会長	朴漢植
会長	李熙健
常任副会長	姜宅祐

新年　各界のあいさつ

永住権取得完了の年

団長　李　禧　元

[illegible]

70年代を方向づけ

議長　朴　根　世

[illegible]

一大革新の年に

婦人会会長　金　信　三

[illegible]

積極的に使命はたす

監察委員長　張　聡　明

[illegible]

跳躍の70年代へ

愛知本部団長　李　春　植

[illegible]

韓国新聞の強化に全力

社長　鄭　炯　和

[illegible]

70年代を力強く

東京本部団長　鄭　在　俊

[illegible]

万博事業に全力

大阪本部団長　崔　鳳　学

[illegible]

大韓民国居留民団　静岡県地方本部

議決機関

議長　趙　成　澤
副議長　孫　能　植
〃　崔　相　七

監察機関

監察委員長　李　錫　範
監察委員　文　杜　壽
〃　金　東　栄

執行機関

団長　趙　澔　衍
副団長　鄭　錫　烈
〃　[redacted]
事務局長　朴　正　煥
総務部長　盧　三　洙
組織部長　張　永　奎
経済〃　金　光　植
文教〃　趙　澔　[redacted]
宣伝〃　趙　鐘　夏
事務員　金　在　先

事務所　静岡県静岡市相生町二ノ一九
TEL　〇五四二(45)四五三一－三

清水支部

議長　尹　亨　春
副議長　崔　泰　卿
監察委員長　趙　甲　守
監察委員　蔡　渕　達
団長　金　海　甲
副団長　朴　興　爽
事務部長　河　錦　聖

事務所　静岡県清水市入江二の一二九五
TEL　〇五四三(66)二六三一

志太支部

議長　鄭　徳　出
副議長
監察委員長　金　徳　柱
監察委員
団長　車　鐘　勲
副団長　呉　忠　根
事務部長　金　仁　圭

事務所　静岡県焼津市焼津七二一
TEL　〇五四六二(8)五九九三

浜松支部

議長　崔　三　卿
副議長　朴　正　模
〃　金　己　出
監察委員長　朴　尚　根
監察委員　李　鐘　燮
〃　趙　智　泰
団長　洪　禹　範
副団長　金　命　福
〃　孔　泳　洙
事務部長　趙　三　桂

事務所　静岡県浜松市佐藤町一〇〇一番地
TEL　〇五三四(61)四四二三

東部支部

議長　徐　復　教
副議長　崔　元　益
〃　金　壽　達
監察委員長　金　元　鳳
監察委員　姜　現　錫
〃　李　喜　煥
団長　金　済　厚
副団長　趙　性　魯
〃　朴　元　祚
事務部長　金　守　範

事務所　静岡県沼津市西間門二八五ノ一番地
TEL　〇五五九(62)八三七一

御殿場支部

議長　姜　春　実
副議長　金　良　吉
監察委員長　安　根　燮
監察委員　厳　玉　竜
団長　徐　正　洙
副団長　李　熙　国
〃　金　命　七
事務部長　金　命　七(兼任)

事務所　静岡県御殿場市新橋二〇三五
TEL　〇五五〇(2)一〇八四

大韓民国静岡韓国学園理事会

理事長　卓　又　千　世

事務所　静岡市相生町二ノ一九
電話〇五四二(45)四五三一－三

大韓民国静岡韓国教育文化センター

所長　金　鳳　鐸

事務所　静岡市相生町二ノ一九
電話〇五四二(45)四五三一－三

静岡商銀信用組合

理事長　康　民　善
副理事長　朱　性　鶴
副理事長　李　春　来
専務理事　浦　野　雄　二

本店　静岡市新通一丁目九
電話　〇五四二(55)二二九五代

浜松支店　浜松市寺島町四〇四
電話　〇五三四(52)六一〇八代

支店長　朴　燮　根

極東繁栄のために

自由民主党総裁 佐藤栄作

佐藤総理

祖国の繁栄に貢献を

駐日大使代理 姜永奎

姜大使代理

祖国近代化に貢献を

国会議員 金相賢

万博で国威宣揚

EXPO後援会長 李熙建

発展する韓日関係

外務大臣 愛知揆一

国防と建設に総力

駐日公報館長 洪泉

生活安定と向上へ

韓国信用組合協会長 朴漢植

経済的基盤の確立

商工連合会会長 許弼奭

人道無視の野蛮行為

大韓航空機乗っ取事件に関する 崔外務部長官談話

政府は去る十二月十一日、北韓に強制的に乗っ取られた大韓航空社所属航空機の乗客、乗員、貨物ならびに機体の送還のため多角的な最善の努力を傾けている。

しかしながら北韓は、国際法や国際慣例はいうまでもなく人道主義の原則を無視し、送還どころか善良で無この民間人を人質にして政治的な取り引きを企てている。

そのうえ北韓は、同機搭乗者らの送還を交渉するという口実のもとに、この事件とは全く関連のない韓国側民間団体の代表と彼ら共産党の執行機関にすぎない北韓側団体の代表らで、板門店で会議をしようというなど、話にもならない主張をくり返しているが、これは彼らの政治的陰謀と非人道性を如実に示す以外に何物でもないといえる。

もしも北韓が真に送還する意思があるならば、軍事停戦委員会の共同日直将校を通じるとか、あるいはその他の方法で時間と場所さえ通告すればよいのであり、そこには何ら複雑な交渉や手続きは必要ないのである。北韓はこの事件についてこれ以上政治的取り引きを画策せずに、彼らが乗っ取った大韓航空機の乗客、乗員および貨物、機体を即刻返還すべきである。

わが政府は北韓の政治的陰謀のため苦労している北へ拉致された乗客ならびに乗員が、貨物、機体と共に送還されるまで引き続き可能なすべての努力を尽くすであろう。

（写真は崔外務長官）

祖国近代化への道

民族中興の歴史創造

目ざましい経済の建設

一、貧しさの中で

昔も今も変わりない農村、十年まえも十年後も少しもよくなってない庶民の生活——これがほんの数年までくりかえされてきた農村の風景であり、国民生活の姿だった。

あまりにも長いあいだ、韓国民族は貧しさから抜けでられず苦しい生活をしてきた。

他の国がどんどん発展をつづけて栄光の歴史を創造していた大事なときに、韓国国民はあたかも貧困は避けられないものででもあるかのように、ため息ばかりつきながらあたら月日をなすことなく過ごした。

実に歎かわしい過去である。韓国が貧しさから抜けだせなかったのには、それなりに重要な原因があった。

近世に入る歴史の転換点で、韓国は三十六年間の日本の統治下で過ごさなければならなかったし、戦後の復興にすべての国が総力を傾けていた時期に、韓国は分断の悲劇のなかでさらに六・二五韓国戦争という戦禍を経なければならなかった。

このような歴史的悲劇が、貧しさをいっそうひどくしたにちがいない。

しかし、歴史的状況のせいばかりではない。

一九五三年の休戦協定調印により、満三年にわたる民族の悲劇はいったん幕を降ろしたけれど、その後十年近くも貧しさはつづいた。

原因はどこにあるのか？　豊かに暮らしてみようという、強い意志がなかったからだ。

国民自らが、いい生活をしてみようという意志もなく努力もしなかったし、そのうえ国民を率いていく為政者たちには、経済自立を達成してみるという強い意志が見られなかったからだ。

後進国開発には、指導者の強力なリーダーシップが必須条件である。

経済開発を推進するには、どんな難関でも克服していく確固たる強じんな意志が、何よりも重要である。

たしかに、過去における貧困の悲劇は、当時の韓国の為政者がたてた政策の貧困にその原因があったといえる。

一九五七年の国民所得は七九二ニウオン

実例をあげてみよう。

自由党政権の全盛時期——休戦後の戦後復旧もだいたい終わったころであり、韓国経済が曲がりなりにも中間安定期に入った時点であった一九五七年度に、一人当たり国民所得はわずか七、九二三ウオンだった。

ドルに換算すると八一・五ドルにあたり、月平均六六〇ウオンのありさまだから、どんなに貧しかったことか。

その後三年たった一九六〇年の民主党政権のもとではどうだったか？

一人当たり国民所得は八、七四ニウオン（八二・六ドル）、月平均所得七二八ウオン——どんぐりの背くらべで、たいして変わりばえのない極貧さだ。

一人当たり月平均七二八ウオンの収入で一カ月間食べて、着て、住んで、そのうえまた税金をはらい、子供に教育を受けさせ、病気になれば治療費をつかって暮らさなければならなかったのだから、どれほどひどい貧しさだったか。

二、貧しさから抜け出し

歴史の転換　一九五〇年代までくりかえされてばかりいた貧困の歴史、足踏み状態の歴史は、一九六〇年代に入ってからは繁栄の歴史、跳躍の歴史へと転換しはじめた。

その契機となったのが、すなわち、五・一六軍事革命。

独裁と独善のもとであえいでいた韓国は、四・一九革命で新しい転換を迎えるかとみえたが、民主党政権の無能と政策の空白は、かえって韓国社会を極度の混乱と無秩序に追いやり容共思想のはびこるなかで国の運命は、風前のともしびのように危いものとなった。

このような、最大の国家的危機を救い、民族の活路を開いたのが五・一六革命であり、朴正熙大統領であった。

国家と民族を革命で救った朴正熙大統領は、まず貧困から抜け出し豊かな国を建設するのにすべての力量を集中した。

社会の安定と政治的安定という経済発展の基本的な条件をととのえながら、経済開発に全力をそそいだ朴大統領の不断の努力と堅い信念は、やがて国民の積極的な参加をもたらし、経済は急速な成長と発展をつづけるようになった。こうして、韓国の歴史はついに繁栄の歴史へと転換しはじめたのだ。

経済開発に向かう朴大統領の信念は、むしろ、"信仰"といえるほどで、それを成功にみちびいた手段は、まさに第一次および第二次経済開発五カ年計画の青写真である。

夢のようだった第一次五カ年計画

広げられた青写真　朴正熙大統領は国家再建最高会議議長に就任するや、韓国では初の長期総合開発計画の青写真を国民の前にひろげた。

その名は"第一次経済開発五カ年計画"

貧困のなかであえいでいた韓国国民には"夢のようなはなし"にきこえた。

六〇年度を基準年度とさだめ、一九六二年から一九六六年まで推進されてきたこの計画には、第一に、電力、石炭など動力源の供給を確保し、第二に、農漁物を増加させ、農家所得を高めることにより、国民経済の構造的な不均衡を是正し、第三に、基幹産業を大いに起こし、社会間接資本をつくり、第四に、遊休資本と産業資本を活用して雇用を増大させ、国土を開発、保全し、第五に、輸出を増大させ国際収支のバランスをとり、第六に、技術を振興させる、という目標をたてた。

結果は予想を上回る　夢のような青写真だったが、国民はそれでも期待をかけた。計画にそそぐ指導者の情熱に、国民は懐疑をひとつずつひっこめ、積極的に動きだした。

ついに、強力な指導者を中心に全国民の知恵と努力、血とあせのにじむ忍耐と団結が、計画の達成に集中した。

それから五年。結果は完全に予想を上回った。

韓国国民が長いあいだ夢見てきた理想が、ひとつひとつ現実として目のまえに現われた。

新しい祖国　わずか五年間に、祖国の姿は変わった。いたるところに発電所がたち、肥料・精油・セメントを生産する大規模の工場ができた。

年産八万五、〇〇〇トンの湖南肥料工場が完成（64年四月）、第三第四、第五肥料工場の建設が着手され、わが国ではじめての蔚山精油工場が完成（六三年一二月）、稼動し（六四年四月）、年産二〇万トンの「現代」、年産四〇万トンの「双竜」ならびに双竜セメント工場が、一九六四年四月から六月までにすべて完工した。

活路開いた5・16革命

いまや他国を助ける国へ

こうして、一九六〇年にはじめて八万五、〇〇〇トン生産された肥料は、一九六六年には、二四万一〇〇〇トン生産され、四三万九〇〇〇トン生産されていたセメントは一八八万二〇〇〇トン、油類ははじめて国内生産・供給されるようになった。それはかりではない。

五年間に光州・往十里および済州の三つのディーゼル発電所と、三陟第二次火力、釜山火力、新規寧越火力と韓国の技術陣だけで建設された春川水力せん津江水力などができあがり、寧越火力、清平水力も復旧した。これで一九六〇年に施設容量三六万七、二四五KWだった電力は解放後はじめての無制限送電を記録し、以前の倍の七六万九、四八五KWとなった。

それはかりでなく、西海と南海の広い海が沃土と変わり、農地は碁盤の目のように整理されていった。

農土と道路がのび、京釜鉄道が建設され、工業団地が造成された。

こうして、外国からの輸入に依存していた重要な消費物資が国内生産に代替され、輸入品でいっぱいだった国内市場は、国産品で完全に代替された。

一九六〇年度に三、二八〇万ドルにすぎなかった商品輸出は、一九六六年にはその八倍の二億五、〇〇〇万ドルへと、急激に上昇した。

五七～六一年の五年間に、年平均五・〇％の成長をみせていた経済は、六二～六六年の五年間に平均八・三％の成長をみせ、一人当たり国民所得も一九六〇年度の八七四二ウォン（八二・六ドル）から六六年の三万一、〇〇六ウォン（一二四・三ドル）へとふえた。

なせばなる　このように「やってもだめだ」という韓国社会の通念は、「なせばなる」へとかわり、「貧乏は天賦のもの」という考えが、「貧乏は自分のせい」という考えに変わった。

「他国の助けを受ける国」から「他国を助ける国」「工業韓国」へと、祖国は日ましに発展をつづけることになったのだ。

ついに韓国の歴史は「人間の意志」がどんなに偉大であるかを実証した。

三年で達成した第二次五カ年計画

また、はじめての第一次経済開発五カ年計画が、成功裏に予想外の実をむすぶや、政府はすぐ第二次五カ年計画の施行に突入した。中断を知らぬ前進である。

一九六五年を基準年度とし、第一次五カ年計画がおわった次の年の一九六七年から施行された第二次五カ年計画は、一九七一年度を最終年度にさだめ、「産業構造を近代化し経済自立をいっそう促進させること」に究極の目的をおいた。

この第二次五カ年計画は、第一に食糧を自給し、山林緑化と水産開発に力をそそぎ、第二に、化学、鉄鋼および機械工業を建設して、高度化した工業の土台をきずくいっぽう工業生産を倍加させ、第三に、七億ドルの輸出を達成して輸入代替を促進し、画期的な国際収支の改善をかため、第四に、雇用を増大させるいっぽう、家族計画の推進で人口膨張をおさえ、第五に、国民所得を画期的にふやし、とくに農業を多角化して農家所得の向上に力を入れ、第六に、科学および経営技術を振興し、人的資源を養成して、技術水準と生産性を高めることに、具体的な目標を設定した。

一年短縮して　このような第二次五カ年計画は、六七年と六八年それから六九年の三カ年間推進されてくるうちに、驚いたことには六九年末までには大部分の目標を達成できるほどになった。

五カ年計画期間中は、年平均七・〇％の経済成長率を目標としたが、六七年には八・九％、六八年には一三・一％の高度成長をつづけ、六九年には一一・七％の計画をはるかに上回る経済成長が予想されるので、五カ年計画の目標は三年で達成されることになった。輸出も、七一年の目標を二年くりあげて達成が見込まれることになった。

エネルギーの開発分野でも、計画より二年早く達成し、計画期間中の目標だった一六二万九、〇〇〇KWの発電施設規模は、ことしの六月四日の嶺南火力第三、四号機の稼動で早期達成することになった。

石油化学育成のため、一億八、〇〇〇万ドル規模のナフサ分解をはじめ一〇の系列工場と一支援工場で構成された石油化学工業団地建設に着手し、年間六〇万トン生産規模の総合製鉄工場建設に着手した。

とくに農漁村開発に重点をおき一九六八年から一九七一年までの三カ年に実施される農漁民所得増大特別事業のため、九〇の地区に四七四億ウオンと農業用水開発事業に四〇一億ウォンを集中投資することにより、九〇・三％の水利安全農地造成と、農家毎戸当たり三三万五、〇〇〇ウオンの所得が実施される見通しとなった。

・ソウル—仁川、ソウル—釜山間の高速道路の建設を中心とする国家動脈の大幅な拡張、東津江水利干拓事業の完成と、あいつぐ基幹産業工場の完成によって名実ともに工業韓国の基盤がきずかれた。

世界の舞台に　経済の発展は必然的に国威を高める。急激な経済発展は、朴大統領の頂上外交と相まって、国威を高めた

朴正熙大統領は革命直後の一九六一年一一月、アメリカと日本を公式訪問したが、その後一九六三年一一月の訪米（ケネディ大統領の葬儀に出席）、一九六五年五月の訪米、一九六八年四月ホノルルでの韓米頂上会談とことしの八月の訪米で、韓米両国の伝統的な友好親善はいうまでもなく、安全保障上にも大きな成果をおさめた。

このほか一九六四年一二月の西ドイツ訪問、一九六六年二月のマレーシア・タイ・自由中国など東南アジア歴訪、一九六七年一二月のオーストラリア訪問、一九六八年九月のオーストラリア・ニュージーランド訪問、なかでも一九六六年一〇月のベトナム参戦国頂上会談で主導的な役割などによって新しいアジア・太平洋時代を開く新しい指導者として君臨しはじめた。

朴大統領は、積極的で幅広い外交政策により、韓日会談を妥結し、ベトナムに国軍を派兵して国威を全世界に示した。

精神も近代化　祖国近代化と民族中興の歴史を創造する朴大統領の治績は、単に経済建設や外交政策にかぎられたわけではない。

北韓の凶化する挑発を目前にして、"一面国防・一面建設"の旗じるしのもとに、郷土予備軍が創設されて郷土防衛の干城となったまた精神の近代化のための献身的な努力は、第二経済運動の展開、国民教育憲章の制定、家庭儀礼準則の制定など、多様な政策をもたらし民族文化発展のため、種々の政策が重点的に実施された。

邦林紡績　韓国産の服地は国内よりも外国で一層その需要が多い。勿論この事実は品質による結果のたまものであるが完全自動化の精密機器がより優秀な品質を保障している。（写真は邦林紡績工場の一部）

飛躍をめざす韓国教育界

現況の教育問題のトピック

＝中学無試験制＝

入試地獄を脱す 悪じゅんかんのすえに

[illegible]

写真在日韓国人母国夏季学校

韓国女性 中等教育の名門 京畿女子中高等学校

写真朱日栄校長

[illegible]

信念に生きる人 慶熙大趙永植総長

写真趙永植総長

[illegible]

民族文化の宝庫

安東文化圏 ＝成大・学術調査報告から＝

[illegible]

恩石国民学校 韓国私学の名門

写真尹定老校長

[illegible]

韓国初のノーベル文学賞候補推薦

[illegible]

六〇年代に韓国民の所得は倍増

[illegible]

市外バスの料金二五％引上げ

[illegible]

ソウル－香港間の直行空路新設式

[illegible]

謹賀新年

ソウル特別市長	金玄玉
秘書官	朴漢雄
第一副市長	金正五
第二副市長	車一錫
企画管理官	金應俊
非常計画官	李康大
企画課長	李殷載
法務課長	姜正熙
統計課長	金相鎭
監査課長	李相穆
防護課長	李同春
公報室長	韓鍾燮
市民会館長	李南鎔
内務局長	卞声煥
総務課長	安　震
行政課長	尹洛煥
人事課長	金聖権
予算課長	趙達鍾
市民課長	姜炳寿
市立運動場長	徐潤福
財務局長	金秉俊
会計課長	姜春永
税政課長	韓　柏
管財課長	金鎭遠
都市計画局長	朱禹源
庶務課長	金東顕
都市計画課長	尹鎭宇
区画整理課長	金昌燮
建築課長	黄粛在
住宅行政課長	李麟載
西部土地区画整理事業所長	孔夏永
東部土地区画整理事業所長	鄭弼鉉
南部土地区画整理事業所長	李厚喆
観光運輸局長	張元乙
観光課長	玉一成
運輸一課長	金利煥
運輸二課長	卞文煥
車輌課長	朴有緒
運輸事業課長	孫永漢
南部自動車運輸事業所長	李　教
自動車整備庁長	安基伯
保健社会局長	金漢相
社会課長	朴鍾舜
保健課長	金昌舜
医薬課長	金容善
婦女課長	崔南燗
市立児童保護所長	金鍾皓
鍾路保健所長	具煮書
中区保健所長	申玄三
東大門保健所長	鄭斗永
城東保健所長	李仁植
城北保健所長	趙禧増
西大門保健所長	安洙壁
麻浦保健所長	尹忠燮
竜山保健所長	文洪穆
永登浦保健所長	禹琪烈
衛生試験所長	金在鳳
防疫事務所長	姜熙成
中部病院長	趙僴英
東部病院長	李文杰
南部病院長	鄭奎元
児童病院長	朴璃鎬
麻浦病院長	鄭九鉉
西部病院長	
西大門病院長	金起洙
永登浦病院長	李俊鎬
精神病院長	申泰松
婦女事業館長	陸寅順
清掃局長	李喜瑃
清掃一課長	金斗漢
清掃二課長	李慶三
産業局長	金元河
商務課長	安徳基
工業課長	金桂鎬
燃料課長	都志薫
農政課長	金允喆
糧政課長	金宅洙
緑地課長	朴千秉
家畜衛生試験所長	朴仁根
建設局長	李起宙
管理課長	安瓚熙
土木課長	金昇燦
鋪装課長	呉用賢
下水課長	鄭元永
営繕課長	許畢鼎
東部建設事業所長	金教俊
南部建設事業所長	崔鍾武
土木試験所長	李海元
清渓事業所長	柳炳殷
重機管理事業所長	権孝顔
水道局長	李相連
業務課長	朴林雄
経理課長	林炳道
機電課長	金仁柱
施設課長	朴源恒
給水課長	丁奎栄
水源課長	鄭世永
鍾路区水道事業所長	丁台鎮
中区水道事業所長	高秉漢
東大門区水道事業所長	金求顕
城東区水道事業所長	李慶萬
城北区水道事業所長	李敏洙
西大門区水道事業所長	趙政烈
麻浦区水道事業所長	金尚玉
竜山区水道事業所長	金仁権
永登浦区水道事業所長	申星浩
水道管理事務所長	韓鼎弼
漢江建設事業所長	李鍾潤
管理課長	元孝常
計画調査課長	金俊基
工事課長	李泰鉉
公務員教育院長	朴有植
教授部長	宋海範
書記官	李承馥
〃	韓蓮国
教学課長	権泰利
庶務課長	金任坤
アパート建設事業所長	
総務課長	尹伯栄
工事課長	朴元善
管理課長	李集弘
庶務課長	朴準煥
鍾路区庁長	沈　倫
総務課長	延基虎
中区庁長	金璨会
総務課長	鞠応好
東大門区庁長	李相徳
総務課長	金鳳吉
城北区庁長	李雨栄
総務課長	李在煥
西大門区庁長	洪錫哲
総務課長	金正薫
麻浦区庁長	金玉鉉
総務課長	金在成
永登浦区庁長	徐基錫
総務課長	李泳植
竜山区庁長	奇天植
総務課長	李中権
城東区庁長	金永済
総務課長	林楽圭

写真で見る 民団一年間の足跡

㊤入管法反対をとなえ日比谷公会堂での中央民衆大会(6月9日)と㊦反対デモで意気あがる同胞たち。

朴大統領(右)を礼訪した李中央団長(中央)と朴議長・張監察委員長(6月26日)

在日同胞処遇などの韓日閣僚会議終る (8月26日・迎賓館)

厳敏永大使逝去　㊤12月10日未明、政務多忙のため肝硬変で逝去された厳大使の遺骸は大使館を後に、一路ソウルへ向った。㊦今は故人となった厳敏永大使。

㊤60年目の大豪雨に襲われた本国水害地 (9月14・15日) 民団中央本部では、本国水害救援委員会をもうけ、12月30日現在までも、地方組織からの救援義金を集めている。㊦北傀スパイによる大韓航空機拉致事件糾弾全国代表者大会 (12月22日・日傷会館)

㊤本国政府後援のもと、来日した民俗舞踊団は、民団主催で全国各地で多大な成果を収めた (写真は広島公演)　㊦民団愛知県本部の元団長故金竜煥氏の一周忌は、愛国志士として組織人たちにより銅像除幕式とあわせて厳かにとり行なわれた (11月13日)

万博の韓国館建設

㊤EXPO70、大阪の万博会場には、工業韓国を象徴するような、巨大な規模と近代的構成美を誇る「韓国館」が建設された。民団の万博後援事業もいよいよ本格化してきた。新らしく伸びゆく韓国の限りなき前進の姿。　㊦第50回3・1節記念式典の後、会場では法的地位要求貫徹の民衆大会がひらかれた。

韓日親善のかけ橋

進学の指導・寮の運営

日韓文化協会役員は親韓の名士

われわれの民族財産を個人に市価より低廉な価格で売却したからそのことは背任行為であると―のろしを揚げてうめき回れば、片方は、その問題の土地は協会の基本財産ではあるが、既に、数個の朝総連分子が住みついて占有権を確保しているがため、無価値に等しい立地条件下にあった。このような土地なので方やむを得ず当局の結果、これを売却し協会本来の事業を前向きの姿勢において、行すべく、なしたままであると反論し韓日両国間にセンセーションを巻き起している。

写真㊤は日韓文化協会の学生寮と㊦は同協会正面

八木理事

「日韓新時代」も発行

万博入口に韓国人会館

浄財八十万円　皇州出身者が郷土に

子供の韓日親善さかん　韓国郷芦(?)合唱団

団長団が支部激励　大阪の永住権申請運動順調

南大阪支部　会館今春着工

朴氏

本年度のアパート建設は五百棟

本国水災民救護誠金拠出者名単

大分県地方本部

'70 謹賀新年

愛進ゴム工業所
オカヤ化学工業株式会社
代表取締役 姜福興
愛進ゴム工業所 電話大阪(七五七)七六六六番代表
大阪市生野区猪飼野東八の三七
オカヤ化学工業株式会社
東大阪市北蛇草一〇番地の一
電話 大阪(七二三)一八八八番

御座敷・神殿結婚式場・舞台付大広間
北京料理 新年会受付中
アベノ東海倶楽部
別館 近鉄百貨店南隣岸本ビル八階 TEL代表(六二二)〇二二一
新館 アポロ会館西隣り TEL(六三二)一二五五～七

園田酒店
代表者 朴柄玉
大阪市東住吉区桑津町七の六
電話 大阪(七四一)一八二九番
自宅 大阪市東住吉区桑津町四の七四
電話 大阪(七一六)〇〇六一番

軟・硬質ビニール、コンパウンド、シート
宮城化学株式会社
代表取締役 宮城徳次
大阪市生野区鶴橋北之町二の二三九番地
電話(七一七)三二四五～六・二〇四八番

株式会社 西濃組
代表取締役 金村柳権
本社 大阪市西淀川区竹島町三丁目三の二
電話 大阪(四七二)三三八四～六番
出張所 京都市北区柴野南舟岡町五
電話 京都(四三二)一八四五番
舞鶴市字倉梯町一一の八
電話 舞鶴②四五八五番

平和興業株式会社
代表取締役 張斗会
大阪市港区八幡屋一丁目一六番一四号
電話(五七三)二三三七番

電線管・可鍛鋳鉄・製造
株式会社 松山ベンド製作所
代表取締役 松山輝夫
大阪府摂津大字別府一二五二番地
電話 大阪(〇六)三八一—五三六一代

株式会社 富島組
代表取締役 富島健夫
大阪市此花区伝法町北一—一八
電話 大阪(〇六)四六二—二五七一番

大韓民国居留民団西淀川支部
団長 金柳権
議長 林允植
監察委長 朴寅托
大阪市西淀川区大和田中一丁目三五
電話(四七二)二九〇一番

中華料理 新北京
大阪市北区万才町(浪速ビル)8・9・10階
電話 大阪(三一二)八一七一

京城屋・駿河館・第一栄楽
代表 徐正洙
営業所 静岡県御殿場市新橋二〇三五
電話〇五五〇(二)一七三二・一〇八四
大韓民国居留民団御殿場支部団長

大韓民国居留民団西淀川支部
中島分団
団長 宋柄秀
大阪市西淀川区中島町六六七
電話(四七二)三四一九番

金本セロファン商会
代表者 金本新吉
高槻市芥川町四丁目三番二一号
事務所 電話(〇七二六)(八五)〇三〇八 (八四)〇六四七
自宅 電話(〇七二六)(八五)〇七四〇

大韓民国居留民団西淀川支部
大和田中央分団
団長 金東出
大阪市西淀川区大和田東二丁目三四
電話(四七二)六八・六三番

プラスチック成型
山本化学工業所
代表者 崔翼龍
東大阪市南蛇草六七の四
電話(七二七)〇六五一～二

韓国料理・喫茶・軽食
三楽園
代表者 宋烽植
大阪市西淀川区大和田中三丁目三
電話(〇六)四七三—三九〇六番

金山商店
代表者 金五峰
大阪市西淀川区竹島町四丁目二番地
電話(四七二)〇三二一番

中原商店
代表者 中原奄石
大阪市西淀川区大和田西五丁目一番地
電話(四七二)六〇四一番

静岡商銀信用組合理事・キャバレー未完成
取締役社長 姜春実
営業所 静岡県御殿場市新橋二〇四六
電話〇五五〇(二)一七一七・〇六三七
大韓民国居留民団御殿場支部議長

朴述敵
高槻市川西町二丁目十七の七
電話(八五)一二八三番 六一八二番

東証株式会社
取締役社長 許燦
営業所 横浜市西区南幸町一ノ一三ノ一〇
第二・ニュー横浜ビル七階
TEL〇四五(三一二)五一四六(代)

大阪商工振興会
理事長 宋琮鎬
大阪市生野区中川町二丁目四九
電話(七五三)〇〇一五一七番

韓国第一銀行大阪事務所
大阪市天王寺区筆ヶ崎町一七
大阪興銀ビル四〇一号
電話大阪(〇六)七七一—一八八四

軽量矢板・敷設機械・土建用古機械
修理及加工売買賃貸
森田商店
代表者 林憲植
大阪市西淀川区大和田西五丁目九四
電話(四七一)三七二五・三五四〇番

三栄化成工業所
代表者 李圭洪
東大阪市鴻の池二〇四番地
電話(〇七二九)六二—五〇二五番

近畿電解クローム鍍金工業所
代表者 宋基洙
大阪市生野区猪飼野東一〇の二番地
(但シ生野消防署前東入ル)
電話〇六(七五七)一〇〇四～五番

大韓民国居留民団西淀川支部
佃町分団
団長 崔炳旭
大阪市西淀川区佃町四の三五
電話(四七一)〇二二〇番

ハタ塗装工業所
代表者 秦敬春
大阪市生野区猪飼野西一ノ五番地
電話 大阪(七三一)三三二七番 (七一六)五九六八番

一般鋼材
安川商店
代表者 金台文
大阪市西淀川区佃町五丁目六二番地
電話大阪(四七一)四〇二〇番

東大阪合成樹脂成型協同組合
大阪市東成区東小橋南之町一の七一
電話 大阪(九八一)五六七七—代

製鋼原料商 吉永商店
代表取締役 朴興爽
自 宅 静岡県清水市築地町1—41
TEL 0543(2)5003
営業所 静岡県清水市駒越 4 5 8
TEL 0543(34)1466(代)
清水市居留民団支部副団長 静岡商銀信用組合理事

不二断熱工業(株)
代表取締役 洪焞植(高橋正夫)
営業所 横浜市鶴見区鶴見町1078番地
マルイチビル4階 405号室
TEL 045(521) 2570—4626
自 宅 横浜市鶴見区北寺尾町689—5
TEL 045(571) 7632

川浜商事有限会社
代表取締役 田耕作
取締役専務 田鳳秀
取締役常務 田茂秀
営業種目
ウインチ、水中ポンプ、コンプレッサー、タンバックル、シャックル、ワイヤロープ、マニラロープ、シートパイル、足場パイプ、サポート、ミキサー、其の他
各種建設道具及び一般鋼材売買業
神奈川県川崎市浜町4の25 TEL 044(33)3253・5174

長田燃料・太陽土地・島崎商事
代表取締役 趙鐘夏(林重信)
長田燃料 静岡市池田字梅ヶ坪79—1
TEL 0542(82)3520—1
太陽土地 静岡市南町16番—30号
TEL 0452(86)7731・7764
島崎商事 静岡県清水市島崎町99
TEL 0543(52)3428・9787

横浜ゴルフクラブ製造
株式会社
代表取締役 孫佐鉉
横浜市中区尾上町5—77

光栄海運株式会社
代表取締役 金鉄石
横浜市中区住吉町6—78 大清ビル5階 534号室
TEL 045(651)1421(大代表)
TEL 045(641)9427(直通) 内線 107

港進海運株式会社
取締役社長 尹秀雄
神奈川県横浜市中区吉浜町1の9
(吉浜ビル2階)
TEL 045(641)1957—8
TEL 045(641)0984—5

製鉄原料商 都商会
代表取締役 鄭錫烈
自宅 静岡県清水市村松310
TEL 0543(34)5191
静岡県地方本部副団長 静岡商銀信用組合理事

株式会社 ホテル横浜
会長 李明
横浜市西区南幸町2—3—4
TEL 045(311)4775—7

東映会館
社長 李千寿(平川)
横浜市保土ケ谷天王町
電話(045)331局2683・2151番
自宅 横浜市中区山手20
電話(045)641局1357番

遊技部 パチンコニューツバメ
洋酒部 コンパ
代表取締役 李尚心
静岡県焼津市焼津760—33
TEL 05462(8)5914・5749

京浜間随一の設備と豪華さを誇る
ホテル 八重洲
横浜駅西口名品街先に新築オープン
TEL 045(311)3181(代)

港湾運送事業 海 油槽船運送業
海栄海運株式会社
代表取締役社長 金海政昌(金贊柱)
横浜市中区山下町124
TEL 045(681)0017—0037

株式会社三鈴商事
代表取締役 張永奎(木村悦郎)
本社 静岡県静岡市駒形通二ノ一番二〇号
TEL 0542(52)—3618(代)

京浜間のマンモス遊技場
パチンコ 1,500台ビリヤード23台・麻雀20卓
神奈川県川崎駅前
アサヒ綜合センター
取締役社長 大石政伸
TEL 044(24)6411(代)

大村商事有限会社
代表取締役社長 朱性鶴
キャバレー 金馬車
静岡県清水市旭町42 TEL 0543(52)3910
ホテル 桃山
静岡県清水市鶴舞町1469 TEL 0543(66)6482

韓國新聞

韓國新聞社
発行人
東京都文京区春日町
2丁目20-13
振替口座東京 34988番

民団綱領

一、われわれは大韓民国の国是を遵守する
一、われわれは在留同胞の権益擁護を期する
一、われわれは在留同胞の民生安定を期する
一、われわれは在留同胞の文化向上を期する
一、われわれは世界平和と国際親善を期する

脱皮と躍進で70年を栄光の年に

不退転の決意を披歴

李中央団長異例の年頭談話発表

李禧元中央団長はさる十三日中央本部団長室において記者団と会見し、①永住権申請促進、②組織の整備と強化、③万博招請事業への対策④中央会館購入などの諸問題に対する特別談話を発表したが、これは来る三月に開かれる中央委員会（第十六回）を前にして中央の姿勢を明らかにするものとして注目される談話である。李団長はこの談話において組織の整備を強調したが、とくに地方組織代表者の責任問題に対して強い姿勢を示したことは注目に値するものがある。またこの日李団長は中央会館は本年中に購入するとともに、現在この問題は、信用組合その他の関係当局との話し合いが順調に進捗していることをも明らかにしたが、これにより数年来の懸案となっていた中央会館問題もようやく年内実現の公算が大きくなってきた。

有害無益な指導者と傘下団体を整備！

（年頭記者会見で決意を語る李中央団長）

一、永住権申請促進に関し

すでに年頭の辞で強調したとおり今年は永住権申請を促進し完了する年である。

永住権の取得は、申請した個々の人たちが法的な保障と権利を取得するだけでなく、民団の組織にも整備と育成をもたらすことになる。

さきの第十五回中央委員会の決定にもとづきわが民団では、来る三月十五日までには全団員が永住権申請を完了することになっているが、もしもこの決定事項を達成できない地方があった場合にはその地方本部および当該地区の団長は責任をとってもらうことになる。

なぜならば、われわれはこの永住権申請は、朝総連傘下の同胞まで対象にして促進啓蒙運動を展開しているのにも拘らず、民団の団員の中に未申請者があっては団長が責任を追究されても当然であろう。

民団の団長は単なる名誉職ではなく、あくまでも組織の責任者として中央の指示事項に対しては忠実であり責任ある活動をもって任務を全うするところにある。

創団以来二十余年間、遺憾ながらわが民団には責任の所在とその結果に対する追究がおろそかにされた面が多分にあるのは否定できない事実である。

中央の決定と指示を忠実に達成すべく自己犠牲を顧みず全力を組織活動に傾注して奉仕する団長がある反面には、団長の職を名誉職に考え、事務局長或いは事務部長まかせの状態にある一部地方組織が現存しているという事実も指摘せざるを得ない。

いまこそわが民団は二十年来のこの弊風から大きく脱皮しなければならない時機に到達している。有能で責任感と使命感に忠実な団長に対しては全国の組織がこれを賞揚してその指導力を高く評価すると同時に、非活動的で責任感と使命感が欠如している団長は、自……

地方団長に責任追窮

永住権申請未完の容認あり得ぬ

きたる三月の第十六回中央委員会では活動方針として正式に提案されると思われるが、この第十六回中央委員会と九月開催の第十七回中央委員会との間には、各数の……

二、万博への招請事業に関し

三、機関紙育成問題

使命没却の傘下団体

中央委で抜本的措置講究

四、民団本来の使命に関し

五、民団中央会館問題

閔忠植大使

十七日、豪州へ出発

全国団長、事務局長会議

永住権を主議題に召集

民団直轄の可能性も

中執委、対韓学同で見解調整

国土統一問題 国際学術会議

9月24日ソウルで

衛星通信 韓国地上局開局

複雑な交渉は不要

北傀は政治的陰謀すてよ

—KAL機事件で崔長官談話—

商工部 電子工業振興金

12億ウォンとりきめ

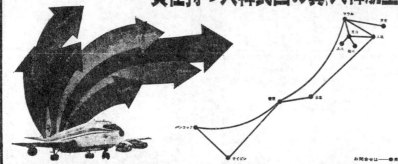

70年代の韓国はどう動くか?

北の挑発には実力で 軍事的両極と政治的多極化

前中央情報部長　金　炯　旭

韓国の前中央情報部長だった筆者は多くの情報と確実なデータをもって「七〇年代の韓国の行くえ」について考究した。これは複雑な世界情勢の動きの中から"流れ"の線に沿って、その将来を予測し、これに備える対策を明示しているが、ことごとにうがった見方、そして現実的な対処方策である。北韓が、これまでの武装ゲリラ浸透をさらに強化させた上で、弱い時、弱い点をついて行くことを見通し、さらに"決定的瞬間"をねらって、侵攻するだろうといわれる"七二年後半説"なども前提にして"国家安保問題"を強く前面に押し出している。

昨年末では漠然と論議されていた"七〇年代の国際情勢"は今年にはいると早くも具体的な展開のきざしを見せ始めた。昨今の米、中、ソなどの動きは七〇年代に予想される世界の動きを示唆しているが、韓国の安保に関連した問題は七〇年代前半にその焦点が置かれている。

五〇年代にはきびしく対立していた世界の冷戦体制は六〇年代に入ってから平和共存体制に移行した。そして七〇年代に戦後体制からの脱皮が予想され、次第に"新国際秩序"が生まれつつある。こうした推移の上に立って幾つかの問題点があるが、これに対処する韓国の立場について考えてみたい。

(ゲリラ捕捉を訓練中の国軍将兵)

▽軍事的両極化は否定できぬ……

韓国の場合は北からの共産挑発があり、そうした事態の動きをあらかじめ予想してこれに対備すると、しない場合の違いは決定的危機いかんの"差異"をみるほどに異るものが生じるだろう。

"流動の七〇年"といわれるこんどの十年間が、予測不可能なほどに不確定な要因をたくさん内包する年月だとしても、要はよくその内部と方向とを直視して可能な限り適確な行動方針を樹立することであり、かつ事態に適応する姿勢を確立して行かなければなるまい。

まず、韓国としては国家安保面からみた七〇年代の特性について知る必要がある。"七〇年代は軍事的両極化と政治的多角化共存の時代"とみられていることが大きな特徴であるが、こう考えられるまでに、いくつかの段階的足どりがあったことは注目しなければならない。第二次大戦後の国際政治の変遷は米ソ両超大国の核武装および核戦力を中心として展開されてきたし、六〇年代にはいってからの動きも米ソ両国間の"核恐怖の均衡"の上に立って平和共存ムードが成立した。こうした情勢の延長線上に七〇年代が進んでゆくことは否めないから、こんども軍事的両極化現象を否定するわけにはゆくまい。

韓国をめぐる情勢も七〇年代の動きは"軍事的両極化"面における米ソの二超大強国と"政治的多極化"の面を代表する日本と中共の二つの大国が織り交って、これが軸となって展開して行くだろうと思われる。といって他の国々の独自の動きが不可能だとか、重要でないというのでは決してない。ただ他の国々の動きには制約的なものが伴い、その体質を分析すると従属変数的な役割りしかできぬことになろうかと考えられる。しかし、北韓の挑発的行動で見られるように、小国が強大国間の対立的利害関係や勢力関係を巧みに利用して動きまわることはありうることで、これが逆に強大国を紛争に引入れる可能性もあるのである。

国際政治上において米、中、ソの大国は独立変数的なものであるが、この三角関係はどうなるだろうか。そして、そうした背景の中にあって日本外交はどう動いて行くだろうか――これらが、こんご注目される点であるが、米ソ協調ムードの基調は七〇年代も結局は変わらないだろうと評価されている。そして米ソが共同で当分の間……

▽七五年の中共の"実質的核武装"

ソ連 北に武器支援せず 武装ゲリラの浸透に注力か

中ソ国境交渉の話合いも、米中ワルシャワ会談の再開も、中共の四、五年先に予想されている"実質的核武装"事態に対備するための接触だといえないともないのである。

かってのアイゼンハワー米政府も初めは大量報復政策を打出していたが、のちソ連との平和共存政策に急転したのも、ソ連の急速な核武装進展があったためである。こうした歴史の歩みを想起するとき、中共をめぐる昨今の米ソ行動も多くの問題を示唆しているように思える。

すなわち、核武装を背景に持つ中共のぼう脹政策に対して米ソはこんごも協調関係を維持して行くであろうしまた中ソ紛争がこれ以上軍事的に悪化する可能性もまずあるまい。また、米中関係も七〇年代の終わりごろには漸次に解氷……

▽中共と日本の微妙な対立関係

中共の核武装確実 膨張政策に米ソは共同監視

▽北韓の挑発はどうなるか

▽北韓からの戦争挑発への対策五つ

▽六・二五動乱再現の様相

昨年1月ソウルに侵入したゲリラの捕りょ金新朝の記者会見

佐藤内閣に期待する "自由の守護"へもっと寄与を

去る十二月二十七日、総選挙で圧勝をおさめた佐藤日本首相は、十四日に招集された衆議院の再指名を経て、直ちに三次組閣を完了した。

これに一日先だって断行された党役員改編と同時に、強力な政策推進が期待される佐藤新体制構築が一段落した。

まず、こんどの組閣には愛知外相、福田蔵相、坂田文相、保利官房長官など核心的ポストの閣僚留任が確定すると同時に、党役員を改編したが、とくに田中幹事長の留任はわれわれの注目を引く。というのは氏が党内の「複数派閥」勢力分布上福田氏の好ライバルとして注目される人物であるからである。

一言でいえば佐藤新体制は、既存政策路線の発展的貫徹のために均衡ある実務型の人事構成として評価されている。

佐藤首相は、一九六五年韓日国交正常化実現において、新たなパートナの設定のために、一つの主役としての積極性を証明したことがある。

彼はまた去る十一月二十一日、沖縄返還交渉に関する日・米共同声明において、韓国の安保は日本の安保にインセンシャルに直結していると指摘、自由アジアの安全と繁栄のために、日本の責任分担意識を明らかにした。

佐藤三次内閣の発足は韓国から歓迎された。われわれは、今後の韓日協力関係が、相互信頼の基礎の上により一層発展することを期待する。

しかし、佐藤首相は、この前の送旧迎新の談話で「七〇年は内政の年」と誓ったのである。都市公害、物価暴騰、スチューデント・パワーの収拾、社会風潮にみられる一部の退廃的傾向の是正などを念頭において、真面目な政治家としての国民的イメージの浮き彫りを念頭に入れざるを得ないであろう。

しかし、今度の選挙における最……

1970年を、輝ける栄光の年としよう

中央各局長、新年度の抱負と決意

脱皮で飛躍期す

当面の課題、永住申請促進

1970年、今年はわが民団組織にとっていろいろと多事多端な年である。永住権申請完了の年であり、万博家族招請の年であり、新しい中央会館を着工する年であるからだ。しかし、この年は多端な年であると同時に、わが民団組織に前進と栄光を約束する輝ける年でもある。永住権申請と、万博家族招請、中央会館建設の諸事業を達成したあかつきに、わが組織の前にはこれらの成果を基盤にした飛躍的な発展と栄光が待っているからである。だがこの年は、その輝ける栄光の道への試練の年でもあるのだ。永住権申請完了も家族招請も会館建設もみな至難な事業であり、決して容易なことではないのである。この容易ならざる諸事業に敢然ととりくみ、輝ける明日の光栄のために、今日を刻苦し、自らに課せられた使命に忠実たるべく精励する民団中央本部の任役員たちは今年の使命達成をそれぞれつぎのように誓っている。

組織活動全般を総点検
天下に民団の真価問う年

事務総長　朴　太　煥

予算編成に新風を
割当金未納本部には規制も

総務局長　李　聖　南

まず永住権申請促進と
欠格者救済の対策班を

民生局長　李　鐘　舜

万博後援事業に注力
本国企業進出者に保護策も

経済局長　朴　炳　憲

一大教育ブームを
民族教育等閑視に覚醒を

文教局長　姜　仁　煥

組織整備と防禦

組織局長　丁　海　竜

一、組織整備と防禦
一、対敵活動強化
一、永住権申請促進運動
一、万博事業における保安及び輸送の円滑化

機関紙日刊化実現を
在日ミス・コリア選抜大会も

韓国新聞社長（兼）宣伝局長　鄭　烔　和

基礎の弱い僑胞政策
政府は一貫性ある秩序と方法を

国会議員　金　相　賢

来日家族狙う赤い魔手
万博に朝総連が特別工作班
悪質で卑劣な手段
組織は保安対策に万全を

ソウルでペンクラブ大会
川端氏や共産国作家も招く

文化祭など大幅整理
民族文化保存伝承に政府本腰

成人式各地で盛況
大阪では航空券プレゼント

新しい大人130名
韓青恒例の成人式盛大

各界から感謝状殺到
韓国の学生農漁村開発奉仕団の活躍

公告

万博招請事業費納入手続きに関する件

首題の件、第15回中央委員会で委任された中央執行委員会と各地協事務局長合同会議で万博招請事業による各地協事務局長合同会議で万博招請事業による各地区別事業費を、下記要領に依って納付するよう決定されたので、手続きに従うよう、望むとともに本事業に支障なきようお願い致します。

記

一、各地方本部は招請名単を作成し、規定の納入金を一括して各単の如く、当地方の商銀、商銀、興銀（大阪）に納入する。

一、納入金を領収した各地方商銀、興銀（大阪）は、領収記（副）を納付者である民団地方本部団長に発給し、中央本部団長にも副本を逆付すること。（領収証用紙参照）

一、商銀、興銀（大阪）は納入金中、地区別規定航空料金を除いた残額（2万7千百円）を、東京商銀の一民団中央本部団長　李禧元口座」に送金する。

航空料は、日本側のビザ許可によって中央本部団長が別途請求時まで受領、商銀、興銀（大阪）にこれを管理させる。（第1、2、3地区別納入金明細書別表）

一、民団地方本部団長は納入金該当分招請名単（写本）一部をそえて中央本部団長に報告する。

地方に商銀がない地方本部は東京商銀「中央団長口座」に送金する。

○東京商銀住所　東京都文京区湯島3丁目38—15　電話（832）5141

○大阪商銀、大阪興銀に納付する配定などは大阪地方本部が調整する（該当地区大阪）

以上

在日大韓民国居留民団
中央本部

別表

各地区別納入金明細表

第1地区（東京〜ソウル）		第2地区（大阪〜ソウル）		第3地区（福岡〜ソウル）	
航空票（ソウル〜東京〜ソウル）	¥ 46,450	航空票（ソウル〜大阪〜ソウル）	¥ 35,505	航空票（ソウル〜福岡〜ソウル）	¥ 16,600
経　費（中央本部）	¥ 20,000	経　費（中央本部）	¥ 20,000	経　費（中央本部）	¥ 20,000
経　費（本　国）	¥ 5,500	経　費（本　国）	¥ 5,500	経　費（本国）	¥ 5,500
万博入場券	¥ 1,600	万博入場券	¥ 1,6000	万博入場券	¥ 1,600
計	¥ 73,550	計	¥ 62,600	計	¥ 43,700
秋田、福島、宮城、北海道、静岡、青森、山形、岩手、新潟、東京、神奈川、千葉、山梨、栃木、長野、茨城、埼玉、三多摩、群馬		石川、福井、富山、愛知、岐阜、大阪、三重、兵庫、京都、奈良、滋賀、和歌山、岡山、島根、愛媛、徳島、香川、鳥取		山口、福岡、長崎、佐賀、大分、宮崎、熊本、鹿児島、対馬島、広島、高知	

初志貫き陸士入学
拉北後の父は生死も不明

いわゆる「朴烈の大逆事件」で日帝に捕われて無期刑に処され、日本が敗戦するまで二十数年の獄中生活をおくった朴烈氏は、出獄後には民団創設に参画して初代団長となったが六・二五動乱ボッ発当時にたまたま本国にいたため侵入してきた北傀軍にソウルでとらわれ、拉致されたまま現在はその生死すら不明である。このように氏の人生はそのほとんどがとらわれの獄囚生活で終始しているが、氏が残していった愛息栄一君（22）は母親である朴義淑（50）女史の愛の手の中ですくすくと成長して、日本で高校生活を終えたあといまは本国の陸軍士官学校に進み、祖国防衛の第一線にたつ日のため日夜の錬磨に若い精力を注いでいる。

父に見せたいこの英姿
陸士に学ぶ朴烈氏（初代団長）の愛息

団長時代の朴烈氏
陸士制服姿の母子

朴義淑女史が出獄間もない朴烈氏と東京で結婚したのが一九四七年二月、翌四八年二月十八日には長男栄一君が生まれ、さらに四九年十月九日には長女慶姫嬢の出生をみたのであるが、あくる年に発生した六・二五動乱のため朴烈氏は動乱ボッ発の当日に朴烈氏はソウル市で北傀にとらわれ拉致されてしまった。

二児をかかえて主人を失った朴女史は、本国の英字新聞「コリアン・リパブリック」の東京支社長を経て現在は、東京都の大塚駅北口で韓国料理店「鳳仙花」を経営しながら愛児たちの成長を見守り夫君朴烈氏の無事を祈る毎日を送っているが、来年の春には慶姫嬢さんも短大を卒業する。

このように栄一君は、三才になったばかりの幼時に父と生別したあとは、母の手ひとつで育てられる不幸な少年期をおくっているが、このような逆境にも負けず立派に成長し、神奈川県立厚木高校を卒業するやすぐに帰国して陸士の試験をうけみごとに合格したのである。

栄一君が日本での進学などはすこしも考えず、高校在学中から陸士大学だけを目標に勉強してきたことを朴女史はつぎのように語っている。

「わが子を一人前に教育するとは骨の折れることです。小さいときは学校の面倒だけで済みますが、青年期における精神的な指導に関しては、父のない家庭で不十分な教育を施すよりも、国家の干城としてたつ人材を養成する士官学校にいれて、教育を国家にお願いするのが賢明の策であると思ったし、本人もそれを希望したので陸士を選びました。無事入学できたことを本人も誇りにおもっておりますが、わたくしも、わたくしの手もとを離れたことは さびしいですが、国家の子として成長していくのをたのもしくおもっております」。

このように母の慈愛と期待を一身にあつめている栄一君は、最近一時帰国してきた朴女史に対し、「自分は軍人である。軍人は金もうけはできない。軍人である自分に対して金をもうけろというのは不正な要求をはたらけと要求することである。お母さんは自分をたよりにしないで働いてもらわねば困る。よくはたらくためには健康が不可欠な条件であるから、くれぐれも体に気をつけて下さい」と話して女史を感激させたそうである。

朴女史は、そろそろ帰国のことも考慮しているが、帰国してからの職業もまだ未定であり、母子が離れてくらすのはさびしいけれど帰国して一しょに住めるのはどうしても二、三年さきのことになりそうだとのことである。

朴女史はきょうも生活のトリデである食堂「鳳仙花」で調理に忙殺されながら、ソウルの栄一君をおもい、また、ここ数年来その生死すらしらない夫君朴烈氏の思い出に、しばしわれを忘れる。

北傀は、朴烈氏を連れ去ったあと数年間、朴氏を「民戦」の議長団にまつりあげて対南宣伝に利用していたが、数年前から朴氏の名前が消えてしまった。

朴氏が宣伝に利用されるのを強く反抗しているためか、それとも病死でもしたのか、知るにも知るすべがない。

このようなときには、朴女史はソウルの栄一君のことを思うことによって、夫君のことを忘れようとしているとのことである。

明太魚大豊漁
1日1,800トンを水揚げ

近海東海の巨済前20～26マイル55海区と注文津港区一帯には〝例年より約1個月おそく明太魚（たら）の魚群がおしよせ、漁船ごとに満船、七日の一日間だけでも今年に入って最高の漁獲高をあげ、明太の価格は半分に下落した。

8日、江原道水産部出張所の集計によれば、7日のばあい束草、注文津、巨津・長湖・三陟・大津など東海岸の各漁港では3千6百38隻の漁船が出漁して、百万八千尾の明太（たら）をとり、1億72百60万ウォンの漁獲高をあげた。

6日前までは、明太1級（20尾）に1千7百ウォンであったのが、7日午後からは1千ウォン以上が落ちた6百ウォン～7百ウォンに取引きされ、閑散だった。漁港にはにわか魚商人で大さわぎである。

ハングル綴字案 再調整
―72年まで新統一案作成―

文教部は17日現行の不完全なハングル綴字法を再調整して72年度まで新たなハングル綴字法統一案をまとめることにした。

文教部はこのためまず今年中に国語審議委員会を中心に、綴字統一案審議委員会を構成し、実態を調査したのち71年に綜合結果を分析、綴字統一案草案を作成し72年には各界人士で構成された公聴会の意見を聴いたのち、あらたな綴字法統一案をまとめることにした。

文教部は統一案制定に先だち、71年まで韓国語の使用実態と方言の調査研究を終え標準語査定案を作りあげることにした。

文教部は綴字統一案制定とともに現在使用中である教科書の全面改編にも着手する予定である。

文教部当局者は現在使用中のハングル綴字法統一案が33年朝鮮語学会（ハングル学会の前身）で作られたもので37年の時間変動とともに、一般に使われている綴文と、はなはだしきは、外来語表記法、慣用語などに相当な差があるため新たな統一案を作ることにしたとのべた。

釜山には自動車で
釜関フェリー6月開通

韓国と日本の間を自動車で渡ることが可能となった。七時間で釜山～下関間百三十三浬の距離を、自動車とともに連絡船で渡るようになる。

去る十三日交通部が発表したところによると、この便利で早い〝釜関フェリー（連絡船）〟の実現はさる六七年八月から推進されてきたもので、いよいよ大阪の万国博覧会期間中の六月六日から運航を開始する。

なお、釜関フェリーは、韓日両国がそれぞれ一隻ずつ所有船を出して共同運営することになっており、本年四月までには双方が一隻ずつを建造、運航させる予定。

六月から運航される一番船は、三千五百トン級で、航海速力十九ノットのもので、日本の広島大平洋造船が建造中である。

この連絡船は第二船が出来るまで三日ごとに一往復する予定で、六百二名を収容、乗客たちは自動車を載せることが可能（六十台積載）となっており、これで韓日間は自動車旅行することができるようになった。

◇旅客運賃

▽一等＝二十四ドル・▽二等＝十九ドル・三等＝十四ドル。

募金の具体策協議
万博後援会の活動本格化

中央の李禧元団長と朴炳憲総務局長（万博後援会事務局長）は、去る一月十八日、大阪総領事館の李哲儒領事とKOTRA大阪館の関係課長の案内で、万博関係者や近畿地区団長らとともに、万博会場内の韓国館をつぶさに視察したが、この視察にさきだち、十五日、在日韓国人万博後援会では、李熙健会長以下、姜宅祐常任副会長、柳漢祐、金良煥、金容載の各副会長と朴炳憲事務局長、各常任委員多数出席のもとに李禧元中央団長をまじえて、後援募金問題に関する協議に意見を交換したが、開幕を二ヶ月後にひかえて緊急を要する問題であるので、出席者たちの意見も真剣そのもの、会議は終始緊張した空気の中で具体的な募金方法を討議した。なお、この日事務局では、ようやく本格化してきた後援事業に対処するために、一月十八日付でつぎの役員を追加発令せると発表した。

事務次長…孫弼鎬（民団中央総務局次長）同朴英茂（民団大阪本部事務次長）

渉外部長…丁海龍（前民団大阪本部民生部長）

男女35名が修了式
静岡の国語講習所

静岡県韓国教育文化センターの国語講習所で修了式を挙行した。

静岡県韓国学園国語講習所は、同学園理事会と教育文化センターおよび、係官民団の努力により昨年は特に「スクールバス」二台を購入するなど、受講生への便宜をはかってきたが、旧ろう二十四日午後一時より受講生三十五名の学期末修了式を、教育文化センター会議室先部会のもとに、静岡地方本部講堂三階において盛大に挙行した。卓文千世理事長兼団長はかねてより病気療養中のため参席できず、県本部趙団長が講習生諸君に対し皆勤の功を労らう同時に、各界からの祝辞と激励の言葉があったのち、授賞に入り、皆勤及び精勤賞等を同地方本部趙団長より賞状及び賞品の授賞式があった。式後に受講生たちのパーティーが開かれ、会員に入り日頃学んだ祖国の民謡と踊りを披露して、たのしく学年を祝った。

具宗植氏内定
コリア・ヘラルド社理事長

文化公報部は十三日、任期が満了した金寿善大韓公論社（英文新聞コリア・ヘラルド発行社）理事長の後任に具宗植国際研究所所長を内定した。

昨年度ミス・コリア真・善・美

在日ミス・コリア・コンテスト
万博記念に復活決る
真・善・美三人をえらび
ソウルのミス・コリア・コンテストへ

毎年、本国で盛大にひらかれる恒例のミス・コリア選抜大会は、今年も例年と同じく、三月下旬にソウルで決選大会がひらかれることになったが、主催者側の韓国日報では、この大会に参加すべき「在日ミス・コリア」真・善・美三人の選抜を民団あてに依頼して来た。これにより日本における選抜大会は、中央機関紙である本紙主催で民団中央をはじめ、全国各地方民団本部の後援の下にひらかれるべく、目下その準備を進めているが、つぎの選抜要領によって民団各支部単位で選抜するよう呼びかけている。なお賞品は、文教で各種[illegible]。

在日ミス・コリア 選抜要領

(一) 民団支部・本部の推せんをうけた候補者を集め、各地方本部単位で二月中旬までに予選大会をひらき、一名を選抜する。

(二) 中央の決選大会で、真・善・美の三人を選抜する。

(三) 大会経費は[illegible]として負担され、国内外に[illegible]される。

(四) 審査委員会を本社内に設け[illegible]を選抜する。審査委員は未定。

(五) 応募要領は、本社と各地方本部との協議でこれを決める。

(六) 当選者には賞状と大会記念アルバム[illegible]の賞金が授与される。

真（一位）　二十万円
善（二位）　十五万円
美（三位）　十万円

(七) 当選者は、本国のミス・コリア・コンテストに参加するほか、万博期間中は、韓国館を中心として、本国からの招請要人たちの接待をつとめ、万博後援会から別途に報酬が支払われる。

恵まれぬ同胞に四二万円
＝大阪商銀本部＝

年末をひかえて民団の各地方本部では[illegible]を展開して本国やその国内各地の〝恵まれない人たち〟への贈り物をしているが、ここ大阪の共栄組合（組合長[illegible]）でも昨年末の三[illegible]会議の席上で、本国の水害者に対する義援金の呼びかけがあり、その場で出席者から自発的な寄付が行なわれ総額四万二千円の浄財があつまった。

この四万二千円は第二十二日には駐大阪総領事館へまちがいなく伝達されたが、総領事館ではこの自発的な愛国心のあらわれを高く評価し、さっそく本国の〝歳末たすけあい運動〟へ伝達することになった。

魚栖支部同胞が被災
団員家屋七戸が全焼

1月12日に民団[illegible]県地方本部からとどけられた報告によれば、昨年12月23日午前4時30分ごろ[illegible]の同支部団員[illegible]七戸全焼する火災があった。[illegible]

持出し寸前に逮捕
古書密輸の日本学生

一月九日、釜山市警外事課は、韓国の古書を携帯して日本に向っていた東京都立大学人文学部歴史学科3年竹田賢一（23）と、早稲田大学文学部佐々木祥（22）、同大学佐々木現実（22）など3名を文化財保護法違反で立件し、持出しようとした古書籍19点を押収した。

竹田らは去る7日午後5時頃、釜山港第一埠頭、韓日定期旅客船梅水丸便で、同書籍を持出そうとしているところを、釜山市警外事課刑事によって逮捕されたもの。

警察の調べによると竹田らは、昨年の28日観光ビザで来韓、ソウル市鍾路区鍾路2街74の韓国書籍（代表申鉉徳）と慶州市大安洞慶州ペイント社社長[illegible]氏からこれらの古書を入手したほか、大邱、釜山、南原など全国をめぐって求め歩ったとのべた。

警察はこれら日本学生をつれ本を売った国内書籍商を追究している。

警察はまた彼等が持出そうとした100冊を押収したのち、東亜大学校博物館長の文化財管理委員会専門委員の鑑定結果、19点だけを押収しそのほかのものは返した。

押収した19冊はつぎの本である。

①山陽集（抄）②[illegible]③古今歴代標題[illegible]（抄）⑤[illegible]⑬三国史記[illegible]伝（丙）⑬古文通（四）[illegible]伝（単本）⑰三書（上中下）

静岡県地方本部 地方委員会開催

静岡県地方本部の第十二回定期地方委員会が開催された。同県地方本部では（旧臘）十日正午から第十二回定期地方委員会を、同地方本部三階講堂において全地方委員四〇名の内三十三名の出席を得て開いた。

同委員会には中央本部と東京本部及び神奈川県本部からも来賓が多数参席の予定であったが韓緑水大使死去のため中央本部より張聡明監察委員長だけが参席して韓大使死去を報告し、出席者全員が哀悼の黙とうをささげたのちに委員会を開会し午後六時すぎに閉会した。

このあと、同委員会では、本部の年本財政確立などの議案に対し、真けんな討議を展開して大きな成果をおさめ午後八時に閉会した。

尋ね人

本籍全南[illegible]
鄭正彩（五十歳）
（通名＝山本正男）
右の者は終戦まで大阪府下[illegible]に居住していたが、[illegible]、兄弟の行方を探して帰国し、消息がありません。心当りの方は連絡先へ連絡下さい。
連絡先＝全羅北道全州市[illegible]
鄭行鳳
又は[illegible]
[illegible]社

文化

病的なその猜疑心
伝記作者韓雪野まで粛清

韓載徳

高さ十メートルもある青銅の大きな金日成像が三十八度線に近い開城の丘の上と、中共との国境鴨緑江のほとりにそびえている。金日成は自分を"偉大なもの"として奉神さずにいられないのだがこれは明らかに"宗教"である。この宗教は東だけにでなく国内にも示されており、北韓全土に、この二つの像ほど大きくはないが数百の像が、また数千の胸像が立てられている。また、海外でも有名な"金日成肖像画"は学校、病院などの公共建築物や企業体、汽車の車両、そして全家庭に飾られている。金日成はこれを指導力の助けにしているだけでなく民から"神"への信仰に似たものを獲得するのに使っている。

金日成と手を結んだ者は安心して生きられない——。

北韓では暗黙のうちにこうしたジンクスが流れている。それは百万人にのぼる"金日成の粛清史"から割り出されたものであるが、手を結ばなくても、金日成に眼をかけられた者、側近者、秘密を知る者などは一日として安眠できない。

"私の祖国はソ連"
—カイライ金日成—
「民主朝鮮」元編集長が暴露するその正体

それも、悪いことに、北韓では金日成を完全化するために年と共に歴史が変わり（共産国では指導者が変わると、歴史がよく変えられるが、金日成の場合はずっと独裁を通してきていながら、時代の変化や価値観の訂正によって変わる）、以前に"是"とされていたものが"非"とされるようになると少なからぬ人びとが戦々恐々とした環境に陥る。最初の「金日成伝記」を書いた私なども、もう少し北韓にいたら、恐らく生命はなかっただろう。

金日成の幼少のころの伝記「満景台」を書いた韓雪野（当時、文芸総委員長）氏は一九六二年に粛清された。

満景台の著者 韓雪野を追放

韓雪野の「満景台」には金日成、すなわち金成柱が幼少のころからけんかが好きだったこと、たとえば泳げない友達を大同江に連れて行って溺れさせたり、木登りをしては先に降りてきて他の友だちを降りられなくして困らせるなど、どんな卑怯なことをしてでも勝つことが好きだった様子が、まざまざとえがかれている。こうしたことは神格化されている現在の金日成にとっては困ったことだったのだ。（しかし、韓雪野は金日成の叔母をはじめ、彼の幼少のころのことをよく知る人びとから取材してこれを書いた。）

ところがこんど新しく、日本の未来社を通して出版した白峯の「金日成伝記」には、金日成は満州で食糧のないとき、部下の者たちに全部食べものを分かち与え自分は何日も食べずに戦争を続けた神のように慈み深い人だと書いてある。

すなわち、金日成はみずからを神格化して、いつわりを並べて立てて行くうちに、良いにつけ悪いにつけ彼自身の持つ人間性を失った。

急進政策とは 革命の基地化

金日成の"急進政策"は北韓を"革命の基地"とするという宣言（四六年二月八日、みずから北韓の臨時人民委員会の委員長となったときに行なった）を基本線として推し進められ、土地改革の無償没収と地主追放はわずか一カ月の間に行なわれた。資本家も同様、徹底的に財産を没収されたので北韓では現在事実上、商人は存在しない。この政策がその後の北韓経済を困難に落とし入れたのであるが（生産意欲の減退で——）金日成は一九五八年に"社会主義改造は完成した"といっている。

一九五八年十二月からは二年がかりで例の有名な「中央党集中指導」が行なわれ、住民は核心勢力、中間勢力、反革命勢力の三つに大分された。これもいわば、金日成の疑心暗鬼のなせるわざで"カタキ討ち"が自分のそばに近付けないようにしたものであった。反革命勢力（政治追放者家族、縁故者、越南者家族、親日派、地主、資本家、宗教人家族）は粛清されて存在しないことになっている。……見逃ろうというのであるから、驚くべきいぎ心だといわなければならない。

曹晩植氏も殺害
玄俊赫は白昼に暗殺

いうまでもなく、北韓の生活では人間性が否定されている。それは金日成の独裁を強化するためになされた一大事業であった。それは政治のためになされた残酷さであり、その手はじめは一九四五年、金日成がソ連軍の一特殊偵察隊員（将校）として北韓入りをし、そのヘゲモニーを握ろうとするときに行なわれた。すなわち、北韓で左翼のヘゲモニーを握っていた党の平南道党責任者の玄俊赫を手下どもに白昼暗殺させたことに端を発し、金日成は翌年には民族主義者の曹晩植（平安南道人民政治委員長）をも殺してしまう。この二人の代表的指導者を殺すことで金日成の粛清史ははじめられたが、この陰謀に加担した主役の張時雨（当時、平南道司法局長）はのち（五三年）、軍後方総局長をつとめていたとき、何の罪名もなく、やみの中で殺される。これは張時雨自身が金日成の粛清の手伝いをし、あまりにも多くの悪事を知りすぎていたためであった。

徹底した人間不信

金日成の政権固めは①ロマネンコ司令部への密告で、ソ連の"朝鮮民族主義者"嫌いを利用したことと②北韓者を容赦なく殺したことによって成されて行った。

当時、ソ連軍政部は民族的右傾分子を警戒していた。一九四五年当時の民族主義者たちは長い間日本に対する反抗で大ていた右傾していた。しかし、金日成が、有力者を除くには『彼は国際共産主義者でないし、民族主義的考えを持っているから危険だ』という理由が必要であり、金日成はロマネンコ司令部にその"反逆性"を告げては抹殺して行った。

そのころは、まことに不思議な殺人事件がたくさん起きた。

ある程度、政権を確立してしまえば"もう殺すことはあるまい"と考えるのは普通の人たちの考えで、金日成のそれは全くキリがない。

恩は必ず 仇で返す

私が北韓を脱出した一九五九年も農業相の韓展鎬、石炭工業相の許成沢をはじめ中央党宣伝部長の樹悦俊や保健相の李炳南らが粛清され、私のように金日成のことをよく知っている人間は何も悪いことをしなくても、枕を高くしては眠れなかった。というのは粛清の対象になった人たちは①金日成をよく知っていた人たち②よく助けた人③才能のあった人たちで彼らはみな重要なポストにいた。

金日成が政治犯として粛清した人の数は百万名。私のように南へ逃亡した人の数は四百万名であるが、これはばかり知れないほど大きな金日成の政権欲と人を信じない疑心暗鬼の犠牲になった人たちであった。

最近は政治的にも軍事的にも南北双方の警戒がきびしく、脱出などはとてもできなくなったが、私が逃亡してきたころまでは、それでも命をとしていくばくかの人間が"平穏に生きること"を願って脱出を試みた。

金日成の粛清は彼の持つ"不信感"と、もう一つ、彼の推進する"急進政策"とに起因している。それは疑い深い上に、すべて"自我"が中心でなければならぬ金日成の性格によるものだった。

一九五〇年に粛清された武亭、金烈、朴光熙、許嘉誼の大者たち、五三年には朴憲永、李承燁、林和、李康国、李源朝、裴哲、金応洙、李吉用、金順男、李泰俊……は"反党事件"のカドで粛清、朴一禹、許ガイなど、また五六年に……

病的猜疑心とその政策

金日成の猜疑心は病的である。そして金日成は猜疑心から生まれる"不安"の解決を常に粛清としている。たとえば一九五七年五月三十日、党常務委員会で「反革命分子との闘争を全党的、全人民的運動として展開する件に関して」という決定を採択したが、これは五八年の全住民の性分調査期間となった。

また、私のようにかつて金日成から直接にさまざまのことを聞いて書いた人間は事情がかわると邪魔なのである。たとえば私の書いた"金日成将軍略記"などは金日成を本当の金日成将軍でないことを知りながら、面白く金日成をたたえて書かれた書物であるが、ウラを知りすぎている私などは何時どんなことをするかも知れないと猜疑心のマトになる。

困ることに金日成の態度はクルリクルリとよく変わることで、二十四年の移り変わり、特にソ連の傀儡者から神のような偶像にまで変わった金日成の変わり方で一々殺されていたのでは目も当てられない。金日成の"不安"と猜疑心はわれわれをも"不安"にしたものである。

北韓では、こうした金日成の病的猜疑心で打立てられた政策で民がおどらされる。まさに独裁者の典型である。

ソ連や中共を信ぜず、朴正熙大統領のような強力なものには"不安"と疑心暗鬼で"自分が倒される"と思いこんでしまう。そうした猜疑心が"武力統一論"など……自分の方が、武力で先に赤化統一するという政策をかかげてりきみかえるのである。

"鶴の一声"ということばがあるが、金日成は昔ながらの暴君で、思うとおりにならぬとすぐ惑る。"待つ"ことをしない。"聞かずば殺せ"が彼の性格である。

賀 '70年に飛躍を期す神奈川県地方本部 春

全同胞が団結を！
権益擁護は組織の強化で

神奈川県地方本部 団長 孫張翼

多難であった一九六九年を送り希望に満ちた一九七〇年を迎えるにあたり、神奈川県地方本部を代表し県下団員の皆さまに謹んで新年の賀詞を申上げます。顧みるに一九六九年はいわゆる「出入国管理法」という国際法史上かつてその例を見ない悪法制定の動きがあり、民団では全国組織の総力を集中してこの悪法出現を阻止したのであります。とくに東京都数寄屋橋公園においては、韓青、韓学同を中心に決死反対の断食闘争が決行されたのであります。このようなすべての反対闘争はわれわれの生活権を死守するためであります。

この闘争によってこの悪法は遂に廃案となりましたが、われわれはこの反対闘争の結果団結こそが唯一の武器であることを痛感しました。

本国政府の関係当局と民団代表者とが本国において膝をまじえて語りあった民団強化合同会議で多大な成果を得たことは誠に喜ばしいことと思います。本国においては当局がわれわれに対し従来にない関心を示し、昨年八月東京で開催された韓日法相会議では永住権申請に関する幾多の懸案事項が解決されております。

一方朝総連は金日成の神格化に盲従し、欺瞞に満ちた虚偽宣伝と悪辣な謀略に狂奔しており、善良な民団人を拉致するなどの蛮行を敢えてするなど、悪質な挑発行為をくりかえし、自由大韓を武力で侵略すべくその機会をねらっております。わが祖国においては朴大統領閣下の領導により国力は日増しに充実しております。

……をみたのであります。わが神奈川県民団では韓国学校を設立すべくいまあらゆる努力をしております。さらに県本部の会館を新築する計画で目下具体的な計画を推進中であります。

永住権申請は促進され相当の成果をあげておりますが全同胞が一日もはやく永住権を獲得するよう切に希望するものであります。

また来る三月中旬より開催予定の万国博覧会には本国の親戚友人等を多数招請してありますが、民団の全組織が総努力してこの招請事業が有終の美をおさめるよう一層の努力を願うものであります。

総力を申請促進に
全在日同胞に永住権を

横浜支部団長 孫晋仁

全国の同胞と祖国の皆さんに心から新年のあいさつを申しあげると同時に旧年中の御厚意とご指導ご鞭撻に対し衷心から感謝の意を表してやみません。

われわれは多事多端であった一九六九年をおくり、ここに一九七〇年を迎えることになりました。

顧みるに日本政府当局はわれわれ在日同胞に対し、国際法上前例のない悪法の制定を企図しましたが、われわれは全組織を通じ一致団結してこの悪法制定に反対する闘争を展開した結果、現在においては一応廃案となりましたが、いつまたどのような形で、どのような悪法制定が企図されるか予断を許さないものがあります。親愛なる全国の同胞皆さん、われわれ同胞がこの国において安定した生活を営為するには、全同胞が一致団結してわれわれの権益をまもる以外に道はないものと思います。

全国僑胞の皆さん！日本政府当局は特に通商友邦とか、社会的人道問題とか、または人権問題とかを宣伝しておりますが、誠意ほどには真実が伴っておりません。

永住問題もその一つで、われわれは一日も早く全同胞が永住権を申請するよう切に祈るものであり、これにより我々の権益も擁護され民生安定も期することができるのであります。昨年の八月、韓日法相会議の結果、多年の懸案が解決され、われわれもこれでようやく安心して永住権申請の促進を展開することができるようになりました。

祖国においては朴大統領閣下の賢明なる領導により国力の充実と民生の安定、国家の繁栄が驚異的な早さで発展しておりますが、金日成の神格化に盲従している北韓では、あらゆる蛮行と自己欺瞞の虚偽的宣伝と、悪質な謀略のもとに機会あれば自由大韓を侵攻しようと虎視たんたんとしてその準備に狂奔している現状であります。

賢明なる全国同胞の皆さん！われわれはまず人和を以って一心同体になり確固たる信念のもとに、われわれの組織がより強固な団結で大きく発展するよう最善の努力をつくしましょう。

県本部 朴勝福副団長

県本部 金占寿副団長

県本部 吉秉玉監察委員長

県本部 田炳武議長

南武支部 河仁植団長

鶴見支部 慎宗鎬団長

川崎支部 金鍾熙団長

高座支部 宋桓植団長

横須賀支部 金点介団長

湘南西部支部 金進斗団長

湘南中部支部 田鶴善団長

大韓民国居留民団 神奈川県地方本部
神奈川県横浜市神奈川区鶴屋町2ノ18
電話〇四五（三一一）四九〇三～五番
〇四五（三一一）六七三八（団長室）

顧問 李根馥 朴述祚 李康元 金正大 李種大 洪句杓 許嫁 李鍾河 李圭 任都宰

議決機関
議長 田炳武
副議長 金尚龍 朴成準

監察機関
委員長 吉秉玉
委員 金四根

執行機関
団長 孫張翼
副団長 朴勝福
副団長 金占寿
事務局長 鄭泰浩
総務部長
民生部長 梁鴻圭（兼任）
経済部長 姜鍾起
組織部長
宣伝部長 白正善（兼任）
文教部長 李元博

横浜支部
神奈川県横浜市中区末吉町三—四五
電話〇四五（二五一）一八〇九番
〇四五（二五一）一八一〇番

議長	朴成準
副議長	趙忠来
副議長	金鍾元
監察委員長	金振慶
委員	徐泰玉
委員	具伝二
団長	孫晋仁
副団長	崔春植
副団長	金世顕
事務部長	李七斗

川崎支部
神奈川県川崎市浜町四ノ一
電話〇四四（三三）二七六五～六

議長	李康元
副議長	黄盛渕
副議長	申富雄
監察委員	朴点生
監察委員	姜大錫
団長	金鍾熙
副団長	裵奉朝
副団長	曺在龍
事務部長	張世準

鶴見支部
神奈川県横浜市鶴見区下末吉町一—一二七
電話〇四五（五八一）〇三九一・三三七二

議長	黄二柱
副議長	崔昌斗
副議長	朴相元
監察委員長	姜雲洙
監察委員	孫正基
監察委員	李源植
団長	慎宗鎬
副団長	張華翼
副団長	金智彦
事務部長	崔炳達

高座地区支部
神奈川県大和市中央五—一二—一四
電話〇四六二（六一）四五五三番

議長	金甲東
副議長	河在鎬
副議長	李厳右
監察委員長	郭文秀
委員	張奎晟
委員	李璟浩
団長	宋桓植
副団長	鄭鳳寿
副団長	金漢圭
事務部長	朴永奎

湘南中部支部
神奈川県藤沢市藤沢一八九三
電話〇四六六（二二）九四七四番

議長	尹珠宅
副議長	尹錫鳳
副議長	張寿錫
監察委員長	金大栄
委員	李長寿
委員	朴東秀
団長	田鶴善
副団長	黄泰岩
副団長	尹富郁
事務部長	尹載一

横須賀支部
神奈川県横須賀市日之出町一—一七
電話〇四六八（二二）二八一四番

議長	姜基先
副議長	李碩
副議長	金元容
監察委員長	呉錫九
委員	李泰老
団長	金点介
副団長	李昌権
副団長	崔容九

外一同

南武支部
神奈川県川崎市新丸子東二ノ九七五
電話〇四四（四一）六六一一番

議長	朴鎮夏
副議長	姜鎮鎬
副議長	金泳水
監察委員長	柳政夫
委員	権図遠
委員	金重億
団長	河仁植
副団長	黄光義
副団長	黄寧錫
事務部長	李浩演

外一同

湘南西部支部
神奈川県小田原市南町四ノ十一ノ八
電話〇四六五（二二）三五八八番

議長	張漢植
副議長	趙漢模
副議長	朴真夏
監察委員長	尹仲守
委員	李進水
委員	洪秀男
団長	金進斗
副団長	下鋼水
副団長	姜熙万
事務部長	韓漢守

外一同

大韓婦人会神奈川県地方本部
神奈川県横浜市神奈川区鶴屋町二ノ一八
電話〇四五（三一一）九四〇〇番

会長	申鳳順
副会長	趙義順
副会長	李順子
監査	南鍾順
監査	朴雙道
監査	文福任

外一同

大韓青年同盟神奈川県地方本部
神奈川県横浜市神奈川区鶴屋町二の一八
電話〇四五（三一一）四九〇四番

顧問	孫張翼
委員長	柳笑桓
副委員長	柳栄桓
副委員長	林晴一
組織部長	（兼任）
宣伝部長	尹東春
監査	孫恪鎬

神奈川県韓国人学生会
神奈川県横浜市神奈川区鶴屋町二ノ一八
電話〇四五（三一一）四九〇四番

会長	洪錫熙
副会長	具光雄
副会長	
組織部長	金広熙（兼任）
総務部長	李光秀
渉外部長	金治協
女子部長	黄康喜
財政部長	全正淑

神奈川県韓国学園
神奈川県横浜市神奈川区鶴屋町二ノ一八
電話〇四五（三一一）四九〇三～六番

理事長	孫聖文
副理事長	金元述
副理事長	金九鍾
学園長	安太守
副学園長	黄二柱
副学園長	徐泰玉

永住権申請案内

今年は、永住権申請の年です。

在日同胞の皆さんが一日も早く安定した生活を営むためには、まだ永住権を申請していない方々が一人もれなく申請するよう、お互いに努力し、勧誘しましょう。

協定永住権を受けることによって、

(一)、何よりもまず、これまでの暫定的であった地位をはなれて、権利として日本に永住することができるよう保障され、

(二)、したがって、協定永住許可を受けていない者や一般外国人とはちがい、協定永住許可者は、ほとんどすべての場合において、退去を強制されることがありません。

(三)、さらに、同永住許可者に対しては、海外旅行に必要な再入国許可における制限がないばかりでなく、一家族が離散することのないよう、人道的な配慮が十分ゆきとどくようになっており、

(四)、子女の教育問題においても、日本の公立小・中学校への入学が認定され、また上級学校進学においても、その入学資格が認められております。

(五)、生活保護を必要とする人には、従前どおりの生活保護が受けられるようになっており、とくに、国民健康保険に加入することができます。

(六)、外国人財産取得に関する政令の適用を受ける一般外国人とはちがい、主務大臣の認可なしに土地・建物などの財産を取得することができます。

(七)、日本から永住帰国する場合には、自己財産の本国搬入または送金などが、協定上保障されております。

在日同胞の皆さん！

去る八月十九・二十日の両日間に開催された"韓・日法相会談"の結果、皆さん方が安心して永住権を申請することができるような措置が講じられておりますから、一日でも早く、永住権を申請されるよう、かさねてお願いする次第であります。

もし皆さん方の中で、同永住権申請に関連して、質問または相談なさる事項がある場合には駐日大使館（第一領事課、または永住権申請案内室）あるいは、地方に所在するわが国の各級領事館へ直接来訪されるか、書信で同事由を問い合わせて下されば、必ずや皆さんのご期待にそえるよう、全力を尽す所存であります。

なお、皆さんの親戚の方々にはもとより、親しい知人の方々にも、以上の事実を広く周知させて、一日でも早く、永住権申請該当者は一人残らず、この申請を完了できるようご協力下さることをお願いします。

駐日韓国大使館

〈慶祝〉光復節第29周年記念

暑中お見舞い申し上げます

一九七四年 盛夏

在日本大韓民国居留民団 〈順不同〉

女子職員募集

経理・一般事務のできる職員を募集します。特別優遇しますから、写真、履歴書持参の上、本人が来団して下さい。

民団中央本部・総務局

大阪府地方本部
団長 黄七福
議長 卞先春
監察委員長 張起説
事務局長 崔景乙
外役職員一同
大阪市北区中崎町四三
電話〇六(371)七三三一(代)

兵庫県地方本部
団長 金基禄
議長 下埈植
監察委員長 黄河千
事務局長 金萬寿
外役職員一同
神戸市生田区北長狭通四ー一ー一
電話 〇七八(391)一〇六一〜四

京都府地方本部
団長 張熙日
議長 李宗樹
監察委員長 金聖[illegible]
事務局長 権萬洙
外役職員一同
京都市左京区下鴨宮崎町一一九
電話〇七五(781)八六八一〜七番

奈良県地方本部
団長 金東俊
議長 李鳳尚
監察委員長 崔寅大
事務局長 崔允根
外役職員一同
奈良県大和高田市日出町一丁目
電話 〇七四五(53)二四五二

和歌山県地方本部
団長 金柙基
議長 李壚鎮
監察委員長 朱秀
事務局長 権道寧
外役職員一同
和歌山市尾形町三丁目九
電話〇七三四(24)七六六四〜五

三重県地方本部
団長 陳且祚
議長 李有萬
監察委員長 朴英基
事務局長 金東植
外役職員一同
三重県津市西堀端町二〇五六
電話〇五九二(28)四三〇八

滋賀県地方本部
団長 朴洙性
議長 金相浩
監察委員長 張一用
外役職員一同
滋賀県大津市島の関九ー五号
電話〇七七五(24)[illegible]

岡山県地方本部
団長 林鍾信
議長 金甲文
監察委員長 金寅甲
事務局長 趙三源済
岡山市駅前町一ー五ー二二
電話〇八六二(25)〇八二六(代)

大阪府高槻支部
団長 金尚植
議長 池本洙
監察委員長 池星得
外役職員一同
高槻市芥川町二ー九ー
電話〇七二六(84)〇九二六

大阪府枚岡支部
団長 張徳日
議長 金鳳来
監察委員長 崔判岩
外役職員一同
東大阪市南荘町一二ー一〇
電話〇七二九(81)[illegible]八三

大阪府堺支部
団長 梁種福
議長 偰秉五
監察委員長 朱必連
外役職員一同
堺市中安井町一ー一ー九
電話〇七二二(29)八四五三

大阪府吹田支部
団長 黄尚奎
議長 金弐万
監察委員長 韓永燮
外役職員一同
大阪府吹田市山手町一ー七ー三
電話〇六(388)一五五五

大阪府泉北支部
団長 金春鶴
議長 黄性杉
監察委員長 許尚九
外役職員一同
和泉市府中町四五四ー二
電話〇七二五(41)二三七三

大阪・都島支部
団長 韓大沢
議長 白相奉
監察委員長 玄錫允
外役職員一同
大阪市都島区御幸町二ー七
電話 〇六(921)四九七〇

大阪・南大阪支部
団長 呉永俊
議長 宋丙燮
監察委員長 金済云
外役職員一同
大阪市浪速区新川三ー六五五
電話大阪〇六(631)五四四六

大阪・此花支部
団長代理 金石鎬
議長 柳貞烈
監察委員長 丁東云
外役職員一同
大阪市此花区西島町二ー五三
電話大阪〇六(462)一八八八

大阪・福島支部
団長 許周漢
議長 李昌福
監察委員長 高基春
外役職員一同
大阪市福島区茶園町九四
電話〇六(461)二四一四

大阪・中央支部
団長 金徳仁
議長 柳根達
監察委員長 李淳徳
外役職員一同
大阪市北区梅田町六
電話(341)四六六二

大阪・大正支部
団長 洪性梓
議長 崔漢柄
監察委員長 姜正龍
外役職員一同
大阪市大正区南恩加島町三〇番地
電話(〇六)五五一ー四三三〇

大阪・旭支部
団長 玄太辰
議長 姜太和
監察委員長 宋長龍
外役職員一同
大阪市旭区赤川町二ー五三
電話 〇六(921)五一五八

大阪・東成支部
団長 金徳浩
議長 姜永枢
監察委員長 徐萬洙
外役職員一同
大阪市東成区大今里西二ー六ー一三
電話 大阪〇六(976)[illegible]

大阪・東住吉支部
団長 朴洸世
議長 趙宗大
監察委員長 崔科植
外役職員一同
大阪市東住吉区平野市町一ー九
電話 大阪〇六(791)五五八五

大阪府茨木支部
団長 高日化
議長 王富潤
監察委員長 金喜奉
外役職員一同
茨木市新庄町一ー一ー七ー
電話〇七二六(22)六二二〇

大阪・西淀川支部
団長 金東出
議長 白亨元
監察委員長 金光訓
外役職員一同
大阪市西淀川区大和田中一ー二五
電話 大阪 〇六(471)二九〇一

大阪・住吉支部
団長 金東出
議長 許桐
監察委員長代行 諸鶴峯
外役職員一同
大阪市住吉区沢之町六
電話 〇六(692)一九八一

大阪府泉南支部
団長 文浩明
議長 趙龍業
監察委員長 陳琦渕
外役職員一同
泉佐野市高松町一二四九
電話〇七二四(63)[illegible]

大阪・豊能支部
団長 金永模
議長 鄭陵龍
監察委員長 金相瓜
外役職員一同
豊中市南桜塚一ー二ー八
電話(853)〇七一九

大阪府泉大津支部
団長 金仁鉉
議長 李基永
監察委員長 趙聖周
外役職員一同
大阪府泉大津市本町二
電話〇七二五(32)五四五二

大阪・北大阪支部
団長 李晋淑
議長 金宗同
監察委員長 卓正義
外役職員一同
大阪市北区中崎町四三
電話〇六(371)九一四五

大阪府八尾支部
団長 鄭圭和
議長 崔景乙
監察委員長 金甲龍
外役職員一同
大阪府八尾市[illegible]
電話〇七二九(49)一五二二

大阪・東淀川支部
団長 姜弘実
議長 崔玧熙
監察委員長 李斗魯
外役職員一同
大阪市東淀川区西中島町一ー二ー一九
電話 大阪 〇六(301)三二七七

兵庫県伊丹支部
団長 鄭横出
議長 全奇鎬
監察委員長 朴泰元
外役職員一同
伊丹市伊丹字宮ノ下一六ー一
電話〇七二四(82)〇七四三

大阪・東大阪支部
団長 朴殷益
議長 鄭富天
監察委員長 姜熙庠
外役職員一同
東大阪市長栄寺一ー六ー一三
電話〇六(782)六四〇一

大阪・西成支部
団長 尹鍾洙
議長 金基閏
監察委員長 馬永東
外役職員一同
大阪市西成区梅通八ー一六
電話大阪〇六(631)四七七七

大阪・港支部
団長 張斗會
議長 金松福
監察委員長 朴斗月
外役職員一同
大阪市港区夕凪一ー一七ー二
電話 大阪〇六(572)一二八一

大阪・城東支部
団長 朴季道
議長 金在哲
監察委員長 呉相賛
外役職員一同
大阪市城東区今福中一ー七三
電話大阪〇六(931)〇四一四

大阪・生野東支部
団長 高行洙
議長 金寅鎬
監察委員長 鄭文一
外役職員一同
大阪市生野区小路三ー一一ー九
電話 大阪 〇六(752)三七七一

大阪・生野西支部
団長 秦敬春
議長 姜吉泰
監察委員長 崔相休
外役職員一同
大阪市生野区鶴橋四丁目一三ー一四
電話 大阪 〇六(731)一七三一

大阪・生野南支部
団長 崔[illegible]洙
議長 金[illegible]圭
監察委員長 宋基洙
外役職員一同
大阪市生野区[illegible]
電話 大阪 〇六(731)六三三三

大阪・生野北支部
団長 崔翼龍
議長 姜公伯
監察委員長 金圭奉
外役職員一同
大阪市生野区中川四丁目一三番二一号
電話 大阪 〇六(753)一五三二

兵庫県尼崎支部
団長 秋相春
議長 韓龍表
監察委員長 権泰煥
外役職員一同
尼崎市東七松町一ー四ー一〇
電話 〇六(482)〇二二五〜八

兵庫県川西支部
団長 金南必
議長 宋億萬
監察委員長 金甲済
外役職員一同
川西市絹延町二ー一五
電話〇七二七(59)一六三四

兵庫県西宮支部
団長 朴中坤
議長 金又坤
監察委員長 韓明熙
外役職員一同
西宮市森下町六ー一二
電話〇七九八(66)二九八

兵庫県有馬支部
団長 鄭碩九
議長 丁炳斗
監察委員長 権赫祚
外役職員一同
神戸市兵庫区有野町有馬口駅前
電話神戸〇七八(981)七三七〇

兵庫県・東神支部
団長 朴奉洙
議長 金[illegible]用
監察委員長 丁有聲
外役職員一同
神戸市葺合区旭通一丁目一九ー一四
電話 〇七八(231)[illegible]〇一〜二

兵庫県宝塚支部
団長 南延鉄
議長 金泰浩
監察委員長 朴殷在
外役職員一同
宝塚市伊子志四ー六ー一六
電話〇七九七(71)一七一四

兵庫県明石支部
団長 姜周龍
議長 趙鏞泰
監察委員長 尹昌運
外役職員一同
兵庫県明石市樽屋町十番十号
電話〇七八(911)八一五四番

兵庫県・西幡支部
団長 金二済
議長 姜鍾石
監察委員長 朴寿福
外役職員一同
姫路市光源寺町五九
電話〇七九五二(81)〇五八五〜六

兵庫県・兵庫支部
団長 金星熙
議長 姜致水
監察委員長 朴景東
外役職員一同
神戸市兵庫区西出町一丁目三一番地
電話〇七八(671)二五〇一〜二番

53

伸和印刷株式会社
代表取締役 西原泰夫
大阪市東区西川町五五〇
電話（七六二）五八二三～五番

大鳳土木株式会社
取締役社長 原田忠一
大阪市大正区三軒家東二ー一六八
電話 大阪〇六（五五二）四九八二代

松村ビニール工業所
代表 金炳郁
大阪市平野区加美北三丁目六ー一九
電話 大阪 〇六（七九一）五四三二番

株式会社 大山組
代表取締役 崔玧熙
本社 大阪市東淀川区淡路本町一ー二ー五
電話 大阪（三二二）二六二三～四番

川上建設興業株式会社
代表取締役・川上光男
大阪市大正区北泉尾町一ー一七七
電話 大阪 〇六（五五二）〇一一八代

石原ゴム工業株式会社
代表取締役 呉基炫
専務取締役 呉斗京
本社 大阪市生野区巽北二ー一七ー三四
電話（七五一）三八五一ー三
大阪市生野区桃谷三ー一七ー一七
電話 大阪（741）二一五三（指）三七五一

有本縫工所
社長 李学俊
本店 大阪市城東区放出町六〇三
電話 〇六（九六一）三三〇三

大路建材店
社長 大路繁太郎
豊中市庄内宝町三ー一四
電話（三三二）一五一〇・〇六八六

中山建設株式会社
取締役社長 中山哲男
大阪市大正区泉尾町二ー一五五
電話 大阪 〇六（五五一）三一二九代

川原工業株式会社
取締役社長 川原義男
大阪市大正区三軒家東二ー一六八
電話 大阪 〇六（五五二）六二〇一

行政書士 姜太和事務所
〒537 大阪市東成区大今里西三丁目三番十一号
（今里ロータリー南西角、ゼネラル石油スタンド隣、野口ビル二〇二号室）
電話 大阪〇六（九七四）六六六六（代表）

光洋被服プレス
代表者 池田久之
大阪市生野区新今里町一丁目一五三
電話 〇六（七五一）五七二七番

西武会館
代表取締役 西原武
大阪市東淀川区瑞光通一丁目八
電話（三二八）五八一六番

吉田桂雲堂
趙聖泰
大阪市城東区東中浜二丁目三ノ一八
電話（九六一）〇二一五・〇二一四番代

田中建設興業株式会社
取締役社長 田中一夫
大阪市大正区北泉尾町二ー一五二
電話 大阪 〇六（五五一）〇六一八代

大進商事株式会社
代表取締役 大塚隆史
本社 大阪府池田市上池田二ー一ー四一
電話池田〇七二七（五二）[illegible]

林ゴム工業所
林義雄
東大阪市東豊浦町一ー九
電話 〇七二九（八二）二二六一代

山田興業株式会社
代表取締役 方鎮煥
大阪市東淀川区島頭町一ー七
電話（33）六三〇五番・（32）三三八四番

松本保険事務所
社会保険労務士 松本嘉男
事務所 大阪市東成区東中本二丁目一ー二五 木津神経科内
電話 〇六（九七六）六五一ー二番
自宅 松原市東新町二丁目二ー一八
電話 〇七二三（三一）三三七一ー六番

大三運輸株式会社
代表取締役 洪性梓
大阪市大正区南恩加島町四五八
電話大阪〇六（551）三七九七（552）二九三〇

日新興業株式会社
代表取締役 金子聖二
大阪市北区老松町三ー一二 昭和ビル
電話 〇六（三六三）二一一〇六番

株式会社 三星
代表取締役 中村英春
大阪市西成区千本通三丁目五九
電話（六五九）四六四〇～一

康本建設
康本承権
〒544 大阪市生野区桃谷四丁目一八の一八
電話 七一五ー一四二二一番

日東縫工株式会社
取締役社長 李東日
本社 大阪市東住吉区桑津町二丁目一
電話大阪（七一三）五四一四（代表）

日邦商事
代表取締役 山口浩資
大阪市大淀区豊崎西通二ー一
共同ビル二階（地下鉄中津下車東三分）
電話 大阪〇六（三七三）一〇八四（代表）

呉星合金鋳造所
代表者 呉仁圭
大阪市生野区田島二ー一二ー一七
電話 大阪 〇六（七五八）二二〇六番

京阪産業株式会社
取締役社長 宗田友宏
大阪市東淀川区淡路新町一八六
電話 大阪 〇六（三二三）四六〇六代

正進電設株式会社
取締役社長 松田正龍
大阪市大正区北泉尾町二ー一五一
電話 大阪 〇六（五五一）七七八八代

朝日化工株式会社
取締役社長 金宗立
本社 大阪市東住吉区加美末の町八ー一〇四
電話 大阪 〇六（七九一）二三三二

林商店
代表 林萬善
大阪市西淀川区出来島二ー九ー五
電話 〇六（四七一）〇四三一・一四九八

国本材木店
代表者 洪奄石
大阪市西淀川区西福町一ー三
電話 大阪（四七一）六〇四一

光栄金属株式会社
代表取締役 柳重太郎
東大阪市俊徳町五丁目三一番地
電話 〇六（七二一）三三三六番

幽田化成工業所
社長 韓酉生
大阪市生野区中川町西二ー三ー一九
電話 〇六（七三一）三二五八

平島商店
社長 平島史訓
大阪市生野区桃谷五ノ一ノ八
電話 大阪〇六（716）五三二七・二四三八

株式会社 阪神
社長 李元得
本店 尼崎市神田北通一ー二〇
電話 〇六（四一一）六九七一

国際タクシー株式会社
取締役社長 星山忠三
大阪市住吉区大領町一ー一四
電話 大阪代表（六九一）一四五一～四

光糊引工業所
社長 良川勘太郎
大阪市生野区田島町一丁目一八一
電話 〇六（七五七）一三九五・六四三八

青山硝子株式会社
社長 黄充泰
本社・工場 大阪市城東区今福南二ー一八二
電話 〇六大阪（939）六一五一

〈慶祝〉
光復節29周年
維新課業を積極推進しよう

株式会社 河村倉庫
河村一貫堂
代表取締役 河村甲祚
大阪市大淀区大淀町北二丁目二番地
電話 福島（四五八）一五二一～三番
（阪神北大阪線大淀電停前十三バス大淀ロータリー西入）

株式会社 三晃金属
代表取締役 高山晃
本社 大阪市北区山崎町七七
電話（三六一）二一二六・九番
工場 大阪府摂津市東別府一丁目三ー十一
電話 〇六（349）八三三六 〒五六四

大日物産株式会社
取締役会長 朴仁変
取締役社長 岸本茂喜
本社 大阪市東区高麗橋二ー三九（柳瀬ビル二階）
電話 大阪（203）〇三六六・（231）二一二三

富士会館
社長 李相一
本店 東大阪市足代一ー一〇八
電話（七二一）〇一四三番

秋山化学工業株式会社
取締役社長 権義松
大阪市生野区巽北一ー一三ー二三
電話 〇六（七五一）四八八七～九

大橋商店
代表者 大橋畔作
大阪市東住吉区駒川町一ー八
電話 大阪（七一七）五四五六番

八変商会
社長 徐命寿
本店 堺市百舌鳥本町一丁目九
電話〇七二二（52）二八九四（59）九七八三

丸和株式会社
代表取締役 呉文弼
大阪市北区木幡町六
電話 代表 〇六（三六四）八四九一
受信略号 KOBROTHER

関西丸泰ゴム工業株式会社
取締役社長 鄭文一
大阪市生野区巽北二ー一二四ー六
電話 〇六（七五二）四一五六・六四一九

安川商店
代表者 金台文
大阪市西淀川区佃町五ー一六二
電話 大阪 〇六（四七一）四〇二〇

新興商事
社長 斉藤浩正
大阪市天王寺区大道四ー六三（小竹ビル一階）
電話 〇六（七七二）二七七一

協和水栓
社長 金鏞澤
大阪市生野区勝山北三ー一二ー一一
電話 〇六（七一六）二一五五番代

金沢産業株式会社
代表取締役 金沢龍
本社 大阪市大淀区豊崎東通二ー一六一
電話 〇六（三七一）九〇六一～三

塚谷商事株式会社
代表取締役 塚谷光
大阪市北区老松町二ー一八昭栄ビル203号
電話（362）八四三四・（364）〇〇一六～七

福川浩司
豊中市上野西二ー一二ー二〇
電話 〇六（八五六）〇〇一八

徳山木材店
代表者 徐相守
大阪市西淀川区西福町一ー一八〇
電話 大阪（471）六五三四・（472）〇〇四八

森田商店
社長 林憲植
営業所 大阪市西淀川区大和田西五ー五四
電話大阪（471）三七二五・三五四〇

安田工業所
社長 安仁権
大阪市生野区小路三ー一四ー一五
電話 〇六（七五一）四九三四番

野江ホール
大阪市城東区野江中町三ー一二八
電話 〇六（九三三）九・四七五

三興化成工業株式会社
社長 金昌海
大阪市生野区巽北二ー一三ー一四
電話 〇六（七五三）〇五三一番

新井食品
代表者 朴斗林
営業所 大阪市生野区猪飼野西三ー九七
電話（七一七）五六七四番

光商事不動産
代表 東稔頼義
池田市室町四番一号
電話〇七二七（五一）四七五二・二七一三

株式会社 山富
株式会社 富士地所
代表取締役 山田富夫
本社 大阪市北区西扇町一七（扇町ビル）
電話（312）九一一五～七（313）一九五七～九

米塚寿男
豊中市南桜塚一ー一
電話 大阪八五六ー一三一三

西田運送有限会社
社長 西田久男
大阪市天王寺区東寺町八ー一五九一
電話 〇六（七六一）二九九七・四一七五

株式会社 トミヤニット
代表取締役 徳山雅彦
本社 大阪市城東区野江中之町二ー一一
電話 代表（九三三）六五六一番

光栄不動産株式会社
代表取締役 木村勇夫
大阪市北区老松町三ー一二（昭和ビル四階）
電話（三六四）八五一一二～四番

光進化工株式会社
社長 羅漢圭
大阪市東成区今里町二ー一六
電話 〇六（九八一）二一一八五番

株式会社 ニューギン
代表取締役 足立賢
専務取締役 松川武司
本社工場 名古屋市中村区烏森町三ー一五六
電話（四八一）七五八一ー四
関西支社 大阪市浪速区元町四ー一二ー五八
電話大阪（六三三）一九五一ー二

シグナルミシン株式会社
社長 呉在弘
大阪市都島区大東町二ー一三六四
電話 大阪代表（九二二）七八七一

丸弘運輸株式会社
代表取締役 許弘祚
本社 大阪市住吉区万代町西六ー五六
電話 大阪（六七三）〇九五一代

岸本建設株式会社
本社 大阪府摂津市昭和園九番一三号
電話茨木〇七二六（22）三三二五代

明星化学工業所
社長 林銀華
大阪市生野区巽北一ー一六ー一六
電話 〇六（七五二）三三二二・四四二二

株式会社 メイダイ
取締役社長 蘇尚大
大阪市北区菅栄町七三
電話 〇六（三五八）三七四一～四

大洋商事株式会社
社長 李相浩
大阪市東成区南中本町一ー一四六
電話 〇六（九七二）二三七一代

株式会社 浪速精密工業所
取締役社長 具斗鎮
大阪府八尾市楠根町二ー一五八
電話 〇七二九（二三）〇一五一番

株式会社 マルヤス化学工業所
取締役社長 崔成明
東大阪市御厨北之町六四
電話 大阪（七八八）一三九一～二

谷山商店
代表者 康七栄（谷山常吉）
大阪市城東区北中浜町三ー一五〇
電話 大阪（九六一）七九一五番

宇治一番
代表者 金子祐三
京都府宇治市里尻七八
電話 〇七七四（二一）四二二五代

株式会社 内外
代表者 原真造
本社 豊中市名神口一丁目一八二
電話（八六三）六六五四（代表）

くにや遊技場
金山省一
大阪市東淀川区三津屋北通二丁目三八
電話（三〇一）三五八一

西尾キックボクシングジム
西尾プロモーション
大阪野口プロモーション
西尾日出
東大阪市足代新町一ー一ー一
電話 〇六（七八一）九二一三番

出来島交通株式会社
社長 高木良幹
大阪市西淀川区出来島町一ー二八
電話（四七一）三八〇〇（四七二）四三〇八

協和商会
代表者 稲次敏治
池田市石橋二丁目（阪急宝塚線石橋東口下車）
電話 池田（六一）〇〇三五・八五一四

ニューサニー
豊中市ほずみ四八二ー一八
電話 〇六（八六三）四九四三

有限会社 大淀鉄芯工業所
社長 金正守
大阪市大淀区大淀中三ー一八
電話（458）四四七八・（451）六〇二六

旭興業株式会社
（庄内東映劇場）
豊中市庄内東町二ー三ー一一号
電話（三三二）一六〇一番

関西マホービン株式会社
社長 国本精一郎
本社 大阪市東成区神路二ー一四ー三二
電話（九八一）〇〇一二代

草津清掃社
民団滋賀県本部常任顧問 権田幸夫（権寧商）
草津市草津二丁目五ー三四
電話草津〇七七五六（二）二二七四～五番

株式会社 三光金型製作所
代表取締役 利川喜一
本社 大阪市東成区大今里西二ー五ー四
電話（九七二）〇七七一（代表）

楽しい家族連れのレジャーセンター

純喫茶 シャン
洋酒喫茶 プレイメイト
中国料理 阪急飯店
大衆娯楽 阪急会館

新東洋チェーン店
大阪府茨木市永代町5番8号
本店 TEL茨木（24）2574番
阪急飯店 TEL茨木（22）8448番
純喫茶 シャン TEL茨木（26）0490番
塚本支店 大阪市西淀川区柏里町2－45 TEL（06）472－3271
立花支店 尼崎市七松字神楽3番地 TEL代表（429）8545番

会長
杜炳銑

新東洋興業株式会社
取締役会長 杜炳銑
本社 大阪府茨木市永代町5番8号　電話 0726（24）2574～6番

低料金とサービスで庶民に奉仕する 大衆チェーン
大衆理容院　パーマ大衆

社長 崔台発　専務 崔哲垣

本社 大阪市東成区東中本3丁目20番29号
電話 大阪06（974）7221－6番
分室 大阪市天王寺区大道4丁目64番地 小竹ビル2F
電話（772）7997・6840番
関目支店 大阪市城東区関目町1－56 TEL（931）4449
香里園支店 寝屋川市香里南之町26－10 TEL（0720）31－5923
大宮支店 大阪市旭区大宮西ノ町6－20 TEL（952）2045
門真支店 門真市元町14－25 TEL（908）5107
大和田支店 門真市宮ノ前 TEL（0720）81－5697
ピノキオ 豊中市庄内町3－35 TEL（322）7716

大衆理容院

今里総本店	大阪市東成区東中本3－20－29	TEL（974）7225
放出支店	大阪市城東区放出町254	TEL（962）1633
布施支店	東大阪市長堂1－103	TEL（781）4036・4614
姫島支店	大阪市西淀川区姫里町1－166	TEL（471）0420
天六支店	大阪市北区吉山町38	TEL（358）6386
千林支店	守口市滝井西町3－42	TEL（993）3718
淡路支店	大阪市東淀川区淡路本町2－362	TEL（322）2916
庄内支店	豊中市庄内町3－35	TEL（392）2910
塚口支店	尼崎市塚口288－1	TEL（429）4917
八尾支店	八尾市北本町1丁目2番21号	TEL0729（22）6013
針中野支店	大阪市東住吉区駒川町6－23	TEL（691）7645
鶴橋支店	大阪市生野区猪飼野西4－22	TEL（717）8231
平野支店	大阪市住吉区加美朝日町29－5	TEL（792）5086
尼崎支店	尼崎市神田中通6－209	TEL（411）4917

パーマ大衆

放出支店	大阪市城東区放出町256	TEL（968）8234
布施支店	東大阪市長堂1－108	TEL（782）1478
淡路支店	大阪市東淀川区淡路本町2－362	TEL（321）2753
姫島支店	大阪市西淀川区姫里町1－166	TEL（473）6701
塚口支店	尼崎市塚口288－1	TEL（429）711・4
針中野支店	大阪市東住吉区駒川町6－23	TEL（698）8674
大和田支店	門真市宮ノ前13－6	TEL0720（81）5697
平野支店	大阪市住吉区加美朝日町29－5	TEL（792）5689
庄内支店	豊中市庄内町3－35	TEL（331）4002
千林支店	守口市滝井西町3－42	TEL（992）3353
八尾支店	八尾市北本町1－2－21	TEL（0729）22－6013
香里園支店	寝屋川市香里南之町26－10	TEL（0720）31－5923
尼崎支店	尼崎市神田中通6－209	TEL（411）4917

韓國新聞
韓國新聞社
発行人 鄭烱和
2丁目20−13
電話 (813) 1451−3
(813) 2261−3
振替口座東京 34988番

殺人鬼金日成とその手先朝総連の兇計を粉砕しよう！

北傀コレラ菌密輸糾弾全国民衆大会

会場を埋めつくした怒りの同胞

殺人鬼金日成徒党をはげしく糾弾する李中央団長

怒りにふるえる顔！顔！

全国から1万5千が参集

大量殺人の陰謀徹底的に糾弾

大阪扇町公園

○金日成を頭目とする北韓の傀儡徒党と、その手先朝総連の恐るべき正体が白日のもとにバクロされた。祖国と民族の統一を唱える宣伝で無知な同胞を欺瞞していた北傀と朝総連の正体は、世にも恐るべき細菌殺人鬼の徒党だったのである。

○その使用を一歩あやまれば瞬時数百万の人命を奪うことができるコレラ菌・ペスト菌を、日本から密輸入して、わが大韓民国々民を大量に虐殺するって細菌仕入れに狂奔したちに莫大な額の代金る。この憎むべき北傀し糾弾する全国民衆大会した。

民団綱領

一、われわれは大韓民国の国是を遵守する
一、われわれは在留同胞の権益擁護を期する
一、われわれは在留同胞の民生安定を期する
一、われわれは在留同胞の文化向上を期する
一、われわれは世界平和と国際親善を期する

中央執行委も招集

北傀糾弾全国大会を決定

北傀すでに入手の疑い

崔外務、細菌密輸で声明

日本政府と死の商人へ激しく抗議

柳田社長、寸前に姿くらます

機関紙を有料制に

大阪で宣伝分科委開催

豊田支部誕生

愛知県本部管下

抗議文

われわれ全在日韓国人はこのたびのコレラ菌密輸事件に対し、関係日本商社の「死の商人」的極悪非道の所業と、天人ともに許し難い北韓傀儡の兇計を心底から憎むとともに激しい憤りを表明するものである。

日本の商社が商魂のみにかられて北傀と結託したために、多くの本国同胞がコレラ菌によって尊い生命を奪われた昨年の事実を思い起すとき、人道の名においてこれを断じて許すわけにはいかない。

われわれ在日韓国人は、今日大阪扇町公園において、コレラ密輸事件を徹底に糾弾するとともに、つぎのとおり抗議する。

一、日本政府ならびに捜査当局は、事件の全貌を明らかにし、真相を全世界に公開せよ。

一、日本政府は今回の事件に責任をとり、現在放任状態にある北韓傀儡との一切の貿易をただちに中止させ、ふたたびこのような事件を発生させないことを約束せよ。

一、このような極悪非道な当事者は厳罰に処せよ。

一九七〇年二月十二日

在日本大韓民国居留民団
北傀コレラ菌密輸糾弾全国民衆大会
代表 李禧元

決議文

金日成北韓共産徒党は、たび重なる挑発的策動につづ、いままた非人道的な……を企らみ、コレラ・ペスト菌な……大韓民国々民を大量に……した。

われわれは……全世界に訴え……非人道的事実を……させない凶悪な行為と、営利のみを目的とし、北傀の手先となった柳田株式会社の犯罪行為を憤り、これを糾弾するため全在日韓国人代表一万五千名が今日、大阪扇町公園に参集し、北傀コレラ菌密輸糾弾全国民衆大会を開催、大会の名で次のように決議する。

一、殺人鬼金日成徒党とその手先朝総連の兇計を粉砕しよう。

一、殺人鬼の手先柳田株式会社は全人類の前に真相を明らかにし謝罪せよ。

一、日本政府は事件の真相を調査し、その全貌を公開せよ！

一、日本政府は極悪無道な当時者を厳重に処罰させよ。

一、日本政府は北傀とのすべての交易を即時中止させよ。

一、すべての在日同胞は朝総連の非民族的策動を退けて民団に結集せよ

北傀コレラ菌密輸糾弾全国民衆大会
代表 李禧元

第十六回中央委員会召集

公告

本団規約第三章第一節第十八条により左記の通り第十六回定期中央委員会を招集する。

記

日時＝一九七〇年三月十四日午前十時より十五日まで（二日間）

場所＝大阪市天王寺区筆ヶ崎町一七番地 信用組合大阪興銀大会議室

一九七〇年二月三日

在日本大韓民国居留民団中央本部

議長 朴根世

村民虐殺説はデマ

韓国兵は優秀な守備隊員

アメリカのニューヨーク・タイムズ紙とワシントン・ポスト紙は最近、その第一面でデカデカと、ベトナムにおける韓国軍がベトナム民間人を虐殺したという記事を載せ、一般の注意をひいたが、もしアグニュー副大統領が韓国の副大統領であったら、この記事をみてひどく怒ることだろう。というのは、その虐殺説は全く根拠のない話だからである

韓国軍を見たら逃げろ

ベトコンも脱帽する勇敢さ

根拠のない若い学生の話が出所

この韓国軍の虐殺説はもともとハワイ大学の大学院で人類学を勉強している若い学生の口から流れた。この学生の話をニューヨーク・タイムズ紙やワシントン・ポスト紙（その他多くの米国の日刊新聞も……）が掲載すると、にわかに興味を呼んで注目されるに至ったが、その学生は"ニュースの出所"を聞かれると、南ベトナムで難民の一人から聞いたという。しかも、この学生はベトナム語がわかるわけでなく、またその難民の名前は分からないというのだから、それを米国の大新聞がデカデカと報道するということには問題があるといえよう。すなわち、話の根拠がごくあやふやだという点が問題なのである。

米国の読者たちが、この新聞記事でみたものは"虐殺への非難"（それが本当なら当然のことであるが―）だけであり、新聞記事になくてはならぬ"事実"がかく記されていなかったことに気付かぬくらい非難だけが大きく表明されていた。すなわち、韓国兵が殺したベトナム人はいったい誰なのか、そしてそれはどこでどのようにして起きた事情のもとでのかーということが全く示されていなかった。ましてやベトコン（解放戦線）が、正規軍と違って民間軍の下に武器をかくしている"民兵"であること、敵が味方の中に忍ぎっているベトナム戦の特徴などについては何も書かれていなかったのである。

最も安全な韓国軍守備地域

ここで、南ベトナムに派遣されているランド・コーポレーションの現地責任者を新聞で読んだ人は、その報告は、南ベトナムやベトコンに恐らされた地域のことについて述べな[illegible]から"最も民間人にとって安全な在地は韓国軍のいる地域だ"といっている。これは韓国軍の作戦地域内ではベトコンの下部組織に至るまでが徹底的にやっつけられ、事実上、ベトコンの恐怖がなくなったからだという。

南ベトナムで仕事をしたことのある人は誰でも、このランド・コーポレーションの現地責任者を"正しいもの"と判断することだろう。

事実、韓国軍の掃討作戦は実に効果的なものだった。ベトコンの組織内で、ついには韓国軍の作戦地域からは逃げた方がよい……という命令が出されたというウワサさえわれわれは聞いたほどであった。

韓国軍は、無秩序な北からの共産主義者のいどみかける"戦い"を押し戻し、処理して、現在に至るまで頑張っている。アジアにおける共産主義による侵略的闘争を韓国軍はベトナム以前に自国で経験してきている。

共産軍こそ残虐そのもの

南ベトナムにおける韓国軍の作戦が成功したのも、そういうアジア人独特ともいえる奇妙な戦争のやり方をよく吞みこんでいたためだと考えられる。

アジアにおける戦争で、残虐なのはまさに共産主義側である。そうした奇襲なゲリラを送りこんでテロなど武装ゲリラを送りこんでテロなどにより民間人を死に至らしめる共産主義者たちの闘争方法をよく知っている韓国軍のベトナムでの作戦はまことに要を得たものであった。

そうした"実際的"作戦計画により、現在、共産の各目成はあまり強力な抵抗を韓国に仕かけられないところで呻吟しているが、南ベトナムではその点が弱いようである。すなわち、南ベトナムは韓国国家の近代国家であるが、北の共産勢力がベトコンなどによって強められているため、不穏な地域が多いのである。

とくに私のように、南ベトナムで韓国人たちの職場の中にあって"平定計画"なる行動に参加したことのある者にとっては韓国軍の虐殺説などは確かな根拠を示さない限り、誰も信じないだろう。

韓国軍の平定計画は合理的、論理的で、規律のとれたものであった。

次に述べることはある米国の著名なベトナム戦専門家が語ったことなので、すでに世間でも知られて[illegible]

今後三十年間は安心

トムソン卿も激賞の平定計画

[illegible]

トムソン卿など英人観察者の話

ところが韓国軍は合理的な作戦を立てては、無音のうちに正確にベトコンの掃討を行なって行った。この作戦での韓国兵の被害は韓国兵一人に対し、ベトコン二十人くらいの割合さ、きびしさであった。そのために、その後ベトコンは韓国兵を恐れて、八つ裂きにするどころか、韓国兵とみると逃げるようになったのである。

さた知の英国人であるロバートK・G・トムソン卿（この人の報道はニクソン米大統領が全米向けテレビ放送のさいに引用したほどのものであった……）は"ベトナムにおける韓国兵"について次のように述べている。

「韓国兵たちは非常に優秀な"守備隊員"である。彼らの地域における守備ぶりと、その平定ぶりをみると、南ベトナムにおいてもその地域だけは西紀二〇〇〇年を迎えても"平定された地"のままでいるだろうと推測される」と。

米国人自身の虐殺事件に目を向けよ

いま、米国ではカリ中尉のソンミ虐殺事件の公開裁判が開かれようとしている。[illegible]

われわれは米国人自身の虐殺事件に目を注いで考えるべきなので[illegible]

ジャングル作戦中の国軍勇士

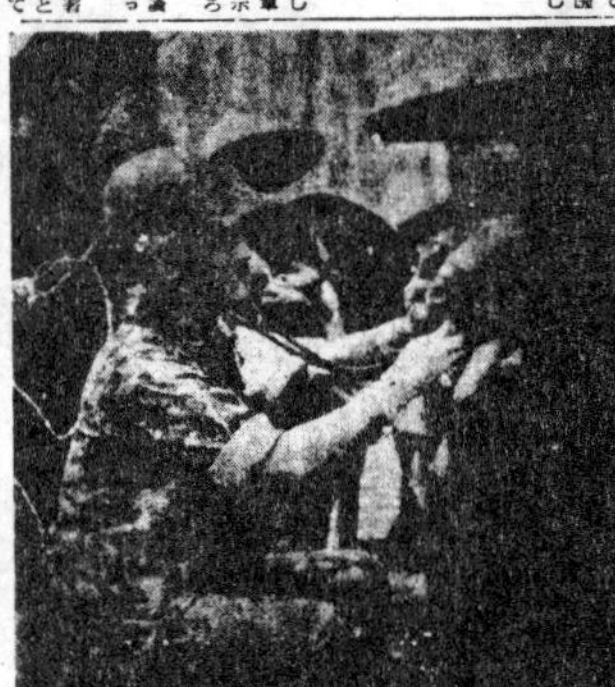

村民の健康を管理する国軍医療班

〈本国論調〉

北傀の細菌発注

「死の商魂」と野蛮性結合を糾弾せよ

ある日本人商社が北傀からコレラなど各種の伝染病菌をはじめ、各種の細菌物資を受注し日貨5億円に上る輸出をした事態で日本当局は韓国民にとってその[illegible]

[illegible]

（韓国日報二月五日付）

本国経済トピックス

火花散る自動車界

ブルバード再上陸するか

[illegible]

肥料生産大型化

[illegible]

国産化は混とん

[illegible]

経済協力

十ヵ年計画小委を設置

韓日協力委第三回常任委で

韓・日協力委員会第三回常任委員会は六・七日の二日間にわたって両国の安保と経済協力などの懸案問題を討議した。韓日協力委は両国の経済協力十ヵ年計画小委員会（仮称）を構成して長・短期計画をたてることに合意して幕をおろした。

この日、ニューオータニホテルで開かれた六日の会議で韓国側は、消費財の輸出の資金供与に対して、日本側は租税協定締結に対してそれぞれ対案を説明した。

[illegible]

学校法人 金剛学園 生徒募集

〈金剛幼稚園〉

（一）募集人員（男女）
満三才〜四才児 四〇名
満五才児 四〇名
（二）受付期間
十一月一日〜十二月十五日
（三）出願手続…所定用紙記入提出
（四）説明会…十二月十七日午後二時
（五）保育費用…毎月二六〇〇円
（六）保育時間…午前九時三〇分〜午後三時
土曜日は十一時三十分まで
（七）スクールバス…送迎します

〈金剛小学校〉

（一）募集人員（男女） 八〇名
（二）受付期間…十二月一日〜一月十三日
（三）出願手続…所定用紙記入提出
（四）詮考日…一月十四日午後二時
（五）毎月の納付金…八〇〇円
※特徴…日本の小学校と全く同じ教科の他に韓国語、国史、地理などの民族教科を習わせ、教科書は無償です
スクール・バスで送迎

〈大阪韓国中学校〉

（一）募集人員と資格（男女）
第一学年 八〇名
（二）出願と手続
期間…一月二八日〜二月十二日
手続…入学願書と所定の個人報告書
（三）詮考日と試験科目
二月十三日午前九時三〇分
国語か日本語の中一科と算数、面接
（四）合格発表…二月十七日に通知
（五）入学手続…個人的に連絡
（六）納付金
入学の時、一二〇〇円
毎月、一一〇〇円
教科書は無償で供与。
（七）奨学制度あり

〈大阪韓国高等学校〉

（一）募集人員と資格（男女）
八〇名…中学卒、同等有資格者
（二）出願と手続
期間…一月二八日〜二月十二日
手続…所定の願書と個人報告書
考査料 二〇〇〇円
（三）詮考日と試験科目
二月十三日午前九時三〇分〜三時
科目は、国語か日本語の中一科と数学、英語、面接
（四）合格発表…二月十七日に通知
（五）入学手続…個人的に連絡
（六）納付金
入学の時、三七、四〇〇円
毎月二九〇〇円の他修学旅行積立金
毎月二〇〇〇円
（七）奨学制度あり

学校法人 金剛学園
大阪市西成区梅南通五ノ一五 電話（六六一）二八九八

入校 京都韓国学園 要項

〈京都韓国中学校〉

（一）募集人員（男女）
第一学年……八〇名
第二学年……若干名
（二）入学資格
第一学年……小学校卒業者
第二学年……中学一年修了者
（三）出願手続
所定の用紙に記入提出する
（四）出願期間
第一次……一月十九日〜二月二四日
第二次……二月二八日〜三月二四日
※日曜・祝祭日の外は午前九時〜午後四時・土曜は正午まで
（五）入学許可
第一学年……書類審査と面接
第二学年……学力考査と面接
（六）入学式……四月八日午前十時

〈京都韓国高等学校〉

（一）募集人員（男女）
第一学年……八〇名
第二学年……若干名
（二）入学資格……中学校卒業者または同等な学力検定合格者
（三）出願手続
A―入学願書（写真貼付）
B―内申調査書または学力検定証
C―考査料三千円
（四）選考方法
学力テスト（英語・日語・数学・社会）と面接
（五）期日
第一次…出願は一月十九日〜二月二四日、考査は二月二五日午前八時四五分、合格発表は二月二七日午後二時
第二次…出願は二月二八日〜三月二四日、考査は三月二五日午前八時四五分、合格発表は三月二七日午後二時
（六）入学手続
合格発表から五日以内に手続きをする
（イ）納入金額―合計二万円（第一次本校出身者一万五千円）
（ロ）誓約書（所定用紙）
（七）入学式…四月八日午前十時
（八）学費
第一期分…一万五千円
第二期分…一万二千円
第三期分…九千円
（九）その他の事項
考査料、学資など納入後の返還はしない。

京都韓国学園
京都市左京区北白川東平井町八 電話（七九一）四一六一（代）

一九七〇年度 学生募集要項

一、募集人員
初等部一学年……五〇名
中等部一学年……一〇〇名
高等部一学年……一〇〇名
編入 各学年……若干名（但、高三除外）

二、受験資格
初等部一学年……満六才児童
中等部一学年……小学校卒業又は予定者
高等部一学年……中学校卒業又は予定者

三、願書接受
期間……自一月一〇日〜至二月一四日（日曜は休み）
時間……自午前九時〜至午後五時
場所……本校教務部

四、考査料
初等部……一、〇〇〇円
中等部……一、〇〇〇円
高等部……二、〇〇〇円

五、出願手続
（イ）本校所定の入学願書
（ロ）出身学校調査書（編入者は在学ならびに成績証明書）
（ハ）外国人ならびに国民登録済証明書
（ニ）写真四枚（四cm×五cm）
（ホ）考査料

六、考査
初等部……面接、健康診断
中等部……面接、書類審査
高等部……面接、学科考査（国・日・英・数）

七、考査日時
初等部……二月七日（土）午前十時
中・高等部……二月十五日（日）午前九時

八、合格者発表
初等部
中・高等部……二月十七日（火）正午・本校

九、入学手続
（イ）手続期間……自二月十七日〜至二月二〇日
（ロ）提出書類……誓約書、身上調査書
（ハ）納入金……納入金一覧表

一〇、入学式
初等部
中高等部……四月八日（水）午後一時

十一、其他
（イ）提出書類は返還しない。
（ロ）関する問合は教務部へ。

（イ）他校出身生

部別	入学金	授業料1か月分	生徒会費1年分	PTA会費 入会金	PTA会費 会費	生徒手帖代	暖房費	施設費	合計
初等部	1,000	給食費・[illegible] 300		300	3,600	50	600	3,000	8,850
中等部	10,000	2,000	1,800	300	6,000	50	700	5,000	25,850
高等部	20,000	2,500	1,800	300	6,000	50	700	10,000	41,350

（ロ）[illegible]

部別	[illegible]	授業料1か月分	生徒会費1年分	PTA会費		生徒手帖代	暖房費	施設費	合計
中等部	5,000	2,000	1,800		6,000	50	700	2,500	18,050
高等部	10,000	2,500	1,800		6,000	50	700	5,000	26,050

東京韓国学校
東京都新宿区[illegible]

怨讐のかなたに建つ教会

三・一虐殺の地に流罪のシンボル

堤岩教会再建 遺族会が諒承

日本謝罪委の良心報わる

五十一年前の「三・一万歳運動」には、日本帝国主義官憲の野獣のような残虐な弾圧を招き全国各地で数万の犠牲者をだした。なかでもとくに日本帝国主義の非人道的な残虐さをもっとも端的に物語るのが、水原地区でおこなわれた堤岩教会焼打ち事件である。

これが有名な「日帝の堤岩教会焼打ち虐殺事件」であるが、放火と虐殺に使われた場所が教会の建物であるだけに内外にあたえた反響は大きく、……

敗戦後、良心的な日本のキリスト教関係者たちの間に、この事件に対する謝罪のシンボルとしての堤岩教会再建運動がおこり、……

六〇年前の惨劇の跡を残す堤岩教会

深い日本の罪

池謝罪副委員長談

池氏

貴重な資料を網羅

日帝の韓国侵略裏面史刊行

金正柱氏二十年来の努力みのる

金正柱氏

百%達成を決議

未完時には団長職を引責辞任 広島

李厚洛新大使着任

気象悪く大阪経由で羽田へ

故金哲同志の

遺児をたすけよう

中央で援護募金呼びかけ

釜石に東部

支部新結成

新会長に宋基復氏

在日韓国人ペン・クラブ総会

建立資金500万円

日本大使館新館へ

総連幹部も憤然と脱退

細菌密輸で北傀の正体知る

写真説明 (上)全国民衆大会に参加した大阪韓国学校の女生徒たちは、国旗を手にしてデモ隊の先頭にたった。(中)扇町公園の会場を出た怒りのデモ隊は警察と市内北行進の(下)死の商人「備田株式会社」の玄関はいちはやく姿をくらまし、入口は鉄扉をおろしたまま。抗議団はその上に抗議文と決議文をはり、再び言われないことを約束させた。

声明書

一九七〇年二月五日

在日本大韓民国居留民団 奈良県地方本部

議長	李柱康	
副議長	趙鏞佑	
〃	朴炳熙	
監察委員長	鄭昞玉	
監察委員	崔又三猪	
〃	黄泰寿	
団長	李来玉	
副団長	金東俊	
〃	李貴童	
事務局長	李鳳尚	
総務部長	裵善鎬	
組織部長	金守東	
民生部長	金萬出	
文教部長	金永云	
宣伝部長	姜相周	

支部	議長	監察委員長	団長	事務部長
北葛支部	李鳳尚	朴鳳久	趙鏞佑	黄泰寿
奈良支部	裵相周	金守東	李貴童	金金童
橿原支部	張勲植	金鏞宇	李柱康	趙鳳済
生駒支部	朴在春	金永植	全萬出	韓占奉
天理支部	金東俊	趙鍾玉	梅大允	姜仁孝
桜井支部	崔洛贊	尹相圭	白云永	愼殷昌
吉野支部	李甲述	林完俊	黄介同	
五条支部	鄭権陽	鄭日奉	姜永道	金性容
御所支部	丁泰根	尹順祚	鄭基運	金洛乎
宇陀支部	朴宗甲	姜道鳳	張世実	

信用組合 奈良商銀

理事長 鄭明玉
副理事長 李永支
専務 金海圭

本店 橿原市兵部町二二 電話 〇七四四(二)六七一二一・二二
支店 奈良市尼ヶ辻町七〇一ー一 電話 (〇七四二) 33六九五六

文化

必要だった偶像化
全域要塞化と人民武装化に

金日成は"大衆""大衆"と叫びながら"社会主義建設"を推進するのに"大衆"だけの力ではどうにもならないことを知った。そこで科学、知識、行政各方面で乏しい人材を効果的に活用するため政治的圧力や党指導権の強化をはかり、労働条件の改善と結びつけようと狙った。金日成の苦悩は、彼の信じうる"大衆"が無能であることと、そして有能な者たちは一切信用できないというところにあった。そこで金日成は有能な者たちを登用・利用しながら、常に監視をつけなければならなかった。

高校生に反共教育
一日勝共学校四万人が卒業

……いる。要するに共産主義はなくさなければならないの質問に一年生四五・〇五％、二年生四九・八八％、三年生三七・五七％で、反共と滅共への姿勢は政府の反共教育とはうらはらに学年が高くなる程薄らぎ、学校の反共教育に根本的な再検討が望まれているのである。前出の同校学生課長の弁をかりると、「共産主義は読んで字の如く共に豊かな暮しをしよう」という式で教え込む指導教師らの無責任による結果だそうだ。一般哲学の講義のように教えてはならず、信念を持って教える必要があるという訳だ。いずれにしても反共理念を教え、勝共統一を徹底するとい……

「私の祖国はソ連」
—カイライ金日成—
「民主朝鮮」元編集長が暴露するその正体

みずから信じこむ自分のホラ

安重根義士 伊藤博文 の子孫が握手
ヘーグでバッタリ、ともに大使

長野県飯田支部 定期大会

あいさつする宋団長

書評
韓国史料研究所 金正柱編
「朝鮮統治史料」を推奨する
駐日韓国公報館 館長 洪泉

洪泉館長

抗日パルチザン参加者の回想記

日程を発表 国際ペンクラブ大会

訂正

韓國新聞
発行所
韓國新聞社
発行人
鄭烔和
東京都文京区春日町
2丁目20−13
電話 (815) 1451−3
(813) 2261−3
振替口座東京 34988番

民団綱領

一、われわれは大韓民国の国是を遵守する
一、われわれは在留同胞の権益擁護を期する
一、われわれは在留同胞の民生安定を期する
一、われわれは在留同胞の文化向上を期する
一、われわれは世界平和と国際親善を期する

拉北KAL機乗客39名帰還

機長など11名は継続抑留

2月15日、ソウルでの共同記者会見で北韓の蛮行をバクロする帰還者たち

涙でうたう愛国歌

拉北KAL機乗客かえる

60余日ぶりに相抱き帰還をよろこぶ家族たち

趙（スパイ）の単独犯行

蔡医師と操縦士は無関係

電気拷問で失語症

記者会見で残酷さ暴露

元山地方の民間飛行場

朴大統領も心痛

金秘書室長に乗客慰問指示

未帰還家族の訴え

乗っとり犯人趙

北傀 国際世論に屈服

崔外務、乗客送還で談話

私は韓国々民の皆さん国際赤十字社、その他国際的関係機関ならびに自由友邦諸国が乗っ取られた航空機乗客及び乗員の送還のため協力と支援を惜しまなかったことに対しここに深甚なる謝意を表するものである。

真相語らぬ"死の商人"柳田

コレラ菌 密輸事実を否認

大量殺人の共犯者と見做し 抗議団、糾弾継続を通告

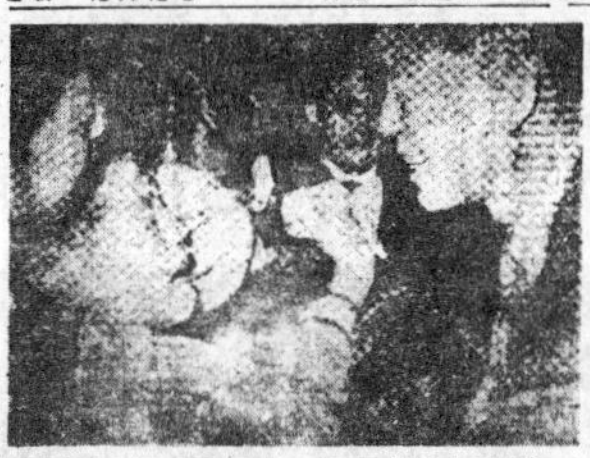

民団代表から糾弾されている柳田（左から2人目）

第十六回中央委員会召集

公告

本団規約第三章第一節第十八条により、左記の通り第十六回中央委員会を招集する。

記

日　時＝一九七〇年三月十四日午前十時より十五日まで（二日間）

場　所＝大阪市天王寺区筆ケ崎町一七
信用組合大阪興銀大会議室

在日本大韓民国居留民団中央本部
議長　朴根世

職員募集

一、募集人員　男女若干名
二、応募資格　韓国々籍の国民登録済の者
三、学歴・年令　高卒以上の男女三十才まで
四、待　遇　面談の上、相談に応じ優遇
五、福　祉　社会保険完備
六、勤務先　中央本部

応募希望者は履歴書、写真、外国人登録証明書の上、本人が来訪すること

在日本大韓民国居留民団
中央本部総務局
東京都文京区春日二ノ二〇ノ一三
（都電伝通院下車三分）
電話（八一三）二二六一〜五番

韓日協力委でもコレラ論議

張基栄委員が発議

韓日協力委でコレラ騒動

このほど東京で開かれた韓日協力委員会の常任委員会議でも、北韓が日本商社に発注したコレラ菌などの細菌菌株問題が論議された席で、日本の弁明をあいまいだと指摘する韓国側は「日本政府は必要不可欠な統制さえも招ろそかにしている」と述べるかたわら「われわれのこうした指摘や、また約束不履行を問われた時の口実に日本側はすぐに、日本にはもう一つの政府があるのだとか、日本[illegible]

との細菌菌株を日本商社に大量発注したことと、日本商社が戦略物資を北韓に対して密輸出していた事実に関する問題であった。韓国委員たちはこれを重大な政治問題として、日本に対策をせまり、放置しておくと緊迫した事態になるかも知れないと強調、はてはこれが韓日両国の外交関係に微妙な波紋をもたらすだろうと示唆した。

強烈な韓国側と　あいまいな日本側

ところなく接触してほしいと要望、さらにこうした事件を根絶させる保障とその前後措置に関する明示を要求した。

これに対して日本側は現在、海上保安庁が調査中であるため、ここで結論は示し得ないが「細菌菌株は北韓に流出しなかったたろうと思われる」という不透明な弁明を繰返した。

張基栄委員はこうした、日本側の核心回避の態度に我慢ならぬという態で立ち「必要ならば、細菌[illegible]

対南スパイ浸透用の偽装物資も

はあわてた色気をみせていた。

延長会議で韓国側を代表して発言した張基栄委員は主として次のような点を強調した。

「日本商社の共和物産が昨年三月下旬、朝総連を通じて北韓からコレラ菌株四種とペスト菌株三種その他の細菌菌株の発注を受けたこと、また、その後約一年間に十七回も、対南スパイの浸透偽装用韓国軍服、登山靴、肌着類、軍用[illegible]

張　基　栄　委　員

して、人道的見地からみても、韓国側の主張は当然だと受けとめられるに違いないと断言したが、激しいふん囲気で討議されたこの会議は決して無益なものではなかった。

問題流出は不幸中幸い

日本側は、張委員が述べた韓国側の主張により、問題の深刻性を認識したし、また、その調査と解決に積極的な姿勢を示したからである。

この問題で双方が共通に語ったことは「さらに深刻な重大事態に至る前に事件が露出したことは不幸中の幸いであった。いまは、責任の所在を明らかにし、徹底的な調査の上、確固たる措置を取り、こうしたことの再発を防ぐことである。そして韓日両国間に大きな亀裂の生ずることのないようにするのがこの委員会の共同使命だ」ということであった。（SISA）

まだ捜査の途上

駐韓日公使、細菌問題説明

上川駐韓日本公使は、このほど外務部に金正泰アジア局長を訪問、北韓の対日細菌発注事件に関する日本政府の捜査結果について「まだ日本政府の捜査が終っておらず、細菌が発注された事実はあるが北韓へ流出した証拠はつかめていない」と述べ、日本政府は今後このような事件が再発しないよう措置をとると伝えた。

駐韓米軍統合司令部新設へ

駐韓米軍は、予算の節約からこんごに予想される兵力削減に備えて、六一年以後、前方と後方に区分されていた兵站支援部隊を単一化することにし、前後方の地域に分散配置されていた兵站支援司令部と支援司令部を統合、駐韓米軍統合支援司令部（KOSCOM）を新設して、二月末までに施設移転をすませ、三月一日から業務を開始する。

なお、新兵站支援司令部には、沖縄に駐屯している米第二軍需司令部の一部が移転、併合する計画だといわれる。

窓口を一元化

外国人合作投資誘致

政府が、外国人投資の積極的な誘致を目ざして推進してきた合作投資の窓口一元化は、きたる三月一日から実施されることになった[illegible]

1日3万5千バレルの原油精製能力を持つ蔚山精油工場

韓日閣僚会議　繰り上げ開催か

六月開催目標に日本と交渉

政府は日本の対北傀接近を封鎖し安保面においての協助と貿易アンバランス是正を中心にする経済技術協力を強化するため来る九月ソウルで開く予定である第四次韓日定期閣僚会議の早期招集を積極に検討していることがこのほど明らかになった。

政府のこのような検討は最近問題になっている北傀の対日細菌発注と戦略物資の密輸出事件に刺戟をうけ、これを徹底的に糾明、政治的次元で日本と北傀間の取引き封鎖案を作成するところにその目的があるようである。

政府の一高位消息筋は、「閣僚会議自体があらゆる懸案を広汎に協議する会合であるので重大な問題が発生する場合、招集時期に拘束されることはない」と前提して「関係部処間の意見調整が終れば日本側の意見を打合わす計画」といいながら早期招集される場合その時期を六月の初めになるだろうと展望した。

早期招集問題は、丁一権総理が来る五月十八日、大阪で開かれる「EXPO70韓国の日」記念式に参席するため訪日する機会に、佐藤首相との間に原則的メドをつけるだろうとみられる。

政府は韓日閣僚会議が早期招集される場合、この会議で北傀のコレラ等細菌発注と戦略用物資の密輸出事件が極東の安全を脅かして両国間の友好関係を損傷する重大な要因になるという点を指摘、日本側の注意を喚起させ、対北傀密貿易を規制して日本民間商社と北傀間の取引きを中止させることを強力に要求、これに対する日本側の誠意ある措置を共同声明に反映させる計画であるという。

また政府は、七〇年代に予想される中共と北傀の膨張政策および挑発行為に対処するため新しい地域集団安保体制の推進に日本の参与可能性を打合わす一方、安保面での両国間の協調問題を提起、日本側と具体的に協議するという。

台東支部会館落成式盛大に

民団東京台東支部は長年の宿望であった台東韓〇会館＝新築落成を先月十九日午後一時三十分より[illegible]

招請移民八千名

米国はじめ中南米各国に

保健社会部はこのほど今年中にアメリカと南米諸国に約八千名の招請移民をおくることを決定した。

このように招請移民だけを送ることが決定したのは、さきに関係官が移民地域を巡回して実態調査した結果によると、アメリカやヨーロッパ地域などに進出した招請移民たちの大部分は、定着して安定した生活をいとなんでいるのに反し、ブラジルなど南米諸国への農業移民は資金や気候の不足で生活が苦しい事実が判明したためである。

今年の招請移民の予定国と人員はつぎのとおりである。

▽米国＝五千名▽カナダ＝一千名　▽ブラジル＝八百名　▽アルゼンチン＝三百名　▽パラグァイ＝百名　▽チリ＝七十名　▽その他＝七百三十名。

大使権限拡大

駐在員送還も可能

政府は効果的な外交活動を期するために、在外公館長（大使）の現地駐在公館員および政府投資機関にたいする指揮、監督を強化することにし、"公務員服務規程"を改正して、海外に駐在する政府公務員はいうまでもなく、政府投資団体および、韓国外換銀行、韓国貿易振興公社（KOTRA）など政府の出資機関の海外駐在員の対外交渉活動は必ず外務部と現地公館長を通じて行なうよう決定した。

これにより、商工部の商務官、労働庁の労務官および文教部、農林部、文公部など政府各部処の各級海外駐在官と、韓国外換銀行、水産開発公社など政府投資団体の海外駐在員は、外務部および在外公館長の強力な統制を受けることになったが、勤務評定は財政当局が各級駐在員の勤務評価を在外公館長に一任し、人事昇進に反映させるようにしている。

また、公館長が本国召喚を命ずることも可能となっているし、各級駐在員の駐在費用など必要な予算も、月別計画書を公館長に提出した上で、その承認を得るよう規定されている。

〈本国論調〉

北傀の対日細菌発注事件

―日本当局は真相を究明せよ―

対北傀細菌密輸事件の主犯とみなされている日本関田株式会社の北傀担当責任者は大阪での記者会見で「私が密輸した品物が北傀の対南スパイ用として使われたならば韓国民には余りにも申しわけない」といった。

またかれは三年前から二十一回に亘って北傀を往来し、かれが運んだ品物は穀物、電気用品、ふ子どもの品、機械付属品などであるが「いまおもうと、私が送った品物は対南スパイ用に転用されたのが間違いないようだ」と語った。

日本の対北傀貿易は明記の細菌菌株だけでなく、発覚六十五種にのぼっているが、かれらが内密に輸出した品物は相当な量になるとみられている。

問題の細菌事件は、関連商社はもちろん日本当局も細菌株の北送を認めているが、日本人たちのあくなき利益追求と商魂からみて、その疑問はいまも深い事がある。

日本政府はこのほど、北傀の細菌発注事件に対する韓国側の強硬な抗議と、世界保健機構（WHO）の介入の動きに刺戟されその事件を徹底的に再捜査するよう指示したといわれているが、この嫌疑的な調査が行われることをわれわれは希望している。われわれは断様になった韓日関係からみても、また韓日友好精神に照らしてみても、日本が故意に北傀に対する対南スパイ用物資の供給を黙認したり、またはその抑制を怠ったとはおもいたくない。

しかし前記のように数十ヵ商社が何等の支障なく北傀の戦略物資まで取り引きしている事実が暴露されてみると、日本政府がそれをあらかじめ止められなかった点をわれわれは遺憾におもうのである。

とくにココム・リスト（対共産圏輸出調整委員会が作成した禁輸品目）は日本も参加した十五ヵ国が作成したのである。日本商社が北傀に戦略物資を送ることによって、それが対南スパイ用として使われているのが明らかになった以上、日本政府当局は、不法な対北傀貿易はもちろん、合法を仮装した戦略物資の輸出をより厳格に取締るよう、反省しなければならない。

また、細菌株発注事件に関する限り、細菌戦の可能性をはじめ国際的にも猛烈にそれが非難されなければならない[illegible]

日本政府は、この事件を再捜査するよう指示したが、それを徹底的に糾明することができるのは日本当局だけである。われわれは、日本当局がその再捜査に、最善をつくすよう再三要望する次第である。

日本商社が、北傀に細菌株を送ったかも知れない疑惑と、北傀が細菌戦を企んでいることに対する韓国民の驚きと憤りは日本人たちの想像以上に大きくはげしい。日本は激明した韓国民の世論を正常化するためにも、また韓日関係の強化という観点でも、全力を注いで細菌株発注事件の真相を明らかにしてくれることを望むのである。

また、こんごこのような事件の再発を防ぐため韓日両国は、この際緊密な協議のもとに共同対策を樹立することを望んで止まないのである。

（中央日報社説）

コレラ流出の真相を明らかにせよ

―防疫態勢確立が急がれる

69年9月群山港のコレラ発生原因を調査するため派遣されていた日本細菌調査団が、最近日本厚生省に出した報告書では、去年韓国で発生したコレラは北傀が日本商社を通じて買入れたコレラ菌を撒き散らしたためだという内容の結論を下したという。北傀が日本の容共商社へ細菌株を発注したという衝撃的な事実が明らかになるや我々は去年のコレラが北傀の細菌戦の一部でなかったかを疑い、その真相が糾明されることを望み、かつ政府もその真相調査を世界保健機構に依頼したのである。われわれは共産徒党のたくらみを知らないのではないが、日本細菌調査団の報告に関する報道が事実とすれば新たな憤りと敵愾心のもり上りをおさえることができないのである。

日本調査団報告書の内容がつまびらかでないのは、遺憾ではあるが日本政府は日本細菌調査団の報告書内容を即刻全世界に公表することによって、共産徒党の罪悪相を暴露し人類の安全と国際正義を守る保障する戦に参与してくれることを望んで止まない。

[illegible]

（ソウル新聞社説）

東京商銀職員募集

一、採用人員　大学卒　男子　若干名　高校卒　男子　若干名　高校卒　女子　若干名

二、応募資格　韓国籍の[illegible]

三、待遇　[illegible]

四、福利厚生　[illegible]

五、提出書類　[illegible]

六、勤務先　本店　新宿支店　荒川支店　五反田支店

七、試験期日及び場所　[illegible]

東京商銀信用組合

尋ね人

氏名　金福徳　（日本通名　岡田次郎）　本籍　平安南道　[illegible]

[illegible]

京都韓国学園

〈京都韓国中学校〉

（一）募集人員（男女）　第一学年……八〇名　第二学年……若干名

（二）入学資格　第一学年……小学校卒業者　第二学年……中学一年修了者

（三）出願手続　所定の用紙に記入提出する

（四）出願期間　第一次……一月十九日～二月二四日　第二次……二月二八日～三月二四日　※日曜・祝祭日の外は午前九時～午後四時・土曜は正午まで

（五）入学許可　第一学年……書類審査と面接　第二学年……学力考査と面接

（六）入学式……四月八日午前十時

〈京都韓国高等学校〉

（一）募集人員（男女）　第一学年……八〇名　第二学年……若干名

（二）入学資格……中学校卒業者または同等な学力検定合格者

（三）出願手続　A―入学願書（写真貼付）　B―内申調査書または学力検定証　C―考査料三千円

（四）選考方法　学力テスト（英語・日語・数学・社会）と面接

（五）期日　第一次…出願は一月十九日～二月二四日、考査は二月二五日午前八時四五分、合格発表は二月二七日午後二時　第二次…出願は二月二八日～三月二四日、考査は三月二五日午前八時四五分、合格発表は三月二七日午後二時

（六）入学手続　合格発表から五日以内に手続きをする　（イ）納入金額―合計二万円（第一次本校出身者一万五千円）　（ロ）誓約書（所定用紙）

（七）入学式…四月八日午前十時

（八）学費　第一期分…一万五千円　第二期分…一万二千円　第三期分…九千円

（九）その他の事項　考査料、学資など納入後の返還はしない。

京都市左京区北白川東平井町八　電話（七九二）四一六一（代）

京都韓国学園

韓国旅行は国営の　国際観光公社　大韓旅行社へ

国際航空輸送協会公認代理店

運輸大臣登録一般第一二六号

IATA

韓国旅行には最も豊かな経験と信頼をもつ旅行社

海外渡航業務、観光、招請

特に在日同胞の海外旅行一切をいたします。

国際観光公社

大韓旅行社東京支社

東京都港区赤坂一丁目一番16(細川ビル)

TEL (585) 0400－4

支社長　張　哲　熙

支配人　池　　　浄

渉外部長　李　金　龍

学校法人金剛学園　募集要項

〈金剛幼稚園〉

（一）募集人員（男女）　満三才～四才児　満五才児　四〇名　四〇名

（二）受付期間　十一月一日～十二月十五日

（三）出願手続…所定用紙記入提出

（四）説明会…十二月十七日午後二時

（五）保育費用…毎月二六〇〇円

（六）保育時間…午前九時三〇分～午後三時　土曜日は十一時三十分まで

（七）スクールバス…送迎します

〈金剛小学校〉

（一）募集人員（男女）　八〇名

（二）受付期間…十二月一日～一月十三日

（三）出願手続…所定用紙記入提出

（四）銓考日…一月十四日午後二時

（五）毎月の納付金…八〇〇円

※特徴…日本の小学校と全く同じ教科の他に韓国語、国史、地理などの民族教科を習わせ、教科書は無償です　スクール・バスで送迎

〈大阪韓国中学校〉

（一）募集人員と資格（男女）　第一学年　八〇名

（二）出願と手続　期間…一月二八日～二月十二日　手続…入学願書と所定の個人報告書

（三）銓考日と試験科目　二月十三日午前九時三〇分　国語か日本語の中一科と算数、面接

（四）合格発表…二月十七日に通知

（五）入学手続…個人的に連絡

（六）納付金　入学の時、一二〇〇円　毎月、一一〇〇円　教科書は無償で供与

（七）奨学制度あり

〈大阪韓国高等学校〉

（一）募集人員と資格（男女）　八〇名…中学卒、同等有資格者

（二）出願と手続　期間…一月二八日～二月十二日　手続…所定の願書と個人報告書　考査料…二〇〇〇円

（三）銓考日と試験科目　二月十三日午前九時三〇分～三時　科目は、国語か日本語の中一科と数学、英語、面接

（四）合格発表…二月十七日に通知

（五）入学手続…個人的に連絡

（六）納付金　入学の時、三七、四〇〇円　毎月二、九〇〇円の他修学旅行積立金　毎月一〇〇〇円

（七）奨学制度あり

◇

大阪市西成区梅南通五―五　電話（六六一）二八九八

学校法人　金剛学園

一九七〇年度　学生募集要項

一、募集人員　初等部一学年……五〇名　中等部一学年……一〇〇名　高等部一学年……一〇〇名　編入　各学年……若干名（但、高三除外）

二、受験資格　初等部一学年……満六才児童　中等部一学年……小学校卒業又は予定者　高等部一学年……中学校卒業又は予定者

三、願書接受　期間……自一月一〇日～至二月一四日（日曜日は除く）　時間……自午前九時～至午後五時　場所……本校教務部

四、考査料　初等部……三〇〇円　中等部……一、〇〇〇円　高等部……二、〇〇〇円

五、出願手続　（イ）本校所定の入学願書　（ロ）出身学校調査書（編入者は在学ならびに成績証明書）　（ハ）外国人ならびに国民登録済証明書　（ニ）写真四枚（四㎝×五㎝）　（ホ）考査料

六、考査　初等部……面接、健康診断　中等部……面接、書類審査　高等部……学科考査（国・日・英・数）面接、書類審査

七、考査日時　初等部……二月七日（土）午前十時　中・高等部……二月十五日（日）午前九時

八、合格者発表　初等部……二月十七日（火）正午　中・高等部……午・本校

九、入学手続　（イ）手続期間……自二月十七日至二月二〇日　（ロ）提出書類……誓約書、身上調査書　（ハ）納入金……納入金一覧表

一〇、入学式　初等部……四月八日（水）午後一時　中高等部……

（イ）他校出身生

部別＼項目	入学金	授業料1か月分	生徒会費1年分	PTA会費 入会金	PTA会費 会費	生徒手帖代	暖房費	施設費	合計
初等部	1,000	旧初等部は学校バス運行費300		300	3,600	50	600	3,000	8,850
中等部	10,000	2,000	1,800	300	6,000	50	700	5,000	25,850
高等部	20,000	2,500	1,800	300	6,000	50	700	10,000	41,350

（ロ）本校・分校出身生

部別＼項目	入学金	授業料1カ月分	生徒会費1年分	PTA会費 入会金	PTA会費 会費	生徒手帖代	暖房費	施設費	合計
中等部	5,000	2,000	1,800		6,000	50	700	2,500	18,050
高等部	10,000	2,500	1,800		6,000	50	700	5,000	26,050

十一、其他　（イ）提出書類は返還しない。（ロ）関する問議は教務部に入学。

東京韓国学校

東京都新宿区若松町二一

万博の空に"エミレ"の鐘高らか

韓国館13日にオープン

募金活動も順調

万博後援会で多彩な計画

(李熙健後援会長)

開幕まで第一陣

招請家族の来日

保安対策に万全

期す各県地方本部

開幕日まで第一陣

招請家族の来日手続すすむ

順調な募金活動

多彩なプロを計画

金活蘭女史逝去

社会葬で遺功たたえる

"東洋の百合花"ヘレン金

わが国の女性教育に捧げた一生

(写真) 上は韓国館正面入口のシンボル「平和船」
下は会場視察の李大使(右から三人目)

婦人会中央本部の

全国巡回講演各地で盛況

地方巡回講演中の金婦人会長

名鐘エミレも展示

妙音を参観客に披露

朴大統領選集普及

韓国館正面前の火曜広場で視察中の李大使一行

文化

自由化恐れる北韓
共産圏でも異質の存在

李東濬

非スターリン化運動の波を回避

共産主義社会の潮流にも逆行

壬辰倭乱の時、李舜臣将軍が設計した世界最初の鉄甲船（俗に亀船とよばれる）

李世鎬韓軍国司令官を訪ねたチュー大統領夫妻

戦火のベトナムを訪ねて
思わず熱いなみだ
分断と戦乱の国情に胸痛む

在日韓国人会 会長 李麟基

ヘリで飛廻った各戦場

ベトナム民衆につくす対民政策

"故郷へ教育映画を贈ろう"
大韓教育映画が免税寄贈

一九六九年度の全国ミス・コリア・コンテストで一位から五位までの入賞者

在日ミス・コリア・コンテスト
東京の決選は3月8日、日傷会館で

・在日ミス・コリア・コンテスト大会の準備を進めている本社と民団中央宣伝局では、去る2月16日に第4次連絡会議をひらき、東京での開催日時・場所など最終的な事項を決定したが、いよいよ大詰めにせまってきた、その内容の要旨は次の通りである。

◇

（1）東京での決選大会は、3月8日（日）午前9時30分からリハーサル、午後1時から決選大会をひらく。場所は市ケ谷の日本傷痍軍人会館（日傷会館）。

（2）コンテストに参加する地方代表は、できるだけ保護者を同伴し、3月7日午前11前まで中央本部に到着、出場の確認をうける。

（3）衣裳は指定通り韓服、水着、軽洋装の三組を用意し、美容結髪などは3月8日朝のリハーサルまでに各自が完了しておく。

（4）当日は、会場が狭いため（定員240席）、一般観客の入場（特に子供連れは絶対不可）は断わり、民団・婦人会・大会本部役員・審査委員・報道関係者だけが参加する。

（5）地方代表は原則として一名と決定していたが、人口比例や組織分布の実情などを考え東京・大阪・神奈川・兵庫・京都・愛知・埼玉・奈良の八地方だけは三名づつ（真・善・美）選抜して決選大会に参加してもらう。

（6）地方本部での便宜をはかって、その選抜方法は、会場を借りての催しでもよく、あるいは地方本部事務所内で婦人会などと協議の上、面接決定をしてもよい。

（7）審査委員は厳正中立を期すため、会場で発表する。

二月末日でしめきり

なお大会までのスムーズな進展をはかるため、地方本部の推せん状、参加者の写真四枚（上半身と全身の二種・キャビネ版・各二枚づつ）と略歴（本籍住所・氏名・生年月日・学歴・職業・両親の職業と地位、そのほか身長・体重・バスト・ウエスト・ヒップをメートル法で記入）は、規定通り二月末日まで中央宣伝局に到着するよう望んでおり、これはあくまで参加することにその意義があるので、容姿の美醜にこだわりなく、全国的な参加を中央ではひろく呼びかけている。

11日間、多彩な日程
東京、大阪、京都の韓国校
母国訪問合同修学旅行

熊本県人吉支部

永住権申請案内

今年は、永住権申請の年です。

在日同胞の皆さんが一日も早く安定した生活を営むためには、まだ永住権を申請していない方々が一人もれなく申請するよう、お互いに努力し、勧誘しましょう。

協定永住権を受けることによって、

(一)、何よりもまず、これまでの暫定的であった地位をはなれて、権利として日本に永住することができるよう保障され、

(二)、したがって、協定永住許可を受けていない者や一般外国人とはちがい、協定永住許可者は、ほとんどすべての場合において、退去を強制されることがありません。

(三)、さらに、同永住許可者に対しては、海外旅行に必要な再入国許可における制限がないばかりでなく、一家族が離散することのないよう、人道的な配慮が十分ゆきとどくようになっており、

(四)、子女の教育問題においても、日本の公立小・中学校への入学が認定され、また上級学校進学においても、その入学資格が認められております。

(五)、生活保護を必要とする人には、従前どおりの生活保護が受けられるようになっており、とくに、国民健康保険に加入することができます。

(六)、外国人財産取得に関する政令の適用を受ける一般外国人とはちがい、主務大臣の認可なしに土地・建物などの財産を取得することができます。

(七)、日本から永住帰国する場合には、自己財産の本国搬入または送金などが、協定上保障されております。

在日同胞の皆さん！

去る八月十九・二十日の両日間に開催された"韓・日法相会談"の結果、皆さん方が安心して永住権を申請することができるような措置が講じられておりますから、一日でも早く、永住権を申請されるよう、かさねてお願いする次第であります。

もし皆さん方の中で、同永住権申請に関連して、質問または相談なさる事項がある場合には駐日大使館（第一領事課、または永住権申請案内室）あるいは、地方に所在するわが国の各級領事館へ直接来訪されるか、書信で同事由を問い合わせて下されば、必ずや皆さんのご期待にそえるよう、全力を尽す所存であります。

なお、皆さんの親戚の方々にはもとより、親しい知人の皆さんにも、以上の事実を広く周知させて、一日でも早く、永住権申請該当者は一人残らず、この申請を完了できるようご協力下さることをお願いします。

駐日韓国大使館

韓國新聞

発行所
韓國新聞社
発行人
鄭　炯　和
東京都文京区春日町
2丁目20—13
電話 (815) 1451—3
(813) 2261—3
振替口座東京 34988番

民団綱領

一、われわれは大韓民国の国是を遵守する
一、われわれは在留同胞の権益擁護を期する
一、われわれは在留同胞の民生安定を期する
一、われわれは在留同胞の文化向上を期する
一、われわれは世界平和と国際親善を期する

先烈の遺志継ぎ団結、愛族、愛国を！

第51回 3・1節 各地で記念行事

中央民衆大会盛況 東京 日比谷

盛りあがる入管法反対の気運

抗議文、決議文つぎつぎと採択

第51回 3・1節記念中央民衆大会

京都は600名

夏季学校の実況記録映画など鑑賞

五、〇〇〇人が参集

二、四〇〇名が参集 大阪

本国の芸能を楽しみながら

李大使記念辞

祖国の近代化は

三・一精神の継承から

李中央団長記念辞

三・一精神生かし

永住権申請完遂期せよ

60万同胞の団結こそ先烈の遺訓に報いる道

駐日公報館長

洪　泉

決議文

抗議文

あと一週間 第16回定期中央委員会

永住権申請事業を総括

論議呼ぶか「入管法」対策

永住権申請案内

今年は、永住権申請の年です。

在日同胞の皆さんが一日も早く安定した生活を営むためには、まだ永住権を申請していない方々が一人もれなく申請するよう、お互いに努力し、勧誘しましょう。

協定永住権を受けることによって、

(一)、何よりもまず、これまでの暫定的であった地位をはなれて、権利として日本に永住することができるよう保障され、

(二)、したがって、協定永住許可を受けていない者や一般外国人とはちがい、協定永住許可者は、ほとんどすべての場合において、退去を強制されることがありません。

(三)、さらに、同永住許可者に対しては、海外旅行に必要な再入国許可における制限がないばかりでなく、一家族が離散することのないよう、人道的な配慮が十分ゆきとどくようになっており、

(四)、子女の教育問題においても、日本の公立小・中学校への入学が認定され、また上級学校進学においても、その入学資格が認められております。

(五)、生活保護を必要とする人には、従前どおりの生活保護が受けられるようになっており、とくに、国民健康保険に加入することができます。

(六)、外国人財産取得に関する政令の適用を受ける一般外国人とはちがい、主務大臣の認可なしに土地・建物などの財産を取得することができます。

(七)、日本から永住帰国する場合には、自己財産の本国搬入または送金などが、協定上保障されております。

在日同胞の皆さん！

去る八月十九・二十日の両日間に開催された"韓・日法相会談"の結果、皆さん方が安心して永住権を申請することができるような措置が講じられておりますから、一日でも早く、永住権を申請されるよう、かさねてお願いする次第であります。

もし皆さん方の中で、同永住権申請に関連して、質問または相談なさる事項がある場合には駐日大使館(第一領事課、または永住権申請案内室)あるいは、地方に所在するわが国の各級領事館へ直接来訪されるか、書信で同事由を問い合わせて下されば、必ずや皆さんのご期待にそえるよう、全力を尽す所存であります。

なお、皆さんの親戚の方々にはもとより、親しい知人の皆さんにも、以上の事実を広く周知させて、一日でも早く、永住権申請該当者は一人残らず、この申請を完了できるようご協力下さることをお願いします。

駐日韓国大使館

私は見た「地上の楽園」の実態

拉北機帰還者が語る北韓生活65日

婚約者を殺すぞ！

昼夜の別なく脅迫と拷問

いたるところに偶像肖像画

成績が悪ければ帰さない

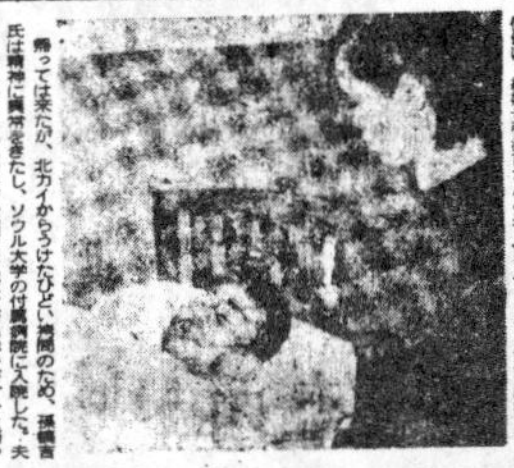

惨めな北韓の生活

抑留者の菓子を盗む監視員

消される抵抗者

望郷の歌も継続抑留の因に

食い残しは監視員がペロリ

〈本国論調〉

必ず帰ってくる

―世界の世論は北傀を屈服させる―

未帰還同胞救出を要求する叫び

韓・日租税協定 2月中に署名

赤字大幅に増加か

対日貿易逆調深刻化

3月8日、日傷会館で決選

在日ミス・コリア・コンテスト

本社主催、韓国公報館後援、大韓婦人会協賛の「在日ミス・コリア・コンテスト」の決選大会は、きたる3月8日午後1時から、東京市ケ谷の日傷会館で幕をあげるが、東京・大阪の代表は、それぞれ7名ずつに増やすなど、規定の一部変更をふくめた、最終的な総まとめが次のようにきめられた。

◇

（1）東京での決選大会は、3月8日（日）午前9時30分からリハーサル、午後1時から決選大会をひらく。場所は市ケ谷の日本傷痍軍人会館（日傷会館）。

（2）コンテストに参加する地方代表は、できるだけ保護者を同伴し、3月7日午前11時まで中央本部に到着、出場の確認をうける。

（3）衣裳は指定通り韓服、水着、既洋装の三種を用意し、美容結髪などは3月8日朝のリハーサルまで各自が完了しておく。

（4）当日は、会場が狭いため（定員240席）、一般観客の入場（特に子供連れは絶対不可）は断わり、民団・婦人会・大会本部役員・審査委員・報道関係者だけが参加する。

（5）地方代表は原則として一名と決定していたが、人口比例や組織分布の実情などを考え東京・大阪代表は7名ずつ、神奈川・兵庫・京都・愛知・埼玉・奈良地方だけは三名ずつ（真・善・美）選抜して決選大会に参加してもらう。

（6）地方本部での便宜をはかって、その選抜方法は、会場を借りての催しでもよく、あるいは地方本部事務所内で婦人会などと協議の上、面接決定をしてもよい。

（7）審査委員は厳正中立を期するため、会場で発表する。

地方単位の選抜おわる

なお大会までのスムーズな進展をはかるため、地方本部の推せん状、参加者の写真四枚（上半身と全身の二種・キャビネ版・各二枚ずつ）と略歴（本籍住所・氏名・生年月日・学歴・職業・両親の職業と地位、そのほか身長・体重・バスト・ウエスト・ヒップをメートル法で記入）は、3月5日まで中央宣伝局に到着しており、これはあくまで参加することにその意義があるので、容姿の美醜にこだわりなく、全国的な参加を中央ではひろく呼びかけている。

万博招請家族の保安対策を討議

神奈川本部

民団神奈川県地方本部（孫張翼団長）では、去る二月五日を定期的な支団長会議開催日に決定しており去る二月五日正午十二時より同本部二階講堂において五十余人が参席、支団長会議を開催した。

今回の会議はとくに重要な会議であるため本部三機関及び各支団長、事務部長並びに中央本部より李禧元組織委員長、朴性鎮法的地位委員会副委員長、朴相元組織局次長が臨席、大使館から、駐横浜領事、劉永禄副領事の諸氏が参席した。

またこの日の会議では朴性鎮副委員長より「法的地位に関する資料」および「永住権申請促進に関する宣伝啓蒙要綱」パンフレットの配布があり、これに関する質疑応答があった。横浜領事館からも若干の参考事項と補足の説明があって、永住権申請促進をつよく要望した。つづいて万博への家族招請に関して李禧元委員長から説明があり、事故の発生を未然に防止するよう保安対策に十分注意することを強調した。

このあと北韓のコレラ菌陰謀事件と三・一節の動員問題をつづいて討議し午後五時すぎに閉会した。

オペラ"トスカ"の舞台に韓国人主役

埼玉の金金煥氏抜擢

東京芸大の留学生

民団で子弟教育にも献身

国立オペラのスター

金金煥氏

日本の代表的歌劇団として、これまでに数多くのオペラを上演している東京歌劇団の、春季公演オペラ「トスカ」に、韓国人テナー金金煥氏が主役として出演することになり、日本オペラ界での話題を一身にあつめている。

このオペラ「トスカ」は、東京都オペラ・シリーズと銘うって、[illegible]が協演する大公演で、東京フィルハーモニー交響楽団をウラジミール・ベニチ氏が指揮し、演出にはオペラの本場イタリーからピエロ・ファジョーニ氏が招かれてこれにあたり、日本の代表的声楽家である[illegible]

[illegible]

ナ伊原美智子氏を相手にうたう有名なアリアのかずかずにいまから関心が集中している。

金氏は、ソウルのソラブル芸術大学を卒業後、ソウルで国立オペラ歌劇団の代表的テナーとして活躍し、一九五九年以来「ラ・ボエム」「マルータ」「トラバトーレ」「アイーダ」など多くのオペラの主役を演じて韓国オペラ界の[illegible]

日本の舞台で、韓国声楽家の実力をいかんなく発揮することになったのは、こんどのトスカ出演が[illegible]

[illegible]研究目的で来日して東京芸術大学大学院[illegible]に籍をおいてオペラ研究のかたわら、民団埼玉県本部[illegible]文化学院の講師として県下同胞二世たちの民族教育にも尽力している。

[illegible]する四月二日には、東京有楽町の第一生命ホールで独唱会をひらくことになっており、この独唱会では氏が得意とするイタリア歌曲の他に、わが国の代表的な民謡と歌曲を紹介するとのことで、民謡では朴[illegible]、[illegible]「オドルトク」、歌曲では「山有花（[illegible]作曲）」「そよ風（[illegible]作曲）」「可憐"カゴパ"（[illegible]作曲）」などが予定されている。

各地で空前の動員

婦人会の巡回講演成果多大

[illegible]

その間日にひらかれた[illegible]、[illegible]、一同の婦人会の[illegible]感想を「全国の婦人会の組織にあえてうれしかった。こんどの講演の成果は多大なものであった」と語り、巡回講演の内容をつぎのように説明した。

①組織の強化について＝全国的にみて婦人会の組織はまだまだ不十分な面が多いので民団と一体となり、同時でも[illegible]組織を強化し、中央との体系強化に努力した。

②永住権申請の促進＝日本に居住する外国人としてわれわれが法的保護を受けるためには速やかに永住権を取得しなければならないことを説明して、永住権申請促進の啓蒙を啓蒙すると同時に、これに対する朝総連の妨害宣伝を粉砕することに努力した。とくに、永住権を申請すれば、男の子を兵隊にとられるという朝総連のデマ宣伝に対してはこれを反駁し、兵役法第四十七条、兵役法施行令第二〇一条の二を詳細に説明し、絶対に兵隊にとられないことを説明、また口では平和統一を唱えながらコレラ菌を輸入れてわが同胞の大量虐殺を企図する金日成徒党の悪辣なことを想起させ、かれらの宣伝に迷わないよう訴えた。

③勝共精神で再武装＝現在は反共ではなく勝共によって祖国統一をはからなければならない。それから永住権を取った日本の公職に日本の衣裳を脱ぎすて、韓国語を話し、子女にもその教育をさせなければならない。特に夏季学校に母国へ子女をやる時には事前に韓語の教育を徹底的にやらなければならないなど一家の主婦としての平素の心がけを強調するとともに婦人会が率先して永住権申請の書類を作って上げるよう指導した。

最後にこれまで三十六県を回って来ての所感として「今日まで永住権申請をしていない理由は怠慢と朝総連の宣伝にダマされているからである。しかしその反面に到る所で大韓婦人会強化の気風がみなぎっており、今後の成果が大いに期待される」と語った。

また会長の報告によると、このたびの巡回講演の動員数は大阪で一、〇〇〇名以上、山口では五〇〇名以上、広島では四〇〇名以上、神戸では三五〇名以上、京都で二〇〇名以上に達しており、このような大動員は婦人会の歴史上未曾有の成果であるとのことで、会長はこの成果を訴って休む間もなくまたつぎの旅程を用意をしているとのことである。

巡回講演の会婦人会長

李麟基氏再選

在日在郷軍人会総会で

李麟基会長

大韓民国在郷軍人会日本支会の第五回定期総会は、去る二月二十二日午後二時から、民団本部の会議室で、全国各地区代表参加のもとに開かれた。

会議はまず経過報告のあと、新年度事業計画として、第三回駐ベトナム韓国軍への慰問団派遣、在郷軍人会本部（ソウル）招請による母国訪問団派遣、在日会員に対する政府からの定着金支給推進、在日会員の永住権申請の促進を発表し、新年度予算案五二三万円を通過させた。

とくにこの日、駐日大使館の許[illegible]からの軍人会々議法の説明指導と、本国にいる在日学徒義勇軍同志会の文性模副会長が報告した実情説明は、参集の会員に深い感銘をあたえた。

権泰鍾氏（伊勢崎商会社長）

は胃癌により慶應大学病院で二月十日午前七時二十分死去。五十二才。告別式は二月十一日午後二時より自宅（東京都品川区大谷町十八番二十三）においておこなわれたが、三月二十九日には納骨並びに法要祭が営まれる予定。

氏は生前実業家として多くの業績を残したが、一面しては共産主義に徹した民団の指導者としても大いに活躍した。

民団結成と同時に顧問として協力、東京本部においては県本部の団長を歴任、七年程前に現住所に転住してからも民団支部のよき協力者であった。

遺族は夫人をはじめ一男三女、五人家族。

本籍　慶南陜川郡三嘉面[illegible]

東大、戦後韓国人工博第一号

若い学究、申膜雨博士

祖国の技術振興に貢献希望

日本の大学で機械工学を専攻した若い韓国人学究に、東京大学から韓国人には戦後初の工学博士の学位が授与された。

東京都葛飾区新宿ケ谷二丁目、申弘休氏の六男申膜雨氏（32）がそのひと。

氏は一九六五年に東京大学大学院修士課程卒業後、同大学院博士課程に進み昨六九年三月に同課程卒業と同時に「電子計算機による製鉄所の総合管理の研究」と題する論文を提出していたがこれに対し同大学から博士号がおくられた。これは、戦後同大学から韓国人におくられた工学博士第一号である。

氏はこれまでに、自動制御の「適応制御に関する研究」「最適制御」「製鉄システムの最適制御」「製鉄システムの総合管理」などの論文を学会に発表して注目されたが、昨年の三月に発表した「電子計算機による製鉄所の総合管理の研究」に対しては、ついに東京大学から博士号が授与されたもので申氏は現在、横浜市にある米・日合資会社「米国リライアンス株式会社」の技術次長として在職しているが、同社からのすすめで米国のハーバード大学へ研究にゆくことになっている。しかし同氏は米国留学よりも母国韓国への寄与に強い関心を抱き、機会さえあれば祖国して日本で習得した学問と技術を祖国のために役立てたいと希望している。

申膜雨博士

申氏の学友たちの語るところによると、東京大学には現在も多くの韓国人学生が籍をおいているが、卒業を前にして多くのこれら韓国人学生たちはアメリカなどの外国へ就職を決めて日本を去るか、さもなければ日本の会社へ就職するために日本国籍へ帰化したりする悲劇が生んであるのに、申氏のようにその技術を高く評価されながらも韓国人学究としての姿勢を堅持し、祖国への貢献を最終目標としている人は実に少く尊いとのことである。

旧正に成人式挙行

石川本部初の試み盛況

民団石川県地方本部（李鶴道団長）では、二月六日の「旧正」を迎え、同本部初の試みとして県下在留同胞子弟の成人式を開催した。

この日午後一時から成人式は挙行されたが、この日招待された子弟は三十六名（男十八、女十八）一同はこの式のために来県した駐名古屋領事館の文領事をはじめ、福井教育文化センター所長、民団役員および父兄たちから祝福をうけるとともに、祖国大韓民国の次代をになう後輩として立派に成長するようにとの激励の言葉に応えて記念品を贈られた。

この祝辞と激励に対し成人者一同を代表して[illegible]君が力強い答辞を読みあげたあと、民団が用意した心づくしのパーティのテーブルを囲んで、近況の本国映画を観賞して楽しい一日をおくった。

石川本部成人式のもよう

大使館の"主"的存在

薄給に甘んじ勤続二十年

表彰が噂される金貞植氏

一九五一年、駐日代表部時代からだから今年で大使館勤続二十年になる。

経歴書をより出しに旅券、領事と文書を移りあるいた男、一貫して変らないのはその真面目さと仕事熱そして人情味豊かな円満で謙虚な人柄である。

早大工高から大学まで苦学力行、十九の若さで大・二三五祖国独立の時には学徒自警隊として参戦、防衛警察を努めた勇士であり、在日韓国人会日本支会の幹部でもある。

ひと口に二十年というが、自分の学業を捨て、かくも長い歳月を外交官の一筋道に没頭して来た[illegible]と歩んだ人生における貴重な記録というべきであろう。

歴代の大使、公使、書記官とどの人は動めつづけている。

外交官の肩書きも華やかしい地位も約束されることのない陰の存在であるこの人こそ同胞社会からも、国からも、まっ先に報われなければならない存在ではなかろうか。

[illegible]、[illegible]、女のようにやさしい声の持ち主だが、かえりと学生時代は実力と空手二段のスポーツマンで文字どおり外柔内剛の性格の持ち主である。

「大使館にこの人あり」のマジメ人間の金氏に、表彰授賞のうわさが出ており、かれを知る人たちは当然と思っている。

旅費が切れて国へも帰れない国の子供を呼びたい、親子たちけの団欒まできれた書類を抱とかしてくれ、はては法律に失敗したから当分食わせてくれなど、頼み込まれることも数えるにいとまがないが、その多くの面倒を力の及ぶかぎり誠実に見てくれた実例を、多くの人がよく知っている。

そして、この正直と朴訥さを悪用され、仲間であるはずの戦友からも裏切られ、だまされたことまで何度かあったという。

それでも彼は、懸命す、懸命す、今日までただひたすら大使館の奥深い一室のデスクとして、黙々とこの人は動めつづけている。

地方支部だより

世田谷支部 税務講習会

韓国人世田谷納税貯蓄組合（民団世田谷支部内）では、十六日午後六時より熱海ホテル八景において、組合員四十名出席のもとに一九六九年度の所得税申告講習会を開催した。

組合長徐竜哲氏（世田谷支団長）のあいさつ、朴[illegible]世田谷支部議長の祝辞のあと、副組合長金栄在氏の経過報告と、納税申告書作成に対する留意事項についての講習が行われた。

在日韓国人に対する日本政府の税金攻勢は年々そのきびしさを増し、特に六九年度における徴税強化対策を町の金融業、飲食業、パチンコ業の三業種に重点をおいているようである。このため在日韓国人への影響が大きく本年度の納税対策に全組合員が腐心しているが世田谷支部納税貯蓄組合は現在五十四名が加入しているが、十八日より民団事務所において税務指導が行なわれており、税務相談を持ちこまれることが数多く、十九日には[illegible]、[illegible]の期日までには全員が申告書記入方法の説明をして期日までには全員が申告することを申し合せた。

長野県にも 文化センター新設

長野県には数年前から教育文化センターが新設されることになった。

関東地方の各県には早くから教育文化センターが設置され多大な成果をあげているのに、長野県にはセンターがなくその設置が待たれていたが、いよいよ去る二月二十一日から県本部内に教育文化センターが開設されることになり、所長には金仁洙氏が就任した。なお金所長は新潟韓国教育文化センターの所長も兼ねることになっている。

「アジア友之会」で国会議員懇談会開催

財団法人亜細亜友之会ではアジアの繁栄と平和および自由と安全を期するために来る二月二十六日、東京都丸の内の日本工業倶楽部で、政財界有志による国会議員懇談会を催すことになった。

この亜細亜友之会には韓国人理事も数人が参加しており、わが国とはとくに親密な団体であるからこの懇談会においては、韓国との経済問題もとりあげられるものとみられている。

文　化

秘史・博物館長二十五年
国立博物館を接収
敗戦ショックの日本人なだめ
金載元

一九四五年八・一五直後に国立博物館長の椅子を引き受けて、二十六年間、この椅子だけをまもってきた金載元博士がさる二十二日、停年退職した。咸鏡南道咸州生れのかれは、二〇才の青年期に日帝に追われ、ひとりドイツに渡り、ミュンヘン大学で哲学を専攻、博士号までとったが、八・一五終戦と同時に偶然にも博物館長に任命されたのがきっかけで、かれは、まるで生きた韓国の国立博物館史といわれるほど、多大なる業績と多くの著書、貴重な論文をのこした。かれ金載元氏が八・一五解放以後今日に至るまで二十五年のあいだ、国立博物館とともに生きてきた記録「博物館秘史二十五年」を発表したので、これを数回にわけて連載することにした次第である。

八月十五日の正午、裕仁日本天皇の歴史的な無条件降伏の放送があったあと、わが国のひとびとは、みんなが、「これから何をしなければならないか」と考えていた。

となりの崔[illegible]氏（元朝鮮日報主筆）がかねて、わたしに言った。

「なにも考える必要はない。あなたは博物館をうけもって仕事をしなさいよ」と。

八月十七日、わたしは、その時までの朝鮮総督府博物館（現在の国立博物館）を訪ねたところ、日本人たちがよろこんで迎えながら「われわれはこんごどうなるでしょうか。われわれは、このまま残って勤められますか。どなたが博物館の責任者になられますか？」

かれらは不安な表情でいろいろ質問するのであった。

当時の博物館には、戦争末期の人手不足により減員されたため、有光教一（現京都大学考古学教授）、杉本[illegible]（後に[illegible]教授）、[illegible]のほかわずか数人がいるだけであった。このほかにただ二人の韓国人として[illegible]さんがいた。

わたくしはかれらに向ってこれからわたくしと[illegible]な連絡をとるようにと頼んで安心するようにつとめた。

まだ韓国政府樹立以前だから地方に往っても個人の資格でたが、わたくしはいそがねばならぬとおもい慶州に向った。

かえりみると、これがわたくしの博物館に埋って二十五年間ものの歳月をおくるスタートであった。

当時、慶州には大坂金太郎という人がいたので、ソウル博物館の有光教一さんの手紙をもらって慶州についたのである。

当時はどこの地方でも同じことであったが、慶州も行政官吏たちが急な敗戦のショックで心のよりどころを知らない状態であった。

あらかじめソウルで調査していたのではあるが、長年慶州博物館に勤めた崔順鳳氏をまずたずねこの人とともに館長室で大坂金太郎氏と面談した。慶州博物館の次の責任者は崔順鳳氏が内定していることを告げ「ただちに崔順鳳氏に、金冠の倉庫の鍵を渡しなさい。しかし職場を離れないで中央の指示を待期しなさい」と指示した。

大坂氏は丁寧にこれを承諾した。

かれは、かれの後継者がかれの普通学校（小学校）校長時代の弟子の一人で、信頼できる人ということで安心な様子であった。

大坂氏は、当時の慶州市内で一番大きな旅館である安東旅館にわたくしを招待し、ごちそうしてくれた。

わたくしはその後、慶州博物館にいくたびに、館長室にある「瓦当」をいれて作ったまるいテーブルを見ては、それを中にして大坂氏と対話したのを思い出す。そして植民地状態にあった敗戦国日本人、大坂氏の老いた顔が目の前に浮ぶのである。

かれは九〇余才にして、いまなお日本に生存していると伝えられるが、慶州博物館の創設には功労がある人である。

「趣味の慶州」、「慶州の伝説」など著書があるほかに、まだ論文も書ける人でもあった（つづく）

従来の学説くつがえる
三韓時代 二千年前の熔鉱炉
慶北月城郡で遺跡発見

嶺南大学校師範大学教授権[illegible]博士（45）は、一月下旬、慶北月城郡外東面[illegible]で二千年前のものとみられる三韓時代の溶鉱炉を発見、三韓時代には製鉄が不可能で中国と日本の奥地から流入したとの今までの学説をくつがえした。

権博士は21日、この溶鉱炉を文化財に指定することを文教部に要請する一方、溶鉱炉の時期に付着している土壌の放射線同位元素による年代測定を原子力研究所に依頼した。

三韓のうち、弁韓地域である月城・蔚州郡一帯で鉄が作られたとの記録は、二千二百年前に書かれた「魏志東夷伝」に記録されているが、学界ではこれを否認、三韓以後新羅三国統一まで中国と日本からとり入れたと主張してきた。

この地域には大規模の製鉄をしたというもう一つの根拠は、現在採鉱中の蔚州郡達川鉱山が古くから鉄鉱であり、溶鉱炉が発見されたのは製鉄材料が無尽蔵であるためであるが、李朝世宗時の慶尚道地理誌には、達川には年間一万二千五百斤の砂鉄原石が生産されたと記録されている。またこの付近の地名が鉄を意味する鉄山、鉄山村など"鉄"の字が多いのは、その当時鉄生産が多かったためだとみられている。

新羅時代の鉄器工業に対する経済学的な研究のため月城、蔚州、清道郡等地の山谷を踏査中、月城郡外東面[illegible]をはじめ40余個所で溶鉱炉址を発見したが、原型の三分の二ほど残った弁韓時代の溶鉱炉は、山の中腹を掘り下げ深さ約10メートル、底辺の縦1・85メートル、横2・15メートルで煙突のように先が狭くなっている。

権博士は三韓時代（二千七〇余年前）に大規模な製鉄をしたということは、新羅三国統一の力となったと見られ新羅文化の基礎が再評価されるべきだとみている。

李[illegible]博士（嶺南大総長）は、「今まで発見された文化財のうち最も貴重なものであるばかりでなく、わが先祖が造りあげた輝やかしい文化をあらためて検討すべきである。」と語っている。

慶州博物館からソウルの国立博物館に移してある国宝指定の「金冠」

会館新設など決議
在日韓国YMCA協議会

在日本韓国基督教青年会（Y・M・C・A）は、さる二月十日と十一日、静岡県御殿場市の東山荘で、韓国YMCA一年間の事業報告と、新年度の事業案を協議する「指導者協議会」をひらいたが、この日の協議会には理事二名、幹事一名、委員[illegible]名、リーダー八名など十七名が参加した。

会は、金[illegible]理事長のあいさつで開会、世界学生キリスト教連盟アジア地区担当幹事の[illegible]氏から「今日のYMCAの問題」と題する講演があったあと、パネル討議にはいり

①在日韓国YMCAの基本的姿勢
②会館事業
③教育事業
④拡張事業
⑤調査研究事業
⑥国際親善奉仕事業

等の議題を中心に一年間の事業を評価した。

翌十一日は

①在日韓国Y・M・C・Aは、在日韓国人を主たる対象とすること、このため韓国人の位置を正しく理解するための基礎的調査研究が必要である。
②新会員獲得および会員事業の拡大、とくに高校生の活動を活発に行なうこと。
③教育事業の活発化と韓国語教授の専門的研究を行なう。
④会館の新築と国内地方支部の設立
⑤国際親善及び奉仕事業の推進等を新年度の事業案として決議し、その強力な推進を参加者一同が確認して散会した。

【写真＝雪の南漢山城】 李朝五〇〇年の都であった漢陽（現在のソウル市）の東南30KMに、周囲8KMの城壁で築かれた南漢山城は、多数の史跡を残しているが、名勝の地としてもすぐれ、ここを訪れる観光客の足は四季を通じて絶えることがない。

アジア競技誘致提案
第8回KOC代議員会で協議

二月二十日、体育会講堂で開催された大韓オリンピック委員会（KOC）代議員総会で張[illegible]大韓蹴球協会長は、8年後の第八回（78年）アジア競技大会をソウルに誘致することを提案したが、これを総会は新たに構成される常任委員会に移送、検討を経たのち政府当局と交渉することにした。

この日の総会で張会長は、対策もなしに誘致を返還した第6回（70年）アジア競技の件を指摘し、「国際規格に適う室内水泳場（室内）を作り、今後サッカー場をはじめ室内体育館などがそろえる見込みなので、第8回アジア大会を誘致すべきだ」と主張した。

この日の総会は70年度予算およそ1億2千4百22万7千5百ウォンの予算案を承認したのち、現在10名以上の常任委員会で選ばれていた名誉委員制を、これからは総会で選出することにきめ、いままで9〜13名以内の常任委員数を11〜15名以内にふやすなど、オリンピック委員会規定を改定した。

韓国万博参加本部
大阪総領事館に設置

政府の万博参加準備会では、大阪総領事館を万博参加本部に決め会[illegible]総領事を本部長として業務の一元化を期することを決定した。

商工部は、三月十三日に韓国館開館式を行ない、東京、大阪、京都などの四つの百貨店に直売店を設置して、民芸品、雑貨類、ノリその他の商品を販売することにした。

肝ジストマに朗報
画期的治療薬開発

難治の病といわれわが国に患者の多い肝ジストマの新しい治療剤が慶北大医大薬理学教室（主任教授[illegible]博士）によって開発され実用化が近いといわれ患者たちに朗報となっている。

肝ジストマはわが国人口の15％である四百万名が感染しているが特効薬は未だ発見されていない。

金博士チームは肝ジストマに殺虫効果はあるが毒性が強いため、人体に使用されなかったヘクサクロロペンに銅と鉄塩を反応させ新たな生成物を誘導した。

1・2・3号に分類したこの誘導体は試験管試験で肝ジストマを6時間（1号）〜9時間（2・3号）に90〜95パーセントを殺虫し特に1号は感染した犬を通じて幼虫5百万匹のうち4匹だけの生存（1キロ当り10mg服用）という治療効果を見せた。

中毒実験でも1号は致死量の10分の1で治療効果をあらわし、優秀な治療効果とともに使用可能なものであることが明らかになった。

祝 第51回3.1節記念中央民衆大会
在日大韓民国居留民団 神奈川県地方本部

三・一節の意義
団長 孫張翼

五十二年前のこの日を迎え、謹んで愛国先烈の冥福を祈ると同時にいささかなりともわれわれの民族精神昂揚に資することを希って拙文を草する次第である。そもそも日本がこれまでたびたびわが祖国に侵入したことは歴史的にあきらかであるが、ひそかに植民地化の野望をいだきはじめたのは日清日露の両侵略戦争以降からで、とくに、一九〇二年の英日同盟、一九〇五年のポーツマス講和条約以後からその野望は一だんと露骨化した。この条約には日本が米英の植民地となっている印度及びフィリッピンを侵略しないことを条件に、同条約第二項には「日本の韓国に対する宗主権を承認している。また一九〇五年十一月十七日には所謂韓日保護条約なるものを強引にとりつけ、ついに植民地化の手先機関である統監府を設置して伊藤博文が自ら初代統監となり、一九一〇年八月二十二日には、日本の暴挙と裏切りにより、悠久五千年の歴史を有する我が祖国は韓日合併条約を強制され、以後三十六年間、われわれは植民地化どころか日本人と同じ創氏改名まで強いられ、日帝は我が祖国と民族を永久にこの地球上から抹殺し、日本人に同化することを企てたのである。祖国を奪取された我が民族が想像を絶する苛酷な虐政のもとで、米開人種の奴隷よりもひどい虐待をうけたことはまだ記憶に新しいところであり、思い出すだけでも戦慄を禁じ得ないのである。

このように悲惨な過去の歴史を幾度となく持った我々在日同胞は、常に一致団結して我が居留民団の組織を一層強化し、各々自信と自覚を以って我が祖国が大韓民国であることを誇りとし、国家の繁栄と民族の幸福を切に祈るものである。

時は移り第一次世界大戦の終戦を迎え「パリ」での講和条約締結に際し、米国のウイルソン大統領は「すべての民族統治はその民族の自決に委ねるべきである」というあの有名な民族自決論を提唱したが、このニュースが全世界に伝わるや愛国の先烈は先を争って首都ソウルに集合して来た。時まさに一九一九年一月一〇日、高宗皇帝は原因不明のまま急逝。これを契機に愛国の先烈[illegible]一派が憤激に燃え、同年三月一日高宗皇帝の国葬当日を期し民族代表三十三名はソウルのパゴダ公園に集合して大韓独立宣言文を朗読すると同時に、大韓独立万歳を唱えたが、この絶叫は大地をゆるがし全国津々浦々にいたるまで同胞は一斉に蜂起したが、これが、かの有名な永久不滅の「三・一大韓独立万才運動」であり、わが国の独立運動史に燦として輝いているのである。

日本官憲はこの突発事態に驚き、武力を以って暴圧の限りを尽くし一瞬にして十数万に近い同胞が虐殺投獄されたのである。

よって我が居留民団は毎年各地より東京へ集合し聖なる三・一節の記念式典を行なっているが、今年は特に出入国管理法、永住権申請促進問題、万博招請等々諸問題もからみ、東京日比谷公会堂で居留民団関東地方協議会主催のもとにこの式典を挙行することになったのである。ちなみに我が居留民団神奈川県地方本部も主催者側の一員であり、傘下各団員はこぞってこの式典に参加し、聖なる三・一節の意義を再度体得し以って諸先烈の遺志を永久に継承されんことを切に願って止まない次第である。

婦人会長 申鳳順

吉秉玉監察委員長

田炳武議長

大韓民国居留民団 神奈川県地方本部

神奈川県横浜市神奈川区鶴屋町二ノ一八
電話 〇四五（三一一）四九〇三ー五
〃 〇四五（三一一）六七三八（団長室）

顧問
李根馥　朴述祚　李康元　金正大
李鍾大　洪句杓　李圭　許燦
李鍾河　任徳宰

議決機関
議長 田炳武
副議長 金尚龍
副議長 朴成準

監察機関
監察委員長 吉秉玉
監察委員 金四根

執行機関
団長 孫張翼
副団長 朴勝福
副団長 金占寿
事務局長 鄭泰浩
総務部長 姜鐘起
経済部長（兼任）
民生部長 申鉉錫
組織部長（兼任）
宣伝部長 白正善
文教部長 李元博

金進斗湘南西支部団長

河仁植南武支部団長

金点介横須賀支部団長

田鶴善湘南中支部団長

宋桓植高座支部団長

慎宗鎬鶴見支部団長

金鍾熙川崎支部団長

孫晋仁横浜支部団長

横浜支部
神奈川県横浜市中区末吉町三ー四五
電話〇四五（二五一）一八〇九番
〇四五（二五一）一八一〇番

議長 朴成準
副議長 趙忠来
副議長 金鍾元
監察委員長 金振慶
監察委員 徐泰玉
監察委員 具伝二
団長 孫晋仁
副団長 崔春植
副団長 金世顕
事務部長 李七斗

川崎支部
神奈川県川崎市浜町四ノ一
電話〇四四（三三）二七六五〜六

議長 李康元
副議長 黄盛洌
副議長 申富雄
監察委員長 朴点圭
監察委員 姜大錫
団長 金鍾熙
副団長 姜奉朝
副団長 曺在龍
事務部長 張世準

鶴見支部
神奈川県横浜市鶴見区下末吉町一ー一ー二七
電話〇四五（五八一）〇三九一・三〇七二

議長 黄二柱
副議長 崔昌斗
副議長 朴相元
監察委員長 姜雲洙
監察委員 孫正基
監察委員 李源植
団長 慎宗鎬
副団長 張華翼
副団長 金智彦
事務部長 崔炳達

高座地区支部
神奈川県大和市中央五ー二ー二四
電話〇四六二（六一）四五五三番

議長 金甲東
副議長 河在鎬
副議長 李巌右
監察委員長 郭文秀
監察委員 張全成
監察委員 李瓚浩
団長 宋桓植
副団長 鄭鳳寿
副団長 金漢圭
事務部長 朴永奎

湘南中部支部
神奈川県藤沢市藤沢一八九三
電話〇四六六（二二）九四七四番

議長 尹珠宅
副議長 尹錫鳳
副議長 張寿錫
監察委員長 金大栄
監察委員 李長寿
監察委員 朴東秀
団長 田鶴善
副団長 黄泰岩
副団長 尹富[illegible]
事務部長 尹載一

横須賀支部
神奈川県横須賀市日之出町一ー七
電話〇四六八（二二）二八一四番

議長 姜基先
副議長 李元碩
副議長 金容
監察委員長 呉錫九
監察委員 李泰老
団長 金点介
副団長 李昌権
副団長 崔容九
事務部長 張豊翼
外一同

南武支部
神奈川県川崎市新丸子東二ノ九七五
電話〇四四（四二）六六一一番

議長 朴鎮夏
副議長 姜鎮鎬
副議長 金泳水
監察委員長 柳政夫
監察委員 権図逵
監察委員 金重徳
団長 河仁植
副団長 黄光義
副団長 黄寧錫
事務部長 李浩演
外一同

湘南西部支部
神奈川県小田原市南町四ノ十一ノ八
電話〇四六五（二二）三五八八

議長 張漢植
副議長 趙漢模
副議長 朴真夏
監察委員長 尹仲守
監察委員 李進水
監察委員 洪秀男
団長 金進斗
副団長 卞銅水
副団長 姜照万
事務部長 韓洪守
外一同

大韓婦人会神奈川県地方本部
神奈川県横浜市神奈川区鶴屋町二ノ一八
電話〇四五（三一一）九四〇〇番

会長 申鳳順
副会長 趙義順
副会長 李順子
監査 南[illegible]
監査 朴[illegible]
監査 文[illegible]
外一同

大韓青年同盟神奈川県地方本部
神奈川県横浜市神奈川区鶴屋町二ノ一八
電話〇四五（三一一）四九〇四番

顧問 孫張翼
委員長 柳[illegible]
副委員長 柳栄植
副委員長 林晴一
組織部長（兼任）
宣伝部長 尹東春
監査 孫[illegible]

神奈川県韓国人学生会
神奈川県神奈川区鶴屋町二ノ一八
電話〇四五（三一一）四九〇四番

会長 洪[illegible]
副会長 呉[illegible]
副会長
組織部長 金伝照（兼任）
総務部長 李[illegible]
渉外部長 金[illegible]
女子部長 黄[illegible]
財政部長 金[illegible]

神奈川県韓国学園
神奈川県横浜市神奈川区鶴屋町二ノ一八
電話〇四五（三一一）四九〇六番

理事長 孫[illegible]
副理事長 金[illegible]
副理事長 金[illegible]
学園長 安[illegible]
副学園長 黄[illegible]
副学園長 徐[illegible]

神奈川県韓国学校設立期成会
神奈川県地方本部内
電話右同じ

会長 金[illegible]
副会長 田[illegible]
副会長 孫[illegible]
副会長 [illegible]
副会長 金[illegible]

横浜韓国教育文化センター
神奈川県地方本部内 韓国人会館
電話 [illegible]
所長 [illegible]

韓國新聞
韓國新聞社
発行人 鄭烱和
東京都文京区春日町2丁目20-13
電話(811)1451-3
(813)2261-3
振替口座東京34988番

民団綱領

一、われわれは大韓民国の国是を遵守する
一、われわれは在留同胞の権益擁護を期する
一、われわれは在留同胞の民生安定を期する
一、われわれは在留同胞の文化向上を期する
一、われわれは世界平和と国際親善を期する

第16回定期中央委員会開催

3月14・15日 於・大阪市

栄光の年へ決意新に

飛躍期し気迫漲る会場

在日本大韓民国居留民団の第十六回定期中央委員会は、さる十四、十五の両日にわたり、信用組合大阪興銀本店（大阪市天王寺区筆ケ崎町）の三階大会議室において、中央委員一三〇名のうち一一五名が出席したほかに、顧向、来賓と一五〇人以上の傍聴者が参席して開催、第十五回定期中央委員会以後の活動報告につづいて、今年度前半期の主要活動方針を真摯に討議したが、栄光と発展の年一九七〇年を迎え一そう飛躍を期する気迫は出席した各中央委員の真剣な発言となってあらわれ、二日間の会議は終始活気に満ち溢れて例年になく内容の濃い委員会であった。とくにこの中央委員会は永住権申請と万博後援・家族招請の二大事業を実質的に"総仕上"をする委員会であるため活動報告に対する質問と活動方針に対する討議も厳しいまでに現実的で、ややもすれば形式的で空疎に流れがちであった過去の委員会とは大いに趣きをかえ"仕事をする民団"のスローガンのイメージを一〇〇%に浮彫りした意義深い委員会であった。

第一日

会議第一日は、定刻よりやや遅れて午前十時四十五分に中央議長の開会の辞で幕をあけ、朴根世議長、張聡明中央監察委員長、李禧元中央団長ならびに顧問からのあいさつがあったあと、三機関報告につづいて、在日韓国人教育会、日韓文化協会、在日大韓婦人会中央本部、信用組合協会など傘下団体の報告があり、午後四時過ぎには、万博の開会式からかけつけた李厚洛大使のあいさつと、在日韓国人万博後援会会長の報告を兼ねたあいさつがあって、午後六時からは信用組合大阪興銀と大阪商銀からの招待夕食会があって中央委員がこれに参加、午後七時からは再び会議場にもどって企画、組織、民生、経済、文教、宣伝の各分科委員会が館内各所にわかれて開かれ午後九時四十分すぎまで、七〇年度の新しい活動方針を討議して第一日を終えた。

第二日

会議第二日目は午前十時二十分に朴議長の開会のあいさつで開会、先日の活動報告その他に関する質疑応答を活発に展開して会場の空気も緊張の度を加え、質問者も答弁者も真剣そのもの、したがって午前十時二十分からはじまった質疑応答は午後七時三〇分まで九時間も要した。

なかでも会計報告と、万博招請家族の輸送にあたるKAL（大韓航空）とのリベート交渉の報告および、日韓文化協会所有土地売却に関する監察委員会報告に対する質問にはもっとも長い時間を費し、この三つの質問だけに三時間余を要した。

質疑応答が終り、つづいて会議はつぎの六議案を採択通過させて午後九時すこし前閉会した。

第一号議案 一九七〇年度運動方針案
第二号議案 一九七〇年度予算案
第三号議案 新潟県地方本部の関東地協編入の件
第四号議案 文化賞授賞規定の件
第五号議案 中央組織学院規定案
第六号議案 中央執行委員会運営規定案

（写真（上）＝李大使のあいさつ。（下）＝中央団長のあいさつ）

各分科委員会活動方針（採択）

企画分科委員会

組織分科委員会

民生分科委員会

経済分科委員会

文教分科委員会

宣伝分科委員会

法的地位委員会

李厚洛大使帰任

北韓往来問題で帰国

日本の繁栄に同胞社会も仲間入りを

中央議長 朴根世

結束と秩序で組織体系の確立を

中央監察委員長 張聡明

栄光と発展への基礎作業を

中央団長 李禧元

憐れむべき永住権拒否者の運命

駐日大使 李厚洛

経費節減に努力を

中央事務総長 朴太煥

永住権申請促進 在日僑胞家族招請事業 三大事業継続推進を確認

今年度前半期活動方針（抄）

第16回定期中央委員会から

一九七〇年代は変化と飛躍の時代であり繁栄と安定を促す時代である。

新たな時代を迎えるわれわれは、これをわれわれ自身のものとするためには変化と飛躍の本質を探究すべきであり繁栄と安定をかちとるためには努力と勇気が必要である。

われわれはこの新たな時代に呼応して可能性を確実に吸収するためには70年代の展望と民団の運動…

七〇年代の展望

1、国際情勢

六〇年代は東西間の緊張が国家間というよりは一国内の矛盾による紛争が東西陣営間の冷戦状態を…

…協定上永住権を土台とするこの地での生存条件、民団活動の強化などを主軸として運動方針を決定する。

…

2、本国情勢

3、70年代の日本

4、70年代の民団

5、長期的展望に立つ運動の推進

6、長期計画とプラン

…

北韓往来取消要求

李大使、愛知外相に抗議

李厚洛駐日大使は本国の訓令により十一日、日本外務省に愛知外相を訪問、日本政府が進めている朝総連系偏胞の北韓往来許可方針に対し事実如何を打診した後「このような許可方針は慢性的な北傀の…

…

総延長8百余キロ

73年末まで完工予定

高速道路四線

…

急がれる消費健全策

年次報告書で警告

…

象徴「平和船」も好評

全館に溢れる平和の祈り

万博に示された韓民族の願い

（韓国館のシンボル平和船）

…

過去館

…

現在館

…

未来館

…

韓国デー

韓国のナショナルデーは九月十八日であるが、この日はお祭り広場で韓国の色々な催しがくりひろげられる。…

濠首相年内に訪韓

朴大統領、タイ国も招請

ゴードン首相

プミポル、タイ国王とジョン・ゴートン、オーストラリア首相夫妻が朴正煕大統領の招請で今年の秋、韓国を親善訪問することになったことが明らかになった。…

厳しい罰則を用意

万博参観者の北傀接触に

北傀はエクスポ（万博）70の韓国観覧客を包摂し、洗脳工作をしたりしようと…

…

東京商銀職員募集

一、採用人員
二、応募資格
三、待遇
四、福利厚生施設
五、提出書類
六、勤務先
七、試験

東京商銀信用組合

もどるか二十年前の搬入財産 六・二五に軍が徴発して無補償

補償請求裁判に

将軍連も法廷証言確約

企業搬入第一号崔氏の訴え実る

十三歳の少年時に祖父の手で来日し、二十余年の間こつこつと働いて実業家として助成し蓄えた財産の全部を祖国の発展に寄与する目的で本国に搬入して巨大な合成ゴム工場を建てて操業中に六・二五を迎え、工場をはじめ資材いっさいを一方的に国軍に徴発され、うやむやになって二十余年、政府からは一銭の補償もなく困りはてていたが、朴大統領に出した直訴状が効を奏して、国防部を相手に提訴した補償請求の公判がひらかれ、この法廷には証人として白善燁大将、金一煥中将など軍の大物が出廷してくれることになり、大将軍をはじめこれら将軍たちの正義感と同胞愛に感激している一同胞がいる。

(山と積まれた証拠書類と資料と崔氏)

大統領に直訴状

工場は転売され車輛廠に

同胞父子感電死 東京板橋

護岸工事のポンプから漏電

(写真上の円内は金栄浩氏(下)の右端誠秀ちゃん)

神奈川韓国学園

管下五分園で修了式

18名が修了

預金高百億にあとひと息

躍進東京商銀本店新築も決定

(4月中旬に来日予定の訪日芸術団の農楽隊一行)

民族芸術の粋、万博で披露

歌舞芸術団一行七〇名大挙来演

地方巡演を計画

永住権申請促進運動に参加

学区別受験も考慮

高校入試地獄対策を協議

(宋基鶴校長の前で答辞を読む卒業生代表)

第16回東京韓国学校卒業式

初等部47、中等部62

徐永洙を除名

別働行為の団員に制裁

(ソウルの京畿女高に一日入学し、同校の校章バッチを胸につけて勉強中の母国修学第一陣の大阪韓国学校の生徒たち)

朴大統領とあいたい。

東京韓国学校 25日に母国修学旅行

祖国に期待いっぱいの120名

韓国警官四名

万国交通大会に出場

お知らせ

文　化

秘史・博物館長二十五年

金載元

「金冠」ソウルに移送

ジープで各地博物館一周

私は、崔淳鳳氏に博物館のことは本人の裁量でもって処理するよう伝え、中央から指示があるまでほとんどであった。

十余ケ国が参加

W・U・Mの民族祭典に

高世一成氏

古代歌謡の再発見

哀切で甘美な韻律

先人の生活感情豊かに伝う

百済歌謡はただ一首

宮廷詩は新羅時代に

郷歌伝わるもの25首

感情表現を意のままに

ブタ・鶏も米食

古米処分に苦肉の策

「カンリ」は珠玉

一次文化財地表調査

未発見文化財踏査着手

駐越韓国軍縮少か

復旧事業目標に改編を協議

崔大阪団長など11氏に表彰有功賞

春はそこまで来ている

(全羅南道順天・松広寺)

二七八億ウォン　六〇〇余万坪

ソウル大学移転計画

冠岳山下一帯に壮大な学舎

文教部はさる十六日ソウル大学総合キャンパスを漢江南方冠岳山の北方九八万七千余坪の敷地(ソウル市庁から直線距離十三キロメートル)に朝立することに最終的決定を見た。

有難うお母さん

小児麻痺の子を背に卒業式

「お母さん、あなたは…

尋ね人

韓國新聞
韓國新聞社
発行人
鄭烔和
東京都文京区春日町
2丁目20―13
電話 (815) 1451―3
(813) 2261―3
振替口座東京 34988番

民団綱領
一、われわれは大韓民国の国是を遵守する
一、われわれは在留同胞の権益擁護を期する
一、われわれは在留同胞の民生安定を期する
一、われわれは在留同胞の文化向上を期する
一、われわれは世界平和と国際親善を期する

建国以来の大国際会議
ソウルでアジア開発銀行総会

アジア地域経済協力の進路さぐる

「七〇年度アジア経済開発のビジョンを提示する」というキャッチフレイズをかかげて四月九日からソウルで開かれる第三次ＡＤＢ（アジア開発銀行）年次総会は、70年代アジア地域経済協力のビジョンを提示することになる国際金融祭典であることに大きな意義がある。このたびの会議は規模においても以前のアスパック総会やバタ総会などとは比較もできない建国以来最大規模の会議で三五個国から五百余名の代表と百余名のオブザーバが、参加することになる。

韓国・日本をはじめとするエカフェ地域内の20ケ国をはじめ米・英など地域外13ケ国、そして今回の総会期間中、加入が予定されているビジ（南太平洋の自治領）とフランスなどすべて35ケ国が一堂に集まり、ＡＤＢの創設理念にもとづくエカフェ地域内各国間の金融支援と技術協力による経済協力をちかうことになるのである。

(上) 丁総理
(下) 福田蔵相

共産国代表も出席か
ソ・蒙古代表に入国許可方針

海外移住促進案なる
移民銀行は生計費の貸付け

一億二千四百万ドル
今年の米対韓援助総額

李大使の報告土台に
日の北韓往来許可に対策

崔外務、東南ア視察に
ベトナム参戦国会議に先立ち旅行

国防機構を改善
現行J長官、新強化方針を説明

麦65万トン、玄米27万トン
米国から無償で導入決る

関釜フェリー開通へ
七時間で走る

財産搬入陽性化
輸入許可品目は搬入可能

ノルウェー、綿織製品輸入制限を撤廃

日本防衛研究所長訪韓
韓・日軍事外交の第一歩

独島問題で論議

万博参観の各国首脳を招請

貿易の決済通貨

積極的な三菱グループ
馬山地区輸出自由地域設置に全系列参加

中村孟孝氏

米、綿製品のクオーター通告

政府「行政白書」発刊

ソウルもタクシー料金値上げ
一挙に六〇%、不満の声も

（中央）田中良平氏

航空料ホテルも割引
万博客の韓国誘致に本腰

70年代の韓国企業と財務
公募で大衆の資金を
金融機関の再編と新税制で
宋基澈

本国論調
韓国と日本
日本国民の韓国観一断面

穏やかでない佐藤発言
日本の対韓安保は経済協力で

帰らぬ日々すでに「百日」

ＫＡＬ拉北機、未帰還者家族の今日

すでに百日を過ぎた。ＫＡＬ機が拉北されてから、すでに百日になったのである。

北傀の報復が心配

毎朝送還を祈る

病床に伏した父親

"送還要求"の訴えはいつまで…

父もとめ泣く子らに母はただ涙

生計に家財まで売り払う家族

北に向けた母情の悲しみ

漂い氷に祈りをこめて

送還祈願百日の祈り

一日に二度の仏前祈り

長男は進学も断念

いつパパに逢える…

病床で祈る

進学は母国の大学で　年毎に増える母国留学

70年度母国大学留学生

117名合格発表

ソウル大学

延世大学

高麗大学

梨花女子大学

慶北大学

在日韓国人教育後援会

財団法人化へのはこび

金容煥奨学官

一九六三年韓国人教育後援会の

朴洪鉉氏　金潤学団長

三重本部会館落成

鉄筋三階建、建坪三百五坪

三重県地方本部（金潤学団長）の長い間の懸案であった本部会館が完成し、さる三月二十二日、県下団員および、中央団長と李大使ほか来賓多数が参席したなかで盛大な開館式を挙行した。

真奈美ちゃんありがとう

大宮市教育が善行表彰

池昌男中央副団長の次女

合唱で本国慰問

大阪のシオン合唱団帰国

本国訪問にはりきる合唱団

金金煥氏独唱会

プログラムに祖国の歌曲も

金金煥氏

尋ね人

本国のニュースから

小型車60、大型車90ウォン

ソウル有料トンネル料金

ソウルの三・一高速道路から南山第一号トンネルが、竣工してから一年六日目の十八日午前八時四十五分貫通した。同一号トンネルは長さ一千五百三十㍍（南山を南北に貫く）幅十㍍八十、高さ七㍍五十五（三車線）の有料トンネルで通行料は小型車が六十ウォン、大型車は九十ウォン。

なお、南山トンネル第二号線（タワーホテル−奨忠洞）は きたる六月に開通する予定。

中学まで義務教育

長期教育計画案作成

反共示範部落設置

―特殊弘報・医療など支援―

ハングル専用教科書　新学期から実施

韓日間国際電話

半自動交換に

南山に小動物園

野生の鳥獣類を保護増殖

(SISA)

文　化

秘史・博物館長二十五年

金載元

極秘裡の釜山疎開

国宝・文化財六・二五にも無事

前進していた戦線には異常があった。私は中央庁内で布陣していた高射砲に配備された兼米軍中尉に前線の一部が突破されたということを聞いた。偶然、西大門ロータリに行くと独立門からロータリまで後退した米タンク隊の疲れた兵士の姿を見て大へんなことだと直感した。

釜山の米公報院長であったクネズ氏は情勢が穏かでないことを話しながら博物館があらかじめ後退するのがどうかと忠告してくれた。

私は白ジュン楽文教部長官を三たびも訪ね移転の許可を強く要求した。

二・三日後長官は私に英文で博物館所蔵品を韓国領土の最も安全な場所へ疎開する権限を与える旨

ハングル学界泰斗　崔鉉培博士逝去

国文の体系化に捧げた一生

でっちあげでない新語の研究を

崔博士の遺稿

好記録続出　冬期オリンピック

選手団 北海道で強化訓練

一九七二年に北海道で開催される冬季オリンピックに備えるため大韓氷上競技連盟では北海道への転地訓練団を編成し、片昌男副会長が、男女氷上選手十二名を引率し、さる二月七日来日、北海道苫小牧民団支部に滞在、同地方のパイプリンクで猛訓練を重ね多大な成果を収めてさる三月二十七日一旦帰国した。

練習種目は男子五〇〇、一五〇〇、五〇〇〇、一〇〇〇〇㍍。女子五〇〇、一〇〇〇、一五〇〇、三〇〇〇㍍で、どの種目においてもこれまでの記録をはるかに上廻る記録をおさめた。

さる二月二七、八、三月一日に長野県松本市みすず湖で行われた全日本のオリンピック候補選手とも首位を競うほどで今後の練習成果が期待されている。

この選手団が苫小牧に滞在中は民団苫小牧支部（朴英植団長）が終始一貫して世話をやいた。また大泉源郎苫小牧市長をはじめ、同市体育協会、王子製紙会社スケート部其の他いろいろな日本の機関の協力も得ており、韓日親善パーティーも開いて苫小牧市民との韓日親善にも大いに貢献した。

なお、来る十月から同選手団の長期訓練の後援もまた苫小牧民団支部が申入れているが、今後同選手たちに対する支援が要望されている。

一方、四月三日から一週間フィンランドで開かれる世界大学冬季氷上大会に参加するため、男子三名の選手は本国から追加来日した四名の選手とともにさる三月二十六日フィンランドに向った。

帰国途中のさる二十七日に本社を訪問した片選手団長は「苫小牧民団支部の方々に心から感謝する。またいろいろと協力して下さった大泉苫小牧市長をはじめ日本の方々にも謝意を表する。選手一同極めて健康でよい成績をおさめてうれしい。今後一層の訓練を重ねて一九七二年のオリンピックに臨みたい」と語り、李栄培民団苫小牧支部副団長は「わが支部が選手たちのために少しでも役立ってうれしい。来る十月からの訓練のための諸経費もわが支部が負担する予定であるから、是非十月にまた来日するよう望む」と語った。

同選手団の名簿はつぎのとおり。団長＝片昌男（大韓氷上競技連盟副会長、住宅銀行調査役）

（上）苫小牧市でのスピードスケート選手権試合記念写真（下）民団中央本部を訪問した一行、中央は李中央総務局長

民俗綜合センター ソウル郊外に設立

中央大に二万ドル

N・Yタイムズ代表が

ニューヨークタイムズ紙の発行人であるサルズバーガー氏ほこの

高麗大チーム来日

親善定期サッカー試合

ソウルの高麗大学サッカー部は日大サッカー部の招待で二十七日来日し、関西、中部、関東地区で計五試合を行う。同チームの来日は二十七日午前十時十五分伊丹空港着の予定。

△三月二十八日対関西社会人選

わたくしたちの作文

韓国学校に入学して

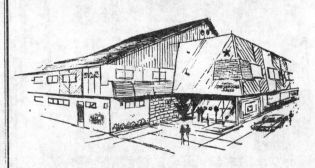

韓國新聞
発行所 韓國新聞社
発行人 鄭烱和
東京都文京区春日町2丁目20−13
電話 (815) 1451〜3
(813) 2261〜3
振替口座東京 34988番

民団綱領

一、われわれは大韓民国の国是を遵守する
一、われわれは在留同胞の権益擁護を期する
一、われわれは在留同胞の民生安定を期する
一、われわれは在留同胞の文化向上を期する
一、われわれは世界平和と国際親善を期する

万博招請家族到着写真特集のため本号は4日号と合併しました

招請家族第一陣大阪に到着

KAL機で二便193名

歓呼と拍手の空港

相擁し涙する肉親たち

万博の空にどよめく再会のよろこび

本国政府の積極的な理解と協力を得て民団が、全国の各級組織と傘下各機関の一致した努力のもとに推進してきた招請家族たちを万博参観へ迎えいれることになったが、そのトップをきって来日第一陣一九三名がさる六日、出迎えの組織関係者…した。この日の第一陣を皮きりに大韓航空ではつぎつぎと各地区単位の参観団を、大阪はじめ東京、福岡などの空港へピストン…万全を期し、態勢に不備のないよう各地方本部に対し協力に指示し、招請事業の本番はこの日をもってはなやかな幕あけと…

婦人会が案内

保安要員に案内されて空港ロビーへ

二十五年ぶりに再会した市内北区の林大助氏と長女外生さん。

いよいよ貸切りバスに乗りこんで大阪本部へ

信頼と協力で民団支援

組織運営には不介入

自覚と責任感を促求

李厚洛大使 初の記者会見

李厚洛大使

李厚洛大使はさる四月三日正午、在日韓国人新聞通信協会会員各社の記者団と、赴任以来初の共同会見を行ったが、この日の記者会見における李大使の発言要旨はおよそつぎのとおりである。

問＝赴任するにあたり、なにか特別な対僑民政策があるか

答＝特別な対策はない。民団組織や信用組合などを育成強化させるのが、僑民対策の捷径（ちかみち）であるとおもい、その強化を期する。

問＝民団強化は歴代の大使がみな強調していたが、この政策は往々にして民団の人事問題その他にまで介入する結果をまねいているが、どうおもうか

答＝それは大使館で、ある特定な人物を支持してその人物を強力に推し、かれだけにある種の協力や支援を与えることを指すものらしいが、私はそのようなことはしない。たとえば私の最もキライな人物が団長となっても、私はその組織に協力し、強化と発展への努力を惜しまない方針である。

…

日刊紙発行を期待

民団の意見と計画尊重

…

当分、緊縮政策継続

世銀も忠告、膨張避ける

…

人道的立場で措置

JAL機事件 申文公部長官が談話

…

崔外務マレーシアへ

朝鮮ホテル…

日本調査団が視察 馬山輸出自由地域

中立外交活発化

日本、不許可の方針

朝鮮籍「永住権」許可しない方針

北傀と中共の非道

北傀の単独南侵は孤立招く

極東と韓国安保
英戦略研究家と問答
黄　善　必

戦略と軍事問題の研究で世界的な権威を持つ英国戦略研究所（ISS）はロンドンの中心部アダム街十八番地にあるが、一九五八年に創設されてから十二年間、世界の代表的な国々の軍事力を調査し、その戦略などについて研究してきた。とくに十五の他国の軍事力を把握した年刊“軍事力均衡（Military Balance）”は有名である。筆者は同研究所を訪れて軍事戦略問題の研究家（とくにゲリラ部門で名高い）ケネス・ハント所長代理と一問一答を試みたので以下、これを紹介する。中心の問題は“七〇年代の国際情勢と極東の安保”でとくに“韓国安保と統一問題”にその焦点を当てた。

ケネス・ハント氏は“極東の安保”はニクソン・ドクトリンに大きく動かされることになろうと展望したが、韓国からの米軍撤退は完全なものにはならないだろうという見通しを語った。「二師の撤収はあるかも知れないが…」と彼は前置きしながら、「膨大な共産勢力に直面している“韓国の安保”は米国と日本の助けによらなければならないが、日本の場合は憲法によって制限を受けており“直接援助”をすることができないから、米国が完全に手を引くわけには行かないだろう」という見解を示した。

また、日本も“韓国防衛は当分の間は米国に依存した方がよい”という考えを持っているが、これは戦略的にいって、ニクソン・ドクトリンが北韓に悪用されることを警戒するからである——と述べている。

米の韓国防衛当分続く
“非米化政策”の影響微少か

▽対アジア非米化政策の見通し

問——米国は、七〇年代にはいって順次海外基地を縮小して行く方針であり、特にアジアに対しては“非米化政策”を進めている。すなわち、ベトナムからの撤兵をはじめ対アジア防衛負担を減らしつつあるが、これは七〇年代のアジア情勢を——韓国問題を含み——どのように変えて行くと思うか？

答——ニクソン米政府は種々の事情により、海外における米国の軍事的役割りについて再検討しており、その防衛負担を減らそうと試みている。従って、ベトナム戦争が米国の腹案どおりに終結する方向に向けば順調に米軍をベトナムから撤収するだろうし、そうなると、東南アジアの安保には大きな影響がでてくるだろう。また、韓国などからも米駐とん軍を減縮ないし撤収をする場合、アジア全体の情勢はかなりの変化を余儀なくされると思う。しかし、日本は韓国と台湾などの面では少なからぬ役割りを受持ち、ある責任をするのではないかと見られる。だが現時点では、また、それがどの程度のものか、あるいはその影響がどうなるかなどの見通しはちょっとむつかしい。

▽米ソ中の三角勢力に日本加わり……

問——あなたの見解によると日本が韓国に対して少なからぬ役割りをするというが、では、これに関連して日本は七〇年代にどのような影響力を韓国に行使するとお考えか。具体的にうかがいたい。

答——私のいう“日本の影響力”というのは非常に制限された範囲のものを意味する。大きく見て、日本は七〇年代も引続き米国の政治勢力圏内に残っているだろう。その上で、日本は六〇年代よりもさらに増大するに違いない強い経済力を武器にして、韓国などにいっそうの影響力を及ぼすだろうということである。一方、韓国は七〇年代もやはり、米・ソ・中の三角勢力の谷間にあってその影響を受けるだろう。とくに、日本は制限された影響力を及ぼしながら、はいりこんでくると考えられる。こうして日本は七〇年代には依然、米国の影響内にいながら、日本自身の影響力を発揮して行くことになろうが、七〇年代末ごろから徐々に米国の影響力から抜け出ようとする努力をし始めると思う。

金日成は単独で南侵の冒険も……

問——韓国は七〇年代にはいって北韓の金日成が新しい戦争を起こすのではないかという憂慮を抱いており、こうした憂慮が日ましに深刻になっている。とくに、米国が打出している“紛争に対する非米化政策”とこれに伴う海外駐とん軍の撤収は、北韓に対して“米軍不介入”の印象を与え、ひいては誤った判断を起こして新しい戦争を引起こすのではないかという危惧だ。無論、その背後に中ソがひかえていることを意識しての脅威を覚えているわけだが、こうした見方に対するご意見をうかがいたい。

▽金日成は単独で南侵の冒険も……

答——米国が同盟国群に対する政治的保障、とくに軍事的保障をできるだけ減らそうとしていることは確かな事実である。韓国からも一個師団、あるいはそれ以上の駐とん軍を引揚げるかも知れない。しかし、私の見るところでは、米国はこうしたことで完全に手を引く——というのではない。従って「北」が“誤った判断”によって戦争を起こすということはないとみる。だが、金日成が“単独で南侵の冒険”をするかも知れないとはいえよう。そのさい、中共が金日成のそうした冒険を支持する可能性はある。しかし、ソ連は中共との関係上、金日成の南侵を快しとはしないだろうと考える。また、中共も、国内事情のために金日成の戦争を直接鼓舞、あるいは援助する公算は少ないとみる。

問——こんどの流動的なアジア情勢と安保のために、アジア地域内で新しい集団安全保障体制を構築しようとすることはどうだろうか。

答——それはあまりよくない。理由はたくさんあるが、最大のものはアジア諸国の各国条件があまりにも違いすぎ、その利害も相通じていないという点にある。韓国の防衛問題は結局、米国と日本に依存しなければならないだろう。だが、日本の場合は憲法による制限があるから、軍事上の直接援助はできない立場にある。現在、日本の考えていることは、米国が韓国防衛を助けてくれるといい、ということであり、日本は韓国がその防衛問題については当分の間は米国に依存した方がいいとひそかに思っているようである。

▽中ソ紛争は“大戦”にならぬ

問　中ソ紛争が“大戦”になる見込みはないだろうか。

答　中ソ対立は現在、合理的にみて“大戦”を引起こすことはないだろうと思う。もっとも、ずっと先の将来のことになると何とも言えないが、現在の段階では国境紛争など小規模の衝突は引続き起きるだろうが、これが“大戦”に拡大してゆく確率はない。

問　最後に、韓国の統一に対する展望をうかがいたい。

答——とどのつまりは、ドイツと同様の道をたどることになろうかと考える。ドイツでは漸次に双方が接近して、何とかな協定はないものかと模索している。長い間かかろうとも少しでも双方間の氷の壁をうすくしようと試みることになるのだろうが、韓国問題とドイツとでは違う問題も多い。最大の難点はドイツ問題がウルブリヒトであるのに対し、韓国の場合は金日成が問題だということだ。

▽統一は急がず、小さな努力で

私のみるところでは、ソ連と中共は現体制の維持を望んでおり、南北統一を希望してはいないようだ。こうしたことに眼をやると、韓国の統一問題は——ドイツも同様だが——あまり急いでも何もならないと思う。現在の体制を維持しながら、徐々に小さなことで努力して行くうちに、いつかはチャンスあるいはきっかけを見出すこともあるだろうと考える。

（SISA）

筆者の黄善必氏は東亜日報の特派員

あくまで人道的措置
韓国の苦衷、日本は理解せよ
李中央団長、日航機事件で声明

共産分子「赤軍派」一味により乗っ取られた日航機「よど号」が金浦空港に着陸したのを機にその乗客と乗務員の救出を目的に韓日両国から懸命な説得がつづけられていた四月二日の午後一時半、民団中央本部の李禧元団長は、東京のホテル・オークラで内外の記者三十余名と会見し、人道的立場から乗客の救出を希う韓国の真意を説明し、共産北傀の正体を知っている韓国朝野の一致した努力は必ずや奏効するであろうと語り、つぎのような声明書を発表した。

記者会見の李団長、左は池宣伝局長

声明書

このたびの日航機乗っ取り事件で、いわゆる「赤軍派」の目的のためには手段を選ばない非道な戦術が万人の前に曝け出された感が深い。憎むべき赤軍派と称する一派の蛮行はともかくとして、わが民団はとくに次の諸点を指摘したい。

一、金浦飛行場において、大韓国旗を降ろし、ここが平壌であるとまで機体を誘導しながら、乗客乗務員の無事着陸を図ったことは、国家の威信上到底考えられないことであるが、敢えてこれを為した政府当局の人道的見地に徹した措置は、その賞賛を窮するに余りあるものがある。

日本国民はこの点を深く理解して頂きたい。

二、飛行機着陸後も日本側との緊密な連携のもとに、飛行機まで乗客の安全上陸について犯人たちに粘りづよい説得を試みていることは、数ケ月前にあった韓国機拉致の苦い、しかも尊い体験によるものである。

常に人道主義を喰い物にして政治的道具とし、同胞宣伝に汲々としている彼らの謀略手段を迎合している立場として無辜の乗客を、地獄の谷に追いやりたくない心情がにじみ出ている。

三、北韓傀儡の手先である朝総連が言明している通り、これが日本国民と北韓人民との離間策をはかる陰謀でなくて何であろうか。何れが軽薄な謀略であり、いずれが政治謀略であるかは、今後の事実によって日本国民の前にはっきりするであろう。

四、今後日本国内にあって、これら過激派をふくむ左派勢力の、手段を選ばぬ暴行は、その背後関係とともに充分な警戒がなされなければならない。

いずれにしても日本に居住しているわれわれ韓国人は、たとえ忍び難き条件に応ずるとも、人命尊重の前提にたつ本国政府の措置によって乗客全員の無事帰還を心から願ってやまない。

一九七〇年四月二日

在日大韓民国居留民団中央本部

団長　李　禧　元

(上)は金浦空港で釈放される乗客(下)は金浦空港の橋本運輸相(右)と金山大使(左)

招請家族写真特集（続）

上から、空港から貸切バスへ、民団大阪本部に到着、もってきたおみやげを膝に抱いて歓迎式の開会をまつ到着者たち

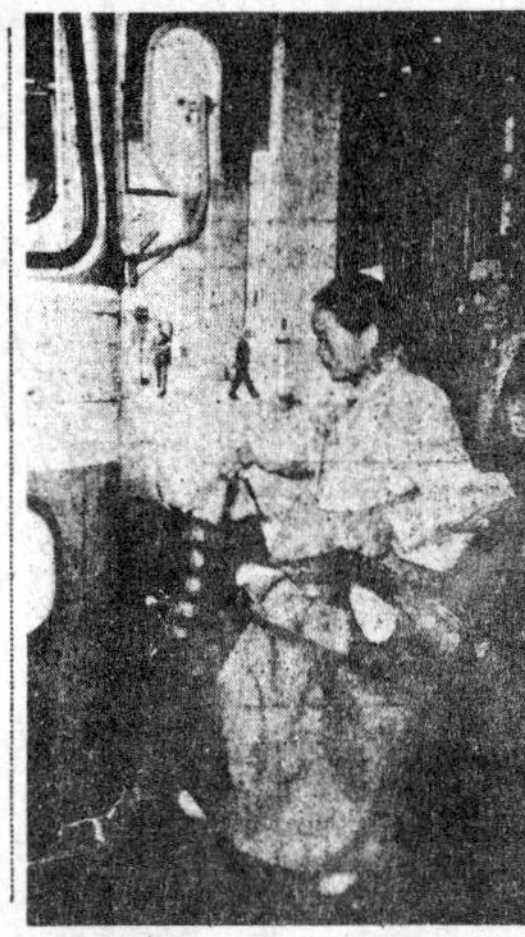

米と北洋出漁を協議
具水産庁長とマ次官補が

政府は遠洋漁業進出の一環として韓米の北太平洋漁場出漁にたいする米国の協力を具体化し、四月下旬ごろから北洋出漁を積極的に支援する方針である。

この交渉をするため、具滋春水産庁長は二十八日米国に出発したが、具庁長は米内務省のマカナン水産担当次官補と会い韓国の北洋進出問題を協議するが、そのさい韓国水産業の当面課題は北洋出漁にあるということを強調するとともに韓国が北洋の漁族資源を保護する上で大いに協力することを約束、米国の協力を強く要請する予定である。

なお、韓国はさる五七年以来、毎年百万尾のさけ（鮭）を人工ふ化して海に放流しており、今年も百二十万尾を人工ふ化して放流する計画である。

ノリ豊作暴落を防止
収穫量増し前渡金放出

朴相吉水協中央会長は記録的なノリ豊作により、ノリ価格が暴落することを防ぐため、当初の収穫計画量六百三十万束のほかに二百万束を追加収穫する計画だと語ったが、これに伴う収穫前渡し金三億ウオン全額をきたる四月十日までに放出する方針だと明らかにした。

鋳物機械工場を韓日合弁で設立

大韓重機はこのほど日本のシンドウ工業と韓国に鋳物機械生産のための合弁会社設立に合意、契約書を交した。同合弁会社は資金一千百八十万円、双方がそれぞれ五〇％を投資することになっており、両国政府の承認を得次第、七月に新会社を発足させる。

造幣公社に落札
タイの各種証紙の印刷

財務部が明らかにしたところによると、先にタイのバンコクで行なわれた国際入札で、造幣公社が応札、各種証紙二十二万ドル分の印刷を落札、造幣公社で印刷することになった。

一億八千二百万ドル
三月末までの輸出目標額の九九・五％を達成

三月末現在の輸出実績は一億八千百十万四千ドルで今年度輸出目標十億ドルの一八・一％に達した。なお、これは三月末までの輸出目標一億八千二百万ドルの九九・五％を達成、昨年同期よりも四八・八％の増加を見せている。

ソウル人口一千万に
首都圏総合開発計画基本方向

このほどまとめられた首都圏総合開発計画指針の基本方向によると八一年の圏域内人口を一千百万人（うちソウル六百万）、西紀二〇〇〇年には一千六百三十三万人（ソウル八百九十万）と計上△八一年の圏域内就業者を三百四十八万人（一次産業二四・八％、二次一九％、三次五六・二％）に推定△他の圏域との所得格差を緩和し△漢江流域を総合的に開発△大衆交通機関は高鉄化△上水道普及率九〇％、下水道普及率四〇％△都心分散のための副都心地帯を優先的に造成する、などとなっている。

円らな瞳に民族の魂こめて

東京韓国学校入学式

太極旗仰ぎ入学式 本年度新入生は二一五名

東京韓国学校の新入生入学式がさる八日午後一時から同校々庭で行われ、朱基鶴校長以下の全職員と来賓多数の温い祝辞と拍手の喝采に迎えられた初・中・高等部あわせて二一五名の新入生は、民族学校に学ぶよろこびを春風とともに胸いっぱいすいこんだ。

本年度の新入生は初等部九〇名中等部七一名、高等部五四名、これで同校の在籍生は六九六人となる。

この日の入学式には大使館の金容煥主席奨学官と民団中央団長代理で李聖南事務局長がそれぞれ祝辞を述べたが、はじめてきく国語のあいさつに耳をかたむける初等部新入児の真剣な表情が参会者たちの微笑をよんでいた。

大阪興銀201億、東京商銀107億 預金高ついに「同和」を追越す

李熙健氏

許弼奭氏

わが在日同胞六十万の民族金融機関として同胞中小企業の育成に努力している「韓信協」傘下の各信用組合は、本国政府の積極的な支援と、民団をはじめとする各級機関・団体の協力のもとで急速に業績を伸長させ大きく発展しその預金高もさる一月末には七五億円に達しているが、大阪興銀はさる三月末にはついに朝総連系の同和信用組合を大きく抜いてその総預金高は二〇一億円を突破した。

また東京商銀も昨年末の目標額一〇七億円をさる三月末で記録し、朝総連系の信用組合とわが韓信協傘下の信用組合との対比は、いまなおかれらが約二〇〇億円を上まわっているが、韓信協傘下各信用組合の目ざましい発展伸長ぶりから推して、かれらを追い越し逆転する可能性も十分にある。

現在、朝総連信用組合に対して預金高で優位にあるわが信用組合は、横浜、広島、大阪、石川、滋賀、和歌山の各地信用組合であり、この傾向は今後もますます増えることが予想されている。

二百億円と百億円を突破する業績の伸長をみせた大阪興銀と東京商銀に対し民団中央では、理事長以下各役職員の努力と労苦をねぎらうとともに、その成果を高く賞讃してちかく表彰状を贈ることになっている。

"韓民自統"の策謀 南北交流 署名運動で民心惑わす

いわゆる「中立路線」とか「統一運動」なるものを標榜し、北傀の手先朝総連と相似した主義や主張を掲げては在日同胞社会をかえって分裂においこもうとしている「韓国民族自主統一連盟」が最近、民団傘下の「韓青」や「韓学同」とまぎらわしい「在日韓国青年学生全国委員会」の名称を使用して、民団や在日韓国人社会とは関係のない運動に署名を集めるために、同胞の家庭を戸別訪問している。

この動きを探知した民団中央の文教局（姜仁換局長）では、全国の地方本部に対し、民団と韓青・韓学同はかれらと全く無関係であり、かれらの動き自体も非現実的、反国家的な面において朝総連となんら変りはない事実を指摘し、署名運動などに応じることのないよう示達した。「韓民自統」が最近あつめている署名運動とは、「南・北平和統一、交流促進署名運動」というもので、その趣旨は、「南北間の相互武力不行使宣言および交流を要求」するとなっていて、かれらは在日韓国青年学生全国委員会の名称をかたりながらも韓国政府を「南政権」もしくは「朴政権」とよび、決して祖国とか母国と呼んではいない。

また、この署名運動をすすめている「韓民自統」一派は昨年、東京の韓国大使館に火焔ビンをもってランス入して器物などを破損し、全員が警察に逮捕され在日同胞社会はもとより、日本人社会にも大

李大使夫人歓迎パーティ（正面左金信三会長、右は李大使夫人）。（下）は李大使夫人鄭女史

各地で韓国衣裳ショー （大使館婦人会）無窮花会の主催でバザーも

大使館の李大使夫人鄭鳳明女史をはじめ全職員夫人で組織されている無窮花会（仮称）では、在日大韓婦人会（金信三会長）の協賛で来る五月初旬に韓国衣裳ショーと料理講習会を東京、大阪、名古屋などの各地で開催して、在日同胞女性との交歓を兼ねた教養講座をひらくことになった。

このような講座をひらくことになった発機は、さる三月十八日、在日大韓婦人会で設けた李大使夫人の歓迎会宴の席上、金会長から鄭女史に対し、大使館関係者夫人と婦人会との交流促進と婦人運動への指導を要請したのに対し、鄭女史をはじめ同夜のパーティーに同席していた大使館関係者夫人十二名が賛同し、その後数回の協議を重ねた結果、大使館では鄭女史を会長とする無窮花会を組織、まず第一回目の行事として、ソウルの首都女子師範大学の協力を得て、本国から約五〇種の韓国衣裳をとりよせるとともに、七人の衣裳師と三人のモデルを招請し、衣裳ショーと衣裳の仕立てと着付けその他の実技の公開講座をひらくことになったもの。

なお、この衣裳ショーのほかに韓国料理の講習とあわせてバザーも計画しており、これには本国からとりよせた衣服類、婦人用ゴム靴その他を実費で頒布することになっていて、これを機に大使館関係夫人たちと一般同胞女性たちとの活発な交流と有意義な活動展開があるものとして各方面から期待されている。

この催しの日程はつぎのとおりであるが、第一日目は衣裳ショーと仕立て方の講習で、第二日目は料理の講習とバザーである。

東京＝五月六、七日、東京有楽町第一生命ホール六階

大阪＝五月九、十日 場所未定

名古屋＝五月十二、十三日 場所未定

神戸＝五月十五、六日 場所未定

北海道＝五月未定

この催しには民団と在日大韓婦人会・公報館が積極的に後援することになっており各地では盛況が予想されその準備作業に同婦人会は追われている。

つぎは幹部訓練を 婦人会の巡廻講演おわる

在日大韓婦人会中央本部（金信三会長）では全国一周、永住権申請促進のための巡回講演を金会長自ら行い多大の成果を収めている。最終スケジュールとしてさる三月三十日午後六時から東京神田の千代田公会堂で同会長の講演会が行なわれた。

この講演会には東京本部傘下の同婦人会員約二〇〇名が参集したなかで、永住権申請促進と婦人会の組織強化、それに豊共のための精神武装を訴えるもので盛況であった。講演のあとには、本国の映画"白いからす"が上映された。

同夜の講演会には駐日韓国大使館から李商永参事官をはじめ李禧元民団中央団長も参席し、花束を贈呈した。また金会長は婦人会の今後の活動計画をつぎのとおり発表した。

①、婦人会幹部訓練＝六月～七月に各地別に七～十日間実施する

②、日本女性会員（韓国籍）韓国の訪問団体旅行実施＝十月一日国軍の日に新しい母国を見に行く。

③、婦人会員の無料母国訪問団体旅行実施＝来年三月船便で三一節を参観する。費用は各県本部と母国の協賛を得て実施する。

新潟韓国学園新津分園で修了式

新潟韓国学園新津分園（尹錫周長）ではさる七日午後七時から一九六九年度学習修了式が挙行された。この修了式がすんで母国の発展相、母国訪問夏季学生たちの生活の映画会も行なわれた。

朴大統領へ米から月の石

朴大統領は去る九日に訪韓中の米原子力委員長クレーン・P・シボグ氏を招き、国民勲章無窮花章を授与した。なお同席にはポーター駐韓米大使と金基衡科学技術処長官が出席、朴大統領は米国政府寄贈の月の石三片をシボグ氏から受取った。

鄭団長再出馬表明

10日に民団東本定期大会

民団東京本部の定期大会は来る十日午後三時より、都内新宿区の三福会館で開催するが、これに先だちさる四月一日、鄭在俊団長は記者会見し、同定期大会での団長選に再出馬することを正式に表明した。

鄭団長の再出馬は東京本部顧問団大会の要請と三機関の正式決議と推薦を受けてのものである。この日の記者会見で鄭団長は再出馬の理由として、民団の当面の重要懸案である永住権申請促進事業と、万国博への家族招請事業を完遂するとともに、一昨年の団長選に掲げた公約である東本財政確立が未完であることを強調した。

ビブリオ菌検出 西海岸一帯から

（社説）が調査したところによると、韓国の全海岸の海水九〇・九％、魚類三三・九％、貝類二九・二％、いか六八・八％、たこから二六・七％のビブリオ菌をそれぞれ検出した。この菌は昨年八月東の魚団食中毒（二百九十三名のうち六名死亡）の原因らかにされたもので、食中毒の原因になるもの。

百ドルまでは郵便で 本国送金の新制度交渉中

社会部の行政視察のため済州市に到着した金鶴烈副総理は在日同胞が百ドル以内を送金する場合あいは郵便を通じて送金できるよう外国為替制度を改善、日本政府と協議中であり、早ければ本年後半期には実施される予定であると説明した。

金副総理は又今年中には中小都市の市外電話を計画より一万一千回線をこえる七万七千回線を増設し、アメリカとの電話も半自動式にして6月からは通話できるとのべた。

広島に韓国人原爆犠牲慰霊碑 李鍝公ほか二万名

民団広島本部（崔成源団長）では長年の念願であった韓国人原爆犠牲者慰霊碑の建立が二十五年ぶりに実現し、さる三月二十五日午後、広島市堺町二丁目の建立地に韓国から届いた碑石の据え付け工事が終った。そして来る四月十日には全国から関係者を招いて除幕式を行なう予定である。

韓国人被爆者、とくに広島在住者の間では「韓国人独自の慰霊碑建立」を望む声が強く、一九六七年春ごろからその動きが本格化した。同年民団広島地方本部が中心となって「広島韓国人原爆犠牲者慰霊碑建設委員会」を構成し、徐漢圭氏を委員長にスタートして建設計画を推進してきたが、その計画がようやく実ったもの。そしてその建設費は約三百五十万円。

この慰霊碑が建設された場所は、平和記念公園から本川をへだてた西岸の、本川橋西詰めの河岸緑地内である。碑石は台石にカメを型どった部分、碑柱、冠の三部分からなり、台石のカメだけでも重さ八トン、全高約五メートルという巨大なものである。碑石は土台と冠が済州島の溶岩石と、いずれも韓国の銘石を使っている。碑柱には「韓国人原爆犠牲者慰霊碑」の文字を刻んである。また、犠牲者の中には、当時広島の第二総軍司令部教育参謀だった陸軍中佐李鍝公殿下も含まれている。冠の部分は中が空どうになっており、原爆の犠牲になった人の名前を記してここに納める。

広島原爆で犠牲になった韓国人の実態は不明な点が多いが、軍人のほか、各工場で働かされていた徴用工、強制で物資疎開作業にかり出されていた一般市民・学徒など合わせて四万～四万五千人が被爆し、約半数が犠牲になったと言われている。今度の慰霊碑建立を機会に各種資料を検討した結果「犠牲者は二万七千～八千人と推定された」と同建設委員会は話している。

建設委員会は、今後慰霊碑の周辺に桜と無窮花（韓国の国花）の両国国花を合わせて植樹し、美化する計画である。

建設委員長談＝皆さんのおかげで長年の念願が実現できた。さまよっていた霊魂が一ヵ所に宿る場所ができたわけで、こんなにうれしいことはない。この碑の建設に物心両面から協力してくれた民団々員の皆さんは勿論、日本の広島県、広島市、各平和団体や有志の人々に心から感謝している。

予金目標額十億円 奈良商銀新築祝賀盛況

信用組合奈良商銀本店の新築および開店五周年の記念式典が、さる三月二十五日来賓と組合員多数が参席した中で盛大に挙行された。

こんど新築した同組合の本店は総敷坪三〇〇坪の鉄筋四階建の堂々たる建物で総工費は五千五百万を要したといわれる。三月決算までの予金高十億円を目標にしている同組合の現在の予金高は八億円である。

この日の記念式典に出席して祝辞をのべた主な来賓はつぎの諸氏である。朴漢植韓信協会長、民団奈良県地方本部姜永圭団長、金鍾弘大阪総領事、韓国外換銀行大阪支店長。

岩手県の総連顧問が入団 釜石市の尹興金氏

民団岩手県地方本部（崔哲文団長）管内の釜石市に居住し、朝総連の東部支部顧問の職にあった尹興金氏は、長い間北傀の手先朝総連の虚偽宣伝にダマされてきたこれまでの生活を清算し、大韓民国国民として生きることを誓って同地の民団に入団した。

なお民団に入団するにあたり尹氏は岩手日報紙上に転向声明書を発表したが、その内容はつぎのとおりである。

声明書

釜石市大町二丁目

朝総連東部支部顧問 尹興金

私はいままで所属していた朝総連を脱退します。したがって以後は朝総連とその傘下団体とは何も関係もないことを宣言します。今後は大韓民国々民として生きることを誓います。

尹氏は慶尚南道出身で現在は釜石山で食堂を経営している。

本国のニュースから

故崔鉉培博士社会葬 国民勲章無窮花章も

ハングルの研究・普及のため一生涯を捧げた崔鉉培博士が逝去したことは既報のとおりであるが、その社会葬がさる二十七日午前十時ソウル延世大学講堂で執行された。

式場には遺家族と朴大統領葬礼委員長をはじめ、李孝祥国会議長、丁一権国務総理、洪鍾哲文教部長官、その他社会各界の人士と親知など五千余名が参席、故人の冥福を祈った。

この日、政府は崔博士に対して国民勲章無窮花章を追叙した。

金鳳煥氏家慶事

民団大阪本部東成支部顧問金鳳煥氏の長男鍋君と申内九氏の次女正子嬢は、さる三月二十四日正午から、市内南区の東大閣において金奉洙氏の主礼で華燭の典をあげたが、同日は崔鳳学大阪本部団長をはじめとする民団関係者多数とその他経済界の来賓が参席して両人を盛大に祝福した。

東海の明太大漁

水産庁によると最近、東海岸の独島近海に明太（タラ）の群れが現われ、大小漁船七十余隻が操業中である。一日平均一隻当り二トンの水揚げをしており、これまで十一日間で約七十六トンの漁獲量をあげ約一千五百万ウオンの収益をあげた。

武装ゲリラ二名を射殺

三月三十日 三月初め東海岸の慶尚道ヨン徳郡の海岸に木船で侵入上陸した北傀武装ゲリラ二人が三十日午後、軍捜索隊によって射殺された。韓国スパイ対策本部が発表したところによると、これら二人の武装ゲリラは三月初め、ヨン徳の海岸に上陸し、軍の警戒網を避けて逃走中、同日午後二時四十分ごろ軍捜索隊に発見され、約二十分交戦のすえ、二人とも射殺された。

YS機一機を導入 KALが日本から

三月二十九日、大韓航空と日本航空機製造会社はこのほど、東京経由ソウル～台北を航路とするYS11型機一機の売買契約に調印し、同機は四月十日に引渡される事になった。大韓航空ではこれまでにも同じ方式でYS11型機三機を導入しているが、昨年十二月そのうちの一機を北韓に乗っ取られており、四番機はこの補充として導入されることになったもの。

国際分業化と産業再編成推進

商工部は輸出競争力の強化を図り輸出産業の基盤を拡充するために、国際分業化と産業再編成作業を推進する方針である。

商工部は二十三日、青瓦台で開かれた第三回輸出振興拡大会議でこのような方針を朴大統領に報告、国際分業化のために韓国と日本の生産力および国際競争力の基盤にかんする実態を調査し、両国間の分業的な協力体制確立の範囲と基本方向および具体的な推進計画を樹立する方針であることを明らかにした。

なお、国際競争力の強化を図り、商工部は企業体制再編成の一環として企業合併を誘導する年次的な"企業合併育成計画"を樹立すると報告した。

このような施策推進手段で商工部は基礎研究資料を得るために、韓国産業開発研究所に対しその調査研究を依頼しているが、国際分業化の研究報告は五月三十日までに、そして産業再編成の研究結果は七月十五日までに提出するよう指示した。

日本米三〇万トン借入れ決定

李厚洛駐日大使はさる二十七日午前十二時愛知外相と日本米30万トンを韓国が借り入れる政府間の文書を交換した。

この席上で、李大使は愛知外相に対し、日本政府が多忙なのにも拘らず、この問題を迅速に解決してくれたことに対し謝意を表し、「この米が韓国の物価安定に寄与できるように」と愛知外相は答えた。

尋ね人

氏名 成吉守

通名 成田信吉

氏名 成巳道（女）

本籍 慶尚南道咸陽郡柳村面朝坪里

住所（二十五年前）東京都板橋区六番町

右の者、東京都に住んでいるらしいです。心当りの方はつぎの住所へ知らせて下さい。

忠北忠州市牧杏洞山三一

（肥料会社勤務）成吉祥（従兄）

氏名 梁大錫（男）

通名（大原大錫）

本籍 慶北大邱市西区内唐洞九八四

右の者、一九四六年頃来日しました。その後家族たちと音信がありません。心あたりの方は次の住所まで御連絡下さい。

東京都日野市高原七二

申虎容

電話（〇四二五）（八二）〇三三五

卞嬢は"友情"と"人気"賞 ソウルのミス・コリア決選終る

韓国日報の主催で毎年行われている本国のミス・コリア・コンテストに、今年からは在日ミス・コリアも参加することになり、このコンテストは民団中央本部と本紙が主催して代表を選出し、これをソウルの決選に派遣することになっているが、さる六日ソウルで行われた決選大会に出場した在日ミス・コリア三嬢は惜しくも真・善・美の選にはもれたが卞仁子嬢は「人気賞」と「友情賞」に高知江嬢と尹正伊嬢はマナー賞にそれぞれ入賞して…

中央が友情と人気賞の卞嬢（左）高（右）尹嬢

大阪八尾支部 会館新築着工

民団大阪地方本部八尾支部（宋金団長）では同支部会館建設をさる二月十五日より着工して以来その工事が着々進み、来る五月下旬竣工する見込みである。

広島、備後支部 成人教育盛況

民団広島県地方本部の備後支部（鄭泰柱団長）では、昨年末に同支部の会館を新築したが、新会館二階に韓国学園を開設して民族教育施行に大きな成果をあげている。

同学園では十六歳から四十四歳までの成人たちが参加して、国語や国史の勉学に励んでいるが、この中に多数の主婦もまじっていて総数は七十三名に達している。

同学園の講師は、広島教育文化センターの魚宗徳所長が毎週土曜日に出張しており、毎日午後七時から九時まで、会員が熱心にハングル学習に精励し団長以下の役職をよろこばせている。

コロナ乗用車寄贈 保安対策用に大阪の黄副団長

民団大阪地方本部（姜学文団長）ではさる四日、同本部会議室で万博参観団の保安対策会議を開催したが、丁中央本部組織局長、崔大阪団長ら関係者多数が参席した。

この席上で、黄七福大阪本部副団長は、万博保安警備用に使ってくれるようにと"コロナ乗用車"一台を寄贈すると申し出て、参席した一同はその熱意に拍手をもってこれを受け入れた。

参観者に記念品 大阪東淀川支部が贈る

この新築会館の建物は総一〇〇坪、鉄骨鉄筋コンクリート造り、二階建で、総工費二千万円を計上している。

民団大阪地方本部東淀川支部（朴奉翔団長）では、同支部事務所が、万博会場への道路を近傍にひかえる位置にあるため、万博参観団への便宜をはかり、鉄筋四階建ての支部会館を新築してその保存を誇っているが、同支部が万博会場と隣接しており保安対策にも特に留意する面が多い。そこでさる四日には支部団長以下役職員は、招請者の保安および接待に関する諸問題に関して協議し、参観団全員に同支部から記念品を贈ることなどを決めた。

住民登録法施行令改正を実施

政府はこのほど住民登録法施行令を改正、これを四月一日から実施しているが、同改正令によると書類添付の証明書など簡素化してきた①これまで必ず住民登録謄本・抄本、戸籍謄本・抄本、居住証明書などは廃止し、住民登録証だけにし、これで人的状況を確認することにした。②住民登録証の提示を要求し得る業務所をホテル、旅館、旅人宿、下宿などに規定した ③住民登録証を持った人が旅券の発給を受ける場合は外務部長官が登録証を返還し、旅券が返納されるときに返還することにしている。

文化

P・E・N大会を前に 韓国文学のユーモアをさぐる

古代小説にみる 韓国文学のユーモア

ソウル大 文理大教授 張 徳 順

ソウルの朝鮮日報社が創刊50周年記念行事のひとつとして開催した「韓国文学の境域」という主題のもとのシンポジュームが三月二四日、二五日同社会議室で開かれた。（一）韓国の古詩歌を通じて見たユーモア、（二）古代小説に表われたユーモア、（三）現代詩におけるユーモア、（四）現代小説におけるユーモア、（五）仮面舞劇とユーモアなどの分担主題を二〇余名の指導的文壇人が研究発表した。ついで二〇〇余名の討論参加者は現代作品の中に植えつけられたユーモアが深く論議、「東西文学のユーモア」（国際ペン大会主題）と関連した韓国文学の性格をさぐった。以下は主題発表の一つで、ソウル大文理大教授張徳順氏の「古代小説における韓国文学のユーモア」と題する寄稿である。

勧善懲悪と因果報応を主題に 豊かな言語の妙を駆使し余裕ある笑い

「卞ガンセ伝」は南国のプレイボーイ卞ガンセと北国のプレイガール「雍女」が仲人もなくであい同棲する。このカプルにはひたすら肉体の断末魔的な享楽があるだけで精神的要件や倫理的な恥の感情などはみじんもうかがうことができない。それでこの作品は韓国文学では稀に見る性文学の作品であるが、そのユーモアは春香伝や沈清伝から感ずるものとは全然違う。むしろ冒瀆に近い歓声ともいえる笑いが連発されるだけである。

…けるストーリーであるがその俐が異色である。にせのオンゴジップが現われ本物のオンゴジップとお互いに自分が主人だと争うが結局本物の主人は追い出され物乞いをし、にせ物が主人として財産を使…

学問としての「韓国学」樹立 政府も海外紹介に本腰

「今日の韓国学」発刊 正しい史観と現況を世界に紹介

この本は外国学者の韓国学研究が今までの日本や中国で出刊された本をもとにしているための方向をあやまる弊害をなくし正しい史観を根拠として研究する今日の韓国学入門書。

…パリー大学、スエーデンのウプサラ大学、オランダのライテン大学、フィンランドのヘルシンキ大学、ドイツのフランクフルト大学、ミュンヘン大学、台湾大学政治大、日本の東京大、京都大、早稲田大、天理大、東京外国語大など世界各国の有数な大学でも韓国学を研究紹介している。

しかしこのように高潮している韓国学研究熱に比べれば韓国学に対する資料と本は、非常に貧弱である。

…韓国研究資料と情報を案内するなど多様な事業をくりひろげている。

△韓国思想研究会＝63年2月創設、機関誌「韓国思想」（10輯）発刊、学術研究発表会（36回）などを開催。

△アジア学術研究会＝65年6月設立、人文社会学の研究発表会を通じて学術発展と会員相互間の親睦・協力をはかる。機関誌「アジア学報」（6輯）発刊。

△ハングル学会＝21年12月設立、国語・国文の研究とその統一…

△韓国社会学会＝57年5月設立、国内社会学の健実な発展と会員相互間の親睦をはかる。機関誌「韓国社会学」（3号）発刊、研究発表会（16回）学術討論会（6号）など開催。

△国語・国文学会＝52年11月設立。機関誌「国語・国文学」（41号）発刊、定例研究発表会開催。

△アジア問題研究所＝57年6月設立。高大付設。機関誌「亜細亜研究」（33号）発刊。英文「アジア研究月報」（一一三号）刊行、旧韓国外交文書及び付属文書整理編纂、共産圏研究叢書発刊。

△民族文化研究所＝57年6月設立、高大付設。機関誌「民族文化研究」（3号）刊行、「韓国文化史大系」（5巻）編纂、古典国訳叢書出刊。

△人文科学研究所＝延世大付設。機関誌「人文科学」（23輯）発刊。

技術大学院設置決定 AIDからも500万ドルを援助

科学技術の振興のため現在の大学院と異なる技術大学院設置を推進中の政府はアメリカの国際開発…

韓国アマレスリング 明大の招きで来日

万博と永住権促進に 民俗歌舞芸術団大挙来演 現代歌謡から古典芸術までを網羅

…もって万国博より一日はやい"韓国の日"を東京で催すことになる。

一行は、わが国国楽界の重鎮朴貴姫女史をはじめ李殷官氏など豪華な顔ぶれであるが、その氏名は次のとおりである。

来日した歌舞芸術団の舞台

…天、朴晃春、金宜中ほか50名、特別司会に宋海天、司会 前田淳、そして新川実とゴールデン・オーケストラ楽団である。

早　春

社　告

任 北海道支社長　李栄培

四月一日

韓国新聞社

地方支部だより

地上九階大ビル 北海道本部の会館新築

民団北海道本部（団長…）では同本部の現位置に韓国会館をたてる新築工事をさる三月初旬に着工し現在着々と工事が進んでいる。

同会館は建坪八〇坪、地下一階地上九階合計十階八〇〇坪、総工事費一億七千万円を計上確保し、一階から三階までは同本部および傘下団体である在日大韓婦人会、在日韓国青年同盟、韓国信用組合、韓国学園などに使う予定であり、残りは賃ビルにするとのことである。

なおこの工事の竣工・落成式は来る十二月十二日頃になるもよう。

柴田候補を激励 京都本部三機関長会議

京都府地方本部では、さる三月二十三日、本部会議室で本部三機関長ならびに支団長会議を開催して

一、万博保安対策講究の件

一、永住権申請促進に関する件

一、地方委員会定数問題

一、旅券発給迅速化要請の件

一、韓国新聞輸送の件

などを協議したが、この会議中に、京都府知事選挙に立候補している柴田まもる氏があいさつに来訪したので、李相権団長は民団を代表して柴田氏を激励すると同時に支援を約束した。

またこの日討議した機関紙韓国新聞輸送問題に関しては、現在本部で団員あてに発送しているのを今後は、本部から各支部に送り各支部が団員あてに発送することを決定した。

なおこの日の会議には大阪総領事館から尹領事も出席した。

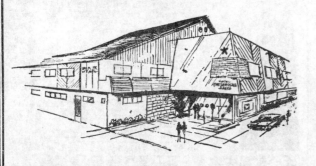

韓國新聞

発行所　韓國新聞社
発行人　鄭烱和
東京都文京区春日町2丁目20－13
電話（815）1451～3
（813）2261～3
振替口座東京 34988番

民団綱領

一、われわれは大韓民国の国是を遵守する
一、われわれは在留同胞の権益擁護を期する
一、われわれは在留同胞の民生安定を期する
一、われわれは在留同胞の文化向上を期する
一、われわれは世界平和と国際親善を期する

お詫び

本紙印刷工場の春闘に伴う従業員の争議により、工程がおくれ不本意ながら本号は十八日号との合併号として発行しました。おわびと共にご了承のほどをお願い申し上げます。

第3次経済開発5個年計画発表

1972年―76年まで

GNP（国民1人当り総生産高）10万4千6百ウォンを目標に

経済成長率平均8.5％

目標年度の商品輸出35億ドルに

金鶴烈副総理

七二年から始まる第三次経済開発五ヵ年計画中の総量計画の内定案が金副総理兼経済企画院長から十五日発表された。

金鶴烈副総理兼経済企画院長は、総量計画内定案は計画期間中の年平均成長率を八・五％と見通し、安定基調と高度成長を調和させ、目標年度の七六年度の国民総生産（GNP）は、三兆六千九百億ウォン（六九年不変価格）、一人当りGNP（国民1人当り総生産高）は十万四千六百八十ウォン（約三百七十ドル）まで高める構想で、物価上昇率は政策目標として取扱うため別に設定しなかったと明らかにした。金副総理は、第三次五ヵ年計画の基本方向は国際収支の健全化と農漁村近代化に置いているから、七六年度の商品輸出は三五億一千万ドル、輸入は三六億七百万ドルで、赤字の幅を縮め、農業部門においては食糧の自給自足、農・漁民の所得増大、農業の機械化等に計画を集中させ、計画期間中の一次産業分野において四・五％の成長率をきめたと語った。

金長官はまた三次五ヵ年計画期間中における経済の過熱を防ぐために、投資率を減らして年平均二二・九％にしこの中の国内貯蓄は一九・一％、海外貯蓄は三・八％と決めたが、消費の抑制と貯蓄伸長のための政策手段の開発が必要だと語った。この総量計画暫定計画案は、関係部処にただちに示達して再調整を経て部門別投資計画と同じく年末までに三次五ヵ年計画が確定されるようになるが、総量計画の内容は次のようである（括弧内は六九年の数値）

◆経済成長率　①計画期間中の経済成長率は八・五％（十五・五％）で、スローダウン、②産業別成長率は農・水産部門が計画期間中四・五％（十・七％）、鉱工業が十一・八％（二十一・三％）、社会間接資本及びサービス部門が八・八％（十五・五％）で、この中の輸送、通信、電力等の社会間接資本が十一・〇％（二十八・五％）、③これにより産業構造は七六年に農水産部門が二十一・四％に伸び、鉱工業部門は二十七・三％に縮少し、社会間接資本は五十一・三％に増加。

◆投資率　①安定基調の成長を達成するため投資率は二十二・九％（二十九・六％）に抑制、②投資財源は国内貯蓄が年平均十九・一％（十八・三％）ずつを負担し、海外貯蓄は三・八％（十一・三％）に抑制。

◆国際収支　①輸出は計画期間中は年平均二十二・八％ずつの増加を仮定、七六年には三十五億七百万ドルを予想、②海外貯蓄は七六年に三億四千九百万ドル（七億九千三百万ドル）を予想、③総合収支において七六年の経常受取は四十一億二千八百万ドル、経常支払は四十四億七千七百万ドルで経常収支は三億四千九百万ドルの赤字、④資本導入は七六年に二億九千九百万ドル（七億二千四百万ドル）、移転収入は一億六千三百万ドル（六九年二億四千四百万ドル）で、外換保有高は六九年の五億四千九百万ドルから七六年には九億八千五百万ドルに増加する。

韓国でのアジア開銀総会終る

低利長期のソフトローン 特別基金拠出強調

アジア開発銀行（ADB）の第三回年例総会が九日午前十時、ソウルの朝鮮ホテルで韓国を始め、米国、英国、日本などを含む三十五ヵ国の代表六百余人が出席した中で開幕した。

同会議は、朴正煕大統領の開会の辞で始まり、総会議長である南悳祐財務部長官と渡辺ADB総裁の演説があった後、午後には各国代表の基調演説が行なわれた。

朴大統領は開会の辞を通じ、現代は相互依存の時代であり相互補完の時代であると指摘、自主的な努力で繁栄を達成しようとする意志と意欲を持つアジアの開発途上諸国にたいし、先進友邦諸国はいうまでもなく、全世界が協力することを希望していると力説した。

また、南悳祐財務部長官と渡辺ADB総裁はそれぞれの演説の中で、ADBのその間の業績を高く評価し、年月が経つにつれてますます拡大してゆくADBの機能を充たてするために、先進諸国の特別基金献納をくりかえし促求した。

さらに今後の進む方向として①地域内諸国の開発銀行にアジア開銀が融資して育成強化する②農業や高速道路など交通輸送事業に積極融資する③人的資源が開発にとって重要なので教育事業も取上げる、などの点が示唆され注目をひいた。なお、こうした新しい方向に向かうには資金が必要であることが強調され、とくに低利長期のソフトローンの特別基金に対する各国のきょ出要請が強調された。

同ADB総会は十一日まで続けられるが、公式議題は①年次報告書採択②財務諸表および監査報告③純益金の配当④諸規定検討⑤七一年度の第四回総会の場所と日時の議決定――などである。このほかにアジア経済情勢の分析と地域内経済開発計画検討および地域内の貿易自由化ならびに支払い同盟結成などについて重点的な討議がなされる。

同会議で韓国が最大の関心を寄せているのは貿易における清算取引きであるが、アジア支払い同盟結成のような問題は来年の総会で決着がつけられるだろうといわれる。

ソウルでのアジア開発銀行総会

外務省当局は否定

北傀万博視察団の入国許可

日本政府は、大阪で開かれている万国博覧会の参観を希望する北傀視察団の日本入国を許可する方針を固めたと、「日本経済新聞」はさる十一日政府消息筋の説明を引用して報道し内外の注目をあつめている。

同紙の報道に対し日本外務省の消息筋は十一日午後「北傀万博視察団の入国許可を日本外務省の省論として固めたことはない」と報道内容を否定しているが、このような一部の報道は日本航空の"よど号"事件解決の後、日本政府の一部に擡頭している「より迅速に対北傀政策を拡げなければならない」という主張を反映したものと受け取られ、その動きが注目されている。

「日本経済新聞」は、さる三月初旬、親北傀団体である「日朝友好協会」と、社会党関係者を通じて非公式に打診してきた北傀側の視察団派遣の要請を、日本外務省と内閣官房が中心となって検討してきた結果、北傀視察団の訪日目的が「人類の進歩と調和」をテーマとしている万博視察に限られている以上、北傀は"未承認国"ではあるが入国を許可しないわけにはいかないという結論に到達したと報道した。

同紙はこれに加えて①日航機拉致事件の直後であるため、北傀側の入国が許可される場合、北傀の"好意的"な処置に対する取引きをしたいという印象を与えやすいから、実際の入国許可は万博が終る頃の来る九月近くになる（万博の閉幕は九月十五日）、②日本政府内には万博視察団を派遣しようとする北傀の真意は、韓日関係を攪乱しようとするものと判断し、難色を見せている側もある。③同視察団の規模は約十名と伝えられる。と報じているが、これに対し須之部日本外務省アジア局長は、日本政府が北傀万博視察団の日本入国を許可する方針を固めたとの一部報道があった直後の十一日午後、李厚洛駐日大使に「報道内容は事実と違う。このような方針を決定したことはない」と解明した。

韓・べ経済技術協定調印

ベトナム医・農技術提供

韓国政府と南ベトナム政府は六日午後「両国間の経済協力強化」を図り技術増大を促進するため、「韓・越経済技術協定」の仮調印を行なった。

同協定はこの日、マレーシアで開かれた東南アジア輸出増大のための公館長会議に出席してサイゴンに着いた崔圭夏外務部長官とチャン・バン・ラム南ベトナム外相との間で調印されたもので、これは両国国会の批准を得る次第発効することになっている。

同協定は前文十二条からなっており、その主要内容はつぎのとおりである。

①韓国政府は南ベトナムに特派医療団および農業技術団など必要な技術援助を提供する。

②南ベトナム政府は同援助を受けるにおいて韓国技術者および資材に諸外交特権を与える。

③援助機関にたいし、両国政府は必要なすべての便宜を提供する。

④両国政府は必要な技術者たちの訓練を増大し、必要な計画の情報を相互交換する。

（S-SA）

李彩雨氏ほか四名決定

在日民族財産管理保護規定起草委員

拉致KAL機未帰還者11名

早期送還に協力を

操縦士・スチュアーデス代表来日

左から車・閔・姜氏

昨年十二月十一日、北傀に拉致された大韓航空（KAL）の未帰還者十一名（乗客六名、乗務員五名）の早期送還を世界の世論に訴えるため大韓航空の操縦士一名とスチュアーデス二名は、三月五日に韓国を出発して香港をふりだしにジュネーブ、ロンドン、パリー、ローマ、ウイーン、モントリオール、ニューヨーク、ワシントンと、各国の赤十字とパイロット協会を訪問して、拉北の経緯と北傀の非人道的抑留の実情を説明するとともに、未帰還者が一日もはやく帰れるよう世論の喚起を訴えてきたが一行三名は本国への帰途、東京にたちより、さる十七日駐日公報館で内外の記者四十余名と会見して日本のマスコミの協力を強く訴えた。

この日の記者会見は午後四時三〇分から行なわれたが、記者会見に先だち洪県公報館長から、操縦士閔東壽氏（42）とスチュアーデス車明姫（26）、姜泰淑（23）の紹介があり、つづいて閔氏が一行を代表してあいさつをのべたあと記者団からの質問にこたえたが、閔氏のあいさつと記者団との応答の要旨はおよそつぎのとおり。

KAL機の拉致は、すでに新聞報道により日本でもその経緯はよく知れわたっているとおもうが、このKAL機拉致のうらにひそむ北傀の凶悪な企みと、未帰還者十一名のその後の運命と、その家族たちの悲惨な現状はあまり知られていない。われわれ三人は、韓国を愛する韓国の全国民を代表して各国を訪問し、北傀の非人道行為を糾弾するとともに、いまだに送還されない十一名と機体の早期送還が実現できるよう各国の世論喚起と関心を訴えてきた。

北傀は、今回の拉致の犯罪を隠ぺいし、乗客と乗務員たちの不法抑留を合理化するために「義挙越北」を云々しているが断じて"義挙"ではない。機長と操縦士は、六・二五動乱時には命をかけて北傀と戦った空軍の勇士であり、社会人としては親と妻子を愛し職務に忠実な人たちであった。また彼らはその優秀な技術に相応する高収入（月額十五万ウォン以上）を得て豊かな生活を楽しんでおり"義挙"して北傀に行くような理由はなにもない。

これはさる二月十四日に帰還した三十九名の乗客たちの証言にもあきらかであるように、北傀の不法な拉致と抑留を非難し北傀の所業に反抗的な態度を示した乗客だけは送還せずに抑留し、この乗客たちまでを「かれらは自由意思をもって北韓にとどまっている」と宣伝しているのをみても、北傀がいうところの"義挙"と"自由意思"が全く根拠のないデタラメであることはハッキリしている。

われわれが訪問した各国の赤十字社とパイロット協会は、みなわれわれの訴えに協力的であり深い理解を示してくれた。われわれは明日は帰国するが、それまでに日本のパイロット協会と赤十字社を訪問する予定。日本のマスコミの理解と協力を期待してやまない。

あり得ない"義挙越北"

機長以下歴戦の空軍将校

民団にも協力要請

在日同胞へ家族代表から

昨年十二月十一日の拉致から今日まで四個月以上も、北傀に不法抑留されている拉北KAL機の未帰還者十一名の家族から、早期送還の世論喚起運動への協力を要請する別項のような「呼訴文」が、さる十七日、民団中央李禧元団長にとどいたが、この訴えに接した団長は、さっそくこの"呼訴文"を全国の組織におくるとともに、適切な救援活動の展開を要請。

呼訴文

私たちは昨年十二月十一日に拉致されたKAL機未帰還者十一人の家族たちでありますが、四月十日で私たちの家族が北韓の地獄に強制抑留以来満四個月になりました。

すべて当局の措置だけを頼りにしている私たちは、為すすべもなくた悲しみと不安に泣くだけです。家族たちのなかには、心配のあまり病床に臥した者や、収入の道を断たれ、食生活まで苦しい困難なひとたちまで居ります。いま私たちは社会からも見捨てられ、国民の関心も薄らいでいくように感じて、限りない不安と絶望感におちいっております。

北傀に抑留されたまま救出を待っているかれら十一人が、一日もはやく祖国 大韓民国 へ帰れますよう、家族たちのふところへ帰れますよう私たち家族代表は、赤十字本社を始め韓国および国際赤十字社に救援を訴えたいとおもいます。どうか力をかして下さい。家族一同は遠くから皆様の格別なご厚意を心からお願い申しあげます。

拉北KAL機未帰還者十一人家族会

湖南高速15日起工

大田―全州78キロ年内開通

15日起工された湖南高速道路の計画線

韓・米北洋漁業合意

協力資金七千万ドルも借款

ソウル市長に梁慶北知事起用

スパイ船撃沈

日製レーダー装備

朴大統領、ケ長官と要談

米民間資本の進出など協議

基本財産調査

実態報告を示達

着陸強制のおぼえない
韓国の真意を曲解
金浦空港のナゾはどこに?
丁国防長官と一問一答

丁国防部長官は、事件発生直後から三日間も、空港につめきりで犯人たち(赤軍派学生)を説得して、乗客の救出に腐心したが……。

▽人命第一に韓国内解決が原則

▽偽装は管制塔の案内求むから始まる

▽"自爆"すまいとの確信を得て

▽犯人の動揺の"時点"から

山村次官人質にも反対
遺憾な日本マスコミの論調

危険な日本人の北傀観
韓国の憤怒

日本政府と日本国民

日本の言論界と学界に

自動車国産化に拍車
韓日合作の車体工場設立

トヨタのコロナ自動車を組立てるソウルの新進自動車工場

浦項綜合製鉄工場施工式挙行
十年以内に千万トン生産規模に

▽人道第一主義で、共通の立場

"奇蹟の米"初収穫
わが国稲作革命に寄与期待

追加予算一二五億

英霊よ安らかに眠れ　広島

韓国人原爆犠牲者慰霊碑除幕式

広島の原爆で生命を奪われた韓国人原爆犠牲者の慰霊碑が完成し、さる十日に除幕式がとりおこなわれた。第二次大戦の末期、広島の上空に投下された一個の原爆により一瞬のうちに全市は"死の町"と化したが、このなかには二万余のわが同胞も含まれており、そのほとんどが日本の無謀な侵略戦争遂行の人的資源にかりだされた徴用工やその他の労務者とその家族たちであった。当時日本軍籍にあった李鍝公もその犠牲のひとりである。遠い異国の地で一瞬のうちに生命を奪われた犠牲者の孤魂をとむらう慰霊碑の建立は、この町に生き残った家族たちと全在日同胞の念願であったが、戦後二十五年めにようやくこの願いが実った。

孤魂に安息の場を
二十年来の宿願みのる

この念願的な念願は一九六八年五月、民団広島県地方本部の顧問である張泰熙氏を建立委員長に推薦して発足した民団広島県地方本部の「慰霊碑建立委員会」の活動開始をもって具体化し、以来張氏と崔成源団長を先頭にする広島民団本部の各役員と一般団員の献身的な努力と協力の結果ついに広島市の平和公園の本川べりに市が提供した建立地に、製作費三百五十万円の立派な慰霊碑を建立することになったのである。

四十五周年代表たちの手で碑をおおっていた白布の幕をしずかにおろした。

除幕式当日はあいにくの雨であったが、県内在住の遺家族たちと一般同胞百余名、大使館の金在権公使、崔成源広島本部団長と県下各支部団長、婦人会の今会長、山田節男広島市長、広島日韓協会熊平武二会長、それに故李鍝公の陸軍士官学校第四十五期同期生たちのほか来賓多数が参列したなかで式は、午前十一時から除幕を執行した。

除幕のあとは金公使、崔団長、山田市長ほか多数の来賓の代表と来賓から追悼の辞があったが、崔団長もただ一人だけの妹を原爆で失ったかなしみのひとりであるだけ

今ぞ知った朝総連の残忍非道ぶり

金日成の勲章を野良犬の首に…

岡山の元信用組合理事長が断腸の叫び

鄭在俊団長再選(東京本部)

閔泳相(議長)、徐興錫(監察委員長)も決定

鄭団長

民団から表彰状

大阪興銀・東京商銀の発展讃え

本年度"美の代表"きまる　ミス・コリアコンテスト

一位「真」に劉永愛嬢(ミス・ソウル)

在日代表三嬢は「人気」「友情」「郷土」賞

石川日韓親善協会

五月七日に発会決定

空港事務所設置

家族招請の万全期し大阪に

韓国へ日本映画上陸

「惜春」「座頭市」ソウルで上映

第二次分6千万円

万博後援募金伝達

宮城県本部定期大会

済州道海女日本に進出

空から申請呼びかけ

静岡本部の永住権促進運動

宣伝飛行機と趙団長

武装ゲリラ三名射殺

京畿道坡州郡に侵入して

青森本部地方委員会

埼玉本部定期地方委員会

海士大　豊作

尋ね人

錦江開発に

一三〇〇万ドル援助

陸士卒業式

大統領賞に宋少尉

埼玉文化学院修了式

晴れの40名に合昇が激励

文化

P・E・N大会を前に 韓国文学のユーモアをさぐる

韓国現代詩におけるユーモア

金容稷

われわれの新詩、現代詩の起点となる六堂崔南善作「海から少年へ」を掲載した「少年」創刊号（一九〇八年一一月）はユーモラスな作品が現われた初めのものであろう。

黒ん坊のショー
黒ん坊も人の子
ときには うたうよ
独楽（こま）そっくりの太鼓
太鼓たたいて先頭に
蛙の啼した皮先述
小僧手にしてボンボンボン
大鼓鳴した韓国知は
大きなラッパをプップップー
餅日のような顔五将
胡蘆吹き吹きドッコイショ
（以下略）

韓国文学の人間像

民譚の真実から開化期の主体性だ失まで

韓国の陶窯址に驚嘆

考古学の三工教授来韓談

体育受賞者発表

マラソンの金次検氏ほか四名

この青春！この感激！

ミス・コリアコンテスト 参加日誌

「在日同胞へ関心の高い本国」

70年度ミス・コリア・コンテストに初参加して

民団中央宣伝局次長　朴英勲

スポーツ

朝興チーム、朴将軍盃奪還

東南ア・女子バスケットボール大会で日本破り

奨忠体育館で行なわれた第七回朴正煕将軍盃東南アジア女子バスケットボール大会は、12日に最終日の競技を終えて閉幕したが朝興銀行は中国光華を80対63で退ぞけ五勝一敗を記録、日本ユニチカに59対56で辛勝した商業銀行と同率になったが、攻防率の優勢で優勝が決定、初の栄冠をかち取った。

十一日の競技で日本のユニチカを退ぞけ、優勝戦線で有利な高地を占めた朝興銀行はこの日、中国光華の善戦で前半15分までは接戦をくりひろげるかに見えたが、長身の優勢でリバウンドを独占、都順南、林貞順などの中距離シュートでリードをつかみ前半で40対32後半でもひきつづき得点差をつけ80対63で楽勝、朴正煕将軍盃をかちとった。

商銀ーユニチカ対戦でユニチカは終始一貫タイト・マンツーマンディフェンスで商業銀行の体力を消耗させたが結局59対56で敗れた。

◇総合順位

①朝興銀行＝五勝一敗、①商業銀行＝五勝一敗（一、二位順位は攻防率による）③日本ユニチカ＝二勝四敗、④中国光華＝六戦六敗

男子団体決勝

韓国	0−5	日本
洪鍾賢	0−2	河野
閔晶石	0−2	井上
金忠勇	0−2	伊藤
閔晶石	0−2	河野
洪鍾賢	1−2	伊藤

女子団体決勝

韓国	3 (単2−2 複1−0) 2	日本
崔正淑	2−1	小和田
鄭賢淑	0−2	浜田
崔正淑・盧和子	2−1	小和田・今野
鄭賢淑	0−2	小和田
崔正淑	2−0	浜田

韓国女子スポーツのメッカ女軍

二勝一敗一引分け

高大サッカーの来日成績

既報の通り早稲田大学の招請により来日したソウルの高麗大学サッカーチームは来日以来日本の各チームと韓日親善蹴球試合を四回行ない総合戦績は2勝1敗1引分けの結果を見たが、特に静岡県清水市サッカー協会が主催し、民団静岡本部の後援で行なわれた競技では競技に先だつ静岡県民団本部団長の韓国選手一同への激励を挨拶し、在日同胞にひとしおの連帯感を感じたとのことである。

なお高麗大学が行なった競技と成績は次のとおりである。

一、関西学生選抜チーム0対2（敗）
二、愛知県トヨタチームとの試合2対2の引分け
三、早稲田大学チームとの試合2対0（勝）
四、清水市日本軽金属チームとの試合、0対3（勝）

韓国(女子)三部門で優勝

第三回アジア卓球選手権で

韓国は八日、名古屋の愛知県体育館で終閉した第十回アジア卓球選手権大会団体競技最終日の競技で、女子一般部および少年部、少女部が優勝したことにより団体四部門中、三部門の選手権を獲得した。

女子一般部団体戦決勝戦で、韓国は崔正淑選手が二段式競技で日本の世界チャンピオン小和田選手を二対一で破り、また世界四位の浜田選手をも二対〇で退け、ついて複式戦では盧和子選手とともに小和田・今野組を二対一でおさえ、さる六十八年インドネシア大会につづいて二連覇勝の栄冠をたてた。

一方、男子一般部は決勝戦で日本に五対〇で敗れ、二位にとどまった。

なお、少年部は決勝戦でインドネシアを三対二で破り、少女部はフール・リーグ戦で四戦全勝をおさめてそれぞれ優勝、初のアジア選手権を獲得した。スコアは写真上段のとおり。

朱選手決勝戦進出

第4回アジア・アマボクシング

韓国の朱虎選手は、六日夜マニラのアラネタ競技場で開かれている第四回アジア・アマボクシング選手権大会第三日目のウエルター級準決勝で、タイ国のパンチョン・スリー・カムを二回RSCで勝ち日本の古野、前川と優勝を争うようになった。この日、タイ国選手は朱選手の強ストレート連打に一回戦で二回ノック・ダウンを奪われ、二回戦初めに再びダウン競技主審は朱選手のRSC勝を宣言した。

また、この日、ライト級の金賢治選手とライト・ウエールター級の金鮮容選手はそれぞれフィリピンとインドネシア選手に勝ったので、五日夜の準決勝戦に進出が確定された池成珠（フライ級）選手と同じく優勝に一歩近ずいた。この日フィリピンの強選手ルドルポ・アルボンを迎えた金賢治選手は一ラウンドから右フックを適切に使い、一方的な競技を行なった結果、5対0の圧倒的な判定勝を勝ちとった。一方金鮮容選手は三ラウンドでボールティングが激しいインドネシアのホボルスト（インドネシア）が競技主審から失格を宣告されたことによって余裕のある準決勝出となった。

また、五日夜フェザー級競技に出戦した金成殷選手は、ホンコンのソ・K・クンを一方的に攻め、二回二分五十二秒でRSC勝をかちとった。一方、池成珠選手もビルマのスエイ選手を一方的に打ちまくり判定勝となった。しかし良い成績を上げるものと予想した高生根選手（バンタム級）と金宗浩選手（ライト・フライ級）は残念ながらパキスタンとビルマ選手にそれぞれ判定で敗れた。

○第三日成績（準準決勝）
○ライト級
金賢治（韓）　判定　R・アルボン（比）
○ライトウエルター級
金鮮容（韓）　失格　F・ブロング・ホボルスト（印尼）
▲ウエルター級（準決勝）
朱虎（韓国）（二R）RSC　パンチョン・スリカム（タイ）

韓國新聞
発行所 韓國新聞社
発行人
東京都文京区春日町2丁目20－13
電話 (811) 1451－3
(813) 2261－3
振替口座東京 34988番

民団綱領
一、われわれは大韓民国の国是を遵守する
一、われわれは在留同胞の権益擁護を期する
一、われわれは在留同胞の民生安定を期する
一、われわれは在留同胞の文化向上を期する
一、われわれは世界平和と国際親善を期する

在日信用組合の銀行昇格
実現に共同努力決議

経協推進特別委設置に合意
借款から合資へ移行を
韓・日協力委総会で共同声明

韓・日協力委員会の第二回年次総会は二十二日、極東の安保に対する韓・日両国の共同努力と経済協力については、長期展望にもとづいた本格的な韓・日経済関係の樹立を目的とする経協推進特別委員会を設置するという共同声明を採択して閉幕した。

三日間都内ホテルで開かれた協力委は、この日の第二次全体会議で政治、経済、文化の各分科会で、二十一日に討議した①極東安保に対する日本の防衛支援の条件の再確認②韓・日間の経済協力を、長期的展望のもとに今後は商業借款を主として合作事業に方向転換させる③文化交流の活発化などの報告をきいた後に共同声明を採択し、第三次総会を七一年四月ごろ東京で開くことに合意して今総会の幕を閉じた。

今度の総会では、韓・日両国の懸案問題の中でもっとも重要な経済協力問題に対して論議が集中的におこなわれ、韓国側は韓・日貿易の逆調是正と、日本の対韓資本提供拡大の二つの効果をねらった政府ベースによる五億ドルのインパクト・ローンの借款を日本側に要求し、その他韓・日経済協力機構問題などが論議されたが、具体的な合意は得ずに経協推進特別委の研究課題として残すことになった。なお、この日に発表された共同声明の内容はつぎのとおりである。

共同声明要旨

①米・日共同声明とニクソン・ドクトリンが示唆しているアジアの新事態に対しすでに中共は北傀に接近して武力統一を認める姿勢……

……経済協力を促進させる緊要性を確認し、これにしたがって当面する案件の解決を促進する一方、長期……

④七〇年代を通じて共産勢力には根本的変質が不可能だが、かれらは心の振りからいつどこで"平和"と"自由な国民の利益"を犠牲にする行動にでるかも知れない。これに対して加一層警戒心を高めることを確認する。

⑤在日韓国人の信用組合を銀行に昇格させるよう努力することに合意する。

⑥韓・日間の貿易を増進させ……

三年前の創立総会での金東作大使

"共栄のアジア"実現へ協力
アジア開銀総会成功裡に終る
三十五個国代表六百人が参加

ミグ21に備え新戦闘機開発

白(斗鎮)、岸(信介)両会長以下
韓・日百余名の委員が参加
今年は日本で開催

韓国側代表

日本側代表

共産・中立国との貿易
政府・共和党間で研究中

経済長官会議

国際時評
駐韓米軍の削減問題
論議呼ぶダイディングス発言
金東祚駐米大使激しく反論
スペンサー・デービス

ニクソンのグアム・ドクトリンはいまや韓国問題にも影響を投げかけている。その発火点はこのほど米上院で駐韓米軍二個師団のうちの一個師団引揚げを主張したタイディングス議員の発言にある。米国内には国内的事情からこれに同調する人びとも少なくないが、韓国では反対の立場を取っている。理由は、これまでもゲリラ活動やスパイ行為で韓国に対して幾多の波乱をおこしてきた好戦的な北韓がこのほど、拡張主義的な外交政策を取っている中共と"共同闘争"を公然と提唱した点であり「共産主義制度諸国家群の中でも最も侵略的な北傀がその親分株の中共と好戦的言辞を行なっていることは無視できない」というものである。

ニクソン・ドクトリンは韓国にも当てはめるべきだと、いま米上院では五万五千名の駐韓米軍撤収問題が論議されている。この駐韓米軍の撤収はひとえに米国内だけの問題ではないが、これは常に共産側が要求していることでもあり、このたびは周恩来が平壌を訪れ、金日成と会談してやはり韓国に駐在する"全米軍の撤退"を強く要求している。いうまでもなく全くの偶然であろうが、これはタイディングス上院議員(民主党、メリーランド選出)が大々的にこの問題に圧力をかけたのと時を同じくしている。

(ワシントン発)

金東祚駐米大使の語る韓国の見解

ところが、米国ではこの駐韓米軍の撤収問題が具体的になっている証拠は何もなく、ベトナム撤兵の次は韓国という声が出ているだけの段階である。

タイディングス議員の発言について韓国の金東祚駐米大使はどう考えるか聞いてみた。彼はいう。

「私はもろもろの情勢からみて米国が韓国に対する防衛を引続いて守るだろうと確信している。タイディングス議員は韓半島の事情、すなわち、北韓のうしろに大……

韓国だけでも北の侵略阻止可能…ダ議員
背後にある中共の脅威忘れるな…金大使

口ぎたなく米国をののしって…

米軍の駐留は警告か挑戦か…

一個師団で約二億五千万ドル節減

韓国政府の立場と見解

威容を誇る国軍機甲師団

日本企業体の進出順調
脚光浴びる馬山輸出自由地域

三井 三菱 積極的に対韓輸入
貿易逆調是正に努力

解説 韓日関係の一大転機
共通の目的追求し再接近

朴大統領も参観
韓・美連合の上陸作戦訓練

国土統一は
国力の培養から

あり得ない韓国の赤化

快速艇を開発
海上侵透と密輸防止目的に
鎮海の海軍工廠で研究

福岡・ブラジルにも
韓銀、海外支店大幅に増設

アジア地域大法院長会議をソウルで

理解協力に感謝
朴大統領に佐藤首相が親書

対韓輸入五千万ドルに
三井物産社長、計画を発表

丁総理を訪問した李・洪両氏

母国留学に配慮を

「韓進」インドネシアへ進出
年間一億ドルの伐採と積出し

搬出制限を撤廃
永住帰国の在日外国人財産

国際時評
恐るべき日本人の裏切りと商魂
日本の背信は必至
今後の提携構想は慎重に

民間経済活動の拡大を
第三次経済開発計画に望む

1970年度奨学生募集要項

奨学生募集要項

一九七〇年度在日韓国人教育後援会奨学生をつぎのとおり募集する。

一、応募資格
(1)在日韓国人で韓国高等学校又は日本高等学校(東京、大阪、京都地区除外)および大学、大学院在学生
(2)学業成績が優秀で経済的理由により学費調達が困難な者
(3)思想穏健で身体健康な者
(4)他の奨学金を受けていない者

二、提出書類
(1)本会所定願書 各地区韓国教育文化センター又は民団で交付　二通
(2)在学証明書および学校長又は学長の推薦書　二通
(3)成績証明書(新入生は高校の成績証明書)　二通
(4)民団の推薦書および国民登録済証　二通
(5)写真(一枚は願書に添付のこと)　二枚

三、募集人員　約一五〇名

四、応募期間
一九七〇年四月一日～四月三十五日

五、支給額
自然科学系　月額七、〇〇〇円
人文科学系　月額五、〇〇〇円
高校生　月額三、〇〇〇円

六、書類提出処
東京都港区南麻布一ー二ー五
韓国大使館奨学官室内在日韓国人教育後援会事務局
又は民団中央本部文教局
(郵送の時は表に「奨学生応募書在中」と朱書すること)

七、面接
書類合格者に限り面接を実施し、該当者には追って通知する。

八、備考
詳細なことは本会事務局又は民団中央本部に問合わせること。

在日韓国人教育後援会
東京都港区南麻布一ー二ー五
電話 (四五三) 九六五三番

第5回在日韓国学生 母国夏季学校入校生募集要綱

本国文教部主催 第五回在日韓国学生母国夏季学校入校生を つぎのように募集する。

一、目的
日本系高等学校および大学在学中の在日韓国学生たちへ祖国に対する正しい認識と民族精神を培養することを目的とする。

二、募集主管
駐日本 大韓民国大使館 奨学官室
在日本 大韓民国居留民団 文教局

三、入校資格
(ア)日本校在学韓国人高等・大学・大学院生(男・女)
(イ)再入国が可能な者
(ウ)夏季学校履修事実のない者
(エ)品行方正にして身体健康な者

四、募集人員
約七四〇名

五、経費
(ア)往復旅費を含む教育に必要な一切の費用は、本国文教部が負担し旅券手数料も免除する。
(イ)教育期間中の宿食費は追って通知する。

六、募集〆切り
一九七〇年五月三十一日

七、提出書類
(ア)願書(所定様式)　二通
(イ)国民登録済証　一通
(ウ)在学証明書　一通

八、提出場所
民団地方本部

九、教育期間および内容
(ア)教育期間 一九七〇年七月下旬より六週間
(イ)教育場所 ソウル特別市
(ウ)教育内容 (1)講義 国語・国史・地理・反共直義 (2)課外活動 名勝古跡探訪、産業施設および学校視察国内学生と交歓

十、其他
(ア)事前教育 別途に計画通知する。
(イ)其他 疑問点は当大使館奨学官室、民団文教局または各教育文化センターに問いあわせること。

一九七〇年四月一五日

駐日本大韓民国大使館奨学官室
在日本大韓民国居留民団中央本部 文教局

北傀またも大量虐殺企図

スパイに毒薬持たせ南派

一グラムで七人を殺す猛毒

対スパイ対策本部は、さる八日京畿道楊州で射殺された北傀武装スパイたちが、人畜殺傷が可能なウア毒素（毒薬）を多量携帯していたと発表した。

対スパイ対策本部は、さきほど射殺したスパイが所持していた大量のウア毒素を、国立科学捜査研究所に依頼して鑑定したところ、微量をもっても多くの人命を殺害することができるものと判明した。

同対策本部は、北傀は今後も継続して、このような毒薬をスパイたちに携帯させ、非人道的で恐ろしな殺傷行為をほしいままにして民心の混乱を図謀していることが予想されるので、全国民が対共活動へ積極的に協調するよう呼びかけている。

一方、同対策本部は、この日、スパイの出現を申告した洪某住民外一人に特別賞金百万ウォンを与えその功労を讃えた。

〈解説〉ウア毒素とは、北傀でウアと呼ばれているこの毒薬は、わが国にはないもので毒性が強い青酸化合物質と有機エステルなど毒性化合物の複合体であるという。

ウアは一グラムの微量でも七人を殺すことができる致死作用剤として青酸カリの二倍の毒性をもっている。

専門家の話によれば、スパイたちが わが国の 生産能力を低下させ、軍の給糧と士気に脅威をあたえ、医療施設の完全麻痺を図るために使用を企図したものとみられる。

ウアは、アルコールや水にたやすく溶け、無色なので井戸に投げ入れるよう作られ、警の追撃をうけた時にも使われるようになっている。

"ウア"の名称は、スパイの審問過程で明らかになったという。

（一昨年一月、ソウルに侵入して射殺されたスパイの死体）

武装スパイ三名 地雷踏んで爆死

東部戦線非武装地帯の韓国軍巡察隊は、さる二十二日午前十時頃、楊口北方の非武装地帯の中で、武装スパイの死体三体を発見したと対スパイ対策本部に報告してきた。この死体は、南方境界線を越えて侵透を企んだスパイたちが、地雷を踏みちがえて爆死したものらしいとのことである。

武装スパイ一名射殺、三陟で

さる二十三日早朝、警察は江原道三陟郡で北傀の武装スパイ一名を射殺した。

この日、対スパイ対策本部の発表によれば、地元の警察は部落民の申告をうけ、武装スパイがかくれた場所を包囲し自首を勧告したが、これに応じないので射殺した。

警察はソ連製拳銃一挺、手榴弾三発と通信装具を押収した。

前線将兵と野戦ダンス

第28師団将兵たちとダンスをたのしむ一行

花見は母国で

広島から 一二〇名が春の観光帰国

来日招請家族

支部から記念品贈る

確めた祖国との血の繋り

挙国的な"反共"に感銘

東京韓国学校 母国修学旅行報告会

ヒヨコ鑑別師 海外で大モテ

鄭中央文教局長から表彰を受ける金熙東氏

団長に金運日氏

埼玉県本部、臨時大会

金運日団長

民団埼玉県地方本部（田汶秀団長）ではさる四月二十五日午前十時から第二十八回地方委員会が開かれ、中央本部から李禧元団長、朴性鎮法地委副委員長を迎え団員多数が参席したなかで盛大に行われた。

この日午後からは第二十二回臨時大会が、やはり中央から李組南総務局長、鄭炯和韓国新聞社社長を迎えた中で開かれ、七〇年の本部の活動方針案などが再確認された。なかでも韓国新聞の購読料徴収を決定したことは注目に値する。

なお、この大会で改選された新役員陣はつぎのとおり。

議長＝李　根（留任）
副議長＝金道植（〃）
〃＝鄭水道（〃）
団長＝金運日
副団長＝金竜水
監察委員長＝馬鳳楽（留任）
監察委員＝未定
事務局長＝金漢鳳

十年勤続教師表彰

東京韓国学校開設記念日に

121万人が韓国館に

1日平均3万4千人　万国博

十七歳で四段

碁の曺君昇段

団長に鄭鉉来氏

群馬県本部定期大会で

会長に……氏

新団長に徐正喜氏

宮城県地方本部定期大会

李鍾根団長再選

秋田本部三機関留任決定

副団長に朱秀氏

和歌山本部定期大会

原作者直接指導のもとに

史劇「元述郎」を上演

韓青愛知県本部の文化祭で

金注述氏 次男婚事

尋ね人

東京商銀職員募集

一、採用人員
二、応募資格
三、待遇
四、提出書類
五、……
六、勤務先
七、……

東京商銀信用組合

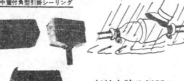

韓国未来学会員の「未来診断」

二〇〇〇年代の韓国と学術分野

集団体より人間的社会を……未来指向的思考を鼓吹

[illegible]

ソウルの4・19犠牲者墓地参拝の市民

端午節・その由来

陰暦五月五日は端午節[illegible]、各地で端午祭礼(タノチャリイエ)という祭礼を行なう。

地方によって風俗や慣例がちがうが、屋根に菖蒲(しょうぶ)と蓬(よもぎ)をさして厄払を避け、あざみの葉で餅をこしらえて食するが、これをたべれば健康と長寿と[illegible]によいといわれている。

また五月五日は奇数であり、奇数は易学の陰陽学では陽数と見て、陽数が重なる日は、吉日として祝ったのである。また、この日を天中節ともいったのは一年の中で陽気が最も旺盛な時であるということを意味したもの[illegible]

この民俗遊戯としてひろく伝わっているのは、巨木に太い綱でブランコをかけ、民族衣装をつけた女子のブランコ乗りである。青い木陰でそよ風に、美しい[illegible]輪である。

また、この日には菖蒲の葉と茎を煎じた湯で髪を洗い、一年間の無病息災を祈る風習もあって老若男女がこぞって自然との親和と讃美の日を送るのである。

資料　韓国の第三次経済開発計画と日本の新経済社会発展計画

[illegible]

四・一九魂の継承誓い

ソウルの各大学盛大な記念行事

[illegible]

講師に金貞淑さん

拓大で日本初の韓国語講座

[illegible]

一一〇大学に配分

[illegible]

一位に鄭鎮賢選

[illegible]

北韓は不参加か

好試合期待　明大籠球チーム訪韓

丁総理、洪文教部長官が祝辞

[illegible]

夫妻ともに宣教師

北海道に救霊の使者赴任

写真＝上＝（上）[illegible]

[illegible]

九州地区の招請家族続々到着

再会の歓喜に旅の疲労も霧散

写真説明　(左上) やっと福岡空港に着いてタラップを降り、(左中) パスポートをどこへしまったのかしら……(左下) 税関のしらべを終えてオバアサンの顔にはようやく笑いが浮ぶ (右上) オウ、あすこに息子の顔が見える。(右中) 民団福岡本部の張翊相団長が歓迎の言葉と保安対策を説明。(右下) 二〇年ぶりに再会したこの父子は、はじめから最後まで固く握りあった手をはなさなかった。

李禧元中央団長記者会見

招請家族順調に来日

金龍煥志士　銅像南山公園に建立決定

李禧元民団中央団長は去る十二日午後七時から東京渋谷の「鳳亭」で記者団と会見し、民団の当面する諸問題に対し、次のような談話を発表した。

一、万博韓国ナショナルデーに参席する丁総理の歓迎について…十四日に、朴正熙大統領の代理として日本国の招請により来日する丁一権国務総理を挙団的に歓迎したい。本国からも二〇名の特派員が随行するが、在日の新聞通信各社も国威宣揚の立場からこの意義と成果を大いにPRしてほしい。当然、日本の当局でも保安に万全を期しているが、これとは別にわれわれも保安に対しては充分注意したい。丁総理の日本滞在日程は(五月十六日号一面に掲載)

二、故金龍煥愛知県本部団長の銅像起工式について……一昨年月に殉職した故金龍煥団長の功績をたたえその遺訓を伝ふため、本国に故人の銅像を建立すべく、関係部処と交渉したあげくさる九日午前九時ようやく建立の場所が決定し、ソウルの南山公園の自由センターと反共センターの中間の位置に、政府の援護処長をはじめ各部処の各局長や成南民団本国連絡事務所長らが参席したなかで、その起工式がとりなわれた。

なお、この銅像は敷地九八坪、本台石の高さ十五尺、全体の高さ一尺、銅像七尺の規模で、建立費約六〇〇万円となっている。なお除幕式は来る十月二日政府、民団合同会議のときに行う予定である。

政府当局がこのようにわが在日同胞に対して協力便宜をはかってくれたことに対し心から感謝する。

三、万博家族招請事業について　一万名の万博参観家族招請事業は目下予定どおり順調に進行している。第一次入国者は大阪地方八六五名のうち、病弱者五名を除き全員がすでに帰国し、第二次入国者(九州・中国地方)約一、二〇〇名も先日来順調に到着中である。

この家族たちが持って帰るおみやげが先年の東京オリンピック時のような者し品でなく、農機具類であることも注目される。民団でも本国政府に要請して、農村出身家族たちが持ち帰る農機具(種[illegible]

[illegible]

四、永住権申請促進に関して　さる四月には、一ヵ月間に八、四七七名が申請する好成績をあげた。残る七ヵ月間に全団が一丸となって申請促進に全力をあげたい。報道関係各社の一層のPRと協力を期待する。総計三〇万名以上突破を最低の目標としている。

問題化した東洋経済日報の記事

「四割不許可」ありえず

"黒い霧"介在の余地なし

民団中央本部事務総長　朴太煥

民団の万博家族招請事業と万博後援事業の両者に、余裕にからまる不正な事実があるかのような記事を掲載した昭和経済日報(東洋経済日報)の記事に対し、民団中央本部の朴太煥事務総長は、全く根拠のない悪意に満ちた記事であるとしてこれを強く非難し、それぞれつぎのような談話を発表した。

東洋経済日報5月13日号の記事は誤解を招くおそれがあるので、つぎの点を明らかにする。

一、被招請者の中で身元調査その他の理由により「不許可者が四割も出る」という記事にはあるが、それは全く事情を知らない者の「タワごと」である。招請家族の出国許可と出発の順位は、……

[illegible]

謀略記事だ

後援事業妨害が目的か

在日韓国人万博後援会事務局長　朴炳憲

ソウル南山公園に建立される故金龍煥氏の銅像の起工式場

東洋経済日報の記事は読んだが、どのような底意があってあのように悪意に満ちた記事を書き掲載したのか、そして真意がどこにあるのか全く理解に苦しむというよりほかない。ただひとついえることは、この記事を書いた記者は、万博後援会の事業目的と現状に関しては全く無知であり、にもかかわらず、後援会の事業を故意に中傷謀略して事業推進を妨害しようとする意図だけは根深く堅持していることである。

[illegible]

通商へ相互特恵

韓・ベ経済閣僚会談終る

第四回韓越経済閣僚会談はさる四月二十五日「南ベトナムの経済開発に積極的な協力と協議をする」という要旨の共同声明を発表して四日間にわたる会議を閉じた。

[illegible]

在日大韓民国居留民団
中央本部機関紙
韓國新聞社
発行人　鄭烔和
東京都文京区春日町
2丁目20-13
電話 (815)1451~3
(813)2261~3
振替口座東京 34988番

民団綱領

一、われわれは大韓民国の国是を遵守する
一、われわれは在留同胞の権益擁護を期する
一、われわれは在留同胞の民生安定を期する
一、われわれは在留同胞の文化向上を期する
一、われわれは世界平和と国際親善を期する

拓殖大学 訪韓研修団を派遣
交流促進に韓国語講座も新設

拓殖大学(中曽根康弘総長)では今年も七月に訪韓研修団を派遣することになったが、これは一九六七年秋、中曽根康弘氏が同大学の総長に就任して、翌年四月学内に国際部が創設されたことから恒例になっている。

国際部では、外国人教師の招請、教職員の海外留学、外国人留学生の受け入れなどをおこなっているが、外国人留学生は現在世界二十一ケ国から約百名を迎えており、同大学の校歌にある「人種の色と地の境、わが立つ前に差別なし」のとおり、国境をこえた真理の探究を実施している。

中曽根総長(円内)と拓殖大学正門

「四・一九」民主賞授与
懸賞募集の論文と写真に

話題よぶか石宙善コレクション展
EXPO記念に日本で
華麗な女人文化語る逸品四百点

尋ね人

氏名　金沢　毅
通名　金相根(五〇才)

日赤、モスクワへ代表派遣か
北送再開企図の北傀に迎合

カンボジアと国交再開検討

アポロ記念メダル、在米韓国人が製作

宮城県地方本部 第二十二回臨時大会盛況

一位に黄恩愛嬢
ベートベンコンチェルト コンクールで

姜永善教授ほか十名
第三回科学技術賞授与

貿易銀行設立

中貞熙追念式

密輸鹿茸二千万ウォン
僑胞財産搬入仮装し逮捕

西独外相来韓を機に
統一問題の具体的協議期待

第5回 在日韓国学生 母国夏季学校入校生募集要綱

本国文教部主催　第五回在日韓国学生母国夏季学校入校生を　つぎのように募集する。

一、目　的
日本系高等学校および大学在学中の在日韓国学生たちへ祖国に対する正しい認識と民族精神を培養することを目的とする。

二、募集主管
駐日本　大韓民国大使館　奨学官室
在日本　大韓民国居留民団　文教局

三、入校資格
(ア)日本校在学韓国人高等・大学・大学院生(男・女)
(イ)再入国が可能な者
(ウ)夏季学校履修事実のない者
(エ)品行方正にして身体健康な者

四、募集人員
約七四〇名

五、経　費
(ア)往復旅費を含む教育に必要な一切の費用は、本国文教部が負担し旅券手数料も免除する。
(イ)教育期間中の宿食費は追って通知する。

六、募集〆切り
一九七〇年五月三十一日

七、提出書類
(ア)願　書(所定様式)　二通
(イ)国民登録票証　一通
(ウ)在学証明書　一通

八、提出場所
民団地方本部

九、教育期間および内容
(ア)教育期間　一九七〇年七月下旬より三週間
(イ)教育場所　ソウル特別市
(ウ)教育内容　(1)課　程　国語・国史・地理・反共道義
(2)課外活動　名勝古跡探訪、産業施設および学校視察国内学生と交歓

十、其　他
(ア)事前教育　別途に計画通知する。
(イ)其　他　疑問点は当大使館奨学官室、民団文教局または各教育文化センターに問いあわせること。

一九七〇年四月一五日

駐日本大韓民国大使館奨学官室
在日本大韓民国居留民団中央本部　文教局

東京都文京区春日二丁目二〇番十三号
電話　東京　(813)代表二一二六一一番
(812)二二六一一〜三番
(812)〇六七三番

日韓条約による
永住を希望する在日韓国人の方へ
申請期間は
昭和46年1月16日
までで残り少なくなりましたので早目に申請して下さい。右期間をこえると申請は受付けられませんのでご注意下さい

申請受付場所
居住地の市役所または町村役場

法務省

韓國新聞

在日大韓民国居留民団
中央本部機関紙
韓國新聞社
発行人 鄭烱和
東京都文京区春日町
2丁目20－13
電話 (815)1451～3
(813)2261～3
振替口座東京 34988番

民団綱領
一、われわれは大韓民国の国是を遵守する
一、われわれは在留同胞の権益擁護を期する
一、われわれは在留同胞の民生安定を期する
一、われわれは在留同胞の文化向上を期する
一、われわれは世界平和と国際親善を期する

EXPO韓国デーの主役はなやかに登場

"より深い理解と友情"の使者

丁国務総理一行来日

「韓国の日」のムード盛上る

万博のナショナル・デー「韓国の日」参席のため、丁一権国務総理はさる十四日、夫人と随員二十余名とともに空路羽田に到着した。

この日の空港には李厚洛大使夫妻をはじめとする大使館側の要員多数と、民団中央本部李禧元団長と各機関代表多数が出迎えたが、日本側からも佐藤首相夫妻はじめ船田衆議院議長、金山駐韓大使など政界の要人多数が出迎えた。

定刻（午後三時四十五分）到着機から降り立った丁総理は、出迎えの人たちとつぎつぎに握手をかわし、礼砲のとどろく中を佐藤首相の先導で儀杖隊を閲兵したあと、宿所の迎賓館に向った。

この日のKAL機で丁総理と一しょに来日した随員その他の氏名と、総理一行の滞日スケジュールはつぎのとおりである。

李洛善（商工部長官）
申範植（文化公報部長官）
呉致成（[illegible]）
高光門（[illegible]）
金在淳（国会商工委員長）
洪性澈（国務総理秘書室長）
呉範植（大韓貿易振興公社々長）
金正泰（外務部亜洲局長）

このほかに随行記者二十二名と丁総理の非公式随行者十名。

滞日日程（予定）

5月14日 KAL機で羽田到着
〃15日 日本国天皇礼訪（予定）
〃16日 東京を出発京都に向う
〃17日 京都から大阪に向い、午前中に万博会場の韓国館を視察
〃18日 万博会場のお祭り広場で開催する韓国のナショナル・デイに出席 十時十五分に開会宣言のあと日本政府代表の歓迎のあいさつに答辞。十一時に閉会、夜は大阪市内、ロイヤル、ホテルで開かれる祝賀パーティーに出席
〃19日 東京、三越デパートでの「韓国フェアー」祝賀パーティー出席
〃20日 佐藤首相と会談

ベトナム派遣韓国軍のカンボジア支援検討か

丁国防部長官ベトナムへ

丁来栄国防部長官は、来る二十日頃、南ベトナムを訪問し、駐南ベトナム韓国軍司令官をはじめとする南ベトナム政府当局と一連の会談をする計画であるといわれているが、国防部のある高位消息筋は、丁長官がカンボジア事態に対し現地軍司令官と協議するため、突然南ベトナム訪問を計画するようになった目的は、駐南ベトナム韓国軍がカンボジアを支援できる方法と、その可能性をその場で検討協議するもようであるとものべている。

丁長官は「就任以来、まだ南ベトナム派遣軍を訪問、視察する機会がなかった」とのべ「来る十八日～二〇日に出発する」ことを明らかにした。同長官はカンボジア事態と関連して、韓国の軍事的介入に対し、現地軍司令官たちと論議するかという質問に対し、「勿論カンボジア事態を論議するであろう」と語った。

一方、他の消息筋によれば丁長官は、駐南ベトナム大使館に勤務していた合参作戦企画局長の[illegible]少将など、二・三名の参謀らを引率し出発するもよう。

なお、この日午前十一時駐南ベトナム副司令官李[illegible]少将が、合参議長の帰国命令を受けて突然帰国し、合参関係高位将官らに、カンボジア事態と関連する南ベトナム戦の現況を報告しており、この日午後国防部では、国会国防委員一同と丁来栄長官が会合して、カンボジア事態に対処するための協議をした。

駐韓米軍減縮説は誤報

米大使館言明

ニクソン米国行政府は駐韓米軍の、減縮を考慮しているかも知れないと、駐韓アメリカ大使館が示唆したと、さる九日の星条紙（スター・アンド・ストライプス）が報道した。

米国が駐韓アメリカ軍の一部を撤退させようとしているとのルーモアに対して、韓国の野党が朴正熙大統領に公開質問を送った後に駐韓アメリカ大使館代弁人がそのように示唆したとこの新聞は報道している。

このスポーツマンは「ニクソン行政府は、全世界の米軍基地構造に関連していろいろな研究をしている。この研究には他の地域と同じく、東部アジアの米軍基地問題も含まれている。

この研究に対する最終決定はまだであるが、この政策の方向は、安全を害しない範囲内において、なるべく海外駐屯軍を縮減するものの一であるといった。

この報道に対して外務部は、この記事はヘス駐韓アメリカ大使館スポークスマンが、星条紙記者の質問に答え「米国は、全世界にある米軍の規模と、基地の減縮問題を考慮している」と、軽く答えたところから出た推測であるといった。

参戦七国外相会議

七月五日からサイゴンで

第四回ベトナム参戦七ヵ国外相会議は七月五日から二日間、サイゴンで開かれる。

外務部筋によると、崔圭夏外務部長官は同会議でベトナム問題だけでなくカンボジア事態を含むインドシナ半島問題全般にかんする諸問題を論議するほか、昨年十二月に起きた大韓航空（KAL）機拉北事件および休戦線上における北韓の継続的挑発行為に関連した韓半島での緊張事態を説明する予定である。

写真説明
（上）羽田空港に到着KAL機から降りる丁国務総理夫妻（下）出迎えの佐藤首相とともに

韓国の造船工業

本年度目標一万トン級

年間六〇〇万ドルを輸出

新しい領域を拡張する造船工業は輸出産業の花形として期待されている。しかし巨額の資金を必要とする造船工業はどの国でも積極的な政府の支援で育成されている。船を建造することはその国の国土をそのくらい拡張することである。太極旗を掲げた韓国の船は世界の海を胸を張って……の先頭に立って発展に導くである。韓国で本格的な造船工業としての鉄鋼船を造るようになったのは六十一年度からであり。当時韓国は最初に二百トン級の鉄鋼船「金星号」を造り進水させた。

四〇万トン級の巨大な船を造る外国に比べると、まだまだ韓国は一歩を踏み出したにすぎない。

国際的な位置からみて世界の年間建造量一千六百トン（六十八年度・一千トン以上）のなかで、韓国が……とにつづいて、七十年代前半には年間三千万トン、後半には三千万トンで今後ともさらに大きく伸びるだろうと推定している。韓国の船舶需要も継続的に増加して七十年度一二万七千トン、七十一年度一八万……

おくれた施設・資金難で受注も喜べず

借款の前途楽観

金副総理　対日閣僚会議から帰任

（金副総理）

三、四対一

つづく対日貿易のアンバランス

本国論調

対共産圏交易は慎重に検討せよ

年産二四〇万トンに

浦項製鉄工場拡張を計画

治山、治水七年計画

防災に二千億ウォンを投入

金聖煥氏総裁に

韓銀、突然の人事異動

一五八億ウォン貸出し

農協で二・四分期農業資金

【羽田空港の丁総理】

(上から)機上からおりて佐藤首相と握手。儀仗隊を査閲したあと手をふって出迎えの人たちにあいさつ。

大使館夫人たちの"外交"も活発

美しい衣裳に歎声も

無窮花クラブ "韓服の美"ショー開催

写真説明
(上)首都女子師大のモデル
(下)満員の入場者は美しさに喚声をもらす。

開館七月末に延期

東洋一の規模と多彩な設備

朴大統領夫人積年の夢みのる

(大阪地方委員会)

自由中国文芸賞

許・権両教授にきまる

鄭明勲一位

N・Y・タイムス主催のピアノ・コンクールで

大阪本部 定期地方委員会

北海道本部 定期地方委員会

事務局長の人事も発表

春はスパイのシーズンか

殺射、逮捕のニュースしきり

3名射殺21名逮捕

瑞山でスパイ団一網打尽

休戦線で共匪射殺

武器、カメラ多数を押収

日本漁船団が妨害

独島海上のわが小型漁船団

(多島海紅島の奇)

文化

大物スパイの告白
「私は北傀を告発する」
自首スパイ 姜大振

最近、自首して出た姜大振氏は北韓から南派されたスパイのうちで最高級の大物とみられているが、姜氏は先月十四日、ソウルの市民会館で行なわれた帰順者歓迎大会ではじめて一般の前に姿をあらわし、さる二十五日の記者会見の席上では、北韓情報として「最近、北韓はこれまでのゲリラ作戦がこれという成果を見せないために戦術を変えて、対南工作の方針として細菌戦、化学戦の方向に踏切っている」と語り、一般の注目を引いた。姜氏は全羅北道高敞郡の出身で、韓国戦争当時、北韓人民軍の訓練を受けたのちに北韓に行き、情報活動分野で活躍、スパイとして韓国には四回派遣された。

私の北韓での地位は高級"安全軍官"で、黄海道の社会安全局"反探偵"部の上級指導員を経て第二四軍部隊（北韓のゲリラ部隊として名高い）を指揮する第二九二部隊の上級指導員を歴任した。私はスパイとして四度目に南派されたのを最後に自首して出たが、金日成が赤化統一の野望を捨てない限り、第二、第三の姜大振は無数に山を越え、河を渡って南派されてくることだろう。思えば北韓で過ごした十七年の間、私は残忍きわまりないものを数々眼（ま）のあたりにしてきた。私自身、労働党員となる日まで多くの罪状をおかさなければならなかったし、南派中、スパイ活動の目的のために実兄の胸にピストルをつきつけたことさえある。今回はくしくも九十歳に達した老母を胸に抱いて感激無量ついに同僚二人のスパイを射殺してまで自首するに至ったのであるが、私の長い"濁流の年月"を次にしたためながら、懺悔（ざんげ）したいと考える。

"北傀告発"は 私の告白の記

六・二五当時の 私の歩んだ道

尹基泰部隊掃討 対策本部に赴任

さる三月に休戦線を越えて帰順した盧官鳳北傀中尉

科学院 今年中に設立
科学教育の最高峰として
高水準の科学者需要に応へ

ロンドン大に 韓国学会設立

本格的に整理される
無形文化財と民俗資料
…文公部が5個年計画で…

韓国初の70ミリ映画
八千万ウォンで「春香伝」製作

釈尊誕生祝 賀法要盛況
在日弘法院

（在日弘法院の法要にあつまった信徒たち）

実弾と小銃を支給
文教部、学徒軍事訓練を強化

地下施設構築せよ
大統領指示、非常事態用に

ソウルで九月 国際電子学術会議
11個国、3百名の権威者参加

韓・比文化 協定締結

崔外務を訪問

仏・文化局長来韓

国語純化計画

5・18 ナショナルデー 韓国一色の万博会場

韓國新聞

在日大韓民国居留民団
中央本部機関紙
韓國新聞社
発行人　鄭烔和
東京都文京区春日町
2丁目20－13
電話（815）1451～3
（813）2261～3
振替口座東京 34988番

民団綱領

一、われわれは大韓民国の国是を遵守する
一、われわれは在留同胞の権益擁護を期する
一、われわれは在留同胞の民生安定を期する
一、われわれは在留同胞の文化向上を期する
一、われわれは世界平和と国際親善を期する

三万余名が参加
超満員で閉門さわぎも

万国博のナショナル・デー「韓国の日」は、朴大統領の名代として出席した丁一権国務総理を迎えて、五月十八日午前十時十五分から、万博会場の"お祭り広場"に三万余の大参観者が集まったなかで盛大に開催された。さる三月十五日の開会以来曇天つづきであった天気も、この日は朝からカラリと晴れあがり、空には雲一つもない五月晴れ、会場には午前九時の開門を待ってどっと押しかけた観衆でみるまに超満員となり、警備員があわてて四つの入口を閉鎖して入場をさしとめようとしたが、あとからあとから押しよせる参観者の波におされて制止もきかず、さしもに広い会場も立錐の余地もあらばこそ、通路まで完全にふさがれてしまった。

ファンファーレつづいて韓・日両国国歌奏楽のあと、丁国務総理のあいさつがあり、この日のために来日した民族舞踊、芸術団八十余名の、華麗な民俗舞踊と農楽がひろい舞台いっぱいにくりひろげられるころには"お祭り気分"も最高潮に達した。

（写真）上＝超満員のスタンドと、あいさつする丁総理（左上）、下＝太陽の塔を背景に民族色ゆたかな古典舞踊

韓国の自動車工業

74年には完全国産

業者の零細と未熟が壁

自動車は"移動する家屋"として先進国では生活必需品となっているが、わが国の場合、車の数は増えてはいるものの、まだ奢侈品の域を脱していない。自動車王国の米国には約一億台の自動車があり、人口二人当り一台の割合となっているが、韓国は十一万二千六百台、二六〇名に一台の割にも達しない。今のところ奢侈品ではあるが、一人当りの国民所得三〇〇ドル線をこえると必需品となる世界の趨勢から、韓国も七〇年代の後半からは、自動車が生活必需品となるであろうという前提と、関連工業と輸出産業の開発、税金の増収などを考慮して政府では自動車の工業を育成している。

新進トヨタ自動車組立工場の内部

国内業体現況

業体・代表者	提携・借款	生産
新進自動車(金昌源)	トヨタ(日本) 1千万ドル	コロナ 11,740台 クラウン 726〃 バス 1,532〃 トラック 602〃
現代自動車(鄭世永)	フォード(米国) 46万84ドル	コルチナ 5,486〃 フォード 756〃 バス 350〃 トラック 1,240〃
アジア自動車(張相泰)	フィアット(伊) ヒリンコ(仏) 1,250万ドル	フィアット 124〃 (70年計画) 500〃
起亜産業(金喆浩)	本田・東洋工業	三輪車 1,576〃

ソウル大橋開通

幅25 長サ千三百メートル

(韓国最長の橋)

ソウル大橋の工事規模内訳

参戦七国外相会議

七月五日からサイゴンで

韓日民間経済委

DPRK呼称不当

ソウル 地下鉄計画推進

首都圏電鉄網72年に着手

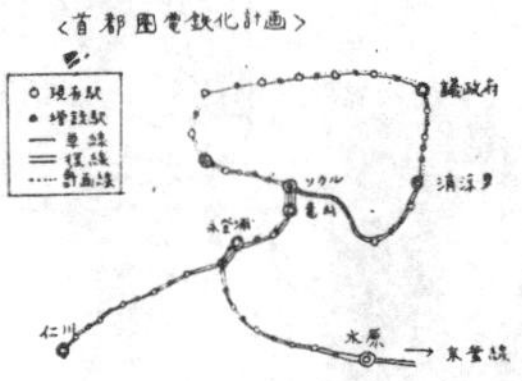

日赤、"クスへ代表派遣か

北送再開企図の北傀に迎合

望郷の一念を国字(ハングル)にこめて

千葉の古寺で発見

ハッキリとナムアミダブルの碑文

(写真・四万石塔と碑文、円内は発見者の朴氏)

おめでた

平和で豊かな明日を!

人類の進歩と調和は誇りと喜びの分けあいから

丁国務総理三万群衆の前で挨拶

EXPO70、大阪万国博のナショナルデー「韓国の日」の式典は、朴正煕大統領の名代として来日した丁一権国務総理の出席のもとに、三万余の大群衆が参加したなかで、十八日午前十時十五分から、"お祭り広場"で挙行、丁総理は、場内のスタンドの上にひるがえる国旗「太極旗」を仰ぎみながら、つぎのような力強いあいさつをよみあげ参観者に深い感銘をあたえた。

萩原日本政府代表、石坂万博日本協会会長、また内外貴賓のみなさん!今日70年万国博覧会、韓国デー記念式に際し本人が朴正煕大統領閣下の名代としてお祝いのことばをのべることができるのをまことに喜ばしく思います。

私はまず70年万国博覧会が、大阪でかくも盛大にもよおされたことに対し日本政府と日本国民の皆さんに祝意を表しまた今日を「韓国の日」に定めいろいろと深い配慮を下さった日本政府と博覧会当局に深い謝意をのべるしだいであります。

国際連合が「第二次開発10年間」として設定した一九七〇年代の劈頭に「人類の進歩と調和」をテーマとする万博がアジアで幕をあげたということは、長い間過去化されてきた貧困と不満から脱け出て経済的自立と繁栄をきずくため力を尽くしているアジア人のため特に意義深く鼓舞的なことであるといえましょう。

わが韓国もこの万国博覧会に大きな関心をもち、今や世界各国の展示館が並ぶ中で「より深い理解と友情」を標榜している韓国館をもうけられたことはよろこばしいかぎりです。

この展示館を通じてすべての人々に韓国民の文化遺産と生活美を紹介し、平和を追求する韓国民の今日のすがたと平和の中で自然と人間を回復した豊かな明日を指向する韓国民の理想をくりひろげる機会を持ったというのは我々としてまことに意義深いことであります。

万国博覧会はすべての人が人種と国籍を超えて、人間としての自らを誇り、お互いに喜びを分かちあう平和の広場であります。

しかし、今われわれがこの平和の広場に集まり、人類の進歩と調和をちかいあうこの時刻にも、アジアの他の地域では戦火がたえないありさまであります。

わが韓国もすぎた日々に数えきれないほどの戦争の惨禍を被りました。

しかし、我々は忍耐と勇気でこの全ての試練を克服し、今日英明なる朴大統領閣下の領導のもとで全国民が心を合わせ、努力して祖国の近代化と経済建設に邁進して居ります。

調和は平和に通じ、平和は破壊によらない建設を意味します。したがって今日の韓国の建設相は、これすなわち調和と平和に対する韓国民の一途な念願を語るものといえましょう。

その意味から今日この平和の祭典において皆さんが定めて下さった「韓国の日」は平和と友好に対する韓国民の意志を再び世界に誇る貴い契機となることを信じて疑いません。

韓日両国は地理的にも歴史的にも文化的にもどの国よりも近い仲であります。

したがってここに展示された韓国の芸術品と文物は世界の他のどの国のそれよりも皆さんに親近感と共感を与えるものとおもいます。

このすべての展示品は皆さんの日本がそうであるようにわが韓国も今日すばらしい発展を重ねて居り、世界平和と人類共栄に寄与すべく努力しているという事実を世界に示してくれることとおもいます。

私はわれわれ両国がこの歴史的で世界的な行事を契機により深い親善と協力の紐帯を強化して、アジアと世界の平和と進歩のためより大きな貢献をすることを確信するしだいであります。

今日、この意義深い集いのため努力を惜しまなかった韓日両国の関係者およびこの集いに参加された貴賓の皆さんに重ねて感謝を捧げ皆さんの健康と幸福を祈ります。

一九七〇年五月十八日
大韓民国国務総理
丁一権

花の万国博「韓国の日」

写真=(上)丁国務総理をローヤルボックスに迎え、舞台いっぱいにおどる民俗舞踊団、(下左)手押車で参観の老女、(下右)この日、大群衆が押しよせた韓国館入口

丁総理と歓談する李団長

"統一"の遺産を後世に

丁総理、全国団長に団結強調

滞阪中の丁一権国務総理は、ナショナル・デーの翌十九日午前九時から宿舎のロイヤルホテルに、"韓国の日"出席のため来阪中の李禧元中央団長と、民団各地方本部指導者および経済人多数を招待して、総理主催の朝食会を催し、労をねぎらったが、日本における民団活動家と経済人たちの使命の重要性を強調して大要つぎのようなあいさつを述べ、これに対し李禧元中央団長も答辞（別項）を通じて簡潔な中にも感銘深い決意を披瀝した。

丁総理のあいさつ

昨年秋、ソウルで開かれた民団強化対策会議の席上で、わたしは全国から集った民団指導者に向い、「十年前に、われわれが命をなげうって北傀と戦い祖国を防衛したおかげで、今日のように発展する祖国があり皆さんと机を囲んで会議ができる」とあいさつしたが、皆さんが二十余年間、この日本で自己を犠牲にした戦いをつづけたおかげで、今日わたしは皆さんとこの国で再会の喜びを分けあうことができたとおもう。日本のすみずみまでわが韓国人のすむところには祖国の国旗がひるがえり、万博会場においても数万の同胞が、太極旗の下で世界の人々と歓を交え国際親善と国威の宣揚に心おきなく献身できるのは、皆さんの愛国愛族的な不断の戦いと努力のたまものであるとわたくしは固く信じて疑わない。

人は往々にして利害関係だけを重視するものである。商人は利益を追求し、公務員は出世と栄達だけをもとめ、これらを唯一のものと信じているが、人々がいかに大きな財を積み、地位を得るのに成功したとしても、生命の果てる日には、これらの富貴や栄華とは訣別するものであり、その人は一代で終焉を告げるものである。

しかし人は一代で終っても、国家と民族は永遠である。皆さんが世界のどこに住んでも、皆さんは韓民族の血をうけた民族であり、皆さんの祖国は大韓民国である。

国家と民族の将来と現在のために、経済人も民団指導者も一丸となって民団組織を中心に固く団結し、力を合わせて努力することを希望する。とくに組織運動の第一線にいる指導者たちの活動は、祖国防衛の第一線に立つ将兵に決して劣らない闘争の毎日であることを……

ローヤル・ホテルのレセプション

李中央団長挨拶（答辞）

……

張忠植総長

民族文化誇示したい

檀国大と上武大姉妹結縁

ソウルにある檀国大学と、日本の上武大学（群馬県）とが姉妹結縁をむすび、教育と文化交流を通じて韓・日間の親善と友好を増進することになった。

檀国大学の総長張忠植博士は、この結縁契約に調印するため、さる四月二十二日に来日し、二十八日には「姉妹結縁契約書」をとりかわして、二十九日には……

三機関全員留任

山梨地方本部定期大会

山梨本部会館落成

甲府駅前に、駐車場も完備

PENのポスター

新しい韓国のイメージを世界のペン代表に

"世界ペン"ソウル大会

作品二百余編翻訳出版

会議では三ヵ国語を同時通訳

第三十七次世界作家（ペン）大会が来る六月二十八日から七月四日まで七日間ソウルの朝鮮ホテルで開かれる（既報）。「文学の国連総会」とよばれる世界ペン大会がこんどソウルで開かれるようになったことはわが国としては特別な意義がある。国際ペン韓国本部は、こんどの大会の目的を「韓国文学者とその文学の国際交流と韓国文学の海外紹介、それからあらゆる外国代表たちに韓国に対する新しく、正しいイメージを認識させる」ところにおいている。

……

大会日程

……

自首帰順したスパイ鄭氏の結婚式

文化

大物スパイの告白（二）
「私は北傀を告発する」

姜大振

○尹基泰はかって信川農業高校の教師であった。もともと共産主義には反対していた男であるが、一九五〇年の秋、北進を始めた韓国軍が、北にはいってくると、教師の職を退いて、第一線の信川郡治安隊長となって北韓軍と戦った。ところが中共の介入により韓国軍が後退してからは、九月山と八峯山に拠点をおいて尹基泰は三百余名の精鋭隊を糾合、遊撃戦をくりひろげて信川郡、載寧郡、安岳郡、松禾郡、長淵郡など五つの郡までを掌握していた。私はこの掃討作戦に幾度か参加したが、なかなか掃討しきれるものではなく、五六年には連隊兵力が投入されて大掃討作戦を展開した。その結果、九月山と八峯山は血の海と化したが、それでもまるで忍術師のように尹基泰は亡びなかった。○

「反探偵員」に与えられた権限

私の働いていた社会安全局の〝反探偵〟部というところは、六・二五動乱当時から戦後にかけて「南韓の対北諜報作戦封鎖」任務を目的として活動していた所だった。そして私のような「反探偵員」というのはそうした任務をになう情報員だったのである。「反探偵」というのは敵方の探偵を摘発する任務を持つことにつけられた名であったが、いうまでもなく「反探偵」任務はそうした消極的役割りにとどまるよりも積極的任務を遂行するところに重点が置かれていた。

われわれ「反探偵員」には多大の権限が与えられており、いわゆる反動分子（北韓側のいう……）の摘発および作戦指揮権も持っていた。また反動分子の取り調べ期間、求刑、宣告に至るまでの過程でわれわれには関与権が与えられていた。

私は過去十八年間、この「反探偵員」だったわけである。反探偵員になる前にはかず数々な容疑をさせられる。

「私は金日成元帥と党だけを保衛することを誓います」と宣誓したのである。

青壮年の故郷奪還闘争などで

こうして、反探偵員になった私は民間人はいうまでもなく、政府、司法府、軍隊、文化界、宗教界（当時はまだ宗教が一掃しきれずにいた……）、言論界、学園およびは社会団体や生産現場など、あらゆるところに諜報の網を張らなければならなかった。

五三年の休戦協定成立時も、黄海道一帯はまだ戦いの連続だった。というのは例の鬼児尹基泰とその部隊以外にも大小さまざまの反動分子が夜となく昼となく出没しては騒動を起こし〝反共闘争〟なるものをくりひろげていたからである。

特に青壮年の「故郷奪還闘争」というのはすさまじかった。これはひとたびは南へ行っていた青壮年がまた越北して戻ってきて、自分たちの故郷を取戻すという名目で、北に残されていた縁故者の家族にちや住民たちの支援を得て闘争するというものであった。

これがほとんど北韓全域に拡大され、当時北韓の治安は極度に不穏状態に陥った。それに事態をいっそう悪くしたのは〝南北捕虜交換〟によって帰還してきた兵たちが当局の冷い待遇に（死ぬまで戦わなかったのを冷たく見る風潮もあって……）反発して〝反共闘争者〟を支援したことだった。

こうしたことで社会不安が高じてくると、社会安全省はあわてて対民査察を強化するため「反探偵」の再教育ならびに権限拡大などを実施した。それだけでなくその目的ですべての策略が動員された。

道立病院長の盧ピョンオク氏

当時はさまざまな奇怪な事件がたくさん起きた。五五年一月、私は交通事故に会って、黄海道道立病院に入院した。全治三週間の傷であったが、三週間はおろか、一カ月たっても、私の傷はよくならないといわれた。否いっそう悪化しているということで、私は私の妻が管理職をしている海州療養病院に移されて治療を受けることになった。

ところで、後になって判明したことではあるが、この道立病院長

五四年からの餓死者と凍死者

こうした事件は全く数えきれないほど多かった。

しかし、何といっても、休戦協定調印のあった翌五四年から打ち続いた食糧危機騒動と、ついに五六年、そうした民衆の不安を背景にして立ち上がったソ連・延安派の大反乱はマークすべきものだった。同派の大物朴昌玉と崔昌益、尹公欽らは金日成の重工業優先政策に真っ向うから反対して、クーデターを画策したのである。

冷酷な金日成の重工業優先政策

こうした恐ろしい飢餓と死はまる二年も続いたのに金日成一派はこれにソッポを向いて相変わらず重工業優先に徹していた。日ましに人心が険悪になって行ったころ、五六年春、前述のことが起きた。ソ連が〝食糧援助〟として送ってきたものを、金日成はこれをそっくり重工業開発に投資することにしたのである。これに強硬に反対したのはソ連派の朴昌玉副首相、延安派の崔昌益副首相、朴一禹社会安全相、保衛省副相の金雄大将、人民軍第四集団軍司令官の張平山大将、空軍総司令官の王連上将（中将と大将の間の位）などで、彼らは「まず人民を食わせろ」「ソ連の援助金や資源をそこに用い、これを他に転用することは、なすべからざることである」と強く主張した。これらの「飢餓」にひんしたものを救うことが第一」と主張する派と、金日成一派の「国あっての民だ」「国を強固にすることが第一」と主張する派とで、彼らは「ここで対立した。しかし、ものの大小から、金日成の主張を譲ることはなかった。結局、金日成独裁によって重工業優先政策は何を犠牲にしても強く推進されることに決定されたのである。

朴昌玉、崔昌益らが「もう我慢ならない、金日成といっしょに政権を共にすることはできない」と……

（つづく）

14カ国5千名が参加
世界反共連盟躍進大会

W・A・C・L（世界反共連盟）躍進大会が、さる十一日十一時、韓国をはじめドイツ、十四カ国の代表、駐日外交使節、自民党川島正次郎副総裁代表および一般市民五千名が参席裡に東京杉並の普門館で開催された。

東京フィルハーモニーの奏楽で幕をあげたこの日の大会は、佐藤栄作自民党総裁の代表の（川島正次郎副総裁代読）メッセージ、W・A・C・Lを代表して自由中国、ドイツ、韓国、カナダ代表の挨拶がなされ、大会平和宣言を採択した。W・A・C・L（世界反共連盟）は一九五四年、当時の韓国大統領の提唱により韓国の鎮海市で、第一回A・P・A・C・L（アジア反共連盟）会議が開かれ、今年で一六回の大会を迎えることとなる。

とくにこの日の平和を祈る祭典には、東京フィルハーモニー交響楽団（指揮外山雄三）、ソプラノ伴奏に演奏団……が、スッペの軽騎兵序曲とベートヴェンの第五番変ホ長調〝皇帝〟……

代表は次のとおりである。

▽韓国＝李応俊、▽自由中国＝谷正綱、▽ベトナム＝ドン・ダン・ヌ・スワルブ、▽イラン＝バーレビ・カズミ、▽トルコ＝フェテイ・テエヴェログル、▽ドイツ＝カナダ＝ダニエル・ライオンズ、▽アメリカ＝ディビット・N・ロー、▽セイロン＝マヒダ・ラナウーラ、▽日本＝渡辺銕蔵、

上　東京大会の全景、下　川島自民党副総裁の挨拶風景

扶余に仏教伝来謝恩碑
日本仏教界が超宗派で建立

日本の仏教伝来謝恩事業会（東京都江戸川区一之江四ノ三田寺、佐藤泰舜会長、田中喜浦実行委員長）では韓国が日本と古代の昔から深い関係で結ばれており、とくに仏教を日本へ伝えたことに対して深く感謝し、韓国に謝恩碑を建てることを決定した。

その趣意書によると、日本は上代にあって、当時の先進国であった韓国から文化・民生の自覚をいろいろと学ぶことによって日本はしだいに成長発展して来た。とくに日本文化の精華である仏教は日本の正史（日本書紀）によれば、欽明朝の十三年（五五二）、百済国二十六代の聖明王が使者をして仏像経巻等を日本の朝廷に送ったのが仏教伝来の始まりである。

韓日両国は近代三十余年の不幸な歴史も、日本の敗戦とともに清算され、互いに平等な立場で歴史本然の姿に戻った。いまの時点において、この謝恩事業が日本の仏教界はじめ各界有識者あげての欣然たる賛助のもとに具体化されるということは、まことに両国親善からも、歴史的というべきものであって、その意義は実に深いものがある。

それは韓日両国民の永久に変らない友情のきずなとなり、ひいては世界平和の象徴ともなるであろうとされている。

なお同事業会の事業要項はつぎのとおり。

△建立地＝忠清南道扶余邑扶蘇山麓

△建碑＝韓国産の烏石で主碑と副碑を建立

△一九七一年十月の予定

△予算　日貨二千万円

△募金＝日本人の有志多数、建設賛者の芳名は碑の下へ永久納めし除幕式には日本人有志多数が参加し、観光プランもたてている。

（S─SA）

× × ×

偏感
─釈誕日によせて─

金雲学

金雲学師

新緑の五月のはじめ東京日本橋の高島屋で催された「東洋陶磁展示会」は、韓国民としての誇りを満たせるに十分なものがあった。

この展示会を参観して感動しないひとは恐らくいないだろうと思う。

中国の宋代のものに比べても、あまりにも秀れた高麗青磁を目の前にする時、ただそれが優雅だと感じるだけでなく、われわれの祖先が静寂と和かな美しい世界に入るのを感ずる時に、われわれの先祖の創造の世界は、どの民族にもみられない昇華した境地をもっているのである。

韓国仏教は、千六百余年の歴史の中で韓国文化に大きな功績を与えた。新羅の仏像と造形芸術、また高麗の工芸はすべてこの仏教が生活化し、昇華された精神の上に築き上げた結晶である。

釈迦誕日二五一三年を迎えて、仏教の国といわれる日本で布教のかたわらに得た感想を述べてみるのも無意味なことではあるまい。

韓国仏教の日本支部である在日弘法院が日本に居を定めて三年、日本における布教と、韓国仏教の正しい理解に努力してきたが、われわれの祈願と努力が足りないためか、在日同胞の中には韓国仏教を理解する方が少いようである。

われわれの先祖が、日本に仏教を伝えたという素朴な歴史的事実はさておいても韓国仏教は日本のそれよりもっと理解されず、お寺はただ仏に払いするところかさもなければ金もうけをするところとみなし、僧侶を時には祈祷師と錯覚、巫女の類のように待遇するのは実に嘆かわしいことである。

悖慢たる文化の遺産に輝く韓国仏教を日本の既成社会にもちこむときにミスがあったのか、或はわれわれの布教にミスがあったのか。

韓国仏教は東南アジア諸国に比べ低い社会的地位に拘らず、教理の内容と制度は、アジアのどの国よりも厳格で秀れている。

日本の世俗化した仏教と、タイ国、セイロン等の小乗に偏り過ぎた仏教とは、比べものにならぬのが韓国の仏教である。

韓国仏教は、大乗、小乗を融合して戒律を強化させ、教理を拡げ、内容をより深くして、そこに厳格な制度と内容をもっている。

韓国のこのような偉大なる伝統仏教と文化仏教の世界に誇るべきプライドを日本の同胞たちも抱くよう、正しい理解を願ってやまない。

民族伝統の主体精神としての国民精神も、また、この中から探し出され、国家の発展に何より力をもたらす所以であると確信し、これを念願するものである。

（筆者在日弘法院教務局長）

韓国語のはなし（一）
韓国語とその系統
─どういう言語か─

申昌淳

それはともかくとして、母国語である韓国語を知らない在日韓国人や日本人が韓国語を習うばあい、文の語順には殆んど気をつかわなくてもすむわけですから、それだけ韓国語の学習は容易であろうと思います。韓国語はどういう言語かを概略ながら述べましたが、次からは韓国語の学習に役立つことがらを何回かに亘って書きしるすことにします。

（つづく）

（筆者は東京教育大学大学院文学研究科博士課程）

神奈川南武支部
第17回定期総会

民団神奈川県南武支部（団長河仁権氏）では、さる五月十日午前十一時から同支部事務所三階講堂で、第十七回定期総会を、県本部朴勝楠副団長をはじめ来賓多数参席のもとで開催した。昨年度の経過報告につづいて新年度の予算と運動方針を決定し午後三時すぎに閉会した。

河仁権団長

金元竜博士任命
国立博物館長に

さる二月下旬に金載元氏が停年退職した、ソウルの国立博物館長の後任に、ソウル大考古学教室の金元竜教授（48・文博）が、さる十一日付で発令された。

金元竜博士はこれまで一九四七年から十余年間、国立博物館の研究科長、学芸官、館長事務などの職責を完うして来ており、りっぱな館長が任命されるまでの二年間は勤めたいとのべながらさる十二日に就任した。

金博士は現在まで双楹塚（五五年）、新羅土器研究（六〇年）、韓国古活字概要（六四年）、韓国美術史（六八年）、韓国考古学（六九年）などの著書を出しており、ニューヨーク大学、ロンドン大学でも研究生活を送った考古学者である。

張檀国大学総長ら四名招請
米第八軍司令官がハワイへ

一九七〇年度米陸軍伝道官交換計画で来る六月張忠植檀国大学総長のほか三人の韓国人がハワイへ招請された。

これらの人はラルフ米太平洋司令官とジョン米八軍司令官によって招請され、十日間ハワイに滞在し韓米両国間の文化、社会経済、公民に関し理解を助ける仕事をする予定。

なお、一行は張総長をはじめ、吉ミョンドク第一弁護士協会々長、甲テヒョン中外科病院長、林インス、ホリ山印刷株式会社々長である。

韓國新聞

在日大韓民国居留民団
中央本部機関紙
韓國新聞社
発行人　鄭 烱 和
東京都文京区春日町
2丁目20－13
電話 (815)1451～3
(813)2261～3
振替口座東京 34988番

民団綱領

一、われわれは大韓民国の国是を遵守する
一、われわれは在留同胞の権益擁護を期する
一、われわれは在留同胞の民生安定を期する
一、われわれは在留同胞の文化向上を期する
一、われわれは世界平和と国際親善を期する

万博記念招請家族入国順調

羽田でも 招請家族入国開始

「永住権のおかげです…」と家族たち

大阪、福岡につづいて東京の羽田空港にも、万博参観招請家族の第一陣が到着した。

五月二十四日午後十時二十分に羽田空港に到着した大韓航空（KAL）の臨時便DC9型ジェット機からは、北海道、青森、岩手、山形、宮城など各県の招請の家族七十三名が、肉親たちの再会と、万博参観に胸ふくらませて空港に降り立ち、民団中央と東京本部の出迎えと案内に心から感謝しながら、待ちわびていた家族たちにひきとられていった。

この日、民団東京本部からは[illegible]

このため、民団中央からは朴[illegible]局長、[illegible]生局長、[illegible]組織局長、[illegible]民生局長と民生・組織の両局[illegible]空港に出迎えて、入国手続と税関検査を手伝い、空港にまで出張してきた地方本部の団長および事務局長へ、入国者の出迎き事務を[illegible]

この日到着した入国者（被招請者）のほとんどが高令者で、外国旅行は生れてはじめての経験者であるため、空港での入国手続きや税関検査の要領を知らず、パスポートと出入国記録票の区別すら知らないありさま。これらの入国者が、いちいち親切にテキパキと案内して、全員が予想外に早く手続きを済ませ、空港の東急ホテル七階の歓迎会場ホールに集合したのは十一時三十分頃であった。

東京本部では、この日の入国第一陣の到着を歓迎するため、東京韓国学校の教室を借りて歓迎会場の準備万端を進めていたが、入国者たちのほとんどが、北海道や北陸、東北地方であり、羽田で国内線の飛行機に乗り継ぐことから、折角準備しておいた韓国学校での歓迎をとりやめ、急遽、空港内の東急ホテルホールで簡単な歓迎会を挙行することになった。

再会のよろこびも 永住権のおかげ…

入国者全員と、北海道はじめ各県地方本部から出迎えにきた団長・事務局長や、家族たちが参加した歓迎会は十一時三十分過ぎからひらかれ、まず[illegible]中央組織局長が、入国者全員を、行先き地方別にお席させたあと、朴太煥中央事務総長から、「一行の長途の旅をねぎらい、『全国の民団を代表して心から歓迎する。皆さんはこれから万博を参観するであろうが世界の先進国が文明を競いあう万博から多くをまびとり、祖国の発展に寄与してもらいたい。この万博の会場には祖国の旗がはためく韓国館が、世界の先進国に伍して堂々と国威を宣揚していることも認識し、皆さんの胸につけている"太極旗のワッペン"の矜持と誇りを傷つけることなく、滞日期間中は責任ある行動をするように」とのあいさつがあった。

歓迎会がおわるや一行は、それまで遠慮して待機していた出迎えの家族たちと、手をとりあい肩を抱きあって、無事到着と再会を喜びうれし涙にむせぶ交歓の場を展開した。

これからあと羽田空港には継続して招請家族の入国がはじまるが招請した人も到着した家族たちもみんなが再会をよろこぶと同時に政府と民団に心から感謝し、日本にいる家族たちは永住権を申請したからこそ招請もできる安心感と誇りに心ゆたかであった。

周四原則の対策協議

丁総理、佐藤首相と要談

丁一権国務総理は、さる十一日午前十一時、李厚洛大使を伴って日本首相官邸に佐藤栄作日本首相を訪問、保利官房長官をまじえた中で約一時間会談した。

この日丁一権総理は①韓日経済協力、②中共の「周四原則」に対する対策、③永住権申請、④北傀のEXPO参観許可問題などに関して佐藤日本首相と意見を交換した。

同会談で丁一権総理は、韓国の第三次経済開発五カ年計画の進展ぶりを説明した後、七二年から始まる第三次五カ年計画の実行にあたって日本からの経済協力を要望した。丁総理はまた、韓日貿易が日本側の輸出超過にかたよっていることを指摘、ノリなど韓国産品の輸入をふやしてほしいと求めた。

これに対し、佐藤日本首相は、韓国に対する経済協力は今後とも続けて行くことを約束し、この問題は来る七月、ソウルで開かれる韓日閣僚会議で具体的に論議されるだろうと語った。佐藤日本首相は去た、ノリの輸入は、現在の割当て制を改めて自由化する考えをほのめかした。

丁一権総理は、日本と北韓間の貿易や、北韓から日本への出入国問題、そして在日韓国人の日本永住権問題などに関して、韓国政府の意向を説明、日本政府の協力を求めた。

これに対し佐藤日本首相は「日本と北韓との間には、民間ベースの交易が行われているので、それに伴う若干の往来はあるが、北韓からの出入国問題の扱い方を変える考えはない」と答えた。

この日の丁・佐藤会談では、このほかにもカンボジア事態を含む東南アジア情勢や、北韓からの挑発行為による韓半島の緊張状態などについても、和気あいあいの中に意見の交換があった。

共同繁栄に協力を

丁総理、日本側要人に強調

日本を公式訪問中の丁一権国務総理は、さる十九日の夜、佐藤日本首相ら[illegible]の皆さんを招宴した。

席上丁一権総理は、「韓日両国は両国の共同繁栄と、アジアの平和を促求するために、協力を一層強化しなければならない」と語り、「両国の国民は[illegible]を基盤として、平和な福祉社会実現に対する努力」を呼びかけた。

丁一権総理はまた、二十日夕、韓・日協力委員会の日本側主催による夕食会に出席して、韓日両国の経済協力を強調する演説を行い「日本の経済成長と、科学技術の発展などは、全世界によく知られているとおりであるが、韓国もあらゆる面で飛躍的な成功と発展をとげており、この韓日両国の緊密な協力は、両国の共同利益のためばかりでなく、アジアの平和と共栄のためにも有益である」と強調「このような共同運命のためには両国のより一層な理解と協力が必要である」と力説した。

なお、丁総理は同日午前、朴大統領の代理として船田中日本衆議院議長に抜交勲章を授与、[illegible]に元日本首相とも韓日間の[illegible]協議した。

中央本部人事

任　組織局長　金　宰　淑
依願免職　組織局長　丁　海　竜
〃　宣伝局次長　朴　英　勲

一九七〇年五月二三日

常駐代表部設置合意

カンボジアと外交正常化

韓国とカンボジア政府は十八日、両国間の公式関係を再開することに合意、速やかに正式の外交関係を樹立して大使の相互交換をおこなうことに決定した。

このほどカンボジア事態解決のためにインドネシアのジャカルタで開かれたアジア・大平洋地域会議に出席した崔圭夏外務部長官は同日カンボジアのサンボウ第一副首相兼外相と会談を持ち、さる六五年の全面的な断交以来[illegible]だったカンボジアとの外交関係を再開することに合意した。

[illegible]

(SISA)

レバレンに代表部

アラブにはじめて 公式政府代表機関

韓国は尹[illegible]特命全権大使を代表とするレバノンのベイルート駐在常設通商代表部を開設したと十九日発表した。

韓国がアラブ国家に公式代表部を設置するのはこんどが初めてである。

おしらせ

[illegible]氏長男[illegible]君（民団中央本部民生局長）と金[illegible]氏次女[illegible]嬢両人の結婚式が来る五月三〇日午後二時から東京文京区立結婚式場で挙行される。

写真説明

（上）＝すこしばかり足がふらつくが、これは疲れのせいではない。息子に逢えるうれしさで興奮したからだ。（中右）＝おみやげをしっかりと手にして。（右下）＝あすこに出迎えの息子たちの顔が見える。（中左）＝再会のよろこびが、うれし泣きとなって。抱き合う年老いた姉妹。（下左）＝入国手続きを終えて、歓迎会場の東急ホテルであいさつをきく入国者たち。

招請家族来日の蔭に

民団本国連絡事務所の多忙な毎日

ソウルの民団連絡事務所(正式名称・在日本大韓民国居留民団地方連絡事務所)は、今年の一月以来、連日、目のまわるようないそがしさである。

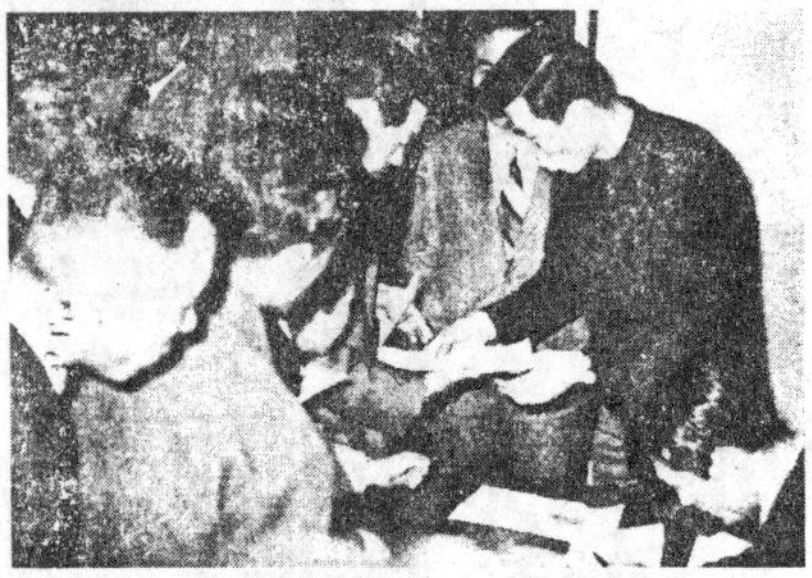

写真説明

(上)=書類の受付に忙殺される所員、(中左)=李成甫所長、(中右)=金治安局外事課長から注意とアイサツをうける(下)=出発前の参観団

職員募集

一、募集人員
二、応募資格
三、学歴・年令
四、待遇
五、福祉
六、勤務先

応募希望者は履歴書、写真、外国人登録証持参の上、本人が来部すること

在日本大韓民国居留民団 中央本部 総務局

徐恒錫氏にゲーテ勲章

駐韓ドイツ大使が伝達

韓国劇界の元老徐恒錫(七一)氏に、韓国人としてははじめてゲーテ勲章が授与された。

父の悲報に空港で涙にくれる金嬢

あと五日生きてくれたら

ひと目逢いたかったのに

招請した父、四日前に死ぬ

―二十六年めの父娘再会ならず―

離れ住んでいた肉身たちが、相擁して再会のよろこびに浸っている羽田空港の歓迎会場で、ひとりだけ、このよろこびに背を向け悲しみに打ちひしがれ号泣している若い女性がいた。号泣のあいまに嗚咽しながらそのひとはつぶやいた「お父さん、なぜ待ってくれなかったのです。せめてあと五日だけ生き延びてくれたら逢えたのに…」と。かの女を招請した肉身の父親は、二十六年ぶりに娘の顔をひと目みようと必死に願い、娘もまた、顔さえ忘れた父が生きていてくれることを神にすがりながら羽田空港におりたのに、待っていたのは父の死を告げる悲報であった。父親は娘の到着する四日前に亡くなってしまったのである。

これでよいのか韓国館

サッパリわからぬ テーマと展示内容

批判と非難集中、再検討必要

展示内容に非難が集中している韓国館

万国博の韓国館が国内外から痛烈な批判を浴びている。

朝鮮日報掲載の韓国館批判記事

韓国館の恥部、未来館

中学生の写真展より拙劣

愚かな主催者の自己満足が原因

韓国フェアー盛況

人気の李朝秘宝特別公開

初のセメント船

7・5ノットの速力、鉄より軽い

学校・会館設立を討議

神奈川本部地方委開かる

神奈川県地方本部(孫張翼団長)では、さる四月二十七日午前十一時から地方委員及び各顧問来賓傍聴者約一百五十人あまり参席のもとに、第九回定期地方委員会を、同本部二階講堂で開催した。

年内に法人化確実

教育委員会定期総会

(写真は許理事長)

韓國新聞
在日大韓民国居留民団
中央本部機関紙
韓國新聞社
発行人　鄭　烔　和
東京都文京区春日町
2丁目20－13
電話 (815)1451～3
(813)2261～3
振替口座東京 34988番

民団綱領
一、われわれは大韓民国の国是を遵守する
一、われわれは在留同胞の権益擁護を期する
一、われわれは在留同胞の民生安定を期する
一、われわれは在留同胞の文化向上を期する
一、われわれは世界平和と国際親善を期する

万博招請事業に不正なし

全員来日に自信あり

"黒いうわさ"吹き消す順調な進展

新聞通信協会主催の共同記者会見で李団長言明

最近、同胞社会には、民団が推進している「万博記念・本国家族招請事業」に、なんらかの不正があるかのような"うわさ"が流れ、このうわさは憶測をまじえた「黒いうわさ」になって、同胞社会に不要な誤解を招いている。このような事態を憂慮した「在日韓国新聞通信協会（宋基復会長、加盟会員十五社）」は、さる四日、丸の内の工業クラブに、民団中央本部の李禧元団長以下関係各局長を招いて懇談会をひらき、忌憚のない意見の交換と質疑の応答ならびに情報を交換しあって、誤解の一掃といわゆる"黒いうわさ"の払拭に大きな成果をおさめ、同胞社会の今後の運命を左右する「永住権申請促進運動」の啓蒙とPRへ、民団とともに今後とも努力と協力を惜しまないことを確認しあった。

しかし、事業の中途において、このような風説が同胞社会に流布されることは、その"うわさ"の出所が何処であれ組織と同胞の間に不要な誤解を生むおそれが多分にあるとともに、本国の政府当局と国民の、在日同胞に対する信頼の度を落とすおそれも多いので、同胞社会の言論報道機関の各社はこのような事態とその将来を憂慮してさる四日、[illegible]

新聞通信協会主催の懇談で質問に答える李団長

大韓航空との契約

中央委で報告、承認ずみ

[illegible]

万博参観団帰国時の携帯農機具免税決定

―民団中央の建議とおる―

[illegible]

「領事局」新設決定

在日同胞の要請みのる

[illegible]

十六日に招待航行

釜関フェリーいよいよ就航

一九六七年の夏に話し合いが始まってから三年目、韓国の釜山港と日本の下関港を結ぶ釜関フェリーがいよいよ六月十九日から運航をはじめることになった。

戦前では「関釜連絡船」といえば日帝の戦争遂行のため数多くの人々を強制徴用で連れ去った哀愁の別れ舟の別名であったが、このたびの釜関フェリーは韓日両国の新時代を象徴する「虹のかけ橋」をトレードマークにからっとしたムードで門出をする。

フェリーの第一船は、三月十一日兵庫県の太平工業安芸津造船所で進水したが、船体は長さ一一四・六メートル、幅一九メートル、三六〇〇重量トンで最大速力は二十二ノット、商業時でも十九ノットのスピードがでるよう設計されている。収容能力は乗客六百人（一等五十八人、特二等百人、二等四百五十八人）・乗用車六十台、十トンコンテナー七十個であり、下関からソウルまでマイカードライブを楽しめるというお膳立て。運航ダイヤは往航（下関発）が毎週月・水・金午前九時で釜山には午後四時到着。復航（釜山発）は毎週火・木・土、午前九時出航で下関着が午後四時。韓国からの万博客二千五百名の予約もあり、韓日両国の観光客の利用も多くなりそうである。六八年八月、航路開設を確認、同年十一月に覚え書交換の手続をへたのち、四十四年、釜山、下関両市に各々設置された関釜フェリー社（日本側）と釜関フェリー社（韓国側）は、平等互恵の要領的な合弁会社であり、韓日交流のシンボルでもある。

[illegible]

会長に朴斗秉氏

アジア商工会議所連合会で選出

アジア商工会議所連合会（CACCI）第三回総会は、第三代会長に朴斗秉大韓商工会議所会長を万場一致で選任した。

さる十日から大阪で開かれた今度の総会には、韓国をはじめ域内十二ヵ国が参加、"アジア発展のための経済協力"問題に関して協議した。

この日、選任された役員は次のとおりである。

会長　朴斗秉（大韓商工会議所会長）

副会長　永野重雄（日本商工会議所会頭）

〃　D・C・コタリ（インド商議会長）

〃　F・R・G・ストリックランド（オーストリア商議代表）

電波にのる永住権

テレビで申請PR

法務省がNHKで放映

日本政府法務省では、駐日韓国大使館の要求のもとに、NHKテレビを通じて永住権申請促進宣伝をすることになった。内容は、協定永住権申請の締切が来年一月十六日であることと、有資格者の申請を促がすテレビスポット及びアナウンサーの説明からなり、六月一日、一五日、七月一日、七月十五日の「おしらせ」の時間（午後一時二〇分又は午後六時五〇分）に放映される。

会長に山崎竜男氏

青森・日韓親善協会総会

青森県日・韓親善協会の第三回総会が、さる五月二十八日に開催されて、新会長に山崎竜男参議院議員を選出した。

総会は午後十二時三十分から、[illegible]

総会につづいて、午後一時と六時の二回にわたって協会主催の「韓国民俗歌舞芸術団」の祝賀公演があったが、毎回二千名ちかく[illegible]を祝福した。

互恵原則で協力を強化
対中共と極東安保を主議題に
貿易不均衡是正も
七月に韓・日定期閣僚会議

第四回韓・日定期閣僚会議が来たる七月二十一日から二十三日までソウルで開かれる。

韓・日両国間の経済協力強化および当面する懸案問題を協議する同会議は、毎年八月中旬に開かれてきたが、韓・日両国の事情が八月は国会関係でいそがしいため、今年からは会議を七月に繰上げて開催することになった。

こんどの韓日閣僚会議では、①対中共問題と極東安保に対する意見交換、②互恵原則のもとで韓・日経済協力の強化、③貿易不均衡是正のための長期方案、④海運および経済協力問題などが議題となるとみられている。

この会議で韓国側は、日本の資本自由化拡大を契機として、日本資本の積極的な投資による輸出産業の系列化および国際分業の拡大方案、技術導入の増大などを模索するであろうといわれる。

なお、閣僚会議と同時期に開かれる韓日貿易会談も、今年は七月十八日から三日間、ソウルで開くことに両国間で合意をみた。

新日本製鉄 周四原則を拒否
韓日協力委出席は当然と

日本の鉄鋼トップ・メイカー"新日本製鉄"は、所謂「周四原則」の受諾を明らかにするよう要求した中共に対して、去る二十二日、韓国および自由中国との「現在の取引関係」を断絶できないという立場を最終的に通告したといわれている。いわゆる「周四原則」を拒否した新日本製鉄の態度決定には、韓国および自由中国との間に現存する経済協力関係を周知させるべきだとの日本政・財界主流の見解が反映されたようである。

この日の午後、東京大手町の新日本製鉄ビルでの記者会見で、稲山新日本製鉄社長は「中共は、新日本製鉄が韓日協力委員会および日・華協力委員会から手を引くとの声明を要求しているがわれわれは、そのようなことは出来ない。これら協力委員会の参席は取引き上当然である」と指摘、「中共側が要求する両者択一には応じられない」と新日本製鉄の立場を明らかにした。

いまの段階では、いわゆる「周四原則」に拒絶していないという前提の下に、今後「周四原則」の受諾を表明した日本製鉄は、去る十五日東京で開かれた第二回韓・日民間合同経済委員会で韓国総合製鉄建設には約束どおり協力するといったのである。

この日の稲山社長の発言は、韓国総合製鉄建設に協力する立場を再確認したもので、いわゆる「周四原則」の受諾をめぐって浮き足たっている日本業界に少なからぬ影響を及ぼすものとみられる。

韓国軍 カンボジア戦参加を要請
プノンペン筋使節団から

プノンペンからのAP電によると、観測筋の間では韓国軍がカンボジアで作戦中の米軍の一部と交替する可能性があるとのウワサが広がっているという。

カンボジアはすでに韓国と国府、マレーシアなどに大々的な外交攻勢を展開して外交関係を樹立、援助を取付けようとしているが、プノンペンの一高位筋は「現在南ベトナムに駐屯している韓国軍がカンボジアに派遣されるかも知れない」と伝えており、「このような決定はまだなされてはいないが、アジアの友邦国家がわれわれに軍隊を派遣して援助してくれることはよいことだ」と述べている。

同筋はまた、ソウル、台北、クアラルンプールを訪問する高位使節団がすでに三十日シンガポールに向かって出発していることを明らかにし「同使節団の任務は"非常に重大"なものだ」と語った。

一方、駐韓米軍放送(AFKN)は三十日朝、韓国は共産軍侵攻を受けているカンボジアから正式に兵力派遣の要請を受けた場合、カンボジアに派兵する用意を持っていると報道した。

同放送は米国MBC放送のプノンペン特派員報道を引用して「韓国はカンボジア新政府との会談に基づき常駐代表部を開設した後、[illegible]派兵要請があればカンボジアに派兵する[illegible]」と報じた。

このような報道にたいし、韓国外務部は「現段階としては政府はカンボジアに派兵する計画を全然持っていない。当初の方針どおり非軍事部門の支援だけを考慮している」と強調した。(SISA)

特使派遣も考慮
駐韓米軍の減縮防止要請に

国会は二十九日の外務委員会につづいて三十日、国会国防委員会を開き、崔圭夏外務、丁来赫国防長官を出席させた中で駐韓米軍減縮説を論議した。

金鍾泰、金鍾哲、金泳三議員(以上共和)と徐範錫、金泳三議員(以上新民)らは「ベトナム派兵などで信義を尽くしている韓国から駐韓米軍を撤収するというのは米国の背信行為だ」と[illegible]。

これにたいする答弁として丁国防長官は「韓国の防衛に重大な影響を及ぼす駐韓米軍減縮は受入れることができない。また七月初旬に開かれる韓・米国防閣僚会議とベトナム参戦国外相会議で韓国政府の確固たる態度を明らかにする考えだ」と述べ「韓・米相互防衛条約の精神と韓・米友好関係から見て米国の一方的措置はあり得ない」と言明した。

与・野議員たちは「駐韓米軍の減縮をあらかじめ防ぐため、行政府と国会・民間を網羅した特使を米国に派遣すること、ならびに駐韓米軍の減縮に対備するための駐越韓国軍の撤収を急ぐべきだ」と主張した。(SISA)

四泊五日の本国招待
大使館 光復節に有功僑胞表彰

駐日韓国大使館では八・一五光復節を期して、在日同胞の有功者を表彰することになりその推薦を民団中央に依頼してきた。

有功者の選考基準は次のとおり。

一、在外国民の思想善導と共に寄与した者。

二、本国の経済建設と在外国民の法的地位および経済的地位向上に寄与した者。

三、民間外交を通して国家の[illegible]した者。

四、学術・教育・芸術・言論などの分野に直接参与し民族および在外国民の地位向上と社会発展に貢献した者。

五、在外国民教育および永住権申請などの表彰決定者には、本国訪問の滞在費(四泊五日)を本国政府で負担する予定である。

勝共演説者に暴行
朝大校職員二名を逮捕

国際勝共連合([illegible])では去る[illegible]十時四十分ごろ、[illegible]で、同連合[illegible]「共産主義は間違っている」の演題のもとに共産主義の本質についての街頭演説で、北傀の労働党路線による朝総連の国内状況などを表示する写真を展示し、活発な勝共運動を展開していた。

これに対し勝共連合の対象さんはこの時の状況をつぎのように語っている。

「私達が正門前で勝共演説を行なっていたところ、朝鮮大学校の職員たちは私たちの姿をカメラで写した後五、六人がやって来て私たちの展示物をムリヤリ私達の両腕をつかみ公園内にひきずり込んだ。そればかりでなく髪をひき[illegible]したり、腕をつねったり、ヒザ蹴りを加えたりしたために腕はアザだらけになった。

こうした暴力行為は、かれらの「知られたくない、見られたくないもの」を公表されるおそれからであろう。そしてかれらは日本の警察を恐れていて逮捕しようとした警官に対して十分間以上も抵抗したがとうとう警察に逮捕された」

ところがこれをみつけた朝鮮大学校の職員[illegible]も、彼女たちに暴行を加えたため二人が小平署に逮捕された。

【写真は上右から江桐川、[illegible]、下石田[illegible]さん】

本国論調
日本は信じてよいか
―周四原則にみる日本の姿勢

韓日両国の民間合同経済委員会一者団体経済会会長である植村甲午郎氏の、「中共の四原則は黙殺されるであろう」という言いもあって、今後継続して韓日両国の経済協力を強化する共同の努力をしていくという声明を採択したものとおもわれるが、いずれにしてもひとまずよかったといえよう。

は先進国、経済協力を一層強化するための共同努力を継続するとの声明を発表して閉幕した。

韓国側は、日本側の韓国に対する投資と技術協力の強化を特に強調したことを共同声明書は明らかにしている。

こんどの会議は、あいにく、いわゆる周恩来の四原則を日本政府および、一流の商社たちが受け入れたいとの気持を明らかにした空気のなかで行われたために、日本の経済代表が参席することを忌避したが、わが側の代表たちは日本側に対してこの問題を鋭く追究しながら論議をひろげたと伝えられ注目されている。しかし、こんどの会議の議長であった日本の経営

かと言ってわれわれは、周恩来の四原則に対する日本政府や、業界の動向を少く楽観しようというのではない。また植村氏はほかの場所で個人的な見解だと前提して、同じ内容の発言をしたと伝えられている。「周恩来の主張について余り騒げば中共だけを利する」ことになるので、韓国側もこの点を充分配慮してほしい」という希望を明らかにしたとも伝えられている。

いる。このような植村発言に対してわれわれの不満がないでもないが、一理があることも認めざるを得ない。

なぜなれば、われわれが実利主義の立場で考えるとき、実際においての経済協力を強化していくことが、幾らかでも問題を解決していく途であると考えられるからである。植村氏は日本が韓国や自由中国と経済的な関係を断絶することは信じられないと言っているが、われわれもそのような事態は手詰に排除したい。ただし、日本政府や商社が直として、周恩来などの主張を頭から黙殺するだろうという方を陰に陽に示していながら、また、黙殺しても何等損害も被らないであろうという事態が明白であるにもかかわらず、日本の一流の代表的な商社が韓日合同経済委への参席を忌避するなどの軽率な態度を見せたのは、少なからず遺憾なことであるとわざるを得ない。

このようなことからわれわれは今のところ韓国が日本にとっては中共より魅力のある市場であるけれども、事情が変った時は、日本をどこまで信じてよいかという不信と疑問をもたざるをえない。われわれは一長期的な眼目のもとで対備をたてなければならない理由があるのである。当面は、すでに指摘したとおり両国間の経済協力を資本の取引や技術協力、そして貿易の面で継続強化していくことが実利的な解決策であろう。そのようにしながら一方では、政府や業界は、特定な日本商社がわが国と中共に両またをかけていることを先ず排撃する態度を明らかにし、日本を牽制するだけの有力な経済協力対象国の巾をひろげる一方、相互の緊急性を強化していく努力がなければならないことを強調せざるを得ない。

一方ではわれわれは、当面の実利を追究しながらわれわれは、大局的で長期的な実利を求める道を開くことを怠ってはならない。そのためには日本だけを相手にしてわが業界が行き過ぎた競争などをするようなことは厳に慎まなければならない。

〈ソウル新聞社説〉

主体性と商魂
＝日本商社の対中共屈服は許せない

最近、日本の鉄鋼部門や重化学工業界全体などは、対中共貿易で守ってきた「政経分離」政策と、中共側が新たに要求する「政経不可分」政策の谷間にはさまれ右往左往のありさまだと伝えられる。

たとえば日本最大の鉄鋼メーカーである「新日本製鉄」は22日、中共が要求したいわゆる「周4原則」を「尊重」すると声明しながら、韓国および自由中国との取引関係もひきつづき継続していく方針を明らかにしたとのことである。しかし「周恩来原則」は「政経不可分」原則を掲げた対日内政干渉であり、北京でしくは米国企業に対する[illegible]

太平洋戦争戦没 韓国人慰霊法会

在日大韓仏教会総本部と、大韓仏教曹渓宗在日弘法院では、五月[illegible]日午後二時から日本厚生省で、[illegible]で戦没した韓国人慰霊法会を行なった。

日本厚生省の一隅に[illegible]まま、まだ故国に帰れずにいる太平洋戦争犠牲韓国人の遺骨たちのために催されるこの慰霊法会が、この慰霊法会は駐日大使館、民団中央本部が後援し、僑胞信徒の多数参席を[illegible]いる。

大阪、此花支部 三機関役員改選

大阪府地方本部此花支部では、去る5月10日、支部第23回定期総会を開催し、次のように三機関役員を選出した。

団長 金成竜

議長 劉京鎬

監察委員長 李永哲

北海道本部 役職員改編

民団北海道地方本部(沈権秀団長)では、去る四月二十七日第六回地方委員会で改編した新役職員はつぎのとおり。

事務局長 沈権秀

組織課長 李順栄

〃 次長 孫文植

民生〃 金道吉

〃 次長 安炳斗

文教課長 俞顕鎬

〃 次長 [illegible]

経済課長 朴一文

〃 次長 文泉鉉

宣伝課長 李守九

〃 次長 李栄培

札幌直轄部長 朴容海

〃 次長 金泳吉

四日市部長 [illegible]弘和

〃 孫武鎬

〃 鄭歓斗

〃 金鍾文

〃 池宗瀬

愛知県本部 地方委員会

民団愛知県地方本部(李春植団長)では、去る五月二十八日午前十一時から、名古屋韓銀会議室で第十二回愛知県本部地方委員会を開催し、永住権申請促進と万博事業の後援その他を協議した。

なお、この日は地方委員六〇名のうち五四名が参席した。

団長に権守石氏
福井本部臨時大会で選出

民団福井県地方本部では、去る六月一日に、第二十四回臨時大会をひらき、当面の課題である永住権申請の促進問題その他を討議し、あわせて役員改選をおこない、つぎの三氏を選出したが、副団長および副議長、監察委員の選出は各機関の長に一任することになった。

団長 権守石

議長 鄭慶賛

監察委員長 呉基栄

またこの日の臨時大会には中央本部の李禧元事務総長が出席して、大会の建設的な進行と、同本部の発展を祈願した。

世銀調査団が来韓
初の農水産部門開発借款投入で

農水産部門開発に初めて投入される世界銀行借款を決めるため、四名の世銀調査団が三十日来韓した。

同調査団は三週間滞在しながら農協が申請した穀物、牛、りんご、桃、梨、マッタケ、豚、鶏卵、肉類など一千万ドルにたいする資金計画の妥当性調査を行ない、また水産中央会が推進中の水産物近代化にたいする[illegible]を[illegible]ことになっている。(SISA)

申請者総数19万台に
永住権申請増加急ピッチ

永住権申請月間統計表

地区	本部名	1970年4月末現在 申請	許可	不許可	取下	死亡	1970年5月末現在 申請	許可	不許可	取下	死亡
	東京	810	324	327	26	38	810	368	329	26	38
	神奈川	272	301	68	15	19	377	115	70	15	19
	千葉	43	54	11	9	2	72	53	11	9	2
	[illegible]	9	3	4		1	8	11	4		1
	[illegible]		2	8	4	3	60	1	8	4	3
	[illegible]	66	6	10			19	4	11		
	[illegible]	54	5	25	2	5	75	30	28	2	5
	三多摩										
	[illegible]	27	1	5		2	10	9	5		2
	[illegible]	138	7	31	10	3	59	73	32	10	3
	[illegible]	56	2	12	1	2	37	10	12	1	2
	[illegible]	9	4	7			3	11	7		
	[illegible]	12	2	7	1	1	13	5	7	1	1
	[illegible]	46	29	17	3	2	9	13	17	3	2
	北海道	51	14	25	5	5	17	49	25	5	5
	[illegible]	9	2	13	1	6	3	19	13	1	6
	山形	2		2		1	5	13	2		1
	[illegible]	12	3	1		2	12	22	2		2
	[illegible]	20	6	11		1	45	21	12		1
	[illegible]	17	2	4	4	10	13	20	4	4	10
	[illegible]	86		16	1	4		60	16	1	4
	[illegible]	17		4		5	1	10	4		5
	[illegible]	710	116	80	24	17	779	426	80	24	17
	[illegible]	218	9	21	2	4		5	21	2	4
	[illegible]	2405	1494	383	61	93	2161	1828	391	67	94
	[illegible]	1121	260	81	14	12	902	508	84	16	13
	[illegible]	530	562	53	7	20	895	461	53	9	20
	[illegible]	74	4	10	2	1	127	35	10	2	2
	[illegible]	10	12	3	2		146	22	4	2	
	和歌山	64	13	15	6	6	32	41	15	6	6
	[illegible]	159	168	25	7	6		9	26	7	6
	[illegible]	384	14	23	13	9	215	3	25	13	9
	[illegible]	67	4	9	1	9	56	47	9	2	9
	[illegible]	6	1	4	1			7	4	1	
	[illegible]	22				1	41	17			1
	山口	184	4	20	8	11	200	119	20	8	11
	[illegible]	313	22	86	13	14	268	212	86	14	14
	[illegible]	37	20	13	9	7	27	34	14	9	2
	[illegible]	50		4		4	25	17	4		4
	[illegible]	58	3	13			55	13	13		
	[illegible]		4	3		1		11	3		1
	[illegible]	26		8	5	4	40	53	8	7	4
	[illegible]	3		9		2	10	10	9		2
	[illegible]										
	[illegible]	21	2	2		4	48	5	2		4
	[illegible]	2		1			1	1	1		
	[illegible]	20					8	5			
	[illegible]	7		1		1	15	8	1		1
	[illegible]										
	[illegible]										
	[illegible]										
	[illegible]										
	[illegible]										
	計	(85777)(34226) 188535	154917	1468	257	338	(9689)(6866) 196274	159871	1502	271	341

(5月1ヶ月間)

在日本大韓民国居留民団中央本部

朝総連の挑発を断固粉砕せよ

ビラ貼り戦術で挑戦

一宮市では暴力行為も敢行

石川県日・韓協会発足

地域社会の友好増進に期待

年々増える入校志望者

本年度は800名を突破

姜文教局長

事前教育制を実施

母国夏季学校効率的成果期し

1、携帯品

3、携帯品

○衣服、トレイニングパンツ、水着、鏡がえ、日常生活必需品

○一人当り全携帯品が一〇㎏を超過しないようにすること。

○高価・高級なおみやげ、免税措置されないような商品などを厳禁する。

4、外換措置に関して＝再入国許可がおりたら外換措置をとること（経費をふくめて一人当り一、〇〇〇㌦までは携帯できる）。

5、検疫をすませること。

大阪は七十八名

入校志望者集計おわる

東京	七〇名	大阪	一八〇名
神奈川	二六名	兵庫	七六〃
千葉	一〇名	京都	四三〃
栃木	八名	奈良	一五名
茨城	一三名	滋賀	七〃
埼玉	一〇名	和歌山	一三〃
三多摩	一六名	三重	一六〃
群馬	八名	広島	三一〃
静岡	一三名	岡山	一五名
長野	六名	鳥取	二〃
秋田	七名	島根	五〃
宮城	一〇名	山口	二九〃
北海道	一三〃	福岡	二〇〃
青森	四〃	長崎	一二名
山形	一〃	佐賀	五〃
岩手	二名	大分	一三〃
新潟	八〃	宮崎	二〃
石川	三〃	熊本	一〃
福井	四〃	鹿児島	三名
富山	四〃	愛媛	四〃
愛知	六二名	香川	五〃
岐阜	九〃		計 八一三名

会議室

東北地区　六月十一日午後二時、宮城県本部

(中国・九州地区)　六月十七日午後二時、福岡県本部

参加者＝株下文教部長・教育文化センター所長、奨学士

「夫が脳溢血です…」

旅券、ビザが即日に

韓日協力で妻を韓国へ

招請家族歓迎会

宮城本部に第一陣到着

ちかく第三次伝達

1億2千万　すでに伝達

万博後援会　募金運動順調に進む

韓の会館新築

神奈川の湘南中部支部

「目標額達成にあとひと息」

「兵役召喚」報道、誤認するな

在日同胞は兵役免除

「永住権と兵役問題」を解明

駐日大使館

(写真は本会議)

文化

大物スパイの告白(三)
「私は北傀を告発する」
姜 大 振

黄海道中心のクーデター計画

かつての上官を逮捕して訊問

ほとんど麗となって自由

金日成情報網が一枚うわて

三十年後 西紀二、〇〇〇年の 韓国未来学

まもなくやってくるであろう三十年後〝二千年代〟の世界における韓国は、どのように変り、どのような形に探求しなければならないのか。さる五月十九日、慶熙大学が主催した、わが国初の未来学大講演会ともいえる、「二千年代の世界での韓国」を主題とする学術講演会は、三百余名の韓国未来学者をあつめ大盛況であった。ここにその日の講演から、李漢彬博士ほか四氏の発表要旨を紙上に紹介することにする。

演題と演士

主題 二千年の世界の中の韓国

政策の指標
李 [illegible] 博士

国力は創意の結集
国会は民意に敏感な立法を

未来の課題
李漢彬博士

新しい社会の目標設定を

経済の成長
丁 [illegible] 氏

韓国も大量消費社会に
早くGNP1500ドルの線に

教育と制度
徐明源博士

産学一致の実現に
中学義務、女性人力の発掘

科学と技術
尹世元博士

電子工業の共同開発
工場の自動化と技術導入

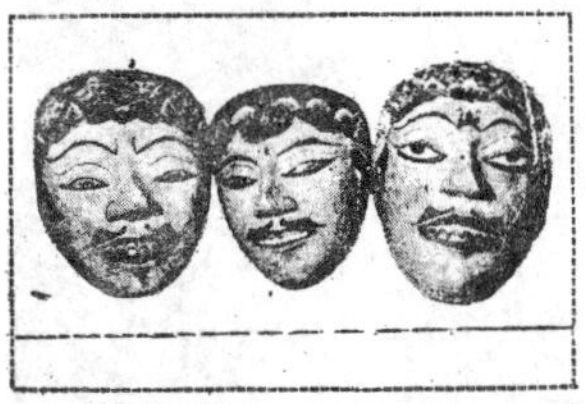

フイリピンからおくられた仮面

興味呼ぶ豊富な出品
第一回アジア地域 民俗劇資料展示会

派越以来最大の戦果
トイホアでわが軍大作戦

韓国にも
通信衛星地球局
全世界との電波交信可能
各国とテレビ中継放送も

重さ25トンの円形アンテナ

孫晋協氏を再選
千葉本部定期大会

韓國新聞
在日大韓民国居留民団
中央本部機関紙
韓國新聞社
発行人　鄭烔和
東京都文京区春日町
2丁目20－13
電話 (815)1451～3
(813)2261～3
振替口座東京 34988番

民団綱領

一、われわれは大韓民国の国是を遵守する
一、われわれは在留同胞の権益擁護を期する
一、われわれは在留同胞の民生安定を期する
一、われわれは在留同胞の文化向上を期する
一、われわれは世界平和と国際親善を期する

大阪で永住権申請第二次キャンペーン

申請促進月間設置

目標十万　団長陣頭に常任委構成

民団の命運をかけ、今後の在日同胞の運命を左右する永住権の申請は、全国的に促進気運が盛り上り、申請者数は日を追って増加している。さる五月末現在の申請者数はついに十九万を突破した。

しかし民団中央ではまだまだこの程度の数字と増加率では満足せず、推進中の万博への家族招請事業と並行させて全国の組織へ永住権申請の促進をよびかけている。

全国でもっとも多くの在日同胞が居住している大阪では、民団大阪府地方本部（崔…団長）を中心にして、六月十三日から七月二十五日までを「永住権申請促進月間」と定め、府下の全組織を総動員して昨年末につづき第二次促進キャンペーンを強力に展開することとなった。

この促進月間の目標は、

①大阪府下在住全団員の申請を百％完了させること

②いわゆる中立系の浮動同胞および、朝総連系同胞に十万名をあらたに申請させること

としているが、この月間運動には…本部団長が…下の各支部の全員が総動員して目標達成に強力なキャン…

中央本部で決意を語る崔団長

存分に機動力発揮

写真班・輸送班も編成

自力で農村繁栄開拓せよ

朴大統領、「勧農の日」に強調

六月十日は第22回勧農日。この日を迎え豊作を祈る田植えの行事が、朴大統領をはじめ、三部要人と駐韓外交使節など内外貴賓が参席した中で、農村振興庁作物試験場で催された。

朴大統領はあいさつを通じて、「国の繁栄と直結する農村繁栄のためには、農民自身がみずから運命をきりひらき、自分自身の努力でみずからを助ける自主・自力・自助の精神を持つべきである」と強調し、「農民が自助精神を持たないかぎり、神も政府も隣人も農民を助けることができない。このような原理は農業だけでなくすべての個人や企業や国家の事業にも適用されるものである」とのべた。

北傀、高速艇で奇襲

放送船は低速、ついに連行

挑発をつづける北傀の蛮行は、五月の島、西海でふたたび海賊行為を敢行した。…

海軍放送船を拉北

また北傀の蛮行

漁船保護中を砲撃して拉致

乗員二十名全員死亡か

外信報道

六月六日午後一時四〇分頃、西海（東支那海）延坪島西方海上で任務を遂行中のわが海軍放送船I－2号（一二〇トン・時速八ノット）は、北傀高速艇（PGM型・時速三五～四〇ノット）二隻の奇襲砲撃をうけたのち、乗組員が乗ったまま拉北されたと国防部が発表した。

この放送船には艇長鄭秀一（准尉）など二〇名の乗組員が乗っていた。

最近数年間、プエブロ号拉致事件、56艦艇被撃事件、EC121機被撃事件など、あいつぐ北傀の挑発があったが、わが海軍の現役艦艇が拉致されたのは建軍以来はじめてのことである。

この日拉北された海軍放送船は、漁船団保護と海上警戒などの任務を帯びて出動中であった。国防部は事件の経緯から見て北傀の計画的な蛮行と見ている。

この放送船は、海軍が創軍以来…

北傀の襲撃で連行された放送船と同じ型の艦艇

北傀挑発を糾弾

アスパック代表団八名派遣

李東元議員ら五氏

自民党幹事長の招請で来日

侵略の正体暴露

コトラ社長に安光鎬氏起用

駐韓米軍5万8千

放送船拉北は

対中共貿易放棄

新日本製鉄発表

日本最大の鉄鋼メーカーである新日本製鉄は、中共首相周恩来がいわゆる四原則を提示したさる四月以来、中断した対中共交易を完全放棄する方針であるとこのほど言明した。

新日本製鉄スポークスマンは、長野重雄同社会長が来月東京で開かれる第十五回日本・自由中国協力委員会に直接参加するだろうと発表したのは対中共交易の放棄を意味するのであるといった。

自動車 55人に1台、テレビは10人に1台

76年度までは 輸出も重工業化

第三次五個年計画需要推定

産業構造の脱農化

わが国経済人口動口の意味するもの

エコノミックアニマル 日本商社の正体

北傀と日本と韓国の貿易情報探求する

〈政界裏のウラ〉李国会議長の去就

浮んでは消える辞任説

本国論調

海軍放送船の拉北

米軍撤収さきだつ条件

パリー・ブラッセル博覧会 「本当に韓国産か…」

メード・イン・コリアが人気独占

大躍進期す埼玉県

指導者交替を機に旧態脱皮

埼玉県地方本部 金運日団長

金運日団長

民団埼玉県本部会館

信用組合 埼玉商銀 姜錫柱理事長

朴大統領の写真の下で執務する姜理事長

埼玉商銀本店屋舎

申栄均、金喜甲両氏が主演
望郷と祖国愛をテーマに

民団と在日韓国人万博後援会の後援で在日同胞の祖国観と望郷のおもいに、二・三世たちの民族意識などを主題にした映画がはじめてつくられることになった。この映画に出演する俳優はわが国映画界の第一人者で最も人気のある申栄均、金喜甲、李純才らの男優陣と尹静姫その他の女優である。わが国の映画界ではじめてとり扱われる在日同胞の映画であるだけに僑胞社会の関心も大きく、本国での関心は日本よりも大きく、はじめて画面に登場する在日同胞社会の生態と、その祖国愛と民族的自覚などが関心の的となり、映画の封切りを待ちのぞんでいる。

民団ではかねてから、在日同胞の生態、とくに愛国心と民族愛の精神などが、本国々民に正確に理解されていないのを残念におもい、あらゆる機会を通じて正しい宣伝に努力しているが、映画を通じてのPRがもっとも効果的であるとの結論に達し、万博開催と家族招請で本国の関心が日本に集中しているのを機に、在日同胞を主題にした映画製作を計画した。

この民団の計画は、在日韓国人万博後援会の会長と、朴炳憲事務局長によってさらに具体化され、万博後援会の後援を事務に万博の記録映画製作を計画していた同後援会が、これを積極的に推進して、万博を内容にもりこんだ「在日同胞の映画」を作ることに決定した。

銀幕に"在日同胞物語"
二世の祖国愛を映画化

写真＝（上）民団中央本部で李団長（左端）と語る申・金両氏（下）シナリオを説明する申（右）と金氏

世界を驚かせた韓国の頭脳
米ソからも高い評価
林寅七博士の電子回路開発

ソウルの漢陽大学と早稲田大学との交換研究員として、四年前に来日以来研究していた若い科学者林寅七さん（32・工学博士・漢陽大学助教）が、電子工学分野での新たな回路開発に成功「韓国の頭脳の卓越性」を内外に示した。

林博士が在日研究四年間に発表した電子回路関係論文はすべて九篇であるが、そのうち特に注目をうけたものは「高速同時回路」と「高速時間測定装置」の安定度と速度をより高め、電子機器の測定能力を向上させることに寄与したものであるが、この研究結果は日本の「竹田理研」によって発明特許を出願中である。

とくにアメリカの権威ある電気・電子学会（I・E・E・E）の学会誌であるトランセクション・ニュークリア・サイエンスの本年度四月号に、「パラレル・トンネル・ダイオード・コインシデンス・サーキット（高速ダイオード同時回路）」の主題で掲載され、高く評価されている。

林博士の研究成果は、わかりやすくいえば何億分の一秒という時間の精密測定が要請される電子機器の安定度と、精度を保証する高速電子回路の開発である。原子核分裂過程での放射現象などでは、極めて短かい時間（原子寿命の測定などで）の測定が求められる。放射線測定器などの改良において林博士の研究は貢献したところが大きい。

三二才とはいえ、いまだ紅顔の少年といえる林博士は未婚、慶尚北道釜山出身で四人兄弟のうちの二男坊。アメリカや日本商社での引く手あまたではあるが、これをふりきりなによりも韓国での教育と学問研究に身を打ち込むという学究一筋の姿勢。研究を支えてくれた早稲田大学理工学部での指導教授、平山博博士の指導と在日韓国YMCAの援助に感謝するとのことである。

帰国は七月末、本国では母校漢陽大学で電子工学分野の講座を担当することになる。

早大研究室で研究中の林博士、（円内）はその素顔

農村交通近代化
5年間の農路開設

内務部はさる2日、農村交通を近代化し、農産物輸送の円滑を期するため、今年から七二年まで総工事費一五億ウオンを投入、一万四千二〇〇キロの農路を開設させる計画を樹立した。農路設置区間は①自然部落と国道および地方路間、②自然部落と生産団地、農耕地間、③自然部落と市・邑・面間、④自然部落と自然部落間であるが道路幅は5メートルである。

「統一」を幅広く討議
高大で大規模な国際会議

高麗大学アジア問題研究所（所長 金俊燁）が昨年から推進してきた「統一問題に関する国際学術会議」が、来る八月二十四日から二九日までの五日間ソウルで開かれる。

国内外の著名な学者百三名が参加するこんどの学術会議は、その間、四半世紀の分断過程を経ながら、七〇年代における民族の至上課題として浮刻されている統一問題をテーマとしている。

こんどの会議では、南北間の各分野別比較評価を通じて、米ソ、日、中共の四角関係として形成される極東情勢の状況と、これを如何に体系づけるかという最初の学術的なアプローチが注目されている。

グレン・ペイジ、フーマン・カン、ライシャワー氏など著名な学者たちも参加するこんどの会議は、六分科の各分野別にそれぞれの問題を活発に論議する。

第一分科はドイツ、中国、ベトナム、ラオスなど、外国の分断諸国との比較分析による韓国分断の特徴を抽出してみるといわれる。

第二分科は政治、経済、社会、文化、軍事など各分野別に南と北を比較して、統一に伴う障害と要素に対備して論議するという。

第三分科は、アメリカの対韓政策と関連し、ソ、中共、日本の間の北傀の統一政策実践過程（平和統一主張、ゲリラ戦など）を構想する。

第六分科は、未来学的接近による今後の統一展望を予診する。

関東地区 文教部長会議召集
夏季学校の事前教育を協議

中央文教局（姜仁煥局長）では第五回母国夏期学校入校生から新たに実施する事前教育を協議するため、さる六月九日午後二時から民団中央会議室において関東地区文教部長会議を開いた。

この会議は中央から姜文教局長、金次長をはじめ、大使館からは崔奨学官、朱奨学・文教部長と事務局長ら二十一名が参加したなかで開かれ、事前教育の必要性が強調され、事前教育二〇時間以上は多少無理があるように見られるのでこれを十時間以上に変更決定し、これの不履修者に対しては入校を拒否することを原則とすることを確定した。

三十日を六十日に

韓日両国、現地発行のビザ期限

韓国と日本は、いままで現地公館で本国政府に対する照会なしに発給した短期滞在ビザの枠をひろげるようになった。

さる十日から実施する合意事項では、記者と軍人には、今までの三十日を六十日に、また商用の場合、相対国からの招請および保証なしに所属会社の出張証明だけでもビザを発給するようになった。

この合意により今後原則六十日間の滞在ビザをうけられる対象は次のとおりである。

① 一時の商用を目的に相対国保証書をもつ者
② 記者
③ 軍人
④ 国会議員の家族と秘書
⑤ 国際会議参加者
⑥ 学者とスポーツ選手
⑦ 私用で訪問する国会議員等

兵庫県の西播
支部定期総会

民団兵庫県地方本部西播支部はさる五月二十一日、姫路公会堂で第十四回定期総会をひらき、三機関役員につぎの人氏を選出した。

団長	李鳳雨
副団長	白永宅
〃	朴玉炫
議長	車康燮
副議長	金龍洪
〃	金永知
監察委員長	崔銀石
監察委員	張福祚
〃	崔福植

成分検出に成功
韓国人蔘の有効性明らか

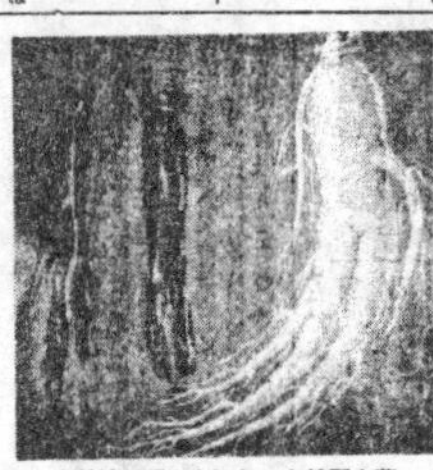

有効性が明らかになった韓国人蔘

大阪茨木 杜炳銑氏の美挙
郷土予備軍に事務所贈る

大阪のニュースから
支部大会さかん
支部団長大半が留任

生野支部
宋団長再選

西成支部
三機関全員留任

東淀川支部
崔団長再選

西淀川支部
第二六回定期大会

堺支部
第22回定期大会

吹田支部
第26回定期大会

東成支部
第19回定期大会

中央支部
第23回定期大会

此花支部
第23回定期大会

福島支部
第9回定期大会

枚岡支部
第24回定期大会

北河内支部
第20回定期大会

韓国フェアー
東京・大阪で盛況

チャンゴと舞踊
ぜひ習いたいと

—105—

「私は北傀を告発する」

大物スパイの告白(四)

姜大振

今後15年間の国民教育の座標

〈比較教育学会シンポジューム〉から

先進諸国の計画模倣避け

わが国独自のビジョンと資料示せ

長期綜合教育計画案(要旨)

ローヤル・ホテルで記念リセプション

韓国禁忌談の分析

教訓と倫理的な内容

因果応報の危惧感でさとす

統一的民族史観の確立へ

韓国史編纂に着手

「正史」目標に三十巻を予定

冷酷な党地区委員

母子を農場労働へ追放

ミュンヘンへ行こう

体育会関西本部で募集

オリンピックの参観団

朝総連（大阪）またも大ショック

100余名が集団脱退し永住権を申請

第二次キャンペーンの成果

日雇労務者84名 民団事務所で申請書代筆

城東支部

全国の各市町村で実施していた日雇健康保険の廃止にともない新しく設けられる「建設労働組合保険」に、永住権を取得していない外国人は加入が許されないことになり、傘下に多数の同胞日雇労務者をもつ朝総連はこれといった対策もなく窮地に追いこまれている。一方、全国各地の同胞日雇労務者たちは、永住権申請に対しては妨害宣伝ばかりをしながら、永住権がないために健康保険から除外される気の毒な労務者たちに対しては知らぬ顔をきめこんでいる朝総連にすっかり失望するとともに、その口先きばかりの欺瞞性を見破り深い憤りをもって朝総連から離れ、各地の民団を訪れてはつぎつぎと永住権申請を相談し民団へ加入を願い出ているが、大阪市ではこのほど一挙に百余名の朝総連系同胞が集団入団をして、永住権申請で〝落ち目〟の朝総連は、さらに大きな打撃をうけている。

「健保」に無策 欺瞞の朝総連に憤激

民団城東支部

朝総連副会長 民団に

大阪泉南 岬分団 結成の日に集団入団

駐韓軍減縮 米が正式に通告

政府、緊急会議ひらく

崔・ロジャーズ会談 事前協議を確認

〝即時、大幅削減しない〟

米国務次官 金大使に伝える

国会でも討議

北韓の好戦的政策糾弾

ベトナム参戦国会議、共同声明

自力建設部落表彰

朴大統領指示

湖水に淡水魚養殖方案

第二次韓米国防会談はハワイで

崔外務、ロジャーズ長官と協議

オートボルタ常駐公館開設

在日大韓民国居留民団
中央本部機関紙
韓國新聞社
発行人　鄭烱和
東京都文京区春日町
2丁目20−13
電話（815）1451〜3
（813）2261〜3
振替口座東京 34988番

民団綱領

一、われわれは大韓民国の国是を遵守する
一、われわれは在留同胞の権益擁護を期する
一、われわれは在留同胞の民生安定を期する
一、われわれは在留同胞の文化向上を期する
一、われわれは世界平和と国際親善を期する

社告

本紙印刷工場の事情により発行日が大幅におくれておりますので本号は、七百四、十一日号との合併号として発行しました　韓国新聞

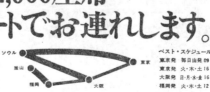

「京釜ハイウェー」開通

衛生・宿泊施設開発へ
慶州 俗離山 国立公園を観光地域に

李漢林建設部長官は、六月二十七日にソウル—釜山間の高速道路四百二十八㌖が工事の完工を発表した。国家的事業として推進したソウル—釜山間高速道路は、六十八年二月一日に着工し、四百二十九億ウォンの建設費…れ、わが国の高速時代の先駆的役割を果すようになった。

李長官は日時は具体的に示めさなかったが、近いうちに開通式を開催すると述べた。李長官はソウル—釜…いて八十一年までは六十一億八千万ウォンの投資で雪岳山、慶州吐含山、俗離山、智異山、漢拏山などの国…る伽耶山、内蔵山、北漢山などの国立公園候補地を開発することになったなどを明らかにした。李長官はまた、ソウル—釜山高速道路工事が終ると同時に国立公園の管理、交通衛生、宿泊施設などを集中的に開発すると言明した。特に今年には二億ウォンを投入し智異山管理事務所二ヵ所と付帯施設をつくり、慶州、俗離山などには休憩所、駐車場、施設進入道路、登山道路などをつくり、国立公園を観光地域に造成すると言明した。

百十九名に勲章
史上最大の授与式 京釜高速功労者に

京釜高速道路建設に尽した功労者の顔ぶれが明らかになった。その間建設部の推薦結果、三日国務会議で確定された表彰者は、勲章四十四名、褒章三十六名、大統領表彰三十九名など計百十九名、国務総理、建設部長官表彰者など合わせれば百六十名を越す。

受勲者四十四名のうちには、施工建設会社代表十三名と現場監督を担当していた工兵将校二十一名、他は建設部公務員である。六・二五韓国動乱が終って以来このように多くの人々に勲章が授与されるのははじめてである。

該当者は来週初(晴天のばあい十日予定)の開通式で大統領から受勲される。

四二八㌖の全区間が完成されるまで七十七名が生命を捧げた難工事であっただけに、工事場にまつわる血みどろの伝説がある。当初の工期(三年)が二年半と短縮されてからこの苦労は殆んど倍加された。

現場の官吏(建設部)と陸士出身の現役現場監督と民間人土木技術者、現地の人夫などがひとかたまりとなった激戦の労苦は幾人かの勲章や表彰では報いられるものではないかも知れない。

建設部はすでに高速道路現場に派遣されていた軍人をすべてこの期間のあいだ一線に動員したと国防部に要請した。建設部の現場公務員全員には一個月間の休暇が与えられる予定である。

来週初京釜高速道路の開通式は大田インターチェンジでテープを切って試走、沃川の殉職者慰霊塔除幕式を了えたのち大邱公設運動場で祝賀式がおこなわれる予定である。

軍人報酬規定改正案再修正
閣議"上厚下薄"調整へ

閣議は三十日、さる二十三日に議決した軍人報酬規定改正案を再修正し"上厚下薄"に調整した。再修正された階級別報酬引き上げ率はつぎのとおりである。(カッコ内は増減率)

▽大将=二〇%▽中将〜准将=一九%(一%減)▽大領(大佐)=一八%▽中領=一九%▽少領=一九%▽大尉=一七%▽中尉=二〇%(一〇%減)▽准尉=一七%(六%増)▽少尉=二〇%(八%減)▽上士=二一%(二%増)▽中士=二一%(五%増)▽兵=二〇%

マイカー時代に備え
政府、国民車生産

政府は全国道路の高速化とともに、近づくマイカー時代に対処し販売価格一千㌦(三〇余万ウォン)程度の安い値段の国民車を生産する計画である。また政府は将来交通輸送手段が大幅に道路へ転換することに備え、今後における自動車産業育成策を貨物自動車増産に重点を置くことにした。

四日政府高位当局者は交通手段の大衆化のため政府は最低二百㌦最高一千㌦程度の国民車を生産する計画をたて関係部処と協議中であるとのべた。

当局者は一人当り国民所得が二百㌦未満のわが国の実情から見て、一般乗用自動車価格が百万ウォンをこえては健全なマイカー時代の到来を期待できないと前提し、韓国の実情では大衆用乗用車の価格は千㌦程度が適正価格であると言明、政府は国民車生産を担当する自動車工場を来る一九七三年までに新設するかまたは既存自動車会社にまかせ、おそくとも一九七五年度には生産をはじめる具体的な計画をねり上げたとのべた。

それによれば、国民車の車種は大きく二つにわかれ、一つは二百㌦程度のスクーターに近い小型乗用自動車と、もう一つは一千㌦程度の乗用自動車となるとのべた。

政府はすでにわが国に適当な型の自動車設計を韓国科学技術研究所に依頼したとのべた。

韓国の精油、初めて外国へ輸出

韓国の精油が初めて外国に輸出する。石油公社はオーストラリアのシフト社と年間二百四十万㌦相当の精油輸出契約をした。

北傀ゲリラ船を拿捕
君子湾に侵入 逃走の六人は射殺

さる二十八日の午後一時二十八分、韓国の西海岸君子湾(始興郡君子面)に侵透した北傀武装スパイ船を陸軍海岸警備所が発見、陸・海・空軍の合同作戦でこれを拿捕して、同二十九日午前五時二十一分頃仁川に曳引したと二十九日対スパイ対策本部が発表した。

同本部の発表によれば六人の落命スパイたちは船を捨てて泳いで逃走、隣りの島に上陸したが、この日の午後五時頃軍・警・予備軍合同捜索隊によって全員射殺された。

この交戦で、戦闘警察官一人と予備軍二人が戦死し、警察官六人が重軽傷をうけた。

対スパイ対策本部は、射殺されたスパイたちは国内の固定スパイを率いて越北を企んだものとみられていると発表した。

陸軍海岸警備所は、十五ノット速力で陸地に接近してくるスパイ船を発見して各軍に連絡、発見二時間後の二十九日午前〇時二十九分、空軍C46機の照明弾投下を合図に合同作戦をくりひろげた。

警備所からスパイ船に射撃すると、スパイ船は応射しながら逃走したが、近海を警備中の海軍艦艇が現場に到着して退路をさえぎった。

午前一時三十分、スパイ船は、わが軍の射撃で致命的な損害をうけ、大阜島西南方・五㌖海上で速力は五ノットに減り、船首を南側に旋回した。スパイたちは船が止まると水の中に飛びこんだ。拿捕されたスパイ船の機関室に残された血痕からみてスパイは負傷を負っているようで軍・警予備軍合同捜索隊は周辺の海上および島嶼地域一帯を捜索した。

この日午後四時四十五分頃、スパイ船の拿捕現場から八百㍍離れた島でこれら六人を発見、一時間の交戦結果全員を射殺した。

スパイ船は、長さ十㍍、幅三㍍、従来のスパイ船よりも船体が低く水面から三〇㌢程高さしかならず、ソ連製八気筒モーター二個、ソ連製通信機と日本製レーダーを備えた新型。

合同捜索隊はスパイ船との交戦現場で、ロケット砲六門、アカボー小銃五挺、弾倉十六個、書類五百余発、フルノレーダー一個、ソ連製通信機一台、ソ連製モーター二個、ラジオ三個、双眼鏡一個、油タンク二個、北傀製乾電池二個、カメラ二台などを押収した。

わが方の戦死者三名と、敵の死体六体はこの日の七時三〇分ヘリコプターでソウルに移された。

韓根昌対スパイ対策本部長は、「はじめから終りまで、軍・警・予備軍が立派に相互協助してこの作戦を成功裡に遂行した」とたたえて、「現地住民の積極的な協助に感謝する」と語った。

東京—ソウルを突っ走る

看板もなく快適
日本の三青年印象を語る
給油・休憩所がほしい

東京—ソウル間自動車走破のため「マイカー」を持って来韓した三名の日本観光客が七日開通した京釜高速道路を試走した。

日本毎日新聞社の斎藤局長を受けた若林弘男(?)、小川卓(?)、小川信三(?)の三名は、さる十四日日産ブルバード車で東京駅前を出発。大阪—名古屋—下関を二日間で走り、十九日釜関フェリーで釜山に到着、釜山からソウルまで飛ばした。

七日開通した京釜高速道路を四時間で走破した若林さんは、「路面が柔らかくないので時速百㌔ではちょっと危険だった」とはなしながら語った。

日本で一番長い東京—名古屋間350㌔の高速道路が四年で完成したのに対し、428㌔の京釜高速道は二年半で完工したとは奇蹟に近いとビックリし、「ただし早くガードレールと夜間照明灯をつくらねばならない」と話していた。

「沿道には日本のように広告看板などがなく走る車も少いので快適だった」と話す若林さんは運転歴十年のベテラン。日本各地を回りながら新聞と雑誌などに紀行文も寄せている旅行家である。

三人とも日本上智大学の先後輩で、学生時代から旅行がメシより好きという旅行狂。

「韓国高速道路に注油所と休憩所がなくて不便を感じ、トイレを作らないのに困った」と指摘していた。

「東京—ソウル間横断」の表紙をはりつけて来た彼らは一週間ほど韓国の各都市を訪問。「日本に帰ったら、急速度に発展している印象のよい隣国の記事を書く」とハッスル。なお三人は十三日、釜関フェリ便で東京へ帰る。

本国論調

北方三角関係の動向

ソ連・中共間の対峙関係が大幅緩和されるような感じがする。モスクワの外交消息筋を引用した二日付の外信報道は中共が三ヵ月間保留のあげく、北京駐在ソ連大使ステパノフを受け入れるようになり、またモスクワ駐在中共代弁大使、安致遠を一度赴任させたとのことである。

このような彼らの公式関係の改善でイニシアティブをとったのは、明らかにソ連側であると観察される。七ヵ月間も中断されたような国境会談の場合にも完全決裂は免られたようだが、ソ連側がウスリ江の島嶼一部を中共に譲ろうとする動きが感じられる。

その経過は如何にしろ、結果は同じで、北傀の両大背景勢力間の関係改善ムードは韓半島情勢に少からぬ影響を及ぼすであろう。

何よりも北傀はその対南冒険の試みから「鼓舞」を感ずるようになるかも知らぬということで、われわれの警戒心をよびおこすのである。

中共と北傀の再接近はさる四日、周恩来の平壌訪問後に明らかになった。彼らは昨年十一月、ニクソン・佐藤共同声明に表明された米・日安保条約体制の再強化に猛烈な反発をあらわし、いわゆる「日本軍国主義」の復活に対する敵慨を吐露したのである。

さらに進んで、韓半島と台湾海峡、そして、インドシナ事態に対する共同の対応を強調したのである。

六・二五韓国動乱二十周年に際してはその前後に中共軍参謀総長・黄永勝と北傀外相・朴成哲の交換訪問があって、中共は今も、全国的な大騒ぎで北傀支持群衆大会をひらいている。

一方、ソ連も現在、北傀をかばういわゆる「闘争支援月間」を設定しているが、その態度は中共にくらべて低調である。北傀の要求をうけいれると同時に中共の影響力が東北アジアと東南アジアにわたって独占しないようにするための外交的考慮がひそんでいるようである。

このような「北方三角関係」の微妙な動きは、カンボジアの元首であった国家元首シアヌークが北傀を訪問、十五日間も長期滞留して、さる三日北京に帰った事実とともに、金日成集団のいわゆる「戦闘的団結強化」外交がどれほど激しいかがうかがわれる。

北傀は、いざという場合の後押しを固めようとする内心をみせたが、金日成の再南侵準備に照して、われわれをして多方面の対応策の研究を考えさせるのである。

万一の場合をおもう時、北傀がソ連よりも中共により依存するであろうという像北は歴然である。しかし、中共の好戦的呼応にもかかわらず彼らの直接行動は国力の限界と内部の事情を考慮する時、はなはだ用心しなければならぬのも事実である。

中共が先立つということは政治的ジェスチュアを使い起すことであり、また、中共指導層は一九六九年のようなモスクワの後押しは到底信じられないようになっている。

ソ連・中共紛糾といっても、彼らは、直接大きな戦いにまき込まれない限り、北傀の制限された冒険でアメリカが一時ながらも困難になるのを終始納得(?)望むと計算するかも知れない。総体的に、北傀の武力赤化統一の野欲と、まず国際的な力関係を洞察しない性急かつ愚かな冒険の失敗作の再演を展開するのみである。

われわれは、北傀が状況に誤認を感じて冒険を繰り返さないよう国防と外交および内治をさめて自体の準備を引き続いて固めて行くべきである。

米軍の減縮通告
相互防衛条約責任完遂を保障せよ

サイゴン外相会議後、駐韓米軍削減問題がにわかに出てきた。韓米外相の会談でロジャース米国務長官から「予算の理由で駐韓米軍兵力一部の削減は考えざるをえない」ことと撤収の時期と削減の規模は韓・米間の事前「協議」で扱われ来た。韓国は十分な協議が成り立たない限り如何なる行動もとらないであろう」との米国官辺の消息を伝えた。

国内でもポーター駐韓アメリカ大使が六日と八日の二回にわたって「一線国務総理を訪問、やはり予算上の理由で世界的に実施する米軍削減計画の一環として駐韓米軍が検討対象に含まれたとの通告を正式に伝えられたという。

こうしてみれば駐韓米軍削減問題は、すでに外交ルート上に表面化されて韓・米間のより緊密な協議のイッシュとなったのが明らかである。そしてこの問題の浮彫りが、カンボジア支援原則を強調したベトナム参戦国外相会議の席上から出た事実やアメリカがアジア国家にカンボジア積極支援を要請していると外信報道と結んで考えれば、われわれとしては甚だ複雑な感情にならざるを得ないのである。

ベトナム戦争の非アメリカ化が駐韓米軍の削減を誘導してサイゴン外相会議をきっかけにその新たな一つの曲り角につきつめたという現実が、同じ参戦国の一員としては余りにもアイロニーである。

しかし、問題は韓米に新たな段階、すなわち駐韓アメリカ軍の削減をめぐる協議を迎えたのである。それに先立って従来一方的にアメリカの国内で論議されたこの問題を韓・米間の「事前協議」にしたがい両方の合意をもって具体化するように確約された事実は、当然な原則が設定されたのであるといえよう。

相互に十分な理解と時間的余裕をもってこの協議原則をうまく活かしていけば、問題はもう少し順調な線で妥結されうるものと信ずるのである。

事実駐韓米軍の過去および現在、そして将来にわたってわれわれの国防に寄与した功労とまた新たに期待されるべき役割は、歴史的意義を十分もつものである。ただ、韓国でのみならずベトナムとかその他のアジア地域でも同じ評価をうけてこそ当然であろう。

いま、自国内の事情とベトナム戦争から来る一般の批判に追いこまれ削減をせねばならぬ立場はわれわれとして理解してあまるものがある。

このような事態は、あまり過大評価してもいかぬが、過少評価や楽観することはより禁物である。終戦でない休戦下にある駐韓米軍はいまだ交戦双方間の一方である国連軍としてこのような敵勢と対峙しているのであり、したがってその削減と撤収は韓国平和に対する国連の関心と行動規模およびその半径をそれ相応に縮める結果になりやすい。

韓国問題の政治的解決がない限り、このような軍事的対峙は長びくので米軍の象徴的駐屯を拡がるをえない。

駐韓米軍はこのように韓米相互防衛条約による共同防衛の実体としてまた国連の警察軍として韓国の安全と平和を保障する戦力である。同時に韓国軍の発展を先導する部隊といえることもできる。

このような位置と性格そして韓国事態の道程を要領よく計算すれば、兵員減縮の問題より、米国が韓国の安保を如何にするかの「保障案」から鮮明にしてその実行が先立つべきである。

われわれの判断としては、減軍はそのつぎである。減軍説と撤軍説が交錯して伝えられるが、その限界は一旦、専門家に任すといえども、将来この問題をとりまく韓・米間の協議テーブルには「韓国の安全保障の義務のために」との銘文だけは忘れなく刻んでおくべきである。

(韓国日報社説)

対日輸出クォーター線策定
第7回韓日貿易会談終る

ソウルで開かれていた第七回韓・日貿易会談は二十六日、つぎのような内容の声明を発表して閉幕した。

①韓国側が要求した宝製(?)の対日輸出は前年度のクォーターを上回る線で設定する。さらに日本の輸入業者たちの独占を防ぐためクォーター割り当て体制を改善すること。②韓国産ノリの毎年の輸出は前年度のクォーターを上回る線で決定すること。③合板、米菓、冷凍豚肉、寒天などにたいする関税引下げは日本側の経済事情に従って漸次に緩和する。④保税加工全資材の免税拡大にかんする韓国側の要求を継続して検討のこと。⑤日本側はUNCTAD規定に従い、韓国を開発途上国家の特恵範囲内で規定すること—などを検討、今月ソウルで開かれることになっている第三回韓・日定期閣僚会議までにこれらの問題に結論をつけることにした。

日本に外資支援を要請
三次五ヵ年計画で

政府はきたる二十一日から三日間ソウルで開かれる第四回韓日閣僚会議を通じ、韓国が第三次五ヵ年計画を遂行するのに必要な外資の支援に日本が積極的に協力してくれるよう要請する予定である。

第三次五ヵ年計画に必要な総投資規模は、内資三兆六千百七十二億ウォン、外資三十一億九千九百万㌦であるが、政府はこの莫大な外資を調達するのに日本側が長期低利の借款を提供してくれるよう特に第三次五ヵ年計画の核心事業として推進される重工業核心工場をはじめとする基幹産業建設のための所要外資と技術の支援を促求する方針である。

一方、政府は現在一件につき三十万㌦に制限されている日本の海外投資自動承認限度を百万㌦に上げることを交渉する意向で、また日本民間実業家の対韓投資を積極的に勧奨するとともに、借款供与において財政借款の比重を高めることに関して協議する予定である。

なお、政府は三次五ヵ年計画の核心事業となる重工業部門の四大核心工場として総合機械、鋳物銑鉄、特殊鋼工場および造船所の先行要件選定作業を急いでいる。

上半期輸出実績は目標超過
四億三〇六二万㌦

商工部は一日、今年度上半期(一〜六月)の輸出実績が四億三千六十二万四千㌦に達したと発表、これは上半期の計画目標額四億三千万㌦を超過達成したものである。なお、商工部は今年度の輸出目標十億㌦達成は楽観視されると展望した。

初の貿易業登録許可
駐韓日本商社の大明貿易に

商工部は駐韓日本商社に初めて貿易業登録を許可した。さる二十六日開かれた貿易委員会は、野球グローブ輸出業体である大明興業(代表=池田(?))にたいし、自己生産に必要な資材輸入と自己生産品の輸出を直接行なうことができるよう貿易業登録を許可することに決めた。

小額不渡でも拘束する
治安局、全国に指示

治安局は七月の一ヵ月間を不正手形取締り期間ときめ、不正手形犯二千八百九十四名のリストをつくって全国の警察に回した。

治安局は今度の取締り期間中小額で即時弁償措置ができるものを除く外は全部を拘束捜査するように指示した。

治安局は五千万ウォン以上の不正手形事犯は直接捜査して、一千万ウォン以上は各市道警察局が捜査するようにした。治安局の集計によると今年の一月から五月までで、全八十六億ウォンの不正手形が乱発されている。

韓日合弁メリヤス内衣会社、来年設立

日本の三菱商事は、韓国の大衣類メーカーである韓興物産(社長=韓(?))との共同出資で来年、韓国に合弁会社を設立しメリヤス内衣を生産する方針である。

三菱商事がこのような方針を決めたのは①韓国の豊富で低賃金の労働力を活用することができること②綿系など良質低価の原料が現地で調達できること、などの理由によるという。

同合弁会社設立計画によると、来年度に全州市工業団地内で約三万三千平方㍍の用地を買収して縫製工場を建設、当初は月間十万着の紳士・婦人用メリヤス内衣を生産するが、四〜五年後には年産五百万着程度の生産規模に拡張するという。

韓青福岡支部再結成
委員長に柳漳烈君選出

日本政府
韓国物産を認可
対日輸出増大のため東京に設立

二男鎗氏が〝皇帝〟に
義親王家相続争い4年に終止符

相続権めぐり争い

火花散らす義兄弟

義親王の系

出発のテープを切る街頭宣伝班

耳かたむける同胞
朝総連 各地で進路妨害も

永住権宣伝キャラバン西へ行く

朝総連（傘下）

大阪布施支部が成果
「永住権」100%申請へ総力結集

生野支部も総決起

㊤金碧子氏（左から六人目）と金鎮珥氏（右から四人目）を囲んでだんらんする兄弟たちとその家族㊦は金三岩氏（右から二人目、左端が夫人）と来日したその姉弟

飛行場で申請誓う
永住権拒んだ兄弟 姉と25年目の再会

朝総連北海道本部 壊滅寸前
永住権の成果で致命的打撃

男子394名女子404名
本年度母国夏季学校入校生

有事には銃砲生産も
朴大統領 織機工場竣工祝辞

「大阪総領事館」新築
2億円目標に同胞が募金開始

尋ね人

社告

朴大統領メッセージ

"融和の世界"へ向う契機

朴大統領

文化

『私は北傀を告発する』

大物スパイの告白 (六)

姜大振

私はこの松柰郡のりんご園における大量農救援事件を、反探偵部監察班の報告書として作成労働党中央党に提出した。これに対して中央党の取った措置は懲党をとがめるどころか、むしろ彼を称賛し、「まことに創造的事業だ」として彼は新しくつくられた両江道党検閲委員長に上楽していった。

「非常会議」開催と疑心暗鬼の出席者

金日成の指示文朗読に思わず恐懼

残虐無残「集団農場」の悲劇と"反動"囚人

一坪の土地を求め自分の穀物願う

南侵武装スパイを捜索する国軍兵士

(つづく) (SISA)

(筆者は元北韓軍上佐でスパイ、韓国に帰順)

統一に対備する現況とその問題点を指摘

統一問題研究セミナール

民族主体性の確立

相互理解に努力する

農場をのがれて都市労働者の主人へ

都市労働者に接したものたちを処刑

都市問題と地域開発

延世大国際学術会議 【要旨】

制度上の措置急げ

34カ国代表が参加…

国際ペン大会 東西文学の諧調討議

砲丸投げで新記録

白玉子選手 韓日記録破る

白玉子選手

王者・李(ミドル級)の防衛戦実現

10月、カシアス内藤とソウルで

南大門を補修

七年目やっと着手

国宝第一号のソウル南大門が一九六三年、解体復元補修以後七年目にふたたび補修される。

ソウル市内に現存する建物のうち最古の建物である崇礼門(俗称南大門)はその間丹青(極彩色)が褪色し、ほこりがこびりついたり軒先の形が変形するなどで補修が不可避だといわれてきた。

韓國新聞

在日大韓民国居留民団
中央本部機関紙
韓國新聞社
発行人　鄭烱和
東京都文京区春日町
2丁目20－13
電話 (815)1451～3
(813)2261～3
振替口座東京 34988番

民団綱領

一、われわれは大韓民国の国是を遵守する
一、われわれは在留同胞の権益擁護を期する
一、われわれは在留同胞の民生安定を期する
一、われわれは在留同胞の文化向上を期する
一、われわれは世界平和と国際親善を期する

金日成の偶像化と朝総連の反民族性に不満爆発

福井朝銀副理事長、民団へ入団

傘下商工人の動揺深刻

全国朝銀に波及必至

対策に狂奔する朝総連

朝総連を脱退した勇者
千濬昊氏

朝総連のあまりにも売族的なカイライぶりに堪えられず、金日成から功労勲章までもらっている朝総連の地方大幹部が、朝総連に絶縁状をたたきつけ、勲章まで投げ返すると同時に民団へ入団した勇者がある。福井県の朝総連本部を自分の手でつくりあげ県本部委員長の職を経て、七年前には福井県庁に一年間も日参して交渉の結果、ついに「福井朝銀信用組合」の認可をとりつけて副理事長となり、福井県内はもとより北国地方一帯の朝総連組織を一手に掌握していた実力者である千濬昊氏がその人である。千氏は永住権申請を終え、民団への入団申請手続きも完了したが、二十数年間の朝総連生活を回顧しながら「地獄から解放されたおもいです」とその感慨を吐露しているが、千氏は慶南蔚山市に健在する両親にあうため近く帰国する。

千氏の脱退で揺れ動く福井朝銀

第四次韓日閣僚会議 閉幕

一億ドル新借款推進約束

重工業育成に協力用意

護憲決議新たに

朴大統領、制憲節で強調

八月までに中央兵務庁新設

韓国などに16億ドル

米対外武器販売高増加

二個師団駐屯支持

民族的良心に敬意

温く迎えよう

金日成神格化 もうまっぴら

千濬昊氏談

韓日経協増進

李大使が力説

一減縮一で共同声明

波紋は徹底でない

二十二回制憲節盛況

太平洋地域米軍撤退

韓日閣僚会議の共同声明 全文 その一

韓国側代表 金副総理

日本側代表 愛知外相

二十三日発表された第四回韓日閣僚会議共同コミュニケは次のとおり。

一、第四回韓日定期閣僚会議は、七月二十一日から三日間、ソウルにおいて開会された。

二、会議には韓国側から金副総理兼経済企画院長官、崔外相、南財務相、[illegible]農林相、李商工相、白交通相らが出席した。

三、日本側は愛知外相、福田蔵相、倉石農相、宮沢通産相、橋本運輸相、佐藤経済企画庁長官らが出席した。

四、会議は次の議題を討議した。①両国関係一般および国際情勢②両国の経済情勢③経済協力④貿易問題⑤財務問題⑥農林、水産問題⑦商工、交通運輸問題。

五、会議はまず全体会議において、国際情勢および両国関係を全般的に討議し、両国の経済情勢についてそれぞれ説明をしたあと、国際情勢および両国関係、財務、貿易、農林水産および交通運輸の各問題に関する個別会議を、また経済協力問題その他に関する関係閣僚の合同会議を開催し、最後に再び全体会議を開催して討議をした。

六、特にアジア・太平洋情勢に関して広く意見を交換した。

七、両国の閣僚は平和と繁栄の中で生きようとするアジアの開発途上諸国の念願が尊重されるべきであることを強調した。

両国の閣僚は地域内の国家が相互に協力して緊張緩和のため、さらに努力すべきであることに意見の一致をみた。この見地から両国の閣僚は、最近ジャカルタで開催されたカンボジアに関する閣僚会議が有意義であったことを認めた。両国の閣僚はアジア・太平洋地域内に緊張が存続しており、一部の地域では戦闘状態が拡大していることについて憂慮を表明した。

八、両国の閣僚は両国の安全と繁栄がきわめて密接な関係にあることおよびアジアにおける平和と繁栄が両国の共通の目標であることを認め、その目標実現のため、両国が引続いて協調し、努力することを再確認した。両国の閣僚は現在の情勢のもとでは、米軍の極東における存在が、この地域の安定の大きな支えになっているという認識をともにした。

九、韓国側は、昨年十二月の韓国民間航空機の拉致事件、本年六月の韓国海軍放送船拿捕事件を含む大韓民国に対する挑発行為が、引続いて激化している事態を説明し、大韓民国の政府と国民が朴大統領の指導のもとに堅く団結し、自由友好諸国の継続的な理解と支持を得て一国防、一国建設の国家政策を成功裡に遂行している事実を説明した。

日本側はこれに対し深い関心を示すとともに、基本的には韓国の経済建設および繁栄が重要であるとの見解を述べ、大韓民国の政府と国民が、このような事態に効果的に対処しつつ現在までになしとげた業績に対し敬意を表した。

両国の閣僚は人道的見地から前記の航空機、船舶の抑留されている乗務員と乗客が遅滞なく送還されるよう、との希望を表明した。

一〇、両国の閣僚はベトナム紛争解決のため今日までに払われた努力を検討し、ベトナム国民の自由と独立が保障されるような公正かつ永続的な解決がすみやかにもたらされることを希望した。また両国の閣僚はカンボジア情勢に憂慮をもって留意し、カンボジアに関するジャカルタ会議の結論を支持することを確認した。

一一、両国の閣僚は、アジア・太平洋地域における国際協力の場として定着し、政治、経済、社会および文化の分野で充実した活動をしている[illegible]ることに対し、満足の意を表するとともに、両国がその機構を通ずる地域的協力体制の一層の発展と強化のため、引続いて協力することにつき意見の一致をみた。

一二、両国の閣僚は国際連合、その他の国際機構および会議を通じて協力することが有益であること、特に韓国統一のための国際連合の諸般の努力に対し、引続いて協力することを再確認した。

一三、両国の閣僚は両国関係全般に関して検討した。両国の閣僚は両国間の友好関係および協力関係が著しく増進されてきたことに満足を表明し、両国政府が長期的な観点から互恵の原則と信頼に立脚した両国間の善隣協調関係を一層発展させるため、引続いて協力することに合意した。

一四、両国の閣僚は在日韓国人の福祉増進のために、今後とも一層密接に協調することとし、特に法的地位協定に基づく在日韓国人の永住権の問題に関連して、必要に応じ、両国の関係閣僚の会合を含む関係当局間の会談を開催することに合意した。

一五、韓国側は在日韓国人の信用組合の好意的配慮を要望したのに対し、日本側は種々問題はあるが、検討する旨を約した。さらに在日韓国人信用組合の金融の代理業務の取扱いについては日本側は差別しないという原則のもとに、可能な範囲内において、好意的に検討するむね表明した。

一六、両国の閣僚は二重課税防止協定が、双方の国会において承認されたことを歓迎し、すみやかに批准手続を進めるよう合意した。

一七、韓国側は、一九七二年から実施する第三次経済開発五ヵ年計画を現在作成中であることを述べ、その基本目標と重点目標を説明し、この目標達成のために日本側の積極的な支援を要請した。日本側はこれに対し深い理解を表明し、本計画の円滑な遂行のため、積極的に協力することを約した。

一八、韓国側は、機械工業建設等重工業の育成につき、日本側の協力を要請した。日本側は韓国の重工業の育成が総合製鉄工場の有効な活用ならびに経済発展のため緊要であることを認識し、韓国の重工業育成について必要な調査等所要の協力をする用意がある旨を述べた。また日本側はこの調査に基づく必要な協力をする用意がある旨を約した。

一九、韓国側は、韓国の輸出産業の近代化、輸出産業の育成および中小企業の振興のため、日本からの機械類の輸入を確保する目的で、日本側から一億ドルの新規借款を受けることを要請し、日本側はこれに対し前向きで対処することを約束した。これに関して両国事務当局の間で協議することが合意された。

二〇、韓国側は、民間資本導入による対韓投資を誘致するため、韓国政府がすでに確立した投資環境改善の内容を説明し、また投資申請処理のじん速かつ簡素化のため、投資窓口を一元化したこと、および馬山に輸出自由地域を設置し、投資家に便宜を与えるようにした旨を説明するとともに、日本側に対して対韓投資増大のため、日本銀行の海外投資自動許可限度額の引上げを要請した。また韓国側は、投資環境の改善のために、日本側との共同研究を提議した。

日本側は直接投資の増進が相互に有益であることを強調し、海外投資自動許可限度額の引上げを検討中である旨を述べた。また投資環境改善のため日韓両国の共同調査、民間ベースの投資調査団の派遣などにより対韓投資の増加を図ることに合意した。

二一、両国閣僚は、日本から供与される一般プラントのための民間信用問題に対し、プロジェクトごとに処理することに合意した。

二二、技術協力資金に対しては、その使用を促進するよう相互に努力することに合意した。

二三、技術高等学校設立に関する問題に対し、両国閣僚は出来るだけ早く調査団を派遣し、その具体的な方法を検討することに合意した。

（次号へ続く）

廃墟から工業化

アジア第二の成長国

韓国の経済展望

米スタンフォード調査研究所分析

アメリカのスタンフォード調査研究所（SRI）は、最近発表した一報告書で、韓国がさる一九六二年から二回の経済開発五ヵ年計画で急速な経済成長をなし遂げたと指摘、開発途上国家が現段階の条件のもとでなし遂げた模範的な成果であったと評価した。この報告書（SRI－International 十五号－季刊）は、韓国が達成した経済成長と問題点および今後の展望を分析しながら、韓国経済が当面するであろう問題点をあばいてあげた。

報告書の要約

韓国は戦後してしかも戦争で廃墟になった国土から現代化、工業化した国家にまで変貌し、アジアでは日本につぐ高い成長をなしている。

一九六九年韓国のGNPは六八年の50億ドルをこえて、15%の成長をなしとげ、一九五七年の一人当り国民所得が81ドルに比べ六九年の一人当りの国民所得は百八十五ドルに延びて七一年の目標は二百二十三ドルである。

基礎的な下部構造の欠如は、もうすでに克服され韓国の未来開発計画は石油化学、製鉄機械、電子工業を伸長して強化させて食糧不足をたやすく解決するようになっている。

七二年～七六年の成長率は、延平均九%にいままでよりは緩和した線で計画され、国際収支の赤字をうめるためには輸入増加率を減少されるように準備している。

六二年以来延平均40%の輸出増加を達成した韓国は六九年七億ドルを輸出し、七六年の輸出目標を三十四億ドルに策定している。

六二年工業製品の輸出量は27%だったが六九年には総輸出の80%を工産品が占めた。繊維類は輸出商品のうち、もっとも重要な品種であり、それながらももっとも損をうけやすい品種である。

各種製品にたいする国内市場の成長も経済発展の鈍化に耐えられている重要な要素である。

製造業に従事している労働者の賃銀水準は、極東地域の各国の中でもっとも低い月平均30ドル～35ドルであるが、この賃銀水準の上昇率は生産性増加率をより急速に延ばしている。

しかし、膨大な労働プール制度は政府および労働組合の現実的な政策がなければ、今後、賃銀水準の向上を引き続き維持せられるであろうし、現在水準よりは賃銀が向上されるべきことは避けられぬ実情である。

韓国政府は、産業開発に外国人または外国企業が参加することは奨励している。よい条件の投資風土は、アメリカ、日本およびヨーロッパのいろいろな企業が小規模であれ大規模であれ産業部門にわたって投資機会をえようと――独自にまたは、韓国企業と合作して参加するように――関心を高めるのが事実である。

六九年、韓国政府が認可した外国人の直接投資は、六八年合計の倍に及んで、これは極東で政治・軍事的条件が不確実なのに反して韓国に投資した外国人たちに持続的に新鮮する信頼感を与えているということを示唆することである。

外国人投資の中でもっとも多い国家はアメリカであり、七十五ヵ業種に投資総額は、七千七百万ドルに達する。他の開発途上国家の場合と同じく韓国に投資した外国人たちはいろいろな問題に当面している。

すなわち、韓国には、技術的で科学的で管理に有能な人力が相当不足している。外国企業は、ときどき従業員に彼らが学校で学んだ技術を補なう計画をたてるべきである。ありふれた形式と煩雑状態はこのような問題を克服しようとする政府の努力と対峙している。交通網が手狭されると同時に住宅も不足な状態である。

このようないろいろな問題点があるにもかかわらず、外国投資家たちに対する展望は楽観的であり、記録と展望によって韓国の投資風土は「世界の開発途上国の中で最上」と評価されるであろう。

本国論調

韓日経協の新しい姿勢

（一）

七月二十一日から三日間にわたる第五回韓日閣僚会議が韓国のソウルで開催された。両国間の閣僚会議は六七年以後、毎年ソウルと東京で交互に開かれたこの会議は、公式外交を通じては解決することの出来ない懸案に対し、より高い政治的次元から解決方策を模索するためのものとはいえる。会談が開かれるたびにわが国民は大きな関心をもってその進展を注視してその成果に期待して来た。

というのは正常化したとはいえ両国間の国交が非正常的に展開してきたことと、そのような関心と期待は幾度も失望的な会談のくりかえしであったからである。この会談でいかに立派な約束と、懸案の解決方案が提示されても実践過程においてなんらの成果がなかったが、これは、日本側がわれわれにたびたび約束してきた両国間の「貿易不均衡の是正」という約束が実際にはますますその格差が大きくなった事実からみても十分に立証される。いままではこの会談に対し、新しい関心と期待を喚起することさえつまらない感じである。しかし両国間に新鮮するこの地域の安保状態とともに提起している駐韓米軍の減縮問題は、両国間協力関係に新しい関心を喚起している事実を直視すると、今度の会談は従来の場合とは別な角度で両国間の関連した情勢分析と、これに対処するための具体的方案を模索しなければならないことを再び強調したい。

（二）

しかし以上は駐韓米軍の減縮によって提起される韓国の安保問題に日本の直接な関与を期待しようとするのではない。

また韓国の重工業化に対する支援の名目で軍需産業の韓国進出をはばむ考えもない。韓国の防衛問題はどこまでも韓米両国の外交的折衝とわが国の自主的な努力で解決すべきもので、いかなる第三国の介入も不必要であるというのがわれらの信念だからである。駐韓米軍の減縮計画伝達を契機に韓国の朝野が大きく衝撃を受けたのも、決して米軍の恒久的駐留を願ってからではなく、減縮にも何んらの影響を受けない強力な、自主的防衛態勢の強化と、これを支える一翼が経済的な充実化にある。経済力の強化を期するところに強力な自主的国防力の確保があるのである。したがってアジアの平和と安全のため韓・米・日三ヵ国の共同歩調が要求されたら、日本側は純粋な経済的側面での対韓協力に誠意を示してくれることがもっと望ましいのである。

今度の会談前に日本の佐藤首相は駐韓米軍減縮に関する「新しい援助」をも考慮していると述べたが、いずれにしてもわが国の経済開発計画に効果的に使用するのを望み、このような新しい協力関係よりも、拡大一路となっている貿易不均衡の是正に日本側の積極的な真面目な努力と誠意が必要であろう。

（朝鮮日報）

「米武器販売法案」慎重に

アメリカの対外武器販売法案が去る六月三十日、上院本会議を通過した。この法案の内容を見れば第一にアメリカの無償援助額が一会計年度に三千五百万ドルを越える際、超過部分は正規軍援からさし引くことになる。

第二に被援助国は援助額の50%を現地通貨で特別計定に預置し、これを一次的には対米負債償還に使い余分を文化交流および交易増進に使用する。

第三に韓国が西経130度以東でたら漁を抛棄しないかぎり、一般経済援助を保留するということである。

われわれは今後の米上下両院協議会でこの修正法案が再論され、諸案条項が削除されることを望むが、もしこれがそのまま確定されるとすれば韓国軍の維持および武器現代化と軍需産業育成に大きな打撃を与えるであろう。

特に剰余装備支援の上限線を三千五百万ドルにすえたため今までより多くの援助を受けて来たし、今後も現在の水準が確保されねばならないわが国としてはこのような制約条件は致命的な打撃である。それだけでなく援助額の50%は対米負債償還に使用することになっていたため、今までの正常軍援が半分になる結果となる。

北傀は戦争準備に狂奔しており、中共は金日成に対しインドシナ侵略まで促がしている。それぱかりか中共は南韓侵略を援助するため二億ドルにいたる無償援助と新鋭武器提供を約束したとのことである。アメリカはこのような事態においてわが国に対するより強力な援助が必要であり、この際アメリカが最小限の責任をも果たすことができないとすれば、それはアメリカ自身の重大な不幸にもなるのではなかろうか。

問題となった北洋漁業問題は、漁業資本保存のための条約水域だとはいえ、納得の行かない理由でわれわれの漁業活動を一方的に排除することはできない。この水域におけるアメリカとカナダが獲るタラの量は年間30万トン以上であるが、われわれの漁獲量はただの二～三千トンにすぎない。百分の一にもならないタラ漁獲をば漁業資源保存に害になると強弁するならばこれを正当であると信ずる人はない。またタラは「母川回帰性」があって産卵期には米国内河川に戻り、アメリカはこの保護のため莫大な投資をしているため、域外者の侵入を防ぐことができると主張するが、わが国も種族保存のため毎年50～60万尾のタラを河川にふ化、放流させるがその大部分が北洋方面に移動するとの事実を厭役しないことを望む。

ともかくわれわれは血でちかった伝統的な盟邦であり、アメリカはわれわれの経済発展と安保のため絶対的な貢献をして来た国である。どのような境遇のなかでもお互いを理解し、助けあう切っても切れない関係にある。この小さな利害関係が韓国の安全保障と経済復興にさてつをもたらすことがないよう両国間の緊密な協力と提携いあることを望む。

（ソウル新聞）

国会、対米決議文採択

いかなる名分も反対

米軍減縮

国会は十六日、米国に対し「いかなる名分の駐韓米軍の減縮にも反対する」との決意をかたく表明し、減軍計画を挙論するに先だち①国軍装備の刷新強化②軍需産業育成支援の具体化③韓米共同防衛の公約をより強力に効率的にあとづけすることができるというすべての外交的措置などの先行を促がす一方、政府に対しては、内政改革と安保体制強化に対する「完全な措置」を通じ、官民一体の国家安保体制を構築する「大転機」をつくりだすよう要求した。

国会はこの日の本会議で、金振晩共和党総務と鄭海永新民党総務外11人によって提案され、国防委で満場一致で通過された対政府建議案と黄智海外務委員長によって提案された対米減軍反対決議案を各々満場一致で採択した。

この日、本会議で採択された対米減軍反対決議文は李孝祥議長によって公翰形式でアメリカのニクソン大統領、アグニュー上院議長、マコマック下院議長、ウタント国連事務総長に発送した。

〔国会決議文〕

大韓民国国会は大韓民国と北米合衆国間の伝統的な友好と緊密な相互協力関係に立脚して、米国は韓国の安全保障に対して共同防衛の責任を負うことに留意し、国連決議による韓半島の民主的統一実現と韓国の平和と安全の確保のため、韓国に駐屯している米軍を主軸とする国連軍の任務がなお存在し、七十年代武力赤化統一を目標に戦力強化に狂奔して来た北傀の各種挑発行為の激化とともに南侵の脅威が増大している現情勢に照らし、現段階では現実状況に逆行する駐韓米軍減縮計画が論議の対象となりえない事を痛感し、性急に韓国化を急いでいる米国政府の無謀な対韓政策の急変が韓半島で、とりかえすことのできない不幸を招く可能性が濃いことを警告しながらつぎのように決議をする。

一、緊張状態にある韓半島において武力侵攻に対する抑制力と防衛力を弱化させ、北傀の再侵野欲を誘発させるいかなる名分による駐韓米軍の減縮もこれを反対する。

一、米国は減軍計画を承論するに先だって強化された北傀の軍事力を圧倒することができるよう一九六六年、国軍戦闘兵力ベトナム増派を契機として、公約を重ねて来た国軍装備の刷新強化作業と軍需産業育成の支援を先行、具体化すべきである。

一、米軍はまた減軍推進に先行して韓国の自主国防態勢が確立されるまで韓国の安全をかたく保障するため韓米共同防衛の公約をより強力で効率的にうらづけることのできるすべての外交的措置を講求具現すべきである。

経済研究所を設置

分析及び開発計画専担

政府は、すべての経済分析および開発計画業務を専担する国際水準の「経済研究所」設立の法案をつくっている。

政府高位消息筋によれば、経済開発五ヵ年計画のはじめに経済研究所設立を推進する計画であったが、民間研究団体などの反対で保留してきたが、経済規模が拡大されると同時に、政府各機関の業務量がふえて、どうしても研究機関が必要になり具体的計画をたてるようになったという。

政府はまず十二億ウォン程度の基金で研究所を設立してこれを運営資金にするという。

この研究所は科学技術分野の"韓国科学技術研究所"と同じ機能を経済分野でうけもつようになる。したがっていままで各民間研究所や経済部処でやっていた経済問題に対する資料分析はもちろん経済開発による計画業務を専担するようになる。

政府はこの法案をきたる九月の定期国会に上程しておそくとも来年初めには発足させる計画である。

「科学院」設立

国会財経委通過

国会財経委員会は十五日、科学技術振興のため「天才教育」を標榜する「韓国科学院設立法案」を討議通過した。

45億ウォンを投入し七十二年度から一般大学課程を修了した学生を選抜する予定の「韓国科学院」は修士、専門修士、博士の課程を設置し、学生総定員四百名（修士課程二百名、専門修士及び博士課程二百名）と百五十名の教授を配置する科学院学生には、兵役免除の特典をも与えることになった。

この学院は大学課程の修了者を二年間の修士課程、また二年間の専門修士課程を経て、博士課程の三年間を修了するような特殊学制を採択している。

米軍減縮は無謀な処事

「韓国人権連」声明

国際人権擁護韓国連盟（[illegible]理事長）は、十八日駐韓米軍の減縮は絶対に反対する内容の声明書を発表した。連盟はまた、北傀が南侵の機会をねらって過去の何時よりも危機を造成しているいま装備現代化など確固な対備策もない米軍の減縮とは六・二五動乱のような悲劇を再起させる無謀な処事だと警告した。

海外同胞支援に努力

国会で丁総理が答弁

丁一権国務総理は七月十五日の第二十四回臨時国会で、金相賢議員が海外同胞の支援育成策をただす質疑にこたえて、「海外同胞投資に関して非常な関心を持って支援に努力をつくしている。また文教協力関係や金融関係においても政府としては支援をしているが、海外特に日本における同胞の実績は多大なものがあり、今後とも一層努力を傾ける予定である」とのべた。

韓米国防閣僚会議共同声明

①一九六八年四月にあった大韓民国とアメリカ合衆国大統領の決定および一九六九年六月ソウルで開かれた第二次国防閣僚会議の合議により、一九七〇年七月二十一日、二十二日までホノルルで第三次韓米国防閣僚会議が開催された。

②丁来赫韓国国防部長官とパッカード米国国防部次官は韓・米両国民が韓国とベトナムで自由のために共に戦う間、相互に尊敬の友誼を厚くした事実に留意する一方、また東部アジアの安全に関連する韓半島の安全保障状態を検討して問題に対しても意見を交換した。

③丁来赫国防部長官とパッカード国防次官は、両国が戦争と平和の時にいたって試験され立証した協力関係をもった実に強力な同盟であることを確認した。

④両国代表は北傀の継続する侵略行為に対して憂いを示した。両国代表は大韓民国を防衛する軍事力が北傀の再侵を抑制するため警戒態勢にあってまた、強力であるべきだということに意見を同じくした。

⑤大韓民国に対する北傀の深刻なる脅威に直面して両長官は大韓民国の防衛能力を増強するため米国の軍事援助が相当な水準に維持されるべきだと合意した。

⑥両長官は大韓民国で追加的な防衛産業を発展させることが望ましいこととまた、この問題が継続的な協議の対象になるべきことを認めた。

⑦パッカード次官は丁長官に対して大韓民国に対する武力侵攻が発生する場合には相互防衛条約によって即刻かつ効果的な援助を提供することを強調し、北傀と中共がこのような米国の条約上の公約を認識していることを指摘した。

⑧両側代表団は太平洋地域の他の米軍基地から一部の米空軍機を大韓民国内の基地に移動する計画を発展させるよう合意した。これに追加して両側代表はできるだけ早く相当数のS2F海軍哨戒機を米国が大韓民国に提供することに合意した。

⑨両代表はベトナム共和国の情勢を検討し、ベトナム共和国が侵略に対抗する彼らの努力を継続するという両国政府の決意を再確認した。

⑩つぎの定期国防閣僚会議は一九七一年にソウルで開くことに合意した。

⑪丁国防長官は、パッカード国防次官、マッケイン提督および補佐官たちの丁重な礼遇および歓待、そして今後の会議の成功に大きく寄与した好意的な態度に対して深く感謝した。

42人に勲章

対スパイ戦有功将兵

国務会議は十八日、[illegible]保安司令官に乙支武功勲章を授与するなど対スパイ作戦で功を立てた四十二名の軍将兵に各級武功勲章を授与すると議決した。

重機借款が焦点

韓日定期閣僚会議の韓国側代表となる金副総理をはじめ崔外務、南財務、[illegible]農林、李商工、白交通など六長官は十一日経済企画院で会議を開き、会議の議題及び進行に対して協議した。

会議では今度の焦点が重機械工場建設のため日本側から一億ドルの円借款支援を受けることに重点をおき、馬山輸出自由地域に対する日本側の企業の積極的な参与などの投資促進を勧誘することに合意した。

消息通によると、重機械工場建設に対する日本側の資金支援は駐韓米軍の減縮説と関連して韓国の防衛産業の育成が至急な現在では日本側が極東安保に対する韓国側の寄与度を高く評価して積極的であることを述べた。

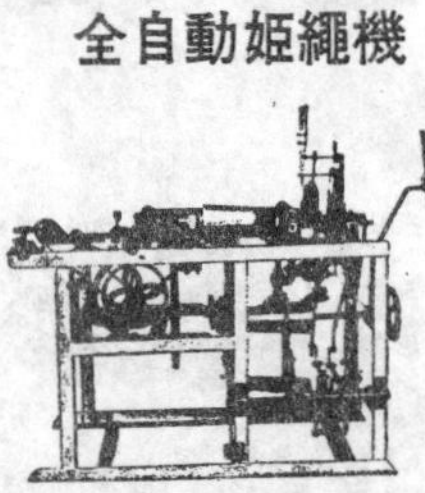

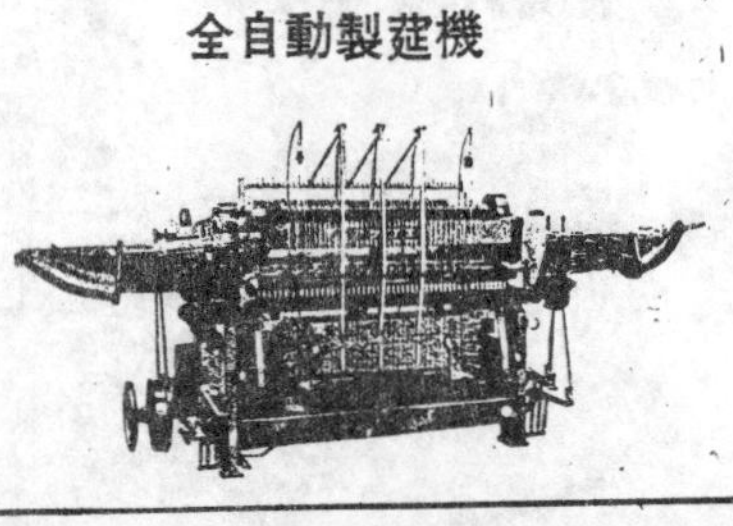

あと一息！申請者10万

第二次 永住権キャンペーン順調

崔団長先頭に常任委昼夜の大奮闘展開

大阪本部

大阪では、民団大阪本部（崔鳳学団長）を中心に管下三十支部が一丸となって、朝総連の執ヨウな妨害を排破して永住権申請者数を順調に伸ばし、さる六月末には六万五千名を突破している。大阪本部ではさる六月十三日から七月二十五日までを「永住権申請促進月間」と定め、大阪本部内に「永住権申請促進常任委員会」を設け、崔鳳学団長が委員長に、下先奉本部議長と張基説監察委員長が副委員長にそれぞれ就任して、このキャンペーンの陣頭指揮をとり、府下各支部を巡回督励している。

また同本部では、この第二次キャンペーンの成果をより高めるために大型バス一台とマイクロバス二台、乗用車二台からなる輸送班を編成して機動力をフルに発揮しているが、各支部が先をあらそって配車を依頼するため、注文に応じきれないとしてうれしい悲鳴をあげている。

崔鳳学団長

崔鳳学大阪本部団長の発表によると大阪府下の永住権申請は、現在、各支部に登録してある団員登録者総数の八十五％が申請を完了しているが、このキャンペーン期間内には団員の中の未申請者を一掃するとともに、朝総連系同胞および、いわゆる中立系同胞に対する啓蒙宣伝を徹底化して、府下の申請者数を一挙に十万にまでひきあげることを目標にしているとのことである。

昨年末の第一次キャンペーンは時期的にわるく、期待したほどの成果を得られなかったが、こんどの第二次キャンペーンはもっとも時期が適しているとみている。というのは、万博参観の家族招請事業も大阪府下では一段落しているため、各支部がこの永住権申請の促進活動に全力を傾注することができるからである。

▲新装なった大阪地方本部正面玄関(下)は永住権申請キャンペーンと万博接援事業用に購入した大型バス

この「申請者十万名」達成を目標に各支部では、本部の応援のもとに華々しいキャンペーンを展開しているが、申請者数も日に日に増加している。

またこのキャンペーン中に特に注目に値するのは、朝総連系同胞たちの永住権に対する関心が急速に高まっていることである。

朝総連が全組織をあげて永住権申請の妨害宣伝に躍起となっているにもかかわらず、永住権申請を相談するために民団支部を訪れる朝総連系同胞の数は府下で一日三十名を下らず、多い日には生野支部だけでも一日に五十名を越えたこともある。

このような朝総連系の動きは、朝総連内部の大きな動揺を意味するものであり、もはや朝総連の常套的手段であるデマや謀略的宣伝では、永住権申請に対する一般同胞の皆様を抑制し押えつけることが不可能であることを証明するとのことである。

このような朝総連の動揺は一般団員だけにあるのでなく、朝総連の支部委員長クラスの幹部から、会長にいたる中堅幹部たちの間にも動揺は深刻で中間に人を介して民団役員との接触を図り、こっそりと民団幹部と面会して永住権申…

崔景乙事務局長

張基説監察委員長

下先奉議長

広島商銀外勤職員が永住権の指導を

理事長以下、全店決起

…の同胞がある場合は、永住権の意義を十分に説明して一日もはやく申請するよう啓蒙することを徐理事長が指示している。

この理事長の指示にしたがって広島商銀の全外勤職員は、全員が永住権申請の案内書と申請用紙を…

大阪のニュースから

元気な母子

"万博赤ちゃん誕生"

大阪で参観の金氏長女おめでた

万博参観の招請で来日中の夫婦に初めての赤ちゃんが誕生して、日本にいる祖母や兄とともに夫婦は大よろこび、民団大阪本部でもさっそく金一封を贈ってこれを祝福した。

このよろこびの夫婦はソウルの大韓湘区で鉄工業を営む金奇赫氏(…)とその夫人朴明愛さん(…)。

金氏夫妻は、大阪市西成区旭北通り二丁目六に居住する金氏の実兄金奇俊氏の招請で万博参観に来日中であったが、さる七月七日午前に朴氏が突然産気づき、ちかくの今宮市民病院で同日午後三時五十六分、無事に女児を出産母子ともに元気で、さきほど退院し帰国準備中であるが、この赤ちゃんは金氏夫妻の初めての赤ちゃんである。

また金氏の母親も金氏の招請で昨年に来日しており、思いもかけず日本で初孫の顔をみることができた "おばあさん" は大よろこび。民団大阪本部でも、さっそく金一封をもってお祝いにかけつけた。

四項を討議決議

民団大阪本部執行委員会開催

黄七福副団長

会館新築決議

大阪韓国学校 増築工事完成

李大使から感謝状

函館支団、祖国船団支援で活躍

李竜雨団長

朴事務局長

崔山沢氏当選

崔分団長再選

農林部長官一行が来日

北海道知事の招請で酪農視察

児童机百五十寄贈

無窮花会、韓国学校へ

姜信学氏就任

被侵時は即刻支援確約

韓青宮城本部 再建大会

新委員長に田清治君

亀尾邑に技術高校設立

16・7％増

第五回韓学同幹部母国訪問

安東交響楽団結成

人工衛星を使って速報

六時間で千六百ヶ

労組協助で産業平和

駐チリ大使に朴寿鎬氏

故厳敏永大使宅礼訪哀悼

カンボジア国交正式に再開

残虐無残「集団農場」の悲劇と"反動"囚人

=下=

中傷と知りつつ検討もせず心の罪を

哀れ、追放トラックから飛降り自殺

追放から救いてくれとカネ積げる

新聞記事も誇張の増産競争報道に

文化

『私は北傀を告発する』

大物スパイの告白 (七)

姜大振

オシッコに行きすぎると塗薬に反動

中指導員になる

こわがられる党棄

ざんこう掘りと増産競争命令を出す

「童蒙先習」原本発見

李朝社会の児童用漢文教科書

発見された「童蒙先習原本」

大学予試廃止方針

「首都圏整備庁」新設計画

経済圏中心に無秩序膨張を防止

米ディン少将を大田の名誉市民に

裏切られた善意

大規模な表彰、式典

在日体育有功者も受彰

大韓体育会の歴史

雲に沃化物まき

米で「人口降雨実験」成功段階へ

76年に育成会費廃止

教員俸給七万五千ウォン以上

総合教育開発計画成案

再審を請求

死刑囚の金圭南

教育大生の学費を全額免除

□□□ 観象台機構改編 □□□

京釜ハイウェー

初の週末ラッシュ

バス満員、マイカー遠征

ゆたかな くらしは 永住権から

韓國新聞

在日大韓民国居留民団
中央本部機関紙
韓国新聞社
発行人 [illegible]和
東京都文京区春日町
2丁目20−13
電話 (815)1451〜3
(813)2261〜3
振替口座東京 34988番

綱領

一、われわれは大韓民国の国是を遵守する
一、われわれは在留同胞の権益擁護を期する
一、われわれは在留同胞の民生安定を期する
一、われわれは在留同胞の文化向上を期する
一、われわれは世界平和と国際親善を期する

→ 永住権を申請した在日同胞たちは、大阪での万国博参観に本国の家族や親族を招請した。羽田空港に到着した家族たち

→ 万国博参観に娘を招請し、二十四年ぶりに再会した大阪北区の［illegible］氏父娘は、うれしさのあまり相擁して泣いた

第16回中央委員会で李禧元団長はじめ、参加した全国の中央委員は、永住権申請促進に総決起することを誓った

→ 民団中央本部はマイクロバスを購入して永住権申請促進全国巡回宣伝班を編成した。出発のテープを切る班員たち

↑ 万国博参観の招請をうけて来日した本国の家族たちはナショナルデーに参席して感激に胸をふるわせた

← 永住権申請を終えた彼女は母国のミス・コリア・コンテストに出場して市内をパレード

↑ 永住権を申請している日本の姉から招請をうけ、空港に着いた妹は老いた姉を抱いて、再会のよろこびに泣く

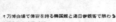

↑万博会場で偉容を誇る韓国館と連日参観客で賑わう会場入口の盛況（右）

↓街頭に進出して永住権申請を啓蒙宣伝する民団職員

↑ 日本に到着した招請家族たちは各地で民団のあたたかい心からの歓迎をうけて感激している。（宮城県本部の歓迎会）

← "おばあさん、永住権申請はすませましたか?" 崔永[illegible]兵庫県本部団長は今日も街へ出て、永住権申請の啓蒙に余念がない

← 彼女たちも永住権申請を終えた。もちろん父母兄弟みんなも申請している。今年も彼女たちは夏季学校に入校し母国でたのしく民族教育をうけている

読者のみなさんへお願い
このページは、読後に皆さんの家の戸外へ貼りだして、多くの人たちに見てもらいましょう。

永住権問答

永住権問答

申請おえて しあわせなわが家

1965年12月18日、批准書が交換され、あくる年の1月17日から発効した「日本国に居住する大韓民国々民の法的地位および待遇に関する大韓民国と日本国間の協定」は、在日韓国人が、日本で安定した生活を営なむことができるような、法的地位を保障する両国間の協定であります。両民族間における過去のゆきがかりを一切清算し、韓・日友好百年の大計のもと、新しくひらかれつつある〝韓・日新時代〟を迎えた今日、われわれ在日韓国人は一人残らず、永住権をかくとくして、わが家をしあわせにするあらゆる権利をうけるように致しましょう。

問…協定永住権とはどんなもので、如何なる人たちに与えられますか？

答…協定永住権とは、一般外国人に適用される日本国の出入国管理令とは違い、1965年に締結された「日本国に居住する大韓民国々民の法的地位および待遇に関する大韓民国と日本国間の協定」に基づいて、在日韓国人に永住権を与えようとするものであり、その適用範囲は、1945年8月15日以前から引き続き継続して日本に住んでいる者の中、協定永住権を申請した者と、同じくこれを申請した子女たちに与えられます。

問…それでは協定永住権を許可されるのには、どんな手続きをすればいいでしょうか？

答…まず、最寄りの民団支部へ立ち寄れば、係員がくわしく説明してくれますが、申請希望者は次の書類をそろえて、本人が直接（14歳未満は親が代理）居住地の役場へ出頭して提出すればよいのです。

① 協定永住許可申請書2通　② 旅券、または大韓民国々民登録証かそれに類する国籍に関する陳述書2通　③ 写真2枚（6カ月以内の5センチ平方）　④ 家族関係と居住経歴書2通　※手数料は一切不要

問…申請手続きはいつまでやればいいでしょうか？

答…1971年1月16日までとなっておりますが、申請事務の円滑とよりよい効果をあげるために、でき得る限り、今年中がもっとも便利ですから、1日も早く申請して下さい。

なお1971年1月17日以後に生まれる子女たちは、出生した日から60日以内に申請しなければならないから、おくれないように注意して下さい。

問…協定永住許可通知を受けとったあとは？

答…出頭通知を出した役場へ行き、外国人登録を提示して、許可事実を記入してもらうと同時に、日本国法務大臣の永住許可書をもらえばよいのです。これで始めて正式の協定永住権の資格を与えられた訳です。

問…申請書の記入要領を教えて下さい。

答…さほどむずかしいことはないが、家族関係などをくわしく記入した方が、後に本国から家族招請をする場合、役立つことにもなります。さらに1947年から外国人登録を済ましている者は申すまでもなく、1952年9月までに第2回外国人登録を済ませた者は、居住経歴をいちいち調査することなく、書類のみで審査するが、そうでない者の場合は、継続居住を立証するためやむを得ず入管が調査することになります。

問…ところで継続居住歴とは何のことですか？

答…文字通り、解放前から日本で居住してきたかどうかのことであり、併せてその子女たちも日本で生まれ育ってきたかどうかの事実をさすものですが、今年8月の韓・日法相会談で相談しあった結果、さきに答えたとおり、第二回外国人登録を済ませた者は、継続居住と見なして永住権許可を与えられることになりました。

問…協定永住許可者には、どんな利点が与えられるのですか？

答…①まず日本国での永住を法的に保障され（一般外国人はこれに該当しない）　②日本国に大きな損害を与えるような犯罪（麻薬・内乱・国交など）をおこさない限り、原則上、強制退去を受けないし　③特別な在留資格をもっているため、再入国の期間や回数も制限がなく　④本国の家族や親族の招請が好意的に扱かわれ　⑤家族が離れて住むことのないよう考慮がはらわれます　⑥また、日本の公立小・中学へはもちろん、上級学校へも日本人同等に進学でき（義務教育を受けられる）　⑦貧しい人々には生活保護法が適用され　⑧国民健康保険に加入することもできます　⑨さらに永住帰国をする者には財産搬入が認められ　⑩本国への資金や送金も大はばに緩和されます　⑪それに一般外国人が土地・建物を取得する場合は、主務大臣の認可を受ける法令があるが、協定永住者に限りこの義務がなく、無制限に自由に取得できることになる、などです。

問…よくわかりました。ところで〝戦後入国者〟はどうなるでしょうか？

答…長期間にわたり生活基盤を築いてきたという事情を考慮して日本政府では特別在留許可を与える方針でいますが、1952年4月28日の平和条約発効以前から在留していることが確認されれば、一般永住権を許可されます。したがって希望者は、各地方の入管事務所で手続きをすればよいのです。

問…韓・日第一次実務者会談で合意した了解事項とは何ですか？

答…これは韓日協定の円滑な運営と効果的な実施を期すためにひらかれたもので、今までにお答えしたものの他には　①平和条約発効以後、大韓民国々民と結婚したことにより国籍を取得し、日本国籍を離れた女性に対する永住権は、人道的な立場で処理され　②協定永住者が再入国期間内に国外で子女を出産した場合には、事実確認で合意をみたうえ子女の日本入国はもちろん、協定永住権申請有資格者として扱われる　③留学のための再入国許可期間については、出入国管理令を改正する際に考慮し　④止むを得ない事由で期間内に再入国できない場合、その事由が確認されれば滞留資格を失なうことなく再入国が許可され　⑤また、協定永住者の配偶者および扶養を要する未成年の子女と同居するための日本入国については、人道的な立場で善処され、配偶者は当然、合法的に入国許可がおり、父母、兄弟、子女などの一時訪問は原則的に2カ月程度の入国査証（ビザ）を発給してもらえる、そして入国後は、状況に応じて2回まで在留期間を更新できるよう好意的に処理され　⑥協定永住者の家族の強制退去についても人道的な考慮をはらい　⑦いわゆる戦後入国者に対し出入国管理令上の永住を許可する場合従来は特別許可後、5年とされていたが、今後その期間を短縮する方向へ検討することになった―などがあげられます。

問…つづいて第二次実務者会談では、何か新しいことでも……

答…第一次会談の了解事項をさらに具体化したものだが、主なのをあげると次の通りであります。

①継続居住歴については、先にものべたとおり、第二回外国人登録をした者は、調査をおこなわないのはもちろんだが、ただ居住歴に対する確認を容易にさせるために、申請者は忠実に陳述書を書くことが要望され　②一般永住については、解放後から1952年4月28日（サンフランシスコ平和条約）までに入国した者は一般永住許可を申請できるようにする、ただ、素行が善良でなければならないが、懲役刑は10年、罰金刑は5年を経過（観察期間）すれば、その前科は問わないことにする、また納税義務でも、税務署に告発され罰金刑が確定された場合以外は問題視されない上、自活できる能力があり、一定の収入源となる職場（独身の場合は3万円程度）があればよく、扶養家族があれば、これを養なう程度の実力があればよい（満20才以上）そして、国立病院で認められる程度の健康を保ち、身元が確かな日本人、または在日韓国人の保証人がおれば、すべてこと足りる、となっております。

その他　Ⓐ刑罰を受けたり、法令を違反した者における再入国許可では、旅行目的、犯罪内容、居住状況などの事情も勘案して、人道的見地で処理され　Ⓑ一般在留者の留学のための再入国期間は最高6カ月、協定永住者の場合は、当初は1年とし、在外日本公館でさらに1年延長できる　Ⓒ協定永住者の家族の強制退去では、配偶者、未成年の子女、65歳以上の父母で、1960年前後に入国した者も、実情をよく調べ、特別在留を許可し　Ⓓ前記の家族たちが同居の目的で来日したい時には、これも好意的に扱われるので、正式に入国手続きをした方が有利になる、などが決められました。

問…今年の8月にひらかれた韓・日法相会談では、どんな合意をみたのでしょうか？

答…先の実務者会談できめられた事項は重複するから省くとして　①解放前、サハリン（樺太）に渡航し、解放後日本に帰ってきた韓国人たちの協定永住については、日本側の意見も尊重して相互に好意的な検討を加える　②戦後入国者の特別在留については、法令の許す範囲内で早急に許可することにし、つづいて一般永住許可申請があった場合もこれを受理して、審査基準をいっそう緩和し、申請書類も簡素化する　③協定永住者がやむなき事情により再入国期間内に帰ってこられない場合の延期については、期間後3カ月以内に入国できる者に限り、在外日本公館の処理でこれが許可される、などが合意をみており、　韓国側は、Ⓐ協定永住者に対しては回数再入国許可制度を希望し　Ⓑ協定永住者の家族で何らかの在留許可がおりている者には、出入国管理令上の永住許可が与えられるよう意見を強く表明しました。

問…では、最後にもう一つお尋ねしますが、朝総連の人たちはどうなるでしょうか？

答…よく質問して下さいました。朝総連の幹部たちは、永住権の恵沢をかくすために、いろいろとデマ宣伝をしているようですが、真実はおおいきれるものではありません。そんなことに迷うことなく今すぐにでも、永住権申請をすれば、私たちと何ら変りなく、今までのべたような権利をもらうことができるのです。これこそ、なつかしき故郷へ親兄弟を訪ね、一家団らんの幸わせな暮しができるただ一つの道なのです。皆さん方が、この永住権の内容をよく説明してあげれば、おそらくほとんどの同胞たちが、私たちの祖国大韓民国の温いふところへ戻ることを信じて疑いません。

韓國新聞

在日大韓民国居留民団中央本部機関紙
韓国新聞社
発行人 鄭烱和
東京都文京区春日町2丁目20-13
電話(815)1451～3
(813)2261～3
振替口座東京34988番

民団綱領
一、われわれは大韓民国の国是を遵守する
一、われわれは在留同胞の権益擁護を期する
一、われわれは在留同胞の民生安定を期する
一、われわれは在留同胞の文化向上を期する
一、われわれは世界平和と国際親善を期する

朴大統領の配慮に感謝

朴大統領

記者会見する李団長（中央）

35万人の永住権促進を目標

政府、二百万ドル融資即決

母国訪問の機会に努力

李団長記者会見

李禧元中央団長は、在日同胞の永住権申請促進に関する諸懸案と、万博参観招請家族の来日促進の諸問題を政府当局と協議するため、七月二十三日に帰国し八月二日に帰日した。李団長は、民団の至上課題である永住権申請促進問題を、帰国中の李厚洛大使とともに関係当局と真摯に協議し、政府の全面的な努力を再確認したが交渉の経過や今後の見通しなどについて李団長は、さる四日に記者団と会見しつぎのように発表した。

李団長談話（要旨）

一、永住権申請促進に関し

（1）永住権申請促進を通して私は全国組織の実体を把握することができた。この申請事業を契機に長い間の眠りからさめ、わが民団は史上はじめての朝総連に対する攻撃を展開中である。いまや朝総連は完全に守勢に立たされているが、われわれはこれを追いつめ完了なきまでに粉砕する段階にまで至っている。

（2）北は北海道から九州の南端にいたるまで全国の民団には、連日、朝総連傘下にあった同胞が来訪して永住権申請と入団を願い出ている。このようなことはわが民団の二十三年に及ぶ歴史上かってなかった現象であるが、この際積極的に朝総連と対決する姿勢をとらない組織幹部はすすんでその地位から退くべきであろう。

（3）永住権申請促進の宣伝と啓蒙を目的に民団中央が購入したマイクロ・バスは、さる七月一日に中央を出発して九州までを巡廻し、大きな成果をあげて帰任した。……

李大使の姿勢に感激

民団育成強化に寄与多大

八月四日、東京で開催

韓日協力委四次常任委

世界の社説が扱かった

米軍減縮問題

地下鉄調査団派遣

佐藤首相 韓国代表に約束

海底油徴確認

科技処、三海

年内に永住権申請を完了しよう

秘話

1945年8月15日 光復25周年 その前夜

ワシントンの李博士

一九四五年八月十四日に米国の首都ワシントン十六番街にある欧米委員会（Koran Commission）の電話ベルが鳴った。委員部の林炳稷氏（後の外務部長官）は受話器をとった。

「国務次官補ヒルトリン将軍からです」

林氏は受話器を李承晩博士に渡した。しばらくして李博士は静かに…

沈黙めい想

去来する半世紀の亡国の悲しみ

独立を宣言する李承晩博士

生命の声 VOA放送

米朝野の冷待を受けながら

新しい突破口 韓国青年訓練

杜門不出のため女史悩む

東京の英親王夫妻

その日もセミは鳴く

万才の特権もなく

李方子女史

脱走学徒兵の抵抗

重慶をめざす

日本軍の侮辱と差別待遇に抵抗して

毛主席誌「灯火」出版

合同ゲリラ訓練三ヵ月

「出動初日」

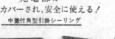

機首転回した

赤狗朝総連を告発する

岡山中央信用組合の理事ら造反

朝総連の『成鳳祚氏乗っ取り事件』バクロ！

朝総連から狙らわれた成鳳祚氏

岡山市にある朝総連系の信用組合「中央信用組合」の現役理事、総代、前常任理事、前営業部長、県下朝総連支部の委員長、商工会副会長、体育会長たちが、同信用組合のあまりにも大衆欺瞞的な運営と、強盗にも似た搾取性にたまりかね、同志たちと語らって同信用組合の醜悪きわまりない内状をバクロするとともに、この信用組合に王者のごとく君臨して、横暴をほしいままにしている朝総連岡山県本部の悪ラツな大衆収奪ぶりを報道関係者たちの前で大々的にバクロしているが、かれらは「われわれは正義と人道のために、朝総連と中央信用組合の不正と非人間的な悪行をこれ以上黙視できない。指導者の仮面の下にあるかれら朝総連幹部たちの暴虐ぶりを白日のもとで明らかにするため決起した。朝総連組織の現役幹部であるわれわれがこのような行動をすれば、当然朝総連から各種の迫害や脅迫が加えられるであろうが、われわれはそのような朝総連からの報復は覚悟の上である。われわれの犠牲でもって朝総連の誤った姿勢が是正され、これにより一般同胞の被害や犠牲が除去されれば本望である」と語っている。

強盗と化した朝総連

組織ぐるみで財産横領企図

右から金、安、李、鄭氏の記者会見

火災チャンスに乗取り策す

再建の保険差し押え

同志達ついに決起

たたえたいその勇気

岡山商銀理事長　朴泰鎮氏

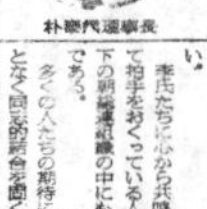

朴泰鎮理事長

民族芸術団公演

京都の光復節記念行事

許せぬ反民族的暴行

朝総連の仮面あばけ

朴太煥中央事務総長談話発表

「装備現代化」に同意

国会外務・国防連席会議

わが家のしあわせは 永住権から

緊張する「韓米国防長官会議」

韓国の譲歩あり得ぬ

丁国防長官 強硬姿勢崩さず

二十一日の韓米国防長官会議では、パッカード次官を先頭とする米国代表が入場した後、丁長官が率いる韓国代表が入場した。パッカード次官と向いあった丁長官は深刻な表情であった。この会議で丁来鎬国防長官は首席代表演説を通じ「我が国の立場では一寸の譲歩もあり得ない」と述べ、はじめから韓国側の強硬な姿勢を見せ、会議の雰囲気を一層緊張させた。会議が終った後、国防のスポークスマンは「初めの会議が率直で友好的な雰囲気でかつ慎重な討議をした」と簡単に発表した。

丁国防長官演説

韓国の政府と国民はこの会議に大きく期待し、その結果を注視している。北傀は六十八年から韓国に対する挑発を増加し、決定的な時機をねらい全面的戦争を起す準備をしている。

韓米両国は特殊な関係にあり、韓国は米国の支援で独立し、六・二五動乱では米国の青年たちが自由守護の為め数万名が犠牲となった。我が国の困難な時は米国が助力し、また米国がこまると者は我が国が助力して来た。

UN軍の主軸となる駐韓米軍が韓国に駐屯するのは北傀に対する抑制力となった。

韓国の経済発展が成り立ち、韓国軍の武装現代化が履行する五、六年間は米国は駐韓米軍の兵力を現在水準に維持し、継続的な駐屯を願うのである。

米軍撤退を反対する我が国の立場は一寸の譲歩もあり得ない。この会議で我が国の意見を素直に開陳するつもりなので、米国も率直に意見を表明する結果になるように受け取ることを望む。

この会議は韓米間の紐帯をより強化する契機となり、韓国の政府と国民を鼓舞する結果になるように願うのである。

パッカード次官演説

…に際し、「ハワイ」は太平洋の中心にあり、またわが国は「アジア」と韓国の安全に介入していることを見せるためハワイを会議場…われわれがこの会議を開催する…

防衛公約一元化交渉

被侵時 米即刻介入可能に

政府は、駐韓米軍減縮による安保対策の一つとして韓米高位軍事会談で論議している国軍現代化問題のメドをつけるのをきっかけに韓国で武力攻撃が生じる場合、米軍が直ちに介入するよう新たな対韓防衛公約をアメリカに要求する方針であることがこのほど明らかにされた。

この新対韓防衛公約はいままでばまず、崔圭夏外務部長官とポーター駐韓米国大使間の外交的折衝ではじめられるであろうと述べた。

この当局者は、アメリカは一九五三年の韓米相互防衛条約をはじめ六八年の韓・ジョンソン共同コミュニケ、六九年の朴・ニクソン共同コミュニケ、六六年の秘密外交文書による対韓防衛公約および毎年開かれる韓米国防長官共同声明などを通して韓国に対する多くの防衛公約をしてきたことを明らかにして、これらの防衛公約は韓米相互防衛条約の矛盾点および新たな事態に対処するために、その場その場で補完されたので北傀が挑発する場合、いろいろな異見を醸す憂いがあるのでこれを包括的に一つの公約に…

米国が軍事的に韓国に提示して来たすべての対韓防衛公約内容を一つにくくって北傀が再び南侵する時、異論なしに対処されるようにするとのことである。

政府の一高位当局者は、このような政府の方針を明らかにして対韓防衛公約保障のための対米交渉は、国軍現代化問題が妥結されてから…

くくって北傀が米軍が即刻介入するに際しつかえないようにしようとするものであると説明した。

この当局者は、五三年の韓米相互防衛条約が①武力攻撃をうけた時に、当事国は協議する（二条）②武力攻撃に対処するため当事国は各自の憲法上手続きにより行動する（三条）と規定するによって多くの問題点を生みだしているが、その後米国は六八年二月十五日の韓・バンス共同コミュニケーで「単なる協議」を「即刻的な協議」に補完して「憲法上の手続きによる行動」を六八年四月十九日、朴・ジョンソン共同コミュニケーで「行動の即刻決定」に補完した。

…するなど散発的な共同声明が対韓防衛公約の弱点を補完してきたし、駐韓米軍の兵器問題も六六年の秘密外交文書によって韓国政府が事前協議するよう公約、減縮問題に異見を醸される防衛公約の二条と四条を補完してきたと語った。

この高位当局者は、政府のこのような方針は米国から国軍現代化など軍事的保障をえた後、外交的にも強固たる対韓防衛公約の保障をうけなければならぬのでこのような公約は文書によるものであれ、韓米頂上クラスの共同コミュニケーであれまたは、ニクソン大統領の宣言であれ、如何なる形式をかりてもかまわぬとうけくわえた。

われわれは全太平洋地域の平和維持に深い関心を持っている。米・韓国は去る二十年間韓国とベトナムでおたがいに戦った戦友として深い友情と尊敬を結んできた。

両国の指導者たちは自由に対する脅威に対処するため緊密かつ効果的な努力をして来た。

われわれは軍事分野のみならず経済及び社会分野でも互いに協力し合い、世界平和の根源になっている敵国と不義を克服するため大きな進展を遂げた。

私はこの会議がわれわれの今まで結んで来た友情と紐帯をなおさら強化するに寄与することを願う。

わが国は韓国の安全に対する誠実と義務を深く意識しているばかりでなく、韓国が北傀に対処するための軍事力と経済に対し…

…変化に対応する戦力を維持することが、即ち、効率的な支援を完全であることを確認させたいのである。

ソウルで行なわれた同胞慰霊祭

原爆の犠牲の霊よ安かれ

ソウルで慰霊祭

第二次大戦の際、日帝の学徒兵、強制徴集、徴用労働などのため日本へ連行され原爆の犠牲となったわが同胞五万名（広島四万、長崎一万）のための合同慰霊祭が八月六日午後一時ソウル市内曹渓寺で開かれた。

この日慰霊祭には李応俊反共連盟理事長など多くの内外貴賓と3百余被爆家族および原爆被害者が参席、日本の強圧に萎縮した悲しい死を哀悼した。

通関手続き大幅簡素化

輸出アイデア・バンク設置も

朴正熙大統領はさる二十七日、輸出業者に対する便宜をより拡げ通関手続きを大幅簡素化して書類手続きを十種程度にし、不実な商品及業者は徹底的に規制するよう李洛善商工部長官に指示した。

朴正熙大統領はこの日、青瓦台で開かれた月例輸出拡大会議でこのように指示しながら海外旅行者に対しては、帰国後輸出アイディアを政府に出すようにして、これを土台に輸出アイディア・バンクを設けること、民間輸出業者の海外支社を選んで補助するよう指示した。

朴大統領はまた白麥とタバコの国内消費を抑え、白麥の専売方法を含む輸出の道を拡げることを研究するよう示達した。

この日の会議に尹錫憲外務部次官は、輸出目標達成の一環として在外公館の要請により①見本送…

対韓追加援助提出

ブロムフィルド議員が

【ワシントン発】ウイリアム・ブロムフィルド米下院議員は、さる三十日七一会計年度に韓国軍現代化を促進させるため対韓追加軍援法案を提出すると述べた。

米下院外交委員会共和党所属の重鎮であるブロムフィルド議員は七一会計年度中に駐韓米軍を減縮しようとするニクソン行政府の計画に対しては慎重に考慮中であるが先現代化一援案を可決を推進するといった。

…レイムのすみやかな解決の北米市場に対する供給の増加の民間問題が積極的に海出できるように措置されるよう内申した。

…七〇会計年度に一億ドルの対韓特別援助法案を提出したことがあるブロムフィルド議員はこの日、前駐韓国米大使であったブラウン東部アジア・太平洋問題担当国務副次官補などとの会談の後このように語った。

快速艇27隻建造

内務部、三ヵ年計画で

内務部は、海岸警備のため七一年から三ヵ年計画に時速三十ﾉｯﾄ以上の快速艇を毎年九隻ずつ、二十七隻を建造する計画である。

内務部所管予算案を審議している共和党政策委員会がさる三十一日明らかにしたところによれば、内務部が計画しているこの快速艇は六十ﾉｯﾄでエンジンは西ドイツから導入、造船公社が建造する予定、一隻当りの製作費は一億円ウォンである。

李禧元中央団長を訪問した尹潽善元大統領

尹潽善氏民団来訪

組織指導者の労ねぎらう

尹潽善元大統領（前新民党総裁）は、訪米の帰途、さる七月二十九日民団中央本部を来訪し、李団長と懇談した。

席上尹氏は、李団長はじめ中央の全体職員および、全国の組織指導者の方をねぎらい、また民団が推進中の永住権申請促進事業に大きな関心を示すとともに、その成果を高く評価、賛辞の意をもってこの大事業がおわるよう激励した。

◇南部支部稲田分団結団式

民団神奈川県南武支部（河仁植支団長）では本年度の活動方針として懸案の管内稲田分団の結成をおしすすめて来たが、七月二十五日午後二時から川崎市登戸新町の会場で稲田分団結団式を挙行した。

来賓として中央民団尹…宣伝局長、地方本部孫張翼団長が参席した同結団式では分団長に孫鎬鎬、副分団長に朴相文、李根洙両氏を選出し午後四時閉会した。同地区は全国でも有数の朝総連の根拠地といわれるが今後の活動が期待される。

団長に趙昌来氏

長崎本部定期大会で選出

民団長崎県地方本部は、さる六月十三日に、第三十六回定期大会を開催し、李漢奎団長の任期満了にともなう役員改選を行なったが、この日の大会で選出された新三機関の名単はつぎのとおりである。

団長	趙昌来
副団長	金龍佑
〃	鄭学善
議長	金漢申
副議長	韓弘出
〃	朴正熙
監察委員長	金栄淳
〃委員	金正領
〃	金永大
事務局長	黒岡石鉄

大時計を寄贈

崔権生野監委長

民団大阪地方本部改築は、竣工以来急ピッチに進み竣工式をまじかにひかえているが、府下各支部から個人または団体名儀での記念品寄贈が続出している。特に民団生野支部監察委員長の崔権氏は最…

特別融資既に到着

在日僑胞中小企業育成資金

日本に立ち寄った金融資財務部財政次官補は、さる四日午後、韓信協傘下の信用組合理事長たちとの会合に出席し、信用組合育成を積極的に支援するため、現在五百万ドル規模で運用している在日僑胞中小企業育成基金を七百万ドルに増額したと述べた。

国際金融市場の動態を調査するため、アメリカとヨーロッパを視察する途中に日本へ寄った張次官補は、こんど増額した二百万ドルの基金は、すでに外換銀行東京支店に送金したことを明らかにして、この基金は、外換銀行東京支店を通じて在日韓国人信用組合に貸出され、各組合員である僑胞の中小企業運営資金として融資されると語った。

張次官補は、さる六月末現在で韓信協傘下の各信用組合数は三十九預金総額八百三十億円であるのに比べ朝総連系信用組合数は三十二、預金高は一千二十億円が活用されているとのべ、政府は来る一九七二年までに韓信協傘下の信用組合が朝総連系信用組合を圧倒するよう育成する方案をつくりあげたいと語った。

織物プラント輸出推進

南米、タイなどへ

わが国の企業が合弁投資による海外進出をはじめているが、繊維部門でその動きが著るしい。

培昌工業（鄭碩泳社長）はエル・サルバドルに90万ドル規模の織物工場を50対50比率で合弁投資することになり、政府の投資承認を要請中であり、朝鮮紡織（金智泰）はタイへ20万ドル規模の紡糸工場を50対50比率で投資進出することと現地業者と合意、二十五日政府に計画書を提出した。

このほか新昌でアフガニスタンにも織物工場建設を推進中でありシンガポールで韓国との合作投資でメリヤス工場を建設しようとの提案を受け、業界が進出を急いでいる。

このほか三養食品（全仲潤）はベトナムのジェネラル・フードと提携、百万ドル規模のラーメン工場（50対50合作）を建設することにし、すでにベトナム政府の投資承認を受けたが、シンガポールからも合弁投資提案が来ており、これを検討している。

年内に結実されるこれら韓国企業の海外進出は繊維は刃類食品の場合にもすべて韓国産機械で工場を建て、原料も韓国から供給することになるので長期的な輸出市場確保に大きな期待をよせられている。

礼山に葡萄団地造成

新式葡大型葡萄計一個（時価十万円）を寄贈した。

礼山郡では今年から来年にかけ、五谷面など四ヵ所の市面に百七十haの葡萄団地を造成して、一農家当り八十余万ウォンの収益を上げる計画である。

十八日郡の葡萄によると、礼山、徳栗、五谷、新岩など四個面、団三百五十戸の農家を対象として展開するこの事業は、三千七百四十万ウォン（政府融資一千五百五十万ウォン、自体負担二千一百九十万ウォン）を投資して、一百七十haの高と昇野などに葡萄団地を造成し、初収穫年度の七十五年からは、一農家当り七十五万ウォンの純収益をあげる計画のもとで、今年はまず三十haを造成するつもりである。

柳珍山新民党々首来訪

新民党の柳珍山党首は、駐ベトナム国軍将兵の慰問と、ベトナム首脳と会談のためベトナムを訪問中であったが、帰途、さる十一日には民団中央を訪問し、中央三機関と顧問団と懇談した。なお柳党首は、東京韓国学校への金一封を李団長に寄託した。

記念式盛況

在日弘法院創立三週年

大韓仏教曹渓宗在日弘法院（李行願院長）では、さる六日創立三週年を記念する行事が駐日韓国大使館をはじめ駐日公報館、韓日友好協会、民団中央本部、在京信徒百余人が参席したなかで盛大に催された。

この日午後二時から五時まで文京区春日町の在日弘法院大雄殿で、記念式には、李行願院長の説法、崔碧岩師（東国大学理事長）、洪泉氏（駐日公報館長）、申鐘柱博士（民団中央文教委員長）、鄭燦永（韓日友好協会長）氏らの講演と祝辞があった。

とくにこの日の崔碧岩師の説法は、式に参加した一同に深い感銘を与えた。

弘法院の三周年記念法会

輸出品目を再調整

二千八百万ドルのばす

李洛善商工部長官は二十七日、品目別輸出目標達成のため毛織セーターなど新素材製品開発を促進すると同時に、業社別輸出業務制度を強化させることであるとのべ、自由中国との過当競争防止のため…

李長官は今年、十億ドル輸出目標達成のため品目別輸出目標額を再調整、一部商品が明るい品目に対しては、当初より目標額をふやし、また上半期中輸出実績が不振の品目に対しては季節的要因も考慮、輸出履行を督励するとのべ、年末まで十億二千余万ドルの実績をあげることを要望した。

李長官はまた輸出地域の多辺化のため来る八月二十四日から十一月五日まで三個セールスマン団をヨーロッパ、カナダ、中南米地域へ派遣する一方、第八回西ベルリン輸入博覧会をはじめとする八ヵ国際博覧会及び展示会に参加することになるとのべた。

品目別輸出目標再調整内容を見れば合板が一億六百万ドルから一億一千万ドルに、セーターが八千五百三百万ドルから九千万ドルに、雑石が一千万ドルから一千六百万ドルなどに二十九個の輸出好調品目で総計八千五百余万ドルをふやし、十五個不振品目から五千七百万ドルを縮小、全般的に約二千八百万ドルが増加調整された。

北岳トンネル起工式

貞陵と弘恩洞をつなぐ北岳トンネル起工式が、二十九日午前十一時に貞陵洞松田谷現場で丁一権国務総理、梁澤植ソウル市長、金信培行長等関係官らが参席した中で開かれた。

韓信不動産株式会社が信託銀行開発資金八億六千九百万円を投入、七一年六月三十日までに完成させるこのトンネルは延長七百五十米、幅九・六米、高さ六・六米でトンネルの両側には巾長さ二十五米の接続道路も建設される。

有料道路として使用されるこのトンネルが完成されると弘恩洞・貞陵・新村等を直接連結して都心地交通量を分散させる一週行距離四・三キロ、走行時間二十四分を短縮、年間七億余円の油類及び車輛の消耗を節約させることができる…

水害復旧に三十億支出

営農資金5億融資も

中央災害対策委員会は二百一建設部状況室で災害対策会議を開き現地調査班の被害報告を土台に復旧対策費30億ウォンを支出する一方、農地税減免および営農資金回収延期など一連の措置で、早急に復旧することを決定した。

丁一権国務総理が主宰したこの日の会議には各国務委員が参席し災害復旧対策を作成したが細部的な復旧計画は

①全破・流失した農家は全額復旧費三万六千ウォンとセメント130袋を支給し、建坪10坪のブロック住宅を建てさせ、②半壊農家には救済費1万4千ウォンとセメント65袋を支給するようにした。

特に農作物被害補償は③50%以上減収が予想される被災農家は一町歩に農薬代四千七百七十ウォン、肥料代九千八百ウォン、種子代一千八百九十ウォンなど一万六千四百六十ウォンを支給することにし④50%未満被害農家には…一町歩に対し…を支給し⑤九段歩以下の零細農家は3ヵ月分の救護糧穀を支給することにした。

このほか収穫期農作物減収地域には農地税の減免措置と農事資金回収をのばすことにし、農耕地、農作物、被害者の営農対策として5億ウォンを融資支援することにした。また水害地にある部落の住宅復旧は高地帯を選び、安全な地帯に集団規模の新しい村を作ることにした。

韓國新聞
在日大韓民国居留民団
中央本部機関紙
韓國新聞社
発行人　鄭烱和
東京都文京区春日町
2丁目20－13
電話(815)1451～3
(813)2261～3
振替口座東京 34988番

民団綱領

一、われわれは大韓民国の国是を遵守する
一、われわれは在留同胞の権益擁護を期する
一、われわれは在留同胞の民生安定を期する
一、われわれは在留同胞の文化向上を期する
一、われわれは世界平和と国際親善を期する

この旗の下に平和と発展を!!
きょう第25回光復節

—写　真—
民団中央本部屋上で国旗掲揚の李団長（左から三人目）
その右隣りから朴炳憲経済局長、李稔明総務局長、金聖淑組織局長、李鐘舜民生局長、池宗遂宣伝局長、崔仁煥文教局長

永住権達成を目標

中央団長　李　禧　元

親愛なる在日同胞のみなさん！第二十五回光復節を迎えるにあたってみなさんとともに、この日を心から慶祝します。

国家を失った民族の悲しみを、歓喜と栄光の歓声で塗りかえた二十五年前の今日を顧りみるとき、われわれは新たな感激をおぼえるのであります。

今やわれわれは堂々たる独立国家の国民として、近代化する祖国を誇り、希望と栄光が溢れる前途を望みながら力強く行進しております。

祖国大韓が、英明なる朴正熙大統領閣下の領導の下に民族中興の旗を高く掲げ祖国の近代化に全国民が力強く邁進している姿をみる時、海外に住んでいるわれわれといえども、祖国近代化にみんなが呼応して立ち上がらずにはおられません。

親愛なる在日同胞のみなさん！

われわれには祖国の多大な支援の下に日本にわれわれが永住することのできる法的地位と待遇が韓日協定によって確保されました。

われわれが日本に永住可能な法的保障の永住権は、ここに集ったわれわれのみならず六十万在日同胞が一人残らずみんな取得しなければなりません。

祖国の光復と民族の解放を喜ぶ今日、三十八度線の北にはいまだ金日成徒党の共産治下で呻吟している多くの同胞たちがいるという事実をおもう時、われわれは新たな覚悟と民族の正義をもって勇敢に敵と対決し、一日も早く善良な同胞たちを救わねばなりません。

今こそ、われわれは民団の旗の下に堅く団結し、在日同胞の運命を左右する永住権申請運動に全力を注ぎ六十万全在日同胞を祖国大韓のふところに迎え入れるべきであります。

全在日同胞が集って一緒にこの日を喜ぶことができ、祖国の栄光を誇る大韓旗の下で大韓民国万歳を声高く叫ぶためには、全同胞が永住権を取得することによって達成されるのであります。

親愛なる民団団員のみなさん！

みなさんは国家に対する義務と民族に対する愛に一そう忠実であって下さい。

みなさんは近隣に住んでいる同胞たちが永住権を取得したか否かを確め、取得するように指導しなければなりません。永住権申請の〆切りは来年一月十六日で終ります。

われわれは万一、われわれの運動不足のため時期をのがし貴い権利を取得しない同胞たちが多くなった場合には、在日韓国人の歴史に大きな誤りを犯すようになるのを免がれ得ないでしょう。

親愛なる同胞のみなさん！

全在日同胞が一致団結するためには、まずわれわれ団員が団結することであります。

第二十五回光復節を迎えた今日、われわれがわれわれ自身を愛する心をもって、さらに大きな民族愛の実践に立ち上りましょう。

これを今日の喜びの日の記念辞といたします。

北傀の謀略を粉砕

公報館長　洪　泉

今日第二十五回光復節を迎えて在日同胞の皆様と共に祖国光復の喜びと感激をもう一度新たにすると同時に、祖国の自主独立のため命を捧げた数多くの愛国先烈の冥福を謹しんで祈る次第であります。

解放後二十五年間にわれわれは、国土の両断と北傀の挑発による同族相残という大きな試練を受けなければならなかったのです。

しかしわが韓国民族は如何なる逆境にも屈伏しないでその賢明な知恵と根気ある努力で、国土再建と祖国近代化のため総力を傾注してきました。

今やこのような血と汗ににじむ努力の結実がわれわれの目前に現われはじめました。全世界の人々もわが国の飛躍的発展と繁栄に目をみはりまたわが国の国際的位置は日ごとに高まりつつあります。

しかし赤化統一を狙う北傀はいまだにその野望を捨てず、再侵の機会をねらっております。

われらは朴大統領の賢明な領導と「闘いながら建設する」というモットーの下に一致団結して北傀の野望を粉砕し、豊かな将来のためひたすらに努力をかたむけ一日も早く祖国統一を達成しなければなりません。

在日同胞のみなさん！

この聖なる光復節に際して、われわれは殉国志士の崇高なる精神を継承し躍進する韓国々民の矜持を守り、国威宣揚と祖国近代化に貢献して自主国防体制の確保と自主経済確立のため総邁進しましょう！

これがすなわち二十四年前に日本の束縛から脱出した光復の喜びと感激の実を収めることになるのであります。

二大運動方針展開

在日韓国人信用組合協会会長　朴　漢　植

わが民族が解放され、国家主権を回復したあの八月十五日から、早くも二十五周年目の光復節を迎えるに当り、今さらのように祖国の歴史の移り変りの厳しさを痛感するものであります。

すなわち、独立の感激もつかの間、分断国家の民族的運命を背負わされ、間もなく動乱、それに続く経済破綻、国民生活の窮乏、遂に政情不安頂点に達するや、いわゆる四・一九学生革命、そして政権交代、社会秩序の極度の混乱、それを見かねた軍部指導による五・一六軍事革命を経て、強力な政権が誕生して、ようやく陳の歴史を清算し、初めて民族の進路をはっきりと定めることが出来ました。

そしてこの十年間、為政者は国家大計を、従属性の指導から脱皮する手段を自立国に求め、経済第一主義を民族のエネルギーに過度に融合させて、目覚しい経済成長を続けていることは、我が民族の大いなる歓びであります。

ひるがえって我々日本在住の韓国人は、祖国の輝かしい発展ぶりを見て、直接経済復興に寄与出来ないのを残念に思う反面、我々に課せられた二大運動方針である民団組織の強化と、信用組合の育成発展とは、表裏一体の関係にあって、先ず当面の目標である永住権申請促進運動を、幅広く展開して初期の目的を達成し、諸権益を擁護して、経済生活の向上を計り、日本国民との親善を深めていくのが韓国民の義務かと存じます。

また我々の生活基盤を築く要である、在日韓国人信用組合の育成こそ急務であり、役職員は、民族資本を保護する使命感に徹し、韓国人の生活、企業のよき相談役としての役割を充分に果し、韓国人商工業者は、我等の金融機関を守り育てる立場を忘れてはならないものと思われます。

本国政府の在日韓国人の福利増進に払われる関心の度合はとみに高く去る七月二十一日から三日間ソウルで開催された韓日経済閣僚会議の共同コミュニケに盛られた「韓国側は在日韓国人云々は」その片りんであり、今回在日韓国人信用組合育成強化策としての二〇〇万ドル（七億二千万円相当額）の育成基金増額はその具体的表現であります。

このことに対して、二十九会員組合役職員及び信用組合許可申請中の発起人一同に代って、本国政府当局及び李駐日大使に、特に厚く御礼申し上げるとともに、本日の光復節二十五周年記念日を迎えて、一層努力を惜しまないことを誓い、祖国の経済発展が国土統一の速かな実現をもたらし、民族の益々の御隆昌を祈願し上げてやまないところであります。

日本の北傀行き許可に抗議

外務部、調査訓令

目的地は平壌　日本政府に是正要求

政府は、日本政府が日本人二人に商用目的で北傀旅行を許可したとの報道に対する真相を調査報告するよう駐日大使館に訓令した。

一方駐日大使館は、真相を報告せよとの本国政府の訓令にしたがって去る二十九日、日本外務省と接触した結果、発給された旅券の目的地欄には国名でなく「平壌」という都市名が記載されたとの一部の報道が事実とすれば「これを直ちに是正するよう」要求した。

この日の午後、駐日大使館の参事官は上川洋駐韓日本公使と外務部に招いて「日本政府が正式に許可したことは遺憾なことである」といって要求した。

日朝貿易会の幹部二名

日本政府は、商用の目的で北傀地域行きを申請した日本の親北...

日本、北傀旅行公式化

新旅券法、商用にも適用

朝日新聞に抗議

北送道で朝総連の宣伝に協力？

韓日閣僚会議の共同声明　全文その二

金副総理

愛知外相

本国論調

同床異夢の韓日関係

日本は長い目の利益を追求せよ

(朝鮮日報)

信義が欲しい日本外交

北送再開・議員の北韓訪問

(韓国日報)

米国の危険な考えを「保障」履行を再び促求

大型武装スパイ船撃沈

陸・海・空軍合同作戦で

日程変更可能

光復節を迎える心

金剛小学校 六年 崔 禧淑

光復節/この日はわが国で最もだいじな国慶日の一つです。

もちろん、私はその当時生まれていないので、その当時の事は、経験していませんし「光復節」が何であるかについても、くわしいことは言えない一少女に過ぎません。

しかし、父母や学校の先生から「光復節」に対してのお話を聞かせてもらったおかげで、だいたいのことは、知っているつもりであります。私たち在日韓国人の中には、この「光復節」に対して何の知識もない人も少なくないかと思われます。

八月十五日、この「光復節」をむかえながら、私たちがなぜ、なんのために、日本に住んでいるのだろうかということを考えてみたいのです。

話は今から六十五年ほど前に、さかのぼります。

その当時の日本は強国であったために、権力をふるっていました。

西暦一九〇九年わが国に日本が侵略して来て権力をふるい、むりやりに日本と併合させられ、わが国はその権略勢力にどうすることもできなかったのです。

そのため、とうとうわが国は日本の植民地になってしまったのです。

それはかりか、日本人は韓国から韓国人を日本にむりやりつれて来ました。

日本人はなぜ私たちの父母、祖父母を、日本に連れて来たのでしょうか。

その答えは簡単です。

私たち韓国人を安い賃金で働らかせるために連れて来たのです。働くといっても、報酬にあわないそして危い労働だったそうです。

それはかりか、わが国の「ハングル」を取り去り「韓服」も着ることをやめさせ、わが「民族」そのものを取りさろうとしたのがその当時の日本人であったのです。

日本人は、韓国人を差別しののしり、私達父母、祖父母の方々は、それこそ虫けら同様ノあつかいを受け、言葉では言い現すことのできないほどの、ひどい事をさせられて来ました。

やがて日本の、勢力は今まで以上に強くなり韓国だけでは、気がすまないのか、他の東洋諸国も韓国のようにしようとしました。そうなっては、世界が日本のものになってしまうというので、ほかの強大国即ち米国、英国などが立ち上がり、ついに一九四一年の十二月大きな戦争が起きました。

この戦争がつまり第二次世界大戦なのです。

はげしい戦いの末、一九四五年八月十五日日本が負けました。私は日本が負けた事は当然だと思います。負けたと言っても、日本は無条件で降伏したのです。

そして、韓国はいう迄でもなく解放されました。一九〇九年から一九四五年までのころした三十六年間におよぶ、長くて苦しい口では言いつくせないつらくて暗い時代を経て、一九四五年八月十五日、私達の韓国民族は自由と独立を勝ち取るようになったのです。

民族の自由と独立の光が再びよみがえったという意味で、私達はこの日を「光復日」と呼ぶのです。

自分の国の言葉、文字、民族衣装、そして民族のあらゆるものを三十六年間も奪い取られ、ののしられ、差別され通して来たことを思う時、ほんとうに「国の独立」はかけがえのない非常に大切なものだといえます。

現在、私たち在日韓国人は自分の国と名のれる立派な祖国「大韓民国」の国民として日本の中で平和に暮すようになっていますが、過去にあったこのような悲しいことを決して二度とくりかえしてはならないものだと思います。

しょう来、私達の祖国を背負って立つ私達がいっしょうけん命に勉強し、立派な韓国人となり、こんど私達の世代には、二度とこのようなことがないように、本当に世界が平和になるようにするばかりでなく、世界の人々が手に手をつなぎ明るい住み良い社会をつくるようにこうけんするそんな人間になりたいものです。これがまた我が国の建国精神である「弘益人間」の精神であると先生から教わったこともあります。

この日即ち民族の自由と独立を勝ち取った日「光復節」を迎えるために、多くの同胞が血を流しました。私はその尊い血を無駄にしないかくごをもって、その日「光復節」の日を、今はなき先祖同胞のめい福を祈りながら、胸をはってさわやかな気持ちで迎えようと思います。

同胞二世の作文にみる"光復節"の感激

日本国内で一番同胞が多く住んでいる大阪における民族教育機関である大阪韓国中、高等学校は小学校、幼稚園も併せて学校法人金剛学園（李英勲校長）と称するが、この小、中、高等学校では同胞二・三世が愛国心に燃えて勉学に励んでいる。この小、中学生たちの"光復節について"という作文をここに紹介する。この生徒たちは父母や祖父から常にいろいろなことを聞かされているのか、自分たちの祖父や父母が、日本に連れて来られたいきさつなどをよく知っており、それがこの作文ににじみ出ている。光復節のよろこびを心に感じていることがハッキリ感じられる（作文は原文のまま）

「光復節」

大阪韓国中学校 三年 孫 徳栄

我が国の歴史は、古朝鮮、三国時代、新羅統一時代、高麗時代、朝鮮時代、大韓帝国、日本植民地時代、大韓民国を経てきている。

今、疑問の一つを述べる。それは、我々同胞が何故一つの海までこえて日本国という土地に住んでいるかと言う事だ。それと日本という国で生活をしている我が韓国人同胞が約60万人いると私は聞いた。しかし、今ではそれよりもはるかに増しているであろう。また、そういう人達の中でも我が国である韓国のすばらしい"ハングル（韓国文字）"を読める事のできない人または書けない人達がたくさんいる。それは何故なのか？それと、私達の両親のたいていは小学校しか出ていないはずである。それと、両親達の後をついでか、私達も韓国名を使っている。それはあたりまえである。またいろいろとたくさんの疑問が出てくる。その中でも重要といって良いのが我が同胞の子供達の約4分の1は、自分達の学校である"民族学校"に通学していないという事である。この結論を言うと、第一に親の責任、第二に子供の意志等なのである。

依て、今まで述べた来た事を最初に述べた我が国の歴史の時代によって考えてみよう。

第一に古朝鮮時代から考えてみよう。この時代は"檀君"と言う人が紀元前二千三百三十三年に平壌城という所を中心に"朝鮮"という国家を建国。そしていろいろな社会の文化ができた。しかし、この時代には影響がなさそうである。第二に三国時代である。三国時代の一つである高句麗・百済・新羅という順に考えてみよう。高句麗は紀元前三十七年に建国。百済は西紀十八年に建国。新羅は紀元前五十七年に建国。各国共に独自の文化を作ったりした。その中でも、最も重要なのは百済が日本国に"仏教"を伝えた。第三に新羅統一時代を考えてみよう。三国の内で最も小さかった新羅が六百七十六年に統一。みごとである。

第四に高麗時代を考えてみよう。西紀九百十八年に建国された時には、まだこれといった日本国との関連する事はあまりない。今までは百済が日本国に仏教を伝えたという事だけぐらいである。高麗時代には儒学が伝わったという。第五に朝鮮時代についてである。千三百九十二年に建国。この時代で最も重要な事があった。それは、千五百九十二年李氏朝鮮の時に日本国が豊臣秀吉を中心に十五万の大軍をひきいて我が国に侵入してきた。その時、我が国は李舜臣将軍を中心に戦った。この戦いを"壬辰倭乱"と言う。その後、日本国は清とロシアと戦った。そういう中で我が国は韓日議定書、第一次韓日協約、乙巳条約等植民地時代までに韓国と日本との摩擦がさかんに行なわれてきた。こういうふうにして我が国と日本国とで摩擦してきた。しかしとうとう、我が国は日本国の植民地になったのである。

今、私達は忘れてはいけない!!あの植民地時代を!!今まで摩擦してきた日本国に我が国がだまされてし待ったのです!!そして、植民地になってからの我が国は自由もできなくなってしまった。こういう生活がなんと36年間も続いたのである。この当時におそらく約60万人もの在日同胞が連れてこられたのである。日本に連れてこられて土木・炭鉱等で働かされ苦しんできたのである。今にでも私はその仕事場で両親が苦しみ、あせと血と涙を流しながら働いているのが目に焼きうつるのである。あのにがい苦しみが……。その時の韓国人達は日本人に支配されて小さくなり団結力がなくなっていたのであろうか。しかし/3月1日に韓国人数人がリーダーとなり団結し、そして運動をおこしたのである。そして8月15日に我が国はとうとう日本国の敗戦により自由になり"大韓民国"が建国したのである。しかし、自由になったといってもその間に多数の人をぎせいにしているのである。私達はその人達の国を愛する同胞を愛する貴大な愛。そして、誰もつぶすことのできない強い精神力を!! 私達はそれを受けついでりっぱにこれから先私達の子孫にいいつたえよう。栄光あれ、我が大韓民国よ!!そして忘れられないすばらしい日"光復節"永遠に輝け。

「光復節」

大阪韓国中学校 三年 金 栄達

私は思う。私達は今、光復節の日を迎える為に、今一度いかに有意義に迎えることが出来るか、しずかに考えたいと思う。

日本に何故、六十万もの韓国人が住んでいるのだろう？ 日本で生まれた二世、三世はこのようなことを考えたことがあるだろうか？いや、おそらくはほとんどが、ないはずである。戦後日本で生まれた同胞達は、ほとんどが韓国人としての教育を受けていない。民族学校で国の事を学んだ同胞はほとんどなく、かといって家庭で学んだかというと、それもほとんどない。自分の名前を通名でしか知らない同胞も少なくはない。ましてや、自分が韓国人か日本人かさえわからない同胞がいないとは言えるかどうかも怪しいものである。だから日本で生まれた同胞達が、六十万もの同胞がなぜ住んでいるかということを知るよしもなく、また考えるよしもないのである。このように国のことに対して全然無知で、関心を持たない同胞を造りあげたのは、教育者である親の責任かというと、そうとも言えない。この親も、りっぱな教育は受けられなかったのである。

日本で生まれた同胞の親達は、日本の植民地時代に育ち、生きた人間である。当時日本は武力をもって韓国に近づき一九〇九年にはあっという間に韓国を日本の植民地にしてし待った。

私はこの当時のことを、よく両親から聞かされた。聞くたびに私は胸が痛むのである。日本人は韓国人を、まるで家畜のようにあつかった。それは人間とは思われないほど冷酷で、残忍なあつかいである。日本人は同胞を「チョウセン/チョウセン/」と、けいべつし、日本語しか使わせず、もし国語を使うと、リンチ、拷問を行った。職場も、日本人がいやがるような炭鉱等で長時間働かせ、賃金は、ほんのすずめの涙ほどであった。日本にもたくさんの同胞がつれてこられ、強制的に働かされた。もし少しでも抵抗しようとすると、虫けらのように殺されてしまう。ある雑誌で、日本兵が同胞を銃殺して、たのしそうな顔をしている写真を見た。その日本兵の笑い顔が、今でも目に焼きついてはなれない。

が、私は思う。きっとその日本兵も、好きで銃殺したのではないと、私は信じたい。今私達が自由にくらせるのは、私達の同胞が、植民地時代に、日本の圧力にもめげず、我が国を日本から、うばい返してくれたためである。何故そう言えるか、たくさんの血を流し、親、兄弟がはなればなれになり、それでも私達の同胞は、まけずに戦ったのか。あの美しい私達の山河を、日本人の手で、よごされない為に、我々の国を愛する心が一つになり、今日のこの自由な日々が、おとずれたのである。

私達は、この輝かしいすばらしい八月十五日を、心から祝おう。あの苦しかった三十六年間、忘れてはいけない。いつ迄でも、いつ迄でも、あのバイタリティあふれる、我が国の同胞達の勇気をたたえよう。

国定教科書が檀君否定、二千年史に

韓国文教部

韓国文教部が国定で改編した初・中・高校国史教科書が史実を大きく歪曲しているとの意見が韓国古代史学会（安浩相会長）等一部学界から強く出されている。つまり新国定教科書は檀君を完全に神話として否定し、檀君朝鮮の千四十八年と扶余朝鮮の百六十四年、箕子朝鮮の九百二十八年等二千百四十年の歴史を削除し、中国の燕人衛満（BC一九四年）が韓国歴史の創始者のようになっているという。

81年まで189中小都市の上水道拡張

韓国政府

韓国政府は来年から八一年まで人口二万以上三十万までの全国百八十九中小都市の上水道施設を大幅に拡張し給水難を完全に解決する。これに要する三百四十八億ウォンの七〇％は借款等であて残り三〇％は受益者負担とする。現在百八十九中都市のうち五十一都市には上水道施設がないが、八一年には給水普及率を七三％に引き上げ、一人当り一日の給水量も三百三十

越冬用石炭確保に不安、輸入を自紙

―韓国―

韓国政府は石油危機後石炭を中心とする燃料政策を再び石油中心へと転換した。早速く一日から浴場、茶房、家庭用ボイラー等に大量使用される三一穴煉炭の生産を中止し石油を使うように指導をはじめた。このため重油や灯油を約三〇%値下げする計画という。昨年石油危機後の「主炭従油」の長期エネルギー政策の基本方向が半年たらずで従前通り「主油従炭」に変色したわけで、それなりの事情はある。

政府は今年の石炭需要を千八百万十一トン、生産量を千四百五十万トンとみて前年からのくり越し在庫百四十万トンを合せても約二百二十万トンが不較すると推定した。そして一連の消費節約で煉炭の需要を千七百万トン以下に減らし、石炭の生産を極大化し千五百万トン以上に引上げ需給を合せようとした。そのため去る四月石公炭価を五一％も引上げ、それでも足りない分は輸入でカバーする対策まで立てたところが、石炭の消費増加率が従前の四・九%から二二・五%に激増した。越冬に備える冬季貯炭もあやしくなり、九月貯炭目標二百五十万トンは六〇%の確保も難かしくなった。あわてた政府は豪州炭輸入を考えたが価格があまり高いので不足石炭は石油でカバーすることにした。石炭の輸入価格はトン当り一万六千で国内炭価五千百の三倍以上である。

一方、石炭と油類の価格差は一対三、五。今は石油が石炭より三、五倍も高いが石炭価格を若干引上げ、石油価格を若干引下げれば一対二、五に調節できると政府はみている。主炭従油ははじめからムリであった。ガルフ、カルテックス、ユニオンオイル等外国の石油資本が上陸した時からエネルギーの消費パターンは石油中心に固っている。韓エネルギー中石油の占める消費比重は去る六六年の一六、五%から今では五八%、七六年は六四、五%、八一年に約七〇%と推定されているのに、石炭は六六年の五〇%から七二年は二八%減り、八一年は二〇%以下に落込む見通しである。

六政府投資企業の純益百十億八百万

―韓国―

韓電、石炭公社、韓国総合化学、浦項製鉄、鉱業公、農開公の六政府投資企業の七三年度純益は百十億八百万ウォンで七二年比一三・一%の増加をみた。

零細企業にも勤労基準法適用

韓国労働庁

韓国労働庁は現在常時十六人以上雇用業体に適用している勤労基準法の適用対象を十人以上の業体に拡大適用する方針を固め七六年からの実施を目標に細部計画をねっている。適用対象を十人以上に拡大されると現在の一万三千四百余業体が二万七千余にふえる。

大阪総領事館にも旅券発給権

韓国外務部は駐大阪総領事館に九月一日から旅券発給権を委託した。これで海外公館のうち旅券の発給できる公館は駐米、駐カナダ、駐日大使館につづき駐大阪総領事館の四つにふえた。

鉄筋輸出、月一万トン以内で再開

―韓国―

韓国商工部は八月から鉄筋の輸出を再開し一カ月一万屯以内で商工長官推薦の下に輸出できるようにした。これは在庫の増加から生じた資金圧迫を緩和しようというもので年内に五万屯が輸出されるとみている。

不屈の精神で同胞社会は団結せよ

―駐大阪大韓民国 総領事 鄭 度淳―

われわれはきょう祖国統一に対する新たな熱烈な念願と明るく希望に溢ちた期待と自信の中で、どの時期よりも意義深い第二十九回光復節を迎え、在日同胞皆さんとともに、二十九年前のその日の感激と歓喜を想い起し、祖国の平和統一達成と民族中興成就のための決意を今再び新たにすることを非常に意味深く思うものであります。

日帝三十六年間の険しい荊棘と受難の祖国に生を享有したわれわれにとって、きょうは屈辱の鉄鎖から解放されて自由を心の底から謳歌することができたこの感激を祖国統一という巨大な感激に昇華させるという民族的な決意を新たにする日であり、またわれわれが子孫万代に尊貴な遺産として引き継がせる正しい光復のために身体と心をささげなくてはならないという民族的使命を自覚して、民族中興の先鋒となることを誓う厳粛な大祭典であると信じております。

先立たれた数多くの殉国先烈たちの救国闘争の業績と滅死奉公の精神を継承して、わが全国民が偉大にして賢明な指導者の下に鉄石のごとく団結して繁栄と発展のため一糸不乱に前進する態勢を備えなくてはならないものであり、血と汗を流した過ぎし日の悲痛な受難の歴史を民族の矜持と栄光に変え燦然と輝く日、われわれはわが子孫に自由と平和と幸福を保障することができるものであり、わが民族の進路をわれわれ相互の力で開拓してわが祖国の恒久的な統一と平和を成就することだけがわが世代に課せられた至上の使命だと確信するものであります。

ここに私は、皆さんに同胞社会の発展のため不屈の意志を結集し、団結をはかる一方、祖国近代化のための本国事業にも熱誠と心血を注ぎ積極的に参与して下さった愛国の至情に対して深甚な敬意と感謝を述べるとともに皆さんのこのような貢献がわれわれが希求する統一と繁栄と中興を早めるのに大きく寄与することであるものと確信しながら、同胞社会の福祉増進と同胞各員の協同団結を通じた民団の健かな発展を祈願するものであります。

国論を統一し団結へ

信用組合大阪商銀理事長
在日本慶尚南道道民会会長 朴 漢植

自由主義独立国家として世界に復活して以来、満29年を迎え、過去の苦難の歴史を顧みると同時に、新たな感慨を覚えるものであります。

また、そのかげには幾多の先達が、祖国独立の為に散って行かれました。

この機会に改めて諸先達の御霊に対し、深く哀悼の意を捧げる次第であります。

このように、われわれが民族の過ぎし半世紀は、日本の植民統治から解放され、独立国家へと変革はしたものの、その間南北分断による同一民族抗争の悲劇は、今なお解決されていない宿命の現実から脱皮できない状況にあります。

そうした環境の中にあって、わが大韓民国は、かつての農業国から工業国への脱皮と国民所得の増大は、私達在外国民の地位向上につながり、国威の高揚をもたらす要因でもあります。

これらは、全て朴正熙大統領閣下の指導のもとに、民族大事業ともいえるセマウル運動維新事業の偉大なる成果といわなければなりません。

現在、祖国をめぐる国際の環境は、少なからぬ困難が数多く横たわっておりますから、こうした難関を克服するためにも、国論の統一と一致した団結こそ急務であります。

在外国民であるわれわれも、こうした状況を充分認識し、海外居住という特別事情に甘えることなくあらゆる立場、主張を超えて進んでセマウル運動に協力、ひいては国家事業に参画することこそ、結果においては、民族の繁栄に貢献することにつながるわけであります。

今後、内外情勢は益々複雑困難をきわめることと思われますが、意義ある光復節を迎えるにあたり、より一層国民としての自覚と祖国愛を銘記することを、共に誓いながらお祝いのことばと致します。

朝総連の謀略を粉砕しよう

在日本大韓民国居留民団中央本部団長 尹 達鏞

親愛なる在日同胞の皆さん！

光復節二十九周年を迎え、皆さんとともに慶祝し喜ぶものであります。

三十六年にわたる日本帝国主義の侵略を退りぞけ、韓民族の血脈が新たに鼓動しはじめた自由と解放のこの日を回顧するとき、われわれは新たな感激を今さらながら感じるものであります。

しかし、きょうの光復節はわが民族において単純に不幸であった時節を祝賀する名節ではなく、希望にあふれた新しい時代の展開を約束する名節でもあります。同時に当面する苦難を勝ちぬき、前途の障害を除去する努力を誓い合う日でもあります。

一九七四年の今日、二十九周年を迎える光復節の時点で、国内外の情勢と民族の課題をふりかえってみるとき、われわれは祖国の現在に無限な希望と誇りを発見する一方、われわれに対し類例のない挑戦も発見します。

われわれの希望と誇りという英明な民族の指導者、朴正熙大統領の領導のもと、十月維新の大課業が雄壮に推行し、輝しい成果を挙げているものであります。北傀を赤色分子の策動が余地なく粉砕されつつあるという点といえましょう。

そして、一連の大統領緊急措置は、わが自由民主体制の安保強化を図り、適切な防壁となったことを切実に感じるものであります。

われわれに対し挑戦している北傀は、民族の悲願なる約束である七・四南北共同声明を一方的に踏みにじり、武力挑発を露骨的に強行しようとしており、朝総連は北傀の調子に合わせ民団組織の破壊を策動しようとするというのであります。

親愛なる在日同胞の皆さん！

われわれは、きょう第二十九回光復節を迎え、わが祖国大韓民国が成し遂げている希望と誇りの花をさき開くために、全力を尽し奉仕して下さることを願います。

そして、民団組織に対する朝総連の破壊企図を再び起させないほど徹底、粉砕しましょう。

民団の維新課業と民団のセマウル運動というのは必ず、われわれの希望と誇りをさき開き、われわれに対する挑戦を余地なく粉砕する道でもあります。

きょう第二十九回光復節を迎え慶祝するこの場所が、わが祖国と六十万在日同胞の勝利と栄光を約束する場所となることを固く信じ、祖国光復のため犠牲となられた先烈の冥福を祈る次第であります。

8・15 第29周年を迎えて

経済基盤は向上

在日韓国人信用組合協会会長
信用組合大阪興銀理事長 李 熙健

今日は我が民族が限りない感激と喜びの中で、祖国の光復を迎えた意義深い記念日であります。

二十九年前の今日、第二次世界大戦の終結と共に、我々が夢にまで渇望してきた自由と祖国解放の喜びにひたった日であります。今顧りみましても、その感激は胸に迫る思いがいたします。

我々在日同胞もこの様な民族的歓喜の中で、共に奪われた国土の回復を祝い、新生祖国を建設する礎石たらんとして固く誓いました。

ところが、その後、われわれの光復の歓喜と感激は国土分断の衝撃、さらに同族相剋という民族的受難を余儀なくされ、今なお祖国統一への道は陽の目を見ることが出来ず、韓民族の大きな宿願として残されております。

しかしながら、韓国第三共和国の誕生を契機に展開されている祖国近代化への作業は、かつてその例を見ない程すばらしい躍進と経済発展を遂げました。

特に朴大統領閣下の提唱によるセマウル運動は、官民が挙って、都市から農漁村の隅々に至るまで生活の改良と向上を飛躍的に発展させ、一九八〇年には、潤沢は国民生活を皆な楽れるような計画のもとに力強い前進を続けておりますが、われわれ在日同胞も微力ながら、この運動に誠意と熱意をもって積極的に参加し得たことは大いに誇りに存ずる次第であります。

親愛なる在日同胞の皆様

皆様の努力により日本における同胞の法的地位も大きく確立されて参りました。

また、在日韓国人信用組合の総預金額も三千億円突破という数字が示すように、私たちの経済的基盤も着実に向上しております。

昨年の石油危機以来物価上昇と金融引締が続き、最近の政治経済とも誠に厳しいものがあります。

このような情勢化において、特にわれわれ在日同胞も厳しい環境におかれておりますが、今こそ相互扶助と団結の精神を強めこの危機を乗り越えなければなりません。

そしてやがては、我々在日同胞と国民全体の結集された力をもって、わが祖国の国威をたからかに掲げる日が来ることを確信しながら、記念のことばと致します。

同胞に 信頼される団体に

在日大韓民国居留民団
大阪府地方本部団長 黄 七福

きょう第二十九回光復節を迎え在阪同胞皆さんとともに、二十九年前の解放の喜びと感激を今再び銘記するとともに、現実を直視して将来の対策を促したいと思います。

われわれは祖国光復を歓喜と希望の中に迎えた二十九年前のその日を慶祝するこの光復節の意義を[illegible]

新たな覚悟で新しい歴史を創造し国家の発展と繁栄を成し遂げることにあると思います。

今、本国は十月維新課業遂行の頂上に向って全国民が自助自立協同の精神で、セマウル運動の目的達成に努力しており、輝かしい自由民主主義の確立を期するため用意しているものであります。一方、手段と方法を選ばない北傀は武力[illegible]らゆる悪宣伝と[illegible]って誹謗し、祖化統一の凶計を企てている現実は天人共に許すことのできないものであり、未だに朝総連にだまされている一部同胞たちを救出しなければならない時がきました。そして悪辣な朝総連はいわゆる百二十日運動などで民団地下侵透工作を巧妙に展開、わが団員たちの個別訪問など包摂に血眼になっているが、何らの成果もあげることができず、むしろ彼らの内部分裂を増大している現実を隠蔽するのに必死となっております。

当本部は親切・謙和・団結を団是とした基本要綱を守り全団員が渾然一体となって推進しており、大衆の手足となり奉仕精神で総和団結を成し遂げるのに全力を尽しています。そしてわれわれは対話を通してより一層緊密な一体感を形成することと、互に信じ互に理解する総和体制の確立が緊要であり、特に流動する内外情勢の中で北傀と朝総連の悪らつな挑発を粉砕してわが団員の宗廟を期し皆様と理解の下に団結が固められなくてはなりません。すなわち、組織の上下辺にわたる設置相通と自律的参与を志向することによって在日同胞たちが信頼して依存する完全な自治団体とならなくてはなりません。

終りに、意義深く感激的なこの日を迎えてわが社会の来るべき繁栄と後世の栄光のため、一層邁進することを誓約しましょう。

本国への投資進出を

大阪韓国人商工会会長 姜 宅佑

第二十九回光復節を迎える日にあたり、在日同胞の皆様方と共に、この日の慶事と歓喜を心新たに、お慶び申し上げます。

解放後二十九年間、わが祖国は韓国動乱をはじめ、幾多の受難の歴史を克服して、今や第三共和国の樹立と共に、民族中興を目指して大いなる躍進を成し遂げようとしております。

居留民でなく〝永住民〟だ

高桂煥三氏で〝てい談〟

本紙ではこのほど「在日韓国人問題」で積極的に取り組み、また深い関心を寄せている僑胞三氏を招き「在日韓国人の現状分析、日本社会における不当な差別の実態、市民的権利要求運動の在り方」などについて忌憚なく話合って頂き、てい談してもらった。出席者は現在京都地方裁判所で日本国籍確認請求訴訟で争っている詩人の宋斗会氏、また今夏三年ぶりに米国から来日した神戸出身の僑胞二世でアジア系米国市民の人権向上を目指し闘争しているニュワーク工科大教授の姜光錫氏、さらに大阪韓国青年会議所総務委員長で、僑胞二世の将来について真剣に考え、指導的な地位にある高桂煥氏の三氏で、とくに、てい談を通じ、在日韓国人の国籍選択の自由と僑胞団体のリーダーはあく迄でも、日本に住むことを余儀なくされた人びとが主体とならなければいけないと意見が一致した。（文中敬称略）

出席者

宋斗会氏（五九）＝詩人、現在京都地方裁判所で日本国籍確認請求訴訟中。

姜光錫氏（四三）＝米国ニュージャージー州立ニューワーク工科大学教授、アジア系米国市民人権擁護委員会委員長代理。

高桂煥氏（三七）＝大阪韓国青年会議所総務委員長、在日韓国居留民団大阪・生野東支部団長在任中、全国初の戸籍事務無料化を実施。

（順不同）

サンフランシスコ平和条約で、在日韓国人の日本国籍喪失云々は不当

日本の差別に対し　同胞自身、意識が低い

宋斗会　日本国政府は私に対して「サンフランシスコ平和条約第二条A項によって貴方は日本国籍を失いました」などと言っているわけだ。サ条約第二条A項をどのように解釈すれば、在日する韓国人または居住しなくとも、明日からでも日本に行って住みたいと希望するわれわれの同胞に対しても同じ事として日本の中で権利としてもちうるものを全て同項で失ったというのは、どうしてなのか、その中でこれの者は権利を失うなどという規定は一体どこにあるのか、ということを追求しているわけです。

ただその中で私は、日本が何故そのような不合理なものを押しつけねばならないのかということを訴え続けているのです。

姜光錫　宋さんが指摘する中で、戦争が終わり、サンフランシスコ調和条約が締結されたあと二つの問題点があると思います。まず日本政府の取った態度と韓国政府の態度、調和条約によって在留資格などのいろんな問題が、両国の間で締結されたが、しかし本当の意味では在日韓国人は政治の駆引きにつかわれたフシがあり、本当の意味での在日韓国人の幸福というのは考えられていなかったことだといえる。

日本とすれば捨てたい。韓国の場合は、何んらかの形で政治的に利用しようという意味からして在日韓国人の幸せを考えていなかった。在日韓国人の自決権、住民投票など、そのとき日本政府に良心があったとしたら……。

これは条約ひとつで片づけられる問題でなく、このとき在日韓国人に国籍選択の自由を与えるべきであった、ということです。それを与えずにとにかく厄介者にしてしまった。必要なときには強制連行しておきながら、戦争が終ったときには、なんとか日本から追い出そうという非常に冒涜なことが行われたのです。

ところが、これには在日韓国人の根本的な弱体がここにある。自からの権利をどのように守ればいいのか、それに対する闘争が全く出来なかった。これに対し私は民団の名称を変えろとも言っているわけです。私たちは居留民ではない。私たちの当面している問題というのは非常に厳しい現実なのです。

ここで私たちは居留民でないということをわきまえ、あくまでも永住民であるのです。或る人たちは祖国が統一されたら在日韓国人問題なども解決されるといったもののの言い方をするわけですが、これは非常に軽卒で表面的な問題です。一筋二筋で解決するような問題ではなく日本人が明治以来つくり出し、つまり日本の近代資本主義がつくり出し、また日本人自からつくり出した社会問題でもあるわけです。

宋斗会　基本的には歴史に対する把握の仕方が、まず韓国人において間違っている。まず一九一〇年に大日本帝国によって国家を解体され、「日韓併合」と呼ばれる事が行われるわけです。そして韓国人は国家を失う。

これは当時の連合国が「朝鮮」を解放すると先ずカイロ宣言で奴隷状態にある「朝鮮」の状態に留意するなどと言っているわけですが、そこらで間違ってならないのはイギリスやアメリカ、ソ連など連合国があたかも天使のような集団で、全く正義と人道の名で「朝鮮人」を解放というのはとんでもない話で、彼らがそこで何を狙ったかというのを当時のアジアにおける組織された暴力集団大日本帝国をどうすれば解体できるかと彼らの狙いはそこにあった。だから大日本帝国を弱体化するため先ず永遠に「大日本帝国」を再興させないためのひとつの最も大きな要因として「朝鮮」を大日本帝国から引き離す必要があったと私は理解します。

姜光錫　この中で大事なことは解放の意味は、韓国人自身が与えられた解放によって立派な近代国家を築き上げたという前植民地は少ない。自から血を流して血からの解放を勝ちとった国は、解放後もはっきりした主体性、自意識をもっている。ただ、たまたま日本が負けたので、われわれが解放になった。

宋斗会　ここではっきりととらえておかねばならないことは日本との関係で、腕力でとにかく殴り合いを行い、その結果「朝鮮」の独立をいやおうなく認めさせたという関係ではないということ。ここらに日本の側でも韓国の側でも事実は事実として知っていながら、言葉だけ別のもので何か飾ろうとするものだから、それから出て来たものは全部むなしいということではないかと思う。

〝日本に住んでいながら、日本を知らない〟

日本の進歩的文化人の偽瞞性　日本社会の改革こそ必要

姜光錫　さきほど言われたように歴史をどうみるか、これは非常に大事なことだと思います。しかし果して在日韓国人の間にこれだけ深く掘り下げて見ている人は一体何人いるだろうか。

例えばベトナム問題の場合でも出発点をどこに置くか、多くの人は一九五四年という都合のいい便宜主義的なことをいうが、その問題の本質は十四世紀に逆のぼるわけです。

そのように同じく深い見方をした場合は韓国問題や在日韓国人問題の場合でも、もっと深く掘り下げた包括的な、それなら日本がとった法律的、人道的根拠をもっともっと鋭くシャープな分析をすることが必要です。

宋斗会　私自身が明らかに朝鮮人、韓国人と呼ばれる者でありながら、朝鮮人・韓国人と呼ばれる他の者たちに対して「この野郎どうしようもない」という感じをつくづくもたされるのは今の日本でいろいろと何々事件何々の問題といってあちこちで起きるわけだが、それがどれひとつ取り挙げてみても皆んな何かが起きて「助けてくれ」といった声としてしか出てこない。

韓国人側から主体的に日本および日本人への闘いとして向けられていないということです。

姜光錫　私が感じたことは、在日韓国人が自からの権利を守るための闘争をする前に、先ずその在日韓国人が日本に住んでいるからといって日本を理解しているかのような態度をもっているかのように振る舞っているが、私から見た場合、日本に住みながら日本を知らない。日本に対する勉強が足りない。これは致命的な打撃です。「日本に住んでいるから当然私は知っている」と、とんでもない話です。

宋斗会　それから決定的に、日本人の偏見を言う前に日本人の韓国と韓国人に対する偏見というものを韓国人の側から肯定する姿勢がまず先にある。どうしようもないものとして…。これでは日本人の偏見というのはなくなりようがない。

姜光錫　宋さんの話はよく分ります。それと私は、日本人の進歩的文化人とよく話をするので彼らはよく言うんですよ。「姜さん堂々と韓国名を使って生きて下さい」と、そういう人に対して私は非常に反発を感じるのです。何故かというと、私には進歩的文化人のペテンぶりがよく分り腹が立つからです。「そうしたらあなたは自分の社会が韓国人を差別しないような社会を先ずつくりなさいよ」と私はそれが言いたいのです。本名を堂々と使って生きなさいというが日本の社会は私たちにとってそれほど甘い社会ではないということです。私に向って言う前に自分の社会の体質を改善してくれというのです。そうしたいわゆる日本の進歩的知識人のペテン師より、浅はかさは非常に憤慨しているのです。私はこうしたときは、必ずボールを投げかえしてやるのです。

私は本名を使いたいが使えない使わさない、例えば、本名を使えば下宿も家も貸してくれない差別の厳しい現実の前に立たされた場合、なにも使いたくないから使わないというのではなく、日本名を使わざるを得ない、そういう社会こそ是正してほしいということです。

高桂煥　宋、姜両先生のお話しを聞いて私自身感じるところはほぼ共通したところがあるわけです。ひとつの事実は韓日併合によって祖国が三十六年間植民地支配された事実です。それともうひとつは一九四五年に解放という名の光復を迎えたが、その光復ですら大国のエゴイズムによってヒズミがいまだに残っている。そのために南北に分断されたのは事実だと思います。大国のために分断されたということです。

私は日本で生れ日本で育った二世ですが、過去の問題は真実を明確に見極めた上で、今後われわれがどのように生きていくかが非常に大切な問題だと思います。その場合在日六十万同胞その中に韓国人または歴史的背景からすれば、「朝鮮人」という蔑称も使われるのは当然だと思います。「朝鮮人」といってもおかしくはないと思います。あくまでも歴史的背景を勘案すればですが…。六十万同胞は同じ同胞であることには間違いない。さきほど姜先生が述べられた「居留民団」という言葉は一時日本に留まって将来帰国しようという意味合いから居留民と使われたと思います。

しかし、われわれは日本に永住する永住民なのです。

日本に生活基盤を置く同胞は幸か不幸か、戦後日本の経済発展の「おこぼれ」で何んとか今まで飢え死にせず、どうにかして生き長らえた。このことによって今日に至ったのも事実です。果して今後もこうした状態が続くのか今後とも厳しい問題であることは確かです。では果して南北に統一された場合帰るのかどうか、統一されたら帰るという人は大勢いるが、事実いるのかどうか、私は疑問だと思うのです。

姜光錫　在日韓国人社会学からみた場合、日本の社会は縦（タテ）の関係があって横（ヨコ）の関係がないとよく言われているのですが、これが日本社会の弱点だといわれている。ところが在日韓国人社会は縦の関係もなければ、横の関係もない非常な混乱状態、救い難い混乱状態にあるわけです。そこで私は在日韓国人社会を二つの分類に分けて見ているわけです。終戦後何んらかの形で日本に入って来た人と戦前からの人、高さんと同じく日本で生まれた人の二とおりがある。

最近、共同新聞の韓光熙記者がコラムで何度か取り挙げられたことだが、この中で、われわれが今話し合っている問題からも戦後何らかの形で日本に入って来て韓国籍の出来る人は、ここにいる「土着」の韓国人に対し或る一種の軽蔑感や優越感をもっている。それは韓国籍が出来るだけということであり、それらの人たちが団体、機関に入り幹部となり長となっている。しかし彼らには何んら指導力もなければ、国際もなければ、哲学もなければ、ただ韓国籍が出来るという日本社会で果されない不満、うっぷんのはらし場を「私は韓国人だ」何んだといって恰好いい事ばかり言うわけです。しかし彼らにこの在日韓国人の難しく困難で複雑な問題を抱えた在日韓国人問題を解決する能力はないと私はみている。むしろ延滞、遅滞、ブレーキをかけてさえいるといえる。

彼らは日本社会で受け入れられないそのうっぷんを朝から晩まで「民族、民族」と叫んでいる。それを愛国心と吐きちがえている。だから愛国心を言うまえに、愛国心というのは誰れでも持っているものであって、人間であれば、人間の最も素朴な形の表現であって、口に出す人だけが持っていて、口に出さないものは愛国心は持っていない、というような性質のものではないのです。ところが日本の社会における不満、自分の無能さだとか職場がないとか、いろんな、これらのうっぷんを愛国民族愛でとかという形でカムフラージュしている。これは非常に危険な事だと思います。本当の民族愛というものはそのようなものではないのです。

高桂煥　祖国は統一された場合ということですが、私の心情からしても果して事実帰るかどうか私はむしろ帰らず安心して同化現象を起すだろうと思います。

これは従来私が主張してきたことですが、むしろ統一国家になれば、安心して「同化」するだろうということです。どういうことかと言えば、国が分断されているだけに民族、祖国という言葉が大きく叫ばれている。分断されていなければ、あのように声を張り上げて言いもしないし、言う必要もないわけです。ただ不幸なだけに分断国家というだけに、それを前面に押し出し、それが即ち愛国者だというように同胞社会には潜入感としてある。

姜光錫　そのような潜入感を強くさせているのは、いわゆる戦後日本に入って来た人たち、このうちでも定職のない人たち、在日韓国人社会の諸般の問題を考えてみた場合、これらの人たちは全く役に立たないということを言いたい。

彼らによけいな口出しをするなと言いたい。われわれの問題は、われわれが解決するから放っといてほしいと強調したい。何か自分が選民のような錯覚をしている。

高桂煥　在日同胞の権益問題に関して一九五二年（昭和二十七年）まで逆のぼりたい。さきほど国籍選択の自由があって然るべきだというように拒むものではないけれども、韓国国籍または「朝鮮国籍」を回復することを拒むものではないけれども個人の選択の自由があって然るべきだという、こういう主張をしたいが、いまは昭和二十七年ではないわけですが現時点で、今後どうあるべきかということを今後現実の問題として考えてみたい。

少なくとも在日韓国人が永住権を申請して、そこで永住するんだというもとに申請したことは間違いない。ということは今後の生活基盤はやはり九九％の人たちが日本で生活の基盤を置くということです。そこで生活の基盤を祖国に移すということは、日本でも生活が苦しいのに果して本国に帰って自分たちの生活が保てるかと言えば到底無理でしょう。

民族意識とか主体性は出発点　〝何を成すか〟という事が問題

姜光錫　その点私も韓国で三年間経験したし、住んだわけです。そして帰って住んで自分の同胞から受けた苦しみ虐待は口ではいえない。しかも日本で苦しめいじめられ育って、本国を美化して帰った。しかし帰ってからは自分の祖国で同胞からどんな事をされたかというと、在日同胞であるという為に言葉が出来なかった。非常にひどいめに合ったわけです。

そのとき私が感じたことは、祖国で自分の同胞から受けたうらみというのは日本でいじめられた以上に厳しかったわけです。

だから韓国に帰って住んだことのある在日同胞は、日本で生れ日本的なものの考え方、日本的な人間形成の出来た二世は実す韓国に帰って住めない。不可能です。

宋斗会　最近私は、民族主義者を自称する人たちによしつけに聞いているわけですが、あなたは南北が統一されたら祖国に帰るという言い方を少なくとも貴方が在日同胞というからには、それが何十年先になろうと祖国が統一されたら帰るということが前提になっているのであろうとするならバカヤローといつも言うわけです。

お前さんは卑きょうなムシのいい事をいうなと「お前さん」といって私はいうのです。それほど祖国、祖国の統一が大切というならお前自身帰って南北統一を推進したらどうか、人様が統一してくれて統一国家が世界に誇れるような国になったら帰って行こうと、そんなさもしい不届な誰れがお前さんを歓迎してくれるものかお前みたいな奴は祖国に帰っても誰れ一人として歓迎してくれないよ、だから日本でお前みたいな者が蔑べつされるのは当り前なんだよ、という言い方をこのごろしているわけです。

姜光錫　よく分ります。一般韓国人社会の風潮としては、民族、民族論を振り回すと実にカッコいいわけです。私に言わせれば、民族意識とか主体性は出発点なわけです。本で言えば序章、序説なのです。問題は第一章は何か第二章は何かなど何を成すかということが問題であって序説だけが繰り返され、出発だけに始って出発点に終ってしまう。これが今の民族主義論者のやり方である。これは何んにもやっておらない。格好はいいがそんな格好いい民族論だけで、在日韓国人の当面した問題が解決するわけでもなく、そんな簡単なものではない。

だから、むしろそうした人たちは卑きょうだと思う。なるほど、あの人は日本で住みながら民族を忘れていないと格好いいが問題の解決に何んら貢献していない。

高桂煥　問題はそういうことを踏まえたうえで、私は、昨年大阪韓国青年会議所の同胞問題調査副委員長を務めたが、そのときメインテーマを設定してみたわけです。それは「在日韓国人とは何か」というメインテーマを設定したところ、かなり苦情が出た。これはその意味合いというのは、在日韓国人が一体何人なのか、実質的何人なのか、どういう位置に置かれ、今後どのように生きて行けばいいのか等というものを総称したものを「在日韓国人とは何か」ということを設定し、サブテーマとして例えば、在日同胞と権益問題、在日同胞と金融問題だとか子弟教育問題などを列記していったわけです。そこでわれわれの本当に置かれている位置づけ、これをよくかみしめてみる必要があることを強調したのです。

姜光錫　それに対する勉強が欠けているといえるでしょう。

高桂煥　そうです。われわれは一体どこに置かれているのか果して韓国人なのか、それならば、本当に国内にいる韓国人と同等であるとは誰れもいえないわけです。それともう一つは民主国家において民主主義社会において基本的権利は一体何んなのか、選挙権、被選挙権などの参政権だろうと思います。これなくして権利があるとはいえないと思う。すると参政権なくしては権利ないとすれば、やはり必然的に帰化問題、米国でいう市民権の問題が出てくると思います。そうすると大衆運動、在日六十万同胞運動はいかにすれば「チャルモッコ・チャルサラガヌニャー」（楽に暮せるか）ということが現実問題としていえると思います。

将来の問題として、現実に毎日五十人、六十人と帰化申請を行っている事実があり、一年間に二万人近い。今まで帰化した同胞は十万人以上にのぼるわけです。今の帰化制度というのは、やはり現実に同胞の何分の一かは同化現象を起し日本人になっていっている。すれば同類の問題として避けて通るのではなく現実問題として正面から取り組み究明、研究しわれわれ同胞の権益擁護をしなくてはならない。民団も五大綱領の一つに「在留同胞の権益擁護を期する」とあるように彼らは義務として避けて通るのでなく、むしろ積極的に取り組み、こういう問題も今後われわれ自身の問題として、やはり研究すべきだという姿勢が生まれてこなくてはならない。

しかし、こうした姿勢がなく、逆に帰化したことを売国奴だとかと決めつける風潮がある。これをこのまま放置しておけば今後十年経つと約六十万同胞の約四分の一近くは帰化する可能性が十分あるむしろ雪崩（ナダレ）現象というのはもっと早い現象を起すかも分らない。では残された底辺の人たちは一体どうするのかといえば、何もない。

全体の問題として考えてみた場合は、われわれ少なくとも今更国

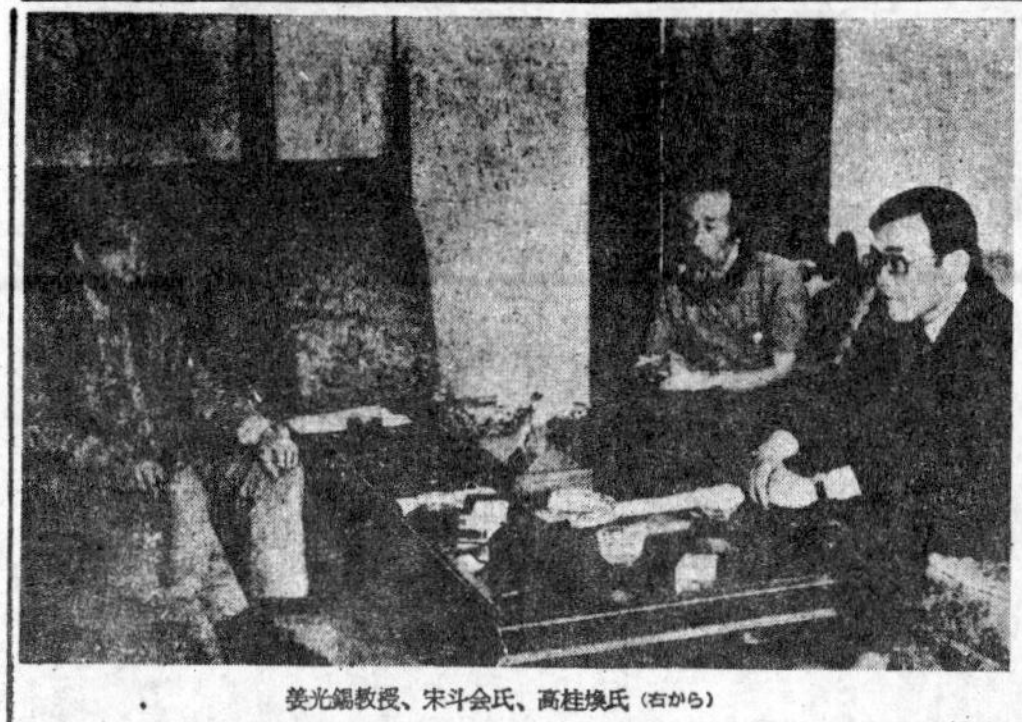

姜光錫教授、宋斗会氏、高桂煥氏（右から）

在日韓国人は

姜光錫・宋斗会

鮮の選択の自由があって然るべきだという理論を展開しても、今後われわれは、既得権として一つの権利として帰化という問題を審議を提出すれば自動的に認めるべきで許可を認めてもらうというのではなく認めさせる権利闘争を繰り広げ、帰化するしないは別問題として、また個人の自由として権利獲得など最低限の権利主張をしていく必要がある。

姜光錫　民団や同胞たちはその闘争を行っていますか…。

高桂煥　やっておりません。私も昨年の八・一五に現職の民団支部団長として紙上で述べたため、本国政云々の糾弾を受けたりしました。

宋斗会　姜さんも触れられたが、私は、そもそも日本の中の進歩的と称されたり、また自から称する連中の偽瞞性、破廉恥さなどは本当にむしずの走るような思いがします。先ず彼らが私に何を言うかといえば「宋さんは日本帝国主義によって、その朝鮮人であるという実体をその言語、その民族の歴史、民族の伝統すべて日帝によって奪われてしまった」から大変気の毒だと、その宋さんは先ず朝鮮人としての民族的なものを回復するところから始めるべきだ、などというわけです。しかし私は放っておいてくれとやり返してやるわけです。」

戦後入国者のリーダーに反省の時機

姜光錫　それは、日本の作家の自分の経験を韓国人が経験したようなものを経験していないわけです。自から狭い経験をして人を見ようというのは非常に独善的な判断なのです。

その場合、いま高さんが述べられたとおり、日本で生れ日本で育った者にとって実体で先ほども問題提起があったのですが、われわれの実体は一体何んなのだろうかということを、それに対する深い分析をして行く必要がある。たまた両親が韓国から来たという歴史的な事実がある。しかしものの考え方、言葉の使い方、日常の態度を見た場合にこれは否定することの出来ない片隅の日本人であるということです。これに対しおこる人もいるけれども、なったという事実に眼を向け、事実を事実として認めて、そこから人為的に三十年も進んできた一つの方向を急転換して新しいレッテルを貼るなど人為的な非常に無理が生じる。

それが故に私たちはアジアの東洋人という大きな枠から考えた場合、私に日本人はあれほど虐げ痛めはさしたけれども、しかし私は日本人を兄弟と考え従兄弟と考えるんだという寛容の心を持っている。日本人は私をどのように見ているか分らないが、そのような心の狭い人たちにも彼らは兄弟だということを常に持ち日本の留学生が米国に来た場合に私は常に「ディスイズ・ザ・マイ・ブラザー」と呼びかけている。ところが、私が米国のレストランで働いていたとき、ヨーロッパからイタリア人、フランス人、ドイツ人など大勢が米国に来る。

そのときのあいさつの仕方が兄弟、私の大陸の兄弟、大陸の従兄弟という言葉を聞いたとき私は誤りなく非常にうらやましかった。

しかし東洋人にはそれが出来ない。つきつめれば政治の概念が東洋人と西洋人とでは雲泥（うんでい）の差がある。西欧人の政治という概念は国境だとか言葉だとか人為的、社会的制約を乗り越えて共通の行動を取りうる能力、これを乗り越えるわけです。これは非常に難しいことです。国籍が違い言葉が違うなどフランス人、イギリス、ドイツ人、イタリア人など今日何故白人が世界の制覇を成し遂げたかというと、彼らは何も原子爆弾ではないのです。彼らは言葉など人為的障害を乗り越えて一つの共同行動をとる。

ところが、アジア人にはそれが出来ない。これが出来ない三つの原因はあるが、第一に「われらは同じキリスト教徒」という素晴しい誇りがあるわけです。第二に「われらは同じローマ文明の子孫」だとなるわけで、第三に「われらは同じ白人」ということです。東洋人もこれら同じ三つの条件を備えていながらできない。だから西欧人は東洋人を軽べつするのです。東洋人は「田中家と山田家が喧嘩する」これが政治だと考えているからです。だからすでに非常に次元の差があるわけです。

とくに日本の知識、文化人に対し言いたいのは「貴方たちが私たちに堂々と本名を使って下さいというならば、どうぞ貴方たちの社会の体質を改善して下さいと、そうすれば私たちが堂々と使いますよ何にも私たちが使いたくて使うわけではない」という事です。私が言っていることがどうして理解できないのか。その気持が分らないくせに進歩的文化人の真似をするなどという点など明確に指摘しておきたいのです。東洋人、特に日本人は血を乗り越えて行けない。

高桂煥　私は僑胞社会を見た場合、さきに姜先生が若干触れられたように、戦前から日本に住んでいる人、戦後渡って来た人、私は戦後日本に渡って来た人に対して決して差別、区別しようとは思わないが、現実に僑胞社会のリーダーなる者は彼らで占められているわけです。

姜光錫　そこに大きな問題があります。

高桂煥　果して戦前から渡って来て住んで苦労している人たち、それよりも一、二世にかかわらず言葉が出来なければリーダーになれないという、このように戦後入国者の一握りの人たちが、たまたま言葉が喋れるという理由だけで、彼らがリーダーになって六十万同胞を引っぱろうとするところに難しい問題点がある。

宋斗会　そこで少し分析しておきますと、若干誤解を招きやすい言葉ですが、いわゆる戦前、ある時期、以前から日本に居る僑胞は日本に住むことを余儀なくされた同胞ということがいえる。と、ところがある時期以後に韓国から日本に来た韓国人、大変誤解を招く言葉かも分らないが韓国から逃れて、あるいは逃げて日本へより住み易いよりよい所としてやって来た人たちという分析は一応出来ると思う。

ところがもともと日本に生活を余儀なくされた韓国人、日本は今自分が住んでいる所よりもいいらしいということで来た者と性格は異なる。厳密な意味での韓国人というのは、日本に住むことを余儀なくされておる者が在日同胞であるといえるでしょう。

高桂煥　私が二世として非常に不安なことは、例えば息子もあり、ささやかな財産もある。僑胞社会において生きていく方法として零細企業、また家内工業がほとんどで手段となっている。われわれも日本の経済発展に生きぬいて何んとか生きて来たわけです。

これにわれわれが日本人と同等の権利があったとすれば、例えば一千万、二千万の差があったとすると、どこに出ても立派に人間として生きていけるはずです。公務員にもなれば就職も出来る。これが現実問題である。ただ民族、国家のために誰れもかれもが平和的な社会をつくり出し民族、国家を叫びつつ韓国人の誇りだとか言って、あいも変らず底辺での生活をそのまま継承して行くのかということは嘆かわしいことです。

宋斗会　民族という誇りという言葉はよくいわれる言葉だが、腹の減ったときにパンの代わりになったり、寒いときに皮のコートの代わりになったり、民族の誇りというものが助めてくれるのなら民族の誇りというものを大切にしておればいい。

民族というのを口に出しておればいいというのであれば、手の中にしっかりと掴んでおられるのならばいいが、だけども民族の誇りというのは、もともと全くある意味の集団の実体のなにもないものだから、口でいえば甚く簡単なことだけどあるのかないのか自分にも分らない。ことに許せないのは日本人の側からそのものを押しつけられて、それさえあれば公営住宅に入れなくてもいいんだという、などは到底許せない。

姜光錫　私にいわせれば、日本人の偽瞞性、虚偽性がそこに出ている。自分で在日韓国人問題をつくっておきながらその問題に対しての罪の意識、とくに贖罪意識、問題意識がない。だから調子のいい「貴方は立派な韓国人ではないですか。朝鮮人ではないですか」「立派な祖国があるではないですか。堂々と帰って下さい」などというひきょうな卑劣な文化人が日本には多いわけです。

そういう人たちの言葉のむなしさ、在日韓国人問題を理解しているそぶりをしているのだが、私は分らないんだなあとつくづく思う。そして何んともやるせない。いきどおりと不満を感じるわけです。

こうした卑きょうな考え方、いや優越意識を根本から取り除いてやらなければならない。

抑圧されている韓国人に〝気づかない〟日本人

宋斗会　昨年のある集会で私はある有名な男を捕まえて「お前ブっ殴ってやろか」と言った事がある。それは彼らはベトナムに平和をという運動を推進しているリーダーたちであるが彼らが口を開くとベトナムに対する北爆を許さない、闘うベトナム人民に対してなど盛んに何年もやってきた人たちの集会に行って私は、貴方たちは何んであろうとベトナムに対し爆弾を落すことは許せないことだというそのこと自体私はとやかくいうことはない。けれども私は少し待ってほしい。貴方たちは先ず日本人だろう。日本人あるいは日本人社会が、現実に貴方の傍にいる韓国人に対して何を強要しているかということを貴方たちは見逃していないか、しかもそれを強要しているのは、貴方にとって他人ではなくて貴方の親戚か貴方の友人が韓国人に対して何をしているか、もう少し言葉を露骨にすると、貴方の手が韓国人の首にかかっていないか、貴方の足が韓国人の足を踏みつけていないか。

それを全然貴方は知らぬ顔をして全く貴方とは関係のないベトナム人がアメリカ人に殺されていることに対して貴方は大変正義感と人間愛のようなものを叫んでいるが、ちょっとおかしいのではないか。そこにおいて私にもし遠慮なくいわせてもらえれば、貴方はベトナムに対する北爆ということでアメリカを糾弾している分には、ちょっと恰好のいい人道主義者という姿勢はとれるし、直接アメリカはあなたに報復してこない、これは韓国に対する非難キャンペーンと同じことであるが、彼らは直接あなたに報復してこない。

ところが、あなたは自分の身近に行われている韓国人に対する差別、抑圧などという問題であなたがもし具体的な闘いを始めるとするならば、あなたは誰れを敵として何かをしなければならないというと、あなたの友人、親戚というのがあなたの敵になるということで、貴方はそれによって直接報復を受けねばならぬし、少なくともあなたが現在住んでいる社会の中でもあなたの位置をきまずいものにするということへの言葉に出さない卑きょうなことなのだといって聞かせるわけです。

このような姿勢を依然として人道主義者のような顔をしてベトナムにとかアフリカにとか韓国にとかをお前らはいい続けるつもりなのかと俺にもりょうけんがあるんだ、といっているわけです。

姜光錫　そういう点で私たちも学ぶべきことは同じ西欧人が三つを挙げているように宗教、われらは同じキリスト教徒であるというように果して同じ東洋人が何を結びつけていくかといえば、私は何んらかの形で日本人との繋がりを元に戻させたいという気持がある。何故かと言えば、明治百年の教育を受けた日本人の気持というのは非常にゆがめられてしまった。脱亜論から始まる。

私はニューヨークでいろんな日本の商社の幹部連中に会って「あなたはアジア人として前からのベトナム政策をどう思いますか」と多くの人に質問したと者、日本人は「いや、アジア人と呼ばないで下さい」という。

何故アジア人と呼ばれるのが嫌なのかといえば「アジア人と呼ばれる事は、そこらの朝鮮人・韓国人だとか低度の低いインドネシア、ベトナム人などと同格にされている様で嫌だ」というわけです。私は、ここに日本人の姿勢に問題があると思うのです。

だから私は「あなたが明朝、ひげをそるときに鏡の中のよくごらんになって見なさい。自からがどんな顔をしているか。ドルをよく稼いだからといってあなたが決して白人になるわけでもない」といってやるのです。

高桂煥　日本には二つの在日同胞組織があるわけですが、民団と朝総連、これを見た場合、姜先生も述べられたように、ここにも日本人の考え方があるだろうと思うのです。というのは、もし六十万同胞が完全に一本に固った場合、やはり日本政府に対する権利要求が今まで以上に非常に強いものが生まれてくるわけです。一方では厄介者となる。日本としては二つの方が都合がいいわけです。すると、いがみ合う事によって他部相殺させ自からを弱体化させているという考え方も出来るわけです。日本サイドから見れば二つあれば非常に都合がいいし、喜んでいる。だからといって無条件に朝総連と手をにぎれというのではなく、現実的にみた場合、二つに分れており、いがみ合うから都合のいいことは事実だとみていいでしょう。日本の政府は──。

宋斗会　韓国人も不幸だが、日本人も不幸なのです。韓国人に対して差別せずにおれないというさもしい体質、これは日本人自身にとって不幸なのです。ところが、不幸な自分をまた不幸な事と感じることが出来ない事こそ不幸せである。

高桂煥　たびたび申しておりますが、日本のおこぼれで何んとか生き、腹がふくれ、アパートに住んでいてもキャディラックを乗っている人もおり、何んとか生きているから将来十年二十年、三十年のわれわれの置かれる立場、姿などを見極めることが出来ない状態になってしまっている。大変難しいことで、気付いたときは遅いということです。要領のいい者はどんどん同化現象を起し自分の権利、立場だけは守って行こうとするだろう。どんな局面者でも自分の家族のことだけは考えるからです。これらを考えてみた場合、ここで、戦後三十年近くなる現在、いまだにこの状態だということは今一度考え直してみるべきだと思います。

姜光錫　全く同感です。私が米国でいま行っているアジア系米国人市民人権擁護委員会という組織で運動を行っていますが、われわれはアメリカの全人口の一％にも足りませんが、黒人と比べても少数のわれわれが分散してしまうことは自からの自殺行為になるということから一丸となって、われわれの共通の宿命、この問題によって繋がって行こうと中国人、日本人、韓国人が団結している。これは非常に難しいことだが、われわれは権利闘争をしていくうえで、そしてアメリカでは法廷闘争を行っている。

こういう意味から宋さんの裁判は非常に興味をもっているわけです。法廷闘争を行うことは社会的効果が非常にある。だから日本に住む二世に訴いたいことは、同じく差別のような形で出た場合は、必ず法廷闘争を行ってほしい。これをやることによって先ず第一に一つの意識というものが生まれ、同胞たちを教育することになる。第二に日本社会に対する広報価値があること、第三に敗訴してもここで社会的闘争技術を学びとることが出来るということです。この訴訟経験を通じいろいろと学びとることができる。

これをやらないと例えば争ったところでいたずらに抽象的観念論だけを振り回すことは、意味がない。私は米国から来て、在日同胞に向って「皆さん民族主義で生きましょう」と言えば確かに恰好はいいが、実際は在日韓国人の問題に少しも解決とならない。そんな卑きょうな真似はできないのです。

法廷闘争は社会的効果がある

高桂煥　われわれ僑胞社会では愛国心ということが非常に強く叫ばれている。確かに祖国のために民族のためにということは大義名文上いつの時代でも大変貴しいように思えるわけです。そうした必要な時期もあるだろうと思います。ある過程においては─。ところが日本人、日本の教育を受けて見た場合、日本の子弟たちには決して愛国心だとか民族心を押しつけてはいない。全学連という学生連中の場合あれほど運動をやりつつ東南アジアを旅行する場合、日本航空（ＪＡＬ）に乗り、大企業のホテルに泊り、そこでやはり、どこかの商社が提供したみそ汁をすすり再びＪＡＬに乗って帰ってくる。あの形というのは別に愛国心を押しつけなくても、勝手に自分が日本人だということを明白に服膺しているということであると思う。

愛国心というのは人から押しつけられるものではないということです。自然と湧き出るものだということで、湧くものが不毛である。むやみに愛国心という言葉を使うべきではないと思う。いつも問題をすりかえるときに使われる言葉としてわれわれ僑胞社会にはあるということです。そのことが国辱だと思います。

宋斗会　ある局面者が「宋斗会氏は民族主義者ではない」それから「階級的視点もない」といった批判を彼らは私に対して続けているが、これに対して私は次のとおり反論しています。

民族主義、階級主義とかいうものを口に出す回数が多いほど民族主義者で、そして階級主義者とするなら、それでは田舎のおばあさんが、寺に参って南無阿弥陀仏（ナムアミダブツ）といって、あるいはキリスト教会系の人ならことあるときに十字架を切ってアーメンとお祈りをする人が、間違いなく極楽へ天国に召されるんだということに繋がるみたいだなあといってやる。私は子供のときから寺で育った関係から、こういう偽瞞性を嫌というほど見て育ったんだよと強く言ってやるわけです。

私が民族をもっておるか、民族主義者であるかないか、というようなことをあなたたちに別に評価してもらう必要はないんだといっているわけです。

姜光錫　宋さんの法廷闘争を在日僑胞は教化させる必要があります。これを私たちは米国でやっているわけですが、在日韓国人は現在法廷闘争の価値とか意義について、また全般的にそのレベルに達していないと私は見ているわけです。ああいう素晴しい社会的道具、社会的対決の場所があるにもかかわらずに、また問題を抱えているにもかかわらず、その場所を十分に使わないということ、ここにもう一つ大きな問題があると思います。

それには先ず民団の体質改善と名称から変えるべきで「居留民団」という二十年、三十年前の古い意識、感覚から一世の脱皮した第二段階、すでに序論は過ぎたということです。

この体質改善が行わねばならない。これができなければ「在日韓国人・朝鮮人人権擁護委員会」をつくるべきである。彼ら民団のリーダーは密接に生活に結びついていない。だから私は彼らのことを「寄生虫」だというのですが、実際の在日韓国人の悩み、苦しみ、就職差別などいろんな問題に対して打ち砕くような組織になっていないことです。民団の事務所内で抽象論ばかり振り回して恰好のいいことばかりいっている。本当に一般団員と結びついているかどうか、民衆からかけ離れた団体というのは存在の価値がない。そういう意味で民団の人たちは新しい名称から考え直してほしいと思います。

高桂煥　そのためには同胞社会のリーダーたちは、これに対して見倣うべきです。彼らが能力をもってすれば、それは不可能だということです。例えば法廷闘争ひとつ行う場合、われわれ二世であればできると思う。毋国語は話せないとしても、われわれには一世が考えるのではなく、二世がこれから六十万同胞の将来を考えて行かねば答えが出ないということから、はっきりいえると思います。

姜光錫　申君の問題が起きたとき私は神戸にいる妹を通じ、是非申君に会いたいと伝えた。勿論、中京鉄鋼の事件は家庭的複雑な問題から起ったかも知れませんが、しかし、こういうときこそ、これを法廷に持ち込んで、権益を守っていくという深謀遠策がない。これを本当に残念に思うのです。在日韓国人の中にこのころかつな難しい日本という壁と対決していく場合に、われわれも戦略、戦術とそして深謀遠策が必要なわけです。ところがそれが全然ない。これについては何んともいえない寂しさを感じるわけです。

しかし今日はこのてい談会を通じて希望を得ました。申君が強盗犯であろうが窃盗犯であろうが、それは問題ではない。また刑務所帰りも問題ではない。

こうしたことを通じ日本政府は一つの前例をつくり既成事実をつくって韓国人追放を深めるわけです。ちょうどこれが都合いいわけです。刑務所に行ってきたなどという口実で在日韓国人の権益がひとつひとつむしばまれていっているわけです。ここらに問題があるわけです。私たちも米国から支援します。共に手をとり闘い抜きましょう。

"韓国名"の使用を推進しよう

善いことは本名 悪いことは通名
日本のマスコミはこの姿勢を正せ

御存知のように日本には六〇万を超える韓国人が住んでおり、大阪にはその約四分の一、そして大阪市立の学校には約一万七千名もの韓国人児童生徒が通っているということであります。何故このように多数の韓国人が日本で生活しているのかということはいまさらあたらしく申し上げるまでもありませんが、要するに韓国の歴史および日本の歴史によって生み出されたのです。かつて日本が韓国を支配し圧迫したことが、今日、多数の在日韓国人という存在のそもそものはじまりです。

このことを一つの前提として認めた上で、現在、日本に住む韓国人にとって教育とは何か、在日韓国人児童をいかに教育をすべきかということを考えていきたいと思います。どのように教育すべきかということは、つまり、どのように生きるべきかということであります。現在の位置づけおよび将来の方向づけがしっかりできていなくてはどのような教育も成り立つものではありません。在日韓国人はどのように生きるのかということがまず第一に問われているわけです。端的にいえば、韓国人として生きるのか、日本人として生きるのかという問題であります。こんなことはわかりきったこと、自明のことだと誰しも思われるに違いありません。確かにその通りです。しかしもし本当に韓国人は韓国人として生きるのが当然なことであるのなら、何故、ことさらに韓国人として生きるための教育が強く叫ばれなければならないのでしょうか。また韓国人として生きるとは、すなわち、どういう内容を意味するのかということにもなると思います。こういう検討なくして安易に韓国人は韓国人らしくとか、韓国人としてとか、民族的自覚と誇りをもってとかをスローガンのようにいくら並べてみても問題を進めることはできません。

生きることは、いわば社会生活を営むということであります。そのためには円満な人間関係が築かれなくてはなりません。互いに信頼し尊重することが社会生活を営む上での前提であります。在日韓国人はいうまでもなく日本社会の中で生活しております。これを人間関係におきかえれば、在日韓国人の側からの見方と、一方、日本人側からの観点があります。そしていかに大阪に住む在日韓国人の数が多いとはいっても日本人の数と比べれば圧倒的な差があり、いわば韓国人は「紅一点」的な存在であります。

このような量的な差は何をもたらすかといえば、往々にして日本人の韓国人観によって非常に大きな影響をうけるということであります。日本人が韓国人の存在に対して正しい認識と理解をもつかどうかということが、韓国人のあり方を決める上で大きな比重をもっています。

とはいえ韓国人のあり方を決めるのは韓国人自身ですから、その主体性をもって韓国人として生きなければならないことはいうまでもありません。それは一口でいえば、韓国の文化伝統を受けつぎ、韓国の歴史と直接的に係りながら生きるということであります。そして意識するとしないに拘らず韓国人である限り、実際上、韓国の歴史によって、自からの生き方を決定づけられてきたのであって、それならばその状態を受け身ではなく、積極的に自分のものとして引きうけることが、最も韓国人としてふさわしいのであります。いいかえれば在日韓国人の発生ということ状態が、韓国の歴史を生みだしたものであるということです。そもそも韓国が日本の植民地になったことが日本に渡ってくる原因になったわけです。そして日本が太平洋戦争を押し進めることによって、徴兵、徴用という形で、一九四五年の時点では二百万を越える韓国人が日本におりました。

一九四五年八月十五日の韓国解放により、独立した祖国をもった在日韓国人は、日本で築いた財産をほとんど顧りみることもなく大挙して帰国を始めたのです。けれども南北分断などの事態によって、帰国を引き延ばしてそのまま日本に滞留したのが現在六〇万の在日韓国人なのであります。

一昨年七月四日の南北共同声明によって、祖国統一の気運が盛り上ったことは在日韓国人にとって大きな光明をもたらすものでした。なぜなら在日韓国人の生き方は祖国の進む道、姿を決して切り離して考えることはできず、統一こそが唯一の希望だからであります。韓国人はこのように民族文化を受けつぎ、韓国の将来と自分の将来とを結びつけて考えてこそ、本当に豊かな人間性をもつことができるといってよいでしょう。けれども日本社会には、韓国人が韓国人として生きようとすることを認めようとしない傾向があります。と同時に韓国人を社会から除外しようとする傾向さえあります。これがすなわち差別です。それはどういう形であらわれるかといえば、進学や、就職であり、政府の融資や公団住宅の入居などいろいろあります。記憶に新しいところでは日立製作所の朴鐘碩君に対する就職差別は新聞でも大きくとりあげられましたし、埼玉県の私立高校での黄貞紀さんの入学取消し、今日、大手前女子短大での進学差別、中川幼稚園での入園に対する差別など表面にあらわれた問題だけでも少なくありません。そしてこれらは氷山のほんの一角にしかすぎないのです。公団住宅の入居ができないということに至っては、戦前の貸家の札に「内地人以外お断り」という但し書きがあったのを思いおこさせます。差別とはこのように生活権、居住権、学業権を侵害することであり、要するにその存在を認めないということなのです。在日韓国人という存在をつくり出した当人が、その存在を認めないという奇妙な現象がここにあるわけです。

このような差別の中で生きていくためには、当然それを防ぐ手段が必要になります。その一つは差別を摘発し、否定し、打ち破っていくことであります。そしていま一つの道は、日本人らしく振まうことによって差別をかわしていこうとする態度であります。在日韓国人の多くが、通名を名のるのは、このような差別に対する防衛の手段だということができるでしょう。だからその限りでいえば、韓国人に対する差別がなくならない限り、韓国人が通名を名のるという現象はなくならないといっても差し支えないと思います。韓国人が韓国人として、堂々と本名を名のるべきだと主張することは日本社会に厳然としてある韓国人に対する偏見や蔑視や差別をなくすために努力することと同じでなければなりません。

ここでいう日本社会の差別というのは、社会通念として、差別的な感じ方、考え方があるということであります。例えば最近の新聞記事に、ある青年がドロボーを捕えたという記事が大きく載りました。ところが彼の名前は本名ではなく、通名のままでした。一方、同じ日の最下段に、小さい記事ですが、朝鮮人が逮捕されたというのがあって、そちらには本名と本籍地とが明記されてあったのです。このように善行に対しては通名、悪事に対しては本名というのが、一般的な韓国人に対する接し方ではないでしょうか。もしそこに「せっかく善いことをしたのに、韓国人であることを公けにしては奴の恥だ」という考え方があったとすれば、それこそ誤った思いやりであります。私たちは日立や大手前女子短大などの差別を批判し、是正を求めるのは当然でありますが、一方でこのような社会通念化した差別意識を見落してはなりません。これは決して日本人全体が差別だと決めつけることではありません。日本人の善意を信ずればこそ、差別的な発想をやめてほしいというのであります。

韓国人児童は差別にくじけるな

大阪市北鶴橋小学校 教諭 金 容 海

この記事は、さる五月大阪北鶴橋小学校の教師である金容海氏が大阪市立巽日小学校で開かれた大阪市教育委員会の研究会で「外国人子弟の本名呼称について」と題して講演した内容である。韓国人子弟の学校における本名使用についてあらゆる角度から観察されたもので、日本人にはもちろんわれわれ在日韓国人にとっても示唆するものが多い。

日本の学校に在学する韓国人児童を除外、差別せずに正しく教育するということは差別の壁をいかにして破るかということであります。韓国人の立場から、差別に負けないということと、日本人の立場から、差別そのものをなくすということであります。韓国人の立場についていうならば、いかに差別があろうとも、決してそれにくじけてはいけないということであります。韓国人が人間らしく生きるためには、自分が韓国人だということを隠してはいけないのであって、韓国人としての自己を主張することによってのみ、心の重荷を取り除くことができるのです。差別の圧迫がいかに重かろうと、それに耐え、それをはね返さなくてはなりません。と同時に、日本人の立場についてみれば、現に、差別をしているのは日本人だということです。日本人が韓国人に対して正しい認識をもち、対等の人間関係をつくることが必要です。

学校生活は互いに信頼し尊重しあう対等の人間関係をつくる上で最も適した場ということができます。ところが、戦後三十年を経た今日、韓国人に対する差別現象があるのはどうしたことでしょうか。児童が差別的なことをいったり、したりするのは親の影響だという意見があります。学校の友人間で起る差別現象はほとんど児童が自然発生的に起こすのではなく、日本の社会的風潮、とりわけ親の考え方が反映しているといってよいでしょう。つまり差別をしているのは子供ではなく親なのです。「朝鮮の子と遊んではいけない」とか「朝鮮人は不潔だ」「ずるい」「乱暴だ」など、すべて親の意識的あるいは無意識的な言動が子供の心に影響を与えているのです。いいかえれば親が偏見をもたず、差別もしなければ、子供たちもまた偏見も差別ももたないということです。学校に起る差別現象は一面では社会的に、つまり父兄においても一考されるべき事柄であります。しかし、学校の先生がそのことに全く気づかないでしょうか。もし学校教育の場で真剣に差別が正しくないことを指摘し教育したならば、少なくとも三十年を経て旧態依然の如く、同じような問題がおこるはずはないのではないでしょうか。

差別という問題を考えると、思い出てくるのは、「私は日本人も朝鮮人も同等に扱っている。だから差別はしていない」という説であります。しかし、実はこの同等に扱うということが差別に他ならないのです。日本人と韓国人は別個の存在です。異なるものを同じとみる場合、韓国人の存在は無視されているのです。なぜなら全く同じに見ているということは、「日本人として」同じに見ているのであって、韓国人の特性（歴史、伝統、文化、風俗、親の生活体験、客観的な立場など）については無視しているのです。これはやはり一種の差別であるといわねばなりません。すなわち一面的な現象のみをとらえて考えてはもの事の本質はわからないということです。このようないわば善意によっておこる差別もまた、否定しなければなりません。本名を名のるということをいうのに、差別を強調しすぎたように感じられるかも知れません。しかし、何故、本名を名のらないのか、名のれないのかということの重さを知らなくては、本当の意義は見失われてしまうでしょう。

学校教育は旧態依然の30年
"差別"を指摘しない教育の場

名前は単なる符号であって、単に区別さえつけばよいのだという考え方もあります。しかしそれが正しくないことは日本人自身も大いに経験しているはずです。間違った名前を呼ばれたり書かれたりすれば、誰しも不快な気持になるでしょう。名前には先祖からの生活伝統がしみこんでいるからです。

在日韓国人児童、生徒に対する望ましい教育の姿勢は彼らが自分の将来に対して希望のもてるような教育をすることであります。彼らがまじめにそれが報われるということです。有名大学を卒業しても満足に就職さえできないというような状態で、形ばかり整えようとしても無意味という他ありません。はじめにも述べたように韓国人は韓国の歴史を離れて自分の運命を考えることはできません。このことは韓国が植民地になった時、そして解放されて以後の状態を考えれば自ずから明白であります。それゆえ、祖国に対する眼を見開かせるような教育であってこそ自分の将来に対して希望をもつことができるのだといえます。

北鶴橋小学校ではすでに二年間にわたって「差別をしないさせないための人間教育」を打ち出し、本名を名のるようにという指導を続けております。民族学級で学ぶ高学年はほとんど本名を名のっておりますが、低学年ではまだ父兄が反対するケースが少なくありません。私たちの努力のいたらなさを痛感すると同時に、それほど根の深いものであるということ、そして一方、高学年の場合のように児童が正しい民族意識をもてば、本名を名のるということを教訓としながら、更に力強く推し進めていかねばならないと考えております。

特に重要なことは韓国が統一への歩みを続けているということであります。一昨年七月四日の南北共同声明はすべての韓国人に大きな驚きと喜びをもたらしました。統一が実現するまでには多くの曲折があることはいうまでもありませんが、統一こそすべての韓国人に光明をもたらすものであります。韓国人らしく生きることは祖国統一をめざしそのために寄与貢献することだといっても過言ではないのではないかと思います。ですから在日韓国人を単に差別や圧迫をうけている弱い存在としてのみ考えるのではなく、目標や希望をもっているものとして考えなくてはなりません。

韓国人が日本人化することは根なし草になるということです。しかし韓国人には依って立つべき祖国があり、しかも近い将来南北統一の光しさえみえている今日、在日韓国人は過去のどの時期よりも希望に満ちた新らしい時代に生きているのです。この時代的背景をしっかりと受けとめ、韓国人児童が民族的主体性を確立して成長するように教育することが何よりも望まれるのです。

在日韓国人の問題をいうとき、過去、日本が韓国を植民地支配したことに対して批判したり、あるいは反省したりすることが多いのでありますが、もちろんそれも大切なことでありますけれども、それ以上に重要なことは、現在、この時点に差別があるということです。このことをしっかりとふまえて、人間対人間として接してこそ成果を期待することができるのです。そのためには、まず先生方が自分自身の問題として考える姿勢がなくてはなりません。と同時に日本人の父兄に対する啓発活動が必要だと思います。この意味からPTAの運営においても排他的になるのではなく、韓国人の父兄が積極的に参加できるようにすることが望まれます。そして、先生と父兄、日本人父兄と韓国人父兄の対話が必要であり、さらには韓国人父兄同士の対話を図るために、韓国人児童の保護者会をもつようにするべきであります。またこれらの作業を単なる個別的な努力に委ねることにとどまらず、やはり大阪全体の立場から大阪市教育委員会が率先して本名を名のれない差別の実態を分析して本来の正しい姿をとり戻すためのパンフレット配布を通じての父兄に対する広報活動を積極的に行っていただきたい。また民族学級の増設も必要ではないかと思います。

現在、民族教育を推進していく上において一つの障害となっているのは、そのための教材が決定的に不足しているということであります。歴史の本一つとりあげてみても、最近徐々にではありますが、刊行されておりますが、いずれも高校生以上でなければ読めないようなものばかりであり、小学生向には仲々適当なものがないというのが実情であります。童話の本をみても日本の話は数えきれないほどですが、韓国関係のものはほんの僅かしかありません。しかも問題なのはそれさえも十分には読める状態にないということです。まず今の段階において入手できる本はできる限り図書室や学級文庫にとり入れて読めるようにすべきであり、今後特に子供向の歴史の本を中心とする出版活動なども大いに検討されるべきではないかと痛感いたします。

仏ソウル支店、来月から業務開始

仏のエンドシュノー銀行がこのほど韓国政府の支店設置認可を受けたのにともない八月から業務を開始している。外国銀行としては九つ目に開設される同支店は、さる六月開店した韓国外換銀行パリ支店との互恵原則に基づいて進出することになったもので、同支店が設置されればフランス地域はもちろん対EC地域との輸出入にともなう代金決済の迅速化など交易増進に大きな役割を果すようになる。大韓ビルディング（西大門区）内に設置される同支店の初代支店長にはアンドレ・ムテ氏が就任している。

南北赤会議で父母対面提案受諾要求

韓赤は二十四日板門店で開かれた南北赤十字会談第二次実務会議で前回提案した老父母の住所、生死確認、対面、書信往来の優先実施とソウルで開く第八次本会談を八月二十八日開催することを北赤が受諾するよう要求したが北韓側は韓赤提案を「新たな難関をつくり出した不当な主張である」との政治宣伝だけをくりかえした。次の第三次実務会議は八月二十八日に開くことに合意した。

日本鉱業がチリで銅開発

日本鉱業（竪野正之助社長）は八日、チリ北部のセロ・コロラド鉱区で、現地の資産家と共同で銅の探鉱開発に乗り出すと発表した。近く現地に合弁会社を設立するが、昨年九月の政変でアジェンデ政権に代わり、新政府が誕生していらい、銅鉱山開発で外国への資本進出は初めてである。

計画によると、日本鉱業は同鉱区の鉱業権者エンリケ・ニスカラ・パロス氏と探鉱開発で基本協定を結び、九月に合弁会社を設立、十月から探鉱を始める。新会社の資本金は五十万ドル、日本鉱業の出資比率は七五％となる予定。

セロ・コロラド鉱区は、銅の国チリでは中規模鉱山だが、一億ｔの銅埋蔵量が推定されているという。対象地域は百二十六平方キロ。まず、探鉱のあと企業化を検討するが、同社による銅鉱床が期待できるという。

日本鉱業は、三十年代にもチリに進出したが、国有化政策を打ち出したアジェンデ政権下で現地に譲渡したいきさつがある。

在日韓国人にとっての解放

在日韓国基督教会館幹事　崔忠植

中川幼稚園問題で園長に抗議する崔忠植氏（左から三人目）

〝外登法などで入管体制確立〟

在日大韓基督教会の宣言

昨年在日大韓基督教会総会は宣教基本政策を採択した。「われわれは先ず、主なる神と同胞の前に赦しを乞わねばならない。ことにわが民族が日本帝国支配の下から解放されて以後、今日に至るまで、われわれはわれわれに与えられた機会を最大限に生かして歩んでこなかったのみならず、祖国を離れ、この日本の地に生きるという特殊、かつ複雑な状況のもとにあって、われわれは歴史の流れに対する深い洞察を持ちえなかったのである。一九四五年、解放直後、教会を再建する業に没頭するあまり、変革と新しい形成をなすべき時期にあった民族の苦悩を、己れのそれとして担うことをしてこなかったのである」

さらに「日本社会にあって、わが民族が、政治的、経済的、社会的、思想的抑圧を受けている現実からの救いとは、民族の生の全領域が、こうした抑圧から解放されることでもある」と規定している。

具体的には六〇周年以降、一九六九年には、日本の神道を国家で護持し、軍国主義の復活を意図した「靖国法案」に反対し、アジア侵略を目的にした「出入国管理法案」に反対の声明を発表、一九七〇年には「キリスト者の社会的責任」なる態度を表明するなどの、教会の革新と社会の変革を期する内容のものを提起した。この背景には、教会青年会の既成の保守的な自己中心的な教会への厳しい批判と、同胞の人権擁護などに、信仰の良心にもとづいた果敢なる行動と決断があったことは言うまでもない。

民族問題と取り組もうとする時、われわれの教会にとって、その民族の解放の問題とは何かを具体的なケースを通して考えて見たい。

日本の抑圧体制下でのわれわれの苦難の闘争

在日韓国人の存在は、日本のアジア侵略の所産である。「朝鮮は日本の属国になる運命である」と説きつつ、日本帝国主義は一九一〇年韓国を併合し、土地、命、文化、名前、労働力、米、王のすべてを奪い尽した。独立を願う農民を銃剣で虐殺し、日本の思うままに、日本への奴隷狩り的強制連行、日本軍兵として、炭鉱、土木工事の低賃金労働者として引きずり回した。一九四五年八月一五日、日本の敗戦によりわが民族が解放された時、在日韓国人二三〇万人は困窮のどん底にあった。解放の喜びもつかの間、大国によって三八度線が引かれ、血で血を洗う悲劇的な南北分断となったのである。

一九五二年、サンフランシスコ条約により、これまで日本国籍を有していた韓国人は、一方的に外国人＝韓国人とされ、同時に、この外国人を管理・追放するために「外国人登録法」と「出入国管理令」が制定され、在日韓国人への入管体制が確立するのである。

「外登法」は、証明書不携帯に一年以下の懲役、もしくは禁固、または三万円以下の罰金を課する厳しいものである。

一九六四年にこんなことがあった。茨木県でのことで、民族学校の女教師が授業を終え教室から出て来たところを、尋問され、登録書の提示を求められた。あいにく別のハンドバックを持って来たために不携帯となってしまい連行され、調書を取られ、罰金を課せられるといったことがあった。また、私も子供の登録の切り替えを二日遅れたために、警察に呼び出され、始末書と罰金を払わされた経験がある。このように、われわれの日常は、神経をはりつめた生活が要求され、それにともなう不安定さは、いいようのない不安感を生み、虚脱感におち入らざるをえないのである。

一方「出入国管理令」は（1）外国人登録法の違反者（2）懲役一年以上を受けたもの（3）貧困者、精神障害者等（4）日本の法務大臣が日本に利益を及ぼさないと考えたもの等、二四項目にわたり強制退去させるといったもので、この大きな二つの法令によって、在日韓国人を実質的に追放し、抑圧し、実際これまでに多くの韓国人が追放されていったのである。

一九六五年、韓日条約が締結された。その中に在日韓国人を規定する法的地位がある。協定永住権は何人にも与えられるものではない。在留者の資格を細分化し管理を徹底化したにすぎないのである。永住権を得たものは、たとえ日本で生まれ育ったものでも住みたいだけ居住できる権利ではなかった。七八％が現在、日本生まれの在日韓国人ではあるが、（1）七年を越える刑を受けたもの（2）日本の国交、内乱の罪で禁固を受けたものは追放されるものであり、一年以上海外留学すれば永住権が無効になるといった内容をもったものである。「日本社会の秩序のもとで、安定した生活を営むことができるために」という名目の条約ではあったが、その秩序たるや、差別・抑圧・分断・同化・追放という名の秩序であって、「何人も健全で文化的な生活を営む権利を有す」と謳われた、日本国籍法の精神とは全くうらはらなものであった。

日本政府は、この体制に追い打ちをかけるように一九六九年以降、執拗に「出入国管理法案」を国会に上程した。四度も廃案に追いこんだのは、決死的な闘いのそして良識ある日本人の反対運動の成果だった。内容は、（1）政治活動の禁止（2）在留活動の規制（3）行政調査権の新設など、いっさいの人権擁護闘争を抹殺する非人道的なものであった。「外国人は煮て食べようが、焼いて食べようが日本人の自由だ」とする思想背景のもとでの法案であったことを思うと、身の毛がよだつ思いである。もっとも、先進国たろうとする日本政府は「何人も国籍・人種によって差別を受けてはならない」とうたわれた、世界人権宣言をいまだ批准していないことからすれば、当然の思想なのかも知れない。

差別・抑圧　同胞追放の名の秩序

現在「刑法」を日本政府は改正、成立しようとしている。重刑主義を表面化した治安法であると各界から批判がある。日本人だけの問題ではなく、その内容は「入管令」の強制退去の項目と深く結びつけられていることを見る時、隠された巧妙さに驚かざるをえない。

申京煥君強制退去問題

申君が高校を卒業した時、就職が韓国人である故に思うようにゆかず、挫折していた折、日本人仲間と窃盗などを働いてしまった。日本人は最高三年の刑であったが、彼は未成年にもかかわらず、八年の刑を言いわたされた。長い刑務所生活を立派に終え、模範囚として仮出所するや否や、さきほどの協定永住権を持ち、日本生まれであったとしても七年を越えるものだとして、退去強制令書を受け、大村収容所に送られ、送還の日も決定された。彼の家族は、年老いた父が十年来の病気であり、老母は日雇労働者、妹一人の構成である。韓日条約の法的地位合意議事録に「協定永住者の家族の退去強制については、家族構成その他の事情を勘案し、人道的見地から妥当な考慮が払われる」と規定しているにもかかわらず、全く無視された出来事であった。私たちは、日本の教会と協力し、支援活動の輪を強力に押し進め、裁判に訴え、署名、陳情といろいろな方法を取った結果、送還の一時執行停止、さらには去る二月一九日に大村収容所から取り戻すのに成功した。申君の在留許可を獲得するための裁判闘争が、現在展開されている。

申君の母親は「私の息子は愚かに悪いことをした。しかし、立派に苦しい刑務所生活を終えた。私たちの家庭は京煥がいなければ生きていけない貧困そのものの生活である。戦前は強制的に連行し、夫を炭鉱に送りこみ、それがもとでの病気で今も寝たきり、これから親子一緒になって、苦しくとも頑張ろうと思っているのに、この家族を見殺しにしようとするのか」と涙を流して訴えておられたのを聞き、涙を禁じえなかった。永住権取得者のケースとしての第一号だけに、決して申君を送還させてはならない。彼一人の問題ではない。在日同胞全体の基本的な生活権を根底から奪い取ろうとする恐ろしい行為である。人権無視を許してはならない息の長い闘いであることを再確認し、前進しなければならない。

日本人の差別意識

本年一月、大阪の大手前女子短期大学は、金さんが韓国人であるという理由で、受験を拒否した。大学は「日本国女性のみを教育するのが建学の精神であり、外国人は差別されても仕方がない」という強い姿勢であった。在日外国人の人権を守る会、日本人教師など十二団体は、激しい大衆団交を数回行なった結果、大学は「外国人は受け入れるとともに、一九七四年度からは、解放講座、朝鮮問題講座を正規の学課目として認め学生に受講させる」等々を共闘会議に約束をした。

「他民族を抑圧している日本民族の自らを解放していく課題」と主張しつつ、具体的に差別と闘うことによって自己変革を追求する姿勢を持とうとする日本人教師の側面と、私たち自身が、自己を確立しようとする苦しい戦いをする側面とが、相対決し、また連帯していくという緊張の中にある時、新しい展望があるものと思う。

差別はいたるところにある

朴鐘碩君の日立就職差別闘争

在日韓国人の生活実態はKCCの周辺にも見られるように、大半が単純労働者であり、零細企業、土木、建設、運転手、喫茶店、バーのサービス業、古鉄業等である。解放後、韓国人にとって食べて生活できる余裕のある職場は用意されていなかったし、現在もそうである。それに、就職の門戸が閉ざされている。

一九七〇年、朴鐘碩君は大企業の「日立」の就職に合格し、採用通知を受けとったものの本人が韓国人であるという理由で、即刻、取消しとなった。その知らせを聞いた朴君は「鉄の扉を突破した喜びも束の間、大地が闇にとざされたような絶望感を感じた」と語り、「あきらめは、私という人間の生存の否定であり、死滅を意味する」と決意し、裁判に訴えた。「新井」という日本名が本当の名前だと思って育った朴君は、この裁判を通して多くの日本人、韓国人の仲間を得、社会的な連帯を教えられ、日々に民族的な魂を取り戻していく自分を発見し、生きている喜びを感じたと告白している。まさに闘争の過程において、人間性の回復があることを皆に悟らしてくれた。

日立の差別は、在日韓国人への抑圧だけでなく、祖国への経済侵略をはかり、祖国の会社を倒産せしめ、日本国内の価格の数倍でソウルに地下鉄車両として売りつけた。この闘争は、在日同胞、日本人、さらには祖国の民衆、学生、キリスト者の決起を促がし、日立への抗議の声がまき起こり、四月一六日、本国のキリスト教婦人会は日立製品不買運動を決定するに至った。五月一七日、「認識不足を反省し、朴君の不採用を撤回」等、強力な糾弾闘争の中で「日立」は全面的に受け入れた。しかし、民族差別と韓国への経済侵略が中止されない限り、不買運動は全世界で展開される必要がある。

中川幼稚園問題

七万人の韓国人が大阪市生野区とその周辺に住んでいる。KCCはそのど真ん中に位置しているが、その近くに大阪善光寺が経営する中川幼稚園がある。

この園では「入園の際の協力金を韓国人には日本人の二倍以上取り、推薦制度から韓国人を除外する」ことが決められていた。昨年の一一月以来、調査を積み重ね、父母二人と私たちのグループ・日本人教師を含めて、この三月に抗議した。園長は「韓国人がたくさんくると質とレベルが低下する。日本人が寄りつかなくなって経営が困難になる。日本人によって建てられたのだから、韓国人から二倍とるのも仕方がない。それに、二倍取っても来てくれた韓国人家庭なら、園を中流以上に維持できるし、十五％以内に人数制限をしておけば、スムーズに運営できるが、できるならば、減らしたい」等々の返答だった。一口二万六千円のところをある韓国人には、五万円、三万円を取り立て、抗議し、うるさくいった者に対して、中間をとって二万五千円で手を打つという韓国人を無視したやり口である。しかし「決して悪いことをしたと思っていないし、民族差別ではない」と言い張るのである。他の幼稚園は高い。ない。二倍払っても入園させたい親の弱味につけこんだ悪徳幼稚園である。十年来、父母はやり場のない憤懣を持ってはいたが、「外国人だから仕方がない。力がない。騒げばかえって差別される。故のままに押し流されるのが利巧」といった諦めの思いがほとんどであった。

私たちは、園の不当性を、そして、力を合わせればやり通せること、自分たちの権利は自分たちで守らねばならないことを訪問をしつつ訴え続けた。十八、十五人と父母が集まり、徐々に目覚め、さらに、父母自らが他の家庭を訪問するようになってきた。わずか一か月の間である。父母を中心に連絡会が結成され、行政にまで交渉するようになった。三度、四度の交渉を通して、まず、「二倍を取らない。推薦制度には韓国人も含める。一五％の制限をしない」等の回答をえた。が、「他の幼稚園の実態を調査し、さらには公立の保育園、幼稚園の建設、就学等教育の保障を求めて、また韓国人の人権意識を取り戻し、地獄から韓国人差別を撤廃しなくては」と父母は力強く語り、交渉を続けた結果、中川幼稚園は文書で全面的に謝罪した。

何十年来、抑圧されてきた人間が、それをはねのけ、立ち向かう勇気を持つことは大変なことである。在日韓国人が日本の同化・抑圧体制の中で、自己変革・意識変革、とりわけ権益擁護の闘いをすることの困難さを訪問して痛感していた日本人教師が「日本人の問題として、すべてを洗い直さない限り問題の解決にならない」と告白するのを聞き、私自身、その誠さを逆に思い知らされた。

在日同胞にとっての解放

本国の南北分断はそのまま在日韓国人社会の分断をもたらしている。韓国を支持する在日居留民団と、北を支持する在日朝鮮総連である。祖国の統一を願う同一民族ではあるが、さまざまな悲劇をわれわれにもたらしている。日本の対韓経済進出、在日同胞への抑圧と差別と追放の政策がその悲劇に拍車をかけているのはいうまでもない。夫婦の離婚、親子の断絶、北と南と日本に家族が分散、さらには、日本人高校生の韓国人学生への暴行事件にまで発展するなど、ズタズタに分断されているわれわれの現状である。

日本の差別と偏見、同化教育と追放政策の谷間で、韓国人を隠して生きる人間を多く産出した。多くの在日韓国人は忌わしい日本名を持ち使用している。韓国人意識と素地のある一世の使用する日本名は、ある意味で便宜的であると言えるが、二・三世の生まれながらの日本名は、言い過ぎかも知れないが日本社会に組みこまれ、日本人化そのものを意味すると言ってもよい。日本人学校に通う十三万の子弟のほとんどは、民族の実感を持たされないままである。むしろ、韓国人を卑下する心情すら植えつけられている。日本の同化教育体制の本質は「人間解体・仮りの人間」の造出であると。

民族性が奪われる過程と、社会での差別と排外と蔑視の過程との二重の差別が、人間性を根底から蝕ばんでいくのである。そうした中で、日本人に帰化をし、物質的な安定を得たが、精神的不安定を理由に帰化人グループが全国的に結成されている事実は、まさに、複雑そのものであると言える。山村政明は「父母は私の進学・就職の不利を避けるために帰化をした。しかし、自分の安住の場所はどこにあるのか」と悩み、焼身自殺した。帰化によって自由を得ることは全然であることを語ってくれている。

敗北的・屈辱的な生活に杭を打つ姿こそ、民族の解放の樹立であると信ずる今日の婦人が、黒色を、ちぢれ毛の大きなかつらを美しいと誇るように、黒人神学者、J・コーンは「白人に統合され、自己同一性を喪失することが罪である。人間を奴隷にしようとする勢力と闘うことがキリストの福音である」と言う。私の胸に強烈に射しこんでくる言葉だ。

マイノリティーとは被抑圧者のことである。彼らが協力し、解放闘争を組んでいくことが、要求されている内容であると思える。

マイノリティーの意味を一言でいうなら「基本的人権をはく奪されている者が解放されることがイエスの福音であり、差別・抑圧状況の中で在日韓国人が、野蛮と偏見をもって対されているアイヌ族、未解放部落民等が、非人間的な仕打ちからの解放と勝利する喜びにあずかるよう参加者一同が参与し国内的・国際的な抑圧機構に対抗する連帯を構築する具体的な支援活動をしていく」ことであった。いわゆる非生産的な神学論ではなくて、行動規範であり、決意であったことは、画期的なこととして高く評価されなければならないとともに、在日大韓基督教会のみならず、日本の諸教会もまた、解放の福音の具体化のために努力されんことを祈る。

「囚人が解放され、盲人の目が開かれ、打ちひしがれている者に自由を得させる」イエスの福音を担うものとして「兄弟が奴隷である限り、真の自由はない」ことを確固たるものとして持ち続け、歩みたいものだ。

政治と別の次元で　日本の対韓経済協力

日本外務省によると、香取経済協力局長は李宜基韓国経済企画院経済協力局長に韓国向け新規借款供与について「昨年の日韓定期閣僚会議の共同コミュニュケの通り、要請があれば事務的に検討し対応する」と述べ、対韓経済協力に政治的考慮を加えないことを明らかにした。

韓国特許協会、九社の加入を承認

韓国特許協会は三陽タイヤ、建設化学などの九社に対し会員加入申請を受理した。加入承認された商社は次のとおり。

大韓化学、利川電気、建設化学、第一製薬、三陽タイヤ、三豊工業、三洋無研工業、日本精機工業、大韓電気工事協会。

八・一五と未来的指向

韓国淑明女子大学校教授 申 喆 均

三十六年間 日帝の圧制から、わが祖国が解放され、いつの間にか三十年近く経った。十年も経てば山河も変るというが、三十年近く経たわが祖国に多く変化をもたらしたのも事実である。

第一に、経済建設面である。GNPが一九五〇年代末(一九五九年)には、僅か八十八ドルであったものが七三年度現在、暫定推計では三百七十三ドル、約四倍以上増えた。高層ビルディングが数多く建てられ、高速道路がつくられたのも五千年歴史上、朴大統領閣下でなければ成し遂げられなかったものと思う。しかし、この外形的産業化過程で韓国は、多くの不条理と後遺症を来た経ているのも事実である。不正、腐敗、貧富、隔差の拡大、外資導入による依存性など数多くの不安を抱えている。このような不正、不公平の要因に付加し、国際的エネルギー波動の余波が今に至って衝撃あり、韓国は、そのどのときよりも経済的不安が潜在している。

第二に、政治的発展の様相をいかに評価せねばならないか。及ぼす如く過渡する産業化集中主義は韓国の民主主義を後退させ、五・一六革命以後、朴政権はそのどのときよりも韓国の民族主義的性格が強くなったが、今に至っては工業化過程で莫大な外資依存傾向により、民族主義的強度も弱化する傾向もみせている。

解放となると韓国には、その当時の条件からみてわが民衆の資質に合わない米国式民主主義制度を強制され多くの試行錯誤を経てきた。自由民主主義が人類の理想的イデオロギーであることは事実である。しかし率直に言って、わが民衆は、この民主主義理念を正しく認識できなかった。従って韓国に真正な民主主義が発展しなかった。解放後三十年近く経ったが韓国民は、いまだに民主主義制度をそのまま守っていくほどの民度をもっているとはみられないのが私の卒直な思いである。政党制度も完全に近代化されておらず、政治人たち間の意思疎通も相互調和に至っていない。

第三に、朴大統領閣下の強力な近代化政策、自助、自立精神はわが国民性の勤勉精神を大きく起こさせたのは事実である。これは偉大なことである。セマウル事業に対する批判はあるが、農村の意欲心を勤勉へと呼び起した。また、わが国民全体の勤勉性を呼び起した。

しかし一面、韓国社会の心層はさらに暗く不安である。政府の強力な経済成長政策は結果的に民族的一体感を反対にもたらしえなかった。社会風土が痩せて油気のない人間関係、そこへ余裕がなく、さらに刻薄となってしまった。各種犯罪が氾濫する中で、狂行の様態が渦巻になっていく。国民道義が地に堕ちてしまい青少年問題が社会に深刻に台頭している。このような様相は深刻な問題だといわざるをえない。

韓国の国際的地位は、過去のどのときよりも高揚された。積極外交で外交の幅員が大きく拡大された。韓国の経済的発展期が、そのどのときよりも外国によく認識されているのも事実である。従って韓国のイメージが国際社会に前より明瞭に浮き刻まれた。朴大統領が独自的印象を与えながら、その対内外政策の表明は、それほどわが民族の自信と独自路線のイメージを海外に浮刻させたとみることができる。さらに言えば、韓国がそれ位い大きくなったとみることができる。米国が、これから韓国をやたらに取り扱えないという一面もある。しかし、米国は韓国政府が民主主義を米国が願う方向で行ってはいない。この点で米国が韓国政府を満足に思っていない傾向もあるだろう。

韓国外交は、国際情勢の変化に伴い、伸縮性を帯びてきた。六・二三宣言以後、韓国は共産圏に対し大きく外交開放の伸縮性をみせた。

解放後の分断は、今日のこの時点でも解決されず持続されている。南北分断は、さらに深化しつつあり現時点で統一の展望は大きく希薄である。

南北七・四共同声明で南北接触が歴史的に成し遂げられたが、今日、この時点で南北関係の接触が円滑ではなかった。北傀は、さらに挑発を敢行しており、武力的南侵も企んでいる。韓国は平和共存を土台とした対北傀政策を広げている。金日成は、これが永久分断をもたらすといういいわけで、これを反対している。金日成は、北韓住民に不可能な南韓赤化統一目標注入で、その永久執権のいいわけとして来たために韓国の平和共存政策は根本的に北傀を屈服させているのも事実である。

今日、韓国政府が正しく立ち向う姿勢は何にか。産業化集中主義と民衆の意志と内容を如何によく調和させていくかという問題である。

第二には、民心のやつれ衰えた社会風土を如何に浄化させていくかという問題である。強制と抵抗にも限界がある。積り重なれば、結局は一度は大きく崩れてしまう。従って賢明な方策を使わねばならない。

第三に、政府は若い世代処理に対し、慎重な姿勢をもたねばならない。卒直に言って今日の若い世代は、未来を見旋す思考方式や考えが既成世代より意外にはるかに抜きんでている。これは今日の急変する時代思潮から不可避にもたらされる現象のひとつとみなければならない。既成世代たちが万一このような点を知らずして、固陋的観念で若い世代の思考と行動を評価するとすれば、ここで大きなギャップが生まれることになり、このギャップが深化すれば、悲劇を招来する。

韓国に、指導者は歴史意識から自己の調整、整理をせねばならない。

われわれに、いま必要なことは、新しい歴史の創造である。これからは、これ以上停滞した保守体制から脱け出ねばならず、革新が随伴せねばならない。われわれの当面の至上課題は民族統一である。麻痺した民衆の内容を再び民族的使命感で鼓舞していかねばならない。

われわれの安全保障策は、北を意識した安全保障だけでなく、日本に対するわれわれの安全保障も時急に講究せねばならない。

「アーノルド・トインビー」が今の世界は決して、われわれが願う安定した世界とはなっていないと指摘した。あらゆる世界人は全て「商人」気質化していくとした。

今日の社会は貪欲な社会であり、自己の利己が過ぎて周囲を破壊している。

従って産業化が人間を救済する道ではない。今日、われわれ民族も商人気質から救出されねばならない。従って民族性の浄化作業が、そのどのときよりも重視されねばならない。われわれ国民性の一部を改造せねばならず、人格の陶養成がなければならない。

そして「調和ある倫理」「調和ある民族倫理」「調和ある協同の倫理」の価値観が確立されねばならない。

そうして新しい価値観と秩序がこの地の上で調和されたとき、統一の模索が可能であろう。

花は必ず南側から先きにできるのが常である。よって南側(韓国)に先ず花が咲き、北上するであろう。

の進歩も、いかなる不如意、いかなる苦難であるかにかかわらず、そのようなあらゆることを個人と民族を発展する要素と条件として能動的に受け入れてやらねばならない。活動的なことには、いつでもともなう不条理にたやすく幻滅するというのは、成長する人間や発展する民族が取る態度でない。

今われわれは、その間、全国民が渾然一体となり、血と汗で築かれた経済発展の土台と国力の蓄積を基盤に、八〇年代に向い大躍飛の夢を追設し、これを一歩一歩着実に、そして具体的に現実化せねばならない段階に入った。そのために、われわれは、いかなる逆境と試練があっても七〇年代の民族課題を成し遂げ、八〇年代の繁栄を達成するため、大行進に皆が同じ[illegible]の偸安も逸滞も許容されないということを気にかけねばならない。民族的正統性を帯びてきたわれわれに北韓共産主義者たちの手段と方法を選ばない挑発とわれわれをめぐる国際情勢は、われわれの敏捷で融通無碍な対応力を力強く要求しているのである。

いま八・一五の二十九周年を迎え、わが国民各自があらためて自からの心の中に、いかなる試練も克服していくという固い決意を再び誓い合わねばならない。それによって、この総力の時代を生きるわれわれは、この地に永遠に繁栄を築げ、われわれの後孫たちに輝しい未来を引き継いでやるため、不退転の精進をしなければならない。

急がれる二、三世教育方策

大韓民国国会議員無所属 金 澤河

三十六年間、外勢の侵略に抵抗し、韓民族の根ばり強い忍耐と不屈の勇気で争取しなければならなかった二十九年前、光復の感激よりは分断された祖国の現実を痛感しながら、見知らぬ異国でいろいろな苦難の試練を経て今日の繁栄を成し遂げた在日同胞に二十九回目の光復節を迎え、深い敬意と謝意を申し上げる。

第二次大戦の終息とあわせ強大国間の相反された利害により、民族の分裂と国土の分断は遠く玄海灘を渡り、日本内でも、国境ではない国境という特殊な二つの同胞社会を形成するまたひとつの悲劇的現実の中におかれている。われわれは、たとえ海外でまで民族分裂という悲劇を抱えているとしても遠い未来を向い日本内で繁栄と栄光を目指し生きねばならないことを全国民とともに念願しながら、政治人の一人として、中長期的在日同胞政策に徹底的に邁進ねばならないことを切実に感じている。

その間、在日同胞皆さんの誠金で成し遂げられた駐日大使館をはじめ各地の韓国公館建設などは同胞皆さんの温い祖国愛の所産であり、国威宣揚に大きな力であり、誇りある在日同胞の矜持であるといえよう。筆者は去る六月末日から約二十日間、在日同胞実態調査を通じ、多くの問題点を発見することができ、こんごこれを広範囲にも多角的に分析し、院内外活動を通じ、政策反映に最善の努力を尽すことを誓い、その間に見て感じたいくつかの問題点を論述してみたいと思う。

まず、わが二世教育において深刻な問題点が台頭しているという事実だ。わが民団学校が不振で貧弱で、朝総連系に圧倒されているという事実の原因は、どこから来たものであろうか。在日同胞教育の諸目標は社会および心理的な特性で、

①民族的劣等意識と、

②中産階層が微弱な社会構造と、

③日本への同化傾向へ表われており、環境の特長としては、

①日本国(日本人)の優越感と差別、

②共産(朝総連)勢力と相衝、

③法的地位と不確かな将来などから見い出すことができ、またわが国民の在日同胞に対する無関心と政府が在日同胞に夢と勇気を与えられる指導育成策と、その寄与策を提示できないところに起因できよう。国内ではなく、海外同胞教育は、投資に対する効果や成果が、すぐに表われるのではない。もちろん、教育投資の効率性問題、教育目標確立の問題、在日同胞の教育、自治能力問題、教育発展への阻害要因問題など問題点が少なくない。

しかし数多い在日同胞二、三世たちが祖国への矜持ももたない未来、在日韓国人を形成して行き、いまだに多くの試練を残存している憂慮な事態、危険な脅威などは克服できる力の源泉が教育以外に見い出せないとすれば国民は至大な関心を、政府は夢と勇気を与えられる長短期的指導育成策の提示、在日同胞はそれに対応できる姿勢と与件をつくり出し、二、三世教育に新しい転期を成し遂げなければならない。つぎに在日同胞の日本国内法的地位協定は、果して在日同胞の未来指向と権益を図るため妥当であろうか。

たとえ日本内の少数民族という問題に勘案したとしても法的地位協定の補完問題は再考せねばならず、このため母国政府の努力および政治人たちの多くの活動で完璧な法的地位協定が補完されねばならない。

また今年で二十九年を迎える居留民団は、その間、朝総連の非人道的な妨害の中でも在日同胞の権益を図る多くの試練を克服しながら在日同胞を代表する唯一の団体として存在してきた。

いまだに、いくつかの問題点があるのは否定することはできないが、わが二、三世たちの参与度が僅か五％未満という事実は、驚くべきことであり、明日の民団はまさしく、彼らによって引っ張っていくのが当然である。そして彼らが参与できる道を模索しなければならない。

祖国を体験していない、彼らとの見解および理解の差異は当然だとしても、これらの日本人化を防止し共産化を防止し、大韓民国国民の一員として母国国民との一体感を共にすることは、これまた彼らの血に祖国という実体感と民族の魂を植えつけ、どのように指導し育成するかという制度的対応策の整備を母国政府と在日本居留民団は積極化せねばならず、母国国民と在日同胞一世は温い眼で彼らを見つめてやり、理解してやらなければならない。

また在日同胞は、民団を中心とする大同団結のみが相互の利益と発展、ひいては根ばり強い対峙の中にある朝総連系の共産化を阻止しながら全国内外民族の念願である祖国統一に寄与となることを忘れてはならない。

さらに大韓民国出生同胞が九〇%であることを勘案したとき、祖国の発展期と未来を植えつけるため、故郷を見つめる運動などを起し、積極的な同胞の呼ぶとほう大な在日同胞の財産を日本国内で保護育成するため多角的な対応策、これまた時急なことである。

現在、信用組合で運営される居留民団傘下金融機関は、在日同胞の銀行として発展ないしは昇格同等を同胞たちの権益に新しい旗幟となることが自明であるとすれば、このため積極的な対策が展開されねばならない。

全世界に散在している韓国人たちは、本国との緊密な紐帯とともに在外国韓国人団体同士の横的な紐帯を成し遂げ、発展された祖国とともに、より組織的であり体系的な韓国の在外国民団体の総和体制の中に世界の中の韓国を植えつけねばならない。近く、母国政府は在外国民の窓口を一元化する機民庁の新設を考慮しており、これは早急に推進されることが当然である。また全在外国民の外交官化運動を展開し、祖国光復のため献身してきた在外国民が、これからは発展する祖国とあわせ世界の中の韓国として扶桑できる新しい在外国民活動の旗幟を造成し参与するようしなければならない。

いま祖国大韓民国は、急変する国際情勢と南北の対決という民族的悲劇を帯び、八〇年代祖国の繁栄と統一への栄光に向い、そのどのときよりも全国民的努力を傾注している。

祖国の発展に在日同胞たちがもっている先端的技術知識に献身するため、在日同胞の科学技術者協会が創設されればという所願はいかに筆者一人の考えではあるがまた本国に在日同胞の貿易業の進出と全国に燎原のともしびのように燃えあがるセマウル運動に工業品などの生産開発を図るセマウル工場に積極参与し発展する祖国に一翼を担わなければならない。

きのうの夢と勇気を植えさせられなかった祖国、祖国を忘れてしまおうとした在日同胞社会、しかし、これからは夢と勇気を、祖国を自己化しようという意志を世界の中の栄光な祖国の明日のため力を合わせなければならない。

二十九回目の光復節を迎え、あらためて在日同胞の栄光と繁栄を祈願しながら祝福を結ぶものである。

八・一五 第29周年を迎えて

大韓民国全国経済人聯合会会長 金 容完

一九四五年八月十五日、この日は連合国の勝利で第二次世界大戦が終結することにより、わが韓民族が日帝三十六年間の身ぶるいする桎梏から脱け出た、感激深い日であります。

二十九年前、全民族が歓喜に溢れ迎えたこの日が、早くもきのうのように記憶に生々しいが、いつの間にか年々歳々を反転する中で、一世代の年輪を刻むに至った。

毎年迎えるこの日に顧みなければならないことは、その日の純粋な感激を各自が胸に手を当ててみる反省と、誓い合った誠実性ではなかろうかと思う。抑圧から解放された民族の一員として、また独立国家の国民としての自由心と矜持をもち堂々と、そして正しくよく暮そうという各自の心の約束は、三十年を目前に控えた今日に至り、どのくらい成就させたかをみつめてみなければならない。

顧みれば、八・一五解放は、あらゆる点において、ひとつの終結であると同時に、またひとつの始発であった。これは外勢の介入で同族間の分裂離散が後に続き、予測できなかった複雑多岐な様相に変わっていった。

二つの異質的な社会が絶縁状態を持続してきた中で、ついに六・二五という相残の悲劇をもたらし、再び極限的な対立状態で二十余年を引っぱってきながら、ようやく三年前に対話の糸口を見い出した。だが最近その対話さえ断絶状態に直面しており、双方は硬化一路をたどっている。この民族に加えられている試練がいかに断固であるかを決定させるものである。

歴史を流動的なものであるとみるならば、この二十九年間の激動の禍巻と感動の早瀬は、この民族に加えられたひとつの刑罰というより、栄光なる明日のために、飛躍発展の災禍とし、練磨と試練として甘受せねばならないようだ。

わが民族は、過ぎし日あまりにも被動的に運命を受け入れた脆弱性がなくもない。しかし個人の生活も民族の繁栄もただしてみれば、根気よく努力と闘争で引き継がれる。人間が激烈な生存競争から自己の適性だけ信じ、競争をほおかむりすれば、その業報と帰結は明らかであり、敗北主義者の詠嘆に生きるほかないのである。

だから明日を約束する民族としては、外勢の介入も厭わない同族相剋も、そしてすべての試行錯誤

く献身的参与をせねばならないだろう。

われわれは今、民族的至上課題である統一を前においている。統一の基盤は平和であり、この平和維持の原動力はまさしく国力だといえる。従って国力が培養されることだけが、平和が強固に維持され、平和が維持されることだけが、その中で統一の展望はさらに明るくなろう。

われわれは、その間、成長と建設の歩みを催促し、現在、重化学工業時代の関門に入った。また八〇年代には輸出百億ドル目標も遅延なく達成されるものと信ずる。そうして、この誇りある成果は平和統一を成就するため、希望の活力素となるだろうし、発展と繁栄の生活哲学を必ず平和統一の実践理念で昇華せねばならない。

このような意志をもって現実と未来を透視すれば、われわれは一

中共・ソなど14共産国と郵便交換

韓国通信部

韓国逓信部は来る九月一日から北韓と北ベトナムを除くすべての非敵性共産国と郵便物を交換することにした。

逓信部はこれまですべての共産国家との郵便交換を禁止した逓信部公告第二六五五号、非敵性共産国家との郵便交換計画を作り国務会議に報告した。

新たに郵便物が交換される国はソ連、アルバニヤ、ルーマニア、ブルガリア、チェコスロバキア、白系ロシア、東独、ポーランド、ウルグァイ、ハンガリー、ユーゴースラビアなど東欧十一カ国と中共、蒙古、キューバなど計十四カ国である。

今度の措置は互恵平等の原則の下ですべての国家に門戸を開放しわが国と理念や体制を異にする国家もわれわれに門戸を開放するよう促すという六・二三外交宣言にもとづいたものである。

元来万国郵便連合(UPU)に加入している国は別途協約をしなくても万国郵便約款によって郵便物を任意に交換するよう協約されているが、わが国の場合はその間六・二五事変などの特殊事情のため共産国家とは郵便物交換を禁止してきたが今度はじめて非敵性共産国家に対して開放したものである。

これでわが国と郵便物を交換する国の数は一百三十八カ国から一百五十二カ国に増えることになった。

私はなぜ朝総連を脱退したか？

元北大阪朝鮮人商工会　宋巳興副会長は訴える

一日も早く永住権を

祖国をみて知った朝総連のウソ

朝総連の地方大幹部であり、福井朝銀信用組合の創設者でもある千霙呉氏が、朝総連の非人間的な蛮行と、飽くことを知らない金日成の神格化にたえられず朝総連を脱退して民団に入団して、北傀とその手先きたちに大きなショックをあたえているが、解放直後から当時の朝連傘下の組織指導者として活動し、北大阪朝鮮人商工会の副会長であった大阪の宋巳興氏（四一）＝大阪市東淀川区淡路新町十二、進興繊維工業株式会社々長＝も、朝総連のあまりにも非民主・非民族な赤狗行為に愛想がつき、ついに朝総連を脱退して民団へ入団、永住権を申請しているが、氏は大阪の民団本部と総領事館の温い配慮により母国を訪問して帰ってきている。

宋巳興氏

李三徳氏

宋巳興氏の呼びかけ

宋、李両氏の声明

募金伝達式の光景

万博後援募金最終伝達おわる

在日同胞史上空前の大募金成功

李・愛知会談

永住権申請に協調

日本「朝鮮籍」記載認めぬ

対韓借款一億ドルに

李大使・福田蔵相会談

岩手　韓日親善協会結成

李大使　李中央団長も出席

古典舞踊に満場魅了

世界青少年会議の韓国代表

十五個公害測定所設置

ソウル市内大気汚染自動警報

対日輸入事前承認制を緩和

年内に永住権申請を完了しよう

母国を学ぶ僑胞学生

夏期学校ルポ

夏休みを祖国で過しながら、祖国を学ぶ…（大学生三三〇名、高校生四三〇名）の在日同胞学生の「第五回夏季学校開校式が七月二八日午前十時、ソウルの梨花女大三・一堂で催された。洪文教部長官を始め教育界の著名人士多数参席裡に開かれたこの開校式では、八月十六日までの三週間に渡る学習のオリエンテーションが行われた。開校後、男子学生はソウル大工科大学、女子学生は梨花女子大学で夏季学校教育を受け、またソウル、大田、大邱、慶州、釜山などを旅行し韓国語を始め、韓国の文学、歴史、民俗、祖国の現代化などに関する学習をするかたわら、古蹟、産業施設などを見学する予定である。一行のソウル到着早々旅費の紛失などで話題にもなったが、治安当局の早急な捜査で回収され、楽しい勉学をはじめている。（写真は梨花女子大学校庭で歓楽する在日同胞女子学生）

㊤梨花女大の校庭でくつろぐ女学生たち。初めてみる母国に、話題はつきない

㊦三・一堂にて夏季学校開校式を終え、にぎやかに語り合う学生たち

故国で働きたい

720人のほとんどが初めて

「朝鮮王朝録」縮刷版

1893巻を49巻に完刊

古典国訳（全一千八百九十三巻）の完全縮刷影印本（本文48巻、索引1巻総49巻）が完刊された。

国史編纂委員会ではこの縮刷影印本は、…

朝鮮太祖から哲宗にいたるまで25代、472年間の実録（千八百九十三巻）…

国史編纂委員会が…

ハングル専用と漢字世代とハングル世代…朝鮮王朝五百年の歴史、法律、政治、外交、軍事、美術、工芸などに関する正史であり、唯一の基本資料である朝鮮王朝実録…

縮刷影印本になった「朝鮮王朝録」

北傀警備兵ら板門店で外人記者に乱暴

珠算一級合格

小学校六年の李由美さん

「九品蓮池」を復元

仏国寺に影池の伝説しのばせ

10月に世界仏教導者会議

ソウルで開催

海印寺大蔵経版

板庫拡張し洗滌も

李王家の財産探し

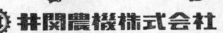

李鍵氏相続告訴戦

永住権申請事業に有終の美を！

韓國新聞
在日大韓民国居留民団中央本部機関紙
韓國新聞社
発行人　鄭 烱 和
東京都文京区春日町2丁目20－13
電話　815 1451～3
813 2261～3
振替口座東京 34988番

民団綱領
一、われわれは大韓民国の国是を遵守する
一、われわれは在留同胞の権益擁護を期する
一、われわれは在留同胞の民生安定を期する
一、われわれは在留同胞の文化向上を期する
一、われわれは世界平和と国際親善を期する

各地で光復二十五周年記念祝典

半世紀にわたる日帝の苛酷な植民地統治から解放されはやくも四半世紀の歳月が流れた。二十五年前のこの日の感激とよろこびをかみしめながら、祖国の平和と発展と統一をねがう同胞は、本国をはじめ日本内の各地でも、それぞれ盛大な記念式典を開催して、この「よろこびの日」を心ゆくまで祝福した。

この日祖国ソウルでは、中央庁の慶祝式場で数万の国民を前に朴大統領はこれまでに例のない画期的な「統一構想」を発表して国民の奮起を促すとともに、北韓共産徒輩の反省を促求したが、日本の各地でも民団各地方本部主催による慶祝式典が盛大にひらかれた。

式典に参加した同胞たちは、在日同胞が当面している最大の事業「永住権申請促進」のために総決起することを誓いあい、祖国の独立と解放に殉じた先烈たちの遺志にこたえることをお互いに確めあった。

写真＝（上）中央慶祝大会（中）光輪閣での大使主催ガーデンパーティー（下）大阪の慶祝大会

三千余名が参加
永住権申請促進誓う
中央大会

八・一五［illegible］

李大使の光復節祝辞
続けよ近代化の努力
駐日大使　李 厚 洛

親愛なる在日同胞の皆さん！ここに八・一五光復第二十五周年を迎え「その日の感激をかみしめながら、またその日のためにたたかいつづけてきた独立の先烈の偉大なる精神を称い、日本において皆さんとともに、光栄をもった感慨ひとしお深く感ずるしだいであります。

かえりみれば解放光復後から二十五年、その間われわれははかり知れないほどの喜びと苦難を共にする多様多難な民族社会の時を持ちました。

国土の両断、六・二五の北傀南侵とこれによる民族相争の惨劇、［illegible］

［illegible］

一九七〇年八月十五日

大阪の慶祝大会盛況
飛行機で永住権申請も宣伝

民団大阪本部主催の第二十五回光復節慶祝民衆大会は、十五日午前十一時から市内中ノ島中央公会堂で府下同胞五、〇〇〇名の参加裡盛大に開催された。

慶祝大会は第一部と二部にわけて行なわれ、一部は午前十一時から午後四時まで、二部は午後五時から八時まで、それぞれ［illegible］

［illegible］

なおこの日は、［illegible］ーターした飛行機が午前九時から閉会直前まで、大阪上空を飛びまわって光復節と永住権申請の意義を宣伝し、大会会場には六つの巨大なアドバルーンが空中に舞って お祭り気分を大いにもりあげた。

総七億二千六百万ドル輸入実績

［illegible］

写真＝宮城本部の慶祝大会で合唱する婦人会

婦人会の舞踊好評
宮城本部の光復節盛大

［illegible］

北傀、統韓を阻害
国連韓統復興委が報告書

［illegible］

建国勲章授与
八・一五に四百七名

［illegible］

金載華氏無罪
三年余の裁判で勝利

金載華氏

金載華氏の無罪が確定した。

さる一九六七年六月八日の総選挙に、在日同胞の実情を本国の朝野に訴えるべく野党（新民党）から候補した金載華民団中央顧問（当時）は、全国区からの当選が確実となった途端に突如「反共法」「国家保安法」「外換管理法」［illegible］

［illegible］

これにより金氏の三年余にわたる裁判は、"無罪"という輝かしい勝利をもって終結した。

金氏が「反共法」違反という濡れ衣で逮捕されるや、在日同胞社会は大きなショックをうけ［illegible］

氏は目下［illegible］中であるが、直ちに日本へ帰るべくすでに旅券その他の手続きをはじめており、近日中に家族のもとへ帰る。

永住権取得하여生活安定이룩하자

朝総連と書翰交換
謀略と欺瞞宣伝を糾弾
李中央団長　民団史上初の会談申入れ

李禧元団長

往復書翰全文

民団の返信

入場者四百万突破
万博韓国館の人気衰えず

会場で絶讃をあびている韓国館の民俗舞踊

各地で大盛況
婦人会の特別講習会

開講式であいさつする金会長

韓国ガール・スカウト一行来日

万博の韓国館を訪れたガール・スカウト一行

崔外相出席か
第四回世界反共大会

民団山形県本部でハングル講習会

世界の頭脳で韓国統一を討議

国際シンポジウム
高麗大学アジア問題研究所で

内外参加学者

韓國新聞
在日大韓民国居留民団中央本部機関紙
韓國新聞社
発行人 鄭烱和
東京都文京区春日町2丁目20—13
電話 (815)1451～3
(813)2261～3
振替口座東京 34988番

民団綱領
一、われわれは大韓民国の国是を遵守する
一、われわれは在留同胞の権益擁護を期する
一、われわれは在留同胞の民生安定を期する
一、われわれは在留同胞の文化向上を期する
一、われわれは世界平和と国際親善を期する

全国団長、事務局長、傘下機関長、信組理事長連席会議開かる

目標達成に第三次活動計画

永住権申請 総点検態勢を確立

李禧元中央団長は、民団が組織の命運をかけて推進中の、永住権申請促進事業のより効果的な推進方案を示達協議するため、全国地方団長・事務局長・傘下団体機関長・信用組合理事長の緊急連席会議を招集した。この連席会議は八月二十三・四の両日神奈川県箱根湯本の「南風荘」でひらかれたが、この会議で李中央団長は『いまや永住権申請事業は、宣伝・啓蒙の段階を過ぎ"点検"の最終段階にきている。残った期間内に全団員と、ひとりでも多くの朝総連傘下の同胞を救出申請させるのが、われわれに課せられた使命である。民族愛の発露を今日ほど要求されるときはない』と強調して来年一月十六日の期限までに最低三十万名以上の申請達成を期する第三次活動計画を発表した。また、李厚洛大使もあいさつの中で「来年一月十六日以降から在日同胞は新しい時代を迎える。日本政府が国内在住の外国人対策としていかなる国内法をつくっても、在日同胞が協定によって取得した永住権に優先する法律はつくれない。哀れなのはこの永住権申請をしなかった無知な朝総連傘下同胞の今後の運命である。また韓国人でありながら永住権取得を怠った者は、日本にいるかぎり無国籍の迷子としての運命をたどるほかないであろうがそのときはもはや、韓国政府にも救済の道はないであろう」と警告して、会議参加者たちの奮起を強く訴えた。

永住権の申請期限をあと四ヵ月後にひかえて緊急招集された全国[illegible]会議は、予定の時刻よりややおくれて午後二時に開会、[illegible]

写真（上）連席会議であいさつする李中央団長。（下）満員の会場

哀れな未申請者の末路

永住権は国内法に優先 李大使のあいさつ

あいさつする 李大使

全国地方本部団長・事務局長・傘下団体機関長・信用組合理事長連席会議の第一日におこなった李厚洛大使のあいさつ要旨はつぎのとおりである。

一、統一構想について

さる八月十五日の、光復節二十五周年記念祝辞における朴大統領閣下の統一構想に対し、誤[illegible]がないよう要望したい。

この大統領閣下の発言要旨は、北傀が対南侵略といわゆる「武力統一」の野欲達成のために、民衆の生活を犠牲にすることをやめ、そのエネルギーを国土の統一と建設に使用し、再び無謀な南侵をしないことを明示するとともに、国連の権威と権能を認めれば、国連での韓国問題討議に参加することに反対はしないとの、従来の方針を再確認したものである。

それを、なにか特異な統一方法でもあるかのように憶測して[illegible]

二、日本政府の外交路線

日本政府は吉田政権以来いわゆる"政経分離"を[illegible]

第三次活動計画

（期間九月一日—十一月三十日）

一、永住権取得推進委員会

組織の全力量を結集して、中立系と朝総連系同胞の包摂攻勢を展開し、永住権申請を促進する目的のもとに「永住権取得推進委員会」を構成、委員を各担当地区に常駐させて、地方本部および支部役員の活動を協助指導するとともに、中央本部と各地方本部は、各傘下団体・傘下機関と緊密な連絡のもとに積極的に協力させて、本推進事業に万全を期する。

1、構成
本推進会の名儀で委員を任命する。

2、本委員会は委員長一名、副委員長若干名と事務局を設置する。

3、委員長は中央団長があたり、事務局は組織局におく。

4、委員の任務
A、委員は責任地区を担当して該当地区に常駐される。
B、担当地区の永住権取得推進のために地方役職員が、本事業に積極的な姿勢をとれるよう助言協力される。
C、地方本部に機関役員の責任地域を定め、責任完遂に全力を傾注させる。
D、該当地域の資料（市・区・町・村別の有資格者数、申請者数、住所、人的関係、中立系と朝総連系の中で申請可能な者の名単）等を収集作成する。
E、支部役職員に対し[illegible]
F、戸別訪問の督励
①対話ができる時間などの計画を確立して戸別個人訪問を徹底させる
②、姻戚関係を最大限に利用して説得する。
G、支部役員の一人が一ヵ月に一世帯以上の申請者を説得する責任を完遂させるべく督励する。
H、委員は以上のような活動要領にもとづいて、該当責任地区に派遣され、中央の方針を実施させるための、役職員に対する直接的な指導と、毎日の点検結果を中央に報告する。

[illegible]

祖国統一の祈り胸にこめて

平和統一の構想あり
朴大統、八・一五祝辞で宣言

朴正熙大統領は十五日、光復二十五年を迎え「北傀がこれまでの武装共匪南派などすべての挑発行為を即刻中止し、いわゆる『武力挑発による大韓民国政府転覆の企図』を完全に放棄することを内外に宣布してこれを行動で実証し、われわれがこれを確認するとともに、国連もこれを確認したばあいには人道的見地と統一基盤造成に寄与でき、南北韓に横たわる人為的障壁を段階的に除去できる画期的でより現実的な方案を提示する用意がある」と宣言した。朴大統領はこの日の午前、中央庁で開かれた光復節二十五周年記念式の慶祝辞を通じてこのように述べ、また北傀に対し「これ以上なんの罪もない北韓同胞の民生を犠牲にしながら、戦争準備に狂奔する罪悪を犯さず、より善意の競争、いわば民主主義と共産独裁とのどの体制が国民により良い生活を提供し、より良く生きる与件を持つ社会であるかを立証する開発と建設と創造の競争に参加する用意はないかをただしたい」と述べた。

朴大統領はまた「北傀が韓国の民主統一独立と平和のための国連の努力を認め国連の権威と権能を受諾するならば国連での韓国問題討議に北傀が参席するのを強いて反対はしない」とのべた。朴大統領は「南北韓に横たわる人為的障壁を除去してゆく画期的でより現実的な方案」の内容に対しては全然言及しなかったが、共和党はこれに対する論評（別項）を通し、「今日の朴大統領の談話が統一の門戸を開放するいとぐちとなることを心から願う」とのべ「もし北傀が緊張緩和の先行条件を誠実に履行するならば、わが党としては、段階的な接近の道をひらくため、政府関係部処と協議し、現在対共防衛手段である反共法、国家保安法など、関係法令の改正を考慮する用意がある」とのべた。

朴正熙大統領

北傀の侵略放棄確認すれば
人為的分断除去の用意
開発と建設の競争に参加せよ

今日はわが民族が比類のない感激と歓喜の中で迎えた祖国光復のその日からかぞえて四半世紀となる日であります。

[illegible]

統一論の変遷

[illegible]

私はこうみる「統一構想」への各界反響

[illegible]

本国論調

統一をめざす重大な布石
―朴大統領の8・15慶祝辞を評価する―

[illegible]

大統領を訪問懇談
万博後援有功者百名帰国

写真（上）青瓦台に朴大統領一行（下）国務総理から感謝状をうける李会長

日本の姉妹校訪問
ソウル国民校児童18名来日

朝日学生新聞社の招きでソウル市の国民学校生徒たちが来日して、両国児童の親善に一役かっている。

昨年ソウルで開かれたアジア少年少女合唱祭には、日本の少年少女たちが招かれて参加したが、今年は朝日学生新聞社がソウル市にある明知大学付属国民学校の生徒十八名を招いて、両国少年少女たちの親善をはかるとともに、スケッチ大会を催して美術を通じての交友増進をすることになった。

一行はさる二十一日午後四時朝日学生新聞社と、明知国民学校の姉妹校になっている中央区の○○小学校お友だちの出迎えをう…

羽田空港についた豆記者たち

裵点錫会長就任
北海道商工会臨時総会

裵新会長

冬期オリンピック
北海道韓国人後援会結成

田会長

「MBC」テレビ開局一週

朴斗秉氏再選
大韓商議臨時総会

今後は年中行事に
広島、韓国人被爆者慰霊祭

広島にある慰霊碑

夏季国語講習会
長野県松本支部で開催

講習会場と権団長

日本人の韓国旅行激増
一日百余名が入国
さすがに"最も近い外国"日本

長期滞在のトップ
「日本工営」の技術者たち

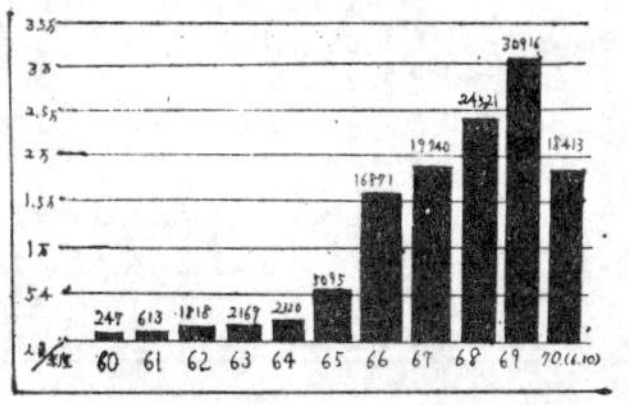

わが家のしあわせは 永住権から

男女一六一名に支給

本年度奨学金支給者　在日韓国人教育後援会

日本における各地韓国学校および日本高校・大学に在学中の同胞学生に対する、本年度在日韓国人教育後援会（徐甲虎会長）の奨学金支給決定者一六一名がつぎのとおり決定した。

その内訳は

韓国学校高等部　五〇名
日本高校在学生　四四名
日本大学在学生　五五名
本国からの留学生　一二名

となっている。

東京韓国学校（十七名）

大阪韓国学校（十三名）

強いぞ韓国サッカー

アジアを完全制覇

注目のムルテカ盃大会で優勝

韓国サッカーはついにアジアを制覇した。去る十六日夜、ムルテカ杯争奪サッカー大会決勝戦で、韓国代表チームは、強敵ビルマチームを一対〇で押しつけることによって、ムルテカ杯十二回出戦を通じて、はじめて単独優勝の夢をもたせた。

ラーマン・マレーシア首相をはじめ四万観衆が見まもるなかで……

李寿成氏ら有功者表彰

秘話

1945年8月15日

光復25周年！その前夜

「一九四五年八月十五日」光復軍と王将軍

中国軍少将である韓国人

武器・給食支援の約束

避難民になった解放

歴史は変った

地方有志の千余名が獄苦

痛恨！李允宰氏獄死

天下を震感させた語学会事件

「一九四五年八月十五日」獄中のハングル学者達

（朝鮮日報転載）

列車の中で刑事の見張り

精神統一は独立運動である

「陸海空挿問」にも友情を

拷問刑事は殆とが韓国人

―つづく―

朝総連のデマとウソを徹底的に暴露し 一人でも多くの同胞を救出しよう！

各界代表を総網羅 大阪で永住権取得推進委員決起大会

韓國新聞
在日大韓民国居留民団中央本部機関紙
韓國新聞社
発行人 鄭炯和
東京都文京区春日町二丁目20－13
電話 (815)1451～3
(813)2261～3
振替口座東京 34988番

民団綱領
一、われわれは大韓民国の国是を遵守する
一、われわれは在留同胞の権益擁護を期する
一、われわれは在留同胞の民生安定を期する
一、われわれは在留同胞の文化向上を期する
一、われわれは世界平和と国際親善を期する

期限前に目標数の百％達成を

各界代表八百余名参加

十万申請目標に邁進誓う

永住権申請期限をあと四ヵ月半後（来年一月十六日）にひかえて、民団は、より効果的な推進方案を討議示達するため、さる八月二十三・四の両日に「全国地方本部団長、事務局長、傘下団体機関長、信用組合理事長連席会議」を緊急召集し、会議の名において「第三次活動計画」案を討議決定した。

九月一日から十一月三十日までの三ヵ月間にわたって、組織の全力量を結集して全国に展開されるこの活動は、永住権申請の妨害をもって空前の危機を打開しようとする朝総連の、執ヨウで悪ラツなデマと謀略を果敢に粉砕して、期間内に大多数の朝総連傘下同胞と中立系同胞を包摂し、かれらを迷夢から覚醒させることにあるが、中央では、この活動開始に先だちさる一日中央本部に、中央顧問、執行委員、各傘下団体中央本部機関長および、歴代の中央三機関任員など指導者三十余名が参加して「永住権取得推進委員会」を構成、全国の地方本部と支部に常勤して、地区活動を激励協力することを決定した。

この日、大阪では、全国の地方本部のトップをきって「大阪韓国人永住権推進委員決起大会」をひらいて、活動開始の号砲を花々しく打ち上げたが、同日の大会には、大阪府下の組織関係・経済界、教育・宗教・体育・商工各界の指導者をはじめ各種の親睦団体の代表者までが参加してその数は八百名を越え、広さを誇る同本部の講堂も、溢れるばかりの参加者と熱気のため大きくふくれあがった。

決起大会は、[illegible]の司会で開会、本部団長を二回も歴任した[illegible]が開会の辞をのべたが、氏は「朝総連の悪ラツな欺瞞宣伝にダマされ、またかれらの暴力的悪質な脅迫により、現在まで永住権を申請していない同胞がこのようにも多数いるが、来年一月十六日以後におけるかれらの運命をおもうとき、血をわけた同胞のひとりとしてこれを黙視することができない。朝総連の妨害も執ヨウだがこれらの同胞を救出するのが、われわれの使命である。同胞愛を発揮して一人でも多くの同胞を救出し、かれらがわれわれとともに、今後とも安定した生活を営めるよう努力したい」とあいさつ。

つづいて鄭寅学大阪本部団長は「二十数年前、外国人登録がはじめて実施されるとき、朝総連の前身朝連幹部たちは、この外国人登録令を「われわれは全員祖国に帰るのだ」といい拒否を呼びかけ、反対運動に大衆を動員した。この結果多くの一般同胞が外国人登録令違反の罪に問われ犠牲者がたくさん出たが、反対を呼びかけられ指導していた朝総連幹部たちの中からは、一人の違反者も出なかった。つまりかれら幹部たちは、口では登録反対を叫びながら、裏では卑怯にもコッソリと登録をしていたのである。結果的にバカをみて損をしたのは、かれらのデマにダマされた一般同胞たちであった。

これらとちょうど同じ現象がわれわれが当面している永住権申請にもいえるのである。かれら朝総連幹部たちは申請反対を唱えながらも、この永住権の重要性と必要性をよく認識しているため、裏ではこっそりと申請をしているのである。

かれら朝総連の真の目的は、一般同胞に永住権を取得させないで、将来、永住権がないため日本での生活が困難になった同胞たちを北傀の共産地獄に送りこむことにある。この朝総連の非人道的な術策を徹底的にバクロ粉砕してかれらの宣伝に惑わされている同胞を救出しなければならない。それには各界各層の目ざめた同胞が総決起して、ひとりひとりが自分の周辺にある未申請同胞を説得覚醒させなければならない。われわれは得がたい遺産としてこの永住権を、われわれの子や孫にのこしてやろう」と述べて参加者全員の一そうの奮起を促した。

このあと駐大阪総領事館の金鎮弘総領事、本部顧問である朴漢植大阪商銀理事長、大阪興銀の李熙健理事長から、それぞれ激励のあいさつがあり、卞先春本部議長が決議文（別項）を朗読したあと、姜[illegible]副団長の音頭で万歳を三唱して閉会した。

同日の決起大会に参加した主な代表者たちは次の通りである。

徐甲虎（阪本紡績）、朴漢植（[illegible]）、李熙健（[illegible]）、韓禄春（商工会）、[illegible]（大阪商銀）、金[illegible]（大阪興銀）、金[illegible]（西成[illegible]）、金[illegible]（KRクラブ）、金鎮弘（総領事）。

また、この日の大会には、ちょうど来日中の本国木浦水産専門学校の学生七十名が、本部訪問あいさつのついでに傍聴したが、大会の真摯な空気と、民族愛あふれる発言に感激した学生代表朴宗大君は、司会者にあいさつの発言をもとめて登壇し、感激した感想を披露する一幕もあった。

決起大会の正面全景、壇上は金鎮弘総領事

広い講堂を埋めた参加者の熱気で場内の空気も緊張

決議文

韓日協定で結ばれた協定永住権は、在日韓国人が日本に永住するにおいて最も重要な法的保護であり、権利の一つであります。

われわれが協定永住権を取得するのは、われわれ自身の権利であるばかりでなく、この地に永住しようとする子孫たちにまで法的に保護される大きな権利であります。

同時にわが民団は、この機会を通じて組織浄化と敵対陣営である朝総連傘下にある同胞たちを、在日韓国人として転向させ、朝総連勢力を徹底的に粉砕しなければならないのであります。在日同胞の永住権申請期限はあと四個月半を残す七一年一月十六日に迫っているにも拘らず、現在われわれの目標数に未達している現状は甚だ遺憾であり、現況を重大視せざるをえないのであります。

本団は、啓蒙宣伝を積極的に展開する一方、全組織の力量を動員して申請推進のため不断の努力を傾注しております。しかし朝総連はこの運動に対して、執拗に反対し、朝総連傘下にある同胞たちは、虚偽と悪意に満ちた宣伝に惑わされて、彼らの圏から脱出することができず、今日も両陣営の間でいる現実は実に嘆かわしい限りであります。

われわれは民族的使命と責任感をもって、彼らを救出しなければならないのであります。

各界各層の指導者たちは総決起して、永住権申請推進に邁進しなければなりません。とるにたらない朝総連系の流言・[illegible]と、妨害工作を徹底的に粉砕して、われわれは自由大韓の国民として、この重大な事業の先頭に立って、先駆者的精神を発揮して協定永住権の申請を挙団的に推進するため、在日本大韓民国居留民団大阪地方本部及び傘下団体陣営、そして各韓国団体代表八百名は今日大阪本部講堂に集合して、大阪韓国人永住権推進委員会決起大会を開催し、在阪韓国人の総意と大会の名を持って次の如く決議します。

一、大阪の永住権申請目標数を十万と決めこれに全力を傾注する。
一、永住権を取得して安定した生活を営み、永住の権利を後裔にも残そう。
一、われわれは朝総連の妨害工作及び侵透行為を徹底的に粉砕する。
一、全同胞は民団の旗のもとに堅く団結しよう。

一九七〇年九月一日
在日本大韓民国居留民団大阪地方本部
大阪韓国人永住権推進委員会
委員長 鄭寅学

永住権取得하여生活安定이룩하자

自主国防・統一の基盤強化

朴大統領施政演説

経済成長10パーセント 輸出13億5千万ドル

朴大統領施政演説要旨

防衛地帯要塞化

—2次5年計画の完成—

本国論調

統一の名分と条件

—主導権掌握のために超党的前進あらねば—

朝総連をなぜ放置する

破壊的スパイ組織巣窟であることが再び歴然となった

さる8月25日大統領官邸でアグニュー米副大統領と会談する朴大統領

統一に主導権を

朴大統領新民党の質疑に答弁

米の支援ある間 北傀の挑発ありえず

教授 ブレジンスキー 大言明

永久駐軍望まない

朴大統領、米軍問題で言明

公害研究所新設

50億投入で五個年計画

浦項製鉄熱延工場10月着工

72年完工、年五十八万トン生産

永住権は国内法に優先

来日弁護士団永住権を語る

非申請者の末路悲惨

財産取得に許可、報告の義務

さる八月二十三日から三日間、東京で開かれた国際法律会議には韓国からも法曹界の重鎮多数が参加した。会議に参加した韓国法曹会常務理事金変弁護士を団長とする六名の来日弁護士は、さる八月三十一日、東京の韓国公報館でひらかれた韓国人記者たちとの懇談会に出席、在日同胞の永住権問題に言及して活発に意見を交換した。懇談会に出席した一行は、団長金変氏のほかに、第一弁護士会所属前国会法司委員長朴世伴氏、第一弁護士会総務李明変氏、第一弁護士会監事蘇重永氏、法律新聞社長崔大鉉氏、ソウル弁護士会副会長李炳勇氏の諸氏で、ほかに民団中央顧問の権逸博士と李禧元中央団長も出席して、永住権問題の現況などに関する説明とともに、法的地位問題その他を説明した。

「徴兵適用」…のデマ信じる愚行避けよ

無国籍外人になるな

実質的差別待遇知らぬ同胞

[illegible]

記者団との懇談会。正面右側李団長その左権顧問

[illegible]

文化芸術賞

[illegible]

市自治法規整備 一日からハングル専用

[illegible]

映画、テレビから ヒッピー締め出し

[illegible]

書籍許可制強化

[illegible]

東京で韓国大学講座

十月から年4回、学期は2個月

韓国研究者のための「韓国大学講座」が開設一周年を迎え、来る10月1日から2個月間日本韓国研究院（院長 [illegible]）と延世大韓国研究所共同主催で東京韓国研究院で開かれる。

学期は10月、1月、4月、6月年4回開かれ学期期間は二個月ずつ。学長は木内信胤（世界経済調査会理事長）であり名誉学長は朴大善延世大総長である。

このたびの学期講座内容は①韓国の思想と宗教②韓国の歴史③解放25年史④日韓25年史⑤韓国の文化と芸術⑥現代韓国の諸問題⑦韓国のイメージ⑧韓国経済の現況⑨日韓関係史⑩現代韓国関係文献講読⑪韓国人物論などである。

講師相[illegible]受講者は韓国人56名、日本人19名、中国人2名である。

家庭用引上げない ソウル市水道料

経済企画院は、ソウル市の家庭用水道料を引上げないことにきめた。[illegible]家庭用は一切許容しないことにしたと発表したもの。

安東・原州にも開局

MBC放送網大幅拡張

五・一六奨学会はMBC全国放送網の拡張計画により、今年中に南原（HLAT、麗水）、安東（HLAW）、原州（HLSX）、忠北（HLAX 清州）、忠州（HLAD）など5ヵ所地方放送局の開局をいそいでいる。

五・一六奨学会はすでに今年の春、これから新設する地方局に勤務する記者とアナウンサー、エンジニアを募集し、ソウルのMBCで教育させており、その他の実務責任者となる放送局長級を、ソウルMBCから転出させるつもり[illegible]

ますます人手難の白書

輸出ふえ専売法で規制

日本では毎年20パーセント増

[illegible]

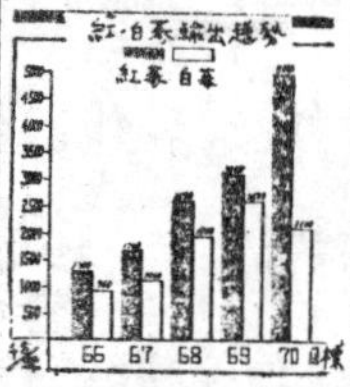

わが家のしあわせは 永住権から

韓国統一方案の試験

高大アジア問題研究所主催の韓国統一問題国際会議は27日第3主題の「韓国統一方案の試案」に関し討議する。27日発表される論文のうち各々他の角度から扱った統韓方法試案三篇を選び紹介する。

高大亜研主催統一問題シンポジウム論文

北傀と全面戦争

金　昌　順（高大亜研々究員）

共産主義統一政策の主要特徴は一力とそのような可能性や妥当性をも提供する究極的手段であり平和的方法は補助的なものであり軍事的状況が不利なばあいにかぎって必要となる」という点である。

北傀は自らの統一政策を「南半共産主義革命」と呼ぶ。この革命の基盤は、

ある。共産主義者のイデオロギー思想の土台は、「革命（統一）は武力をおいてはどのような手段によっても達成されない」ということである。したがって、戦争の脅威は韓半島に常存するといえる。

北傀のいわゆる共産化統一の基盤は何であり、いつごろ全面戦争を挑発することになるか。北傀が一九六八年という年の意味を

基地強化に懸命

好戦性への誤断危険

国連と韓国

金　瓊　元（ニューヨーク大副教授）

年中行事的討議

独自的変動見られず

国際的中立化

李　採　珍（カンサス大副教授）

秘話

〔第六話〕夢陽呂運亨の死

ソ連軍、ソウル占領

光復25周年！その前夜

1945年8月15日

寝て起きたら"英雄"に

日章旗で太極旗を造る

九月初旬来韓

日本から地下鉄調査団

永住権を取得して安定した生活をするか

北韓に送られて共産地獄の奴隷となるか!

韓國新聞
在日大韓民国居留民団
中央本部機関紙
韓国新聞社
発行人　鄭烔和
東京都文京区春日町
2丁目20-13
電話(815)1451~3
(813)2261~3
振替口座東京 34988番

民団綱領
一、われわれは大韓民国の国是を遵守する
一、われわれは在留同胞の権益擁護を期する
一、われわれは在留同胞の民生安定を期する
一、われわれは在留同胞の文化向上を期する
一、われわれは世界平和と国際親善を期する

永住権特集号

朝総連の永住権反対の理由はこれだ!

全同胞の北送ねらう朝総連

生活の貧困化と不安助長に狂奔

在日同胞六十万のこれからの運命と、その子孫代々が日本で堂々と居住できる法的権利を保障する永住権申請の期限もあと四ヵ月、来年一月十六日をもって締め切られることになりますが、民団は残りの期間内に有資格者全員の申請完了を目標に組織の全力を傾注、全国的に申請促進運動を展開しています。一方、北傀金日成の手先きとなって、二十余年間、在日同胞を北傀の共産地獄へ送りこむためのウソだらけな宣伝と、欺瞞に満ち満ちた謀略に狂奔してきた朝総連は、この永住権申請の推進を妨害するため必死となり、悪質な謀略のかぎりをつくして申請阻止に気ちがいじみた"あがき"をみせていますが、かれら朝総連が、このように必死になって永住権申請を妨害し阻止しようとする裏面には、朝総連なりに大きな目的と計算があるのです。すなわち

①朝総連は北傀金日成の命令により、在日同胞の全部を、「祖国への帰還」という美名のもとに北韓へ送りこみ、人手不足に悩む金日成徒党のドレイにする使命があり

②そのためには、在日同胞が日本で苦しい生活をつづけ、将来になんの希望もない絶望的な生活をするように仕向けることが、朝総連のもっとも重要な使命であります。

であるから朝総連は、あらゆる謀略をつかって、在日同胞に不安感を植えつけ、貧乏になるよう悪計をめぐらしているのです。そして在日同胞たちが日本の生活に絶望し、見切りをつけたころを見計って朝総連は、「これ以上日本に住んで苦労するより"祖国"に帰って安心して暮しなさい」との甘い言葉をもって、在日同胞の貧しい人たちや精神的に悩んでいる人たちを、北韓の共産地獄に送りこんで、金日成一味の奴隷にし、夜も昼もなく働かせるのです。

同胞の生活が安定すれば困る朝総連

貧困同胞に北送強要

大阪市朝総連 集団転向事件の背景

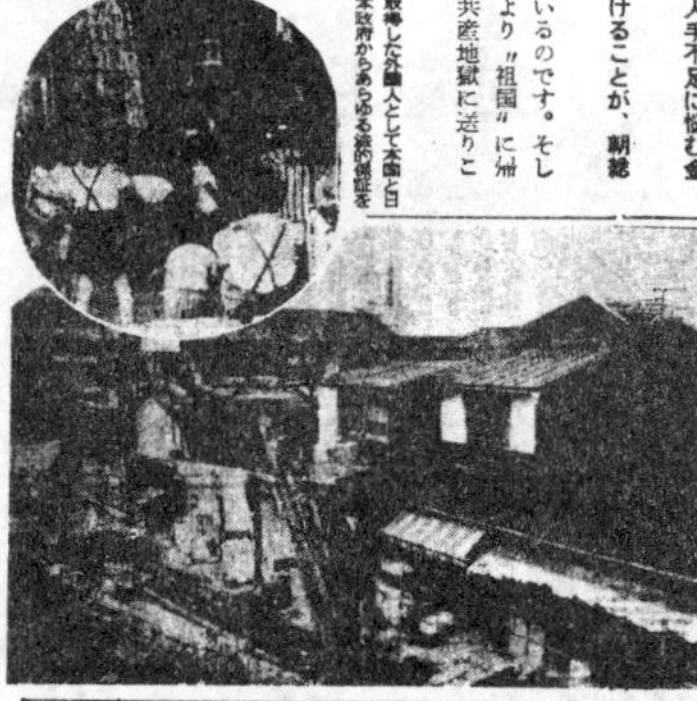

「日雇健保」廃止も北送強要に利用

在日同胞は兵役免除

李厚洛大使、特別声明で強調

在日同胞の兵役免除声明を発表する李大使

ウソとデマと悪質な謀略を大衆動員して朝総連は、永住権申請の妨害に狂奔していますが、かれらの悪質なデマをいくつか抽出して、その悪ラツさと幼稚さを分析してみましょう。朝総連はいま①永住権を申請すれば兵役義務を負わされ、ベトナムの戦場に送られるとか②二重課税の対象となる③本国へ強制送還されることになっておりますが、果してどうでしょうか。これを検討してみましょう。まず兵役法について説明しますが、その第四十七条の全文はつぎのとおりであります。

呼びよせた家族でも日本に住む間は兵役免除

大韓民国兵役法第47条

政府声明文

駐日韓国大使声明

（一）

在日同胞の兵役免除に関する一九六五年五月三日付の外務・国防両長官の共同声明は継続して有効であり、したがって在日同胞が本国に一時帰国しても、兵役に関する何らの制限も受けることがないことを、茲に明らかにする。

一九七〇年五月二十一日

駐日大韓民国大使

李厚洛

（二）

悪ラツな"兵役"デマ

永住権取得하여生活安定이룩하자

朝総連の正体はこうだ！

朝総連と袂別した人たちは訴える

朝総連は、その非人道的な悪ラツさと欺瞞宣伝で、在日同胞を二十余年間もダマしつづけ、いままた在日同胞六十万と、その子孫万代の法的地位を約束する永住権の申請を妨害して、全在日同胞の北送と共産奴隷化を企図しており、いまや朝総連は在日同胞六十万の敵であるばかりでなく、平和を愛好する全人類の敵となっている。

朝総連は二十余年間にわたり、北傀のよき走狗となって、在日同胞の暴民化による共産奴隷化に狂奔し、欺ヨゥな欺瞞と虚偽の宣伝でもって、その傘下にある同胞を貧困へ貧困へと追いこみ、ついに物心両面で、日本に生活する希望を失うまでにおちいった不幸な数万の同胞を、金日成徒党が支配する共産地獄に北送している。

このような暴虐な非人間的蛮行を敢行して、北に送りこんだ数万の同胞の怨みと呪いを恐れもせず、朝総連はこんどは、在日同胞六十万とその子々孫々が日本で、安定した生活を営めるようにと、わわれわれが貴い犠牲を払ってかちとった"永住権"の申請を妨害するために血眼となって狂態のかぎりをつくしているのである。在日同胞を愚弄するにも限度があり、いかに同胞愛が寛大だとはいえ、寛容さにも限りがあろう——。

謀略粉砕に決起

朝総連副委員長　金萬守氏の場合

朝総連幹部及び傘下同胞に訴える

内部反乱にショック

兵役宣伝のデマばれる

北海道・朝総連の抵抗

七氏の声明

朝鮮人商工会副会長　末氏の場合

朝総連を暴く

知能犯の集団

朝総連の正体暴露

強盗以上の搾取

まるで生地獄の朝総連

同胞に訴える

朝総連地方委員長　千氏の場合

142

万国博「韓国館」遂に六百万人突破

万国博韓国館の入場者が六百万人を突破し、六百万人目の入場者は、李厚洛大使から、韓国一周の招待旅行をプレゼントされた。この幸運の人は大阪市内に住む主婦で堀節子さん(四一)=大阪市住吉区粉浜西之町三の四。

幸運の入場者にプレゼント

李大使が韓国一周旅行招待

られた堀さんは、突然のことでこの一瞬の意味がすぐにはのみこめず、一瞬、けげんそうな表情ですぐうしろに立っているご主人、堀竹雄さん(四七)をふりかえったが、場内整理の職員からくわしい説明とプレゼントのことまでいわれ、みるみるうちに顔には笑いがこみあげ、うれしさに上気した顔で報道陣からカメラのフラッシュ攻撃を浴びた。

閔館長の先導で館長室に落ちついた堀さん夫妻と長男の俊幸君(一〇)は、金総領事と閔館長から、「幸運の入場者」となったことをあらためて説明され、ホステス嬢から大きな花束を贈られた。

よろこびの大阪の主婦

一家で二度目の来館

し、会場に到着するやすぐに韓国館入口前の行列に加わったとのことであるが、この日の韓国館は朝から期待と不安で全館員が多少緊張気味であった。というのは、

——六百万人目の入場者は、なるべくなら外国人であってほしい。

——それがダメで、韓国人が六百万人目に選ばれても仕方ないが、韓国からの来日参観者では意味がない。

——外国人が選ばれるなら日本人で、それもこれからの連帯に好都合な近畿都市の居住者であってほしい。

のだが、果してこのような希望条件がうまく実現してくれるだろうかというのが、館長以下全館員の期待と不安だったのである。

だが、堀さんがちょうど六百万人目の入場者になってくれ、朝からの不安はキレイに消し飛び、堀さん一家に記念品の一…

韓国事態など協議

アジア・太平洋国の日本大使ら

韓国など十八ヵ国のアジア・太平洋駐在日本大使たちは、この地域に対する日本の役割を協議するためにさる七日から四日間、東京で会議した。

こんどのアジア・太平洋国駐在公館長会議の議題は韓国をはじめ中共、インドシナ事態等である。

穀価対策指示

朴大統領

朴正熙大統領は四日、国務委員らに①秋夕を前後して穀価・輸送対策などに万全を期し②台風ビリー号の被害に対する家屋・堤防の復旧に努力することを指示した。

均衡成長量から質へ

経済白書　輸出・農業開発に全力

政府は四日、一九七〇年度経済白書を発表。跳躍段階に入った一九六〇年代の韓国経済が量的発展に偏より、質的改善を求める新次元の課題を残したと指摘、今後の課題は自立基盤構築のための国際競争体制に入り、一九七〇年代末までに上位圏中進国に迫る均衡・成長

にともない一九七〇年代の政策課題として①国際収支改善②産業開発③輸出振興④国内貯蓄増大⑤科学技術振興であるとのべ、この課題が第三次五ヵ年計画期間にもひきつがれるものと明らかにした。

この白書はまた物価安定策、輸入増進、農業部門の画期的総合開

にしたがって、韓国科学院、国立開発研究院の発足で技術開発に努めるべきであることを強調した。

経済協力を討議

韓・日議員懇談会で

第三回韓・日議員懇談会はさる四日の午前と午後の二回にわたる…

国軍、全休戦線を防衛

駐韓米軍は板門店だけ

本国論調

平和協商の道遠し

(ソウル新聞社説)

北傀の正体を世界に暴け

外務部の対国連戦略

(朝鮮日報九・八社説)

14日に反共世界大会

韓国側、白斗鎮氏が出席

一万ウォン券

年内に発行

愛媛県本部任員改選

団長に朴振業氏再選

143

趙英子選手が帰国

第一銀行で再出発

帰化拒み日紡ユニチカと袂別

日本への帰化を拒み、職場とコートから去った在日韓国人趙英子さん（日本名・山本英子）が、母国に帰って第一銀行バスケットボール・チームで選手生活をすることになった。

趙英子選手は第一銀行バスケットボール・チーム関係者たちの申し入れで、第一銀行で勤めるようになり、さる六月に帰国、第一銀行チームに合流した。

趙英子選手はさる六十九年と七〇年二回の朴正熙将軍杯争奪東南アジア女子バスケットボール大会に日本代表として出場したことがあり、六十九年度全日本最優秀選手にも選ばれたスタープレイヤーである。

今年初め趙選手は、彼女の職場である日紡ユニチカから日本への帰化を求められたがこれを拒否、職場に辞表を出して現役からも退かなければならぬ立場にあった。

趙英子さんの帰国によって、韓国女子バスケットボール界は活気を帯びるようになり、彼女の活躍を大いに期待している。

バスケットボール

韓国が銅メダル

バスケットボール 男子、カナダに3－0

ユニバシアード

【トリノ（イタリア）六日ＡＰ】韓国は六日ユニバシアード東京大会で第三位に入賞、銅メダルを獲得した。

韓国はこんどの大会メダル・スタンディングで銅メダル一個しかとれなくなりカナダ、マダガスカラ、パナマとともに同率、第二十一位となった。

さる六日開かれた男子バレーボール決勝リーグ最後の対戦で韓国は、カナダを三－〇ストレートで押え三勝二敗を記録、イタリア（五勝）ソ連（四勝一敗）につづいて第三位に入賞した。

日本はイタリアに一－三で負け二勝敗になり第四位に落ちた。

陸上女子砲丸投げに出場した韓国の白玉子選手は、彼女の国内記録よりも九㍍を上まわり第六位に入選した。

一方、韓国男子バスケットボール・チームは第五～八位、決勝戦のゲームでブラジルに83－87、一ゴールの差で負け第八位にとどまった。

◇男子バスケット・ボール
決勝リーグ
韓国　3　15－4　15－4　13－6　0　カナダ
◇同最終順位
①イタリア五勝②ソ連四勝一敗③韓国三勝二敗④日本二勝三敗⑤チェコスロバキア一勝四敗⑥カナダ五敗

◇男子バスケット・ボール
五～八位戦
ブラジル　87　43－44　44－42　83　韓国
◇陸上
▲女子砲丸投げ⑥白玉子十五・〇一㍍

絶賛、特別招請の金君

ザルツブルグ音楽祭で

モッアルトの生誕地ザルツブルグで、毎年八月に催される大音楽祭はすべての音楽人から“夢の饗宴”とよばれている。今年は特にザルツブルグ・ミュージック・フェスティバル50周年・二大音楽にバイオリニスト金永旭君が特別招聘をうけ韓国人としては最初にザルツブルグ音楽祭へ華麗にデビューし音楽関係者は勿論、現地の新聞も一斉に金君の優秀な才能を高く評価し、その大成を予言した。以下は評論家モリス・フォークナー氏の音楽評を要約したものである。

モッアルテウムで開かれた金永旭、エセンバハ二天才のピアノ・バイオリン協奏は忘れえない夜と

……

仏、新聞が韓国特集

フランスの権威紙ルモンド紙は五日、八ページにわたる韓国に関する特集記事を掲載した。ルモンド紙の韓国特集記事はこれがはじめてである。

同紙は中国大陸と日本の間の架け橋として、前駐韓フランス大使ロゼサンバル氏の論文を巻頭にのせ、韓国の経済が急速的に発展し……

奨学金引上げ

三万六千円から五万円

日本文部省はさる七日、日本政府が外国人留学生に支給する奨学金を三万六千円から五万円に引上げる計画を明らかにした。

共同通信は、外国人留学生に対する奨学金引上げ措置が、日本の生活費の引上げによるものであり、また一つの理由は、本国に帰った日本留学生たちの「反日感情」をなくすものであると報道した。

エルサルバドル大統領訪韓

今月末、朴大統領招請で

エルサルバドル共和国のヒデル・サンチェス、ヘルナンデス大統領は、朴正熙大統領の招請で来る九月末、わが国を公式的に訪問。

南米の元首としては初のサンチェス大統領訪韓はラテンアメリカの国家元首としては最初の訪問で両国間の親善及び協調関係を強化するための役にたつものだと政府報道官が五日発表した。

サンチェス大統領はマリナ・ウリアルデ・サンチェス大統領夫人及びアルマンド・インテリアノ経済相、エンリケアルバレスコルトバ農業牧畜相ら高位官吏を帯同する予定である。

政府、42億ウォン投入

在日同胞 長期教育計画成案

保存うける多宝塔

「多宝塔」を保存

新羅仏教文化の精華

“米にも寺をつくる”

韓国仏教に心酔の米人夫妻

神社参拝拒否

朱牧師、十戒守り獄死

秘話

1945年8月15日 光復25周年!その前夜

〈第7話〉

朱牧師の遺書

イスタンブール総会

駐ベ作戦副司令官に金容寓少将任命

銃口向けて撃す

韓國新聞
在日本大韓民国居留民団中央本部機関紙
韓國新聞社

現職副理事長が民団へ

「石川朝銀」の金貴柱氏 正式に入団

北陸の朝総連、崩壊寸前の危機

朝総連傘下信用組合「福井朝銀」の千震昊副理事長が、その職を投げ出すと同時に民団へ入団したため朝総連は大きな打撃をうけ、いま躍起となってその事後対策に狂奔しているのに、こんどはその隣県の石川県では「石川朝銀」の創設者ともいうべき金貴柱副理事長が、現職のまま民団へ入団するショッキングな事態が発生して、いまや北陸地方の朝総連は崩壊寸前の危機に追いこまれている。

驚きあわてる幹部連

必死の引き止め工作もムダ

扉をおろしている石川朝銀と民団へ入団した金貴柱副理事長

永住権妨害みて決意

朝総連の甘言と脅迫一蹴

“国籍変更劇”の真相

北送家族を脅した朝総連の狂言

進む「永住権」への焦り

兵役逃れ失敗の穴埋めにデッチあげ

讃えたい勇気

通用せぬ朝総連のウソ

李禧元団長

団結の力で勝共

朴大統領がメッセージ

世界反共大会

韓米民間経済委ひらく

韓国に緊張状態継続

国連韓国統一復興委員団報告書

高度の経済成長成就

公告

第十七回定期中央委員会延期通知

韓居中議発第33―86号（一九七〇年九月五日）で第17回定期中央委員会召集を通知しましたが、執行部から九月十九日付けで万博招請事業にともなう特別会計決算がすでに召集を通知した九月二十四日までには、困難であるとの要請がありましたので慎重に検討した結果、不可避の事情なので、中央委員会を延期することをお知らせいたします。

なお再召集の日時は追って通知いたします。

議長 朴根世

万博「韓国館」の評価

文化誇示不十分

日本知識人も不満表明

「進歩と調和」をテーマにしたＥＸＰＯ70に、わが韓国が「より深い理解と友性」を標榜に、"過去館"と"未来館"からなる韓国館を建設して参加し、六ヵ月の万博期間内に六百万人以上の入場者をみた。六百万の入場者は決して少い数字ではない。では韓国館は大成功であったのか。必ずしもそうではないらしく、韓国の代表的日刊紙「朝鮮日報」はつぎのような特集記事を掲載している。

写真＝六百万人の参観者を迎えた「韓国館」

サビるままに放置

スクラップ同様の対日請求権機

需要者無視の導入で

「促進協議会」発足

論議「五段階」に誘導

年内に全国世論調査

公開で専門家・学者の討論会も推進

円貨の切上げ

韓国銀行筋予測

韓国銀行は、日本の円貨がきたる七二年（四七年）初に五・八八ほど平価切上げするであろうと予測した。

韓国銀行は、円貨が現在の一ドル三百六十円から三百四〇円になることが避けられぬであろうと見通し、その理由をつぎのようにあげている。

16.7％増

月二七八〇〇ウォン

昨年の都市勤労者所得

"世界の模範的な軍隊"

米紙が韓国軍を賞讃

GMC韓国進出

本国論調

韓国の安保と日本

軍事的提携はまっぴら

母国・在日同胞の一体化

万博「韓国館」成功を支えたもの

再入国できぬ

中共訪問の在日中国人

人力開発問題協議

三軍　制式訓練動作改正

ベトナム派兵ある限り軍援移管は保留

"空飛ぶレーダー"

黒ずんだ外観

平面的展示に終る

「前進」と「わらじ」の不調和

歴史の流れを知らせるべきだった

各界のアンケート

年々ふえる韓国の外国人留学生

日本人学生も15名

中国が一位 首位は英文科

校庭で談笑する在日同胞留学生

在韓外国人留学生一覧

国名 ＼ 大学	建国大	慶熙大	梨国大	東国大	ソウル大	成均館大	首都師大	淑明大	延世大	外大	梨花大	中央大	漢陽大	高大	計
中国	5	37		6	2	28	17	5	8	4	13	6	17	3	151
日本	1				3	1			7		1	1		1	15
アメリカ	1		1		4	1				1		1		1	10
フィリピン					1										1
ベトナム													3		3
オーストラリア											1				1
フランス					1										1
カナダ									1						1
ノルウェー									1						1
ベルギー					1										1
オーストリア					1										1
アイルランド									1						1
在日同胞	1	3		2		3			13		31				53
総計	8	40	1	8	13	33	17	5	31	5	46	8	20	5	240

東洋一の総合送信塔

高さ480メートル

民間放送協会が建設

「統韓の座標」分析

国際学術会議を終えて

金俊燁教授に聞く

貸ビルで基本財政を

北海道本部会館十二月に落成

静岡商銀本店落成

鉄筋三階建の近代ビル

康民善理事長

落成した静岡商銀本店

各分団に永住権相談所

大阪生野支部、班組織進む

16日から配 定書を受付

全国の無 医村一掃

14億円ウォンで

各分団に納 税貯蓄組合

18種に簡単化

輸出手続きを

告発センター常設

不良商品の一掃に政府本腰

秘話

1945年8月15日 光復25周年／その前夜

第8話 感激の報復と破壊

第9話 総督府最後の日

韓国人職員退去せよ

46年2月まで54名残る

日本からの還収宝物も

今年も80名参加

静岡本部の「国軍の日」参観団

飛行機で永住権申請宣伝に出発する趙団長（中央）

"長生きして下さい"

東京商銀主催「敬老会」盛況

智異山国立公園を着工

在日大韓民国居留民団 静岡県地方本部

静岡市相生町2−19　TEL 0542（45）4531〜5

議長	趙成沢
副議長	金海甲
〃	車鍾勲
監察委員長	李錫範
〃 委員	金東栄
〃	劉允桂
団長	趙鏞衍
副団長	鄭錫烈
〃	朴永根
常任顧問	李春来
〃	朱性鶴
〃	金松坤
常任顧問	康民善
顧問	金剛
〃	崔永秀
〃	金良吉
事務局長	朴明煥
総務部長	盧三洙
組織部長	金容豪
経済部長	趙鍾夏
民生部長	孫鍾嵓
文教部長	趙鏞行
〃 次長	朴浩三
宣伝部長	金光植

静岡県浜松支部

浜松市佐藤町1001番地　TEL 0534（61）4422

顧問	趙六権
〃	李鳳石
議長	崔三卿
副議長	朴在春
〃	金己出
監察委員長	朴尚根
監察委員	李鐘変
〃	金爀求
支団長	洪禹範
副支団長	孔泳洙
〃	安商駿
事務部長	趙三柱
総務課長	安商驥（兼）
〃 次長	孫秀燦
組織課長	金東堈
〃 次長	李徳淳
経済課長	河三摂
〃 次長	趙根勇
民生課長	呉錦変
〃 次長	韓正福
文教課長	李光洙
〃 次長	郭煕明
宣伝課長	朴政治
〃 次長	金東洙
事務員	権慶春

在日大韓民国居留民団 静岡県東部支部

沼津市西間門町285の1　電話（62）8371

顧問	李七男
〃	林東周
〃	金龍述
常任顧問	孫能相
〃	徐復教
議長	金守範
副議長	崔元益
〃	金寿連
監察委員長	金元鳳
監察委員	姜現錫
〃	李喜煥
支団長	金済厚
副団長	趙性魯
〃	朴元祚
事務部長	尹晴錫

大韓民国静岡県 韓国学園理事会

理事長　張応渉

事務所　静岡市相生町二の一九　TEL〇五四二（45）四五三一〜三

大韓民国居留民団婦人会 静岡県本部

静岡市相生町二丁目一九　TEL〇五四二（四五）四五三一〜三

名誉顧問	李蓮鳳
会長	朴花仙
副会長	金斗伊
〃	李道伊
監査	金良順
〃	李桂[illegible]
総務	張厚南

静岡県御殿場支部

御殿場市新橋二〇四六　☎0550②1717

[illegible]

静岡県清水支部

清水市入江2丁目1295ノ28　TEL 0543（66）2631

顧問	崔泰郷	常任顧問	尹香春
〃	鄭錫烈		金海甲
議長	朱性鶴		
副議長	全伯守		
監察委員長	趙甲守		
監察委員	崔淵達		
団長	南政雄		
副団長	朴興爽		
事務部長	河錦聖		

静岡県志太支部

焼津市新屋166ノ1　TEL 05462（8）6460

顧問	李春来	支団長	金再植
〃	金鶴柱	副団長	呉忠根
〃	鄭在坤	〃	千群岩
〃	鄭徳出	事務部長	金成根
〃	車鍾勲	組織課長	千群岩（兼）
議長	朴永寿	経済〃	金光柱
副議長	宋仁祚	民生〃	呉忠根（兼）
監察委員長	金徳柱	文教〃	金貴権
監察委員	権重大	宣伝〃	金遜出

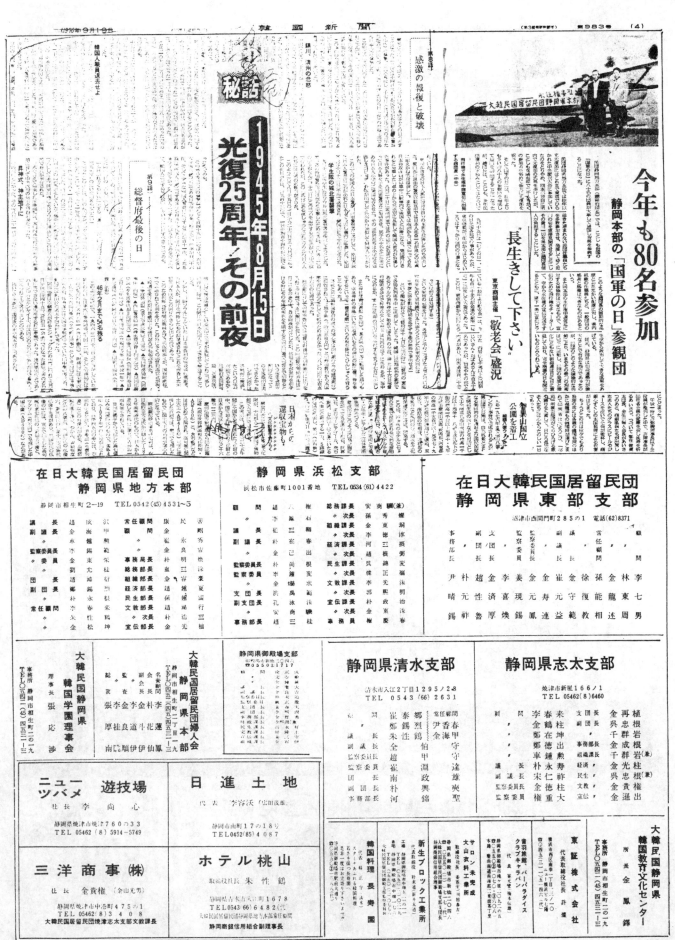

韓國新聞
在日大韓民国居留民団中央本部機関紙
韓国新聞社

民団綱領
一、われわれは大韓民国の国是を遵守する
一、われわれは在留同胞の権益擁護を期する
一、われわれは在留同胞の民生安定を期する
一、われわれは在留同胞の文化向上を期する
一、われわれは世界平和と国際親善を期する

"タイハン"の足跡

ベトナム派遣5年
赫々たるその成果

駐ベトナム韓国軍
五年の功績

—◇部隊別戦果◇—
(1970. 8. 31現在)

部隊	射殺	捕虜	帰順	個人火器	共用火器
猛虎	14.506	3.125	1.066	7.428	647
白馬	8.878	615	748	4.349	443
青龍	3.155	561	531	3.761	222
其他	191	40	—	157	17
計	32.733	4.341	2.345	15.695	1.329

敵に勇敢・良民に親切
李世鎬司令官　国軍を讃える

写真説明

技術者減員
ベトナム派遣

ベトナムに中学校校舎
鳩部隊が愛の贈物

20万トン級が碇泊
140万トンの同時接岸能力
釜山港の5倍に

江陵に最大の港建設

陸士の定員を倍増
ROTC、来年から廃止

韓国軍の増強は必要
ニクソン政府の処置

柳乙作総督監

今年度は少数精鋭で
全国体育大会
在日選手は85名参加

〝闘虎70〟絶頂に
陸軍上陸訓練行なわる

台湾まで延長
南ベトナム国軍体育館

モウレツ！〝永住権促進映画〟
民団・大阪本部が成果

頑張れ！大阪　北中道小学校で開かれた映画会で〝永住権の説明〟をする崔□学大阪本部団長

民団・大阪本部では、八月十五日の光復節を契機に、新たな永住権申請促進運動を組織の総力をあげて展開しているがその一環として、宣伝分野でも目ざましい活動ぶりを発揮している。特に今年、大阪本部宣伝部が制作した永住権申請促進宣伝映画「永住権について」（16ミリ、二〇分）のフイルムを[illegible]

朝連系同胞も参観
祖国の劇映画にホロリ

生野団長

〝朝総連映画〟ガラ空き

「札幌五輪氷上」役員きまる
李俊明副会長と池宗淵理事

李俊明副会長

池宗淵理事

最高28億ドルに
70年、対日本外資導入

年内に永住権申請を完了しよう

韓國新聞
在日大韓民国居留民団中央本部機関紙
韓國新聞社
発行人　鄭烔和
東京都文京区春日町2丁目20－13
電話（815）1451～3
（813）2261～3
振替口座東京 34988番

民団綱領

一、われわれは大韓民国の国是を遵守する
一、われわれは在留同胞の権益擁護を期する
一、われわれは在留同胞の民生安定を期する
一、われわれは在留同胞の文化向上を期する
一、われわれは世界平和と国際親善を期する

朝総連の永住権申請妨害を粉砕しよう！

永住権申請の妨害に狂奔している朝総連が、謀略のために仕組んだテレビ・ショーでの「国籍変更劇」が、朝総連側出場人物たちの"ケイコ不足"により、その欺瞞性とウソだらけな猿芝居の舞台ウラを自からさらけだす大醜態を演じたうえ、さらに民団側出場者から、デタラメな「国籍変更劇」の矛盾をひとつひとつ指摘される大痛撃を受けて、返答に困り立往生する赤恥をかいてすごすごと退散してしまった。

永住権を取得した人としない人との差はこうだ

永住権取得を妨害する反民族的な朝総連勢力を徹底的に粉砕しよう！

李禧元中央団長

永住権申請に関して、朝総連は[illegible]これを妨害し、あらゆる虚偽の宣伝をしているが、いうまでもなく、これは[illegible]ないことであって、在日同胞の権益を徹底的に破壊する共産主義[illegible]策謀にすぎない。

われわれはここで、かれらのそのような[illegible]反民族性を徹底的に暴露、糾弾しつつ、全在日同胞が一日も早くわれわれの権利である永住権を取得するよう強く訴えるものである。

一、永住権は韓日両国間で協定されたわれわれの特権である。

永住権は韓日両国が、過去の歴史を清算する時点において、在日韓国人に対する特別措置として講じたものであり、いうまでもなくわれわれの権利としての永住権である。

二、永住権を取得することによって、日本での生活が安定できる

日本が主権を回復した一九五二年四月二十八日から施行した法律第一二六号は、われわれの在留資格が確定される時までの暫定的な措置であって、決して決定的なものではない。したがってこれだけで永住することはできない。

韓日間の協定による法的地位（永住権）が確定されている今日において、法律第一二六号だけでは、外国人を管理する出入国管理令などに対抗することも不可能であり、永住権を取得しない限り将来の保障はありえない。

三、永住権なしに永住できるというのは、まさに気ちがいじみた詭弁である。

[illegible]

なぜならば、朝総連は、在日同胞が永住権を取得したばあい、生活の安定をうると同時に、必然的に朝総連から離れていくことになり、その結果、朝総連は組織の維持が不可能になるため、彼らは必死になって手段と方法を選ばず虚偽の宣伝あるいは脅迫恐喝などの手段をもって、同胞たちを苦境に追いこんでいる。

ここに、その幾つかの実例をあげよう。

[illegible]

以上のように[illegible]在日同胞の権益は全く[illegible]反民族的な行為を常套手段として、ひたすら[illegible]イライの手先をつとめていることに汲々としているのは明白である。

一九七〇年一〇月

在日大韓民国居留民団

"国籍変更劇"の真相、全国に放送

朝総連、テレビで醜態

モーニングショーでウソ白状

〔写真〕㊤はモーニングショーに出演した尹（左）朴の両氏と㊦はけいこ不足でウソを白状しまった朝総連側出場者の四人

[…]

この企図を事前にキャッチした民団側は一日の夜、同放送局の担当プロデューサーを通じて局へ抗議を申し入れ、民団側からも同ショーへ出場させるよう要請した。

この申し入れに対し局では、すでに出場者たちが決定済みであるから、出場者たちの発言に対し異議があれば、モーニング・ショーの放送中に電話でもって反論するようにとの回答であった。

[…]

北送者の家族も出場

朝総連自から脅迫暴露

[…]

国連で韓国支援

崔外務・カムビア外相共同声明

崔圭夏外務長官と、カマラ・カムビア外相は、去る十七日共同声明を発表、「カムビアは国連で韓国の立場を全面に支持する」ことを確約した。

この声明は、また「カムビア通信使節団を派韓して技術研修生を韓国で訓練させる」ように合意した。

カマラ外相は去る十七日KALで離韓した。

資本市場育成緊要

ヒューストン所長 SRI会議演説

H・E・ヒューストン駐韓ユセイト処長は「韓国経済がまさに新たな方向へ突入すべき転換点に立っている」と指摘して[…]

不足機材の供給を

[…]

遠洋漁船に大統領命名

[…]

外貨導入27億ドル

経済企画院が集計した七月末現在外資の導入認可額は、六百四十四件、二十七億二千七百万ドルで、今年にはいって九十件に三億百万ドルが延びた。

[…]

朝連系最後のあがき

永住権申請の窓口おどす

[…]

領有権 日本の主張一蹴を決議

大陸棚5·7鉱区

政府の基本方針確認

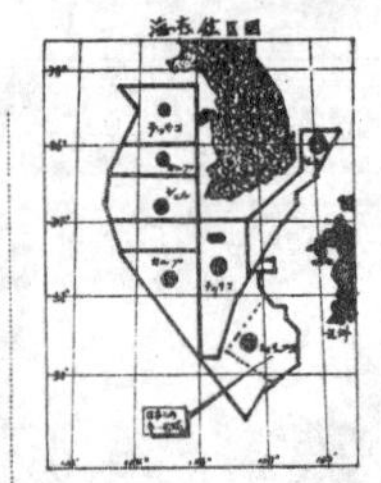

日本は抗議を決定

第七鉱区契約

韓・中・日三カ国共同開発構想

米社と石油探査

第七鉱区 協約締結 韓国側20%合弁

協約内容は、すでに締結したデッサ、ガルフ、シェル5会社と同じもので①フイリップス社が、五百万ドルを投資する時まで、内国人合弁会社は投資をしないこと、②石油が生産できるとき、フイリッ…

△協約締結と同時に50万ドルの償与金を政府に支払う。

△探査開始後2年まで協約区域の25%を政府に返還、5年まで50%、8年まで75%返還。

△探査のため一千万ドルを義務的に投資する。

△生産区域以外の区域に対する、毎年平方粁当り90ドルの鉱区賃借料を払い、租鉱料として総石油販売価額の12・5%を政府に納入する。

△会社所得の50%を法人税として政府に納入しその他主要税は免除する。

利益金は社会事業に

フィリップス社会長語る

都市機能を分散

首都圏開発 10ヵ年計画最終案

カット写真 ひらけゆくソウルの第三漢江橋付近にあるクローバ型の立体交差路

首都圏に電鉄網

ソウル駅中心に 放射・循環網も

政府はきたる72年から国土総合開発計画の一つとして、首都のソウル駅を中心に半径40キロ圏域にわたって電鉄網路線敷設および、放射線道路と環道路網を建設するため関係部処と一連の協議にはいった。

さる26日の建設部消息筋によれば、この都市電鉄網計画により、さきにソウル市が独自につくりあげた電鉄網計画は白紙にもどることになった。

<首都圏電鉄網計画図>

本国論調

ベトナム派兵五周年の鼓動

ハイジャック裁判所設置せよ

29日に両大統領会談

エルナンデス大統領来韓

漢江鉄橋爆破も目撃

解放直後から個人的に深い仲

国連も単一議題に

韓国問題賛成71

日本の交通調査団来韓

中期教育計画

七千六十八億投入
五部門に分け改善する

本国送金は郵便局で
10月から五百ドルまで

インフレ収拾論議
IMF世銀総会終る

帰休兵で戦警隊組織
対スパイ作戦強化　政府兵役法改正へ

駐コンゴ北傀大使ら
スパイ容疑で軍事裁判

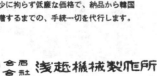

武装ゲリラ二名を射殺
永宗島侵入

日本の大学は入学願書も拒否

新学期を前に頭の痛い朱校長（右）と金校監

民族教育　かけ声に終るか！

=進学シーズン=

近づく「憂うつな季節」
頭の痛い各地の韓国学校

母国留学にも問題が
予備校義務制実施に賛否両論

正しい民族性を学びたい

それでもなお母国留学を望む学生たち（右端・李和子嬢）

進学に特典を
学力差と続出する落伍者

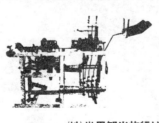

李烈士殉死63年目に憂国の聖地築く

李儁烈士がハーグで殉死し、異域に葬られてからすでに六十三年。遺骸が光復された祖国へ戻ってから九月二十六日で七年目になる。遺骸の還国後、狭い墓地に墓碑だけが寂しく残っていたハーグの墓地は、その間、現地駐在のわが大使館の努力により、今や聖地のおもむきを備えることになった。政府は李儁烈士のハーグの墓地はそのまま保存し、墓域の正門に近い空地へ年内に新記念碑をたてることになった。

聖地が築かれる李烈士

献金で銅像建設も

政府、ハーグ墓地を拡張

オランダの首都ハーグ市にある李儁烈士の墓は、韓国人の巡礼地である。この墓が美化整理されはじめたのは、去年の十一月十七日にはじめて韓国大使館が設置され、初代大使に元駐仏公使安珍生氏が任命されてからである。

しかし、李烈士の墓は、同じ墓所内の他の墓と別段変りがなかった。一坪余りの墓石の上にたてられた横三尺、縦二尺の墓碑がこの墓の全部である。

《第10話》雲南と白凡の帰国

秘話 1945年8月15日 光復25周年！その前夜

《第11話》暗室の中の庶民群像

ふえる大学定員

文教部の中期教育計画

金将軍の詞を発見

三国統一の軍事進路も確認

梅英淑女史に「容信奉仕賞」

渡り鳥の実態は？

金海一帯に学術調査団

地下資源調査所見学

韓国科学技術処長官北海道へ

洛東、栄山江総合開発

学術院賞決る

百済時代の煉瓦発見

ジュジャン山麓で七点

石窟庵の前室除け

日本でも公演

リトル・エンジェルス舞踊団

英語とハングルで

商店、百貨店の看板変る

大阪城東本部で映画会

ベトナムに空手熱

国軍が現地士官に指導

韓國新聞

在日大韓民国居留民団中央本部機関紙
韓國新聞社
発行人 鄭烱和
東京都文京区春日町2丁目20-13
電話(815)1451~3
(813)2261~3
振替口座東京34988番

民団綱領
一、われわれは大韓民国の国是を遵守する
一、われわれは在留同胞の権益擁護を期する
一、われわれは在留同胞の民生安定を期する
一、われわれは在留同胞の文化向上を期する
一、われわれは世界平和と国際親善を期する

朝総連の永住権申請妨害を粉砕しよう!

「申請」取消し強要に失敗

朝総連の脅迫も遂に失敗 取下げた永住権再申請

北海道釧路 金永準氏の勇気

再申請の勇気与えた 民団の同胞愛

勇者・金永準氏

朝総連を脱退して民団に入団し、永住を申請したところ、これを嗅ぎつけた朝総連の暴力的な脅迫で、やむを得ず永住権の申請を一たん取り消した同胞が、民団側の同胞愛あふれる激励に勇気をとりもどし、再び永住権を申請した。これは、めっきり冬めいてきた北海道釧路での「ある勇者」のはなしである。

北海道釧路市桜ヶ丘八に居住する金永準氏は、機械販売業を経営しながら朝総連の幹部として活動していた。

朝総連のデマと誤った宣伝にまどわされて今年の六月までは永住権も申請しなかったが、民団の誠意あふれる説明と同胞愛に接してからは目がさめ、ただちに朝総連を脱退して六月六日には永住権を申請し、民団にも入団した。

ところが、これを知った朝総連は必死になって金氏を脅迫、毎日のように訪ねて来ては恐喝のかぎりをつくして永住権の取り下げを強要した。

この朝総連のあまりにも度はずれな脅迫により、ついに身の危険を感じた金氏は、とうとうさる八月三日にせっかく申請した永住権をとり下げてしまった。

これを知った民団では、金氏の立場に深く同情し、あらためて朝総連の悪ラツな非人道的行為を糾弾するとともに、金氏に対していまいちど永住権の重要性を自覚……

大衆を愚弄するな

真実と虚偽は十分識別

釧路支団長 池興淳氏談

池興淳団長

団結と秩序

第51回全国体育大会

江華島摩尼山頂からの聖火を手に、聖火台へ走る最終ランナーの林君

16,300人が参加

少数精鋭の僑胞選手

史上最大の規模 熱戦六日間

朴選手、マラソンに期待

北傀加入保留

国際議員連盟執行委

遠洋漁業資金を取消す

五千万ドル中 二千九百万ドル

"UN権威受諾せよ"

北傀の無条件参席要求反対

通貨信用憂う

輸出増加率より 支援金融が高い

民族文化の理解の集い

あなたと、あなたの子孫のために一日もはやく永住権を!

在日60万同胞のみなさん!

永住権申請はすみましたか

あなたは、日本国政府より永住権を取得しましたか。昨年の八月十九、二十日の二日間に開催された「韓・日法相会談」の結果、今までよりも認定の基準が緩和されております。

申請の締切りが来年(一九七一年)一月十六日にせまっているので早めに申請をすませましょう。

◎協定永住権を取得することによって

一、これまで暫定的な措置であった一二六—二—六の地位にくらべて権利としての日本永住権が保障されます。

二、したがって、協定永住権をもっていない方や一般外国人とちがって、ほとんどの場合退去を強制されません。いろいろな事情で本国へ帰ったことのない方は、早速申請取得することにより、懐しい故郷への訪問、祖先の墓参りなど、本国を自由に往来出来るようになります。

◎永住権を取得しない場合

一、この協定によって特に獲得した、類例のない、あなたとあなたの子孫に保障される協定永住の権利を、みずから放棄することになります。

二、その結果、たとえばほとんどの場合、退去を強制されることのない協定永住権取得者とは違って、なにかのあやまちで一年以上の実刑を受けた時、退去を強制されてもそれに対抗できなくなります。

三、あなた自身が在留の安定を欠くばかりでなく、さらに子や孫にも当然得られる権利を親の手で失わせることになります。

四、今後、協定永住権を取得していない方は、出入国管理令の制約を受けることになり不利益をこうむる恐れがあります。

◎永住権申請方法

市役所または区町村役場にゆき、用紙をもらい記入捺印し、写真二枚を添え、外国人登録を提示すれば受理されます。

在日本大韓民国居留民団中央本部
東京都文京区春日二丁—二〇—一三
電話(八一三)二二六一—五番

(全国都道府県に民団地方本部、ほとんどの市町村に支部があります。)

旭川地区30世帯が民団へ

"赤狗・朝総連の欺瞞宣伝はご免だ"

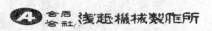

永住権申請が一了したよろこびに、記念撮影をする管内富良地区の同胞たち

北傀、北送会談再開提議

公害病の救世主はクリスチャン

神への感謝に生きる

イタイイタイ病の 朴応秀博士

大阪の永住権仕上げの段階へ

永住权申請促進決起大会

寝食かえりみず陣頭指揮

未申請者を訪問

布施支部 映画会で同胞慰安

支部正面入口に大看板を掲げて一般同胞に永住権申請促進の宣伝をして多大の成果を収めている民団布施支部事務所（上は大会会場）

"少いですが"と百万

大阪のKRクラブ 永住権事業へ寄付

KRクラブ金会長

農産特流通に特殊施設

被害補償強化せよ

韓日漁業協定の予備調査へ

薬事、農村行政など予備調査

永住権申請させ結婚

民団静岡 前団長長男が新婦に

年産百万トンへ急ピッチ

73年7月 浦項総合製鉄完工

駐韓米軍1―6次削減

ウラニューム開発

韓國新聞
在日大韓民国居留民団
中央本部機関紙
韓國新聞社
発行人　鄭烱和
東京都文京区春日町
2丁目20－13
電話(815)1451～3
(813)2261～3
振替口座東京 34988番

民団綱領
一、われわれは大韓民国の国是を遵守する
一、われわれは在留同胞の権益擁護を期する
一、われわれは在留同胞の民生安定を期する
一、われわれは在留同胞の文化向上を期する
一、われわれは世界平和と国際親善を期する

わが家のしあわせ　永住権から

金竜煥志士銅像除幕

四百余名の在日同胞も参席

除幕式に参列した金末亡人（左から二人目）と丁一権国務総理（中央）金山駐韓大使（右端）＝写真はいずれもソウル市南山奨忠洞緑地公園で

除幕式場で㊧から李中央団長、梁ソウル特別市長、丁総理、金未亡人、李愛知団長

除幕した金竜煥志士の像
❶は台座に刻みこまれた金竜煥志士の讃文

城東女高生の金志士讃歌

丁国務総理も献花

日本では犯人崔に無期求刑

四国の朝総連、一路崩壊へ

丸亀市支部長ら三氏民団へ

非人道行為ウソに失望　脅迫排し絶縁状

崔三宗氏

李在根氏

中共注視せよ

香港スター紙　内戦再発に警告

香港スター紙が二日、中共消息筋を引用して報道したところによると、もし北韓が韓国を侵攻するさいに中共はさきの韓国戦争時と同様、北韓に“義勇兵”を派遣するなど多大の援助をするだろうと述べた。

香港スター紙は、オーストラリア人が経営する夕刊新聞であるが、同紙は中共が北韓の金日成に幾つかの条件付きで二個“に達する援助を提供したと伝え、将来北韓が韓国にたいし武力侵略を断行する場合は、戦車、ロケット砲および重武器を製作する工場と装備を提供することを約束したと報道した。

月末まで韓国に移動

駐日米空軍三四七　ファントム飛行団

7億3千600万ドル

九月の輸出実績

KAL機拉北討議

国連、ハイジャック事件を議題に

在日韓国人保護政策は当然

保利長官言明

農漁村総電化

岐阜商銀に新支店

多治見支店開設

公告

第17回定期中央委員会召集通知の件

先般、第十七回定期中央委員会の開催を九月二十四日に予定しましたが、今中央委員会のもっとも重要な報告事項である「万博参観家族招請事業」の決算報告が、前記日時まで提出が不可能となりやむを得ずつぎのように延期して再召集することになりました。中央委員各位は洩れなく出席するよう通知します。

記

一、日時　一九七〇年十月二十三日（金）午前十時
　場所　東京都新宿区市ケ谷本村町四二、電話（〇三）二六九―八一五一　日傷会館

二、会議事項
①報告受理（イ）三機関経過報告（ロ）各委員会経過報告
②議　題（イ）永住権申請促進運動に関し。（ロ）規約改正に関し。（ハ）地方議案。（ニ）その他　以上

一九七〇年十月

在日本大韓民国居留民団中央本部
議長　朴根世

韓日漁業協定の終結を検討

李ライン復活の可能性も

政府は、きたる十二月十八日で協定発効五周年を迎える韓日漁業協定を終結にするかどうかを検討中である。六五年十二月十七日に批准、発効した韓日漁業協定は、「五年間にわたって効力をもち、その後は、一方の締結国が、本協定を終結させる意思を通告した日から一年間効力をもつ」と明記しているので、わが国政府の「終結」通告だけで来年末には自動的に効力を失う。

海域紛争などに刺激

日本の無誠意、借款も不振

六日、水産関係者は、いままで漁業協定の施行状況からみて「原則的には、協定期間を継続延長して存続させる」との方針のもとに、さる九年間、漁業協定による総合的な措置の方針に着手したことを明らかにした。

しかし、韓日漁業協定が、沿岸主権ラインと関係する問題だけでなく、とくに、最近日本政府が大陸棚資源開発問題などで、新たな海域紛争をひきおこしているので、「終結通告」の可能性もありうると語った。

この消息筋は、万一、協定の「終結方針」が決定すれば、韓日漁業協定によって設けられた両国の専管水域および、共同規制水域などが白紙化し、「平和ライン」が自動的に復活するであろうとも語った。

この当局者は、協定延長の根拠は、漁業協定がその間一千九百万ドルの請求権資金および、千六百万ドルの借款(漁業協力資金)を導入[illegible]なったし、(2)共同規制水域での日本側の漁獲量も、[illegible]る十六万五千トンの25%に及ばぬ四万トン未満にとどまり、協定締結当時に注目された漁場の荒廃化の可能性が、解消したことなどにあると述べた。

しかし水産当局では、漁業協定が[illegible]時約定した借款導入実績にも、日本側の無誠意で計画(五千六百万ドル)の三分の一に止まり、(3)共同水域での日本側の出漁隻数などに比べて信頼性が少く、(3)共同水域での日本漁船による事故の激増と、被害補償の遅延などをあげて、協定の自動延長に反対しているので、期間延長に先立ち、協定内容の一部補完は避けられないであろうとみている。

この当局者は、今月末までは「延長」「補完」または「終結」の原則が決定されるであろうと語った。

韓日漁業協定発効後五年間、共同規制水域内での両国漁獲量および漁業協力資金導入実績は別項の図表①②のとおりである。

大陸棚管轄協商

日本が韓国に正式提議

日本政府はさる三日、東海の大陸棚に関する両国の管轄区域を設定する協商を開くよう韓国に提議した。

金山政府駐韓日本大使は韓国外務部に三日、このように提議したが、大陸棚の法的問題を協議する[illegible]交渉団を派遣する意思があると述べた。

金山大使はこの日、日本外務省の訓令にしたがってこのように提案した。

市銀民営化を考慮

裵韓銀副総裁

裵秀坤韓国銀行副総裁は、最近[illegible]

①共同規制水域漁獲量 <単位=千隻・千トン>

区分 年度	韓国 出漁隻数	韓国 漁獲量	日本 出漁隻数	日本 漁獲量
66 年	33.8	44.8	16.7	52.7
67 年	36.8	58.1	17.0	36.0
68 年	35.7	50.0	16.1	33.9
69 年	31.3	65.1	14.5	35.0
70年6月末	19.4	33.9	12.7	31.3

②漁業資金導入実績 <単位=千ドル>

区分 年度	請求権 計画	請求権 実績	借款 計画	借款 実績
66 年			3.138	11.770
67 年	17.322	15.222	5.778	4.059
68 年	13.472	1.618	4.045	2.887
69 年	25.000	―	3.000	400
合 計	55.794	16.840	25.989	19.106

[illegible]のもとでも純粋な民間の地方銀行が小規模の資本金をもっても経営実績がよいのは、銀行経営を合理的にするためであると語り、市中銀行の自律的運営のためには民営化もその一つの方法だと語った。

韓国に65万ドル提供

亜洲銀行が安東ダム調査費

アジア開発銀行(ADB)は六日に、安東の多目的ダム開発計画の妥当性を調査する資金で韓国に六十五万ドルを提供すると発表した。

この金額中で15万ドルは無償供与であり、残額50万ドルは年利七・五%で三年間据置き後に、十年償還条件などとADB本部当局が発表した。

国産テレビなど輸出

アフリカ諸国から引合い激増

わが国商品の輸入を希望する外国貿易業者たちの、商品取引のあっせん依頼が急増している。

外貨獲得にフル操業の生産工場

去る七日だけでも大韓商工会議所には、ナイジェリアの代表的な貿易会社であるサオロ貿易会社が韓国製時計、運動用具、ヘアピンなどの輸入を申請し、またマレーシアの大貿易会社からはさじ(匙)、フライパンなどアルミニュウム食器と硬質のケースなど装身品を輸入することができるかとの照会があった。

このように、大韓商議に商品取引きのあっせんを依頼してくる外国貿易商たちの手紙は一日平均20通を越え、これらの国の中にはあまり知られていないソマリア、モウリテウスなどアフリカの新生独立国をはじめ、全世界の80余ヵ国に上っている。

希望商品は冷凍魚、野菜などの食料品のほかに鉄鋼、銀杏木の実など、これが輸出商品になれるかと思う意外な商品まで、その商品は多様化してきた。

去る3・4分期(7~9月)中に、大韓商議へ取引きを斡旋してきた実績は、五百三十三件で、前年より百件がふえた。

このように、わが国の商品に対する外国の貿易業者たちの関心は高くなる一方で、品目別には、つけまつ毛、靴類、が首位となり、眼鏡のフレーム、衣類、おもちゃ、時計バンド、合板類、各種原糸、カツラの順位となっている。

特殊な例としては、米国からは古銭類、キジの卵、日本からは韓国産動物の角、デンマークからはフットボール、英国からはハチミツ、イタリヤからは鋼、西ドイツからは銀杏の実などの輸入を希望してきている。

地域では、遠いアフリカから最近に三百四十件が一番多く、アフリカ諸国全体では五百七十件の取引斡旋の依頼があるのをみると、わが国の輸出市場としてアフリカは、今後ますます開拓できる余地があるとみられている。

アフリカからの取引斡旋を希望した国はナイジェリア、エチオピア、コンゴ、リベリア、リビア、ケニア、ガーナ、マルタ、ソマリアなどの十三ヵ国である。

中東地域でもっとも多く商品取引きあっせんを希望した国はパキスタン、クエート、イランの順位

ヨーロッパ地域では合板、カツラ、手袋品などであり、アジアの諸国ではテレビ、ラジオなどの電気製品、人参、各種の織物に対する輸入を希望している。

海外建設労務者を積極拡大

政府は海外建設事業がふえるにしたがい、建設労務者の外貨送金実績が九月三十日現在、三千七百三十六万ドルと高い実績をあげていることから、一九七一年以後は建設労務者の海外就業を積極的にすすめることとなった。

建設部と労働庁は、今までの技術労務者就業範囲をより拡張するため、南ベトナム、アメリカ、タイ、オーストラリアなどに外交交渉をひろめる一方、国内での技術者養成を体系化し、技術労務者の大量輸出方案を検討中である。

一九七〇年度の建設労務者の海外就業現況を見ると、南ベトナム四百三十八名、グアム六百六十三名で、南ベトナムの建設事業不振をグアムなどで補っている。

国・業体別派遣人員・送金実績

地域	商社	送金実績	就業人員
ベトナム	現代建設 外12ヵ社	3,564万ドル	438名
グアム	中央建設	146万ドル	663名
アラスカ	現代建設	19万ドル	4名
オーストラリア	〃	6万ドル	20名
タイ	〃		29名
サイパン	亜州土建		10名
ブルネイ	大林産業		16名
カナダ	亜州土建		2名

大陸棚開発、新局面

フイリップス社 日本に共同開発提議

韓国政府との間に、西南海大陸棚第七鉱区探査開発契約を結んだ米国ウェンデル・フイリップス社が、この鉱区を日本側会社との共同開発を提議し、大陸棚開発権をめぐる韓・日両国間の紛争に、新たな局面が展開されることになった。

信じられる消息筋によれば、ウェンデル・フイリップス氏は、さる三月、日本の通産省を訪ね「第七鉱区の開発権は、すでに韓国政府から許可をもらった私にある」ことを明らかにし、「日本の開発会社とも共同で探査開発する意思がある」と、日本側の意向を打診したようである。

この消息筋は、(1)この鉱区が紛争区域であり (2)第五鉱区開発権をえた米国ケキサコ社が、日本の「日本石油」と提携しようとする動きがあることからみて、国際的に石油企業の共同作戦が表面化したと解されている。

資材千百万ドル投資

丸紅飯田・大韓油化に

丸紅飯田は二十一日、チッソおよびチッソ・エンジニアリングの両社とともに、韓国・蔚山で大韓油化との合弁によるポリプロピレン製造会社を設立することになったと発表した。新合弁会社の出資比率は日韓各五〇%(日本側三社の出資比率は未定)で、今月末李廷林大韓油化社長が来日、正式調印の運びとなる。

この合弁事業は韓国の石油化学コンビナートの一環として計画、今年六月その事業主体となる大韓油化を設立するとともに、日本側三社に参加を呼びかけていたもので、日本企業として同コンビナートに資本参加するのはこれが初めて。

日本側三社は大韓油化が近く資本金を三百六十万ドルに増資するのを機会に、両国政府の許可を得て[illegible]同社に資本参加、七十二年四月完成を目標に年産三万トンのプラントを建設するが、これに必要な設備、資材一式(約千百万ドル)は丸紅飯田が十年間の延払いで供給することになっている。

水原堤岩教会 "謝罪の竣工"

三・一運動当時、同胞が日本憲兵によって大量虐殺された京畿道華城郡郷南面堤岩里虐殺事件現場へ、日本のキリスト教聖職者を中心とする6年間の謝罪運動がみを結び、九月二十二日午後三時、教会が竣工された。六年前、尾山令仁牧師を中心に堤岩里虐殺事件に謝罪するための募金運動がはじめられたが、「先祖の血をぬりおとすことはできない」という二十九名の遺族者達の反対で、教会の建設がおくれた。しかし六年という長い[illegible]

選挙戦への利用抑止

ちかく統一論の限界規定か

政府と与党は今年の年末[illegible]たは来年の年初までに、[illegible]の限界線を設定して指示する[illegible]を九日明らかにした。

[illegible]

本国論調

農村問題深刻、対策いそげ

―激増する離農青年たち―

(一)

今年の穀物(米)の総収穫が昨年よりも[illegible]万石が減少し、一千七百万石であることが農林部の集計で明かになった。

[illegible]

(二)

工業化を指向する社会で、農村人口が工業人口に吸収されていくのは、政策の成功であり、決して憂慮すべきことでないとの主張もある。

[illegible]

開拓・創造建設をちかう

=70年代初年に迎える開天節=

[illegible]

ドル当り三百ウォン

農水産物輸出融資拡大

[illegible]

高大総長就任式

[illegible]

講演会であいさつする金支団長

永住権へのデマ粉砕
朝総連同胞を救おう
世田谷支部で講演と映画の会

金浦山中でゲリラ二名射殺

川崎市の同胞に朗報
最新の医療施設出現

中島中央病院の全景

香港に韓国総合ビル
20階建 領事館、僑民会、金融機関が入居

76年に491万トン

船舶振興会の笹川氏
阪神用車三台を韓国に寄贈

無制限給食

さがしております

尋ね人
ご存知ありませんか

本籍　慶尚北道慶山郡慈仁面
氏名　李寿元（五八才）

右の者、本国の妹が探しております。心あたりの方はつぎの者まで御連絡下されば幸いたします。

重工業四大工場
72年着工に敷地確定

秋空に意気高らか
東京韓国学校秋季大運動会

PTAもハッスル
華麗な民族舞踊に感嘆の声

朝総連スパイを逮捕
北傀に操られた五人、秘密文書送る

スパイ物資北傀へ密送

味元に金賞

地下鉄諮問委

年内に永住権申請を完了しよう

ガンの特効薬になるか

慶北大教授の徐博士(慶北)は、食品防腐剤として優秀な抗酵母素を植物性蛋白質から抽出するのに成功した。徐博士が〃S29〃と命名したこの抗酵母素は、二年間の実験から食品防腐剤として完全な効能が証明され、病原菌に対する抗作用もみえ、抗生剤としての可能性も認められた。学界では新しい防腐剤、あるいは抗生剤としての開発に、大きな期待をかけている。

徐博士(慶北大)が新抗酵母素抽出に成功

「S二九」に学界も注目

癌の治療薬として期待

徐博士の発表によると、この〃S二九〃は韓国農村に豊富な、ある種の豆科植物蛋白質から抽出したもので、抽出方法も簡単なため、廉価大量供給が可能である。いままでの実験結果から〃S二九〃は蛋白質生育を阻害する優れた効能をもち、抗酵母素としては完璧に近いことを証明している。とくにいままでの抗生物は熱に弱く、百度(C)の熱では十数分で力価がなくなるのに、〃S二九〃は五・六時間を耐えるほど熱に強い。

それだけでなく、〃S二九〃は人体はもちろん各種動物には全く害がないことが明らかになり、有害防腐剤の取締りに努力している食品衛生業界に、新しい展望をあたえることになった。

また〃S二九〃はこれまでの実験で、同じ酵母系統である病原性微生物八種のケンテイタ菌種類に強力な抗作用を表わし、とくにガンに対する体外実験でも80%の確かな反応をあらわしている。

このような事実は〃S二九〃が治療薬品としての開発も可能で、奇蹟のガン特効薬としての期待も大きい。

これに対し徐博士は、まだ現段階ではなんともいえないが、来月中に人体実験を実施して、治療効能を確認する予定だと語っている。

徐博士は、この総合実験が終りしだい、〃S二九〃の抽出原料植物名と、抽出方法を明らかにすると語りいまの段階でも〃S二九〃は食品防腐剤として十分に使えると語った。

金泳坦ソウル薬学大学長談＝徐教授が、植物性蛋白質から抽出した抗酵母素が、具体的にいかなるものかは知らないが、韓国では最初のことである。とくに、これが抗生剤としても有効ならば韓国で直接抗生剤を抽……

世界仏教指導者大会

21ヶ国 高僧百五名が参加

世界仏教指導者大会が十日午前十時ソウル市民会館で開かれた。世界仏教一元化運動の方法、世界平和と人類の幸福の仏教的問題などに価義題をたてまえにしたこの大会は十日から十五日までウォーカーヒールにて開かれる。

この大会には世界二十一ヶ国の仏教指導者百五名が参加する予定で、そのなかにはベトナムのティッ・タム・チャウ大法師ベトナム(仏教化導院理事長、マレーシアのタンマナンダ長老元老僧、中国の白聖仏教道会理事長■セイロンのピンブレ・ソラタ僧など世界的な高僧たちも含まれている。

初日は開会式につづき……

悪書追放運動を展開

24―30日の読書週間

改善する科学教育

ユネスコ・セミナーで論議

京畿高に国内初の実習用天文台

卒業生が最新型寄贈

極東英雄スカウト

月精寺舎利でまた宝物塔

陀羅尼経・舎利発見

高麗初期の精巧な純銀函

新たに三者を指定

無形文化財発表公演

「思想界」登録取消し

紙齢二〇五号、18年目に

秘話

1945年8月15日

光復25周年 その前夜

《第13話》

連合軍捕りょ収容所

■九月八日から仁川で送還

《第12話》

学兵奮然と拒否

■「強要された出征」…

■中村上等兵と格闘

■米軍のダグラス乗務員墜落

■奇妙な写真と酷い拷問と…

■収容所長、関係官の歓楽

■アリランを歌う

■韓国人警兵補に遁行されて

■抱川で抗日団体を組織

50人分の能率

ハングル・タイプ開発

わが家のしあわせ　永住権から

韓國新聞

在日大韓民国居留民団中央本部機関紙
韓國新聞社
発行人　鄭烱和
東京都文京区春日町2丁目20−13
電話 (815)1451〜3
(813)2261〜3
振替口座東京 34988番

民団綱領

一、われわれは大韓民国の国是を遵守する
一、われわれは在留同胞の権益擁護を期する
一、われわれは在留同胞の民生安定を期する
一、われわれは在留同胞の文化向上を期する
一、われわれは世界平和と国際親善を期する

永住権を至上課題に

李団長中央委を前に決意表明

第十七回定期中央委員会は、十月二十三日午前十時から東京都内新宿区の日傷会館で、全国の中央委員百三十名が参集してひらかれる。さる三月、大阪でひらかれた第十六回定期中央委員会の決定にもとづいて、永住権申請の促進と、この事業の一環としておこなわれた万博参観家族招請の推進に、民団は組織の総力をあげてきたが、永住権の申請促進は、二十三万の大台に迫り、招請事業も招請総数一万一千五百十三名のうち、九千七百七名が来日して、全員が無事帰国する成果をあげている。この成果をさげて李禧元団長をはじめとする中央執行部はこんどの中央委員会の報告に臨むことになるが、この中央委員会に先だち去る十九日、李禧元団長は、中央委員会を展望しながら、大要つぎのような談話を発表した。

韓・米軍事会談

中央会館建立問題

招請事業に関する巷間の浪説について

永住権申請完了後の民団のありかたについて

招請事業の成果偉大

—讃揚せよ！全国実務者の努力—

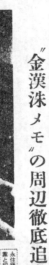

許されぬ謀略と中傷

"金漢洙メモ"の周辺徹底追求

九、七〇七名が日本へ

招請事業成功裡に完了

来日者・未出国の内訳

招請人員	一三、七〇五名	行政未処理者	五〇名
取消しおよび返還	一、一九〇名	民役保留者	一〇二名
招請実数	一二、五一三名	公務員およびその夫人	一三六名
旅券発給数	一〇、〇九二名	渡航不備	五八名
ビザ交付数	一〇、〇四三名	ビザ未交付	四九名
出国者数	九、七〇七名	ビザ交付後に自発不参加した者	二三〇名
未出国者数	一、八〇三名	所在者	六八名
▲未出国者の内訳（一、八〇三名）			
書類未提出	六七八名	取消し及び返来	三九九名
案件未定未処理者	三五九名	死亡その他	一一名

▲五月二十四日、招請団七三名を乗せた羽田空港の第一陣が到着、随所に抱きあう再会をよろこぶシーンが展開された。

招請事業おおむね成功

李ウ事務所長帰任談

李成甫氏

共和党事務総長に吉在号氏

未出国者救済する

一線実務者の労苦に感謝

李禧鎬民生局長

北傀ゲリラ船撃沈

海空合同作戦で

スパイ対策本部は、10月9日夜全羅南道の海上で、北傀武装ゲリラの快速船を発見し、海・空軍の合同作戦で撃沈したと発表した。

対策本部によると、10日夜10時10分頃、東海岸を警備していた艦艇の鬱山（艦長許相鶴大尉）は巨済の東南方12哩の海上で漁撈作業をしていたわが漁船団から、動きのあやしい怪船を発見し、空軍に連絡があったので、即時出動したわが空軍のC−46機は、ACDPの照明弾を投下し、逃げ道を遮断した。

ひきつづいてのF−5戦爆機が出動し、また附近で作戦中の海軍の巨済艦と忠南艦が共に、集中砲撃を加え、11時15分頃、作戦開始後約一時間後に北傀のゲリラ船をみごとに撃沈した。

永住権取得推進委員会

(順不同)

委員長　李禧元
副委員長　朴根世
〃　張聡明
〃　朴性鎮
〃　崔学阜
鄭在俊　崔鳳学
李春植　崔成源
張鍾相　徐正喜
朴竜雲　金信三

常任委員
丁賛鎮　曹寧柱
金光男　文圭準
白丁赫　金皓一
丁永沢　李彩雨
鄭炯和　朴太煥
朴炳憲　李聖南
金宰淑　姜仁煥
李鍾舜　池璞竜
宋鎬用　丁海竜
呉敬福　呉世経
金潤　梁相基
鄭達鉉　金采錫
李瑜煥　孫啓勲
安商権　尹翰鶴
李奉男　金恩沢
李麟基　申国柱
李康吉

委員
尹達鏞　尹致夏
金泰変　金世基
文慶韶　姜錫憲
金成一　鄭順相
朴述作　李裕天
鄭寅錫　呉宇泳
李寿成　兪錫濬
鄭香　呉允台
金正柱　許弼奭
辛格浩　安八竜
朴春琴　鄭建永
辛熙　金坪珍
南元　徐甲虎
朴漢植　安在祐
李熙健　鄭泰柱
尹仁述　権逸
金今石　朴玄
金仁洙　金東春
蔡洙仁　趙鏞珌
朱乾　金光沢
李錫伊　金君夫
金一明　趙東来

在日大韓民国居留民団中央本部

中興導く言論たれ

朴大統領新聞協会八周年に祝辞

祖国の将来のために より高い団結・生産・建設を

八周年を迎える韓国新聞協会創立の記念式が、十三日午前十時三十分、朝鮮ホテルのグランド・ホールで開かれた。冒頭、朴正煕大統領は、丁一権国務総理の代読するあいさつの中で「言論がその指導力をどのように行使するかにしたがって、社会の安定と国家の発展が大きく左右される」と強調し、「特に本年度は公益性と倫理性の基調に立つ国家と民族の前途に対する言論の使命と、責任をもって国政を検討する助言者として、また国民を導く教育者としての役割を果しているのは、祖国の将来のため、まことに望ましいことである」とのべた。

第5回韓国新聞賞施賞式を兼ねたこの日の記念式では、丁一権国務総理をはじめ、申範植文公部長官、南悳祐財務長官、[illegible]法務長官、[illegible]韓国新聞編集人協会長など内外来賓と韓国新聞人協会会員など多くの言論人が参席した。

紀念式は張太和韓国新聞協会長の紀念辞、朴正煕大統領のあいさつ（丁一権代読）につづき第五回新聞賞受賞者表彰報告（方又栄新聞協会副会長）、賞の授与、感謝ペナントの授与などの順に行われた。

張太和新聞協会会長は、紀念辞を通して「新聞協会は正しく速い言論をのばす中で、民主発展に寄与し、"民族とともに"の信念のもとで国家と民族の利益のため、知と努力を尽しており、特に70年代にさしかかった現在、国家安保……国民が何よりも重要であるという点を自覚している」とのべた。

韓国新聞協総会 会長など全役員留任

韓国新聞協会は、さる十三日の定期総会で会長に張太和ソウル新聞社長を、副会長に方又栄朝鮮日報社長、金南中全南日報社長をそれぞれ留任させることを議決、空席中のもう一人の副会長に洪璡基中央日報社長を選出した。役員はつぎのとおりである。

◇理事 △高光万（京郷新聞会長）△高在旭（東亜日報社長）△張基栄（韓国日報社長）△[illegible]（新亜日報社長）△[illegible]（釜山日報社長）△[illegible]（毎日新聞社長）△[illegible]（大田日報社長）

◇監事 △[illegible]（大邱日報社長）△[illegible]（全北日報社長）△[illegible]（京畿毎日新聞社長）

韓国新聞協会創立記念式典会場

「江辺国路」完工

10港湾施設近代化

1867億投入 81年、荷役能力5倍に

来年目標一億ドル

韓国建設界 海外に伸張

八・五%（年平均成長率）は妥当

第三次 経済開発五ヵ年計画

ア・太外相会議

金利の構造を調整

本国論調

世界銀行経済協議団の韓国経済観

……しかし少くとも世銀協議団の役割が、世界銀行の設立趣旨に沿う韓国経済の安定と成長に寄与することを目的に、我が経済を分析検討して政策方向を勧告するというのであるならば、その報告書は単……

韓国覚書は「UN」原理を一貫する

（朝鮮日報社説）

今年のUN総会で韓国問題の討議と関連ある大韓民国政府の基本覚え書（十月十二日）が発表された。いま国際平和機構は十四日から十一日間創設4半世紀を記念する特別総会を開催中であり、「UN」憲章の発効日である二十四日には「25周年記念宣言」「友好協力宣言」、「第二次UN開発10個年計画」などを、全大会のまえに決議する。

「UN」創設と韓国解放の年齢が同じところからもわれわれは深い歴史的因縁を想起するであろう。

なお今年の政府の覚え書は、七〇年代の韓国に関する発展的本質を展開した重要な文献である。

なぜ韓国問題は4半世紀にかけて、未解決の癌となって残ったのか。問題提起の二つの要因を覚え書で指摘したように〇国土両断の継続〇北傀侵略脅威の現存とが要約される。

第二次大戦にカナダは貢献したか

等距離線主張

韓国規制討議

朝総連の永住権申請妨害を粉砕しよう！

中央会館建立、軌道に

七億四千五百万円で

都心に敷地選定仮契約終る

民団中央会館の完成予定図　最上階だけは、設計をかえて八階建てになる予定

民団大阪本部

高槻市長に厳重抗議

返答に窮した市長立生往

国籍変更で70名の抗議団詰問

㊤吉田高槻市長に激しく抗議する黄七福副団長（右端）と㊦抗議文を読みあげる辺基柱氏

市長と一問一答

まず辺基柱氏が抗議文を読みあげて手渡し、高槻市長に……したのち、後日の話し合い……午後五時半に引きあげた。……答の要旨はつぎのとおり。

スパイ団22名検挙

済州など　地下党組織企図

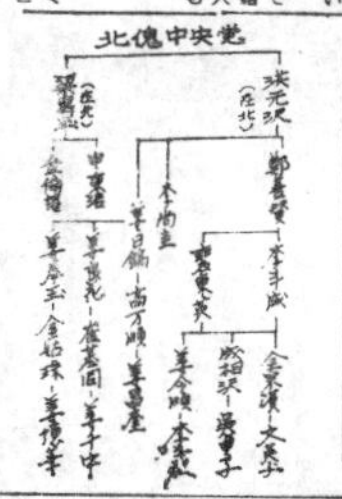

"すばらしい韓国"

幸運の入場者一家訪韓

万国博韓国館

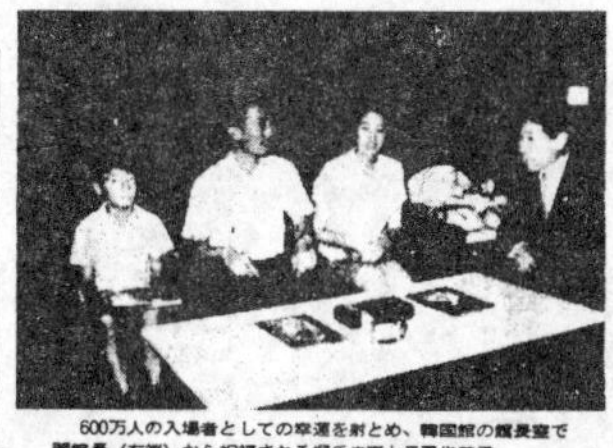

600万人の入場者としての幸運を射とめ、韓国館の館長室で　館長（右端）から祝福される堀氏夫妻と長男俊基君

フ社は否認

第7鉱区の韓日共同説

金1、銀3、銅4

全国体育大会　僑胞チーム敢闘賞

ノリ計画生産

年産千九百万束

越北スパイ二人を射殺

日本貨物船、北傀が抑留か

外交通じ解決

流通関係五個法を制定建議

マーケティング研究センター

民願処理期間を法制化

政府は認許可事務など三千七件……

GNPの一%を援助

国連、第二次開発10ヵ年計画採択

国連総会第二委員会（経済問題）はさる十六日、開発途上国家の経済発展を援助する国連第二次開発10ヵ年計画（一九七〇～七九年）を採択した。

この計画は、開発途上国家の国民総生産（GNP）成長を最低一年六％とみて、先進国家の援助に対しては①七二年までGNPの一％を開発途上国家の援助（政府および民間援助の総計）に割当てるように努力し、これに達せられぬ場合には七五年まで目標の達成に努力する。②七〇年代中期までGNPの〇・七％を政府援助に充当するように努力するという内容である。

さがしています

尋ね人

韓国設定の法的妥当性

金燦奎（慶熙大法大教授）

日本通産省はわが政府が海底鉱物資源開発法にしたがい、海底資源の開発区域に設定し、韓国の主権的権利が及んでいる大陸棚である……

棚であると主張したとのことである。

特に韓国と日本間の西南海底地域は共有大陸棚なので、韓国が独占するものでなく、等距離原則によって中間線で分かつべきだとのことである。しかしこのような日……

る。なぜならば沖縄近海で上部水深千Ｍ以上の海溝によって、四国間の大陸棚が中断されているので少くとも韓国の西南海には、韓日間の共有大陸棚は無いからである。

しかし、日本は「島も大陸棚を……

慶熙大ゼミナールの主題発表

大陸棚区画設定と韓国の将来

金玉準（延世大理工大教授）

韓国の海底探査とその展望

開発協約実態と外国の先例

金成斗

文化遺産、立派に保護
故金良善教授の業績

本年度国展入選作発表

例年より質の向上

大統領賞　西洋画「まと(的)」
国会議長賞　東洋画「七面鳥」
国務総理賞　西洋画「陰・陽」

……された今年の国展は、①写真と建築部門を除外し②東洋画、西洋画、彫刻を具象と非具象に分類、③国展運営委員の審査委員兼任をなくし④学生作品を入選から除外するなど、例年問題をおこしがちなすべての要因を除くことに努めた。

国会議長賞は副賞八十万ウォン、国務総理賞は五十万ウォン、文公部長官賞はそれぞれ二十万ウォンずつである。

新たに新設された推薦作家および招待作家の作品は十三日午後で締切り、総計百九点の応募のなかで十四日審査結果が発表された。

国展は十七日から一個月間公開される。

法学専攻の元陸軍大尉
大統領賞の金桐薫さん

大統領賞に感激
金桐薫さん

……わが国の伝統的な射的形態など学術的な研究に三億円を費やし、去る四月から筆をとりはじめ、締切までかろうじて提出できたとのことである。

金さんは統営水産高校を卒業、韓国大法学科に籍を置いたが、陸軍本部兵站監室で九年間将校生活をつづけながらもアトリエを持ちつづけたほどの熱心さであった。

国展5回から今年まで14年間、毎年国展に出品した。

李太祖の親筆教旨発見
国宝級　578年前のもの一軸

国際歴史学会加入確定

秘話　1945年8月15日　光復25周年！その前夜

《第14話》汝矣島飛行場の対立

■戦車先頭の日軍と一触即発

大変むし暑い天気であった。それは八月十八日真昼の十二時半なので暑いのも無理がなかった。

二十五年前のこの時刻にソウル汝矣島飛行場には中国から飛来した鉄鋼の輸送機一機から韓国光復軍将軍が指揮する米・韓国内挺身隊と米軍OSS隊員ら二十余名が完全武装して日章旗を掲げた中型戦車を先頭に武装した敗戦の日本軍と激しく対立していた。まさに一触即発の瞬間であった。

■重い心で日本の敗戦視察

■米軍側とねばり強く帰国交渉

■日軍の要求「静かに帰ってください」

■漢江の水を飲んで心臓病が治る

■仁川上空の機内で演説をかく

韓國新聞

在日大韓民国居留民団中央本部機関紙
韓國新聞社
発行人　鄭　烔　和
東京都文京区春日町
2丁目20－13
電話 (815)1451～3
(813)2261～3
振替口座東京 34988番

民団綱領
一、われわれは大韓民国の国是を遵守する
一、われわれは在留同胞の権益擁護を期する
一、われわれは在留同胞の民生安定を期する
一、われわれは在留同胞の文化向上を期する
一、われわれは世界平和と国際親善を期する

第17回定期中央委員会おわる

永住権申請30万突破を再確認

三十万名以上の永住権申請達成に関する最終的〝ダメ〟と、万博参観家族招請事業の決算を重要課題に召集された第十七回定期中央委員会は、さる二十三日午前十一時から、東京都新宿区市ケ谷の日傷会館で開かれた。この委員会には、全国の中央委員百三十名中百七名の中央委員が参席して、あと二ヵ月半で期限がきれる永住権申請問題を、「どんなことがあっても期限内に目標数三十万を突破しなければ」と訴える李禧元中央団長を中心に真剣協議するとともに、招請事業の決算と中央会館の建立問題を真剣に討議し、午後十一時すぎに閉会した。

第17回定期中央委員会であいさつする李禧元団長

第17回定期中央委員会議決事項通知の件

第十七回中央委員会は、つぎのように議決通過したことを通知します。

記

議長　朴　根　世

問題の金漢洙を告訴

李団長　道義的責任痛感を表明

調査委設置案否決

顧問団の監察委協力で落着

臨時大会召集案否決

募金総額2億3000万円

万博後援会　中央で会計報告

全車両に公害防止器
取りつけ義務化
政府、来月から強硬規制

政府は排気基準をオーバーしたソウルと釜山などの都市公害が各種車輛からの煤煙と有害ガスによる大気汚染とみてこれをきびしく規制するため、来る十一月一日から営業用車と自家用車を含む全車輛が公害防止器を義務的に附着するようにし、これに違反した車輛に対しては営業停止、または免許取り消しなどの強硬な行政処分をする方針である。

▽消化器備置および突出制限

交通部で成案して法制処の審議に廻した「道路運送車輛、保安基準令改正案」によると政府は各種車輛の煤煙発散許容限度量を①煤煙2度②一酸化炭素は予備検査の場合三%、継続検査の場合二・五%、新規検査の場合五・五%と規定し、この限度量をオーバした車輛に対しては強硬な行政処分を下す方針である。

この改正案によるとあらゆる自動車は安全運行のため消防法により検定された性能の確実な消化器を備置するようにしたもので①危険物または可燃物を運送する自動車は消火能力が2単位以上の粉末消火器と炭酸ガス消火器を備置すること②乗車定員7人以上の自動車の場合は一単位以上の四塩化炭素消火器を義務的に具備することとし、タイヤ、チェーンなどを正確に附着するように規定した。

一方この改正案によるとすべての車輛は、制動装置の以外に安全制動装置を追加に附着するようにした。

政府はまた都市交通の疎通と安全運転のため、各種車輛の後射鏡のつき出しを制限し、外開式の窓及び換気装置と方向指示機の突き出し限界を、乗用車に限り5センチ材に縮少することにした。

発電量最高記録
一四五万キロワット上まわる

去る二十二日午後、発電量が百四十五万キロワットを上まわり、わが国における発電量最高記録となった。

二十四日、韓国電力によれば、冬季を前にふえている電気需要のため、去る二十二日夜八時、発電量は百四十五万千七百キロワットで最高水準となったが、これは一九六九年の最高より十二万キロワットを上まわるものである。

韓国電力は、今までの継続的な電気需要からおして、年末の発電量は百六十万キロワットまでのぼることと見なしている。

現在、わが国の発電施設の容量は百八十九万キロワットである。

政府新総合庁舎移転

政府は、中央庁の向いに新築中の政府総合庁舎（地下3階、地上19階、塔3階）が来る十一月末施工されるにしたがい、現在市内各処に散在している各部処を新庁舎に集中収容する具体調整案を作成した。

二十日、総務処の当局者は、現在、中央庁建物に位置する国務総理室と行政委、企画調整室などの傘下機関、そして外務部、総務処、法制処と経済企画院、財務部および経済科学審議会は、現庁舎と建物でひきつづき執務する予定である」とのべ「賃借料を払っているか、庁舎が売却処分された内務部、建設部、国土統一院、文教部、農林部、商工部、保社部、交通部、逓信部、文公部が新庁舎に収容される予定」であるとのべた。

このほか専売庁、国税庁、関税庁、水産庁・山林庁、労働庁も新総合庁舎へ移転することになる。

初の原子力発電所建設で
一億七千五百万ドル借款

わが国初の原子力発電所第一号機建設のため、外資導入史上の単一借款では最大の一億五千万ドルを含む七件、一億七千五百七十二万六千ドルの借款および、15件二百十六万二千ドルの外国人投資、それに11件の技術導入契約が二十二日、外資導入審議委員会で認可された。

この借款は、韓電、慶南東莱郡古里に、出力五十九万五千キロワットの原子力発電所第一号機を、一九七一年三月に着工し、一九七五年十一月までに竣工するため、外資一億五千四十二万三千ドルを、米国の輸出入銀行と、ウェスティングハウス電機および、ホラザード商会とイングリッシュ電機、そしてパナマUDI社など五社から、平均年利七%、七年据置き、十一年償還条件で導入するもので、所要内資は百三億ウォンである。

ウェスティングハウスは、加圧水型の原子炉部門を、そしてイングリッシュ電機は、在来式発電機部門を分担建設することになる。

外資導入審議委員会で、この日認可されたその他の主要借款および、投資計画の内容はつぎのとおりである。

◇借款＝▲糞尿処理施設＝ソウル特別市と釜山市で、日本の丸紅飯田からそれぞれ二百八十七万三千ドルの借款で、一日あたり六百キロリットルの処理施設を導入。

▲ポリプロピレン工場＝大韓油化で日本の丸紅飯田とチッソから、一千二百三十五万七千ドルを導入、年三万トンの生産施設を導入。

▲無水フタール酸工場＝三[illegible]化成が西独ヘミハウ社から、百六十万ドルの借款で年八千四百トンの生産施設導入。

▲観光ホテル建設＝国際ホテルが西ドイツのクチノガロから四百六十万ドルで施設を導入。

▼乳牛導入＝松鶴農場が米トレードメーカー社から百万ドルで乳牛七百頭を導入。

◇外国人投資▲昇降機＝永進興業が日本の三菱商事と三十五万ドルの合弁投資。

▲電子製品製造＝東亜電気と米コミ電機と六十六万四千ドルの合弁。

▲発生断器製造＝三光[illegible]と日本の服部商店が、二十二万七千ドルで合弁。

米軍、来春に
大空輸訓練

米国は駐韓米軍減縮にともない韓半島に対する戦略概念を再検討するため、来年三月頃「ボルト」とよばれる師団級単位の空輸機動作戦を韓国でおこなう計画を明らかにした。

二十四日、軍高位当局者は米国防省から「ボルト」作戦実施計画の通報をうけたと発表しながら韓米軍実務者らが適当な場所を調査する作業にちかいうちに着手すると発表した。

六十九年三月ヨ州で実施されたフォーカス・レティナ作戦より規模がより大きい「ボルト」作戦は韓半島での危機発生の場合、米地上軍の投入速度をテストするためであり、作戦参加兵力および装備は師団級単位であるといわれる。

軍消息通は「ボルト」作戦には韓国軍空挺団と歩兵部隊一部が作戦支援のため参加する予定であると発表した。

【ボルト】作戦の戦略目標は①C5大型輸送機による師団兵力機動能力②沖縄と米国本土および韓国の間に位置している米軍発進基地の支援能力限界③「タンク」百五ミリ曲射砲、自走砲など師団級重装備の空輸能力④、米軍の空輸連合作戦能力などを評価するためである。

英軍、東南ア継続駐屯
英国防白書、駆逐艦と航空隊配置

イギリス政府は、二十八日、イギリスはこんご軍事支出を減らすことにはなるが、マレーシア、シンガポール、オーストラリアおよびニュージーランドとの防衛同盟の枠内で、東南アジア地域における軍事力を引きつづいて維持すると宣言し、NATO（北大西洋条約機構）に対するイギリスの公約を強化、再編成した国防白書を発表した。

これで一九七一年までスエズ運河東側からイギリス軍を全面撤収させることにしたウイルソン前労働党政府の国防政策は百八十度の転換をみした。

ヒース首相の保守党政府が発足、四ヵ月目に初めて発表したこの国防白書では、イギリスはこんご、SEATO（東南アジア条約機構）およびCENTO（中東条約機構）を引続いて支援することを明らかにする一方、一九七四年度の物価を基準にすれば、一九七〇年度国防予算は、二十三億ポンドラインに削減され、ウイルソン労働党政府が予定した予算よりも一億二千一百万ポンドが節約されることになる。

三千万石突破
史上初、稲の収穫

平年より四度以上も高い気温が続く中で、韓国では史上初の三千万石突破を予想、今年の稲作のとり入れは二十二日現在、全国の40%をおえた。

農林部が去る九月十五日の時点で調査した作況報告は、平年作より14・6%上まわり、収穫高を二千九百万石と予想したのであるが、それ以後、好天候に恵まれ、約百万石を増収、三千万石を上まわるものと思われる。わが国の今秋の天候は、去る九日から二十日まで、平年より四〜五度程度高い異常高温現象をみせ、稲の結実には最適の天候である。

四大江を開発へ
漢江・栄山江 洛東江・錦江 来年から着工

金鶴烈副総理兼経済企画院長官は、21日、漢江・錦江・洛東江・栄山江など4大江流域開発計画を、一九七一年から着工するとのべた。

4大江流域総合開発委員会委員長である金副総理は、この日、総合開発委員である農林部長官、建設部長官など各長官などが臨席したなかで、漢江水域はすでに昭陽江多目的ダムが着工されており、一九七三年に完了の予定であり、錦江流域開発事業は、四千五百万ドルの世界銀行借款を主軸に、今年十二月に着工、一九七四年に完工される予定であるとのべ、洛東江および栄山江流域開発は、一九七一年から着手することになったと発表した。

この開発計画によれば、洛東江流域のうち安東ダムは、一九七一年に着工し、アジア開発銀行借款千七百万ドルと内資百八億ウォンを投入して、一九七六年までに完工の予定であり、陜川ダム建設のための世銀借款を検討中である。

一方栄山江開発は、一九七一年春に着手し、栄山江とその支流である黄竜江、文鈴川、広州川の周辺に開発し、ダム、揚水場、用水路、工業用水および水道建設をする予定であるが、この事業推進のための世銀の予備調査は完了し、第一段階として外資二千万ドルを世銀および国際開発協会（IDA）見返借款で導入、来年予算に確保された内資3億ウォンを含む合計七十七億ウォンの内資をつぎこんで建設し、第2段階で外資三千八百万ドル、内資百五億ウォン、三段階として外資三千万ドル、内資九十三億八千万ウォンを投入、4南北2個郡、10個部、2個市にわたる大規模の開発事業を推進することになっている。

機械類の輸入激増
8年で七倍に 育成施策時急

機械類輸入の規模が毎年激増するので、国内機械工業の積極的な育成施策が緊急な問題点になっている。

韓国銀行による機械類輸入の規模は、65年の7千6百万ドルであったのが66年には1億7千5百万ドル、67年は3億1千8百万ドル、68年には5億5千2百万ドル、69年には8億2千万ドルで、年平均75%ずつ増加し過去6年間に7・2倍が急増した。

韓国銀行はこのように機械類の輸入が増加しているのは国内機械工業の基盤が脆弱であるばかりでなく、機械工業がおくれて工業化に対する機械類の需要が増大しているからだと指摘した。

本国論調

日本の軍備政策を注目する

日本は敗戦後、自主防衛と安保体制を目的に、防衛力の基礎である「自衛隊」を創設して、今日の強大な軍事力にまで成長してきた。

しかし、数回にわたって再軍備防衛力増強計画を重ねながらも、「平和憲法」という名の制約のために、軍備政策上の積極的な表現である「国防」という言葉を使わずに、「防衛」という表現でこれをゴマかして来たのである。

日本政府は、去る二十日の閣議で、防衛庁が十数年来の懸案として推進して来た「防衛白書」をおわし、「日本の防衛」という題目でこれを公表した。

通常、一国家の国防白書というのは、その国が直面している立場と環境から、世界政治のいろいろの局面をどうみるか、また、これに対処するため武装勢力である戦略概念および、軍備政策の方向をどう設定するかの、明白な国家的意思の表示であり、重要な関心をもたせ、その意義を知らせるようにするのである。

こんど発表した防衛白書は、まず「経済大国」としての国際責任は重大であることを強調し、「軍事大国」にならない点を明らかにし、「平和の維持」と「安全保障」のための努力などを強調している。

一方、防衛態勢の整備にあっては、政治優先の原則にたって公海・公空での秩序を、原則的に排除する「自主防衛力増強」のための基本方針を明白にしている。

今回の白書が出る前の去年九月には、当時の有田防衛庁長官が「非同盟中立」を否定して、核抑止力は米・日安保体制で補完し、いわゆる有事出動の積極的な解釈を前提とする、強力な自主防衛力の強調と、周辺軍事情勢の脅威的要素を強調する国防白書原案を作成したが、発表の段階になって流産してしまった。

しかし、今回の白書は、冒頭に指摘した点などが、一部削除されて、内容が曖昧な表現にかえられているが、七十二年度から始まる四次防衛力整備計画を、支持する基本姿勢の骨子であるだけに、核保有はしないと明白に闡明しているものの、在来式軍備増強のためには、積極的な態勢でのぞむことを強調した点が注目される。

とくに、昨年の防衛白書原案において強調された、米・日安保体制の「一年交替的必要性」が、今回は削除された点が注目に値する。

なぜかといえば、軍事力の増強が必要だとして、経済大国としての経済的余力を、政策上の必要に応じて軍備増強にもっと投入するとしたら、最近の米国議会が、日本の軍国主義の復活可能性に対して警告しているように、結局は日本の自主防衛力は拡大適用の可能性を内包している。したがって米・日安保態勢に対する日本の、実質的な独自性が大きな比重を占めるようになるし、これはアジア圏域地帯における日本の、政治的・外交的発言権を増大させる直接的な契機になるからである。

また、国際緊張の焦点を極東の軍事情勢におきながらも、日本の全体的な流れは、緊張の局部的な解釈よりも、「緊張緩和」の面を強調しているが、一方では防衛力増強の限界を明らかにしていない。

この問題は、将来に間接的侵略の可能性の高い国際緊張の焦点領域国家との関係において、武器輸出入取引及び、戦略概念の相互調整問題をめぐって、多くの波乱が起こる余韻を残していると見られるのである。（ソウル新聞社説）

日本の国防白書を重視

日本政府は二十日「日本の防衛」と名づけられた戦後最初の国防白書を発表、世界的な関心を集めている。すでに米、ソのつぎといわれる経済大国に成長し、これからその実力に相応する政治大国まで飛躍が指向することが必然視される隣国の重大な新しい動向が含まれてあるゆえわれわれの関心は特別に大きい。

現在も日本の自衛隊は、約二十六万の兵力をもっているし、とくにその総合戦力は強大であるとの評価もある。また七十二年から着手される四次防衛力整備計画は本土自主防衛を目的とする中曽根防衛庁長官の三月十七日の発言によると侵入者に対する「一撃撃破体制」と「必要な範囲においての制空権、制海権の確保を予想している」と語っているが、これをささえる防衛産業の急速な発展がまた注目される実情である。

この白書はそのような軍備強化を正当化させると同時に国内外においてこまやかな政治的考慮をはからったことが特徴である。すなわち白書は日本国防の「二本柱」を自衛隊の防衛力と安保条約による米国の核のかさ」であるといいながら、戦略的攻撃兵器は保有しないと明らかにした。

時期的にみて十一月一日に迎える自衛隊創設二十周年を迎えて国防費激増を解明する段階で内外においての論議の的である「軍国主義復活」傾向に対する疑いをぬぐうことと思われる。

しかしこのばあい争点とするものは国防白書が発表してもよいような両軍備の内外条件が成熟したという日本側の判断が成立するということである。

本格的軍備の経済、技術的「能力」は十分であるが、ただ国民の合意である「一致」だけが問題視されて来たのに最近の日本世論調査は国民の八割以上が自衛隊存在に肯定的であることである。それに米国のニクソンドクトリンの踏まえた一面は、アジア防衛のための「日本の分担」促進であると考えられる。

新聞「軍国主義復活」世論に対する配慮から（核武器の非保有、非導入、非製造）をたしかめ、自衛隊に対する文官統制および海外派兵の不可能などを強調しているが、白書は非核三原則にかぎっては、いわゆる「事情変更の原則」もありえられるし、なによりも日本の国民心理動態に示唆される自信の蘇生、自主への誘惑、ナショナリズムの再燃などに加わった根本的な経済の発展余力があえられる。ドゴールは日本の核武装を必然視したし、米国の未来学者ハーマン・カーンはその時期を七十年代の後半になるだろうと予測した。

いずれにしても戦後日本のはじめての国防白書発表に際して、われわれの感慨はいろいろと複雑である。

もち論われわれは過去の不快な記憶にとらわれ未来に向う思考と行動を、みずから制ちゅうする必要はないし、また今日の日本は自由友邦国家であることを知っている。

しかし韓半島を、かこんでいる強大国間の勢力均衡関係において、新しい再調整の潮流を予め望むことができる。

それにしても、客観的な情勢発展から、ある顕著な趨勢が不可避視される以上、環境条件変化への能動的適応、すなわち主体性をもつ思考の機動性はいつも保有してほしいのである。隣国日本の自主国防現実化において、われわれ自身の自主性を再び省察する必要を感じさせる。

（韓国日報社説）

携帯カメラにも関心
15日から海外帰国者に

関税庁は、きたる十一月十五日から帰国する旅行者が携帯するカメラに対しても関税を賦課するように、二十六日、各税関に指示した。

カメラの関税率は九十五%である。これによって国内の旅行者にも持ち込んだカメラには携帯品の制限を設定するようにした。

いままでは、特殊な高級カメラのほかは旅行者の携帯品には課税していなかった。関税庁は、こんどの措置はいままで税関によってことなった課税基準を統一、指示しただけであって、課税範囲はいままでと別にかわりないと語った。

分断国家の閣僚会議を計画
西独、中韓、ベトナム

政府は、統一促進運動の一方案として韓国、西ドイツ、自由中国ベトナムなど分断国家の閣僚関係協力会議を、わが国が主体となって来年六月ごろから、関係各国連絡会議の形式で開き、分断国家の理解増進と相互協力、国際世論の喚起などを促進する方針である。

このような方針は、二十二日国会統一院に対する国会外務委員会の国政監査で明らかになった。

統一院がこの日、国政監査に提出した資料によると、来年度には統一院顧問と国内要人士および、統一院の幹部職員で構成する「統一促進顧問団」を南北アメリカなど四ヵ地域に派遣して国際協力を増進するとのことである。使節団が派遣される地域は南北アメリカをはじめヨーロッパ、アフリカ、アジアなどである。同時に統一院は、海外関係人士多数を招請する方針である。

統一院は、また、朴正煕大統領の八・一五宣言後、統一に関する国論統一を汎国民運動としてひろげるための、「統一促進協議会」を構成する方針である。

これに対し統一院当局は、この協議会の構成は、来年の選挙と関連して、政治的物議を引き起す恐れもあると心配し、「来年の後半に実現させるべきである」と表明している。

統一促進協議会の目的は、十余種の反共団体を吸収して、能率的かつ強力な統一促進業務を展開し汎国民団体として民主力量の培養および、統一主導勢力を確保して国民の自発的参加意識を要望するためであると統一院当局は、閲した。

統一促進協議会の構成は、関係団体代表者会議、代表者会議、中央委員会の順序で段階的に計画しており、おそくとも来年末までには地方組織まで完了する計画である。

北傀の挑発は
昨年より増加

駐韓UN軍司令部は、最近チャルス・ヨスト国連駐在米国大使を通して、北傀の挑発行為を具体内容とする対国連報告書を提出したと十九日国連駐在関係消息筋が明らかにした。

それによると先週、国連に提出した報告書は、今年に入ってさる九日現在、韓国地域で85件のスパイ事件があり、その中で50件が休戦線で発生したが26件は銃撃戦を伴い、40余名の北傀武装ゲリラが射殺されたと説明した。

北傀の挑発行為は68年度の発生七六一件、三二一名射殺に比べてやや減少したが69年度の同期間からみると増加した現象をみせている。

韓國新聞
在日大韓民国居留民団
中央本部機関紙
韓国新聞社
発行人　鄭烱和
東京都文京区春日町
2丁目20－13
電話 (815)1451～3
(813)2261～3
振替口座東京 34988番

民団綱領
一、われわれは大韓民国の国是を遵守する
一、われわれは在留同胞の権益擁護を期する
一、われわれは在留同胞の民生安定を期する
一、われわれは在留同胞の文化向上を期する
一、われわれは世界平和と国際親善を期する

永住権取得者の優遇に合意

韓日法務次官会談で

戦後入国家族にも一般永住権

在日韓国人の永住権申請の促進と、永住権取得者に対する法的な優遇問題などを協議するための、韓日両国法務次官会談は、さる十月二十七・八の両日にわたり、東京霞ガ関の法務省第二会議室で開かれたが、同会談では①協定永住権の取得者に対して日本政府は、韓日協定の精神を尊重し、日本で安定した生活を営めるよう、あらゆる面で不取得者よりも優遇する。②日本政府は、永住権申請を促進するため、永住権の意義をひろく宣伝するとともに、申請手続きの簡素化をはかる。③協定永住権を取得した者の家族で、協定発効（1966年1月17日）以前までに日本へ入国し、在留資格を得て五年を経過した者に対しては、出入国管理令上の一般永住権を許可するなど、画期的な事項に合意した。

法務省での韓日法務次官会議
〈右から四人目が呉次官〉

法的地位さらに向上

不取得者との格差ハッキリと

会談で韓国側は①永住権申請期限が来年一月十六日に迫っていることから、申請促進のため韓日両国による効果的な措置が必要で、永住権取得者への優遇措置、申請手続きの合理化などを強く要望。

これに対し、日本側は①協定永住権取得者が日本で安定した生活を営むよう、よりよい待遇を受けるよう努力する②協定永住権取得者の家族（配偶者、直系尊属、直系卑属）で不法入国者を含め、韓日協定発効前に日本に入国し、在留許可を得て五年を経過した者にはできるだけ一般永住を与えるように努力する――と約束した。

そのほか、日本側は①申請を促進させるため、テレビ、ラジオを通しての案内、広報、通知などで申請を呼びかけ、申請手続きの簡素化のための……

呉鐸根法務次官

永住権者に優遇を

呉法務次官あいさつ

津田次官閣下。

このたび、わたくしは貴国を訪問することになって、うれしく思い、閣下からわれわれ一行を暖く迎えて下さったことについて心から感謝する次第である。

「韓日両国間の在日韓国人の法的地位と待遇に関する協定」の施行状況を再検討し、この協定の目的を成功裡に達成するためのこのたびの協議は、たいへん意義あることである。

それは、この協定の基本精神である韓日両国間及び国民間の親善の増進にも、大きく寄与すると確信するからである。

また、在日韓国人の法的地位と待遇に関する協定は、約六十万を超える在日韓国人が、安定した生活を営むことができるようにするのに、その目的があるのは周知の通りである。

したがって、在日韓国人と両国の国民が、今回の会談に至大な関心を寄せ注視している事実をおもうとき、われわれの任が実に重大であることを痛感する次第である。

協定の精神を尊重

津田次官のあいさつ

韓国単独招請案を可決

賛成63、反対31票

韓国問題委員会で表決

国連総会

第二十五回国連総会政治委員会は十月三十一日、韓国問題を討議し、韓国単独招請案を賛成六三、反対三一、棄権二五票で可決、採択した。

国連総会政治委員会は三十日、自由友邦側の韓国単独招請案と共産側の韓国・北韓同時招請案を討議、韓国問題の国連討議に韓国だけを単独で招請し、北韓は国連の韓国問題を討議する権威と権能を承認する場合に限って招請しようという米国、日本など自由陣営側十九ヵ国の韓国単独招請案を、賛成六三、反対三一、棄権二五、不参加八で可決した。

一方、韓国問題討議に北韓も無条件で出席させようというソ連をはじめ共産側二十七ヵ国の韓国・北韓同時招請案は、賛成四〇、反対五四、棄権二五、不参加八で否決された。

なおこんどの表決で、韓国単独招請案の支持票は昨年の六五票より二票減っている。

韓国支持感謝

国連で韓国単独招請案が可決し、国連の権威を否認する共産側の北韓の無条件招請案が否決されたのは当然なことであり、とくにいくつかの国が国内事情の変動にもかかわらず、韓国を支持したことに対し感謝する。

十一月中旬ごろに予定されている韓国問題の実質的な討議のさい朴正熙大統領の平和統一に関する"八・一五宣言"の趣旨と、韓国の……

オタワに韓国総領事館

永住権取得者の優遇当然

待遇改善に努力

呉次官、各地民団訪問

永住権申請状況を視察激励

「首都電鉄」来年着工へ

都心は地下鉄で

ソウル駅起点の三既存路線

政府は首都圏の交通難解決のため、ソウル駅を起点として鐘路経由清涼里駅(9.5キロ)まで地下鉄を建設するほか、ソウル駅―仁川駅間(38・9キロ)ソウル駅―水原駅間(32・3キロ)清涼里駅―城北駅間(5・6キロ)など、三個の既存鉄道路線を電化することに決定、二十六日から測量および設計に着手する。

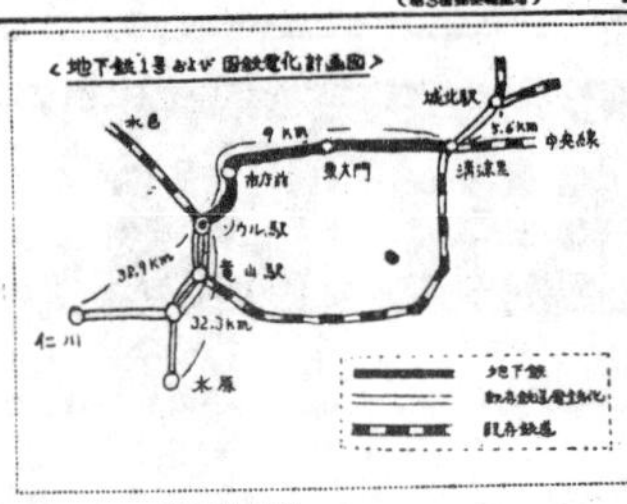

73年には完工

地下2・5メートル

農産物価格予告制に

来年からの計画生産保護

「アークリル・ニトリル」工場着工

韓日租税協定発効

批准書を交換

韓日経協に新転機

総括主義の実利に期待

首席に崔外務長官

国連代表団21名決る

GNPをGNWに

本国論調

中国問題と韓国安保

英の極東防衛軍創設構想

「あれがソウルの空だ」初上映

永住権促進申請映画会

民団大阪本部

満員の会場(上)と(下)はあいさつする崔大阪団長

アジア競技大会

バンコック大会の詮衡委できまる

第六回バンコク・アジア競技大会出場選手団詮衡委員会がさる十五日午前ソウルのニューコリア・ホテルで開かれた。

この日の会議では、大会種目十三のなかから陸上、水泳、ボクシング、レスリング、重量あげ、バスケットボール、サッカー、バレーボール、サイクル、射撃など十ヵ種目に参加する一方、フィールドホッケー、バドミントン、卓球などニヵ種目には不参加することにきめた。

また、最終選抜がなされていない射撃とサイクルを除く八ヵ種目の選手を、百名(男子八十名・女子二十名)に確定した。

この日の会議では、三段階に入賞が可能な種目のみ選抜、精鋭選手団を構成するという原則を定めて、この原則により出場種目を陸上、水泳、ボクシング、レスリング、重量あげ、射撃、サイクル、サッカー、バスケットボール、バレーボールに決定した。

この中の三ヵ球技は、各協会に…

南山に安義士記念館

26日開館　遺墨25点を展示

▲南山に建立された安義士記念館と銅像

大学軍事教育制度改正

日韓親和会長

本国功労章受章

預金高二百二十億円

創業15周年を迎える大阪興銀

11日に盛大な祝典計画

豆剣士が心身修練

愛媛民団が指導

野遊会で永住権PR

大阪・布施支部管下の南部分団

即座に五百五十万円

神奈川本部　永住権申請促進募金

団長に朴彰変氏

川崎支部の臨時大会で選出

拍手と握手の中で

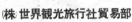

万博後援会27日に解散式

叔父さんを探して下さい

韓国漁船員が病床で訴え

大阪韓国学校で

ハングルの日の記念行事

国軍服仮装ゲリラ一名射殺

冬季五輪選手団、北海道へ

お知らせ

尋ね人

捜しています

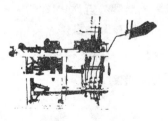

韓国の偉大な儒学者 退渓李滉400周忌

12月8日 記念事業を盛大に挙行

講演や遺品展示 偉業称え銅像建立

来る12月8日韓国史上の偉大な儒学者、退渓李滉先生の四百週忌を迎え、李退渓先生四百週忌紀念事業会（会長・朴鐘鴻）は陶山書院浄化事業、遺品展示会、銅像建立、講演会など各種の事業を展開している。

陶山書院 韓国儒学の精神的

史蹟百七十号に指定（69・5）されている陶山書院は、慶北安東郡土溪面土溪里にある。

建立された銅像

退渓文集

陶山に建てられた「蘭亭」の詩碑

法律をハングルに 71年中に実現めざす

宗廟大祭復活

科学技術情報活動の方向

科学レポート

「大学生とリーダーシップ」 三教授が基調演説

統一問題学術シンポジウム

日本・東南アなど研究

高大アジア問題研究所五ヵ年計画で

フォード財団20万ドル支援

韓国統一問題国際学術会議をさる八月に主催して内外の耳目を集めた高麗大学アジア問題研究所（所長金俊燁教授）は、最近また米国のフォード財団より二十万ドルの研究費が支給されるようになり、こんご五年間、南韓研究、北韓研究、中共研究、日本研究、東南アジア研究など多方面にわたる研究計画をとりたてた。

この研究計画の内容をみれば、南韓研究分野では①東南激収による安保問題②中共の国連加入と極東情勢の変動による韓国への影響③経済開発と人口増加④農村開発⑤外資導入⑥福祉国家への指向にともなう社会保障問題⑦スチューデント・パワーの膨大による韓国学生運動の究明などを問題点として扱うようになる。

北韓研究分野では、①統一の接近にともなう南北韓の比較研究②北傀と中共・ソ連関係③北韓における文化革命⑤北韓の科学技術および十一月二日に開かれる北傀労働党大会で発表予定の北の新たな経済開発計画（五ヵ年あるいは七ヵ年かは未定）に対する評価分析が含まれる。

中共研究分野では、①中共の核開発とその動向②統一領域での開発問題③中共の対東南アジア膨脹政策④後継者問題をめぐる中共内の権力の変動⑤遠からず発表予定の第四次五ヵ年経済計画の評価分析⑥中・ソ間の衝突紛糾などが含まれる。

金俊燁教授は、「こんごの五年間の研究でもっとも重点がおかれる分野は、日本研究と東南アジア各分野の研究」になることを明らかにした。

日本研究分野では、日本の国防産業開発とその影響、アジアにおける日本の役割、日本に対する韓国人の態度（世代別の研究）、シベリア開発など、日本の対共産圏…

…められる五ヵ分野の研究には、各分野ごとに専門研究員六名と助手二名づつ四〇名が参加するようになるという。

来年後半期に南韓問題としての外資導入問題、外債と経済開発をゼミナールで扱うようになり、七三年には、政治・経済・社会・文化のあらゆる分野における韓日関係、七五年には、東南アジア全地域の協力関係がそれぞれゼミナールで綜合分析される。研究実績は各分野別に一人が一巻づつ、全三十巻を刊行する予定。

金俊燁教授の伝えるところによれば、フォード財団は、さる一九六二年に二〇万ドルの研究費を同アジア問題研究所に送ったのをはじめ、六二年に三十万ドル、六七年に二十万ドルなど九十万ドルを支給してきた。アジア財団、ハーバード・エンチンなどで支給されたのをあわせば百万ドルをオーバする。

その間、同研究所が刊行した単行本だけでも、四十三巻、本年度…

大統領賞に全北の「農楽」

民俗競演大会閉幕

大統領賞に輝く「農楽」

国民団結機構促進

勝共教育等統一の四大基本目標

朝総連の永住権申請妨害を粉砕しよう！

永住権は生きた現実である

韓國新聞
在日大韓民国居留民団中央本部機関紙
韓国新聞社
発行人 鄭烱和
東京都文京区春日町2丁目20−13
電話 (813)1451〜3
(813)2261〜3
振替口座東京 34988番

民団綱領
一、われわれは大韓民国の国是を遵守する
一、われわれは在留同胞の権益擁護を期する
一、われわれは在留同胞の民生安定を期する
一、われわれは在留同胞の文化向上を期する
一、われわれは世界平和と国際親善を期する

まず生活保証の"証文"を

「申請」締切まであと一ヵ月余

永住権は生きた現実である。在日韓国人の生活を保証する証文であるからだ。

民団が挙げて永住権促進に大童であるゆえんである。

戦後二十年間、在日韓国人の日本社会への投影は、その是非善悪にかかわらず、課題と懸案として山積みされたことは周知の事実である。

これが解決策として、韓日両政府当局が、あるいは過去三十六年間日帝の支配下にあった事情を提起し、あるいはまた韓国南北分断による不幸な現実に留意するなどの材料を持寄って、甲論乙駁を重ねること、実に十数回に及んだことも先刻承知のはずである。

去る昭和三十七年八月、第十次と称する韓日会談が開かれ、韓国側の積極的な働きかけに対する池田内閣の消極的な姿勢は、遂に立上る機会を見失い、取らずじまいの相撲で土俵を割ったことは忘れることが出来ない。

やがて佐藤内閣の誕生となり、韓日関係の正常化の仮調印に至ったのが昭和四十年六月である。

この間がなんと二十年である。地理的歴史的に密接不可分な関係にあるとはいえ、韓日両国が恐饉をこえて手を握るまでには実に長い道程だった。

その間の在日韓国人の苦悩は言語に絶するものがあったことは今さらいうまでもない。

朝総連妨害、犬の遠吠え

永住権が朝総連の妨害により多くの同胞を混迷に導くごとき様相は断じて容赦されるべきではない。それは在日韓国人の歴史にまたもや汚辱の頁を附加へることであるからだ。

朝総連の宣伝によれば、永住権は在日韓国人子弟の徴兵につながり、ひいては強制退去の対象になるとされている。

こんなたぐいのことからは、あまりにも馬鹿馬鹿しくて、強制退去どころか論議の対象にもなりえないことなので、口角泡を飛ばすのも気が引けるが、いかに反対のための反対とはいえ、その無知蒙昧な頭脳の構成には、もともとはこれが同胞という意味において（…）恥の限りである。

韓国は現今在日同胞の子弟まで徴兵すべからざる事態に直面しているわけではない。韓国の徴兵制度の基本精神は精神的肉体の平常に（…）事情を置いていることは韓国の現実から推して誰の眼にも明瞭判明である。

在日同胞子弟の徴兵どころか、在日韓国人の帰国をも歓迎出来ない事情がたび重なる両国政府当局による会談となって現われ、これが結晶が他ならぬ永住権であり、このことが取りも直さず韓国の現情であることは、論を待たない。

それを在日同胞子弟の徴兵並びに強制退去の対象として結びつけることは、木に竹をついだようなもので、呑み込むのに四苦八苦するということだ。三思四考を促しておく。

さらに、彼ら朝総連は、日本の革新政党におもねて、永住権妨害にやっきになっているという。後日これは由々しい問題になるであろう。かつての例が実証して（…）

永住権をとると
こんなに自由に
故国へ往来が
出来るとは
思わなかったわ

永住権がないと
若し一年以上の刑に処せられると
日本から追放され
ます

"韓国籍にもどせ"
福岡県、田川市長に職務執行命令

福岡県田川市（坂田九十百市長）では、去る八月十四日、管内の在日韓国人5世帯14人に対し永住権申請における国籍表示を「韓国」から「朝鮮」へ書き換えることを認めたが、これに対し福岡県では13日、地方自治法146条によ（…）り在日韓国人の国籍表示を「韓国」に訂正するよう職務執行命令を配達証明付で郵送されることになる。

坂田市長が方針を変えない限り市長罷免の可能性を含む行政訴訟に持込まれる公算が大きい。またこれは今まで朝総連の工作によって全国革新市長会を中心に、自治体独自で書き換えを行なった一部市町村に大きな影響を与えるものと思われる。

この決定に先だち、福岡県の副知事は十二日午後六時半から坂田・田川市長と会い、書換え訂正命令に対する同市長の最終的な意向をただしたが、市長は「いろいろ考えたが、この段階では国や県の意向にそいがたい」とのべたため、福岡県が法務省の指示通り職務執行命令を出すことにしたもので、命令の期限は「二十四日ごろまで」になりそうである。

（…）

蝸牛角上何事争
石火光中寄此身
富随貧随且歓楽
開口不笑是痴人

千 万 千

踊らされる朝総連
単なる同情、政策にすぎぬ

日本革新政党への疑問

日防衛庁ミサイル発注

兵役未了者の海外旅行認む
修・博士コースの留学生にも

朝総連の永住権申請妨害を粉砕しよう！

首都ソウル 広域10ヵ年計画の全貌

過密化対策72年に着手

ぎっしりつまった首都ソウル。過密化防止の対策はいそがねばならない

"ソウルは満員"である。人口五百万を"世界十一大都市としてのしあがった。数年前までは、足を踏み入れることもない郊外の荒地に、いまやバスが四通八達のありさまである。自分の土地やマイホームを持とうというささやかな願いを持つ市民はもちろん、過密都市を避け、静かな生活の場を求める多くの都市民は郊外へ郊外へと伸びていく。「広州には大団地が生れる」「人口六十万を収容する永東副都心地域が開発される」「京仁地区を結ぶ大運河の建設」、ソウル市内の地下鉄と周辺の郊外線を結び、大交通網を建設」「冠岳山周辺一帯に大学都市が生れる」―など、最近首都圏開発のためひろげられる政府当局のマスタープランは大型化し、積極的になった。首都の人口過密化と地域協助、広域化される生活圏の拡散など現代都市が担う構造的問題を解決するため、すでに国土総合開発十ヵ年計画を準備し、段階的に推進中である。華麗なる夢をひろげるソウルの未来図を考察すると―

五年間に6倍

まさに車の洪水

韓日中連絡会議

大陸棚開発 永住権促進も討議

EECと締結か

綿織物協定 71年から三年間

ヨーロッパ市場積極開発へ

輸出増大対策

全州・順天・釜山間

高速道路 三月に着工

民願処理速やかに

本国論調

米中間選挙の意味するもの

（一）

人材の韓国的条件

（韓国日報社説）

"技能五輪" 日本(武道館)で開かる

韓国選手団の行進に万雷の拍手

総合優勝めざし健闘

中央で作業中の抜き型の金根培選手
(写真は上下とも太陽新聞提供)

アジアで初めて催される職業訓練の技能オリンピック「第十九回技能オリンピック国際大会」の開会式は、十一月十日午前十時から東京千代田区北の丸公園内の日本武道館で、日本の皇太子同妃殿下をお迎えして、約五千人の観衆が見まもる中に、華々しくその幕を開けた。

この日、式場にあてられた武道館には、開催国の日本を始め、十五ヵ国の技能選手二百七十四人が参加したが、わが国からは、金鎬烈団長をはじめとする関係者と七人と、二十九人の選手が総合優勝を目ざして、その元気な姿を見せてくれた。

開会式は、まず西ドイツ国旗を先頭にオーストリア、ベルギー、韓国、スペイン、オランダ、アイルランド、イタリア、リヒテンシュタイン、マルタ、ポルトガル、イギリス、スイス、中国、日本の順で入場、万雷の拍手をあびたのち、各国国旗が厳かなうちに掲揚された。

つづいて開催国を代表し、…健一国日本組織委員会会長が歓迎のあいさつをのべ、パロマレス国際委員会会長(スペイン)の激励のあと、選手代表の今野…選手の力強い宣誓があったあと、来賓の日本政府労働大臣が、技能は科学、技術とともに国家を支える三大柱の一つであると強調した祝辞が、聴衆に感銘をあたえた。

開会のあいさつをするパロマレス国際組織委員会会長(東京千代田区の日本武道館で)

最後に「技能オリンピックの歌」を三菱銀行合唱団が声高らかに歌い、午前十一時四十分に式典を終えた。

なお競技は十一日から四日間、千葉市六方町の中央技能センターで行なわれるが、わが国は、木型、溶接、電気配線、旋盤、機械組立、家具など二十九種目に出場し、技を競うことになっている。審査結果による入賞者の表彰式は十一月十七日。

「人声人語」を希望者に配付

第50回国体の在日同胞表彰式で左から吉松君、母、方枝さん、鄭氏、2人おいて右端が福松君

ウィーンの逸材 ピアノの李清さん

来年帰国リサイタル

本場で幾度か観客魅了

夏季休暇で一時帰省し、秋風立ちそめる羽田空港をあとに、UAA機でウィーンへ旅立ったこの人、李清さんを、その二日前に銀座の東急飯店へ急いで訪ねた。

今からちょうど十年前の一九六〇年、日本でもっとも権威のある音楽の登竜門、NHK・毎日新聞共催による恒例の第十四回全日本学生音楽コンクール、ピアノ部門第一位の栄冠に輝やいたのは、…の同胞が入賞しているが、その大部分が声楽部門であったので、器楽部門では珍らしい存在であったわけである。

チェリスト李…氏の長男として東京に生まれ、…

…ン国立音楽院に留学したが、六四年九月に再び帰国、ソウル市民会館でリサイタルをひらき、シューベルトとショパンを弾いて聴衆を魅惑、ますます将来を大きく嘱望されるようになった。

酒をたしなまず、煙草を喫めることと、カメラが趣味だということ…

…の完全、練習の研鑽みのり、昨年六月、ウィーン国立音楽院を最優秀成績で卒業、ひきつづきブルーノ・ザイデルホーファ(BRUNO SEIDLHOFER)教授についてピアノを専攻中だが、一方世界的作曲家のGOTTFRIED V. EINEM氏に作曲も師事している。…

ブルーノ教授に…李清さん

映画「日本の中の韓国人」製作

文化事業部発足

〈当面の事業〉

再び韓国籍へ

「だまされた」と横須賀の権さん

武装スパイ逮捕

仁川・釜山 社会混乱と選挙妨害

国体三連覇の

千葉の鄭氏一家

スポーツ兄弟

韓沁錫博士を内申

建青25周年祝賀会ひらく

連載長編小説第一回

国家と民族の谷間にて

都有里

はじめに

今週から都有里先生の小説「国家と民族の谷間にて」を掲載します。読者諸賢のご愛読をお願いします。

作者の言葉　国家とはなんだろう。民族とはなんだろう。とはながい間考えつづけて来た。今もそうである。そういう私に、谷山泉というなが、国家とはこんなもので、民族とはこんなものです、と教えてくれたような気がする。それで私は、谷山泉を書いて見たくなったのである。もしも国家と民族の片鱗がうかがえたら幸いである。読者諸賢のご愛読をたまわりたい。

（一）

谷山泉が母を亡くしたのは、数え十六の年の秋である。

その母は [illegible]

船不能がほぼ確定的となったとき、そのことを気にしながら床に伏したのである。松と同じ病気だった。

医者は過労がたたったといい、絶対安静を指示し入院をすすめたが、何をするんでも先立つものは金であって見れば、その金がないんではどうしようもなかった。

従って彼女は奥の八畳の隅っこのせんべい蒲団にくるまって、日増しにやせ衰えていくばかりだった。

考えて見れば寿子は、まったく松の犠牲になって死んで行くようなものであった。

去年の七月松が倒れると、寿子は早速、炊事洗濯から弟達二人の面倒見まで引受けなければならない破目に陥入ったのである。

いくらしっかりしているとはいえ、彼女はまだ小学四 [illegible]

13万9千人が「朝鮮」から韓国籍へ

朝総連、必死の欺瞞宣伝も空まわり

韓國新聞
在日大韓民国居留民団
中央本部機関紙
韓國新聞社
発行人　鄭烔和
東京都文京区春日町
2丁目20−13
電話（815）1451〜3
（813）2261〜3
振替口座東京 34988番

民団綱領

一、われわれは大韓民国の国是を遵守する
一、われわれは在留同胞の権益擁護を期する
一、われわれは在留同胞の民生安定を期する
一、われわれは在留同胞の文化向上を期する
一、われわれは世界平和と国際親善を期する

朝総連の壊滅も間近か

絶対優位も昔日の夢

転落一路の趨勢に呆然

日本法務省の発表によると、本年十二月末までに朝鮮籍から韓国籍を取得した在日同胞の総計は十三万九千七百十八人に達していることが判明した。

李禧元団長

さる二十七日、李禧元民団中央団長は、在日韓国人新聞通信協会加盟各社の記者と会見し、さる十月二十七日の韓日両国法務次官会議の席上で、日本法務省が提出した「外国人登録統計上の国籍」の内容を発表した。これによると一九六五年には二十三万二千二百十二人であった韓国籍が本年十二月末までに三十一万四千四百七名に増加しているがこれは駐日代表部が発給した……

朝総連幹部の正体

沖縄に民団結成

コロナ・パーツ 完全国産化へ 72年を目標

外国人登録統計上国籍表示状況

年度	韓国籍(%)	朝鮮籍(%)	計(%)
1965	231.212 (39.9)	384.360 (60.1)	580.072 (100)
1966	247.422 (40.4)	336.466 (57.6)	583.888 (100)
1967	245.614 (43.5)	330.594 (56.4)	576.208 (100)
1968	271.624 (45.9)	320.552 (54.1)	592.176 (100)
1969	293.382 (48.9)	305.979 (51.1)	599.361 (100)
1970(末)	314.407 (51.0)	294.082 (49.0)	608.489 (100)

上記の数字は、駐日韓国大使館発給の在外国民登録を市町村当局に提示して正式に韓国籍を取得した転向者だけを表示したものであり、このほかに朝鮮籍の者が、永住権を申請するために「国籍陳述書」を提出したものも五万六千五百二十三人に達している（10月末現在）。この者たちは永住権の許可と同時に自動的に韓国籍となる。

韓徳銖も来て泣く

大阪 永住権推進年内完了か

②大阪府下の申請状況を説明する金六九組織次長（大阪本部）
③空中での呼びかけに出発する宋生野支部団長（八尾飛行場）

堂々と永住権申請せよ

永住権活動中交通事故で

石川県 珠洲支団長 金禹凡氏殉職

長崎の韓国漁船が…

金属機械などに重点

三次五ヵ年計画・六千五百億投入

政府は三次五ヵ年計画期間中、外資[illegible]、内資二千七百七十五億ウォンなど合計六千四百七十七億ウォン(ウォン貨換算)を投入し、重工業化のための綜合製鉄拡張と四大基幹工場建設をはじめ綜合電子機器工場、石油化学系列工場と全国十八ヵ[illegible]の増資および改善などを完成しようとする製造業部門の投資計画を作成した。

72年スタート

海外輸出など経済発展にひと役かう馬山の紡織工場

乳牛三千五百頭導入

農林部、長期酪農計画を発表

経済建設の歩みもめざましい首都ソウル

汝矣島埋立て貫通路

71年に完工

ソウル市、漢江開発六ヵ年計画決る

自由化幅を拡大

外貨取引き 審査承認制廃止

京釜線複線化

慶南道に六千ヵ所の集水場

緬羊工場設置

公害など研究

農漁民の所得急上昇

一戸あたり二万四千ウォン

趙農林参席

本国論調

韓日経済関係の再検討

(一)

一九六五年に締結した韓日国交正常化を契機として、韓日両国間の交流関係が急速的に拡大されてきたのはだれも否定できない。そのなかでも、経済交流関係の刮目すべき増進は、実質的にわが国国民経済の発展方向にまで大きな影響を及ぼしているといってもあながち過言ではない。一九六四年までの資本協力関係はただ一件、38万ドルにすぎなかったのが一九六五年から加速度的にふえはじめ、一九六九年末までの実績は[illegible]件、五億千五百万ドルに達した。

一九六四年の対日輸入実績は一億千万ドルであるにくらべ、一九六九年末には七億五千三百万ドルに達し、一九六四年に三千八百万ドルであった対日輸出は一九六九年末には一億三千三百万ドルの実績をあげた。わが国の経済開発[illegible]画の推進と[illegible]、また国民生活にまで日本資本と商品がしめる比重がすこぶる大きい。

しかし問題は、協力関係の推進が全体的にも、部分的にもほとんどわが国の国家利益に相符したものであったかどうかにある。協力関係の量的拡大がそのまま日本経済への依存関係の拡大として示される危険に対し、われわれはつねに深い省察を怠ってはならない。

(二)

おりしも去る十日から12日までの三日間、ソウルで韓日協力委員会の第五次常任委が開かれた。両国の政界に大きな影響を与えている現役および退役の大物政治家と財界のお歴々で構成された協力委は、たとい民間ベースの性格ではあるが、むしろそうであるゆえに公式対話で期待できない格別な「政治的意味」をおびるのであるとわれわれはおもう。

公式のチャンネルでないだけにある具体的決定を期待するものではなく、今後の協力増進を両国の国家利益に期待するよう導くための虚心坦懐な意見を交換できれば、それだけでも意義は充分……

(朝鮮日報社説)

庶民のための裁判制度―その構想を歓迎する

(一)

(二)

(朝鮮日報社説)

韓半島の緊張続く

崔外務、国連へ

東京商銀職員募集

中央年度新卒者を求めます。

一、採用人員
二、応募資格
三、待遇
四、福利厚生施設
五、提出書類
六、勤務先
七、募集締切日
八、試験日及び場所

東京商銀信用組合

東京韓国学校　卒業生は奪いあい

明るい展望で迎える新学期

スクールバスも見える東京韓国学校全景
（○は宋基鶴校長）

〝生徒は民族の宝〟

同胞社会の後継者を養成

文化センター利用望む

534組合中　第10位にランク

驚異的躍進を賞讃

大阪興銀　創業15周年記念

李鳳祚（作曲）鄭蕪姫（歌唱）参加
「アンゲ（霧）」が入賞
東京国際歌謡音楽祭

李鳳祚さん

鄭蕪姫さん

大阪でも暴行

朝総連、東淀川支部で宣伝車襲う

お知らせ

年内に永住権申請を完了しよう

－177－

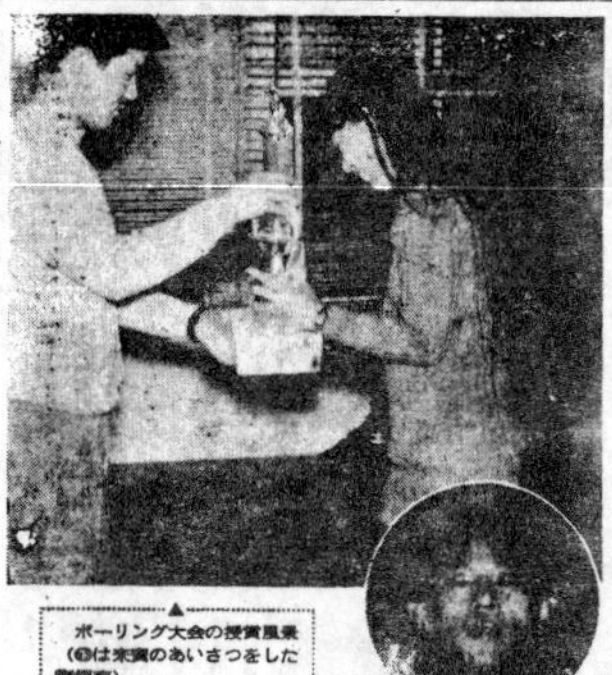

ボーリング大会の授賞風景
(◎は来賓のあいさつをした黄領事)

民団・和歌山

青年の認識徹底

和歌山 ボーリング大会で永住権説明

永住権取得促進に本部団長以下の各支部が一丸となり、全国でももっとも優秀な成果（目標数の九〇％達成）をあげている民団和歌山県地方本部（甲吉秀団長）では、県下在住の同胞青年たちに、民団が組織の命運をかけて推進中の永住権取得事業の認識をさらに徹底させるため、さる十五日（日曜）の午前十時から、和歌山市内でボーリング大会をひらき、競技に参加した男女青年八十余名に対し、甲団長と来賓から二時間にわたる永住権問題と青年の使命を促求する説明があった。

和歌山県下には約四千八百名の同胞が居住しており、団員は約三千名であるが、十月末現在で二千八百名が永住権申請を完了している。

しかし同本部ではこの数字に満足せず、県下全同胞の申請完了を目標に、本部団長以下各支部の任役員が一体となって、昼夜の別なく未申請家庭の戸別訪問など積極的な取得推進活動を展開しているが、一方、追いこまれた形の朝総連でも「国籍変更」などを宣伝して申請を妨害する策動がみえるので、甲団長はさきごろ支団長会議を召集し、同会議の名をもって「国籍変更は違法行為であり、このような申請の受付は絶対に反対する」ことを決議した。

さらに、この決議文を和歌山県知事、和歌山市長をはじめ県下の各市町村長を訪問して伝達したが、この決議事項を理解した各市町村長に知事は善処を約束している。

なお、十五日のボーリング大会には、駐大阪総領事館の黄領事と

北海道だより

韓国選手団よ 頑張れ
——冬期五輪費用引受けた崔氏——

篤志家・崔成源

北海道札幌市居住の崔成源氏は、大韓氷上連盟顧問として、七二年度冬期オリンピック国際大会にそなえ、昨年から来日中の韓国選手団の転地訓練に要する一切の費用を引受け、関係方面の感謝を集めているとのこと。

北海道、局のたよりによれば、氏の美徳には挙族的賛辞を送りたいとのことだった。

北海道第七回地方委員会

民団北海道地方本部（[illegible]団長）では、去る十一月十四日、第七回定期地方委員会をひらき、永住権促進の仕上げ方案をはじめ、新会館建設、七十二年度札幌冬季オリンピック大会における本国家族招請などの議案を真けんに討議した。

この日、特に問題になったことは、道内の某処で、朝総連幹部による脅迫をうけ、韓国籍を朝鮮に切換えさせられたという不祥事が起きたが、これは決して本人の意思ではなかったことを確認したあと、すぐに元の韓国籍にもどしたという報告があり、各支部の警戒体制をゆるめないようにとの決議をみ、閉会した。

ご苦労さま 黄領事夫妻
本国へ栄転

北海道勤務の黄[illegible]領事は、去る一九六六年九月から今日まで足かけ五年間、粉骨砕身よくその任務を全うして、このたび本国へ栄転した。

後任領事に金[illegible]氏　このたび、在日北海道韓国領事館に、新任領事金[illegible]氏が赴任され、在北海道韓国人一同に新たな意欲と活気をもたらしたという。

言論人に勲章
国務会議で議決九名に

十日の国務会議は、民主言論の暢達と国民の啓蒙に功績のある言論人九名に、国民勲章牧丹章を授与することを議決した。

嫁ぎたし

崔玉任（二二）
本籍・京畿道安城郡
学歴・ソウル東丘女高
趣味・韓国婦人服デザイン
性格・温良で勤勉
希望者は本社文化事業部に問合せて下さい。

研究発表と学術討論
韓国文化人類学会開く

韓国文化人類学会は創立記念行事として文化人類学大会をさる二十日、ソウルのユネスコ会議室でひらいた。研究発表（午前）と学術討議（午後）の二部に分けて開かれた。

日本の「詩学」に韓国詩特集

鄭夢周先生 銅像除幕式

連載長編小説（第三回）
国家と民族の谷間にて
都有里 作　画 村松太郎

韓國新聞

在日大韓民国居留民団
中央本部機関紙
韓國新聞社
発行人　鄭烱和
東京都文京区春日町
2丁目20−13
電話 (815)1451〜3
(813)2261〜3
振替口座東京 34988番

民団綱領

一、われわれは大韓民国の国是を遵守する
一、われわれは在留同胞の権益擁護を期する
一、われわれは在留同胞の民生安定を期する
一、われわれは在留同胞の文化向上を期する
一、われわれは世界平和と国際親善を期する

朝総連傘下の同胞5万6千が永住権申請

国籍変更策動も水のアワ

崩れゆく組織防衛に狂奔

朝総連の必死な脅迫と妨害をふりきり、われわれの呼びかけに応じて永住権を申請した朝総連盟員の数は五万六千五百二十三人に達しているが、この朝総連盟員の中には、中央および地方の著名な幹部多数が含まれている。駐日大使館と日本法務省当局の発表した統計資料によると、一九六六年一月十六日から本年十月末日までに、全国の市町村役場の永住権申請窓口に出頭して、国籍陳述書を添え永住権を申請した朝総連傘下の盟員同胞は五万六千五百二十三人である。

哀れ金日成の飼い犬

朝総連幹部が続々申請

かれらは永住権申請の際に、駐日大使館発行の「在外国民登録証」がないために、「国籍陳述書」を提出して"朝鮮籍"のまま永住権を申請している。なお、大使館領事一課および各地の領事館と民団側の確認によると、この「国籍陳述書」提出による永住権申請者の中には、約四千六百名の現職朝総連幹部および元幹部と、朝総連系信用組合、商工会、婦人会などの幹部などが名前を列ねていて、一般同胞に対しては永住権拒否を強要していながら、うらにまわってはこっそりと永住権申請を完了している朝総連幹部たちの矛盾に満ちた哀れな正体をまざまざと暴露している。

日本革新市長も一役

だが、窓口にどっと「国籍陳述書」

さる十二月一日、民団中央本部の「中央永住権取得推進委員会」では、駐日大使館と日本政府法務省当局の集計した「朝総連盟員の永住権申請者総数」を発表したが、これによるとさる十月末までに五万六千五百二十三人の朝総連…

…ことが判明した。北傀金日成の"忠実な飼い犬"になりさがっている朝総連徒党は、一九六六年一月十六日の「韓日協定」発効以来現在まで、あらゆるデマや中傷謀略を総動員して永住権申請の妨害工作を展開してきたが、その工作のことごとくが…

…報道があるため、いかにも多数の"韓国籍"同胞が国籍変更を申請しているかの如き印象を日本人社会と同胞社会にあたえているが、法務省当局の正式発表によると、さる十月二十三日現在でわずか千七百五十名だけであるのがその実体である。

◎民団結成式であいさつをのべる朴事務総長　◎婦人会結成を祝い万才三唱

南国の空に太極旗

民団沖縄地方本部結成

永住権活動費に寄金

在京経済人が一千万円

東京都在住の同胞経済人から、永住権取得推進の活動費にと一千万円の資金寄附があった。

佐藤総理におくるメッセージ

沖縄同胞の法的地位・処遇を

朴大統領におくるメッセージ

沖縄同胞にも協定永住権を

"罪悪の歴史"に終止符

朝総連、最後のあがき通ぜず

国連政委 統韓決議案を可決
賛成69・反対30・棄権23
共産側案はすべて否決

韓国問題を討議して二十三年目の国連第一委員会は、二十三日、共産側が提出した国連軍撤収案とUNCURK解体案を平均三十票の差で圧倒したのち、自由友邦が提出した統韓案を賛成六十九、反対三十、棄権二十三票で通過させた。

国連軍撤収案　賛成32・反対60
UNCURK解体案　賛成32・反対64

六千トン級貨物船を建造する経済発展の推進役韓国造船工業

71年度・七大経済施策
金副総理、国会で提示

国会予算決算委員会は二十四日、総額五千二百八十二億ウォンの新年予算案（今年比八百二十億ウォン増加）に対する総合審査をはじめた。

アジア・キリスト教反共大会おわる

ふえるGNPの隔差

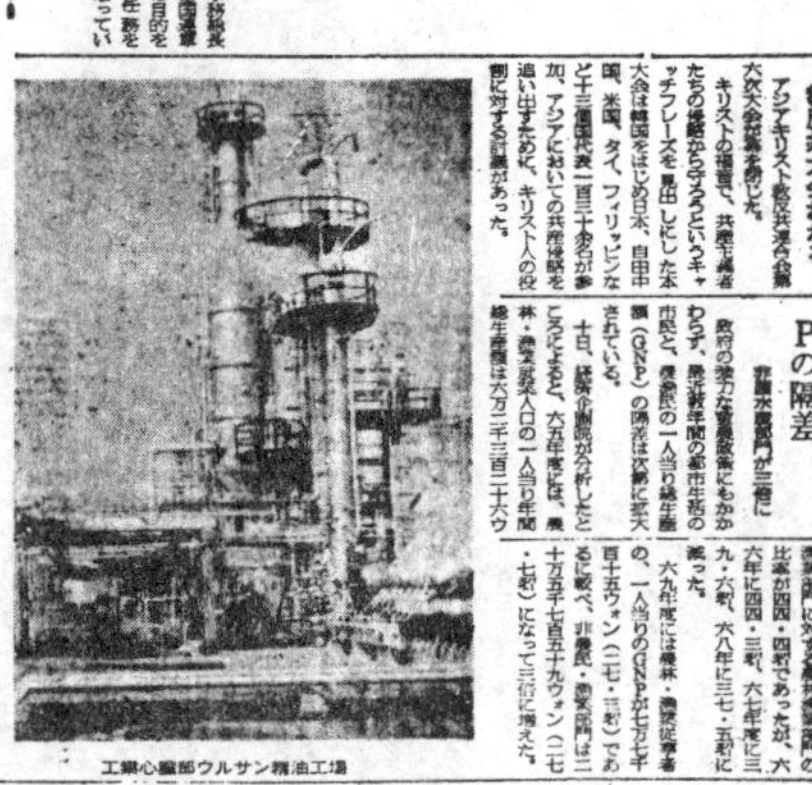

工業心臓部ウルサン精油工場

本国論調
あいまいな日本法務省
国籍問題に条約義務忘れるな

青少年の活躍に祝意
国威宣揚するスポーツ界

米、北傀挑発で報告
安保理　南侵続け休戦協定遵守せず

韓国軍現代化五ヵ年計画
七億五千万ドル
米大統領 追加軍援案提出

肥料など60余品目
対インドネシア輸出増大

十億四百八十万ドル
70年度輸出実績 目標を上まわる

軍服、軍靴など入札に便宜
プノンペン政府も

電子製品の一部を国内販売
輸入関税免除

わが国初の民間発電所

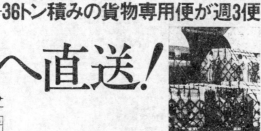

全国一の支部会館建設

兵庫県尼崎支部、1億円の資金も支部で募金

建設中の尼崎韓国会館

趙乙岩支団長

成承三建設委員長

尼崎九婦人会長

永住権のムードで一気に

石けん売って百万円

婦人会も資金活動の先頭に

東京商銀本店都心に進出

近代ビル（地上七階 地下一階）起工式

伸びる預金高 来春百五十億突破へ

商銀本店ビル完成予想図

一九五四年三月五日に漢城信用組合の名称で開店以来十六年間、着々と業績をあげ、ここ三年間は十億円以上の伸び率をみせ来年三月末までには、預金高百五十億円突破を目標としている東京商銀信用組合（文京区湯島三—三八—一五・許弼奭理事長）では、その間、新宿支店（新宿二—五四・金道仁支店長）、荒川支店（荒川区東日暮里六—二三—一・文裕弘支店長）、五反田支店（品川区東五反田二—十九—一・金[illegible]支店長）の三支店を開設し、日増しに発展の一路にあるが、その規模の増大にともなう局舎、施設の狭少を解消するため、昨年来、本店の新社屋建設のための準備を急いでいたところ、さきほど用地の買収および設計を完了、去る十二月二日、関係者多数参席のもと、その起工式を盛大におこなった。

新社屋建設用地は、繁華街の新宿歌舞伎町近くの、新宿区西大久保一—四四九に位置し、敷地百七十坪、地下一階、地上七階のあらゆる近代設備をほどこされるもので、俗称"商銀ビル"と呼ばれ、来年十月までに完工、業務を開始することになった。

この商銀ビルの各階収容内訳をみると、地下一階が金庫室と機械室、一階は入口と駐車場、二階[illegible]

同和信用追い越す

"自信あり"と許理事長

許理事長

東京商銀ビル建設について、許弼奭理事長は、去る十一月二十八日、本社記者と会見し次のように所信を披瀝した。[illegible]

推進運動盛ん

商銀でも永住権

よき環境づくりで業績をあげる

華かに"韓日親善の夕"

公演 韓国民俗歌舞団公演

韓国民俗歌舞団の公演

朴基丙将軍ら一行13名来日

日本郷友連盟の招請で

日本の防衛施設見学

12月15日にアジア親善大会

永住権なしでは日本では安住できない

文化

五氏の情熱に敬服

竹中労編者「見捨てられた在韓被爆者」

「在韓被爆者」問題をまとまった形で世に問うたのは、本書が唯一無二のものであろう。一説すれば判然とするがこの書が世に出るのは簡単ではなかったようだ。版本にした「創価学会を斬る」の日新報道であるのも面白い。ともあれ、版本の仕事を多としたい。

整序された読み易さ

「日本帝国主義と旧植民地地主制」

浅田喬二著

韓国人になった赤星さん

海を越えた人間愛

26年ぶりに実兄と対面

できるだけ援助したい

赤星信雄さん

朴鍾和氏の講演会盛況

尋ね人

嫁ぎたし

崔玉任(二二)

連載長編小説

国家と民族の谷間にて

(第四回)

都有里

え 村松太郎

韓國新聞

在日大韓民国居留民団
中央本部機関紙
韓國新聞社
発行人　鄭炯和
東京都文京区春日町
2丁目20－13
電話 (815)1451～3
(813)2261～3
振替口座東京 34988番

民団綱領

一、われわれは大韓民国の国是を遵守する
一、われわれは在留同胞の権益擁護を期する
一、われわれは在留同胞の民生安定を期する
一、われわれは在留同胞の文化向上を期する
一、われわれは世界平和と国際親善を期する

北傀空軍朴少佐 韓国へ脱出

自由求めミグ戦闘機とともに

巨津海岸砂浜へ着陸し帰順

濃霧の休戦線を越え

必死! 胴体着陸で北韓脱出成功

さる三日午後二時二十七分。北韓空軍第八二四部隊所属の朴順国少佐は、ソ連製のミグ15戦闘機を操縦して北韓を脱出し、休戦線の南方にある江原道高城郡巨津面松竹里の海岸砂地に着陸し帰順した。

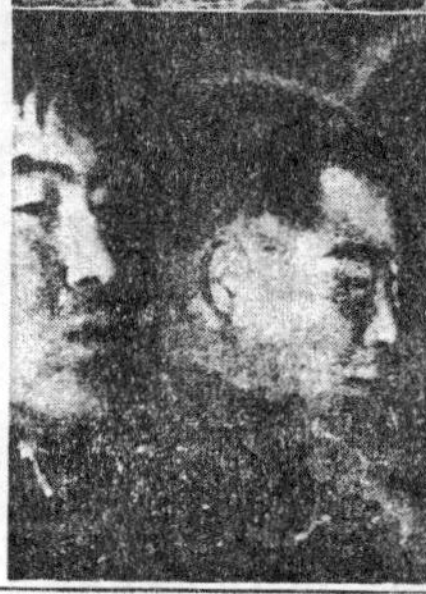

北傀朴少佐が乗ってきたミグ機。前部がこわれている㊦は帰順した朴順国少佐

帰順、10年ぶり　朴少佐 感激のソウル入り

柳根昌国防部次官の発表によると、この日、休戦線附近にあるわが空軍基地のレーダーは午後一時五五分、休戦線北方の東海岸を飛行している機種不明の北傀機一台をとらえた。

休戦線附近を北傀機が飛んでいるので、わが空軍基地は緊張し特別警戒を各基地に指示したが、午後二時ごろ、レーダーにうつっていたこの北傀機は突然機首を南に向け、休戦線を飛び越えた。

この瞬間、わが空軍の〇〇基地では、F5A戦闘機〇台が出動して北傀機の誘導をはじめた。北傀機は濃い霧の中をしばらく低空飛行をしたあと、二時二十七分、陸軍〇〇師団の哨所南方百米の砂浜に胴体着陸をしたが、着陸のさいのショックで北傀機は右翼が破損した。しかし操縦していた朴順国北傀空軍少佐は無事であった。

砂地を二十五米も胴体着陸ですべっても負傷をしなかった朴順国北傀少佐は、現地に急行した国防部当局の護送で午後六時ヘリコプターに乗り、ソウルの汝矣島飛行場に到着後、ソウルで感激の帰順第一夜をおくった。

ヘリコプターから降り立った朴少佐は、中肉中背で茶色の皮ジャンバーを着用していた。彼を乗せた自動車が飛行場から夜のソウル市内にはいるや、明るい夜景がめずらしいのか夢中になって窓外をみつめていたという。

軍当局では、朴少佐の帰順の動機その他を数日中に発表する予定であるが、北傀操縦士の帰順は、さる1950年4月28日「ヤク」機を操縦して帰順した李健淳中尉の帰順から五回目であり、ミグ機の帰順では、さる1953年9月の盧今錫大尉から三回目である。

一方、ソウルでは、朴順国少佐がミグ機で帰順したとの報告に接するや直ちに合参戦略情報局長柳武烈少将と、空軍情報局長李周玲准将、空軍本部情報局の鄭洛賢少領が、現地に急行しようとしたが、現地から朴少佐をヘリコプターで汝矣島に護送するとの報告があり計画を中止した。

北傀の虐政をバクロ

申文公長官 歓迎の談話発表

【ソウル】韓国政府スポークスマンの申範植文化公報部長官は三日、「朴順国北韓空軍少佐の帰順を全国民とともに歓迎する」と、次のような談話を発表した。

鉄のカーテンの中で、きびしい監視と脅しにもかかわらず、果敢に命をかけて生地獄を脱出した朴少佐の勇気に熱い拍手をおくる。

この勇気ある行動は、自由人の亀鑑として末永く輝くであろう。

朴少佐の帰順は、金日成カイライ集団の虐政が、いかに苛酷なものであるかを端的に証明するものである。

さきの労働党第五回大会で明らかにされた北韓カイライの戦争準備のための狂奔と、朴正煕大統領の"八・一五平和統一構想"を拒否したことにより明らかにされた侵略野望の中で、犠牲だけが強要されている北韓の同胞の苦痛が爆発寸前まできていることを、朴少佐はこんどの帰順を通じ、全世界に暴露したものである。

現在までの帰順北傀機

李中尉の場合

①1950年4月28日＝李健淳中尉、IL10「ヤク戦闘機」で金浦基地に着陸。現在空軍大佐として大邱空軍司令部で企画部長に在任中。

盧大尉の場合

②1953年9月21日＝盧今錫大尉「ミグ15戦闘機」で金浦基地に着陸。盧大尉は米国から賞金10万ドルを受け、越南していた母親とも再会した。54年には渡米してアメリカで工業大学を卒業し、現在はボーイング航空機社に技師として在職中。

李大尉の場合

③1955年6月21日＝李雲龍大尉と李仁鮮少尉がヤク18戦闘機で汝矣島基地に着陸。李大尉は現在空軍中領で大田空軍技術教育団教材課長。李少尉は空軍少領で空軍大学に勤務中。

鄭少尉の場合

④1960年8月3日＝鄭洛賢少尉が「ミグ15戦闘機」で東草大浦里飛行場に着陸。鄭少尉は現在空軍少領で空軍本部に勤務中。

今までの最高階級

帰順北傀軍将校中で

北傀空軍機の帰順に関し、丁来赫国防部長官は四日「帰順した朴順国少佐は、韓国軍による機体点検と尋問の経緯、質問などが終りしだい国民の前に姿を現わすことになるであろうが、朴少佐はこれまで帰順してきた北傀軍の将校ではいちばん高位の高級将校であるから、これまでとはちがう高次元の調査をする必要があり、その調査後に全貌を発表する」と語って、わが軍当局でもこんどの朴少佐の帰順を相当に重視していることを明らかにした。

海からも北傀脱出

香港で北傀船員が亡命申請

六日夜のソウル放送によると、香港で北傀の大型貨物船の甲板長が船から脱出して亡命を申し出た。

六日早朝、サイゴンの駐ベトナム韓国大使館からの報告によると、北傀の大型貨物船の甲板長として長年勤務してきた李錦国(?)は、三日、香港で船から脱出し、サイゴンの韓国大使館に保護をもとめてきた。大使館ではこの亡命申請を[illegible]しその身柄をソウルに送っている。

自由への着陸 「ここが韓国か!」

三日午後二時二十七分、自由大韓のふところに帰順した北傀空軍少佐朴順国(三)の、松竹里海岸着陸の瞬間のもようを、ソウルの日刊紙中央日報の金英輝記者はつぎのように報じている。

"ここは韓国だ"に安心

「私は帰順者」と案内乞う

松竹里海岸着陸の瞬間の模様

三日午後二時二十七分、北傀空軍朴順国少佐がミグ15戦闘機を操縦して東部の海岸を這うように飛びながら着陸した地点は、江原道高城郡巨津面松竹里の砂浜であった。

朴少佐は機上から飛び下りて西へ八百米ばかり真っすぐに歩き、最初の民家李順学氏宅の庭に入り、所見で「私は帰順した者だが、ここはどこか?」と尋ねながら、自由世界の地を踏んだ安堵の表情をかくそうともしなかった。毛皮のついた皮ジャンパー、黒色のズボンを着用している朴少佐の背丈は一米七十ぐらいであった。

この日、裏山で松の枯葉をかき集めていた最中に、意外なミグ機の着陸を最初から最後まで目撃した金文子氏（女・55歳・松竹里二班居住）の話によると、突然海上から飛行機の爆音がひびくので海岸を見ると、機首に「239」の機体番号が鮮明な戦闘機一台が、金氏の場所から約六百米ばかり離れた海岸の砂浜に胴体をよっつけるような形で非常着陸をするところであったが、この飛行機は着陸する瞬間百八十度に機首が旋回したようであった。

金氏は素早く「枯葉あつめ」の作業をやめ、近くにある某部隊の輸送隊にこの光景を申告すると同時に、三百米先の民家にもこれを急報した。

朴少佐が乗って来たミグ戦闘機は、砂浜を二十五米も胴体滑走をして停っていて、一瞬舞い上った砂塵の中で右側の機翼と前方の下部がこわれ、両側の燃料タンクと右側車輪が折れて飛び散るのがハッキリと見えた。

自由の大地を踏みしめた朴少佐は、まず附近の民家李順学氏宅を訪ねたが折よく李氏の夫人金葉女史(五)と三男鏡国君(六)に向って朴少佐は「私は帰順した者だが、ここはどこか?」と尋ねた。

金女史の話すところによると朴少佐のこの質問に対し鏡国君が「ここは自由大韓民国松竹里である」と答えた。この瞬間、朴少佐は安堵の息を深く吐きながら鏡国君に向って「国防部はどこにあるか」と第二の質問をしたという。

"武器はない" 機体から下り兵士にニコリ

鏡国君が、七百米ばかりを走って陸軍1868部隊にこれを申告し、すぐに三名の陸軍が出動して朴少佐に対し「手を上げろ」と叫んだところ朴少佐は「私は武器を所持していない」と答えながら両手を高々と上げた。

朴少佐はこの軍人三名の案内で部隊長崔水亀准将に会い、元山の北傀基地を離陸し、訓練の途中に脱出して南下した経緯を初めて詳細に説明した。

帰順した朴少佐は、ヘリコプターで三日午後六時三十分ソウルの汝矣島飛行場に護送され、当局さしまわしの乗用車で市内に向ったのである。

讃えたい北韓脱出の勇気

義挙を歓迎

民団中央本部団長　李禧元

私は、四日の新聞報道で北傀空軍朴順国少佐がミグ15型戦闘機で北韓を脱出し、わが自由大韓に帰順した事実を知ったが、久しぶりの一大快挙である。

朴少佐が、クモの巣のように張りめぐらされている北傀の警戒網を突破し、決死的な脱出を敢行したその勇気にまず敬意を表し心から歓迎の拍手をおくりたい。また、われわれ在日六十万同胞も心から朴少佐の勇気ある脱出行に賞讃と歓迎の拍手を送っている。

二十世紀の文明社会には、もはや暗黒の社会はその存在が許せられなくなっている。人々は自由を求めており、共産主義の独裁的暗黒政治は今や地球上からつぎつぎと葬り去られているが、これは人類社会の必然的帰結である。

朴少佐のこんどの義挙は、自由の勝利を世界に告げる生きた証人であるばかりでなく、さる十一月初めに開かれた北傀の労働党大会で金日成は「韓国を武力で統一する準備は完了した。……撃の目的である」と豪語したが、この民族の敵金日成の頭上に朴少佐は鉄槌のような一撃を加えたのである。

昨年の十二月に北傀はKAL機を卑劣な手段で拉致し、現在まで機体はもとより十余名の乗客まで返還していない。そればかりか北傀はこのKAL機は操縦士の自由意志による越北であると主張してかれらの蛮行を隠ペイしようとしている。

朴少佐の詳細な動機や北傀脱出の準備などは、まだ発表されていないが、少佐が祖国大韓民国のフトコロに帰って来て、今後は真の祖国のために努力するであろうことは疑う余地もないであろう。

いま在日同胞社会では、永住権取得を妨害する目的で北傀の手先である朝総連が必死になって欺瞞宣伝をくりひろげているがこの朴少佐の義挙をみて、朝総連も感ずるところがあろう。

また、この朝総連のデマや欺瞞宣伝におどらされて、永住権をまだ申請していない同胞たちは、生命の危険もかえりみないで金日成の共産地獄から脱出してきた朴少佐の勇気を大きな教訓とすべきである。

永住権申請は、十一月だけでも一万五千を突破し、締切期限はあと三十数日を残すだけである。朝総連のデマや暴力的な脅迫を勇気でもって排除し、悔いを子孫万代に残さないように心から望んでやまない。

永住権申請者25万人を突破 11月現在

永住権申請に朝総連同胞も覚醒を

経済成長 着実

去年より11%伸びる

韓国銀行分析 三・四分期

韓国銀行は三・四分期中、わが国の経済は総合安定政策の効果的な執行でひきつづき安定勢を維持、経済成長率は、去年の同じ期間に比べ十一・〇%高まり、去年にくらべ増加率はやや低いが、適正成長率に近い着実な成長率を示したと二十八日発表した。

国際収支改善される

物価安定 民間消費も高水準

アジア最大規模の原子力発電所

基礎工事すすむ

本国論調

再確認された国連支持

北傀は侵略者の烙印押されて

産業社会の平衡力上昇

大学卒業者の就職率72%

朴大統領参席の記念式

国産カメラ工業を育成強化

「輸出の日」記念式

10億ドル突破目前に

有功者多数の表彰さる

70年度人口白書

総人口3146万994人

増加率1,92%に低下

女性は男性より11万人多い

区分 市道別	総人口数(人)	'66対比増△減(人)	増△減%	道別人口%	世帯数	総住宅(棟)	同居世帯及び非住宅世帯
全国	31,460,994	2,301,334	7.5	100	5,857,943	4,439,845	1,491,701
ソウル	5,509,993	1,716,713	45.3	17.5	1,091,015	593,370	508,109
釜山	1,878,785	542,766	31.8	9.0	371,922	212,596	164,541
京畿	3,361,730	259,405	8.4	10.7	641,281	482,925	166,827
江原	1,873,908	42,723	2.3	6.0	352,493	287,523	70,685
忠北	1,482,153	△65,668	△4.2	4.7	262,184	229,256	38,537
忠南	2,863,686	△39,255	△1.3	9.1	500,267	432,569	73,805
全北	2,433,819	△87,388	△5.4	7.7	427,332	365,519	67,240
全南	4,009,236	△39,533	△0.9	12.7	703,932	599,768	110,250
慶北	4,564,572	91,677	2.1	14.5	850,301	668,158	195,109
慶南	3,116,805	△58,341	△1.8	9.9	574,219	497,811	83,498
済州	365,307	28,255	8.4	1.2	82,997	71,350	13,100

【経企院調査統計局の発表によると】

クローズ・アップ

国民車開発へ研究陣

政府、来年初めに構成

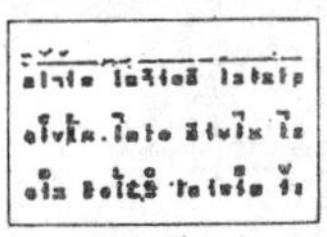

コンピューターがハングル読み書き

国際勝共連合 革新市長糾弾大会ひらく

①強制と永住権の解除を要求する松山省三法政部長 ②は小林法相に陳情書を伝達する阿部正寿事務総長

「国籍問題で法無視」

美濃部知事ら許せぬ

佐藤首相と小林法相宛 〝処断せよ〟と要望書

国籍書換えに関する要望書

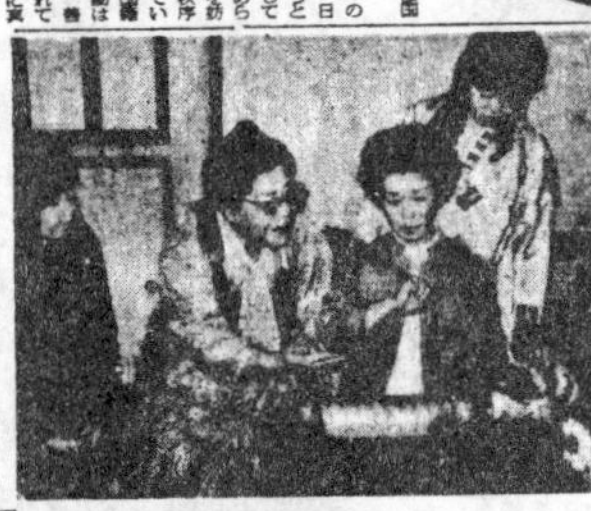

親善と文化交流を目的 女子民間使節団来日

長野国際親善クラブが招請

国際色豊かな金剛学園文化祭

来日 趙南史氏（演出家・放送作家） 鄭社長と歓談

北韓断面

金日成狂信には閉口

哀れ〝女〟を忘れた武装女性

ダオメー共和国・カイ・オディ記者ルポ

民団和歌山地方本部 申吉秀 団長

和歌山市長に抗議

申団長 国籍問題で陳情書

永住権申請90％

忘年会席上でも活発に

北韓抑留漁夫32人帰る

日韓条約による永住を希望する在日韓国人の方々へ！

在日韓国人の永住権の申請期間は昭和四十六年一月十六日まで、残りすくなくなりましたので早めに申請して下さい。

右期間をこえると申請は受付けられませんのでご注意下さい。

申請受付場所　居住地の市・区役所または町村役場

法務省

わが家のしあわせは永住権から

在日本大韓民国居留民団愛知県中村支部

顧問、〃、〃、〃、〃、〃、議長、副議長、〃、監察委員長、監察委員、〃、団長、副団長、〃、事務部長(兼)、〃次長、総務課長、〃次長、組織課長、〃次長、〃次長、民生課長、〃次長、文教課長、〃次長、宣伝課長、〃次長、経済課長、〃次長

金麟九　姜求道　韓鏻夏　崔正治　鄭煥禧　盧恭愚　劉載圭　李珖淵　李喆奎　金年成　裵斗鉉　金雲錫　崔鍾五　崔在祐　李鎬徳　李鎬徳　張萬熙　金一容　金懐徳　辛孝　下鍾砞　金岩夫　裵在学　李洪道　姜相植　権大根　姜重世　潘鳳根　郭在寛　鍾彦

在日本大韓民国居留民団愛知県春日井支部

（執行機関）

団長	崔秉仁
副団長	朴準業
〃	金柄吉
事務部長	李時雄
〃次長	千義城
総務課長	金流春
組織課長	鄭漢浩
経済課長	金正一
民生課長	曺三慶
文教課長	金弘圭
宣伝課長	安三伯

（議決機関）

議長	李聖生
副議長	洪永杓
〃	安二道

（監察機関）

委員長	林竜得
副委員長	許命鎮
〃	具滋雲

（諮問機関）

顧問	姜潤遠
〃	鄭寛伊
〃	裵基世

人 その歩み

創業16年 信条に「仁・信・厳」

坂本正憲(李圭)氏

川崎物産株式会社取締役社長
中央事業株式会社取締役社長

つきぬ夫人礼讃

経営面では異色の哲学

〝法的地位〟を裏づける

「在日韓国人の歴史と現実」

在日韓国青年同盟中央本部・編著

韓国語のはなし

韓国語の語い

申昌淳

日本にとっての存在

「民族的責任の思想」

朴大統領、大英百科辞典に寄稿

アジア競技連盟 バンコック総会

アジア競技会七代表選手

韓日編集ゼミ

連載長編小説(五)

国家と民族の狭間にて

都有里

え 村松太郎

韓國新聞

在日大韓民国居留民団中央本部機関紙
韓國新聞社
発行人　鄭烱和
東京都文京区春日町2丁目20−13
電話（815）1451〜3
（813）2261〜3
振替口座東京 34988番

民団綱領
一、われわれは大韓民国の国是を遵守する
一、われわれは在留同胞の権益擁護を期する
一、われわれは在留同胞の民生安定を期する
一、われわれは在留同胞の文化向上を期する
一、われわれは世界平和と国際親善を期する

号外
＝1970年12月25日＝

北傀の兇計　北送再開を企図

これが永住権反対の目的だった

在日同胞の永住権取得を反対している朝総連の真の目的が何であるかを、朝総連とその〝飼い主〟である北傀が自からバクロした。すなわち、在日同胞をまたもや北傀の共産地獄に送りこみ、ドレイとして酷使するために、北傀は日本の赤十字社に対し「北送再開」のための会談を申し入れ、日本の赤十字代表がモスクワに出発することになったのがそれである。

決死反対！　北送の拠点・新潟行き列車の前に座りこんだ同胞たち

許すな朝総連の罪悪

厳寒の北韓で泣く北送同胞八万名

さる十二月十六日、日本の各新聞は、在日同胞の北送再開を要求する北傀の申し入れに接した日本赤十社（東竜太郎社長）が、この申し入れを討議するために近く代表をモスクワへ出発させることになったと報道している。

在日同胞の北送再開を企図する北傀は、その走狗である朝総連に対し、在日同胞の永住権申請を妨害し阻止するよう指示してきていたが、在日同胞の永住権申請が順調にすすみ、さる十一月末までに申請者総数が二十五万人を突破、朝総連傘下からも申請者が続出して（十月までに六万人を突破）いる事実をみてあわてふためき、このような情勢では、従来、北韓が日本側に対し「北送希望の申請者一万五千名が、送還船の到着を待っている」の口実が消えてしまう恐れが目に見えているので、いそぎ日本赤十字社代表との会談を申し入れてきたのが、このたびのモスクワ会談要求の真相であり、この北傀の「北送再開」要求により、はからずも北傀とその走狗朝総連の悪計と北送をさけび、かれらの永住権申請反対の真意までが余すところなくバクロされてしまった。

〝楽園〟どころか〝生き地獄〟

貧困者に朝総連の欺瞞宣伝

このため北韓では深刻な人口不足に悩み、その結果朝総連に対しこの北送を命令し、この北送同胞たちをもって労働力不足を補おうと企図したが、在日同胞の北送数は意外に少なかったため、一九六七年十二月をもって北送は一たん打ち切られた形となった。

しかし、その間、朝総連の推進していた「在日同胞貧困化運動」が効を奏し、国内に散在する朝総連部落には生活に不安定な同胞ができてきたため、これら貧困生活の朝総連傘下同胞の北送をひそかに計画するようになった。

ところが、朝総連の真の目的が在日同胞の貧困化にあり、さらにこの貧困同胞を共産治下の北韓に送りこんで、共産主義のドレイとすることがその目的であることを知った同胞たちは、先を争って朝総連を脱退し、永住権を申請し、法的な保障のもとで生活安定を期することになった。そして永住権を反対する朝総連の目的が在日同胞の生活を不安定なものにし、その生活苦のために将来の希望をなくすことにあることも知った同胞たちは、いままで朝総連の欺瞞宣伝にだまされていたことを後悔し朝総連を痛烈に批判するようになった。

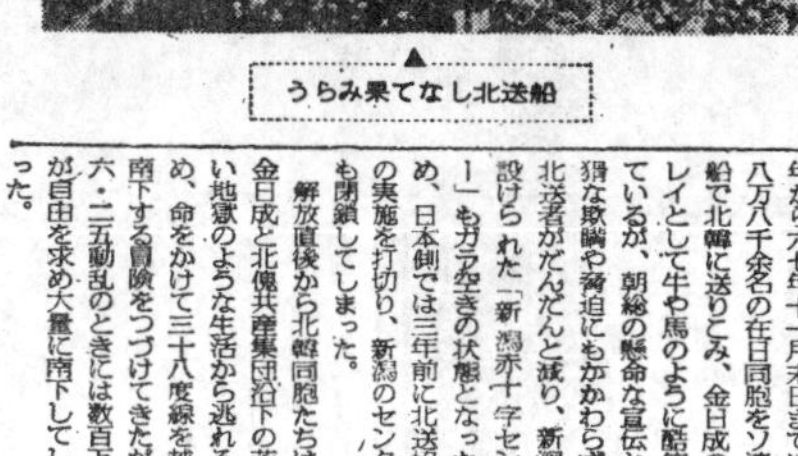

▲うらみ果てなし北送船

すでに朝総連は、金日成と北傀の命令により、北韓は「地上の楽園」であるとのデタラメな欺瞞宣伝で在日同胞をダマし、一九五九年から六七年十一月末日までに、八万八千余名の在日同胞をソ連の船で北韓に送りこみ、金日成のドレイとして牛や馬のように酷使しているが、朝総の懸命な宣伝と狡猾な欺瞞や脅迫にもかかわらず、北送者がだんだんと減り、新潟に設けられた「新潟赤十字センター」もガラ空きの状態となったため、日本側では三年前に北送協定の実施を打切り、新潟のセンターも閉鎖してしまった。

解放直後から北韓同胞たちは、金日成と北傀共産集団治下の苦しい地獄のような生活から逃れるため、命をかけて三十八度線を越え南下する冒険をつづけてきたが、六・二五動乱のときには数百万名が自由を求め大量に南下してしまった。

生活の安定恐れる朝総連

『希望なくさせて北送狙う』

民団中央本部団長　李禧元（談）

在日同胞の法的保障と生活の安定を約束する永住権取得に反対して来た朝総連は、ついにその本性と兇計を自からバクロした。

すなわち在日同胞を北韓の共産地獄に送りこむ「北送」の再開企図がそれである。十一年前の一九五九年十二月から、日本赤十字社と北傀が野合して、いわゆる「人道」の名のもとに締結された協定により、一九六七年十二月までの間に八万余名の在日同胞が、北傀の〝飼い犬〟である朝総連の狡猾な偽瞞宣伝と脅迫により、住みなれた日本から北送船に積みこまれ共産地獄に送られているが、かれら北送同胞たちは北韓の土地を踏んだ瞬間から後悔の涙にくれ、かれらを金日成のドレイとして送りこんだ朝総連の正体に気づいて限りない怨みを抱いたまま、地下数百尺の銅山や石ころだらけの集団開拓農場へ送られ牛馬のように酷使されているのである。

かれら北送同胞の境遇がいかに惨めなものであるかは、今さら説明するまでもなく、北送者からの血のにじむような苦衷に満ちた手紙などにより、全在日同胞が誰よりもよく知っているはずである。

朝総連は北韓を「地上の楽園」と呼び、そこにはあらゆる自由と平和で幸わせな生活が保障されているとの欺瞞宣伝をくりひろげ、日本での不安定な生活に呻吟していた在日同胞をだまして北韓に送りこんだが、いまや北韓の実情はひろく知れわたり、北韓が「地上で最も悲惨な生き地獄」であることを知らない者は一人もいない。

在日同胞が永住権を取得し、協定による法的保障のもとで安定した生活を営むことは、朝総連にとってこの上もない脅威であり、在日同胞が幸せになることは朝総連にとって甚だ具合が悪いのである。

つまり、朝総連が金日成と北傀の忠実な走狗としての朝総連運動をするためには、在日同胞がいつまでも貧困の中で惨めな生活を続けなくては困るのである。

いつまでもつづく貧困と不安定な生活環境の中で、将来の生活に希望を失うように仕向け、この希望のない同胞たちを上手にだまし北送するのが、かれら朝総連の悪らつな常套手段である。

朝総連は、この野望と兇計を達成するために必死になって永住権取得を反対し妨害しているのであるが、いまや在日同胞は朝総連の正体を十分に知ったとおもう。これからはたとえ一人の在日同胞といえども、北傀と朝総連の欺瞞宣伝にだまされ、また日本の便宜主義的で機会主義的な外交の犠牲となって北送されることがなく、永住権を取得してこの国で安定した生活をするよう衷心から願うとともに、朝総連幹部たちに対しても、これまでの罪科をくりかえすことを直ちに止揚し、民族の良心をとりもどすことを、心から忠告する次第である。

北傀、大あわて

〝北送〟の笛吹けど同胞あつまらず

このような情勢では、いまに朝総連の欺瞞宣伝を信用して北送される同胞は一人もいなくなると判断した北傀は、あわてて日赤に対し北送再開を申し入れたが、果して、かれらが数年前から宣伝している「北送希望者一万五千名」の中から、どのくらいの北送者が出るのかと、同胞社会はもとより日本人の間でも大きな疑問を投げているのが現状であるが、民団ではこの北傀の兇計粉砕を、今後の永住権取得推進運動と並行して全国的に展開することになった。

外務部が調査訓令

駐日大使館に

外務部は、日赤と北傀赤十字社代表がモスクワで会談を再開するとの報道を重視し、その真相を調査するよう李駐日大使に訓令した。

北送阻止促す

尹次官、金山大使に

尹錫憲外務部次官は、さる八日午前、金山政英駐韓日本大使を外務部に招き日本赤十字社が、在日同胞の北送を目的に北傀と会談することに対し「たとえ一名の在日同胞でも北送させることには反対する」との従来の主張を明らかにし、日本政府がこの阻止に努力するよう要請した。

これに対し金山大使は「現在、日本政府は、このような動きには介入していない」ことを言明した。

永住権申請者総数25万人を突破

11月だけで1万5千名以上が申請

大阪では祝勝会の支部も

期限前に目標達成を

急増！朝鮮籍からの転向者

全国の永住権申請者総数は、十一月末までに二十五万の大台を突破する順調な進展をみせ、目標数達成が間近かである。全国の地方本部の中でも特に抜群の成績をあげている大阪地方本部管下では、すでに目標数を百％達成した支部も続出し、これらの各支部では、はやばやと管内同胞たちが集って勝利の祝杯をあげ、長い間の健闘をたたえあっている。

しかし李禧元中央団長は十三日、中央から朴太煥事務総長と李聖南総務、金佛希機関紙（韓国新聞）の各局長および呉世経永住権推進委員会副委員長を帯同して大阪本部をたずね「われわれの戦いはこれからだ。永住権申請を締め切る一月十六日までに、全国の目標数を完全に達成するのがわれわれの責務である。最後の一瞬まで"臨戦態勢"を崩さないように」と訴え「しかし勝利は目の前にある」と語って、目標総数の完全達成に対する自信を披瀝した。

目標完遂を強調する崔団長の顔にも自信と余ゆうがみえる（第5回大阪地区永住権推進委員会会議で）㊧から三人目が崔大阪本部団長

八万名を越えた大阪

10万（最終目標）にあとひと息

さる十月中央の永住権取得推進委員会事務局は、十一月末現在で全国の永住権申請者総数は約二十五万三千人に達し、十一月中の申請者は一万五千人を突破して、これまでの月間申請者数の最高を記録したと発表した。

さる九月十五日の万国博終幕をまって本格的な推進態勢を確立し、さらに十月にひらかれた第十七回中央委員会において目標数の完全達成を誓いあった永住権取得推進事業は、万国博開催期間内における招請事業と来日家族の保安対策のために費され時間と労力および、推進態勢確立の時期的なおくれをみごとに完全に克服して快調な前進をつづけている。

一方、民団の万博事業（後援・家族招請・保安対策）に対する妨害と破壊を工作し、これをもって一挙に永住権申請事業を粉砕しようと企図した朝総連は、その常套手段であるデマとウソの欺瞞宣伝を飽くことなくくりかえすとともに、悪ラツな直接行動による妨害も熱ようをきわめたが、その妨害工作と欺瞞宣伝はつぎつぎとバクロされ、朝総連のたくらみはみごとに失敗したのである。

それどころか、かえって朝総連はいまや崩壊の危機に直面しているのがその真相である。

長いあいだ朝総連にだまされつづけた朝総連傘下の同胞たちも、「将来の安定した生活のために、永住権を取得して法的な権利と保障を確保するように」と訴える民団の呼びかけに覚醒し、つぎつぎと朝総連から脱退して永住権を申請したが、その数は朝鮮籍のまま「国籍陳述書」を添附して各地市町村役場に永住権申請書を提出した者だけでも、十月末現在で五万六千余名に達しており、おそらくいまごろは七万をはるかに突破しているものとみられている。

このほか、韓日協定の発効以来の約五年間に、いわゆる「朝鮮籍」を返上して真の国籍である「韓国籍」を取得するため、正式に民団へ入団し「在外国民登録」を申請して朝鮮籍から離れた者が八万名に達した。

"神様・金日成"カタなし

このような雪崩（なだれ）のような大量離脱現象はそのまま朝総連の崩壊を意味するもので、朝総連は壊滅の運命から逃れるため必死になり、ついには日本の左翼陣営にまで泣きつき、その助けを借りて考え出したのが、いわゆる「国籍変更」の策動であるが、この苦肉の策も奏効せず、さる十月二十三日現在の「書き換え者数」はわずか千五百名という惨たんたる状態である。

このような朝総連崩壊の連鎖をくい止めるために議長韓徳銖は、もっとも多くの同胞が居住している大阪へ三度も飛んでいき、「永住権を申請するな」と泣きながら訴え歩いたが、その大阪が全国でもっとも優秀な成果をあげ、すでに十一月末までに八万数千名の同胞が永住権を申請している。そしてその数字は現在もなお破竹の勢いで伸びており、しかも最近は申請者の四割以上が朝総連傘下の同胞たちであるから、韓徳銖たちの朝総連にも、かれらの"神様"である金日成にも、これはまさに大きな脅威であり恐怖である。

永住権申請の期限である一月十六日はあと数日に迫っており、期限内に一人でも多くの同胞を申請させるためにわれわれの努力も一そう強く要求されているが、朝総連の妨害も必死である。

完全勝利まで臨戦態勢堅持

李中央団長が激励

はやばやと目標数の申請を達成した大阪の八尾支部など数支部では、意気高らかに万歳を唱え祝杯をあげたが、十三日に下阪した李禧元中央団長は「在日六十万同胞の全員が申請を完了するまで、われわれに完全な勝利はありえない。この戦いは、民団が創団以来二十三年目にはじめて朝総連にかけた攻勢である。最後の一瞬まで臨戦態勢を堅持するよう」訴え、残された期間内に最大限の努力を傾注して、一人でも多くの同胞に"輝ける未来への保障"を取得させることを強調した。

総連の悲願、絶望

大ショック！大阪の八割申請

大阪地区の永住権申請者数がついに八万名を突破した。大阪府下の同胞総数は全国でもっとも多く十六万四千二百十五名であるが、協定永住権申請の有資格者数は十四万七千三百六十三名である。このうち韓国籍は九万六千百九十四名であり、朝鮮籍は六万八千名に過ぎない。

民団大阪本部（崔鳳学団長）では、有資格者総数の七割強である十万三千五百六十名を申請推進目標に定め、本部管下三十支部が一丸となって申請促進活動を展開した結果、ついにさる十一月末日までに八万百四名が申請を完了し、達成率は七十七％を越える好成績をみせるに至った。

大阪地区は、朝総連の「永住権申請反対」牙城ともいわれ、いかなることがあっても申請者を五十％以下に押えることを叫びつづけて来た朝総連にとって、この数字は大きなショックであり、さらに、この朝総連に最後のトドメを刺すことになる「目標数完全達成」の日も間近に迫っている。

本部管内の堺・八尾の両支部ではすでに目標数を上まわる申請者を出しているが、勢いに乗ったこの両支部では、五百名ずつの追加目標を決め、その完全達成を誓う決起大会を兼ねた祝勝会をひらいて乾杯と万歳でまさに意気天をつくものがある。

この各支部の活動と努力に対し崔団長は、心から声援をおくるとともに労をねぎらっているが、大阪総領事館の金鎮弘総領事も、さる十六日、大阪地区の永住権取得推進委員会委員と、各支部の任職員を招き、激励と慰労の夕食会をもうけ、目標数の超過達成に一そう努力することを要望した。

大阪地区永住権申請状況

	支部名	外登総数	韓国籍	朝鮮籍	目標数	10月累計	11月累計	%	目標残数
1	生野	39,775	22,060	17,715	24,661	15,160	15,979	64.7	8,682
2	布施	14,759	7,985	6,774	9,151	7,530	8,036	87.8	1,115
3	東成	12,009	6,376	5,633	7,446	4,746	4,934	66.3	2,512
4	北河内	8,840	4,620	4,220	5,481	3,519	3,654	66.7	1,827
5	西成	8,802	6,152	2,650	5,457	5,292	5,452	99.9	5
6	東淀川	8,713	5,030	3,683	5,402	4,009	4,180	77.4	1,222
7	城東	7,653	4,402	3,250	4,744	3,437	3,560	75.0	1,184
8	東住吉	6,799	3,809	2,990	4,215	2,592	2,832	67.2	1,383
9	堺	5,442	3,525	1,917	3,374	3,331	3,441	102	(+) 67
10	八尾	5,157	3,144	2,013	3,197	3,074	3,207	100.3	(+) 10
11	泉大津	4,972	3,645	1,327	3,083	2,481	2,577	83.6	506
12	住吉	4,024	2,525	1,500	2,495	1,870	1,920	76.9	575
13	西淀川	3,686	2,142	1,544	2,285	1,529	1,558	68.2	727
14	泉南	3,536	2,278	1,258	2,192	1,659	1,721	78.5	471
15	南大阪	2,675	1,461	1,214	1,659	1,165	1,207	72.7	452
16	吹田	2,668	1,553	1,115	1,654	1,054	1,199	72.5	464
17	阿倍野	934	668	266	1,586	1,148	1,214	76.5	372
18	豊能	2,411	1,782	629	1,560	1,349	1,433	91.9	127
19	港	2,452	1,340	1,112	1,520	1,149	1,223	80.4	297
20	旭	2,364	1,509	855	1,466	1,250	1,298	88.5	168
21	都島	2,285	1,598	687	1,417	1,034	1,092	77.1	325
22	泉北	1,404	804	600	1,270	1,200	1,200	94.5	70
23	此花	1,985	1,051	934	1,231	935	969	78.7	262
24	北大阪	1,310	871	439	1,300	1,035	1,112	85.5	188
25	茨木	1,791	1,050	741	1,120	1,010	1,099	99.6	21
26	枚岡	1,800	950	850	1,116	821	831	74.4	285
27	高槻	1,633	1,107	526	1,012	969	979	96.7	33
28	大正	1,453	873	580	901	827	848	94.1	53
29	中央	850	800	50	800	750	770	96.3	36
30	福島	1,234	687	547	765	535	579	75.7	186
	合計	164,215	96,194	68,019	103,560	76,451	80,104	77.4	23,456

談話発表 崔外務部長官

協定永住権で優遇 子孫まで権益確保

崔圭夏外務部長官は十六日、在日韓国人の協定永住権申請期限が来年一月十六日に迫っているにさいし、永住権取得によって各種の優遇措置を受けることができる旨強調した「在日韓国人の永住権申請に関する談話」を発表した。

在日韓国人永住権で強調

一九六五年六月二十二日、韓日両国間において署名された〝在日韓国人の法的地位と待遇に関する協定〟による、永住権申請期限は、来年一月十六日に迫りました。

協定永住権は、あらためて説明するまでもなく、在日同胞皆様の、日本における永住の権利を保障するものであります。

このような法律上の権利をもっている場合と、もっていない場合とでは、根本的な差異があるのであります。協定永住権を取得した者が、そうでない者より、優遇されることは、法的地位協定の精神に鑑みても、当然のことであります。

崔圭夏外務部長官

日本側でも、協定永住権者の優遇方針をせん明致したところでありますが、政府は、永住権申請者が、より一層の優遇を受ける※

※ことができるよう引続き努力致します。

協定永住権の取得は、現在、皆さんの暫定的な在留資格を、確固たるものにならしめるものであり、皆様自身はもちろん、皆さんの子孫に至るまで、その権益を確保するものであることを理解し、一日も早く、永住権を申請するようにしましょう。

大韓民国の駐日各公館は、皆さんが安定した生活を営み、皆さんの権益が、最大限に保障されることを切に望んでやまないものであります。

今後僅かな、この機会を逸することなく、すべての在日韓国人が協定永住権を、ぜひ取得するように致しましょう。

一九七〇年十二月十六日

外務部長官 崔圭夏

永住権がないと
若し一年以上の刑に処せられると
日本から追放されます

フジTV特別番組

韓・日友好5年のあゆみ

永住権申請も来年の一月十六日まであと一月と迫ったこのころ、申請三十万を目標に、民団の全国組織は、最終的追いこみでけんめいになっているが、韓日国交批准五周年を迎え、フジTVでは十二月十一日午後四時四十五分から、当時の韓国外務部長官李東元氏と日本国外務大臣であった椎名悦三郎氏をよび、ニュース・クローズアップの特別番組として「日韓友好五年のあゆみ」と題し、国交再開から現在、今後にいたる展望などを対談放送した。この稿は、フジTV報道局の好意ある提供によりその要旨をここに掲載したもの。

〈出席者〉
李東元氏（元韓国外務部長官 現国会議員）
椎名悦三郎氏（元日本国外務大臣 現衆議院議員）
司会 三国一朗

韓国は〝若い情熱の国〟

経済発展は急テンポで

司会 日韓の国交再開からはや五年、当時の立役者であった韓国の元外務部長官の李東元さんと、同じく当時の日本外務大臣であった椎名悦三郎さんをお迎えして「日韓友好五年のあゆみ」と題して、この特別番組をおおくりすることになりました。当時のことを思い出しながらお話し下さい。たしか一九六五年十二月十八日、国交批准書交換のために金浦におり立ったら、戦後はじめての日の丸があがっていたそうですが、椎名さん、当時のことをよくおぼえていらっしゃるでしょう。

椎名 忘れぽっい方だけど、たしか「君が代」の吹奏があったです。金浦空港ではあれが最初で、まことに光栄この上もありませんでした。

司会 その後の韓国経済発展は目ざましいものですね。そのかげには日本の経済援助も役立ったと思いますが、今日の韓国経済を眺めてどう感じていますか。

李 ひじょうによくなっている。日本の経済協力が大きな役割をなしており、朴大統領は、六十年が開発で、七十年代は繁栄の年だとしています。前向きの日本協力が国内の努力とあわさって、安定した経済繁栄国になるものと私は見ています。韓国は若い情熱の国です。従って発展のテンポが早いのです。

椎名 数字でいいますとね…国民の総生産というのは年々増大し、一九六九年には、国全体の総生産が、六十六億ドル、日本の六分の一ぐらいです。しかしそのテンポが早いから、五年前は八%ぐらいで三年前が十三%、去年は十六%と成長が躍進しており、世界でも類を見ないものです。

司会 韓国々民感情としては、日本の経済援助をどううけとっていますか?

李 歴史的背景があって、日本に対する不信感はありました…仲よしでなければならない隣から一方的にいじめられている感情はありますが、国交回復後は、文化交流や、有益な経済援助があったでしょう。そんなことで感情はひじょうにやわらいできています。さらに日本から学ばなければならないという姿勢をもっています。

司会 在日韓国人の法的地位とか待遇に関する協定が一ヵ月後に発効します。来年一月十六日が期限である永住権についておききになったと思いますけど、この問題については、どんなものでしょうか?

李 これに日本政府が、在日韓国人に与えた大きな恵みです。当時の椎名大臣が日本政府を説得してやった大きな産物です。いま永住権を申請中ですが、日本の内国人とほとんど同じ待遇ですね。だから、自分や子孫のために与えられた恵みをうけるように、申請を早くしなければなりません。

一方、日本の地方自治体、役場の窓口ではもっと積極的な姿勢で協力するように、政府の基本的精神を理解して親切にしてくれなければこまります。

李東元氏㊨と椎名元外相㊧

司会 私たちとしても、いろいろおてつだいしなければなりませんが—。

椎名 窓口の手つづきというのは、どうかするとめんどうくさくなってということもありますが、韓国の方々には意識的に、ていねいにゆきとどいた心づかいをしてほしいですね。このテレビを見ている関係の方たちも、ぜひそういう点をじゅうぶんに考えてやってもらいたい。

司会 李さんは間もなくお帰りになるそうですが、七十年代の日韓の在り方をこの機会にひとことおうかがいしたいが—。

李 日本でいちばん近い国が韓国でしょう。だが不幸な歴史関係を通じて、いちばん遠い国になってしまった。これからは、お互いが理解と友情と協力が必要です。昔のような不幸な関係を断ち、今日と明日の日本は、心の通いあう幸せな新らしい関係をひらくよう望ましいものです。

椎名 李さんのおっしゃるとおりで尽きておりますが、こないだの八月十五日の解放記念日の二十五周年で朴大統領が、もし北韓の方で武力統一の意図を放棄すれば、韓国は喜んでこれに協力するといわれたように、日本としてもあくまでそういうことの一日も早くくることを望んでいますが、とにかく韓国の平和的繁栄が実現されるよういろいろ協力をしたいと考えております。

最後のチャンス永住権取得

進学・健康保険・生活保護・財産搬入
再入国・家族よびよせなどに大特典

あなたは　永住権を申請しましたか

在日本大韓民国居留民団
東京都文京区春日2―20―13
電話 (813) 2261―5

われわれは外国人です

在日同胞の皆さん！　われわれは外国人として日本に住んでおります。そのために、いま、われわれには、外国人として日本に安住するための在留資格「永住権」が必要となっています。

すなわち、われわれは過去において日本と歴史的に特殊な関係を持ち、長年、日本に住んでいるところから、一般外国人とは違って、日本に永住する「権利」としての永住権を取得することになっているのであります。

これは、日本が一九五二年四月二十八日、サンフランシスコ講和条約が発効した日から、在日同胞を日本国籍から離脱させ、「非日本人」として扱うとともに、法律第一二六号二条六項（一二六―二―六、法的に在留資格が決定されるまで、在留資格を持たないまま日本に在留できるという暫定的な措置）を施行したことにはじまり、一九六五年六月二十二日の韓日協定によって、われわれの法的地位が決定され、一九六六年一月十七日から五年間の期間をおいて、永住権の申請が開始されたことによるものであります。

そして、解放前から継続して日本に住んでいる人は「協定永住権」を、また解放後から一九五二年四月二十八日までに入国した人は「一般永住権」を、それぞれ取得することができるのであります。

在日同胞の皆さん！

以上でお解りのように、永住権取得は、われわれが外国人として、外国である日本に永住する権利を法的に保障してもらい、それにともなう利益を獲得するためのものなのです。

したがって、永住権を取得しない人は、日本で永住する権利とそれにともなう利益を自ら放棄するものであり、その結果は、一般外国人と同じく出入国管理令による制約を受け、事実上日本で安住できなくなることになります。

永住権を取得しないと日本では安住できない

いま朝総連は永住権申請を必死になって妨害していますが、以上のような意味から言って、これこそ在日同胞の権益を妨害するものであり、まさに反民族的な行為といわねばなりません。

朝総連同胞の皆さん

では、朝総連はなぜ永住権申請を妨害しているものでしょうか？

かれら朝総連のひと握りの共産独裁幹部たちにとって、皆さんの日本における安住とか利益などはどうでもよいのです。かれらは、北韓共産カイライに忠誠をつくすために皆さんを朝総連にしばりつけ、内部分裂と永住権取得問題で大きく崩壊へ傾いている朝総連組織を、なんとか維持したいだけのことです。

いわゆる中立的または朝総連傘下同胞の皆さん！　このようなことをよくお考えになり、何よりもまずあなた自身が日本で安住できる法的な保障、つまり「永住権」を取得して下さい。

永住権とその利点

協定永住権を取得すると、一般外国人にはない次のような利点が保障されます。

一、子や孫に至るまで、日本での永住が法的に保障されることはいうまでもありません。

一、日本の公立小、中学校への入学希望者は入学が認められ、さらに上級校への進学もできます。

一、国民健康保険に、日本人と同一条件で加入できます。

一、土地や建物などの不動産を取得するばあい、一般外国人のように法令による主務大臣の認可を受ける必要がありません。

一、生活保護法の適用が受けられます。

一、家族離散の防止、または再会に妥当な考慮がはらわれます

一、再入国の回数などに制限がありません

一、七年以上の実刑や麻薬、内乱、国交などに関する罪を犯さない限り、国外強制退去を受けません。

一、帰国のばあい、法令の範囲内で財産搬入が自由であり、送金なども大幅に緩和されます。

これと違って永住権のない人には、右のような特典がなく、たとえば一年以上の実刑だけでも日本から強制退去させられます。

在日同胞の皆さん！

金日成に対して自分達の成績をあげる為め
在日同胞に永住権取得申請を
反対する宣伝をしながら――
永住権
朝総連幹部
永住権申請妨害工作
申請
北送
その陰でこっそり自分達だけは永住権
取得申請をすましている総連幹部の
この陰険な口車にのるな!!
北送
北韓

朝総連の同胞たちも幹部を含め数万名が申請ずみ

あなた方は、朝総連が永住権に反対しているから、朝総連の幹部達や一般同胞が永住権申請をしてないと思っているでしょうか？

ズバリ言って、現在、約五万名以上の朝鮮籍の人々が永住権を申請しており、その中には多くの朝総連幹部が含まれています。そこで、この事実を理解するためにも、皆さんはここで古い話を思い出す必要がありましょう。

それは一九四七年、在日同胞に対する第一回外国人登録が実施されたとき、当時の朝連幹部らはこれに極力対反しながらも、実は幹部ら自身が先を争って登録をしたという事実と、八万余名の在日同胞を北送しながらも、幹部らは、なんだかんだで日本に居残っている事実であります。

在日同胞の皆さん！

このような朝総連にだまされてはなりません。われわれは、皆さんが「永住権」に対する認識がないまま朝総連にだまされ、大事な自分の生活の安定と利益をみすみす放棄していることに対し、骨肉を分けた同胞として傍観しているわけにはいきません。

どうか皆さん！　一日も早く永住権を申請して、自分の権益を確保して下さい。

永住権を申請するには

市区役所、町村役場に行って永住権申請用紙をもらい、必要事項を記入、捺印し、写真二枚と外国人登録証を提示するだけで申請は済みます。但し、満十四才未満の子女は代理申請ができます。

なお、記入事項などで理解しにくい点があれば、もよりの民団事務所にお出でになるか、又は電話でお問合せ下さい。皆さんを無理に民団に加入させるようなこともなく、親切ていねいに教えてくれるとともに、申請上の注意事項などもよく説明してくれます。

おわりに、永住権申請締切りは、一九七一年一月十六日です。皆さん、どうかお互いに誘いあって、永住権を申請しましょう！

永住権を申請することは、あなたや、あなたの子や孫に至るまでの生活の安定を約束することです。この機会をのがすと、このような特典のある「永住」たすることは不可能です。われわれは、いわゆる中立的または朝総連傘下同胞の皆さんが、一日も早く永住権を申請して、安定した生活を送るとともに、なつかしい故郷へも往来するよう願ってやみません。

わが家のしあわせ 永住権から

永住権申請締切りは一月十六日です

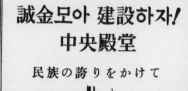

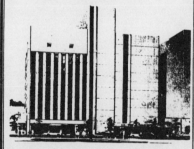

この子らのためにも
『永住権』の遺産を残そう

韓國新聞

在日大韓民国居留民団
中央本部機関紙
韓國新聞社
発行人　鄭烱和
東京都文京区春日町
2丁目20-13
電話(815)1451~3
(813)2261~3
振替口座東京 34988番

民団綱領

一、われわれは大韓民国の国是を遵守する
一、われわれは在留同胞の権益擁護を期する
一、われわれは在留同胞の民生安定を期する
一、われわれは在留同胞の文化向上を期する
一、われわれは世界平和と国際親善を期する

新春特集

【2~3面】新年をむかえ各界有名人のごあいさつ
【4~5面】写真で見る「民団との一年の足跡」
【6~7面】永住権特集「あなたは申請をすませましたか」その内容と申請の方法など
【8~9面】在日同胞の目から見た「本国・10の焦点」
【10面】日本の中の韓国人「スポーツ界・野球の寵児たち」
【11面】一般文化社会記事・

賀 '71 在日本大韓民国居留民団中央本部 正

顧問　李裕天、丁賛鎮、曺寧柱、鄭寅錫、金光男、呉宇泳、李寿成、俞錫濬、鄭哲、呉允台、金正柱、許弼奭、辛格浩、安八竜、朴春琴、鄭建永、辛熙、金坪珍、南元、徐甲虎、安在祐、朴漢植、李熙建、鄭泰柱、尹仁述

議長　朴根世
副議長　文圭準
〃　白丁赫
監察委員長　張聡明
監察委員　金皓一
〃　丁永沢

団長　李禧元
副団長　尹達鏞
〃　池昌男
事務総長　朴太煥
〃次長　朴炳憲
総務局長　李聖南
〃次長　柳乙作
組織局長　金宰淑
〃次長　呉吉竜
経済局長　朴炳憲
〃次長　崔標
民生局長　李鍾舜
〃次長　姜徳才
文教局長　姜仁煥
〃次長　金珍寧
宣伝局長　池雲龍
組織委員長　丁海龍
民生〃　宋鎬用
文教〃　申国柱

韓国新聞社
社長　鄭烱和

執行委員　尹致夏
〃　金泰燮
〃　金世基
〃　文慶詔
〃　李彩雨
〃　裵錫憲
〃　金成一
〃　鄭順相

傘下団体機関長

韓青委員長　金恩沢
婦人会々長　金信三
軍人会々長　李麟基
商工会々長　許弼奭
韓学同委員長　金光沢
体育会々長　范塡圭

地方本部団長

東京　鄭在俊
神奈川　孫張翼
千葉　孫晋協
山梨　金碩煥
栃木　辛容祥
茨城　朴台守
埼玉　金運日
三多摩　鄭鳳基
群馬　鄭鉉栄
静岡　趙澔衍
長野　金龍煥
新潟　李元世
宮城　徐正喜
北海道　崔東洵
青森　林圭復
山形　裵応三
岩手　韓哲文
秋田　朴東渓
福島　安熙東
愛知　李春植
岐阜　趙世済
三重　金潤学
石川　李龍演
福井　権守石
富山　崔允明
大阪　崔鳳学
兵庫　崔永聖
京都　李相権
奈良　李来玉
滋賀　権寧崙
和歌山　申吉秀
広島　崔成源
岡山　金甲文
鳥取　朴永洙
島根　尹赫顕
山口　朴鍾
福岡　張翊相
長崎　趙昌来
佐賀　朴鳳斗
大分　権五善
宮崎　金七星
熊本　金賢九
鹿児島　李政源
対馬島　金昌珉
愛媛　朴振業
徳島　金性式
高知　朴俊学
香川　朴鶴雲
沖縄　権福蔵

あいさつ

基本権利を取得し 模範的国際人たれ

大韓民国駐日本国特命全権大使 李厚洛

前進を続ける祖国の隊列に遅れをとるな

大韓民国駐日公報館長 洪泉

祖国往来のこの幸せ 朝総連同胞こそ犠牲者

在日大韓民国居留民団中央本部議長 朴根世

大同団結し同胞を共産地獄から救出

張聡明

一人でも多く永住権を

主体性ある民族教育の確立

在日大韓民国居留民団中央本部団長 李禧元

信用組合育成発展 民団の組織力倍加

韓国人信用組合協会々長 朴漢植

迎春各界

韓日関係を一層強化

外務大臣　愛知揆一

一九七一年の年頭にあたり、在日大韓民国の皆様に謹んで新年の御挨拶を申し上げます。

顧みますに、昨年一年間における日韓両国間の親善協力関係の発展は極めて顕著なものがありました。

七月にソウルで行なわれました第四回日韓定期閣僚会議においては、日韓関係全般にわたって両国閣僚間に忌憚のない意見の交換が行なわれ、両国の相互理解と協力関係は目覚しい発展をとげました。

また、昨年、大阪で開かれた万国博覧会には、韓国は率先して参加され、韓国館を訪れた多数の日本人は、近代韓国の力強さを象徴するパビリオンと、文化遺産の豊かさを示す舞踊と美術品の展示に感銘を受け、韓国に対する認識を新たにしました。韓国からも多数の方が来日され、今日の日本の姿を見る機会を得られましたことは、両国の理解と友好増進に画期的な意義があったものと確信しております。

両国間の政治、経済、文化等の諸分野の諸問題も、このような一般的友好関係の発展とともに漸次解決をみておりますが、就中皆様方にとって特に関心の深い日本における皆様の生活環境の問題については、両国法務次官間の会談等を通じ、一層の安定のための基礎が築かれたものと信じています。

皆様の母国大韓民国における最近の目覚しい経済発展は、世界各国の注目するところであります。その第二次五カ年計画は輝かしい成果をあげており、これを基礎として、韓国経済が引き続き高度の発展を遂げることは私共隣国、日本国民としては甚だ心強く、かつ、喜びと感ずる次第です。

わが国としましては、本年もあらゆる機会を通じて韓国との友好協力関係を、一層強化していく所存であります。

ことに、わが国は韓国と協力してアジアの緊張緩和に努力し、両国の共通の目的であるアジアの平和と繁栄の確保のために貢献したいと念願するものであります。

在日大韓民国の皆様は、この両国友好協力関係のかなめでありますので、皆様がわが国において益々安定した地歩を築かれ、日本国民との友好のきずなを一層強められることを切望する次第であります。

新春にのぞみ、皆様の御健勝をお祈り申し上げます。

永住権を取得して日韓両国のかけ橋に

自由民主党総裁　佐藤栄作

在日大韓民国の皆様、明けましておめでとうございます。

昭和四十六年の年頭にあたり、新年のご挨拶を申し上げます。

皆様ご存じのごとく、日韓両国は地理的には一衣帯水、歴史的には密接不可分な間柄でございます。

顧みまするに、日韓両国は、千古のいにしえより、あるいはいがみ合い、あるいはいつくしみ合って、その国家と民族を形成してまいりました。

そのいずれにいたしましても、所詮は近隣であり善隣であらねばならない宿命的表現に他ならないものでありますが、今世紀へき頭からの日韓両国は、変転極まりない国際情勢下において、その志向するところに踏み違いがありましたことで、種々の不明朗な感情を抱くようになりましたことは誠に遺憾でございました。

第二次大戦後、つとに私が、日韓国交正常化を念願しその具現に努力を惜しまなかったのもここに因をなすものでございます。

幸にも昨今の日韓関係は、日韓閣僚会議により、相互理解と協力体制の強化が計られるかと思えば、日韓協力委員会等によって、その渋滞に活力を与える役目が果され、更には日韓友好、日韓親善など、種々の民間ベースによる日韓相互扶助の形態が着々と整備される事態に立ち至ったことは、私のもっとも欣快とするところであります。

こういう現状は、在日大韓民国の皆様にも大いに歓迎され、その生活や信条に安心立命の境地が開かれるものと信じ、私といたしましては尚一層の努力を傾ける所存でございます。

殊に日韓国交正常化と共に進められてまいりました在日大韓民国皆様の永住権取得につきましては、皆様の本邦における生活が自由であり、平和でありますように考慮されたものでありますれば、何卒永住権を取得されて、いくひさしく日韓両国のかけ橋の役目を果されますよう、切に念願する次第でございます。

良妻賢母・文化向上

在日大韓婦人会中央本部会長　金信三

在日同胞の皆様！ 明けましておめでとう御座います。

来る十六日の永住権申請締め切りまで、我が民族在日六十万同胞は、一人残らず、日本に永住する権利を堂々と取得し、今年こそは民族の解放、独立、自由、そして我が民族の団結を目的とした運動であった三・一精神に基き、六〇万同胞がただ一つに団結した民族となり、日本社会は勿論のこと、世間に我共韓民族の根性あるべきところを見せるべき一九七一年になってくれる事を切に願ってやみません。

その団結した我等の愛国心で「一面建設一面国防」をスローガンに、やく進を続けて来た我が国の栄光ある「近代化した祖国」が、全人類の前に現われるその日まで、祖国の同胞と同じ決意で、同じ隊列を組み、歩調を揃えて強く前進しなければなりません。

ああ！ 今は去りし一九七〇年、創造されて行く歴史、とでもいえましょうか、月世界に成功、万博が日本で開かれるかと思えば、反面KAL機拉北事件に、つづき日本の赤軍派による"よど号"事件、北傀のコレラ細菌謀略など、人類最低の残虐性と非人道的な思うだけでも、身ぶるいするいやな悪夢。考えるも長い一年間でありました。

今年こそは、創造されて行く歴史に、かき消されず、我が在日同胞は、手に手を取って幸福をつかむべき歴史を、自分達の手で創造して行こうではありませんか。

親愛なる在日大韓婦人会全国会長、並びに全国役員の皆様！

賢母良妻、文化向上、国際親善、三大スローガンをかかげ、常においそがしい日々を送りながら、昨年一年間は特に永住権取得促進運動に良くがんばって下さいました。お疲れでございましたでしょう。紙上を通じ、重ねて御礼を申し上げます。

残り少い十五日間、同胞婦人で、もう一息がんばりましょう。

わが婦人会の成長と発展を目ざし、今年こそは、一線に立つ私共は、会員皆様の良き指導者になれるべく、一層努力し、教養と良識を得て、実力を身につける希望にみちた年に致しましょう。

在日三十万女性の皆様！ 祖国を離れた私達は、今年こそ成長するわが子に、弟に、妹に、私達は外国人であること、わが国は大韓民国であり、私達はその国民である故に生れど、住んでいる所は日本でも、わが祖国を知り、言葉を覚えなければならぬことを自覚させ、実践出来るよう必ず国語使用する習慣をつける家庭教育に努力いたしましょう。

六十万同胞の皆様！

外国に住む我等の権益を最大限に勝ちとるには、わが同胞社会の唯一の組織、大韓民国国是を遵守する在日本大韓民国居留民団の指導のもとに、一刻も早く集り、国民の自覚をしなければなりません。そして、一人残らず力をあわせて努力し、今年の幸運をつかみましょう。

一九七一年を！ 我等六十万在日同胞の団結の年に。

新春に踊る

写真は新年に踊る「扇舞」

同胞の経済向上

生活安定へ団結・協力しよう

在日韓国人商工連合会会長　許弼奭

一九七一年の新春を迎え[illegible]

[illegible]たるご支援とご愛顧を賜わり、厚く御礼申し上げます。

われわれの周囲を見回しますと、国際情勢はもとより経済環境、社会構造すべてのものが目まぐるしく揺れ動いております。

文字通り激動の七十年代であり、今の世代はハイテンポの激動についていけるもの、順応できるものだけが生き残れる世の中であると思います。

これは個人にも会社、団体にも、すべてに同じくあてはまることであり、十年ひと昔という考え方も、今ではそれこそ五年ひと昔あるいは三年ひと昔といわれるスピード時代になっております。

このような時代にあたり、われわれはまず仕事に取り組む姿勢において、えりを正して真剣に[illegible]なり、厳粛にならざるを得ません。

商工会は新しい年を迎え、韓国同胞の生活の安定と経済向上に貢献することが、その本来の使命であります。

この韓国人社会のために奉仕するという基本精神を忘れることなく、役職員一同打って一丸となり、使命完成のため邁進したいと念じております。

日本では七〇年代を内政の年といっております。われわれ韓国人は、七〇年代こそ生活を安定させる年であり、生活を豊かにする年であるよう団結し、協力しましょう。

組合員をはじめ、同胞社会各界の皆さま方のご多幸とご繁栄をお祈り申し上げます。

同胞社会一丸で民族教育至上の年

東京韓国学校校長　宋基鶴

[illegible]

現在は、すべての近代国家が莫大な予算を教育に投じているのは、とりもなおさず国家民族の繁栄と発展を教育にかけているのを意味しているのと同様に、われわれの同胞社会の繁栄と発展は、二世、三世の民族教育にあると思います。

これからは、われわれ同胞社会が一丸となって、民族教育問題に真剣に取り組んで、卓上の空論よりも、実践に移すべき時期だと思います。

ただ、目前の小利にこだわり、民族の百年大計の民族教育を等閑視しては、[illegible]

[illegible]

写真で見る 民団一年間の足跡

万博のナショナルデー「韓国の日」は華麗なる踊りで数万の観客を魅了した（5月13日）

あと二週間に迫った永住権申請しめきり　民団挙げてかつてない積極的運動だった（横浜地区で）

万博韓国館の開館式でテープに鋏を入れる李厚洛大使（3月13日）

空から宣伝　永住権申請促進運動に積極的な民団静岡地方本部では、航空機でビラをまいて効果をあげた

工業立国を象徴する万博の韓国館。世界の人々が目を見はっていた

[illegible]第十五回総会が滋賀県大津市のホテル紅葉でひらかれた（6月19日）

全国団長・事務局長・傘下団体機関長の合同会議（1月23～24日＝熱海八景園）

アジア初の第十九回技能五輪　日本でひらかれ韓国は第二位に入った（11月10日、日本武道館での開会式）

総勢七六二名の在日同胞学生がソウルの第五回夏季学校で民族教育を受けた（7月29日出発）

七億四千五百万円をかけて建てられる民団中央会館完成予想図

梨花女子大校庭で故国の友と語り合う在日女学生

在日同胞がはじめて参加したミス・コリア・コンテスト●から高順江（郷土賞）朴仁子（人気賞・友情賞）鄭正伊（郷土賞）のみなさん

万博後援会では劇映画「あれがソウルの空だ」を製作上映した（6月）

東京韓国学校第十七回秋季運動会（10月10日）

勝共連合が中心となり、ひらかれた基督教反共東京大会

大阪の〝死の商人〟コレラ菌を北傀に密輸　これを糾弾する全国大会がひらかれた（2月12日）

韓青愛知県本部の文化祭　本格史劇「元述郎」を上演話題をまく（5月17日）

第51回3・1節（日比谷公会堂で）

六月に就航した釜関フェリーボート（三、八〇〇トン）

永住権を取得して安定した生活を！

あと10余日できまるあなたの運命！

永住権申請はすませたか

永住権特集

ひとりでも多くの人たちに読んでもらうため、お読みになったあと隣や近所に回覧させたり、戸外に貼り出しましょう

1月16日は目の前だ

朝総連にダマされ一生を泣くな

これからも、ひきつづき日本に居住しようと希望する在日同胞の運命を決定づける「永住権」の申請期限があと十数日（一月十六日）に迫りました。われわれ在日同胞にとって一月十六日は、まさに「運命の日」であります。この重大な決定的瞬間が刻々と迫っているにもかかわらず、在日同胞の中にはいまだに永住権の意義を十分に理解していない人もあり、また、朝総連の反民族的な政治宣伝にだまされて、また永住権を申請していない人が少くありません。日本に居住していかなる外国人も取得することができないのに、われわれ在日同胞にだけ取得する権利のある「協定永住権」とは、果してどのようなものでしょうか。そして、この協定永住権を取得すれば、われわれにどのような特典があるのでしょうか。また、朝総連はなぜこの永住権……

「永住権」は永住する権利

迷わず、いますぐ申請を

在日同胞の皆さん！私たちの今後の運命を左右する重大な日が刻々と迫っております。日本に居住する私たち同胞の在留資格（日本に住む資格）を決定する永住権申請の期限（一月十六日まで）があと十数日に迫りました。永住権の取得は他人のためにするものでなく、あなた自身がこれからあとも日本に住むための権利を確保するためにするものであります。私たちは外国人です。外国人である私たちが日本の国で永住するためには「永住する権利」がどうしても必要です。……

……との間に"協定"でもって取りきめたのであります。そして民団（在日本大韓民国居留民団）では、……

私たちはあらゆる権益を確保しなければなりません。その権益確保の基本となるのが「永住権」であり、この「永住権」を取得しなければ私たちの今後の生活は不安そのものであります。家族を養い、安定……

1月16日以後 待遇の差 はっきりする

「一二六―二―六」の資格で永住はできない！

未取得者につきまとう 強制退去の不安

長い間あえなかった故国の家族や親戚をいつでも日本へ招待することが出来ます

永住権を取得しない者に対する 出入国管理令の強制退去条項

永住権取得者に適用される 協定文第三条

わが家のしあわせ 永住権から

この国で安定した生活を！

永住権取得者の優遇策協議

韓日法務次官会談の成果多大

日本政府 永住権者に優遇措置開始

不法入国の家族にも一般永住権

在日韓国人の法的地位および待遇に関する協定実施に伴う協定永住権取得者に関する待遇、協定永住権申請者に対する審査と申請の合理化問題などを協議するため、さる十月二十七・八の両日にわたり、わが国の吳鐵根法務部次官と日本政府の津田法務政務次官のあいだで次官会議を開きました

が、この会議では、協定永住権取得者に対し

①韓日協定の基本精神にもとづき日本で安定した生活が営めるよう一そう優遇措置をとる

②協定永住権取得者の家族で、協定発効（一九六六年一月十七日）以前に日本へ入国し、在留許可を得た後五年を経過した者に対しては、出入国管理令上の一般永住権を許可する

③日本政府は、永住権申請手続の簡素化をはかる

④昨年の法相会談での了解事項を徹底させることを再確認するなどに関して合意をみましたが、

この会議では永住権取得者に対する優遇…

兵役と永住権は無関係

海外僑胞には法律で免除に

「永住権を申請すれば兵隊にとられる」これは、永住権申請を妨害するために朝総連がつくりだしたデマの中のひとつである。朝総連のウソとデマの宣伝には物寂動きしている人たちも、この兵役法のデマだけは、ウソと知りながらも多少の関心を示す人が多いといわれている。では、永住権と兵役法とは一体どうなっているのだろうか。

「北海道に召集令状」は

朝総連が仕組んだ田舎芝居

朝総連は「永住権を取得すれば韓国の兵役法が適用されて軍隊にとられる」と、デマ宣伝をしていますが、これは全く根も葉もない…

…法に関するデマ宣伝の一つの例を紹介しましょう。

よりよい待遇措置は永住権取得者に当然

韓国政府側経過発表文

大韓民国兵役法第47条

駐日韓国大使声明

外務・国防両長官声明文

外国人の財産取得に関する政令

永住権取得者優遇は韓日協定の基本精神

小林法相談話

「日本国に居住する大韓民国国民の法的地位および待遇に関する日本国と大韓民国との間の協定」による永住許可の申請についての期限は、今年一月十六日となっていることにかんがみ、このさい、日本国法務省は、こんごも現在…

法的地位協定の合意議事録

韓・日法相会談での合意事項

永住権申請案内

永住権申請期限〈1月16日〉がせまっております

☆ 1月16日で申請が締切られます ☆

在日同胞の皆さんが一日も早く安定した生活を営むためには、永住権を取得しなければなりません。まだ永住権を申請するよう、お互いに努力し、知りあいの方にも勧誘して下さい。

協定永住権を受けることによって

（1）何よりもまず、いままでの暫定的であった地位をはなれて、権利として日本に永住することが法的にに保障されます。

（2）したがって、協定永住許可を受けていない者や一般外人とは違い協定永住許可者は、ほとんどすべての場合において日本から退去を強制されることがありません。

（3）さらに、同永住許可者に対しては、海外旅行に必要な再入国許可において制限がないばかりでなく、一家族が離散することのないよう、人道的な配慮が十分ゆきとどくようになっております。

（4）子女の教育問題においても、日本の公立小・中学校への入学が認定され、また上級学校進学においてもその入学資格が認められております。

（5）生活保護を受ける必要のある人には、従前どおりの保護が受けられるようになっており、とくに国民健康保険に加入することができます。

（6）外国人財産取得に関する政令の適用を受ける一般外国人とは違い、主務大臣の認可なしに土地・建物などの財産を取得することができます。

（7）日本から永住帰国には、自己財産の本国搬入または送金などが、協定上保障されております。

在日同胞の皆さん！

一昨年の八月に開催された〝韓・日法相会談〟の結果、皆さんが安心して永住権を申請できるよう措置がとられておりますから、一日でも早く永住権を申請されるよう、かさねて要望するところであります。

☆ 永住権は兵役とは絶対に関係がありません

〈申請方法〉

第二回から引続き、外国人登録をしている人は次の書類を揃えて自分の居住している市・区・町・村役場に行き、本人が提出します。但し、十四歳未満の方はその父母が代理申請します。本人が直接準備するものは、写真二枚だけで他の用紙は上記の役場においてあります。

（A）協定永住許可申請書　二通

（B）旅券又は大韓民国国民登録証（このようなものが無い場合には国籍を書きいれた陳述書）

（C）写真（五センチ四方で六ヵ月以内に撮影したもの）二　枚

（D）家族関係と居住経歴書　二通

〈参　考〉

① 手数料は一切無料です。

② 外国人登録上、朝鮮籍になっている方は、大韓民国（韓国）の国籍に変更申請したらよいのです。

③ 居住経歴あるいは身分上に何かの問題点があると思われる方は最寄りの民団または領事館、大使館に行けば親切に相談に応じます。

在日本大韓民国居留民団
中　央　本　部

10の焦点

①朴大統領の八・一五光復節声明
②第三次経済開発五個年計画発表
③米軍撤収と韓国軍現代化
④今年の大豊収穫
⑤朴順国北傀空軍少佐亡命
⑥京釜ハイウェー開通
⑦国立墓地に時限爆弾
⑧アジア開発銀行総会
⑨世界ペン大会開催
⑩世界仏教指導者大会開催

第三次経済開発五ヵ年計画発表
成長率(年平均)八・五%に
農業近代化など重点

四二八キロ、国土の大動脈
京釜高速 僅か二年五ヵ月で完成

朴大統領が"八・一五宣言"

光復25年の慶祝辞をのべる朴大統領

南北韓の人為的障壁除去へ
平和統一よびかけ

墓参の要人暗殺が狙い
北傀武装スパイ爆死事件

アジア開発銀行総会 ソウルで開催成果

第15回アジア映画大会盛況裡に終る

尋ね人

崔玉任(二二)

編集記者募集

取材、整理、校正のできる方、または未経験にして、将来記者を志望する方を募集します。

韓国新聞社
TEL (811) 一四三一

1970 本国話題

韓国軍現代化 急ピッチ

米軍削減国会も反対決議

ニクソン大統領の海外軍事基地の縮少計画であるいわゆるニクソンドクトリンは、米国の軍事負担を共産勢力の脅威を防止するに支障のない範囲でという前提のもとに、二万名の米軍削減通告がなされ、これをめぐる問題は、北傀の南侵脅威に当面している韓国の朝野に大きな衝撃を与えた。

めざましい経済発展の実績とそのテンポが、防衛負担の重荷によって鈍化してはという考慮と、北傀の軍事装備に対応できる韓国軍の現代化が実現するまえに、米軍削減が行なわれては国土防衛問題に重大な危険を自招することになりかねないということが韓国側の論点である。

この問題をめぐり、七月二十一日～二十二日ホノルルで第三次韓米国防会議が開催され、両国側の意見が交換された。

国会も削減反対の決議文を採択するなど、全国的な削減反対の気運がもりあがったが、結局は二万名を削減の限界として行ない、残余米軍は北傀の再侵にそなえ半永久的に駐留することになる見込みとうしてである。

また米政府は、韓国軍現代化のための予算を五ヵ年計画として執行を確約しており、韓国軍の現代化は、急ピッチに実現されつつある。

（写真は10月1日、22回国軍の日国軍を査閲する朴大統領）

「奇蹟の米初収穫」

"IR667"で稲作革命

わが国稲作の革命をもたらし食糧増産に寄与する奇蹟の稲「IR667」が実り、28日朝初のとり入れに成功した。三百坪の温室で育ったこの稲は昨年11月22日に種を播き、12月10日には苗付けを了え、2月15日には出穂しはじめ穂をまいてから一二六日目のこの日二百㌔をとり入れた。

この稲は当初四月十五日頃とり入れる予定であったが、約18日も期間を短縮させたのは日照時間が予定より長かったためである。

この「IR667」は①丈が短かく収穫量が多いフィリッピンの「IR8」と②低温でもよく育つ日本の「ユガラ」種③広い地域に適応性を持つ「ダイジュン・ネイティブ」など三つの稲の長所をえらび、韓国の風土に適応できるよう栽培したもので、このたびの栽培結果1段歩（三百坪）から六二四㌔（四・四四石）の収穫が再確認され今後ひきつづき普及させる計画である。

この稲は湖南作物試験場栽培二百㌔、フィリッピン国際米研究所に委託栽培したところの二百㌔など六百㌔を試験栽培により八二・五㌧の種稲を収穫し、二二年度には二〇万ヘクタールの水田に植え三六万㌧の米（二四八万石）をより大く収穫できることと見ている。

「IR667」の三元交雑試験研究は[illegible]氏など農村振興庁作物試験場研究陣が担当した。

世界仏教指導者大会

21ヵ国最高僧105名が参加

世界仏教指導者大会が十月十日から十五日まで、ソウルのウォーカーヒルで開催された。開会式は十日午前十時にソウル市民会館で開かれ、世界21ヵ国の仏教指導者百余名が参加した。

そのなかにはベトナムのティッ・タム・チャウ大法師ベトナム仏教化導院院長、マレーシアのタンマナンダ[illegible]、日本の[illegible]今東光大僧正、中国の白聖仏教道会理事、セイロンのピンブレ・ソラタ僧など世界的な高僧たちも含まれている。

初日は開会式につづき議長団を選出したあと、議事日程を決め十一日には第一次本会議を開き、各国代表たちの基調演説があった。十二日まで三回の会議を開いたあと、大会は十二日午後三時閉幕した。

大会の日程はつぎのとおりであったが、世界仏教一元化運動の方法、世界平和と人類の幸福の仏教的問題など三議題について世界仏教界の高僧が、誇りを持ったことは、仏教徒の多い韓国でもはじめての盛事であった。

◆九日＝午後六時歓迎パーティ
◆十日＝午前七時曹渓寺参拝、十時開会式、午後二時予備会議
◆十一日＝午前八時第一次本会議、午後二時第二次本会議
◆十二日＝午前八時第三次本会議（議案採択など）、午後三時閉会式、午後三時仏教教育施設視察
◆十三日＝午前九時板門店観光
◆十四日＝仏国寺、石窟庵、釜山梵魚寺観光
◆十五日＝奉恩寺平和祈願法会参加

（写真は世界の高僧と交歓する朴大統領）

国際ペン大会開催

＝東西文学のユーモア主題＝

三十四カ国代表参加

韓国と世界文学を結ぶ第37回世界作家（国際ペン）大会が二十九日午前十時朝鮮ホテルで、朴正熙大統領等内外貴賓と世界34ヵ国（予定33ヵ国にモナコが追加）四〇個センター外国作家百四十七人および韓国作家六十七名など約二百名が参席裡に開幕されたが、七月三日午後五時二〇分朝鮮ホテルで閉幕した。

「東西文学の諧謔」を主題とするこのたび大会は一九五七年東京大会について、アジアで二回目に開かれた国際ペン年次大会である。

国立国楽院の雅楽（寿斉天）が演奏されるなかで、毛允淑準備委員長が歴史的な開会を宣言ついで国際ペン会長[illegible]

デイビッド・カバー氏、フランス代表ジャンドベル氏によって[illegible]それぞれ仏語で朗読された。

[illegible]

北傀空軍朴少佐、決死の帰順

自由求め韓国へ脱出

ソウルの夜景に驚嘆

[illegible]

ネオンや南山タワー、高速道路の水銀灯をまるでしいかのようにソウル夜景にみとれていたという。

ところでこれまで北傀機の帰順日時をみると〇〇年4月28日、李[illegible]

徴兵免除年令30歳に引下げ

政府は一日の閣議で、国防部が提出した兵役法改正案を議決した。

この兵役法改正案は①徴兵免除の年齢を、現在の三十五歳から三十歳に引下げ②世帯内に戦死者が出て一人となった男子に対する在営期間を短縮③徴兵延期は父母が六十歳未満であっても認める[illegible]

金鍾老婦人に朝鮮籍許可

[illegible]

鄭浄金氏無罪

北韓の家族と文通

ソウル刑事地裁（[illegible]判事）はこのほど、北韓に残してきた家族と日本を通じて手紙のやりとりをし、反共法違反容疑で起訴された鄭浄金被告（[illegible]）＝大学教授法人理事長＝に対する宣告公判を開いたが、李裁判長は「家族が北韓に住んでいるという事実だけで、北韓政府の指令を受けたとか、構成員であるとかいう証拠はなく、ただたんに安否を気づかう手紙のやりとりだけで、北韓の活動を鼓舞讃揚したとか、同調したとはみられない」として、鄭被告に対し無罪判決を言渡した。

この日、無罪を宣告された鄭被告は、三年前に北韓の咸鏡道にある夫の実家と、日本にいる知人を通じて手紙をやりとりしたもので今年初めに反共法違反容疑で起訴され、懲役一年と資格停止一年を求刑されていたもの。

日本の中の韓国人

シリーズ・スポーツ篇

野球のニュー"パワー"

日本の野球界で活躍している同胞選手は、プロ野球草創期の張本選手をはじめとして、今日に至るまで幾多の名選手を輩出、連綿とした野球人脈がつながっているが、その中でも、日本球史はじまって以来の不世出の名投手とうたわれた巨人の金田正一選手が、球歴二十年間に四百五勝という超人記録をうちたてて引退したあと、東映の張本勲選手は、昨シーズンに三割八分三厘の打率で、パ・リーグ首位打者、ベストナインと、例年の最高殊勲などにつづく新記録をうちたて万丈の気を吐いている。さらにこの後につづく花形選手として、東映の白仁天選手が三割八分台と好成績をおさめ、同じく東映の新人金田留広投手が、兄正一さんの後をつぐ活躍をみせて血統の強さを示し、千葉県木戸の老人ホーム「光楽園」理事長、千興楽氏の三男、中日の千原陽三郎選手は、投手、内野、外野と万能ぶりを発揮、レギュラーとしての地位を確保してきたのは頼もしき限りというべきであろう。

そこで、本紙は、これら一連の人気選手のさらにあとにつづく、明日へははばたく"今日の新人"三人にスポットをあて、その人となりと、野球へのひたむきな情熱の周辺をさぐってみることにした。

燃える速球　速い速球が松原の武器。今季にかけるファイトは凄まじく、まず10勝は堅い

巨人"第三の投手"

豪速球に首脳陣ビックリ

松原明夫
＜巨人投手＞

「巨人には毎年一人や二人のスターが誕生する。高田、高田一に次いで今年は誰か？」ところが驚くことなかれ、実の待ち焦れといわれた多摩川の"ボタ山"からトッピもない宝が掘り出されてきた。その名を松原明夫という二年生。球は速く、重く、宮崎（二軍）行きはおろか"巨人第三の投手"という首脳陣期待の新星だ。

……」須知、関・長谷川両者のリード記事である。

「中尾二軍監督をはじめ、藤田コーチ、中村、木戸両コーチが集まった。川上監督すら寄ってきた――連れをとるものかとタキ火を背にしてバッティングを見ていた報道陣もかけつける。ファンも移動をはじめた。そして、その真っ黒な若者が投げはじめると、ファンと報道陣はざわめきはじめたものだ」

「とにかく速くて重いタマだ。タマそのものでは堀内もヒン（高橋一）も足元におよばない。巨人でどうかわからんが、この調子を持続する限り、別所の全盛期以上だな。なんと表現すべきかな。そうどの……

で一本ですな」とこれは前夜、藤田コーチが川上監督にもらした言葉。

周囲の目を意識せず、黙々と己れのペースにのって投げつづけるこの新星サウスポー、ついに名をあげる……

川上御大がこういったものだ。「いや、驚いた。本番に入り……

だ。ゴムマリと鉄球。硬球と鉄球。それほどボールにパンチ力があるな」

この若者こそ誰あろう。わが同胞の松原君だ。一昨年、長野、新浦とともに期待の三羽烏として入団した。鳥取西高から鳴り物入りで迎えられた彼だが、「ボクは韓国籍だとか日本人だとか考えたことはなかった。でもライバルは常に高野君と新浦君に照準を合わせてきた。そして、同じ韓国人である大洋の安田さんと、早く一軍に出て対決しようと約束しました」それ以来血の通い合うこの二人は親友になった。

そして一方、大洋の安田泰一（外野手）君も一躍大洋の秘密兵器としてクリーンアップを組むほどの脚光を浴びてきた。

羽ばたく！　パワーは抜群。将来、大洋の中心打者として別当監督の期待は大きい

蔑視に耐え開花

"今季の4番はもらった"

安田泰一
＜大洋外野手＞

「底抜けに陽気で、おっちょこちょいで、負けずぎらいのガンバリ屋。そのくせ孤独が好きで、人のことにはいっさい無頓着のマイペースの一面もある。むずかしい人生論をとうとうしゃべりまくるかと思えば、子供のような無邪気な顔でテレビの漫画に夢中になる。一年間合宿の同じ部屋で暮らしたけど、どれがハダカの安田だかわからなかった。不思議な男ですね」と同期生竹村投手の安田泰一評。

映画は「胸にジーンとくる」作品が好きで、読書は「宮本武蔵」のような剣豪もの専門。涙もろいが浪花節はきらいだという。

三年前、宇治商高からドラフト第五位指名で大洋へ入団。あとで韓国籍とわかり、二年間「一チーム外人二人」の枠にしめ出され、イースタン・リーグにも出られない日かげ者にされた。

それが去年一躍"四番打者"にあがるほどの脚光を浴びたわけである。栄光あり、安田二選手

国の違いを近所の日本の子供たちにバカにされ、よくけんかした小学生時代。

社会と理想が矛盾で、優秀な成績で中学を出たときには、再び国籍を問題にされ「希望した高校は門をひらいてくれなかった」という。

未だ日本に残る韓国人蔑視の潮時代的風潮は、少年安田をしてますます奮起させ、彼の魅力あふれる"人間像"を形成してきたのかも知れない。それは風に立ち向かう精魂にほかならないと、宇部の彼る測役は語ってくれる。

「ガール・フレンドとお茶を飲んだり、ゴーゴーを踊るのが青春とは思えない。野球に明けくれるグラウンドと寮のすばらしい青春です」と、わりきる彼。

「早くゲームに出して下さい。ぼくの力がプロの世界にどれだけ通用するのか知りたい」と、率直キャンプ生活をもどかしがる。

130㍍もとぶホームランを軽々と叩き、別当監督をうならせた豪快なパワーには、異国の差別に耐えて花咲く不屈強な韓民族の力がひそんでいるようだ。

金田留広
＜東映投手＞

兄貴ばりの快速球で、いまや東映のエースにのしあがった。

二十一才になったばかり。

「みんなどうして、役は訓練をしないのですか。プロの世界はもっときびしいと思っていたら、これじゃ高校生の方がずっと必死になってやっている。こんな練習で一軍にあがれるんですか？」

胸につかえていた疑問を率直に出してしまう彼。このファイトこそ彼の野球哲学であろうか。

金田正一
＜元巨人投手＞

不世出の名投手・金田。球歴二十年に四百五勝の超人記録を打ちたてて、引退した。

千原陽三郎
＜中日一塁手＞

勝負強さにかけては天下一品。江藤なきあとの中日の"けん引車"だ。

白仁天
＜東映外野手＞

勝負強さは先輩・張本、大杉にまさるとも劣らず今季東映躍進のカギにぎる。走れ！　コリア・パワー・白仁天！

猪突猛進　肩の治療で低迷しているが、完治した今季への左腕に首脳陣は太鼓判を押した。

天才の資質備う逸材

ケガもなおって始動

新浦寿夫、十八才、民団静岡地方本部に所属し、十数年来営んでいた金永植氏の三男である。

夏の甲子園大会で、堂々と準優勝をなしとげた静岡商高の投手からスカウトされ、あこがれの巨人入りをした文字通り天才投手の資質を備えた選手ともっぱらの評判であった。

時に高校二年を中退している。

新浦寿夫
＜巨人投手＞

巨人入りした翌春、新浦は選ばれて渡米、ドジャース・キャンプで腕をみがいたが、過度で肩を痛め、しばらく休んだ後、すっかりよくなってきた。間もなく、彼の豪快にしてスピードあるピッチングが見られるものと、私たちは今から大きな期待のうちにその日を待っている。

張本勲
＜東映外野手＞

日本球界を代表する大打者、東映の主砲・張本。日本新記録の好打率をマーク、さらに今季の躍進が期待される。

本社文化事業 映画製作いよいよ開始

まず長篇記録映画「日本の中の韓国人」

全国民団、一般同胞の後援で

音楽交歓なども

韓・日文化交流の増進発展に

ミス・コリアコンテスト参加

一般文化事業

著名芸術家個展、リサイタル

韓・日大学交歓音楽フェスティバル

天才少女舞踊団 小さな天使 日本で第二回公演

㊤扇の舞い ㊦はた織り

被災者に救援金

大阪で火事二件 全国から同胞愛が

北韓断面 <2>

ダメオー記者の見た北韓の実態！

金日成は自己過大評価しすぎる

記事検閲で"北韓式"強要さる

度重なる"偉大なる金日成"で頭痛

入口と出口で長い長い儀式に閉口

だんだん懐疑心が起上がった

「百名の読者」とはよく名ばかり

欧米わかせた人気者

メキシコ五輪民族祭で堂々韓国代表

日本公演日程

プログラム

愛知・春日井市長に抗議

民団愛知県本部 "国籍書換え許せぬ"

厳冬の故郷へ送金

最寄りの銀行で簡便に

日韓経済協会10周年祝賀

永住権なしでは日本には安住できない

1971年をわれらの年に！
永住権取得100％達成を期す大阪本部

在日本大韓民国居留民団 大阪府地方本部

議決機関
議長 卞先春
副議長 裵国祥
〃 李圭洪

監察機関
監察委員長 張起説
監察委員 陳琦淵
〃 姜弘実

執行機関
団長 崔鳳学
副団長 黄七福
〃 金東出
事務局長 崔景乙
総務部長 姜太和
組織部長 朴英成
民生部長 許奎龍
文教部長 孔聖文
宣伝部長 崔景乙（兼）
経済部長 黄七福（兼）
組織専任委員長 崔喆洙

永住権取得大阪地区推進委員会
常任委員長 崔鳳学
〃副委員長 卞先春
〃 張起説
常任委員 黄七福
〃 金東出
〃 崔景乙
〃 金守哲
〃 辺基柱
〃 崔済憲
〃 崔喆洙
常任顧問 徐甲虎
安在祐 朴漢植
李熙健 韓禄春
姜宅佑 金容載
姜桂重 金国雄

西成支部
団長 南啓台 議長 金秀夫
監察委員長 金俶基 外役員一同
大阪市西成区梅通8－6 電話 (651)4777～8

布施支部
団長 尹甲春 議長 裵国祥
監察委員長 金明浩 外役員一同
東大阪市長栄寺1－62－13 電話 (782)6401～2

東淀川支部
団長 崔玧熙 議長 方鏞煥
監察委員長 姜弘実 外役員一同
大阪市東淀川区中島町1－211 電話 (301)3177

城東支部
団長 朴季道 議長 金永珠
監察委員長 李正業 外役員一同
大阪市城東区今福町1－73 電話 (931)0414

中央支部
団長 金仁徳 議長 柳根達
監察委員長 高七杓 外役員一同
大阪市北区梅田町6 電話 (341)4262

北大阪支部
団長 金宗同 議長 許正樅
監察委員長 金鉄光 外役員一同
大阪市北区中崎町43 電話 (371)9145 (372)4716

福島支部
団長 許周漢 議長 李昌福
監察委員長 朴永根 外役員一同
大阪市福島区茶円町94 電話 (461)2414

南大阪支部
団長 呉永俊 議長 崔寅柱
監察委員長 姜熙信 外役員一同
大阪市浪速区日本橋4－17 電話 (631)5446

住吉支部
団長 金東出 議長 許桐
監察委員長 朴仁燮 外役員一同
大阪市住吉区沢之町6 電話 (692)1981

港支部
団長 張斗会 議長 安奉玹
監察委員長 朴春生 外役員一同
大阪市港区東田中町2－108 電話 (572)0443

堺支部
団長 金炯基 議長 高殷枰
監察委員長 朱白寿 外役員一同
堺市中安井町1－1 電話 0722(38)7840・7853

北河内支
団長 文権植 議長 金萬永
監察委員長 金汝玉 外役員一同
守口市大久保町5－40 電話 (901)5824

阿倍野支部
団長 甘次相 議長 朴多世
監察委員長 李甲鎮 外役員一同
大阪市阿倍野区丸山通1－69 電話 (651)8759

泉北支部
団長 金春鶴 議長 黄性杉
監察委員長 高享秀 外役員一同
和泉市府中町454－2 電話 0725 (41) 2273

豊能支部
団長 尹八星 議長 陳漆生
監察委員長 姜達億 外役員一同
豊中市桜塚本町1－81 電話 068 (53) 0719

高槻支部
団長 安奭鐘 議長 洪本洙
監察委員長 裵明奎 外役員一同
高槻市芥川町2－9－1 電話 0726 (84) 0526

祝杯に勝利の美酒を注ごう！「十万三千名」の目標掲げ総決起！！

東成支部
団長 権学伊 議長 車忠興
監察委員長 徐萬洙 外役員一同
大阪市東成区大今里本町1－142 電話 (976)2331～2

森町分団 団長 申應湜
南中道分団 団長 姜輔周
大今里分団 団長 金竜登
中浜分団 団長 金永煥
東今里分団 団長 梁一萬
深江分団 団長 金教鳳

生野支部
団長 宋台価 議長 姜吉泰
監察委員長 崔権 外役員一同
大阪市生野区舎利寺町1－82 電話 (712)6123～6

東分団 団長 康順和
西分団 団長 秦敬春
南分団 団長 宋基洙
北分団 団長 崔翼龍

八尾支部
団長 宋金出 議長 崔景乙
監察委員長 朴松男 外役員一同
八尾市跡部本町4－2－9 電話 0729(22)6079

西淀川支部
団長 金東出 議長 申泰連
監察委員長 金元植 外役員一同
大阪市西淀川区大和田中1－35 電話 (471)2901

都島支部
団長 姜信洙 議長 権相燮
監察委員長 金学基 外役員一同
大阪市都島区御幸町2－7 電話 (921)4970

旭支部
団長 李東雨 議長 厳柱一
監察委員長 玄太権 外役員一同
大阪市旭区赤川町2－53 電話 (921)5156

大正支部
団長 崔山沢 議長 蔡鍾萬
監察委員長 金聖述 外役員一同
大阪市大正区南恩加島町30 電話 (551)4320

此花支部
団長 黄尚奎 議長 金成竜
監察委員長 劉京弼 外役員一同
大阪市此花区西島町2－63 電話 (462)2888

枚岡支部
団長 尹章孝 議長 金鳳来
監察委員長 林吉竜 外役員一同
東大阪市南荘町12－10 電話 0729(81)2183

東住吉支部
団長 朴柄玉 議長 趙宗大
監察委員長 黄七福 外役員一同
大阪市東住吉区平野浜町1－9 電話 (791)5565～6

泉南支部
団長 文達瑞 議長 趙龍業
監察委員長 陳琦淵 外役員一同
泉佐野市高松町1249 電話 0724 (62) 2525

泉大津支部
団長 金基允 議長 朴八星
監察委員長 金敬仁 外役員一同
泉大津市本町82 電話 0725 (2) 5452

吹田支部
団長 黄尚奎 議長 河武慶
監察委員長 金東準 外役員一同
吹田市山手町1－7－3 電話 (388)1555

茨木支部
団長 高日化 議長 玉富潤
監察委員長 金喜奉 外役員一同
茨木市新庄町11－7 電話 0726 (22) 6120

202

韓國新聞

在日大韓民国居留民団中央本部機関紙
韓國新聞社
発行人 鄭烱和
東京都文京区春日町
2丁目20－13
電話 (815)1451～3
(813)2261～3
振替口座東京 34988番

民団綱領
一、われわれは大韓民国の国是を遵守する
一、われわれは在留同胞の権益擁護を期する
一、われわれは在留同胞の民生安定を期する
一、われわれは在留同胞の文化向上を期する
一、われわれは世界平和と国際親善を期する

永住権申請総数30万を突破!!

各地で朝総連の妨害を完全に粉砕

祝勝ムードの中に漂う緊張

挙国的努力の成果

李中央団長記者会見

朝総連の妨害行為厳しく糾弾

申請期限が満了する一月十六日までには、全国の協定永住権申請総数が三十万名を大きく上廻る成果が予想され、各地の民団組織では祝勝会の準備にわきたっている。期限日である一月十六日を数日後にひかえ、全国の市町村役場の窓口には永住権申請者が殺到したが、一方、これを妨害して申請を阻止しようとする朝総連の動きも悪ラツさが露骨化したなかで、申請者の数は急速に増加、十四日正午までに中央本部へとどいた地方本部からの数字報告は三十万をかるく突破し、東京の中央本部では期せずして「萬歳」の声がわき起った。

㊨から朴副委員長、張監察委員長、李中央団長、朴事務総長、金組織局長、李総務局長

応待の職員嬉しい悲鳴

申請期限の延長

未申請救済へ強力要請

中央が李情報部長、李情報部長夫人、李代理大使

丁前総理、李前大使来日

離任レセプション空前の盛況

なお李前大使は十一日午前のJAL機で帰国した。

声明書

永住権申請を終えて

未申請者の保障要望

駐日本国大韓民国代理大使 姜永奎

韓日親善友好に努力

外務部長官 崔圭夏

一九七一年一月十六日
在日本大韓民国居留民団中央本部
団長 李禧元

東京韓国学校 敷地払い下げ解決！

開校以来十六年間、歴代の校長と理事長が払下げに努力しながらも実現せず、長いあいだの懸案となっていた東京韓国学校（宋基鶴校長・安聖出理事長）の学校敷地千七百八坪の払下げ問題は、大蔵省関東財務局と学校との間に仮契約ながら旧ろう十二月二十五日に契約書が取り交わされ、学校をはじめ父兄たちに大きな朗報をもたらした。この朗報こそ在日同胞社会における新年早々の明るいビッグ・ニュース。

民族教育 新春第一番の朗報
大蔵省関東財務局と仮契約

在日同胞と本国政府の惜しみない協力・援助の結晶
安聖出理事長談話

このほかにも学校の財政面には大きな問題がいくつかある。

永住権申請締切り直前の表情
まさに東京の38度線
十一月十四日 妨害する朝総連に同胞は冷静！

永住権申請締切りがあと三日に迫った去る一月十四日。正確には十五日が「成人の日」で公休日であり、十六日は土曜で、官公庁事務は正午までだから、あと数時間しか残っていない在日同胞の運命を決めるこの日、残された歴史的時間をフルに活用して永住権申請に最終的大拍車をかけていたわが民団側。関西での敗北を東京でとりかえそうと、これまた最後のあがきを見せてきた朝総連側の妨害工作は頂点に達したかの様相を呈していた。これはその大づめを迎えた東京のもっとも同胞が密集している地区の十四日の生の表情である。

写真①②とももどかけた永住権申請の荒川区役所窓口（一月十四日午後）

目標はるかに上回る
順風満帆の申請率
玩具工業団地 輸出振興へ造成
預金目標200億

嫁ぎたし

崔玉任（二二）
本籍・京畿道
学歴・ソウル・東氏女高
趣味・韓国婦人服デザイン
性格・温厚で勤勉
希望者は本社文化事業部に問合せて下さい。

新内閣名單

國務總理	白斗鎭	62	黃海	新
副總理兼經企院	金鶴烈	47	慶南	留
外務	崔圭夏	51	江原	留
內務	朴璟遠	47	全南	留
財務	南悳祐	46	京畿	留
法務	裵泳鎬	55	慶北	新
國防	丁來赫	45	全南	留
文敎	洪鍾哲	46	平北	留
農林	金甫炫	46	全南	新
商工	李洛善	43	慶北	留
建設	李翰林	49	咸南	留
保社	金泰東	52	忠北	留
交通	白善燁	50	平南	留
遞信	申尙澈	46	忠南	新
文公	申範植	47	忠北	留
無任所（政務擔當）	吳致成	44	黃海	留
無任所（經濟擔當）	李炳玉	43	全北	留
總務處	徐壹敎	49	慶北	留
科學技術	金基衡	45	서울	留
統一院	金永善	52	忠南	留
情報部	李厚洛	46	慶南	新

編集記者募集

取材、整理、校正のできる方、または未経験にして、将来記者を志望する方を募集します。

履歴書と写真持参の上御来社下さい。

韓国新聞社 TEL (815) 一四五一～三

在日大韓民国居留民団 京都府地方本部

議長 河炳旭
副議長 姜成信
監察委員長 全成局
〃委員 厳在雨
団長 李相権
副団長 金鐘淑
〃 韓昌祐
事務局長 金瑛洙
総務部長 崔南喆
組織〃 権道洙
民生〃 郭炳潤
文教〃 林性在
宣伝〃 張成道
経済〃 白南善
企画分科委員長 王利鎬
組織〃 文東奎
経済〃 尹仁述
民生〃 呉興兆
文教〃 金熺斗
宣伝〃 梁健模

京都市左京区下鴨宮崎町一一九
電話代表（七八一）八二八一番

南支部

団長 金栄述
議長 李義錫
監察委員長 金龍智
外役員一同
京都市南区東九条宇賀辺町18
TEL (691)5264

右京支部

団長 黄殷益
議長 尹甲石
監察委員長 徐光国
外役員一同
京都市右京区西院平町2
TEL 311-1431

上京支部

団長 白淳鶴
議長 朴東鉉
監察委員長 金漢鎮
外役員一同
京都市上京区智光院通中立売上ル
TEL (441)1654

中京支部

団長 全海鎮
議長 李仲宰
監察委員長 李相煥
外役員一同
京都市中京区東土居ノ内町32
TEL (311)0820番

左京支部

団長 宋斗一
議長 金鍾根
監察委員長 金茂湧
外役員一同
京都市左京区田中里之内町15
TEL (781)4067番

下京支部

団長 田徳三
議長 全福雄
監察委員長 金龍石
外役員一同
京都市下京区七条大宮上ル西側
TEL (371)7590番

東山支部

団長 李春三
議長 金洛熙
監察委員長 呂儀九
外役員一同
京都市左京区下鴨宮崎町119
TEL (781)8281番

伏見支部

団長 奉大鐘
議長 朴水岩
監察委員長 厳在雨
外役員一同
京都市伏見区京町10丁目
TEL (641)7112番

乙訓支部

団長 金泰煥
議長 裵孝琯
監察委員長 姜龍実
外役員一同
京都府乙訓郡向日町大字寺戸小字飛龍
TEL (921) 7301番

綴喜支部

団長 安知源
議長 朴璋九
監察委員長 朴重夾
外役員一同
京都府綴喜郡井手町玉水梅ノ木町18
TEL 077482-2860番

北桑田支部

団長 朴南柱
議長 李基保
監察委員長 全鎬洙
外役員一同
京都府北桑田郡美山町字福井小字井根ヶ本
TEL 0771938-0771番

舞鶴支部

団長 禹景元
議長 崔乙春
監察委員長 金容甲
外役員一同
京都府舞鶴市字南田辺町東
TEL 077375-1150番

丹波支部

団長 李相董
議長 金龍成
監察委員長 許万根
外役員一同
京都府亀岡市安町小屋町67
TEL 0771-22-3503

丹後支部

団長 金容俊
議長 金啓封
監察委員長 金栄相
外役員一同
京都府中郡峰山町字杉谷838
TEL 0772-62-1415

福知山支部

団長 林性在
議長 鄭大権
監察委員長 金永祚
外役員一同
京都府福知山市堀口町
TEL 0773-22-6422

宇治支部

団長 柳震根
議長 李漢明
監察委員長 姜永祐
外役員一同
京都府宇治市宇治妙楽58-4
TEL 077422-6819番

相楽支部

団長 李準熙
議長 姜又兆
監察委員長 全萬錫
外役員一同
京都府相楽郡木津町川原田8の1
TEL 077472-2210番

野村絞加工場

鄭原都
京都市中京区壬生馬場町6
TEL (811)1948番

丸文商店

文晩出
京都市中京区壬生下溝町1
TEL (311)2926番

東一ビニール工業所

孫相録
京都市中京区聚楽廻東町23
TEL (801)2566~7番

大野商店

姜龍辰
京都市中京区壬生東大竹町172
TEL (811)0047番

山善蒸工業株式会社
全海鎮
京都市中京区壬生馬場町六
TEL（八一一）二六九・八九一二番
第二工場 京都市南区吉祥院西の庄西中町十番地
TEL（三一二）九三七七番

山口絞工場
金五奉
京都市中京区壬生東渕田町十八番
TEL（八一一）五六三四番

高木絞工場
李仲宰
京都市中京区壬生森町六四
TEL（八一一）二〇二四番

岩本工業所
李種浩
京都市中京区西ノ京南原町十五番
TEL（八四一）二六四三番

金村絞工場
金一泰
京都市中京区西ノ京樋口町五
TEL（八一一）一九四八番

松原友仙蒸工場
朴在善
京都市中京区壬生相合町31
TEL（八〇一）五一四六番

谷川染色工業
李相煥
京都市中京区仏光寺通坊城東入ル
TEL（八四一）五一八一～二番

丸石蒸工場
尹明均
京都市中京区夷川堀川東入ル
TEL（二三一）四六六九番

南染色蒸工場
南点変
京都市右京区梅津堤下町二〇
TEL（八六一）四〇七〇番

平本蒸工場
黄大龍
京都市中京区壬生馬場町二三
TEL（八二一）二五六五番

丸恵蒸工場
金偉勝
京都市中京区壬生高樋町五五
TEL（八四一）八四〇一番

平田染色工場
黄赫伊
京都市中京区壬生高樋町五一番
TEL（八四一）七一八三番

金岡染工
金碩吉
京都市中京区壬生高樋町四三
TEL（八四一）七四五六番

清水蒸工場
崔五柱
京都市中京区壬生下溝町三八一-二六
TEL（八四一）七一四三番

光洋整理工場
李賢治
京都市中京区壬生辻町三八
TEL（八四一）一六三二番

平和住宅
沈景枸
京都市中京区西ノ京北壺井町九七番地
TEL（八二一）一六五〇番

二三蒸工場
権聖範
京都市中京区中新道四条上ル
TEL（八一一）〇〇二三番

水野染色工業
金皆東
京都市中京区矢城通三条上ル
TEL（八二一）二八七五番

安本蒸工場 権聖萬
豊建設㈱ 安宗根
三晃ビル 金徳謙
三越土地㈱ 王利鎬
平沼信託㈱ 尹鐘善
白川観光㈱ 白南善
高山物産㈱ 崔永五
桃原電機製作所 全区植
平和堂運動具店 高斗三
東和物産㈱ 姜相燮
金光建設㈱ 金東煥
松岡絞染工場 李鳳出
明成車輌㈱ 沈在一
金岡染料 金鐘元
東洋実業㈱ 河京完
新東商事㈱ 朴東鉉
東和病院 張熙日
第一物産㈱ 尹仁述
大村染工場 金鑑萬

佐藤首相おおいに感激

リトル・エンジェルス　大きな外交

東京・共立講堂に皇太子ご夫妻も

上佐藤首相を訪問した"天使"たち　中"扇の舞い"を踊る"天使"たち　下観賞の皇太子ご夫妻

いつもは、いかめしい顔つきのおじさんたちが出入りする永田町の首相官邸。

色とりもあざやかなチマ・チョゴリの孫娘たちにかこまれた佐藤首相は、やや感激のおももち。七一年の新春を迎え、世界中を踊りまわる"小さな天使たち"に人形を贈られ、キスをうけ、民謡をきかせてもらった首相は、誕生日を迎えた子供のように楽しげだった。

また東京公演最終日の一月八日には、共立講堂で皇太子殿下ご夫妻をむかえ、岸元首相をまじえてのなごやかな交歓風景がつづき、まさに国民外交第一級の折紙がつけられた。

なお"小さな天使たち"は十六・七日が京都、十八・九日が大阪、二十日が静岡、二十二日が札幌とスケジュールが残っている。

札幌でサヨナラ公演

リトル・エンジェルスの日本での最終公演は札幌ときまった。

一月二十二日午後二時から札幌市民会館で一般公演をおこない夜の八時からパーク・ホテルで来賓八百名を招待し、レセプションをひらく。

札幌五輪選手強化合宿開始
商銀ビル新築も

昨年一月に本国から来道、転地訓練したスケート選手団一行（片昌男団長・男女十四名）が、旧ろう十二月五日再び来道、李鎮鋼コーチ指導のもと、苫小牧市にあるハイランド・スポーツセンターの屋上リンクで強化合宿訓練（写真）中である。

これは来る札幌冬期オリンピックに出場するためのもので、かわったところでは、オリンピック後に備えて、中学一・二年の十三才になる女子選手三名も参加しており、地元同胞声援のうちに毎日猛訓練をつづけている。

一方、スキー選手団十三名も来道し、スケートにつづいて合宿訓練に入った。

◇

信用組合北海道商銀（姜信学理事長）は、発足して五年あまりになるが、札幌市南九条西四丁目に地下一階、地上九階の偉容を誇るビルを新築移転、新らしく店びらきした。

尼崎韓国人会館落成
民団支部では全国一の偉容

上は竣工した会館　下右から李中央団長、成楽三建設委員長、趙乙岩支団長、李駐神戸領事

旧ろう十二月二十日、総工費一億円をかけて建設中だった尼崎韓国人会館がついに落成、関係者来賓六百余名参席裡に盛大な祝賀宴をはってその前途を祝した。

民団恵那支部会館も落成

民団岐阜県恵那支部では、旧ろう十二月十三日午前十一時から、かねてから進められていた恵那支部会館の落成式を盛大におこなった。

この日、金万生支部団長の開会あいさつと李茂吉議長の経過報告に始まった式場には、鄭世萬岐阜県本部団長、李由泰議長をはじめ、名古屋領事館から文領事、[illegible]が特別参席したほか、桜木博恵那警察署長、光岡慶直県会議員、松岡末次市議員ら地元名士がお祝いにかけつけ、新築にあたった建設委員会の役員たちの労をねぎらい、今後とも韓日親善の実をあげようと歓談、婦人会の皆さんの心こもる手料理に舌づつみを打った。

〈会館建設委員会〉
李茂吉（建設委員長）
金万生（〃委員）
尹鍾万（〃〃）
丁末男（〃〃）
河泰述（〃〃）
丁聖祚（〃〃）
金鉄丁（〃〃）

なお会館規模は次の通り。
敷地　五十坪
建設費　四〇〇万円
その他、会館備品は全部、団員有志から寄贈された。

朴根世中央議長に叙勲

本国政府は一月十五日の閣議で民団中央本部の朴根世議長に国民勲章を授与することを決定した。病床にある朴議長に対することのたびの叙勲は、第二次大戦後、今日に至るまで、在日民団組織のためにつくした数多くの功績に対しおくられるものである。

宮城県石巻支部会館も
学院分院開校

民団宮城県石巻支部（石巻市中央二の十二の六）では、会館の支部会館新築落成式を旧ろう十一月二十一日午前十一時から県内有志約百名があつまる中で朴栄和監察委員長司会のもとにあげた。

鉄成記念式はまず[illegible]石巻議長の開会の辞にはじまり、[illegible]宮城地方本部団長、[illegible]経理事長、成楽[illegible]団長らの祝辞がそれぞれあって午後[illegible]時すぎに閉会した。

なお同支部では、これを機に、十一月二十五日から韓国学院の分院が開校され、国語と歴史を中心に授業がおこなわれており、生徒数は今のところ三十名（児童、婦人をふくむ）だが、一般団員教育のために[illegible]をしている。

[illegible]

女事務員募集
韓国新聞総務局
TEL（815）一四五一〜三

利用しよう！結婚相談所

昨年から本社内に設けられている結婚相談所には、その後数人の男女が申込みをおこなっており、ようやく[illegible]

たまた本格的なまでには至らず、全国各地の同胞子弟の幸福のためにも、是非ひろく申しこんでくれるよう係では呼びかけている。この種の申し込みには、まとまらない場合を予想して、ついおっくうになりがちなのが常であるが、本社ではこのへんの事情を考慮し、成立するまでは、一切の個人の秘密を守ることになっている。特に本国同胞との結婚については、いっそう歓迎している。

タオメー国記者の北韓訪問記 ③

北韓断面

増産の"千里馬運動"を脅迫と見た！

ダオメーでは諺（ことわざ）に「自己を過大評価するものに勝るものなし」というのがあるが、金日成もあまり自分を過大評価すると、すべてを失ってしまうのではないかと、私はふと思ったのだった。

北韓の工場見学ではどこでも誇らしげに"千里馬運動"という説明を聞いた。これは金日成が一九五七年八月に"生産"、"建設"の大飛躍のために提唱したもので、いわば北韓人民を鼓舞し、"働かせる"ための運動であった。

しかし、十数年も続くと、もうどこにも"千里馬"の文字どおり、馬が千里を走るような感じはなく、北韓の労働者や農民にとって、"千里馬"はもう脅迫でしかないようであった。

複雑な手続きで板門店訪問の旅

平壌にきてから最初に出た旅行は休戦線上にある板門店訪問だった。板門店はかっての韓国動乱の休戦で国連軍と共産軍が互いに調印したところで、現在そこは、両側の代表によって構成された休戦委員会本部となっている。

北韓側には一団の高級将校たちとかなりの数の武装兵士たちがおり、前方の歩哨（しょう）所を越えて向こうは米国人のキャンプのような雰（ふん）囲気が漂っていた。

われわれは、この板門店に向かって夜間列車で平壌を出発、簡易寝台で眠りながら開城についた。ここから板門店へはわずかだが、われわれは開城からバスに乗って板門店へ到着した。

一九五三年は休戦調印の行なわれた部屋は北韓側と区画して[illegible]いたが、休戦委員会会議室はちょうど休戦線上にあった。そして会議のテーブルは向かいあって半分ずつになるように置いてあり、真中に北韓側の代表たちにひかれている線が休戦線にあたるところだということだった。

これに対し、北韓側の保安たちが"示威"にプラカードを分けてやったところで、こうした騒ぎのおこることをわれわれは予想していた。すなわち、予定の行動だったのである。

反米スローガンを叫んでデモる

この会議室にはいるや、われわれ一行のうちのアラブ人たちが反米デモを始めた。これは少し前、開城に到着したわれわれが朝食をとっていると言う一連のアラブ人たちが、板門店で"反米デモ"を繰りひろげることを提議し[illegible]

アラブ人たちは口ぐちに、敵対的反米スローガンを叫びながら、手にしたプラカードを振った。われわれ一行は、見物して反米デモをする人びとと、これを冷静にカメラにおさめる人たちとの間で対象的風景を演じたが、ガラス張りの向こう側で、こうした光景も"無関心"といわんばかりに、悠然としたふうでガムをかみながら何か仕事をしている米国人たちの姿も、まったく対照的であった。

そうした米国人を、デモ隊の一人のアルジェリア人がいきり立って、こぶしでなぐりつけようとする事件がおきそうになったが、これを見ていた北韓軍将校が、すぐにそのアルジェリア人をどこかへ連れて行ってしまった。それは、ただでさえ神経をとがらせ続けの休戦線上で、これ以上複雑な問題をおこすまいと配慮したためだったようだ。

平壌では「米国の侵略に反対する闘争週間と全世界の[illegible]」に関する大会が開かれ、金日成は英仏語などに訳されて、われわれの手に配布された。私の友人は長い演説をした、[illegible]を中でみると、金日成も自分で拍手していた。そしてその演説は「何だか知らんが、十枚にふくらんでしまったヨ」と、彼がブツブツいうようなものになっていた。

われわれは北韓人が、よその国の者が書く原稿にまで検閲を加えて強制的に自分たちの望むとおりのものを書かせようとすると「あなたの原稿はよくできていますが、偉大なる金日成首相をたたえる言葉が足りない」ので[illegible]されて[illegible]ために四枚ばかり打って検閲を受けた。

そこであと二枚書き足して六枚にして出したら、やはり「敬愛する金日成同志に関する話が足りない」との評で戻ってきた。結局、金日成が、いつ、どのような偉大な業績をしたかなどを、北韓の人たちが説明したように書かなければならないようだった。それで友だちは全く初めから書き直し、こんどは八枚にして出した。それでも彼の原稿は、じゅうぶんではないらしかった。

可哀そうに、私の友人は毎晩疲れた眼をしばたたきながら、やり直しの連続で、彼がやっとオーケーをもらったとき、それは一[illegible]

外国郵便為替 利用案内

大韓民国逓信部では一九七〇年十月一日から、日本国郵政省と次のように簡便かつ安全な郵便為替業務を開始することになりました。皆さんの積極的なご利用をお勧めします。

一、外国郵便為替は、郵便を利用して外国へ送金する制度であり、郵便為替の送達に関しては、韓国逓信部と、日本国郵政省において絶対責任をもって行なう安全で、便利な送金方法であります。

二、外国郵便為替をご利用される方は、日本全国のどの郵便局においても、送金を請求することが出来、郵便局は韓国中央郵便局宛てに、書留で為替を直接送付致します。

三、韓国中央郵便局では、韓国通貨に換算して、受け取り人宛て書留で送付し、為替を受け取った方は、居住地の郵便局に為替を差し出せば、直ちに現金で支払われます。

四、為替料金、その他のお問い合わせは、最寄りの郵便局で親切にご案内致します。

大韓民国逓信部

尋ね人

朴判用さん

○本籍＝光州市
○経歴＝一九三七年頃（十六才）渡日、現在五十才。大阪で韓国女性と結婚、大・二五動乱の時、文通があったきり、その後消息が絶えました。

▲ソウル市西大門区万里洞二街一九九番地、十一統三班、徐寛成方朴永南まで御連絡下さい。

（写真は朴判用夫妻）

柳国鉉さん

○本籍＝慶尚道安東郡大杏面光城里
○約五十五才ぐらい

○記憶＝一九四五年日本敗戦当時まで、東京杉並区家口にあった日本人経営の糧委会社天津出張所に勤めておりましたが、戦後、大阪に引き揚げたとのことです。

全舜基さん（福田金吉）

○本籍＝慶南咸州郡[illegible]
○約六十三才ぐらい

▲東京都新宿区大京町[illegible]山町一〜五〜七七七・TEL（203）二五三四山脇一郎まで御連絡下さい。

姜賢基さん

・本籍＝京畿道華城郡（当時は水原郡）
・四十六才（眼鏡をかけている）
・当時の住所＝佐賀県鹿島村本町西虎府商店

▲ソウル市麻浦区阿峴二洞三七八一一三、姜春九まで

李在喆さん

○本籍＝全南宝城郡
○四十四歳

▲妹の李正心（四〇）さんが尋ねています。忠南大田市大[illegible]洞四八四一三七まで

☆☆☆

昭和十八年十月、東京陸軍少年飛行兵学校に入学し、大分教育隊第一中隊八班に入隊（十七期生＝区隊長雅楽川少尉）した韓国出身者、海本用世・山本有樹・安本勝男・五島巳律雄・完本享・松本師武のみなさん当時の班長（細井軍曹＝現朝香敏一氏）が、みなさんの居所を探して居ります。連絡先は左記の通りです。

（1）民団大阪府地方本部（大阪北区中崎町四三）※電話06三七一〜七三三一

（2）朝香敏一＝大阪府松原市天美我堂六丁目二十一三三）※電話0七三三三〇七〇二

慶 北海道韓国会館落成 祝
成功させよう！プレ・オリンピック

在日韓国青年同盟
北海道本部

北海道韓国人商工会
会員一同

在日大韓婦人会
北海道本部
会長 朴昌子
外会員一同

在日大韓民国居留民団
北海道地方本部
団長 崔東洵
議長 金本正
監察委員長 朴準竜
外役職団員一同

北海道韓国人信用組合
北海道商銀
理事長 姜信学
外組合員一同

在日北海道
韓国教育文化センター
所長 崔学海

北海道韓国学園
理事長 田連寿
外職員一同

在日大韓民国居留民団
小樽支部
団長 孫承殷
議長 姜信学
監察委員長 黄錫圭
外団員一同

空知支部
団長 金漢石
議長 李正述
監察委員長 姜弼鎬
外団員一同

室蘭支部
団長 琴泰紘
議長 李且錫
監察委員長 金琮斗
外団員一同

在日大韓民国居留民団
釧路支部
団長 池興淳
議長 姜稀年
監察委員長 姜京鎬
外職員一同

大韓婦人会
釧路支部

韓国青年同盟
釧路支部

留萌支部
団長 張華植
議長 全紋淳
監察委員長 金文培
外団員一同

旭川支部
団長 金洛天
議長 都正煥
監察委員長 呉光殷
外団員一同

夕張支部
団長 金永浩
議長 金順培
監察委員長 白正秀
外団員一同

函館支部
団長 柳星義
議長 都命権
監察委員長 金泰栄
外団員一同

十勝支部
団長 朴熙允
議長 崔正熙
監察委員長 崔炳鎬
外団員一同

北見支部
団長 郭海屏
議長 方点福
監察委員長 鄭世煥
外団員一同

日高支部
団長 林正寿
議長 孫午甲
監察委員長 尹万守
外団員一同

千才支部
団長 金基徳
議長 盧竜根
監察委員長 鄭福巌
外団員一同

稚内支部
団長 韓元植
議長 宋貞守
監察委員長 李碩煥
外団員一同

苫小牧支部
団長 魯相同
議長 李興和
監察委員長 孫祥雲
外団員一同

大和会館
代表 魯相同
苫小牧市王子町

民団北海道地方本部
顧問団
（無順）
顧問 南正元
〃 張正行
〃 金百源
〃 田連寿
〃 王得竜
〃 金住昌
〃 裵点錫
〃 康興善

国際勝共連合
☆帯広市大通り南十九丁目
北海道第一地区本部
本部長 中村惣一郎
☆札幌市南十六条西十六丁目
北海道第二地区本部
本部長 奈田直宏

山一商事㈱
社長 崔成順
札幌市南三西二

新興企業㈱
社長 孫在栄
美唄市駅前

美松企業㈱
美松商事㈱
美松観光㈱
大韓航空代理店
札幌市南五条三丁目美松ビル
TEL（五二一）一一六一
社長 朴準竜

北光企業㈱
社長 姜信学
札幌市南三西五メ

丸大・大成商事㈱
社長 田連寿
札幌市南二西一メ

日光商事㈱
社長 金成寛
札幌市真駒内南町二メ

北都信販㈱
社長 姜尚阜
札幌市琴似町新川二二四の二

札幌会館
社長 金容碩
札幌市南三西二メ

東亜通商
代表 池宗渕
札幌市平岸八八

東海産業㈱
社長 都正煥
旭川市東三条通六メ

永楽会館
代表 琴泰紘
幌別町

清香園
代表 金容善
札幌市南六西三メ

新星会館㈱
社長 崔順吉
札幌市豊平三条七メ

後楽園
平和台㈱
社長 金周年
札幌市美園三条三メ

大松ビル㈱
社長 孫武鎬
札幌市南五西六メ

オメガ会館㈱
社長 金在云
札幌市北二西三メ

グランド会館㈱
社長 韓勲錫
滝川市本町

藻岩会館㈱
社長 李漢栄
札幌市南二二西一〇メ

大晋観光㈱
社長 金潤生
札幌市中の島一条三メ

銀座園㈱
社長 李俊明
札幌市南五西六メ

道内のニュース・広告
は北海道支局へ
支局長 李栄培
電話・苫小牧（〇一四四二）2局2355

全申請者の永住許可完遂しよう！

全国地方本部団長・事務局長会議で一致

事後処理こそ重要な課題

永住権運動終ってない

金公使激励　落伍者出してはならぬ

永住権申請の総まとめ報告と、今後における対策を協議するため、一月二十三日午後一時から、都内文京区のダイエーホテルでひらかれた全国地方本部団長および事務局長会議は、丁海竜組織委員長の司会により、国民儀礼が厳しゅくにおこなわれたあと金珍寧文教局次長の在日国民教育憲章朗読があり、続いて張聡明監察委員長と病床中の朴根世議長代理の白丁赫副議長がそれぞれ所感をのべた。このあと、大使館の金在権公使が来賓として演壇に立ち「三十万目標を突破したからといって永住権運動は終ったのだと喜んではいられない。申請者の中には不許可になるかも知れない数はどのぐらいか予断を許さないと思う。その意味では残された問題こそ大きい。だからこそ、申請者については一人の落後者もなく、全員が許可されるよう、お互いに全力を傾けることこそ、これからの重要な課題である」との激励辞が聴衆に深い共感をあたえた。

(23日、東京文京区のダイエーホテルで)

新駐日大使李澔氏に望む

申請期限の延長

緻密な行政手腕に期待

朝総連の妨害警戒せん

この大成果、わが生涯の感激の日

李禧元中央団長あいさつ要旨

組織の再整備、向上

朝総連同胞の善導に成果

未申請者救済運動展開

今後の対策

韓國新聞

在日大韓民国居留民団
中央本部機関紙
韓國新聞社
発行人　鄭 烔 和
東京都文京区春日町
二丁目２０－１３
電話 (815)1451～3
(813)2261～3
振替口座東京 34988番

民団綱領

一、われわれは大韓民国の国是を遵守する
一、われわれは在留同胞の権益擁護を期する
一、われわれは在留同胞の民生安定を期する
一、われわれは在留同胞の文化向上を期する
一、われわれは世界平和と国際親善を期する

昨年度輸出実績 目標額を上まわる

十億三百八十万ドル 商工部発表

工業製品83.6% 被服類、合板がトップ

商工部は、昨年の輸出実績十億三百八十万八千ドルの主要品目別の内訳を発表した。これによると、工業製品が八億三千九百三十六万九千ドルで、全体の八三・六％を占めており、あとは水産物八千二百三十三万四千ドル（八・二％）鉱産物五千二百五万九千ドル（五・二％）農産物三千五万六千ドル（三％）などとなっている。

主要品目別では、被服類が一億一千七百十五万八千ドルで一番多く、つぎが合板一億二百三十九万五千ドル、かつら九千三百五十七万ドル、セーター七千二百四十二万八千ドル、繊製品四千六十五万九千ドル、電子製品四千六百三十七万三千ドル、生糸四千四百九十九万六千ドル、絞り加工品三千四百五十七万二千ドルなどである。一方、国別輸出実績は別表のとおり。

輸出振興の心臓部躍進ソウルの光化門

国別輸出実績

国別	実績	前年比率(%)
米国	475,165	91.4
日本	237,639	117.9
ベトナム	70,804	146.1
西独	68,541	128.5
香港	26,740	89.1
オランダ	15,841	68.9
カナダ	13,403	74.5
英国	11,841	65.8

外貨保有高五億八千百万ドルへ

七〇年十二月末現在で外貨保有高は五億八千百万ドルに達し、一年間に三千二百万ドルがふえた。

この外貨保有高は当初、昨年度外貨需給計画上の年末保有高目標が五億三千二百万ドルだったのに比べ、五千九百万ドルがふえたもの。

船舶工業育成

商工部・科技処共同調査

六被告に死刑

日本拠点・北韓スパイ事件公判

ソウル刑事地裁合議六部（裁判長）は八日、日本を拠点とした北韓労働党スパイ事件公判で、北韓労働党スパイ尹斗鉉（五〇）ら六名の被告に国家保安法、反共法およびスパイ罪などを適用して死刑を言渡した。

月クレーターの火山説主張

朴大統領、永住権申請 延長交渉を指示

外務部で視察

朴正熙大統領は十八日、外務部を視察し、崔圭夏外務部長官から外交政策について報告を聞いたが、同席上で大統領は「日本政府に在日韓国人の永住権申請期限延長交渉を行なうように」と述べ、次のような指示を行なった。

一、国際情勢がイデオロギー論争時代から利益を追求し国家主義を強調する方向に変わりつつある。対外政策はこれに対処できる伸縮性あるものに、そして長期的である。

一、十六日に締切られた在日韓国人の永住権申請期限延長のための対日交渉を行ない、まだ申請していない在日韓国人の救済方策を講ずべきである。

拉北失敗、不時着

KAL機事件 爆弾持つ暴漢射殺

二十三日午後一時七分、束草から乗客乗員五名を乗せて束草からソウルへ向った大韓航空所属フォッカーF27双発機（HL5212）が爆発物を持った暴漢によって拉北中、公安要員が犯人を射殺することによって、後2時18分、江原道高城郡草島里休戦線南方30キロ地点（一二八度三〇分、北緯三八度…分）海辺に不時着した。

機首を海に突っこみ、不時着したF27機

本国論調

永住権申請締切り以後

「駆下げ工作」防止、脱落者救済を

KAL機拉北未遂事件

探知機の戦術的配置

自動車部品 完全国産化 72年めざす

「女子軍団」創設式

韓国初 女子軍人部処昇格

共和党地域区公薦発表

ステンレス・パイプ 初の国産開発

釜山市の新亜金属工業

自由の高まりが遼原の火の如く

大韓民国大統領 朴正煕

東京中央大会へメッセージ

十七年前のこの日、二十二万人の北韓及び中共の戦争捕虜たちが、自由の大義を前進せしめる…

韓米、軍事援助方式で検討

71年度食糧増産計画を最終確定

共産主義は破壊の思想

「自由の日」東京大集会

世界反共連盟主催

韓・日・華参加、けっ起

一九五四年、自由中国(中華民国)で定められた「自由の日」。この日を迎えて東京では世界反共連盟の主催で日・中・韓などアジア各国人が中心になり、盛大な大集会がおこなわれた。もともとこの大会は例年、東京、横浜、仙台、大阪、神戸、名古屋、長崎、福岡など、中国の自由解放により、竹のカーテン下の民衆解放のために"自由へのけっ起"をうながしてひらかれてきたものだが、さいきんでは特に、わが国とベトナムに絶対的支持をよせられ、世界的規模によりひらかれるに至ったものである。

成人祝賀会と講習会ひらく

韓青二つの催し

三ヵ月間に国語を習得

将総統祝電

新しき世紀創造

70年代は自由が勝利

中華民国総統 蔣中正

毛共主義と闘争

紅旗に反する造反組織

元紅衛兵 陳永生

「東南ア視察団」出発

万博・永住権功労者たち

メンタイ漁労大好況迎える

在日同胞ハワイへ

35名が水入らずの旅行

ヌアヌ・ペリ見晴台での旅行団一行

華燭

おめでとうございます

新郎・金正銀君(金商観副長)

新婦・朴喜秀嬢(朴述敦次女)

☆

姜宅佑氏(大阪商銀副理事長)の長男、昌一君

趙鐘億氏(中島機械社長)の次女、美年嬢

在日大韓民国居留民団 大阪地方本部 布施支部

東大阪市長栄寺一丁目六二―一三号 電話(七八二)六四〇一～二

顧問 安在祐　〃 李相一　〃 李仁奎　〃 金中源　〃 玄武昌

議長 裵国祥　副議長 洪成度　〃 美昌洙

監察委員長 金明浩　監察委員 金東海　〃 朴他曽

団長 尹甲春　副団長 李平年　〃 李重六

事務部長 朴英哲　総務課長 裵奎泰　組織課長 朴小秉　宣伝課長 朴緑伊　民生課長 趙久源　文教課長 鄭永福　経済課長 呉彩相

南部分団

東大阪市柏田三二八 電(七二七)一三五一代

分団長 趙鏞石　副分団長 陳喆敏　〃 金一竜　総務課長 金春甲

小阪分団

東大阪市宝持二―九三 電話(七二一)四七二七

分団長 房鎮模　副分団長 張志煥　〃 安小福　総務課長 朴潤七

河内分団

八尾市東町三丁目五 電〇七二九(22)一七〇六

分団長 金普永　副分団長 崔敬玉　〃 朴鳳述　総務課長 韓相均

高井田分団

東大阪市高井田中五丁目一七 電(七八三)一四九八

分団長 田萬喜　副分団長 李基行　〃 趙道済　総務課長 崔乙壽

長堂分団

東大阪市長堂三丁目一〇六 電(七八二)一〇二五

分団長 金三平　副分団長 盧栄必　〃 申守同　総務課長 金元俊

足代分団

東大阪市足代一丁目一〇八 電(七二一)七六八〇

分団長 李重大　副分団長 浅基浩　〃 金甲培　総務課長 鄭元基

横沼分団

東大阪市横沼三丁目四一 電(七二一)三三一五

分団長 高在亨　副分団長 裵壽鳳　〃 朴仲度　総務課長 金泳泰

森河内分団

東大阪市森河内本通二丁目一八 電(七八一)八六一五

分団長 徐廷煕　副分団長 田守鳳　〃 千貴同　総務課長 朴東秀

三ノ瀬分団

東大阪市太平寺一〇一 電(七二八)六一〇七

分団長 張相輻　副分団長 李東鉉　〃 洪奉天　総務課長 朱政春

荒川分団

東大阪市荒川三丁目四三 電(七二一)〇六八六

分団長 金大志　副分団長 康成祉　〃 李鉄鳳　総務課長 崔壽龍

稲田分団

東大阪市稲田七九二 電(七八八)五四〇一

分団長 羅斗七　副分団長 沈学鳳　〃 趙英奎　総務課長 徐仁洙

在日大韓婦人会布施支部

東大阪市長栄寺一丁目六二番地一三 電(七八二)六四〇二

会長 朴命今

在日本韓国青年同盟 大阪府布施支部

東大阪市長栄寺一丁目六二番地一三 電(七八二)五八二三

委員長 李光昊

布施韓国人納税貯蓄組合

東大阪市長栄寺一丁目六二番地一三 電(七八二)五八二三

組合長 尹甲春　税務担当 姜順玉

在日本大韓民国居留民団 大阪本部 八尾支部

顧問団 鄭圭和　権煕溢　安秀龍　金永鎮　趙又性　金甲龍　朴富萬

李永中　田宅相　姜鱗錫　朴生伊　金基穎　裵鶴成

議長 姜元淳　副議長 沈相和　〃 林孟虎

監察委員長 高漸卓　監察委員 趙城済　〃 徐圭洙

団長 宋金出　副団長 鄭俊一　〃 韓百源　事務部長 安権鎬

在日大韓民国居留民団 長野県地方本部

議長 金命植　副議長 余相均　〃 安丙洙

監察委員長 趙仁石　監察委員 朴基福　〃 金竜煥

団長 金竜煥　副団長 鄭徳永　〃 成二学

事務局長 朴源煕　総務部長 李富潤　組織部長 権宅玘　民生部長 馬允煥　文教部長 鄭兼中　宣伝部長 朴泰植　経済部長(兼) 鄭徳永

プレ五輪・後援会発足

北海道本部、多彩な活動展開

23ヵ国が参加するプレ・オリンピック（札幌冬季オリンピック大会）が二月七日から十四日まで札幌で開かれるが、民団北海道地方本部（崔東洵団長）では韓国人後援会を発足し、北傀選手の参加と宣伝攻勢もあるので、全組織をあげて本格的な運動に乗出している。

札幌国際冬季五輪大会日程

日時	競技種目	会場	備考
2月6日 15:00〜16:30	恩石国民学校 フイギュアスケート	札幌室内 スケートセンター	本国招待チーム
2月7日 11:00〜12:30	開会式	真駒内 スケート競技場	
2月10日 10:30〜	スキー15KM 複合競技	スキー競技場	男子チーム
2月12日 10:00〜13:00	スキー 大回転競技	手稲山 大回転競技場	男子チーム
2月13日 10:00〜	スピード・スケート	真駒内 スピード・スケート競技場	男女チーム
2月14日 10:00〜	スキー 回転競技	手稲山回転 競技場	男子チーム
2月14日 9:30〜	スピード・スケート	真駒内 スピード・スケート競技場	男女チーム
2月14日 18:00〜20:30	閉会式	〃	

北傀選手に負けてなるものか！

宣伝攻勢も万全の対策

札幌オリンピック北海道韓国人後援会（田連寿会長）は、いままで水化推進運動のため活発な運動を続けていたが、水化推進事業の成功的な収穫によって多彩なプログラムで後援運動をくりひろげている。同後援会では、選手後援の外にも内外にコリアの名を輝かせたリトル・エンジェルスの公演（一月二十二日、札幌パーク・ホテル）とソウル恩石国民学校児童のフィギュア・スケート公開（二月六日午後三時、札幌室内スケート・センター）をプログラムにおりこんでいたが、あいにくもリトル・エンジェルスは二十二日の大雪のため飛行機が着陸できず、札幌の空を何回もからまわって羽田に引きかえしたもの。

だが、当日夜六時からのパーク・ホテルにおける「韓日親善の夜」は八百名の来賓を招き盛大そのものであった。

六日のフィギュア・スケート・ショーの公開に先だち北海道韓国会館の落成式も盛大におこなう。

後援会役員

なお札幌オリンピック北海道韓国人後援会役員は次の通り。

会長 田連寿
常任副会長 朴弘緒
副会長 裵信学 ほか十名
事務局長 孫文植
事務次長 韓相龍
総務部長 金英植
渉外部長 池宗淵
渉外部員 全永吉
渉外部員 裵弘知
女事務員 一名

■大韓スキー協会選手名単
団長 蔡桑済
コーチ 金河允
アルペン・コーチ 金東伯
ノルディック選手 朱弼鉉
魚任化
金春起
成京熙
李昌鎬
魚在植
アルペン選手 金南応
金振録

なお、これまでの後援活動は、地元の民団北海道本部が中心となってやってきたが、来たる二月六日の北海道韓国会館落成式につづき、全国的な規模をもつプレ・オリンピック韓国人後援会が新たに設立され、役員と後援体制もこれに応じて新らしく編成されることになった。

したがって上記の役員名単は、北海道本部中心の過渡的なものである。

▲カット写真㊤は札幌プレ五輪ポスター㊦は練習に励む韓国女子スケート選手たち

スピード スケート選手

団長 片昌男
コーチ 李振鶴
〃 趙潤植
選手（男） 李益煥
〃 鄭忠亀
〃 趙洪植
〃 黄鳳根
選手（女） 李玉河
〃 崔重福
〃 全善玉
〃 金熙映

恩石国民学校 役員及び選手

団長 尹定老
監督 宋賛圭
総務 文楠
渉外 金相泰
財務 金英姫
校医 申鉄卓
衣装 金玉姫
看護 李水信
看護 金安心
コーチ 李惟和
選手 申恵淑（六学年）
趙恵媛 〃
丁曄秀（五学年）
李美英 〃
朴賢淑 〃
呉恵媛 〃
古亭俊 〃
申秀然 〃
趙允珠（四学年）
林成毅 〃
李恵英 〃
朴恩柱 〃
朴京美 〃
呉恵玟 〃
金祥煥（男） 〃
呉美瑛 〃
表正浩 〃
李恵英（三学年）
洪智樹（男） 〃
諸秀美 〃
朱而京 〃
李恩京 〃
魚淵美（二学年）
張瑪賢 〃
崔年準 〃

在日ミス・コリア・コンテスト

71年度ミス・コリア・コンテストに、わが在日ミスが今年も参加することになった。

これは70年度のコンテストに初参加して以来、二度目のもので、在日ミス・コリア・コンテストは、今年も本社主催で、真・善・美の三人をえらび、四月八日ソウルの市民会館でひらかれる全国決選大会に在日代表として参加するものである。

一月中に地方予選（民団地方本部主催）を終え、三月中に東京で本選を終るが、選抜要項は追って通知する。希望者は写真（全身と上半身二種）と履歴書を今から各地方本部あてに送って申し込めばよい。参加資格は、満十八歳から二十四歳までの韓国籍に限る。

（写真㊦の前列中央は、昨年のソウル大会で入賞した在日ミス・コリア・真の卞仁子さん）

外国郵便為替 利用案内

大韓民国逓信部では一九七〇年十月一日から、日本国郵政省と次のように簡便かつ安全な郵便為替業務を開始することになりました。皆さんの積極的なご利用をお勧めします。

一、外国郵便為替は、郵便を利用して外国へ送金する制度であり、郵便為替の送達に関しては、韓国逓信部と、日本国郵政省において絶対責任をもって行なう安全で、便利な送金方法であります。

二、外国郵便為替をご利用される方は、日本全国のどの郵便局においても、送金を請求することが出来、郵便局は韓国中央郵便局宛てに、書留で為替を直接送金付致します。

三、韓国中央郵便局では、韓国通貨に換算して、受け取り人宛て書留で送付し、為替を受け取った方は、居住地の郵便局に為替を差し出せば、直ちに現金で支払われます。

四、為替料金、その他のお問い合わせは、最寄りの郵便局で親切にご案内致します。

大韓民国逓信部

民族教育うけて祖国に貢献！

東京韓国学校 生徒募集

☆本校教育の特色

（一）大韓民国の教育法による文教部長官の正式な認可を得、かつ日本国法令による学校法人。

（二）本国の教育方針に従い、初等・中等・高等各部を通じて一貫性ある教育によって、国際社会にふさわしい韓国人を養成。

（三）教育内容は、日本の小・中・高校の学習指導要領に準拠し、日本の一般教育を実施しながら、韓国語、韓国史、地理などの教科指導を通じて正しい民族教育（国民教育）を施す。

（四）卒業生は、本国留学の特典があり、日本の私立大学にも進学している。

（五）大韓民国政府、在日韓国人社会の各種奨学金を受けられる。

（六）高等部では、政府補助による、母国訪問旅行に参加している。

（七）生徒は六台のスクールバス利用。

☆募集人員

初等部（男女） 五十名
中等部（〃） 百名
高等部（〃） 百名
（各部編入あり）

☆入学資格

初等部 満六歳
中等部 初等部卒業者または、小学校卒業者
高等部 中等部、または中学校卒業者

☆出願手続と期日

A＝本校所定の入学願書
B＝出身校調査書、または在学・成績証明書
C＝国民登録済証明書
D＝写真4㎝×5㎝を四枚
E＝考査料……初等部三百円、中等部千円、高等部二千円

以上を準備し、一月十一日から二月十三日までの間、本校庶務課へ提出のこと。

☆試験日と科目

初等部（二月十三日午前十時）面接・健康診断
中等部（二月十四日午前九時）面接、書類審査
高等部（〃 〃）国語または日本語（択一）、英語、数学

☆合格者発表

一九七一年二月十六日正午・本校

☆入学手続

自二月十六日至二月二十日、誓約書と身上調書を提出し、四月八日午後一時から入学式を挙行する。

東京都新宿区若松町二十一番地
東京韓国学校
電話（357）二二三三―五

韓國新聞

在日大韓民国居留民団中央本部機関紙
韓國新聞社
発行人　鄭烔和
東京都文京区春日町二丁目20－13
電話 (813)1451～3
(813)2261～3
振替口座東京 34988番

永住権申請者35万以上確実

日本法務省が発表　2月14日現在

勢力分布三分の二

今後の運動方針再確認

二月十五日午後三時から、民団中央で開かれた第十六回法的地位委員会で、今年の一月十六日しめきられた在日韓国人の永住権申請者数が三十五万以上であるとの日本国法務省発表を確認した。

法務省は「在日韓国人の法的地位協定」による永住権申請者は、二月十四日までの調査結果によると、最終的には三十五万九百三十二人に達することは確実であると［illegible］し、最初三十万人を越すのはむずかしいと見ていただけに、この結果を大きく注目している。

この日の会議では、①申請者全員がもれなく許可されるようにし、②朝総連の妨害のために申請できなかった同胞の救済のため、さらに申請期間をもうけるよう本国外務部と日本当局に強く申し入れ、③永住権取得者には、特恵改善を協定とおり実施するように要望するなどの今後における運動方針を再確認し、閉会した。

実質四十万人

なお三十五万人が永住許可されると、特在ほか五万人の韓国籍同胞を加えると四十万人の数が見こまれ、在日六十万人の三分の二という新しい分布図が生まれることになる。

同胞を政治道具にする
北送再開許せぬ

李禧元団長　札幌で声明

プレ・オリンピックでにぎわった札幌で、北海道韓国人会館落成祝賀、来年同じ札幌でひらかれる冬季オリンピックの在日韓国人後援会結成問題など多忙な一日をおくった李禧元中央団長は、同じ二月六日の午後九時すぎ、前記落成したばかりの韓国人会館二階、北海道商銀会議室に内外記者多数を招いて、北鮮赤十字と日赤の新たな協定による在日同胞の北送再開反対と永住権申請しめきり後の現況に対する次のような声明を発表した。

記者会見する李団長と朴事務総長

総連が脅迫手段
北傀・日赤間　非人道的協定

北送問題について

一、永住申請［illegible］有する在日韓国人を、政治の道具に利用し、北送することは反対である。

二、大部分の在日韓国人が、韓国（南韓）出身であり、現にその父母兄弟が、戦後二十有余年、一日千秋の思いで再会を待ちわびているにもかかわらず、政治目的のため、北送されることは、許されない。

三、日本政府が、日赤を窓口にして、在日韓国人を北送することは、即ち在日韓国人の追放政策であり、人道的、歴史的見地からも絶対反対である。

四、北傀の手先、朝総連は、すでに北送された人々の呼び寄せ［illegible］に対し、脅迫的手段を用い、北送希望者にして、強制されている事実は、非人道的なものであり、日本国の名において、許すことは出来ない。

五、日本政府、並びに日本赤十字社は、すでに北送された在日韓国人が北韓において、どのような生活を営み、どのような状態におかれているのか、その実相を公開せよ。

永住権について

(A) 永住権申請を終えた今、［illegible］

(B) 在日同胞六十万のうち、［illegible］

しめやかに民団葬
2日、脊髄炎で永眠
故 朴根世中央議長　安らかに

民団中央本部による故朴根世議長（円内）の民団葬

脊髄炎で東大病院に入院加療中、去る二百余名参集のもと、しめやかに［illegible］だった朴根世中央議長は、去る二月二日、［illegible］

出身、四八年九月、［illegible］民団中央本部［illegible］

［illegible］

社告
紙齢千号迎えた本紙
各種記念行事催し

一九四七年の民団創立とともに、中央機関紙として「民主新聞」が創刊され、その後「韓国新聞」と改題、改号をもって紙齢一〇〇〇号を迎えることになりました。

創刊以来、今日まで「韓国新聞」は、終始一貫、中央の機関紙として、その使命完遂に尽力してくると同時に、在日同胞社会の指針として常にその生活文化向上のためにも大きな役割を果してきたものとしてここに自負しております。

☆

そこで本社では、一〇〇〇号発刊を祝って次の各種行事を催し、ご本紙への［illegible］を［illegible］します。（いずれも［illegible］）

記念論文募集
「韓国新聞に望む」と題し、忌憚のない率直な意見を本紙発展のために寄稿して下さい。二百字詰原稿用紙十枚前後、三月［illegible］

映画と音楽の集い

ミス・コリア　コンテスト
本号別掲のとおり二月中に地方予選、三月中に東京決選大会をひらき、真・善・美の三名を選んでソウルでの［illegible］

三月中に東京で［illegible］、それぞれ一人、全国決選大会に参加させます。

祝賀パーティ
内外の来賓を招きカクテル・［illegible］

以上の記念行事を成果あるものにするため「記念行事推進委員会」を構成して、これにあたります。

国費で母国高校へ
在日優秀中学生募集

［illegible］

召集公告

第十八回定期中央委員会、第三十四回定期中央大会を次の通り召集する。

記

◇第十八回定期中央委員会
三月十五・十六日午前十時
日本傷痍軍人会館

◇第三十四回定期中央大会
三月二十五日午前十時
日本消防会館

在日本大韓民国居留民団中央本部
議長　文圭準
副議長　白丁赫

72年度冬季 札幌五輪後援会結成へ

全国組織で万全期す 事業計画と役員選出

札幌プレ・オリンピック北海道韓国人後援会の活動報告と来年ひらかれる札幌冬季オリンピック在日韓国人後援会結成問題をめぐっての合同会議が、落成祝賀宴のおわった六日、北海道韓国人会館で午後四時からひらかれた。

スタンドを埋めた韓国応援団（札幌プレ五輪で）

北海道韓国人会館落成 地上9・地下1階の偉容

プレ五輪で賑いた札幌市の中心街に偉容を誇る「北海道韓国人会館」。

20年ぶり実兄の声 —再会約した韓選手—

姉？とも会えず 札幌プレ五輪 再会騒動おわる

札幌プレ・オリンピックに出場して、女子スピード・スケートの三千米第二位、千五百米第三位となった北鮮の韓弼花選手と、実の姉と思われソウルから急きょかけつけた[illegible]さんは、会わずじまいのまま別れたが、ソウルでこのニュースをきいた[illegible]さんが実の兄であることを名乗り出、十七日、ソウル—東京間の国際電話で二十年ぶりに兄妹の声をかわし十九日来日したが、北鮮が反対したため、これも会えないまま、来年の再会を期待し騒々しかったこの物語に幕を閉じた。

一部に文化センターなども

特別寄稿 韓国を訪ねて

汗と血の文化の精華 中小企業学生郭先生のこと

石井省三

タオメー国記者の北韓訪問記

北韓断面 《5》

いじ汚い北傀幹部
日米へ悪憎の限り
だが日用品は日米品ばかり

しかし、われわれ一行の多くはこの説明を聞いて、むしろ唖然としていた。中には首を左右に振っている者もいた。

北韓人といっしょに食事をするときにはいろいろの話が出たが、北韓人の話すことといったら…

悪口を言いながら使うその製品

…るタバコ、パウルモールは米国製じゃないですか」と言ってやった。これにレバノン人が答えて、やはり冗談の調子で「これがわれわれのやり方なんですよ。ほら、このタバコ、つまり米国人をわれわれは…

北韓記者同盟と金日成に贈物を

ある晩、さきの大会で活躍した朝鮮らは北韓記者同盟に「感謝」の意を表明しながら、ニラのプレゼントをした。一つは北韓記者同盟に贈ったマイクロフォンとその容器で、もう一つは金日成に贈ったもので一対の銃であった。

そして幹部は「私たちは、北ら、米国人に対する憎悪と日本の勇敢な人たちによって、米国人がみんなこの国から追い出された暁（あかつき）に、この国が統一されれば『敬愛する偉大なる首領』がこの銃を…

…「ミスター・キムはどうしましたか」と私が聞くと彼らは「ああ、ミスター・キム、彼はモスクワに行きました」「われわれに何の連絡もせずにですか」「急な任務のため、今日立ったのです」「しかし、今日はモスクワ行きの旅客機はないじゃないですか」私は、帰ることに一生懸命で飛行機便の発着を研究していたので、すかさずこう言って追いつめた。

しかし、この男たち二人は酒を飲みて平然として言ってのけた。「われわれは、あなたたちが記念品を買うところへお連れするよう配慮されたのであります」といった。記念品もクソもあるものか。買いたいなら、買う、買いたくなければ買わないんだ…と私はそうした約束を…

われわれは案内員に「明朝の飛行機に乗るまで、どのような準備をしていてくれるのか」と聞いた。すると彼らは、心配しなくてもいいと言いながら一国の…ですが、お客様は…廊下に出て歩いて下さい」といったのだった。

（日本人記者）

飛行機使い宣伝効果

永住権成功のエピソード　下総・金団長語る

永住権申請は一段落して最初の目標30万をはるかに上回る35万人申請の成果を見たが、このような成果をあげた裏には、民団組織以外の遠大なる作戦が展開された事はいうまでもない。

これはそのエピソードの一つ。千葉県市川市の下総支部では、去る一月十四日風速30メートルもある千葉県上空に二台のセスナー機を飛ばし午前十一時頃から四時間以上にわたって、千葉県下の同胞に空から永住権申請の宣伝放送をした。

もらったえた飛行機には、金佳俠団長が直接乗りこんで指揮したのである。

この真心をこめた空からのよびかけに対し、地上では手を振って応答する人もあって金団長は思わず涙ぐんだという。

予想を五百人も上まる

このような熱烈なる永住権申請推進作戦のおかげで、最初三千人程度の予想を五百人も上回る…

自家用機で母国訪問

愛機の手入れに余念がない金爵東さん

「あなたも自分の手で、飛行機を操縦し、故国訪問ができる」日がいま目前にきている。これは決して誇大な夢でも何でもなく、現実にやってきた"空の時代"のごく当り前な話である。日本中がマイカー時代に入ったのはすでに久しく、洪水のような自動車ラッシュで、全国至るところ公害問題がおきているおりから、こちらは地獄のようなこの地上から逃れ、果てしなき大空をわがものとして、ゆうゆう飛び廻ろうというごく現代的な創意をもった今日的事業を始めた同胞青年がいる。

大空で会おう！
二世パイロットがよびかけ

航空事業もやる

滞空500時間のベテラン

この人の名は金爵東（…）…

飛行訓練のほか航空関係何でも

誰でも習えると金さんはよびかけ

大韓航空クラブを設立

金爵東さん語る

…まず、こんな立派なスポーツはありません。…「在日大韓航空クラブ」…設立を急いでいますから、ぜひ参加して下さい。…いつでも御相談して下さい。さいごに、私との共同事業を希望される方を大歓迎いたします。

金剛学園卒業式

2月24日、一般歓迎

大阪の金剛学園では、幼稚園、小学校、中学校の合同卒業式を、きたる三月十八日午前十時から、同学園講堂…それぞれ行なうが、学父兄のほか一般同胞たちの参観を歓迎している。

万博・永住権に尽した功労者表彰式

民団千葉県本部

民団千葉県地方本部（…団長）では、昨年から今年にかけての万博、永住権など、献身的な功労者十二名に対し、去る一月二十日、新年会と成人式を兼ねた、特別表彰式をおこない、その労苦を讃えた。

この日表彰された功労者は次の通りである。（敬称略）

金基炳	（千葉）	金泰石	（長興）
梁富鎬	（船橋）	尹八寿	（成田）
朴鳳洙	（安房）	朴明達	（横芝）
洪南厚	（東葛）	李快守	（佐倉）
李甫源	（下総）	孫明不	（大網）
金東作	（習志）	崔陽根	（八街）

（写真は表彰者一同）

永住権勝利祝宴

韓・日・華の来賓参加　仙台市

民団宮城県地方本部では、永住権申請事業の一段落をみた一月二十一日、仙台市の歯科医師会館大ホールで、駐仙台韓国総領事、宮城県知事、仙台市長、在日本大韓民国居留民団中央本部団長代理など韓・日・華三国の名士八十名と同胞たち二百名を集め「永住権推進事業勝利宴会」と銘うった、盛大な祝宴をもよおした。

この日、…より開会、まず…団長の、七十年度活動の年を迎え、県内同胞たちの愛国、愛団の精神をなおいっそう高めて欲しい、永住権申請の終った今後の方針としては国内の組織を再整備して体系化し、民族教育などに重点をおいていきたいとの要旨のあいさつがあり、朴大統領の海外同胞におくる新年のメッセージを…副団長が読みあげ、…総領事らの祝辞についで、…婦人会…民俗舞踊や…の…などで新年にふさわしい…親善の…をくりひろげ来賓の大喝采を浴び閉会した。

キュートな魅力

金相姫、日本レコードに吹込み

ワールドワイドなポップシンガーとして、アメリカの…ピから声がかかっている、韓国の…オンレコードと吹込み契約をむすび、…の若手として…大ヒットをとばしており、このたびはポップシンガーとして再出発、日米でその実力を高くかわれたもので、三月二十五日から発売される「…」レオにはトム・ジョーンズの「思い出のグリーン・グラス」「LOVE ME TONIGHT」など十二曲…

（写真は金相姫さん）

華燭

おめでとうございます

新郎・趙億済君
新婦・申寿子嬢

両人の結婚式は、去る二月三日、新装なったばかりの尼崎市韓国人会館で、関西在住の成安人会、韓氏花親会、阪神親友会など来賓多数参席裡に、盛大におこなわれ祝福された。

嫁ぎたし

崔玉任（二二）
本　籍・京畿道安城郡
学　歴・ソウル東亞女高
趣　味・韓国婦人服デザイン
性　格・温厚で勤勉

希望者は本社文化事業部に問合せて下さい。

知と美の祭典 在日ミス・コリア・コンテスト

あなたも参加できます

団長の推せんを受け 履歴書・写真 今月中に本社へ

本紙一、〇〇〇号記念行事を兼ねて、本社主催による在日ミス・コリア・コンテストは、昨年にひきつづいて三月中に東京決選が催され、「真・善・美」の三人を選び、四月七日(水)ソウル市民会館でひらかれる全国決選大会に参加する。

なお今年度の応募要項は……り。

韓国民俗歌舞芸術団 来演

3月11日・東京皮切りに全国巡演

無形文化財級ズラリ

古典舞踊、農楽、民謡、歌謡、琴など

国際プロダクション(尹伯炳代表)主催の新春恒例「韓国民俗歌舞芸術団」日本公演は、このほどようやく五十人からなる大編成を終わり、三月十一日の東京公演を皮切りに約二カ月間にわたる全国巡演のスケジュールをまとめた。

このたびのプログラムも例年のように、古典舞踊、農楽、伽耶琴、民謡、歌曲からなり、舞踊には……さん一行、農楽には……ん一行、民謡に……ピリ(笛)に……など、まさに無形文化財級の大物がずらりとつづき、歌謡曲には……、銀の鈴姉妹とこれも当代最高の人気歌手で固めている。

今度の公演では、特に国際級をという関係者の希望もあって、三月二十三日には、東京・赤坂プリンスホテルで、自民党関係の肝入りによる日韓親善……

民謡の李……さん

……「……の舞」

農楽の金……さん一行

公演申し込み

国際プロ公演日程

在日韓国留学生の実態

東大が最も多い

日本政府招請など三種類

在日同胞学生は逆に本国留学

学生は皆、大切な存在

奨学官 崔興俊氏の話

崔奨学官

〈在日同胞学生の本国留学状況〉

年度	学生数
一九六二年	一〇
〃六三年	一四
〃六四年	二二
〃六五年	九
〃六六年	五二
〃六七年	八五
〃六八年	一〇二
〃六九年	一三一
〃七〇年	一七一
〃七一年	一九〇
計	七九六

〈日本政府招請による留学生状況〉

大学名	人員	大学名	人員
[illegible]	16	[illegible]	7
[illegible]	6	[illegible]	4
[illegible]	9	[illegible]	3
[illegible]	[illegible]	[illegible]	[illegible]
計	27	計	55

(1970. 4. 30 現在)

大韓民国居留民団

長野県北信支部 / 長野県伊那支部 / 愛知県名西支部 / 愛知県東中支部 / 愛知県名港支部 / 愛知県名南支部 / 愛知県熱田支部 / 愛知県一宮支部

千葉県地方本部

千葉支部 / 船橋支部 / 安房支部 / 下総支部 / 東葛支部 / 長夷支部 / 旭支部 / 君津支部 / 横芝支部 / 成田支部 / 佐倉支部 / 東京三里塚 / 石鐘商事 / ベニヤ商店 / 大山商事

韓國新聞

在日大韓民国居留民団
中央本部機関紙
韓國新聞社
発行人　鄭烔和
東京都文京区春日町
2丁目20－13
電話 (815)1451～3
(813)2261～3
振替口座 東京 163774

民団使命遂行の推進力

本紙紙齢1000号発刊祝賀

民団綱領

一、われわれは大韓民国の国是を遵守する
一、われわれは在留同胞の権益擁護を期する
一、われわれは在留同胞の民生安定を期する
一、われわれは在留同胞の文化向上を期する
一、われわれは世界平和と国際親善を期する

祖国発展の橋梁役果す

大韓民国駐日全権大使　李　澔

李澔全権大使

日韓協力の前進期待

自由民主党幹事長　田中角栄

田中角栄自民党幹事長

機関紙の責務再確認

本紙壱千号発刊を機に

60万同胞の声援に感謝

同胞の指針たる媒体

＝内容充実で今一番の奮起を＝

民団中央団長　李　禧元

李禧元団長

1000号発刊に寄せて

大韓民国駐日公報館 館長　洪　泉

洪泉館長

三・一運動当時の判決文発見

韓国が世界最大タンカー

来年末に保有

李範奭氏、大統領候補拒否

"入管法粉砕"のビラ

召集公告

第十八回定期中央委員会ならびに第三十四回定期中央大会をつぎの通り召集する。

記

◇第十八回定期中央委員会
三月十五・十六日午前十時
日本傷痍軍人会館

◇第三十四回定期中央大会
三月二十五日午前十時
日本消防会館

在日大韓民国居留民団中央本部
副議長　文　圭準
〃　白　丁赫

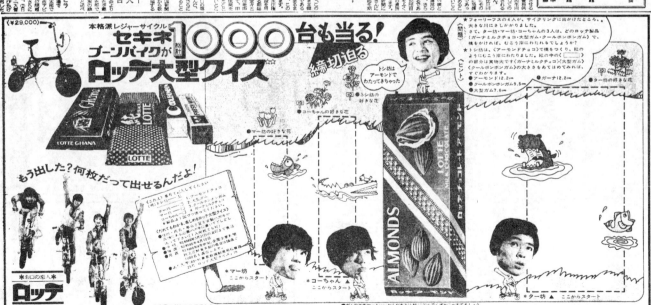

1971年以後の民団ビジョン

永住権35万申請突破を契機に！

座談会

永住権申請は三十五万名以上という大成功裡に締切られた。これからの民団はこの永住権取得者を如何なる方向に指導するかは在日韓国人問題の最重要なる課題であるのにかんがみ、本社では三月五日午後三時より渋谷の鳳亭において『在日韓国人に対する永住権申請以後における民団の指導方向に就いて』と題して本社崔天栄編集局長の司会のもとに座談会を催した。

出席者は在日韓国人新聞通信界の長老格であるKPI通信社々長金允中氏と、韓国研究院々長であり歴史研究家の崔書勉氏、ならびに在日韓国婦人運動の指導者として活動している康清子女史であるが各氏が討議された内容は在日六十万同胞の指標としての意義の深い充実したもので、今後における民団社会での指導基本理念の論理的裏付になるものとしてその価値が高く評価されると共に、これを契機に六十万在日同胞間に、われらは如何にあるべきか……の問題を繞って百花斉鳴の機運をたかめ、甲論乙駁を繰り返して〝良きわれらの道しるべ〟を統一論理として見出してくれれば、本座談会を催した意図に添うものである。

座談会中の中央が韓国研究院院長崔書勉氏、その右は婦人会康清子女史、左から二人目はKPI通信社長金允中氏

出席者

金允中氏（KPI通信社々長）
崔書勉氏（韓国研究院々長）
康清子女史（在日大韓婦人会中央本部監事）

本社側

鄭烔和社長
司会 崔天栄編集局長
朴基敏文化部長

在日韓国人は移住者の立場で子々孫々に計を図る

よろこぶのは早い

永住権申請 キャンペーン終ったが…

北傀の自暴自棄警戒

総連中立転向10万 どう導くかが課題

金允中氏

民団内部に総連系スパイ？

鄭本社社長

歴史的に見よ

同胞の〝血の実績〟あり

崔書勉氏

三者三様をどうするか

崔天栄局長

本社々長　本日はお忙しい所にもかかわらず御参席くださいまして心から感謝いたします。韓国新聞は民団の創立と共に発足いたしました。その間、いろいろの紆余曲折を経まして、今号を……

[illegible]

指導方向はかくあるべきか

民族は論理以前の問題、我等は現点に立脚して

リーダーシップ如何に？ 組織的整備こそ急務

厳清子女史

協力こそ大切 独立自尊の心必要

教科書は本国と異って当然 教育問題まず第一

是々非々論は行き過ぎたもの 在日韓国人の

深刻な教育の問題 二つの教科書が必要だ

民団の体質の中にあるから

われわれの指導者はわれらの手で！

第34回定期中央大会 25日に開かれる

万国博のお祭り広場に集った大観衆。ナショナルデー「韓国の日」は大喝采をうけ昨年の民団二大事業の一つとして大成功を収めた。

李禧元中央団長が新政策発表

班編成による組織の再整備

第十八回定期中央委員会と、第三十四回定期中央大会を前にして、民団中央本部の李禧元団長は、民団組織の拡大発展のため七項目にわたる新らしい具体的な政策を次の通り発表した。

李禧元団長

三月十三日、記者会見を終えた李団長は、何と言っても永住権の問題を第一次的に解決したことは喜ばしいことであり、万博における民団の実績も本国政府にのっとった民団事業の勝利の一ページであると語ったあと次の七項目にわたる新政策を明らかにした。

(一)法的地位問題

(二)民生問題

(三)教育問題

(四)中央会館問題

(五)総務機構整備問題

(六)財政問題

(七)人事刷新問題

民団の再編成

中央団長選に立つ

兪、崔両候補が政策発表

兪錫濬氏所見

兪錫濬候補

崔学阜氏所見

崔学阜候補

貧困児童にランドセル

日比谷公会堂に同胞3000人

第52回「三・一節」盛大な記念祝典おわる

三・一節記念会場は三千人の在日同胞で埋った（東京）

民族の意気高らかに

同胞の権益擁護強調

鄭事務局長らあいさつ

第52回三・一節を迎えた在日同胞社会では、東京・大阪をはじめ、全国いっせいに盛大な記念祝典を行なったが、東京の中央民衆大会は、民団関東地方協議会（鄭在俊事務局長）主催で、例年どおり東京・日比谷公会堂に約三千の関東地区在住同胞を集めて、民族意気高らかにひらかれた。

会場にあてられた東京・日比谷公会堂には、都内二十三区と三多摩、神奈川、長野、静岡、山梨、千葉、埼玉、茨城、群馬、栃木各県から貸切バスでつめかけ、定刻を過ぎた十時半には、会場は満員で溢れ出るほどの盛況。

……

決議文

一、われわれは、祖国自主独立のため犠牲となった愛国先烈たちの崇高な三・一精神に範をとり、民族中興の祖国近代化事業に積極参与する。

一、われわれは、北傀の赤色侵略と反民族的策動を粉砕し、民族的念願である南北統一を成就するため、献身する。

一、われわれは、日本政府の在日韓国人北送措置を……し、日本政府の在日韓国人追放政策を即時中止することを強力に要求する。

一、われわれは、祖国大韓民国が、自由陣営にしっかりと根を下しているのに呼応して、世界の自由と平和を守護する。

民族中興の祖国近代化事業に積極参与、赤色侵略を粉砕

「文化賞」施行次回に延期

韓桂花さん優勝

プレ五輪 "まぶたの妹"で話題の

ママさん選手でスケート出場

ソウル大、総合キャンパス最終案決定

韓・日のかけ橋人脈 〈1〉

真の交流めざし 青少年育成

植木光教氏

日本の政界、経済界、マスコミ、編集者までも漏れきこえて来た……などにはコリアン・ロビーというのが、われこそは親韓派のヒューラだと有像無像の……が名乗りをあげている。

いかにも韓国を……

……

「私は日韓の真実な交流は若い人からでなくてはならない」

婦人会長選挙迫る

27日に第10回定期大会

来たる三月二十七日午前十時、東京都内の千代田公会堂でひらかれる在日大韓婦人会中央本部第十回定期大会を前にして、金信三会長と同本部の監事である康清子氏は、会長任期満了に伴なう役員改選で、ともに会長立候補を決意、次のようにそれぞれ、所見を発表した。

全国婦人会のパイプ強化

金信三会長が所見発表

金信三会長

三月六日午後一時、新装なった婦人会中央本部会長室に記者団を招いた金信三会長は、開口一番次のように語った。

私には十三年間の組織におけるキャリアがあります。これを元に、全国婦人会のパイプを通じて、さらにその強化発展にあたりたいと思います。

さいきん、そのために六カ月間もたてつづけに地方を廻り、身を粉にして働らいてきたつもりです。北は北海道から、南は九州の果てまでです。

特に、民族的大事業である永住権申請運動のために全力をそそいできました。

今後は、その有効なあと仕末のための運動と、婦人文化センターのために新たなプランをたてています。

大会に必要なための百万円もすでに用意してあります。

すくなくとも今までの公約はすべて果たしてきましたし、これからも婦人啓蒙のための事業を充分やりぬく意思があります。

民族教育については、大学よりも基本的な、小・中学などの面で、協力をしたいと思っております。ともかく、これからが結実の季節と考え全力をふりしぼります。

組織の私物化は許せない

康清子女史が立候補の弁

中央が康女史と右中が熱弁をふるう康女史

去る三月八日夜、康清子監事は渋谷「一龍」での記者会見で、「派閥と中傷が日常茶飯事のように流行している在日婦人会の中にあって、真実心の底から同胞女性たちのための啓蒙、救済事業を組織を通じて推進して見たいと思っており、特に最近、婦人会の大義名分にかくれて、これを私物化する傾向が見られるのは、育ちつつある民主主義への大きな危機であり、断固排除を決意するものである」と会長立候補の弁を明らかにしたあと、民団運動の一環として、機関紙の発行、国語、歴史、料理、舞踊、服装などの教養講座をおく婦人文化センター設置が当面の独自の活動目標の一つだと述べた。

海外韓国女性の在り方

日本法務省譲歩

国籍書換えで

往昔の情熱と精励
人間の求めるものは一つ

韓国の旅

早稲田大学仏教青年会　若桜木 清孝

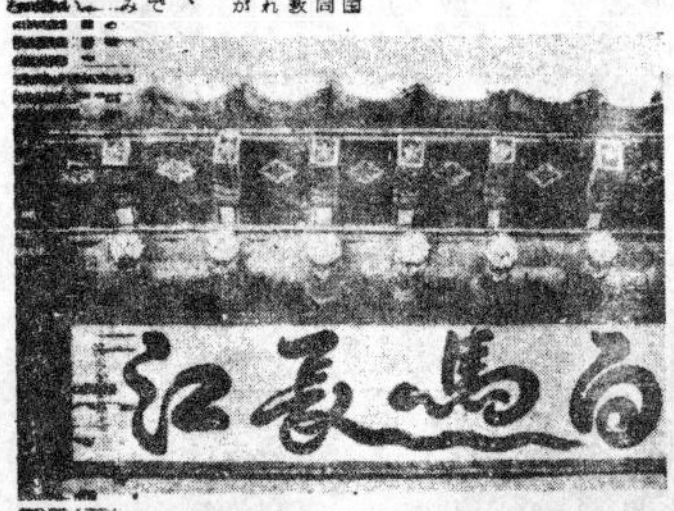

Ⓐは扶余通度寺門上に書かれた「白鳥長江」Ⓑは寺への三重平月橋、善男善女で賑わっていた

らが点々と積み重ねられていた。岩石の露わな山々が幾重にも連なって、日本よりずっと大陸に近いという印象を与える。

(慶)尚南道伽倻山の山腹にある海印寺は曹渓宗大本山の一つで、仏・法・僧の三宝のうちの法宝を代表しているのだそうだ。

それというのも、このお寺には高麗時代十六年間の歳月を費して完成したという、八万六千余枚、十七万面、六千五百余巻の大蔵経の板本が納められているからである。

私達は特別の調好意によって、そのお倉に入ることを許されたが暗い棚の上にギッシリ並べられた尨大な板本は、往昔の人々の情熱と精励とを想わせて、私達に深い感銘を与えずにおかないものであった。

(こ)のお寺には現在も、三百人もの僧がいて、毎日厳しい修行に明け暮れている事を教えられて、仏教が、今の韓国の人達に、いかに熱心に求められているかを知ることができた。海印寺

……

第2回在日ミス・コリア・コンテスト

知と美の祭典

本紙一、〇〇〇号記念行事を兼ねた本社文化事業の今年度第一弾である第二回「在日ミス・コリア・コンテスト」は、その間、地方予選と直接推せんが着々と進み、東京での決選大会も準備が急がれていたが、このほどその最終案がまとまり、四月七日ソウルでの本国決選参加に先立って、次のように各細目が決定、実施されることになった。

(再確認のため前回本紙発表内容とだぶるところもある)

衣裳はふだん着と水着・韓服の三種

☆最終しめ切り＝三月二十日午後五時まで。

☆応募資格＝満十六才から二十五才までの未婚女性で韓国籍を有する者(協定永住権者優先)

☆申請書類＝各機関長、民団地方本部団長の推せん書と履歴書、写真(全身・上半身二種)各三枚(写真の裏には氏名・生年月日、身長、体重、バスト、ウエスト、ヒップを書きこむ)

☆競演衣裳＝水着、ふだん着、韓服(チマ・チョゴリ)

☆参加確認＝三月二十三日午後正午から開会(会場使用制限のため時間厳守)

※なお美容・結髪などは大会前夜までに完了しておくこと。

☆審査＝国際規準にしたがって、「知と美」の総合審査をおこない、公正を期すため、審査委員は、当日決選時間になって始めて発表する。

十六才以下の入場はお断わり

なお当日の参観希望者は、本社文化事業部か、民団の都内各支部あてに申しこんで整理券をもらえばよく、十六歳以下幼児までの入場は、かたくお断わり。

3月24日に決選
赤坂「ミカド」真・善・美いずれの代表に

ミカド特別ショウ

三・一節記念の金銀貨発行
二万五千ウォンに世宗大王の肖像

三千柱、九月に奉還
太平洋戦争韓国人戦没者遺骨

八回青龍映画賞施賞

桜苗木二千本 釜山市に寄贈

北韓所在文化財を指定

釜関フェリーでお買物？ 観光は63%

アジアサッカー開催

朴大統領の白鳩を寄贈
世界平和を念願 高麗神社へ

韓国朴正煕大統領が昨年九月二十日、日本東京において WACL世界大会「平和の日」に人類の平和を願って"平和の鳩"を寄贈され、この鳩を飼育保護して朴大統領の世界平和への念願を広く在日韓国人に伝えひろめるべく、適当なる飼育所を韓国在郷軍人会日本支会に委託されていたが、去る二月十八日、李鎮基日本支会長は韓国人との由緒深き関係にある埼玉県日高町の高麗神社(宮司高麗明津氏)に寄贈した。

高麗明津宮司は、朴正煕大統領が世界平和を念願し寄贈した韓国産の白鳩(二羽)を飼育保護のため当神社に寄進せられたことは意義の深いことだと語り、大切に飼育することとなった。

【写真は寄贈する李会長】

第31回 世界卓球選手権大会

名古屋に在日韓国人後援会
今度も北傀選手が参加

28日から開幕

李春植愛知団長があいさつ

来たる三月二十四日に名古屋到着後、三月二十八日から四月七日までの間にひらかれる第三十一回世界卓球選手権大会に出場する韓国選手団を迎えて、地元名古屋の民団愛知県地方本部を中心とする後援計画案がまとまり、このほど関係機関に伝達されたが、在日韓国人後援会発足にあたって、同会の李春植顧問(民団愛知県地方本部団長)は次のような設立趣旨を発表した。

(写真は李春植団長)

[illegible]

後援会長に 権会俊氏

[illegible]

カンパと援助

"納税の日"記念式

[illegible]

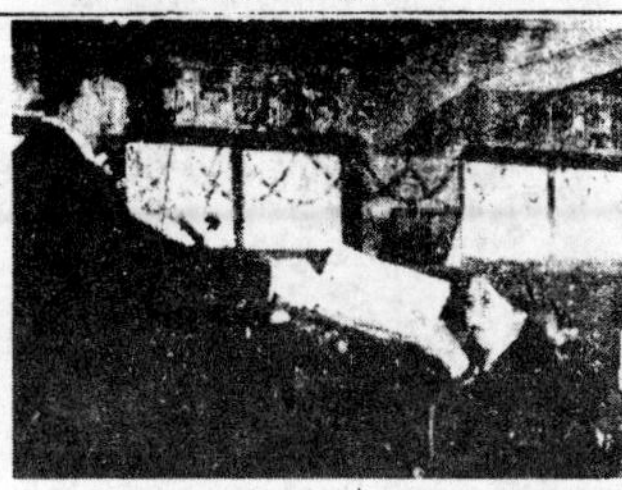

ダオメー国記者の北韓訪問記 ⑤

北韓断面

無責任極まる幹部
これが北韓の"社会主義"

翌朝六時になっても七時になっても誰もあらわれず、廊下に出した荷物もその真ん中になっていた。私はオートボルタから来た男と二人で七時過ぎにホテルのロビーに降りて行った。そしてフロントのところで、事情を聞こうとしていたら、新しい服を着たミスター・キム——モスクワへ行っているはずの私の通訳——にばったり出くわした。そこで私は、いったいどうなっているかと、キムにたずねた。

彼は私の眼をみないようにしながら「あなたがたの旅行計画には別に変動はありません。ただ中国の気象状況がよくないために出発が遅れているのです」と答えた。そこで私は「出発可能になったら知らせて下さい」と頼んだ。

だが、どうも様子がおかしいので、私はオートボルタ人と二人でロビーに坐ってフロントを見張ってようということにした。ところが、八時半ごろ、ソ連の旅客機の事務員たちが降りてきて、旅客の案内員たちはどこかへ行ってしまった。[illegible]

"待ちぼうけ" くわされ怒る

[illegible]

再び"大会"にひっぱり出そうと

[illegible]

東京韓国学校卒業式
第二次生徒を募集

[illegible]

(写真は優等の魏文子さん)

二世経済人たちの母国視察団
四月八日から十日間

東京商銀で募集

[illegible]

旅行日程＝四月八日～十八日

▼電話(八三二)五一四一

経済協力強化へ

[illegible]

「切り拓こう韓民族の主体的現代を」
韓青冬期講習会

[illegible]

在日同胞の基金で中学開校
新入生84人が

[illegible]

ソウル大学卒業式
博士など2千6百名誕生

[illegible]

陸軍が新しい軍服

[illegible]

故国に桜を植えたい人に告ぐ
今年三年生桜あります

[illegible]

園名　比斯火種苗園
支配人　姜相鎬
園主　李沂東

尋ね人

林学伊

朴太祚

朴鳳鎬

朴鳳鎬

李雲植、雲泰、英子さん

米軍が3月に撤収

[illegible]

東京商銀職員募集

東京商銀信用組合

[illegible]

韓国現代化運動の先駆者

金玉均と甲申政変

―史実研究のメモ―

金　照　明

金玉均先生の遺影

金照明氏

三日天下に終る甲申クーデター

来る三月二八日は、故金玉均先生の第七七忌にあたる。一八五〇年（庚戌）の生まれだから、今年一二一歳になるわけである。

〈甲申クーデター〉（一八八四・一二・四）は、日本公使竹添進一郎の背信行為で、結局三日天下に終り、ついにその大望を空しくして一部の同志らとともに、先生は日本亡命を余儀なくされたものである。

惨たり！巨頭連つぎつぎ斬殺さる

革新派の残党はついに日本亡命

突然、竹内日本公使は軍隊撤収

一方的強圧、問答無用の「漢城条約」

冷遇虐待の日本に見切りをつける

上海のホテルで凶弾にたおれる

逆賊の大罪、半世紀後に名誉回復へ

本郷の真浄寺境内にある金玉均先生の墓

金玉均先生の法要行う

土屋・周両氏に勲章　韓国に貢献

〔写真は〇が周鯨文氏、〇が土屋敬彦氏〕

三星の李会長財産分配発表

追悼詩

若き義闘者　故人・朴根世氏に捧ぐ

張　在述謹作

一、死は牢獄の非情の求めなのか……

華燭

私の半生

陳玄相著

◆東京世田谷区…（電話…）

大韓民国居留民団

群馬県地方本部

団長　鄭鉉來
副団長　石在煥
〃　李泰作
事務局長　黄命東
議長　金栄出
副議長　金世顕
〃　趙鏞鎬
監察委員長　李愚律
委員　安万道
〃　趙潤湜
総務部長　鄭聖鎬
組織部長　金　猛
経済部長　朴文用
民生部長　姜成澤
文教部長　鄭海龍
宣伝部長　朴弘一

桐生支部

団長　李　憲
副団長　李相世
〃　金賢俊
議長　劉寅寿
副議長　朴文用
〃　文洪斗
監察委員長　安万道
委員　郭相俊

太田支部

団長　金在哲

邑楽支部

副団長　趙鏞河
〃　崔辰碩
議長　金四潤
副議長　金鍾守
〃　朴鶴基
監察委員長　黄鳳煥
委員　崔振錫

団長　鄭永允
副団長　朴孟煥
議長　金世顕
副議長　金占伯
監察委員長　李鉉直
委員　李世焞

伊勢崎支部

団長　金東根
副団長　金相熙
議長　李泰作
副議長　李快浩
監察委員長　権五赫
委員　崔鶴伊

館林支部

団長　崔台達
副団長　高錫山
議長　文延吉
副議長　李瑞煥
監察委員長　李得祚
委員　洪徳文

茨城県地方本部

水戸市大町一－二－十六
電話　〇二九二(24)六二四一

団長　朴台守
副団長　裵永恒
〃　金竜鎮
事務局長　李信吉
総務部長　李信吉
組織部長　姜馨石
経済部長　金竜鎮
民生部長　金栄一
文教部長　洪得竜
宣伝部長　李潤基

議決機関

議長　金時弘
副議長　張一慶
〃　朴貞祚

監察機関

委員長　孫道鉉
委員　張師駿
〃　文槍変

諮問機関

顧問　金有翕
〃　権泰錫
〃　崔武周
〃　都有浩

在日本大韓民国居留民団水戸支部

茨城県水戸市上水戸町
電話〇二九二(三)四－六二四一

県北支部

団長　安木寿
議長　黄且奎
監察委員長　高宗範

県南連合支部

団長　洪得竜
議長　権密錫
監察委員長　崔鐘国

団長　金竜鎮
議長　朴斗福
監察委員長　李瀾基
事務部長　梁昌源

県西連合支部

団長　金春植
議長　鄭再出
監察委員長　白且光
事務部長　姜泰性

竜ヶ崎支部

団長　趙柄秀
議長　趙鏞沢
監察委員長　徐守相

太田支部

団長　李再述
議長　金時弘
監察委員長　金巳成

鹿島支部

団長　林延郁
議長　朴呉竜
監察委員長　彭倉柱
事務部長　金一竜

大韓民国居留民団

愛知県地方本部

名古屋市中村区鷹羽町三の五六
TEL〇五二(五七一)六四三一(代)

顧問　姜末律
〃　鄭煥麒
〃　鄭煥禧
〃　金允鎮
〃　李　康
議長　盧恭愚
副議長　尹松局
監察委員長　劉学燮
監察委員　田九瑢
〃　鄭昌実
団長　李春植
副団長　権会俊
〃　成竜九
事務局長　丁海竜
事務次長　金翊根
総務部長　金翊根(兼)
総務部次長　鄭赫淇
組織部長　成竜九(兼)
経済部長　金栄顕
経済部次長　李英一
民生部長　金鐘和
文教部長　梁完玉
宣伝部長　朴性祐
執行委員　白南斗
〃　金甲守
〃　金基淑

傘下各支部
支団長

一宮支部　支団長　安明鎮
西春支部　支団長　鄭秉圭
瀬戸支部　支団長　権会俊
名西支部　支団長　尹瀚玉
東中支部　支団長　金在永
昭川支部　支団長　黄允性
岡崎支部　支団長　具　泰
中村支部　支団長　崔鐘五
豊橋支部　支団長　金八道
知多支部　支団長　李圭正
中川支部　支団長　金永徳
西宝支部　支団長　張炳竜
西韓支部　支団長　林壽慶
名港支部　支団長　曹壬生
熱田支部　支団長　金奉道
豊田支部　支団長　崔載錫
春日井支部　支団長　崔秉仁
名南支部　支団長　朴八竜

以上十八支部
（順序不同）

愛知県韓国人経友会

名古屋市中村区鷹羽町三の一〇一
TEL〇五二(五七一)七三四一－三(代)

会長　鄭麒
副会長　崔煥
〃　金晃
〃　金允
〃　姜漢
〃　李求
〃　金福
〃　高甲
〃　白命
〃　尹南
〃　姜泰
〃　孫秀
〃　劉潤
〃　金載
事務局長　鄭基
運営委員　李煥
（順不同）
監事　郭鐘
〃　金胤
〃　朴燦

（注：各人名は三列に分かれて印刷されている：）
鄭崔金金姜李金高白尹姜孫劉金鄭李　郭金朴
煥晃允漢求福甲命南泰秀潤載基煥吉　鐘胤燦
麒栄鎮泳道洙守竜斗明根壽圭淑禧秀　涼鎰鎬

外会員七十七名一同

韓國新聞
在日大韓民国居留民団中央本部機関紙
韓國新聞社
発行人 鄭烱和
東京都文京区春日町2丁目20−13
電話 (815)1451〜3 (813)2261〜3
振替口座 東京 163774

民団綱領
一、われわれは大韓民国の国是を遵守する
一、われわれは在留同胞の権益擁護を期する
一、われわれは在留同胞の民生安定を期する
一、われわれは在留同胞の文化向上を期する
一、われわれは世界平和と国際親善を期する

民団中央の当面事業

永住権申請後の処理問題と組織学院の開設に全力

＝李禧元団長、基本施策を発表＝

李禧元中央団長は、さる三月二十五日に開かれた第三十四回大会において決定された活動方針にもとづき、当面の重点的問題に関して次のとおり抱負を語った。

李禧元団長

陽のあたらない人びとを対象

支部単位に協同組合設立

教育委員会の新設と活動

祖国に呼応して事業完遂

自己のセクトに留らず幅のひろいつながりを

議長 張聡明

公正無私なる監察 愛され明朗、権威ある民団

監察委員長 李寿成

民族中興の領導者 朴正熙大統領

近代化の上で統一韓国

朴大統領、革命十周年祝辞

全国区で 李禧元 金載華 両氏当選

＝第8代国会議員選挙＝

金載華氏

永住権功労で李団長ら叙勲

李団長、叙勲辞退を表明

直選中央委員連席会議で決定

韓日公使沖縄協定交渉で関心表明

大学生の教練教育を再検討

高校以上の正規科目で電子計算

世銀へ高速道路建設借款団

人口七六〇万ソウル市計画

今月中に香港で輸出商品展

中南米等四地域に民間セールスマン

農漁村電化率三〇・九%に

惨！北送同胞の実態 金新朝氏の記者会見

社告

韓国新聞社

慶 朴正熙大統領 三選 祝

在日本大韓民国居留民団中央本部

〈顧問団〉
常任顧問 曺寧柱
〃 李裕天
顧問 曺圭訓
(組織) 〃 金光男
〃 丁贊鎮
〃 鄭寅錫
〃 鄭哲
〃 金正柱
(経済) 〃 辛格浩
〃 鄭建永
〃 許弼奭
〃 安八竜
〃 朴春琴
〃 金己哲
〃 鄭鎮圭
〃 鄭煥麒
〃 尹仁述
〃 徐甲虎
〃 李熙健
〃 朴漢植
〃 韓禄春
〃 姜桂重
〃 金鳳煥
〃 黄孔煥
〃 鄭泰柱

〈執行機関〉
団長 李禧元
副団長 尹達鏞
〃 辛容祥
〃 徐永昊
事務総長 朴性鎮
総務局長 李聖男
組織局長 金宰淑
〃 次長 呉吉竜
〃 崔[illegible]
経済局長 呉敬福
〃 次長 鄭達鉉
民生局長 李鍾舜
〃 次長 姜徳才
文教局長 尹翰鶴
宣伝局長 金[illegible]
〃 次長 柳乙作
組織専門委員長 丁海竜
文教 〃 卞周浩
宣伝 〃 張道[illegible]
企画委員 尹致夏
〃 金泰[illegible]
〃 李彰[illegible]
韓国新聞社々長 鄭烱和
〃 副社長 張道[illegible]

〈議決機関〉
議長 張聡明
副議長 白丁赫
〃 [illegible]宗[illegible]

〈監察機関〉
監察委員長 李寿成
〃 委員 尹[illegible]
〃 金[illegible]

民団中央本部 一九七一年度 活動方針（全文）

組織の機構改革と力強い指導性

〈在日韓国人とその現況〉……世界は、なお多くの可能性を追及しているが、日本の中で、中通信を乗けたけ……

運動の目標

（一）機構の改革

在日韓国人の永住権申請を終えた今日にあって、民族的、歴史的事業を大成に遂行したと確信している。

今日までの政治的指示、あるいは、組織的活動は、中通信が三十五万名を突破したその時点にあって明白になったのである。

今われわれは、政治的にも法的にも、名実共に在日同胞の唯一な指導団体になったことを自覚する一方、新たな視点で、力強い指導性を発揮しなければならないのである。

しかも、それだけでなく……

（二）永住権申請者（非団員）を全員入団させよう

（三）二世教育に対する施策を確立

（四）民団強化対策会議

【◇経済活動に関して】

【◇文教活動に関して】

【◇民生活動に関して】

【◇宣伝活動に関して】

第十八回定期中央委員会 決定事項

規約改正案

▼右の改正条文

女事務員募集

許すまじき反国家言動

裵東湖氏ら背信事実の録音

金在権公使記者会見

記者会見中の金在権公使（右端）

裵氏ついに現われず

不純分子は処断

李禧元団長も言明

中央監察委 真相調査中

巧妙なスパイ組織

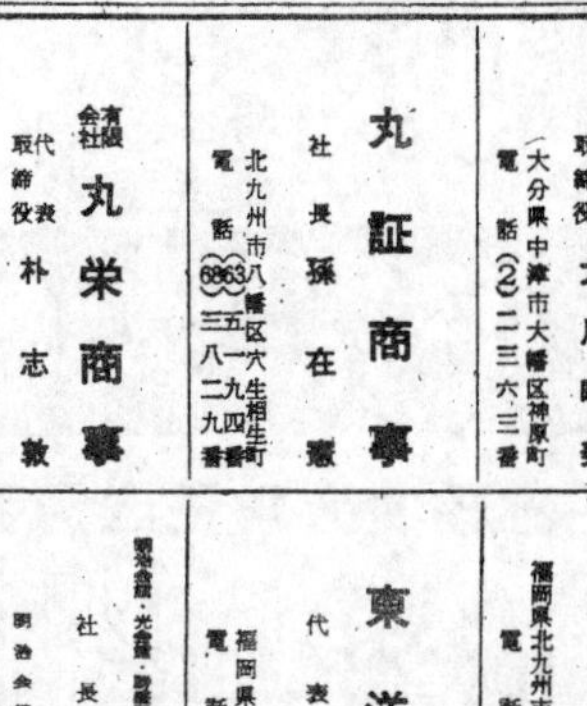

特別寄稿

日本の北韓政策

中共のピンポン外交で露骨化

〔東亜日報特派員　李 錫 烈〕

韓日の"蜜月旅行"時代に終り？

自由のない共産治下に追いやる

頭の中に計算された"二つの韓国"

「休戦線以北に別の権威」と主張

中共承認は断固阻止

自由三国の反共戦士集い

アジア勝共大会ひらく

【東京】

発足とともに、慶祝化してきた国連承認など中共問題に対しては、アジア自由主義陣営が一致団結してこれにあたろうという決意のもと、アジア勝共大会が二十四日、東京赤坂の都市センターホールで主催側の日本をはじめ韓国、中国の反共戦士と一般人ら多数参席裡にひらかれ、中共承認ムードを、断固排除阻止するとの大会決議をみるに至った。

この日、千二百名を越える人員を収容できる同会場には、都内および東京周辺近郊から、各国の参加者が、ぞくぞくとつめかけ、開会を前にして上映されたWACL記録映画が終映するころには、通路にまで溢れる盛況で、近来まれに見る大盛況を極めた。

都市センターホールに雲集した三国の反共聴衆たち

教育後援会総会開かる

現地募金強化策を決定

世界一周経済視察団

読者だより

日韓貿易協会創立20周年祝賀

日本軍属で負傷

趙鏞寿さん、補償要求

空手の豆選手 フジTV出演

本国から、八才と九才の豆選手（空手）が去る四月二十八日に来日、フジテレビの「万国ビックリショー」に出演した。この二人の少年は、釜山の影武館々長である韓埔模七段につれられてきた豆選手たちで、李□□君（九）は国民学校三年生、金順俊君（八）は二年生、ともに少年公認初段の腕前。五月五日に録画して五月十七日夜八時から放映された。

文化・社会

北韓は〝革命異端者〟

英「エコノミスト」評論

セイロン事件を前後して、北韓大使館員たちが海外で引起している数々な事件が世界の注目を浴びたが、それがすべて平壌政権の指示によるものだという確証は多くの国々のひんしゅくを買った。かつて平壌政権が〝自主外交〟を打出したころ、米プエブロ事件に引続き米航空EC121機を撃墜したとき、ソ連は「ハネッ返りにもほどがある」とにがにがしげに評した。この北韓の〝自主外交〟なるものが最近ではアフリカ諸国、中南アジアなどで金日成思想の宣伝と反徒たちの援助を行なうに至っていることが次々に明らかにされた。以下は英国の権威誌である「エコノミスト」の五月八〜十四日号が掲載した〝北韓評論〟である。

ひどいゲリラ闘争支援計画

北韓は正真正路の〝革命異端〟である。先月、北韓がセイロンの反乱に介入したため、コロンボから追放されたという事件は全くのところ、脱線行為そのものだという以外の何ものでもない。北韓のそうした行為は世界の広い範囲にわたるゲリラ闘争を支援する計画の一部であるが、これはモスクワや北京が行なっている同種の工作以上にひどいものだ。

諸国間の通常的外交というものにはおのずから節度というものがあり、互いに立入りすぎることはひかえるものだが、その点で北韓はソ連や中共以上に〝自制〟することが少ないのだ。そして北韓はソ連や中共よりもずっと少ない外交パートナー——たった十一の非共産国を含めて——しか持っておらず、投資した利益関係も少ないため、〝自制〟な言行動からも、北韓は何も失うものはないのである。

自称〝革命の天才児・金日成〟

では、北韓はそれにより、何かを得るのであろうか。北韓のキャンペーンは何といっても、かれらのいう〝革命の天才児金日成〟のエゴ（利己主義）によって動かされているものである。北韓における金の偶像化は、中国の毛偶像化を遥かに越えるもので、一方毛偶像化に対して挑戦をさえしている。もっとも毛の偶像化はい衰下になりつつあるが…。

かつて中国人が長期にわたって毛沢東こそ真のマルクス主義理論家だと主張してきたように、北韓の金日成賛美者たちは昨秋、金こそ抜群に秀でたマルクス主義理論家だと、彼に最高の地位を与えている。中国では近、何を反省したのか、そうした〝賛辞〟よりをちょっと中止している。しかし、北韓では金日成の〝伝道〟を北韓の国境を越えて、遥かかなたの地球にまで広げて行なっている。

北韓大使を追放した中央アフリカ

アジアではこのほかにあと二つの国が、すなわち、マレーシアとインドネシアは少し前までさかんに行なわれていた北韓の宣伝活動を取締まることにした。

また、アフリカでも、中央アフリカ共和国がセイロンの反乱事件の直前に北韓大使館を追放し、いる。

セイロン反徒に武器や金銭

セイロン政府はさきほどの北韓大使館追放のさい、北韓人たちがセイロンの反徒たちに武器や金銭、あるいは軍事訓練をほどこしていたという明確な証拠はあげていない。しかし、北韓人たちが、過激なゲリラ戦の手本として違る膨大な量の思想宣伝物をセイロンの反徒たちに配布していたことは何ら疑いをさしはさむ余地がない。北韓はセイロン全土にわたり、五十個以上にものぼる、いわゆるセイロン・コリア友好協会の支部をもうけ、これらの支部は金日成宣伝物を配布する役割りをしていたのである。

北韓は現在、この〝友好協会〟なるものを世界四十カ国以上の国々に設置しているが、このすべての友好協会はセイロン同様の機能を果たしているものとみられる。インド政府は最近、ニューデリー郊外にある北韓の〝文化の家〟がインドにおける破壊工作の中心となって動いていたと抗議した。また、北韓は一九六九年十二月以降、十カ月間に、インドの各新聞に五十万ドルの費用をかけて百三十にわたる金日成広告を出している。

なお、インドの新聞は、北韓人たちが最近行なわれたインドの総選挙で、金日成の思想に動かされそうな立候補者たちに、別に五十万ドルを配与したと明らかにし、北韓が公然とインド総選挙に干渉したと非難した。

までは確実と国交を樹立……ている。

なお、北韓は最近、中南米でもその面目をつぶした。北韓はメキシコのゲリラたちを訓練し、財政支援をしていたのだが、この強烈な事を明かしたことが暴露されてしまったのだ。

諸外国の反徒たちを訓練するということは最大に危険なことではあるが、北韓にとっては最大に重要な北韓革命戦略の一つなのである。一九六六年以来、北韓は十二個の外国人訓練キャンプを運営しているが、それは平壌に三つ、南浦に二つ、元山に二つ、あと五つが他の地方に散在している。そして、これらの五つの地方訓練所では北韓人たちもいっしょにゲリラ訓練を受けている。

北韓のこれらの外国人訓練キャンプには二十五カ国からの反徒たちが招かれて、六カ月から十八カ月間にわたる訓練過程を終えているが、その数は中南米地域各国から一千三百名、アフリカ諸国から七百名にのぼった。

反政府分子たちに軍事訓練

北韓はさらに、幾つかの軍事訓練を海外においてほどこしている。アフリカ大陸ではタンザニア駐在大使館が、ケニア、カメルーン、ブルンジなどを含む数々のアフリカ諸国からの反政府分子たちに軍事訓練の機会を与えていた。

一方、カストロのキューバは約二年前に平壌政権に金を払ってキューバが中南米で教えていたゲリラ戦争の教師六人を派遣してもらったことがある。こうしたキューバと北韓との密接な協力は、多数の中南米人が北韓でゲリラ訓練を受けた理由にもなっているとみられる。すなわち、多くの中南米人が北韓入りしてゲリラ訓練を受けたという事実は北韓とキューバの関係に端を発していたといえよう。

先月、チリの新聞ラ・プレンサ紙は「北韓は中南米の反乱分子たちのゲリラ訓練主要センターだ」と言明した。

このほかにも、北韓はフィリピンのゲリラたちに強力な精神的物質的援助の手を貸している。北韓活動の主な導入は全国反政府分子たちへの支援であったが、一方平壌政権は〝通常的援助〟とみられる形の支援事業に膨大な力ネを使っている。たとえば、コンゴ（ブラザビル）には大きなマッチ工場、モーリタニアにはトラクターを、そしてシリア、リベリア、南イエメン、エジプトには延払い輸出をしており、これらの国々が北韓から信用で物資を輸入しうる便宜を与えている。その金額は膨大なものであるが、ではその力ネはどこから来ているのかという疑問が起きる。北韓のように小規模の国が、とくにその国際収支活動の規模からみるとき、そのカネは中共から出ているということを人びとに印象づける。北韓は中共の渉替の役目をしているに違いない。従って中国が北韓に何らかの財政援助を与えているということはありうることである。

北韓独自のゲリラ行動

しかし、中共が北韓のすべての行為を扇動していると見ることは誤りだろうと思う。というのは金日成が明らかに〝自分の独立〟に関心を持っているからである。金日成はこれまでも〝自主行動〟でなかなか成功した経験を持っている。たとえば、金日成の部下たちが米海軍情報艦プエブロ号を捕獲したこと……）も、明らかに北韓独自の行動であったに違いないとみられる。

このようなエピソードがあったのちに北韓は中共と劇的な関係改善をしたが、しかしこの両者間の利害はなお一致していない。その例として、先月北京で行なわれたインドシナ首脳会議記念演説会で表面化された〝弱点〟を指摘することができる。このとき北韓人たちは、ちょっとラオス進攻がたけなわだったが、中共はそうした〝ことばの攻撃〟を完全に止めてしまい、もうそのことについては何ら問題にしないという態度だったのだ。さらに大きな〝弱点〟は、世間を驚かせた米卓球チームの中国訪問について平壌の報道機関は黙して語らず、単なる報道さえしていない。これを北韓がどう受けとめたかを知るのはずっと後になってからでなければなるまい。

また、最近、明るみに出されたセイロン事件などにみられる海外における脱線行為は明らかに北韓独自の行動であり、決して北京の操縦に従ったものではないということを示すのにじゅうぶんである。

中共は賛成していない

この間、駐ブカレストの北韓大使館員たちがルーマニア駐在のJ・M・アドリアエンセン・ベルギー大使を誘かいしようとした事件（北韓大使館の自動車二台がベルギー大使の乗った乗用車の行く手をさえぎり、同大使を車から引きずり出したが、群衆が集まってきたために逃走、これは未遂に終わった……）も、明らかに北韓独自の行動であったに違いないとみられる。

したため、米国の航空機（EC121機）を撃墜した——このことは北韓のいずれの同盟国も賞賛を表さず、あまりほめたことではないと決い顔をしていた——となどに見られるように……。

ていた。これは北韓が、EC（欧州共同市場）とルーマニアの取引きを困惑させるために行なったと考えられるが、中共が北韓のこうした行動に賛成するはずはない。中共はルーマニアと非常に密接な関係を持っていなり、また北京は今秋の国連総会で中国代表の議席を一歩でも多く接近したいと目ろんでいるが、それより先にベルギーから外交的に〝承認〟を得たいとしている折でもあるから、中共は北韓のそうした行動はすべてをダメにしてしまう工作以外の何ものでもないと思うに違いないのである。

こんど北韓はきっと、他のいずれかの地域でまた何かをしでかして〝困難な立場〟に追いやられるかも知れない。（S・E・A）

人生に奇蹟あり

94才のおばあさんに会つた崔滝子さん

在日ミス・コリア・美に選ばれた崔滝子さんが、ソウルの決選大会に参加すべく、羽田空港を立ったのが四月九日、母から（朴福順氏・53・東京）ぼくぜんとではあるが、郷里の釜山あたりに親戚が住んでいるかも知れないといわれ、心ひそかに期待していたのが、ずばりと当り、とっくに亡くなっていたと思われた九十四才になるおばあさんにまで会って来たという。これは、ミス・コリア・コンテストがもたらした最大のハッピイ・ニュースである。

滝子さんの母、朴さんは、今から三十年前に日本に嫁ぎ、その後実家の母やきょうだいとも別れたまま、お互いの消息はいつの間にか途絶えてしまった。

古い住所あてに手紙を出しても返送されてくるばかりで、もうほとんどあきらめていたという。

ところが、たまたま娘の滝子さんが在日ミス・コリアに選ばれ、ソウルへ行くことになったのを機に、何となくさがして見るように頼んでおいたのが、みごとに的中したというわけ。

滝子さんはソウルに着き、週刊誌やテレビを通して、まだ見ぬおばあさんや親戚のことを何度か話したところ、さっそく反応はあった。ところが次々に親戚だと自称して訪れる人たちに会って話をして見ると、みんな違う人ばかり。咸安郡、四人目が現れたので、またかと今度は、記者が確かに面接してみることにした。

ところが、どうも本物らしいということで、当の滝子さんを前にして、てんまつを合わせて見たらピタリ、今は京畿道富平に住んでいるいとこの兄（母方）であることがわかった。

まず、兄の一人は日本語が通じないとこの朴永福、朴偉広さん）（P記者）

そこで共通用語として二人は英語で話しだした。上手な英会話で相互の安否を語り合った。

あとはかんたんなもので、いもづる式に次から次へと親戚たちがあらわれた。

このニュースが韓国日報に報道されるや、国中の話題になり、涙を流してわが事のように喜んでくれた多くの人々がいた。

話がまとまり、引率者である筆者もいろいろとこまかい努力をして、滝子さんは兄たちの案内で釜山のおばあさんに会いに行った。

歩行も、声色も全く健康そのもので、豚肉は食べず牛肉ばかりを食べ、ひじょうな健ぷよりであったという。そして、このおばあさんと連れ立って慶州で遊覧を楽しんでいる親戚にも会いに行き、十二分に故国の春を親戚たちの愛情に包まれ楽しんでこのほど、滝子さんは、東京に元気で帰って来た。

母の喜びはいかばかりであったろう。

まさに、人生奇蹟あり、滝子さん一家のなんと幸せなことだろうか。

外国郵便為替 利用案内

大韓民国逓信部では一九七〇年十月一日から、日本国郵政省と次のように簡便かつ安全な郵便為替業務を開始いたしました。皆さんの積極的なご利用をお勧めします。

一、外国郵便為替は、郵便を利用して外国へ送金する制度であり、郵便為替の送達に関しては、韓国逓信部と、日本国郵政省において絶対責任をもって行なう安全で、便利な送金方法であります。

二、外国郵便為替をご利用される方は、日本全国のどの郵便局においても、送金を請求することが出来、郵便局は韓国中央郵便局宛てに、書留で為替を直接送金致します。

三、韓国中央郵便局では、韓国通貨に換算して、受け取り人宛て書留で送付し、為替を受け取った方は、居住地の郵便局に為替を差し出せば、直ちに現金で支払われます。

四、為替料金、その他のお問い合わせは、最寄りの郵便局で親切にご案内致します。

大韓民国逓信部

☆ミス・賢に入賞の曺愛子さん

明年度ミス、今秋選抜！

七十一年四月七日から十一日まで、ソウル市民会館でひらかれた、今年度ミス・コリア全国決選大会は、別掲記事のように、在日同胞の曺愛子さんの入賞がきまって、世界コンテスト大会へ、在日同胞も初参加することになり、同胞社会の話題をさらって自信を強めたが、主催者側の韓国日報社では、明七十二年度のコンテストも今秋あたりに、おこなうことになったと発表した。

これは、米英を始めとする大カ国で、それぞれの世界コンテストがあるため、開催年になってからでは、準備旅券に急を要する場合が多いとして、世界参加の前年度に選抜を終えておこうというものである。したがって、在日の場合もこれに準じてしなければならず、本社でも、近いうちに、その具体案を決定するが、応募方法は前回と変りなく、各地方での推薦者は、もよりの民団か、または直接、本社文化事業部へ申し込むとよい。

やったぞ！初の入賞 ミス・賢に曺愛子さん

71年度全国決選大会に参加して

文化事業部長 朴英勛

☆3月24日東京ミカドにおけるコンテスト

韓国日報主催「71年度ミス・コリア・コンテスト」は、去る四月七日から予備審査が始まり、十一日の決選大会までの五日間にわたって、全国から参加した三十六名のミスたちで、個性豊かな〝知と美〟が華々しく競われ、今年も世界の各コンテストに、その真価を問うべき七人の美女が誕生したが、去年の初参加以来二度目のわが在日同胞からも、ついに入賞者を出すという輝やかしい記録が残され、華先よい世界への道をひらいた。以下、四人の在日ミス・コリアと、一人のシャプロンを引率しての大会に参加した筆者の日誌抄である。

〈四月七日〉

曺愛子、孫順子、崔滝子、朴美順さんら在日ミス・コリアたちに加えてシャプロンの下偶子さんと引率の私、計六人は羽田午前十一時発のKAL機で一路ソウルへ。

金浦空港に出迎えたグリーンの韓国日報車で去年と同じ宿所の大元ホテルに落ち着く間もなく、プログラム用のプロフィル紹介と写真を係の李記者に渡し、期間中のスケジュール打合せ。

夕食後、主催側の役員紹介と全国から集まった代表たちの紹介。これだけの美女たちが集ると、さすがに華やいだふんいきだ。脂粉の香りが充満したグリルの中で、ミスたちの番号札と腕章、シャプロンと報道員のマーク、記念メダル、特別招待券などが各地方代表に手渡され、「美し書夢」「ミス・コリアの歌」の練習が十時すぎまでおこなわれる。その間、旧知の喜劇スター全罪甲さんが訪ねて来られ、大会の済んだあと十五日にぜひ在日代表を自宅に招待したいとの約束。

〈四月八日〉

朝十時、ロビーに集合。軽快なふだん着で韓国日報差し廻しのバスに乗りホテルを出発。同社十三階のスカイ・ラウンジで、審査委員、同社関係幹部出席のもと、リセプション。

既に審査は、この時点で始まっているのだ。このあと、曇雨の空模様を気にしながらバスで二鷹松別荘まで行き撮影大会。日本よりはまだ肌寒い気温だが、わが娘たちは大はりきり。

夕食後、グリルで舞台図面によるコンテスト・リハーサルと、70年度ミス・ユニバース大会の記録映画それ別に鑑賞。

〈四月九日〉

十時ロビー集合、大会会場である市民会館へ。

いよいよ実地訓練第一歩。ミス・コリア全国決選にふさわしい立派な設備を誇る舞台で本格的なリハーサルである。……と、韓国日報社で審査員たちと食事を共にする。ここでも知らぬ間に採点されているはずだ。

わずかの自由時間のあと、またもや三次、四次とリハーサルがつづく。

☆4月11日、ソウル市民会館における全国大会

〈四月十日〉

いつもの通り朝十時集合、市民会館での最後の仕上げのリハーサル。昨日までぎこちなかった娘さんたちも今ではもう馴れて、しっかりした足どり。再び、昼食後の最終的リハーサルと注意伝達があったあと、グリルで夜八時から名物の余興大会が始まった。決選前夜の緊張をほぐすのがその目的の一つであるという。

歌あり、踊りあり、手品あり、寸劇あり、全くもって達者な娘さんたちの意外に多いこと、驚ろくばかりである。拍手、喝采、哄笑、爆笑のルツボの中で、……を訪ねて趾を選ったわが娘……間には何ともいわれぬ輝やく……りの幸せの色が溢れていた。「……てよかった！」去年と同じ……ある。この娘たちの胸の底……らこの青春、この感激こそは……らしく交わりあった故国のお……そそがれ、生涯忘れ得ぬ想い……して残ることであろう。

こんな楽しい雰囲気の中で、につづいて今大会でも審査……とめる本社の鄭社長が東京から……ている。大会の前……

〈四月十一日〉

まずこの朝一番、八時には文化放送テレビ「日曜マガジン」に入浴、……気集中の在日ミスたちが出演、文字通り日曜の朝の話題になる。ねむい目をこすりこすり、それでも十時には再び、国内各代表たちと同一行動で市民会館へ向かい最終仕上げリハーサル。

昼食後は、心身共に疲れをとり決選に備えるため、ゆとりある時間をさいてもらう。

各自かかりつけの美容院へ出かけ、じっくりと時間をかけ念入りに結髪の仕上げ。

コンディションも整えて、食事は全員軽くすまし、午後五時半すぎホテルを出発、いよいよ決戦場の市民会館へ。

わが方のシャプロンは三名増加し全員四名で、娘たち一人に一人ずつと万全を期す。午後七時、泣くも笑うもこの一瞬——審査員席へ鄭社長を案内し終ったところで、ファンファーレと共に、大会宣言が高々と場内にひびく。

テレビ中継のため、まばゆいばかりに照らされるライト、色あざやかに飾られた舞台、その左右に陸軍と並ぶ海兵隊ブラスバンドと、少年少女合唱隊、前面ボックスにオーケストラ。

演奏、コーラス、それに人気歌手の李美子さんや文美さんらのヒット曲がコンテスト進行の合間をぬって華やかに花をそえる。

ふだん着、イブニング・ドレス、プロポーションの決め手である水着と、衣裳は変えられ、審査は回を重ねて、華やかな中にも厳しさが場内にただよう。

やがて興奮と、嘆声と、拍手の中に次次と入賞者が発表されていりをあたえ、安らかな参路へとさそってくれた。

これで、私達一行を「海を渡って来た美の使節」と呼んでくれた国内の方たちへの面目も立った。けで、まことに充実した七……コンテストにふさわしい、フィナーレであった。

この前後、副賞の施賞式、東洋テレビ、主婦生活、週刊女性、週刊韓国などの出演とインタビュー、永住権功労受賞のため帰国中だった神戸の黄孔煥氏招待による朝鮮ホテルでの祝宴を始め、映画監督会鄭梅氏など各界名士との交歓などが重なったが、何よりも貴重な収穫は、崔滝子さんが、二十五年前に日本から帰国した、いとこの兄と、九十四才の高令に達している母のおばあさんに生れて始めてめぐり会ったことだ。

まさに、人生奇蹟ありである。紹びの感慨にむせんだ彼女は「このコンテストこそ、わが生涯の記念すべきもの」と語っていたことを、ここに特筆し、今年のコンテストに参加して、在日同胞のために大いに気をはいてくれたわが娘たちともども、その前途に幸多かれと祈って、この報告日誌を終りたい。

参加二度目にして、私の野望はここに結実したのだ。日本に帰ってからも、同胞社会に大いばりで報告できよう。

それに在日同胞に対する場内の異様なほどの人気は予想以上のもので、曺さん入賞の瞬間などは、ウオーという大喚声と共に、嵐のようにわきおこった喝采のどよめきは、去年よりもさらにその度が大きかったようだ。

こみあげる嬉し涙に、視界がかすんで入賞の曺愛子さんの顔がよく見えない。ピントをあわせる間もなく、どんどんカメラのシャッターをきる私。

「とうとう、してやったぞ」ほとばしるこの感動。

第六位までが正賞で、世界コンテスト参加への道がひらかれているのだ。

まず〝わが方では、孫順子さんが親士友情賞、それに崔滝子さんが美賞をもらい、いよいよ最終段階の接戦で、わが在日ミスは、ついに栄誉の第六位入賞をかつさらってしまった。

全国大会入賞者

真・盧美愛（19・釜山）

善・崔淑愛（21・忠南）

美・車順英（18・ソウル）

良・洪信姫（19・ソウル）

淑・李永銀（19・京畿）

賢・曺愛子（22・在日）

ミス韓国日報・李明信（22・ソウル）

在日ミス・コリア入賞者（於東京）

一位・真……曺愛子（22・奈良県天理市）

二位・善……孫順子（20・大阪市）

三位・美……崔滝子（22・東京都）

四位・貞……成批琪子（21・東京都）

五位・智賢（同点二名）……朴英順（21・兵庫県）崔京美（20・京都）

審査員

審査員長 — 韓在潤（近畿観光社長）

副委員長 — 李慶守（東和新聞社長）

委員 — 金輔明（解説）

— 金平七（韓国日報東京支社長）

— 俞允中（KPI社長）

— 金琪伸（画家）

— 金信三（大韓婦人会中央会長）

— 陳南子（大韓婦人会前監査）

— 曺惠作曲家）

— 馬鍾甲（NHK）

— 尹昌炯（本社芸術部長）

— 尹正伊（70年度在日ミス・コリア・美）

— 卞仁大タ・真）

— 池原子（古典舞踊家）

（順不同）

求む貸家！

国際親善事業か中央線にそった場所で健康な貸家（三間）アパート（二間）至急求めます。本社で使用します。

韓国新聞社文化事業部

慶 朴正熙大統領三選 祝

永住権取得者を優偶！

東京商銀本店新築記念 世界一周経済視察団募集！

1971年 7月・11月出発 22日間

¥660,000 30名（申込順）

世界一周旅行！

東京商銀の本店新築記念として企画した格安のデラックスコースです。

申込み：東京商銀にて1口100万円以上の定期または積立預金に加入され、永住権を取得している組合員である方で、申込金¥30,000とKJ旅券を添え、幣社に御申込み下さい。申込金は総計費の1部にあてますが、出発日の1ヶ月前に残金を御支払い下さい。

訪問地：ローマ、ナポリ、スイス、フランクフルト、ハイデルベルグ、パリ、アムステルダム、ロンドン、ニューヨーク、ワシントン、サンフランシスコ、ロサンゼルス、ハワイ等。

本国家族招請案内

申込必要書類：(A)戸籍謄本 (B)国民登録完了証 (C)外人登録済証 (D)永住権許可証写各2通

費用：¥80,000（ソウル—東京往復航空券、手続料、旅券、VISA印紙代を含む）

バンコック、香港、台北、ソウル観光募集！

1人でも、グループでも、毎週出発するアリランツアーを御利用下さい。格安な費用で、バンコック、香港、台湾へ御案内致します。

ソウルコース	2泊3日	¥63,000
台北、ソウルコース	3泊4日	¥94,700
香港、ソウルコース	5泊6日	¥11,2800
香港、台北コース	5泊6日	¥113,200
バンコック、香港、ソウルコース	7泊8日	¥160,000

旅行に必要な諸手続は、KAL代理店の幣社が代行致します。

韓国ゴルフツアー募集！

優勝者に大韓航空杯を！韓国観光を兼ね、ゴルフもお楽しみ下さい。毎月出発するゴルフツアーのためのデラックスコースです。

費用： 3泊4日 ¥85,000（個人） ¥79,000（団体）

※往復航空運賃、滞在費一切を含む

1日目 KALでソウル着 夕食

2日目 ゴルフをプレイ（プレイしない方 市内観光）

3日目 ソウル市内観光

4日目 KALで東京へ帰り解散

社員募集

男子：高卒、大卒 若干名 但し、30才未満

女子：高卒、短大卒 若干名 但し、22才未満

希望者は、履歴書を持参し来社して下さい。

東洋航空㈱総務課 TEL (03) 573-4421（代表）〜5

主催：東京商銀信用組合 本店：東京都文京区湯島3−38−15 TEL. 東京 (03) 832-5141（代表）

主催：KOREAN AIR LINES 大韓航空 TEL. 東京 216−9511

お申込みは、ORIENTAL AIR SERVICE 東洋航空株式会社 本社：東京都中央区銀座6丁目4−8・曽根ビル501号 TEL. 東京 (03) 573-4421（代表）〜5 〒104 支社：SEOUL. OSAKA. TAIPEI. HONGKONG.

韓國新聞
在日大韓民国居留民団中央本部機関紙
韓國新聞社
発行人　鄭烔和
東京都文京区春日町二丁目20－13
電話（815）1451～3
（813）2261～3
振替口座 東京 163774

民団綱領
一、われわれは大韓民国の国是を遵守する
一、われわれは在留同胞の権益擁護を期する
一、われわれは在留同胞の民生安定を期する
一、われわれは在留同胞の文化向上を期する
一、われわれは世界平和と国際親善を期する

永住権未申請者の救済に全力

韓国政府は、在日同胞の協定永住権申請締切によっておきたいくつかの懸案問題を、六月から八月の間に開かれる一連の韓・日高位会談を通じ、速かに妥結にもちこむ方針であることが、五月二十九日明らかになった。

永住権申請30万突破を発表する中央本部役員（一月十五日・公報館で）

韓国　閣僚会談以前にも根本問題の妥結めざす

韓国からの消息によれば①永住権未申請者の救済問題、②永住権取得者の処遇改善問題等々を、現在政府が日本側に提案中である次官級会議と、きたる八月東京で開かれる韓・日閣僚会談で正式に論議されることになろうといわれる。

また、できれば閣僚会談以前にも根本問題に対する妥結をみたいというのが政府の立場であると伝えられている。

李禧元中央団長

日本　期限再設定に難色

この消息通は、また、去る一九六九年牛場前日本外務次官の訪韓に対する答礼として、きたる六月十日訪日する尹錫憲外務部次官と森日外務次官との間で非公式ではあるが、在日同胞の問題が話しあわれるだろうとつたえられている。

現在、日本側は、永住権未申請者の救済および在日同胞の地位向上について、行政権の範囲内では積極的に協助するという立場をみせているが、協定永住権申請期限を再設定するという問題については、協定の改定など複雑な問題がともなうために難色を示しているという。

これから開かれる一連の韓・日間の会談でも、在日同胞の処遇改善のための救済的な内容と合理的な申請期限の設定方案等が重点的に論議されるとみられ、在日同胞のこの問題に対する関心は高い。

待遇改善も解決　積極的に訴えよう

李禧元中央団長談

在日同胞の永住権申請は、非常に多くの成果をみて終った。しかし、いまだ未申請者が多い。この人たちのことを思うと、また申請を締切ったという実感がわかない。これから開かれる韓・日政府間の一連の会談がつづくなかで、いまだに永住権申請をすましていない同胞の問題とともに、永住権既得者に対する待遇改善等の問題が一日も早く解決されるよう積極的に訴えていきたい。

与野の差僅か24席　第8代国会議員選挙結果

第八代国会議員を選出する五・二五総選挙は、大統領選挙で圧倒的勝利をおさめた与党民主共和党にかわって、野党新民党が、予想をはるかに上まわる大量議席によって、破竹の大進出を果たし、国会における議席が、民主共和の一一三に対し、新民が八九と、その差僅か二十四と迫った。

この結果、国会における新民党の発言権は、従来より倍増したわけで、民主政治を標榜するわが国にあって、ある意味での正常発展が国民の間に大きく期待されるものとして、世界の注目を浴びている。

新たな姿勢整える　民主共和党声明

金永根民主共和党臨時スポークスマンは「こんどの総選挙では、われわれが最初から期待したように、大きな事故もなしに終ったことに対し、国民に感謝する」とのべ「民主共和党は、総選挙結果あらわれた民意を土台として、新らしき姿勢を整え、責任政党としての義務と役割を果たす覚悟だ」と念をおした。

国政刷新　安保体制　新民党声明

[illegible]新民党臨時スポークスマンは「わが国民は建国以来初めて"投票革命"をひきおこし、勝利した民主力量を誇示したのであり、与野に次元の違う審判を発したので、私たちみんなが創造的努力をせねばならぬ」といい「このために、その間積まれた腐敗的な風土を追放して、生産的政治風土を造成、国政刷新と国家安保の新らしき体制を準備しなければならぬ時機」とつけ加えた。

さらに「わが党は、これから先、国民の期待にそむかぬよう、あらゆる心血をそそぐ」と言明した。

主張　五・二五選挙の意義　民主政治への願望つなぐ

こんどの本国における国会議員選挙は、われわれ在日同胞にも多くの面で、いろいろな教訓と関心をいだかせてくれた。

野党の半数以上の進出にともなう健全野党への期待と、与党の過半数確保からくる安定政権へのみちは、ともに国民の願う、民主政治への願望を表すべき、切実な結果であったといえるからである。

これからの四年にまかされた八代国会は、国民のこのような願望と期待を議政に反映し、真の議会民主々義精神を、わが国の憲政史上にもたらすべき重大な責務をになうべきであろう。

これからの議会政治は、与・野の相互理解と牽制を通じて、成長していくであろうし、必ずや国民の期待と願望にそう方向で展開されるものと確信するが、特に多数国民の絶対的な支持と期待をうけて勝利した与党は、民意の所在と国民の指向性についていまいちどあらたに認識し、政策中興のあたらしい課題ととりくむべく、選挙戦で国民に公約した政策の遂行に万全を期してもらいたいものである。

われわれ在日同胞は、つねに本国における政局の動静について無関心ではいられない。

このたびの5・25選挙の結果に寄せるわれわれの関心も、これまた本国の同胞のそれにまさるともおとらぬものがあったといえる。それは、自己の祖国の安定発展なくしてわれわれ在日同胞の前途の発展はありえないためである。

特に、このたびの選挙においてわれわれ在日同胞が注目したことは、本国の与・野両党の全国区から立候補して当選した、元民団中央本部団長も[illegible]したことである。

しかし、上記の両氏は、全く個人的な資格での立候補当選であり、われわれ民団の組織とはなんら関係のないことは勿論、これから先も、そのことには変りないことである。このことは、とりもなおさず前記両氏の本国における所属政党の主張を民団に持ちこんではならないことを意味するものであり、また、民団はかりに本国にもそのような事態があったとしても、断乎とした態度で臨むことは当然のことだが、このような事態は、同志がつとめて避けてはならないことである。

幸いに前記両氏は、ながい間民団の幹部を歴任した元民団中央団長を辞任したことのある民団を愛し理解する点において他を許さない立場にある人たちである。民団には、第三宣言、第四宣言ではっきりと本国の政治には関与しないことをうたっている。このことは、いうまでもなく本国の政争を民団の組織に組み入れてはならないことを闡明したものといえる。

以上のようなことからして、われわれは、両氏の本国での活躍に深い関心を表明するとともに、願わくば、全体在日同胞の権益擁護と、国の発展に献身的な立場で貢献してくれることを望みつつ、名実共に民団党の立場を超越して在日同胞の声を、堂々と、正しく強く本国の議政壇上で訴えてもらいたいものである。これなくしては、国民の議政への信頼の意義を失うといえよう。

いまいちど、両氏の当選を心から慶賀し、全体在日同胞の期待を裏切ることなく、堂々と活躍してくれることを望みたい。（論）

民団地方大会　第34回中央大会以降

静岡県地方本部

四月一日、第十五回定期地方委員会をひらいたのにつづき、第二十九回定期大会をひらき、次の新任役員を選出した。

団長 [illegible]　副団長 [illegible]　事務局長 [illegible]　議長 [illegible]　副議長 [illegible]　監察委員長 [illegible]　〃委員 [illegible]

神奈川県地方本部

四月十三日、午前十時から横浜市教育会館でひらかれた第十回[illegible]

青森県地方本部

四月二十日、第十九回定期大会で次の新任役員が選出した。

団長 [illegible]　副団長 [illegible]　事務局長 [illegible]　議長 [illegible]　監察委員長 [illegible]

京都地方本部

四月二十六日午前十時から同本部三階ホールで第二五回定期大会を開き、役員改選を行なった。[illegible]

団長 李相権
副団長 韓昌祐
議長 河炳旭
副議長 姜成信
監察委員長 朴東鉉
全成局

埼玉県地方本部

民団埼玉県地方本部はさる五月八日午前十一時から、[illegible]で第二十二回定期大会を開催、[illegible]あらたに次のとおり新役員を選出した。

大阪地方本部

団長 李根
副団長 李在昊
盧玟変
議長 崔允三
副議長 金道植
監察委員長 崔性洛
委員 馬鳳楽
事務局長 金汶照

三多摩地方本部

四月二十四日に、第十三回定期地方委員会と第二十九回定期大会をひらき次の新任役員を選出した。

秋田県地方本部

四月二十五日午前十一時から第十一回地方委員会を兼ね三四回定期大会は同本部会議室で開かれた。午後の定期大会では任期満了に伴う役員改選を行ない、次の通り新三機関長が選出した。

栃木県地方本部

岩手県地方本部

北海道地方本部

福岡県地方本部

岐阜県地方本部

山形県地方本部

高知県地方本部

愛知県地方本部

香川県地方本部

戦争準備完了

[illegible]

女事務員募集

[illegible]民団中央本部総務局

国民の新たな選良たち

8代國會새얼굴

서울 · 釜山 · 京畿 · 江原 · 忠北 · 忠南 · 全北 · 全南 · 慶北 · 慶南 · 濟州 · 全國區 · 共和黨 · 新民黨

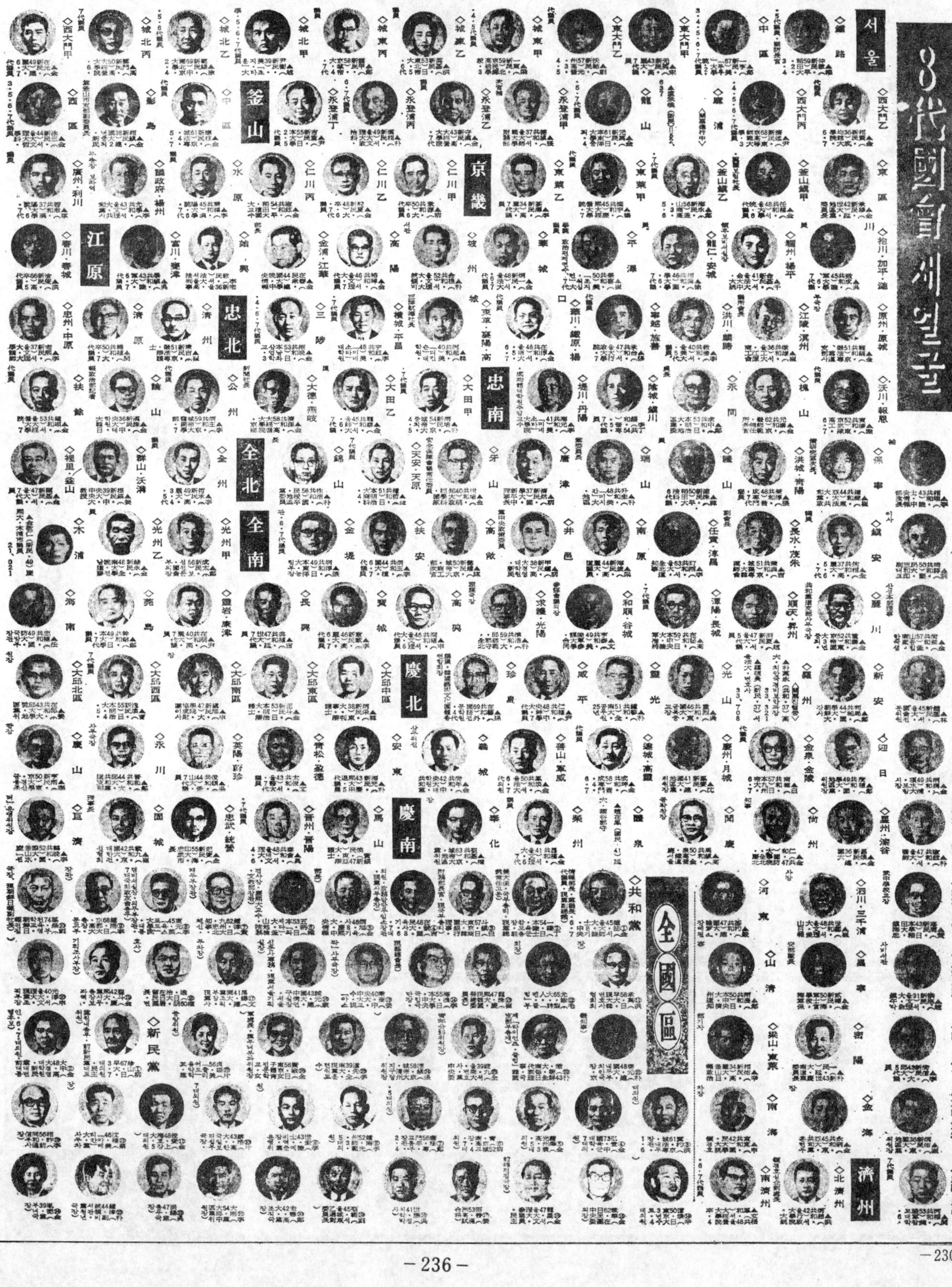

夏季学校で国語の猛勉強（1970年度）

母国夏季学校開設

梨花女子大の校庭で憩う女生徒たち

一三二億円を突破
第17期事業報告　東京商銀の預金高

東京商銀の通常総代会

中共承認反対・憲法改正
国際勝共連合主催

断食中の勝共連合青年部

世界の人々に訴える自由アジアの結束
断食一週間の抗議集会
東京スキヤ橋

激励にかけつけた金鍾泌氏（中央）

最終日には全員回復

国連における中共承認の断固阻止（本紙前号既報）を訴えて、去る五月二十四日、東京・都市センターホールに、日本、韓国、自由中国の三国反共戦士と聴衆をあつめ、大反響をよんだ日本の国際勝共連合（久保木修己会長）では、これと併行して、五月二十三日から二十九日までの一週間、東京・数寄屋橋公園において、「中共承認反対」「憲法改正」のための断食国民集会を百七十三名におよぶ参加者を得てひらき、〝世界の人々に〝自由アジアの結束〟を高らかに訴え、大成功裡にその幕をとじた。以下、断食実行委員会がつづる七日間断食による、国連の中共承認抗議の生々しい記録である。

第三日目　この日は二十二日のアジア勝共大会に出席した韓国の元北傀ゲリラ部隊の金新朝氏ら一行が会場を訪れ激励していった。そのあとは、この数寄屋橋一帯では、すっかりなじみの深い愛国党総裁赤尾敏氏が姿を見せ、「赤尾敏は犬という言葉があるが、君たちのこの行動は誰わからずとも天は知っているし、天は動かざるを得ない。最後まで頑張ってほしい」と泣きながらに激励してくれた。また中国大陸を故郷にもつ政治家倉石忠剣秋氏も会場を訪れたが、青年たちの姿を見るに忍びないと、挨拶には出なかったが、心から応援して帰ったと係はいっていた。夜には、自民党の毛利代議士も姿を見せ、激励。

第四日目　五月二十五日、この日は快晴にめぐまれたが、断食参加者には厳しく、耐す者には今年最高の二十八度に室で気温が上った。このため二百名近い行進行者の中で特に女性に倒れる者が出た。

そう広く大きくなる。ホットパンツあり、パンタロンあり、ミニありで実に色と形を見ているだけでも様々だ。会場の前の展示物を覗き入る人たちの交わす言葉も実に様々だ。

「これどこがやっているんだ」「勝共連合だろう」とパンフレットを配っている女性に質問する者。ある若者は「何かくれるんなら参加するんだがな」と現代的なセンスで割り切る。となりでは眼鏡を上げて会場の方をのぞき込む老紳士など。

また労組の組合員らしい青年は「日当はいくらもらっているんだ」と聞いている。若い二人づれの高校生らしい女性、「四日間も食べなくて大丈夫かしら」と二人で話している。ともう一方が「だってキリスト様は四十日間何もお食べにならなかったそうよ」と話している。

この日は外交評論家吉田忠雄氏が会場をたずね「断食は自己のもつ一さいを捨て、国家のために自己を捧げるという予言者の行為であ…

金用男理事長

骨も魂も故国の土に
風光明び高麗公園墓地

世界宗教大会
韓国代表団来日

7月に再び来日
韓国民俗歌舞芸術団

公演申込みは文化事業部へ

第一陣帰国
韓日親善に多大の成果

佐藤首相が訪韓
朴大統領就任式に参席

許弼奭会長

金嬉老さんに漢方薬おくる
許漢方医師会々長

大韓交通社
好評のアリラン・ツアー
第二次ハワイ観光も募集中！

（写真は台北市役所前で）

申し込み東京（四五五）〇三一一

尋ね人
朴守祚さん

日記念行事
在日軍人会が主催

母国夏季学校入学生
募集要綱

第六回、在日韓国学生の母国夏季学校入校生を次のように募集する。

一、開設目的
夏期休暇期間を利用して日本の高等学校および大学に在学中の在日韓国学生たちに母国に対する新たな認識と愛国精神を涵養することを目的とする。

二、主管
大韓民国文教部

三、教育担当
ソウル大学校・梨花女子大学校

四、募集人員（男女八〇〇名）
大学生（大学院生を含む）四〇〇名・高校生四〇〇名

五、志願資格
A、日本学校在学中の在日韓国人で高校・大学・大学院の学生
B、過去に夏季学校に入校した事実のない学生
C、平素に品行が正しく、思想が穏健で、身体の健康な学生
D、日本再入国が可能な学生

六、開設期間および教育内容
A、教育期間　一九七一年七月二十七日から八月十六日まで（三週間）
B、教育内容　①講義　国語・国史・地理・国内情勢　②課外活動　名勝・古蹟探訪・産業施設および学校見学・国内学生との交歓

七、提出書類
A、入校志願書（所定様式）……二通（名簿写真一枚添付）
B、学校在学証明書……一通
C、所属民団支部長推薦書……一通
D、国民登録証……一通
E、外国人登録済証……一通
（永住権申請または許可番号記入）

八、志願書交付および提出場所
A、民団地方本部
B、各地方韓国教育文化センター

九、募集しめきり
一九七一年六月二十一日まで

十、経費
A、政府負担…往復旅費を含めた教育費一切（宿泊費を含む）
B、学生納付金…教育期間中、宿泊食費一人当り七十五ドル

十一、出発日時および場所
一九七一年七月二十五日・下関港

十二、事前教育・その他
A、出発前適切な時期に各地方別で事前教育を実施する。
B、その他の具体事項は当大使館奨学官室・民団中央文教局・各教育文化センター・民団各地方本部へ問合せること。

駐日本大韓民国大使館
奨学官室
東京都港区南麻布一丁目二番五号
電話四五三・九六五三・四五二一・七六一一（内線八）

協賛　在日大韓民国居留民団
中央本部文教局

国境も障害もない人間同志の真情

松崎まさえ

韓国への旅で伝えたいのは、一番強く感じていることは、韓国へ行って大きな愛情を感じて来たということです。

それほど長くない滞在で、こんなことを感じられるのは、日本地に韓国を選んだからに他ならないと思っています。

松崎まさえさん

特別寄稿

親善訪韓記

昨年十一月二十日、韓国から初の女子学生四名からなる民間使節団が、長野市の国際親善クラブ(倉島至会長)の招請により来日、長野をふり出しに、大阪、京都、奈良など二週間の日程で、見学交歓後、帰国したが、これに応えて、今度は韓国の女性団体協議会(朴仁浩会長)の招請で同クラブの小出博治事務局長引そつのもと男女十三名からなる親善青年使節団が訪韓、両国親善交歓の実をあげて、さきほど帰日した。これは、本紙に寄せられた、同使節団員二人の実感あふれる訪韓記である。

"日韓親善"の必要のない友好関係が夢

宮坂靖子

宮坂靖子さん

始めての人のためのガイド

韓国と韓国人

(その一)

建国から李朝末まで

"錦繍江山"と国土のうるわしさを讃えられてきた韓(カラ)の国、悠久五千年の歴史と文化を誇る東方の国とその民、今や国土は二分され、祖国統一の民族的悲願は達成されぬまま、試練の歳月を送り、迎えている。

しかし、北域の厳しい、恐怖に満ちた共産政体とはうってかわって、南の韓国では、明るい太陽に輝やく、実りある生活が毎日くりひろげられている。

自由民主を擁護しつつ、大いなる文化、経済建設に明け暮れている希望の国韓国、そこを訪れる外国人、特に日本人の観光客は日増しにふえるばかりである。

そこで本紙では、これら始めて訪れる人たちのための韓国をここに紹介して、この国の人びとや知るためのよき予備知識としたい。

静かな朝の国

古宮には観光客がたえまなく訪れる

平和好む民族

(次回につづく)

韓國新聞
在日大韓民国居留民団中央本部機関紙
韓国新聞社
発行人 李 禧元
東京都文京区春日町2丁目20-13
電話 (815)1451~3 (813)2261~3
振替口座 東京 163774

民団綱領
一、われわれは大韓民国の国是を遵守する
一、われわれは在留同胞の権益擁護を期する
一、われわれは在留同胞の民生安定を期する
一、われわれは在留同胞の文化向上を期する
一、われわれは世界平和と国際親善を期する

朴大統領、内閣改造断行

国務総理に金鍾泌氏

経済閣僚は留任 外務長官に金溶植氏

国政刷新に万全を期す

朴正熙大統領は去る三日、内閣改造を断行、金鍾泌共和党副総裁を、第三共和国の第四代目の国務総理に任命、外務、内務、法務ら八個部処の長官を更迭、経済企画院長官ら十個部処の閣僚を留任した旨を発表した。朴大統領は内閣改造を発表した翌四日、金鍾泌総理ら新任閣僚に長官任命状を授与、「実践内閣」として、力強く国政を全うするよう、指示した。朴正熙大統領が一般の予想をひるがえし、内閣改造を電撃的に断行したのは、七月一日の大統領就任式までの空白を埋めるため、内閣改造…

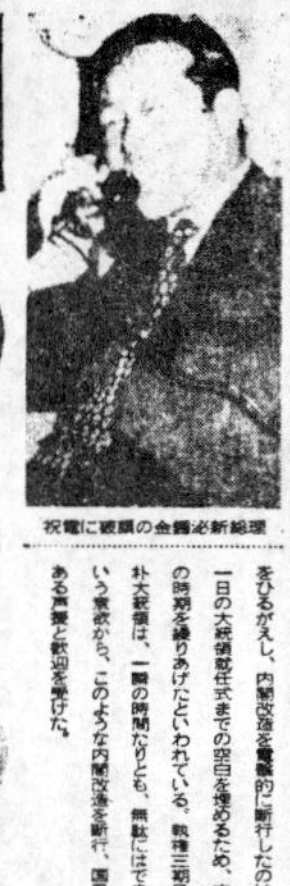
祝電に破顔の金鍾泌新総理

新内閣の顔ぶれ

職	氏名	年齢	出身	新/留
国務総理	金鍾泌	46	忠南	新
副総理兼経企院長	金鶴烈	48	慶南	留
外務	金溶植	53	慶南	新
内務	吳致成	45	[illegible]	新
財務	南悳祐	46	京畿	留
法務	申稙秀	44	忠南	新
国防	丁來赫	45	全南	留
文教	閔寛植	53	京畿	新
農林	金甫炫	47	全南	留
商工	李洛善	44	慶北	留
建設	太完善	56	江原	新
保社	李坰鎬	54	全南	新
交通	張盛煥	51	서울	留
遞信	申尚澈	47	忠南	留
文公	尹冑榮	43	京畿	新
総務処	徐壹教	50	慶北	留
科学技術	崔亨燮	51	慶南	新
統一院	金永善	53	忠南	留
無任所 경제담당	李炳玉	44	全北	留
法制処	劉敏相	50	서울	留
援護処	張東雲	44	黄海	留

内閣改造の背景と展望

後継者問題と関連する 金鍾泌総理任命

朴正熙大統領は二日午後、白斗鎮内閣の辞表を受理し、新内閣の国務総理に金鍾泌共和党副総裁を任命、外務、内務、法務、文教、建設、保社、文化公報、科学技術処の各閣僚を更迭した旨を発表、執権十四年に向った第一歩をふみ出した。政界筋では当初、六月下旬頃、新内閣の発表があるものと予測してきた。

ところが、朴大統領は二回に亘って行われた総選挙の後遺症や内閣改造をめぐる政府・与党内の雑音と動揺を除去、今後四年間の執権態勢を早く確立しようとする意欲から、改造を繰上げたものと解釈されている。

朴大統領が内閣改造を決心したのは、去る五月二十、二十一日の両日…

金総理の横顔

起伏10年の風雲児

対話好む庶民政治家

金総理記者会見

正しい社会具現に努力する

民団中央人事

男女職員募集

ソ連等東欧共産国 船舶の入港自由に

北韓を孤立化、窮地に

中共接近政策に先制攻撃

北韓・中共・北ベトナム・キューバ除外

…でもあるが、最近友好国の中共接近の動きに先制攻撃をかけ、合せて北韓を国際社会=非好戦的共産諸国の中でも孤立化し窮地に追い込むことがねらいでもある。

そのため寄港地が北韓が、北韓に寄港してから九十日を経過しない外国船舶には入港を許さない。

しかし、中共をふくむその他の共産国に寄港したが、それら共産国に向う船舶に対しては何ら制限を加えない。これで北韓、中共、北ベトナム、キューバ船籍以外のソ連等共産国船舶が韓国に自由に入ってくることになった。

法的には交通部訓令第三六号を新たにつくって裏付けした。北韓向けか同地経由の船舶でない限りソ連や中共を経由するか、そちらに向う船舶でもすべて自由に韓国…

中共商品展示会

敵を知り国際競争力つけるのが狙い

七月 ソウルで五百点集め

韓国で中共初の中共商品展示会が企画したもので…七月ソウルで開かれる運びとなった。

これはコトラ（貿易振興公社）…

休戦ラインに新兵器配置

20ヵ国から使節

七月の朴大統領就任式

韓日米で亜鉛製錬所建設へ

公害対策に懸念

工業所有権保護協定締結へ

朴少佐の韓国永住伝達

民団地方大会

第34回中央大会以降

広島県地方本部

奈良県地方本部

佐賀県地方本部

大分県地方本部

島根県地方本部

本国論調

国政刷新期待できるか

（六・五朝鮮日報）

速かに校門の開かれるを望む

（六・四ソウル新聞）

顕忠日に

（六・五東亜日報）

本国経済情勢

石油値上げで物価大ゆれ

公共料金はすべてクギづけ

望まる合理的長期対策

石油類価格平均19・5%の値上げ

値上げオールストップの物価対策

下半期 物価対策の内容

新たな物価針付け対策

他物価へ波及

消費者負担増加

卸売物価3・6% 小売3・5% 上昇

良識は言いが長期対策を

全国商銀総代会終る

民族金融機関の発展期す

民団中央 その綜合計画に連携

在日同胞の永住権申請が去る一月十六日に締切られ、その結果三十五万一千余名の同胞が日本で大韓民国々民として永住することに確定したわけである。従って、名実共に在日同胞の代表機関である民団としてはこれらの全同胞が確固たる基盤の上で永住することが出来るようあらゆる基本条件を確立するため、またそれに伴うところの諸般事業を推進すべく準備体勢を整えつつある。そこでその準備の一端として各地域的に活躍している民族金融機関を、如何にして綜合的な計画の土台に乗せて育成するかが当面の大きな課題といえよう。

各地の実態を把握

信用組合と協同組合を全国に設置

民団と信組の関係

「軍事学」か「軍事教育」に

大学教練教育協、初会議

"ガンにも免疫あり"

新学説に尹氏「カミュ賞」

尹博士仏学界最高栄誉受ける

尹博士は六三年以来、フランスの国立科学研究センターのグスタブ・ルイ・ガン研究所でガンの免疫学的研究をしてきたが、六九年に「ガンの成長過程に伴う生体の免疫学的反応に対する実験的研究」という論文を出した。

対日民間請求権申告法令

該当の在日同胞は領事館へ申告を！

資料

英霊よ安かれ

顕忠日行事

在日韓国軍人会で

写真＝忠魂碑に各界の献花が

尋ね人

金炳祚さん

☆金福祚さん

☆許錦鶴さん

☆金寅兆さん

☆黄海淸さん

☆李淑玉さん

71年度奨学生決定

韓国人教育後援会

崔龍基氏の法博祝賀会

第一回韓国学校美術展ひらく

薛氏大宗会在日支会

TEL（〇七六）二三一－八七六〇

学生陸上選手の花形たち

日本の中の韓国人
シリーズ・スポーツ篇

本紙新年号（一月二日号）の特集「日本の中の韓国人」スポーツ篇、野球のニューパワー"につづいておくる、これは第二弾。日本の学生陸上界で活躍している、同胞四傑 のすばらしき者たちをここに紹介しよう。

鄭福松選手の砲丸投げの一瞬（左上はマラソンの金智権選手）

朴在淮　大東文化大

金智権　中京大

鄭吉松　大阪商大

鄭福松　中央大

カット写真・ソウル市を一望におさめるタワー・ホテル

始めての人のためのガイド

韓国と韓国人

（その二）

その時、近くの動物の中に一匹の虎と、一匹の熊が同居していた。虎と熊は、神の子、桓雄を訪ねて行って、人間にしてくれるように哀願した。桓雄は、一握りの艾と二十個ばかりのニンニクを与えて、百日の間太陽を避け、断食して祈りを積むように申し渡した。

韓国古代文化

韓国の古代文化は、主に新羅文化、百済（三国時代の一国）文化であって、その遺跡を訪ねたことのある人は、今もその影像と微妙な芸術的価値に強い感銘を受けるであろう。新羅文化と百済文化は主に仏教文化であった。仏教の発祥地である印度から中国を経て韓国に到来した時は既に韓国民の気質に調和されて、独持な韓国的雅趣を帯びるに到った。それと前後して、…

春らんまんのソウル景福宮

高麗青磁中の名器の一つ（十世紀末の作）

高麗磁器の美

戸籍を整備しましょう

◎ **戸籍とはなんであるか？** 法によって国民の身分関係を公簿（戸籍簿）に登録し公証（謄本作成交付）することを目的とする制度で個人の出生から死亡に至るまでの身分上の重要な事件を統一的に記録する、所謂身分関係の系譜的構造をもっているものであります。

◎ **申告義務と申告方法** 戸籍申告は法定期限があります。申告書は駐日大使館又は居住地を管轄する領事館に提出すればよいので、皆様が市町村役場に届出る時に必ず実行せられるようご注意下さい。

◎ **日常生活と戸籍との関係** 戸籍がなくては、完全に国民であることを証明することができないのは勿論で、例えば婚姻、財産相続、入学、保険、旅券交付、外国人登録関係、その他、範囲に戸籍謄本が必要とするのでこ戸籍はわれわれの日常生活と直結しているともいえましょう。

◎ **戸籍の未整備による不便** 多くの同胞が数十年間も戸籍の申告をしないで居住地の市町村役場にだけ届出を済ましているのが非常に多いです。これが未整備ケースで家庭の不和紛、財産上の損失、将来の不能の原因となりその他生活上多くの不便を受けております。

このような事のないよう予め戸籍を整備しておく必要があります。

◎ **何を整備すべきか？**

1、戸籍が全然ない方（現在臨時措置法が施行中です）

2、出生、死亡、婚姻、その他の申告をしなかった方

3、本籍地に戸籍はあるが出生場所又は出生年月日が実際と相違している方

4、その他

◎ **戸籍相談と手続きについて** 戸籍問題に関するご相談と手続きはどんな問題でも民団各地方本部又は各領事館にご照会下さい。懇切をもって親切にご指導いたします。

在日本大韓民国居留民団中央本部民生局

在日韓国人教育後援会の奨学生及び奨学金支給公告

一九七一年度の本会奨学生を次のように決定したので公告します。

（総人員一八七名）

高校生

大学生

本国留学生

県別	姓名	在籍校	専攻
東京	田晶淳	中京教大	出語学
〃	鄭任水	早大	貿易経営
〃	李慶熙	日本大	政治学
〃	金吉静	聖心女大	外国文学
〃	朴恵環	東海大	英文学
神奈川	金万制	明治学院大	社会学
千葉	鄭桐春	東京神大	キリスト教教育学
茨城	尹羅五	千葉大	園芸学
大阪	金炊字	大阪市立大	地質学
京都	石貴徳	京都大	農学
〃	鄭吉生	〃	論理学

奨学金支給日時と場所は近日中に、地区奨学室、または韓国教育文化センターが本人に通知します。

一九七一年六月一日

駐日韓国大使館奨学室内
在日韓国人教育後援会会長　徐甲虎
在日韓国人教育後援会理事長　許弼奭

韓國新聞

在日大韓民国居留民団
中央本部機関紙
韓國新聞社
発行人　李　禧元
東京都文京区春日町
2丁目20−13
電話 (815)1451〜3
(813)2261〜3
振替口座 東京 163774

民団綱領

一、われわれは大韓民国の国是を遵守する
一、われわれは在留同胞の権益擁護を期する
一、われわれは在留同胞の民生安定を期する
一、われわれは在留同胞の文化向上を期する
一、われわれは世界平和と国際親善を期する

朴正熙総裁
党要職の改編を発表

党議長　白南檍氏は留任
事務総長に吉典植氏任命

近く党執行部人事も決定

民主共和党新役員の経歴

共和党党務委員

国会人事内定

貫かれた人事原則
朴総裁「均衡と牽制」確立

解説

四選出馬しない　朴大統領再宣言

大統領就任式

釜山など九市長更迭
政府大幅な人事異動

九月ソウルで世界労働者会議

韓国防衛は友邦諸国の援助で強化

韓米関係　特別聴問会開く

ポーター駐韓大使、マイケルリス将軍証言
米下院外交分科委員会で

韓国における軍事情勢の全貌を報告

日本米20万トン追加輸入交渉

福田蔵相、李大使通じ約束

10年据置き30年返済　価格未定

韓国政府が駐日李大使を通じ、日本政府に申入れた日本米二十万トン追加輸出問題に対し、福田蔵相が前向きに検討することを約束した。これは李大使が同蔵相を訪問した際言明したもので、二十万トン追加援助が決定すれば、昨年十二月以来日本から六十万トンを導入することになる。

駐日・李大使

福田蔵相

すでに導入が決っている四十万トンについては、去る三月十五万トンが入荷しており、残りは八月までに船積される。

しかし、これら日本米の導入価格は明らかにされておらず、ただ据置き期間十年をふくめ、三十年間で返済支払う、とだけしか発表されていない。この際の年利は、据置期間の十年間は二%、残り返済期間の二十年間は三%である。

韓国はアジアで有力な観光地（米紙報道）

外貨五千万ドル稼ぐ

帰順の朴順国北傀少佐　韓国空軍少領任官

粗悪な人蔘摘発

専売庁 検査制度に徹底メス

42.8%の増加率は譲らぬ

業界、激しい突上げ

対米繊維類輸出、交渉始まる

売却、賃貸料など決る

輸出自由地域標準工場

第一次韓・米年例安保協議会

民青協、佐藤訪韓反対声明

国会七月一日開会

死者30～50万ウォン引上げ

自動車損害賠償保障法改る

駐韓米大使にハビブ氏

対米輸出七億ドル見通し

非武装地帯の開放提案

本国論調

猟官の機会を与えるな

内閣改造にかぎらず重要なことは、政府内外の人事の向かう風向きがわからず、坐っていても不安にかられている状態では実質的「行政空白」が生じたからである。

新人事がもたらす副作用はこれにとどまらず猟官運動の機会と余地を提供することになり、請託と腐敗の可能性さえもはらむおそれすらある。

（六・八朝鮮日報）

米下院の韓国問題聴問会

（六・一〇中央日報）

米国の対中共禁輸解除

（六・一二京郷新聞）

本国経済情勢

物価上昇率　最も高い韓国の労賃

日・台・香と比較分析

中央監察委員会 録音問題で中間発表

更に"新たな資料"提示

民団の性格見失わず 結論まで慎重審議

李聖南委員長

玄東湖氏録音事件に関する談話全文

結論出るまで慎重に

民団中央 地方本部に指示

以上

埼玉商銀・熊谷支店

盛大に新築開店披露

知らぬ間に国籍変更

朝総連妨害続く

無責任！日本の窓口事務

板橋支部

被害の金宗斗氏

法務省から国籍審査で問合せ

全く身に憶えがない

ほんの氷山の一角

喜びをわかち合う権逸議員(左)と金載華議員

在日同胞から二人の選良

当選祝賀会開く

第八代国会議員 権逸、金載華両氏おめでとう

少女50余人誘拐 5—10年も酷使

商工会の現況と活動内容

民団中央・経済局

文教部長会議開く

「夏季学校」など計議

母国夏季学校入学生 募集要綱

第六回、在日韓国学生の母国夏季学校入校生を次のように募集する。

一、開設目的

夏期休暇期間を利用して日本の高等学校および大学に在学中の在日韓国学生たちに、母国に対する新たな認識と愛国精神を涵養することを目的とする。

二、主管

大韓民国文教部

三、教育担当

ソウル大学校・梨花女子大学校

四、募集人員（男女八〇〇名）

大学生（大学院生を含む）四〇〇名・高校生四〇〇名

五、志願資格

A、日本の学校に在学中の在日韓国人で高等・大学・大学院の学生

B、過去に夏季学校に入校した事実のない学生

C、平素に品行が正しく、思想が穏健で、身体の健康な学生

D、日本再入国が可能な学生

六、開設期間および教育内容

A、教育期間　一九七一年七月二十七日から八月十六日まで（三週間）

B、教育内容　⑴講義　国語・国史・地理・国内情勢　⑵課外活動　名勝・古蹟探訪・産業施設および学校見学・国内学生と交歓

七、提出書類

A、入校願書（所定様式）……二通（写真一枚添付）

B、学校在学証明書……二通

C、所属民団長推薦書……二通

D、国民登録済証……二通

E、外国人登録済証……二通

（永住権申請または許可書写し）

八、志願書交付および提出場所

A、民団地方本部

B、各地方韓国教育文化センター

九、募集しめきり

一九七一年六月二十一日まで

十、経費

A、政府負担…往復旅費を含めた教育費一切（旅券手数料免除）

B、学生納付金…教育期間中、宿泊食費一人当り七十五ドル

十一、出発日時および場所

一九七一年七月二十五日・下関港

十二、事前教育・その他

A、出発前適当な時期に各地方別で事前教育を実施する。

B、その他の具体事項は駐日大使館奨学官室・民団中央文教局・各教育文化センター・民団各地方本部へ問合せること。

駐日本大韓民国大使館
奨学官室

（東京都港区南麻布一丁目二番五号 電話四五二—九六五三・四五二—七六一一内線八一）

協賛 在日大韓民国居留民団
中央本部文教局

怪力誇る荒業師

フジTVで大活躍

日本の中の韓国人 シリーズ・スポーツ篇

始めての人のためのガイド

韓国と韓国人

建国から李朝末まで

構造美を誇るソウル景福宮の全景

李氏王朝

李朝野史

寒碧人

〈1〉

一、李太祖のはなし

（つづく）

韓国現代名画展示即売会

外国郵便為替 利用案内

戸籍を整備しましょう

◎**戸籍とはなんであるか？** 法によって国民の身分関係を公簿（戸籍簿）に登録し公証（謄本作成交付）することを目的とする制度で個人の出生から死亡に至るまでの身分上の重要な事件を統一的に記載する、所謂身分関係の系統的機能をもっているものであります。

◎**申告義務と申告方法** [illegible]があります。申告書は駐日大使館又は居住地を管轄する領事館に提出すればよいので、皆様が市町村役場に届出る時に必らず実行せられるようご注意下さい。

◎**日常生活と戸籍との関係** 戸籍がなくては、完全に国民であることを証明することができないのは勿論で、例えば婚姻、財産相続、入学、保険、旅券交付、外国人登録関係、その他[illegible]日常生活と直結しているともいえましょう。

◎**戸籍の未整備による不便** 多くの同胞が数十年間全く戸籍の申告をしないで居住地の市町村役場に[illegible]非常に多いのです。これが未整備ケースで[illegible]旅券発行の不能の原因となりその他非常に多くの不便を受けております。

◎**何を整備すべきか？** このような事のないよう予め戸籍を整備しておく必要があります。

1、戸籍が全然ない方（現在臨時特別措置中です）
2、出生、死亡、婚姻、その他の申告をしなかった方
3、本籍地に戸籍はあるが出生場所又は出生年月日が実際と相違している方
4、その他

◎**戸籍相談と手続きについて** [illegible]

在日本大韓民国居留民団中央本部民生局

韓國新聞

在日大韓民国居留民団
中央本部機関紙
韓國新聞社
発行人　李 禧元
東京都文京区春日町
2丁目20−13
電話 (815)1451〜
(813)2261〜3
振替口座 東京 163774

民団綱領

一、われわれは大韓民国の国是を遵守する
一、われわれは在留同胞の権益擁護を期する
一、われわれは在留同胞の民生安定を期する
一、われわれは在留同胞の文化向上を期する
一、われわれは世界平和と国際親善を期する

民団中央執行委員会

"裵東湖事件"で決議

反民団的・反国家的な利敵行為と断定

民団中央執行委員会は、さる六月十六日、民団中央本部会議室で第二回中央執行委員会を開き、いわゆる"裵東湖事件"に関する一連の行為に対して、"国家は勿論、本国と居留民の威信を損傷した者であり、利敵行為をした者と断定する"という決議をみ、その旨、全国の各地方本部団長、各傘下団体長に通達した。

全国地方本部団長に通達

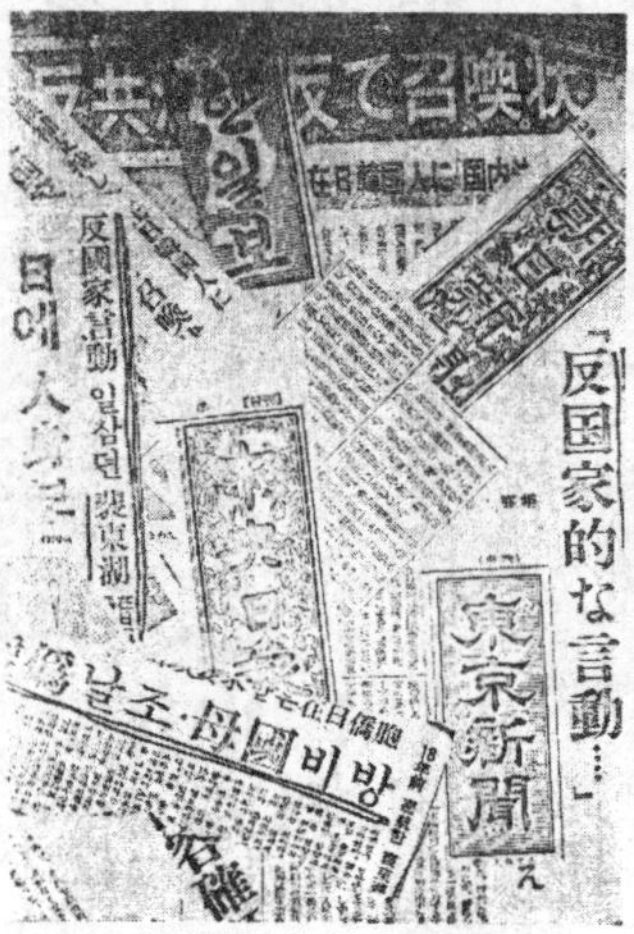

韓日両国をわかせた裵東湖事件報道の各紙

強硬に勧告

賢明な行動をのぞむ

集会中止を通告

東京本部三機関長に

民団中央監察委員会

「真相報告大会」即時中止せよ

政府 外交政策の転換模索

基本方向、大統領就任辞で提示

8月10日から東京開催
韓日閣僚会議

朴大統領就任式

在日同胞慶祝使節団参加

威信傷つける絶対許せない行為

李中央団長談話

公示

ロジャーズ提案の真意

軍事休戦委員会

北傀に対する機先か

韓国統一へ重視される政治的布石

去る十二日、板門店において開かれた軍事休戦委員会で、国連軍側首席代表ロジャーズ米空軍少将は、北傀代表に〇非武装地帯（DMZ）の中に設けられている双方の軍事施設を破壊〇の非武装地帯を平和目的に利用するため、民間人に活用させよう—とする注目すべき提案を行なった。

この国連側の提案は、言下に拒否されたが、今後の非武装地帯の処理をめぐって、重要な解決の糸口になるものとみられている。

このロジャーズ提案の内容を、まず軍事的側面でみた場合、北傀がくりかえしている武装間諜の浸透を防ぎ、双方の軍事的衝突を減らし、現在の緊張状態を緩和しようとするねらいがうかがわれている。

一九五三年の休戦協定締結当時、双方の緩衝地帯として設けられた非武装地帯は、休戦後、北傀が一方的に高射砲、重機関銃などの武器を持ち込み、鉄筋コンクリートのトーチカや射撃陣地を構築、完全な要塞にした。そのため、事実上、重武装陣地に転じている有様である。

北傀は、このように要塞化した非武装地帯の陣地を拠点にし、休戦後十八年間に亘って、延べ九千三百件にのぼる休戦協定違反事件を犯し、大勢の武装間諜を平和な韓国にもぐり込ませ、韓国の後方を攪乱してきた。去る十二日の軍事休戦委員会において、ロジャーズ国連軍側代表が指摘した通り、……

七日に臨時国会召集

年間伸び率折合わず

韓米繊維交渉決裂　自主規制原則には合意

ソニー商事が韓国社に独占販売禁止

閣議で選挙公約実践計画へ

外務委員長に李東元氏

国会常任委員長内定

一七〇公約の実践計画22日閣議で確定

石公、観公社、忠肥、石化資も決る

共和党、月末までに機構改編

永住権申請　過半数と発表

韓日閣僚会議で未申請者救済要求

総選挙後の新民党お家の事情

特別調査委

空まわりの八日間

肝じんの証言くい違う

物人登場

在日同胞問題を国会に反映

学識経験の豊かさ発揮

民主共和党全国区議員　権逸博士

(P)

本国経済情勢

韓米繊維交渉、結局決裂

画一的な不公平な米の要求

輸出量は米消費の〇・六％　総輸出の20％

韓国案は日本と同時発展の遅遅れ

労使で反対申入れ　特殊事情考慮要求

韓国大使館の許参事解明文

録音事件

金大中氏との対談録音と 身辺危脅の事実ない

反国家的発言が入っている"録音事件"の当事者、裵東湖氏がおこなった記者会見に対する解明文が、駐日韓国大使館許亨淳参事官名儀で去る六月十六日付で次のように発表された。

裵東湖氏の記者会見内容に対する 解明文

都下各マスコミにより報道された裵東湖氏問題に対して、次の如く事実そのまま明らかにお知らせいたします。

①当公館金在權公使は五月七日、韓国僑胞新聞の記者会見を通じて、同事件は日本国内法を優先させると公開し、方針を明らかにしたことがあります。

②本報道で、裵東湖氏の意見から明らかにされた身辺脅威云々に対して、当公館は、現在まで本人に圧力を加えたことはありません。且つ不法的な方法または強行しようとしたこともなく、公館員が裵氏を訪問したこともありません。

③報道中、韓国野党大統領候補であった金大中氏との対談録音云々が言及されたが、関係当局は裵氏と金大中氏の関係を知らなかったし、且つ録音を取ったこともなく、そのような問題点を提起したとか言及したこともありません。

④また、裵氏と[illegible]二間の対話の録音は全然本人権益と関係なしに行なわれたことであり、日本社会秩序を乱さない方法で行なわれたものであります。

⑤韓国の国内法が裵東湖氏に適用されないとは言えませんが、韓日両国間の友好関係を考慮し、日本法を優先させる一方、本人の人権と意思を尊重して、召喚状でない出席要求書が交付されたものであります。

⑥裵東湖氏は、あたかも戦前から日本に居住している永住権者かのように主張しておりますが、一九五〇年五月に密日しましたし、在留資格は特別在留許可を得て居住しています。

⑦当公館は、今後弁護人団に審査の協力をおしみませんし、他人の国において、特に日本という特殊地域であることに鑑み、本件が両国間の親善阻害にならないよう努力する次第であります。

一九七一年六月十六日

駐日韓国大使館

許亨淳参事官

韓国ボーイスカウト日本地域連盟 大阪に事務所設置

一九六七年、日本にボーイスカウト隊組織の話がもちあがって以来、沙汰止みになっていた韓国ボーイスカウトの日本地域連盟設置の運動は、本国の同連盟本部から、理事である曺[illegible]氏が事務局長に就任するため来日してから、本格的な活動を開始した。

去る五月十六日、曺氏が赴任して以来、事務所の開所が急がれていたが、在日僑胞のメッカ大阪にこれの設置方針を決め、民団、韓青、信用組合、僑胞教会等の協力を得て、西成教会の四階に事務所を設け、関係者多数の出席のもとに盛大な事務所開きの運びとなったものである。

事務局長に就任した曺氏は開所式の挨拶で、早速本格的なボーイスカウトの幼年隊、少年隊、年長隊の組織造りに着手したいと述べ、僑胞父兄に子女を参加させるよう呼びかけた。

事務所・大阪市西成区[illegible]通五丁目二番地 電話六五一－五一九六

涙の新潟港＝地獄とも知らず、6月18日、再開第2次船のトボルスク号は169名の在日同胞を乗せて北韓の清津港に向った。

勧告無視、非難高まる 「民団自主守護委」集会を強行

"民団自主守護委"は、度重なる民団中央と民団中央監察委員会の勧告にもかかわらず、さる十八日、東京文京区民センターにおいて"録音問題真相報告大会"を強行した。

特に、現職の民団中央顧問（丁賛鎭氏）をはじめとする代表委員といわれている人士たちは、全部各級組織の顧問という現職の幹部であり、現職の民団支部団長が、集会を司会した。

この集会が開かれる直前、民団中央本部の朴性鎭事務総長、[illegible]組織局長が、丁賛鎭、裵相[illegible]、呉宇泳、朴道[illegible]氏らに会い不法な集会であることを指摘し即時中止するよう強く勧告したが、主催者側は聞きいれず、この集会を強行した。

なお、この日民団中央監察委員会でも[illegible]副委員長が、主催者側とあい、現在民団中央監察委員会で調査審議中の経過を説明する時間を、集会冒頭に与えたいと申し入れたが、物分れに終り、集会は、丁賛鎭氏の開会辞で始められたが、特に、民団東京本部[illegible]団長の発言は、場内に集ったひとたちの物議をかもした。

この日指摘されたことは、民団中央本部ならびに中央監察委員会の勧告にもかかわらず、組織的に中止を勧告した集会に現職の地方本部団長が、出席して演壇にたったことは組織的にみてとうてい正常ではないということであった。

これを指摘したある団員は"民団が認めないこのような不法な集会に、現職の団長が出席して演説をすることは組織に反する行為であり違法である"と指摘し、場内の若いひとたちに発言も許されず退場をさせられたこの集会こそは糾弾されるべきだと叫ぶ一幕もあった。

この事態に対し、民団中央は、これからさき、組織の規律と正常化のため、断固とした態度で臨むべきだという声が圧倒的であることにもとづきて、この問題について結論を急いでいる。

軽卒な行動慎しめ！

民団中央 関係者へも厳重指示

民団中央本部は、十五日、"民団自主守護委員会"（代表委員、丁賛鎭、呉宇泳、裵相[illegible]、朴道[illegible]、金[illegible]、金在述、呉[illegible]北）なるグループに対し、いま問題となっている"裵東湖事件"に対する真相を歪曲した印刷物を全国組織に配布したことについて、当事者たちに組織を混乱し、団を乱す行動を厳につつしむよう注意を喚起する指示をし、十八日の"録音問題真相報告大会"の中止を勧告した。

最近、同グループらの発行による"不逞録音事件の真相はこうだ"という題名の印刷物を全国に配布し、十八日には、"録音問題真相報告大会"なる集会を開くことについても、現在、民団中央監察委員会で厳正に調査審議している最中のことでもあり、いまこのような大会を開くことは、中央監察委員会の真相追究活動に対する妨害行為以外のなにものでもなく、団内の混乱を招くことであるとみ、各地方本部、各傘下団体にもこの旨の指示通達をし、各地本部では、現在進められている中央監察委員会の真相究明にともなう結論が出るまで、団員の動揺があってはならず、特に現役の幹部たちの同調、集会参加などには徹底した措置をとるようあわせて指示した。

〈資料〉

六月十五日、民団中央本部団長名儀で、丁賛鎭、呉宇泳、裵相[illegible]、金[illegible]、呉[illegible]北、朴道[illegible]氏らに送った勧告文の全文

☆勧告文☆

"録音問題の真相はこうだ"紙に依れば、貴下は、所謂"民団自主守護委員会"代表委員のひとりになっています。

きたる十八日午後一時から、東京文京区民センターで開催すると広告されている所謂"録音問題真相報告大会"が"民団自主守護委員会"の主催となっており、民団中央本部は、貴下がこの集会開催に関連があるとみ、つぎのように勧告します。

上記の集会に対しては、すでに中央監察委員長の談話文で明示されたとおり、民団の組織を通じない、このような集会は、組織に混乱を招くだけでなく、中央監察委員長の談話のなかで指摘された趣旨と相反し、むしろ中央監察委員会の真相追究活動に対する妨害行為であるといわざるを得ません。

所謂"録音問題"は、現在民団中央監察委員会で慎重審査中であり、民団としては組織的な面でこの問題を慎重に処理すべきだとみて、いつのときよりも全組織の幹部および団員に、自重を要望するという別紙のような指示を通達しました。貴下は、民団各員として、また、民団の顧問職に位するという点を深く認識し、組織的な面で行動してくれることをのぞみ、きたる十八日の集会は、以上のような点で中止することを、ここに強くのぞみます。

民団中央団長 李禧元

労働地獄、自由の保障なし！

強制北送は人類社会最大の罪悪

「共産傀儡金日成の労働力導入策と、日本政府の在日韓国人に対する追放政策による陰謀」である在日同胞の強制北送はなおもつづき、去る十八日、一六九名を乗せて新潟港を出航した再開第二船を加えて一五七回におよぶ非人道的行為が行われている。（一五八便は七月十五日の予定）

朝総連の行動隊が監視

在日韓国人に対する日本政府の追放政策と、共産傀儡の走狗朝総連は、"人道"の美名のもとに、すでに十二年前からあらゆる甘言と脅迫をもって、北韓の労働地獄に多くの在日同胞を送りこんだ。それによって父母や兄弟の肉親を引き裂き、長年かかって築きあげた生活の根拠を破壊し、数多くの民族的悲劇を生んだ。

一九六八年八月十二日、この暴悪的北送はいったん打切られたが、北傀と日赤はさらに[illegible]を決め、今年の五月十四日出航の再開第一船をスタートに、またも強制北送を推しつつある。しかし、朝総連のあらゆる脅迫と甘言にもかかわらず、北送希望者は著しく減っている。

六八年八月に第一五五便をもっていったん打切られた際、明[illegible]はさらに減って一六九人となった。[illegible]

監視厳しい"収容所"

希望者減少 北傀大あわて

期間の延長ねらう北韓

北送の立て役者として金日成日赤はこれらの北送"希望"のホテル新潟が北送者の宿舎[illegible]

だが、さる五月の再開第一船に乗船を希望するものは二百二人にすぎなかった。[illegible]

かつて[illegible]日本赤十字社の[illegible]新潟センター長の話によると、再開直前に北送を希望するという一万五千に対し、意思確認の通知を出したところ、わずか四千人の返事があった。しかし、それさえもほとんどが時期の指定はなかった。

二人の脱出者を出したということで、北送希望者が毎回減っていくということで、朝総連は北送船北傀代表から問責され、新潟県委員長は首が切られるはめになっているという。

このような状況の中で強行された再開第一便では、二人の脱出者が出た。この二人は、日赤が送還者の宿舎で本人の意思を確認した後に発生した事件であるまでこのように圧力が加えられ、どれほど本人の意思が保障されていないかを語るものである。

実際は、朝総連が送りこんだ青年行動隊員が多数入所して送還者の動向を監視っていた。この[illegible]ことは西川日赤センター長も認めている。

送還者とその面会者以外は出入り出来ないことになっているが、実際は、朝総連の行動隊員が多数入所して送還者の動向を監視している。

[illegible]を九、十月までには全員送還"（日赤センター）になっている[illegible]、この宿の周辺とそこまで行く道の要所々々に朝総連の青年行動隊員が警戒していた。また、センター内においても、送還者とその面会者以外は出入り出来ないことになっているが、

哀れ北送者 民族的悲劇

しかし、これは送還者の自由な行動と意思表明を抑制するための監視員であるため、民団新潟県本部（金元世団長）は日赤に対して強く抗議した。

北送船北傀代表から問責され、新潟県委員長は首が切られるはめになっているという。

労働地獄の北韓清津港へ向って、五七世帯一六九人の同胞たちと同様に、祖国へ帰る希望をもつかの束、清津港でタラップをおりるその瞬間から"しまった"を嘆くのではなかろうか。

毎回のように、新潟市繁行町は、送還者の身辺の警戒が厳重にしかれた。

このため、再開第二次船では、湯茶四五十人の北送問題になっている。

【金蒼】

北傀、外国人を利用

板門店で騒動繰返す

最近、北韓を訪問する外国人が板門店をおとずれ、板門店付近で反米デモを繰り拡げ、関係者のひんしゅくを買っている。

去る十八日、板門店では軍事停戦委員会の秘書長会議が開かれる予定であったが、前日の十七日、アラブ人を中心とした二八人（四人の女性をふくむ）が板門店をおとずれ、事前に用意した反米プラカードを持ち出し、板門店一帯を示威、国連軍側警備兵に、悪罵な悪口を罵倒、一大騒動を起したため、流会となった。

国連軍当局の発表によると、最近、平壌で開かれたいわゆる「北傀第六次社会主義労働青年同盟大会」に参加した外国の極左青年団が、去る四日、十一日、十三日、十七日の四日間、一応観光の名目で、十人から二十人まで小人グループで板門店をおとずれ、事前準備で作り、持込んだ反米プラカードを助けして反米示威を行い、米軍の警備兵に、口に出せない、悪口をあびせる騒動を四回もくりかえしたという。

国連軍側では、このような左翼外国人は、あらためて北傀側の了解と打合せた計画的ないやがらせだと判断、近く開かれる軍事停戦委員会で、北傀の代表に厳重抗議を申入れる方針である。

北傀側は、このような外国人の仕ぐさを、さも、突発的に起きた反米示威であるかのように、記者たちを動員し、取材に当らせていた。

北京、板門店会議重視か

軍事停戦委会議に新中国代表

駐韓国連軍司令部が十六日明らかにしたところによると、中国はこれまで約五年間欠席を続けていた板門店の軍事停戦委員会会議の北韓側に、同停戦委の中国人民軍代表として、これまでの丁甘如に代わり氷・チュ・ルオ（音訳）が新たに任命されたむね通告してきたものであるが、前任の丁代表は、中国が北韓政策を非難する姿勢をとり、中国・北韓関係が冷却した六六年八月以来同停戦会議に姿を見せなかった。しかし、これまで正式代表は欠席していても、ほぼ四人の中国人下級将校団が同会議の開かれるたびに出席していた。

なお、新任の中国人民軍正式代表は次回第三百十八回板門店軍事停戦委会議から出席する。国連軍側は今度の中国軍代表の参加は、中国と北韓の関係回復を実証するほか、中国が板門店会議を重視してきたことをあらわすのではないかとしている。

求むペンパル

大邱商業高校在学中の野球選手です。在日同胞の皆さんと文通したいと思いますから、是非お手紙下さい。大邱市西区[illegible]二街一四五、呉[illegible]まで。

北韓外交官が 兪夫妻を脅迫

カイロで

カイロ駐在韓国総領事館の兪[illegible]完公館官夫妻が、十四日カイロ空港で、北韓外交官二人から言いがかりをつけられ"殺してやる"という脅迫を受けたあと、警察の警護で無事帰館、警察の保護を受けている。

カイロからの外電によると、兪氏夫妻はベイルートで休暇を送って十四日カイロに帰ってきたが、空港に突然姿をあらわした北韓外交官二人に言いがかりをつけられ「きさまらを殺してやる。われわれはきさまらがカイロでくりひろげている活動を全部知っている」といって脅迫した。

AFP報道によると、アラブ消息筋は北韓大使館員たちが兪氏を米国CIAのスパイだと途方もない非難をしていたという。

本・支部合同 会議で協議

民団大阪地方本部

大阪本部（団長・朴[illegible]氏）は大会後はじめて本部、支部、傘下団体の合同会議を去る六月十二日本部講堂でひらいた。

会議には本部支部役員約百余名が参席し、午後三時から[illegible]本部事務局長の司会で始められた。

あいさつに立った本部朴[illegible]団長が「何事も心と意を同じくすれば不可能はない。今こそ過去を清算し、お互いが人間的な面で協調と協力して山積された問題を解決していこう」とあいさつ。さらに[illegible]本部議長が「仕事をする民団になろう、地方委員会の活動方針を徹底的に議論しよう、団結のない組織はありえない、固く団結して前進しよう」と語り、つづいて[illegible]監察委員長が「民団の発展は監察委員会の協調ある姿勢の確立にあると思う。今後厳正中立の立場で全力をつくしたい」と、各々あいさつがあり、各支部役員の自己紹介があった。

このあと本部執行部の指示事項及び報告で、朴[illegible]本部団長は、①地方委員、代議員、監察委員は、各支部大会が全部終了後に配定する。②中央委員、代議員の配定は部の大、小に拘らず代議員一票はあたるようにする。③未定の副団長一人は近日中に選定し発表する。④各支部の割当金が少ないので上げるよう努力していくと語り、各部署では、[illegible]化の問題、③教育委員会の問題、④永住権申請促進の件（現在三百十七名[illegible]）等があり、それから[illegible]副本部長の閉会の辞で散会にはいった。

在日韓国芸術文化協会 設立総会開く

在日韓国芸術文化人協会は、十八日午後二時より駐日韓国公報館で設立総会を開催、[illegible]の祝辞の後、規約、事業案説、役員選出を行った。

役員は執行委員七名、監事三名で次の通りである。

申英（代表委員）[illegible]、[illegible]、[illegible]、金永純、[illegible]月、李守福、金泰俊（監事）柳心平、崔三烈、尹吉鋼（監事）[illegible]明、[illegible]他三名。

島根商銀、開店披露

十七日、ホテル一畑で

島根商銀信用組合（島根県松江市[illegible]町二〇一 尹[illegible]理事長）が設立され、去る十七日午後五時半から同市の（ホテル一畑）で開店披露宴が開かれた。

当日は、下関領事をはじめ民団県本部幹部多数と、県知事代理、韓日親善協会々員らが参席し盛大を極めた。

なお、民団中央本部からは呉敬福経済局長が参席し、「民族金融機関としての矜持と姿勢を確立して、島根県居住同胞の経済発展のため大いに寄与するように」という力強い励ましの祝辞を述べ、また民団中央本部の辛容祥副団長をはじめ、各県本部及び各界からの祝電数十通が披露されたあと、賑やかな祝宴が繰り広げられた。

同信組が開店するまでの預金高が一億四千万円で、同地の朝銀の預金高九千万円に比べると倍にちかい成績であり、今後の発展が大いに期待されている。

神戸商銀姫路 支店が開店

かねてから準備を急いでいた神戸商銀信用組合の姫路支店（金[illegible]大支店長・姫路市[illegible]町七四）は去る六月十七日開店したが、既に預金額が三億一千万円を突破、順調なすべり出しを見せている。

外国郵便為替 利用案内

大韓民国逓信部では一九七〇年十月一日から、日本国郵政省と次のように簡便かつ安全な郵便為替業務を開始いたしました。皆さんの積極的なご利用をお勧めします。

一、外国郵便為替は、郵便を利用して外国へ送金する制度で為替の送達に関しては、韓国逓信部と、日本国郵政省において絶対責任をもって行なう安全で、便利な送金方法であります。

二、外国郵便為替をご利用される方は、日本全国のどの郵便局においても、送金を請求することが出来、郵便局は韓国中央郵便局宛てに、書留で為替を直接送金致します。

三、韓国中央郵便局では、韓国通貨に換算して、受け取り人宛て書留で送付し、為替を受け取った方は、居住地の郵便局に為替を差し出せば、直ちに現金で支払われます。

四、為替料金、その他のお問い合わせは、最寄りの郵便局で親切にご案内致します。

育てよう!民族の教育

運営面での危機は底辺からの積上げで

"団費に比例、教育費拠出"を建議

東京韓国学校の場合

去る三月、四月の卒業、入学を送り迎えた韓国の在日各教育学校では、一年中でもっともせわしい時期をすごし、今ようやく平常通りの平和な授業風景を見せてきているが、その実学校側では、相も変らず、運営面における不安感をまぬがれることができず、教育上の奮的発展の好現象に反して、今年もまた"民族教育の危機"を両民社会に大きく訴えている。

運営実情を語る㊨安聖出理事長と㊧宋基鶴校長㊦は東京韓国学校

進学率は質的に平均以上

文化

李朝野史

寒碧人

〈2〉

名弓で結ばれた義兄弟

尋ね人

★王龍哲(大甫)(五六)さん

★姜正大(四二)さん

★高炳俊(六一)(通称高山)さんほか家族

★金基作(六八)さん

★林ひでお(五七)さん

★金判敬(五五)(通称金山)

青年時代の王氏夫妻

在日韓国人専修大学 同窓会開催御案内

在日本韓国人専修大学同窓会を次のように開催致しますので、同窓生各位には、ふるって御参加下さい。

記

一、場所 東京都渋谷区千駄谷四ノ二三ノ六「外苑」四階(403)三二六七番

一、日時 六月二十七日午后五時

一、連絡場所 東京都港区東新橋一ノ三ノ一、公認会計士飾原義雄事務所内 電話(501)一四四一(代)番

在日韓国人専修大学同窓会(世話人) 李裕天、李福洙、李根祥、姜永彰、金圭寅、尹達鏞(順不同)

税務相談室

解答者 尹達鏞

本紙では、団員皆さまの要望に応え、税務相談室を設けました。斯界の権威である飾原税理事務所々長・尹達鏞副団長が、税務相談にもお答えします。遠慮なく御利用下さい。

問い 今回新しく創設された「青色事業主特別経費準備金制度」の…

答え

①制度創設の趣旨

④申告要件

⑤適用期日

戸籍を整備しましょう

○戸籍とはなんであるか? 法によって国民の身分関係を公簿(戸籍簿)し公証(謄本作成交付)することを目的とする制度で個人の出生から死亡に至るまでの身分上の重要な事件を統一的に記録する、所謂身分関係の系統的構造をもっているものであります。

○申告義務と申告方法

○日常生活と戸籍との関係

○戸籍の未整備による不便

○何を整備すべきか?

○戸籍相談と手続きについて

在日本大韓民国居留民団中央本部民生局

李朝時代の測雨器 原本、日本から帰る

「裵東湖事件」真相の全容

民団の破壊分子を断乎糾弾！

裵東湖「赤」の手先

「利敵行為」と断定

ぬけぬけと嘘八百の記者会見

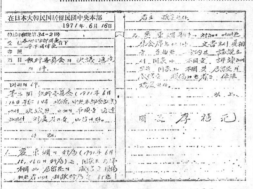

在日全民団員の皆さん！　昨今の民団社会は、常軌を逸した一部団員らと、かれらに同調する一部層によって組織された、いわゆる民団自主守護委員会による記者会見をはじめ、任意による内容を記事にした文書を流布、しいては不法集会等を連続しておるのが現状であります。

民団の綱領、規約はさておき、民団員の健全な常識では全く想像だにおよばない各種行為を、中央執行機関や中央監察機関の事前警告があったにもかかわらず、彼らは勝手きままに恣行しているのであります。民団の〃無法と恥部〃を対内外に露出したのみならず、民団有史以来に団内部の混乱を極度に悪化させ、更には敵側の歓迎する結果まで招来しているので、民団中央としてはこれ以上黙過するに忍びず、反民団、反体制、反国家行為を断平と糾弾するところであります。

これ以上黙過できぬ

民団の皆さん！　去る六月十一日、中央監察機関で中間報告した「裵東湖氏の赤…」…にも明らかにされているごとく、本事件の性格から鑑みて、中…たらしい証拠…もあったので、本事件に関しては繋留中であ…は前述したように一方的に事実とはかけ離れた内容をでっちあ…ら、団員皆さんが誤った解釈をしないよう、ここに事実を根拠…ます。

裵東湖といわゆる民団自主守護委員会は、裵東湖に関する不…衆のまえで公開しろと、理不尽に迫っているのでしょうか？

在日本大韓民国居留民団中央本部
1971年6月16日

国家・民団の威信損傷

第2回中央執行委員会決議を全国通達

利敵行為者には断乎処断

金公使は録音公開の約束を履行

裵の身柄保証

裵の反国家謀議

公館への出頭は無実証明の好機

無知極まるサインに対する逆宣伝

証拠いん滅の奸策

遂に録音公開はだめになった

録音は本国に移管

金品支援の約束

対共覚醒がそれほどこわいのか

民団・公館・本国との離間策

民団は反共団体

国是遵守第一

大使館の官権介入なし

韓國新聞
在日大韓民國居留民團中央本部機關紙
韓國新聞社
発行人　李禧元
東京都文京区春日町2丁目20－13
電話（815）1451～3
（813）2261～3
振替口座 東京 163774

民団綱領

一、われわれは大韓民国の国是を遵守する
一、われわれは在留同胞の権益擁護を期する
一、われわれは在留同胞の民生安定を期する
一、われわれは在留同胞の文化向上を期する
一、われわれは世界平和と国際親善を期する

裵一味の混乱策動

この国家と民族の羞恥
全団員の憤怒遂に爆発

"裵東湖一派"追放に総決起

北傀・朝総連喜ばせる容共行為
組織の反乱狙い"売国集会"

裵東湖と、いわゆる"民団自主守護委員会"の許されざる次の行為を徹底的に糾弾する。

去る六月十一日、中央監察委員長から「裵東湖録音事件に関する談話」を発表し、同事件の重要性に鑑みて慎重を期すべく、また六月八日中央執行部よりあらたなる重大資料の提示もあって、継続審議中である故、この時期に集会や文書等で国内外を刺戟する行動は、組織の混乱と騒擾を招来する結果になりやすいから、何分自重するよう厳重に警告を発したのであります。それにもかかわらず裵東湖はなにを意図してのことか、つぎのような反国家行為をくりかえしたのであります。

裵は日本新聞機関をたずねあるく一方、去る五月十五日はテレビに公表、なお日本の新聞記者会見を要請し、許すまじき虚偽にみちた発言と印刷物配布で、売国、害団、利敵行為を犯したのであります。

かれは誰よりも大韓民国を愛し、その発展を祈るとうそぶきながら、実際行為はかく正反対である事実を、かれ自らの行動で立証したのであります。

つぎに、かれの憎むべき所行のいくつかを実体をもってあげるならば、裵東湖の虚偽捏造の宣伝がもたらした結果は、日本国民をしてわが祖国を誤解させ、朝総連をして拍手喝采させ、北傀には会心の笑みと、かれらの望む民団分裂に大きな利益をあたえたのであります。

このような暴挙が容認されるとおもう民団員はひとりもないでしょう。

韓日離間策

(イ) 全然ありもしない身辺脅威を訴えて、いかにも本国が日本法を無視して強制送還でもするかのように偽り、韓日両国間のあつれきを造成しようと試みたのであるが、去る五月七日、すでに公館側では同問題の記者会見をおこない、日本法を優先させることを言明して、その通りに履行しているのであります。(六月十六日付公館側解明文書本参照)

与野分裂を策す

(ロ) 同会見(六月十五日)において、裵東湖は、これまでに一度も公館側が発表したことのない野党候補の金大中氏をもちだして、自分との対話が録音されていると勝手にいいふらし、そして本国の政党だけは非難したことがあると逃げているが、事件の本質であるところの裵東湖の出席要求書に明示された反国家行為とは、何らの関連性もないのに、かれ一流のデッチあげでかかる発言を平気でおこなう裵の底意は、自分の反国家行為を逆転させて、国内与野党の政争を誘発しようとする奸計にほかならないのであります。

(ハ) 出席要求書をうけた裵は、強制力の伴なう召喚状であるかのごとくいいふらしていますが、その底意は、あたかも、韓国が在外国民の事件処理にあたり、日本の主権を無視するかのような印象をあたえようとする[illegible]にほかならないのであります。

民衆大会の横暴
見えすいた組織分裂への狙い

民団自主守護委員会が、不法に開催した去る六月十八日の集会を、徹底的に糾弾する。

(イ) 同集会は、いわゆる「録音問題真相報告大会」という名題をかかげているが、同集会報告者のうち誰が録音問題の真相を知っているというのでしょうか?

この事件は、去る三月二十五日の中央大会で選出された合法的な民団中央監察機関から、現在慎重調査進行中である事を承知で強調しているにもかかわらず、一方的に不法集会をひらいて、事件に対し我田引水の一方的な発言をすることは論議の余地すらなく、これは一部の者によって民団組織を故意に混乱におとし入れ、かつ分裂を助長させている害団行為であることが明白に現われたのであります。

(ロ) この集会が更に不純で、一方的であったという何よりの証拠は、かれらが採択した決議文にある「在日同胞の人権と民主主義的な権利を保障せよ」と謳いでいながら、同集会では質問も録音も許されず、正面からの撮影も禁止するという異常のなかで、一方的な発言だけで終始したのであります。

なぜ質問が許されないのか、また何をおそれて写真が禁止されたのか、自由陣営の民主主義集会では全く見られない一方的な集会でありました。

更に、このカーテンの集会を見かねて、民団員某氏が質疑を要請したところ、待機していた正体不明の青年たちの暴力によって制止されるという一幕もあって、これからの民団秩序維持にすくなからぬ問題点を残した事例といえるでしょう。

新入団員への混乱助成

(ニ) 裵東湖のいうには、すくなくとも永住権をもっている自分に対して、何らの証拠もなしに、公館側から民団に圧力をかけて自分を除名させようとしているのだといい、さらに加えて、朝総連人物との接触、朝総連新聞の購読などで反共法が適用されるならば、いま永住権申請者三十五万名のうち十五万程度が中立もしくは朝総連出身であるから、かれら全部が抵触されて召喚状が来ないとは誰が断定し得るだろうか、と煽動しているのです。

民団中央で慎重調査中である本事件を、公館がいつ、誰に、裵除名に関して圧力を加えたというのでしょう? 中央監察機関で慎重調査進行中である本事件が、まるで公館によって左右されるがごとく印象づけようとする裵の発言は、民団の自主性に対する冒涜であって、公館と民団との離反を策するものであります。

さらに注目されることは、永住権申請者中、朝鮮籍から韓国籍に移った十五万名に対して、保護善導策が急がれる民団としては、去る三月十五・十六日に開かれた中央委員会において、この問題を民団の基幹事業に採択し、この事業に着手して間もない現在、朝総連系との一時的な接触や朝総連新聞購読などで反共法を適用した事実のないことは、いわゆる討議人をもって自認する裵自身が誰よりもよく知っていることでしょう。

しいて不純な発言を造作流布することは、国家事業や民団団務拡充事業を意識的に破壊せんとする反国家、反民団行為であり、ひいては朝総連に同調する利敵行為を、意識的に恣行したというほかありません。

団員の皆さん!

口では愛国、愛族、愛団をとなえる民団員裵東湖の日本記者会見こそは、動かすことのできない害団行為であります。

とくに、韓国人弁護士が権威社会にいるにもかかわらず、日本人弁護人団に事件を委任したばかりでなく、ことにもあろうに世間周知の左翼系弁護人に身柄保護を委嘱している裵の人間形成とか、その処世は、推して知るべきものがありましょう。

在日本大韓民国居留民団中央本部
1971年6月15日
韓居中監発第34-8号
受信　貴下
参照
題目　集会中止勧告

貴下 外 六人 名儀로 '録音問題真相報告大会'란 名称밑에 6月18日 午后1時 集会를 가진다는 配布物을 本職이 入手하였는데 여기에 即時 中止하기를 勧告합니다.

理由는 本職이 六月十一日 談話発表한 内容에도 明記된 바와 같이

一. 録音問題는 継続的으로 慎重審議하고 있다고 하였다.

一. 이 問題로서 民団員全体가 神経이 過敏되어 있는 此際에 集会와 文書等으로 団内外에 刺激을 주게 하는 行動은 組織混乱과 騒擾를 주는 [illegible]

結果밖에 아니 됨으로 特히 自重하라고 하였다.

一. 集会名称이 録音問題真相報告라고 하였는데 만일 本職이 모르는 事実이 있다면 지금 調査審議中인 本職에게 이를 提供하는 것이 順序이며 또 一般大衆에 対한 真相発表는 公正한 判断下에서 取扱하고 있는 本職의 義務上의 문제라고 생각한다.

一. 6月15日 日本各新聞의 夕刊紙에 記載되어 있는 것을 볼때 (이 新聞, 放送件에 있어서는 다음時期에 結論을 내리기로 한다) 理由如何를 不問하고 国家와 民族의 羞恥라고 생각한다.

一. 그 위에 集会를 가지고 日本国新聞에 또 記事化되게 하는 것은 賢明한 行動이라고 [illegible] 結果的으로는 組織이나 国家에 損傷을 주게 하는 不幸한 [illegible] 생각한다.

組織の混乱・騒擾きたす
集会に中止勧告　中央監察委員会

韓居中監発第三四―八号で、集会中止を勧告した公文内容。

丁賛鎮、梁相基、呉宇泳、朴道春、俞錫潜、金任述、呉興兆貴下

貴下六名の名儀で"録音問題真相報告大会"という名称のもと六月十八日午後一時集会をもつという配布ビラを本職は入手したがここに即時中止することを勧告します。理由は、本職が六月十一日に発表した談話の内容にも明記したとおり、

一、録音問題は継続的に慎重審議している。

一、この問題で民団員全体が、神経過敏になっているこの際に、集会と文書等で、団内外に刺激をあたえる行動は、組織の混乱と騒擾をまきおこす結果にほかならず特に自重するよう勧告する。

一、集会名称が録音問題真相報告になっているが、もし、本職の知らない事実があるなら、いま調査審議中である本職に、それを提供することが順序であり、また一般大衆に対する真相発表は、公正な判断のもとで取扱っている本職の義務上の問題であると考える。

一、六月十五日、日本各新聞の夕刊紙上に記載された記事をみたとき(この新聞、放送の件については、つぎの機会に結論を下すことにする)理由如何を問わず国家と民族の羞恥であると考える。

一、そのうえまた集会をもって、日本の新聞紙上に記事化させることは、賢明な行動であるとみなされないし、結果的には組織、あるいは国家に損傷をあたえることになる不幸なことにしかならないと考える。

以上の理由で、集会中止を懇曲に勧告し、組織人の良識にてらしても即時中止することをのぞむ。

民団中央監察委員長　李寿成

売国集会遂に強行
許せぬ行為処断

民団中央の中止勧告文

去る六月十一日付の中央監察委員会で発表した「裵東湖、録音事件に関する談話」でも不法集会を警告しており、六月十五日韓居中監発第三四―八号の公文でも、同集会の中止勧告を各発起人宛に、民団の名誉と国家の威信に損傷をきたすおそれがあるものとして、組織人の良識に訴え、ただちに中止するよう勧告したのであります。

のみならず中央執行機関でも去る六月十五日付の、韓居中組発第三四―二〇号の公文で各発起人宛に中止勧告文を送り、重ねて中央組織局長名義の韓居中組発第三四―一九号でも、各地方本部団長と各傘下団体長宛に、いわゆる民団自主守護委員会でひらく不法集会は、組織幹部はもちろんのこと、団員に至るまで参加してはいけない旨の指示があったのであります。

とくに、集会当日の去る六月十八日は、民団中央事務総長の朴性鎮氏が集会場まで行き、発起人たちに同集会の不法性を指摘、散会するよう誠意をこめて勧告したのであります。

準戦時態勢にある
わが国は反共国家
李寿成中央監察委員長　中間発表

民団中央本部監察委員会の李寿成委員長は、去る六月十一日記者会見において、中間発表をおこなったが、全文次の通り。

録音事件発生以来、裵東湖、郭東儀の両氏に対する物議で、わが民団社会は騒然となった。断乎たる処分をもって、この問題にのぞんでほしいという強硬な要請も多かったが、組織体である民団の体質に照らし、性急な措置は好ましくない前例を残すおそれがあると判断、本人は、現在まで慎重の上に、慎重を期してきた。

裵東湖、郭東儀、金容元の三氏を呼び出し、事情を聴取したこと、中央三機関長連席会議を数回にわたってもったこと。さらに民団組織の元老級の意見まで参考にしたのも、すべて、監察機関に与えられた使命を全うし、公正をはかるためであった。しかし、一方では、このような慎重な監察機関の態度に対し、時間だけを費やしてしまったという不平不満の声があったのも事実である。

だといってこの録音の事実を全面的に否定している両氏と、その周囲の人々の心情を、推察しなかったわけでもない。

本監察委員会は、委員の統一見解の下に、この不穏録音問題に対する一応の結論を出したが、六月八日午前、中央執行部から、新たな重要資料の提示があったゆえ、同委員会は引きつづいて、この問題を審議する必要があると判断、適当な時期を見はからって、この問題に対する結論を出すことにした。

したがって、本人は、この問題の締結に、焦燥感をもってみまもっている全体組織人に、談話をもって、中間報告を発表する次第である。この機会にとくに、いっておきたいことは、この録音問題を契機に、民団員全体の神経がいらだっている。このようなときに集会や文書などで、団内外に刺激を与える行動は、組織に混乱と騒動を招く結果になりかねないゆえ、関係者の自重を望むと同時に厳重な警告を発するものである。

本国は目下、戦時態勢に準ずる冷厳な環境下におかれている。たとえ、わが国が自由民主主義国家といえども、わが国は反共国家であることに留意、とくに外地に居住するわれわれは、あらゆる言動に注意を払わねばならない。

ここでもう一つ言い添えたいことは、わが民団には、与党も野党もないということである。もっぱらわれわれが指向するところは、現政府を母体に在日同胞民生問題の解決にあると考える。世間では、この事件が政治的色彩が濃厚にあるという話も、ただよっているが、この世評は、自律的な民団の立場を混乱させるものである。

もし、この問題を本国の党争の場にまで持込むような事態にまで発展すれば、民団の問題を政治の争点に変貌させる混乱しか生まないであろう。

そのような事態になったときには、わが民団は、基本的性格を見失い政争の祭物と化しよう。組織の分裂は、朝総連だけが希求する作戦上の企図である。本人は安心している。

本国政界の良識が、決して国内の政争を海外民団社会にまで飛躍させる軽率な措置はとらないであろう。最後に、全組織人は、本件に対し、過大な要求はせず、山積された民団本来の事業にとり組むことを、かさねて要望するものである。

団員を眩惑
綱領ふみにじる偽善者

檄文

誠をもって団を守る全体組織幹部の皆さん!

真正な心で団を愛する全体民団員の皆さん!

"民団"は、われわれの集結体であり、理想であり、生命であります。

祖国の光復後二十六年を経るこんにちまで、数多くの艱難、哀歓を共にし、内憂、外患のあるたびに、血と汗でこの拠点をわれわれのものとして護ってきたのです。

われわれは、結束と秩序を確立し、これを維持することによって、ただ二つの法と律である綱領、規約を神聖視してきました。

民団の綱領と規約は、民団を導き育てて行く唯一の"道"であるため、団員の資格あるものは如何なるものでも、この"道"からはずれた任意な行動や、この"道"をさえぎる振舞いなどあってはならず、また許されるものでもありません。

親愛なる全体民団員の同志皆さん!

こんにちは、わが民団はいかなる時よりも、組織内部の混乱と、対内外にわたる威信の失墜と、そして朝総連の操りによって民団を[illegible]におとし入れました。

裵東湖と、それに同調する一部勢力によって、綱領、規約が踏みにじられたことはいうまでもなく、中央の指揮系統まで無視され、怪文書が民団組織に作成配布されるなど、かれらは何らはばかることなく、民団の名において無法な集会までひらく暴走ぶりであります。

それだけではありません。裵東湖は民団内部と政府に対し、ありもしないウソ八百をデッチあげて、日本の記者会見までおこない、売国的であり、利敵行為であり、害団的である行為を何の躊躇もなく恣行しており、そして民団自主守護委員会なるものは、裵東湖の行為が利敵行為であることを承知のうえで付合同しております。

民団は、綱領と規約のもとで結集しています。綱領と規約から逸脱したかれらは、団員としての資格を自ら放棄した背信行為であり、民団破壊分子たちであります。

かれらは、これからも一層はげしく怪文書を捏造し、一般団員を眩惑し、不法集会や不法決起大会などひらいては民団に対する乱動までもいとわないでありましょう。

親愛なる全体組織幹部の皆さん!

これ以上、かれらの乱動を座視するわけには行きません。

かれらの手法が奸智であればあるほど、かれらの行為が乱暴であればあるほど、"眼には眼"、"歯には歯"で、民団を固守しなければならない時期にいたりました。

われら全団が、民団の旗のもとに総決起して、かれらの無法な侵犯を断呼撃退しなければなりません!

民団は、われわれのものなのです。

大韓民国 駐日大使館
公使 金在権 貴下

合意覚書

一. 本会合에서 公開되는 録音, 証拠 証言은 民団員 裵東湖의 反国家行為를 確認하는데 있습니다.

二. 本会合에 使用된 各種 物的証拠는 今後 国家 司法機関에 保存될 証拠資料이므로 再公開 乃至 内容 是非는 許容하지 않음을 條件으로 本会合에서만 使用하는데 同意합니다.

1971年5月12日

参席人員
曺寧柱
李禧元
李寿成
張聰明
徐興錫

鄭在俊, 俞錫濬, 李相台 [illegible]

裵東湖の反国家行為を確認するための合意覚書

大韓民国駐日大使館
公使　金在権　貴下

〈合意覚書〉

(一) 本会合にて公開される録音、証拠証言は、民団々員裵東湖の反国家行為を、確認するのにあります。

(二) 本会合で使用される各種の物的証拠は、今後、国家司法機関に保存される証拠資料であるから、再公開ないし、内容是非は許されぬものであることを条件に、本会合だけで使用するのに同意します。

一九七一年五月十二日

参席人員―曺寧柱、李禧元、李寿成、張聰明、徐興錫。

鄭在俊、俞錫濬、李相台の三氏は、不穏録音を聞く前には署名することができないとの口実で署名しなかった。

全在留同胞に檄す!
裵東湖の売国、害団、利敵行為を座視することはできない!

我々大韓民国在郷軍人会日本支会会員一同は、祖国が赤魔に依り南侵された六・二五動乱当時に、生命と家族と生活根拠まで、自ら進んで捨て、勇躍救国隊列に参戦した。同戦線で、我々在日学徒義勇軍の少くない数が、護国の英霊として散華したことは、世界周知の事実である。この輝やける青史を、我々は大韓民国歴史と共に誇るものであり、今は亡き戦友の冥福を祈っている。

昨今にいたって、大韓民国国民社会である民団が、反国家行為者である裵東湖と、これらの同調者である反民団行為者等に依って類例がない混乱におち入った事実と照らし、我々は断乎として蹶起、彼等の罪行を徹底的に糾弾するものである。

裵東湖はどのような売国行為をしたか?!

一、反国家行為者だ

【一つ】裵東湖は一九五〇年二月(本人は五月といっている)、日本に入国と同時に、北海道札幌市南八条西六丁目、朴和用(朝総連活動家)の家に寄食しながら、同年三・一節の朝総連行事に演士として参加して反国家発言をし、同年五月一日、メーデー行事にも朝総連と共に赤旗を持って示威行列先頭に立って行進した者であると、当時の北海道民団員は誰でも知っている。(一九七一・六・二五北海道在日在郷軍人会員金周年氏告発状で)

【二つ】裵東湖は一九七〇年十二月と一九七一年一月に本国留学生、李東一に、大韓民国体制よりも北傀の社会主義制度が優越し、米軍を撤退させなくてはいけないと力説し、階級のない自由平等社会にならなければいけない。そして国内の与・野は、みんな信ずることが出来ないから、第二の四・一九革命を起さなくてはと強調したことがある。

【三つ】裵東湖は李東一に朝総連拠点確保の為国会代議士選挙に出馬するための資金をあげると約束し、その後、李東一が、資金要請をするや、裵東湖は、民団団長選挙が思うままにいかないから、"あとでみよう"と回答したという。

【四つ】口では、誰よりも愛国愛族、愛団するという裵東湖は、七一年六月十五日、[illegible]という日本人左翼弁護士を前に立たせ、ありもしない身辺脅威を訴え、日本記者会見を身ら招いて国威を損傷させたことは、今さらいうまでもなく意識的に韓日間の離間を謀ったものである。

二、売国行為者だ

【一つ】裵東湖は自身の反国家行為調査の為に、本国政府から、充分人権を尊重し、出席要求書が発付されたのを、あたかも強制力が付随する召喚状であるかのように偽わり、或る能弁護士立会のもとに、日本記者の前で、韓国の国内法が、日本の主権を侵害するかのように見せかけるための悪らつな売国行為である。

【二つ】裵東湖は、録音内容は、わが国の野党大統領候補であった金大中氏と、自己間の対話であり、反政府的な発言はしたけれど、反国家的な発言をしたことは絶対にないといった。

【三つ】公館で録音公開をしようとした際、裵東湖は出席すらしなかったことは、世間が皆知っているにもかかわらず、日本記者たちの前では、録音内容を知っているかのように自分で適作し、全く聞いたこともない金大中氏云々とは、自己の反国家行為を、隠ぺいしたまま国内与・野党の政争に巻きこませようとした売国行為である。

三、利敵行為者だ

愛国、愛族、愛団するという裵東湖は、七十一年六月二十三日の記者会見の際、自身が肯定した如く、金日成と朝総連からは、会心のほほ笑みと拍手喝采を受けた。

同日の韓国人記者質問において、結果的に六月十五日の日本記者との会見は、朝総連が千億円の資金をバラまいて工作したよりも、なお大きい効果があったものと見るが、どう考えますか?との質問に対し、

裵―その通りです。

記者―裵先生自身が、国家民族を愛するといいながら、結果的に敵に利益を与えたと見るがこれに対する裵先生の所感は?

裵―われわれの中から、正しい解決にもっていきたかったが、自分を窮地におとし入れたから日本記者会見をしたく

日本記者会見が自分とその周辺にも利敵行為になると感じなかったことがあると答えた。

裵は、われわれの手から正しい解決を望んだが、自己を窮地におとし入れたため、その実現を見なかったといっているが、録音公開に出てこない者が、正に裵東湖自身ではなかったのか? 自身の弁明のための反証であろうが、与えた機会を故意的に回避し利敵行為をあえてしたということは、鉄面皮にも程があるというものである。

四、害団行為者だ

裵東湖の行為が、売国、害団、利敵であることを知りながらも、付和雷同する群衆等を徹底的に糾弾する。

【一つ】裵東湖は日本記者会見で、国家は自分に反証提示もなく召喚状を送ったといって、朝総連系と接触したとか、朝鮮新報を読むとかの理由で反共法に抵触されるというような発言をし、従って永住権申請三十五万名中、朝鮮籍からきた十五万名も、反共法に抵触されるかのように虚偽放言した。[illegible]

このような裵東湖の発言は、[illegible]組織化方針は、瓦解を画策する計画的な発言である。

【二つ】所謂"民団自主守護委員会"の去る六月十八日の集会は、中央の指揮体制に対する反逆であり、民団綱領規約に対する違反である。特に民団中央関係者が、この不法集会に演士として登場したことは、[illegible]

五、録音は聞かなかったものであり公開しなかったものではない

【一つ】大使館では、去る五月十二日の録音公開に先だち、五月七日韓国記者会見で、日本法を優先させ、身辺を保護すると約束した。

【二つ】同公開席上では中央三機関長と[illegible]鄭在俊、俞錫濬、李相台、[illegible]も同席した。

【三つ】ところが公開当日の五月十二日、張本人である裵東湖は、参席しなかった。

その日李禧元団長の要請で、裵東湖を参加させるから、一日延期して欲しいと公館側の諒解を得て、五月十三日に出席させることを裵東湖に通告したが、裵東湖は、遂に出席しなかった。

【四つ】裵東湖は民団での大衆の面前で公開すれば、参席するといったが、民団が本国司法権を代行する場でないことは、裵東湖自身が誰よりも知っているはずだ。

言いかえれば、人民裁判をせよということか―。

【五つ】結論するに、国家犯証資料である録音は、制限された人員だけで聞かせる性格のものであって、裵東湖の不参加により聞くことが出来なかった厳然たる事実は、まげることができない。

今まで裵東湖は、任意に出入していた公館に、どのような理由があって出席しなかったことか。

裵東湖の言葉と所行には明らかな"黒い意思"がひそんでいたものと見るべきだ。

一九七一年六月二十八日

大韓民国在郷軍人会日本支会

韓國新聞
在日大韓民国居留民団中央本部機関紙
韓国新聞社
発行人 李禧元
東京都文京区春日町2丁目20−13
電話 (815)1451−3 (813)2261−3
振替口座 東京 163774

民団綱領
一、われわれは大韓民国の国是を遵守する
一、われわれは在留同胞の権益擁護を期する
一、われわれは在留同胞の民生安定を期する
一、われわれは在留同胞の文化向上を期する
一、われわれは世界平和と国際親善を期する

朴正熙大統領 七代大統領に就任

「精神革命を通じ社会浄化」

統一—安保—経済開発に全力

就任辞をのべる朴正熙第七代大統領（左下中央は朴大統領夫人）

朴正熙大統領は、七月一日午後二時、第七代大統領就任式にのぞみ、憲法第六十七条によって「私は国憲を遵守し、国家を保衛し、国民の自由と福利の増進に努力し、大統領としての職責を誠実に遂行することを国民の前で厳粛に宣誓する」と読みあげ、執権第三期のスタートをきった。

朴正熙大統領就任式会場の「中央庁広場」に集った内外貴賓と国民代表たち

朴正熙第七代大統領就任あいさつ

"調和と交流と協力"

祖国近代化の堅固な土台

親愛なる五千万国内外同胞の皆さん！

国内外貴賓の皆さん！

第二次世界大戦の砲火が止んで、もはや四半世紀、われわれは今日、人類の理想である平和と繁栄を実現する新時代の門出に立っています。私は、このときこそ、人類が対話と協調の倫理を尊重し共存共栄をはかる世界平和の新秩序を確立する機会だと確信しております。さらに、私はこの時期が、アジア人にとっては、多極化の中で調和を基調に、アジア固有の伝統を実現する交流と協力の時期とし、また韓国国民には、祖国近代化という堅固な土台の上で、国土分断の悲劇に終止符をうつべく統一の年代としなければならないと信じています。

この歴史的新時代の出発に際し、私は祖国と人類社会のためつくすべき使命が、実に大きく重大なことを痛感しながら、[illegible]を謹んで、与えられた大任完遂に全力をつくすことを、歴史と民族の前で、誓いをたてるものであります。

親愛なる国民の皆さん！

世界各国が国の発展のため、苦労をかさねていた六〇年代にわれわれは五・一六革命を起爆とし、長い間、この国に根をおろしていた依他と沈滞の社会気風を根こそぎ取り出し、自立と民族中興を国家目標とした新生韓国の礎を、築きあげました。

われわれは、この過程の中で、経済建設の土壌の中でのみ、民主主義の花を永遠に咲かして行けることができるという原理を実感しました。

またこの開発と成長の過程において、民主主義体制が共産主義体制より、はるかに能率的であるという自由の理念を、輝き出すことに成功しました。

たしかに、過ぎ去った六〇年代は、われわれにとって、内部的成長で充実に努力をおいた内実期でありました。今、われわれは、この実績を踏台として、平和指向の新しい国際潮流に対し能動的な姿勢をもってたち向い、その中で国家の目標を達成する道を求める外交的参与や、より[illegible]

[illegible]

沿道は太極旗の海

コリア幻想曲とともに 千羽の鳩が舞上り

就任式の光景

[illegible]

朴大統領閣下を祝福

金鍾泌国務総理の記念式辞 要旨

金鍾泌総理

[illegible]

一九七一年七月一日

新民党、朴大統領就任祝賀声明

[illegible]

ウオン切下げ

1＄＝371,60ウオン

政府、金利調整を抜打ち断行

為替レート一二・六%

輸出増大 輸入抑制に期待

予金20・4%、貸出22%

物価への影響一・五〜二%

変動レート制後の対ドルレートの動き
(単位ウォン)

年月日	レート
65. 3.22	256.53
66.12.31	272
67.12.31	274.60
68.10.21	281
69.10. 6	294.30
69.11. 3	305.10
71. 5.26	328.90
71. 6.28	371.60

6月28日現在 各国通貨交換率

外貨	$	ウォン
米ドル		371.60
ポンド	2.40	891.84
マルク	0.273	101.44
カナダドル	0.92[illegible]	345.73
フラン	0.18004	66.90
リラ	0.0016	0.59
スイスフラン	0.230	85.46
香港ドル	0.165	61.31
円	0.0027	1.00
●ドル	1.12	416.19

…七二年三月まで返済する外債については レート切下分だけ金融資金で支援する。引下げ幅を二二・九%と大きくとったのは仏、米、円間の国際的購買力評価と従前レート間の差、輸出競争力の引上げ、国内物価に及ぼす影響、外債返済負担等を総合的に検討した結果である。

ダム・ローン制 新設

中長期性貸し出し

こども預金も新設

年八・七%

金融機関与受信最高利率
(年利11%)

	種 類	改正	現行
受信	定期預金3月満期	10.2	12
	〃 6月 〃	14.4	16.8
	〃 1年 〃	20.4	22.8
	〃 2年 〃 (新設)	21.3	—
	定期積金	21	23
	国民貯蓄組合預金	21	22.8
	新生活予金	8.7	9.6
	新農民預金	10.2	12
	納税貯蓄組合預金	10.2	12
	こども預金 (新設)	8.7	—
与信	一般貸出金利		
	一年利益 (地方銀行)	22	24
	ダム・ローン金利 (新設)	(22)	
	1年超過3年以内	22.5	—
	3年超過5年以内	23	
	当座貸越	24	26
	(地方銀行)	27	29
	商業手形	22	24
	其他手形	23	24
	(地方銀行)	(26)	(27)
	輸入手形	9	6
	コールローン	19	21
再割	商業手形再割引	16	19
	〃 担保貸出	20	23
	其他手形	24	26
	優良業体手形	19	22
	軍納品生産手形	廃止	24
	援助物資引受手形	〃	24
	国債・政府保証証券	24	26
	輸出手形	3.5	3.5
	輸入 〃	6.5	3.5
	外資表示供給手形	3.5	3.5

オーストリアと貿易協定締結へ

同協定は前文・五条からなっている。

ソウルで朴・佐藤会談

中共問題、経済協力協議

新民党中央常任委「責任」めぐり激論

外貨残額18億二〇七五万ドル

5月末

東独諸国へ経済使節団

決済方法等で協議

本国論調

朴大統領の執権抱負

(七・二 韓国日報)

換率実勢化の衝撃

(七・二 中央日報)

米国の言論波動と大法院判決

(七・二 朝鮮日報)

私債流通額1000億ウオン

大韓商議・昨年下半期実態調査

今年中に67%へ

乗用車の完全国産化

牛・豚肉、黒鉛など自由化

韓・日貿易会談できまる

韓国投資金融会社発足

駐南ベ韓国軍全面撤収計画

本国経済事情

レート切下げと金利手直しの意義・影響

首もたげる物価

貿易業者に有利

輸出阻害・輸入増大要因除去

二大改革同時断行

その損失は二千億

輸出増大に期待

ヤミドル400ウオン

今後の課題山積

通貨抑制等政府の補完対策

"裵東湖事件"不法集会に断

東京本部に直轄通告

中央、組織整備へ勇断

"不法集会"で組織の混乱狙う

民団中央本部では、反民団、反団的策動と断定された"裵東湖事件"の一環として、中央監察委員長の中止勧告などにもかかわらず、民団規約に違反する不法集会をあえて強行、一般団員を煽動した理由により、七月五日付の韓居中組発第三四－二九号公文で、民団東京地方本部に、東京地方本部を直轄するとの非常通告を行なった。公文内容別掲載。

李禧元中央団長は七月五日の記者会見で"不法集会"に対し決意をひれきした

正常状態に戻るまで

直轄やむなき理あり

李団長、記者団に説明

民団の威信を損傷

"違法行為責任もてぬ"

東本監察委が全員辞任

「裵東湖事件」にからむ"民団東京"紙の不穏記事及び「六・一八集会」など、東京本部執行部の一連の行為に対し、その責任を負うことが出来ないとの理由で、同本部の監察委員会（金鍾斗委員長、馬永範、金鍾植委員）は七月三日付で全員辞任した。

このため、東京本部は臨時大会を開かねばならないことになり、来る十五日に大会を予定していた。しかし、五日付ですでに中央本部の直轄になったため前議決機関が召集した大会は無効になる。したがって、東京本部の大会は中央本部の委員会の召集によって開く。

臨時大会召集認めず

張聡明議長 各支部へ通達

事務引継ぎ拒否

組織の規律をさらに違反

売国・裵東湖

座視できぬ

軍人会も撤

声明書

公文

題目－東京本部直轄通告の件

海を越えた人情実る

チマ・チョゴリで里帰り孔清子さん

恩人、崔成順さんに厚いお礼

"孤児合唱団"が"有難う巡演"

日本各地を親善礼訪

木浦共生園の24人、22日まで滞日

支部大会便り

尋ね人

預金1千億円突破

信用組合の祝賀大会

婦人議員らと交歓

駐日公報館長に尹泰魯氏

同胞の皆さんへ!

七月から外国人登録の切替が始まりますから、各自の期限をもう一度よく見て手続きをして下さい。（写真二枚…印鑑）また、出生、死亡、結婚など、身分に関することは、ひじょうに大事なことですから、必ず民団支部に届け出て下さい。

民団中央本部　民生局

学芸

在日韓国学校 生徒作品特集

その1

京都韓国中・高等学校

故郷

高校一年　金 [illegible]

鳥であるなら
飛んで飛んで行けよう
友のいるいとしの故郷
友に会えるのは　夢の国
故郷に帰るのは　夢の国
鳥であるなら
飛んで飛んで行けよう
友のいるいとしの故郷

頭の中のわからない何か

中学校三年　金日坤

何かわからない何かがある
考えても、何かわからない何かがある
思い出してもわからない何かがある
頭の中に、何かがたくさんある
何かが何かで、何かになった
山を見ても、何かで何かができる
川を見ても、何かで何かができる
空を見ても、海を見ても
何かで何かができる
考えようとして考えると
やはり、何かができる
頭の中に宇宙があって、地球があって
海があって、陸がある
そして、陸の上になめくじがいる

韓国人として…

中学校一年　張 在鎮

僕は、韓国人に生まれて、あまり後悔はしていません。けれど、今まで日本の学校に行っていたのでハングルはあまり使えません。日本語だけをならっていたからです。日本の学校では、時々「朝鮮人、朝鮮人！」というから「僕は朝鮮人ではない」などと言っていました。韓国学校に来てからはそんなことを言われません。時々、日本の友達に会います。すると「お前、どこの学校行ってんね」といって聞くけれど、ぼくは「ええところ」といいます。韓国学校へ行っていると言えないのです。やっぱりぼくのひけめからだと思います。もうそれを知っている友達には、はっきり言えるのですが、やはり他の人には知られたくありません。はっきりいえばいいのにいえないのです。

それからこの韓国学校に来てからは、ものすごく気がらくですが、一クラスの人数が少ないから、全校人数も一五〇人程で、運動場はせまいし、それに講堂が二階にあり、底がぬけたり、天井の壁が落ちてきたりし、それに校舎もきたなくて大運動会なんかの時には、いちいち山まで行って開かなくてはなりません。

これからは[illegible]の横にある[illegible]のような、大きい校舎をたてて日本の人が驚くような親切で明るいことをやらないでいれば、きっと日本の人をみかえせます。一人の力が大ぜいの力になり、それがよい教育となるでしょう。世界中が平和になり、豊かなくらしをし、おたがいが信じ合い、愛し合う幸せな家庭をみんなしてきずきあげていきたい。

韓国人への差別

高校一年　李 松子

私は中学校を卒業して美容師になる決意をしたある日、その方面の就職先を依頼するために、職業安定所へ出かけていった。そこで、趣味や抱負を尋ねられ、こんな言葉を耳にした。

「君は国が違うし、食べ物も違う。なにしろ韓国人でもよい、私の店で雇うといってくれるところはないし、こちらとしては探しにくい」

その時初めて韓国人だとなぜいけないのだ！　日本人がなんだ！　同じように御飯を食べ、同じ人間なのに、どうして……どうして。泣くなんてだらしないと思いながらも、つぎからつぎへとこみあげてきて、あふれ出る涙を止めることができなかった。くやしかった！

胸が苦しくて、口に出せない気持で一杯だった。私の心の中の小さな夢が、今まで秘かに育ってきた私だけのお城が、大きな音をたててくずれ去ってしまった。何とみじめな体験だったろう。

中学生が味わうにはあまり残酷な仕打ちだった。その事があって以来この学校に来るまで、どれだけ悩み考えたことだろう。

私は正直にいって、自分が韓国人であることが、いやでたまらず、大手を振って「私は韓国人です」と公表する勇気はなかった。だから中学の時も本当の名字で通さなかったた。おまけに、チョゴリを着た母と一緒に歩くことが、とてもいやで、一緒に歩いたことさえなかった。

チョゴリを着て歩いている母に向けられる目が、「あの人韓国人や」と蔑めがねでみられるのがいやだった。私がこの学校に来たのは、自分自身、「私は韓国人だ」との自覚と誇りを持ったからである。そして、中途半端であやふやな韓国人にはなるまい、本当の韓国人になって、通名も使うまいと決心した。今、私は声を大にしていいたい。

「[illegible]、[illegible]ではなかったか！」……

もう二度と差別という言葉を聞きたくもない。

しかし、テレビのニュースや新聞で、韓国人の犯罪を聞くたびに「ああどうして、私の兄弟がこんなことをするのだろう」と悲しくてたまらない。こんな事件が起こるから、[illegible]世間の冷たい目にさらされる結果となるのであろう。

悪いニュースはすぐに広がり、「韓国人と朝鮮人は恐しい」と評価されてしまう。こんな評判を聞くたびに、私は小さくなってしまう。

私は、そんな韓国人には、なりたくない。

世間の人から「日本社会の中で」尊敬される堂々とした韓国人になろうと思っている。立派な韓国人、ひいては、国際人になって、差別という言葉が自然になくなっていくのを、私は心から願い、また、祈っている。

我国の人

高校三年　呉宋順

電車で学校へかよっていると、いろいろの国の人と同乗します。日本人はもちろんのこと、"我国の人"、以外の外国人とも多く、出会います。どういうわけか"我国の人"が電車に乗ってくると、電車に乗っている人達皆が、注目して見ているように思えてなりません。

また、私自身も、"我国の人"が電車に乗って、席に着くまでじっと見ています。

毎朝、会うおばあさんがいます。そのおばあさんは、足のふくらはぎのとこのまでの長いチマをはいて、腰を少しかがめ、買い物カゴを持って、よぼよぼと電車に乗ってきます。それでいっぺんに、"我国の人"だということがわか[illegible]でしまいました！

もちろん、顔だけ見ても、"我国の人"だということがわかります。

おばあさんは、電車に乗るとまず、あたりを見回して、空席がないかと言動します。少しでも席があいていると、そこに無理してでも入り込み、座ってしまいます。

このことは、日本のおばあさんにしても、いえることですが、特に、"我国の人"が、こういうことをしてしまうと、特に目立って見えるのでしょう。

空席がなく、電車のつり皮をもって、私の前を立つ時もしばしばあります。そんな時、私は、席をゆずってあげますが、この時、私の心の中に、日本のおばあさんに席をゆずる時、そして、"我国の人"に席をゆずってあげる時、全くちがった感情が生じるのです。

今朝も、おばあさんと会いました。

私の前で立ちどまっているので、席をゆずってあげました。そして、おばあさんの前でツリ皮をもって外を見ていると、私の学生スカートにおばあさんの手が触れたような気がしたので、驚いて見て見ると、糸くずがついていたらしくとってくれました。

その時、私の心の奥に何かしら暖かいものが流れました。

おばあさんの降りるところが来たらしく、私にお礼をいって降りて行きました。

その時もまた、私の心の奥に暖かいものを感じました。

私達の学校

中学校三年　李相境

私達の学校が創立してから約二十五年経ちました。卒業生もどんどんふえていきました。

でも、生徒数は一五〇人ぐらいしかいません。校舎は韓国にも日本にも見られないぼろぼろの学校です。

こんな学校で何ができるかと少し疑問に思うけれど、実はそうじゃないんです。

何をやっても優勝するのが、この私達の学校です。今までいろんな対抗試合をやっても、優勝するのは私達の学校です。

先生も皆おもしろいです。特に私たちの学級はもっとおもしろいです。

きのうも笑いました。今日も笑いました。皆、笑いながら勉強しています。

先生も笑います。生徒も笑います。そして、校舎も笑います。

こんなことを繰り返しながら、実力をつけているのが、現在の私達の韓国学校なのです。

「空」

中学校三年　成京順

空、おまえは限りなく広がっている
空、いつも私達をながめている
空、おまえはいつも希望にみちている
空よ、おまえの主人はだれだ！
太陽、月、雲、星、人間
いや、そのどれでもない
まさしく空？おまえ自身なのだ
もし、空よ！　私がおまえの主人なれば
空よ、私のいうことをよくお聞き！
私がおこれば、おまえはかみなりをおこし
私が泣けば、おまえも雨をふらせ
私が笑顔でいれば、おまえも雲一つない空になるのだ
私がおまえの主人、御主人様だ
私がおまえの主人になれば
いつも、いつも笑顔のおまえにしてやれる
そして、世界の人々をも笑顔にしてやれる

「あすへの歩み」を読んで

中学校一年　林 光一

ぼくが、この「あすへの歩み」を読んで感じたことは、ぼくも空を飛びたいということです。

それは二十一世紀になったら、おりたたみ式の飛行機を買って、自分の行きたい国へ行くということです。

なぜかというと、ぼくはいろんな国へ一回行ってみたかったからです。そしてまず、ハワイへ行って二週間ぐらい、およいだり、たべたりしてあそぶことです。[illegible]がわかりませんから、ちょっとつらくてみじめかもしれないです。

国語を習って三年間

中三　李 敏子

私達は国語を習って三年とちょっとになりますが、この三年間でもいろいろな事を学んできたと思います。

私は、まず、はじめに思う事は、やはり中一の時の事です。中一の時は国語がきらいでほんとうにいやでった。そして、本がぜんぜん読めないので本にかなをうったりした事がたびたびありました。

それから、中二になってからは、本がちょっとよめるようになり、少しずつ単語などをおぼえはじめました。

でも、私のおとうさんは、国語に対しては、とてもきびしくよく中一の時なとは国語で書いてある手紙をよまされたことがあります。すぐ韓国から手紙がくるとまっさきに私をよんで「敏子これよんでみろ。」と、いわれた時などはびっくりしました。

私はまだその時は中一だったので国語の本はもちろん、国語で書いてある手紙などはぜんぜんよめませんでした。だから読むかっこうだけをして、小さな声でわからないように、でたらめに読んだ事があったのでよくしかられました。

それから一年、二年とたち、やっと中三になった今では、国語の読み書きばかりでなく、国語に対してのむずかしいことを学んでいますが、今私は、中一や中二の時を思い出すと、その頃の私の読み書きのできなかった時の事が、今でも頭にうかんでいます。

やはり、私達は韓国人なので、早く国のことばをおぼえて、なるべく早くうかっていきたいと思います。

「太陽の沈まぬ国」を読んで

中学校三年　李浩日

ぼくはこの本を読む前、太陽の沈まぬ国という国であったので、とても暑くて、一年中太陽が昇っているのだと考えたのです。

だけど本を読んでみると、とても寒くて、一年の半年が昼で、もう半年が夜ということを知り、びっくりしました。エスキモーはプライバシーなど気にしないそうですが、なぜか僕には理解できません。自分の秘密がないということはありえないとおもいます。そして僕はこの人々がとてもえらいとおもいます。

こんな国で生きているなんて、ぼくはほんとうにえらいとおもいます。

ぼくだったら絶対がまんができません。むこうの人たちは遊ぶものも楽しむものがないので、わらうことだけがたのしみだからよく笑います。

太陽のあがっている半年はいいけれど、沈んでいる半年はどうするのかと思います。前も後も見えないので、氷につまずいて、こけたりけがをしたりします。そして光がないので、食料もとりにいけないでどうするのかと思います。

ぼくだったら絶対耐えられません。

あした

空には雲があるように
船には波があるように
ぼくたちの前にはあしたがある
昨日の楽しかったこと、苦しかったこと
悲しかったことども忘れ
すばらしい今日を手に取り
あしたをさがそう
ぼくたちのあしたを
あしたを

私の顔

中学校三年　李 明子

鏡の前にくると
すぐ、顔を見てしまう私
鼻を見ると、ぺちゃんと
目を見ると、パッとしない
口を見ると、形がわるい
でも、それぞれ父や母からもらった物
あまりかわいくはないけれど
それでも、やはりやはり自分の顔
美人の人を見ると、やはりひけ目を感じ
再び、鏡の前で、父母をうらみはするが
にこっと、わらうと、やはりこれでいいのだと思う私

晴れ晴れとした日

中学校三年　[illegible]栄子

晴れ晴れとした日に、勉強なんかできるか！
表に出て、みんなで、あばれよう！
晴れ晴れとした日に、じっとしていられるか！
表に出て、大きな声でさけぼう！
晴れ晴れとした日よ！
おまえは、私をじっとさせない
晴れ晴れとした日よ！
おまえは、私の唯一の友だ

希望を求めて

中学校三年　呉[illegible]淑

音なくたずねくるこの夜を
そんなにも待ちわびた私だけれど
今、ここで私が考えるのは
限りなく馬鹿であったきのうの私
さみしかった校庭で
空しく笑みをうかべ
そして、また笑った私
考えもしたくなかったあの過ぎし日が
私の頭の中をかけめぐる
うらめしく何かをさがし求めていた私
希望を求め
夢のしらべを求め
また、あすをさがし求める

おかあさん

中学校三年　[illegible]

私のお母さんは背が少し高く太っている
お母さんの手はいつもふっくらとしている
でも、時々、手があれてかさかさになっている
かわいそうなお母さん
お母さんはボーリングがすきだ
時々、私をさそう
そんなお母さんを見ていると
ふくふくと、幸わせそうに思える
朝、早くから起きて
私たちの弁当を作ってくれる
服もぬってくれる
いつも笑顔で話しかけてくれる
お母さん
ほんとうに、ありがとう

中監委、裵東湖を除名処分

反国家的行為黙過できぬ

一連の言動は計画的な破壊画策

李寿成民団中央監察委員長は、七月九日午後一時、中央本部監察委員長室に内外記者団を招き、民団規約第六条運用規定第一条第一項に該当する反国家行為による一連の言動をしたことで査察中であった裵東湖に対し、慎重に検討した結果、上記の民団規約に違反したことが判明、七月八日付をもって民団から除名したと発表した。

なお、この日李中央監察委員長は、除名処分に至った経緯と査察中に行なった裵東湖の主張内容ならびに関係者たちから聴取した証言内容をも同時に発表し、除名に至るまでの経過の全貌を明らかにした。また、李中央監察委員長は、処分に関する談話文（別掲）を発表、全民団員に一段の警戒心と愛国、愛団精神を促した。

李寿成監察委員長

除名処分公告文

一九七一年七月九日

在日本大韓民国居留民団

中央監察委員長　李　寿　成

（一）除名処分者

姓　名　裵　東　湖

生年月日　一九〇九年十一月十三日

本　籍　大韓民国慶尚南道晋州市中安洞一六八

住　所　東京都台東区上野一―十一―七

職　業　韓国通信社々長

団員登録　東京第一三三九八番

（二）本団規約に該当する条項

上記の者は、別掲経緯書、理由書にて明らかにした如く本団規約第六六条運用規定第一条第一項に該当する反国家行為の過誤を犯した事実を本委員会の査察の結果、是を認定し、一九七一年七月八日付で上記の者を本団より除名する事を決定したので、ここに公告する。

除名処分経緯

裵東湖処分に関する談話文

電話録音内容の概要

李禧元団長の証言内容

除名処分理由書

韓國新聞

在日大韓民国居留民団中央本部機関紙

韓国新聞社

発行人　李禧元

東京都文京区春日町2丁目20―13

電話（815）1451～3

（813）2261～3

振替口座　東京 163774

民団綱領

一、われわれは大韓民国の国是を遵守する

一、われわれは在留同胞の権益擁護を期する

一、われわれは在留同胞の民生安定を期する

一、われわれは在留同胞の文化向上を期する

一、われわれは世界平和と国際親善を期する

裵東湖の主張内容

女子職員募集

民団中央本部・総務局

直轄後初の支部三機関会議

辛容祥中央副団長が団長代行

各支部、直轄措置を支持

東本中央に従わず団務妨害

支部三機関会議であいさつする李禧元団長

李禧元団長あいさつ

国家の威信傷つける

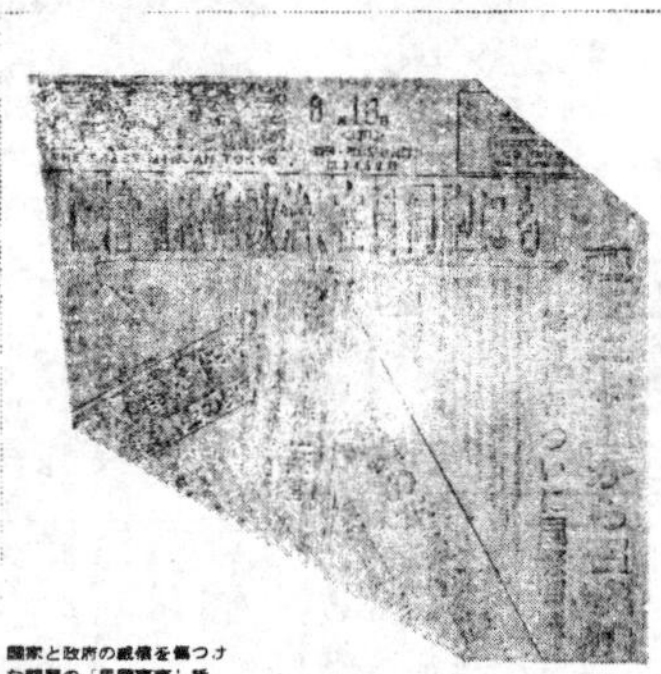

国家と政府の威信を傷つけた問題の「民団東京」紙

大阪・神戸で民衆大会

反民族的陰謀を糾弾

裵東湖事件

強力な制裁措置を要望

裵東湖一派厳重処断要望書

声明書

朝総連から転向 32年ぶりで帰国

元心昌氏永眠

前議長召集の臨時大会を中止せよと通告

中央監察委 各支部に指示

臨時大会認めず通達

直轄にともなう諸事項指示

①経緯書②本部経済事件に関する指示（公文・韓居中組総19号）③勧告文（公文・韓居中組総34—20号）④発行禁止通達（公文・韓居中組総21号）⑤集会中止勧告（韓居中組発総34—8号）⑥集会中止に関する件（韓居中監発総34）⑦東京本部直轄通告の件

指示事項

辛容祥職務代行のあいさつ

韓国人消費生活協同組合設立に関する要領

民団中央経済局活動の一部

（上）

各県本部に資料伝達

民団と生協組織との体系化

尋ね人

組織整備を強力に推進

全国地方団長事務局長会議

"直轄は規約上正当"を確認

全国地方本部団長・事務局長会議の模様（13日、ホテル・ダイエーで）

全国地方本部の団長および事務局長会議が、十三日午後一時、東京文京区の「ホテル・ダイエー」で開かれ、東京本部の中央直轄措置をはじめとする組織整備の当面問題に関し、中央から経過説明と指示が行われた。

証拠揃えば関連者措置

監察委員長談

決議文

即時事務引継をし事務所を明け渡せ

われわれは東京本部の中央直轄が規約上、正当であることを再確認し、次のように決議する。

一、一九七一年七月十三日全国地方団長会議に参集したわれわれは、貴下が、中央本部に即時事務引継を行ない、事務所を明け渡すよう追求する。

七月十三日

在日本大韓民国居留民団
全国地方本部団長会議

不法にも「民団東京」を発行

決定にも従わず

善良な団員を誹謗中傷

不,曲記事で団員惑わす

誌石発見は初めて

百済文化の手がかり　金製の王冠など500点も

百済二五代武寧王陵原形のまま発掘

王冠台上まばゆいばかりに輝やく「金花飾鳥羽冠」

韓国古墳発掘調査団（団長金載元・国立博物館館長）は、去る八日午後、忠清南道公州邑錦城洞の百済古墳第六号附近で、いまから一四四五年前の西暦五二六年に埋葬された百済第二五代の武寧王と王妃の王陵を原形のまま発掘に成功、一大センセーションを起している。

発掘された王陵の中には、墓の主人公を注目する誌石（墓石）をはじめ、純金製の王冠二個、金製の耳かざり、腕輪、古代のつぼなど遺品五〇余種、約五百点が発見された。

偶然の発掘で大発見

武寧王陵誌石判読

第一回韓米安保協議会閉幕

共同声明書（全文）

在日大韓民国居留民団
中央本部機関紙
韓國新聞社
発行人　李　禧元
東京都文京区春日町
2丁目20－13
電話 (815)1451～3
(813)2261～3
振替口座 東京 163774

民団綱領

一、われわれは大韓民国の国是を遵守する
一、われわれは在留同胞の権益擁護を期する
一、われわれは在留同胞の民生安定を期する
一、われわれは在留同胞の文化向上を期する
一、われわれは世界平和と国際親善を期する

京釜高速道路 開通一周年

利用車は四五四万台 通行料収入24億ウォン

ソウル－釜山間、四二八キロ、四三〇億ウォンをかけ27ヵ月で完成した京釜高速道路が開通したのが昨年七月七日。開通一年の間に四五四万台から二四億四〇〇〇万ウォンの通行料金収入をあげた。

△田畑を横切って走る京釜高速道路（京畿道安城付近）

ハイウェーバス急増

道路公社によると、開通当時は乗用車51％、トラック37％、バスその他12％だったのが、今年六月には乗用車、トラックとも43％、バスその他14％となった。一台当り走行距離と乗用車の平均72キロに比べ、トラックは一三二キロとなっている。

一年間の交通事故も九四四件を数え、一三九人が死亡、一二九二人が負傷した。事故原因は84％が運転不注意。工事完成を急いだせいか路面の破損もひどく、四億三千万ウォンの改補修がかかった。一キロ当りざっと一〇〇万ウォン。

高速道路開通で新たに出現したのがハイウエイバス。十業者が京仁、京釜、湖南向けに四三五台を運行させている。一台最低七〇〇万ウォンから一四〇〇万ウォンという外国製デラックスバス。京釜ハイウェイだけでも三八五台、年間に一〇五億ウォンの収入をあげ昨年の鉄道旅客収入の二一九億ウォンの約半分にせまっている。鉄道ダイヤが固定しているのに、バスは20分毎に発車しているので利用客が高まるばかりである。

高速道路のねらいは、周辺中小都市や農村をソウルや釜山等大都市と連結し、産業の輸送効果をもたらし、地域均衡開発効果をあげることにもあるが、最近やっと開通したばかりなので、これらの効果についても今後にまつほかない。

ところが、一部中小都市商人はソウルの安い商品がおしよせ、かえって打撃をうけているとか。農村と都市の差が効果より、大都市への吸収効果が一そう大きいという批判が出ているのも注目される。

駐韓タイ軍百名撤収へ

韓国とタイ両国は、韓国動乱以来韓国に駐とんしているタイ軍百名を撤収することに合意した、とタイ外務次官キッティ・カチョン少将が九日明らかにした。

同次官は、最近日本と韓国を訪問して帰国したあと、この日バンコクで記者会見してこのように語り、タイはタイ軍撤収後も国連軍司令部のもとに二十三名の空軍連絡官を継続配属させるだろうと語った。

韓国に日本公報館

日本公報館が今月にもソウル安国洞に設置され、互恵の原則により外交特権があたえられる。

アスパックで経済協力強調方針

十四日から三日間、マニラで開かれるASPAC（アジア太平洋閣僚会議）に出席する金外務長官ら代表団が十二日現地向け出発した。韓国は同会議で、究極的アジアの安保は域内諸国の経済力培養と直結する点を強調し、域内経済協力強化を中心とする平和建設のための構想を提案する方針という。

金外務、経済協力の平和増進を強調 ASPAC閣僚会議で

金容植外務部長官は十四日、マニラで開かれた第六回ASPAC（アジア・太平洋協議会）閣僚会議での基調演説を通じ、経済協力によるアジア・太平洋地域の平和増進を強調した。金長官はまた、北韓が世界各地でくり広げている台湾政府の転覆陰謀事件などを指摘しながら、韓国政府は平和統一のために継続努力すると明らかにし「世界的な緊張緩和の動きの中で、なお北韓とは深い緊張関係がある」と述べた。

こんどのASPAC会議はマルコス・フィリピン大統領の開会演説で幕をあけたが、同会議は最近の情勢と関連したアジアの現況、特に中国の国連加盟問題などを重点的に検討した。

「韓日協力委」東京で 丁一権会長らマンモス代表団

29日から

丁一権会長

韓日協力委第三回年次総会が、二十九日から三十一日までの三日間、東京で開かれる。韓日間の懸案問題を民間レベルで討議する同総会に、韓国側は丁一権元総理が会長就任後はじめて大代表団を引率して出席する。

しかしニクソン米大統領の中共訪問決定など米・中共間の雪解けムードのためか、協力会中心メンバーであった新日本製鉄の永野会長、稲山社長が不参加を表明するなど、日本財界人の中には協力会を敬遠する動きも出ており、今後相当の試練に直面することが予想される。このため韓国側代表団は渡日に先立ち二十六日総会準備懇談会を開き対策を協議する。総会に出席する韓国側委員の顔ぶれは次の通り。

△顧問＝金度坤、[illegible] △会長＝丁一権 △常任理事長＝金周仁 △文部会委員長＝李東元（政治） △常任委員＝金容完、金永徳、朴東仁（経済）李瑄根（文化） △経済部＝高永済、李鳳明、沈斗燮、朴炳培、鄭基東、李浩、金昌源、[illegible]相俊、[illegible]南水、朴東学、金泰鎬、金英鎮、金恒剛、金春才、黄鍾律、朴興植、李根興、沈竜燮、車均禧、崔亭均、姜寿明、金任光、鄭済庭、朴泰俊、安光鎬、[illegible]徳圭、閔庚植、李相鎬、金鍾哲、金益昶 △政治部＝李哲承、金泳三、朴[illegible] △文化部＝李海貞、毛允淑、方一栄、金声翰、鄭飛石。

沖縄核移送問題にコメント

ソウルで行なわれた第一回韓米安保協議会に出席したレアード米国防長官は、十四日午前帰国に先立ち、金浦空港で記者会見し、駐韓米軍の追加削減について「七二米会計年度中は動きがないが、将来は分からない」と語った。

GNP（国民総生産）10％成長 76年度 二兆八一八二億ウォン

経済企画院が推計した今年の国民総生産（GNP）は、昨年より10％成長の二兆八一八二億ウォン（七〇年不変市場価格）で、一人当り八万八四八六ウォン（二四八・八ドル）にのぼることが判明した。稲作を平年作を維持すれば10％の成長は問題なく、産業別には高速道路、放送業等が大きく進み、社会間接資本が目標をはるかに上廻ることが予想される。

また年間人口は三一八四万九〇〇〇人（一・八％増加）、経済活動人口一〇二四万人が就業するので、完全失業率は昨年より〇・一％低い四・五％にとどまる。

経企院はさらに、第三次五ヵ年計画のおわる七六年度のGNPが四兆三二五七億ウォン、一人当りでは一二万三九五一ウォン（三八九ドル）にのぼり、自力輸入率は七〇年の六二・五％から七六・三％、重工業比率は三五・九％から四〇・五％に高まると推定している。

さらに七六年の米の年産量は七〇年より二三・四％増の四八六万トン、石炭年産は一七八〇万トン（四三・五％増）、高速道路総延長は一六五八キロ（二〇〇・五％増）、発電力施設容量は六〇七万五〇〇〇キロワット（一六五・五％増）にのぼるという。

半年間に四百億ウォンが煙に 喫煙人口急増

専売庁によると、今年一月から六月までの喫煙人口は八四七万人に急増し、巻たばこに換算して一人一日十五本ずつ、二四〇億九八一七万本、三八八億四六〇〇万ウォンが煙になった。

昨年同期の二一五億一〇七五本に比べると三五億八七四二本もふえており、品種別にはフイルター付が四七・八％、一一五億三七九七万本と全体の約半分を占め、次が両切の四三・六％、一〇五億二七四八万本、刻煙草は八・四％の二〇億三三七二万本（刻煙草一グラム＝紙巻煙草一本）だった。

3146万9132人

70年10月・韓国の人口

都市に集中の傾向

昨年十月一日現在の韓国総人口は、三一四六万九一三二人で、内訳は男子一五七七万八九二三人、女子一五六九万〇二〇九人、一平方キロ当りの人口密度は三一九・六人となっている。

世帯数は五八六万四三三〇世帯で、うち無住宅世帯は一四九万九七二世帯にのぼり二五・四％の住宅不足をみせている。

人口の都市化傾向は著しく、ソウルの人口は五五三万六三七七人、釜山も一八八万七一〇人にふえ一平方キロ当り人口密度は、ソウルは九〇三二人と二万人に迫り、釜山も[illegible]〇三九人に達している。

市道別人口数（70年10月1日現在）

市道	人口	比66年増減(%)
ソウル	5,536,377	31.6
釜山	1,880,710	31.5
京畿	3,358,105	8.1
江原	1,866,828	1.9
忠北	1,481,566	(一)4.4
忠南	2,860,690	(一)1.5
全北	2,434,522	(一)3.5
全南	4,005,735	(一)1.0
慶北	4,559,584	(一)1.9
慶南	3,119,393	1.8
済州	365,522	8.4
合計	31,469,132	7.4

全国10大都市人口数（単位千人）

順位	都市	世帯数	人口	住宅
1	ソウル	1,097	5,536	596.8
2	釜山	371	1,880	212.6
3	大邱	218	1,083	103.8
4	仁川	128.8	646	73.3
5	光州	89.8	502	48.8
6	大田	73.4	414	41.8
7	全州	46.6	262	27.2
8	馬山	37.2	190	22.7
9	木浦	32.9	177	19.9
10	水原	33.4	170	19.9

本国論調

日本のアジア的役割 新しい次元で巨視的に寄与せよ

佐藤首相が断行した大幅の内閣改造と党要職改編、外務省発表の外交青書は七〇年代日本の政治・外交の指向を示唆しているとの観点から内外の至大な関心と注目をひいた。特に韓国との関連からすれば親韓派の福田氏の外相転任、韓国と深い因縁をもつ水田蔵相と赤城農相、田中通産相等、一そう韓日協調が期待されているだけに今度の改閣は七〇年代アジアの将来と時に韓日協調関係を考慮した極めて思慮深い経綸の布石とも評価される。特に東北アジアでわが韓国の占める位置と役割の重要性にてらし、韓国の安保と国力培養が直ちにアジアの平和維持に直結する問題になることを改めて再認識し、今後佐藤新内閣は韓国の経済建設と貿易アンバランス是正等韓日間の七〇年代の協調に巨視的度量の寄与がなければならないと信ずる。

これと関連し外交青書が、韓半島の事態が日本の安保と密接な関係にあることを指摘し、日本が韓国の経済開発と国民福祉向上のためあらゆる可能な援助を惜しまず提供しなければならないと強調したのは、アジア情勢に対する賢明な状況判断と韓日関係認識として多幸なことと考え歓迎にたえない。米国が中共と関係改善を追求するのはかまわないとしても、中共のいいなりに「屈従解決」を事とすれば、大局的見地から氏して米国の利益にもならず、アジアの将来のためにも一そう憂慮すべき結果を招くことにしかならない。問題は正にここにあり、そこで注目されるのであ、日本のアジア国際政局での指導的役割の重要性といわざるをえない。七〇年代東北アジアの情勢展望に相当な変化が予想されているだけに、このような新潮流の情勢展開に備えた新たに出帆した佐藤新内閣も巨視的経綸をもち、対中共接近政策等に慎重にも慎重を期す一方、七〇年代韓日協力関係とアジアの共存共栄の追求により新しく一そう努力をつくさねばならない。（大韓日報）

韓米防衛協力 姿勢の設定

韓米両国国防長官を中心にソウルで開かれた第一次定例安保会議は、われわれが韓米防衛条約上の米国の防衛協力義務をNATO条約のように自動化するよう要請したのに対し、米側が年例安保協議制度という方式で、対韓防衛公約の象徴としようということで開かれたもので、これが継続されればわれわれの基本的問題は解決されよう。

今回の共同声明は、米側が約束できることは約束し、出来ないのは出来ないと明確な態度を表示したことにつきる。米側が主に説得にまわり、われわれの最少限の主張をうけ入れたにすぎなかったようだ。韓国軍を強化しなければならないという第二項にしても米側の新しい公約といえない。国軍近代化計画の早期実現という要求も結局うけ入れられなかった。最近装備要求に対しても一般的約束や同意をしたことにすぎない。F5A機導入促進をうたったことで、F4Dファントム戦爆機とF5E戦闘機の追加導入の要求はうけ入れられなかった。北傀の海上浸透防止要求にしても検討継続という程度にとどまった。韓国防衛のため米に介入の自動化に対するわれわれの一貫した主張も、動力攻撃があった場合「迅速かつ効果的」援助をあたえるにおわった。米国が約束するのがむつかしいため、この程度で満足しないわけにはいかない。

ともあれ、共同声明は、ニクソン・ドクトリンの下でありうる、韓米防衛協力関係の姿勢を設定した最初のものという点で、大きな意義があるといえる。もとより、われわれの具体的要求に対し米国側が後退的態度を示した不満な点にあるが、韓米間の安保のための紐帯の基本が設立されたという点で、何よりも幸であると考えねばなるまい。特にレアード長官が休戦線を直接視察したこともわれわれの安保観を理解する上に役に立つと信ずる。これからも続く年例安保会議を通じ、現実的面で強力な韓米軍事協力関係が継続されることをのぞむ。（京郷新聞）

ニクソン氏の中共訪問

ニクソン米大統領が中共を訪問することは実に七〇年代にあっての画期的歴史的事例といわざるをえない。顧みれば米国と中共の関係を一言で表現すれば「愛憎の関係」を長い間つづけたと表現できよう。共産圏は内部の経済、政治的矛盾の深化で対外的攻勢力が弱化し、中共は東南アでの足場を失うに至り、米国はアジアにとどまって国際共産主義の膨張を阻止する理由がだんだん薄くなり、ニクソン・ドクトリンが生れるにいたった。中共は文化革命で国内体制を固めており、対ソ関係悪化のため米国への接近を試図しないわけにいかなかった。ニクソン大統領としても国内面、対外的失策で人気が低下しているので、ベトナム戦の終結と中共関係改善という二つの得点により来年選挙で再選をはかろうとするもののようにみえる。それぞれ共通した接近意欲をもつ米中接近は米ソ関係に支障を招く可能性もなくはない。米ソ中の三角関係でソ連は中共より有利な立場を維持できるが、今後米国と中共がソ連に対し同じ距離を維持しようとすれば、ソ連の立場は極めてむつかしくなることは十分予測できることである。米中関係がニクソン大統領の中共訪問ですべて解決され「友好的」関係になるとみられるのは、楽観にすぎることで速断といわざるをえない。米ソ関係が基本的に平和共存のワク内にありながらも、いぜんいたる所で対立をし競争し衝突の危険すら内包しているように、米中共関係も今後米ソ関係に劣らず、複雑で険難なみちを歩まなければならないとみるべきであろう。中共が将来その勢力圏内と主張するかも知れない周辺諸国中の一つである韓国の立場よりすれば、米中共関係の発展はいろいろな意味でわれわれをして錯雑な情をいだかせる。それがために、ニクソン大統領が「決して古い友人を犠牲にしない」と言明したことをわれわれは心して見守ろうとするものである。（東亜日報）

年間所得1億ウォンの金持ち30人

韓進の趙重勲氏 四年連続トップ

東洋一の靴地メーカー第一毛織工場（三星系）

ベトナム景気後退

昨一年間の所得に対して課税する本年度総合所得税納税者リストが国税庁により発表された。これによると、年間所得一億ウォン以上の金持ちは三十人で、そのランキングは別表の通りである。

トップは韓進商事の趙重勲氏で四年連続首位の座を占めているが今年は所得、税額とも若干減っている。とはいうものの、九億八千七百万ウオンの所得に対し一億八千九百万ウオンの納税額は、二位の二億八千七百万ウオンと八千六百万ウオンをはるかに引きはなしてい七億五千万ウオンから二億九千万ウオンに、納税額も一億四千万から五千八百万ウオンに落ちたことからもうかがえる。両者ともベトナムに用役を輸出してかせいでいるからである。

しかし前年まで下位にとどまっていたグループの上位進出も目立っている。昨年だけでも趙氏一家は、父つ、六六位だった大韓農産の朴竜学氏が五位に、七九位の韓国物産趙重建氏が九位に上っている。十八位の元豊産業[illegible]氏が三位だけである。これもベトナム景気の後退を示すものであろう。やはり昨年二位だった京南企業の[illegible]氏が四位に落ち、所得も五億も減っている。

三星財閥の総帥李秉喆氏もこれまでどういうわけか、三十位以内に名前が出なかったが、今年は二十七位に、東洋交通朴斗秉氏も昨年二〇位から一きょに十七位まで上っている。

財閥系の脱落目立つ

一方、脱落して姿を消した特進も少くない。

クリスチャン財閥崔泰渉氏（韓国ガラス）、昨年九位の紀中[illegible]全斗[illegible]氏、十位の[illegible]、昨年二十位以内の韓進観光趙重烈氏、釜山鉄鋼[illegible]氏らの名前が番付にみられないのも淋しい。韓国ガラス、韓国[illegible]、釜山鉄鋼等が現状維持の実績をあげているのをみると、相対的に他の財界人の所得がふえたことがわかる。

ランキングに多くの変化が生じ上位では所得額と納税額が減ったというものの、全体の所得水準は大きく伸びている。つまり昨年は所得三億ウオン以上が三人だったのに今年は一人に減り、納税額も一億ウオンが二人だったが今年は一人となった。

ところで、昨年の二十位の所得が五千七百万ウオン、納税額は一千六百万ウォンだったのに、今年は三十位でも一億三百万ウォンの所得に二千五百万ウォンの納税額である。これは物価上昇と合わせ勤労所得の増加、不動産所得増加等の要因もあるが、何よりも企業の成長、マンモス化とともに財閥の富も一緒に成長していることを物語るものといえよう。

71年度総合所得税高額納税者30人順位

（単位100万ウオン）

71年度順位	70年度順位	姓名	企業体名	所得金額	決定税額
1	(1)	[illegible]	[illegible]	987	189
2	(3)	[illegible]	[illegible]	287	86
3	(18)	[illegible]	[illegible]	263	61
4	(2)	[illegible]	[illegible]	295	58
5	(66)	[illegible]	[illegible]	174	53
6	(8)	[illegible]	[illegible]	182	52
7	(4)	[illegible]	[illegible]	235	49
8	(6)	[illegible]	[illegible]	191	47
9	(67)	[illegible]	[illegible]	143	43
10	(79)	[illegible]	[illegible]	148	41
11	(26)	[illegible]	[illegible]	134	38
12	(—)	[illegible]	[illegible]	121	38
13	(5)	[illegible]	[illegible]	121	36
14	(15)	[illegible]	[illegible]	157	36
15	(—)	[illegible]	[illegible]	123	35
16	(14)	[illegible]	[illegible]	136	35
17	(120)	[illegible]	[illegible]	159	33
18	(—)	[illegible]	[illegible]	164	33
19	(42)	[illegible]	[illegible]	111	31
20	(—)	[illegible]	[illegible]	96	28
21	(25)	[illegible]	[illegible]	136	27
22	(—)	[illegible]	[illegible]	134	27
23	(7)	[illegible]	[illegible]	137	27
24	(28)	[illegible]	[illegible]	129	27
25	(13)	[illegible]	[illegible]	106	26
26	(—)	[illegible]	[illegible]	134	26
27	(32)	[illegible]	[illegible]	120	25
28	(—)	[illegible]	[illegible]	116	25
29	(—)	[illegible]	[illegible]	89	25
30	(—)	[illegible]	[illegible]	103	23

鄭在俊、閔泳相両氏を停権処分

李中央監察委員長が発表

"規約第66条を犯した"

"組織の混乱拡大"許せぬ

民団中央監察委員会（李寿成委員長）は、一九七一年七月十五日付で、前東京本部団長鄭在俊、前東京本部議長閔泳相両氏を、本団規約第66条運用規定第2条第1項および6項に該当し犯したことについて、査察の結果、各々3年の停権処分を措置した。

停権処分通告

■氏名、鄭在俊
■生年月日、一九一七年八月三日
■本籍、慶北、慶山郡押梁面三養洞二七
■住所、東京都杉並区今川一ノ一ノ二〇

東本正常化を強硬推進

東京都各支部団長・事務部長会議

8・15記念行事など協議

七月の北送者僅か一三四人

八月以降はゼロ

高昌運氏を団長に選出

荒川支部、臨時大会

米兵と韓国住民が投石合戦

尋ね人

式典後の余興を楽しむ組合員

預金一千億達成

韓信協 記念祝賀大会

韓信協第十六回総会

朴漢植会長を再選

16日大阪新東洋ホテルで

商銀育成のため全力傾注

韓国人消費生活協同組合設立に関する要領

民団中央経済局活動の一部

（下）

始めての人のためのガイド

韓国と韓国人（続 その一）

氏族社会を形成していた古代から、韓国民の生活は、家族制度に強く支配されてきた。儒教が導入されてからは、この傾向は一層強くなった。近年に至って、この家族あるいは血縁中心主義はかなりすたれ、西欧の個人主義が都会では支配的となっているが、それでも数千年に及ぶ伝統は根強く韓国民の生活にしみこんでいる。

風俗と伝統

【名前】韓国人の名前は、ほとんどが三文字からなっている。姓氏の方が先にくるのは、日本の習慣と同じである。たとえば「金善達」という名前の場合、「金」は祖先と家族をあらわす。「善達」が本人のものだが、男の子の場合は二の字のうちのいずれかが、兄弟たちと同じ字になる。兄が「善達」の場合、弟は、「善三」あるいは「栄達」といったぐあいである。女の子の場合も姉妹同士は男の子の場合と同じ方法が取られる。姉が「金英淑」であれば、妹は「金英恵」あるいは「金貞淑」といったぐあいになる。

韓国でいちばん多い姓氏は、金・李・朴・安・崔・趙・鄭・韓・姜・高・林・呉・尹・兪・柳・曹・具・申などである。

女姓は、嫁いでも実家の姓氏を変えない。すなわち「金英淑」が「李善達」という人の所へ嫁いでも、「金」の姓は持ちつづける。これが日本と異なる点である。

名前のつけ方で日本のそれともう一つ異なる点は、いとこ同志であれば、兄弟の名前と同じ具合になる。すなわち一人が「金善達」であれば、もう一人は「金永達」あるいは「金善健」となる。韓国人が持っている三文字の名前のうち、一字だけが本人のもので二文字は父方の血統をあらわすわけで、大家族制度の名残りである。

△古式ゆかしい結婚式（左が新郎、右が新婦）

衣・食・住

【衣服】韓国の都会では、国有の民族衣装よりも洋服姿を多く見かける。これは、洋服の方が活動的だからである。しかし、地方へ行くにつれ、また高年層になるにつれて、民族衣装を着る男女がふえてくる。結婚した女性は、ほとんど民族衣装を着用する。

男性の着物は、ゆったりとした上衣とはかまからなるが、上衣は前面をひもで結び、はかまもくるぶしの所をひもで結ぶようになっている。足袋もあるが、今はほとんどはかない。これは、たとえ国有の着物を着ても、皮靴をはくのに不便だからである。

女性の衣装も、男性の場合と同じように上下に分かれるが、上衣をチョゴリ、下のスカートをチマと呼ぶ。

民族衣装の材料は、昔はほとんどが白の木綿か麻であったが、最近では色とりどりの化学繊維も取り入れている。

昔から韓国民は、白を好んだ。三世紀中葉の中国の史書「三国志・東夷伝」によると、すでに古代韓国人を称して「衣尚白」と述べている。隣代の史書でも、新羅人が「服色尚素」と記されている。ともに衣装の色に白を好んだことが明らかである。

韓国民の白好みは、衣装の部分に限らず、食器も大半が白、住居は障子紙も白紙で貼ったものである。

韓国人が白を好んだのは、韓国の太陽の光りのように鮮やかな光線の下では、白い色が一番似合うからだといわれている。韓国は昔、「朝鮮」と呼ばれたが、これには「その国の東方にあって、陽光ず明らかなる故に名づく」といういわれがある。しかし、この白好みも、今は相当にすたれた。

【食】ぜんの基本型は、ほとんど決まっている。白米のご飯、肉か魚のお汁、キムチ、その他数菜である。

キムチとは、もっとも特徴的な副食物で、日本のお新香あるいはつけ物のことである。つけ方は、白菜を一夜塩づけにし、翌日取り出してよく洗い、葉と葉の間に唐辛子・大根・にんにく・人参・せり・しょうが、ねぎ・りんご・くり・ぐち・塩サケ・牛肉・ミル（海松）・松の実など極細切りにしてつめ、葉全体からしばってつける。つけ汁は、小海老（アミ）の塩辛から取ったダシでつくった塩水である。

副食物としては、韓国人は焼き肉、焼き魚、煮魚などを好む。

【住】二十世紀に入ってから、都会では西洋風の家や高層アパートに住む人が多くなったが、それでも韓国民の大多数は固有の韓国式家屋に住んでいる。

この家屋の平面図は、大部分がL型あるいはU型になっている。全部が一階建てである。レンガ・粘土・土・セメントなどでつくられる。屋根は農村ではわらぶき、都市ではカワラぶきが多い。

室内では、暖を取る方法としてオンドル（温突）という独特の方式が発達した。これは、石と粘土あるいはセメントで固めた床の下に熱を入れて、床面をあたためる方法である。床の表面には、油紙をはる。

【年中行事】農村には陰暦で行なう所もあるので、陰暦を基準にして述べてみよう。

一月一日。早朝に、一家一同が家に集まり、「茶礼」という祖先の祭祀（法事）を行なう。宗廟（祠堂）にはあかりをともし、祭卓には肉、菓子、果物、もちなどを供え、献香して礼拝する。茶礼が終わると、年少の者は歳拝を行なうために出かける。歳拝とは老人または長者に年拝の礼を行なうことで、子供たちはその返礼として、おこずかいやお菓子を頂だいする。

一月十五日。この日は村中総出で、たいこ踊る。中央のはやし台には鼓笛、太鼓、小鼓、長鼓、鉦などのはやしかたが陣どって、はやしまくると、いっせいに男女が踊り出す。村対抗の相撲大会も開かれる。

三月三日。節句の一つである。この日は珍味佳肴をつくって野に遊ぶ。

四月。清明の翌日は「寒食」の日で、墓参をする。八日は釈迦の誕生日で、盛大な行事が行なわれる。

五月五日。節句の一つである。この日はぶらんこ、相撲、女性の板とびなどがある。ぶらんこは十米以上もある柱に取りつけられる。婦女のぶらんこ乗り競技も行なわれる。高く上がったほうが勝つ。相撲は、日本のそれとは異なって、足から腰にかけて相手がつかむ帯をしめ、まず四つに組んでから始める。大会の賞品は、米一俵、牛一頭がよく出される。力じまんの老人は、若い時をふりかえり、昔は村の相撲大会で牛一頭をせしめたものだと、語ったりする。

六月十五日。この日を流頭日と呼び、農村では河辺に行って頭や身体を洗い清める。

八月十五日。秋夕あるいは嘉俳の日と呼び、墓参して茶礼を行なう。

十月、十一月、十二月には、とくにこれといった伝統的な行事はなく、冬至の日にあずきのかゆをつくって食べることぐらいである。

クリスマスは公休日で、宗教的な行事が行なわれる。

秋の終わりごろになると、家庭の主婦たちは、キムチづけに忙しくなる。これは冬中地下に貯蔵され、翌年の春まで副食物の重要な部分を占めることになる。

【家族の行事】韓国人は、一生を通じて、二回盛大にその誕生日を祝う。最初は生まれて一年目の誕生日で、赤ちゃんは、華やかな固有衣装を着せられ、両親の親戚、友人が集まって、子供の前途を祝ってやる。つぎは老人の還暦祝いである。人の子と生まれて、両親の還暦祝いをしない者は、最大の親不孝者とされている。

【結婚】見合いでも恋愛でも本人の意思が最も尊重される。これも二十世紀に入ってからの近代風潮の一つで、十九世紀までは、恋愛は家のご法度とされ、両親が勝手に取り決め、相手の顔も見ることなしに、結婚式を挙げて、夫婦となった。結婚式も最近では、その要する時間が短かければ短い程喜ばれるようになった。家庭的な行事や儀式の簡素化が叫ばれている影響である。

宗教

古代韓国では、まったく理解出来ない存在や現象、とうてい支配出来ない存在や現象はことごとく信仰の対象になった。太陽、月、あるいは星などといった天体も、その例外ではなかった。高い山、大きな河川、岡、あるいは大地そのものさえも、礼拝の対象になり神聖視された。

死人を葬むる場合、副葬品として生前の所有品が、一緒にうずめられた。また家族墓地がつくられた。王や王族、貴族の葬式は、さまざまな儀式をともなった。国王の陵には生前の所有品、装身具、日用品などを入れた石造あるいは粘土製の容器が残されており、壁面には儀式、風俗あるいは生活様式などを伝える壁画が描かれた。

この種の王陵が、統一新羅の首都慶州市や高句麗の首都通溝（旧南満洲）周辺で、しばしば発見され考古学上の研究資料になっている。中国や日本の場合と異なり、この時代の絵画も発見されている。

韓国には、仏教、儒教、キリスト教の三大宗教がある。

【仏教】西暦三七二年、中国前秦の順道が仏典と仏像を高句麗王室に伝えた。これが韓国民と仏教の初めての出会いである。

高句麗で仏教が栄えるにつれ、その余力は、百済、新羅の二国にも及んだ。仏僧らは相次いで中国大陸に渡り、新しい宗教と中国文化を学んで来た。

仏教は王室の保護を受けて、国教の地位を与えられ、寺院、仏像、石塔などが建った。北方の高句麗はさておき、百済や新羅の仏教遺蹟は、両王朝滅亡後も保存され、往時の工芸を知る手ごろな導き手として、あるいは純粋芸術作品として、非常に愛されている。

百済は西暦五五二年に、仏教を日本に伝えた。仏教の紹介のほかに、その他の進んだ技術もまた仏僧らといっしょに、玄海灘を渡り古代日本に文化の夜明けをもたらした。

古代三国のうち、新羅は公式的には、仏教を受け入れた最後の国であるが、統一新羅の安定期に仏教文化は最も栄えた。

高麗王朝も仏教を国教に定めた。官吏登用試験でも、仏典の中から問題が出されるほどであった。王族や貴族の子弟は、進んで頭をかり、仏弟子になった。高麗王朝の最も偉大な業績の一つは、仏典の刊行であったが、その時代につくられた八万大蔵経の版木は現在まで慶尚北道海印寺に保存されている。八万枚にのぼる版木の両面にお経が刻まれているので、十六万ページのぼう大な経典がつくられたわけである。

高麗のつぎに立った李氏王朝は高麗時代の反動から、排仏崇儒の政策を取り、儒教を国の指導理念にした。その当時まで、都市や部落の真ん中にあった寺院は、全部山の中へ移されたが、仏教の命脈は生きつづけた。現在韓国の仏教徒は、約五百万人を数え、韓国最大の信徒を持つ宗教の一つになっている。最近は、仏教の近代化が叫ばれ、仏教の教団は、現在二つの総合大学校、三つの単科大学、相当数の中高校ならびにその他の教育施設を運営している。

【儒教】儒教―孔孟の教えがいつ伝来されたかについての正確な記録は見当たらない。それほど伝来の歴史は、古代にさかのぼるといえよう。

儒学を含めて、大陸文化はおそらく中国人が韓国半島に移住して来た時から、少しずつ紹介されたことだろう。

中国では、紀元前一〇八年に漢が半島に四郡を置き、郡県政治を布いた時から、大陸文化、したがって儒教の流入が本格的にはじまったとされている。

韓半島に建った最初の大学といえる高句麗の太学は、西暦三七二年の仏教伝来と時を同じくしているが、始めて儒学を講義した。ここを経て、儒教は百済と新羅に伝わる。

儒学は宗教というよりも、むしろ哲学あるいは知識の源泉と考えられた。政府の官吏は、歴史と政治に関する知識を得るために、儒教を学んだ。新羅の三国統一が実現し、国民の生活が安定しはじめた時から、儒教は国民の教養を促す上で重要な役割を果した。

高麗王朝の国教であったが、儒教の普及や研究に対しても、迫害は加えられなかった。二つの教派が仲よく栄えた。その理由は主として、仏教が国民の心を一つに帰依させる信仰として受け入れられたのに対して、儒教は個人の栄達の手段とみられた点にあったかも知れない。官吏登用試験は、とくに儒学に通じた人を選んだのである。

知識欲を満足させるために、大陸へ留学する学者がふえた。朱子学が起こった時も、これらの留学生を通して、さっそく韓国に伝わり普及した。

李氏王朝が儒教を国教に定め、儒教は黄金時代を迎えた。儒教は政治生活、精神生活ばかりでなく個人の生活にまでも、強い影響を及ぼした。この影響は今も根ぶかく残り、現代の韓国民の生活を大きく支配している。

[illegible]は、儒教の近代化をはかるための団体がつくられた。儒教系の財団である成均館財団は儒教の維持と普及のため、さまざまな社会的、経済的、文化的事業を行なっているが、その代表的なものが総合大学がある成均館大学校の運営である。

【キリスト教】十七世紀に、中国大陸へ外交使臣として派遣された使節団が、そこで初めてキリスト教の文献を読んだ。これが、韓国民とキリスト教の最初の結び付きである。ほとんどの場合、キリスト教は宣教師の進出によって、海外布教を遂げたが、韓国の場合は、韓国人自身がキリスト教の文献を研究することによって、韓国に伝道された。このような経緯は、キリスト教の伝道の歴史の中でも、極めてまれなことであろう。

仏教と儒教の国に、西欧の新しい理念が伝えられた。韓国民は別の世界に目を開きはじめた。新しい世界の宗教と、それがもたらす先進科学に、はげしい好奇心を燃やし、熱心な反応を示した。

しかし、政府の鎖国主義は、キリスト教徒に殉教を強いた。政府は、洋人の神を崇め、伝統的な思想と全く異なる人生観を抱くキリスト教徒を危険視した。韓国におけるキリスト教史の最初の百年間は、殉教者の血をもって書かれた。

それにもかかわらず、キリスト教は徐々にではあるが、国民の間にひそかに広まった。ローマ法王庁は、布教以外の他の偽装した名目で、神父を派遣してきた。一八五三年には、韓国内の信徒数は、約二万人にのぼった。

東洋の隠士の国の固く閉ざされた韓国王朝の門戸も、西欧化と近代化の波には抗しきれなかった。李氏王朝政府は、アメリカ合衆国との間に、友好通商条約を結んだ。時まさに一八八二年、この年をもって、キリスト教徒にも信仰の自由が与えられ、迫害は中止された。旧教の神父につづいて、新教の各宗派の牧師が、相次いで韓国に布教のためやって来た。

（この項おわり）

税務相談室

解答者 尹達鏞（民団中央本部副団長 公認会計士・税理士）

本紙では、団員皆さまの要望に応え、税務相談室を設けることにしました。解答者は、斯界の権威である鈴原税理事務所々長・尹達鏞副団長です。税務百般にわたるどんな質問相談にもお答えします。遠慮なく御利用下さい。

譲渡代金回収不能で貸倒れ！

【問い】資産の譲渡に伴い譲渡代金が回収不能となった場合の取扱い方についてお教え下さい。

【答え】譲渡代金が回収不能で貸倒れとなった場合と、保証債務を履行するために、資産の譲渡が行なわれる場合があると思います。

❶譲渡代金が貸倒れとなった場合

その年分の譲渡所得の計算の基礎となりました収入金額の全部又は一部を回収することができなくなった場合、または返還すべきこととなった場合は、その回収不能額等のうち、次のいずれか低い金額に達するまでの金額は、収入がなかったものとみなされます。（所得税法六四条1項、所得税法施行令一八〇条2項）

（イ）回収不能額等が生じた時の直前において確定しているその年分の総所得金額、退職所得金額および山林所得金額の合計額。

（ロ）その年分の譲渡所得の金額から、回収不能等に相当する収入金額がなかったものとした場合に計算される譲渡所得の金額（五[illegible]額。

❷保証債務の履行の場合

保証債務を履行するために資産の譲渡があった場合において、その履行に伴う求償権の全部または一部を行使することができなくなったときは、その行使できないこととなった金額（不動産所得の金額、事業所得の金額又は山林所得の金額の計算上必要経費に算入される金額を除く）を前項①の回収不能額等とみなし、前項①の規定を適用することとされています。（所得税法六四条2項）

（イ）保証債務の履行があった場合とは、民法第四四六条（保証人の責任）に規定する保証人の債務または第四五四条（連帯保証人と同抗弁権）に規定する連帯保証人の債務の履行があった場合のほか、次に掲げる債務の履行等があった場合もその債務の履行等に伴い求償権を生ずることとなる場合には、これにあたるものとして取り扱われます。（所得税基本通達六四条4項）

①不可分債務の債務者の債務の履行があった場合

②連帯債務者の債務の履行があった場合

③合名会社または合資会社の無限責任社員による会社の債務の履行があった場合

④身元保証人の債務の履行があった場合

⑤他人の債務を担保するため質権若しくは抵当権を設定した者がその債務を弁済し、または質権もしくは抵当権を実行された場合。

（ロ）保証債務を履行するために資産の譲渡があった場合とは、主たる債務等の弁済に充てるために自己の資産を譲渡した場合であれば足りるものとされ、その譲渡の目的となった資産がその弁済されるべき主たる債務等の担保に供されていたものである場合はもちろん、そうでないものである場合もこれに含まれることとされています。なお、主たる債務に関する利息、違約金、損害賠償その他主たる債務に従たるものは、特約がない限り、すべて主たる債務に包含されることになります。

（ハ）保証債務の履行を借入金で行ない、その借入金を返済するために資産を譲渡した場合においても、資産の譲渡が実質的に保証債務を履行するためのものであると認められるときは、保証債務を履行するため資産の譲渡があった場合に該当するものとします。（所得税基本通達六四条五項）

（ニ）求償権を行使することができないとは、その求償の相手方である主たる債務者等について次のような場合はこれに当たるものとされています。

①会社更生法の規定による更生計画の認可の決定があった場合でその決定により切り捨てられることになった部分の金額。

②商法の規定により特別清算にかかる協定の認可もしくは整理計画の決定または和議法の規定による和議（強制和議を含みます）の決定があった場合で、これらの決定により切り捨てられることとなった部分の金額。

③法令の規定による整理手続きによらない関係者の協議決定で、次により切り捨てられる場合で、その切り捨てられることとなった部分の金額。

（A）債権者集会の協議決定で合理的な基準により債務者の負債整理を定めているもの。

（B）金融機関等のあっせんによる当事者間の協議により締結された契約でその内容がAに準ずるもの。

④債務者の債務超過の状態が相当期間継続し、その貸金等の弁済を受けることができないと認められる場合において、その債務者に対し債務免除額を書面により通知した場合でその通知した債務免除額。

なお、求償権を放棄したような場合であっても、その下たる債務者等に支払能力があると認められる場合にはこれに当たらないものとされます。

韓國新聞

在日大韓民国居留民団
中央本部機関紙
韓国新聞社
発行人　李禧元
東京都文京区春日町
2丁目20−13
電話 (815)1451〜3
(813)2261〜3
振替口座 東京 163774

民団綱領

一、われわれは大韓民国の国是を遵守する
一、われわれは在留同胞の権益擁護を期する
一、われわれは在留同胞の民生安定を期する
一、われわれは在留同胞の文化向上を期する
一、われわれは世界平和と国際親善を期する

第八代国会開会宣言

朴正煕大統領も出席

議長に共和党の白斗鎮議員

本国の第八代国会は、去る二十六日、国会議事堂の本会議場で開会式を行なった。この開会式には、朴正煕大統領をはじめ全閣僚、最高裁判事、駐韓外交使節が出席、朴正煕大統領は二百人の議員の前に立って「与野協調を通じた生産的な国会運動を要望する」要旨のあいさつを述べた。

五ヵ月半の短命内閣を終えた当時の白斗鎮新国会議長

第八代国会の議題

第23回制憲節記念式典

朴大統領、法の尊重語る

444	金弘壱氏
対	
370	金大中氏

新党首に金弘壱氏

新民党　臨時全党大会で選出

安保外交問題が焦点

「安保協議会」の構成同意

金大中氏は75年に焦点

致命的だった大会延期

次期大統領候補指名　ねらいはあくまで

米国務長官が米政策表明

レアード発言に韓国政府の見解発表

「ニクソン訪中」発表後の本国

分断国家の国連同時加入を警戒

冷静に対策検討

なお"単独戦争"挑発の危険性

朴大統領、国防大院で語る

「北」に平和指向促求

軍事停戦委秘書長会議

政務委員25人決る

新民院内総務は金在光議員

新党首、新体制の背景

外国郵便為替

案内利用

韓米繊維会談再開

ケネディ特使、政治妥結で動く

業界はボイコット反対デモ

韓米繊維会談が、二十七日からソウルで再開された。第一次会談が物別れにおわっているだけに大会議、…がどのように妥結するか注目され…

2兆5459億ウォン

GNP（国民総生産）

70年度成長率は8.9%

GNP主要指標

年度	69年	70年
GNP総規模（億ウォン）	2兆471	2兆5,459
GNP成長率（%）	15.9	8.9
一人当GNP（弗）	193.0	223.0
総投資率（%）	30.0	28.2
総消費率（%）	82.8	83.2
総輸入率（%）	24.8	22.9
総輸出率（%）	20.7	19.8
農林漁業成長率（%）	11.9	－0.9
鉱工業成長率（%）	21.5	21.7
社会間接資本及びサービス成長率（%）	15.6	9.6
租税負担率（%）	15.3	15.6

生糸輸出

日本に片寄る

欧米向け促進が急

今年度生糸輸出目標額四、〇〇〇万ドルの九〇％以上は日本に振向けられているが、日本市場で中共との競争が激化することが予想されるので、輸出市場分散が望まれている。

本年度輸出目標を一億ドル増やす

レート切下げて14億5千万ドルに

フォード現代が合作会社

3メートルまで認める

旅行者の繊維類輸入　九月から実施予定

日中交易と韓国

八百万ドル借款協定に調印

ニュージーランド　原木など輸入調整

六日間「乙支演習71」を実施

映画「日本万博」通関保留

韓日等が北米運賃値上げに抗議

国際投資金融会社十月ごろ設立

同胞の皆さんへ！

七月から外国人登録の切替えが始まりますから、各自の期限を確かめて下さい。…また、出生、死亡、結婚などの場合は…ひじょうに大事なことですから、必ず届け出て下さい。

民団中央本部民生局

本国論調

警戒すべき日本の中共接近

韓日協力委3次総会を前に

日本が最近必死になって中共に接近しようとする態度は、われわれの警戒心をことさらに呼び起すものがある。東京で開かれる韓日協力委に日本屈指の企業が相次いで不参加を公言している。

韓国とこれまで取引きして来たのにいわゆる「周四原則」に承服し取引きを切るということに対しては、あえて多く語りたくないというのが率直な心情である。はなはだ残念なことは日本の大企業が韓国民間代表との会議まで避けようとすることである。日本政界や財界の韓国に対する不誠実でアイマイな態度が何よりも韓日両国間の協力を阻む要素として究明されるべきである。自国の利害のため異なる立場をとるのは当然といえよう。だから双方の民間代表が胸襟を開いて各自の利益を最大にあげる範囲で相互協力できる可能性を模索しようというのである。

今度の会議では文化協力問題も真剣に論議しなければならないようだ。日本で使われているほとんどの教科書が、わが国の歴史や今日の現実を正しく伝えていないようだ。このような矛盾が両国の理解増進に支障を来すことはいうまでもない。日本政府や知識人は韓国政府が支援を惜しまないのに、ソウルに日本公報館がまだ設置されない理由がどこにあるのか考えてみるべきである。

一言で評すれば、日本は三十六年という長い間、支配、抑圧した過去の植民地に対し、対等な立場で援助し、理解しようとする努力が足りないといえる。

韓日協力委に参加する韓国代表団が与野党政界と財界を全国的に代表している事実は、たとえ日本側が消極的であるとしても韓国がこの会議を極めて重視している証拠といえる。同会議はこれまでより、文化、政治面に重点がおかれると予見されるが、やはり経済関係が最も重要な領域であることはいうまでもない。互恵精神に立脚し韓国経済発展とさらには極東の安全のため生産的会議になるよう望むものである。（七・二三 ソウル新聞）

中共の内政干渉

平和五原則の自家撞着

アジアの動揺と米国

ア洲頂上会談の提議に共感

米の有名評論家スッパ抜く

韓国を中共貿易の中継地に？

韓米間で秘密の話合い

新自動車工業育成政策の問題点

新進自動車組立（大型車）工場内部

外国部品組立

工場化の危険

中共市場狙うビッグ・スリー上陸作戦

関東地方協議会

光復節記念行事など協議

例年通り中央慶祝大会開催

東京韓国学校々庭で光復節中央慶祝大会

…後中央本部会議室で開かれ、光復節記念行事など、当面問題について協議・指示した。

会議は辛容祥東本団長代行（関東地協事務局長）の主管のもとに…、朴性鎮事務総長、金…組織局長ならびに関東十一県地方本部団長および事務局長が集った中で進められたが、第26回光復節記念慶祝…で協議された予定に基づき、神田共立講堂で式典と記念公演をたなう。

しかし、場所については地協事務局が諸般事情をさらに検討して決定する。動員は関東各県代表および都内団員三千五百人を参集させる予定だが、千葉、静岡、茨城、長野、新潟の各本部は例年通り各地方単位で記念行事を行なうのでよい。

去る三月の中央委員会で決定したところの、代議員及び中央委員の配定数には神奈川県本部団長を関東地協代表とする（これは関東地協の事務局長が代表になるが事務局である東本が直轄され、…在日民が停権処分をうけたための措置）

この他、この日の会議では、東…

東本正常化の動き活発

前執行部の無軌道に非難

大韓公論　専務理事

はじめての母国へ

七七三人無事着く

第6回在日同胞母国夏季学校

周囲の温情で夏季学校へ

民団傘下信用組合の育成徹底

一世帯一通帳運動積極推進

「朝銀」との取引厳しく規制

民団安養支部総会

この子らに明日の希望を

韓国身障児に善意の一坪運動

海を渡って実る両国民の助け合い

力を貸して欲しいと韓国の障害者

職業訓練のため増築の要

「日本の善意にすべてを」一任

一坪六千円の寄贈運動

在日同胞初の「訓長」

済州儒林から金文玉氏に

山梨韓国人会館建設

有志98人　八百万円寄金

サハリンから帰還

始めての人のためのガイド

韓国と韓国人

韓国の古典美術の世界を概観すると、波乱の歴史の中にありながらも、天才を発揮して、他民族の追随を許さない独特の境地を開拓している。芸術の世界に臨んで、無我の境地を求めた純粋性がそこにある。

現代では舞芸は欧米にまで進出している。

彫刻・建築・陶磁器

東洋の美術は、仏教美術が圧倒的である。仏教の伝来とともに、仏像や寺をたてるために、彫刻と建築術が発達した。古代の作品中には、インドを通じて入って来たギリシャの影響のあとも見られる。

新羅美術の最高傑作とされる慶州石窟庵の仏像は、あたりをはらう崇高な気品によって最も尊ばれているが、大理石でない花崗岩に繊細な彫刻を施した石彫美術の技巧は驚嘆に値する。

高麗（西暦九三五年—一三九二年）青磁は、そのうわぐすりの秘密があやなす見事なヒスイ色が高く評価されており、表面のデザインも陰刻陽刻と独創的な象嵌の手法で、ボタンの花、ぶどう、水鳥川柳などの優雅な美しさを表現した気品は、見る人をとらえて離さない。

李朝に入ってからは、青磁から白磁に代わり、素朴さが尊重されるようになるが、大らかな自然の境地を漂わせ、芸術性が一層高まっている。李朝白磁には、悠久として動じない韓民族の気性がよく表現されている。日本の陶芸が、豊臣侵略軍によって連行された韓国人陶匠によって起こされたことは、すでに広く知られている。

散文と詩

古代の文学作品として、よくまとまって伝わっているのは、吏読文で書かれた新羅の郷歌二五首である。郷歌を通じて新羅の庶民の生活感情や男女関係を知ることが出来るが、百済の詩歌も幾つか残っている。

現代まで綿綿と受け継がれている優れた文学の一つには、時調と呼ばれる三行からなる一種の定型詩がある。時調は李朝時代に盛んにつくられた。名作を残した女流詩人も多い。

李朝時代の小説には、義賊物語に似た洪吉童伝、貞女春香をたたえた春香伝、宗教的な色合いの濃い九雲夢、貴族階級や時代の体制を風刺した物語などがあるが、小説は知識階級によってさげすまれたため、大きな発展をとげる機会に恵まれなかった。知識階級は長詩やエッセイを好んだ。

一九世紀末西欧の文物が紹介されると共に、近代的な意味での小説や詩が生産されるようになった。

現代の文学の最大の課題は、六・二五動乱など民族の体験をどのように文学的に昇華させるかということである。

音楽と舞踊

韓国民は昔から、歌と踊りを愛する民族といわれた。

韓国固有の音楽は、雅楽、唐楽そして俗楽の三種であるが、前二者は中国から伝わり、後者だけが本来の意味での固有のリズムといえる。しかし、今は前の二者もすっかり吸収され、韓国で国楽という場合、この三者を指す。俗楽の中には、時調、雑歌、立唱劇、立唱などがある。

国楽はほとんどが五音階からなっている。七音階を主とする西洋音楽に比べると、すこぶる単調に感じられるが、もう少しふかくそれに親しむと、『厳かで神秘な雅楽の旋律、心と魂をゆさぶる変化に富んだリズム、そして自由にして発らつとした民俗楽』（米国人作曲家アレン・オバネス氏）なのである。

国楽には楽譜がなかった。現代の音楽家は国楽のリズムを楽譜に表現する研究を進めている。このほか近代音楽の部門では数多くの天才が輩出している。

演劇と映画

韓国の演劇は、仮面劇、人形劇、唱劇、新派劇、そして新劇の五つに分けられた。仮面劇と人形劇は十九世紀末まで、広く民衆に愛された民俗劇であったが、西欧文化の伝来とともに一時衰退、最近に至って、その復興運動が盛んに行なわれている。

民俗劇の内容は、貴族階級に対する風刺と痛烈な現実批判に満ちている。民衆は、仮面劇や人形劇にたくして、日ごろの不満をぶちまけていた。

独立回復後現代演劇である新派劇や新劇が一時はやったが、ラジオ、映画そして最近にはテレビに押され気味。しかし、現在でもテレビのアルバイト出演で生活費をかせぎながら、新劇運動を行なっている若い人たちも、決して少なくはない。

韓国で映画がはじめてつくられたのは一九二一年であった。その後一九三八年まで黄金期を迎えたが、政治的な理由によって、一時すたれた。一九五五年政府が育成に乗り出してから、映画は初めて韓国に根をおろした。今では、映画は大衆娯楽の最も大きな手段の一つになっているばかりか、製作技術も長足の進歩をとげ、国際的な映画祭ではドキュメンタリーや劇映画を出品、各種の賞品をものにしている。

観光の現況

一九六五年、国際間に行き来した観光客の総数は、一億七千百万名にのぼり、彼らが各地に落としたドルは、百十四億六千万ドルに達した。そして世界の観光客数と各国の収入平均は、ここ数年間、年平均一〇%以上の成長をつづけている。

一方韓国の観光事業は、一九五八年から一九六三年までの間に、七五%の成長を示した。

一九六二年以後、韓国を訪れる観光客の数は、年平均四四%の比重でふえている。このため韓国は観光産業の育成につとめてきた。一九七一年には、外国人観光客一万八千名を招き、五千二百万ドルの外貨を獲得する計画である。

現在観光資源の開発、ホテルの増築、サービスの改善などを進めているが、ホテルだけを見ると、一九六八年末現在観光ホテル（外人向け）総数は五十一カ所で、客室は二千六百四十八にのぼる。一九七一年までにはホテルの客室は、四千四百室になる予定。

サービス改善のためには、民営のガイド養成所が運営されており一部の大学ではホテル学科を設けている。

〈観光資源〉

韓国を訪れる観光客の数がふえていても、韓国は依然として、見知らぬ国である。それで費用を出来るだけ安くし、サービスを徹底的に行なうことが叫ばれている。

観光産業を一種の目に見えない貿易と考えている政府は、その育成につとめているが、そのかいあって、個人観光客から団体観光客あるいは韓国で開かれる国際会議に出席する外国の代表団に至るまで、どんな観光客に対しても充分のもてなしが出来る施設を整えて

雅楽にあわせて躍る民俗舞踊

慶州にある石窟庵

雪の南漢城山は四季を通じその美観を誇る

美しくのどかな水原城付近

名古屋韓青による史劇「死六臣」の稽古風景

西洋画部門の特選作品

青磁象嵌牧丹文紅（高麗時代）

韓國新聞

在日大韓民国居留民団
中央本部機関紙
韓國新聞社
発行人　李禧元
東京都文京区春日町
2丁目20－13
電話 (815)1451～3
(813)2261～3
振替口座 東京 163774

民団綱領

一、われわれは大韓民国の国是を遵守する
一、われわれは在留同胞の権益擁護を期する
一、われわれは在留同胞の民生安定を期する
一、われわれは在留同胞の文化向上を期する
一、われわれは世界平和と国際親善を期する

天人共怒の無法ぶり

中央幹部をめった打ち

百数十人の暴徒なぐりこむ

八月二日午後十時四十分韓青、学生達を主体とした二百名にちかい暴徒たちは平和裡に事務所接収を終えた東京本部の屋舎に、天人も共怒する悪質極りない手法と残忍な手段で、狂つた狼のように襲いかかり、寸時に数十名の重傷者を出させたばかりでなく事務所は爆撃の跡を思わせるようなさんたんたる修羅場と化した。

対朝連闘争を彷ふつ

民団員とは思えない

重な負傷者

写真は、二日夜東京本部の事務所で角材のなぐりこみにあい負傷した㊤朴永鍋中央執行委員㊥崔相組次長㊦裴柬才民生次長

東本事務所、いったんは接収

事務引続ぎは行わず団務妨害

八月二日事件の経緯

特別寄稿

民団はこれでよいのか？

赤軍派ばりの破壊行為

学生けしかける前幹部

韓国の登山を言う愛国者

八・一五解放記念行事をさき防止

組織防衛対策委を設置

顧問・三機関・中執委連席会議

事件のあった東京本部屋舎。不法分子によって占拠されている（3日朝）

東南ア、中東での北韓封じ込め外交

新民党金大中梁一東氏ら

外国郵便為替 利用案内

全組織に「非常事態」宣言

事務引継中の中央役員に計画的な襲撃決行

李禧元団長記者会見

八月二日夜、十時すぎにおこった、民団史上、最大の汚点を残す、害団、不法分子一派による中央役職員への計画的襲撃事件に関し、中央本部では、在日韓国報道機関を招いて、この事件に関する態度表明の記者会見をおこなった。この日、午後一時半から、中央団長室で、記者団に臨んだ李禧元団長は、裵東湖事件を発端とする、東本前団長の鄭在俊氏と、同本部前議長の閔泳相氏(七月十五日付で、民団規約第六六条運用規定第三条第一項および第六項に該当する規約違反をしたかどにより、停権処分中)らによる一連の反民団、反国家の利敵行為を、再三指摘し、明らかにこれらの言動には、組織破壊の意思がうかがわれるとのべ、この騒乱をひきおこした影響で、民族解放の祭典である、八・一五光復節の記念行事も、所期の成果を果たすことが危ぶまれてきたことを憂慮し、許すまじき反乱行為であると強く糾弾、全組織に非常事態宣言をしたことを発表した。そして、この一連の脚本を書いて、煽動した指揮者を、徹底的に探り出して、真正な民族の名による審判を下さなければならないと、その決意のほどをひれき、同日午後三時から、ひらかれる中央顧問、三機関と、中央執行委員会の連席会議による緊急会合により、今後の諸事態に対応することをもあわせて発表した。(写真は、記者会見する李団長)

混乱と分裂謀略即刻やめ正常化

東京十三支部団長が発表

声明文

東京本部管下各支部および団員の皆さん!

東京本部の正常化のために去る七月二十六日、各支部団長および有志たちが会合した結果、その決議に従って左記のように声明文を発表する。

このたび、東京本部に対する上部の直轄処分は、真に遺憾な事態であるといわざるを得ない。わが民団の組織には、規律と秩序がなければならないことは厳然な事実である。

第34回中央大会で選出された現中央執行部を正当な民団の代表機関としてわれわれは認めるに依り東京本部前団長鄭在俊氏と前議長閔泳相氏は(前団長鄭在俊氏は常に民団はひとつであると)一刀両断した民団の規律と秩序を無視しているとは、まことにわが組織の不幸であるといわざるを得ない。

東京本部は、規約第35条の違反で中央本部から直轄処分を受け、また、規約運用規定第66条第一項により停権処分を受けたことは、すでに周知の事実である。

よって規約に順応して民団組織の秩序を遵守し、わが民団のためにこれ以上の混乱と組織の分裂を……

……

西紀一九七一年七月三十一日

収拾方案を強力に促求

直轄措置認めず暴言でののしる

決議文

一、東京本部前団長、鄭在俊執行部は即時直轄の事務引継ぎをして民団正常化に協力するよう要請する。

一、きたる八・一五光復節記念行事に使用するために借りておいた共立講堂を、東京本部二十二支部に即刻使用できるよう許諾を要請する。

一、鄭在俊氏と閔泳相氏の停権処分に対し、二十二支部の団長が責任をもって即時解除になるよう全力をつくす。

(追記)民団東京本部は、原則的に二十二支部団員と役職員が主人公であるということを確認するならば、右記解決方案に許諾署名捺印することを要請します。

一九七一年七月二十六日

東京本部の直轄処分に対する収拾方案を東京本部管下各支部団長及び有志のみなさんに強力に促求する。

文京支部団長　金尚弘
台東支部団長　李棋浩
中央通合支部副団長　金容九
墨田支部団長　洪象鏡
江東支部団長　金乗安
足立支部団長　金周華
荒川支部団長　高昌運
豊島支部団長　金東淑
板橋支部副団長　金鍾南
新宿支部団長　金炳栄

都内二十二支部のうち十三支部の団長が、七月二十二日台東支部事務所において、東本正常化のため協議し、東京本部の事務所に鄭在俊前団長をたずね、中央の指示に従うよう進言したが断わられた。……

創価学会のかくれみの?

……

北海道本部

民団北海道地方本部(崔東洵団長)では、七月二十六日、……

……

光復節に両国芸能大会

韓日高校の親善試合

……

金山駐韓日本大使次女の婚約式

……

東西海岸に前進基地

……

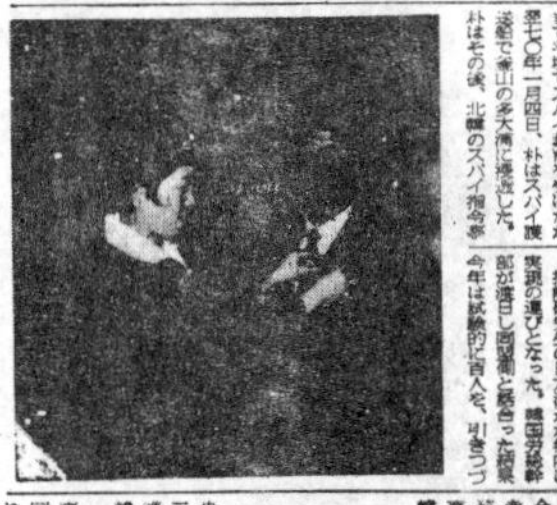

強殺の朴元根スパイと判明

……

日本へ青年研究生派遣本決り

……

新聞通信協会常任理事に東和

……

韓国一の月給取り趙重勲氏168万

……

忠清、湖南地方に豪雨61人が死亡

……

柳洙鉉氏別世

……

忠南水害義捐金に五万ウォン

……

尋ね人

……

同胞の皆さんへ!

七月から外国人登録の切替が始まりますから、各自の期限をもう一度よく見て手続きをして下さい。(写真三枚・印鑑)また、出生、死亡、結婚など、戸籍に関することは、ひじょうに大事なことですから、必らず民団支部に届け出て下さい。

民団中央本部民生局

自動車損害賠償は使用者側か

税務相談室

解答者　尹達鏞

(問)……

(答)……

韓國新聞

在日大韓民国居留民団
中央本部機関紙
韓国新聞社
発行人　李禧元
東京都文京区春日町
2丁目20−13
電話 (815)1451〜3
(813)2261〜3
振替口座 東京 163774

光復節記念号

民団に堅く団結し、われわれの権益を擁護し民族中興をなしとげよう

一、北傀と朝総連の赤色侵透を徹底的に粉砕し勝共統一なしとげよう

一、日本政府は韓日協定の基本精神に立脚し、在日韓国人を待遇せよ

一、日本政府は、在日同胞の北送再開を即時中止せよ

国土と民族の解放なり、はや二十六周年、いま祖国は民族中興と近代化のため大きな歩みをつづけている。

(写真は、昨年ソウルでひらかれた第二十五回光復節式典)

民団綱領

一、われわれは大韓民国の国是を遵守する
一、われわれは在留同胞の権益擁護を期する
一、われわれは在留同胞の民生安定を期する
一、われわれは在留同胞の文化向上を期する
一、われわれは世界平和と国際親善を期する

貿易会社の海外支社452社に増加

去る六月末現在貿易会社の海外支社が四百五十二社にふえ、昨年末の三百四十八から今年に入って百四社がふえたことになる。内訳はアジアの百七十八、米国百九二社である。

決議文

先烈の教訓つぎ国土統一

在日同胞の民生安定と擁護のため結集

われわれ在日本大韓民国居留民団関東地区代表二、〇〇〇名は、今日韓国学校々庭に集い、意義深い8・15光復節第26周年記念慶祝大会を盛大に開催し、この大会の名でつぎのように決議する。

一、われわれは、祖国の光復のために犠牲になられた愛国先烈の尊い教訓を受けつぎ、民族の念願である国土統一をなしとげ、民主々義下の繁栄と平和を達成するのに献身する。

一、われわれは、在日同胞の民生安定と権益擁護のために、あらゆる力を結集し、永住権取得後のすべての法的措置がわれわれに有利に展開されるよう積極的に努力し、この事業の推進のために一層の団結を発展させるのに全力をつくす。

一、われわれは、朝総連の民団に対する侵透工作を徹底的に粉砕し、彼らの虚偽宣伝と謀略に眩惑されている善良な同胞たちを救出するのに全力をつくす。

一、われわれは、祖国大韓民国が世界自由陣営のなかに堅く地歩を築いていることに呼応し、世界の自由と平和を守護することに努力し、特に近隣国である日本との紐帯強化に力をつくす。

一九七一年八月十五日
在日大韓民国居留民団
第26回8・15光復節記念慶祝中央大会

一面国防、一面建設で国威は日日に昂揚

記念辞

駐日韓国大使　李澔

李澔大使

親愛なる在日同胞のみなさん！ 今日、光復二十六周年と独立二十三周年を迎えるに際して、わたしは一層光栄に感じながら、みなさんとともに、わが祖国光復と独立のために犠牲になられた殉国先烈に対する深い追慕の意を表し、本日ここ日本においての記念式典を感銘深く思う次第であります。

ふりかえってみると、二十六年前の今日、わたしたちは祖国光復の感激に胸を躍り希望が満ちていました。が、それもつかの間、外力による国土分断、共産北傀の南侵による同族相残はあいついで、国土は廃墟化してしまいました。

それに外国の援助はわれわれをして戦時再生の希望さえない暗澹な苦難と試練をたえ忍ばねばなりませんでした。

敬愛する同胞のみなさん！ しかしわたしたちはその苦難と試練を克服せずにはいられませんでした。わたしたちは共産侵略を断平と撃退し、貧困を打破し、あたらしい経済建設に成功しました。

そうして、今日わが大韓民国は世界の国々の中からもっとも有望される国家として注目されており、国威は日日に向上し、世界いたるところで大極旗がひるがえっています。

……

光復の意義今日に生かそう

民団中央本部議長　張聡明

張聡明議長

北傀の再侵画策に惑わず 豊かな前途のために邁進

記念辞

駐日韓国公報館長　尹泰善

尹泰善公報館長

大統領の出張日当350ウオンに倍増

祖国近代化の隊列で邁進

飛躍的な発展をとげる

民団中央本部団長　李禧元

李禧元中央団長

親愛なる在日同胞の皆さん！ 光復節二十六周年を迎え、みなさんとともに喜び祝います。

……

韓日定期閣僚会議ひらく

韓国側　新次元の協力体制を

日本側　友好的な協力を強化

第五回韓日定期閣僚会議は十日午前十時から東京で開かれた。開会式で日本側代表団長の木村外相臨時代理は、日韓両国の関係はますます緊密になっている。これからも友好協力関係を強化していく考えだとあいさつした。これに対し韓国側代表の金鶴烈副総理兼経済企画院長官は、両国のいっそう緊密な協力体制の強化を希望するには、より一層緊密な協調が必要だと述べるとともに、東京から新次元のさらなる強化について、日本側の経済協力を要請した。

開会式に引き続き、午前十時四十分から第一回全体会議が非公開で二時間にわたって開かれ、韓日関係一般、アジア情勢、両国の経済情勢関係について、金副総理と木村外相がそれぞれ韓日の立場から基調演説を行なった。

このあと、両代表団は、各閣僚別の昼食会をはさんで、午後三時から閣僚別の個別会談を行ない、…

写真㊤は羽田空港でステートメントを読みあげる金鶴烈副総理㊦は外務省大会議室に居並んだ韓国代表たち

激動する国際潮流に伸縮性ある外交活動

金溶植外務部長官　国会報告の要旨

われわれ周辺の国際情勢には、大きな変化の波がうずまき、一九七〇年代の新たな国際潮流の中で最近急激な変化をみせている米中共間の関係が、われわれの関心の的となっている。われわれ外交の基本方針は、激動する国際潮流の中で、われわれの正しい即応な政策を完し、この潮流に機敏な対応を示す伸縮性のある外交活動をもって、われわれの国家利益を最大限に確保・増進することにある。

ニクソン米大統領は、中共との関係改善を重要な政策の一つとして打出しており、米国の対中共和解と接近の動きは、いわゆる「ピンポン外交」という言葉を生み、米政府はあとからあとへと対中共旅行・交易制限の緩和のため一連の措置をとった。

その中でも重要なことは、ニクソン米大統領の中共訪問決定であり、この決定に対し、米朝野の一部では警戒的な意見の表明はあったが、大勢、この決定を歓迎・賛成する慎重的な反応を示している。

わが政府は、ニクソン大統領の発表がある前、駐米大使を通じ、事前にこの決定に対する通告を受け、その間のいきさつに関し説明された。また政府は、あらゆる外交ルートを通じ、世界各国の反応を把握すると同時に、友邦諸国と…

非敵対国と国交樹立の態勢完備

金総理国会報告

国会本会議は、去る六日再開、金鍾泌国務総理、金溶植外務部長、申稙秀法務部長官は国会に出席、当面の国政全般にわたる報告を行った。（別項報告要旨参照）

この国政報告の中で金鍾泌総理は「政府は大韓民国に敵対行為をとらない国家と国交関係を樹立する態勢を整えた」と韓国外交政策の一大転換を意味する注目すべき発表を行った。この国政報告はじめ外務・法務の両長官の国政報告のあと、国会本会議は与野党との対政府質疑がはじまった。…

九月中央委で信任問う

民団中央本部李禧元団長は、八月十一日正午、団長室で記者会見をおこない、さいきん一連の混乱事態を収拾するため、九月の中央委で信任を問うと述べ、次の内容の声明を発表した。

李禧元団長が声明

声明書

…

<借款> 借主	借款先	借款額	備考
韓国電力	シメンス(独)他2社	20,687	2社超高圧施設導入
石油化学支援公団	丸紅飯田(日)	600	装備施設
大韓油槽船	チエースマンハッタン銀行(米)	2,895	中古油槽船19,000屯導入
現代建設	AHD社(米)	651	クレーン100屯以上2台導入
三敬化学	ケミベン社(独)	135	無水のタール酸工場設計変更による増額
新進自動車	トヨタ自動車(日)	3,013	自動車部品3,880台分
慶北開発	ジョージ、ケシアル社(米)	2,350	とうもろこし3万屯導入

<投資> 内国人	投資外国人	投資額	投資比率	備考
共文化	佐世保重(日)	49	49%	縫年間27万屯養殖
三和物産	トーメン(日)	120	49%	各種シャツ34万打生産
崔鏞赫	杉並建設(日)	100	49%	モータードックセンター施設
李憲	エレクトロニクス・インターナショナル(米)	200	50%	電子部品製造
金星社	ボスター電気	273	50%	電子部品製造

借款、投資12件に認可

外資委、新進に…

外資導入審議委がこのほど新進自動車に対する五百件、三、一五二万ドルの借款と五件六四万、二、九〇〇万ドルの外国人投資を認可した。

ところが新進に対する五〇一万二千ドルは、各種自動車部品輸入のための物資借款であるだけに自動車国産化政策にも逆行するもの…

〈出席閣僚〉

金鶴烈副総理開会辞

慶　第26回　光復節　祝

在日本大韓民国居留民団

東京地方本部(直轄)
神奈川県地方本部
千葉県地方本部
山梨県地方本部
栃木県地方本部
茨城県地方本部
埼玉県地方本部
三多摩地方本部
群馬県地方本部
静岡県地方本部
長野県地方本部
秋田県地方本部
福島県地方本部
宮城県地方本部
北海道地方本部
山形県地方本部
青森県地方本部
岩手県地方本部
新潟県地方本部
石川県地方本部
福井県地方本部
富山県地方本部
愛知県地方本部
岐阜県地方本部
三重県地方本部
大阪府地方本部
兵庫県地方本部
京都府地方本部
奈良県地方本部
滋賀県地方本部
和歌山県地方本部
広島県地方本部
岡山県地方本部
鳥取県地方本部
島根県地方本部
山口県地方本部
福岡県地方本部
長崎県地方本部
佐賀県地方本部
大分県地方本部
宮崎県地方本部
熊本県地方本部
鹿児島県地方本部
対馬地方本部
愛媛県地方本部
徳島県地方本部
高知県地方本部
香川県地方本部

信用組合大阪商銀
東京商銀信用組合
信用組合京都商銀
信用組合愛知商銀
信用組合大阪興銀
信用組合神戸商銀
熊本商銀信用組合
信用組合三重商銀
信用組合福岡商銀
信用組合広島商銀
横浜商銀信用組合
信用組合岡山商銀
千葉商銀信用組合
信用組合滋賀商銀
信用組合山口商銀
信用組合和歌山商銀
埼玉商銀信用組合
長崎商銀信用組合
奈良商銀信用組合
福井商銀信用組合
信用組合岐阜商銀
信用組合北海道商銀
静岡商銀信用組合
信用組合宮城商銀
新潟商銀信用組合
青森商銀信用組合
石川商銀信用組合
信用組合岩手商銀
秋田商銀信用組合
富山商銀信用組合
島根商銀信用組合

—264—

東本への強力措置要望

8・2事件真相、光復節行事指示

東京各支部三機関・事務部長会議

8月20日の事件真相を報告する朴性鎮事務総長

組織分裂の集会に参加するな

中央監察委 公文で指示

八・二事件負傷者（追加）

千順久氏（品川支部団長）＝重傷
張基洙氏＝重傷

在日韓国人教師 研究大会ひらく

協定永住権申請 その後の状況

同胞の皆さんへ！

七月から外国人登録の切替が始まりますから、各自の期限をもう一度よく見て手続きをして下さい。（写真二枚・印鑑）また、出生、死亡、結婚など、戸籍に関することは、ひじょうに大事なことですから、必らず民団支部に届け出て下さい。

民団中央本部 民生局

外国郵便為替 利用案内

韓日高校スポーツ交歓

8月22・24日 駒沢運動場ほか

ハンドボール（男）
軟式庭球（男）
バドミントン（男）
卓球（男・女）
バレーボール（男・女）
サッカー（男）
バスケットボール（男・女）

尋ね人

糾弾文

背後にうごめく"赤の手法"

殺せ！の修羅場と化した東本

税務相談室

回答者 尹達鏞

現物支給の所得税とは

今こそ韓民族海外雄飛の時代

新天地エルサルバドルを旅して

金光男

たまには海外へと常に願う事があっても、なかなか実現出来ずにいたのであったが、民団中央本部の前大会が、私にその機会を与えてくれたことになり、このたびの海外旅行を実現する事ができて、四月二十九日、羽田発のPAN・AMで飛び立った。

菓子をもらいに群がる貧民街の子ら

首都サンサルバドルに三週間

今回の目指すところは、中米のエルサルバドルで、その首都、サンサルバドルに三週間余り滞在した。

そのついでに、十三年程前にアメリカで一年間滞留した時の夢を偲び、想い出のあるサンフランシスコ、ロスアンゼルス、それにあの有名なミシシッピー河の横切るミネアポリスと、ウエスト・ファーゴに立ち寄ることが出来た。そして帰りはハワイにも暫時足をとめた。

今回の渡米の目的は、私なりのものを持っていた。

その一つは、日本にいる我等の一世の自由で、民族を取り戻すとのできる、いわゆる韓民族として暮せる、開拓地が無いものかと常々思っていたことをエルサルバドルにスポットを当てて見る事にした。

いうまでもないが、在日韓国人一世は、日本に永住するにしても、いわゆる出世の道もなければ、民族の誇りも持てない、何かその人生にゆきづまっているのが現実である。

彼等の父祖が昔日して流した汗と血は、日本の山野に、鉄道に、炭鉱に、築港に、至る所の日本国土隅々にしみ込んでいる。

"エンヤコラ"のかけ声が今も耳に聞えて来るようだ。

その父祖の汗と血が、ただ生きのびただけで、何の報いもないままに、一世達は民族的に行きづまっている。

彼等は、このみじめな立場を考えあぐんだあまりに、はき出すセリフは「えい帰化すればいいじゃないか……」である。

このやけくそな、なげやりなセリフも、セリフ通り良くならない。

雑多な日常雑貨品を並べて売る商店街

"第三日本人"のレッテル

"第三日本人"のレッテルがはられるだけ。

ここでも、彼等の実力で自由に開拓出来る処があれば、渡日以来の父祖等の血みどろな努力を、十年間、彼等が集団で、開拓し得るならば、素晴らしい道が、ひらかれるものと思うのである。

それに、在日韓国人企業のゆきづまりを打開するのに、彼等の資力、産業製品、技術を生かす為に、海外へ伸びる事が出来たら、と考えたりしたのであった。

この考え方を、エルサルバドルの或る人から私に話があった時に、その国の開発五ヵ年計画に在日同胞の産業、技術、資力を参加させてもらいたいと、要請したものであった。

そしてこれが可能だと知ったのでいよいよ、実現が今回の旅行目的であった。そういえば、この念願は前からのものであった。一九六八年にサイゴンに行った時である。

当時、ベトナムの需用品は韓国からの輸入は日本の百分の五にもならなかった。韓国軍駐ベトナム司令官と大使に、その訳をたずねたら「韓国には製品がないので、血を流している韓国よりも、手よらでもうけている日本製品を使うようになるのだ」と説明され、私は、在日韓国人の製品、資力、技術を韓国のものと同様、目をかけてもらいたいと正式に申し出た事があった。

当時のベトナム需用品の輸入は、米国、ベトナム、韓国の三代表がコントロールしていて、決定していた。そこで当時の金駐越公使に、私の申入れが法的に可能かどうかたずねた結果、可能である事が解り、その方法が指示され、日本に帰って来て指示通り動いて見た事があった。

いいかえれば、ベトナムにもその種類があてはまり、道は開かれていたのであった。当時、私について来る者はなかった。今も当時の交渉を語る公・私文書の写しの綴ったものを眺めて感慨を深めているものである。ついでにもう一つ、この同一種類は、民団初代の私の議長時代に逆のぼるのである。

靴音ひびく

歩いているうちに、百メートルくらい先に、何かがカッと光るものが見えた。近寄ってわかったが、警備のおまわりさん二人組が十字路の向角に立っている…きっと"誰だ"と誰何されるのにちがいない。だからといって靴の音を低くするわけにもいかないしまたひきかえしたら何をうたがわれるかわからぬ。とにかく、十字路の角に出あったのを幸いに、右に横断して左の人道から来た方角へもどることにした。

後からよびとめられるであろうと思いながらも、平然と歩いたものだが、何ごともなかった。それが、かえって、私をポカンとさせた。しみじみ考えた。何とうたがいのない、自由な大らかな国かと……。

救世主（キリスト）塔前で中央が筆者・金光男氏

在日同胞企業は五個年計画に参加せよ

話を本筋にすすめて……私は、在日同胞企業家のエルサルバドルの経済五個年計画に参加させてもらいたい本来の目的を更に確認するため政府のインサフイ総裁（企画長官）にも経済長官にも紹介され、経済長官は韓国の兄弟等のためには、私のできることは惜みません、といわれ、心強く感じた。

この国のサンチエス大統領は、自ら韓国を兄弟の国と称し、官邸には、韓国の彫刻品を用い、棚には韓国人形を飾ることを好み、去年の秋には、校舎を借りて、韓国の製品を陳列、展覧会を開催して一月の間、百万ドルの取引を成立した事は、韓国新聞が大きく報道した通りである。

当日は韓国デーと指定、サンチエス大統領のお嬢さん、御夫人と高官らの令夫人らは、韓国のチマチョゴリ姿で観覧客をもてなすなど、大の韓国の友好国である。さもありなん、大統領は、昨年十月韓国を訪問、千万ドルの借款を約束され韓国人企業のエルサルバドル進出を求めていたが、未だ韓国企業が進出したときいていない。

サンチエス大統領の補佐官である同胞の金二培博士は、韓国人の誇りであり宝である。この国を中心とするラテン・アメリカ五個国は勿論のこと、メキシコ、アルゼンチンと、スペイン語を用いる国の間では、金博士の治学に因み、政治力と交友は、金博士のおかげで、韓国人は尊敬され、民族間の友好関係が深まっている事実を誇りとせざるを得ない。金博士によって、民族的地盤、韓国人企業の基盤は出来ている。その上、在日韓国人のエルサルバドル進出に対し、あらゆる労力を惜しまないと話してくれた。

すでに、私の同行者千南殷兄と、金氏は、エルサルバドルに代行社の看板をかける運びになった。東京で物産会社をおこしている関西の著名なC氏も、投資者の一人。氏はプラスチック工業のプラントが、着々進んでいる。すでに、エルサルバドルの在日韓国人のための窓口は、大きくひらかれている。

在日同胞、そしてその二世たちよ、韓民族海外雄飛発展のため、大いに、この新天地へ羽ばたこうではないか。私がなし得なかった事に対する、これは、私の心の中からのひたむきな願いである。

（筆者は、前民団中央本部副団長）

購買委員会を創設

記録を見れば解る通り、一九五二年、水害救済の時に、駐日購買委員会創設、大統領在日居留民団長候補推薦、という大同小異の見出しで、韓国新聞は勿論の事、在日同胞各紙もこれをあつかったのであるが、内容をいえば、当時の民団の団長団の一人として、李承晩大統領に――

一、在日韓国人生産品を購入して欲しい。

一、在日韓国人に融資をして欲しい（これは今の商銀の母胎となる）

一、在日韓国人企業を伸すための計画生産をさせて欲しい。

と要望したものである。これが受け入れられて「在日韓国人製品を購入するために駐日代表部に購買官を駐在させる」という決定が新聞に報道された。これが、今の駐日購買官の始まりであったと思う。

こうした私の念願が今も根強くて、在日二世も、商業人も何処かで自由開拓、繁栄するところをみつけたらと、ずっと考えつづけている。今回もその尺度を当てて見たまでだが、その結果はどうだったろう。いま少し、ありのままをのべて見たい。

百花りょうらんの五月の国

エルサルバドルは、雨季四個月のぞけば、常に五月の国で百花りょうらん、やろうと思えば、アロハシャツに素足で暮らせる。雨季といっても日本のように雨具を用いるひともない。ザァーッとスコールが通りすぎるといったものである。四百万人足らずの人口で、面積は日本の四国程度、用語はスペイン語。米語は用いないのみかあまり評価もしない様だった。

のがこの国の特色でもある。この国は、人種差別のない、全くほがらかな愛すべき人々だとの印象を強くした。

私たち一行の千兄がある建物の入口で、守衛の軍人に出会った時の事である。言葉の通わない二人が何時の間にか目の表情でとけあったのか、二人の間で次のことがおこった。千兄は軍人に"きょうつけ"と日本語でいいながら姿勢を正すと、軍人は直立不動の気をつけをする。その次に"休め"号令をかけるだけで軍人は次から次とその動作をつづけるのには驚かざるを得なかった。数分間のことだった。まもなく二人は、最後に握手した手をふりあげて肩を抱きあって笑いこけている。何と思たくのないあざやかな場面だった。

今度は、私一人で経験した一コマもある。夜中の二時頃、街路樹といってもまるで森のようになっている茂みの人道を散歩したことがある。夜中二時の散歩とは？といぶかるかもしれぬが、時間は二時でも、私の体質は東京の（東京時間夕方）三時半、ねむれるはずがない。静かだった人道の上を在々就

この国の通貨は、コロンといって一コロンは日貨百四十円弱、庶民の生活は、四十五コロンもあれば（日貨六千円）五人家族が生活出来るという。

一月の生活費六千円で充分

家の安、市場へ行って見たら、魚も野菜も豊富で、新鮮で安くて全く申し分ないといったもの。この材料で韓国式に生活すれば四十五コロンで五人家族をじゅうぶんまかなえる事がうなずけられた。

市場の雑多な人混みの中に、床際の出店があった。出店といっても続もなく小さな椅子一つに布切れ一枚置来なものだが、これで一日一人の客であっても店だけは出しているといった風に見えた。

それに、古式ゆたかなカメラを人混みの中に立てかけている写真師もいて、三、四日に一、二枚も写せば生きて行けるとか…。

町の行商人は、板に近い底の浅い箱に小間物類を一ぱい並べて売っている。品物が半年もたって色あせたり、汚れたりしていても、新品は新品で通す。

女は頭に物を乗せて売り歩く。でもこの婦人たちは、感心にイヤリングを耳から離さない。

私達一行三人は、タクシーを借りして首都を縦横に一巡りしたが、運転手の案内で、首都の一番の大邸宅を見せてもらった。その雄大さも、美しさも、静けさもたとえようがない。その傍りに一番貧しい所も見せてもらったが、市場のこともあわせて、貧富の差の極限を見たような感じだった。一行の二人は近所の駄菓子屋で、二包みの安い菓子を買って、子供等に一つ一つ分けてやる事にしたが、あまり沢山集まって来るので、そこに居た大人に頼んだら、一寸荷やらいうやいなや、子供等は一斉に一列に並んで順番を待った。商店街や官庁街を離れてエスカロン通りに入る中央に、素晴らしい公園があって、大理石で十字架が刻まれた四角柱が建てられ、高さ三十米の塔がたっている。塔の上には大理石の地球儀（直径三米）がのせてあって、その球の上にイエスの像が立っていた。さすがはカトリックの国。私は、この塔を仰いで「地上の王イエス」「十字架」「世界」というこのむすびについて考えた。この塔は"地球の救主"とよばれるそうだ。この公園を過ぎたところから、エスカロン通りにかけて、中流以上の邸宅がつづき、さらに、その先にマッチ箱を並べたような庶民大衆のアパートがくっつきあっている。少し豪なアパートを通過ぎせる建物もあった。

サンサルバドルの金二培博士（右）宅で

貧富の差物語る住宅

中流以上の住居になると、ずらーっと高い塀をめぐらせて、入口から玄関までの間を、車を利用するような数千坪の庭をかまえている。広大な庭は、手入れがゆきとどき、青々とした芝生をしきつめ、小鳥のさえずりものどか。昼食後三時間は、昼寝の時間、夜の遊びは夜中から始る。そして明方までつづく。何とのんびりとした優雅な生活と、うらやましくもなる。

私は数日間、元外交官の邸宅に留まったが、その家では、女中さんが二人いて、食事係、外働きと仕事が分担され、皆が出入口の鍵を各自与えられていて、出入自由。客人の私にもチャンと鍵が渡された。何時でも自由に出入りが出来るというわけである。ここに女中さんという言葉が出たが、これは奴隷制度の遺物ではなく、自由に誇りを持って生活していられる勤人のように見うけられた。これはこの国の差別のない自由な一面であろうか――。食生活は実にゼイタクで、朝食を取らない習慣の私には、箸をいや、フォークをつけなかった贅沢な食事がもったいなく思えた。

果物は何時も新鮮。それに料理も格式のある物も珍しく、これが中流以上の見本の様なものだと思った。私はある日、人を招待して、五人ばかりで普通のレストランで夕食をとったが、一人前四千円ぐらいであった。これで、庶民の五人家族一個月分の生活費との貧富の対照的例になろうか。

私は金二培博士の案内で行ったレストランの事を忘れられない。トカゲとワニの料理や、野鳥の足料理がそうである。スープは韓国の「コムタン」に似ていて「ミノ」が入っていたのには日本をしのばせた。何といっても、金博士の家庭に招かれた時の御夫人手製の「カルビチム」と「キムチ」の味は最高だった。

海産物をみるために海に向った。途中にあるだだっぴろい緑地帯が、コーヒー園だと教えられた。「すごく大きな樹だなあ」と思ったが、実はこの樹の茂みの間に育っているのがコーヒーの原樹で、この木はぜいたくな木で沢山の大木のかげがなければならない。

貧弱な水産設備 豊富な漁獲物

一朝夕ちでは育たないという。この国のコーヒーが世界でも有名なのは知っての通りである。さて、市の南側の海岸についたが、荒波で、岸辺には真白いしぶきが目のとどく限りに海岸線にそって一筋に走っている。沖から、ポンポン船が岸へ向って来ている。沢山の魚貝物を満載して帰ってくる漁船であった。この荒波にどうして着岸するのかと興味深く見まもっていた。岸から千メートルぐらいに桟橋が出ていて、その桟橋にはレールがしかれてあり、貿易船の荷あげをまとめて陸へ運ぶのであるが、そこには起重機が備えてあり、漁船が桟橋の下まで来ると、起重機のワイヤーがおろされる。漁船は素早くワイヤーをつかみ、船の吊り上げロープにポンとかけると、起重機で巻き上げが始まり、つり上げられた漁船は次々にトロッコに乗せられ、その場で買手の人々にとり巻かれ、アッという間にみんな買い取られ、船だけ浜まで押して運ばれた。鯛や車海老（日本では一尾五千円とか）鮫や小魚等々……。

素晴らしいこの鮮魚を、未だ日本は取引していないようだ。今日もまた、この海岸はどうして海の幸があげられているのであろう。この国の産業には現代的技術が必要だ。

ビニール製品にしても、一袋に百八十円ものが日本なら三十円ぐらいのようで、しかも粗悪で、すかして見たら驚いたことにはムラだらけで、日本にビニールが出回ったごく初期の製品のように粗末なものであった。大豆が取れなくて、隣りのグワテマラから輸入している。昆蛙技術もひじょうにおくれている。畜産には現代技術を導入している。この国の特産品の皮革は、全く旧態依然の加工ぶり。凡ての産業に現代技術が必要だと痛感した。日本の大手商社が進出し、日本人も約二百名ぐらい居るらしい。電話番号帖で調べたら、韓国人は二世帯だけ。そこで私は考えた。

エスカロン郊外パークで

韓民族発展に好都合の地

在日二世が十名ずつグループをつくり、スペイン語を習って、一人一技の技術をもち、日本で父祖等が汗水を流して半世紀になっても収められなかった偉々な点を、この地で十年もかけたら、個人の成功は無論のこと、韓民族開拓とエルサルバドルの開拓歴史に記されるような気がする。この先頭に立つためには、わが頭髪の白さはおくれをとっている。

さて、この国の法的保証は、どうか。五万ドル以上の機材も投資とみなし、これによって市民権を与えられる道がある。これによって稼働した収益用途は自由で、財産は保護されるため、大きな企業の場合は、企画庁が半分投資するという。半官半民の企業が成り立つ

韓國新聞

在日大韓民国居留民団
中央本部機関紙
韓國新聞社
発行人　李禧元
東京都文京区春日町
2丁目20−13
電話（815）1451〜3
（813）2261〜3
振替口座　東京　163774

民団綱領

一、われわれは大韓民国の国是を遵守する
一、われわれは在留同胞の権益擁護を期する
一、われわれは在留同胞の民生安定を期する
一、われわれは在留同胞の文化向上を期する
一、われわれは世界平和と国際親善を期する

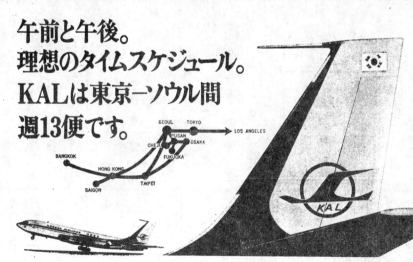

朴正熙大統領 "南北統一"で強調

統一は主体的努力と自主的判断で 北傀は暴力革命の放棄を宣言せよ

——朴正熙大統領——

朴正熙大統領は八月十五日午前十時、ソウル市民会館で行われた「第二六回光復節記念式典」に出席、恒例の大統領慶祝辞を通じ南北統一に関する韓国の基本的姿勢を明らかにした。

朴大統領は南北統一に関し、北傀が今でも、従来の教条主義的暴力革命の放棄を決めるなら、韓国政府は統一の広場を設ける用意があると前提、①国際的な緊張緩和の流れに能動的に対処、国土の平和的統一をはかる②韓国問題の解決は、国際的流れや列強諸国に与えられるのでなく、民族の主体的努力と自主的決断によってのみできる③大韓赤十字社が提案した南北一千万離散家族捜し運動は、政治の問題に優先する人道問題であるゆえ、政府は可能な協力と支援をおしまない④北傀はいまでもおそくないから、昨年の八・一五宣言に応え、国土の平和的統一を話し合うべきである……と強調した。朴大統領の慶祝辞の全文は次の通り。

朴大統領 光復節二六周年祝辞

親愛なる国内外同胞の皆さん！

今日、第二六周年光復節に際し、国内外同胞の皆さんと共に、二六年前の八月十五日の感激と喜びを思い出し、祖国の平和統一のための決意を、もう一度たしかめ合うことになったのは、きわめて意義深いことであると思います。

二六年前、日帝の圧政から解放され、独立万歳の喊声を高らかに叫んだ民族解放のその日、われわれは二度と、過去のような不幸な歴史の前轍をくりかえさないよう固く誓い、栄光にみちた偉大な新歴史を切り開くことを約束し、立ちあがったのであります。

あの日、あの決意は、祖国の限りない発展をのぞむわれわれ皆の胸の中に、すえながく堅持すべき民族の念願であり、精神のかてであります。しかし不幸にも、その後、われわれの歴史は試練と受難の連続でありました。

われわれは統一された独立国家としての第一歩を歩み出す前に、わが民族の意思に反し、国土は分断されたし、国家建設に着手する間もなく、国際共産主義者の侵略を受け、惨こくな国難をなめなければなりませんでした。しかし、われわれはこれに屈せず、ついにこの困難に打ち勝つことができました。

その後二〇余年、われわれは戦禍から再起し、逞しんな生命力と創造力をもって、逆境に挑戦、民族中興と祖国近代化に輝やく成果をかちとることができました。

今われわれは、過ぎし日の悲劇を二度と、くりかえさなくてもよい根、国力をつちかったし、われわれの力は、これから一層、伸張しうるという自信と矜持をもつにまでいたりました。

自主、自立、自衛の民族主体性を再びとり戻し、われわれの運命をみずから開拓し、民族の前途をわれわれの力で切り開く知恵と勇気を蓄えることができました。もし、世界の列強が過去のように、われわれの運命を、もう一つのかけ引きの対象にしようとするなら、われわれはこれを断乎としりぞけるでありましょう。また、北傀がおろかにも再び六・二五のような南侵を試みるなら、われわれはこれをただちに、また徹底的に打ちくだくでありましょう。

最近われわれ周辺には、緊張緩和の動きが著しくあらわれています。私はこのような気運が祖国の平和統一の助けになる方向に進展されることを希望しています。しかし、ここでわれわれがもう一度、たしかめ合うべきことは、わが韓半島の将来に関する問題は、列強や国際潮流が解決してくれるのでなく、われわれの主体的努力と自主的な決断にかかっているという事実であります。したがってわれわれはいかなる場合においても、民族の主体性を堅持し、流転する世界潮流に能動的かつ伸縮性をもって対処してゆきながら、平和的な国土統一の道を拡げてゆかねばなりません。

われわれは、われわれを害しない者に対しては、何時でも彼らを友人として迎えるでありましょうだが、われわれに害を与えようとする者に対しては、相手が誰であろうと、敢然と対決し、最後まで闘い、きぜんたる姿勢をもちつづけるでありましょう。

したがって、私はこれから政治体制や理念にとらわれることなく、われわれの自主性を尊重し、われわれに敵対行為をとらない国とは可能なあらゆる分野において相互理解と協力関係を促進するでありましょう。われわれのこのような姿勢は、祖国の平和統一ばかりでなく、世界平和と人類の共栄にも貢献できる道だと確信するものであります。

世界のあらゆる国が平和を求めており、あらゆる問題を武力でなく、平和的な方法で解決しようとする新しい波が、国際社会に押しよせているこの際、もし北傀が今日でも、一大決心をし、いままでの好戦的政策と教条主義的作風をきれいにすて去り、この国際的な波のなかに、飛び込んできさえするなら、これは世界平和を促進するあげる一大転機になることはもちろん、祖国の平和統一のための一大曙光のおとずれといえましょう。

私は今日、再びこの席をかりて、北傀に対し、今でも遅くないから、われわれの平和統一提案を受諾し、武力と暴力を放棄することをかさねて促し、平和統一だけがわれわれが追求する統一の道であることを、もう一度、内外に向ってせん明する次第であります。

私は、彼らが心から武力と暴力を放棄し、真しな新たな姿勢を示すなら、平和統一のための対話の広場は、いつでも準備する用意があることを確言します。特に、今回わが大韓赤十字社が提議した「人道的南北会談」は一千万の離散家族のためばかりでなく、五千万同胞の長い渇望を満たす「福音の提議」として、私は皆さんと共に歓迎し、その成功をいのってやみません。

数千年の間、守りとおして来た単一民族としての栄光にみちた歴史は、決して人為的に切りはなすことのできないものであり、このような人道的問題は、政治問題に先んじても、早急に解決されるべきであると信じています。私はわが大韓赤十字社の提議が成功裡に実現するよう、ありとあらゆる支援をおしまないことを明らかにします。

親愛なる国民の皆さん！

現在われわれは、過去のどのときよりも、民族の統和と「自由民主主義民族主体勢力」の固い形成が要請されています。

四半世紀の間、赤い共産主義社会のなかでひたった祖国の半分をとり戻し、祖国の統一をもたらすためには、まず自由民主主義社会に住む「われわれの総和」がなによりも重要であり、先行されるということを強調しておきたいのです。

小さな一職場、団体、地域の団結から、大きくは、その立場を異にする相互間の理解と結束、そして現在までの次元から一層高い次元への緩和が、まさにわれわれが先行させるべく祖国統一準備作業であることを、かさねて強調するものである。

一方、現在われわれは、国際社会の大きな変動期におかれています。急激な変化にであうと、弱者はそれをおそれ、強者はそれを知的にとらえ、新たな発展のふみ台とします。

いまやわれわれは、変遷する国際情勢に、性急な楽観をしてはなりません。だからといって、すぎた悲観も禁物であります。ひとえに自主、自立、自衛の民族主体性を一層堅固にし、強じんな民族としての勇気とえい智をふるい、今日の現実を中興と躍進の契機としなければなりません。そしてわれわれは、わが世代に民族の至上課題である祖国統一を、平和的に完遂し、偉大な統一祖国を、われわれの後孫にうけつがせねばなりません。たとえ統一の道がけわしいといえども、民族の伝統と矜持のなかで希望と勇気をもって、前進しようではありませんか。そして栄光にみちた統一祖国の再建のため皆が一緒にたち向いましょう。必ず平和統一のれい明はおとずれるものと信じています。

一九七一年八月十五日

ソウル地下鉄の借款条件合意へ

第五回韓日定期閣僚会議で日本側がソウルの地下鉄建設のため供与することになった八千万ドルの借款について、韓日双方で条件交渉を急いでいたが、十一日、返済期間二十年（据置き期間五年）金利は年四・二五％とすることで合意に達した。

なお船舶借款五千万ドルについては返済期間八〜九年、金利六・五％を上回る線となっていたが、韓国側は期間、金利については本国へ持帰って検討したうえ回答するとして、正式決定を持越した。

三千人が光復の歓び

第二十六回光復節記念中央慶祝大会

写真は①から①辛副団長の式辞。②楽しそうに弁当をつかいながら談笑する中央三機関長ら③第二部余興のフィナーレで歌い踊る婦人たち④自慢のブラスバンドの東京韓国学校生徒⑤いっぱいに張られたテント会場は満員で盛況。

第二十六回光復節記念中央慶祝大会は、十五日午前十時から東京若松町の東京韓国学校々庭で、東京・関東地区などから約三千余人が参集した中で盛大に行なわれた。

式典は、光復節歌の斉奏、国民儀礼の後、辛容祥東本団長職務代行（中央副団長）の開会辞から始まった。辛副団長は「三十六年間の長くて暗い日帝統治から解放され、民族が自由をとり戻し、祖国が独立した今日、二十六回目の記念日を迎え、慶祝式典を挙行するに至ったことをみなさんとともに歓ぶものであります」とあいさつした。さる十二日大韓赤十字社の崔斗善総裁の声明にふれ「南北の離散家族の再会が実現されれば、五千万同胞の悲願である国土統一もそう遠くはないでしょう。われわれも祖国統一のためあらたな心がまえをもって今後の運動に対処しなければなりません」と述べた。

また、李禧元中央団長は代読を通じて「われわれは、たとえ身は海外にいても祖国にひたばしる愛国・愛族の心情はひたすら燃え続けて止むことを知りません。しかし、われわれの愛国は、単なる心情にとどまってはならず、具体的な行動によって、祖国近代化の民族的事業に参与しなくてはなりません。そして、われわれ自身の精神と認識を近代化する必要を痛感するものである」と述べた。

さらに、李澔駐日大使が記念辞を述べたが、第三次経済開発五カ年計画が完了する一九七六年頃のわが国の経済水準は世界で中進国の仲間に入ると強調した。また李大使は「しかし、今なお北韓の共産治下で自由を奪われた同胞が呻き喘いでいる事実を思えば、わたしの胸は痛む——ここ日本においても、多くの同胞が共産分子の欺瞞宣伝と誘惑から抜け出せずに総連の支配下で苦しんでいる事実を一刻も忘れることが出来ません。——今日の国際情勢は激しく流動しています。この変動期において、わたしたちの運命は、わたしたち自身が、自主力量をもって決定しなければならないという歴史の教訓を忘れてはなりません」と力説した。

この後、李根培埼玉地方本部団長が決議文を、金信三婦人会会長が朴大統領に送るメッセージを、鄭[illegible]群馬地方本部団長が佐藤首相に送るメッセージをそれぞれ朗読し、これを採択した。

式典は、孫[illegible]神奈川団長の閉会辞をもって正午終ったが、この前に、朴性鎮事務総長から、東京本部に関する現状と混乱経緯および「八・一二事件」を簡略に説明し一般団員の理解を促した。

今年の光復節記念行事は、東京本部の中央指示不履行による混乱が続く中で行なわれ、場所や動員などで団員をまとわず恐れがあった。しかし、従来に見られないほど多数の団員が中央慶祝大会に参集し、憂慮した事態は一切なかった。とくに大使館からも李大使をはじめ、金在権公使、申参事官、尹公報館長ら多数が列席した。

式典の後、韓国歌謡曲、民謡、舞踊などの余興を楽しみながら光復節を祝った。

各地方でも多彩な行事

なお各地方でも県本部単位で慶祝大会を行なったが、大阪本部（[illegible]団長）は中之島公会堂で正午から記念式典と韓国芸能団らの出演によるアトラクションを持ち、京都本部（[illegible]団長）は、京都新聞大ホールで約二千人が参集し光復節慶祝式典とエキスポ70で出品した韓国映画を上映した。

兵庫県本部（[illegible]団長）では観光バス五十台をチャーター、約三千人が動員され、再度山・修法ヶ原で式典を行ない、高原の夏を楽しんだ。また、愛知県本部（[illegible]団長）は、名古屋市中区の白川公園において約二千人が参加して光復節を祝った。

家族捜し運動実現へ

南北赤十字社 九月に予備会談

南北にはなればなれとなった家族捜し運動の南北韓赤十字社会談は、去る十四日北韓赤十字会が大韓赤十字社の提案を受諾したため九月中に予備会談が開れる段取りとなった。

この日北韓赤十字会の逆提案のなかに、北韓赤十字会が大韓赤十字社の提案を受諾した旨を正式に知らせる文書を八月二十日正午、板門店で手渡す。この提案を受け入れるため、南北赤十字代表は八月二十日、第一次的接触をもつことになった。六・二五以後、南北の民間レベルでの接触は、今回が初めてである。

崔斗善大韓赤十字社総裁は十四日午後時、記者会見をもち、北韓赤十字会が平壌放送を通し、南北家族捜し運動に対する態度を明らかにしたことに対し「とりあえず八月二十日正午、板門店で北韓赤十字会が回答文書を手渡すというから、当方からも人を送って、北韓赤十字会の文書を受けとる」と公式論評を発表した。崔総裁のこの日の発言の要旨は次の通り。

一、北韓赤十字会の回答には、耳ざわりな点があるが、この際、あえて問題にしたくない。北の逆提案もわれわれの提案も基本的に大差はないと思う。

一、北側がこの問題に関する交渉場所として板門店を指定してきたが、われわれもジュネーブにこだわる考えはない。板門店で交渉しても結構である。

一、交渉開始時期も北側は、われわれが提示した期限よりも一個月早い九月末までの開催を提案したが、これも応えるつもりである。

一、北側の提案によると、家族捜しの範囲に家族、親類のほか親友までをふくめているが、われわれはまず、家族と親類の消息をしっかりつかみ、それが成功したのち、親友や知り合いまでを捜すよう拡大するのがよいと考える。

（談話・声明・回答は三面へ）

貨幣発行高79万倍

国家予算六万四千倍

光復26年、経済模様の移り変り

解放二十六年間韓国経済が急激に膨張したことは指標面にも現われている。一九四五年の貨幣発行高は一八万円で、今ならソウル都心部の土地一坪も買えない額だが、七一年七月末には一、四二二億ウオンとなり、実に七十九万倍の膨張である。

たった九一〇万円で現在ソウル中流家庭の資産より少ない当時の国家予算は、七一年には五二四二億ウオンと、六万四〇〇〇倍にふえている。二十六年の歳月が流れる間に経済指標面の膨張は驚異的なものを例にすれば天文学的数字といえよう。

二十六年間の主な経済指標の変動は次の通りである。

	45年	71年	増加率(倍)
総人口	1,637万人	3,221万人	36
GNP	9億3,000万円	2兆5,459億ウォン	2,737
1人当GNP	50ドル	223ドル(70年)	44.6
通貨発行高	18万円	1,422億ウォン(70年)	790,000
政府予算	910万円	5,242億ウォン	64,200
外貨保有高	2,500万ドル	5億4,670万ドル	22.0
輸出	940万ドル	13億5000万ドル(目標)	43
輸入	3,400万ドル	19億8,000万ドル	58
卸売り物価(65=100)	0.111	159.7	1,438
[illegible]	4円40銭	11,460ウォン	3,740
[illegible]	16円10銭	26,680ウォン	1,657
[illegible]	18.27円	46,862ウォン	25.0
[illegible]	174万6,000石	393万9,000石	2.25
[illegible]	16万4,000屯	110万屯	6.7
[illegible]	220万戸	260万戸	1.18
[illegible]	200万町歩	234万町歩	1.17
[illegible]	21万7,000町歩	39万3,000町歩	1.81
[illegible]	30万屯	96万屯	3.2
[illegible]	3万1,000屯	112万2,000屯	36
[illegible]	15万円	844億5,000万ウォン	563,013
[illegible]	2,980万KWH	887,900万KWH	29.49
[illegible]	1万1,000屯	581万2,000屯	528
対ドルレート	1:0.05	1:371.6	6,140

貨幣発行額 一四七六億ウオン 五〇〇ウオン券が七二・八%

去る五月末現在の貨幣発行高は一四七六億六八〇〇万ウオンで、うち最高額の五〇〇ウオン券が一〇七五億六一〇〇ウオンにのぼり全発行高の七二・八%を占めた。

貿易商社八四七社に

トップに東明木材 一九一三万ドル

本年上半期に四九の貿易商社が登録維持条件である十五万ドルの輸出実績をあげられず失格した。これで下半期の貿易業登録商社は八四七社となった。

このうち一〇〇〇万ドル以上の輸出実績をあげた商社は五社、五〇〇万ドル以上一〇〇〇万ドル未満は一八社、三〇〇万ドル以上五〇〇万ドル未満は二三社、一〇〇万ドル以上三〇〇万ドル未満は九二社で、全体の八二%にあたる七〇九社は一〇〇万ドル未満の中小商社である。

上半期輸出商社ベストテン

(単位1,000ドル)

	商社名	輸出額
①	東明木材	19,134
②	[illegible]	17,096
③	[illegible]	15,042
④	[illegible]	[illegible]
⑤	[illegible]	[illegible]
⑥	[illegible]	[illegible]
⑦	[illegible]	[illegible]
⑧	[illegible]	[illegible]
⑨	[illegible]	[illegible]
⑩	[illegible]	7,174

日本の韓国内銀行支店昇格に反発

貿易外収支も赤字に

ベトナム特需減退響く

政府関係筋によると、これまで黒字続きの貿易外収支が七〇年の一億一千九百万ドルを最後に、今年から五八〇〇万ドルの赤字に転じている。

貿易外収支の受入れは七〇年の四億九七〇〇万ドルから七六年には五億四八〇〇万ドルへと年平均五・四%の増加にとどまり、二次五年計画期間中の一八・五%に、はるかに及ばない。

貿易外収支が今年から赤字に転じたのは、ベトナム特需が大きく減ったところへ、ふえつづける外債、七六年末までの三次五カ年計画期間中に導入される三八億七〇〇〇万ドルの商業、財政借款、投資等の利子、果実送金が大幅にふえたためである。

それまで貿易外収支の悪化が予想されるところから、政府は特にベトナム特需減少に備え、東南アジアに対する技術、建設、用役輸出を積極的に支援し、運賃収入の増大、航空路線の拡大、観光客誘致のほかにも、外資支払いを抑えるため果実送金を再投資に向けさせる方策なども検討している。

東欧圏との幅広い交易で調査団派遣

政府は東欧圏との幅広い交易を行なうため、第三国を通した三角貿易方案を研究することにし、このためユーゴを始めオーストリア、スウェーデン、フィンランド、西独イタリアなど六カ国に調査団を派遣することにした。

外務部の朴常任委員を団長とするこの調査団は八月末に出発、これら六カ国を巡訪しながら欧州地域の一般情勢をはじめこの地域の市場調査と経済動向を視察することになっている。

対日経済外交の限界

第五次韓日閣僚会議の共同声明を読んで会議が成功的だったとの評価がすぐ出て来ない。うけたものがある反面あたえたものもそれに劣らない。日本が三次五ヵ年計画支援を約束し物的借款二億一〇〇〇万ドルを供与することになった。その反面韓国は工業所有権協定と租税協定を締結するのに同意したからである。(八・一三東亜日報)

「家族さがし運動」に記者交流を

(八・一四韓国日報)

またもや新たになった光復節

きょう国際的状況の目まいがする位早い変化の中で8・15光復節二十六周年を迎える。(八・一五朝鮮日報)

経済成長率9.6%

72年度総資源予算案成る

11%越えよう 71年度

経済企画院が作成した明七二年度総資源予算案をみると、経済成長率は九・六%となっており、直ちに経済閣僚の審議をうける。

南北赤十字社会談展望

解説

去る十二日、大韓赤十字社の崔斗善総裁が特別声明を通じ「離散家族捜し運動」の提案を北韓赤十字会はすんなり受諾した。

大韓赤十字社の特別声明

北韓赤十字会の回答書簡

一九七一年八月十四日 平壌

本国経済事情

東欧圏との交易は直接方式で

重工業四大工場 建設計画煮つまる

韓日協力漁業資金 返済半分が代払い

韓日閣僚会議2億千万ドル増額に

世銀が契約違反で鉄道借款中断

韓銀収益七ヵ月で84億ウォンも

輸出一を誇る大韓木材も十場

麦15%減産、買上げも43%で振わず

上半期④売上ベスト10社

	会社名	売上高	法人税
①	新進自動車	26,556	796
②	東国製鋼	14,078	282
③	[illegible]	8,157	335
④	[illegible]	7,504	691
⑤	[illegible]	6,419	260
⑥	[illegible]	6,340	616
⑦	[illegible]	4,959	457
⑧	[illegible]	4,583	238
⑨	[illegible]	4,193	444
⑩	YH貿易	3,023	582

芸能人納税額・申星一・李美子一位

	俳優			歌手	
①	申星一	3,391	①	李美子	421
②	文姫	3,118	②	[illegible]	376
③	尹静姫	2,507	③	[illegible]	352
④	[illegible]	2,314	④	[illegible]	284
⑤	[illegible]	1,958	⑤	[illegible]	278
⑥	[illegible]	1,438	⑥	[illegible]	138
⑦	[illegible]	1,427	⑦	[illegible]	125
⑧	許長江	1,252	⑧	[illegible]	111
⑨	[illegible]	1,171	⑨	[illegible]	96
⑩	[illegible]	1,130	⑩	[illegible]	94

南北離散家族の再会熱望

政治意図ぬき、人道的見地で

民団中央本部・李禧元団長声明

去る八月十二日、大韓赤十字社の崔斗善総裁が、民間ベースでの南北離散家族の再会を政治的イデオロギーぬきで実現させるため、北韓赤十字社に提案を行なったが、これに対して民団中央本部の李禧元団長は、八月十三日、東京・赤坂の韓国公報館で、内外記者団と会見し、次のような声明を発表した。

海外同胞の不信助長を 北傀は即時中止せよ

▲駐日韓国公報館で記者会見の李禧元中央団長（左）

声明

去る八月十二日、大韓赤十字社の崔斗善総裁が、南北に離散されたがいに家族の消息も、知らない民族的悲劇を解消し、この問題のために来る十月以内に、ジュネーブにおいて予備会談を開こうと提案したことを、全面的に支持歓迎し、ここにわれわれの見解を明らかにし声明する。

①われわれは、このたびの提案に対して、民族的、人道的見地から発て、より全国民的な所望を包括した提案であるとみなし、この提案が、政治的に利用されることなく推進されることを望む。

②六・二五韓国動乱という民族的な悲劇から十八年間にわたり、積りつもった民族相互間の不信を除去し、一千万に達する離散家族を、一日も早く再会させる土台を築く初歩的で、現実的画期的な提案であると確信し、五千万全国民が支持歓迎するものと信じる。

③南北間に、積りつもった、民族相互間の不信が政治的、軍事的には除去されるものではなく、こんどの全国民の宿願である、離散家族の再会が、実現されることによって、不信の問題も解決の方向に向くであろう。

しかし、もし政治的な意図と目的のために全国民が願わない方向で、この問題が挫折されるならば全国民の宿願をふみにじる犯罪的な行為であると見なし、これは絶対に許されるべきでない。

④北韓は、今日まで統一問題について、数回にわたり、いろいろな提案をしたことがあるが、此等は、五千万全国民の意思と、期待とは異なる角度で、政治的な意図のもとに画策してきた内容に過ぎなかった。

彼等は、口では平和統一を唱えているが、まずやるべきことは、数多いスパイの南派を即時に中止し、南北の全国民が念願する離散家族再会と人的交流の人道的な本来の姿勢にかえり、一千万北韓同胞の総意と期待である、離散家族再会の提案に即時応ずるよう強く要求する。

⑤今日の国際情勢は、緊張から緊張緩和の方向へ動いている。このような国際情勢のなかで、北韓は、民族と時代に逆行する過ちを中止し、民族の念願である離散家族再会と統一問題に正しい姿勢に立つ事を、強く要請するものである。

⑥以上のような点で、われわれは、今日の朝総連が、北韓の使嗾をうけ、わが祖国の内部に、煽動分子らを潜入させ、海外在留同胞間の不信助長を敢行していることは即時中止するよう警告する。

⑦北韓は、四世紀半にわたっている民族分裂を解消するのに反映される、この提案を、誠意に受け入れ、民族の悲劇を、一日も早く終らせるべく、南北五千万同胞の希求に報いなくてはならない事を厳重に勧告する。

一九七一年八月十三日
在日大韓民国居留民団
中央本部団長
李禧元

同胞の皆さんへ！

七月から外国人登録の切替が始っていますから、各自の期限をもう一度よく見て手続きをして下さい。（写真三枚・印鑑持参）また、出生、死亡、結婚など、戸籍に関することは、ひじょうに大事なことですから、必らず民団支部に届け出て下さい。

民団中央本部民生局

婦人会秋田本部 再建大会ひらく

崔徳才会長

在日大韓婦人会秋田県本部では、八月十日再建大会をひらき、次の役員を選出したが、県内各支部を再結成、活ぱつな婦人運動を展開することになった。

会長　崔徳才
副会長　成幸生
〃　呉古安
監事　曹富春
〃　朴澄子
〃　李敬順

外国郵便為替 利用案内

大韓民国逓信部では一九七〇年十月一日から、日本国郵政省と次のように便利かつ安全な郵便為替業務を開始いたしました。皆さんの積極的なご利用をお勧めします。

一、外国郵便為替は、郵便局を利用して外国へ送金する制度で為替の送達に関しては、韓国逓信部と、日本国郵政省において絶対責任をもって行なう安全で、便利な送金方法であります。

二、外国郵便為替をご利用される方は、日本全国のどの郵便局においても、送金を請求することが出来、郵便局は韓国中央郵便局宛てに、航空便で為替を直接送金致します。

三、韓国中央郵便局では、韓国通貨に換算して、受け取り人宛て書留で送付し、為替を受け取った方は、居住地の郵便局に為替を差し出せば、直ちに現金で支払われます。

四、為替料金、その他のお問い合わせは、最寄りの郵便局で親切にご案内致します。

韓国船員金泰顕氏拉北さる

ア連合で北韓工作員に

韓国船員金泰顕氏（三〇）がさる七月四日、アラブ連合のアレキサンドリアで北韓工作員によって拉致され、北韓につれられていったと十日外務部が発表した。

外務部によると、パナマ船籍の貨物船パウヒニアの二等機関士である金氏は七月四日同僚たちとともにアレクサンドリアに上陸したあと行くえ不明となっていたが、調べの結果、金氏は八月四日北韓大使館の工作によってアラブ共和国を出国、北韓に連行されたことが明らかになったもの。

カイロ駐在韓国総領事の文武淳総領事は、金氏が行くえ不明になった直後、アラブ共和国警察当局に捜査願いを出したが、その後、金氏が北韓工作員に拉致され北韓大使館に抑留されているという情報を得て、アラブ共和国政府を通じて北韓大使館でない中立地域で金氏との面談を要請したが北韓大使館はこれを最後まで拒絶、金氏を北韓につれ去ったという。

金氏が乗っていたパウヒニア号は日本人所有の船舶で救援食糧を積んでガーナに向かう途中、六月末、アレクサンドリアに寄港、七月四日に出港する予定だった。

利敵分子は徹底的排除

「在日韓国人勝共同志会」発足

会長に姜桂重氏選出「大阪」

分裂と破壊を画策している一部分子から民団組織を守り、反共、勝共理念を広く在日同胞社会に広める目的で、「在日本韓国人勝共同志会」が結成された。

姜桂重会長

去る九日午後六時から大阪南区の東大閣で民団大阪本部の幹部職員をはじめ、管下三十三支部の支団長を含む組織人ら約百名の参加のもと盛大に開かれ、宣言（別掲）、綱領、会則などを採択、会長に姜桂重氏（前民団中央顧問）を選出して閉会した。

この日の結成大会では、現在の民団は混乱と対立によって創団以来の重大な危機に直面していると分析、①民団東本直轄問題に対する中央本部の方針を支持するとともに声援する ②韓青大阪本部の委員長除名と副委員長の停権処分を速やかに発表、韓青大阪本部を民団大阪本部が直ちに直轄するよう促すなどの論議を中心に、活発な意見が交された。

なお、この勝共同志会は、反共・勝共理念を共にする大阪民団創団に参加した団員、現在、民団運動に参加活動している諸氏らから構成され、朝総連の民団破壊工作を阻止する一方、在日同胞の権益擁護を主とする民団創団精神と民団の基本路線に立脚し、会員相互の人格向上と相互協助によって団結しようというのが目的である。

事務局は、民団生野支部内に設置して当団の活動を押しすすめるという。

役員はつぎのとおり。

▽常任理事　姜桂重、尹甲春、金東出、宋台他、任瑋鎬、張弘実、朱祥抜、権[illegible]、金義訓、李秀峰（順不同）
▽会長　姜桂重
▽副会長　尹甲春
▽〃　金東出
▽〃　宋台他
▽事務局長　任瑋鎬
▽監査　金滋允
▽〃　張斗会

同胞社会騒がす ベトコン派を遂出

〈姜会長談話要旨〉

本勝共同志会を結成したのは、わが民団組織内部に、分裂と破壊工作を画している一部分子輩が、中央を始め、全国的に地方組織まで、無謀混乱に落し入れている現実を憂慮して防衛するためである。

去る第三十四回中央本部大会を契機に、東京都本部事件が発生後わが大使館と、民団中央本部を始め、東京本部との間に、深刻な問題が提起されている事は周知の通りである。

その後、民団中央本部と、東京本部事件で、組織混乱の主謀役割をした、東京本部の前任執行部三機関長その外「ベトコン」派だという有志懇談会の幹部との間に、好ましくない問題が数多く発生し、在日韓国人社会を騒がせたのである。

大阪に住む組織人として、痛憤慨怒したのは私一人ではない。彼等は、東京本部事件を機に、わが民団組織を混乱させているばかりか、各地方、また、大阪地方にも不純分子を潜入させて民団組織人及び一部の青年学生をせん動して、わが民団組織の破壊工作を、集団行動化して継続している。

去る八月二日夜十時には、東京において、民団東京本部直轄後の事務整理をしていた、中央本部の役員一同を、武装テロ化させた青年、学生を動員させて、集団暴行に移し、暴行に及んだのである。

今般本会は、八月九日、百余の同志が集まり、総会を開催し、反共理念を新たに、結束を固めた事は、組織上多大な成果だと言っても過言ではない。

これからは、会員の皆様も私自身も、全力を尽して、わが在日韓国人社会にあって、利敵行為をする者はもちろん、組織破壊工作をする分子達をも、徹底的に排除して、わが民団組織が、常に在日韓国人の権利の為の施策が出来るよう、体質改善の運動を推進することを強調するものである。

民族会裂と破壊 策動を断然防衛

宣言

祖国光復後、本国では北傀の不法南侵後の非人道的な蛮行によって数百万同胞の生命、財産など高貴な犠牲をはらったことは、わが民族の骨肉にしみている事実であり永遠に忘れられない歴史の一ページであった。

北傀共匪は、今日現在にも武力侵略の野望を捨てず、戦争準備に狂奔しており、その手先である朝総連も在日同胞社会の攪乱と分裂を助長させています。

しかし、本国では北傀の奸悪なすべての策略を粉砕にしりぞけているが、在日同胞社会においては六・二五動乱と共匪の今日までのあらゆる蛮行を自ら体験していないのが現状である。

凶悪な北傀の蛮行を継続していない一部在日同胞で、民族精神に背反する行動を敢行していることはまことに遺憾な事態であると断定せざるを得ません。

勿論、在日同胞社会の各種組織活動にも多くの矛盾は指摘できるが、これは、在日同胞社会の協調と積極的な努力で充分に是正できるにも拘わらず、わが民族社会に分裂と破壊策動が日増しに強化されている事実は、過去のあらゆる試練をうけたわれわれとしては到底黙過できない。

われわれは、あらゆる指導層の活動面の欠陥を率直に指摘が正されつつ、民族社会の正しい活動に対しては、全面的に支援協調する一方、民族分裂と破壊策動をしている分子に対しては、断然防衛しなくてはならない。

われわれは、過去のあらゆる試練を生かし、勝共の戦い理念のもとに団結し、在日同胞社会を正しい方向に導いていくであろうし、在日同胞の質的向上と民族教育を高め、二世青年層の指導育成と組織体性を強化し、在日同胞社会に健全な姿勢と確固とした体系を造成推進させ、さらに祖国発展途上にある祖国建設に貢献し、国威宣揚を期する。

一九七一年八月九日
在日本韓国人勝共同志会

水災義捐金伝達

八・一五祝典参加代表団

第二十六回光復節の本国における慶祝式典に参加するため、民団中央本部では、尹達鏞副団長を団長に、去る十四日、在日同胞代表団が出発したが、十五日の式典に参加したあと、十六日に朝鮮日報本社を尹団長らが訪問、一行から集められた、本国水災義捐金十二万八千三百三十ウオンを寄金した。

同胞の応援を歓迎

韓日高校スポーツ交歓

本紙既報（八月十五日光復節記念号）の韓日高校スポーツ交歓は、いよいよ今月二十二日（日）から開幕するが、八月二十日のKAL便で選手、役員とも百四十五名を迎える東京の在日大韓体育会（冠婦主会長）では、一行の次のような日程を発表、同胞応援団の参加をひろくよびかけている。

なおこの大会は、一九六九年の第一回が東京でひらかれ、七十年の第二回はソウル、第三回の今年が再び東京となっている。

滞在日程

八月二十日（金）羽田到着。
八月二十一日（土）リセプション。
八月二十二日（日）・八月二十四日（火）競技実施。
この間の八月二十三日（月）は選手交歓会、座談会。
八月二十五日（水）帰国。

後援体制

体育会が民団の協力のもと推進し通訳、案内、整理、応援などにあたるが、在日スポーツ関係学生はもちろんのこと、東京韓国学校生徒も動員される。

入場には原則として招待券が要るが、空席が予想され、自由に入場できることになっているから、同胞皆さんの参観応援を歓迎している。

競技種目（男女）

卓球、バドミントン、ハンドボール、バレーボール、バスケットボール、陸上、サッカー、野球、軟式庭球。

運動場は、駒沢オリンピック屋内球技場、駒沢陸上競技場、国立庭球場、田園コロシアムなど。

問い合せは、日本体育協会内大韓体育会（電話[illegible]一六五五）まで。

26年ぶりに再公開 解放当時の記録映画

ソウルの宋政勲氏の手で

二十六年前の八月十五日。この民族解放の生々しい記録をおさめたドキュメンタリー・フィルムが、ソウル在住の宋政勲氏（出版社の国際報道時報社長・57）によって、米国から手に入れられ、新らしく編集されたのち、一般映画館で上映されることになった。

旧朝鮮総督府（今の中央庁）の国旗掲揚台から、するすると降りる日章旗、米国ハーチ中将の前でおこなわれる阿部総督の降服調印、涙を流してうなだれる日本軍、天にもとどけよとばかり祖国万才を叫ぶ同胞の姿などを収録したこの映画フィルムは、日帝時代に朝鮮日報特派員（写真）として上海などで活躍したことのある宋氏が、経験を生かして蒐集されたもので、宋氏は去る四月、米国に渡った時、ハリウッドのユニバーサル映画社をたずねて行った。

そこで、解放当時、ユニバーサル映画の取材班が、ソウルを中心として撮影して帰った事実をのべ、ぜひ当時のフィルムを探して欲しいと懇願したところ、同社では、ぼう大なフィルム・ライブラリーから、コンピューターの威力を発揮させて、目的の場面集を探し出してくれたという。

当時の感激さめやらぬ宋氏は、さっそくこの歴史的フィルムの断片の多くを持ち帰り、十分ものの記録映画として、来る十一日には、仕上げを完成、公開上映することになったものである。

国旗

始めての人のためのガイド

韓国と韓国人

（続 その三）

ソウル

首都ソウルは、現代的な大都市である。デラックスなホテルもあれば、日本料理の高級食堂もある。政府指定の外国観光客専門施設（観光ホテルやその付属ナイトクラブなど）では、注文に応じた食事と洋酒をサービスする。

ソウルは李氏王朝以来の古都である。名所古蹟にこと欠かないばかりか、それ自体が韓国千余年の博物館といえる。ソウルは、同じ東洋の国でありながら、日本にはない独特の東洋美を持っていて、訪れる人の足を引き止める。

たとえば都心地の一流ホテルからわずか数十メートルへだてて、王宮の一つである景福宮が望まれ、以前は立入禁止されていた王宮の敷地内は、今は公園になって、市民に開放されているが、建物そのものは、ありのままに保存されている。

かつて国王が外国の使臣を謁見した正殿のすぐそばには、ベルサイユ宮殿風の大理石の建物が立っている。この建物は、今世紀初めに建てられたもので、今は国立博物館と国立美術館になっている。

訪問者は王座の前で往時をしのび、博物館と美術館の中では、韓国の偉大な文化的遺産の一部を見ることが出来る。ここには製作年代が明らかに古代である大きな青銅造りの仏像をはじめ、古墳から出土した人業とも思えぬ奇抜な宝冠、一目でそれと解る黄金製の王冠、文明時代の絵画、全世界に比類ない美しさをもって知られる高麗の青磁陶器と李朝の白磁陶器などが陳列されている。

景福宮から程遠くない所にまたもう一つの王宮で、歴史の古い昌徳宮がある。昌徳宮は、徳寿宮よりもはるかに大きく、その建築年代も李王朝の初期にさかのぼる。それだけに韓国王宮構造、庭園、そして王者の風景を知ることが出来る。建築は木造で東洋風に出来ている。部屋は王と廷臣が住んでいた当時そのままに保存されている。

ここを訪れた人は、王座、王様用のかご、武器、その他の古い品々を見ることが出来る。

宮殿のすぐ隣りには、宮殿の庭といえる広い庭園が横たわっている。その名前も、どこか神秘めいて「秘苑」と呼ぶ。

それは、自然に人工を加えながらも、それを感じさせない韓国造園芸術の粋である。森あり、細道あり、はすの花の小池があるかと思うと、小さな亭が影を落としている。昌徳宮と秘苑も公園になっている。

昌徳宮の隣りには、韓国最大の動物園と植物園がある。

ソウルの内外には、このほかにも多くの公園、宮殿、博物館、寺院などがある。

活気にあふれる百貨店、近代的な商店街と、そこに陳列された商品、微笑で迎える売子さんたちの物柔かいサービスは、買物気分を充分に味あわせてくれる。

韓国で、外国観光客に買い得品として人気のある土産物には、絹製品、皮革品、セーター、陶磁器らでん漆器、洋服（注文から仕立てまでわずか数日）、手織りのテーブル飾り、宝石類、精巧なわら細工物、毛織物などがある。

美味しい韓国料理を□□者のサービスで味わうも一興であろう。このほかにも、本場とかわらない日本料理、中華料理、メキシコ料理、イタリア料理、フランス料理その他が、食欲をそそるに違いない。

活気に満ちた夜の娯楽も数多い。たいていのホテル階上や地下には、一流のナイト・クラブ、バー、キャバレーがある。ここでは合い間合い間に、一流芸能人のショーがある。洋酒、親切なボーイそしてホステスが待っている。

ソウルの都心部から列車で約二十分の所に、ウォーカー・ヒルという有名な外国観光客専門の娯楽センターが建っている。漢江の流れを見下ろす丘に横たわる広大な大人の遊園地であるが、五つの豪華なホテル、山荘風の独立したビラ、ナイト・クラブ、トルコ風の蒸し風呂、プール、ボーリング場など諸内外のスポーツと娯楽設備が整っている。また東洋最大のカジノがあり、観光客はちょっとした賭けの冒険を楽しむことも出来るだろう。

古典趣味の人は交響楽団の演奏会や、オペラを楽しむことも出来る。クラシック専門の音楽喫茶店では、リクエストに応じてどのような曲でもかけてくれる。

韓国の観光旅行で見落としてはならない場所が、国立国楽研究院である。

ここでは、国楽（音楽の項参照）と民俗舞踊が、保存、研究されている。これは、日本の雅楽と同系の音楽であるが、東洋音楽のすばらしさを実感させてくれるだろう。

滞在期間のほんの短い旅行者のためには、南山ドライブウエイのドライブや、ケーブルカー乗りをすすめる。南山ドライブウエイやケーブルカーの上から、ソウル全市を一日で見渡すことが出来るからである。

もう一つは、コリア・ハウス（韓国の館）見物である。これは政府が運営する韓国式の住宅と生活様式のモデルで、短い時間の間に、韓国料理を味わい、韓国の民俗音楽を鑑賞し、工芸品のえらんのろ（遊戯）することが出来る。コリア・ハウスでは、食事以外は無料になっている。

週末には民俗舞踊が催されるコリア・ハウスのプログラムにしたがえば、短時間内に韓国民の生活をざっと体験することが出来るわけである。

釜山とその周辺

板門店

済州島

慶州地方

東海岸の名所

この壮麗な宮殿は李氏王朝が代代執政してきた処である。1394年李太祖が建てたがその後1868年建てなおした。

公休日と記念行事

三月一日＝三一独立記念日。一九一九年三月一日を期して、全国的に行なわれた独立闘争を記念する日。公休日。

四月八日（陰暦）＝釈迦牟尼の誕生日。お寺では壮厳な儀式が取り行なわれ、夜になると善男善女による提灯行列がある。

五月五日（陰暦）＝端午の日。公休日。農村では青年の相撲大会が行なわれ、婦女子の間ではブランコ乗り競争や板飛びなどが行なわれる。最も楽しい休日である。

四月一九日＝四・一九学生義挙記念日。

六月六日＝顕忠記念日。公休日。祖国のために命を捧げた軍人・警察官の霊をとむらう日。国立墓地で慰霊祭が行なわれる。

六月一〇日＝農民の日。農民の労苦をねぎらう日。

六月一七日＝制憲節。公休日。一九四八年七月一七日に韓国の憲法が制定された。

八月一五日＝解放記念日。公休日。

一〇月一日＝国軍記念日。陸海空軍のパレード、編隊飛行など華

一〇月二四日＝国連の日。公休日。釜山の国連墓地では、壮厳な慰霊式が行なわれる。

一二月二五日＝クリスマス。公休日。

尋ね人

松浦　時男先生

田村　博さん

伊東　太郎さん

韓國新聞
在日大韓民国居留民団
中央本部機関紙
韓國新聞社
発行人 李禧元
東京都文京区春日町
2丁目20−13
電話 (815)1451〜3
(813)2261〜3
振替口座 東京 163774

民団綱領

一、われわれは大韓民国の国是を遵守する
一、われわれは在留同胞の権益擁護を期する
一、われわれは在留同胞の民生安定を期する
一、われわれは在留同胞の文化向上を期する
一、われわれは世界平和と国際親善を期する

わが血!わが父母!

歴史の見守る中に"南と北"は、微笑みをもって向かいあった。国土分断二十六年目の「こんにちは…」が今はじまったばかり。板門店で大韓赤十字代表(右)と北韓赤十字代表(左)は、やわらかい血の通う握手をした

南北赤十字派遣員 板門店で歴史的対面

「家族捜し運動」の公式文書交換

一九七一年八月二十日正午国土分断以後二十六年ぶりに南と北に、人道主義の架橋をつくるため歴史的南北赤十字間の初の公式対面が板門店においてなされた。軍事分界線の中心が一致するテーブルを真中におき、板門店中立国監視委員会会議室で相対した南北赤十字団体のそれぞれ二人の派遣員は、全国民の願いと「世界の耳目」を一身に受けながら、「家族捜し運動」を推進するための公式文書を交換した。

最初の言葉は「アンニョンハシムニカ」

この日正午前に、大韓赤十字社の派遣員李昌烈摂外部長と尹汝訓女史(三四=渉外部長)の二人は「帰らざる橋」を渡って、板門店の会議場に到着。十二時定刻に、北側の派遣員二人が灰色の背広に金日成の肖像図をえがいたバッジを胸につけて入場した。

北側の派遣員がテーブルに近づくとまず李昌烈氏が席を立ち「アンニョンハシムニカ」とあいさつの言葉をおくりながら握手を求めた。尹汝訓女史は椅子に座ったまま、北の派遣員と握手を交わした。南北赤十字団体の四人の派遣員は全員椅子にこしかけたとき、四人とも顔は紅潮したが、表情は柔和。

一分ほどたって、まず李昌烈氏が「私は大韓赤十字社の李昌烈です」と自己紹介、隣りの尹女史も「私は尹汝訓です」といいながら崔斗善総裁の職印の押された信任状を提示した。北韓赤十字会の二人も、北韓赤十字会中央委員会孫成弼委員長の職印の押された信任状を提示した。

自己紹介につづいて、李昌烈氏が黒色のカバンの中から、崔斗善総裁が八月十二日離散家族捜し運動を呼びかけた提議書を取り出し北の派遣員に渡した。北の派遣員も白い封筒に入った北韓赤十字会の回答書簡を南の派遣員に手渡した。書簡の交換を終えたあと、李昌烈氏がまた話をかけた。

「数日前、南では大雨が降ったが、北では被害はありませんでしたか」と。その答えに北側派遣員徐が「北では被害はありませんでした」と述べた。

再び李昌烈氏が「あなたたちは、赤十字の仕事をやってどれ位になりますか。私は赤十字の仕事は長くやっています」と話すと、北側の李派遣員は「私は長いです」と答えた。

北側の徐派遣員は「私達の正式名称は、朝鮮民主主義人民共和国赤十字会中央委員会であります。これからはこのように呼んで下さい」と語った。

この話に李昌烈氏は「われわれは大韓赤十字社です。簡単だから呼びやすいです」といいながら笑った。

このようなやりとりで四分を経過した。南と北の派遣員は席を立ちながら握手をかわした。

「これからは、われわれの仕事を成功させるため板門店でまた会いましょう」と約束した。そして四人の派遣員は会場に到着したときの同じ門から、南と北に別れて会場をあとにした。

そのときの時刻は、十二時六分を指していた。

予備会談は板門店で 9月28日開こう

大韓赤十字社の崔総裁が提案

北韓赤十字会の派遣員から「家族捜し運動」の回答書簡を二十日板門店で受けとった大韓赤十字社の崔斗善総裁は二十一日、記者会見を行ない、この「家族捜し運動」の予備会談は、九月二十八日午前十一時、板門店で開きたいという要旨の声明文を発表した。

崔斗善総裁はこの予備会談開催に関する具体的提案を明らかにしたこの書簡を八月二十六日正午、板門店に大韓赤十字社の二人の派遣員が届けると発表した。

この崔総裁の声明に対し、北韓赤十字会は平壌放送を通じ、大韓赤十字社の書簡を受けとりに同日北側でも二十六日派遣員を板門店におもむかせると、発表した。

大韓赤十字社の崔斗善総裁が提案した「南北離散家族捜し運動」は、いよいよ予備会談の段階にまづ順調にすすんだ。二十一日崔総裁が記者団に発表した声明文の全文は次の通り。

崔斗善大韓赤十字社総裁声明文

北韓赤十字会中央委員会委員長
孫成弼貴下

一九七一年八月二一日

八月十二日大韓赤十字社を代表して、人道的な見地で南北赤十字社会談を開くことを提議した私の提案を、貴下が受諾した返信を八月二十日受取りました。貴下の回答書簡を検討した結果、私は予備会談の開催をすすめるため次の通り提案します。

一、南北赤十字団体の予備会談は、きたる九月二十八日午前十一時、板門店中立国監視委員会会議室で開く。

二、同予備会談には、双方から五人の代表団をおくる。

三、同予備会談に参席する双方の代表団の名単は、九月二十四日正午、板門店中立国監視委員会会議室で双方が交換する。

四、人道的南北赤十字団体の本会談の議題は、八月十二日の私の提議で明らかにしたように「家族捜し運動」とは、離散家族の書信交換、相互往来をふくむ、離散家族の苦痛を解除するためのあらゆる人道的問題を解決することにある。したがって最初から議題を制限すべきでなく、予備会談で討議・決定することにする。

五、本会談の場所、会談進行に伴う諸手続及びその他の事項は、予備会談代表間で討議する。

私は貴下が赤十字精神に基づき、以上の私の提案を肯定的に受諾されんことを確信してやみません。

大韓赤十字社総裁 崔斗善

非武装地帯の墓参許可

国防部は十七日、軍事境界線の非武装地帯内にある墓を一般民間人が訪れる許可を出した。非武装地帯はこれまで民間人の出入りが禁制されていたが、このほど西部前線師団部隊が調査したところによると、この地域(京畿道坡州郡)に四百十九基の墓がある。こんどの秋夕(旧盆)には墓参の人びとがつめかけるものと予想されている。

南北赤十字会談歓迎

米国務省 朴大統領演説も支持

米国務省スポークスマンはこのほど南北赤十字会談を歓迎するとの公式態度を表明した。また朴大統領の光復節演説を支持することも明らかにし、韓国政府がこれまでの態度を和げ北韓と接触をはじめたことに注目している。

在日同胞の北韓往来に反対せず

尹外務次官談

尹錫憲外務次官は十七日在日同胞の北韓往来問題に関して発言「南北間家族捜し運動の趣旨と同様、純粋に人道的なものであれば日本政府の、在日同胞に対する北韓往来の許容に敢えて反対はしない。しかし北韓往来が政治的目的に利用されたり、北韓の侵略企図などに助けになる結果をうむようなものには反対する」と語った。

"その日"の国民の表情

沿道に歓喜の涙

赤十字社派遣の車に 幼い子供も「万才」

大韓赤十字社の派遣員と随行員を乗せた三台の乗用車は、この日午前八時五六分、ソウルの赤十字社正門を出発した。この乗用車のうしろに十数台の報道機関の車があとにつづいた。

板門店に向って走る三台の乗用車の両端に取りつけた「大韓赤十字社の社旗」は、この日とりわけ鮮明にはためいた。

ソウル市内はまだラッシュアワーがつづき、街の自動車の行列は赤十字社の乗用車をみつけると、一斉に道をあけた。

この三台の車が通りすぎる沿道には、涙をさそう情景が、数個所でみられた。沿道に立っている人々は、拍手を送ったり、車が視界から消えるまで手をふっていた。

通りすぎるバスや乗用車の運転手も、赤十字社の車に黙礼をおくった。幼い子供たちは、赤十字の旗をみて「万歳」を叫んだ。中年婦人連中は、ハンカチをとり出し、目がしらをおさえている姿もみられた。

京畿道高陽郡では、前方を進っていたバスとトラックが一斉に止って、この一行が通りすぎるまで待っていた。バスの運転手は、この乗用車がみえなくなるまで、ぼうしを手に持って、ふりつづけた。通りすぎる米軍の車の中でも手をふって敬意をあらわしていた。

ソウル市内を通りぬけた一行は時速百十キロのスピードで、板門店に向って走った。どこからかはおぼえていないが、ソウル市警所属のサイド・カーがあらわれ、この一行の車の前後に分れてエスコートをはじめた。

一行が九時四十分頃、汶山地方にさしかかると、沿道に出ていた二千余人の住民が一斉拍手をしながら、一行を歓迎した。九時五十六分、一行を乗せた乗用車は、板門店南方境界線である「自由の橋」の前に到着した。

一千万人の離散家族の念願を背負って、赤十字社派遣員をのせた乗用車は、ひと息で板門店まできてしまった。服の色が格別黒い国連軍の兵士が白い歯をみせながらこの一行に向って最敬礼。乗用車はチェックなしに、この橋を通過。板門店に通ずる小山を越えた。

十一時七分、内外報道陣五十余人を乗せた大韓赤十字社の貸切りバスも板門店に到着した。坡州郡臨津面の「自由の橋」の前方の道には「歓迎、まっていた。南北家族捜し運動」と書いた横幕と坡州郡民会と黄海道道民会がつくったプラカードが立ちならんでいた。百数人にふくれあがった内外の報道陣は、この横幕の下で南北接触の結果をまっていた。

自由の橋付近にまで出ていた坡州・黄海道道民会長崔相旭氏は、「坡州だけでも、黄海道民が一万三千余人もいます。最初は赤十字社の代表を大々的に歓迎するつもりでいました。それも途中、政治的に利用されるおそれがあるというのでとりやめにしました」と語りながら、北側の空だけをみつめていた。

この日、ソウル永登浦区内に住む尹貞姫さんは、次女をつれて、早起して「自由の橋」まできて、一行を見守っていた。尹さんは、一・四後退のとき夫とはなればなれとなり、裁縫仕事をしながら四人の子供を育てた。尹さんは今回が初めての外出。「自由の橋」まできてみて、夫の近くにきたような気がするといって、次女の手をとって、北側の山をみつめていた。

また一・四後退のとき黄海から南にきた金慶哲氏は、自家用に乗って、赤十字社代表の姿を一目みようとかけつけた。金さん「南にきてから事業には成功。暮しはよくなったが、北に残してきた家族のことを思うと、夜ねむることもできない」と涙を流していた。

本国論調

和解の原則

あまりにも長い間共産陣営で自らを幽閉して来たため、自由陣営では人間的交流の機会の与えられることを待ちこがれていた。そこへ米中接触の喜ばしい消息が伝えられると立ちどころに、西陣営の和解が成立するかのように楽観する雰囲気まで造られた。それがわが国にまで「南北離散家族さがし運動」が統一に直結したように、浮かれさせているようだ。

和解という言葉は極めて人格的で、責任的な言葉である。両者が互に和解するとなるとその行為に先立つ根本的人間条件が整備されなければならない。

❶双方が共に真実でなければならない。自己真実を素直に表現しない限り、本当の和解は成立しない。当面の議題に不必要な真実まで発表する必要もないが、必ず知らせなければならない言葉には操作と虚偽が混ってはならない。❷和解は相手方を尊敬し連帯しようとする意図と努力においてのみ期待できる。双方が共に自分の方だけを絶対化する態度を堅持する限り和解はありえない。❸過去の良し悪しを糾してはならない。少くとも当面の議題に関する限り過去を白紙にもどし、淡々なる態度で臨まなければならない。南に派遣した者は反動分子だとかいう感情が少しでも残っていてはならない。南での北に対する態度も純粋な同胞愛で一貫しなければならない。愛はあらゆる障害を解消させる唯一の精神力だからである。❹和解は未来指向的類似を共同目標にしなければならない。一方が他方に自分のものを強要してはならないと共に同役者として働く雅量がなくてはならない。

これまで共産主義者との対話は不可能とまでいわれた。力による勝負がない場合、時をかせぐため平和を口にするだけだというのである。しかし、今度の和解運動だけは、同じ血族どうしの真正な対話で出発できることを願う。円熟した智恵で相手と対し対笑、対話、和解、統一にまでおしていけるようのぞむ。

(八・一九大韓日報)

民族正気と日人慰霊塔

京畿道高陽郡碧蹄面の「無名日本人慰霊塔」は、ソウル市が市費一千二百万ウオンをかけ昨年十二月完成しこっそり除幕式をあげたいわくつきのものである。国交が正常化したからといって、日本人の慰霊塔までこの地に建てるほどわが国民感情と民族正気が納得しているのか、反問しないわけにはいかない。

ソウル市は政府指示にしたがって市民の血税で建てないわけにいかなかったというが、もしこれが事実であれば、ソウル市を責める前にこんな間の抜けた指示を下した、政府の姿勢がいかに、非理に満ちた乱脈状態に陥入っているかが想像つく。いや、ソウル市や政府を責める前に、民族正気がこれほど地に落ちていることに、改めてこみ上げる悲しみを抑えようがない。

ソウル市予算がいくら貧しくても、使う所に使うのなら一千二百万ウオン位惜しいと思わない。また一個の慰霊塔ぐらいでケチをつける狭量な民族性でもない。だが、真の名分と大義に背き、時間と場所がえられない場合は一文のカネも出す必要もなく、一個の碑石も置かせないという毅然とした民族的矜持が欠んでいないということに目をそむけてはならない。矜持と姿勢が確立されないと、いくら対日経済協力が緊密になったとしても、国民間の協力関係を阻むことになり、互恵対等共存共栄の原則に立脚すべき対日姿勢でなく、むしろ疎遠と軽視を招く対日姿勢になりかねない。

建てた場所も大多数国民はそのまま過ごさないだろう。わが国土を侵犯した壬辰倭乱で倭軍が勝利した場所であり、当時戦死した倭敵の霊を慰める所謂「無名戦士塔」と変ることがないからである。当時連合軍の明将李如松は重傷を負い、その弟李如栢は戦死をとげたところが正にここで、率直にいってこの塔は日本侵略の象徴塔といっても過言でない。すみやかに撤去しないと折角深まっている韓日関係に大きくヒビが入ることを政府当局は反省しなければならない。

(八・二〇京郷日報)

円切上げと韓国経済

ドル防衛の余波で日本円が早く切上げられると外電は伝えている。日本政府に切上げがさけられない事実を認めるにいたり8%程度の切上げを考慮しているという。米側は15ないし20%の切上げを望んでおり、切上げ幅がどの位になるかまだわからない。

円が切上げられた場合、韓国の対日交易は平均四対一の逆調であるから、色々な面で大きな負担になることはさけられない。まず、七〇年の場合、対日輸入は八億ドルを上回った。したがって、切上げ幅一例えば10%ーだけ対日輸入を減らさないと、年間八千万ドルがそっくり輸入コスト増加になってしまう。次に日本から導入する借款で円貨ベース契約に二億五千万ドルにのぼるというので、これも一〇%切上げになれば、二千五百万ドルの返済負担増加になる。さらに、円切上げは韓国の対日輸出にドル・ベースを有利に活用することになろう。しかし対日輸出が価格面で好転するというだけで対日輸出が大きく増えると期待することは困難である。

日本経済が対米輸出の鈍化で不況になると対日輸出にブレーキがかかることは間違いない。また日本は切上げから来る黒字幅の減少を食いとめるため非関税障壁を高める可能性が強いということも問題だ。多方面にわたる韓日協力の中でも特に貿易アンバランス是正に誠意をみせず、今年も対日輸出が大して増加していない事実は、事態の深刻を如実に物語る証拠であろう。さらに韓国の輸出産業は日本の原資材に大きく依頼しているので、原資材輸入のコストの上昇により円切上げ効果が半減するとも否認できない事実である。こうみてくると、円切上げは韓国側に年間八千余万ドル程度の負担増加をあたえる限り、若干の輸出増加効果を発生させると判断できるという。そこで円切上げを契機に当局は対日貿易アンバランス幅を縮める画期的方案を急いでつくり、強力に推進すべきだと思う。

(八・二二中央日報)

同胞の皆さんへ!

七月から外国人登録の切替が始っていますから、各自の期限をもう一度よく見て手続きをして下さい。(写真三枚・印鑑持参)また、出生、死亡、結婚など、戸籍に関することは、ひじょうに大事なことですから、必らず民団支部に届け出て下さい。

民団中央本部民生局

朝総連が「離散家族捜し運動」で
民団に共同集会画策を提議

大韓赤十字社の崔斗善総裁特別声明以来、本国はもちろん、在日同胞社会においても、民団と朝総連の間に従来の対決から対話へ方向を変えようとする動きが起っている。

朝総連はさる八月十七日韓徳銖議長の名義で「南北両赤十字会談を支持歓迎する大会を、民団と総連の共同主催で開こう」という提議書をもって、洪鳳寿副議長ら五人が民団を訪ずれた。

民団はただちに執行委員会を開き、慎重に検討したが、現時点で、そのような動きを起こすのはかえって両赤十字会談の実現を妨げる恐れがあるのではないか。歓迎集会が、政治的宣伝合戦にでもなればそれこそ民族的悲劇だ、との意見を集めた。

そのため、今後はお板門店の赤十字代表会談を見守りながら成功を祈ることにし「現時点での共同主催による集会は賢明でない」と回答した。

回答文は二十日午後二時、朴性鎮事務総長と李寅植組織局長ら四人が朝総連本部を訪ずれ、同副議長洪鳳寿氏に手わたし事実的に朝総連の提議を拒否した。

民団中執委、拒否の回答

"現時点での共同集会は非賢明"

朝総連の提議要旨

在日本朝鮮人総連合会
中央常任委員会
議長 韓徳銖

去る八月十二日、大韓赤十字社崔斗善総裁が提議した南北の「離散家族捜し運動」は、もっとも実現性のある具体的な案で、一千万をかぞえる離散家族はもちろん、五千万全国民が人道的な立場で心から歓迎するものであります。

この提議に対する北韓赤十字の受諾回答があり、八月二十日板門店で両赤十字代表が接触することになったのは喜ばしいことで、この提議の実現のための一歩前進であると信じ、この運動の成功を祈ります。

その理由は、大韓赤十字社の提議で明らかなように、

●四半世紀にわたる南北間の障壁は、あらゆる民族悲劇の源泉で、とくに南北に分れた離散家族の悲劇は今世紀人類の象徴的悲劇であるといわざるを得ない。このような状態に……

民団中執委の回答文

●離散家族の悲劇は、南北間の障壁が解消されることによって完全に解決するだろうが、短期間内にこれがなしとげられるとは期待し難いので、まず一千万南北離散家族の実態を確認し、彼らの安否……

……る現段階で、貴下が八月十七日、洪鳳寿副議長をして本団に送った民団と朝総連の共同主催で同運動を支持歓迎する大会を開くよう提議したのに対し、次のように回答します。

同運動の基本趣旨と性格からみて、日本に在留するわれわれは、人道的立場から期待をもって見守りつつ、成功を祈るばかりです。

多くの難関をかかえた中で今後両赤十字代表が真摯な会談をはじめようとするこの時点で、あたかも運動が成功したかのような雰囲気にひたったり、あるいはどちらかの一方で政治的目的に利用したり我田引水的宣伝を画策することにでもなれば、それは民族の名で糾弾されるでありましょう。

貴下が提議した支持歓迎大会は板門店会談の推移を見守りながらそれによってわれわれの態度と行動を決定したいと思い、現時点での共同大会開催は賢明な措置ではないと確信します。

執行委で収拾案検討

中央本部は二十五日午後、中央会議室で執行委員会を開き、東本収拾問題で長時間討議したが、円満な解決のための前進的意見がまとまり、近く関係者が集って話合う。

韓国陣、球技で快勝

韓日高校スポーツ交歓競技会

東京・駒沢

韓国高校陣が圧勝 ㊤韓日高校が熱戦をくりひろげた東京・駒沢球技場㊥日本に圧勝したソウル梨花女子高バレー・チーム㊦日本に大差で快勝をしたソウル仁昌高バレー・チーム

韓日高校スポーツ交歓競技会(第三回)は、予定通り二十二日午前八時三十分から東京・駒沢屋内球技場で開幕、熱戦の火ぶたがきっておとされた。

競技第一日を迎えた駒沢球技場では、九時からの卓球にひきつづいて、五種目の競技がくりひろげられ、卓球、サッカーなど、球技ではわが高校陣、陸上では日本が圧倒的に強く、好成績をおさめ、中一日おいての第二日の二十四日も、双方とも実力をいかんなく発揮、二日間にわたる日程を終えた。

〈戦績〉

卓球—▽男子 韓3・0日
▽女子 韓3・0日
バドミントン—▽男子 日1・0韓
ハンドボール—男子 韓14・12日
バレーボール—男子 韓3・1日
女子 韓3・2日
テニス—男子 韓3・0日
女子 韓2・1日
軟式テニス—男子 韓3・1日
サッカー—韓3・0日
バスケット—男子 日93・80韓
女子 韓62・55日
(以上22日)
ハンドボール—男子 韓19・10日
バドミントン—男子 日3・0韓
卓球—男子 韓3・2日
女子 韓3・1日
庭球—男子 日3・0韓
女子 韓3・0日
軟式庭球—男子 日3・2韓
バスケット—女子 韓58・49日
男子 日84・73韓
サッカー—韓1・1日
バレーボール—男子 日3・0韓
女子 韓3・0日(以上24日)

●陸上は略します。

また境界線越え
北韓武装ゲリラ

五人射殺、小銃など押収

対スパイ本部は十六日夜、軍事境界線を越えて南下した北韓の武装ゲリラ五人を射殺したと発表した。

同対策本部の発表によると午後零時五十分ごろ、東部戦線の江原道麟北方約百三十五㍍の非武装地帯(太白山脈中)に五人の北韓武装ゲリラが侵入したのを韓国軍が発見、一時間あまりの交戦のすえ五人を射殺、小銃五丁などを押収した。韓国警備からも死者一人負傷二人の損害を出した。

「歌舞芸術団」盛況

荒川支部主催で公演

本社提供、民団荒川支部主催による、韓国民俗歌舞芸術団アンコール東京特別公演は、去る二十日午後七時から荒川区民会館でもよおされたが、約二千人にのぼる観衆がつめかけ、一行五十名がくりひろげる民族色豊かな歌と踊りを満喫、大盛況をきわめた。

なお一行は、九月二十二日の青森公演までの一カ月間、地方公演のスケジュールを消化していくが日程の間が、多少すいているため地方での公演は、なるべく早く申しこむよう、本社文化事業部では希望している。

=写真上は東京公演の華麗な歌舞芸術団=

猛暑の中"韓国勉強"

民団荒川支部の92人
夏期学校終了

民団荒川支部(高昌運団長)が毎年実施している「夏期学校」の第三回目修了会は、八月二十日東京荒川支部事務所の会議室で修了式を行なった。

同夏期学校はさる八月九日から十日間実施されたが、日本の各学校にかよっている在日同胞の初・中等児童の夏休みを利用して、国語、歴史、地理、音楽などを講習し、韓国人としての素養と民族精神の吹入を目的としている。講師には安参錫氏がおもにつとめた。

今回の講習には初等部八十一人中等部十一人が受講し、この日父兄と来賓が見守る中で修了証と表彰状などを受けた。

この日の修了式で高昌運団長は「短期間に祖国の言葉と文化にはじめて接したたろうが、これから各自が努力してさらに積みあげて欲しい。この期間を通してみなさんは、自分が韓国人であることを自覚し、いくらかの矜持をもつようになったことは、なによりも貴いものである。来年にはさらに多くの同胞子弟が参加してより豊かな実りがあるよう計画したいと思う」とあいさつした。

写真は夏期学校で"韓国勉強"する荒川の同胞子弟たち

ご案内

第四十八周年関東大震災で犠牲になられた同胞の冥福を祈るため、下記のように追悼式を行ないますので多数のご参列を望みます。

記

日時 九月一日午前十一時
場所 民団中央本部
団長職務代行 李 禧元

人事往来

韓日高校スポーツ交歓競技大会のため来日した韓国選手団の団長柳根碩氏(国陽大学体育大学長)と、副団長金万鉉氏(京畿女中校長)は二十三日午前、民団中央を礼訪し、羽田到着時の出迎えや競技場における在日同胞の応援など民団の厚い声援に感謝の意を表した。

訂正

十月三十一日の一〇一〇号三面「山梨韓国人会結成」の記事方名のうち李足福は李起福の誤りですので訂正します。

税務相談室

回答者 尹達鏞 (民団中央本部顧問・公認会計士・税理士)

有価証券譲渡による所得取扱い

問 有価証券の譲渡による所得の取扱いについて教えて下さい。

答 現在、一般的な有価証券の譲渡による所得は、課税されないことになっていますが、次のような有価証券の譲渡による株式売買益にはその所得については課税されることになります。(所得税法9条1項11号)

①有価証券の継続的取引から生ずる所得。

……

在日大韓民国居留民団

在日大韓民国居留民団 大阪地方本部

東淀川支部

常任顧問 金晧一
顧問 姜晌采
〃 姜性晃
〃 金賛孝
〃 金占東
〃 全毓伊
議長 方鎬煥
副議長 金賛祺
〃 曹亮鎮
監察委員長 姜弘実
〃 委員 趙斗河
〃 玄昌植
団長 崔玧熙
副団長 千大坤
〃 金鍾錫
事務部長 金鍾錫(兼)
〃 次長 李正男
総務課長 朴積順
組織課長 金佑植
民生課長 洪象模
文教課長 姜元寿
宣伝課長 李容熙
財政課長 千大坤(兼)
婦人会長 鄭静子
監察委員長 申正秀

小松分団

議長 李一浩
副議長 金興徳
〃 崔湖先
分団長 洪象模
副分団長 姜元寿
〃 鄭年模

三国分団

議長 金賛祺
副議長 申一男
〃 呉和春
分団長 李光熙
副分団長 千大坤
〃 鄭相祚

南方分団

議長 金承煒

淡路分団

議長 呉才吉
副議長 郭近洙
〃 孟又栄
分団長 姜順化
副分団長 朴在清
〃 姜達千

下新庄分団

議長 陳鍾埼
副議長 徐海龍
〃 金士明
分団長 宋己興
副分団長 安性根
〃 李尚根

加島分団

分団長 朴秉和
副議長 裵甲龍
副分団長 朴成基
〃 李太連
議長 李昌男
副議長 梁任龍
〃 鄭石邦佑
分団長 申錫圭
副分団長 金玉洙
〃 安昌柱

三津屋分団

議長 姜龍玉
副議長 金富亨
分団長 金声振
副分団長 朴寿福
〃 孫光奎

十三分団

議長 姜君奉
副議長 姜昌周
〃 鄭斗仁
〃 金永九

菅原分団

議長 崔竜学
副議長 李実根
分団長 辺瀷爆
副分団長 玄允河

在日本大韓民国居留民団 大阪府

茨木支部

団長 杜炳銑
副団長 金九造
〃 鄭昶秀
議長 金振浩
副議長 金秉玉
〃 洪正一
監察委員長 田鍾相
〃 委員 金本洛
〃 権寧祚
事務部長 孫海景
〃 次長 張鎮夏
財政課長 延鳳龍
〃 次長 尹九睦

在日本大韓民国居留民団 大阪府

布施支部

議長 高時鍾
副議長 金東海
〃 尹杏権
監察委員長 姜熙庠
〃 委員 裵全胄
〃 趙海済
団長 金仁全
副団長 李実湜
〃 金容雨
(事務部長兼)

在日本大韓民国居留民団 大阪府

生野支部

議長 姜吉泰
副議長 金二泰
〃 孫成杓
監察委員長 崔権
〃 委員 鄭晌碩
〃 金賛律
団長 宋台佃
副団長 鄭文一
〃 呉斗京
事務部長 朴英哲

韓國新聞

在日大韓民国居留民団
中央本部機関紙
韓國新聞社
発行人　李禧元
東京都文京区春日町
2丁目20−13
電話 (815)1451〜3
(813)2261〜3
振替口座 東京 163774

民団綱領

一、われわれは大韓民国の国是を遵守する
一、われわれは在留同胞の権益擁護を期する
一、われわれは在留同胞の民生安定を期する
一、われわれは在留同胞の文化向上を期する
一、われわれは世界平和と国際親善を期する

南北赤十字派遣員 三度目の接触

予備会談の時期めぐり

南北赤十字社がそれぞれ提案

"南北家族捜し"のための南北韓赤十字派遣員の三度目の接触が、八月二十六日の二度目の対面から四日後の三十日正午、板門店の中立国監視委員会会議室で行われた。

八月二十六日の二度目の……渡すため行われたが、三十……いう北韓赤十字会の提案文……北韓赤十字会の修正提案……離散家族捜し運動の提案は、……韓赤十社が人道的見地に立って、……北韓赤十字会に呼びかけたもの……で、南北赤十字派遣員の第一回……の接触から、大韓赤十字社側は……の家族捜し運動にプラスになる……のであれば、なんでも受け入れ……

2回目の南北接触をおえて帰京した李昌烈㊧尹汝訓両派遣員

南北赤十字派遣員第2回目の対話

南北赤十字派遣員第3回目の対話

李(南)　アンニョンハシムニカ。信任状交換は省略しましょう。
徐(北)　三回も会えてうれしいです。
李　人間はしばしば会っていれば、親しさも理解も増進され……

9月20日に繰上げ

予備会談　北側が逆提議

北韓赤十字会の逆提携の書簡要旨

一、わたしは、貴下が八月二十日付書簡で双方代表の予備会談の時間と場所および本会談の議題……

北韓赤十字会の提案文書は去る八月三十日、板門店の中立国監視委員会会議室で大韓赤十字社の派遣員に手渡された。この日、手渡された予備会談開催に関する北韓赤十字会の提案書簡の要旨は次の通り。

一、私は、貴下の赤衛を検討した結果、南北韓国赤十字団体代表の予備会談を九月中に板門店の中立国監視委員会議室で開き、双方が代表団を構成し、その代表団の名単をあらかじめ板門店中立国監視委員会室で交換し、南と北に、わかれ別れになっている家族と親類、親友の自由往来と相互訪問、彼ら同士の自由な交通、家族捜しなど三つの問題をふくむ本会談議題問題を予備会談で討議・決定する。

北韓"労働新聞"で武力赤化統一強調

二十五日の平壌放送によると、北韓の労働党機関紙「労働新聞」は二十五日「統一革命党の革命偉業は必勝不敗である」と題した論評を発表し、韓国内で合法・非合法・暴力・非暴力による革命を起こし、反革命勢力を打倒せよ、と次のように呼びかけた。

一、"南朝鮮"で米帝とその手先の植民地軍事ファッショ独裁を一掃し、政治的な自由と民主主義的な権利を戦い取るための反ファッショ民主化闘争に精力を集中して革命党を一層強化して、広範な愛国的な民主勢力と固く手を取り合い、反米救国統一戦線を強化発展させ、"南朝鮮革命"の決定的な時期を早めることが必要である。

一、これと同時に"南"の革命家と愛国的人民は大衆運動と闘争の領域に積極的に進出し、政治闘争、暴力闘争と経済闘争、合法および反合法闘争と非合法闘争、暴力闘争と非暴力闘争、大規模の闘争と小規模の闘争など、あらゆる闘争の形態と方法を正しく配合し革命勢力を保存蓄積し、時期が熟せば反革命勢力を打ち倒し、自分の手に主権を握るべきである。

朴大統領 国防部長官を更迭

朴正熙大統領は、八月二十四日「八・二三空軍特殊犯乱動」事件に責任を負い、辞表を提出した丁来赫国防長官の後任に、大統領国防担当特別補佐官の劉載興氏を任命した。また朴大統領は二十五日空軍参謀総長には下高鎬次長を、対間諜本部長には朴元根中将を任命した。

新任の劉国防長官は、日本の陸士出身で、解放後、韓国陸軍の創設に参加、六・二五動乱のときは最年少の軍団長として活躍……から鴨山まで進撃した。

六・二五動乱以後、陸軍参謀次長―統合参謀総長―第一軍司令官など……

新長官に劉載興 特別補佐官

空軍参謀長、間諜対策本部長も更迭

劉載興国防長官略歴

特調班設け徹底調査

国防部「八・二三特殊犯脱走事件」で

国防部、実尾島現地調査開始

司法府波乱、一挙解決へ

判事側が辞表を撤回

外国郵便為替 利用案内

大韓民国逓信部では一九七〇年十月一日から、日本国郵政省と次のように簡便かつ安全な郵便為替業務を開始いたしました。皆さんの積極的なご利用をお勧めします。

一、外国郵便為替は、郵便を利用して外国へ送金する制度で為替の送達に関しては、韓国逓信部と日本国郵政省において絶対責任をもって行なう安全で、便利な送金方法であります。

二、外国郵便為替をご利用される方は、日本全国のどの郵便局においても、送金を請求することが出来、郵便局は韓国中央郵便局宛てに、書留で為替を直接送金致します。

三、韓国中央郵便局では、書留で為替を受け取り、受け取り人宛て書留で送付し、為替を受け取った方は、居住地の郵便局に為替を差し出せば、直ちに現金で支払われます。

四、為替料金、その他のお問い合わせは、最寄りの郵便局で親切にご案内致します。

女子職員募集

経理・一般事務のできる職員を募集します。特別優遇しますから、写真、履歴書持参の上、本人が来団して下さい。

民団中央本部・総務局

公務員俸給15%引上げ

政府、来年四月から実施へ

政府が新年度予算案に割り込んだ公務員の引上げ月給額が明らかにされた。引上げ額は15%で、新俸給額（本俸）は次の通り（単位ウォン）

大学教授七八〇八五ウォン

警官二三二四〇ウォン、一等兵九二〇ウォン

△別定職

大統領	317,400
国務総理	254,150
副総理	190,900
監査院長	190,900
長官級	174,800
次官級	143.750

△法官及び検事

一般法官	83,950
一般検事	83,950

△教育公務員

大学総長	174,800
〃 学長	129,950
〃 教授	78,085
〃 助教授	55,430
教育大学教授	55.535
高校教師	43,930
中学〃	42,093
国民学校〃	36,570

△一般職（2号俸基準）

1		級	100,740
2	級	甲	77,395
2	〃	乙	60.260
3	〃	甲	49,197
3	〃	乙	35,282
4	〃	甲	25,311
4	〃	乙	22,977
5	〃	甲	21,332
5	〃	乙	19,860

△警察公務員

治安総監	77,395
治安監	60,260
警務官	49.197
総警	39,778
警正	34,431
警監	28.543
警衛	25,909
警士	24,046
警長	23,161
巡警	22,402

△軍人

小領	56,464
大尉	38,881
上士	32,269
中士	24,115
下士	12,696
一等兵	920
二等兵	793

朴大統領、ニクソン措置で指示

対米輸出さつ額は一億ドル以上

石油類値上げ

一律に21%

ルーマニアが韓国と交易を要請

成長阻む農地零細性

一世帯平均六・二人 耕作地〇・九ヘクタール

今年上半期国民総生産ふえる

昨年より13・9%高の成長率

187%膨張編成

日本の変動相場制と韓国への影響

本国論調

民主国軍の軍紀確立

司法波動に対する責任

日本人慰霊塔物議と撤去までの教訓

ウォン再切下げ必至

円借款負担切上げ幅だけふえる

同胞の本国家族3000人を
札幌冬季オリンピックに招請

新規入団者にも便宜
民生局が実施要領を指示

民団中央本部は、来年二月札幌で開かれる「札幌国際冬季オリンピック大会」を機会に在日同胞の本国家族を招請する"参観団招請事業"を推進している。同招請の趣旨は、六十万同胞が居留している日本でわが国の選手団も参加する国際的なオリンピックが開かれることは意義深い。この機会に在日同胞の本国家族を招請して再会の喜びをわかちあうとともに、それによって国威を宣揚し、韓日両国の親善を一層深め、組織を強化する。さらに本国から来る同胞が在日親族に本国の発展ぶりを伝えることによって朝総連の欺瞞と虚偽宣伝にまどわされることなく、永住権を申請した朝総連影響下の同胞が完全な民団員になり、反共精神をかためるようにするものである。

"冬季五輪参観団"について討議する関東地区協議会

募集期間は9月25日まで

参観団招請事業の実施要領は次の通り。

一、冬季オリンピックは72年二月三日から十三日まで開催される。招請事業は71年八月三十日から実施、招請希望者募集期間は九月二十五日まで。

二、招請人員は全国三〇〇〇名。

三、招請人の資格＝原則的に民団団員で、協定・一般永住権を申請した者。

四、被招請人の資格＝招請人の二〇親（例外もある）但し、被招請人が本国において①兵役未了者②公務員家族③国営企業の任職員④75才以上の高齢者は招請不可

五、滞在期間＝30日間

六、招請人の負担経費
往復旅費（航空または船舶料）旅券印紙代、空港税、入国査証印紙代、招請事業費（中央本部二万五千円・地方本部二万円・支部八千円）を招請手続と同時に納付する。

七、輸送区間は、第一地区羽田空港、第二地区伊丹空港、第三地区板付空港、第四地区下関港の四地区に分ける。

八、経費返還は次の場合に限る。
①招請書類が中央本部に到着し本国政府当局に旅券手続を申請した後に取消される場合は往復旅費及び公課金を返還する。
②旅券とビザーが発給された後に取消される場合は往復旅費を返還する。
③中央本部が招請書類を受付たが、本国当局に提出される前に取消す場合、事業費のうちの中央五千円地方本部五千円、支部五千円を控除した以外の残額を返還する。

九、招請手続に必要な書類
①招請及び身元財政保証書三通②身元推せん状一通③外国人登録済証明書二通④身元財政保証書一通（所定様式）⑤招請人の身上調査書七通⑥写真一枚

十、輸送計画＝オリンピック参観団員の往復利用交通は、大韓航空機便と釜関フェリーボートを原則とする。輸送は招請人の居住地によって四地区に分ける。

参考事項

一、各地方の本部・支部は招請書類を受付るときに、招請人と被招請人との関係を必ず確認したうえ人的事項を正確に記入すること。

二、中央本部では、経費一切が同時に納付されない件に関しては事務をすすめない。

三、その他「民団オリンピック参観団招請事業本国事務所」を設置し、招請事業を円かつにすすめる。保安対策をより完全にし、招請趣旨を生かす。

なお、詳細な実施要領は民生局がすでに指示したが、疑問点はさらに問合せ事務の正確を期すよう当局は促している。

会長に金容載氏
大阪韓国人商工会理事会

大阪韓国人商工会では、八月十八日午後一時から同商工会会議室で理事会を開き、柳洙鉉前会長の急逝で空席となっていた会長の互選を行い全員一致で金容載前副会長（大阪興銀副理事長）を選任した。

この日、金鎮弘駐大阪総領事、朴漢植韓信協会長など来賓多数が参席して開かれた理事会では、会長後任問題に焦点が合わされた。

そして大勢に沿って金容載、姜宅佑両副会長が会長候補として残った。ところが両副会長とも相方を強く推せん、会長職を譲り合う格好になった。しかし、「組織のルールとして先輩に道を譲る先例を商工会員らが示すべきだ」との姜氏の意向が強く作用、金容載氏の会長就任が理事の全員一致で決定された。

なお、姜宅佑氏は従前通り副会長職に留まり会長を側面から支援するほか、規約により今回から三名となった副会長の残り二名には会館一、徐在植両氏が新しく任命された。また専務理事と事務局長は前任者が各々辞職したため朴英成氏が当分の間兼任する。

歌舞芸術団「東京公演」
9月14日 日本青年会館で

〈入場は無料〉　本社招請による韓国民俗歌舞芸術団は、その後、地方公演のスケジュールを大好評裡にすすめているが、東京公演は、去る8月20日荒川区民会館の第1回につづいて、来る9月14日午後6時半から神宮外苑内の日本青年会館で民団中央宣伝局直轄、民団渋谷支部主催により公演することになった。この機会に見逃しのないよう韓日両国民の参観を本社では大いに歓迎している。なお特別親善公演につき入場無料。

―写真は「扇の舞い」―

世界JC総会参加決議
大阪韓国青年会議所

大阪韓国青年会議所は、さる二十日午後六時から、大阪野田の大閣で臨時総会を開催、六十三人が出席し定款の一部改正を含む諸議題を可決、続いて韓国中央青年会議所の義会の講演を聞き、同十時に散会した。

定款の一部改正では、今までの入会金三万円だ、二万円引き上げ五万円とした。これは青年会議所の財政確立をはかるためという。

特に、きたる十一月ホノルル市で開かれるJECI世界総会に参加することを可決、本国および大阪などを含め約六十人の有志が参る。さらに九月九日、光州で開かれる韓国青年会議所全国会員大会に参加の件は、約四十人を八月末まで募ることも決定、直ちに会員の参加を呼びかけることにした。

このあと韓国中央青年会議所会長黄氏の講演を、約一時間にわたってきき多大の感銘を受けた。

華燭

新郎　蔡宝鎬氏長男　蔡洙憲
新婦　李奉男氏長女　李順子

右両人は十月一日午後三時からソウル「世宗ホテル」礼式場で百年の佳約を結います。

○主礼　崔[illegible]博士（前文教部長官、ソウル大総長）
○招請人
金一煥　金東河　金成竜　呉制道　李裕天　曹寧柱

人事発令

任　民生委員長　宋鶴所
辞任　文教局長　尹[illegible]鎬
九月二日

「国軍の日」二千人の訪問団
初行貧困者らを優先
関東地区協議会で指示

関東地区協議会はさる三十日午後一時、文京区のホテル・ダイエーで会議を開き、十月一日国軍の日の本国訪問団構成要領、札幌冬季オリンピック参観団招請実施要領などについて協議・指示した。

会議には李禧元中央団長、尹達鏞副団長（東京本部団長職務代行）金組織局長、李民生局長のほか関東各県の団長、副団長、議長、事務局長などが参加し、李中央団長、尹東本団長代行がそれぞれあいさつした。

来る十月一日、ソウルで催される国軍の日の記念行事に参加する訪問団については、今年はとくに二千人が訪問する予定。従来は五六百人にとどめていたが、今年はさる一月十六日に締切られた永住権申請にともなって中立および朝総連傘下の同胞が多数新規入団することになり、これらの人たちに祖国訪問の機会を与えるためワクを広めたもの。さらに新規入団者と初行者を優先的に受入れ、経費者に対しては手数料の一部を免除するなどの便宜をはかる。これは長年朝総連の虚偽宣伝の影響下にいた者、または貧困のため故郷に行けなかった人々が、冷静に、じかに見て、韓国人としての矜持と自負をもたせる、こういう民団運動の一貫による措置である。民生局では詳しい実施要領を各地方本部にすでに指示した。

この日の会議において李中央団長は、東本問題の収拾策に積極的に取りくむ姿勢を明らかにするとともに、中央委員会開催までには解決したいと強調した。

▲呉允台牧師の経過説明に聞きいる参列者たち

第18回関東大震災殉難追悼式
永遠に安らかに
"悲憤の霊"故国の山河に還れ

今を去る四十八年前の一九二三年九月一日、突然おそってきた関東大地震は、東京を中心に多くの人命をうばったが、この天災をよいことに、何の罪もないわが同胞が、デマによる日本帝国の残虐な虐殺によって、六千にあまる殉難者を出すに至った。

この殉難の死をとげた先達のみたまを慰めるため、第四十八回関東大震災記念日を迎えた東京では、民団中央本部主催により、約百人の各界代表の参集する中で、殉難韓国人追悼式がしめやかにとりおこなわれた。

この日、式場にあてられた中央本部の壇上には、[illegible]がしつらえられ、午前十一時三十分、[illegible]の司会により開式。

[illegible]礼のあと、呉允台牧師の当時の事情と経過説明に入っては、参会者一同感慨にむせぶ場面もあって、震災の発生した十一時五十八分を期して、故人の冥福を祈る黙祷をささげた。

つづいて、尹達鏞副団長の「殉難同胞たちを虐殺した日本帝国は必らずや歴史の審判をうける日がくるであろう……暗い閉ざされた時代は今や過去となり、私たちの前途には、自由と栄光に輝やく明日があるのみです……願わくば、懐かしき故国の山河にみたまがかえってやすまれますよう……」と哀悼の辞の切々たる真情のこもった追悼の辞が長々と読みあげられ、参列者の献花のあと、本式を終了した。

震災慰霊碑を除幕
民団神奈川本部が建立

神奈川県本部（孫張翼団長）では、関東大震災によって犠牲になった同胞の霊を慰め、この殉難の事実を永遠に偲び、再びこのような惨事をくり返さないため慰霊碑をたて、九月一日県下同胞二百名が見守るなかでその除幕式を挙行した。

この日李永泰公使、民団中央張聡明議長が来賓として出席この除幕式を見守った。

なお、この慰霊碑は、解放後、横浜に居住していた故李誠七氏が震災において犠牲になったひとたちの霊を慰めるため、位はいをつくり、宝生寺（横浜市南区堀之内）に安置、毎年民団県本部が中心になって慰めてきたが、昨年、本部が中心になって、県下の有志をはじめ郭東仁氏（胡閑会々長）らの努力と誠意によって今年の八月末に完成。この日の除幕式となった。なおこの碑は高麗石でつくられ、高さ3mに及ぶ立派なものである。

金哲統社党委員長を逮捕

二十三日、中央情報部は金哲統一社会党委員長（四二）を反共法第四条一項違反嫌疑で逮捕した。

金はさる十二日大韓赤十字社が南北家族捜し運動を提議するや、記者会見を求めて「北韓を事実上の政権と認めるべきである」などの発言をしたことにより北韓の活動に同調、鼓舞、讃揚したという嫌疑を受けている。

故元心昌義士社会葬

六十五年の生涯をひとすじに民族と祖国のために捧げ七月四日に帰らぬ人となった故元心昌氏の「在日韓国人社会葬」が去る二十五日午後二時から東京・九段の九段会館に挙式、栄一東団本国々会議員、民団中央の張聡明議長など故人とゆかりの知人、友人、組織人など関係者多数が参列してしめやかにとり行なわれた。

会場の内外に弔花が並び、祭壇の菊の花にかこまれた故人の写真に全員黙とうを捧げた。元心昌義士略歴報告のあと友人を代表して丁賛鎮氏の切々たる弔辞があり、ついで本国友人代表、日本側代表、組織人代表らが生前の故人の偉大な功績をたたえる弔辞をそれぞれのべた。

解放から家族捜し運動まで その26年間の足跡をたどる

特集

分断され対立と緊張を続けてきた韓半島の南と北から赤十字の代表(派遣員)が、八月二十日、板門店で二十六年ぶりといわれる対面をした。

大韓赤十字提案の「南北離散家族捜しのための赤十字会談を開こう」という正式文書と、北韓赤十字会の「会談を歓迎する」という正式回答書は正午かっきり双方で交換、四分間で無事終了した。南北双方はその間、それぞれ信任状を提示し合い、確認し合った。

これは九月に予定された「予備会談」がスムーズに行なわれる前兆となったが、思えば何と長い間、韓半島では同じ民族が北と南とに分かれて苦悩のいがみ合いをしてきたことか。

しかし、幾度か、双方で〝対話〟の道を開こうとしたことがあったのである。

大韓赤十字の崔斗善総裁が提議した離散家族捜し運動の南北赤十字会談提案は意表をついたものだったが、五百万人を越える北出身の者たちや残された家族はいうまでもなく、すべての国民に興奮のウズを巻き起こした。

それほどに南北の境界線は固くなっていたのである。しかし、世界の東西両陣営体制という冷戦の落とし子は崩壊されつつある。この機をとらえて韓国でもこうした〝南北の距離〟は良い方向に進むものと確信するが、さて、三十八度線という障壁はどのような経過をたどって今日の〝万里の高さに達したのか。それを振り返ってみることも、こんごの参考になるだろう。

三十八度線の越境禁止措置

一九四五年九月二日。それは八月十五日の解放の喜びが訪れてからしばらくたってからであった。連合軍最高司令官のマッカーサー元帥は連合軍行政命令第一号で「北緯三十八度以北にはソ連軍が進駐し、以南は米軍が進駐する」と発表。しかし大多数の韓国人たちにはそれが国土分断の意味を持つことになろうなど夢にも思わなかった。

この三十八度線というものは地図の上で画されたものであった。従って実際には南北間の地理的断絶の役目を果たしえないところも多かった。すなわち、それは必ずしも絶壁や川などで区切られているわけではない。毎日のように北から避難民のような恰好で多くの韓国人が荷物を背にして三十八度線を越えてきた。しかし、ソ連軍は〝日本人〟が南へ逃げないように(抑留のため)銃で阻止していたため、韓国人も南へ逃げようとすると事実上撃たれるので、それは命がけの仕事だった。

しかし、こうした避難の波は南へ南へととどまるけはいもなく、とうとう米軍司令部は翌年の四六年五月二十三日「許可なくして越境すべからず」という禁止令を出した。

それでも越境現象はずっと後々まで続き、ついにその総数は約五百万と推計されるに至った。

全コリアを米ソ英中で信託統治規定

第二次世界大戦後、米ソ両国はそれぞれ韓半島の南と北をその勢力圏として確保するという境界政策を立ててはいたが、しかし韓国問題をどのように処理するかという戦後処理方式をはっきり決めているわけではなかった。

四十五年十一月十三日、アーノルド米軍政長官は南北韓の物資交換をバーター制で実施しようという提案を行なった。このころまで韓半島は軍事的には分断されていたが、行政単位としては一つとして取扱おうとする傾向にあった。

三十八度線以北では解放直後、ソ連進駐軍とともに北入りした金日成(本名は金成柱)がソ連軍の力で左翼一色の政治体制を広げつつあった。しかし以南では右翼あり、左翼あり、また、その中間路線を行くもの、あるいは関係なしという者など種々雑多の人びとがぶつかり合い未曾有の政治的困乱状態を呈していた。

四十五年十二月二十七日、モスクワで米英ソ三国の外相会談が行なわれ、モスクワ三相協定の韓国問題処理方案として提示された。それは「韓国(コリア)を独立国として再建、発展させるため全コリア臨時政府を樹立する」ということをはじめ四項目からなっていたが、このモスクワ協定はその過程において五カ年限度ぐらいで米ソ英中(国府)四カ国の信託統治をしようと規定していた。

左右合作の南北交渉瓦解

一九四六年から南北分断の固定化が始まった。それはモスクワ協定の瓦解で自由な人的往来の禁止が決定的なものとなったからである。同床異夢の米ソ代表はソウル徳寿宮で四六年一月、信託統治のための臨時政府樹立問題をめぐり米ソ共同委員会を開いたが意見が対立。同年五月六日、ついに無期休会にはいった。そしてこのあと十七日たって五月二十三日三十八度線無許可越境禁止令が下った。ソ連は最初から三十八度線以北を自分の勢力圏として固めるハラだったのである。

こうした中でも、米軍部当局は何とかして信託統治を実現させ南北分断を防ごうと試みて南韓でいわゆる〝左右合作工作〟を後ろだてしたものだった。

四六年六月三十日、南韓に進駐した米第二十四軍団司令官ハッジ中将は声明を発表、左右合作と〝統一工作〟を支持する旨明らかにした。そして南韓の左翼を代表した呂運亨氏は、ソウルから幾度も三十八度線を越えて北へ〝統一工作〟や〝合作交渉〟に出かけて行った。

しかし、ソ連が北を勢力圏にと決めた底意はますます明確化し、さらに、東西冷戦が深化するにつれて南北分断はだんだん大勢として固まって行った。こうした情勢の中で七月十七日、北韓へ出航しようとした船に航行禁止令がくだされた。これで事実上陸上からだけでなく海上からの南北交流もとざされたわけで、いよいよ〝南北分断〟は固定化した。

北南への送電を断ち切る

一九四七年。統一韓国が米ソの話合いではとうてい現実性のないものとしてあらわれてくると、米国は九月十七日、韓国統一問題を国連総会に上程した。こうして韓国問題は国連へその舞台を移行していったのである。

なお、これより先四十七年四月までは南北の物資交流が推進されていた。

一九四八年。〝流動性をおびた三十八度線〟を最後に越えた人は金九(号・白凡)であった。白凡は三月八日金日成に統一コリア問題で南北会談を開こうと提案して書簡を送った。そして三月二十五日、北韓側はこれに応ずるという回答をしてきたのだった。そこで白凡と金奎植は四月十九日〝南・北交渉〟のため、三十八度線を越えて北へ行ったが、結局は何もうることなしに五月五日戻ってきた。

その後北韓は五月十四日、南韓への送電を断絶、韓国は真暗闇になったが、この仕打ちで、南北間の物資交換はほとんど皆無状態となり、ここに至って、三十八度線の障壁はほぼ確実化した。

これより先、四十八年一月に、国連は韓国に国連コリア委員団を送った。同委員団はその前年の四十七年十一月国連総会が「国連監視のもとに全コリアに総選挙を実施し、統一政府を樹立する」との決議を採択したことにもとずいて派遣された〝選挙監視調査団〟であった。しかし、北はこの国連委員団を拒否し、三十八度線以北に入れなかった。

南北で異った体制の政治始まる

結局、同年五月、総選挙は南だけで施行され、この結果、成立した南の韓国国会は大韓民国憲法を制定、李承晩博士を大統領に選出、八月十五日独立式典をあげた。

一方、北は同年八月二十五日最高人民会議の総選挙を実施し、九月九日金日成を首班にしていわゆる〝朝鮮民主主義人民共和国〟を樹立した。

こうして南北は全く異る政治体制を持つことになった。

一九四九年。それでも小さな商人たちの往来はひそかにあったようで、四八年十月ごろまでは〝南北交易〟という声が聞こえていた。無論公然とした商取引きは何一つなかったし〝実効〟も見えなかったが、「南北交易」は必要だという声はあったのである。また四九年にはいってからも南北間郵便交換協定が推進されるなど、何らかのつながりを持とうとする気配は全く消え去ったわけではなかった。

一九五〇年。三月一日北韓政治工作員百九十六名が検挙されたがこれは共産破壊活動に加え軍事的なものであり、人びとを驚かせた。北韓は解放直後から、左翼体制を固めながら、南にも工作員をどんどん送りこんで騒動や混乱をあおいできたが、これほど多くの工作員検挙が発表されたのははじめてだった。

六・二五動乱が起きるまで

六月七日、北韓は南北総選挙を提案してきた。そこで国連韓国委員団は直ちに三十八度線付近の開城という所で双方の代表三名と会談することにし、六月十日にこれを北韓に提議した。ところが北韓はこれを拒否してきた。

その後、北韓は南で逮捕された南労党総責金三龍、李舟河と、以北で投獄されていた民族主義者曺晩植氏との交換を提議してきた。曺晩植氏は北で民族的な活動をしてきたのだが、当時ソ連軍が民族主義は統治しにくいため忌避したのをよいことに、金日成が監禁していたものだった。

李承晩韓国大統領は北韓のこの提議を受諾、しかし「六月二十三日に曺晩植氏を三十八度線まで送ってくれ。直ちに金三龍と李舟河を送る」と答えた。

ところが二十三日には何の音沙汰もなく、それから二日後の六月二十五日の未明、北の大軍はソ連製のタンクを先頭に三十八度線を突破、攻撃を加えてきた。そして三日後にソウルを占領した。

その進攻ぶりは明らかに計画されていたものであった。六月二十五日以前の〝南北交流提案〟のすべてはその侵攻計画を隠ぺいしょうとした策略だったのである。

ジュネーブ政治会議遂に失敗

一九五三年。南は米軍はじめ十六ヵ国軍からなる国連軍の救援をえて、また北は中国義勇軍の援助で、休戦協定の調印された五三年七月二十七日まで双方は熾烈な戦いを続けた。戦死者は国連軍側三十三万人、共産軍側百八十万人と記録され、その戦いに費やされた金額は百五十億ドルにおよんだ。

休戦協定に規定された〝コリア平和統一のための政治会議〟は五三年十二月に板門店で予備会談を開き、五四年四月からジュネーブで討議された。

ジュネーブ政治会議では卞栄泰韓国外務長官が国連監視下の自由総選挙を提唱、北韓代表の南日は中立国監視委員団監視下の総選挙を打出した。しかし韓国側は(中立国監視委員団の共産側からの代表が事実上、中立国ではなくポーランド、チェコスロバキアなど、明らかな共産国だということを指摘)〝国連監視下〟を主張し続けた。

結局このジュネーブ会議は、成功を見ぬまま六月十六日打ち切られた。

障壁となった軍事境界線

六・二五動乱で血で血を洗ったすさまじい経験は、軍事境界線、(三十八度線は休戦協定で地形に沿って変更し、西側で大きく北に食い入り、東側で北の方が南に食い入っている)をかっての三十八度線以上に高い障壁にしてしまった。

一九五八年。二月十六日KNA(KAL大韓航空の前身)のDC3型旅客機が三十四人の乗客、乗務員らを乗せたまま、北韓に取られた。この送還交渉は板門店を通じて行なわれたが、三十四人のうち二十六人だけが帰還、機体は帰されなかった。

五九年にはいってから、在日同胞の北送問題が具体化された。北送でこれまで約九万の同胞が北韓地域に送られた。

一九五九年。一月二十七日板門店会議で取材していたソ連のプラウダ紙記者李東[illegible]が休戦線を越えて亡命してきた。

涙の新潟港=地獄とも知らず、6月18日、再開第2次船のトボルスク号は169名の在日同胞を乗せて北韓の清津港に向った。

南北学生会談と五・一六革命

一九六〇年。四月十九日の学生義挙で自由党政権が倒壊するや、金日成は八月十四日、南北連邦制を提案した。それから北の〝平和攻勢〟が始まった。

李承晩政府の強権政治の反射作用で起きた四・一九は〝自由の波〟を呼び起こしたが、新政権は弱く新しい対策を持たなかった。そして混乱のうちに、一方では南北協商論が再び頭をもたげた。

一九六一年。当時の政府、民主党内閣は混乱の中でこういった。「いま能動的な統韓方案を研究中である」と。しかしデモは続き、一部学生たちは〝南北学生会談を開くために板門店へ行こう〟と叫んだ。

こうした不安定の情勢の中で、民主党政権は八ヵ月後五・一六軍事革命で倒れた。

一九六三年。一月、ブランデージIOC委員長の仲だちによって南北韓単一オリンピック・チーム構成会談がローザンヌで開かれた。これには南北代表が出会って互いに話合ったが、これは七月にはいってから手続き問題で決裂した。

政府は民政移管で、大統領選挙と国会議員選挙を経て、六三年十二月十七日、朴正煕大統領の就任式が行なわれたが、この第三共和国発足まで南の情勢は流動していた。

東京五輪の辛今丹事件

一方、南で軍事政権が樹立されてから北韓の〝平和攻勢〟は一時途絶えた。

一九六四年。十一月二十七日、共和党所属の李万燮議員は国会で〝南北面会所設置案〟を提議した。この李議員の提案は東京オリンピックでの辛今丹事件に刺激されたものだった。

東京オリンピックがたけなわだった十月九日、北韓の女子陸上選手辛今丹選手は、韓国から駆けつけた父辛文濬氏と東京で十四年ぶりに再会した。その再会はいっしょに食事するでもなく、またともに宿所を同じくするでもなく、たったの「五分間という短い邂逅」で、この悲しき父子の対面はいまさらのように、民族分断をクローズ・アップさせた。

最近も、七一年、日本札幌でのプレオリンピックのさいに、北韓の女子スケート選手韓弼花と南韓の兄との再会問題が(兄は韓国から駆けつけたが会えなかった)第二の辛今丹事件としていま一度南北分断の悲劇をよみがえらせた。

一九六八年。一月二十一日北韓は武装ゲリラ三十一人を(軍事境界線を越えて)ソウル青瓦台付近にまで浸透させ、大統領暗殺未遂事件を起こした。その時まで韓半島では〝相対的安定〟があるものとみられていたが、この事件はそういった考えを一挙にぶちこわした。

続いて一月二十三日米情報船プエブロ号が北韓によってだ捕されるという国際的な事件が韓半島水域で発生、ますます不穏の情勢を覚えさせた。またこの年の十一月初めには蔚珍・三陟地方に百二十人余りの北韓武装ゲリラが海上から浸透した。

日本を訪れた李承晩大統領(左)を迎えるマッカーサー元帥(中央)=羽田空港で

朴大統領の八・一五平和統一宣言まで

一九六九年。十二月十一日、乗員乗客五十名を乗せたKAL(大韓航空)旅客機が北韓のスパイによって乗取られた。

プエブロ号乗務員やKAL機乗客および乗務員送還の交渉は板門店で行なわれ、板門店はまたも世界の耳目を集めた。

一九七〇年、北韓の好戦性的態度は世界的に緩和してきた和解・協商・対話ムードとは異り、北韓は同じ共産圏の中でも孤立化して行く様子にみえた。

こうした気運の中で、朴正煕大統領は八月十五日、北に対して呼びかけを行ない「北韓が武力と暴力を捨てれば南北平和統一の接近構想を話合える。北韓は南韓との間で〝武力〟ではなく、平和の競争、すなわち経済建設などの善意の競争をする気はないか」と述べた。

一九七一年。八月初旬、第八代国会で金鍾泌国務総理は急激に流動する国際情勢を指摘しながら「韓国は、わが国に害を及ぼさぬ国であればいかなる国とも修交する考えであり、その具体案を練っている」と述べ「わが国の統一が平和的方法でなされなければならぬということは、これまでわれわれが何度も強調してきたとおりである。従っていずれは北韓とも対話をすべきときがくるだろう」と語った。

大韓民国政府樹立国民祝賀式に集ったソウル市民

崔斗善大韓赤十字総裁の提案

こうして韓国は統一を目指して敵対行為をしない国であれば、いかなる共産国とも国交を持つ姿勢を公式に明らかにし、伸縮性のある積極外交方針を打出した。

このような推移を背景として八月十二日、崔斗善大韓赤十字社総裁は南北離散家族捜し運動を展開しようと、このための南北赤十字代表会談を提案するに至った。

その後、八月二十日、二十六日、三十日と板門店において、全世界注視の中に、南北両赤十字代表が「アンニョンハシムニカ」で血の通いあう握手をし、九月中にひらかれる予定の予備会談に関する基本的な書類の交換をするまでに至ったのである。

わが血、わが父母兄弟に再会できるその日の近からんことを、南北五千万同胞は、心の[illegible]祈りつづけている。

板門店の会議風景。二つの世界を象徴するこのテーブルの白線を境にして大韓民国は南北に寸断されているのである。

嫁ぎたし

花嫁候補あり。希望の男性は連絡こう。(S-SA)

韓国新聞文化事業部

韓國新聞

在日大韓民国居留民団
中央本部機関紙
韓國新聞社
発行人 李禧元
東京都文京区春日町
2丁目20－13
電話 (815)1451～3
(813)2261～3
振替口座 東京 163774

民団綱領

一、われわれは大韓民国の国是を遵守する
一、われわれは在留同胞の権益擁護を期する
一、われわれは在留同胞の民生安定を期する
一、われわれは在留同胞の文化向上を期する
一、われわれは世界平和と国際親善を期する

朴正熙大統領 定期国会で施政演説

内政・外交の基本方向を説明

72年以後は福祉政策に重点

低所得層(農漁民)の生活向上に全力

朴正熙大統領は去る二日、国会本会議で六千五百九十三億ウォンの来年度予算案に対する施政演説(金鍾泌国務総理代読)を行なった。

朴大統領は施政演説のなかで「われわれの周辺では大きな変化の波がうずまきはじめた。このような国際情勢の変化に対処するにはなによりもわれわれの主体的姿勢の確立が必要である」と強調し、内政、外交の全般にわたる政策方向を明らかにした。

とくに朴大統領は、この施政演説を通じ「過去の高度経済成長の陰にめばえた社会のヒズミを……

朴大統領

朴大統領施政演説要旨

三段階統一方案を提示

金外務長官

人道問題、経済交流、政治問題解決

金外務長官

金溶植外務長官は、八月三十一日午前、内外記者団との懇談会において「三段階統一接近方法」を明らかにした。三段階統一方法は「政治問題の解決に先立って南北赤十字団体の人道問題の解決、その次が南北間の経済交流、文化交流、スポーツ交流など非政治的問題の解決、最後の段階が政治問題の解決」である。そして、最後の政治問題の解決する方法は、国連決議による総選挙方式が唯一な方法であることを強調した。

さらに金長官は、統一を実現する政治問題の解決までには、まず「北韓が国連の権威と権能を認め……ることが前提条件である」と強調した。

予備会談は9月20日

大韓赤十字 北韓の提議に同意

平和統一論議は可能

金総理、初の記者会見で所信表明

不信・不正・不安の三信追放

金総理記者会見の要旨

初の記者会見する金総理

民俗芸術団も輸出に一役

女子職員募集

経理・一般事務のできる職員を募集します。特別優遇しますから、写真、履歴書持参の上、本人が来団して下さい。

民団中央本部・総務局

国土総合開発計画案が確定

71~81年の10年間に 11兆以上を投資

1人当りGNP544ドルに

全国土を四大流域圏・八中圏・17小圏に区分

十年後の新しい韓国の青写真である国土総合開発計画が確定をみた。国土利用管理の効率化、開発基盤の拡充、資源開発、農業地保護、自然保全、そして国民生活環境の改善のため、72年から81年までの十年間が計画期間となっている。

期間中の総投資額は一一兆三…

● 漢江流域圏

● 錦江流域圏

● 洛東江流域圏

五、大邱圏　六、釜山圏

● 栄山江流域圏

科学技術導入 公害防止に

無有償六四九〇万ドル

アスパック常設委員会開く

チェコ、ハンガリーにセーター輸出

衣料、かつら 対米輸出中断

アジア開銀、韓電への借款承認

公正取引法案 法制処で審議

韓国一の"月給取り" 趙重勲氏167万ウォン

昨年の"長者番付"決る

昨一年間、韓国で一番たくさん月給を取った人は趙重勲氏(韓進商事社長)で、年間所得は二、〇一三万四、〇〇〇ウォン、月平均…である。三星財閥の総帥李秉喆氏は九三万ウォンで九位だった。

この所得は一つの会社でもらったものでなく、趙重勲氏の場合は韓進商事、KAL、韓進開発など傍系会社の月給を合せたものである。

二〇位までの高所得者と納税額は次の通り(単位一、〇〇〇ウォン)。

ベスト20位

氏名	会社名	所得金額	納付税額
①趙重勲	韓進商事	20,134	10,464
②金寿根	大成産業	17,020	8,748
③[illegible]	俗離観光	13,121	6,600
④[illegible]	同和産業	12,892	6,480
⑤[illegible]	韓国自動車保険	12,255	6,132
⑥朴敬福	朝鮮麦酒	11,773	5,868
⑦[illegible]	港都旅客	11,725	5,844
⑧[illegible]	大韓生命	11,420	5,676
⑨李秉喆	三星物産	11,261	5,580
⑩方台鎬	ソウル機械	9,953	4,860
⑪李[illegible]守	韓国ガラス	9,190	
⑫[illegible]	東新産業	8,480	
⑬金致福	韓国ガラス	8,471	
⑭[illegible]川	韓国製紙	8,144	
⑮李会林	東洋化学	8,120	
⑯崔東一	第一火災	7,616	
⑰金仲潤	三養食品	7,440	
⑱李東[illegible]	韓国ナイロン	7,345	
⑲高[illegible]	韓国合板	7,312	
⑳[illegible]文	大韓通運	7,296	

金通運委の二・四分期報告書

GNP13・3%で拡大

自動車、軒並み値上げ

七・四~最高四五%も

九月一日より自動車が最高45%、最低7・4%値上りした。新進自動車はニュー・コロナの出庫価格を一三三万三、〇〇〇ウォンから一五九ウォンに二一・八%、ニュ・クラウンを二一四万三、〇〇〇ウォンから三一〇万ウォンに四五%、バスも三一九万…

卸売物価も上る

七月に比べ〇・八%

ガット加盟共産国に最恵国待遇

政府は三十一日の閣議で、チェコスロバキア、キューバ、ポーランド、ユーゴの四共産国と貿易を可能にするため、これら諸国に対するガット(関税貿易一般協定)三十五条採用を撤回することを決めた。

韓国は六七年ガットに加盟したが、韓国の貿易取引法が共産国との貿易を禁止していたため、これら諸国に対してはガット三十五条に基づき、ガット協定を適用しないとの立場をとって来た。しかし韓国政府は非敵性共産国との貿易開始を決め、貿易取引法の禁止条項を改正、この結果、ガット加盟共産国に対して最恵国待遇を与えることになったもの。

今回の措置で注目されるのは、キューバとも貿易を行う態度を明らかにしたことで、これまで北韓と緊密な友好関係にあるキューバは"敵性共産国"とみなされていた。

こんどの政府決定により、さる七〇年十二月三十一日に改正公布された貿易取引法第二条但書規定によって貿易業者はこれら四ヵ国と輸出入をすることができるようになった。

新民党、大統領に質問書を提出

新民党の金弘壹議員ほか三十人は二十八日、朴正煕大統領に安保対策と統一問題および経済政策など十二項目にわたる質問書を提出した。

質問書の主な内容は❶政府の統一政策の基本方向と四大国(米、ソ、日、中)安全保障問題にたいする見解❷中国の国連加盟展望と分断国家の一括加盟にたいする対策❸ニクソン米大統領の訪中以前に韓米頂上会談開催の必要があるかどうか❹赤十字社の家族捜し運動のほかに南北間の他の交流が可能かどうかにたいする政府の見解❺学園・司法にたいする自主化および自由化に協調する用意の有無――などである。

本国論調

統一の理想と現実

外務長官の三段階接近構想

南北赤十字の接触が回を重ねるにつれ、統一問題に対する国民の関心が高まっている。政治性を離れたものとはいえ対話の線が広がり、政治的交渉まで発展すれば平和統一へのみちが開かれるかも知れないとの期待があるからである。

一方、交渉に政治性がのり込まないようにする警戒、統一に対する過大な期待は慎しむという慎重論もあり、国民は統一の方向に対しハッキリした輪郭をつかめずにいる。ちょうど金外務長官の統一への三段階接近構想は国民を啓発するのに大きな助けになると思う。

金長官は純然たる人道的次元の第一段階から、北側が侵略野欲を放棄すれば南北交流の第二段階を経て、究極的に統一問題を扱う第三段階に接近するものである。金長官は韓国統一に関する国連決議は今でも有効であると、国連から分離し南北直接協商で解決しようとする北韓の主張を封じ込めた。統一に対する北韓の意図は明白である。かれらの基本態度は赤化統一である。

しかし、われわれの自主国防態勢が強固で、侵略に抵抗し自由を守護しようとする国民的団結が固い限り、侵略という直接的方法から一歩後退し、かれらの政治的地位を認められようとするだろう。ことにこの計画は中共の積極的支援をうけている。

金長官の三段階接近構想は統一を達成するのに最ものぞましいみちである。しかしこの構想は、今後北韓とその同調勢力により少なからぬ妨害をうけるだろう。もし北韓が国連の権威と権能を認める手続きをとることなく国連でわれわれと席を同じくする事態、また板門店で南北交渉の進行するのをみて、国連が統一問題を韓国人にまかせようと出てくる事態等を考慮しなければならない。

われわれの原則は機会が到来するがこれから変化する情勢に伸縮性をもって適応できる柔軟な姿勢も準備しなければならない。

(九・二ソウル新聞)

対中共及び日本関係からみた韓国安保

最近安保問題が色々な側面から論議されている。この論議にも多くの事実と仮想と憶測が入り交り明日に対する明確な展望をもつことは決して簡単なことでない。ワシントン・ポスト紙が韓国が日本と軍事同盟を結ばないことで、カナダを通じ中共を打診していると報じた。政府はこれを事実無根だと否定した。するとこれに米国のあげたアドバルーンとみてさしつかえない。同報道の根拠や内容の真偽について大きな興味はない。ただこの機会に再考したいのは、日本との将来の軍事関係である。

憲法上再軍備が許されないというものの日本は「自衛隊」の名目で武装しており、結局再軍備が実現するものと予見できる。日本が自衛の限界内で再軍備を促進するというなら、韓国としても頭から白眼視するわけにいかないが、日本との軍事同盟を結ぶことは民族的運命を誤導する重大問題であるので、そのようなことはとても考えられない。まず日本との軍事提携は、日本勢力の対韓支配を自招するみちとなろう。

次に、日本軍事力が「協力」という名の下に韓国に再進出すれば、社会は心理的にも政治的にも誰れも収拾できない大混乱に陥り、かえって韓国の安保が一大危険に直面することは明らかである。

第三に、日本の為政者は三大強国が介入している危険千万な韓半島に、あえて飛び込もうともしないから、日本に頼るいかなる安保計画も、必ず破綻するほかない。

これら何れの場合を考えても、日本との軍事提携という概念に韓国の安保政策では、必ず排除されなければならないし、韓国は中共の「日本軍国主義復活」宣伝とは関係なしに日本に対する幻想に陥入ってはならない。政府当局者が日本と軍事同盟を結ぶ意思ないことを再確認したのは多幸であり、当然なことである。

韓国と日本との関係は極めて正常的国際的基準による商取引の限界をこえてはならず、如何なる形の主従関係も、国家運命を破局に追い込むということを再三警告するものである。

(九・三朝鮮日報)

日本の変動レートと韓国の外貨事情

日本は変動相場制を採択した。何とか円切上げを避けようと操作してみたが、結局自らの術策におぼれた結果となり、円切上げのための第一歩をふみ出したわけである。

今後円の切上げ幅がどの程度に落着くかは不明だが、日本側はさしあたり八%線を内定しているのに反し、米側は二〇%線を要請しているので、結局一五%線に落着く公算が大きいとみられる。この場合、対日輸入依存度の大きい韓国経済に重大な波及効果が及ぶことになる。

韓国の対日輸入は七〇年度で八億ドルを上回っているので、一五%の切上げは年間一億二〇〇〇万ドルの損失をもたらす。したがって円の切上げはそうでなくても隘路にぶつかっている韓国の外貨事情に大きな打撃をあたえないわけにはいかない。

それればかりか総輸入の四〇%を占める日本商品価格が一五%引上げられる場合、輸入商品価格は平均六%値上りし、そうでなくても苦しい国内物価事情をあおることになり、韓国としては特に深刻な問題点となろう。

日本の切上げ幅が大きければ大きいほど、日本経済はスランプに陥り、韓国経済に及ぼす影響も極めて大きい。まず、日本に全面的に依存しているみたいなD/Aユーザンス輸入に制約が加えられるばかりでなく、一般借款導入も大きく制約される公算が大きい。また、日本経済のスランプ化が必然的であれば、韓国の対日輸出は価格面で相対的に有利になるが、反面輸出が大きく増えないおそれがあることは注目されねばならない。

さらに、日本から原資材を輸入し第三国に輸出する輸出商品の採算性は大きく悪化するので、円の切上げは、非日本地域輸出をも不利にする公算が大きいといえる。韓国経済に及ぼす円切上げがもたらす波及効果は、このように極めて大きいことが確実である以上、当局は日本の変動相場制が、どのように落着するかを、綿密注視しながら、適切な対応策を講じなければならない。

(八・三〇中央日報)

四国・中国・近畿地協ひらく

当面活動を討議、指示

「永住権」事後処理に意見

①四国・中国地協合同会議（広島地方本部）②有馬温泉で開かれた近畿地協の模様

兵庫県でも青年商工会

民団の方針をせん明

李禧元団長 各地協に出席

「国軍の日」訪問団

南北赤十字会談と民団の姿勢

「協定永住」申請希望者

期間再策定で実態把握

実尾島事件の調査結果発表

歌舞芸術団 浦和公演盛況

村づくり、学校づくり

郷里晶宰に8万坪の村落開拓
幼稚園、中学、高校も建設

人材こそ最高の宝と孫茂尚氏

偉容を誇る中哲学院の全景と●は慶南一の最新設備を施した講堂

わが余生を教育事業に捧げたい

「第二の故郷」晋州を訪問

釜山水営空港での訪韓団一行

尋ね人

第52回国体に参加する韓式卓球選手を募集します

在日本大韓体育会卓球部

故国의 情緒

鄭 允 三

数十年만에 찾아간 내祖国은 変치 않았다. 数十年만에 찾아간 내祖国은 人情도 変치 않았더라. 漢江의 흐름도 洛東江의 흐름도 말없이 고요하더라.

険한山 緩한山 그 山줄기에 흐르는 이름없는 江물조차 大江의 물은 모여 或은 東海로 或은 西海로 끊임없이 흐르고있다.

数十年이되어도 사람도 変치 않았다. 故国은 情緒도 変치 않았다. 콩물집이서고, 빌딩의 密林이되고 거리거리에 미니스카ー트가 繁乱하여도 祖国은 如前히 祖国이요 서울은 如前히 서울이다. 일 잘하고 부지런하고 어거리 저거리 溪谷村落에까지 힘차고 雄壮한 建設의 망치소리는 民族에게 同胞에게 無限한 幸福의 꿈을주고 있더라.

무궁화도 개나리도 진달래도 桂樹나무도 丹机나무도 옛날이나 只今이나 나무도 変치않고 꽃도 変치않고 무궁화는 나라의 国花로서 개나리는 아름답고 香気높은 純潔의 꽃이더라.

三千里가 半또작이되고 父母兄弟가 南으로 北으로 갈려져있고 원수에 三八線이 엄연히 있어도 山줄기와 흐르는 江물은 끊을수없고 막을수없고 太古나 只今이나 変치않고 고요하더라.

歳月이가고 時間과空間이 우리를 無情히 쫓아버리더라도 生身이 白骨이되더라도 우리의 祖国은 変치않고 名山清水의 줄기와 흐름은 고요하고 変치 않을 것이다.

祖国은 永遠하고 무궁하고 푸른하늘과같이 限이없고 그누구도 우리의 玉土는 파갈수없고 또 파갈権利도 없다.

黒土나 黄土나 紅土나 바위돌이나 전불까지도 三千里땅에있는 것은 모두가 우리의 것이요 남의것이 아니다. 자랑거리도 우리의것이요 웃음거리도 우리의것이다. 白頭山도 太白山도 우리의 것이요 한라山도 우리의 것이다. 山峰에있는 꽃도 우리의것이요 幽谷溪川도 우리의 것이다.

数十年이되어도 내祖国은 変치않았다. 어린이나 늙은이나 男子나 女子나 建設의 鍾소리와 建設의 망치소리에 拍子를 맞추어서 자족 자족 幸福의 表牘을 남겨놓고 있더라. 그 자족 자족이 남겨놓은 幸福의 表牘은 千年史직과같이 永遠하고 무궁할것이다.

내가자란 마을은 三八村 北쪽마을이다. 険한山줄기에서는 瀑布가 떨어져서 封長天을 만들고 이溪谷 저 못속에서 七色虹이 하늘에 다리를걸고 透明한 清水溪流속에서는 물고기가 꼬리를 흔들고 烟花三月 봄철이되면 마을滿庭에는 복숭아꽃 살구꽃 五六月初夏에는 芍薬牡丹꽃 철주꽃이 붉은色 紫色, 분홍, 白色으로 모든 色彩를 한자리에 모아놓은 星座와 같이 아름답고 清潔한 마을이다.

春花秋冬의 아름다움이 완연하고 마을사람의 人情이나 風習이나 伝統礼習이나 為은피나 空間은 다르더라도 変化없는 내祖国의 것이다.

날이가고 달이거울고 해가잘수록 金生麗水 내故郷 父母兄弟 同窓親知 마을사람들의 옛追憶이 새롭고 또새로워진다. 故郷이 따로있나 情들면 故郷이지라는 노래소리로써 나를 속이고 나를 慰労하여왔으나 때때놓아 三十年을 海外에서 살고 情들어도 내故国 내故郷같이 좋은곳은 한곳도 없드라.

数十年만에 찾아간 내故郷은 変치않았다.

그러나 北쪽마을 내故郷은 消息도 없고 소리도없고 어두운밤 구진밤같이 寂寞하고 소리도없다.

원수야 三八線아 無情도하다.

내故国 내郷土에 찾아 왔는데 왜 無情하게도 너는 그렇게 険하고 冷静하고 질고 限없는 원수에 질이되었던가, 우리祖国 千万年 歴史의 자랑거리는 単一民族이라는 聖스럽고 훌륭한 血統이 자랑거리가 아니였던가.

그 자랑거리도 원수의길 三八線은 無限한 悲劇의길을 만들어 여기 발구르고 저기 아우성치며 목이 터지도록 소리를높이하여 그리운 내故郷을 불러보아도 소리도 없고 村落도 없고 三八村에 흐르는 山水溪谷에 물소리는 내소리조차 余地없이 吸取하고 고요히 江물만 옛날이나 只今이나 変치도않고 끊임없이 흐르드라.

그러나 人情은 남아있고 情緒도 남아있고 푸른山脈과 흐름은 変치않았더라. 원수야 三八線아 無情도하오 사느나 죽엄이나 祖国의 運命 三千里넓은 좋은 살기좋건만 北쪽은 赤信号가 가로 놓이고 東西南 넓은바다 파도만친다.

그러나 원수의길 三八線이 아무리 強하고 限없는 길이라고하되, 三千万의 怨恨과 祖国을 為하여 千古에 限을품고 죽어진 勇士에 靈魂들의 哀痛한 哭소리와 建設의 망치소리로 또 일잘하고 부지런한 내民族의 힘으로서 멀지않어 처버리고 白頭山先峰에 太極旗가 휘날릴것을 믿고

내가슴속깊이 限없는 希望을 가다듬고

내故国에 情緒를 마음껏 누리고

故国아 잘있거라

祖国아 잘있거라.

(筆者는 民団埼玉地方本部議長)

洪吉童伝 (一)

許 筠 著

洪 相 圭・訳編

一、神童誕生

朝鮮国、世宗の御代に、ある宰相がいた。

姓は洪、名は某と呼ばれた。歴代にわたる名門貴族であるだけでなく、すでに若年で科挙の試験に及第、はては台閣に連らなる吏曹判書（イジョパンソ、今の大臣級）にまで栄達し、忠孝ふたつながらそなわった篤実な人格と、円満な、その徳望は朝野をおおうものがあり、全国に名がひびいた。

この人には二人の男の子があった。長男仁衡（インヒオン）は、正室夫人である柳氏の腹を痛めた嫡子であるが、次男の吉童（キルトン）は侍婢、春纖（チュンスオム）が生み落とした庶子（しょし）であった。

数奇な星の下に生れた吉童の誕生には、次のような伝え話しがからまっていた。洪某がある日、うつらうつらとひるねに誘われて、深々と夢の陶酔境をさまよっていた。

現身かとまがうばかりに突然、底深く澄んだ青い空が引き裂くような雷声（へきれき）が起り、はるかに一条の青龍が天の一角を崩す勢いで今にもとびかかろうとする切迫した気配に身の毛がよだち、ひげを逆立てた恐ろしい形相にうなされて覚めれば、南柯の一夢に過ぎなかったとのことであった。

「竜の夢は、貴童をうむ瑞兆（ずいちょう）である」

と、ひそかに期するところがあり、さっそく夫人を捜して、殿閣へと急いだ。

「急ぎのご用でも……」

しとやかに迎える夫人柳氏の手を握りよせて、情欲の炎をたきつくそうと、意外のそぶりでこうた。

夫人は唖然自失したが、すぐ顔色を改めて洪判書を厳しくなじった。

「あなたさまは、位が人に抜きんでている、高要な地位におられる、お方ではございませんか。だのに、どうして、市井の匹夫下郎たちのするような、おまねをなさろうと、なされるのでございます。そのような醜い行ないにお応え申し上げることはできません。ちとは、ご行跡をお慎みなさいませ」

にべもなく、はねつけながら、夫人は抱きすくめられた胸を離し擦られた手も、冷やかにさし抜いた。

充たされなかった情事の不満と気まずい思いに追われて、離れの居室に戻った判書は、夫人のかたくななな心を恨みながら無聊の一時を妄想で過していた。

ちょうど、このとき側に仕えている春纖がお茶を立てようとして、へやにはいってきた。

芳年まさに十八、匂うような二八青春の若芽。粧をたくわえ、蝶を誘う花のような、優しく美しい身ごなしは、まだ消え尽きない情欲の、ほのおをかきたてた。

判書は春纖を抱きすくめて、隣の小べやに連れこみ、ついに思いを成しとげた。こんなことがあってから、春纖はよそに嫁ぐ考えなどさらになく、一筋に判書への思慕だけを抱きしめて、生きてゆこうと決意した。その健気な心がけは、深く洪判書の心を動かし殿も寵愛する妾となした。

竜の夢で結ばれた情事より、十個月が満ちたある日、春纖は玉のような男の子を産んだ。

赤子の相貌には、すでに天晴れな名僧知識か、豪傑の風貌がうかがわれるせんだんの芳しさがあった。

ただ、吉童の出生を喜ぶ洪判書の心の青空を、閉ざすものは、彼が正室夫人の生れではなく、身分がいやしい一侍女の生れであるという、おおうことのできない事実であった。

ともかく、吉童はすこやかに成長し、物心がつく八歳ごろにはその聡明さは、断然頭角を表わし、一を聞いては十を知り、十を学んでは百をさとる神童ぶりであった。四書五経・諸子百家はもとより、上は天文、下は地理に精通し医学・易学に秀で、六韜三略をそらんじ、孫・呉の兵法を究めて、日に日に奥妙の境地にいたり、はては遁甲変化の忍術にも熟達するようになった。

洪判書はその才知を愛し、また惜しんだが、賤腹の子であるために、父を父と呼び、兄を兄と呼べる、家族なみのもてなしをしてやれなかった。家族だけでなく、家で召し使われる下僕、侍女にいたる一家の上・下がこぞって、いやしい生れであると、白眼視するありさまだった。

このような、冷たい雰囲気が、どんなに吉童の幼い心を傷つけたことか。

秋もその鮮に至って、九月十五夜にほど近いまるい月は、ぬれたような青い夢幻の光を地上に降り注いでいたし、物思わしげに吹いてくる秋風は、ひとしお人の心に衰れを感ぜしめた。

まして傷つきやすい吉童の心は寂として声なく、寥々（りょうりょう）とふけて行く秋の夜更けにばんこくの恨みをのみ、ままならぬこの浮世のおきてにしばられたわが身の今を歎じ、未来に思いをはせれば、つい書見にも嫌気がさし本を伏せた。口からは自然、めいるばかりに嘆息がもれた。

「大丈夫としてこの世に生きようけ、孔孟の教えにしたがって生を全うすることができぬならば、兵法に熟達して一軍の将となり、東征西伐国家のために大功を立てて万代を貫く芳名を残してこそ、男子の本懐であるはずなのに、わしは世間の人のように父と呼び、兄と呼ぶことすら が禁じられている。思っただけでも心は千々に乱れ、痛恨を禁じ得ないことではないか」

、と独白しながら庭に立った。

同じころ、清涼の秋月に誘われて、庭をしょうようしていた父と顔をあわせる仕向きになった。

「どうしたことか？ かなり夜のふけた今ごろまで、庭をうろついているとは」

吉童は丁重に改々と腰をかがめて答えた。

「更けゆく秋の今宵は、まことに光風せい月の冴え冴えとした一刻でありますので、なすこととなく月を賞でておりました。

つらつら考えて見まするに、創造の神が万物を創りたまうとき、人間こそは、最も貴い霊物である、とした、このことでございますが、私めのみは道ばたの石ころのように捨てられた存在でございますれば、これでも、人間の部類に、属しているといえましょうか」

肺腑をえぐり、腸をも吐き出すような、切々としたことばは、深く父の心を動かしたが、情に流されまいと、心を鬼にしてあえて声を励ました。

「お前はなんと、ようなことをいうのだ」

と叱ったが、吉童は必死の面持ちで、日ごろの恨みを一気に吐き出した。

「日ごろより、私めが恨めしく思っておりましたのは、他でもありません。お家の血と、肉を分けていただき、私も一かどの男の子と生まれましたからには、生育の厚きご恩を受けております。ですのに、父上とも呼べず、兄上を兄上とも呼べない、私の運命はどんな数奇な星の下に生れたのでございましょうか。これでも万物の霊長たる人間であると、自惚れることができましょうか」

いつか眼は涙で濁り、声は悲しみで震えていたから、惻隠の情を催されずには、おられなかったがここで、いたわれば必ずつけいられることもあろうとおそれて、ことさらに声を荒らげ再び叱った。

「宰相大官の庶子が、お前ひとりに限っているわけでもないのに、どうしてお前は身分をわきまえぬ不相応なことばを口にするのか。この度は、聞かぬことにしておくが、再びかような放言をすれば必ず許さないから、きっとそう心得よ。」

と、きつく言い渡した。

あまり厳しく叱りつけられた吉童は、ことばの継ぎようもなく、しょうぜんとしおれてたたずんでいるだけであった。

部屋にはいったが寝つかれず、悲しい思いで目は冴えるばかりであった。

吉童の才能が凡百の衆を抜き、更に大度なふるまいは大器となる充分な素質を示していた。また、このような非凡な才能を抱いていたからこそなお一層うつうつとして楽しまず、怏々として煩悶の中に夜を送り、朝を迎えたのでもあった。

また、ある日、吉童は母のへやで泣きながら、つぎのように話したこともあった。

「母上には、いつも御心配ばかりかけて参りました。しかし、吉童は今にきっと立派な人間となって、お母様のお心を安めてあげたいのです。しかし、どういう因縁かは知りませぬが、まっとうな身分の子として生まれることができず、日陰者の暗い運命を背負っておりまするが、なにとぞ母上には、この不束な子のために心労されることなく、ただ、ご息災なされますよう、くれぐれもお願い申し上げます」

予想だにしなかった我が子の、突然な申し出に春纖は驚いて、なんとか思い止まらせようとした。

（次号につづく）

根強い先人達の思索と英知

愛情、勇俠、ユーモア、造反物語
韓國古典文學全集
洪相圭氏の名訳 大陸書房で発売
平易な文章で古典の世界へ

ある国の古典文学といえば、それはとりもなおさず、その国の魂の住み家であり、その民族の心のふるさとである。

時には、喜びにはずみ、時には苦しみあがいた先人たちの哀歓がそこにくっきりと浮き彫られ、昔を生きた歴史の息吹きが今によみかえして、新しいものがある。

ゆえに、温故知新という句は、この地球上に時間の流れている限り、永遠の真理であり、この謙虚な心がまえこそ、正しく伝統を受け継ぎ、そうして、確固としたそのもといの上に、新しい文明を築きあげる原動力ともなる。

きょうに生きるわれわれが、ただ恵まれた物質文明のさ中に住んでいるとはいえ、その心は不毛の砂漠をさすらっている孤独な旅人である。ひからびた現代人の魂をうるおし、病みついた心をいやしてくれるいこいのオアシスとして、古典は、ここに燦然と輝く。

韓国の古典文学といえば、すぐ中国亜流のものを思いやすいが、甚しい誤見、これに過ぎるものはない。

古代韓半島の文化を受け入れた日本が、よくそれを咀しゃくして自己のものに作り変えたように、韓国は韓国なりに、強大な漢文化を、じっくりと反芻しながら、独特な自己文化形成の厳しい道をたどって来たのであった。険しいその道程さながらに、韓国の古典文学は数奇な運命を背負わされていたが、決して、人の借り物で終るような事はなかった。

根強い先人たちの思索と英知が源流と練りに練られて、独特なものを形成したのだった。堪えがたい試練の中にあって、なおかつ、おおらかに物ごとを考え、嵐の中にあっても、これにめげず、自分の座標を見失わなかった祖先たちの思いを、行間に読むたびごとに我等は新たな勇気で、大きく鼓舞されるであろう。

現に、韓国に迫られている現実は、あまりにも厳しい。堪えがたいものがある。

しかし、これはきのう、きょうに始まった事ではなく、歴史あってこのかた、常にくりかえされて来た事実なのだ。我が祖先たちは堪えきれない試練に堪えながら、この民族を守って来たのだ。先人たちの血のにじむような努力は、世界史のなかでも、まさに独歩的なものがある。

真っ向から、流れに逆らって船を進めきれない時には、舵切る手もある。へさきにしぶく、歴史の荒波と闘いつつ、たくみに船をあやつり、民族を難破から、免からしめた先人たちの英知を深く心して学び取るべきである。

このように自分の国の古典文学をひもといて、とくと目を通すべき事はいうまでもないが、また日本人としても歴史の始めから、最も密接なつながりを持っていた隣人の心の故郷をたずねて見るのはまことに意義のある事であろう。

しかし、今まで手ごろの本が見つからなかった。なにしろ、古典文学となると、どこの国でも、非常に難渋な文体と、難解な内容で、手こずらすものであるが、特に韓国古典文学では、これがひどい。しかも、それを同種同文の漢語であるとはいえ、適切に日本語に訳することは至難の業である。

こんど、幸にもこのような難関をふりきって、韓国古典文学全集が大陸書房から出刊された。全八巻予定の第一巻である。春香伝、興夫伝、洪吉童伝、薔花紅蓮伝、林慶業将軍伝五篇の外に、韓国古典文学べつ見、解説が附けられている。

難渋・難解な有名作品の文章が見事にこなされて、李氏朝鮮の風俗、義侠、忠節などの世相が、パノラマのようにくり拡げられて、読む人をおのずから幽玄な古典の世界に誘なってゆく。第二巻目には、有名な沈清伝、秋風感別曲、朴氏伝の三篇に、韓日文学年代対照表に解説が附けられるとの事である。ぜひ一読をすすめる。

なお、第一巻の中から「洪吉童伝」を、本紙に特別連載する。

韓國新聞
在日大韓民国居留民団
中央本部機関紙
韓國新聞社
発行人　[illegible]
東京都文京区春日町
2丁目20−13
電話（815）1451〜3
（813）2261〜3
振替口座　東京 163774

民団綱領

一、われわれは大韓民国の国是を遵守する
一、われわれは在留同胞の権益擁護を期する
一、われわれは在留同胞の民生安定を期する
一、われわれは在留同胞の文化向上を期する
一、われわれは世界平和と国際親善を期する

朴大統領、新民党の公開質問に回答

軍首脳の不正は絶対ない

軍徴発財産は年内まで解決

◇兵役義務の公平化

◇予備軍運営の改善

◇軍内部の事故対策

◇軍人の政治介入

超党派の安保協議体を設けよ

新民党の金党首が国会演説

金弘壱新民党党首の代表演説の要旨

本国論調

中共の対北韓軍事援助協定締結

日本の対北韓態度とわれらの対日姿勢

米国務省下院聴問会の証言一部公開

12月から駐南ベ韓国軍撤収

国防部長官発表

経済問題の討議終了

五日間物価問題を論議

国会本会議

丁一権代表、パリ談

金融緩和、円切上げ10−15才時

板門店に"国際都市"出現

"小さい西ベルリン"

米アジア問題専門家が予言

北韓とユーゴ国交樹立

〔ワシントン＝AP＝ニュース〕

女子職員募集

民団中央本部・総務局

召集公告

第十九回定期中央委員会を次の通り召集する。

記

一、日　時　一九七一年十月二十三日（土）午前十時
一、場　所　大阪興銀本店
　　大阪市天王寺区筆ヶ崎町一七
　　（電話七七二−一三八一）
一、会議事項　(1)報告受理
　　(2)議案審議
　　(3)其　他

一九七一年九月
在日本大韓民国居留民団中央本部
議長　張　聡　明

四国地区講習会終る

当面「民団事業」「本国情勢」など 40人参加講義うける

熱心に講義をうける四国地区会場

民団四国地区協議会が毎年開いている夏季講習会が、さる十一日から三日間、高知県「工石山青少年の家」で開かれ、民団の当面問題から国際問題に至る広範な問題に関して講習が行なわれた。

同講習会は今年が三回目で、今回は高知県本部（朴俊学団長）が主催したが、香川、徳島、愛媛、高知の各地から四十人が参加、中央本部からは尹達鏞副団長と呉敬福経済局長、それに神戸領事館の李承録副領事も来賓として参席した。

講習会は、十一日午後七時からの開講式、あいさつからはじまり十二日午前八時三十分の講義にはいった。

午前中は、李副領事が領事事務、尹中央副団長が税務、呉経済局長が生活協同組合と当面の事業内容に関して講義した。

午後からは「最近の国際情勢に関して」宋成秀氏が、「韓国動乱について」朴諸南氏が、それぞれ講演した後、討論会と懇親会をもって講習予定を終えた。

この後さらに、呉経済局長は①国軍の日の本国訪問団②札幌冬季オリンピック参観団招請③中央会館建設推進④南北家族捜し運動に対する民団の方針⑤東本問題と中央委員会開催などに関して説明し、尹副団長は①税務体系に関して②営業申告に関して③免税政策などについてさらに詳しく説明し、質問に答えた。

70年の人口移動率急増

大都市集中現象深まる

さる七〇年中、全国人口移動率が急激に増加した中で大都市集中現象がいっそう深刻化した。

経済企画院が調査した七〇年中住民登録集計によって人口移動状況をみると、総人口移動者は四百四万七千名で総人口の一三％を示した。これは六九年の八％よりさらに五％増加したもの。こうした現象は国民経済の高度成長で農村人口が製造業および社会間接資本部門へ移動する事例が急増したこと、また住民登録の申告状態が改善されたことなどが原因となっている。

市・道間人口移動数ではソウルが二十九万名、釜山が七万名、京畿道が十万名の転入超過をあらわしたが、残りの道はいっせいに転出超過をあらわしている。なお、ソウル、釜山、仁川、大邱、光州、大田などの七都市を対象とした人口移動が全移動の六八・二％を占めており、ソウル、釜山、仁川、大邱などが転入超過をあらわして大都市集中現象をいっそう顕著なものとしている。

しかし転出の数は昨年に比べ、約二八％ふやしており、転出者が約四八％の増加をみせている。

一方、これを地域別にみると、東西運行量の最も多いソウルが総件数の四三・六％に当たる九千百十二件、次いで釜山、京畿がそれぞれ一〇％線となっている。

パリで韓国現代画展

在日同胞の郭画伯参加

フランス文部省主催による「韓国現代画展」が、来る十一月十八日から十二月二十日まで、パリの「フランス国際芸術館」で開かれる。

韓国美術協会（李馬銅理事長）は、国内の画家と海外画家（在日一人、在米一人、在仏一〇）三十一人を参加させ、九十六点を出品するが、在日同胞の郭仁植画伯は「物」六点を出品するとともに十月末頃パリに向う。

韓国美術協会関係者はさる七月十四日、郭画伯の参加要請書を送り、文部省当局からは駐日大使館に、郭仁植画伯を国際展示会に派遣するための必要な海外旅行手続きおよび出品輸送に関して協力するよう依頼があった。また文公部はこの画展のために補助金、作品運賃などを後援しているが、フランス文部省主催による「フランス国際芸術館」でのこのような画展ははじめてで、日本展はまだ例がない。

ユン副団長が見舞

江戸川支部被災同胞に

尹達鏞東本団長代行（中央副団長）は、先ごろの水害で被災をうけた江戸川区内の同胞家庭を八日訪問した。

さる五日未明、東京都江戸川区船堀の東京都江東治水事務所管理の新川西水門が故障、浸水したための約七百世帯が被害をうけたが、民団江戸川支部管内の同胞十数余戸も生計が脅かされるほどの被災をうけた。尹団長代行は、崔相龍支部長、金江戸川支部事務部長の案内で被災同胞家庭を訪問し、慰問金を伝達した。

上半期20,800余件

毎日9人が死に 130人が負傷

交通事故

今年にはいってからさる上半期に全国で起きた交通事故は全部で二万八百六十八件にのぼり、一千六百五十二名が死亡、二万三千四百四十四名が重軽傷を負った。これは全国の各種車両十三万九千五百九十台中約一八％に当たる車両が事故を起こし毎日九名が命を失い、百三十名余りが重軽傷を負っている計算になる。

事故の原因をみるると、その八〇・八％に当たる一万六千八百七十七件が運転者の過失ということが判明、被害者の過ちで起きたケースが三千百四十二件（一五・〇％）、残り八百五十件（四・一％）が車両の故障によるものと明らかにされている。

貿易振興公社がドル防衛の影響分析

総合対策など建議

ドル防衛と実質的円切上げで、今年度輸出目標一三億五〇〇〇万ドル達成が危ぶくなり、関係当局と業界は対策に腐心しているが、KOTRA（貿易振興公社）が「ドル防衛措置と韓国に及ぼす影響」を総合的に分析、発表した。

まず、影響については①輸出振興基金を活用し既存補償金を補い②輸出用原資材輸入にともなう10％の積立金を従前通り還元し③輸出用原資材輸入金融金利を9％から6％に引下げ④米国市場依存から脱皮し市場多辺化をはかり⑤円が切上げられ、これを指定通貨として輸入保険金のもたらす損失も大きいが、それから得られる利益を最大限利用、米国市場にいっそう積極的に進出する、ことを建議している。

次に、ドル防衛措置がこれまで韓国にあた影響としての①L/C取消し、船積保留②保険金10％の韓国側負担③清算保留④クレーム発生⑤オファー活動低調⑥全体的輸出減少をもたらしたと指摘した。

しかし①韓国商品が低価品であり②輸入業者の利益が大きいので容易にカバーでき③むしろ高価品との価格競争で有利であり④輸入商品値上りで輸入需要が高価品から低価品に転換する可能性もあり、このような有利な立場を最大限に活用することも提案している。

至誠こもる献樹を

国立墓地に「海外僑胞公園」設置

国土緑化事業の一環として、献樹運動を展開、国立墓地に多くの植樹を五年がかりでつづけて大きな功績を残してきた韓国緑化社会事業中央会（高奉力会長・ソウル中央郵便局私書箱五〇九一）では、このほど政府当局の正式許可を得て、国立墓地内に「海外僑胞公園」を新たに設置、献樹運動をさらに発展させることになった。

同運動の趣旨によると、国軍将兵の英霊をまつってある聖域国立墓地内の海外僑胞公園を緑化させる目的で、一株の献樹やあるいは誠金の寄贈を、ひろく海外僑胞にもとめるものであるとし、協力して下さった人士たちには、その功をねぎらい、後孫万代に伝えるため、記念碑を同公園内に建てることになったという。

在日同胞のひろい参加をもとめる意味で、ここにその寄贈要領を紹介しておく。

〈寄贈要領〉

❶献樹誠金寄贈を無制限にうけつける。

❷送金は、日本内の三菱銀行を通じ、同銀行ソウル支店内・No.一二六口座あてにする。

❸第一次しめきりは九月三十日までとする。

❹十万ウオン以上の献金者には、竣工式に招請参観させる。

❺百万ウオン以上の献金者には、単独記念碑を公園内に設置し大統領特別表彰状を授ける。

申事務局長肝硬変で死去

12日に三多摩本部葬

申ホ氏の葬儀

ながねん民団組織につくしてきた三多摩地方本部事務局長申ホ氏は、八月十七日から肝硬変で立川第二相互病院で加療中、九月十一日午前十一時死去した。

故申ホ氏の葬儀は、九月十二日午後二時から民団三多摩地方本部事務所で民団本部葬としてとり行われた。

この日の葬儀には、民団中央本部から李裕天、丁賛鎮、鄭烔和顧問、張聡明団長らをはじめ、東京地元の有志百余名が参席した。故申ホ氏は、ながい間民団中央本部の民生局長をつとめた。

山口県が韓国駐在員

日中国交の機運が盛り上がっているとき、山口県は中共より韓国との貿易が重要と、韓国駐在員を置く方針を決め、一日付けで商工課主幹河野普雄氏（三七）を発令した。

京都韓国学校・19日に運動会

京都韓国中・高校（金英斗校長）では、きたる九月十九日(日)午前九時三十分から、同校屋閣寺運動場で、第二十六回体育祭をひらくことになった。

学父兄はもちろん、隣近所の日本の方たちも誘って参加してくれるよう同校ではのぞんでいる。

中共京劇が北韓公演

中国の京劇団が文化大革命後、初の海外公演に出発、一つは欧州派遣団で、他の一行百四十一人は北韓に出発、「沙家浜」「智取威虎山」を公演することになっている。

大韓婦人会300名参加 夏季講習会で成果

近畿・中北・中国地方

大韓婦人会近畿地区講習会に参加した婦人たち▼

在日大韓婦人会（金信三会長）は昨年から実施している夏季講習を、今年は近畿・中北地協と中国地協でそれぞれ開催した。

近畿・中北地協の合同講習会は八月二十二日から三日間、奈良県信貴山で開かれたが、大阪、福井、富山、愛知、石川、兵庫、京都、奈良、滋賀、和歌山、三重、岐阜などの各地から約三百人が参加した。

また、中国地協講習会は二十六日から三日間、広島八木ホテルで開かれ、広島、岡山、鳥取、島根、山口などの各地方会員八十余人が参加した。

講習内容は、組織、子弟教育問題、礼儀作法、古典舞踊などである。

ソウルにサボテン植物園

大阪 金竜鎮氏の快挙実る

ソウルで、サボテン植物園が、去る十日の午前十時に、その初姿を見せた。

ソウル南山の噴水台うしろに基（もとい）を定めた同植物園は、朴大統領夫妻おそろいのテープ切りでいよいよ開館となった。

この植物園はソウル市が去る四月に着工、827坪の温室に、サボテン2100種に及ぶ、148 25株と、熱帯植物142種、9 25株を収集して、植え付けたものである。

植物園は、熱帯植物館（一号館）、アフリカ館（2号館）、南アメリカ館（3号館）、北アメリカ館（4号館）からなっており、休憩室まで準備されている。

熱帯植物館を除いた2・3・4号館は、すべてサボテンだけを栽培、展示する仕組になっているが、このサボテンの全部は在日同胞、大阪の金竜鎮氏がソウル市に寄贈したものである。

10年の長い間にわたり、世界の各国から寄せ集めて、栽培して来た貴重なものである。

この日、大統領は、「祖国のために、最も意義の有る事をしてくれた」と、金氏の篤志を激賞する一方、四館のうちの一つに、金氏の名になぞらえて、「竜鎮館」と命名するよう、梁ソウル市長に指示した。

2115種のサボテンの中でも特に異彩を放っているのは、南米産の「クムホ」であるが、直径はおよそ50糎、黄金色のまるい刺（とげ）の世界にいざなって行くかのように思えた。十五株しかないこのサボテンは、一株で50万円を上回るとの事である。

また、80℃の高温を保ってやらなければならないアフリカ産の「オウオク」は、幾分か麻酔性を含んでいると言われ、原産地では一種の興奮剤として、祝祭日に使われているそうである。

4号館に陳列されている北アメリカ産の「イムロク」は、地上を匍（は）うようにして、伸びてゆくために、"地上をはい回る悪魔"とのユニック・ネームが付けられているそうだ。

2米ほどに伸びたら、後の部分から朽ちて無くなるが故に、新しい芽生えの場所が、それにつれて、つぎつぎと変わってゆくのが、前くの間合いをおいて見たらはっきりと目立ち、まるで、ゆっくりと匍（は）っているはちゅう類を見ているかのような錯覚をおぼえさせるという。

アフリカ産の「クカムヨン」は夏ともなれば冬眠にあらざる夏眠を貪り、秋と冬にかけてのみ育つという変り種との事であり、南アメリカ産の「ワァンポサン」は、まるで、がまのようにぼくりぼくりと、露だけを吸い取って繁殖するそうだが、気温の高い夏においては活気を失い、すっかり、しぼんでしまうという。

2号館で栽培される北アメリカ産の「ソパ」は、人の体にたとえたら胴体に当る茎を低めにかがめて、土の中にめりこむのが特徴とされ、雨の降る時だけを選んで育つといわれる。

2号館で栽培されている「カステリア」450株の三分の二ほどは我が国では、目をこすっても探し出せない珍らしい植物であり、学術の研究材料としても、高く評価されていると、早くも園芸家達の非常な関心の的になっている。

このように、形とかっこうに、さまざまなバラエティがあり、色とりどりの装切は、見る人の目をそばたたしむるに十分なものがあるソウル市では、このサボテンを一切売らず、もっぱら市民の情緒をはぐくむ資源なかて（糧）として、栽培してゆくつもりであるといっている。

韓國新聞

在日大韓民国居留民団
中央本部機関紙
韓國新聞社
発行人　李 禧元
東京都文京区春日町
2丁目20－13
電話 (815)1451～3
(813)2261～3
振替口座 東京 163774

南北赤十字予備会談はじまる

20日、板門店で開かれた南北赤十字予備会談で互いに握手をする南北代表

まず板門店に「ホットライン」架設

鄭女史の民族衣装、異採放つ

大韓赤十字あいさつ　"民族史の金字塔建てよう"

大国の意志で南北に分断され、二十六年間も民族の対立を続けてきた韓半島は、大韓赤十字社の崔斗善総裁が去る八月十二日「南北家族捜し運動」を北赤に提案したことがきっかけとなって、まず……立国監視委員会会議室ではじまった。この予備会談には、会議所北赤書記長を団長とする五人が参加した。大韓赤十字会からは、……はなればなれとなった離散家族捜し運動が軌道に乗ることになれば……歴史的な転換を与えることになろう。わが在日韓国居留民団も、……明を発表した。

「六・二五」を前後にして、不本意にして南北に別ればなれとなった離散した家族捜し運動のため、南北赤十字会談を開こうという大韓赤十字社の崔総裁の呼びかけが行われたのは、ニクソン米大統領の中共訪問が発表されてから一カ月足らずの八月十二日。この大韓赤十字社の声明がきっかけとなって、南北赤十字団体の二人ずつ派遣員が八月二十日板門店で歴史的な初対面をかわした。それから一か月足らずの間、この派遣員の接触は五回目をかぞえ、予備会談にまでこぎつけた。

この日、予備会談は約束時間の午前十一時きっかり、双方の代表五人が板門店中国監視委の会議室にあらわれ、互いに「アンニョンハシムニカ」とあいさつを交わしながら、握手をもってはじまった。

まず大韓赤十字社の金首席代表が、北韓赤十字会団長に信任状を提出、それを受けとった北韓赤十字会団長も信任状を大韓赤十字社の会代表に手渡す。それから双方の代表が、代表団の一人一人を紹介した。双方十人の代表がテブルのまわりにめぞろいして着席したが大韓赤十字社側の女性代表の鄭……

……絡方法を協議したが、板門店内のある北韓側の建物と韓国側の建物の間に、新しいホットラインを架設し、次期会談の日取りと時間その他の問題を協議することに合意した。この予備会談は、午前一時五十六に終った。

有終の美を念願　大韓赤十字社で声明

大韓赤十字社は、去る二十日午前、南北赤十字団体による離散家族捜し運動のための初の予備会談が同日午前十一時から板門店で開かれることになったことと関連、声明を発表「会談の有終の美を結ぶことを念願している」と次のように述べた。

「八月十二日大韓赤十字社側が提案した南北赤十字会談が実を結び、初の予備会談が開かれることをうれしく思う。国内外の大きな関心をあつめているこの歴史的な会談が成功裡に進められるような双方の代表が誠実な態度で一貫し、有終の美を収めることを希願する」

首席代表は渉外部長の金錬珠氏

大韓赤十字社の代表団構成

崔斗善大韓赤十字社総裁は、去る十五日午前十時、九月二十日からはじまる南北赤十字団体の予備会談の首席代表に金錬珠保健部兼渉外部長、交替代表に朴善圭南支社社長を任命するなど代表五人の名簿を発表した。

残りの代表は鄭洪鎭会談事務運営部長、青少年指導委員でき梨花女子大付属高校校長の鄭……女史、鄭……年会談事務局スポークスマンを任命した。

崔総裁はこの日、声明を通じ「予備会談が必ず実を結び、本談への堅固な基礎になるようにするため、大韓赤十字社は赤十字……

◇鄭喜卿代表（三九歳）＝ソウル出身▽梨花女子大卒▽米カンサス州立大学院卒▽梨大・ソウル大教授▽六二年大韓赤十字社青少年部諮問委員▽七一年梨花女子高等学校校長

◇鄭炷年代表（三四歳）＝慶尚北道出身▽ソウル文理大卒▽外務部スポークスマン▽駐英大使館一等書記官▽大韓赤十字社会談事務局スポークスマン

北韓赤十字会の予備会談代表

▽団長＝金泰熙（北赤書記長）▽副団長＝金德鉉（北赤常任委員）▽ジョン・ジョウ・ジョンイル（文化宣伝部長）▽徐ソンチョル（渉外部）

要求さる"忍耐と努力"

北赤側　ぼつぼつ政治的要求を出す

南北予備会談の展望

南北赤十字団体の予備会談の第一回会談は五十六分で終った。

第一回目の接触で南北両赤十字団体は、今後の会談の進め方について、ニアンスの違いを示した。

大韓赤十字社側は、予備会談ではまず、予備会談の運営の方法や連絡の方法についつ実務的話合に……

繊維問題妥結方案

韓米商工長官会議で打出す

常設機構の安保委新設提議

新民党、改正案国会に

国会、対政府質疑終え休会へ

"統一問題"で金永善長官が答弁

人事発令

任 文教局長 呉敬福
（経済局長兼任）
一九七一年九月二十二日

韓国政府筋、北韓声明に反論

"国連の目的尊重せず"

政府の高位当局者は十三日、国連に関する北韓声明に対し「北韓の今年の対国連態度は昨年と寸分変わっていない。北韓が表現の上で"国連憲章とその精目的をつねに尊重している"といっている点も昨年の話をくりかえしたもので UNCURK解体主張などでみられるように実際には国連の目的を尊重していない」と述べた。

南北韓の"同時"国連加盟に反対

ウ・タント国連事務総長は十四日朝の記者会見で、来年は東西ドイツ……

政府、国連対策に万全期す

共産側の提案　議題採択から阻止

韓国問題　自由裁量方式へ

金溶植外務部長官

金溶植外務部長官は、この公式……議題を十六日二十二日、ロジャーズ米国務長官との会談をへて二十……

ソウルで全国団長会議開く

永住権未申請者対策など協議

IPU、北韓加盟を保留

召集公告

第十九回定期中央委員会を次の通り召集する。

記

一、日時　一九七一年十月二十三日(土)午前十時
一、場所　大阪興銀本店
　　　　　大阪市天王寺区筆ケ崎町一七
　　　　　（電話七七二－一三八一）
一、会議事項　(1) 報告受理
　　　　　　　(2) 議案審議
　　　　　　　(3) 其他

一九七一年九月
在日本大韓民国居留民団中央本部
議長　張聰明

民団綱領

一、われわれは大韓民国の国是を遵守する
一、われわれは在留同胞の権益擁護を期する
一、われわれは在留同胞の民生安定を期する
一、われわれは在留同胞の文化向上を期する
一、われわれは世界平和と国際親善を期する

訂正

本紙九月十一日発行一〇一六号の一面記事のうち、「不信・不正・不安の三信を追放」の見出しは「三不追放」の誤りでありますので訂正しおわびいたします。

ソウルでアジア労働長官会議ひらく

七一年度アジア労働長官会議がきたる二十七日から七日間ソウルで開催される。李炳鎬保健社会部長官が十四日閣議に報告した同会議の推進状況をみると、日本、イラン、オーストラリア、インドネシアなど十六カ国がすでに会議参加を通報しており、開会式は二十七日午前、朝鮮ホテルで行なわれる。

主な議題は①七〇年代アジア地域の経済開発と労働組合の役割り②アジア地域の人的交流のための機能水準平準化など。

女子職員募集

……本人が来団して下さい。
民団中央本部・総務局

IMF総会 韓国代表団 首席に南財務長官

SDR制（特別引出権）を強化

投資増大など提議

南財務長官

九月二十七日から十月一日までワシントンで開かれる第二次IMF（国際通貨基金）およびIBRD（世界銀行）年次総会で韓国代表団は、世界からの借款増大と後進国投資増大のための国際投資保証機構の設立を主張する方針である。

ユーゴーから二〇〇万ドル初輸入

東欧市場開拓に成果

…が九日、非欧性共産圏であるユーゴスラビアに初めて入国した。

駐オーストリア大使館はこの一行が八日、ユーゴスラビア政府から入国許可を受け領事に入国したと政府に報告してきたが、ユーゴに対して韓国はこれまでさる六一…

ドル防衛後、輸出減る

本年度目標達成危まれる

繊維問題の妥結はかる

韓米商工長官会議（ワシントン）

本国論調

「南北接触」と金浦共匪事件の教訓

同時招請にも備えよ 国連総会開幕を控え

米日関係の斜陽

物価高にあえぐ家計

平均的サラリーマン家庭の例

税務相談室

解答者 尹達鏞

札幌オリンピック冬季大会 在日韓国人後援会を結成

会長に鄭建永体育会々長

大使があいさつ 国威を世界に宣揚

来年二月、北海道で開催される札幌オリンピック冬季大会の「在日韓国人後援会」が結成され、会長に民団中央顧問の鄭建永氏が選ばれた。

後援会結成式は、さる二十日午後三時、東京「オークラ・ホテル」で、李ホ大使と李禧元団長、民団中央三機関および各地方組織、経済人代表五十余人が出席して開かれた。

席上でのあいさつで李大使は、「昨年の万博において、六十万同胞の後援会が活躍した知識で国家事業が成功裡にすすめられた。来年二月の札幌冬季五輪においても、わが国の選手たちが安心して、のびのびと実力を遺憾なく発揮し、国威を宣揚できるよう、六十万同胞の支援が期待されている」と述べた。

また、李団長は、プレ・オリンピックの……、北海道本部を中心とする北海道有志の積極的な支援と協力に感謝し「来るべき冬季五輪は全組織が準備体制をつくって、わが選手団を支援するとともに、スポーツを通じて国威を世界に宣揚、発展する国際情勢に対応できる心がまえをつくりたい」とあいさつした。

後援会結成式会場（東京・オークラホテルで）

在日大韓体育会総会々場

会長に鄭建永氏 在日大韓体育会総会

在日大韓体育会（張鎭主会長）は、二十二日午前十一時、駐日公報館で第十一回総会を開き、新年度の活動方針を採択した後、役員改選に入って新会長に民団中央顧問の鄭建永氏（東亜相互企業社長）を満場一致で選出した。

この日の総会には代議員六十五人のうち、四十八人が出席、十七人の委任出席のもとに開かれ、張会長のあいさつ、経過報告、新年度の活動方針と予算案を審議、採択した。

なお、常任副会長、理事長および理事は、会長を含む五人の詮衡委員に一任し、次の拡大総会に発表して承認を得ることにした。

つづいて張民明議長、金光男顧問、大阪商工会の金容載会長のあいさつがあり、北海道本部の孫副団長から「プレ・オリンピック」の経過報告があった。

後援会組織について、呉敬福文教局長代理が民団中央の案を説明、李団長がさらに詳しく説明したが、それにもとづいて次のように決定した。

名誉顧問に李ホ大使、会長に鄭建永中央顧問。事務局は中央文教局長が担当、事務次長は三人置く。監査は中央監察機関と北海道監察機関が担当する。

その他、副会長（四人）と常任顧問、参与などは、会長、中央団長、公使、主務局長の四者が相談して選ぶことを決定した。

また、後援会の予算、具体的な活動計画などは、後援会の人選が完全に構成された後、同後援会が決める。

秋田で韓日協定五周年記念

韓・日両県民 三千人が観覧

民俗歌舞芸術団公演、絶賛あびる

秋田民団地方本部（朴碩道団長）では、さる九月十六日午後六時から秋田市県民会館に三千人ちかい同胞、日本人をあつめ、韓日協定五周年記念韓国民俗歌舞芸術団公演を催した。

この日の会場には、能代、大館等地からバスを連ねて集った同胞であふれ、特に本部で招待した日本人の老人ホームに寄している年老いたひとたちが印象的であった。

この日、朴団長は開会のあいさつのなかで"韓日相互の理解と親善を深めていることは喜ばしい"とのべ、"両国民の一層の理解と友好を深めるべきか……"だと強調した。

なお、この日来賓としてあいさつにたった萩原秋田市長（日韓親善協会秋田副支部長）は、"韓国の皆さんと秋田市民との相互理解が深まり、数多くの友情が芽生え各方面にのび、さらに交流が活発化されることを願う"とのべ、拍手をあびた。

この日の公演は、韓国新聞社の提供によって催され、歌と花冠舞、五鼓舞等の民俗歌舞がひろうされ絶賛をあびた。

特に、この日の催しをもつにあたって、地方本部三機関をはじめ会事務局長を中心とした執行部みなさんの若さにあふれ、誠意にみちた活動には目を見はらせるものがあった。

"二つの善意"

午後四時すぎの上野公園・噴水前広場。湯気をたてた弁当五十個、ほかに大きなカマいっぱいのごはん、ミソ汁のナベなどを積んだマイクロバスが、きょうも携帯マイクで呼びかける。この弁当の弁当主こそ、牧師、病院経営、民団足立支部団長の三役をつとめる東京の金周奉氏。浮浪者に国境はないと、戦災孤児を神のふところへ導くために生涯を捧げつくしている。やはり同胞牧師である神戸の張徳出氏。ともに六七才。

浮浪者に更生の途

上野の太陽 金周奉氏

［朝日新聞］

金城さんは韓国人で、クリスチャンだ。

「おめぐみ、なんかではありません。夢を失ったあの人たちを更生させるには、お説教だけではなんにもならない、ということなんです」——。

八年間に、この弁当を受けて[illegible]た人は数万人。そのうち、給食が縁で知合った数千人に職を世話している。

「浮浪は、恥辱と無作」。これが金城さんの信念である。

× ×

三十八年の夏、金城さんはたまたま上野駅のガード下を通った。そこには、新聞紙の上にゴロ寝する男、ヒザに顔をうめたまま身動きひとつしない老婆……。翌日、ポリエチレンの袋におにぎりを三個ずつ詰めて、もっていった。袋ごと、放り返された。二、三人からなぐられた。「オレたちはコジキじゃねえ」。

金城さんは、ひるまずに続けた。「わかってます。でも、さしあたって腹がへってるでしょう。食べてくださいよ」。

（中略）

「弁当じいさん」は、いつか、孤独なかれらの心のよりどころとなった。

八年間、欠かさず給食をうけてきた常連も、なん人かいる。とはいえ、大半は更生して上野の山を去り、そしてまた、新たな浮浪者が給食に加わる。

出かせぎにきてだまされ、帰りの汽車賃もない、という人も相変らずあとをたたない。浮浪者に転落する一歩手前の人たちだ。こうした人たちが毎回、五十人から多いときは二百人にもなった。

給食の間、金城さんは神の教えを説き、身の上相談にのってやる。「このまま故郷には帰れない」という出かせぎ労働者には、身元引受人を買って出る。

自分の病院にも十人余り雇った。もちろん金城さんは、給食がすべてを解決するとは思っていない。個人でできるギリギリの努力を続ければ、やがて役所が根本的な救済策に乗出すはずだ、と信じてきた。

「最近少しも、それは、むなしい期待のような気もしてきました。でも、私はずっと続けます」と、金城さんはいうのだ。

金先生の本拠は東京都足立区千住桜木町53・尾竹橋総合病院である。

"孤児の父"張徳出氏

韓国児童養護施設「愛神愛隣舎」

［毎日新聞］

神戸市須磨区[illegible]、財団法人キリスト教育児院舎養護施設「愛神愛隣舎」の張徳出舎長（六七）がその人。王子動物園に近い町中の古びた木造二階建て舎で、幼児から高校生まで二十人を相手に静かな日々を送っている。

（中略）

孤児と同時に[illegible]だった[illegible]。

（中略）

二十三年、[illegible]として正式[illegible]、[illegible]になった。

く駅の地下道などで寝ている孤児をなだめすかしてやっとの思いで連れ帰ったものばかりだった。なかには両親を亡くしたり、家出した子もいた。[illegible]

これまでに同園を巣立った子らは日本人、中国人、韓国人そしてアジア各国の混血児たち約三百人。愛に国境はなかった。園児たちに社会に出てからすぐ役立つ技術を身につけさせようと採用を依頼して電気工事や電気製品販売の店、美容院なども経営したこともあった。

（中略）

だが新聞をにぎわす非行少年のなかで韓国少年が多いことに張牧師の胸は痛んだ。そして全国六百余の施設に三千人もの韓国人児童がいることを知ってから三年前、同国をあるき韓国人児童養護の組織づくりに切りかえた。[illegible]

北岳トンネル開通

15億2000万ウオン投入し

ソウルの北岳山を貫通して城北洞と洗剣洞を結ぶ"北岳トンネル"が完工、十日午前、朴大統領と梁鐸植ソウル市長がテープを切ったことにより開通した。

たちに韓国の歌を教えながら「韓国人の誇りを持ちなさい。そして韓国人であって国際人になってほしい。視野の広い豊かな人に」と口ぐせのように説くのだ。

「韓国物産展」催される

10月4日から貿易センターで

政府機関の大韓貿易振興公社（KOTRA）は、韓日両国の貿易促進にたゆまざる努力を傾けているが、満足すべき成果があげられずその促進策の一つとして、十月四日（月）より七日（木）まで「韓国物産展示会」をKOTRA貿易センター（東京・千代田区有楽町一ー十五、有楽町ビル二階）の常設展示場で開催する。

同展示会に出品されるのは、絹製品の織物、セーター、紳士服、工芸品、人参製品、漢方薬材、かつら製品などで、主催側によると近代的モードをおりこんだ斬新なデザインによる商品を厳選したものといわれ、韓国製品のイメージアップはもとより、商談成約が大きく期待されるとしている。

KOTRAは、対日貿易振興に力を入れており、東京、大阪、名古屋、福岡の四ヵ所にセンターを設置している。

実行委員会通じ水災義捐金

東京・荒川区の同胞

さきほどの本国における水災のため、在日同胞でも義捐金募集運動がようやく活発化してきたが、東京・荒川区在住同胞による募金運動は、実行委員会（洪大寛委員長）を組織して行なわれ、さしあたり十万三千五百円を、[illegible]を通じて本国へおくられた。

「敬老の日」盛大

東京荒川「秘苑」で

民団東京本部（尹達鏞団長職務代行）では、九月十五日の「敬老の日」に都内在住の七十才以上の同胞老令者を、同日正午から銀座「秘苑」に招待し、例年の敬老祝賀慰安会を、例年にもまして盛大にもよおした。

開会へ尹中央副団長の祝賀あいさつが丁重にのべられたあと、民団幹部らの心こもる案内や接待の中に、皆さんを前にしての、秘苑専属芸能員らによる歌や踊りが、場内のふんい気をもりあげ、老人たちも若い人たちの中に入りまじって踊りに興じるなど、楽しい半日をすごし、主催者からのおみやげを手にして家路についた。

写真は老いた両親にねぎらいのあいさつをのべる尹中央副団長

韓国優勝

第九回アジア野球

第九回アジア野球選手権大会最終日の十九日は、ソウルでオーストラリアーフィリピン、日本ー韓国の各二回戦が行なわれた。優勝をかけた最終戦は、日本が韓国に8ー3で敗れた結果、5勝1敗1引分けの韓国が、第五回大会以来二度目の優勝を飾り、日本は5勝3敗で二位に終わった。

韓国	4	0	1	0	2	1	0	0	0	—	8
日本	0	0	0	0	0	0	0	3	0	—	3

【順位】①韓国5勝1敗1引分け②日本5勝3敗③フィリピン4勝4敗④オーストラリア3勝4敗1引分け⑤台湾1勝5敗1引分け

生活協同組合設立のため 事務部長研修会開く

民団東京本部（尹達鏞団長代行）では、十七日午後三時から東京商銀五反田支店の四階会議室で管下各支部事務部長研修会を開き、生活協同組合認可手続申請要領等に関し呉敬福文教局長の解説で五時半まで研修を行ったあと、食事会に移り各支部の当面した事務推進上隘路となっている諸問題に関し忌憚のない意見の交換を、和気あいあいのうちに行なった。

なお、尹達鏞団長代行は緊急な用務のため挨拶だけを述べて出かけられた。

同胞に啓蒙文化映画を巡回上映

教育映画社 李貞和社長

「在日同胞に祖門の発展相」に接するとともに、韓国人としての誇りを鼓吹し、教育・文化映画をみせて民族意識を「啓蒙」する目的で、私財を投入して映画をつくり、映写機とフィルムを持ち歩きながら活躍している女性がある。

大韓教育映画社（ソウル鍾路区鍾路六街二六七）の李貞和社長。

李社長は、昨年大阪万博を見に来たのが初の来日。そのとき、全南開発協会の有志たちが基金を集めて買った「ヘリコプター」を郷土発展のために全南道に寄贈するという話を聞いた。同協会の訪問団が帰国するときから「ヘリ」の寄贈式、関係当局の礼訪、観光などの模様を追跡してフィルムに収めた。そのフィルム（二十分）と、韓国の現代を紹介するフィルム二本をもってきる五月二十九日に来日した。

「ニュージャパン・ホテル」に投宿しながら、東京都内をはじめ、川崎、横浜などで上映した。民団の分団や支部の会議場で、あるときは法事の家に招ばれてフィルムをまわし、韓国を紹介した。また公報館でも数回、自民党の本部にまで行って上映、いままで三十数回。

しかし李社長は失望したと嘆いている。「私はすでに十六年間、本国でこの事業に情熱を注いで来ました」といいながら、政府からもらった感謝状のアルバムを見せてくれた。

「営利のためではないのに努力してくれる人があまりにもない。また、教育・文化映画に対する理解があまりにも足りないような気がします。苦労ばかりして成果もやりがいもない。ただ在日同胞社会の生態をいくらか知るようになったのが成果です。これが私の人生にプラスになるでしょう」とうつましい言葉でつづった。

李社長、本国では学校教材用映画と、政府依頼の文化啓蒙映画を製作している会社の代表で二子の母である。日本での巡回上映をあきらめて二十五日帰国するという。

［華燭］

新郎 安徳洙氏長男、金恩善
新婦 金鳳浩氏次女、小夜子嬢
右両人は九月二十八日正午から大阪南区八幡町の[illegible]で結婚披露

東京韓国学校24日に運動会

東京韓国学校（宋基鶴校長）では第十八回秋季運動会を、来たる九月二十四日（金）午前九時から同校運動場でひらくことになり、学父兄を始めとして、都内の民団各支部の参加をうながすなど、多数参加を計画している。

なお、雨天の時は、二十六日（日）に順延する。

大阪金剛学園は26日体育祭

大阪の金剛学園（張益和校長）でも第二十六回体育祭を、来たる二十六日（日）午前九時から、同学園運動場でひらく。雨天順延。

洪吉童傳 〈二〉

許筠著

洪相圭 訳・編

「御大身の家に庶子として生まれた人らがお前だけでもなく、数多い人々が同じような運命を背負って苦しんでいるではありませんか。お前に限って、なぜそのようなかたくなことを言って、この母の心を悲しめるのでしょうか」

「はい、わたくしも母上のおそばを離れたくはありませんが、私のような身分で大成しているお方たちは、皆といっていいほど、悲しい別離の苦しみを味わっております。

わたくし不肖ではありますが、このまま朽ちたくはありません。先人のお歩きなさった道にならって、修道しようと思っておりますから、なにとぞご心配なされませぬよう。後日には必ず吉報をもたらしてご覧に入れます。」

「近ごろの谷山母（洪判書の妾）の動きを見まするに尋常でないようでございます。私ら母子のために父君のお[illegible]のじゃないかと、私らをまるで不倶戴天の仇敵のように思っておるふしがございますれば、このままでは、いつか大難は免れ難いものと思います。ですから母上にも、この不肖者の家出のもう一つの理由がなへんにあるかを、おわかりになっていただけましょう」

事態のなりゆきをのぞいてでも見たように、深く洞察している吉童のことばに、深く思い当たる節があったから母は、ただ唖然と顔を曇らして、悲しい運命を背負って生まれてきたわが子の顔を、しげしげと見守るばかりであった。

谷山母とは谷山生まれの妓生出であったが、洪判書に思われてその籠妾となった女を指すのだが本名は初蘭といっていた。

この女の心に巣くっているねじった心とねたみ深い性格は自分に少しでも気にくわないことがあれば、洪判書のちょう[illegible]ちょう愛を分けとりするようなものがあるとみれば、あらゆる狡知を尽くして奸計をねりだす執拗さであったからお家を乱す禍根を、かもすものとみなされて、一僕一婢のものまで、眉をひそめて彼女を避けていたものであった。

彼女が男の子を産めなかったのにくらべて、春蟾は判書も愛してやまぬ吉童という玉のような男の子を産んでいるのにはたまらない嫉妬心を覚え、吉童の聡明を愛する判書の態度を見るにつけても前後をわきまえず、いつかはこの小癪なきものにしようと、人倫にもとる大それた悪心をいだくようにさえなったのである。

ある日、日ごろから、ねんごろにつき合っていた巫女を呼んで、憎んでもあまりある吉童の殺害を相談した。

「よく考えてみればみるほど、妾の存在は吉童の生存とは両立できないようだよ。このことでなんとか、力になって欲しいのだが。わらわの思い通りに事が運んだら、ほうびは望み次第であるぞえ」

と、巧みにかんけいを巡らすように欲づけしてそそのかした。巫女はさっそく、これに応えて一策をねった。

「興仁門外に人の相を観る噂の高い女がおります。ひとたび顔を見ましたら、過ぎ去ったことから今に至るまではもちろん、未来のことまで見通す神通力をもっていると、大変な人気で、門前市をなしているありさまでございます。さればでございます。この女を一味に引き入れ、まず殿様にお見得させるのです。そして、吉童にからむ不吉な運命の前後を、然るべくお話し申し上げましたら、なんぼ殿様でも、立ちどころにまどわされて嫌気がさし、必ず吉童をなきものにしようとお思いなさることはひつじょうかと存じます。そのときにころころと申し上げましたら、うまく、はこばれるでありましょう。その暁にはお部屋様も万万歳というわけでございます。ほほ、ほ」。

もっともらしい筋書に初蘭は手をうって喜び、銀貨五十両を手渡し、善は急げとさっそく呼ぶように言いつけた。

巫女は思わぬ大金がふところにころがりこんできたのにはほくほくとして、翌日早めにその女を連れてきた。

この時、洪判書は居間で父親とともに庶子として生まれた我が子のことを嘆いていたが、人の気配で、ふと視線をそちらに向けた。

外で見知らぬ女が、うやうやしくあいさつするのを、あやしみながら尋ねた。「何用であるぞ。無礼であろう」

「はい、あの——、私は人相師でございますが、お殿様始めお家の方々のご面相を見せていただこうと思いまして、おこがましくも参上いたしました。なんなりとお言いつけくだされば、しあわせでございますう」

人相師と聞いて、洪判書は日ごろから心にかかっている吉童の未来がなんと出るのか、急に興味をひき、さっそく傍にかくれて、そっと吉童の相を見せた。

人相師はじっと吉童の顔をしばらく凝視していたが、さも驚いたような、大げさな身ぶりをしながら、言いにくそうに、しぶしぶと話を引き出した。

「若様のご相を拝しまするに、千古にまれな英雄のきざしが歴然として現われていますし、また当代の豪傑におなりなさること万々疑いございません。さても惜しいことには後ろ楯たるべき身分がこれに応じていません。そのほかは別に……」

なにか奥歯に物のはさまったような言いかたで、話し終わったような、終わらぬような、煮え切らない態度でもじもじしていた。

公は、何か異常の相を読みとっているなと、心の中で思ったから、

「吉凶、何事でもあれ、つつみ隠さずに申してみよ」

と言いつけた。女人相師は、しかたなさそうに、何かを話し出す素振りを見せたが、さも大事ありそうに、その前にまず、周囲の人を遠ざけてほしいと申し入れた。

「若様のご相を見せていただきまするに、おそれながら凶と出ています。お痛ましい運命を背負っておられます。

まず、変化無限なる凶風が吹きすさんでいますし、つぎに若様のおみけんには、隠すべきようもない王侯将相の気象が、宿っておられます。このまま、ご成長いたしますれば、将来恐れ多いことでございますが、御一門の破滅を招来することになりましょう。ご賢察なされますよう」

聞くだに恐ろしいことを耳にして、公は息もつまる思いであった。驚きと失望とでうつろな視線を、空間の一点に泳がせながら、黙々と何ごとかをあんじていたがしばらくして、

「各々が、背負って生まれた運命のきずなを断ち切ることは、最もむずかしいことではあろう」

と嘆くようにつぶやいた。

「このことを、きっと口外するでないぞ」

と念を押す顔には憂いの色がいっぱいに拡っていた。

このようなことがあって以来、吉童は山亭の片隅に移されて、一挙一投足が、洪判書の監視の下におかれるようになった。

吉童の悲嘆は、たとえようもなく日々に深まる一方であった。おもに六韜三略と、天文地理を究めることで、すべてを忘れようとしたら、これはまたこれなりで、ますます父の心配をまして行くばかりであった。

「うむ、これは容易な兆ではないぞ。なまじいに、すぐれた天分を持って生まれたことこそ、仇なることであるか。この子にもしも大それたことを企てる野心でも起これば、それこそ、あの女人相師の予言通り我が身の破滅はさておき、ひいては一家一門の破滅を招来せぬやも知れぬ。このような一大事でも起ればこれをいかんせん」

（つづく）

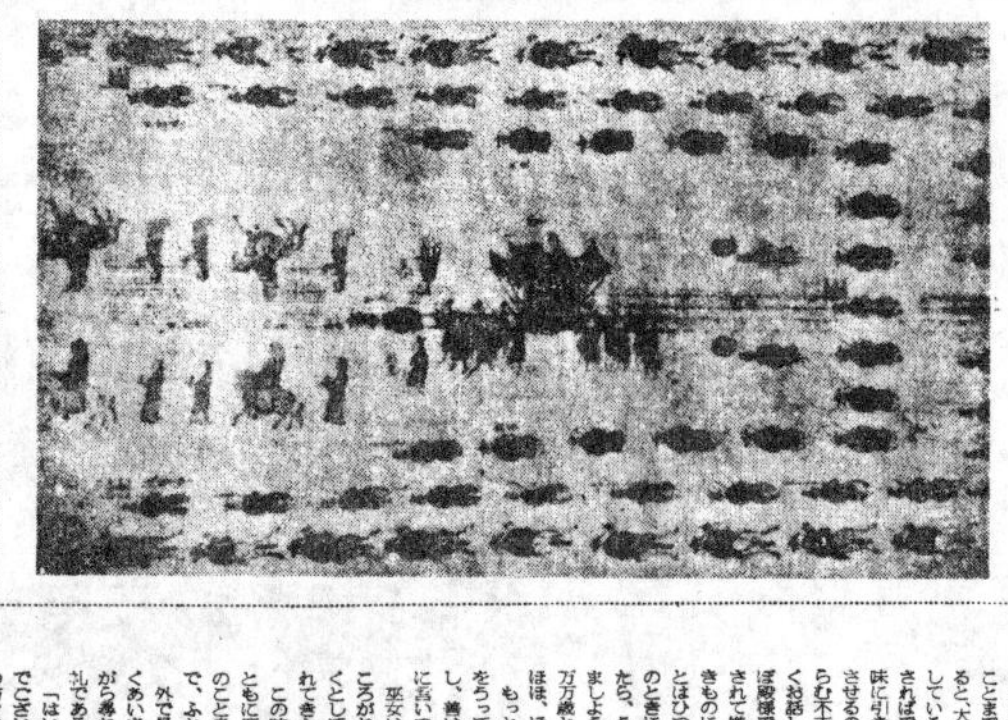

百済文化、日本を支配

米考古学者（クネズ博士）の考察

公州武寧王陵発掘に寄稿

ワシントン・スミドニアン博物館のユジン・クネズ博士は、最近、韓国の公州で発見され、世界的話題をまいた百済（ピェクジェ）武寧王陵に関する金元龍博士の論文を同僚達と共に、首を長くして待っていると、AKニュースに寄稿した事は、まことに注目に値する。

韓国考古学の権威

韓国考古学の権威として、広く知られているクネズ博士は、韓国戦争勃発当時、ソウル駐在米国大使館の文化担当官として勤めていた。あわただしい戦争ふんいきの中にあっても冷静を失わず、韓国国立博物館所蔵の国宝の大部分を釜山に移送するのに、力を尽した功は今でもなお大きく讃えられている。

クネズ博士は、こんどの武寧王陵の発掘によって、百済、南支那海の一帯と日本にまたがる文化交流の真相と範囲が、明かるみに出されるであろうと、大きく期待している。

次はクネズ博士が、AKニュースに寄稿した全文である。

日本と密接な文化的つながり

最近、大韓民国公州近くで発見されたひとつの百済王陵は、東部アジア文化史を研究するのにまことに重要な意義をもたらす事になろう。百済は、「三国史記」に記録されている三国時代（BC・57年—AD・668年）にあった一つの国である。韓半島の北端には高句麗、そして東南の方には新羅が百済と境して対立していたわけであった。西南の方に位置していた百済（BC・18年—AD・660年）は、今日北韓と満州に該当する一帯に住んでいた高句麗（コクリョ）系の住民でなっていたと見なされている。

百済は南支那海と日本、特に日本とは密接な文化的つながりを保っていたのだった。

法隆寺の百済観音

日本の奈良にある法隆寺の有名な百済観音も、百済人の手になったことは、疑うべきもない史実であり、また日本が文字を持つようになったそもそもの由来も、元をただせば一に百済に負うものである。

百済人のひとりが持ち渡った漢文「千字文」が、その契機をなしたと見なされているのだ。

このように、高い文化水準を保っていた百済であったが、強大な高句麗の圧迫にあって重大な軍事的敗北を喫せざるを得なかった国家安保の見地から、百済の都は何回となく移らざるをえなかったが、その中の一つがすなわち公州であり、最後の都が扶餘であった。

重要な百済古墳についていえば二カ所ぐらいはすでに知れわたっているが、今度の発見がもたらした歴史的・科学的資料または副葬品目などにより、この新しい王陵もまた脚光を浴びることになるであろう。

王と王妃の合葬陵

玄室の入口にある誌石から推して見るに、この陵が武寧王とその王妃との合葬陵であることには、疑をはさむ余地はない。武寧王は百済第二十五代の王である。

この陵はAD・525年に造られたのにもかかわらず、むかしの面影をそのままにとどめていた。陵の内部は大部分が蓮華の花紋入りの石で飾られている。

王と王妃の死体は、長い年月にかてず、今ではすっかり朽（く）ちはててしまったが、原形のまま採取された遺物には、王・王妃の金冠を始め、金銀製の腕環・耳環（わ）などの五十余種を含む二千余の多くにのぼっている。

百済は中国の唐と新羅の連合軍に敗北の末、AD・660年に至っては、ついにその姿をひそめてしまった。

具体的形態の副葬品

百済の王宮あるいは王陵などほとんどがりゃく奪、盗掘の悪い手に荒らされて、百済王朝の具体的形態をほとんど残していなかったが、副葬品などがそのままの形で明るみに出されたのは、これが始めてである。しかも、この重要な発掘作業が、高名で経験豊かな金元龍博士の采配のもとに、進められてきた事実は、まことに幸なことである。

われわれとしては、一線発掘者としての金博士の報告論文が一日も早く提出される事を、切にのぞんでやまない。……

かつまたこんどの新しい考古学的資料が百済、南支那・日本間における文化交流の性格と範囲をただすのに大きく寄与する事を期待してやまない。

文化

武寧王陵から出た葉銭（当時の貨幣）と楷くぎ。このお金は、当時の中國銭で、わが国との交流を物語るもの。

聞慶郡店村邑に 高麗磁器出土

去る十四日、慶北聞慶郡店村邑の山沿いの所で、高麗磁器を含めた十七点の遺物が出土、郡当局は慶北博物館に鑑定を依頼した。この地方で高麗磁器の出土とは、かつて無かったことだけに、その結果が非常に注目されている。

これは郡当局が実施した文化財地表調査で発見されたものである。

梨大病院は「東学」の跡

母国訪問の人たちが、必ずたどる道程の一つに、東大門が含まれている。南大門と呼応して、李王朝のはやかであったころの面影を今にして、しのばせるものがあるが、そのすぐ隣に、梨花大学の付属病院が小高い丘の上に立って町並を眺めおろしているのは、この史蹟とは、筋違いの対照をなしているかのように見える。

だが、あにはからんや、この地こそ東学の基（もとい）であったと知らされたら、だれでも一驚を喫せざるをえまい。

玉仁洞（オクインドン）にある順和病院は北学の跡。むかし、ソウルには今の国立大学にあたるのに成均館があり、そのもとに官立高等学校のような形の東学、西学南学（南山のふもとの道洞一街二十六番地）、中学（中学洞八十八番地）があった。一時、北学も設けたが、あとになって中学と合併させてしまった。

今の中学洞と南学洞の名前の由来は、遠くこの史実にからんでいるわけである。

第3回文化 芸術賞要綱

文公部が主管する第3回大韓民国文化芸術賞の受賞要綱が、このほど発表された。

新聞・放送・出版・文学・美術・音楽・演劇・映画・演芸の五千部門の中で、七部門を選抜、大統領賞と副賞百五十万ウォンが授与されることになっている。

選抜の基準は、ことしの六月三十日を基準にして、過去三年間の業績が対象とされる。

十月二十日より三十日まで、関係機関の推せんを受けつけ、発表は十一月十九日と決まり、授賞式は十一月三十日に行なわれる予定である。

三国統一時代以前の 新羅古墳を発掘

三国統一時代以前の彩色壁画と墨書銘がともに残っている新羅古墳が、慶尚北道栄州郡順興面邑内里でこのほど発掘された。

梨花女子大博物館（館長＝秦弘燮教授）と文化財管理局の共同発掘班の調査によると、この新羅古墳には玄室の四壁、羨道、天井と壁に神将像、四神図、蓮華紋など五色さんらんとした壁画が残っており、羨門の後には〝乙卯年於宿知述干〟という墨書銘が刻みこまれていた。

「韓国姓氏大観」日本に50部

韓国族譜の総決定版

このたび、韓国ソウル市の創造社から、千四百ページにおよぶ「韓国姓氏の大総覧ともいうべき「韓国姓氏大観」が発売された。

この韓国族譜の超豪華版は、わずか限定版五百部のため、日本国内においては、五十部しか配付割当がなく、すでに学界や図書館から問合せが殺到している有様で推せん者の一人、金海成氏（国語学者）は、この本こそ韓民族の伝統的な氏族制度についての立体的解明であるとし、韓民族の血脈の族譜を克明に描写した氏族の総系譜であると、手ばなしで称賛。

崔徳教、李勝羽の両氏が編者し海外価格は一万八千円で、希望者は左記へ問合せるとよい。

▲東京都世田谷区桜一丁目五三番一号、韓国語学及び図書部黄幸道、電話〇三―四二九―五四四〇

韓國新聞

在日大韓民国居留民団
中央本部機関紙
韓国新聞社
発行人 李禧元
東京都文京区春日町
2丁目20−13
電話 (815)1451〜3
(813)2261〜3
振替口座 東京 163774

民団綱領

一、われわれは大韓民国の国是を遵守する
一、われわれは在留同胞の権益擁護を期する
一、われわれは在留同胞の民生安定を期する
一、われわれは在留同胞の文化向上を期する
一、われわれは世界平和と国際親善を期する

9月28日ソウルで
全国地方本部団長会議

政府の強力な対策を促す

在日同胞の「法地位」改善

永住権 申請期間再策定も

民団地方本部団長会議が九月二十八日、ソウルで開かれ、さる一月に締切られた協定永住権申請に対する全員早期許可および待遇改善と未申請者に対する申請期間再策定を討議、政府当局に請願した。また最近、南北韓赤十字社が推進している「離散家族捜し運動」に対して具体的支援方案を討議した。

会議は、二十八日午前十一時からロイヤル・ホテルで、全国地方本部団長四十一人が参席して開かれた。

冒頭にあいさつに立った李禧元団長は、在日同胞の法的地位の改善策、南北韓赤十字会談の具体的支援方策などの議題を説明するとともに、団長会議をソウルで開くに至った趣旨を次のように述べた。

当初予定されていた民団と政府当局の合同会議が延期され、十一月末から十二月初めごろの開催が予想されるが、その間、日本では十月十六日から「沖縄国会」が開かれる。そのとき、現在の佐藤政権は「日・中問題」とからんで……

南北赤十字会談成功へ

全国務総理 李中央団長に支援要望

会議ではまた「離散家族捜し運動」のための南北韓赤十字会談を支援する具体的方案を討議した。南北政府当局から、南北赤十字会談の経過、政府の支援方針、今後の展望などについて説明があったが、全国務総理は李中央団長に次のように述べた。

「南北赤十字会談は国土統一の糸口になるだろう。われわれはこの会談を成功させるため、あらゆる支援態勢をととのえている。

しかし北傀は、この運動がはじまって以来、従来よりも一層激しく武装ゲリラを送り込んで、民心攪乱と破壊工作を狙っている。そのため、国民は会談の成功を祈りながらも、北傀の態度には憤慨している。しかし、政府は、大韓赤十字社の代表があらゆる障害をのり越えて会談を成功に導びき、民族の宿願である国土統一への糸口をつかむよう支援と激励を送るつもりだ。このような政府の方針に呼応して民団も対処してほしい」と強調した。

僑胞法的地位 대책촉구

在日居留民団 地方代表회의 南北會談支援방안도 論議

全国地方本部団長会議のため帰国した李禧元中央団長は国内各新聞、TV放送を通じ在日同胞に対する日本政府の不当な差別政策と実情を訴え、本国政府の強力な対日交渉を促し、世論を喚起した。●は9月28日の東亜日報紙面

재일호텔에서 열린 재일거류민단 간부회의.

教育·金融·住宅·保健·就業에 극심한差別

"永住權혜택 하나없어… 外交로 解決토록"

第23回「国軍の日」盛大に挙行

民団でも代表1500人送る

友邦10ヵ国から慶祝使節

朴大統領、式典で演説

国力つちかい戦争予防

国軍の日 創設以来23年目を迎えたわが国軍。10月1日「国軍の日」にソウル市内をパレードする三軍の威容はの文字通り"祖国の護り"だ。

朴正熙大統領は、去る一日、汝矣島「五・一六革命広場」で行われた第二十三回「国軍の日」記念式典に出席、記念辞を通じ……

ソウルと平壌で

南北赤十字予備会談 本会談を"交互開催"で合意

金寿煥枢機卿、世界主教会議へ

金寿煥枢機卿は、きたる三十日からローマで開かれる第三回世界主教会議に韓国代表として出席するため、鄭夏権神父(司牧研究院長)とともに十八日CPA機で出発した。

金日成発言に反論

外務部が"韓日条約"で

南ベトナムの軍納輸出減る

繊維輸出で李・ケネディ再会談

新民党、反共法など改正案作る

1972年度 在日韓国人(自費)母国留学生 募集要綱

一九七二学年度 在日韓国人母国留学生을 다음과 같이 募集한다.

一、募集対象
二、志願資格
三、留学課程
四、提出書類
五、志願書類提出
六、銓衡実施
七、其他事項

一九七一年九月二十五日

駐日大韓民国大使館 奨学官室

韓米繊維交渉大詰めに

ジ代表の来韓・まって妥結か

韓国側、12%伸び率確保に懸命

韓国政府は、米政府から最終通告の形で突きつけられた繊維規制案については、一たん拒否したものの、最終期限である十月十五日までに、政府間協定を結ぶ方針は変えていない。

業界の最低線は綿・毛・合繊で全12%

米との繊維交渉で譲歩か

1日まで政府協定を

51日から一方的輸入制限も

厳しい米側制案、韓国の伸び率主張

年間伸び率10・7%

緊縮政策を堅持

政府、不況打開で強化

韓国一の不動産賃貸料

店補は南大門路二街

外貨保有高三千九百万ドル減

日本の海外協力、基金活用を導入

円を法定決済通貨と指定建議へ

韓日協力委員会終る

外銀、米輸出入銀行と借款協定

ユーゴに貿公の海外事務所設置

一次産業の従事者が大幅に減る

産業別就業者構造変わる

本国論調

金日成の対日秋波

北赤の消極的姿勢遺憾

「ソウル・平壌」案どんなによいか

暖い祖国を実感させよ

民族衿持を傷胎に持たせる道

山口本部『韓国会館』落成

6階建て、総工費3200万円

民団山口地方本部（朴鍾団長）は、同民団事務所をはじめ、県内在住同胞の利用を目的とする山口「韓国会館」の建設を完成。さる４日午後１時、同会館で落成式を行なった。【写真は落成した山口本部・韓国会館全景】

李中央団長・大使代理ら　千二百人が祝う

落成式には、同本部三機関役員と県内団員約千二百人が参加、また李禧元団長、李澔大使、（代理）下関総領事、下関市長代理、山口県有志ら日本人来賓八十余人が参加して落成を祝い、韓・日両国民の友交を深めた。

また、この日の式場で永住権申請促進運動に功労があった同県本部役員および有志に対し、大使、総領事、中央団長、県本部団長からそれぞれ表彰状が授与された。

式典の後、下関水産会館で八百人が参加し、落成祝賀レセプションが行なわれ、午後六時からは下関文化会館において、韓国民俗歌舞団による記念公演が催された。

同「韓国会館」は、山口県本部がさる六九年八月から着工し、募金運動と工事を並行して推進、この日に落成することになったもので、敷地四十坪、六階建、総建坪三三〇坪、工費三千二百万円を要した。

また同本部では、下関領事館建設の資金のためすでに三千二百万円を寄付した。

韓国やきもの・民芸品展

李大使も参席、大盛況

3日から一カ月間　東京・豊島園でひらく

東京・豊島園で「現代韓国のやきものと民芸品展」が、去る三日から向こう一カ月間ひらかれている。

この催しは、韓国通として著名な西武線下の豊島園社長堤康次郎氏が、直接企画実施したもので、世界に誇る韓国陶芸の伝承としての白磁、青磁の現代やきもの逸品二百余点を集めて展示されているほか、日用民芸雑貨品一万余点が即売されており、初日の三日は好天にめぐまれた日曜とあって、家族づれの客が会場の豊島園にどっと出かけ、民芸品などのおみやげを買い求める一方、本社提供の「韓国民俗歌舞芸術団」の歌と踊りの特別ショーを楽しむなど、大好評をまきおこした。

特にこの日は、後援役をかって出た大使館と民団中央から、李ホ大使と李禧元団長が、開会レセプションに参加したあと、ショー会場である古城ステージの来賓席に顔を出し、民俗色豊かな古典舞踊や歌に、一般観衆と共に興じられ拍手をおくるなど、なごやかな韓日親善風景の一駒も見られた。

なお第二週目の十日には、人気絶頂の国際級ポップシンガー「金相姫ショー」が同園でおこなわれる。

在日同胞学生の民族意識調査

大半が日本化に傾く

海外僑胞研究所が実施

外務部の外郭団体である「海外僑胞問題研究所」（文仁亀理事長）が、今年の八月、本国の夏季学校に入校した七百四人の在日同胞学生を対象に実施した民族意識に関する調査結果がこのほど明らかにされた。

この調査の結果によると、在日同胞学生の大半は、日本において韓国人としての民族的矜持と祖国愛をもって暮すよりは日本人として暮すことをのぞんでいる。このように意識構造に対し、本国の韓国日報は「在日同胞二世の民族意識、意識構造、（希望及び歴史観）は、われわれの期待とは ほど遠い」と論評した。

この調査を担当した海外僑胞研究所が設問の結果について加えた解説にも「本国の在日同胞政策の不統一」、「在日同胞の家庭における民族教育の欠如」などを指摘している。

今年の夏季学校に入校した在日同胞二世学生を対象に行ったこの意識調査の設問に答えた学生は高校生四百七十四人、大学生二百三〇人。このうち男子学生が三百三人、女子学生が三百六六人となっている。

十一の設問に対する回答の内容は次の通り。

設問① あなたが祖国をはじめてみた印象は？

回答 ①期待していた以上というのが三百二〇人（四五・四％）②期待以下、が百二一人（十七・二％）、残りは驚いたの同じと答えた。

"期待以下"と答えた学生の理由は「都市と農村の格差がありすぎる」「都市があまり無秩序で社会道徳がみだれている」「街を歩き回る若い人が多すぎる」などである。

"期待以上"と答えた理由は「ソウルにはコジキが多いと聞いていたが、ソウル市内にコジキはいなかった」「道歩く人に活気を見出した」「高層ビルは日本に十八人（八七・七％）

②中学校のとき答えた学生が三一人（四・六％）。

③大学に入ってと答えた学生は四人。数はきわめて少いが、大学に入って韓国人であることが分ったという事実は、在日同胞社会の子弟教育の一面をあらわしている。

この設問に対する回答は、在日同胞の大多数が韓国人であることをかくして暮している実情を説明している。

このような理由は、本国の在日同胞に対する宣伝の不徹底によるものと解釈される。

設問② あなたは、いつ韓国人であること

……

設問③ あなたは、誰から韓国人であるといわれましたか？

回答 ①両親を通して、と答えた学生が四百九九人（七〇・九％）

設問④ あなたが、韓国人であることを知ったときの感想は？

回答 ①気分をおぼえたと答えた学生が五百八五人（二六・二％）・

……

設問⑪ あなたは将来、どこの国で永住しますか？

回答 ①五百六八人（七一・九％）が日本で韓国人として永住したい②七七人（十・九％）が帰化して日本人となると答えた。

この回答者の帰化の理由は「日本で永住するには日本人と同じ権利と義務をもたねばならない」「差別だけ強いられ、なんの権利も与えられないのでは永住もできない」「本国にも受け入れてもらえないのではどこにも帰化すべきだ」と答えた。

たくましい男子学生の騎馬や、女子の踊りなどもあって東京韓国学校の運動会は盛況だった

『故郷に桜を贈ろう！』

詩人・李沂東氏が呼びかけ

「生涯の記念に、郷土に桜を植えましょう」とのキャッチ・フレーズで、本紙にも広告したことのある桜苗木の李沂東氏が、本社を訪ね、その普及運動に協力を申し入れてきた。

人として知られている同氏の話によると、桜の寿命は普通五十年から八十年、大島桜などは百年以上の寿命があるといわれ、輸出手続が要らなく、日本円の支払で間に合い、移殖技術については、韓国在住の管理人が直接指導、現に韓国内に桜苗圃があるから申しこみさえすればよいということになっているという。

さらに、在日同胞が帰国の際、日用品やぜいたく品をおみやげにもっていくよりは、家の回りや学校、村などに、生涯の記念になる桜を寄贈して植えることこそ、国土緑化と美化はもちろん韓日友好のためにも有意義であると力説し、家庭、公園、山地用と種類も多いから、ぜひ一度、相談して欲しいといっている。

植栽期は春と秋で、これからがもっともいい季節とされている。御希望の方の問合せは次の連絡先へ。

▼沼津市西条町二〇一一、李沂東　電話一〇五五九－六二－八一九三

▼慶南昌寧邑余草里仙谷、ピサブル苗園、管理人李相鎬

仲秋の故国へ旅立つ

在日高校修学旅行団

今年度・在日韓国高校修学旅行団が、去る九月二十九日、東京八十九名、大阪二十六名、京都三十二名と、それぞれ各校を出発、東京羽田空港と、大阪・京都は伊丹から飛び立ち、金浦空港に到着、歓迎会にのぞんだあと、宿所のアカデミー・ハウス入りし第一夜を迎えた。

今年の当番校は東京とあって、宋基鶴校長が引率団長となり、本国旅行に出発したもの。

一行は、去る六月六日の顕忠日を記念して集めた、国立墓地へおくる花の植寄金と、さいきんおこった本国の水災民救援金も持参している。（花の植寄金二七六一九円・水災救援金三三六五五円）

なお一行の旅行日程は、三十日は閔寛植文教部長官を礼訪、国立墓地参拝、延世・梨花大見学、十月一日は国軍の日行事見学、二日は市内古宮めぐり、三日は仲秋節で市内観光、四日から地方の古蹟名勝をたずね十二日に全スケジュールを終えることになっている。

李兌栄女史に平和賞

……

三つの韓国学校

運動会盛ん

東京、京都、大阪と、それぞれの韓国学校で、恒例秋の大運動会が、今年も前後してひらかれ、とんぶりはねたりの楽しい秋の一日を、学父兄たちが入り交じってすごした。

【京都】いちばん早い京都韓国中・高校では、去る二十九日予定が雨天のため延期二十四日、同校建設予定地の総合グラウンドで第二十六回体育祭を午前十時から「再建体操」を、トップ・プロにしてひらかれ、めぐまれた環境の見晴らしのよい高台の中で楽しい一日をすごした。

【東京】同じ二十四日、東京都新宿区若松町にある東京韓国学校（初・中・高）では、午前九時から第十八回秋季運動会を開き、大使館、民団中央と東本、婦人会、商銀など、組織を通して、観客、学父兄が動員され障害物、機械体操、各種競技、リレー、仮装パレードと、多彩なプロを展開、例年よりなおいちだんと盛況をきわめた。

【大阪】二十六日の予定が雨のため二十七日に延期された大阪韓国学校の第二十六回体育祭は同校運動場でおこなわれた。

幸いに同日はお天気に恵まれ、午前九時より開会、幼稚園児の遊ぎなど、他校には見られない盛りたくさんなプロで、チマ・チョゴリに着飾ったお母さんたちも加わって、にぎやかな運動会の一日を終えた。

尋ね人

☆崔鎮寧さん（51 山口）　本籍は忠清南道舒山郡光石面で東京に住んでいたが戦後消息なし

ソウル市鍾路区明倫洞三街一番地、六統九班、朴力、崔礼男まで。

☆禹英鳳さん　本籍は慶北義城郡で一九一八年八月二十三日生れ、一九五八年三月に、兵庫県神戸市生田区栄町五一二九、寿光田達城、翌年六月に東京都文京区江戸川町七、花善荘内の石見安美方から来信あり。

大阪市大阪淀区大四条三三三番、朝方、禹ギョンファンまで。

分団長に朴相文氏

神奈川稲田分団総会

民団神奈川県本部傘下稲田分団では、去る九月三十日午前十一時より第三回総会を開き、経過報告並びに新年度の運動方針案を満場一致で承認した。

同日は四十六名の団員が参席し活発な質問が出るなど意気盛れるふんいきを見せ、役員改選した。

26年ぶりの遺骨奉還

第二次大戦韓国人戦歿者 厚生省が二三三二九柱管理

遺族要任により来日中の鄭琪永氏

第二次大戦中、日帝の軍人軍属として狩り出され、戦死した多くの韓国人の遺骨のうち二三三二九柱が、東京の祐天寺にあり、日本厚生省が管理している事実が、さきほど明るみに出、韓国遺族会の要任により、韓国政府の保健社会部の承認と、駐日大使に対する外務部訓令のあと、遺骨の故国返還と慰安事業をおこなうため、釜山遺族会の鄭琪永理事長が九月六日来日、厚生省や外務省側と接衝、近日中にその具体策を講じる。

きけ！遺族の声！

戦時中、日本の植民地政策機関としての朝鮮総督府が、強制動員令により軍人、軍属とした韓国青年はおよそ二十四万。その中の犠牲者は二万あまりといわれ、その他爆撃などによる戦災者は数十万に達するという。

このたびの二千余柱は、その一部にあたるわけで、日本は、戦後いち早く日本の復員軍人のために復員局を設け、生還者、戦殁者ともに援護事業をもってこれにあたってきながら、韓国人戦殁者と遺族に対しては、戦後二十六年間をすぎた今日まで、遺骨返還はおろか、具体的処遇は何にも施していないのが実情で、遺族側としてはこれを最大の不満としている。

"日本人"として戦死

ところが、一方日本政府としては、韓日条約時に、既にこの補償問題をもふくめて一括解決しており、さらに遺骨の一括引渡しは、故人の本籍（南・北韓の違いの意）と当時の居住地、遺族の現存と居住地、順位などが明確に立証されない限り、かんたんに引渡せないのが日本の立場であると、その理由をたてているのが現状である。とまれ、問題は戦時中"日本人として死亡"しているのは、かくせない歴史的事実であり、韓日会談で政治解決をしたとはいえ、なお遺族に多くの不満があるとすれば、政治以前の道義問題として、さらに新たな次元で遺族の声をききとげてやらなければならないいくつかの問題は残されているようであり、ここ数日中の帰結が注目される。なおこの問題に関して、民団中央民生局では、李遺骨事業については、東京の姜清藤氏らが、従前から進めていることでもあるので、本国と一本化して成果をあげたいとしている。

身元確認後 遺骨を送還

厚生省援護局 [illegible] 小木曽 [illegible] の話

韓国内に現在おられるという戦死者三〇六柱の遺族に関しては、現在その身元確認作業中である。その方法としては石井隆本によって戦死者が本人であるかどうか、そしてその遺族が [illegible] いったん [illegible] ばならないし、間違いなく住所のところに住んでいるか確認しなければならない。

そのあとで、確認がきまれば、当然日本人戦死者と同じ扱いで返還するわけだが、処遇問題は、対日請求権問題ともからむので、これは外務省当局の管轄である。

遺族に恩給を

戦死確認書・名簿発行も要求

韓国人戦殁者遺骨引渡要求

一九七一年九月五日

日本国厚生大臣殿

記

祐天寺に厚生省が保管してある二、三三二九柱の韓国出身戦殁者の遺骨引渡しに関する件

●韓国出身戦殁者二、三三二九柱の遺骨を一括引渡す事

厚生省が祐天寺に保管してある二、三三二九柱の遺骨を遺族の有無出身地域の如何に不拘遺族会に一括して引渡すことを原則とするがその場合、遺族会は財団法人釜山護国の代表に委任してその遺骨を確認の上一括して引取り、遺族の有無を調査し、遺族のあるものは遺族に渡し、埋葬する。遺族のないものは釜山護国が責任の上、納骨堂を建てて奉安する事、そして将来遺族が現われた場合は、遺族会及び日・韓両国政府が遺族を確めた上、その遺族に引渡す事。その費用は日本政府の負担によって充当する事。

●遺骨引渡しに際して日本政府は輸送費、弔慰金、埋葬費、納骨堂建築費を支払う事

現在祐天寺に保管してある韓国軍人、軍属の遺骨を彼等の出生地へ輸送する一切の費用及び弔慰金、埋葬費、法要費と管理に関する費用を要求する。

理由

現在日本人の場合、太平洋戦争当時の戦死者に対しては恩給制度が確立して毎年遺族に平均一〇万円以上が支給されています。よって韓国出身戦殁者の場合も、それ同等の待遇がなされてあるべきであります。何故ならば、祐天寺に保管してある二、三三二九柱の遺骨は、太平洋戦争当時、日本政府が発令した国家総動員法により、日本の軍人、軍属として日本のためにたたかいたおれたものであります。

今日の韓国人という観念と当時の所謂朝鮮人という観念が異るのは言うまでもありません。すなわち、当時の朝鮮人は日本国籍法により、皇国臣民として、日本国籍の上に立って犠牲になったのであります。

故に、この遺骨引渡しに対しても、日本人と同等の待遇をなされることが、法理的にも又道義的にも当然であります。

日本政府はその責任を他に転嫁するため、韓日条約と遺族の有無とか出身地域の区別等を盾にとりその責任を回避するような言辞がなされることがありますが、遺骨処理はあくまで日本政府の責任であります。

戦後二十六年以上経っているにも拘らず、遺骨が未だ故郷に帰れずそのまま放置されているということは如何なる理由があるにせよ道義的にも許されることではありません。まして今になって遺骨のみを遺族に渡すということは出来ません。

現在これら遺族達の生活は想像以上に悲惨なものであります。又生死がわからないままになっているため、戸籍もほとんど整理されていない状態です。日本政府当局はあくまでもこの問題を、遺族の立場にたって、遺族に納得のゆく取計いをすべきであります。

●これら二、三三二九柱の戦殁者に対して、戸籍の整理と戦殁者冊子に必要な『戦死確認書』を一括して発行される事

●太平洋戦争で戦殁した韓国出身軍人二三、三三二名と軍属八、五九八名の名簿を本遺族会にも交付される事

以上の如く、われわれは遺族会総会の決議に基づいて、人道的見地に立ち、日本政府に要求する次第であります故、御審議の上、速やかに御裁下願いたく存じます。

民間ベースで臨んで欲しい

韓国大使館・[illegible]参事官と[illegible]領事課長の話

本国政府の承認と訓令のあと来日しているので、日本外務省への紹介やあっせんはしておいた。ただ韓日会談の終ったあとなので、大使館としては、どうのこうのと交渉の場に立つわけにはいかない。あくまで民間ベースとしての"遺族の声"を訴えて欲しい。そして、両国外交関係に支障のないよう慎重な態度でやってもらえば幸いだ。

如몰為水발측為跟그례為㴲器。ㅡ。如깃為巢 [illegible]

世宗25年（1443年）創始された訓民正音の原本。総ての国民が解り易く，単純ながらも科学的な表記のできるこの文字は，制定当時は28字であったが，現在は24字に整理されてハングルとよばれる。

10月9日は"ハングルの日"

世界に誇る科学性

西紀一四四三年 世宗大王が制定

ハングル（韓国の国文字）は，ウラル－アルタイ族に属するわが民族が使用する言葉を記す文字で，李朝4代の王，世宗大王が即位25年（1443年）に制定され，3年間の整備期間を経て，28年（1446年）10月9日（陽歴）頒布された文字である。もともと，わが国には固有の文字がなく，専ら漢字に依存していたが，王は国民が学び易く，使い易い文字を持たねばならぬとの思召しから，国字24文字を制定され，これを"訓民正音"と名づけられた。その后，日帝治下で，わが文化及び文字が抹殺される危機に瀕したとき，弾圧や投獄の苦痛に堪えながらこれを護り通した周時経先生が，正音を"ハングル"と名づけ，その弟子たちの手でつくられた"ハングル学会"のハングル運動によって，今では確定された名として汎く世界に知られるようになった。

ハングルのハンは韓国，韓民族の韓（ハン）であり，同時に（大），（一つ），（正）などの意味を内包している。従ってハングルは第一に，韓国，韓民族の文字で，この国，この民族と共に，永遠に伸びゆく文字であり，次に大いなる文字であるため，老若男女を問わず，また貴賤を問わず，国民誰もが日常広く用いられる，一にして完き文字の意であり，終りに"正"は論理にかなった組織的な正しさを意味する。

ハングルは文字の発達史上もっとも進歩的段階の文字で，表音文字の中でも単音文字である。訓民正音28字の中で ㄱㄴㄷㄹㅁㅂㅅㅇㅈㅊㅋㅌㅍㅎㆁㆆㅿ が子音文字であり， ㅏㅑㅓㅕㅗㅛㅜㅠㅡㅣㆍ が母音文字である（この中でㆁㅿㆆㆍの4文字はなくなり現在は24字だけが用いられる）。

このような単音文字であるハングルは実際に書くときはその単音ごとに独立させて，音順に書くのではなく必ず子音と母音を合わせて，一字の中に四角形に組みこまれるようになっている。文字としての長点を完備した，科学的ながらも学び易く書き易いハングルは，わが文化の発展に大きな力となっている。

李朝の中葉にはこれを使用して独特な散文文学作品が数多く出ており，独立を喪失した時期には，ハングルを学ぶということは即ち，精神的な独立を争取するという意味となり，民主主義国家として出発した新しき共和国の憲法がハングルで記されたという事実は，一つの国家として堂々と世界史創造の隊列に参与することを意味している。既にその優秀性が汎く知られてハングルの文字配列は，最も現代的なメカニズムの，映画にも製作されて，68年11月，イランの首都テヘランで開かれた第2回国際映画祭教育部門で，栄ある金賞を獲得している。わが国の国際的地位が向上されるにつれ，米国をはじめヨーロッパの有数な大学に韓国語科が新設され，これを学ぶ学生たちが増えつつあるということは，とりもなおさず，その秀でた優秀性を実証するものである。

一方，"ハングルの日"は世宗28年，ハングルが頒布された10月9日を記念するため，訓民正音頒布480周年記念日（1926・10・9）に国語の研究者たちが中心となり，社会一般と合同で第1回記念式をとり行い，"가갸の日"と臨時に呼称したが，その后，機関紙"ハングル"が創刊された次の年（1927年）の記念日から正式に"ハングルの日"を制定するようになった。

前人未踏の領域発掘

李英介氏著「朝鮮古書画総覧」

唯一人の在日美術研究家であり日本における朝鮮美術品蒐集の権威でもある李英介氏によって「朝鮮古書画総覧」が、京都・思文閣で刊行された。

新羅、百済、高句麗三国時代の仏像、高麗時代の青磁などから李朝末に至るまでの陶磁は、東洋美術の真髄として、ひろく日本の美術愛好家たちにも知れわたっており、その種の蒐集や著述が多いが、古書画に関しては、特別な研究者以外は、意外と知られていなかったのが実情のようである。その意味において、この方面に半世紀間、逸品の蒐集と専門的研究をかさねてきた著者が、その成果を集大成したのがこの本で、朝鮮古書画解明のための大きな前進を示しており、研究家や愛好者の唯一無二の伴侶として、その真価は既に高く評価され、斯界の注目を浴びている。

古書画解明のための大きな前進

主な内容は、朝鮮書画人名一覧（千六百名収録）図版（原色ほか七十余点）、通信使名簿、年表、原画との鑑別事項、生殁不明書画人、龍宗略史、絵画小史参考図書など五六〇ページ、上製布クロース函入だ。特価二万円となっている。

▼問合せは京都市下京区中堂寺西寺町四・思文閣・電話八〇一－二三七五。

右は李朝の平安大監、左は金明国の評論

本会談『ソウル・平壌交互開催』決る

難色示した北赤が受諾

第3回南北赤十字予備会談

・南北離散家族捜し運動を推進する南北赤十字社の第三回予備会談は、去る六日午前十一時、板門店の中立国監督委員会会議室で開かれた。本会談の場所を「ソウルと平壌で交互に開く」ことを決めた。本会談の場所をソウルと平壌で交互に開催することを提案したのは大韓赤十字社の側で、北赤はこの場所に難色を示し、開催を強く主張した。

冒頭から「場所」で討議

この日開かれた第三回予備会談では、北赤の金泰熙首席代表は冒頭から本会談の場所開催を討議し、次第、ソウルと平壌で開こうことに……第一回目の本会談は板門店で開き、その後の会議から条件が整う……修正案を出した。この修正案に対し……大韓赤十字社のソウル・平壌案に……し、韓赤側は「本会談は双方の……

よかった！

ソウル・平壌の劇的合意をみた南北赤十字の両首席代表は、手を高く握りしめ、喜びあった。

決定の瞬間

拍手と歓声がうずまく

ビールとシロップで乾杯！

分断民族の福音になろう

ソウルで結婚式

新婚旅行は平壌へ

南北婦人記者が語り合う

心暖まる初の対話

「ハングル」を日常生活に密着させよ

朴大統領、談話文発表

……一、ハングルが生れた西暦一四四〇年代は、ヨーロッパでは文芸復興が起き、今日の西欧文明の基礎をつくりあげた。不幸にも、われわれは、世宗大王の偉大な意志を民族文化の中興に結びつける開拓精神と自主精神に欠けた。そのため、ハングル文化は、長い間、日の目をみることができず、停滞と退化を余儀なく強いられた。

一、国民の皆さんは理解と協調を通じ、われわれの日常生活をハングルと密着させるよう努力しなければならない。われわれのこのような努力によって、ハングルを中心とした民族文化が満開したと……

ソ連、韓国音楽家の入国拒否

パリ大使館に10回も足を運ばせ

……パリ駐在の韓国大使館では八日この二人の韓国人に対し、ソ連政府が入国ビザーを拒否した理由文は表面的な理由づけにすぎないものであり、本心はソ連国内で催す国際大会に会員国代表に入国を拒否したという国際的非難をまぬがれるための口実であると説明、ソ連当局の措置をきびしく糾弾し、次回のユネスコ国際会議に、この事件を提訴することを明らかにした。韓国政府は去る八月、ソ連人の韓国入国ビザーを許可した。

在韓管理職を募集

……国際経営開発協会(代表武原誠)では、日本に進出している外資系会社に日本人の管理職を多数斡旋して大きな貢献をしているが、これらの外資系会社の中では韓国へも進出している会社が数ありそれらの外資系会社で、在日韓国人の管理職を求め、その斡旋を同協会に依頼しているとのことである。

共和党三要職を改編

「10・2」抗命波動に終止符

議長・事務総長は留任

新内務長官に金玄玉氏を任命

日本大使に北韓接近で抗議

李大使も抗議

東京で慰霊祭

大平洋戦争韓国人戦没者遺骨奉還会
会長　金　春　植

韓國新聞

在日大韓民国居留民団中央本部機関紙
韓国新聞社
発行人　李　禧元
東京都文京区春日町2丁目20－13
電話(815)1451～3
(813)2261～3
振替口座　東京　163774

民団綱領

一、われわれは大韓民国の国是を遵守する
一、われわれは在留同胞の権益擁護を期する
一、われわれは在留同胞の民生安定を期する
一、われわれは在留同胞の文化向上を期する
一、われわれは世界平和と国際親善を期する

輸入禁止と制限措置対象品目選ぶ

……政府は為替レートの引上げや日本の円切上げなどに備え、輸入抑制と政府使用外貨の効用極大化を図り、現行の貿易自由化幅を大幅に縮少する方針を立て輸入禁止および制限措置対象品目を選定中である。

1972年度 在日韓国人(自費)母国留学生 募集要綱

一九七二学年度　在日韓国人母国留学生을 다음과 같이 募集한다

一、募集対象
母国의 大学課程以上(大学또는大学院)에서 自費로 修学하고자 願하는 在日本大韓民国 国民

二、志願資格
가、日本外国人登録法에 의한 登録을 畢한者
나、日本国内에서 初・中・高校(十二年間)를 卒業한者(一九七一学年度 卒業予定者包含)로서 大韓民国教育法上 入学資格이 있는者
다、永住権을 取得 또는 申請한者

三、留学節次
가、志願者銓衡
大使館이 主管하는 留学生銓衡에合格하여야한다
나、大学志望
留学志望大学은 第三校까지 志望할수있다(同一校重複志望은 禁한다)
다、入学의 許可
志望校의 大学可否는 文教部가 大学当局과 合議하여 決定通報하되 一九七三学年度入学을 許可한다
라、予備教育課程 및 大学就学의 時期
母国大学의 留学이 許可된 留学生은 서울大学校内에 設置되어있는 「在日韓国人 母国留学生予備教育課程部」에 入学하여 一年間 所定의 課程을 履修하여야하며 入学이 許可된 大学에는 一九七三学年度부터 就学한다

四、提出書類
가、母国留学志願書(所定様式)……二通
나、学生身上調書(所定様式)……二通
다、卒業証明書또는 卒業予定証明書(小・中・高別)各二通
라、成績証明書(最終卒業学校分)……二通
마、国民登録済証……二通
바、外国人登録済証……二通
사、所属民団長推薦書……二通
아、写　真(志願書에添付)……六枚

五、志願書類提出
가、日　時、一九七一年九月二十七日부터一九七一年十月二十三日까지
나、提出処、駐日韓国大使館奨学官室、民団中央文教局 또는 各県本部、各韓国教育文化센터

六、銓衡実施
가、一九七一年十月三十一日(日曜日)午前九時試験場集合
나、場　所、
(1)東北地区　札幌韓国教育文化센터
(札幌市南九条西四丁目　電話〇一一(五二一)八九三一)
仙台韓国教育文化센터
(仙台市本町一－五－三四　電話〇二二二(二二)六七二〇)
東京韓国学校
東京都新宿区若松町二一　電話〇三(三五七)二二三三
(2)中部地区　大阪韓国学校
(大阪市西成区梅南通五－五　電話〇六(六六一)二八九八)
(3)西部地区　福岡韓国教育文化센터
(福岡市博多駅前一－一八－一七　電話〇九二(四三)四五八五)
다、銓衡科目
1 大学(校)志望者……国語・英語・数学・作文・面接
2 大学(校)編入学及編入者(大学院包含)……国語・英語・論文・面接
3 予備教育課程修了者……書類銓衡으로 合格者決定

七、其他事項
가、一九七三学年度入学이 予定되거나도 予備教育課程의 成績이 不良하여 成業의 可望이 없다고 認定되는 者는 就学을 保留하며、
特히「서울大学校」는 予備教育課程修了後 同大学의 母国留学生 特別銓衡에 合格하여야 正式入学이 許可된다
나、学校入学은 志願者가 志望한 第一～三志望校의 中에서 許可할것인바、留学期間中 大学(校) 및 学科(学・転科)은 当該指導教授・서울大学校在外国民教育研究所 및 文教部가 妥当한 理由있다고 認定하는 境遇에 限하여 学校와 専攻学科를 慎重히 選定志望함을 要한다
다、其他事項은 가까운 韓国教育文化센터에 問議할것

一九七一年九月二十五日

駐日本 大韓民国大使館 奨学官室
郵便番号一〇六 東京都港区南麻布一丁目二番五号
電話四五三－九六五三・四五二－七六一一(内線八)

韓米繊維規制 駐在間交渉の仮調印

伸び率、台湾並み7％ 韓国側主張うけ入れられず

韓米繊維規制政府間協定が、期限切れの十月十五日までワシントンで仮調印される。

金東祚駐米大使ら韓国代表団が米側と現地で交渉した結果、繊維代表まで事実上軟投され、台湾並と同様な七％伸び率の双務協定調印がさけられなくなり、協定文作成、手続、日程など協定調印に応じざるをえなくなった。

政府は金大使を応援するため朴商工部通商振興局長はじめ、李相敦外務部通商局長、楊潤欽事務官ら実務者をワシントンに派遣し、伸び率、割当基礎、規制時期などについて妥協案をつくしたが、米側の強硬態度のため、米側規制案と似ている台湾型協定をのまざるをえなくなったというのである。

大陸ダナの韓日会議物別れ

大陸ダナ海底資源問題にかんする第二回韓・日実務者会議は、両国の立場にたいする原則論を確認しただけで、解決は見ぬまま二十九日午後終わった。

会議には韓国外務部アジア局長と中江要介日本アジア局参事官ら両国代表十人が出席したが、二日間にわたるこんどの会議で韓国側は終始、日本側の意見をきくことにとどまったという。

外務部筋は、昨年十一月とこんどの二回の会議はともに日本側の要請でなされたものだと語り、単なる"意見交換"にすぎなかったと明らかにしたが、韓国政府は七〇年一月につくられた鉱物資源開発法に伴う鉱区にたいして再調整をする意思を持っていないため、こんど、ような会議を韓国側から要請…考えは全くないと述べた。

なお、現在韓国政府が進行中の一部鉱区にたいする採査は、両国間の会談にかかわらず継続するとしている。

米国の来年度対韓経済援助

一億ドル増額交渉

政府は、米国の来年度対韓援助が現在の計画より一億ドルふやすよう交渉を始めたもようである。

米政府は、来年度対韓援助に、今年度（一億六〇〇〇万ドル）より九、六〇〇万ドルも少なく計上しており、議会の承認を待っている。

これに対し韓国政府は、繊維規制で国際収支が大きく悪化すること、来年度米作が振わないこと、軍事費負担の過重なことなどをあげ、一億ドル程度の増額を要請するものである。

九月輸出実績に支障

ドル、円のショックで九月中の輸出実績は一億五百万ドルで、当初計画一億二千二百万ドルより一千七百万ドルのつまづきを見せた。これはドルおよび円のショックによる取引縮小に起因している。

今年にはいってから九月末までの輸出累計は総九億一千四百万ドルで、今年の目標額十三億五千万ドルの六七・九％に達したが、現推移から見て今年の輸出目標達成は決難と見られる。

ルーマニア人入国申請

"交易可能性打診する"と

政府はルーマニア実業家一名から、はじめて入国許可申請をうけ許可するかどうかを慎重に検討している。

政府筋によると、九月二十六日駐オーストリア大使館を通じ、韓国商社との交易可能性を打診するため、十一月訪韓したいというもので、現在法務部で審査中である。

同筋は「同氏の訪韓目的が純粋に商談のためということがハッキリすれば入国が許されよう」と語った。

経企院、主要生活必需品安定を主張

経企院は最近、主要生活必需品価格が安定勢を見せていると主張、このほど三十六個の生必品の…

全経連"中共経済"講演会開く

全経連はこのほど、関東山商大教授を招いて"中共経済"に関する講演会を開催したが、…

本年度稲作

二七〇〇万石台予想

植付面積減り冷害も重なる

今年の稲作は例年に比べ、植付面積が減ったところへ、病虫害の発生も多く、結実期の異常気温が冷害も重なり、平年作を二千〜回る二七〇〇万石水準にとどまるのではないかと予想されている。

これに農林部が発表した八月十五日現在の作況によるもので、植付面積一二一〇万町歩で二七八〇万石…

朴大統領、関…で安逸追放を強調

金総理、イランへ

北韓、韓国の二〜三倍の海軍力保有

米上院でウ国防副次官補が証言

国際金融機構への出資金を増額

世銀グループ、アジア開銀に

本国論調

本会談場所確定 後に来る問題点

北赤は"報道の自由"保障せよ

南北赤十字本会談をソウルと平壌で交互に開くことにきまった。…

北赤が納得できない理由をかかげ、南側の提議を真っ向うから拒否した態度を全面修正し受諾した以上、これからの会談見通しが明るいという喜びばかりでなく、民族分断の南北対話がついに遠からず本軌道にのぼり、何の支障もなく進捗するとの期待すら抱かせてくれて満足この上もない。

しかし北赤は、南側の第二段階提議を引きつづき受け入れなければならないというのがわれわれの立場である。換言すれば、代表団と報道陣の身辺保障、便宜提供問題など八項目を異議なく受け入れるのが当然であり、義務であり、責任であるということである。

ことにわれわれの関心を集めるのは北赤がこれから内外報道陣をどう扱うかにある。取材記者の自由な活動を保障しなければならないのは常識と思う。しかも国際会議でなく同胞間の対話であり、政治会談でなく純粋な民間奉仕活動であるこの集りに秘密があり得るはずがない。

きょうの国連でも、南北会談を深い関心をもって注視しており、国内では五千万民衆が会談の成行きを見守っているだけに…

繊維協商の反省

韓米繊維交渉は、今やさっぱりしない終末段階に到達したような…（一〇・七東亜新聞）

10・2抗命波動の電撃的あと処理

共和党は「10・2抗命波動」の後始末として、大物二議員除名を断行し、四議員には六カ月の停権処分を下す電撃措置をとった。

…

「10・2抗命波動」で一部共和党議員の行動が、単に党内党争…

（一〇・五 中央日報）

浮き沈み激しい"金持ちランキング"

本国経済情勢

▲カット写真は船積みを待つ輸出用人絹糸製品

韓進の趙重勲氏三年連続トップ

"財界地図"変る

関税庁により七〇年度総合所得納税者による個人所得ランキングが明らかにされた。

個人総所得順位（納税額基準）

氏名	代表企業	順位70年	69年	68年	所得・単位(1,000ウォン)
①趙重勲	韓進商事	1	1	1	987,733
②鄭周永	現代建設	2	3		287,595
③李相淳	元豊産業	3	18		263,900
④鄭鳳成	京南企業	4	2		295,598
⑤朴竜学	大韓農産	5	66		174,127
⑥段四川	韓国製紙	6	6	9	182,351
⑦金貞一	韓進商事	7	4	3	233,012
⑧崔聖模	東亜製粉	8	7		191,926
⑨趙錫来	暁星物産	9	74		143,990
⑩崔鍾建	鮮京織物	10	26		148,534
⑪李衡坦	大韓製粉	11	18		134,603
⑫許鼎九	三洋通商	12	5		121,033
⑬鄭仁永	現代建設	13	15		121,290
⑭金斗植	大一木材	14	13	13	157,616
⑮姜正俊	白化醸造	15	14		123,478
⑯李載濬	大林産業	16	12		136,228
⑰朴斗秉	東洋麦酒	17	120		159,961
⑱高判南	韓国畜産	18			164,162
⑲李仁沢	ターナー貿易	19	42		111,163
⑳趙良済	暁星物産	20	25		96,030

20位以内にも入れない往年の財界大物たちは、今ではカネの代り名前ばかりかかえているだけである。

総領事"鄭在俊メッセージ"に回答

"参考にあたいしない"

民団組織を混乱

団結と福祉向上望む

「いわゆる「光復節記念東京民衆大会々長鄭在俊」名義で、さる八月十五日付、大統領閣下に送ったメッセージは、外務部に廻されこれを検討した結果、同メッセージで言及した事項は参考にあたいしないと結論」し、その旨を伝える鄭在俊氏に対する書翰と、この伝達を依頼する大使館の公文が、十日、民団中央団長宛に届いた。十月八日付、駐日大使館の李楠基総領事より鄭在俊氏宛に送られた書翰の内容は次の通り。

書翰の内容

貴下が一九七一年八月十五日付で大統領閣下宛に送ったメッセージは、在日国民保護育成策樹立のため参考に検討した結果、貴下がメッセージで述べた事項は参考になり得る内容がないものと判断した。

貴下は、その間、民団組織を混乱し、歪曲した宣伝を行なっているということが在日僑胞社会の衆論であるので、今後そのような行為をつつしみ、民団規約を遵守して在日居留民団の団結と福祉向上につくしてくれることを望みます。

一九七一年　十月八日
駐日大使館総領事
李 楠 基

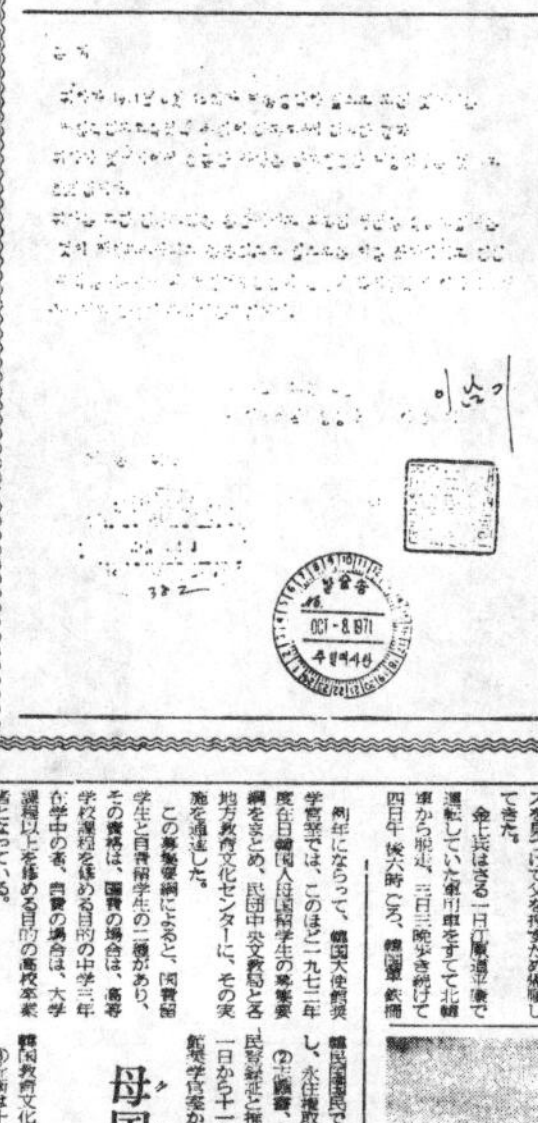

北傀大物スパイ

革命工作準備中　大阪府警に捕まる

大阪府警外事課は北傀スパイグループのリーダー格とみられる大阪市東住吉区西喜連町一の一二八、喫茶店勤務、呉順永(?)を逮捕、同七日、公正証書原本不実記載、同行使(旅券偽造)出入国管理令違反(密出国、同入国)などの疑いで送検した。

呉は昨年秋、日本人になりすまして出国、平壌でスパイ訓練を受けた大物。「近く密入国者として、わざと逮捕され、韓国入りして"革命工作"を決意していた」と自供した。

調べによると、呉は工作員、金希正(?)=大阪市生野区猪飼野中六の一六・今年八月二十日、新潟からの帰還船で北韓へ帰国=の紹介で四十四年、Kという工作員から北韓行きを指示された。

呉は日本人の友人の兄のAさん(?)=東大阪市=の戸籍抄本をとり、自分の写真をはったAさん名義の旅券を入手。Kから現金五十万円をもらい、昨年十月十四日羽田発の日航機で渡欧、駐東独北傀大使館で呉名の旅券を渡され同月三十日モスクワ経由で空路平壌入り。四十日間工作員の任務、暗号技術などの教育を受けたあと、乱数表、暗号解読表と現金二千ドル(当時七十二万円)をもらい十二月十一日羽田に着いた。

帰国後の呉の任務は北傀から発信されているとみられる「A3放送」の指示を受け、その返書を暗号でしたため航空便などで送ること。先月二十一日、東住吉区で逮捕され、居室からセブンスターの箱にかくされていた乱数表、解読…

在日同胞教育政策と方向

李英勲前奨学官　提示で注目

海外僑胞問題研究所主催でこのほど開かれた講演会で駐日奨学官をつとめた李英勲氏は、在日同胞教育の背景、政府政策、現状等を分析し、教育政策の問題点と今後の方向を提示し注目を引いた。

民団の破壊・分裂ねらう怪文書

「民主改造報」に中央三機関が声明

最近、在日同胞社会に出所不明の不穏当な怪文書が流布され、同胞間の不信を造成している。民団中央三機関は、これに対して対策を検討しているが「組織と団員を撹乱・分裂し、国家元首を誹謗する意図の悪らつな不純分子の仕業である」と断定、団員がこれに惑わされることのないよう、次のような声明文を発表した。

民団中央三機関は、怪文書の根拠さに失笑した。不問に附すつもりであったが、あえて一筆を加えたのは、民団内紛の実態を明らかにすることが、全団員の認識を再確させる好機会ともなるからである。

九月一日付で、「民主改造報」という妙な名の怪文書がでた。民団員個人に洩れなくおくった。東京宛には大阪から、大阪宛には東京からと、発送の仕方も手がこんでいる。発行人も住所もない。今くの怪文書は、どの国もいつの世にもひとつの特徴をもつ。…

全力で出所をつきとめよう

…

一九七一年九月二十日
在日大韓民国居留民団中央本部
団長 李禧元
議長 朴太換(?)
監察委員長 李錦成(?)

なお、この怪文書に関する声明書として、東和新聞九月三十日付に掲載されているが、民団中央三機関がこのような声明を公式に発表するのは本機関紙がはじめてである。

北韓兵、韓国部隊に帰順

母国へ留学しよう

72年度高校・大学生募集

国費による高校課程

①日本内の中学三年在学中の…

自費による大学課程

慶州瞻星台を背景に記念撮影の受訓団一行

民団幹部候補生 ソウルで受訓

本国政府当局の主催による「民団幹部候補受訓」が、先月二十九日から十月五日までソウルで行なわれた。

尋ね人

☆王仁求さん(51・…)
☆李錫語さん
☆任判吉(60)さん

華燭

徐国選君(徐永攀氏次男)と朱春葉嬢(朱龍寿氏長女)は、十八日正午、大阪市南区の「?園」で結婚式を挙行し、同披露宴を行なう。

端正な画面で"祖国再発見"

李剛著「韓国」の中から〈1〉

在日同胞唯一人のプロ・カメラマンとして、そのせん細な感覚と独特なアングルをもって知られる李剛氏が、このほど、保育社からカラーブックス・シリーズ・二三二「韓国」を出版した。十月一日から発売されているこの観光写真集は、平易でていねいな解文と共に、興味をそそる内容で、韓国を知るための、もっともよきガイドとして、旅行好きの日本人はもとより、私たちにも、その美しく端正な画面を通して"祖国再発見"をさせるのに充分なものをもっている。

写真
【右上】宮廷舞（慶会楼で）
【左上】南山から望むソウル市街
【左下】静かなたたずまいの秘苑

出版記念会盛況
公報館画廊 韓日祝賀客80名集い

李剛氏著のカラーブック「韓国」出版記念会が、去る十月八日午後四時半から、東京赤坂見付のホテル・ニュージャパン内の韓国公報館画廊で行われた。

発起人は駐日韓国公使金在権氏、写真家の石井光雄氏、写真評論家の重森弘淹氏、日本写真協会副会長の長岡正男氏の四氏であり、会場は日本の雑誌社の編集にたずさわる人々や著名写真家がお祝いにかけつけ約八十名の祝賀客で埋まった。

韓国を代表する写真家李剛氏と日本写真界の交流の場ともなり、なごやかな雰囲気の中に六時までカクテルパーティはつづいた。

韓日写真界の交流の場ともなった会場

☆著者略歴

李剛 一九三〇年東京生まれ。学習院大学文学部英文科卒後、フリーのカメラマンとなり、一九六六年「これが新らしい世界だ"KOREA"」一編さん。

毎日グラフの委嘱により韓国取材・六八年ベトナム戦線取材。今回のカラーガイド「韓国」出版。

日本写真家協会会員。

（写真は雪嶽山を背に李剛氏）

17回科学展審査委で入賞作決定

第十七回科学展審査委員会は、大統領賞（百万ウオン）に産業部門出品の"人力用田植機械開発研究"（農工利用研究所の金声来チーム）に、特賞の国会議長賞（五十万ウオン）は物理部門の"ジュリシン法研究"（安鍾貢氏）にそれぞれ授与することに決めた。

なお、総出品は百七十六点でそのうち三十点が入賞作として決まった。

五元美術展 金泰伸氏作品好評

五元美術小品展が、十月十四日から二十三日まで、東京・韓国公報館画廊（ホテル・ニュージャパン）で、ひらかれている。

作品は、日本画、洋画、彫刻の各部門。同会ただ一人の同胞画家金泰伸氏は「暮流」（一六号）など三点を出品、好評を博しており、同胞愛好家の来場を待っている。

洪吉童傳〈三〉

許筠著

洪相圭 訳・編

梅雨どきの空のように、判書の心を閉ざす疑惑と、憂いの雲のとばりは、日々に、判書の心の青空を覆うてしまった。

このように、肉親の情愛と、一門の安泰とに板挟まれて、その軽重を決定しなくてはならないことに、煩悶する洪判書の陰で、初蘭は人倫にもとるその目的を達成すべく、着々と手を打っていった。

まず、不吉な予言で判書の心をかきむしり、吉童への疑惑を深めることに成功した後で、この女は千金を投じて刺客を求めた。

「特才」という名の市井の殺し屋であった。初蘭の次の手は、判書をうながして、禍根はその二葉にて断つべしと、そそのかすのにあった。

「この前にお目通りなさいました女人相師は、神通力を持っておるとのことでございます。ゆめゆめ、あれの予言をお疑いなさってはなりませぬ。

吉童に関しても、なまはんなことを申し上げたのではございますまい。殿様は吉童をどのように、ご処置なさる御意でございましょうか？ 禍根はあらかじめ早手回しにけりをおつけなさる方が、よくはございませんでしょうか、お家の大事ですから…」

と、ことばも巧みにさそいかけたが、悪魔のささやきは却って判書の機嫌を損ねた。

洪判書は不快そうに顔をしかめて舌鋒鋭く言い放った。

「お前などの意見で口出しとは笑止であるぞ。わしが直きじきに解決しようとしているのじゃ。とやかくいうて、わしの心を乱してくれるな」

初蘭の背徳を、このように切り返した洪判書ではあったが、憂いは胸底深く巣くっていた。

昼の悩みは想を奪い、夜の憂えは眠りを奪い去った。思い悩みつかれた果てには、ついにどっと病床に伏すようになった。

百薬の限りを尽くした夫人と、長男仁衡の看病もその効なく、病はますます重くなる一方であった。

まさにわらをもつかみたい溺れる者の立場にあった夫人と、長男をそそのかすべく、初蘭の謀のささやきは、またもやその口を寄せにきた。

「殿様のお患いが、薬石の効なく、重くなられる一方でありますのは、実に吉童がいるからです。妾の浅はかな考えかは存じませんが、この機会に吉童をなきものにすることこそ、お殿様のおわずらいはもちろん、ひいては御一門安泰のためでもございますれば、なんで一時の人情に引かれ、小をもって大にかえましょう」

初蘭の話を恐ろしそうに聞いていた夫人は、語気も荒く叱りつけた。

「なんという恐ろしいことを言うのです、そなたは。人の命は尊いものだぞえ、どうしてそのようなことを…」

「お情け深い仰せ、ごもっともでございますが、背に腹はかえられませぬ。まして殿様お悩みの大源があの因果な小わっぱにあるのです。お家大事と思いますれば、こんな殺生なことも申しあげるのでございます。なんで他の下心がありましょう」

と初蘭は目にうっすらと涙さえ浮かべて、声もしおらしく柳氏夫人を説くのであった。お家大事と二度ほどまでも念を押されては、柳氏夫人も迷わざるを得なかった。吉童の神童ぶりが、日ごろから一家の者には、薄気味悪く、映っていたことにもよるのであろう。海千山千の古狐が、夫人の心のかすかな動揺さえも見逃すはずがなく、すかさず言いまくった。

「世に、生は寄なり、死は帰なりと、よくいわれますがお家安泰のために死んでもらえば、吉童も死後きっとじょうぶつするでありましょうし、小わっぱには、この世の苦しみよりは、却って幸せでありましょう。

要しまするに、人目に触れぬように、暗闇から暗闇に葬りさえすれば、四方八方、一切が円くおさまるのですから、そのてだてさえ確かでしたら、何んの心配がいりましょう」

善悪、白黒など全く眼中にない強引な言いすじであったが、不思議な魔力がひそんでいたのか、世間知らずの柳氏夫人の心を激しくゆすぶりだした。

「もう、ここまできたら、大丈夫」

と、心の奥底ではほくそえんでいたが、おくびにも出さず、土下座さえ、つきかねない思いつめたような、しおらしい顔色で夫人に迫った。

「奥方様、この初蘭の実情をおくみくださるのでしょうか？わたしも女です。なんで人をあやめることなど口にしましょう。ただただ、お家安泰を思ってのことであります。

やはり、出が卑しいなですから、考えさえもあさはかに止るのはいたしかたございません。

どうぞ、この事はお聞きしなかったことにしてくださいませ。妾はなんという、大それたことを申しあげたのでしょう」

と、せきこみながら、その場に泣き伏した。

「これこれ。まだ、わらわは、なんとも言っておりません。どうしたら良いのか、もっと話しておくれ」

この一言で、初蘭はしゃっきりとからだを起こして、恐ろしいことを平然と口にした。

（つづく）

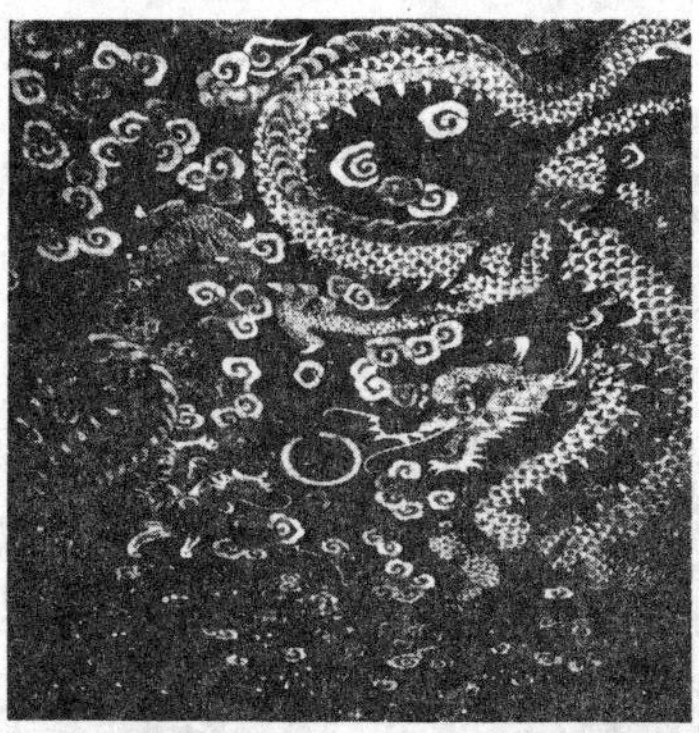

韓國新聞
在日大韓民国居留民団
中央本部機関紙
韓国新聞社
発行人　李禧元
東京都文京区春日町
2丁目20－13
電話 (815)1451～3
(813)2261～3
振替口座 東京 163774

民団綱領
一、われわれは大韓民国の国是を遵守する
一、われわれは在留同胞の権益擁護を期する
一、われわれは在留同胞の民生安定を期する
一、われわれは在留同胞の文化向上を期する
一、われわれは世界平和と国際親善を期する

朴正熙大統領
学生デモに特別命令下す

大学の秩序確立のため
九項目を指示
一部不純学生索出　追放を決定

―朴正熙大統領―

朴正熙大統領は、去る十五日、大統領官邸に金鶴烈経済企画院長官、劉載興国防長官、申稙秀法務長官、閔寛植文教長官、金玄玉内務長官、尹胄栄文公長官の六閣僚を呼び、去る九月の新学期初めから、ソウル市内の各大学の一部学生がくりひろげている一連のデモに対し、ただちにデモ主謀学生の取締りを指示した。

この日、朴大統領が発表した「特別命令」は
❶警察は大学の構内に入って、デモ主謀学生をさがし出せ。
❷軍は文教部と内務部の要請に協力せよ。

朴大統領特別命令

一、学園の秩序を破壊するすべての主謀学生を学園から追放せよ。
二、今後、学生たちのいかなる不法なデモ、籠城、試験拒否及び受講妨害などの乱動行為は一切容認できない。このような行動を主動した学生は、全員学籍から除籍せよ。
三、除籍された者に対しては、即日から学生としてのあらゆる身分上の特権を認めない。
四、学術目的を除いた各大学内のあらゆるサークルは、ただちに解散させるようにし、学術サークルも、主任教授がその指導と結果に対しては責任を負うようにせよ。
五、大学で正当に認可した以外のいかなる新聞、雑誌、その他の刊行物も、その発刊を禁止する。
六、学園の自由、自治、自治はそれを享受する前に、応分の責任を強調すべきである。
七、軍は必要なときには、手続にしたがって文教部、内務部及び地方長官の要請に協力せよ。
八、軍事教練を中断させるワケにはいかない。教官団は衿持と使命感をもって、充実な教練講義にのぞむようにせよ。
九、各学校の学則を一層厳格に補強させ、学校自体の秩序確立と教権確立を期せよ。

ソウル一円に衛じゅ令
梁ソウル市長が要請
軍隊が大学秩序確立に乗出す

ニクソン訪中で
韓国問題語らず

第2回 韓日実務者会議ひらく

地位向上と待遇改善
日側"好意もって努力"

家族同居の許可を迅速に

復員者にも永住権申請

国民年金制度の適用を

要人暗殺ねらう
北傀間諜10人検挙　学園浸透も工作

「日取り」めぐって対立
第4回 南北赤十字予備会談

舌戦四時間・同じ発言50回
初めて試錬へ
第4回予備会談

場内で南北赤十字会談がさかんな頃、場外では、世界の記者たちが、人がきをつくっていた。

南北赤十字対話、過激派に打撃

第九代駐韓米大使赴任

召集公告

第十九回定期中央委員会を次の通り召集する。

記

一、日　時　一九七一年十月二十三日（土）午前十時
一、場　所　大阪興銀本店
大阪市天王寺区筆ケ崎町一七
（電話七七二－一三八一）
一、会議事項
（1）報告受理
（2）議案審議
（3）其　他

一九七一年九月
在日本大韓民国居留民団中央本部
議長　張聡明

1972年度 在日韓国人(国費)母国留学生 募集要綱

一九七二学年度 高等学校課程 国費母国留学生을 다음과 같이 募集한다.

一、募集対象
母国의 高等学校課程에서 国費로 修学하고자 願하는 在日本大韓民国 国民

二、志願資格
가、日本外国人登録法에 依하여 登録을 필한 大韓民国 国民으로서 永住権을 取得또는 申請한 者
나、大韓民国教育法上 高等学校 入学資格이 있는 者
다、日本에서 中学校三学年에 在学中인 者로서 一九七一学年度 卒業予定者（但 男子에 限함）
라、旅券및 再入国手続이 可能한 者로서 学業이 優秀하고 勤勉 誠実한 者

三、提出書類
가、志願書 및 家庭環境調書（所定様式）……一通
나、小学校卒業証明書 및 中学校卒業（予定）証明書……一通
다、中学校成績証明書……一通
라、国民登録証 및 推薦書……各一通
마、外国人登録済証……一通
바、写真（最近六個月以内撮影한것 명함판・志願書에 添付）……三枚

四、志願書類提出
가、期　間　一九七一年十月一日부터 一九七一年十一月八日까지
나、提出処　(1) 駐日本大韓民国大使館 奨学官室
(2) 民団中央本部 文教局 또는 各民団県本部
(3) 各韓国教育文化센터

五、銓衡実施
가、日時　一九七一年十一月十四日(日)午前九時試験場所集合
나、場所　(1) 東北地区　札幌韓国教育文化센터
（札幌市南九条西四丁目 電話〇一一（五一二）九〇〇〇）
仙台韓国教育文化센터
（仙台市本町一－五－三四 電話〇二二二（二二）〇〇〇〇）
東京韓国学校
（東京都新宿区若松町二一 電話〇三（三五七）二二三三）
(2) 中部地区　大阪韓国学校
（大阪市西成区梅南通九－五 電話〇六（六六二）一六九八）
(3) 西部地区　福岡韓国教育文化센터
（福岡市博多駅前一－一八－一七 電話〇九二（四一）四九八五）
다、銓衡科目　国語・英語・数学・面接

六、其他事項
가、教育計画
合格者에 対하여는 서울大学校在外国民教育研究所에서 一年間의 予備教育을 履修케한 다음 高等学校課程은 一九七二学年度부터 文教部가 指定하는 高等学校에 入学시킴
나、宿食計劃
合格者全員을 文教部가 指定하는 寄宿舎에 入舎시키며 舎監을 配置 特別指導함
다、国庫負担計劃
学資金 및 宿食費 全額을 負担함
其他事項은 駐日韓国大使館 奨学官室・民団中央本部文教局・各教育文化센터에 問議할것

一九七一年九月二十五日

駐日本国 大韓民国大使館 奨学官室
郵便番号一〇六 東京都港区南麻布一丁目二番五号

外資導入条件たんたん不利に

長期借款（40年償還）が中期に

投資は株式比率ふえる

最近の外資導入実績を基準にしてみると、公共借款は六六―七〇年までの六億七七〇〇万㌦中六5割件上が、四〇年償還に年利2・5％の長期低利借款であるのに、今年になって九月までの三億六六〇〇万㌦は71％が一五―二四年償還に年利3・5―8％の中期借款

因が金融機関からの借入困難、原価上昇、為替レート引上げおよびこれに伴う外資償還負担の増加、かけ売り金の増加などによるもので大部分の企業はこのような状態が下半期にも継続されるだろうと予測している。

全経連が全国六百余りの主要企業体を対象として調査・発表した企業金融実体調査報告によると、調査対象企業体の56％が資金調達情の悪化をきたしており、そのうちの22％が金融機関借入れ困難、12％が原価上昇、11％が為替レート引上げおよび外資償還の増加、10％がかけ売り金の増加、と分析された。また賃借債務、連帯金増加、私債務の枯渇なども9％ない

韓米繊維

政府、協定に仮調印

向う5年間・毛一％など

韓国の為替率再引上げを要求か

IMF調査団11月来韓

65％が資金難

ドル・ショックで対米輸出激減

本国論調

権力と学生間の準則

あるのが今の急務

展開方式が問題だ

新情勢の中での韓米協調

ハビブ大使着任を歓迎して

政治化の"御馳走"忘れろ

予備会談でみせた北の態度

人物登場

国民に語り、具体的に報い　決して失敗は許されない

新内務長官に就任の金玄玉氏

金玄玉新内務長官

経済事情

韓銀の利益金　連続して増加

ソウル地法が韓進商事に敗訴判決

ベトナム派遣労務者に支払命令

契約書の合計額を通常賃金とみなす

労務者側　場所と賃金で契約　違反主張

ロ在朝領事課長が転任

民団 在任中の功績に感謝状

韓国を親善訪問

自民党都連青年部一行

「韓国人教育委」が発足

大阪 会長に尹徳夏法博

第10回中央執行委開く

全団結束と組織化を呼訴

第19回中央委報告案件を検討

民団中央執行委員会は、10月23日大阪で開かれる第19回民団中央委員会をまえに、10月15日、午後3時から東京ホテル・ダイエーで第10回中央執行委員会を開き、中央委員会に報告する執行部の案件を検討、特に、全団の結束と組織の強化を全中央委員に捧抜の情勢を説明していくことを確認した。

この日の中央執行委員会では、特に執行部の報告案件について真しな検討が加えられ、反省すべきところは反省し、評価すべきところは積極的に評価しな……

ホテル・ダイエーでの中央執行委（中央が李団長）

五項目のスローガン掲げる

中央〝赤十字会談〟の声援指示

スローガン

一、われわれは大韓赤十字社が提議した南北間の「家族さがし運動」を支持・歓迎する！

二、北韓は人道的「家さがし運動」に政治を介入させるな！

三、朝総連は同族間の不信造成を策動するな！

四、北傀はスパイ侵透と武力革命工作を即時中止せよ！

五、全体在日同胞は「家族さがし運動」の成功のために積極声援しよう！

「徴兵措置」取消せ」と学生会

またも大物スパイ！

朴璟華、スパイ活動を自白

北韓から密入国 妻をエサに亡命工作

在日同胞留学生 徐らに死刑求刑

大阪で韓国学校体育祭

11月3日「学生の日」記念に

玉の海は韓国人

本名は鄭小雄で 日本籍に養子入

華燭

〈今日の韓国を考えるセミナー〉

—統一へ歩みはじめた韓国の問題点—

国際情勢の激動する現代、南北赤十字会談の成り行きが注目されています。韓半島が分断され、対立しつづけた中での統一の苦悩の歩みを続けた韓国。その経済、言論、社会の現状を問いながら統一への展望を志向する

☆10月28日（木）「解放から南北赤十字会談までのいばらの道」 三藤

☆11月4日（木）「南北赤十字会談と今後の展望」 〃

☆11月11日（木）「韓国経済の現状と課題」 小牧 輝夫

☆11月18日（木）「今日の韓国言論と社会」 岡井 輝雄（朝日新聞前ソウル特派員） 江口 浩（共同通信前ソウル特派員）

☆所 在日本韓国YMCA 東京都千代田区猿楽町2—5—5

☆交通 国電 お茶の水駅下車 徒歩5分 アテネフランセ下 / 水道橋下車 徒歩3分 神田女学園裏

☆会費 全回1000円（1回250円）

☆申し込 在日本韓国YMCA ℡ 291—1511

1972年度 在日韓国人 自費 母国留学生 募集要綱

일、1972年度 在日韓国人母国留学生을 다음과 같이 募集한다

……

一九七一年十月二十五日

駐日本 大韓民国大使館 奨学官室

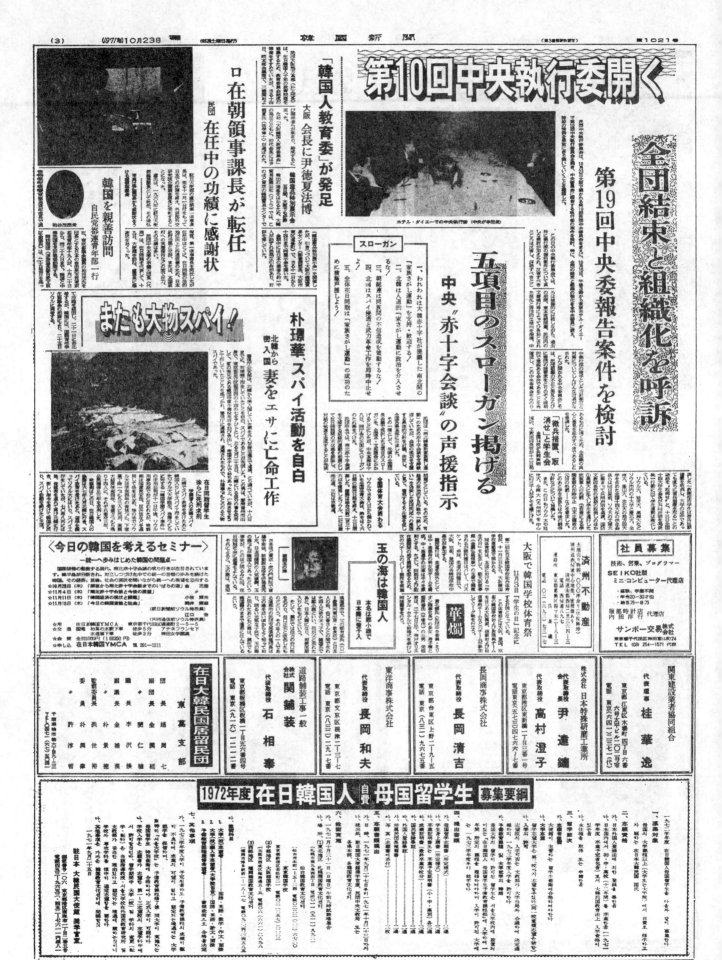

古典と現代の集大成

李剛著「韓国」の中から〈2〉
韓国旅行必見のガイド・ブック

初雪のソウルの瓦屋根

鮑石亭（盃を浮かべた溝跡）

景福宮のパゴダと議会棟

水原「華虹門」にて

農楽（豊作を祝って踊る郷土芸能）

仏国寺本尊・阿弥陀三尊像

慶州博物館庭内に点在する石仏群

チマ・チョゴリの民族衣装

洪吉童傳（四）

許筠著

洪相圭 訳・編

「はい、聞くところによりますと、特才という者があるそうでございますが、この男は人の生命を縮めることなど、朝飯前なのだそうであります。ことは密なるを要しますゆえに、まずこの男を山吹色で、目をくらまさせることです。つぎには、ただ、ある夜を選んで闇に葬りさえしましたら、首尾は上々かと存じます。殿様も、こうなることを暗にお望みでありましょう」

と、まことしやかに述べたてるその目には、妖しい光が宿り、その声さえも、低いが陰にこもっていた。額に深くしわを作りまぶたを閉じていた、柳氏夫人はしばらくの間、考えにふけっているようであったが、それも束の間すぐ目をあけた。恐怖と、惑いと、疑いの入り混じった目の色であった。

「どんなわけにしろ、人をあやめることは、人の道ではありません。まして、吉童はまだ子供だのにのう。

だが、今にして手を打っておく方が、お国のためであり、殿様、ひいてはご一家のおんためとあれば、これもまた、いたしかたありません。天にお許しを乞いますよう。

そなたの胸三寸で、よしなに計らえ」

こうして、幼いひとりの生命を葬るべく、恐ろしいからくりがくりひろげられてゆくのだが、どうやら、正室夫人の黙認を得た初蘭は、天下を自分の掌中に握ったような、意気込みであった。まず、特才を呼んだ。

「これ、特才とやら、天下晴れて、とはいかぬが、しかし、確かなご内諾はおありだぞえ。心配はいらぬ。

決して、仕損じてはいけませんぞ。もしも、どじを踏んだ場合には、成敗を免れぬと思えや」

と、女だてらに、鋭い文句の一釘を打つのも忘れぬ女悪党であった。

「はい、討ち損ずることなど、手前の眼中にありません。小才がきくといったところで、小童に過ぎませんや。

この腕前を、それほどおみそれなさいましては、特才泣く、うだつがあがりませぬ」

「いいえ、そちを見込んでこその頼みではないか。しかし、猿も木から落ちることがあるから、用心に用心を重ねることにしくはない。成就すれば、ほうびは望み次第であるぞえ。どうです、明日と言わずに今晩にでも、さっそくかたづけては」

「ようわかりやした。他でもない、おへや様の仰せですから、さっそく、手を着けるといたしやす。しかし、何んぼあっしでも生命をやたらに、棒にふるわけではありません。お間違えはないとは思いやすが、あとでぞっくりと、山吹色を拝ませていただきやす」

「くどいぞえ。特才、それは念には及ばぬ」

こうして、吉童暗殺を買って出た特才は、それこそ、てぐすねひいて、夜になるのを待っていた。

二、天誅を加える

一方、神ならぬ吉童は、自分の身にふりかかりつつある、おそろしい災難など、知るはずがなく、きょうもまた、あたりの雰囲気の冷たさに、小さい胸を、痛めていた。ほんとうに怒りたくなる、ばかげた世のしきたりであった。吉童は寂しくなって、いつものように自問自答してみた。

「いったいお前はだれなのだ？」

と、こっちの吉童が尋ねたら、

「わしか、わしはれっきとした洪判書のむすこ、吉童であるぞ。」

と、あっちの吉童は答えた。

「ああ、お前のおやじなのか？ 洪判書が。それでは父上と呼んでいるわけだな。」

「いや、そういうわけにはいかない。」

「なんだと？ そんなつじつまの合わない話があるかね」

「さあ、あるからあるのだろう。わしもわからぬ。」

何千回くりかえしたひとりごとであったろう。が、その答えは、いつも解きようのない迷路の中にまよい込んでしまった。

果ては家を出奔することも頭に浮かんできた。

「家中の者から、こんなにないがしろにされるぐらいなら、家などない方がずっと気楽でいいだろうな。」

が、そう想うすぐあとに、やさしい母の顔が浮かんでは、それを打ち消していた。母の存在こそが吉童生存の全ての理由であった。

こういう、とりとめのない空想に耽っているうちに、いつの間にか黄昏がせまり、外の世界は徐々に、視力を失ってゆきつつあった。

吉童は今晩もまた、灯を明るくともして、読書にいそしんでいた易経であった。この本ほど吉童の興味を惹きつけた本は、またとなかったろう。それだけに、吉童は易経とは首引きであった。吉童のからだも、心も字に吸い込まれた静かな夜に、ただ油を吸いあげる灯の芯だけが、つつましく小声を出しているのが、なお、いっそうあたりを寂しくした。（つづく）

韓國新聞
在日大韓民国居留民団中央本部機関紙
韓國新聞社
発行人　李禧元
東京都文京区春日町2丁目20－13
電話（813）1451～3
（814）2261～3
振替口座　東京　163774

民団綱領
一、われわれは大韓民国の国是を遵守する
一、われわれは在留同胞の権益擁護を期する
一、われわれは在留同胞の民生安定を期する
一、われわれは在留同胞の文化向上を期する
一、われわれは世界平和と国際親善を期する

李禧元団長が辞表提出

混乱の責任感じ

東本問題　現状打開のため

李禧元中央団長は八日、混乱状態が続いている現状を打開するため辞任の意をかため、張聡明議長に辞表を提出した。

中央本部は、組織整備の一環として、規約違反、指示不履行などの理由からさる七月五日付、東京地方本部を中央の直轄下に置き、組織正常化のためあらゆる方面から試みていたが、正常化とは反対に、混乱が巻き起ったため、李団長はその責任を一身に受けたかたちとなった。李団長は辞表を提出するとともに、一カ月以内に、流会になった中央委員会の再開と臨時大会の召集を議長に要請した。

それに基づいて議長団では、執行、監察の三機関とも協議したうえ、十二月六日に中央委員会、七日に臨時大会をそれぞれ開くことを決定した。

12月7日に臨時大会開く

辞表提出した李禧元団長

臨時大会・中央委召集にあたり

張聡明議長が談話

張聡明議長は、十一月十二日、第十九回中央委員会の流会と、臨時大会召集にあたり、次のような談話を発表した。

張聡明議長

李団長、中央委流会で声明

臨時大会開催も要請

中央委開催阻止は害団行為

流血騒ぎ防ぐため流会に合意

つめよる青年・学生たちにかこまれて、マイクで流会を宣言する張聡明議長（中央）と李寿成監察委員長

召集公告

第十九回定期中央委員会
第三十五回臨時中央大会
を次の通り召集する。

記

一、日時　一九七一年十二月六日午前十時（中央委員会）
　　〃　　十二月七日午前十時（大会）
一、場所　江戸川区公会堂
　　東京都江戸川区中央一－一四
　　電話（六五二）一〇六五三・一一五一
　　（交通・総武線新小岩駅南口下車バス浦安行乗車四ツ目停留所下車）
一、議題　報告受理、任員改選、その他

一九七一年十一月

在日本大韓民国居留民団中央本部
議長　張聡明

板門店の南北赤十字会談を見て

東京・KPI通信　金允中社長の現地ルポ

談合いの場となった板門店

「先生方」にはいささか驚く

三千五百万対千五百万の対話

双方の協調と努力を期待

（一部省略）

東本の直轄解除を通告

10日には事務引き継ぎも完了

事務引継ぎを完了して今後の協力方針を話し合う尹達鏞中央副団長（右）と鄭東淳東本副団長、李聖南中央事務局長（十日中央本部で）

未解決問題なお残る

声明書

一九七一年十一月九日
在日本大韓民国居留民団中央本部
団長　李禧元

金外務、ペルー大統領と会談

国会海外監査班日本等四地域へ

朴大統領、駐越国軍撤収で談話

人事発令

一九七一年十一月四日

反共思想高揚に成果

北韓の現状と本国発展相などの巡回

啓蒙宣伝、講演と映画

在日同胞の反共思想昂揚と祖国発展相を知らせるための宣伝啓蒙団が来日し、日本全国の各地を巡回しながら、映画と講演を実施している。

啓蒙講師団一行は、イキヒョン(外務部書記官)、アドンシク(中央情報部職員)、キムヨング(合同参謀本部職員)、キムヨンジン(政経研究所所長)の各氏でさる十月二十六日来日した。

講演主題は「北韓の現状と南侵準備状況」「本国発展相のあれこれ」で、映画は、韓国の歌と踊り韓国への招待、南北赤十字予備会談、三姉妹など。

一行の巡回地は、札幌(10・27)仙台(10・29)、横浜(11・2)、名古屋(11・4)、大阪(11・7)、京都(11・8)神戸(11・9)、福岡(11・11~12)下関(11・13)、東京(11・15)で、十一月二十日帰国予定。

同啓蒙団の巡回講演は、日程に従って順調に実施されているが、各地では反響が高く、朝総連の虚偽宣伝を破り、反共精神を高めるのに非常に有益であると、好評である。なお関東地区では横浜につづいて十五日正午から東京港区の「日消ホール」で行なわれる。

南北赤十字会談を予見

鄭慶朝博士の「第三共和国」

ニューヨーク マクミリアン社で出版

世界最大の規模をもつ出版社である米国のニューヨーク・マクミリアン社から、鄭慶朝博士の著書「第三共和国」が、まもなく出版されるはこびとなった。

韓国人としては、この出版社からはじめての鄭博士は、第一作の「明日の韓国」(英文—一九五七年)、第二部「新らしい韓国」(英文—一九六二年)とともに、こんどの「第三共和国」が出版されるものである。

ハーバード大学のライシャワー教授は、この著作は、韓国を知るために欠かせない必読書であると激賞、推せんしており、その内容は、韓国の独立から今日まで経てきたあらゆる変動を鋭利に分析、第三共和国の立法、行政府、司法部、立法府を客観的に解剖しつつ国防、外交、政党発展も、あわせて検討している。

特に、韓国の民主主義発展のために、指導者と一般大衆むきにもいろいろと国内問題をときあかしており、世界各国民には、分断された南北の統一が、一日も早く成就できるよう呼びかけ、強大国の協力を要請している。

今年一月一日のニューヨーク・タイムスに、「平和的韓国統一」と題する鄭博士の記事が出たが、南北統一のためには、まず南北交流を先にしなければならないと主張しており、今日このごろにおける南北赤十字会談の先駆になったと、その予見が高く評価されている。

なお二十余年間、米国に滞在しながら、各分野において、ひたすら韓国を紹介しつづけてきた鄭博士は、米国防大学でも教鞭をとってきており、その功績が大きい。

THREE TIMELY BOOKS ON KOREA
BY DR. KYUNG CHO CHUNG
Critics Highly Praise
KOREA: THE THIRD REPUBLIC

In the years since the author wrote his two critically acclaimed books KOREA TOMORROW and NEW KOREA, readers from all over the world have written to him, asking such questions as: What happened in Korea after the students' uprising and the military coup? What has the Third Republic of Korea accomplished? When will Korea be united? This new volume offers a complete study of the Third Republic government and its political development and presents the critical problem of Korean reunification that confronts the major powers and the United Nations, as well as the two Koreas.

Photographs, Map 5½" x 8¼", 288 Pages $6.95

CONTENTS
1. Korea Government Origins
2. The Third Republic
3. The President
4. The National Assembly
5. The Judiciary
6. The National Defense
7. Foreign Relations
8. Political Parties
9. Democracy in Korea
10. Korean Unification

鄭慶朝博士著

NEW KOREA: New Land of Morning Calm. 274 pp. Photographs, Map. $6.00

Contents
Introduction
Old Korea
Modern Korea
The Korea of Syngman Rhee
The Korea of the Students
The Korea of Huh Chung
The Korea of John M. Chang
The Korea of the ROK Army
New Korea
Conclusion

"presents a study of Korea's problems." —New York Times
"best single account to appear in English." —Post Dispatch, St. Louis
"a valuable book." —Library Journal

KOREA TOMORROW: Land of Morning Calm. 384 pp. Photographs, Maps. $6.95

Contents
Introduction
Natural and Historical Aspects
Social and Cultural Aspects
Economic Aspects
Political Aspects
A Divided Korea
The Korean War
Conclusion

"very useful book" —New York Times Book Review
"well written" —Library Journal
"a balanced and dependable picture." —Saturday Review

The most complete, up-to-the-moment study of Korea available, the candid account represents a unified and scholarly examination of the REAL Korea, as seen through the perceptive eyes of a celebrated author, KYUNG CHO CHUNG — an enlightening commentary of the vital contemporary problems facing this divided country presented in a highly readable, unbiased form.

KOREA TOMORROW is in its fourth printing and was published in Japan as one of the best books in their overseas series, and important books have been translated into Korean, and very highly praised by many critics throughout the world.

The Macmillan Company, New York
866 THIRD AVENUE NEW YORK 10022, U.S.A.
10 SOUTH AUDLEY STREET LONDON W. 1, ENGLAND

小粒だが内容充実

康清子氏「韓国女性」発行

在日大韓婦人会中央本部・前会長の康清子女史が主宰する韓国文化社から雑誌「韓国女性」(日文・B5判・二〇〇頁)復刊準備号がこのほど発行された。

同誌は、一年前に創刊されたもので今回の復刊準備号は「新らしき時代の夜明け」「都市主婦生活に関する実態調査」「七一年度女性運動方向」「在日同胞女性の資質向上」などのほか、特別寄稿として、韓国女性団体紹介…

尋ね人

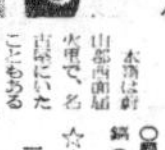

☆金偉鍵さん(63・松原)

四十三年前に渡日、東京滋賀中学に学んだ。日本女性と結婚、中島飛行機に採用されたこともある。

〇ソウル市中区忠武路五街二〇一二五、電話(52)二三二一、アカデミー文化社、全起興まで

北海の原野に散った同胞の霊魂よ安かれ

[角田氏らの美挙で慰霊碑建立]

第二次世界大戦の終りごろ、北海道宗谷管内浜頓別町郊外、浅茅野原野に日本陸軍飛行場建設が急がれていたが、当時この工事に狩り立てられたわが同胞青年達のうち百二十一名の生命が無惨にも、この荒野の原野で散ってから二十六年たった。

この韓国人労務者の霊魂を供養するため「韓国人殉難者慰霊碑」の発立が、数カ月前から角田観山師を始めとする旭元日本人有志と民団側の協力によって、角田氏…

完成をみた慰霊碑は、浜頓別町みどりケ丘の本化仏教大北山寺境内の約二百六十余平方好の敷地に北海石で建立された立派なもので、あたりのふんいきを、いやが上にも壮厳にさせている。

上除幕を前に献花で飾られた慰霊碑 下は美挙の主人公・角田観山氏

東京商銀本店完成披露

東京商銀(許弼奭理事長)では、かねて東京都新宿区西大久保一—四四九に新本店ビルを建設中であったが、このほど竣工、さる八日午後一時から竣工記念式典が行なわれた。

披露パーティには、姜永奎公使が大使代理として出席したほか、金載華、権逸民団会議員、朴漢植韓信協会長ら韓日各界から関係者千余人が参席、新本店ビルの竣工を祝った。

東京商銀の新本店ビルは昨年十二月着工、地上七階、地下一階、延べ建坪面積四千二百四十平方好で、地下一階は貸金庫約三百、一階駐車場、二〜四階本店事務所、五階韓信協ならびに在日韓国人商工会連合会事務所、六階病院、七階会議室という店内配置。

来月三月期決算期までに百八十億円預金目標を達成するため積極的な努力が続けられている。

完成披露した商銀全景㊤と、朝から両組合員および全国各機関から祝い預金客が訪れ多額を預金した㊦

渡り鳥が南北親子の消息を橋わたし

渡り鳥を通じ南北に生き別れの父と子の消息交換で話題となった元炳旿博士(四三、慶熙大教授)は、八年前渡り鳥を飛ばしたことから北韓にいる父親の鳥類学者元洪九博士(八三)の消息をつかみ昨年なくなったことも知ったという。この話題は去る三日の南北赤十字会談の昼食会で北側金泰熙代表が渡り鳥を通じ手紙をやり取りしたような発言をしたことから元博士は事実と違うと否定し、父の消息は日本を通じ一回しかなかったとこれまでのいきさつを説明した。

元博士が南下したのは六・二五動乱一・四後退の時で、また北韓には母親と元淑史(七九)がおり生死は不明。家族さがし運動の南北会談を心から祈っている一人である。元博士は渡り鳥の移動経路を調べるため、六三年コムクドリ…

十月六日元博士のもとに山階研究所から国際鳥類がまい込み父の元氏の死亡を知った。手紙には「父君の死亡に哀悼を表する」というもので一週間あとにとどいた山階所長の手紙には「報道によれば高令で数年間病後の あとなくなった」という内容のものだった。

元博士は父の消息を知ったのは日本を通じてのこの二回だけだったというのである。元博士はツバメ等の生態をつけて飛ばしビルマ、マレー州、日本等…

成績劣等、出席不良学生除名

崔唐渉氏「文化発掘シリーズ」第三作

「三・一八宣言と三・一万歳」完成試写

在日韓国人として祖先が日本に伝承した文化遺産を訪ように探求し、その足跡をフィルムにおさめ、後代に残すことを、ライフワークとしているKPニュース映画代表崔唐渉氏の「文化発掘シリーズ」第三作「二・八宣言と三・一万才」が完成、十月二十九日、午後五時から、東京シネセンターで試写会が行なわれ、好評を博した。パート・カラー35ミリ、三巻、映写時間は二十八分。

崔氏は第一作の「高麗村」で、…

「2・8宣言」をした主役たち(映画の中から)

英語劇「春香伝」など

東京韓国学校文化祭

金剛学園音楽発表会

三多摩同胞運動会

婦人会主催

新韓学術研究会のシンポジウム

済州不動産

〈韓国の現状を考えるセミナー〉

—統一へ歩みはじめた韓国の問題点—

国際情勢の激動する現代、南北赤十字会談の成り行きが注目されています。韓半島が分断され、対立しつづけた中での統一の苦悩の歩みを続けた韓国。その経済、言論、社会の現状を問いながら統一への展望を志向する

☆10月28日(木)「解放から南北赤十字会談までのいばらの道」金 三奎
☆11月4日(木)「南北赤十字会談と今後の展望」
☆11月11日(木)「韓国経済の現状と課題」 小牧 輝夫
☆11月18日(木)「今日の韓国言論と社会」 岡井 輝雄
(朝日新聞前ソウル特派員)
江口 浩
(共同通信前ソウル特派員)

☆所 在日本韓国YMCA 東京都千代田区猿楽町2—5—5
☆交通 国電 お茶の水駅下車 徒歩5分 アテネフランセ下
水道橋下車 徒歩3分 神田女学園裏
☆会費 全回1000円(1回250円)
☆申し込 在日本韓国YMCA ℡ 291—1511

韓國新聞

在日大韓民国居留民団
中央本部機関紙
韓国新聞社
発行人　李禧元
東京都文京区春日町
二丁目20－13
電話（813）1451～3
（813）2261～3
振替口座　東京　163774

民団綱領

一、われわれは大韓民国の国是を遵守する
一、われわれは在留同胞の権益擁護を期する
一、われわれは在留同胞の民生安定を期する
一、われわれは在留同胞の文化向上を期する
一、われわれは世界平和と国際親善を期する

五輪招請事業推進で

中央委、臨時大会を延期

開催は来年三月中旬

張聡明議長が全国に通達

中央委、臨時大会の延期理由を説明する張議長（右）と

中央常任委員が辞任

26日、尹団長代行に提出

北韓の"戦争準備完了"に対処

東本に臨時大会促す

金宰淑組織局長が指示

家族の範囲に融通性を

第八回予備会談がひらかれた11日、スウェーデンの社会形態（○印）が板門店に現われ注目をひいた

大韓赤十字社、突破口を提供

第9回南北赤十字予備会談

奢侈性財産に重税課す

地方税法中改正法案作成

▲18日の与・野総務会談では、国監延長をめぐり意見が対立した

国会、21日間にわたり国政監査を実施

焦点は安保・国防問題

借款企業の不実化にも質問集中

訪韓の共産国民に入国門戸開放

査証発給規定を大幅に改正

韓日協定永住権者の出生子女に対する永住権申請手続に関するお知らせ

記

（一）出生申告日より十四日以内。
（二）外国人登録手続は出生日より三十日以内に管轄の市、町、村、区役所に申請する事
（三）在留資格取得は出生日より三十日以内に管轄の出入国管理事務所に手続する事
（四）協定永住権者の子女として一九七一・一・一七日以後に出生した子女は、出生日より六十日以内に必ず永住権許可申請をしなければなりません。万一六十日以内に永住権申請をしなかった場合は永住権申請資格を喪失する事になりますので特に注意して下さい。

中央本部民生局

戸籍を整備しましょう

◎戸籍とはなんであるか？

◎申告義務と申告方法

◎日常生活と戸籍との関係

◎戸籍の未整備による不便

◎何を整備すべきか？

(1)戸籍が全然ない方（現在まで戸籍が無い方）
(2)出生、死亡、婚姻、その他の申告をしなかった方
(3)本籍地に戸籍はあるが出生場所又は出生年月日が実際と相違している方
(4)その他

◎戸籍相談と手続きについて

駐日大韓民国大使館
在日本大韓民国居留民団　協賛

韓国戸籍法律学会日本国支部
在日韓国人戸籍問題研究所
所長　俞　鎮　容
（事務所　東京都新宿区西新宿一丁目一九一一四山田ビル5階）
TEL（○三）（三八）九八七四一五

混迷続く自動車国産化計画

72年までに100%はムリ

基本戦略と接近方法 確定が先決問題

経済事情

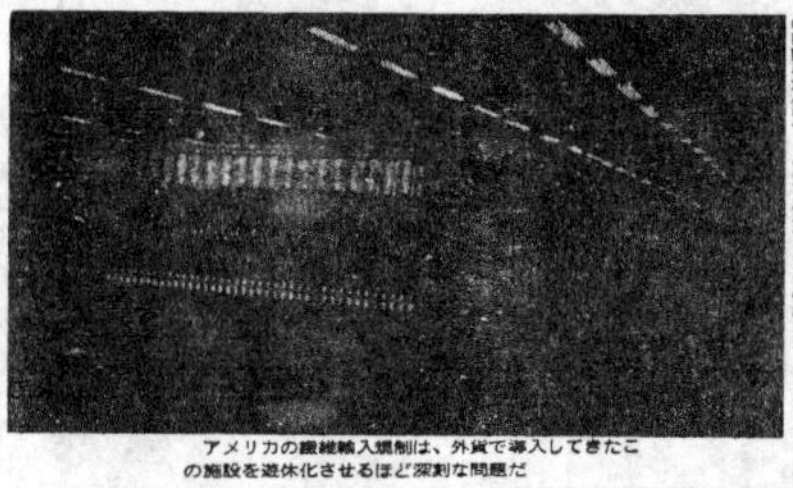

アメリカの繊維輸入規制は、外資で導入してきたこの施設を遊休化させるほど深刻な問題だ

ゆるい政策方向

これまでの自動車工業政策は一元化と多元化、専門化と総合化の間をゆれにゆらいで基本戦略が立てられないようだ。果してどの位の自動車が必要で、どの車種をつくり、どの位の外国資本を参加させるかも決っていないらしい。漠然と自動車工業を輸出戦略化し、国産化を促進させるという教科書的目標はあるが、アプローチの方法で混乱を重ねている。

また自動車工業育成に対する愛着も情熱も足りないようだ。自動車国産化と間接な関連のある高級官吏も、国産車でない外車を同時に愛用した。その理由を質すと、「高速道路を走るには何たって安全性を考えて……」という。かれらも最近国産車に変えたが、これも国産車の性能に対する信頼と愛着からでなく、さらに上からの指示のためである。国産車に信頼をおけないのに、どうして自動車工業が育成、発展し輸出までできると期待できようか。

さらに自動車工業を下向式だけで開発をさせようとする、性急な思考方式にも問題がある。自動車工業は、あらゆる機械金属工業の素養と長い間の技術蓄積の上でのみ可能である。ところがこれまでの経過をみると急ぐあまり組立工場から始めた。一時「シバル」、「セナラ」などで国産化の第一歩をふみ出したかと思ったら、再び完成品導入による組立に後退した。

組立と部品工場

もし「シバル」や三輪車で自動車工業をスタートさせたらどうなったであろうか。おそらく今の、「コロナ」や「コルチナ」のようにリュッと豪華でないかも知れないが、国産化率ははるかに進んでいたであろうというのが一般の観測である。

自動車国産化推進のためには、量産体制による原価節減は不可欠である。ところが今の現実は、狭い土地に四つの工場がある。一時車種別専門化計画も出た。しかしすでに四元したのを、どうしてたやすく総合調整できようか。

現在でも専門化をはじめから、あきらめ組立工場は競争体制に分け、部品工場だけ量産体制を整えることに後退した。自動車生産費のうち部品代が七〇%にのぼり、二一%が間接費、残り九%が組立費であるから、部品工場だけ量産体制がとれれば、組立工場は多元化してもさしつかえないかも知れない。しかし組立工場がそれぞれ違うのに、どうして部品の統一が期待できようか。

すでに、このようなつまづきは国産化された部品の使用に現われている。今年の秋から東洋機械で生産をはじめた後車軸を、現代自動車では使うが、新進ではこれを拒否し独自に工場をたてている。車型が違い、会社が違えば部品もそれぞれ違うのを使いたがるのはむしろ当然である。

これを期待することがはじめから間違っているのかも知れない。したがって狭い市場で、四元化をはじめたことそのものが間違いであり、すでに間違ったスタートから部分的是正をしようとするから混乱するばかりである。

国産化の過程

政府の国産化計画は、それなりに進んでいるようである。六六年の二一%から七一年一〇月五八%までの歩みは次の通りである。

△六六年＝二一%（タイヤ、チューブ、ランプ、ガラス類、バッテリー、バンパー、シート、内装品、基地）

△六七年＝二三・六%（スプリング、ドア、ハンドル、窓ガラスふき、日光除け）

△六八年＝二七・六%（エア・クリーナー、緩衝器、フッドヒンジ、安全帽、モウルディング）

△六九年＝三八・一九%（ヒーター、ラジオ、燃料タンク、スイッチ類、コイルスプリング、ラジエーター、調節器、操り装置）

△七〇年＝五二%（変速機、車輪、前車軸、推進軸、エンジンチューブ）

△七一年一〇月末現在＝五八%（後車軸）

そして今七二年末までには変速機、操向装置、計器類などで六七%、七二年にはボディ、エンジン、アンダー・フロアパンを生産、一〇〇%国産化にもって行くというのである。

残されているのはエンジン、ボディ、ギアなど核心部門である。

ほど遠い国民車

右にいう国産化は、部品単位で国産化という意味であるから、一〇〇%国産化を達成したといっても、全部が国産品でつくられるというのではない。各要素はいぜん導入しなければならない。今年の国産化対象部門は後車軸、高速機、計器類及び操向装置だったが、一〇月現在後車軸だけは生産した。東洋機械が米ボーク・ワーナー社と合作生産した後車軸は、現代自動車にだけ納品され、他社は使用をいやがっている。新進自動車は現代ギアに出資、米デナ社と合資、来年下半期生産を目標に工場を建設している。高速機は東洋機械と現代ギアがそれぞれ生産を準備しているがまだ着手もできていない。計器類と操向装置もまだ未着手状態である。

七二年にはエンジンとボディを国産化するというが、エンジンは新進と起亜が工場を建設中、ボディは車が手さぐりの段階。ボディは車のカッコウと関係あるため、個別工場では採算がとれない。そこで現代、新進、アジア自動車は外国メーカーとの提携関係もあり方に、ハラのさぐり合いをしている。

韓国自動車工業はこのようにスタートからこんがらがったため、政府もメーカーもどうしたらよいかわからないというところである。この点ちらんの状態で安く経済的国民車という目標とは正反対にモデルチェンジで「ニュー」のつく、高く、豪華な車だけを導入している。

韓国の自動車工業は名目上の国産化向上よりも、まず基本戦略と正確な推進方法を明確に決定しなければならないようだ。

輸入抑制措置を断行

第二段階 大理石など代替可能品目に

商工部は十五日、さる十月につづいて第二段階輸入抑制措置を断行した。李洛善商工部長官は、これまで輸入が自由に開放されていた三十九品目にたいし新しく輸入抑制を加えることにしたと明らかにし、こんども引続き段階的にわたる輸入抑制措置を実施する計画だと語った。

こんど二度目に輸入が制限されたのは、大理石を始めとする国産代替可能品目、ゴルフ玉など不要不急品、コーヒーなど一部奢侈物などである。

金融機関の預金減少現象へ

継続増加していた金融機関の預金が十月にはいってから減少現象を現わしている。韓銀が集計した十月末現在の全金融機関の預金残高は一兆四百五十九億ウォンで、前年末に比べれば一千六百八十一億ウォンふえたが、前月末よりは百三十億四千万ウォン減っており、これは異例的減少現象である。

韓国の長期的国際収支展望に憂慮

訪韓中のIMF（国際通貨基金）協議団は、経済企画院、財務部、商工部など関係部処との協議で、韓国の輸出伸長計画が国際情勢の急変のため予定どおりに進行できぬ可能性を指摘し、韓国の長期的な国際収支展望に憂慮を表明した。

関係当局によると、IMF協議団は韓国の第三次五ヵ年計画期間中に三年以上の借款および三年以下の延払い輸入、一年以下の短期資本および貿易信用などを含む総外債の年平均元利金償還負担率が経常取引受入の二〇%線だという資料に深い関心を示し長期的な国際収支展望に憂慮を表明したという。

第三次五ヵ年計画期間中、七四年度の総外債償還負担率は経常取引受入の二〇・四%で、これは六九年の一一・八%より七・六%高く、なお、七〇年に一億三千八百万ドルだった三年以下の短期資本導入は七六年には二億三千六百万ドルにふえるようになっている。

IMFスタンド・バイ協定限度増額

政府は訪韓中のIMF（国際通貨基金）協議団と七二年度のスタンド・バイ協定限度を増額し、今年度の二千七百五十万ドルから六千万ドルへと三千二百五十万ドルにすることに合意を見た。

財務部当局はIMFに対する韓国の出資額が現在の五千万ドルから八千万ドルへと三千万ドル増資されることになったのに伴い、来年度のスタンド・バイ協定限度もこのようにふえるようになったと明らかにした。

九業体長期沈滞

大韓商議 景気回復対策を促進

最近業界を"類例のない困難な経営事情"に追いやった不景気は長期化する様相をみせ、全般的な物価上昇に便乗して賃金圧迫を増大し、為替率およびエネルギー料金引上げに伴い原材料価格が高騰、企業の販売費用が増大したにもかかわらず過剰・過熱投資に伴う供給過剰と過当競争のため販売は振るわず、六九年以後持続されてきた緊縮政策により資金難が一般化して操業気味となっている。

大韓商議が調査した各業界の景気動向によると、とくに沈滞に陥っているのは各種食品、繊維、被服製造、製紙、医薬品および化粧品、化学製品、家具什器、一般機械、電機通信機など九業種でその他業界も生産量、輸出量は増加したものの、景気状況の直接指標である卸売り、小売り指数上昇率が昨年同期水準を大きく下回って、国内卸売りが相対的に動かず流通パイプ・ラインの在庫の増加が目立ち、生産財は[illegible]動向のバロメーターといえる物価上昇率が減少して不況を示している。

大韓商議は結論として、業界の意見を総合した結果、物価高騰、対外経済条件の悪化でこんどの経済発展の見通しは暗いと述べ、政府は早急な景気回復のために①伸縮的物価調整②在庫担保緊急融資制新設③税務行政の伸縮的運営④手形の活用拡大政策など早期実施し、長期的には金利引下げ、公共料金の値上げ抑制など外部経済条件"是正"に努めるべきだと強調した。

国際規模の大型造船所

蔚山に73年完工、内資30億ウォン

蔚山に国際規模の大型造船所が来年初め着工、七三年に完工する。

この造船所は四大重工業工場の一つとして現代建設が実需要者と決められたもので、五十万トン規模の大型ドックを始め国際規模の現代式施設を全部備える予定である。

同造船所はその前、英国の[illegible]社、西ドイツのアップルドア社の技術検討を終え、英国、フランス、西独、スペインなど四ヵ国と総四千万ドルの借款導入契約を締結した。この造船所が完工すれば二十六万トン級のタンカーを一年に五隻ずつ生産する。

政府は同造船所の建設に必要な内資三十億ウォンにたいする政府の支援規模および方法を年内に確定する方針である。

本国論調

中共の戦略と戦術

初の国連政策演説を聞いて

中共の国連代表団長の初演説で、国連での討論の様相も大きな転換を迎えた。特に中共はわれわれに露接しており、わが問題に深い関心を持っており、われわれに敵対的北韓を積極支援している存在である。彼はその初演説で、韓国問題に広く言及し北韓の立場を代弁した。われわれは中共が韓国問題に関しどのような意図を持ち、国連で韓国問題をどう展開しようというのか、鋭く見守らなければならない。

われわれとしては、彼の韓国問題に関する発言に最も大きな関心をそそがないわけにいかない。かれが主張した米軍の撤収、UNCURK解体、韓国に関するすべての国連決議の廃棄、北韓の所謂八項目平和統一方案など北韓の主張をそのままうつしたもので、中共がこれまで根気よく主張して来たものである。中共が韓国に関するこのような主張を、直ちに正式議案の形で提起するかはまだ確実でないが、これから機会あるごとに、この問題を提起することは間違いないようだ。

われわれは今度の総会で、韓国問題の上程が討議されたのをその時はよかったと思ったが、中共の立場で韓国問題がこれからは異る様相で提起されることもありうることに気をつけて、それに備えなければならない。

国際舞台に進出した中共が、当分は柔軟な外交姿勢をみせるだろうとの観測があった。そう考えた人たちは彼の初演説が、あまり強硬なのに衝撃をうけたかも知れない。しかしわれわれは中共の戦略と戦術を区別できる目をもたねばならない。

かれらの戦略かれらの長期的外交目標はアジアで、さらに世界的にかれらの勢力圏を拡大、強化するにある。韓国問題に関するかれらの戦略も同じである。しかしかれらは、この長期的目標を達成する手段として戦術的柔軟性をみせることもある。韓国問題にあって短期的には極めて柔軟で現実的に出て来ることも出来よう。しかしかれらの戦術的変化をかれらの戦略の根本的変化と誤って感激してはならない。われわれはかれらの戦略と戦術を区別し、理解しながら対策を立てなければならない。

日本の方向

沖縄批准騒動を注視する

日本全国が、沖縄返還協定批准是非で騒がしくなっている。

協定の「街頭武闘」が騒乱を加重させている中で、殺人事件まで散見された。

反対者たちは協定に核兵器撤去を明示することと、終局的には米軍基地のない返還を実現する方向で協定内容を再交渉せよという一方的主張をかかげている。

一方、米上院本会議は去る十日、協定批准を圧倒的多数で承認し日本国会の批准成立を待っているのであるから順調にいけば来年七月一日返還が実施する。米国の立場としては、沖縄返還そのものが大変な善心であるのに、まして日本が要求する通りに施した協定内容を再交渉するなど全く考慮の余地がない。

それにも拘らず、日本の左翼と野党が批准反対と非現実的再交渉を云々するのは、その底意が米日関係を窮地に追い込みながら、直ちに佐藤内閣打倒を招来しようとするのと解釈するほかない。一方佐藤首相は「沖縄復帰なしには戦後は終らない」との信条を堅持している。佐藤内閣は戦後政治に終止符を打ち、日本政局の転換を方向設定する時代的使命をになっているわけである。その転換期の理論と、日本の新方向示唆はアジア及び太平洋諸国の重大関心事といわざるをえない。

日本の左翼「進歩」勢力は米国の政界と国民感情を刺激させた末、米国市民に対日警戒心を表明させた。かれらは世界の前に日本を「信頼できない国」として浮刻させる有様である。こうしている間に日本の左翼野党は逆説的に「軍国化」を促進させている。たとえ左翼の革新連合政権というのがしばらく登場しても、左翼の「軍国化反対」主張と反対に経済的破綻と外交的失敗の結果、日本の「軍国化」テンポは一そう早まるだろう。

沖縄批准騒動の中で、日本の姿勢がどこを向いて定位するかわれわれにも関心事である。かつて日本を誤まらせ隣国を害したのが、軍国主義者というなら今日その役割を自称「平和勢力」が演じているのでないか米日本人自ら省察するのが当然であろう。（一一・二二 韓国日報）

南北赤十字会談提議百日

さる八月十二日、大韓赤十字が南北間の「家族さがし運動」を提議して十九日でちょうど百日たった。会談は今からが最初の難関と利害を締めながら、本当の結実を求める姿勢が必要といえよう。

これまで予備会談で合意した事項に常設連絡事務所設置と直通電話架設、本会談場所としてソウルと平壌を決定した以外には、大した進展がなかったのが事実だとしても、会談は予想したより比較的順調に進行している方である。ことに大韓赤十字の積極的試図は緊張緩和という現国際潮流と関連し、世界がすべて高く評価している。

しかし会談の将来については少しも楽観を許さないものがある。理由は北韓の態度にうかがえるように、かれらは会談に本来の目的の人道的次元から参加しているというより、むしろ戦略的目的達成のため会談を進行させていることが明白に見取れるからである。

「正式呼称」問題、「家族さがし」の概念からはずれた「親友」までふくめよとの主張、非住民に居住、旅行の自由がないのに、自由往来などを叫んでいる事実はこれを証明している。これらは故意に「あいまい概念」の論争に陥りやすい用語を選択し会談の長期化をはかり議題順序でも例外が計画的に配慮されていることがうかがえる。

その具体的実例の一つが「自由往来及び相互訪問」主張である。相手が死んだのか生きているのか、どこに住んでいるのかもわからないのに、どうして往来や訪問が可能なのか始めから話にもならない詭弁を固執している。

一方、南北会談と共に極度に警戒しなければならないことに、北韓が相変らず間諜を浸透させこれまで一〇件（一四名射殺、一名生捕り）にのぼり、北韓の徹底した戦争準備状況は最近北韓を訪問した日本記者の報道でも十分知ることが出来る。したがって、われわれ国民が南北赤十字会談に臨む姿勢はあまり誇大でも過小評価してもならない。常に忍耐と誠意でその進展を促進させ成功させるようにするが、一方にあっては北韓の挑発可能性を直視し、それに対する対備まで徹底を期さねばならない。（一一・二〇 中央日報）

税務相談室

解答者 尹達鏞

問い 外国為替相場の変動幅制限停止に伴う外貨建資産等の会計処理に関する法人税の取扱いについて教えて下さい。

答え [illegible]

[illegible]

東本は即時臨時大会開け

李禧元団長が声明発表

直轄解除は正常化のため

鄭在俊名儀の会議は不当

李禧元中央団長は、二十五日午後六時赤坂"一葉"で在日同胞記者団と会見し、さる八日、李団長が辞表を提出した以後の事態の推移と今後の気構えについて意見を述べ、要旨次のような声明を発表した。

▲李禧元中央団長

声明要旨

私は、十一月八日、東本の直轄を解除すると同時に、張聡明議長に辞表を提出、第十九回中央委員会と臨時大会の召集を要請した。

その理由は、①東本傘下の団員の切実な愛国心による要請②国際情勢の変移にともなって在日韓国人のあらたな結束をはかるため③直轄状態は敵対陣営に利益を与える結果を招くと判断したからである。

そのため、事態収拾案を尹達鏞副団長に一任し、東本側と協議をかさねた結果、東本が臨時大会を開いて新任員を選出するとともに直轄を解除して、いままでの混乱事態を止揚することに合意した。

同時に、事態の円満な収拾のため最高責任者である私は辞意を表明したのである。

しかし、東京本部とこれを支援していた「民団自主守護委」は解除の条件を履行せず、体制中にある鄭在俊名で会議を召集、また体制、除名の即刻撤回、財政に関する政府責任の追求をせまる声明文を発表した。私が辞意を明らかにしたにもかかわらず、その機会さえ与えまいとする彼らの意図が那辺にあるのか、疑わざるを得ない。

鄭東湖除名事件は、財政問題に起因するが、団議の教育公聴に本人の出席を要請したのにもかかわらず出席を拒否し、日本の新聞、テレビなどに出演して事実を歪曲して宣伝し国家と民団の名誉をいちじるしく膨張させる行為をかさねた。

従って、本団は規約にてらし、除名措置を取ったのであるが、これは当然であり、組織防衛上の義務を忠実に実行したことと自負したい。

東京本部が臨時大会を開き、あらたな任員を選出されることが正常化と見るので、そのような結果に至ることを促すとともに、現状の未来を若無人の行為が継続された場合、あらゆる責任は彼らにあると強調する次第である。

一九七一年十一月二十五日

在日本大韓民国居留民団中央本部

団長　李禧元

同胞一体感・人和で結束

創団理念貫く若い指導者たち

民団・秋田地方本部

民団秋田地方本部は、一九四七年七月五日、県内本荘市の「東部青年会館」で結団、同市谷地十八番地に本部事務所を置いた。同時民団を支持する同胞はわずかだった。が朝総連との闘争期を経て団勢は拡大した。現在、県内には約千三百人の同胞が居住しているがその…

朴碩濬団長

▲発展一路の秋田韓銀ビル

わが命、わが魂

太平洋戦争戦歿同胞

朽ちはてた倉庫から

故国奉還の246柱

発表されぬ二万余名単

汚染物排出施設業所一万個

大人顔負けの好演

東京韓国学校文化祭

同窓会創立総会

京都韓国中・高校

校内で多彩な催し

大阪韓国学校音楽会

ソウルで先史時代の遺跡地を発見

海外移民四分の一が医療人

李信範ら四名を内乱陰謀で逮捕

統一問題国際シンポジウム

韓国人自身が主導成功

—赤十字会談から得たもの—

十月にはいってから、韓国ではさまざまな学術会議が行なわれているが、韓国の「統一問題国際シンポジウム」が嶺南大学ならびに統一問題研究所の共催で開かれた。このシンポジウムには46名の国内学者のほか米国、西ドイツ、日本など外国学者8名、総54名が出席した。基調演説は嶺南大学統一問題研究所所長の慎道晟博士が行なったが、次にその演説の主な内容と、主要外国専門家たちの演説内容要旨を紹介しよう。

統一の急務は〝融合〟問題……

嶺南大統一問題研究所長　慎道晟博士

南北韓がここ二世ばかりを、どうやら戦争なしでやってこられたのは〝軍事力の均衡を保つことによってのみ得た平和〟というむなしいものの ために 他ならなかった。

そして、韓国はいま、内部ではいわゆる腐敗問題に悩み、外部的には北韓のイデオロギー攻勢という深刻な挑戦の前に立たされている。こうした情勢の中でわれわれが〝統一〟を考えるとき、どのような体制での統一が望ましいかという問題になるが、やはりわれわれは自由民主主義の基本体制を維持しながら広範な政治、社会改革を通じて韓国統一の固い基盤を構築しなければならない。

最近、韓国統一問題に対する関心は韓国国民たちの長い間の変わらぬ欲求と国際的な圧力によって非常に高められつつある。しかし、現時点でわれわれがなさねばならぬこと、またなしうることは完全な政治的単一体を意味する統一ではない。それよりも四半世紀以上も両極の生活が続いてきたために起きた双方の南北韓の文化形態と生活感情を漸次に接近させて行くことのできる〝融合〟問題がまず統一の急務だと考える。この〝融合〟を達成するためには何よりも韓半島と韓半島周辺の平和維持が必要なことである。

二つのドイツの統合に先立ち、欧州の平和開保を先行させようとするドイツの近因的な統一政策は将来韓国で追求されなければならぬ一つのモデルだと思う。

なお、第二次大戦後に米英仏ソ四ヵ国の分割占領で事実上分断されたあと、五五年に平和的な方法により統一オーストリアとして出発した例も良い参考資料となるであろう。

太平洋時代の韓国

リチャード・L・ウォーカー（南米カリフォルニア大教授）

〝新しい太平洋時代〟を迎えた今日、太平洋は二十年前の両極化体制から多極化の体制に移行しつつある。そしていま太平洋はソ中の二つの核強国と二つの経済大国である日本、さらに〝東南アジア連合機構〟を中心として新しい独立で台頭しつつある地域団体が並存している。

このほかに太平洋における中進諸国の経済的、軍事的な力はじゅうぶん注目に値する。すなわちオーストラリア、インドネシア、タイ、国府、韓国などのような国ぐにの均衡上の潜在能力などは、全くのところ過少評価されてはならぬ性質のものである。

とくに韓国の場合、刮目すべき発展をみせている経済的力と政治外的位置のために〝新しい太平洋時代〟の均衡を利用する上で中枢的な役割りをすることができる。

今日、地球上に存在する国家のなかで〝最も〟といっていいほど単一民族で構成されている韓国には、かつては存在しなかった多くの良い機会があり、それは南北両方の各分野に見られる。

しかし、韓国が七〇年代の〝新しい世界〟でイニシアチブを取ろうとするのであれば、幼いときからマルクス・レーニン主義で徹底的に思想武装を余儀なくされた北韓の者・北韓側に対処しうるじゅうぶんの能力を持たなければならない。

根本的な問題は、自由世界の諸国が共産諸国のイニシアチブに満足することができるかどうかにかかっている。あるいはまた、自由諸国が〝新しい太平洋時代〟を迎えて、これを利用したり、そしてそれに対処して人間を訓練させうる準備ができているかどうかということに問題のカギがある。

韓国の統一問題……

日本慶応大教授　神谷不二

さる八月二十八日板門店で開かれた南北韓赤十字会談の背景にはなにがあるのか？　この赤十字会談のため開催した統一問題は、事実上どのような意味を持っているだろうか。

統一には多くの難問が存在する。しかし、米中接近や、東西両陣の緊張緩和が促せた国際情勢の新しい潮流は韓半島の統一への動きにも火をつけ、南北韓が互いに異質の目的や理念を持っていることはさておき、とにかく双方が対話で分かち合わなければならぬ状態にしたのである。

しかし、ようやくにして対話が始まったという現段階では、統一に対する性急な考えは禁物である。それは、両側が当面しているジレンマがあまりにも深刻だからだ。

第一に南北韓は相手側をお互いに〝かいらい〟と呼び合法的な政府、国家としては認めていない。

第二に韓国は〝国防、国防に建設〟をスローガンとして北韓に対しており、一方、北韓は〝必要とあらばどのような手段（暴力）を行使してもわれわれの世代のうちに統一を争取する〟といっている。

第三は北の金日成偶像化問題である。これはスターリン、毛沢東の場合よりも、いっそうはなはだしいものであるため、長い時間にわたって韓国統一の障害となるであろう。

韓国の統一問題のためにはまず東西ドイツの場合をあげたい。かれらは漸次に現行状態に対処しながら[illegible]を求めている。東独は[illegible]に統一に結びつくものではない。また韓国の場合はドイツの現状とは違っているということも事実ではあるのだが——。

世界の環境と韓国

タイ駐在米大使　W・ビショップ

世界安定のための新しいパターンが形成過程にはいりつつある。主な国境紛争や紛争は、一方では社会主義や全体主義国家、また他方では自由世界諸国が考える世界秩序に関する観念の差から始まっている。しかし、対決よりは交流の時代となった今日、これも混乱し複雑するこの時期で、われわれはわれわれの行動の指針となりうる戦略を発展させなければならない。

その戦略は韓国をはじめ全域や文化交流、あるいは政治、経済、軍事の各協定および中東問題の争などあらゆる領域にわたるものである。

米国が一方で、ベーリング海峡をへだててアジア大陸に接しているように、韓国は太平洋の東北方に位置して西北方のユーラシア大陸に接している。このように地球上のすべての地域は相対的に相接しているものであるが、米国は韓国とだけでなく、この地域全般にわたって自由諸国民との間で引続き友好を保ち協調していかなければならない。

最近韓国人たちが、朴大統領を通じて南北韓と対話を主導し、成功的に導いていきつつあることを米国人たちは注視している。

岡山県高校生弁論大会・三位入賞

民族の誇りをもつ

夏季学校で自分の名前に生きがい

倉敷市の精思高校で、さる十月十七日、岡山県高校生弁論大会が開かれた。「名前」を論題にして独自の弁論をはった学生が三位に入賞した。人々は彼を鄭原淳明と呼んでいたのだが、彼の本当の名前は「チョンスンミョン」（鄭淳明）である。「鄭原淳明でもテイジュンメイでもありません」と彼は訴えた。次はその弁論大会で入賞した鄭淳明君の原稿である。

（名）（前）

岡山市立工業高等学校　機械科三年　鄭　淳明

鄭淳明君

「アンニョンハシムニカ」

皆さん、この言葉が、どこの国の言葉か、おわかりですか。これは、韓国語で、最も親しいあいさつの言葉です。

そこには、一つの名前があります。それは、日本名と韓国名です。それに気がついたのは小学校の[illegible]一人、一人先生の手から[illegible]時にした[illegible]は、おおい[illegible]から、胸をはずませていました。ところが、私には、それがなかったのです。私に入学許可書がないのに気がついた一人の友達が「お前は、どうして入学許可書がないのか」と聞いたのです。私も不思議に思い「先生、私には、なぜ入学許可書がないのですか」というと、先生は、返事に困った様子でまごまごしていましたが「あとで私の部屋に来なさい」といわれたので、私は、入学許可書をくれるのかと思ってついて行きました。さすがに、先生も話しにくそうに、いわれました。

「お前は韓国人なのだから、[illegible]」と。私は、その時初めて自分が韓国人であることを知り、今まで自分に対して「朝鮮人、朝鮮人」といっていた人達の言葉が理解できたのです。

「朝鮮人」という言葉は、軽蔑するために言う言葉だと思っていたのです。その言葉が、国籍のことを[illegible]と、民族を指すのだということを全然知りませんでした。しかし[illegible]

[illegible]ていっているのに、先生は、[illegible]てはいけないと励ましてくれました。そんな私を見るに見かねた担任の先生が、「鄭原、剣道をやってみろ」といわれたのです。その時の私にとって剣道は大きな励みとなりました。

毎日欠かすことなく剣道に打ち込みました。しかし、楽しい日ばかりは長く続きませんでした。一年の時、私の練習を見た先生から、お前も三年だから、剣道部の部長をやってくれないかといわれたのです。私は、うれしくて「はい、やります」と返事をしました。

けれども、その夢は、すぐこわされました。私が練習の後、部屋にもどり、入ろうとすると、中で部員の声が、聞こえました。

「あいつは朝鮮人だぞ。朝鮮人に教えてもらったら、日本の武士道が汚れる。やつが主将をするなら[illegible]」と話しているのです。私は[illegible]、部屋にとびこもうとしましたが、何故か、それができませんでした。そして、その日を最後に、私は剣道部をやめました。

ちょうどその時、元気づけてくれるものが、おりました。それは兄です。兄は、堂々と鄭（テイ）という本名で、学校を通していたのです。勉強にしろ、クラブ活動にしろ、人を呼ぶのに、「鄭さん」と呼んでいるのです。兄も、明るい気持ちで、改善しています。

その明るさは、堂々と、自分の名前を使っているからこそ出てくるものと思い、私も、兄に見ならって一度本名（テイジュンメイ）と高校の入学願書に書いて、先生に出しました。すると、先生は鄭の字にカッコをつけて、鄭原と書いて出されました。

たった一文字、鄭原とおいただけなのに、このような悲しい思いをするのだと思うと、やりきれなく思うことが、しばしばありました。入学願書にカッコで鄭原と書いてくれた先生のお気持ちは、私には、よくわかっております。それは、[illegible]

しかし私は、[illegible]。

[illegible]私自身のいくじのないことも、反省しております。

そのような中で、在日同胞から、私の学校に参加するよう呼びかけがありました。私それに参加し、約一カ月の間、ソウルで勉強し、祖国に対する認識を新たにしました。私達韓国民族が、どの面でも決して他民族に劣らない、誇りある民族であることを知りました。そして私につき過ぎとっている〝鄭原〟という文字の、日本名の由来も知りました。

それは、私達にとって、決して自慢できたものでもありませんし日本人にとっても、自慢すべきことではないことは、はっきりいえます。鄭原という名前は、本来は、一九四九年になくなっていなければならなかったのです。

私は、夏季学校を通し、今までくよくよしていたのが一掃され、すがすがしい気持ちになっています。

鄭原淳明でもテイジュンメイでもありません。「チョンスンミョン」です。

それぞれの民族には、それぞれの名前があります。民族の違いを理解し、協力するところに、本当の平和があると思います。どうか先生方、それに友達の皆さん、私を「チョンスンミョン」と呼んでください。

私は、この名前に、生きがいと誇りを持っています。

洪吉童傳

許筠著

洪相圭 訳・編

〈五〉

どれぐらい過ぎたろうか、この静寂に、胡でもたたえるような鳥の鳴き声が三度まで聞こえた。

「かあ、かあ、かあ」

陰気くさい不吉な鳴き声であった。占いは、この声で吉凶の前ぶれから読め、早くも凶兆の到来と悟った。

「ほてな？　たしかに吉のない声だったろう。[illegible]が、凶であるはずだが、吉が凶をも飛び越えながら、三度までなくとは、容易ならぬ凶兆の前触れに間違いない。さて、占いは当たりましたて何んと出るか。吉か凶か？」

った。

特才もさる者、これが自分の忍術がもたらしたものであることは百も承知の上であったが、あたりの谷間か、樹木の陰にまぎれ込もうとしたが、これはいかに、前にも後ろにも道がないばかりか、あたりはいつの間にか、[illegible]にかわっていたの一寸の前だ。進退はさておき、一歩の後退さえ許されない。進退これきわまるの危機に陥ったのを、はじめて悟ったが、時は既に遅かった。

それでも何んとかのがれてみようと、血眼になって右往左往していると、どこからともなく、さわやかな笛の音が流れて来た。低く高くあるいは風に乗って、近づいてはまた遠ざかる[illegible]調べは、神

[illegible]からいまさめたもののように目をこすりながら、また、ひょっこり現われた者を見れば、紛れもない洪吉童その人ではないか。今まで、その奇妙な妖術にさんざん苦しめられていながらも、その子供を目にするたんに、またもや油断が生じ、

「[illegible]この小僧、[illegible]ずるものぞ。」

と、いきおい侮る心が湧いてきた。

「ふむ、なかなか味なことをやるが、そんな子供だましはわしには通じないぞ。お前、この俺を誰だと思っているんだ。仏より功徳があるありがたい名前を告げてやるから、耳の穴をほじくってよく聞いておけ。そもそも俺

た。ひとりでこそをいいながら、[illegible]をいじっていた特才の右手は、みるみるかたくなった。両足から足の裏まで、[illegible]かのように止った。

「なすことなく過ごしておるわしに、害心をもつやつがいるとは——。そやつ、よほどのしれ者であろう。よし、一あわふかせて、天罰の刃を加えてやる」

すぐ、錫杖をかたづけた特才は忍術で姿をくらまし、ことの成り行きをうかがっていた。

あたりが深く眠りついたことから察して、夜の三更にでもなったころであろうか。[illegible]の明るさが、へやのこぴらを音もなく開けて、すっとはいって来るではないか。その右手には夜目にもさえる抜き身が握りしめられていた。[illegible]をこらしてみると、よほど手練の者に見えた。

特才はすばやく[illegible]を唱えた。たちまち、一陣の旋風が吹きまくり出し、家もろともに、へやはこつぜんと消えてしまい、その跡には、日のさえ通さぬ大森林をふところに抱いた険しい山の急坂があるだけであ[illegible]

[illegible]

（つづく）

韓國新聞

在日大韓民国居留民団
中央本部機関紙
韓国新聞社
発行人　李　禧元
東京都文京区春日町
2丁目20－13
電話 (815)1451～3
(813)2261～3
振替口座 東京 163774

民団綱領

一、われわれは大韓民国の国是を遵守する
一、われわれは在留同胞の権益擁護を期する
一、われわれは在留同胞の民生安定を期する
一、われわれは在留同胞の文化向上を期する
一、われわれは世界平和と国際親善を期する

朴大統領 国家非常事態を宣言

無責任な安保論議容認せぬ

朴正熙大統領

朴正熙大統領は去る六日「国家非常事態宣言」を発した。朴正熙大統領は、韓国が「安全保障上重大な次元の時点」にさしかかったと断定「政府と国民は渾然一体となって非常事態を克服する決意をあらたにするため」非常事態を宣言することにしたと述べた。

国家非常宣言

朴大統領、各級指揮官に指示

いかなる奇襲も即時撃退態勢で

朴大統領・特別談話（全文）

中央本部、新人事発令

札幌国際冬季五輪招請

当初の計画通り完全実施

「保安」は民団の自主責任

不明確な金銭徴収許さぬ

尹団長代理

"正常な活動と総和を"

尹達鏞団長代理が姿勢声明

新年度国家予算案、国会通過

総規模六四七三億ウォン

今年より22・4%増加

導入外資の利子償還ふえる

韓米自動車合作社を来年二月に設立

中央行政機関歳出内訳（単位：百万ウオン）

◇71年度国家予算◇（単位：1億ウオン）

金鍾泌内閣、施政総点検

南北赤十字社接触応援は一大功績

「離散家族の範囲」に親類も含める

大韓赤十字社側 修正案を提案

第11回 南北赤十字予備会談

南北にはなればなれとなった離散家族捜し運動を実現するための南北赤十字社の第十一回予備会談は、去る三日午前十一時から午後一時半までの間にわたって開かれた。

この日の会談で、大韓赤十字社の金錬珠代表は「第六回予備会談以来、離散家族の範囲をめぐって南北赤十字社が平行線をたどってきた膠着状態を突破するため、大韓赤十字社側は離散家族の範囲の中に親類も含めよ」と、一歩譲歩する態度を明らかにした。

金首席代表はこの日、まず「現在までわれわれは北赤側の派閥と提案説明を注意深く、検討してみた。われわれはこの会談を通じ、離散家族の問題を解決したあと、赤十字社が解決しうる問題にもとりかかるというのがわれわれの基本的態度である」と強調した。

つづけて金首席代表は「北赤側は、はなればなれとなった家族の苦痛を認識、友人の苦痛と同列においているが、どういう根拠で、そのような判断がなりたつのか」ときびしく、北赤の態度をたしなめた。

さらに金首席代表は「北赤の提案の中にはすでに死亡した人の問題、すなわち遺骨、遺品の確認問題は全くふれていない」と指摘、大韓赤十字社が提案した家族の範囲問題は、国際的に一般化された方法に基づいたものであると、大韓赤十字社側主張の正当性を再び強調した。

要旨以上のような発言を行ったあと、金首席代表は「その間、われわれは、われわれの提案した案が、北赤側によって受諾されなかった事実を勘案し、本会談の離散家族の範囲について、修正案を提案する。本会談の議題のうち、離散家族の範囲に親類を含めることに同意する」と語った。

このように、大韓赤十字社側は、離散家族の範囲について、一歩譲歩をした代案を提案したが、北赤側の金泰煕首席代表は「友人まで含めるべきだ」と主張し、歩みよる気配をみせなかったため、午後一時半、第十一回南北予備会談の幕は下された。

外国人投資の誘致促進策を指示

朴大統領、国内環境の造成などで

朴正煕大統領は十一月二十九日青瓦台で開かれた輸出振興会議で外国人投資を誘致しうるように国内環境の造成を図り積極的な投資促進策をたてるよう指示した。

また、同会議で李洛善商工部長官は、外国人投資環境改善のため現在韓国に投資している外国企業を対象にアンケートを実施、改善すべき点を調査するかたわら、輸入抑制方案とともにつぎの拡大会議で報告したいと語った。

アジア親善大会

十二月七日椿山荘で

財団法人亜細亜友の会（大山[illegible]理事長）では、同会創立二十周年記念として、恒例の第十六回アジア親善大会を、去る十二月七日午後二時半から、都内の椿山荘で、ひらいた。

この日、大会々場にあてられた椿山荘には、後援の外務省を始め駐日アジア各国の大公使、各団体長など、来賓が多数参席する中で、第一部記念講演、第二部親善パーティとつづき、善隣友好の和気あいあい裡に午後七時、盛会裡に全行事を終えた。

組織第一線で四半世紀

病床で帰国待つ田宅萬さん

民団創立以来、二十五年間にわたり、組織運動ひとすじに献身、多くの功績を残してきた大阪の田宅万さん（六二）が、近々、帰国療養することになり、多くの同志から惜しまれている。

田さんのこのたびの帰国は、胃カイヨウ、糖尿病など四回にわたる入院手術のため、すっかり身体が衰弱し、退院次第、帰国することになったものだが、組織の第一線から離れ、病床に横たわりながら、ひとり孤独になやむ、かつての闘士のため、全国に散在している旧同志たちからの、物心ともなう惜別の情がそそがれるよう、本社の鄭煥和社長は、ひろくよびかけている。

〈田宅万さんの組織歴〉ソウルの協成実業学校時代、三・一運動の学生首謀者の一人だった氏は渡日後解放なるや、家族をまず帰国させ、ひとり残り、四六年八月新朝鮮建設同盟大阪旭支部総務部長をふりだしに、李康勲、高順欽氏らの指導のもと、民団大阪府本部設立運動に陣頭立ち、さらに民団中央本部の朴烈団長を迎え、黄性弼氏らと四七年一月一日を期して大阪府本部を誕生させ、右年指導部長に就任。韓青大阪本部文化組織部長、民団大阪府本部組織部長を経て事務局長。一九五〇年には同本部副議長。泉大津に転じてからは、民戦（朝総連の前身）との戦いで双方多くの死傷者を出してまで組織拡大をはかり、民戦暗殺隊におそわれ、かろうじて死境を脱するなど、常に先陣をかけていた。

なお帰国までの連絡先は、大阪民団泉支部となっている。

> 韓日協定永住権者の出生子女に対する永住権申請手続に関するお知らせ
>
> 記
>
> (一) 出生申告日より十四日以内に居住地の市、町、村、区役所に申請する事
> (二) 外国人登録手続は出生日より三十日以内に申請する事
> (三) 在留資格取得は出生日より三十日以内に管轄の出入国管理事務所に手続する事
> (四) 協定永住権者の子女として一九七一・一・一七日以後に出生した子女は、出生日より六十日以内に必ず永住権許可申請をしなければなりません。万一六十日以内に永住権申請をしなかった場合は永住権申請資格を喪失する事になりますので特に注意して下さい。
>
> 中央本部民生局

負課された任務に充実

神奈川支団長会議

民団神奈川県本部（孫張翼団長）は十二月四日、同本部会議室において管内支団長会議を開いた。

会議は、午後一時より駐横浜総領事館副領事参席のもとで開会、孫本部団長の挨拶から始まり、その中で、中央本部の中央委員会ならびに、全体大会の無期延期になったいきさつを述べたあと、最近、民主祖国統一会議の結成大会があったとかKPI通信に報道されたが、対内外的に複雑微妙な情勢で正体不明の呼びかけには動揺せずに負課された任務に充実をはかるようにと力説して注目を引いた。

ついで、討議事項に移り、民族教育問題並びに、年末年始にかけての各種行事に関し活発な討論が行なわれた。このあと、忘年会がひらかれ、各傘下団体も参集してむつまじい雰囲気の裡で五時過ぎに幕を閉じた。

「埼玉県日韓親善協会」発足

盛大に結成大会開く

両国間の友好と協力をもって両国民の宿願であった韓日条約が成立してはや五年。今日では、経済、文化、学術の交流が盛んになり、両国民の友好親善が日一日と深まっているおりから、埼玉県では、かねてから、民団関係者と、日本人有志らとの間で、日韓親善協会の結成準備が進められていたが、このほどようやく具体的まとまりを見せ、「埼玉県日韓親善協会」が、正式発足した。

「日韓両国民の理解と友好を深め、以って両国間の経済、文化の交流と、相互繁栄を図し、世界平和に寄与する」ことを目的とした同協会の結成大会は、去る十二月八日正午から、埼玉の両国々民千五百余名と、韓国側は李根氏（民団埼玉県本部団長）ほか、日本側は大沢昭元氏ほか、双方百二十五名からなる理事陣が参席するなかで、盛大にひらかれた。

結成大会は、保坂慎方、崔允三両氏司会のもとに進められ、議長団選出、議長あいさつ、趣旨文朗読、経過報告などがつづき、議事に入って、会則、役員、宣言文が満場一致で採択された。

このあと、両国民の連帯と、地元出身の人気歌手、松本ヨシオのほか、沢リリ子、小坂[illegible]ら歌謡陣によるお国じまん演芸ショウが、親善ムードをいやが上にも高まらせ、拍手喝采裡に大会の幕を閉じた。

〈役員名簿〉

名誉会長 栗原浩
会長 名尾良孝
副会長 保坂慎方
〃 李根
〃 清水晃
〃 姜錫桂
事務局長 大沢昭元
企画室長 崔允三
監事 内木英二
〃 市木十郎
〃 馬鳳泰
会計 斎藤万則
〃 金[illegible]熙
最高顧問 [illegible]

祝辞をのべる李澔大使

市民会館を埋めた両国民

本国論調

大国主義外交への抗議

韓米・韓越頂上会談なぜもたぬ

ニクソン大統領の北京訪問日取りが来年二月二十一日と発表された。会談の議題は「両国が『双方に緊要と考える問題』になるという。米国の問題に関しては一方が論議にしたければ論議できるとし韓国、ベトナム問題なども論議されることを示唆している。両国間の緊要問題は、台湾問題を除けばすべて第三国と直接関連する問題である。

したがって米、中共首脳会談の最も緊要な議題は台湾及び周辺諸国の問題にならざるをえない。それなのにニクソン大統領は中共訪問を前にカナダ、西独、英、仏、日本の首相と連鎖的頂上会談を準備しながら韓国、南ベトナムとの頂上会談を除外しているのは到底納得できない。

ワシントンが北京と和解し解決しようとする最も緊急な問題がベトナム戦争ということは、米政府も公々然と認めている。そして分断の韓半島では核保有の米、中共がそれぞれ南北と軍事同盟を結び直接介入して来た。北京会談ではこの両国の問題が必然的に討議されるのにかかわらず、またその討議の方向如何では両国の将来に大きな影響をうけるのにかかわらず、ニクソン大統領が韓国と何の事前協議もなしに北京に行くのは政治的にも同盟国の倫理からしてもありえないことである。仏、加、英国等は中共と外交関係をもち地理的にも離れており、西独、日本にしても北京会談に国家的な危機をかけているわけではない。

反対に、韓半島とベトナムの直面する安保と統一問題は中共の対外政策と直接的に連結している。ところが米国は五大国とは頂上会談をもつが、韓、ベトナム両国とにまだその計画はない。ここにわれわれは今日の国際政治が大国中心の権力政治であるとの本質を明確に看破できる。

死活の利害関係をもつ小国問題は、弱小国というたった一つの理由のため、事前協議から除外される反面、軍事的或は経済的大国に強いるほど強調する国際的平等の原則に反して存立するものか疑問だ。米国がわれわれの努力を相手に引き入れる米国の外交方針は米国がそれほど強調する国際的平等の原則に反して存合するものか疑問したい。それでも米国の「第三国を犠牲にしない」という言葉だけを金科玉条のように聞くばかり静かに坐っておればよいのだろうか。

この機会に、国際的権力政治がいかに非情で利己主義的かを再認識する時が来たことを、重ねて強調するものである。（一二・二朝鮮日報）

南北会談の停滞

北赤は順理に従うべきだ

今度の十一次南北赤十字予備会談で、わが方は六次会談以来対立したままの対象範囲に対し、従前の家族に親戚問題を本会談議題に追加することを修正提議したが、北赤が親友も含めるべきだとの従前主張をくり返し、会談は何ら合意をみないまま終ったことに失望を感じないわけにはいかない。何事にも順序があり、段階があるのが道理だ。

もともと家族さがしなら家族さがしから始め、だんだんその範囲と深さを加えていくのが順序であるのに、親戚とか親友とか固執する理由がどこにあるのか伺いたい。われわれは家族さがし運動が成功し、それが統一の基盤にまでなることを願いながらも、せっかちな気持を抑え、何よりも基本事業である家族さがし運動が成功することを祈っている。それは二兎を追う者一兎もえられないという極めて素朴な事の真理を良く知っているためである。

千里の目的地に達したい気持が急だからと、ありたけの速度を出しつくせば目前も行かないうちに倒れてしまう。われわれの南北赤十字会談はわれわれだけの問題でないことを知るべきだ。理由や内容に関係なしに失敗は直ちに共同失敗であり、成功は直ちに共同成功であることを知れという意味だ。

何れにせよ、われわれは共同の運命船に身をのせている立場にある。いくら巧妙な手段をもってしても又は詭弁の弁術をもってしても何れの一方だけの責任に帰することも出来なければ、栄光にすることも出来ない共同運命におかれているだけに、ひたずら誠心、誠意をつくし成功のため真剣でなければならない。

世界はわれわれを見守っている。そしてわれわれの英知と力量をはかろうとしている。われわれは問題が単に人道的なものであり、政治的でも経済的なものでもないことをよく知っている。したがって、事を初めから複雑に扱うことを固守する裏面には何か単純でない野望があるためと指摘をうけることもあるという点を合せて考慮し、北赤が純粋な人道的立場から誠意を示す真剣な態度をみせることを促がしてやまない。（一二・四大韓日報）

印・パキスタン全面戦争

インド・パキスタンが再び全面戦争状態に入った。全面戦争に突入した理由は、第一に東パキスタンの急速な独立運動、第二に西パキスタン政府軍による東パキスタン住民に対する武断弾圧のため約千万人にのぼる所謂ベンガル避難民のインド流入、第三に約十万にのぼる東パキスタン解放軍に対しインドが公々然の支援をあたえているのに対するパキスタン政府軍の反撃からもたらされたと要約できる。

特にインドに流入した約一千万人の避難民のためインド政府は月一億ドルの救済費を使っており、インド国民の中には難民を受入れるより戦争をという世論すらあるという。難民救援には、国連、国際赤十字の救援にも各国は大体消極的である。しかし両国の内紛をみた場合、インドはソ連と友好条約を結び、パキスタンは米国の軍援（約十億ドル）をうけてきたばかりに中共とも関係を密接にしている。

戦争の行方に、結局インドが優勢とみなければなるまい。しかし戦争の局面は再び国際的に拡大する可能性がないこともないが今のところ強大国は慎重な方である。これら強大国が介入した場合、戦争をどのように調停するかの問題が提起されているうちに国連を舞台での強大国の韓国に対する態度からして何らの合意が成立するのはむつかしいとみられる。

結局、印・パ戦争は交戦国間で解決するほかなく、そのためには西パキスタンの政策転換が先行しなければならない。即ち西パキスタンは東パキスタン住民に対する武力弾圧を止揚し、一千万ベンガル難民が帰国できるようなパキスタンの社会安定をもたらす措置がなければならない。

また、両国紛争の根本的火種は七〇年十二月七日行われたパキスタン制憲議会選挙で東パキスタンの自治を要求するアワミ連盟が過半数を占めたのに対し、西パキスタンが反発しながら同選挙を無視したことから発生したのであるから、西パキスタンが東パキスタンのアワミ連盟との協商と共に、パキスタン全体の民主主義を回復するのにその根本解決点があるといえる。（一二・四中央日報）

福生に民団西多摩支部

団長に李容世氏

東京都下の福生市、青梅市を中心とした西多摩郡内居住の民団同胞たちは、かねてから、民団西多摩支部結成が、宿望の課題であったが、このほど多年間の念願がかない、去る十二月五日、西多摩支部の新築落成式と支部結成大会を福生市民会館で、三多摩各地区団員参加のもと、盛大にひらいた。

同支部は、東京都福生市福生五五四に位置して初代団長には、同支部結成準備委員長として功労の大きかった李容世氏が就任した。

大阪商銀、新大阪支店開店

信用組合大阪商銀では、かねてより新築中であった新大阪支店が完成し、来たる十二月十三日(月)より開店することになった。同支店の場所は、新大阪駅を北へ百米ぐらいに位置し、東淀川区宮原町二丁目一〇五の二、電話三九三―一二三一となっている。

支店長には[illegible]氏が就任。

華燭

新郎 韓相龍君
新婦 鄭孝順嬢

右両人は、金[illegible]先生の主礼により、十二月十九日正午より、東京・品川駅前のパシフィック・ホテル大安会場で結婚式と披露宴。

尋ね人

金明洙（金井漢郎・65）金容述（金井彦明・43）金井伸夫（40）の皆さんと高山福子さん（佐賀県伊万里市柳戸町が前居住地）

■東京都新宿区若松町21・東京韓国学校・金斗漢までお報せ下さい。

韓國新聞

在日大韓民国居留民団
中央本部機関紙
韓國新聞社
発行人　李禧元
東京都文京区春日町
2丁目20−13
電話 (813)1451〜3
(813)2261〜3
振替口座 東京 163774

民団綱領

一、われわれは大韓民国の国是を遵守する
一、われわれは在留同胞の権益擁護を期する
一、われわれは在留同胞の民生安定を期する
一、われわれは在留同胞の文化向上を期する
一、われわれは世界平和と国際親善を期する

「国家非常事態宣言」支持

無責任な言動、利敵行為警戒

中央本部 尹達鏞団長代理声明

去る十三日午前十一時から、中央本部団長室で記者会見をもった尹達鏞団長代理は、次のような声明を発表し、民団全国団員の自重を促しながら、正しい国家観のもと、固く団結するよう呼びかけた。

全国団員自重し 民団へ固く団結せよ

▲「国家非常事態宣言」支持を声明する尹団長代理（右）

朴正熙大統領閣下は、国家非常事態について次のように宣言された。

「さいきん中共の国連加入をはじめとする国際情勢の急変と、これに……

正しい国家観で政府に呼応

朝総連の凶計撃退しよう

国家非常事態宣言の説明及び札幌冬季五輪保安対策懇談会

去る十三日、東京商銀本店七階ホールにおいて、韓国駐日大使館主催による「国家非常事態宣言の説明および札幌冬季オリンピック保安対策に関する懇談会」がひらかれた。

この懇談会は、大使館から李鋪公使、駐日公報館から……館長ほか、民団では中央本部の尹団長代理をはじめとする各局長……

"東本正常化促進せよ"

大統領に非常経済命令権

物価・賃金などの凍結も

国務会議で指示

安保・国防立法急げ

朴大統領

朴大統領はまた、非常事態下において万全の防衛体制をとり、全国民が精神的に動揺することなく対処しなければならないと強調した。

内務次官など更迭

韓国政府は十三日、鄭成……次官と……

一九七一年十二月十一日

"引続きベトナム駐留を"

米、韓国政府に要請か

ニューヨーク・タイムズ紙は十日、「ベトナム問題の韓国式解決」と題する社説を掲載した。同紙は、この社説で、特に、駐韓米軍と駐ベトナム韓国軍間の相互関連性に注目し、ベトナム問題の解決と駐韓米軍の縮減問題について示唆しており、注目される。同社説の内容は次の通り。

米行政府内で広く流布しているベトナム問題の韓国式解決の可能性はまさに新たな意義をもちつつある。先月ニクソン大統領が明らかにした米軍の残留兵力をベトナムに長期間駐留させようとする方式はニクソンのベトナム化政策に欠くことのできない大きな要素である。

これと同時にアメリカは、相当数の韓国軍がサイゴン反共政府支援のため引続いて駐留するよう交渉しているもようである。

韓国は現在、駐韓米軍の継続駐留を望んでいるので、アメリカが……

国会、緊急本会議を再開

韓・ニュージーランド通商会談で合意

為替率を変動相場制に調整

▲非常対策を説明する在日韓国人居留民団……懇談会に集った民団幹部たち（東京商銀ホールで）

韓一軍司令官、首都圏防衛はOKと語る

名古屋に韓国貿易館

大韓貿易振興公社（KOTRA）が新設した名古屋貿易館が十三日開館した。貿易館の開館を記念して十七日まで韓国商品展が開かれ盛況であった。

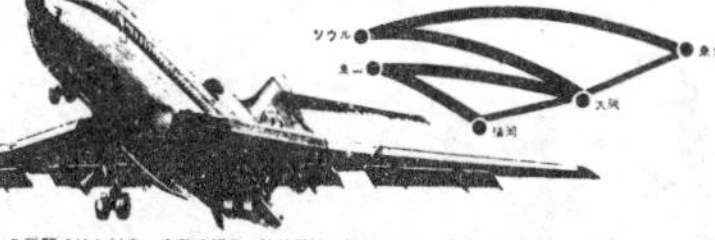

ミュンヘン五輪に備え 僑胞選手の発掘を
在日大韓体育会へ要請

国民儀礼規範を新しく制定

南北韓対決か
女子スピードスケート

文教部、新教育計画を発表

韓国版画展

勝共中央大会開く
::共立講堂で3000人参加::

共産革命から日本を守ろう
中共の内政干渉許すな

特派員の眼 日本の表・裏 〈その一〉

駐日外交官の激憤

対米輸出不振で刺激

"北傀礼讃"日本のこのマスメディアの狂態

朝日記者初招待

内容に暗い読者層

韓国日報 鄭泰演 記

対日広報活動を強化
公報館長、同胞新聞人と懇談

ソウル、仁川、審川で民間防空演習

ソウル市内に静かなる緊張

六・二五前夜のような緊迫状態

韓日協定永住権者の出生子女に対する永住権申請手続に関するお知らせ

記

中央本部民生局

韓國新聞

在日大韓民国居留民団
中央本部機関紙
韓國新聞社
発行人 李禧元
東京都文京区春日町
2丁目20－13
電話 (815)1451～3
(813)2261～3
振替口座 東京 163774

民団綱領

一、われわれは大韓民国の国是を遵守する
一、われわれは在留同胞の権益擁護を期する
一、われわれは在留同胞の民生安定を期する
一、われわれは在留同胞の文化向上を期する
一、われわれは世界平和と国際親善を期する

新春特集

平和な心の憩い場・「昌慶苑」に、もうすぐ春は訪れる

各界あいさつ

祖国近代化で　国土統一
民族中興の力強い実現

駐日本国大韓民国特命全権大使　李　澔

親愛なる在日同胞の皆さん！

希望に満ちた一九七二年の新春を迎え、私は皆さんと共に先ず祖国の限りない発展と繁栄を祈願し、合わせて在日同胞皆さんの家庭が幸福に満たされることを、衷心より祈ってやみません。

過ぎた一年を回顧すると、わが祖国は急変する情勢をはじめ、その他多くの問題を抱えていながらも、朴大統領閣下の卓越なる領導のもと、全国民が一致団結して祖国の安全を守護し、祖国近代化の民族的課業を遂行するため、総力を傾けてきました。

然うして、国際的にわが国威は日進向上しており、国内的にもわれわれは第二次経済開発五ヵ年計画の最終年の総仕上げを成功裡に完了し、今年から始める第三次経済開発五ヵ年計画の基盤を強固にし、われわれ全国民の永い間の念願である自立、繁栄、統一のための民族中興の力強い希望の実現のため、新しい里程標をうち建てたのであります。

だが、最近の激動する国際事情は、われわれに緊張と新しい覚悟を促求しております。

今日、世界潮流は一見対決から協商へと、いわゆる緊張緩和の方向に流れているかのように見えますが、これはどこまでも核競争の膠着状態下から、強大国の現状維持のための一時的な現象に過ぎず、むしろ、わが韓半島の局地的事情は、強大国の行動が制約をうける現象を逆利用して、侵略的策動をやめずにいる北傀の赤化統一の野慾のため、緊張はなお一層高潮化しております。

また、昨年の秋、UN総会において韓国動乱時、数十万の侵略軍を投入させ、UNから侵略者の烙印を押された中共が、UNに加入するに至ってから一層、われわれの安全に対する脅威が増大されたのであります。

去る十二月六日、わが国で非常事態が宣言された理由も実はここにあるし、非常時局を克服するため、われわれは決意と覚悟をあらたにしなければならないでしょう。

一九七二年の新年を迎え、われわれは勝共理念で固く団結して、如何なる試煉と挑戦にも勝ち抜くことが出来る勇気を養い、国防力強化と経済建設をもって、わが民族の宿願である国土統一と、祖国近代化の責任を完遂する為、総力を発揮しなければなりません。

われわれは、われわれが置かれた国際的環境と、われわれの課業を再認識しわれわれの運命は、われわれ自身の自主力量によって決定されるという歴史の教訓を心に銘じて一致団結、われわれの課業完成のため、与えられた任務を果すことを信じております。

皆さんは、常に大韓民国国民であるという衿持をもって、相互団合し協力して、信義と誠実をもって自ら努力することにより、自身の向上と発展は勿論、立派な在日韓国人社会を建設することが出来ることだし、進んでは日本社会からも尊敬される立派な独立国家の国民として、自ら処することが出来るものと信じております。

おわりに、新年を迎えて皆さんの希願成就と健勝を祝願する次第であります。

果敢な国家施策に呼応
組織混乱、円満収拾の方向へ　冬季五輪招請事業に拍車

民団中央本部団長代理　尹　達　鏞

親愛なる在日の同胞の皆さん、明けましておめでとうございます。

一九七二年の元旦を迎えるにあたり、祖国の限りない発展と、在日同胞社会の前進を心から祝福いたします。

過ぐる年は、わが民団の一大民族事業でありました永住権申請推進運動を全団的に展開し、申請者約三十六万数千名にのぼるという大成功をおさめたのであります。

一九六五年韓日国交正常化が締結されてから、両国の親密は日増しにその度合を深め、しいては自由陣営の結束を固める大きな役割を果しております。加えて日本各地におきましても、韓日親善協会が自然発生的に結成されつつあることは、韓日両国民の将来にとってまた世界平和のため誠に喜ばしいことと言わねばなりません。

四半世紀にわたり在日同胞の権益と民生安定のため闘ってまいりました民団は、永住権申請に伴う法的地位向上と民生安定を解決するため、画期的な体制で臨むべく組織の再編成に着手したのでありますが、図らずも一部知覚のない者たちの組織の混乱と扇動により組織の混乱や紛糾が起き、団員皆さんに心配をおかけいたしましたことを遺憾に思うとともに、心から深くおわび申し上げます。

そのような組織の混乱も、各階の有志並びに諸先輩、そして心ある団員の皆さんの御尽力により、円満収拾の方向に向うものと信じております。

そこで、昨年の後期からは本年二月、札幌で開催される冬季オリンピック大会に出場する韓国選手団の後援事業を、併せて本国から約三千名の家族招請事業を、民団全組織の力をあげて推進中であります。必らずや、さきの万博後援事業に劣らぬ成功が期待されるものと信じております。

さて、近来の国際情勢は予断を許さぬ微妙な段階にありわが祖国にも少なからぬ影響を及ぼす結果になり朴正熙大統領閣下は、去る十二月六日国家非常事態を宣言するに至りました。

宣言文にもある通り、中共の国連入りをはじめとする国際情勢の急変と、それが韓半島に及ぼす影響に加えて、北側の戦争準備に狂奔している状態などを綿密に検討した結果、韓国が安全保障上、重大な時点に立っていると判断したからであります。

大韓民国の国民であるわれわれ六十万同胞は、政府がとった国家非常事態宣言の意義を十二分に認識し、このような果敢な国家施策に呼応することはもちろん、むしろ積極的に協力する決意をもたなければならないと信じます。

特に、朝総連系工作員の民団侵透は巧妙な手段をもって行なわれており、かれらによって引き起される各種の組織破壊工作に対しては厳重に対処しなければなりません。

親愛なる同胞皆さん。

今年こそは、よりよい組織と親しまれる民団になるよう、相互扶助の精神を生かして邁進しようではありませんか。

そして、同胞皆さんの御家庭が健康と幸福に満たされた年でありますようお祈り申し上げる次第でございます。

北側の主張に疑惑
マスコミの偏向に迷うな

大韓民国駐日公報館長　尹　泰　魯

在日同胞のみなさん、明けましておめでとうございます。

一九七二年を迎え、わたくしは祖国の繁栄と平和を祈願すると共に、在日同胞みなさんの発展を祝福する次第であります。

いまの祖国は、朴正熙大統領の指導の下に経済自立と近代化への道を着々しく進みつつあります。

祖国の発展を託して発足した第二次経済開発五ヵ年計画は、すでに目標をはかるに上回る成果をおさめました。この輝かしい建設の上に立って、一九七二年度から第三次経済開発五カ年計画がはじまりますことは、同胞みなさんも周知の通りであります。

第一、二次経済開発五カ年中の成長の状況は、実に年間八・六%以上という驚くべき実績を見せたのであります。

これは、朴正熙大統領の指導宜しきを得たこととあいまって、国民の協調がみのったものであったことは申すまでもありません。

今年から発足する第三次経済開発五カ年計画にあっても、同様に国民総力結集の努力が傾けられ、その成果もより大きく飛躍したものになるであろうことを期して待つものであります。

これに対する在日同胞みなさんの一層の参加と協力を願うのであります。

祖国はいま、もう一つ祖国統一という重大な課題をかかえております。われわれはなんとしても祖国統一という宿願を民族至上という名において果さねばなりません。

幸い今年の夏、大韓赤十字社の離散家族捜がしの提唱によって、南北赤十字社間の会合がはじまりました。

われわれは、この会談の成功の願い、真剣に成り行きを注目しているのであります。

それ故に、大韓赤十字社の主張する実現可能な問題から漸次に片付けていくという提案に賛意を持つのであります。

しかし残念なことに、北韓赤十字社側は、実現性のないことを政治的に飛躍させて主張しております。これには大きく疑惑を抱かざるを得ません。それは、北側では今日なお韓国内にゲリラ工作隊員を送り込み、各地で破壊工作をつづけていることと考えあわせ、その意図に不純なものを感じさせるからであります。

この際、同胞のみなさんは、日常の生活にあって、みなさんをとりまく社会環境とくにマス・コミの偏向に流されることのないようこころすると共に、祖国の真意に充分な理解と信頼を持ち、同胞の結集と祖国への協力を誓うことはもちろん、他方では常に北側の不穏な意図に対する洞察を怠らないように望むのであります。われわれは、自由と平和を基調とした民族統一をこころざしているのであるからであります。

今年も飛躍の年でありますよう同胞のみなさんと共に努力を致すつもりであります。みなさんの発展を祈ります。

非常事態宣言に立脚し
抱擁力・忍耐で難問解決

民団中央本部監察委員長　李　寿　成

複雑多難を極めた七一年を回顧する時、新年度にかけられた私の重責を痛感致します。

新年における私の抱負は、私の信条に忠実にありたいということであります。つまり、民団の正常化と発展の為には誠心誠意をもって努力する事はもちろん、不変不動の基本精神に基づいた公正無私の監察事務を遂行するのみであります。

去年三月、監察委員長に就任する時にも所信を表明しました通り私としては愛される民団、明朗な民団組織を目指して、組織の基本であるところの団規を忠実に守ることに全力を尽して参ったつもりであります。が不幸にして、数多くの問題を未解決のまま新年を迎えると云う事は、三機関長の一人として誠に心苦しく思う次第であります。団員各位が周知の通り私の就任以来、今日に至るまで継続的に起る好まざる事に対し、考えるに戦後二十五年間の歴史を有する民団組織の綱紀が、この様な状態で、良いものでしょうか。

わが組織の性格上、如何に異なる信条を持つ人々が団居し、また自由に行使する権利があるといえども異域に住むわれわれが況や日本の地に生きるわれわれにして祖国の威信も民族の矜持も、組織の興亡も顧みることなく支持、反対側を問わず、自己本意に叛逆う行動そのものが真に愛国愛族、愛国運動になり、自由と民主主義の真価につながるものでしょうか。僭越ながら、私は肯定出来ません。それればかりか、最近に至っては一部の者が、自己面派の意に副わない者に対して事実無根の悪事例を捏造し、誹謗中傷を書き立てることによって、組織人の間に、不信、疑惑、猜忌嫉妬を造成し、混乱を煽動する傾きも好ましくない風潮が造り出されておりますが、徒に誹謗中傷をかきたてたり、根も葉もない浮説を奔するが如き、卑劣な行動は、厳に慎むべきだと思います。

親愛なる在日同胞の皆様。世界の情勢が激動する中で祖国、大韓民国にも非常事態宣言がなされ、国家安保を最優先とする重大事態に処するわれわれ在日六十万同胞のなすべきことは、今年こそあらゆる困苦を乗り越えて、忍耐と努力をもって、大同団結し民団の正常化を図ろうではありませんか。

民団正常化こそ、われわれの進むべき道でありなすべき義務でもあると思います。組織の混乱が長引けば、長引く程、敵に利を与える結果になるでしょう。

親愛なる同胞の皆様。海外に居住するわれわれは大韓民国の国民としての矜持と良識ある国際人として、または忠実なる民団員として力強く生きて行こうではありませんか。

諸々の不祥事を清算
60万の信頼得る民団へ

民団中央本部議長　張　聡　明

敬愛する在日同胞の皆さん、新年明けましておめでとうございます。新春を迎えるにあたり、祖国大韓の限りない繁栄と平和を祈念すると共に、在日同胞みなさんの幸福を心から祝福する次第であります。

わが韓国では、朴正熙大統領の英明なる御指導のもとに、全国民が勝共を期して建設に、国防に邁進致しております。しかし皆さんがすでに御承知のように昨一九七一年度は米国大統領の訪中発表以来、それに力を得て中共の国連加入、そうして自由諸国の通貨再調整に手間取っているあいだの変動相場制による貿易の不振、グァムドクトリンによる米駐留軍のアジアからの撤退、削減等による諸問題に振り回わされ、我が国をめぐる状勢も急激にきびしくなったので、これに対処するため国家の安保を優先し、退廃した風潮を一掃し、経済界における流通機構を安定せしめるために、朴正熙大統領は国家非常事態を宣言されたのであります。

本国でもいち早く、支持声明を出し、今日の危機を克服するため総団結して建設に励んでいる政府ならびに全国民に心からの支持と賛同を送る次第であります。

一方我が民団では、本国の現実とは別に、国内に一部相互不信が頂点に達し、互いに傷け合っているため団の威信は地に堕ちたのであります。われわれには団員のために、その権益を護り永住権取得後における諸待遇の獲得問題や、税務斗争、いてでは国威の発揚、この地における韓日親善の架け橋等々、枚挙にいとまのないほど重要な仕事と役割が山積していることを思うと、衷心にたえないし、中央議長として誠に申訳なく思っております。

今年こそは、旧年の諸々の不祥事を清算し、過去の経験を生かして、六十万の信頼を得るよう民団本然の使命に立脚し、その使命に燃え、綱領と規約を遵守し、団員の福祉向上のために、忍耐と寛容を以て活動しようではありませんか。不肖微力ながら全力をあげて努力いたしますことを誓い、新年のあいさつと致します。

迎春

同胞間の紐帯と相互扶助の精神貫け

在日韓国人信用組合協会会長　朴漢植

謹んで新年のおよろこびを申し上げます。

不安と期待の中で迎えました年頭に当り、昨年の日本経済を振り返ってみますと、八月十五日のニクソン声明によるドル・ショックで、大揺に揺れた激動の一年であったと思います。

ご周知の通り、日本経済は70年の秋以降、急激な景気後退局面に入り、71年度も沈滞の局面を示し政府の景気浮揚策によって六、七月にかけてはや、回復の兆しをみせはじめました。

ところが、前述のアメリカの新経済政策に伴う輸入課徴金の問題、ドル、金の交換停止、円の切り上げ問題等による、輸出環境の悪化と設備投資意欲の冷静ムードにより、再び日本経済は、いわゆる情勢不況という言葉が飛び出すなど先行き不安の状態に陥ったのであります。

このような状況の中で、72年の新春を迎えたわけでありますが、今回の不況は昭和四十年の大不況を上回るものともいわれ、政府はそのすみやかな回復を図るべく財政金融面から、積極的な景気刺激策を打ち出したが、これが効果を現わすのは、本年の後半頃と見込まれております。

このように厳しい情勢の中で、新年を迎えたわけでありまして、日頃恵まれていない状況にあるわれわれ在日同胞は、一層の試練に遭遇することも予想されます。

このような時期にこそ、同胞同士の紐帯を強化し、われわれ韓国人特有の相互扶助の精神を貫き、……

新しい時代への即応　良識と善意と理解

東京商銀信用組合理事長　許弼奭

一九七二年の新春を迎えるに当り、組合員の皆様、同胞社会各界の皆様方に、謹んでお祝い申し上げます。

また、東京商銀の発展と躍進のため、常日頃変らぬご支援とご愛顧を賜わり、厚くお礼申し上げます。

ニクソン声明に端を発しました、いわゆるドル・ショックは、日本経済の方向に一つの転期をもたらしつつあり、金融機関をとりまく環境もまた、極めて流動的な変動の年を迎えることと相成りました。……

秋から景気回復で　経営の効率化計る

信用組合大阪興銀理事長　李熙健

一九七二年の新春を迎え皆様のご多幸をお祝び申しあげます。

景気情勢は近年にないきびしさの中で新年を迎えましたが、一昨年の秋から始まった景気後退は、昨年六月頃より生産出荷が上昇に転じ在庫調整の進展、設備投資の繰入れ、金融緩和などから秋口以降は次第に不況回復の過程に入るものと見られていました。

しかるに八月十六日のニクソン声明による米国のドル防衛政策の衝撃は、期待された不況回復の明るみを根底からくつがえし、その後の経済環境は、為替市場の不安定から企業経営者は消極的方針へ切り替え、生産出荷全般に伸び悩みの傾向となり、不況色は次第に濃くなる中で越年致しました。

当組合では、この様な経済環境の中にありながら、初期の目標を超える順調なる実績を挙げ年末には、かねての計画通り八尾地区に新支店を開設し、新支店の成績をもって開店致しましたことを厚くお礼申しあげます。……

非常事態宣言に積極参与しよう

在日大韓婦人会中央本部会長　金信三

敬愛する六〇万在日同胞の皆さん、親愛なる十万在日大韓婦人会会員の皆さん。

多難なる一九七一年も去って、希望にみちた新年を迎え、公私共に万福あらんことを祝願してやまないものであります。

在日同胞の皆さん、人類の歴史はたゆむことなく創造されております。……

民族指導者を育成し在日同胞社会に貢献

東京韓国学校々長　宋基鶴

希望の年一九七二年の年頭にあたり、謹んで新年の祝辞を申し上げます。

顧みまするに、昨一年は、国内……

戦争未然に防止

朴大統領 全国検事長に語る

朴正煕大統領は、全国検察監督会議に出席した検事長たちと青瓦台で接見したが、その席上「われわれの安保状況が緊迫したため国家非常事態を宣言した。この宣言は南侵準備を終えた北韓の脅威に対処するよう国民の固い決意を促求するためのものである」とつぎのように述べた。

北韓にわれわれの固い決意と万全の対策が立っているという現実を知らせるということで戦争を未然に防ぎたいとわれわれは考えている。国民は悲壮な覚悟で難局を克服する努力をし、公務員たちも同様の覚悟で職責を全うしなければならない。またこの時局に個人の利益のため流言蜚語を流すような行為は徹底的に取締まるよう望む。

赤十字物別れ会談続く

「親戚含める」で足踏み

南北赤十字第十二回予備会談が十二月十日午前十一時板門店で開かれた。

こんどの会談で大韓赤十字社の金鍊珠首席代表は「前回の会談で大韓赤十字社は両側の意見を最大限に反映させて"あゆみ寄り"修正案を提出、家族の住来という範囲に親戚もふくめるようにしようと提議したが、これを本会議の議題として採択しよう」と北韓赤十字会に提案した。これに対し北韓の金泰煕代表は「親戚の概念があいまいである」といって韓国側の修正案を拒否した。

南北赤十字予備会談は十月二十九日の第六回会談から本会議の議題をめぐり、双方の意見がかみ合わず難航にはいった。韓国側が本会議討議の順序として、①離散家族の生死および所在の確認と消息を知る問題、②書信の交換、③再会のあっせん、相互訪問、④家族の再結合問題、⑤家族が死んでいる場合の墓地の確認、墓参ーの五項目を提案、まず離散家族の苦しみを少しでも取除くためにこれらの解決を見出した上で親戚、親友などの自由往来も決めてけ〔ようと主張したのに対し、北韓側は「親戚や親友の苦しみも家族同様だから、親戚、親友の自由往来をすぐに決めるようにしなければならぬ」と強調、双方の意見は調整できぬままに七回にもわたって予備会談が（一カ月半の期間）物別れを繰返した。

そこで韓国側は会談というものは自分の側だけの主張では成立しないと「別れ別れの家族の苦しみの深さは一刻も早く解決すべきものである。

このままの足ぶみ状態が続けばわれわれの"家族捜し運動"もいたずらにキズ口をなでまわす類のものとなってしまう」ことを憂え、前回（三日の第十一回予備会談で北に歩み寄り「家族捜しの範囲に親戚もふくめる」という修正案を提出、本会談の議題取り決めを急いだ。

しかし北韓側はあくまでも「親戚、友人」の線から退かず"物別れ会談"が続いた。

非常事態宣言に対する声明書

在日韓国新聞通信協会は、中共の国連参加を契機として、かもしだされた国際情勢の急変と、北傀の挑発策動が、国家の安全保障に重大にして深刻な影響を及ぼしている現時点に際し、十二月六日に発表された朴大統領の非常事態宣言を積極的に支持するとともに、在日韓国人としての自覚と決意を新たにして、次のように声明する。

一、われわれ在日韓国人は本国と立地条件を異にしているという特殊な環境にあることを念頭におき、責任と節度のある言論活動を通して国家安全保障を最優先とする新しい価値観の確立に指導的役割を果す。

二、われわれは国家非常事態を克服する一つの姿勢として、在日同胞社会のより強い団結と総親和を実現するために、先導的使命を完遂する。

三、政府は国民の総力を結集するため、あらゆる不正と不条理を断乎一掃し、祖国守護の大義に生きる建設的民族を振い起すよう強力な施策をとられんことを要望する。

一九七一年十二月二十日

在日韓国新聞通信協会

写真で見る 本紙報道一年の足跡

永住権申請30万突破発表の事務局長と中央役員（一月）

第七代大統領に、朴正熙大統領が再び就任した。就任辞をのべる朴大統領と、臨席した夫人、家族たち。（7月1日）

第5回韓日定期閣僚会議は8月10日東京でひらかれた。羽田空港でステートメントを読みあげる金鶴烈副総理

5月24日、東京の勝共大会に出席した金鍾泌氏（中央）

埼玉にも日韓親善協会 —十二月七日—

「国家非常事態宣言」支持を声明する尹団長代理（右）—12月13日—

㊤在日ミス・コリア・コンテスト㊦4月の本国決選大会で賞に入選オーストラリアの世界大会に参加した在日同胞曺愛子さん

民俗歌舞芸術団、本社招請で全国公演

新駐日大使に、李澔氏が就任

前民団中央本部議長の朴根世氏は2月2日永眠、民団葬で故人の冥福を祈った。

東京韓国学校文化祭は、今年もおおいに話題をよんだ（11月20日）

わが血！わが父母！

国土分断二十六年ぶりの八月二十日、「南北家族さがし運動」の幕は切っておとされた。板門店でかたい握手の南大韓赤十字代表と北韓赤十字代表（右下）は十月六日の第三回予備会談で本会談のソウル—平壌相互開催がきまり、喜び合う両代表

東京本部各支部三機関會議

札幌冬季五輪在日韓国人後援会結成（九月二十日）

8月15日の光復節はこれで26回目。東京では、韓国学校で中央本部主催で行なわれた

不隠録音→除名と停権→東本直轄→解除→中央委延期まで—

㊤から7月8日、都内支部会議で説明する李団長

㊥11月10日、東本直轄解除を言い渡す尹団長代理㊦ ㊦5月7日、録音事件の経緯を発表する金在権公使、その㊦10月23日、19回中央委流会をスピーカーで発表する張議長と李監察委員長

東京商銀、新宿に本店を新築開業（十一月八日）

九月一日、関東大震災殉難同胞追悼

朝総連粉砕のプラカードを先頭にデモする国際勝共連合—12月14日—

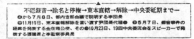

明けましておめでとうございます

民団各地協 一斉に開催

非常事態宣言支持

冬季オリンピック招請事業

△近畿地協　△中北地協　△四国地協（十二月二十一日）　△九州地協　△東北地協（十二月二十三日）

民団京都地方委員会

「民団自主守護京都委員会」と「京都民団正常化有志一同」の即時解消を決議

「決議事項」

非常対策委員強化、非常事態宣言支持声明

海外から送金額減る

10月末で三千六百万ドル

四階建てビルを寄付して奨学金も

今年にはいってから海外同胞……

鄭東淳氏に教育表彰状

北域にも"人間性の尊厳"を

第23回世界人権宣言記念式

ソウルで開店

富士銀と第一勧業

「在日韓国人六十万」

李瑜煥氏の快著

特派員の眼

日本の表・裏

〈その二〉

技術者の相互交流

日本の大企業体、財閥を問わず、この原則に抵触しない企業体は一つもないといっても過言ではない。

資金融資工作ひろげ

韓・日条約まで無視

揺らぐ日本政界

生き返った周"四原則"

忘れたか「韓日基本条約第三条」

韓国日報 鄭泰演記

韓日酪農協議会設立を前に

本社主催で、懇談会ひらく

〈合意事項〉

〈主な出席者〉

歳末に心こもった激動

横浜の鄭領事

尋ね人

金玉蓮さん（一九二六年六月二六日生れ）

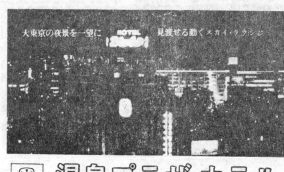

日本学生の価値観と未来像

東京教育大学講師　鈴木博雄

まず、個人の基本的人権が尊重され、自主独立の精神をもった個人が同時に民族の一員として、または一国民として国家社会や民族の運命に深い関心を持ち、その義務を遂行することは民主国家における国民の当然のあり方であるが戦後日本の場合は、個人の権利を強く主張して、これを国家社会の力によって保障させることを要求する一面だけが強調されて、個人が民族の一員として、また国民の一人として存在するという連帯意識が弱く、したがって、国民として果すべき個人の義務を軽視する傾向が強くなって来ている。この傾向は、国民の政治に対する態度としては、個人の政治的要求を集団の力によって実現しようとする形をとってあらわれて来る。つまり、圧力団体と呼ばれる集団エゴイズムが横行し、その力関係がそのまま政治に反映するという弊害を招来している。

戦後の日本人の価値観の第二の特色は、この圧力団体の横行に見られるように、社会正義や倫理的な善悪の判断よりも、力の論理の優位性を認めている点である。すなわち、民主主義における多数決の原理が、機械的に多数の力、集団の力を是認する力の論理とすり替えられてしまっており、そこから多数支配の暴力に対する反発が出て来、少数者は多数者の暴力に対して実力行使による力の暴力によってこれに対抗しようとするに至る。学生運動に見られる過激派の暴力行動は、学生運動内部における少数者の反発に起因する場合が多い。こうした力の論理への信仰は、多数決原理の誤まった理解と民主主義社会における価値の相対化傾向が背景となっているといえよう。

戦後日本人の価値観の特色として、第三に指摘されるのは、物質的価値が異常に重視され、精神的価値が過少評価されている傾向である。戦前の日本では、物質的価値よりも精神的価値が優位に置く価値観が明確に存在していたが、戦中戦後の物資欠乏の異常な経験から、戦前の物質的価値を軽視した精神主義に対する反動が生まれ精神的価値を否定したり、軽視する風潮が醸成され、それが最近の高度経済成長による国民所得の増大によって一層拍車をかけられたのである。この傾向は学生においては感覚的な快楽を追求する享楽的傾向となって出ており、具体的には、カードライブ、ジャズ・ミュージック、フリーセックスなどのレジャー面にあらわれている。そして、すべてを忘れて学問や運動などに専心するという禁欲主義的な生活態度は歓迎されず、むしろ、学問とレジャー、仕事とレジャーを使い分けた多様な生活を肯定している。

その意味においては、現代学生は、学問、教養、趣味、娯楽などの社会生活の全般にわたって比較的調和のとれた平均的な生活方を理想としているといえよう。戦後の日本人の価値観の特色として、とくに学生などの若い世代に強く見られる傾向は、伝統的なものを軽視し、つねに新奇なるものを摂取しようとする傾向を指摘することが出来る。戦後の価値観の大転換以後、おとなの世代においては自己の思想、信条を時勢に合わない古いものとして卑下する風潮が強く、逆に若い世代はおとなの思想・信条が彼らの理解出来ないものであると共には、これを古いものとして否定する傾向があった。ここから事物の本質的な判断よりも、時勢に適しているか否かという角度から是非の判断がなされるということになり、新しい伝統的なものが軽視されるという風潮になっている。

以上のように、戦後の日本人の価値観を考察すると、いわゆる世代の断絶といわれるおとなの世代と若い世代との間の対立も、原理的な価値体系の対立というものではなく、むしろ戦後の民主主義社会における民主的な価値体系が社会的現実との関連においていかに実現されるべきかという点におけるズレであるとみることが出来る。

たとえば、法規範に対する態度においても、おとなの世代においては、状況の如何にかかわらず、法律は絶対に守られるべきであると考えるものが過半数を占めているのに対して、学生の場合は一般的におとなと同様に法律を遵守すべきことを認めながら、具体的な状況によっては、法律を守らなくてもよいとする相対的な考え方をするものが三六％もあって、いかなる場合にも絶対的に守るべきであるとするもの（三八％）とほぼ匹敵している。この外、学生のなかには、法律を無視してもよいとする無視派が一一％、法律を否定する否定派が五％に達している。したがって、政治活動における暴力についても、おとなの世代が圧倒的に絶対的暴力否定が多いのに比して、学生には、暴力否定は原則的に認めるが、状況によっては止むを得ないとする条件的暴力否定を支持するものが多いという相違を見せている。

このように、建て前としてもっている価値観においては一致しながらも、現実の社会的状況における適用の際の判断が著しくズレているわけである。こうした状況について、学生は、おとなのもっている民主的な価値観が不十分で徹底されていないと批判し、または民主的な価値観を形骸化させているおとなの態度に厳しい不信の念を表明しているのである。これは戦後の日本における民主主義が、一般的、形式的な形で受けとられただけで、政治的経済的社会的現実とのかかわりにおける実質的なものとしてとらえられていなかった傾向があり、これに対する戦後世代の鋭い批判があらわれたものと理解することが出来るのである。しかし、学生のなかには、実質的な民主主義の価値を実現するために、民主主義の形式面を軽視するものもあらわれ、直接的な暴力による実質的な民主主義の実現を意図するに至っている。こうした暴力的傾向は、結果的には民主主義を否定するものとして厳しく国民の批判を浴びている。

第2回日韓教授親善セミナー開く

アジアと世界平和に貢献

犠牲的な愛をもって新しい歴史の創造を渇望

第二回日韓教授親善セミナーが去る十二月十五日、東京大手町の経団連会館内国際会議場において、三輪知雄氏（元東京教育大学々長）を団長とする日本側教授三十六名と、李[illegible]氏（成均館大学教授）を団長とする韓国側教授三十四名が参席して盛大に開会された。同セミナー実行委員会が提示した現代学生の価値観と未来像に関し、日本側は鈴木博雄教授、韓国側は朴[illegible]教授がそれぞれ発表し、広い範囲にわたる討論が展開された。両者とも一般的な見解としては同じものを指向しているが、歴史的な背景からくる違いによって、根本的には両方とも異った見解を表明する結果になった。

日本側としては、経済が高度に成長しているためか、人間自体の問題をマルクス経済理論によって問題を分析し、一方韓国側は、理論的な要素を目指しながらも、北韓と対峙している現実、それに六・二五動乱という苦い経験があるので、日本側のいう共産主義理論などと考えられないとし、従って絶対的な反共論で反論する結果になった。

それでも、このような見解の相違を乗りこえて、学問的な情熱に基いて、犠牲的な愛をもって新しい歴史の創造を渇望する両国人学生の明い未来のため、また両国大学生がアジアと世界平和に貢献することが出来るように努力するということで完全な意見の合意をみた。

㊤発表する鄭在権教授（右から二人目）㊦は会場

学生の思想的基盤

以上は戦後の日本国民全体の価値観に関連させて学生の価値観の特色を概括したわけであるが、つぎに学生の抱いている思想的基盤について考察してみよう。

学生の思想傾向に直接的に影響をあたえるものは、日本の思想界、言論界、学界の思想傾向であるが、これらに共通する全体的な特徴を挙げれば、（一）公式的左翼的の立場に立つ。（二）感情的ムード的傾向が強く、合理的な実証的[illegible]研究態度が少ない。（三）[illegible]。（四）[illegible]マルクス、あるいはそれに近い立場をとるものが多く、リベラリズムの立場をとるものがこれに次いでいる。学界の間には民族主義の立場をとるものがあるが、思想界ではその勢力は極めて小さい。

こうした思想界、言論界、学界の思想傾向は、学生の思想形成に[illegible]とくに学生の多くがムード的に左翼思想に近い立場をとっていることは、これらの影響によるところが大きいと見られている。

こうした学生の公式的な左翼思想への傾斜現象については、（一）教師の影響（二）マスコミの影響（三）学生の思想形成能力の貧弱さ（四）適切な指導者の不足（五）政治的経済的社会的状況から来る影響、などが指摘される。

他方、大学の大衆化傾向とともに学生の数も急激に増加し、一、四六八、〇〇〇人（四十六年度大学のみ）に達している。こうした大衆化された学生のなかには、明確な態度に厳しい不信の念を表明しているのである。これは戦後の日本における民主主義が、一般的、形式的な形で受けとられただけで、政治的経済的社会的現実とのかかわりにおける実質的なものとしてとらえられていなかった傾向があり、これに対する戦後世代の鋭い批判があらわれたものと理解することが出来る思想的立場をもたず、政治や社会の動向にも深い関心を示さない無関心層が次第に増加している。これが学生の理想状況にも大きな影響をおよぼしており、学生全体の大勢は大多数の中間層が先鋭な学生活動家と無関心層との両極に分極していく傾向を示しつつある。

学生の政治意識

現代の学生は、政治や社会に対する関心が強く、とりわけ、一九七〇年代の国の安保をめぐる[illegible]する政治・経済の動向に強い関心を示している。それは、かれらが国の政治や経済の動向を国民として将来に関心を持つというよりも、そうした政治や経済の動向がそのまま彼らの未来に直結しているという個人的な関心から発しているのである。

このように現代の学生は、政治的なものに高い価値を認めているので、つぎに国民全体の政治意識の分布図のなかにおける学生の政治意識について考察してみよう。

（中略）団体に学生についていえば、完全否定グループは過激な学生運動をするグループであって、その比率は〇・五％～一％前後である。

平和志向グループのなかでは、学生の占める比率が高い点に注目される。しかし、学生全体の分布状態からいえば、なお少数派である。政治志向グループと中間層グループのなかで学生の占める比率は高くないが、学生内部の分布状態では、この二つのグループはともにかなりの多数を占めている。堅持グループは現政体支持のグループで、学生についていえば、民族派学生の一部が支持するだけで、学生の占める比率が目立って低い点が注目される。無関心グループは、学生のなかにもかなり該当者がいるが、国民全体からみれば、その比率はとくに目立っていない。

以上のように、安保条約改定に関する国民の政治意識において、とくに学生が顕著な役割を示すのは、完全否定グループと平和志向グループにおいてである。したがって、学生が全体としてラジカルであるような印象をあたえているわけである。しかし、学生全体の政治意識の分布を見ると、完全否定グループや平和志向グループ、堅持グループなどは、いずれも少数の比率を示しているに過ぎず、大多数は政治志向、中間層、などのグループであり、[illegible]無関心グループも少なくない。学生全体としての政治意識は、比較的穏健、中庸で国民に似ている[illegible]イメージとはかなり違っている。

（中略）

現代学生の未来像

学生の未来像を考えるに当って、まず、前提になるのは、大学の大衆化とともに学生が戦前のように精神的エリート階級ではなく、国民大衆そのものとして存在するようになったことである。したがって、戦前から継承されて来ている学生の特権意識やエリート意識はまず清算されなければならない。こうした学生の奇妙なエリート意識とその裏側に同居する社会への甘えの心理が、学生の政治活動においてひとりよがりな独走を生んでいる結果になっている。

（中略）

現代の学生については、すでに述べたように、率直さ、合理性、自主性、行動力、社会的連帯性、などにおいて戦前の学生にはない長所もあらわれて来ており、こうした学生の傾向は、今日の学生が種々の問題点をかかえながらも長期的な展望においては、民主主義社会にふさわしい学生として成長して行く可能性を示すものである。

洪吉童傳（六）

許筠著

洪相圭 訳・編

「殺人たけだけしい貴様の所業によれば、貴様はいくばくかの金に買われて、貴い人命を、奪うのを業としているとのよし、断じて許せぬ罪業である。あたら、数多い人命が、貴様のその血に濡れた手にかかって、果てたことを思うだけでも、八つ裂きにして、なお、あまりある。たとえ、虫けらみたいな奴を、生きながらえさせたところで、世間にそれだけ害こそあれすこしの益もあるまい。

貴様みたいな極悪者は早く成敗して、彼の悲しみを断つことこそ、人のためになろう。さあ、観念いたせ」

ひと言わ声を励まし、あざやかな抜打ちの一刀を浴びせた。前命が通っているかのようにみえた特才の首も、こうなれば生身に過ぎずころりと、もろくもその胴体を離れて、へやにころがり落ちた。

「哀れな奴よ。人と生れてきながら、けだもののようにすさんだ生命を[illegible]に、虫けらのように死んでゆくとは。死んだ後に刑はない。

これ、お才、あの世にいっては必ず改心をいたし、もう一度人と生れてその生命を全うせよ。南無阿弥陀仏」

と死んで哀れな合掌の間に言業の端には、新しい怒りが燃えだした。

「いわば、この特才奴は自分の口ではっきりといったように、一介の下手人に過ぎぬわけだ。この無法者の背後で糸を引いていた奴らこそ、憎んでもあまりある奴原だ。この際、特才の地獄の道づれにしてやる」

来た、ひもを使って例の特才に長けた男女と、吐八合を並べて占術の人生をその出発点からゆがめた女人相師を金縛りにしたうえで特才の死体が無惨に転がっているへやにぶちこんだ。

むっと鼻をつく血生臭い匂い、かっと目を剥いている特才の首、でくのように横たわっている胴体いまださこの世の執心を捨てきれぬように、ぽたり、ぽたりと天井から落ちてくる血の雫、それに加えて、時は犬の遠吠えにさえ怯える夜の三更ときているから、どんなに気丈な女でも気を失うはずであった。

恐怖心でがくがくと震えていたふたりの女は、いつのまにか子供のようにひざ小僧をならべて、[illegible]を伏し拝んでいた。

「これ、両人、おもてをあげろ」

[illegible]の声は[illegible]ならぬ彼らの耳たぶを打った。

「は、はい」

「お前らとは何の恨みより、一面識もないわしである。このわしになんの深い恨みがあって、若山特（初蘭をさす）と図り、[illegible]とするのか。包み隠さずに申してみよ」

しかし、生命惜しさの一念に駆られた、二人の女は不肖[illegible]にも、しらをきるばかりであった。

「いいえ、それは誤解であります。われらがどうして、そんな大それたことなど覚えつきましょう。少しもあずかり知らないことです」

どこまでも非をつくその図々しい態度が吉童にはたまらなく面憎かった。「お前らは、ほんとうに、生まれながらの悪党じゃ。問答無用、一思いに冥のきずなを断ってやる」

◇

水より濃いのがやはり血であった。ほとばしる肉親の愛情は人倫にそむく肉親のおきてを、ひとたまりもなく崩し流した。せきとめられていた感情の奔流は二対の眼に涙をなし、万言よりも雄弁な無言は心より心へ伝わり、父と子の二つの胸底に、ほのぼのと愛の灯をともした。

しかし、再び帰らぬ遠い日の対面の楽しい図は、また同時に永遠の別離の悲しみの図でもあった。吉童が生れ落ちてこのかた十有余年始めて父と呼べるこの夜は、無常が入りまじり、万感が吉童の胸を圧した。

「父上、勿体なく存じます。もう、死んでも悔いはございません。不肖の子のために心痛ばかりおかけ申し上げて、不孝の至りなにとぞお許し下さいませ。

離るるに臨みまして、ただただお願い申しまするは、ご尊体、ますます、御清福であられますよう。」

強いてとどめようとする吉童を、引き止めることは賢明なことでないのを知っている父は、どこに行っても達者で過ごすようにと、くれぐれもさとして別れを惜んだ。

父と別れた吉童はつぎに母親のへやをみわて、ここでもまた前廊の別れのあいさつをのべた。

「母上、長い間をつねに、ご心配ばかりかけてきましたこのふつつかものは、ここを立ち去るよう余儀なくされております。今宵といわず、今すぐ立ち去ろうと思います。不孝の数々をお許しくださいますよう。後日、いつかはおそばへ近くで、孝行を尽くそうと思っておりますゆえ、私めのことを心配なさいませ。くれぐれもお願い申し上げます」

吉童の母親春蘭はまさに寝耳に水の沙汰であった。母親の鋭い直感で、そこには何か取り返しのつかない、大きな因縁があったことを、敏感に感じとり、ひしとばかり、わが子の手をとりあった。こみ上げてくる[illegible]まじりの恨みごとばが、ときれときれに口をついて出た。

「同じ屋根の下で住みながら、「庶民が子供」とは、お前とこの母親をなしていたようなものです。そなたなくてはこの母は一日も生き甲斐を覚えません。どこへ行こうというのです。世の中とはこんなに悲しいところなの。

この母親の悲しみをよそ目に、父の目の届かない所に行こうとするのですか。中の成り行きは聞かねど察しはつきます。

ただ、ただ、この母親はそなたの帰って作る日が、一日も早いようにに祈るだけです。どこにいっても身を大事にするのですよ。吉童!!

身も世もあられなく、泣きむせぶ母親の姿に、後ろ髪を引かれる思いをしながら、吉童は十有余年間住みなれた我が家を後にした。

韓國新聞

在日大韓民国居留民団
中央本部機関紙
韓國新聞社
発行人　李禧元
東京都文京区春日町
2丁目20－13
電話 (815)1451～3
(813)2261～3
振替口座 東京 163774

民団綱領

一、われわれは大韓民国の国是を遵守する
一、われわれは在留同胞の権益擁護を期する
一、われわれは在留同胞の民生安定を期する
一、われわれは在留同胞の文化向上を期する
一、われわれは世界平和と国際親善を期する

朴正熙大統領 年頭あいさつ

分散した底力総結集

非常事態体制の確立へ

自主実利外交を展開

祖国の平和統一を実現

朴正熙大統領

朴大統領あいさつ

有備無患
一九七二年 新年 朴正熙

副総理に太完善氏起用

朴大統領 経済閣僚一部改閣

権逸、金載華、李禧元氏ら16名
在外国民指導委員会が発足

南北赤十字会談
いぜん平行線

第二次五ヵ年計画の実績と第三次計画の青写真

成長から均衡優先へ

72年度の総資源予算案ほぼ完成

八大目標に重点

三次5ヵ年計画の青写真

二次5ヵ年計画の実績

一人当り三八九ドル

年24%の輸出増加

失業率4%に減少

国際環境の調和

輸入代替に基盤

人口の抑制

25%の高い投資率

食糧自給への努力

工業生産は倍加

技術水準も向上

脱、後進ランキング

駐韓日本大使館異動

韓日協定永住権者の出生子女に対する永住権申請手続に関するお知らせ

中央本部民生局

2次計画の計画と実績対比

◇総量（1965年価格）　単位：10億ウオン

	1966 金額(A)	1966 構成比	1971 計画 金額(B)	計画 構成比	計画 B／A(%)	1971 実績 金額(C)	実績 構成比	実績 C／A(%)	計画期間中平均増加率 計画	計画期間中平均増加率 実績	C／B
国民総生産	913.82	100.0	1,169.67	100.0	128.0	1,566.91	100.0	171.5	7.0	14.4	134.0
農林水産業	345.91	37.9	397.26	34.0	114.8	376.45	24.0	108.8	3.0	1.9	94.8
鉱工業	181.43	19.8	314.16	26.8	173.2	471.17	30.1	259.7	10.7	21.1	150.0
社会間接資本	386.48	42.3	458.25	39.2	118.6	719.29	45.9	186.1	6.6	13.3	157.0
消費支出	792.17	86.7	1,001.27	85.6	126.4	1,347.79	86.0	170.1	5.5	10.6	134.6
総投資	207.38	22.7	233.00	19.9	112.4	483.46	30.9	233.1	19.0	30.4	207.5
国民貯蓄	121.65	13.3	168.48	14.4	138.4	219.12	14.0	180.1	11.6	15.5	130.1
海外貯蓄	85.73	9.4	64.60 (243.4)	5.5	75.4	264.34 (996)	16.9	308.3	7.4	14.9	409.2
輸出	120.68 (454.7)	13.2	190.74 (718.7)	16.3	158.1	430.48 (1,622)	27.4	356.7	12.8	29.3	225.7
貿易	66.43 (250.3)	7.3	145.97 (550.0)	12.5	219.7	299.90 (1,130)	19.1	451.5	17.1	35.3	205.5
貿易外	54.25 (204.4)	5.9	44.77 (168.7)	3.8	82.5	130.58 (492)	8.3	240.7	3.2	20.7	291.7
人口（千人）	29,086	—	32,429	—	111.5	31,849	—	109.5	2.2		98.2
1人当GNP（ウオン）	31,418	—	36,069	—	114.8	49,198	--	136.6	4.7	9.4	136.[illegible]
（ドル）	(130.8)		(143.3)			(252.9)					

"大完善経済チーム"の成敗は?

非常中の自由経済実現

潔白性認められ"腐敗"根絶

目標額越える

108ヵ国983品目に

71年の輸出実績

韓米繊維

正式協定に調印

昨年10月1日発効

5年間

七二年の外貨需給計画

六百万ドルの受給上昇に策定

全国卸売り物価指数8・6%上がる

歳末相互扶助運動第一報

宮城県本部

8日、中央の新年会

大阪茨木支部 会館増改築

盛大に祝賀会

大阪・布施支部 改築祝賀会

本国論調

72年の外交力点

総ての底力を戦争抑止力に

未然防止の国際的環境の改善を

平和守護の道は誤認させぬこと

悪意に満ちた金日成演説

底力を内政と外交に集中して

(韓国日報・1・5日)

税務相談

解答者 尹達鏞

損益通算について

問い

答え

札幌冬季オリンピック韓国人後援会

鄭建永氏、会長に就任

鄭建永札幌冬季オリンピック在日本韓国人後援会々長は、一月二日会長就任のあいさつを通じ、大要次の通り述べた。

鄭建永会長あいさつ

オリンピックは国際的な体育交流を通じ、相互の理解と親善を深めるところに意義があり、これを思想的・政治的もしくは政治的な宣伝に利用される場合は、むしろ国際親善はさておき、人類の憎悪と敵意を招くことになりかねない。

にもかかわらず、札幌冬季大会を迎える北傀並びに在日朝総連集団は、昨年のプレオリンピックを通じてそのような動きを露骨にしてきたし、来るオリンピックにおけるかれらの思想的・政治的な宣伝運動を活発に展開することが予見される。

このような現状にかんがみ、わが札幌冬季オリンピック在日本韓国人後援会は、オリンピック本来精神を再認識し、わが大韓民国が韓半島における唯一の合法政府であるという矜持を固くし、北傀集団の挑発に対処しなければならないことはもちろん、無用な紛争を惹起せず、主権主人公の意識をもって大局的な判断と行動にたってこれに対応しなければならない。

近来、わが民族陣営は……

後援会任員発表

▽最高顧問　李澔（駐日韓国大使）

▽常任顧問　……

▽顧問　……

▽会長　鄭建永（在日大韓体育会長）

▽常任副会長　……

▽副会長　朴玄（民団大……）

……

東京は7日結成

札幌冬季五輪対策推進委員会

東京都内各支部主催による札幌オリンピック対策推進委員会が、一月七日午後二時から千駄ヶ谷「外苑」で結成された。

同結成大会は都内二十二支部の支団長と、大田、高島支部正常化委員会の代表が参加し、大使館からは李総領事、洪領事が臨席、また民団非常対策委員会の鄭東淳会長以下五十余名が参席のもと、金栄洪品川支部副団長の司会で開催された。

まず、国民儀礼のあと金尚寿文京支部団長のあいさつからはじまって、鄭東淳会長、李澔大使らの祝辞がのべられたあと、招請事業を成功させるための協力態勢と、それに伴う保安対策等に関し真剣な討議が重ねられた。

なお、同委員会の陣容は次の通り。

▽委員長　金尚寿（文京支部団長）

▽副委員長　……

結成された札幌五輪対策推進委員会（千駄ヶ谷「外苑」で）

領事業務、支部・個人別に

東京地区・大使館で直接扱う

駐日本国大韓民国李澔大使は、昨年十二月二十三日、民団中央本部尹致夏団長代理に宛て「民団東京地区の札幌冬季五輪家族招請に関する事務を、支部又は個人別で取扱う」旨を通知した。これは、かねてから、東京都内各支部の要請を受けた中央本部が、大使館に請願した領事事務に関する要望に対する回答である。

支団長らの請願通る

大使館　12月23日付で通達

……

政府補助一億二千万

東京韓国学校へ

閔文教部長官が手渡す

閔文教部長官から補助金が贈与された（東京韓国学校で）

閔寛植文教部長官は10日、東京新宿区若松町にある東京韓国学校を訪れ、安翊出理事長に韓国政府の補助金一億二千八百余万円を授与した。……

閔長官はこの日の訓示を通じて「政府は在日同胞の民族教育が現実に適応した実りあるものにするため、根本的に教育方針を再検討したい」と強調、直ちに同校理事陣、教職員らと意見を交換した。

東京に「韓国大学」

閔長官、都知事に要望

……

"日本の北韓接近は黙過出来ない"

金総理訓示

……

札幌参加

韓国選手団決る

来る2月3日から開かれる札幌冬季オリンピック大会に参加するわが国の選手団が確定した。大韓体育会は7日、ソウルで選……

世界に誇る韓国製空気銃

日本でブーム、統一産業が普及

第一回鋭和B－3国際親善共猟会

上位入賞者は「済州道」へ招待

タフでハイメカ、強い威力をもつ3－Bはイカす

……

国際共猟大会

……

17日、玉蔵院と市民会館で

崔貴鉉団長・追悼式

……

ミュンヘン選手四月中に選抜

……

世界最初の本格派鋭和空気銃の偉力

……

尋ね人

……

第2回日韓教授親善セミナー

前号に続く

韓国学生の価値観と未来像

ソウル中央大学校学生処長　朴賛発教授

問題提起

一九七〇年八月十五日、朴正熙大統領は光復二五周年記念式にて南北統一に対する画期的な提案を北韓に提示、UNの権威を認定し武力行動を放棄すれば、いつ、どこでも共に具体的な方案を討議する用意があると言明し、国際世論に大きくアピールした。

一方、一九七〇年十一月十四日の第五次北韓労働党大会において金日成に対する神格化が一層確立され、中共とともにアジアの反帝闘争に、共同歩調を取ることを決議し、また一八〇万労農赤衛隊以外に、中学生以上から組織された七〇万の青年赤衛隊を軍隊化することによって武力侵攻はさておいて戦時経済体制下の国防力強化に狂

争し、南韓においては[illegible]に対する闘争のような自由守護の先鋒者的役割を果してきた。このような韓国学生の確然たる運動方向は、西欧文明の輸入と政治、経済的な不安定により、漸次共産権に対する反抗に移行されたことは非常に重要な事実であろう。

一九五〇年六月二五日、北韓からの南侵とそれにともなう共産主義に対する憎悪は国民にねばりづよくはっている。国家観定立の精神的支柱であるが、一方自由主義国家の共通的なジレンマである極度の自由、個人主義傾向が、国家的な総和を要請するところに亀裂をもたらすのではないかという憂慮を生み出している。

さらに重要であることは、アジアの平和のための努力の一環とし

価値観の考察

韓国大学生の政治、社会、経済そして文化生活面に対する価値観は、一九六〇年の四月革命を分岐点として大きく転換された。

一九五〇年代においては、与えられた任務として学業のみに専念し、かつ国家に貢献すればよいという理想方式であったが、一九六〇年代に入り、四・一九学生革命が成功されることによってエリート的意識が決定的に強化されたのではなく、すべての分野に直接参与し既成世代に劣らぬ推進体となるという動きが明らかにみられるようになった。

このような学生運動は、外国の各種学生運動と自由に満ちた西欧の文物の無批判的輸入が加重されるにしたがって、各種デモ現象を招来させ、学生運動の方向に大きな物議を招来するに至った。

一九六〇年代に自由主義国家を旅行したことのある人であれば、[illegible]

伝統的家族観念

[illegible]

政治社会的態度

[illegible]

外国に対する観念

[illegible]

指導者に対する価値観

[illegible]

理想の生活目標

[illegible]

戦争に対する観念

[illegible]

結論としての未来像

[illegible]

「新しい時代」創刊

幅広い綜合誌ねらう

[illegible]

月刊誌「韓」

[illegible]

洪吉童傳 (七)

許筠著　洪相圭訳・編

[illegible]

四、大将軍となる

[illegible]

韓國新聞

在日大韓民国居留民団
中央本部機関紙
韓国新聞社
発行人　李禧元
東京都文京区春日町
2丁目20−13
電話 (815)1451−3
(813)2261−3
振替口座 東京 163774

民団綱領
一、われわれは大韓民国の国是を遵守する
一、われわれは在留同胞の権益擁護を期する
一、われわれは在留同胞の民生安定を期する
一、われわれは在留同胞の文化向上を期する
一、われわれは世界平和と国際親善を期する

第三次五ヵ年計画強力実施

朴正熙大統領、施政方針表明

不条理現象除し不正根絶

国家保衛慎重、生活不安与えず

朴正熙大統領はこのほど、中央庁第一会議室で今年初の記者会見を行ない、安保、外交、経済など国政全般にわたる施政方針を表明●北韓が武力統一の野心をすてない限り、われわれも生存と自由のためすべての国力を動員し、安保体制の確立に総力を注ぐ●今年の国連総会で南北韓同時招請案が採択される可能性については、昨年八月十五日の宣言を北韓が受諾すれば互いに話し合うことはできるが、この前提がない限り時間の浪費にすぎない●国家保衛に関する特別措置法の運営を慎重に行ない、国民の生活に不安を与えないようにする●今年から始まる第三次五カ年計画の三大目標は農村の近代化、輸出の画期的増大および重化学工業の育成である—などを明らかにした。(以下その要旨)

朴正熙大統領

17日から金利引下げ

貸出19%、預金は16・8%

共産政権が統一妨害

忍耐強く対話と交渉

南北赤十字会談は良い始発点

西独J・ボルラビ下院議員講演

西独国際親善協会の民間外交計画の一環としてこのほど韓国を訪問したJ・ボルラビ西独下院議員は十日ソウル大学の講堂で「ドイツと韓国の統一問題」というテーマで講演した。

同氏は一時間二十分にわたる講演ののち、質疑応答で「分断と統一」のさまざまの問題点に関し所見を述べたが、とくに国連加盟の問題に関して「東西ドイツが同時に国連に加盟するという問題では、その加盟により"二つのドイツ"が国際的に認定されることになることを注意しなければならない。これはすなわち、ドイツの分断を固定化してしまう結果をもたらせるものである」と指摘ドイツとしては強いて国連にはいろうとはせず、国連外に留まって問題の本質的解決に努力することが望ましいと考えると語った。

以下は同日のボルラビ議員の講演である。

(つづく)

朴大統領、国防部を巡視

新民「安保」対米決議案を提案

双方の主張対立のまま

韓日協定永住権者の出生子女に対する永住権申請手続に関するお知らせ

記

(一) 出生日より十四日以内に出生申告。
(二) 外国人登録手続は出生日より三十日以内に居住地の市、町、村、区役所に申請する事。
(三) 在留資格取得は出生日より三十日以内に管轄の出入国管理事務所に手続する事。
(四) 協定永住権者の子女として一九七一年一月十七日以後に出生した子女は、出生日より六十日以内に必ず永住権許可申請をしなければなりません。万一六十日以内に永住権申請をしなかった場合は永住権申請資格を喪失する事になりますので特に注意して下さい。

中央本部民生局

参観団保安対策講習終る

今年度 朝総連の計画を分析、警戒

札幌冬季五輪

湯本「福旅館」で開かれた参観団保安対策講習会▼

札幌冬季オリンピック大会開催まで残り少く、参観団の来日も二十七日（第一陣）に迫っているので、民団中央本部では全国の指導要員を一月十三日、湯本の「福旅館」に招集し、参観団指導対策会議をひらき、十四日午前まで指導講習を実施した。

同日は午後二時から旅館の会議室に全国から七十四名の指導員が参集し、呉敬福事務次長兼組織局長の司会により国民儀礼を行なったあと、徐永昊副団長、張聡明議長、李寿成監察委員長の順にあいさつがあってから、駐日大使館側から両国内外の情勢分析と、韓国が置かれている国際的な位置並びに国家非常事態宣言を実施しなければならなかった諸情勢を、軍事戦略的な面から幾多の事例を引用しながら解明し、国家が存在してこそ政治が、経済が、文化があり得ると力強く訴え、むしろ非常事態宣言が一年ほどおくれている感を深くすると強調した。

なお公館から見た民団を評して対外的には民団が分裂しているかの如く宣伝されているが、とんでもない流説であり、極く少数の規約違反者のために騒いでいるに過ぎず、根本問題のため民団全体が混乱しては国家のためにもいけないことであると結論づけた。

特に朝総連に対する関連性に重点をおき、北傀の戦略戦術がどのようなもので朝総連の日本における役割はどういうものか？ また朝総連今年度の計画❶徐勝救出工作❷学生運動の正当化と援助❸日朝協会との連携等について、相当に突っこんだ分析を行なうと共に対南スパイ工作、対民団工作に関してもいままで気がつかなかった新局面を披瀝して、いっそうの警戒心を促した。加えて朝総連内の反韓徳銖派による分派活動と、朝総連商工人の非協力による財政困難は、想像を絶するものがあるなど、約二時間余にわたって深い分析を加えた。

翌十四日は九時から参観団指導（案内）対策の実施要領の講習に入り、金致淳後援会事務次長から一般的な説明につづいて、呉敬福組織局長が要領項目の細部に亘る解説を述べたあと質疑応答に入り、十二時ごろ講習完了、閉会した。

札幌五輪に二九七〇人が参観申請

外務部で締切られた札幌五輪参観申請者は二千九百七十人で、民団経由申請者二千八十七人のうち百十七人は取消された。招請者は在日僑胞の「家族と親戚」に限られ「親知」と申請の約八百三十人については出国を許可しないもようである。

これら参観者の出日については、出国手続を簡素化し旅券に代る「旅行証明書」を発給することになった。

22日臨時総会

在日韓国新聞通信協会

在日韓国新聞通信協会（金鍾根会長）は、二十二日午後三時から熱海の「ホテル八景」で新年会と臨時総会をひらく。

40年ぶり暖かい冬

ソウル平年より15度も

韓国には四十年来の暖い冬が訪れた。この異常高温現象が始まってから十日目の十日、ソウルの最低気温は零上五度七分で平年より十五度一分も高く、さる一九三二年一月九日の記録（零上四度二分）を一度五分も上回るという新記録を出した。

この朝、全国は春川（零度）を除いては全部零上、釜山は十度、済州は十二度まで水銀柱が上がった。なお、一月のソウルの最低気温は平均零下九度五分である。

特派員の眼 日本の表・裏 〈その3〉

日本の北傀接近ムード露骨化

対日外交再検討の時期

日本のある大新聞は、韓・日基本条約は、韓国を唯一な合法政府として認定した、国連の決議を大前提として締結されたのであるから、この国連決議自体が揺らげば、韓・日基本条約も再検討されなければならないという論評もない解説をのせたことがある。

北傀の国際的地位を向上させることにより、相対的に、韓国の地位をおとし入れ、米軍を韓国から撤収させたあと、北傀をして、赤化統一を画策させようというのが中共の戦略ではないかという解説は、ついぞ、どこにも見当らなかったのである。

日本内の北傀接近ムードが、最近に至って、このように露骨化した理由は、ニクソンの中共訪問、中共の国連加入など、一連の国際情勢変化にあることは、いうまでもない。

それは、一皮むけば、台湾と韓国を同一視しようとする間違った傾向があるからでもあり、優柔不断な佐藤政府の軟弱性にも、その原因がある。

国交正常化以後、もっとも重大時機にぶつかったといえる今日の韓国の対日外交は、どんなものであろうかという点も考えねばならないと思われる。

抗議外交に批判も

一言で、韓国の対日外交は、抗議だけで推してきた「抗議外交」という批判もある。

このような批判に対し、抗議をしなかったところで、この程度にもならなかったのではないのかという反問もまた出てくる。

はっきりいって、抗議の効力は大きいといわねばなるまい。

しかし、今日の対日外交は、駐日大使の抗議、大使館の正式ルートを通した外交だけでは、むづかしいようである。

一年に一回、ひらかれる両国閣僚会議も重要であり、韓・日協力委を始めとする各種団体の定期的な会合も、大きな「パイプ・ライン」になっていることは確かであるが、すべての会合は、大部分が、集会された時だけであり、閉会してしまえば、それだけでおしまいになるという印象が強いのである。

貧弱な公報活動

もっとも切実な外交は、北傀に目のくらんでいる日本の論界など、各界各層に深くくい入り私たちの立場を理解させる努力こそ必要なものであるといえよう。

北傀の指令で動いている朝総連は、かなり以前から、日本言論界に深く浸透工作を展開してきた。

最近では、日本の新聞社一つに数名からなる専担工作員を配置して、湯水のように金をつかいながら日本の言論人たちに包摂運動をしかけているのである。

共産主義者たちの宣伝と工作がどのようなものであるかは、世界的にあまりにもよく知られている事実といえるが、また、これに対する私たちの実情も、あまりにも寒心すべき事態といえよう。

駐日公報館の例を見ただけでも、館長以下、本国から派遣されてきているのは僅か三名だけ。一月の公報活動費は、間借賃を払ってしまえば、五百ドル程度。数限りなく出入りする本国からの人士たちのひかえめの接待が終ると、あとは一文もなしといったところである。

本国の文化公報部から送られてくる宣伝映画をまわしている映写技師、公報館員たちを現地採用したが、報酬が少な過ぎるということで、みんな辞表を出さねばならないというのが実情である。

民団があるとはいえ、最近では反国家活動をしてきた一部の乱動のため、これを収拾するのに大童といったところで、これという大きな公報活動は期待できない。

大使館しかりで、新聞人など各界各層と接触が、もっとも多くなければならない専担公報官ひとりいない。専担公報官をおこうとしても、活動を裏付けしてくれる予算がないというのである。

事前対策たてねば

些少な例に過ぎないかも知れぬが、このような実情では、東京だけでも四、五万を超えるマス・コミ集団を相手とする私たちの対策が、いかに手ぬるいものであるかを端的に表わすものである。

何かが起きた時、政府に抗議する外交だけに終るとすれば、そんなやさしいことはないだろう。どんなことが起きるかを正確に把握して、事前に対策をたて、適時適所を狙い撃ちする、総合的で、効果ある外交が、特に今日の対日外交にすみやかに展開されるよう望まれる時はないのである。（完）

韓国日報 鄭泰演記

トップは非常事態宣言

ソウルの有力紙が選定した昨年の十大ニュースは、大体次の通り。

❶非常事態宣言
❷南北家族さがし運動
❸衛戍令発動と学生除籍
❹二大選挙
❺大然閣ホテル火災
❻実尾島特殊隊乱動
❼広州団地乱動
❽司法府波動
❾武寧王陵発見
❿物価波動
⓫清平湖バス転落

昨年の10大ニュース

全国で五千余名

各地で成人式

▲東京商銀ホールで催された東京地区の成人式

一月十五日の成人式には、全国の民団県本部でそれぞれの成人式をおこなったが、東京地区では十五日午後三時から東京商銀七階ホールで、東京韓国学校生による民俗舞踊を披露するなどはなやかな成人式を催し、金廣沢韓青中央委員長も「われわれ固有の文化と伝統を生かし、大韓民国の国民としての矜持をもって強く生きよう」との祝辞を述べ、成人の前途を祝した。

なお、今年成人式を迎えた同胞青年は全国で五千余名に達し、東京地区だけでも三八〇名になる。

東京商銀、盛大な新年会

東京商銀（許弼奭理事長）では十八日午後一時半から、本店七階ホールで五〇〇余名が参加し、盛大な新年会を催した。

同商銀が一九五四年三月発足、現在一五〇億の予金高をあげ、去年十一月十四日の新築落成式には一、〇〇〇余名が参集して祝賀した。

（写真は盛会を極めた東京商銀新年会）

民団千葉本部成人式および有功者表彰式

組織有功者を表彰

千葉地方本部、15名に

千葉県地方本部（孫吉協団長）では、十五日午前十一時から同市の京成ホテル大ホールで、同県の成人式とあわせて第三回組織有功者表彰式を盛大に挙行した。

孫吉協団長は管下各支部から選出された十五名の有功者を前に、いままで民団組織に尽した功労に対し深く感謝の意を表するとともに、今後も日本化されていく二、三世たちのため、民族教育に全力を傾けることを強調し、そのためにも県内に韓国学校を設立する計画をたて積極的に推進すると、強い決意のほどを披瀝した。

なお、有功者は次の十五名。

金泰栄、李仁顕、金俊伯、李相先、李百承、金仁洙、鄭鳳和、崔鉉在、裵性〇、金奉市、金鍾詩、高顕哲、李快守、李〇水、朱丙稷の各氏。

後進国向け平和奉仕団誕生

技術奉仕しながら韓国を紹介

韓国の技術陣が後進国に派遣されて技術奉仕をしながら韓国を紹介する平和奉仕団が誕生した。これは韓国国連奉仕団（団長＝安浩相）が主管するもので、その計画によると、医師、看護婦、農業指導、土木、建築、大気汚染、気象学、視聴覚教育など三百余分野の技術陣をきたる四月、全国大学卒業者の中から選抜して、東南アジアとアフリカなどに年内に派遣することになっている。

国連奉仕団は、米国の平和奉仕団（ピース・コー）活動が大きな成果をあげるや七一年一月国連総会の決議で創設されたもので、韓国もこれに加入している。

奉仕団員たちは自国で十二週間の間、派遣される国の言語、地理、風俗習慣など適応トレーニングを受けたあと、国連本部に名簿を提出、後進国の要請に従いそこで奉仕活動をくり広げる。

崔允三議長安らかに しめやかな告別式

昨年十二月二十五日、ソウルの大然閣ホテル火事で犠牲となった故崔允三氏（民団埼玉地方本部議長）の告別式は、予定通り一月十七日午後一時から、于蘭院でとりおこなわれ、午後二時半からは、浦和市民会館において、民団埼玉地方本部と、地元の日韓親善協会主催により追悼式がしめやかなうちにも、弔客多数焼香裡にあげられ、故人の功績を讃え、その霊を慰めた。

故崔允三氏は、慶尚北道で生まれ、一九四一年に来日、民団埼玉県大宮支部事務部長をふり出しに、県本部議長、団長、顧問を歴任、現議長で、さいきん就任したばかりの日韓親善協会では、企画部長の要職にあり、個人では、大丸観光株式会社の代表取締役であった。

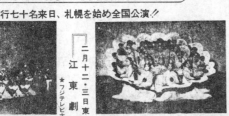

しめやかに行なわれた追悼式（浦和市民会館で）

日本の歌謡界に韓国ブーム

浜村美智子が「ノーラン・シャツ」

十年ほど前に韓国でヒットした「ノーラン・シャツ」（孫夕友作曲）が、このほど「コデーオ」で一世をふうびしたかっての"カリプソ娘"浜村美智子が歌って、十四年ぶりにMCAレコードから再デビューした。

この他、パイオニアレコードでも韓国の流行歌を日本人歌手に、また民謡をジャズ化して歌わせるべく目下選曲中で、三月ごろから日本の歌謡界には韓国ブームが起きそうである。

三大学院でプール講義制

韓国では初めて大学院の「プール制度」が、延世大、梨花女子大、西江大の三カ大学の大学院で、七二年の新学期から実施される。

この新制度は、この三つの大学の大学院の学生が、互に他の大学院の講義を受講し、単位の取得まで認めるもので、とりあえず今年は、生物学、国語国文学、経済学、社会学の四科目だけに実施される。

この三つの大学が、この新制度を採択したのは、有名教授の相互活用に目的をおき、①この三つの大学が地域的に近く②大学の水準が近い③共にミッション系……という共通点があったためといわれている。この三個大学院は、この制度の実施と共に、大学院に図書館の共同使用も現在、検討している。

日本に60万

海外韓国人70万三千

外務部によると、七一年末現在の海外在留同胞は七十万三千九百二十八人、永住同胞は六十六万二千五百四十一人で一年間に三万四千余もふえた。

地域別同胞数は次の通り。

△日本＝六〇万八、五七〇△北米＝六万七、六九七△欧州＝一万二六五五△日本以外のアジア地域＝八、七九三△中南米＝七六三△アフリカ、中東＝五二〇

韓國新聞
在日大韓民国居留民団
中央本部機関紙
韓國新聞社
発行人　李　禧元
東京都文京区春日町
2丁目20−13
電話 (815)1451〜3
(813)2261〜3
振替口座 東京 163774

民団綱領

一、われわれは大韓民国の国是を遵守する
一、われわれは在留同胞の権益擁護を期する
一、われわれは在留同胞の民生安定を期する
一、われわれは在留同胞の文化向上を期する
一、われわれは世界平和と国際親善を期する

"北韓は戦争体制放棄せよ"

朴正煕大統領、平和攻勢を一蹴

武力赤化統一が狙い

全国治安・予備軍関係官 中央会議で糾弾

朴正煕大統領は二十一日、中央庁会議室で開かれた「全国治安及び予備軍関係官中央会議」に出席し「北韓はこの四年間、数え切れない武装ゲリラを韓国に侵入させ、韓国の平和と建設をかきみだしてきた。このようなことは、彼らが人民解放戦争路線を放棄せず、韓半島を武力で赤化統一しようとする野慾を行動で示したものである」と述べ、北韓の最近の平和攻勢を辛辣に糾弾した。

朴正煕大統領

戦時動員態制指示

予備軍訓練も強化せよ

予備軍訓練の強化

装備強化

戦時兵力動員態勢の強化及び敵空軍機の奇襲に対する準備

韓国大陸ダナの石油探査本格化

証券市場に買気盛ん

金利引下げ

総輸出最高は工産品

地域的トップは米国

商工部がこのほど発表した昨年の輸出実績分析によると、総輸出額十三億五千二百三万七千ドルのうち、最高は工産品で全体の八六・一%を占め十一億六千百九十万ドルに達した。次いで水産物が九百五十万ドルで七・一%、鉱産物五千百五十万ドルで三・八%、農産物四千百二十万ドルで二・〇%という順になっている。

地域別にみると、米国がトップで六億九千四百八十七万ドル、つぎが日本で二億六千三百三十一万三千ドル、英国、フランス、西独など欧州地域が九千七百二十四万ドル、日本を除くその他アジアおよび中東地域が二億一千七百九万二千ドル、中南米が八百四万七千ドル、大洋州が八百八十二万二千ドル、アフリカ地域が二千九百四十七万ドルなどである。

これを品目別に見ると、被服類が三億二千百二十五万八千ドル、合板が一億三千八百七十二万四千ドルで、被服類と合板は単一品目で一億ドル以上の輸出実績を記録した。

今年から日本留学正式に実施

西独J・ボルラビ下院議員講演(7)

自由選挙認めぬ共産政権

交渉にあせりは禁物

共産側、きまって譲歩強要

実行阻止を促す

外務部 日本政府に反対声明

新民党も反対声明

対日外交、無策を立証

李大使、保利幹事長に抗議

被告人全員に実刑

広州大団地事件

ソウル刑事地裁合議部第六部は二十四日、昨年の八月、広州大団地で起きた、住民の乱動事件の求刑公判を開いた。検察側は、この事件で起訴した二一人の被告人に対し、最高三年、最低二年の実刑を求刑した。

第一審の判決公判は一月二十九日に開かれる。

韓日協定永住権者の出生子女に対する永住権申請手続に関するお知らせ

記

(一) 出生日より十四日以内に出生申告。
(二) 外国人登録手続は出生日より三十日以内に管轄の市、町、村、区役所に申請する事。
(三) 在留資格取得は出生日より三十日以内に管轄の出入国管理事務所に手続する事。
(四) 協定永住権者の子女として一九七一年一月十七日以後に出生した子女は、出生日より六十日以内に必ず永住権申請をしなければなりません。万一六十日以内に永住権申請をしなかった場合は永住権申請資格を喪失する事になりますので特に注意して下さい。

中央本部民生局

札幌五輪 韓国選手団到着

三千人が歓迎

公使らあいさつ 同日全員選手村入り

▲羽田空港ロビーを埋める歓迎陣 ▼堂々選手村入りした韓国選手団一行

札幌冬季オリンピック大会に参加する韓国選手団の一行七人が、二十二日午後四時十五分、KALで羽田に着き、在日同胞ら三千人の歓迎を受け、六時十分発の日航機で札幌に向かった。

この日、空港には三千余の同胞が、歓迎のノボリと小旗をふって歓声をあげて迎え、金致淳後援会事務次長の音頭で姜永奎駐日大使館公使、李禧元民団中央団長、李裕天後援会常任顧問の順に熱烈な歓迎の辞がのべられ、一行を代表して韓東河団長の答辞があってから民団中央、東本、婦人会、青年会、韓青、韓学同、東京商銀、東京韓国学校、後援会等から選手たちに花束を贈呈した。

このあと、一行は空港特別室で記者会見したあと、六時十分の羽田発で札幌に向かった。

なお、一行は同日午後八時、札幌の千歳空港に着き、地元同胞五〇〇人の歓迎を受けて選手村入りした。

朝総連の〝共同歓迎〟拒絶

最近、朝総連幹部たちは札幌冬季オリンピック大会に北傀選手が参加するのを契機に、民団各級組織を歴訪して共同歓迎等の提案をしているので、かれらの欺瞞的な宣伝術と欺瞞性を知りつくしてい…

金澤寿体育会長来日

大韓体育会の金沢寿会長は、二十四日午後、あいさつ方、民団中央本部をたずねた。

来団した金会長は、尹達鏞団長代理など中央三機関長と、それぞれあいさつをかわしたのち、札幌冬季オリンピックに言及、女子スピード種目の李慶順、金貴子選手は、日本マス・コミの人気になっている北韓の韓弼花選手にも劣らない実力をもっていると語った。

参観団第一陣来日

札幌冬季オリンピック大会を記念して招請した参観団(家族)の第一陣八十六名が、二十七日午後三時大阪伊丹空港着のKAL機で来日した。

空港には民団大阪、京都本部の役員や招請者多数が出迎えての歓迎で賑わった。いったん大阪本部に案内して労をねぎらったあと、それぞれの家族に付添われて宿所に向った。

なお、第二陣約百名も二十八日午前八時五〇分のKALで大阪入りをすることになっており、二月三日の開会を前に、連日のように各空港着で来日することになっている。

◆民団中央本部の人事◆

民団中央本部(尹達鏞団長代理)は、かねてより組織強化の人事を図っていたが二十四日、各部の専門委員長並びに顧問委員また次長を次のとおり発令…

21年ぶりに親子〝涙の再会〟

運命の〝六・二五動乱〟

在日韓国義勇軍で出陣、消息断つ

今から二十二年前におきた、わが民族の悲劇、六・二五動乱。北傀共産軍の南侵により、あますところ大邱、釜山だけとなったこの危急にのぞんだころ、敢然と、学窓と職場をあとに、祖国防衛戦線に馳せ参じ出陣した在日韓国学徒義勇軍の存在は、未だにわが在日同胞の記憶に生々しい。この時の義勇軍の一人、裵泳錫氏(43・ソウルで不動産業)が、このほど商用で来日、二十一年間、夢にまで見つづけてきたわが息子、わが娘に再会したという。これは近頃めずらしい涙しくも心温まる肉親愛の物語である。

再入国認められず商用で来日

裵氏が、第二次学徒義勇軍として東京から米軍に入隊したのは二十五才の時。第二次仁川上陸作戦に参加して、祖国戦線を転戦していたころには国軍に編入されていた。

その間にも、裵氏は、戦闘で寸暇をさいては、福島県いわき市に残してきた妻子のところへ、せっせと便りをおくっていたが、いつの間にか双方とも文通が途絶えてしまったという。

このようにして十六年間にわたる軍隊生活のあと、裵氏は除隊したのだが、出陣当時の現行、国連軍の軍政から独立、民政に移管された日本の法務当局は、裵氏の日本への入国を認めなかった。軍政から日本を合法的に出国した根拠のある書類が、何一つ引き継がれていないというのがその理由である。

その後、韓国で除隊した裵氏は、相変らず方々手をつくして日本に居るはずの妻子の消息を追ったがわからぬまま、二十一年ぶりに商用のため、昨年十一月来日することになったのである。

もちろん裵氏は、さっそく草の根をわけてもと足を棒にして尋ね歩いた。そうして、ひたむきなその苦労はついに実り、千葉県流山…

▲涙の再会をした㊧父親の裵泳錫氏㊨長女の洋子さん、後に立っているのが次女鏡子さん、円内は長男の保之君

…会となった裵氏は、心に深く期するところあって、新しい第二の人生の門出として、日本に永住、息子や娘たちと暮して、今までの罪滅しのつもりで、精一ぱい働らき、父親としての力になってあげたいと、日本の法務当局にその経緯と実情をつぶさに訴え、人道的配慮で、在留許可をしてくれるよう毎日のように通いつめている。

(註=裵氏は、もともと在日韓国人であるから、韓国動乱参戦のための出国が法的に認められれば永住権取得の資格をもっている)

〝ウィーンの逸材〟李清さん

4月12日・東京でリサイタル

▲演奏中の李清さん

二年前の十一月十四日付、本紙(九九一号)で「ウィーンの逸材・ピアノの李清さん」として大きく報道され、在日同胞社会の話題を呼んだ東京出身の李清(21)(本籍済州道)さんが、ウィーン、ロンドン、ニューヨークでのデビュー・リサイタルを終え、久しぶりで実家の両親(銀座で京城飯店を経営しているチェリスト・李珖寿氏が叔父)に会いに、ウィーンからこのほど東京に帰ってきたが、来たる四月、東京で、その腕の研さんの網を、ようやく披露することになり、今から関係方面の関心をさらっている。

李さんは、一九六〇年、NHK・毎日新聞共催の第十四回全日本学生音楽コンクールで、ピアノ部第一位の栄冠に輝やき(当時は東京国立音楽高校三年在学)、国立音大に進んだあと、オーストリアのウィーン国立音楽院に留学、ここを優等で卒業、さらにSEIDLHOFER教授のもとにとどまってピアノを研さんしながら、スイスなどのコンクールで数多くの入賞をつづけてきているうち、昨年十月に、ウイーンのブラームス・ホールで、晴れのデビュー・リサイタルをひらいた。

その後、すっかり自信をつけた李さんは、ロンドンのウイグモア・ホールと、ニューヨークのタリー・ホール(米最大権威のリンカーン・センター内)でも、デビュー・リサイタルをひらき、〝韓国が生んだ世界のピアニスト〟として最高の讃辞をうけ、今度の帰省となったものだが、これを機会に東京でもリサイタル話が周囲のすすめでもちあがり、四月十二日(水)午後七時から虎の門ホールでリサイタルがひらかれることになったものである。

なお李さんは、いったんウイーンに戻ったあと、四月はじめに来日する。

米・英国でも最高の讃辞

喜ばしい東京開催

李珖寿氏の話 「何といっても東京でリサイタルをひらくことは喜ばしい。そのあと、私たちの祖国である韓国でも、今秋あたりコンチェルトをもちたいと話を進めている。弟の紫つぐも、昨年九月にウィーンへ留学させ、国立音楽院で指揮を勉強させているが、私の生涯をかけた夢は、世界に誇る立派な韓国人として、優れた芸術家としてこの兄弟が大成してほしいということだけです」

起訴事実の核心否定

前ソウル大生の内乱容疑公判

ソウル刑事地裁は二十四日午前十時、内乱陰謀の容疑で起訴された李信範(二三・前ソウル法大生)、張琪杓(二三歳・前ソウル商大生)…、趙英来(二五歳・司法研修生)…の四人に対する初公判を開いた。

この日の公判で、一番初めに検察側の直接尋問を受けた李信範君と会い、三万か…は「…」万の学生を動員、軍隊が出動する前にデモをはじめ、現政権を打倒、民主守護国民協議会の代表、学生代表などで革命委を設けると謀議した」という検察側の事実について「検察での調書は、そのように陳述したが、ことは異る」と起訴事実の核心を否定した。

朝鮮大学取消運動

小平市会議員…

朝鮮大学の所在地である東京小平市では、自民党の市会議員五名からなる「朝鮮大学認可取消運動本部」が発足され、積極的な取消運動を展開している。

同議員たちの話によると、朝大は設立当初の趣旨に反し共産主義宣伝のセンター的役割を果し、日本を敵対視することを憲法にまで明記した北韓の宣伝機関を東京都においておくことは出来ないというのである。

同本部では、この取消運動のためパンフレットや週刊紙まで発行しており、六月ごろには都共済会合大会をひらき、取消運動をなお積極的に盛りあげるという。

前期大、授業料値上げ

高大、延世大、梨花女子大ら前期大学は、今年の新学期から授業料を平均一〇%値上げすることに決めた。この決定によって、新入生は十万から十二万ウオンの入学金を支払う。

不正公務員二千人整理

尹文公部長官によると、昨一年間に高級公務員と国営企業体長をふくめ二千余人を不正腐敗と関連のカドで整理した、と発表した。

国際親善の実あげ

第一回国際親善共猟会 鋭和B—3の偉力発揮

本紙既報(一月十五日付、一〇二七号)「世界に誇る韓国製空気銃」として、一躍斯界の脚光を浴びた「鋭和3—Bエアー・ライフル」と「B—3散弾銃」による第一回国際親善共猟会は、去る二十二日から二日間、群馬県赤城山麓において、予定通りひらかれ、盛会をきわめた。

主催の日本を始め、韓、中、米、英、独、仏、オランダの八ヵ国七百名参加のもとひらかれた会は、第一日の二十二日午後一時に現地集合、開会式は会場である…

共猟会を終え国際色豊かに閉会式(新宿富士センターで)

■入賞者■

韓國新聞
在日大韓民国居留民団
中央本部機関紙
韓國新聞社
発行人　李禧元
東京都文京区春日町
2丁目20－13
電話 (815)1451～3
(813)2261～3
振替口座 東京 163774

民団綱領
一、われわれは大韓民国の国是を遵守する
一、われわれは在留同胞の権益擁護を期する
一、われわれは在留同胞の民生安定を期する
一、われわれは在留同胞の文化向上を期する
一、われわれは世界平和と国際親善を期する

招請外交を拡大強化

対象国は中立か中立志向国

金溶植外務長官 外交方針を発表

国連対策が目的

北韓の加入画策を阻止

金溶植外務長官

朴大統領の指示事項 国政に反映

年頭巡視における90項を

推進事業の厳選と管理の徹底化

朴大統領 慶南・釜山を巡視

対韓軍事援助削減か

米上院 外援歳出法案通過

三月二日 東京で

韓日民間合同経済委員会

今年中に2億6千万ドルの借款推進

日本、世界銀行などに要請

韓日国会議員交流の必要性強調

沖縄に領事館設置

ベピン長官に修交勲章光化章

大韓赤十字、参加を決定

「戦争犠牲者ジュネーブ協約」会議

故貫爵律議員のあとに李瀧海氏決る

大使館公使に馬容海氏

別定職公務員の政治活動を許可

アフリカと中南米へ経済使節団

国会、対外交流拡大策を推進

劉国防長官サイゴンへ

駐南ベトナム軍撤退問題協議

駐越国軍の撤退問題に結論

第七回ASPAC閣僚会議

公務員削減へ 四二六九名の

カナダ商工長官と合意

実業家の相互交流・定期会議

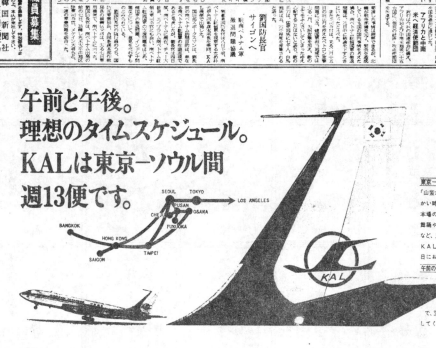

米一俵一万ウォンの大台へ

産地も強勢、九千五百ウォン

公共料金値上げが影響

一月十九日の日（…）米（八〇キロ入り）の小売りが、一万ウォンの…価が全国で…勢を示している。

五日現在、ソウル市内では米一俵（…）が…り の卸価は特等米が九千六百ウォン、中等米が九千二百ウォン、中央米穀市場では、特等米九千八百ウォン、中等米九千五百ウォンで、一月末の卸価、一俵当り四百五〇ウォンに上昇した。

地方の米価も、全国平均して強勢を示し、五日現在、全州では八千四百ウォン、栄山浦は八千五百ウォン、安東では九千ウォン、蔚州では九千五百ウォンの高値をつけている。

このような米価の上昇は、旧正月を控えた米の需給増加と鉄道運賃など公共料金の値上げによるものとみられている。農林部では、米価がこれ以上に上がった場合に対備、来る五月頃に予定した政府米の放出を繰上げ、米価の調整をはかる方案を検討している。

五日現在、中等米一俵（八〇キロ入）の卸売り価格は次のとおり。

△ソウル中央＝九、四〇〇△釜山＝九、〇五〇△春川八、〇八〇△清州＝八、四〇〇△大田八、五四〇△全州＝八、四〇〇△光州＝八、四〇〇△大邱＝九、〇〇〇△仁川＝八、七〇〇△木浦＝八、四五〇△群山＝八、六〇〇△江陵＝九、〇〇〇△馬山＝九、二〇〇△麗山＝九、四〇〇

通貨量三、六〇八億ウォンで越年

韓銀は昨年末の通貨量が三千六百八億ウォンにふえたと発表した。前月末に比べ五十…億ウォン、前年末より五百四十…億ウォンがふえたもの。

昨年の貿易外黒字二八・八％減る

国際収支面で唯一の黒字勘定である貿易外黒字が前年より二八・八％も減り、海外僑胞及び技術者の本国送金額も前年より九・四％が減少した。

昨年の貿易外収入は四億八千六百六十万ドルに対し支払いは二億九千四百五十万ドルにとどまり、黒字は一億九千二百十万ドルで、七〇年の黒字二億七千万ドルに比べ七千七百九十万ドルが減った。海外僑胞及び技術者送金は四千三百二十万ドルで前年より四百五十万ドルが減っている。

二億四一〇〇万ドルで妥結

72年の米対韓経済援助規模

米国の七二年度対韓経済援助規模は二億四百十万ドル線で妥結された。

経済企画院によると、今年の米国の対韓経済援助は、まず米公法四八〇号による剰余農産物有償援助（現地通貨償還条件、十年すえ置き、三十年償還の低利借款）が当初八千四百十万ドルに予定されていたものが、対米繊維類輸出自律規制協定の妥結…され、一億…、また開発借款（AID・DG）が四百十万ドル、それに開発贈与（AID・DG）が四百十万ドルなど総二億四百十万ドルにのぼる。

なお、これは昨年の一億六千七百五十七万ドルより三千六百九十三万ドル多い。

関釜フェリー 11－17％値上げ

今月に入り釜山－下関間フェリー運賃が次の如く旅客が平均一一％、貨物は一七％が値上りした。（カッコ内は従前料金、引上率）

△旅客＝一等＝二八ドル（二四ドル・一七％）特二等二三・二〇ドル（一九ドル・六〇）二等一六・五〇ドル（一四ドル・〇・七）△貨物（乗用車）各一七％引上げ、長さ七米四七・一〇ドル（四〇ドル）六米四〇・九〇ドル（三五ドル）五米三二・七三ドル（二八ドル）四米二四・五五ドル（二一ドル）三米一七・五五ドル（一五ドル）

一月輸出実績9312万ドル

目標額は0.13%（12万ドル）超過達成

さる一月中の輸出実績は九千三百十二万ドルで、同月の輸出目標額九千三百万ドルを〇・一三％（十二万ドル）超過達成した。

これは昨年同期中の輸出実績七千十七万六千ドルに比べ三二・七％増加したもので、今年の輸出目標額十七億ドル六千万ドルの五・四％に当たる。

外国人直接投資で主張

大韓商議

大韓商議はこのほど、従来の借款導入中心の外資導入政策が、国際収支面に大きな負担をもたらしていることを指摘、投資環境の改善など外国人直接投資の誘致に力を入れるべきだと主張した。

外国為替管理規定改正

財務部は二月から外国為替管理規定を改正、市中銀行でも一般貸出しをすることができるように、外国為替銀行の…

外国銀行はこれまで輸出金融だけを取扱ってきたが、このたびSWAP取引き限度を八百万ドルに…

ユーゴと相互交易へ

三月から 関税相互譲許協定調印で

韓国は、東欧圏では初めてユーゴスラビアと来る三月から全面的な最恵国待遇で相互交易をすることになった。

これは二月一日、ジュネーブで結ばれたGATT（関税と貿易にかんする一般協定）後進国十六カ国の関税相互譲許協定に調印することに韓国とユーゴがともに決定したことによるもの。

米向け繊維類輸出一部救済

韓日合作 国際投資 金融会社

九月創立推進、交渉再開

経済界は、その間推進してきた韓・日合作の国際投資金融会社（仮称）を、今年九月までに創立させるため日本財界と、再び関係を…

日調査団、国際収支を心配

輸出抑制で間接方式拡大へ

国際機関の対外経済協力憂慮

本国論調

検挙された北韓スパイに思う

共産主義独裁者の執拗さ

南北に分かれていると共の防諜

開放社会を「強く」ものに

共産独裁の閉鎖社会と異って…

（韓国日報）

海外公報館新装開店

人力・資金、従来の倍へ

札幌冬季オリンピック 意気天をつく応援

選手、成績はふるわず

女子スピード千五百米 韓国21・28位にとどまる

札幌五輪での韓国選手は男子スピードスケートに新宗植、女子フィギュア李明洙選手が出場したが、成績は全く振わなかった。選手は四日の五百米で、十九人中十三位、男選手は十九人中十八位にとどまった。しかし残りの女子スピードスケートに若い選手たちがどのぐらい世界に挑み、北韓を抑えるかの期待がかけられているが、九日は千五百米、十日五百米、十一日千米、十二日三千米等に全選手が出場した。

応援の方は、選手の成績とは反対にようやく盛り上り、民団中央と地方民団本部をはじめ、八日には本国から七十九人が羽田を経て札幌に直行到着し、首都ライオンズクラブ朴雅淑会長等メンバーや日本観光客から招かれた芸能人一行等の顔がみえた。

八日さらに東京、大阪から学生百七十六人が午後一時すぎ、京都からの学生百六十人が午後四時、東京からの一般民団員二十九人、名古屋九人、韓青、韓学同等も午後…時何れも列車便で札幌入りし、九日からの競技で熱烈な声援をおくっている。

会場に大きく陣取り声援する応援団

女子スケート

九日の女子スピード千五百米で韓国の崔寅淑は二十一位（二・三…）、金貴珍は二十八位（二・…）だった。北韓の韓弼花は十…位にとどまり、金順…は二十九位（二・三二・七〇）。

"妹、弼花に会わない"

韓弼聖氏の胸のうち

北韓の…スピードスケート選手と再会できるかどうか注目されていたソウルの韓弼聖氏は内外記者と会見し「妹には会いたいが、政治のあやつり人形になりたくないので、日本に行かない。たとえ今度会えなくても、南北赤十字会談の見通しが明るいので、がっかりしないでほしい」と語った。

記者団は「妹さんに会いたくないのか」と聞くと弼聖氏は「会いたいといっても、会えるものではない。先方で会ってくれなければ仕方がないではないか。昨年も東京に行ったが、北傀の団体が…」

雪の北海道で"華の芸術祭典"

「韓国民俗歌舞芸術団」全国公演開始

まばゆいばかりの「扇の舞」

東京は12・13日 久保講堂で

二月十一日…千葉福祉センター
十二日…東京・久保講堂
十三日… 〃
十四日…大阪青少年会館
十五日…尼崎文化ホール
十六日…広島市公会堂
十七日…福岡電気ホール

福島韓国会館 五月に完工

韓国映画賞に 崔寅渉氏の作品

崔寅渉氏

第3回在日ミス・コリア・コンテスト

真・善・美の栄冠いずれに

三月八日応募しめきり

スタンド余録

世界に示した太極旗

在日後援会の功績至大

▼参加することに意義がある。ことでは在日韓国人後援会が多額の費用を使ったお蔭で、日本全国からは勿論、本国からも応援団がつめかけ、スタンドから振る太極旗の波は、やはり韓国の世界における存在を示すものであり、競技成績を度外視し国威宣揚の一端にはなったと思う。特に在日六〇万人を数える韓国人の立場としては、億に近い金をかけただけの効果はあったとみなする。

即ち六〇万の人間が日本に住みながら、選手も出ない、太極旗の姿さえ見られなかったとしたら、どれだけ自身の狭い想いをしたろう。物は考えようで、それだけの功績はあったとみてよい。残るは本国の体育関係者の一層の奮起と努力を期待したい。

（金光中記）

韓国キックボクシング

日本のリングに初登場

後楽園ホールでの初試合（昨年12月）

朴在鎬選手　金光春選手　金龍鉉選手

華燭

近畿観光、小諸教明社長の長女幸子嬢と平田フデ女史次男耕二君の結婚式が、木内四郎氏夫妻の媒酌により三月八日午後五時帝国ホテル宴会場であげられる。

韓日協定永住権者の出生子女に対する永住権申請手続に関するお知らせ

記

中央本部民生局

札幌にはためく太極旗

札幌冬季オリンピック

"雪と氷の祭典"に見る

コリア・スナップ特集

あどけない最年少の李敬淑選手（13歳）▼ 金善玉選手に記念バッジをつけてもらう李澔大使◀

フィギュアの張明洙選手▶ 力走する鄭忠植選手▼

太極旗を先頭に韓国選手団堂々の入場

㊤接待に大わらわの民団中央幹部たち ㊦は一月二十七、大阪伊丹空港到着のKAL便から参観家族第一陣84名が降り立った

歓迎パーティーでの選手たち

食欲おうせいな女子選手たち

観戦する㊧から大韓体育会の金沢寿会長、一人おいてマラソン王の孫基禎氏

洪吉童伝 (八)

許筠著

洪相圭 訳・編

また、ひとりがたずねた。

「それはさておき、尊公、どこからはいられたのかな。ここにはいるのには、唯一の岩戸があるだけだが、まさか、尊公がその岩戸を押してはいったとは見えないし……」

一同の視線が鋭く光り出したが、吉童は素知らぬ顔でなんでもなさそうに答えた。

「いや、それですか。まさか強盗ではありませんから、正しく拙者、あの岩戸を押してはいりましたが、何かご不審のかどでもおありなんですか？」

この一言は荒武者どもの、肝ったまをくじいてあまりあった。そうして驚異のざわめきが大きくなった。

「いや、それはすごい。いままでかって、あの岩戸をひとりで押しあけた者はないぞ。天下に名立った豪傑どもが揃っておるところだが、未だかってない。これが本当なら尊公こそは天が我らにお贈りくださった大頭領にほかござらん」

「さよう、さよう、我々は恥ながら、まだ大頭領を選んでないので困っていたところ。いや、選ばないでなくて、選べずに困っているところでござる。尊公が岩戸をひとりであけたとは、大したことだ。

しかし、はいられるときに、我らの一眼で見ていた者はなかろう。尊公を疑うわけではないが、論より証拠、あの鼎を持ち上げて手の内を見せていただきたい」

と、一番切れ者の傑そうな頭領が指さすところを見れば、そこには、ちょうど小山のような大きさの鼎が、大地に根でも張ったかのようにでんと居すわり、人の小さな力に手強く反抗するように、どっしりと腰を据えていた。いつの間にかひとり、ふたり酒盛り場を離れた山賊の頭領たちは、吉童を囲むように寄り集っていたが、この提案に異議なしと、口々に賛成しながら、吉童の顔と鼎を代わる代わる見比べていた。

吉童は、またどんな難題をふっかけてくるのかと、ちょっと、気づかっていたが、その鼎を持ち上げることと決まって、ほっとした。

「なんだ、こんな事ならぎょうぎょうしく騒ぐのもおとなげない。朝飯前さ」

と胸の中で笑っていた。また、こんなことも考えてみる心の余裕も十分にあった。

「人里離れた山奥に棲みついたために、どれもこれも形相は凄まじいが、この人らの底には暖かい人情が流れているのだ。だからこそ、不義のちんにゅうじゃであるわしでさえ、もてなしてくれるのではないか。この人らは人の情がなしいのだ。おごる者にないがしろにされ、貧しいためにその志を伸べられず、あたら、この山奥に埋もれて、山賊になりさがったのだ。

しかした、この善良な人らを盗賊の群に抱せしめたやっぱらは京におる。大官大爵を誇っている者、奢侈におごっているやつらこそ、この世の盗人なのだ。その盗人どもに、じりじりと追われて、この人らは父祖伝来の土地を捨てたり、あるいは妻子さえ奪われた果てにここまで追われてきたのだ。思えば可哀想な人たちなのだ。そしてまた、この人たちはわしを必要としているのだ。人生意気に感ず。

わしが山賊の頭領になったとの噂が立てば、父上・母上はさぞご心痛なさるだろうが、今の気持ちはそれさえ許さないわ。まちがっている世の中に、一あわ吹かせてやるのも一興である」

我を忘れて、こんな思いにふけっていたつかの間には、山賊の眼中に山賊どももなく、旗もなければ、また山さえ目にはいらなかった。ただ、夢にも恋しい母の姿が幻のように目の前で浮いたり、沈んだりしていた。

しばらくの間ではあったが、こんな事を考えている吉童の胸の内を、はためでは知る由もなかったから、頭領どもは、おじけついたのかと、いち早く目の色さえ変えている者もおった。

「口では大きなことをいっても、やはり年端のゆかぬ子供にすぎんわい。それを真に受けて、騒いでいる我らも大人気ないぜ」

という蔑みがらせさえ飛んできた。ここで吉童は現実の世界に引き戻された。自分を睨んでいる頭領の顔を、しらべるようにゆっくりと見回した。特に赤んだ目には大将軍の威厳がどっしりとこもって、あたりを圧倒した。

「失礼致しました。拙者、あの鼎を持ち上げる前に、まず氏素姓をお明けいたそう。

わしは京の洪宰相の妾腹の子で吉童という者でござる」

吉童は俗を頭領らの群中に置いて、まっすぐに、自分の素姓をはたき出した。頭領らは顔を見あわせて、さてこそとお互いにうなずき合っていた。

「自慢にはならぬ話でござるが妾の子よと、あざけられるのが死ぬのより苦しくて家を出奔したのでござる。あてもなく、放浪より放浪へと、足の向くままに旅しているうちに、奇しくも迷いこんだ。そして、尊公らのような、豪傑にお目にかかることができたのも何かの因縁でござろう。まして、至らぬ者をかくもそい、ご一味に引き入れくださるとは、まことに感激にたえぬ次第でござる。

その不墨の土産に、まず、あの鼎を持ち上げて見ろとの仰せ、ごもっともと存ずる。あれぐらいの行きえ持てぬようでは、大丈夫として、なんのつらさげて通れましょう」といってのけて、もろ肌を脱ぐのでもなく、そのまま、くだんの鼎に手をかけたかと見れば、まるで極楽子でも扱うかのように軽々と持ち上げて数十歩をしっかりとまき、ずっと遠くまで投げ飛ばした後でさえ、なお涼しい顔して、額には汗の跡さえ見られなかった。周囲は期せずして、「わあっ」と鳴声のおでどよめき、人々の口は賞賛の満堂と化した。頭領どもは、はじめのうちには自分らの目を信じてよいのか、どうかを疑ったぐらいであったが、底知れないおそれが全身を緊張で包んでいった。

この分は数十斤と呼ばれ、今までだれひとり持ち上げることはさておき、揺るがすことさえできなかったのである。いわば無敵の存在であったが、少年吉童には完璧なままでに、たたきつけられたわけであったから、頭領どもが目を白黒させて驚くのも無理はなかった。

韓國新聞
在日大韓民国居留民団
中央本部機関紙
韓國新聞社
発行人　李禧元
東京都文京区春日町
2丁目20－13
電話（815）1451～3
（813）2261～3
振替口座　東京　163774

民団綱領
一、われわれは大韓民国の国是を遵守する
一、われわれは在留同胞の権益擁護を期する
一、われわれは在留同胞の民生安定を期する
一、われわれは在留同胞の文化向上を期する
一、われわれは世界平和と国際親善を期する

韓半島の平和統一

"北韓は四条件実現せよ"

金溶植外務長官　声明を通じ提示

韓国政府は十二日、金溶植外務部長官が発表した声明を通じ、韓半島の平和的統一をなしとげる第一段階は、韓半島の緊張を緩和させることであるが、そのためには、①非武装地帯の平和利用②武装間諜南派の即時中止③抑留中の民間航空機の乗客・乗務員の釈放④武力による赤化統一の放棄……などの四つの先行条件が、北韓によって実現されなければならないと提示した。

「三段階接近方法」提案

金溶植外務長官

許せぬ北韓の"二枚舌"

南北赤十字会談に望み

六四九〇万ドル議決

対日請求権資金七次年度実施計画

政府はこのほど、無償資金三千万ドル、借款資金三千四百九十万ドルなど計六千四百九十万ドル…

日本への正規留学生試験

3月13・14日実施

新民党の鄭在黄氏を反共法違反容疑で逮捕

駐ベトナム韓国軍駐留二年延期か

あられ25ト対日輸出推薦

71年産業生産18・6％伸長

日本民社党四議員訪韓

一月の水産物輸出六九六万ドル

外国葉煙草五五二万ドル輸入

漢江が凍らない？！

20年来の暖冬異変

「新しい村」づくりに最大の重点

朴大統領の地方現地指導総決算

朴大統領が十二日まで行った地方官署に対する巡視は、要所指導というところに特徴がある。

十一事業40億ウオン

高速道路周辺の開発

対日輸出入貨物運賃10％引き上げ

遠洋偏重で沿岸漁業は零細一路

公休日制度の再調整

造船工業、76年から二億ドル以上輸出

経済界が原価10％節減運動

韓米綿織物協定など締結を議決

日本の領海拡張検討説に談

本国論調

韓国経済の診断

農・工業の格差が問題

世界銀行（IBRD）及び日本の対韓経済調査団は、去る二週間、韓国の第三次五個年計画を中心とした韓国経済全般に亘る現況と展望を分析・検討した結果をこのほどその一部分を明らかにした。

この二つの調査団は、韓国経済に関する一種の処方箋を作成するため共同の任務をもっているとはいえ、この調査団の任務は、あくまでも個別的な検討及び分析過程をもって調査に当っていたため、われわれの関心を格別に引きたてていた。

しかし、この両調査団がみた対韓経済観は、場合によっては相反する側面と差異点をあらわしたが彼らが異口同音に農業と工業の格差が深化されている傾向と、国際収支の見通しが暗いと指摘したことは、きわめて注目に値する発言である。

世界銀行と国際通貨基金（IMF）の調査団が、韓国経済に対する過去と未来を占い、これに対し楽観的な発言と忠言を惜しまなかったのは、過去にも数回あったが、隣接国の日本が百余人を超える大規模な調査団を派遣して、韓国経済の全貌をあらゆる角度から検討を加えたのは、今回が初めてといえる。

率直に言って、民族的な矜持と国民的な自尊性を誰よりも優先させているわが韓国民が、いち早くみずからの力で健全な経済発展と繁栄をもたらしたなら、あえて、このような外国調査団から診断と処方をたのむ必要もなかった。われわれの実情が、必ずしも、そのような方向に進まなかったことを再びたけかえざるを得ない。

しかし、われわれが直面している国家安保上の大試練と難局を克服するためには、過去のどのときにも増して、国際的な協調と経済関係を結んでいる立場におかれているとしたら、また過去よりも将来に、より大きな繁栄と飛躍を指折り待っているとしたら、時と場合によっては、酒と毒を共に呑みこまねばならないし、隣接国の忠告にも、顔をそむけず、喜んで受け入れる大国民的雅量と姿勢をもつ必要もある。このようなことが、かえって、より大きな民族的矜持と国民的自尊性を具現する近道にも成り得るのである。

特に、日本の調査団は一定の報告書を作成する前に、彼らの見解とその片鱗をうち明けてくれた。率直に言って、彼らの観点は、わが経済の急所を指すに足る理由と根拠を持っていた。われわれは、このような忠告に耳をかたむけ、反省の資料とすべきである。

彼らは、韓国経済の将来を占うに当り、口を揃えて、過去の高度成長が安定を犠牲にしたことを指摘すると同時に、農工の格差が一層深化している現象と国際収支と展望が暗い点を指摘した。彼らは、このように暗い側面を列挙する反面、韓国が持つ豊富な労働力と教育水準を、正しい経済政策の下に反映させれば、どのような国家より、明るい将来が待っているとも指摘した。

過去、外国の経済調査団がもつ性格と任務は、過去の実績を調査の力点に置き、批判を加えるのが通例である。このような見地で、われわれは、日本の経済調査団が指摘した項目に対し、いくつかわれわれの見解も披瀝しておきたい。

第一に、彼らは韓国の経済成長が、農業と工業間の均衡の取れた発展を期することが出来なかった点を力説した。この指摘の前に、工業の高度成長が安定を犠牲にしたと言ったが、このことは他でもなく農業政策をおろそかにしたということのようである。工業と農業の均衡のとれた発展は、韓国に限った問題でなく、日本を含めた世界各国でも頭痛の種となっている。しかし、わが韓国の場合は、この格差があまりにも激しいので問題となっている。去る七一年度だけでも、食糧の自給はおろか二億七千万ドルの外米を輸入した。

もし、この外米を農業生産で充当することが出来たなら、農業所得と購買力は相乗作用を引き起こし、工業と国家経済全般に大きな恩恵を与えたに違いない。補償的な国民の一体感と融和をいくら力説してみたところで、人口の半分を占める農村に富の配分がゆきわたらないときは、その成果をかちとることは出来ない。

第二に、国際収支の展望が暗いと指摘した点には、同感を表明せざるを得ない。

昨年だけでも、十二億ドルの赤字を出し、国際収支の問題はいよいよ韓国経済の死活を左右するものとなった。例えば、われわれの力量で解決し得る外米を無節制に輸入し、油類を一億七千万ドル輸入した。このようなエネルギー政策もまた、国産炭の開発により重点を置いたなら、このような莫大な外貨を浪費しなくても済んだはず。

第三、この他にも、さまざまな問題があるが、国民の教育水準が高いことと労働力が豊富であるということは、韓国経済の前途において何よりも鼓舞的であると指摘した。このようなことは韓国に限らず、経済風土が類似した日本の体験から照らしてみても十分納得し得る項目である。要するに隣接国と友邦の調査報告が、どんなに良い内容と処方箋を寄せ止めても、韓国経済前途は、全く韓国民の英智と努力の如何にかかっているということ、ここでも明らかになった。

（東亜日報）

第53回三・一節中央民衆大会

日比谷公会堂で開催

関東地協決議

関東地方協議会（議長＝事務局長・神奈川地方本部団長）では、去る二月十四日午後一時から熱海の「ホテル大番」で第九二回協議会をひらき、来る三月一日、東京の日比谷公会堂で開催される第五十三回目の三・一記念中央民衆大会における式順、動員、行事内容等について具体的な協議を行ない、今回は特に意義深い記念行事に盛りあげるよう意見の一致をみたな

お当日は、地元の神奈川県をはじめ、東京、栃木、群馬、埼玉、三多摩、長野、新潟の八県本部の代表と、中央本部からは朴性鎮事務総長が参加し、和やかなうちに会議が進められた。また新潟、群馬、長野の三県本部は地理的な理由で単独に式典を催すことにした。

父母と写真対面

ソウルの韓弼聖氏感涙

ああ／27年ぶり

写真の中にいる父母兄弟たちを、夫人と子供たちに説明している韓さん

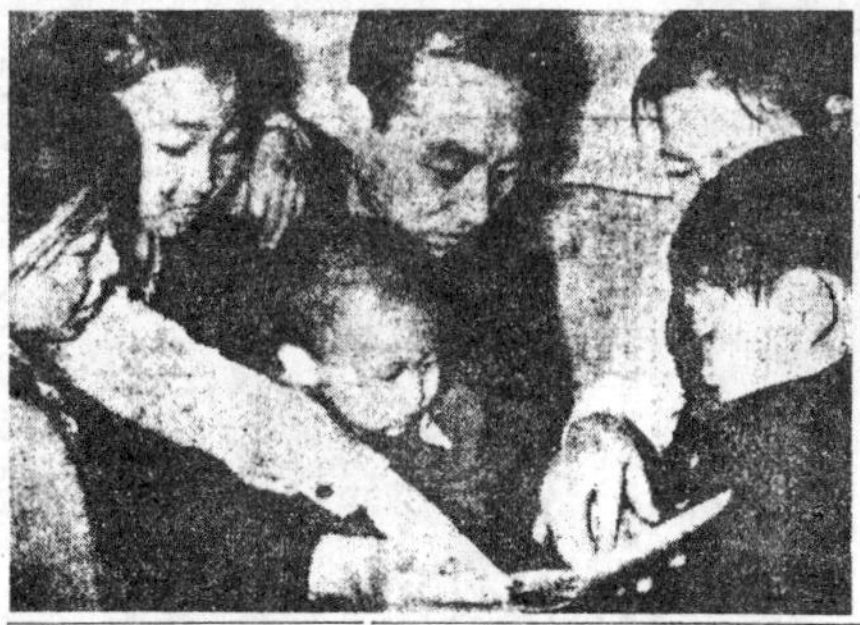

十二日午後、話題の北韓スケート選手、韓弼花の実兄、韓弼聖氏（39才・ソウル市東大門区忘頭二洞二二九の九七）は、二十七年ぶりに北韓にいる家族の写真を受け取り、父母と写真対面の喜びをわかちあった。

この写真は、札幌冬季オリンピックに北韓選手として参加している妹弼花さんが、記者会見のとき出した写真を複写したもので、毎日新聞中野記者の世話で、韓氏に伝達されたもの。兄弟など家族十余名が撮影されている。

韓氏は、父仁燮氏(?)、母韓元和さん(?)、弟弼煥(?)君をすぐ見分け、父母は考えていたより老けていると目頭を熱くした。

五輪選手一部帰国

札幌オリンピックに参加した韓国選手団は、十四日空路東京に到着、韓東尚団長と李東熙選手だけは十五日帰国した。一方、金元徳コーチ、鄭必鎬、全義鉉、崔賢善選手は十六日から二十一日まで伊香保で合宿、二十二日東京で金主洙団長と合流し、冬季ユニバーシアード大会参加のため米国に向う。またフィギュアの張明洙選手はカナダで開かれる世界フィギュア選手権大会に参加のため、十四日米国向け出発した。

札幌五輪参観家族

一九八六名が訪日

札幌冬季オリンピック大会参観の家族招請は、同大会が終った十三日をもって打ち切られたが、申請総数二、七七二件の内一、九八六名が訪日した。多数の未入国者があるのは、準備期間がかかったこととオリンピック開催期間中に限るという不利な条件が重なったためである。

その内訳は次の通り。

▲招請総数＝二、七七二
▲書類受付＝二、五四二
▲被招請者敗棄＝二三九
▲日本入国実数＝一、九八六

部長級本国派遣

秋田県地方本部

国内諸機関を訪問

全国の民団地方本部でも最も若手陣をもって構成している秋田地方本部（朴南道団長）では、今般これら現役部長（五名）を本国に派遣し、約一週間にわたり国内の諸機関の訪問並びに視察をさせることにし、来る二十八日、三・一節記念在日国訪問団と同行することにした。

受訪団一行の顔ぶれは、白南徳事務局長（三六才）朴柴一総務部長（三二才）朴鍾文経済部長（三四才）具尚俊組織部長（三〇才）崔敏大文教部長（三〇才）。

韓学同定期大会

委員長に趙慶済君

韓学同の第三十三回定期大会で次の通り新執行部が構成された。

▲委員長 趙慶済（早大）
▲副委員長 呉省三（中大）
▲副委員長 申東洙（明大）
▲総務部長 崔賢徳（中大）
▲組織部長 裵 稔（中大）
▲組織次長 金勇均（多摩大）
▲文化部長 孫皇学（早大）
▲文化次長 鄭章喜（中大）
▲情宣部長 未定
▲情宣次長 鄭燦煥（早大）
▲女子部長 崔正子（早大）
▲無任所部長 呉秀一（法大）

韓青冬期講習会

22日から白樺湖で

韓青中央本部では恒例の全国冬期講習会を来る二十日から二十二日にかけて、長野県の白樺湖で開催することになった。

この講習会は一九六五年度から実施されており、毎回七・八百名の青年が参加し今日に至っている。

韓国漁船、砲撃うけ一隻沈没

北傀快速艇奇襲

対スパイ対策本部が五日発表したところによると、去る四日午後零時五十分ごろ西海岸で漁労作業をしていた韓国漁船十余隻が北韓警備艇から砲撃を受け、一隻が沈没、五隻が拉致された。これらの韓国漁船は大青島西方四十マイルの公海上で漁獲していたところ北韓快速艇の奇襲を受けたもの。

韓国海軍は近海を警備中の艦艇を急拠出動させ、残りの漁船を保護し、帰港させたが、帰港船員のうち数名は負傷していた。

拉北された漁船五隻のうちアン…号に十三名、…号に十二名の船員が乗っていた。残りの漁船にも十名ぐらいずつは乗っていたとみられ、うち拉北漁夫は五十名以上と推測、うち十名は負傷したもようである。

対スパイ対策本部は「国際的に東西解氷ムードが流れているにもかかわらず、北韓は引続き武力挑発をつづけている」と指摘「国民はこのような北韓の蛮行にたいする警戒心と対共態勢を一層強化する必要がある」と語った。

ガンの新治療法に成功

許博士の医療チーム

ガンの新しい治療法が導入され、成功的な成果を見せている。新しい治療法は、毒性をぬいた結核菌BCGを患者に注射するというもので、この新治療法でソウル・高麗病院外科科長の許… 博士をリーダーとした医療チームは、七一年十月以来悪性患者二十二人の中、十四人に好い効果を見ることができた。なお、残りの八人も症状は好転したが、もう少し長期的な観察が必要だという。

「減刑」の判決

学園スパイ団控訴審

ソウル高法は十四日在日同胞学生による学園浸透スパイ事件控訴審判決公判で一審で死刑の宣告を受けた徐勝被告（二七）は健康を理由に分離…され、死刑の丁時…被告（二六）に無期懲役を宣告するなど五人に対し原審を破棄、残り十人は控訴を棄却した。

一審で懲役十五年の判決をうけた在日同胞徐俊植被告（二三）は懲役七年に減刑された。同事件に関係…ヨング35号、同36号は、浦山漁業協同所属の九十九トン級鉄鋼船で、…された。

青銅器後期時代の遺物を一括発見

文化財管理局は三月、韓国で初めて二千二百年前のものとみられる青銅器後期時代（楽浪時代以前）の青銅器類遺物が一括発見され、国宝級の価値があるものとして確認されたと発表した。

文化財管理局は、昨年八月十五日全羅南道和順郡道谷面大谷里の古墳（発見者＝具在夫）で発見され、昨年末文化財管理局に報告された青銅器類遺物十一点は文化財評価審議委員会（委員長＝金元竜）が鑑定した結果、楽浪時代以前のものであるということを確認したと述べた。

この十一点の遺物は①青銅剣三点②青銅細紋鏡二点③青銅八珠円鈴二点④青銅双頭鈴二点⑤青銅削具一点⑥青銅斧一点などである。

なお、青銅器後期時代の遺物が一括的に完全な形で発見されたのはこれが初めてで、遺物は緑色とは黒褐色で一番大きな剣の長さは一八センチ、最も小さい青銅斧の長さは七・七センチ。

許瓚文化財管理局長は「文化委員会の諮問を経てすぐ国宝に指定する」と語った。

地方名門校が進出

今年のソウル大合格者

ソウル大今年の合格者は昨年と違い、京畿、ソウル高校等の名門校出身が減り、地方の一流校や教人の進出が目立つが女子合格者は非常に減っている。

昨年京畿、ソウル、景福等三校の合格者だけで千六人、定員の三分の一に迫ったが、今年は京畿が二十六人減の三百三十五人、ソウルは三十八人減の二百四十八人、景福は三十一人減の二百十二人、竜山高は三十二人減の九十六人である。

これと対照的なのは、慶南高が昨年より六十五人増の百七十三人、全州高は二十八人増の八十三人、光州第一高は十八人増で百十三人、大田高十三人増の百人が合格している。馬山高と全州高も昨年の倍をこえる二十六人と二十四人を合格させ、清州高も二十四人、東莱高も十八人と昨年より好成績である。

ソウル市内私立高校からは信一高が昨年より二十九人増の六十一人、中央は十六人増の八十五人を合格させたが、東星は二十二人が減り三十一人、中東も九人減り四十五人であった。女子学生は昨年の四百四十六人が四百三十九人に七人が減っている。京畿女高は昨年より三人減の百十八人、梨花高は十八人増の八十五人、淑明女高も十一人増の五十五人である。殺人合格者は七〇年三六%、七一年二五%に落ちたが今年は文理大、法大、商大の場合四一%、其他三九%を占めている。

何れにせよ京畿、ソウル、景福、竜山、京東、師大付、中央、信一、慶南、釜山、慶北、光州一、大田、済物浦、京畿女、梨花女、淑明女高など五十人以上の合格者を出した十七校で二千二百三十九人を合格させ、全体の七〇%を占めたことは例年と変わりなく、いぜん学校差がハッキリしていることを意味している。

ソウル大以外の延世大、高麗大、西江大など名門私立大合格者は今年も、いわゆる名門高出身が圧倒的に多い。

第3回「ハワイ・ツアー」

4月18日・KAL便で

夏休みにはロスでキャンプも

大韓交通社

東京の大韓交通社（左玉花社長）では、恒例の「第二回ハワイ・ツアー」を、正月一日から一週間、予定通りにおこなった。

同社の朴武雄業務部長引そつのもと、一行二十五名からなる（在日韓国人と日本人の半々で構成）ハワイ・ツアー観光団は、常夏のハワイのワイキキ浜辺で、焼肉パーティをひらいたり、在ハワイ韓国同胞たちと交歓したりの友好親善裡に一週間を心おきなく楽しみ全員無事帰ってきた。

さらに、同社では、今度の好評に応えて、わが国のKALがアメリカへ乗り入れするのを記念、その第一便である四月十八日から六泊八日の日程で「第三回ハワイ・ツアー」を実施することになり、もっか団員を募集中であるが、今のうちに申し込むと、運賃値上げ前になるので、格安になるといっている。

なお同社では、このハワイ・ツアーのあと、七月から八月にかけて、夏休みを利用して、学生たちだけのロスアンゼルス・キャンプをひらくことになり、在日同胞学生のひろい参加を呼びかけている。

申し込みと問合せは共に四五五―〇三二一、大韓交通社まで。

ワイキキの浜辺で焼肉パーティ

第二次ハワイ観光団一行

韓国人操従のラオス民間機消息断つ

韓国人操従のラオス民間機四発DC4が、乗客十七人と乗務員六人をのせ去る十一日サイゴンからビエンチャンに向う途中、消息を断ったとラオス航空社が発表した。

尋ね人

☆劉寅寿さん（富田・六十才前後）

群馬県の桐生市で鉄物業をしているとのこと。左まで連絡を。

〇ソウル市城北区水踰洞二九ノ一二七号鄭燦季

☆林東植さん（三〇）

本籍は慶尚南道咸陽郡…、現住所は不明。祖母和順さんが探しています。

〇釜山市東莱区…山洞四三四ノ八、一統一班金…一氏方…または本社にお知らせ下さい。

高福寿氏亡くなる

在日同胞にも多くのオールド・ファンをもつ韓国歌謡界の元老、高福寿氏が、十日午後三時三五分食道ガンでなくなった。享年六二才。遺族には、歌手の夫人黄琴心女史と五人の子供。

韓日協定永住権者の出生子女に対する永住権申請手続に関するお知らせ

記

(一) 出生日より十四日以内に出生届。

(二) 外国人登録手続は出生日より三十日以内に管轄の出入国管理事務所に申請する事。

(三) 在留資格取得は出生日より三十日以内に…市、町、村、区役所に申請する事。

(四) 協定永住権者の子女として一九七一年一月十七日以後に出生した子女は、出生日より六十日以内に必ず永住権許可申請をしなければなりません。万一六十日以内に永住権申請をしなかった場合は永住権申請資格を喪失するようになるので特に注意して下さい。

中央本部民生局

韓國新聞

在日大韓民国居留民団
中央本部機関紙
韓國新聞社
発行人 李禧元
東京都文京区春日町
2丁目20−13
電話 (815)1451〜3
(813)2261〜3
振替口座 東京 163774

民団綱領

一、われわれは大韓民国の国是を遵守する
一、われわれは在留同胞の権益擁護を期する
一、われわれは在留同胞の民生安定を期する
一、われわれは在留同胞の文化向上を期する
一、われわれは世界平和と国際親善を期する

第53回 三・一節

尹達鏞団長代理 記念辞

民族中興の旗幟高く

組織発展に献身しよう

尹達鏞団長代理

全人類良心の発露

最大急務は民族の独立

一九一九・三・一 独立宣言文

決議文

三・一精神で総結集し

経済・国防強化で献身

一九一九・二・八独立宣言文

正義と自由の名で

世界万邦に独立を宣言

民族正気の独立精神 生かして組織強化

朴正熙大統領におくるメッセージ

大阪総領事に 鄭度淳氏起用

女子職員募集

韓国新聞社

東京で第四次韓日経済協力委

貿易、産業技術協力問題など協議

第四次韓・日経済協力委員会がきたる三月二日から四日まで三日間東京で開かれ、両国間の貿易、産業技術協力問題などを協議する。

同会議には韓国側から朴斗秉商議会長を団長とする二十名が出席、日本側からは三菱商事、三井物産など財閥級業者二十余名が出席する予定である。

韓国経済強化に尽す

後宮虎郎新駐韓大使

赴任前に在日記者団と会見

第三代目の駐韓大使として、来る二十八日ソウルに赴任することになっている後宮虎郎氏は、二月二十三日午後四時、外務省の八五七号室において在日韓国人記者団と会見し、大要、次のような抱負と感想を披瀝した。

「一番むずかしいポストに赴任することになったといわれているが私は外交官三十五年の経験を生かして最善を尽したい。外交関係というものは、当初、悲観するよりも良くなるものだし、楽観してもその通りにはいかないものである。従って楽観もしないというのが私の信条である。木村、金山両大使がやってきたことを、本省の指示に従ってやるだけだし、そこに多少私の性格が加味される程度である。

外交におけるスタンドプレーは邪道である。どこまでも経験の積み重ねによって、眼には見えないが良くなっていく、というのが正道である。無事であればうまくいっていると思えばよい。

出発をまえにいろいろ勉強しているが、聞いたものだけは本当の姿は掴めない。むしろ行って直接肌で感じながらやっていきたい」

また、日本と北韓の接近関係をどういうふうに考えるか？ という質問に対しては「中共や北韓に対するムードは必要以上に新聞がつくりあげているもので、早いもの勝いという感じがする。日韓両国間には条約によって基本的な親善が確立されているのだから、外面上の問題に幻惑されないようにすることだ。私は三代目の大使として、韓国の第三次五カ年計画や経済の強化と増進に尽すことが私の任務である」

次に、国連で南北同時招請が云々されているが？ に対しては「日本の政府でもわからない問題だから、私としては慎重に当って韓国政府の意向を本国に伝達するだけである。私の意見も反映させて」

以上のように淡々とした姿勢のうちにも、揺ぎない韓日間の基本線を明らかにした。

【後宮虎郎氏略歴】東京都出身、一九一四年生まれ（五十七歳）、東京大学法学部卒、一九三七年外務省にはいり、一九六二年韓日会談代表、アジア局長となる。一九六六年駐オランダ大使、一九六八年駐タイ大使となり、この間第三回アジア経済閣僚会議代表（六八年）、エカフェ第二十五回総会代表（七〇年）となる。一九七二年一月十八日駐韓大使に任命された。趣味は歌舞伎鑑賞、ゴルフ、家族は典知子夫人と男の子三人。

閣議、総力安保指導要綱議決

閣議は総力安保の概念と指導要綱を議決した。この要綱はこれまで政府が総力安保体制構築のため散発的に発表した施策などを総合して体系化したもので、国民生活の新しい信条と精神姿勢などにかんする方向を提示している。

朴正煕大統領は「この指導要綱は公務員と全国民が現在の非常時局を克服する生活の指標となるものだ」と語った。

国庫から二億五千万ウオンを詐取

大検特別捜査部は[illegible]公文書を偽造し、国有地を横取りしたことが発覚され、詐取したたこと[illegible]

国有地を一日間に返還したあと、再び二セの契約書をつくり、国庫から補償金として二億五千万ウオンを引き出した土地詐欺グループが、大検特別捜査部[illegible]によって摘発され、[illegible]捜査を受けている。

捜査陣は二日、この土地詐欺グループの主犯金鐘吉（四五才・釜山市東莱区）と崔鍾[illegible]ら七人の身柄を拘束、事件の全貌を調査する一方、国庫に与えた損失をとりたてるため、関係者の個人財産を徹底的に調べている。

ソウルの人口密度世界第3位

公認集計

ソウルは人口数で世界第八位・人口密度は世界第3位であることが公式統計から確認された。

ソウル市が東京都から入手した世界主要都市人口集計によると七十年現在で世界1位は東京・二位以下ロンドン、ニューヨーク・モスクワ、上海、サンパウロ、ボンベイに続いてソウルは五五一万人で八位、九、一〇位はカイロ、リオデジャネイロとなっており、北京が四一〇万人で第十一位だ。さらに一平方キロ当りの人口密度では世界十大都市のうち、ボンベイの一万七、〇五三人、ニューヨークの9、776人に続いてソウルは9、031人で第三位を占めている。

離農青年の80%が縁故なしにソウルへ

農村を離れる人口の八〇%はソウルに集まっており、その八〇%以上が十五～二十九才の未婚男女であることが明らかとなった。

これはソウル女子大・尹鍾周教授が昨年十月、忠南礼山郡[illegible]山面下で調査結果を一本にまとめたものである。

尹教授の"農村出生離と転出人口に関する研究"によると、このような現象が続くならば七十年代中盤では、農村人口の絶対数が減ってしまうだろうと結論を出している。

工業所有権協定締結で討議

韓日、双方の立場を提示

韓・日両国は二十三日、工業所有権（特許権）協定締結にかんする初段階討議を終えた。

日本側の要請でソウルで開かれたこんどの会議では双方がそれぞれの立場を提示したのにとどまり実質的な討議をしないまま二日間の実務レベルの話合いを終えた。次回会議の日程はまだ決まっていない。

雑穀の導入を民間業者一任

太[illegible]経済企画院長官は二十三日、今年度導入することにした三百三十万トン規模の外穀の中で、財源が確保されていない小麦三十万トンとトウモロコシ二十万トンは民間業者の現物借款で導入するよう検討していることを明らかにした。

また太長官は、湖南グループがすすめている第二綜合製鉄工場の建設について、まだ正式の申請はないが、申請が出されたとき、浦項製鉄との関連を検討した上で、政府の立場を明らかにしたいと述べた。

一方、太長官は、済州道の畜産開発投資の援助について、とりあえず、第一次分として一億五千万ドルの借款で援助をすすめると語り、同事業の合同投資先は日本の新日本精鉄であることを明らかにした。[illegible]要されている。

白参を輸出戦略商品化

専売庁は[illegible]で[illegible]・金浦など全国紅参[illegible]を[illegible]し白参輸出増進策を協議した。

同会議では輸出白参の包装を改善し、品質を向上させ[illegible]市場競争に対応することにした。

このため包装とデザインを改善して輸出戦略商品を高級化し、品質向上に全力を傾注し、[illegible]の均衡をはかることで[illegible]をなくし、商品価値を向上させるため[illegible]を早期に補完することにした。

ハビブ大使治療の為帰国

フィリップ・チャールズ・ハビブ駐韓米大使は二十二日午後、ワシントンのワオルターリード米陸軍病院に入院するため特別機で帰国した。

米大使館スポークスマンの発表によると、ハビブ大使は、持病の胸部疾患のため帰国したという。ハビブ大使の入院治療のため、アンダーヒール公使が大使代理をつとめる。

ソウル全域を上水道保全地域に

市当局が指定計画

ソウル市当局は、現在ソウル市と仁川市の水源になっている漢江の水質が日増しに汚染されていることを防ぐため、ソウル市内の全域を上水道水質保全地域に指定する計画である。

本国論調

韓半島の緊急緩和策

米中会談どう討議されたか

その後の毛沢東との会談および長時間にわたる周恩来との会談状況からしても確かにニクソンの北京訪問は歴史的、画期的意義を持つものである。

度重なる米中首脳会談——長時間にわたって、米中首脳は何を討議したのであろうか。そしてそれはこんご、どのような結果を生む性質のものなのか？ これに対しては全世界の耳目が集中しているが、すでにさまざまな予測や事前判断が洪水のようにあふれ出している。その多くは世界の姿勢、とくにアジアの変貌とその将来について論評したものであるが、当然われわれの最大の関心を引くのはやはりわが国土韓半島問題である。中でもわれわれの眼の注がれる点は、過去の歴史における苦い経験に照らし、大国間の利己主義的策略が韓国の利益をそこなわしめる側面で妥結されるのではないかという点に対してであるが、これに対し韓国国民たちが憂慮することは至って当然なものである。そしていかなる国もこれをとやかくいうことはできないと思う。

大国間の秘密外交

取引きはできない

だが、韓半島は今世紀初期とは異って、分断状態にある。これに伴い軍事的緊張状態は絶えることがなく、これは早急な解決を要する国際的紛争問題である。

この韓半島の紛争解決に当たって、国際政治の動きが大いに関係するのであるが、今日、韓国の存在は全世界に知れ渡っていることでもあるし、また韓国安保に対する米国の公約は幾度も繰返し表明されているから、韓国の利益が大国同士の秘密会談で取引きされるようなことはまずあるまいと考える。

とはいうものの、万一、米国が北京会談を契機として、それがたとえ善意の錯誤であるにせよ、米国の誠実で正直な同盟国韓国の当面の国家利益や明日の安全に危険を招来するようなことを少しでもしでかしたとすれば、米国の信義および政治力量はアジア・アフリカの新生諸国間において回復不可能なほど大きく失墜することだろう。そしてその結果、米国の世界政策は歴史的破綻をのがれられぬものになろうと断言しうる。

休戦線上の軍事

緊張を緩和して

米国が韓国に対する公約上の義務を順守しながら中共との協商を成功させることは確かにむつかしかろう。それをわれわれはよく理解している。

しかし、中共と軍事同盟を締結した北韓は北京からイデオロギー的支援のみならず、軍事的援護を受けながらニクソン・ドクトリンに大きな期待をかけている。すなわち、かれらのいう"南朝鮮革命"と"南朝鮮解放"は単純な宣伝的スローガンではなく、北韓労働党路線で公然と実践綱領としており、これが頑強に定式化してからもうかなりの期間になる。このため北韓はかれらなりの戦略と戦術を継続練磨してきたのである。北京政府がこうした北韓を支持・声援するのにちゅうちょしなかったことは天下周知の事実である。否、むしろ北京政権は間近的同盟として北韓を鼓舞し、"血盟"を結んできた間柄にある。

だが、われわれの疑問たる立場は、南北間の武力対決を最後まで回避し、休戦線上の軍事的緊張を緩和しながら、平和的方法で南北問題を解決しなければならないというものである。従って北京会談がまず、韓半島の軍事的緊張を解消する方向で東北アジアの諸問題を討議することをわれわれは望んでいる。だが、その話合いが、もし南韓内の軍事力を一方的に減縮するという条件でなされれば、とても容認はできない。南北双方で減軍すべきであるとの理由はいうまでもない。

ニクソンの訪中計画が発表されてから後、北韓は急に"自主的平和統一"の宣伝戦を展開しているが、北韓のいう"平和統一"なるものが、相も変わらず南韓に共産革命を起こすというものであることは、われわれに韓国民が微も肯定できない点である。そうした北韓の目指す共産革命は、党文献に明白に説明されている。

南韓の一方的軍事

空白は危機招来

米中の北京会談が本当の意味で韓半島の平和を追求するものであれば、北韓の非常に危険なこの戦闘的対南政策を国際的に抑制する方策が必ず論議されるべきである。この会談で中共側が六・二五事変（韓国戦争）を結末づける平和条約の締結、南北間の同時減軍、駐韓米軍の撤収を緊張緩和の条件として提示する可能性は大きい。だが、もし中共が南韓の一方的軍事空白をねらって、南に不利な減軍計画を持出し、これを米国がいとも簡単に受諾するようなことがあれば、韓半島には再び軍事的危機が醸成されるであろう。

戦争を不可能にする合理的方策を

韓半島の緊張緩和策は戦争の危険を造成するような性質のものにしてはならない。戦争を不可能にする徹底した合理的な方策でうめされなければならない。

（朝鮮日報＝SISA）

税務相談

解答者 尹達鏞（民団中央本部団長代理 公認会計士・税理士）

法人の海外渡航費は？

【問い】法人の海外渡航費の取扱いについてお教え下さい。

【答え】法人がその役員または従業員の海外渡航に際して支給する旅費は、法人の所得の計算上、損金の額に算入されるものと、算入されないものがあります。

①海外渡航費の原則的な取扱は次の通りです。

【A】業務の遂行上必要な旅行であること。

法人が支給する海外渡航費は、その法人の業務の遂行上必要なものであり、かつその渡航のため必要と認められる部分の金額に限り、旅費として法人の経理が認められ損金に算入されます。

【B】業務の遂行上必要な海外渡航であるかどうかの判定。

役員の海外渡航が法人の役員または従業員の海外渡航が法人の業務の遂行上必要なものであるかどうかの判定は、①海外渡航旅行の目的②渡航先③渡航経路④渡航期間⑤渡航行動の内容⑥法人の業務との関連性等を勘案して実質的に行なうことになります。

【C】通常必要と認められる渡航旅費の額の判定。

法人の業務の遂行上必要と認められる海外渡航のために支給します渡航旅費の額については社会通念上合理的な基準によって計算し、不当に多額でないと認められる限り、その全額を旅費として損金経理することができます。

即ち、身の回り品、チップ、昼食費のように個々に把握することがむずかしいものなど、渡航の経費を含めて実費支給する性格のものであるために航空運賃、宿泊費、日当支度金等についても、旅費規程などに基づいて計算した一定額を渡し切り支給する場合であっても、実質的に合理的な計算基準によるものであれば、その渡航に要した旅費に法人の所得の計算上損金に算入されます。

【D】通常必要経費と認められる金額をこえる部分の金額。

海外渡航に際して支給する旅費の額が、その海外渡航のために通常必要経費と認められる金額をこえる部分の金額中、役員に対する部分は、原則として役員に対する賞与として取扱い、法人の所得の計算上損金に算入されません。従業員に対する部分は原則としては給与として取扱い法人の所得の計算上損金に算入されます。

②同伴者に対する渡航旅費の取扱

法人の役員が、法人の業務遂行上自己の親族または法人の従業員を同伴した場合、次に掲げる場合を除き、その支給した海外渡航旅費は役員に対する給与として取扱い、法人の所得の計算上損金に算入されません。

【A】渡航する役員が常時補佐を必要とする身体障害者であるため補佐人を同伴する場合。

【B】国際会議等への出席等のために配偶者を同伴する必要がある場合。

【C】その渡航旅行の目的を遂行するため、外国語にたんのうな者または高度の専門的知識を有する者を必要とするような場合に、適任者が、その法人にいないため、渡航する役員の親族または臨時に委嘱した者を同伴したとき。

③業務の遂行上必要でないと認められる海外渡航旅行。

次に掲げるような海外渡航旅行は法人の業務上必要な海外渡航旅行に該当しないものとされます。

【A】観光渡航の許可を得て行なう旅行。

旅券の申請が観光目的のもとになされたものは法人の業務外と考えるべきものです。

【B】旅行あっせんを行なう業者が行なう団体旅行に応募して行なう海外渡航旅行。

【C】同業者団体等が主催して行なう団体海外渡航旅行。

①業務の遂行上必要と認められない海外渡航の場合の旅費の特例

法人の役員または従業員の海外渡航が、業務の遂行上必要と認められないものでも、その海外渡航の旅行期間内の旅行先及びその行なった仕事の内容等からみて法人の業務にとって、直接関連があると認められるときは、この直接関連のある部分に直接要した費用の額は法人の所得の計算上旅費として損金の額に算入されます。

【C】通常必要と認められる渡航旅費の額の制定。

法人の業務の遂行上必要と認められる海外渡航のために支給

第3回・在日ミス・コリア・コンテスト

婦人会中央で 地方巡回講演会

婦人会中央本部(金信三会長)では、来る三月五日から四月七日まで約一ヵ月間にかけて、"第二回在日韓国人婦人会地方巡回講演会"を開催し、国家非常事態宣言を中心とする国内外の実状を訴え、在日婦人の覚醒を促がして、本国政府及び国内同胞とも渾然一体となって、非常事態に備えることにした。

◇講演の日程

▲愛知県三月五日▲大阪三月六―七日▲兵庫三月九日▲京都三月十二日▲広島三月十四日▲福岡三月十六日▲山口三月十九日▲神奈川三月二十三日▲北海道三月二十六日▲東京四月四日―七日。

札幌オリンピック 参観者歓迎会

定立支部

民団足立支部(金団長)では、去る二月十八日、同区内所在で、札幌オリンピック参観招請者二十九名を招き、盛大な歓迎会を開いて一同をよろこばせた。

市場深化活動に努力

対日輸出目標達成期す

日本地域輸出公館長会議ひらく

抜本的対策要望

在日民族教育問題

文仁亀委員長と懇談

民団中央本部文教局(…局長)では、在日同胞の子弟教育を…

"知と美の使節"

応募締切り迫る　3月8日

71年 미스코리아 誕生

真	盧美愛	釜山
善	崔淑愛	忠南
美	車順英	서울
真	洪信姫	서울
淑	李永銀	京畿
賢	曺愛子	三重

神戸商銀育成のため

一人一株運動を展開

民団兵庫県地方本部

在日韓国人展開に 本国で無試験合格

三・一独立宣言の起爆

「二・八宣言」の歴史的意義

鮮人六百名集合す

某重大問題の為めに 刑事等八十名と衝突

②2・8宣言をした当時の朝鮮YMCA講堂　①は報道された新聞

沢村選手を招請

3月にソウルで親善試合

72年度卒業式

東京韓国学校

造園研究の 石鐘珍氏来日

尋ね人

写真は李仁順さん夫妻

在日大韓民国居留民団 大阪府

東淀川支部 三国分団	分団長	李光熙	大阪市東淀川区東三国町三の三七一 TEL(〇六)三九一—五〇二九番
東住吉支部	議長	趙宗大	
〃	監察委員長	李廣寿	
〃	支団長	朴柄玉	大阪市東住吉区平野浜町一—九 TEL(〇六)七九一—五九八五番
茨木支部	議長	金振浩	
〃	監察委員長	田鐘相	
〃	支団長	杜炳銑	大阪府茨木市新庄町十一—七一 TEL(〇七二六)二二—六一二〇番
城東支部	議長	李泰善	
〃	監察委員長	呉禹益	
〃	支団長	朴季道	大阪市城東区今福中一—七三 TEL(〇六)九三九—六七六八 (〇六)九三一—〇四一四
生野北支部	議長	曺原鎬	
〃	監察委員長	崔海龍	
〃	支団長	崔翼龍	大阪市生野区新今里一—一—六 TEL(〇六)七五一—五三二一番
生野西支部	議長	趙鏞和	
〃	監察委員長	黄秉甲	
〃	支団長	秦敬春	大阪市生野区猪飼野中二—三六 TEL(〇六)七一一—七三一一番
東淀川支部	議長	方鎬煥	
〃	監察委員長	姜弘実	
〃	支団長	崔允熙	大阪市東淀川区西中島町一—一二 TEL(〇六)三〇一—三一七七番
堺支部	議長	実秉五	
〃	監察委員長	金尚圭	
〃	支団長	朱祥祚	大阪府堺市中安井町 TEL(〇七二二)三八—七八四〇番
都島支部	議長	権相燮	
〃	監察委員長	金学期	
〃	支団長	姜信洙	大阪市都島区御幸町二—一七 TEL(〇六)九二一—四九七〇番
泉大津支部	議長	朴八星	
〃	監察委員長	金敬仁	
〃	支団長	金基允	大阪府泉大津市本町八二 TEL(〇七二五)三二—五四五二番
大正支部	議長	蘇鍾萬	
〃	監察委員長	金聖述	
〃	支団長	崔山澤	大阪市大正区南恩加島三〇 TEL(〇六)五五一—四三三〇番
生野東支部	議長	文進澤	
〃	監察委員長	李明洙	
〃	支団長	金丙文	大阪市生野区大友町一—六二 TEL(〇六)七五二—三七七一—二番
豊能支部	議長	陳漆生	
〃	監察委員長	金麟得	
〃	支団長	金永模	大阪府豊中市桜塚本町一—八一 TEL(〇六八)五三—〇七一九番
中央支部	議長	柳根達	
〃	監察委員長	高七杓	
〃	支団長	金徳仁	大阪市北区梅田町六 TEL(〇六)三四一—四二六二番
此花支部	議長	全成龍	
〃	監察委員長	劉京弼	
〃	支団長	李永哲	大阪市此花区西島町二の五三 TEL(〇六)四六二—二八八八番

在日韓国居留民団 兵庫県地方本部

在日韓国居留民団兵庫県地方本部	地方団長	鄭珞福
〃	副団長	朴命壽
〃	議長	朴鳳守
〃	副議長	全憲煥
〃	〃	金鳳龍
〃	監察委員長	朴憲行
〃	監察委員	金萬壽
〃	〃	鄭達世
西神支部	支団長	金興權
〃	議長	金鳳龍
〃	監察委員長	李圭祥
東神支部	支団長	朴内圭
〃	議長	許性道
〃	監察委員長	丁有声
兵庫支部	支団長	金快河
〃	議長	崔栄出
〃	監察委員長	朴景東
阪神支部	支団長	朴興述
〃	議長	朴禧壽
〃	監察委員長代	金光来
明石支部	支団長	裵周龍
〃	議長	趙鏞泰
〃	監察委員長	崔斗龍
尼崎支部	支団長	趙乙岩
〃	議長	韓龍表
〃	監察委員長	李徳文
川西支部	支団長	金南必
〃	議長	李徳桂
〃	監察委員長	金甲済
有馬支部	支団長	金栄澤
〃	議長	曺且賛
〃	監察委員長	鄭碩九
三田支部	支団長	金甲龍
〃	議長	金奉河
〃	監察委員長	朴景好
播丹支部	支団長	卞均植
〃	議長	卞聞植
〃	監察委員長	曺福栄
宝塚支部	支団長	黄性九
〃	議長	金泰浩
〃	監察委員長	権進鉉
西宮支部	支団長	禹河永
〃	議長	金容旭
〃	監察委員長	薛敬淑
淡路支部	支団長	李啓夏
〃	議長	安順彦
〃	監察委員長	鄭萬石
伊丹支部	支団長	黄河千
〃	議長	田孝鍾
〃	監察委員長	李貞熙
西播支部	支団長	李昌雨
〃	議長	申慶泰
〃	監察委員長	姜鍾石
但馬支部	支団長	朴有腹
〃	議長	姜点金
〃	監察委員長	洪光植
在日韓国青年同盟兵庫県本部	委員長	李敏秀
〃	副委員長	孫長雄 李相泰
在日大韓婦人会兵庫県本部	会長	権炳九
兵庫県韓国人商工会	会長	徐福龍
〃	副会長	呉永久 陳永述 李斉桂
兵庫県韓国青年商工会	会長	蘇政雄
〃	副会長	李鍾碩 朴雨成 張宗光
在日韓国学生同盟兵庫県本部	委員長	鄭淳烈
〃	副委員長	李善浩
信用組合神戸商銀	理事長	金承培
〃	副理事長	李錫鳳
〃	副理事長	朴聖権

よみがえれ!三・一精神

パゴダ公園の壁画に見る闘争

三、一独立運動記念壁画(銅製レリーフ)十点は、独立宣言の地、ソウル鍾路区パゴダ公園内にある。当時独立万才を叫んで立ちあがった韓国人が、日本官憲の圧政にもめげず闘った抵抗の姿が、十枚の壁画に浮彫りされており、そこに韓国人の勇気と愛国心をみることができる。

＝撮影 李 剛＝

日本憲兵に捕えられ、また銃火に倒れた犠牲者の数ははかりしれない。ああ!痛恨なり、この事実忘れまじ。

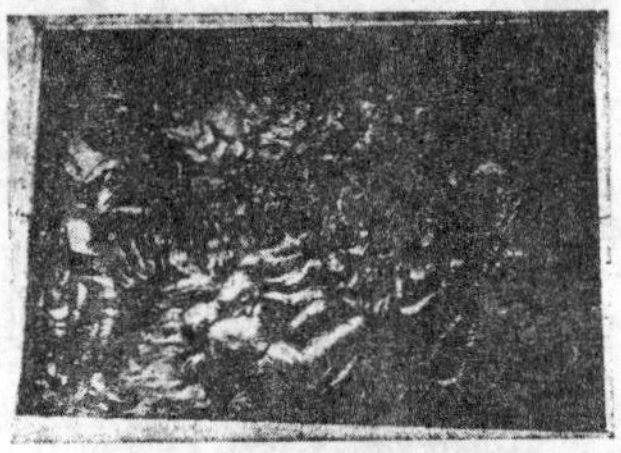

水原堤岩里ではキリスト教会に押し込め、火を放ち逃げまどう婦女を容赦なく殺した。

独立宣言文は、パゴダ公園で朗々と力強く読みあげられた。

独立運動はソウルのみならず、地方にも津波のごとく波及して広がっていった。

婦女子も太極旗とともに検挙された。(柳寛順)

日本の憲警は、残虐の限りをつくし、国内は怨声でうずまった。

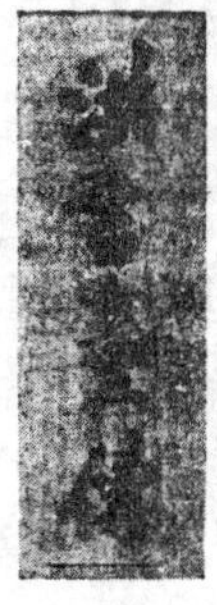

許筠著

洪相圭 訳・編

(九)

「うーむ、恐ろしい力だ。人業ではない」

「天狗の再来か!」

「変態とはいえ、宰相の血につながり、おまけに大力無双ときている。これをさして、鬼に金棒というのだ。天が我らにくみしてくださるのだ」

「さあ、皆の衆、なにしているのだ。天から賜わった我らの大頭領に、改めてお目通りをお願い申しあげ、今までの無礼をゆるしていただこうではないか」

吉童を迎えて、山寨は歓呼のどよめきで、あたりの空気を震わした。

吉童を上座にすわらし、さかんに酒をもてなした後で、白馬を斬り、その血をすすって主従の盟約をした。

吉童を迎えて山寨は目に見えて活気づいてきた。大頭領となった吉童も精根をうちこんで、山寨の戦力向上を図った。全軍の編成と配置を行ない、各々部署を定めて武芸の修練をさせた。

年少の吉童ではあったが、大衆団の指導者として間然するところがなかった。威あって、猛からず親しんでなれさせないところなど、全衆を威服して、一糸不乱の軍律の下においた。

五、海印寺(ヘインサ)を襲う

水の流れるように、歳月は過ぎていった。

吉童が大頭領として推されてからはや、なんか月が過ぎた。吉童の指揮で賊衆の武芸は一段ときえてきたし、厳然たる軍律の下に統率されているこの集団は、面目を一新した。

それだけに、この山の衆らは力をもてあまし、手持ち無沙汰で悩むようになってきた。

雑民に至るまで、ことあれよかしと、手ぐすね引いて待っていた連中であったから、それこそ髀肉の嘆にたえられなかったわけである。

頭領株らは額を集めて、相談しだした。

「近ごろのように無事太平では全くやりきれん。力において、わしらは前とは段違いだ。こっぱ役人の百や二百など蹴散らすのも問題ないぞ。皆の衆、どう思う?」

と年かさの男が誘いの水をかけてきた。

「いや、全く同感です。近ごろめっきり、大きくなったこの力こぶと腕力だこが、夜泣きしていますよ」

とまだ少年のあどけなさ抜けきれてない若人、腕をまくしあげ、たくましい力こぶをさすりながら、すぐに応えた。その隣にすわっていた偉家孔の傭明も、低いが底力のある声で一同に話しかけた。

「さよう、腕ためしもさることながら、近ごろの不浄役人どもの悪行は、黙許し難いものがある。朝廷のご威光を楯に、無理難題のかずかずは、皆の衆、ご承知の通り!」

探索係らしい感じのその男は、ここで、話をとぎり、ずっと一同を見渡した。目には憎悪の焔がたち、言々句々は炎と燃えあがった。

「民をいたわるのがすなわち政治のはず、王天主士の下で、上をあざむき、庶民の残り少い膏血を絞り取っている奴こそ、許せない存在です。我ら起って、断固と天誅の鉄槌を奴らの頭上にくだし天下人心の恨みを解くことこそ痛快事とするものです。が、ことはそれだけではない。近ごろは腐れ坊主どもまで増長していることですが、手近な例として、陜川の海印寺があります。ここの住持どもはさることながら、庶民の上にのさばり、寄進強要のご寵愛をいいことにかずかず、まことに目を覆いては見るに忍びないものがあるとの噂であります」

話し手は憎悪に駆られ、おこりの発作にでも襲われたように、わなわなと、体をふるわした。激しい憎悪心はすぐ一座の者に燃え移った。話の緒口をほぐりだした、年のかさの男が我が意を得たとばかり、にやにや笑いながら炎に油を注ぎはじめた。その男は話しながらもいつもの静である、あごひげをなで回す手を休めなかった。

「海印寺の坊主どもも、ついに度し難しか。形だけは坊主なみな僧形であり伊達に袈裟はかけているが大斎生にも劣る下郎どもだ。さて、海印寺は、裕福をもって海内に鳴りひびいた寺だ。おそらく庶民からかすめた不浄の財宝であろう。我らが仏罰代りに奪い取るのも一興だな。どうだ、皆の衆!」

異議のあるはずがなかった。こういうなりゆきを、願ったり、かなったりと待っていた連中であったのだ。

相談でもしたように、

「よう、ご名案、孔明もどきのご名案!」

と声をそろえて張りあげる賛同のわめきで、屋根のはりさえ震えるようであった。

新刊紹介二つ

伊藤博文暗殺記録

安重根・その思想と行動

金正明編

明治百年史叢書シリーズ金正明編の「伊藤博文暗殺記録」が刊行された。

安重根・その思想と行動ーを収録したこの記録は、日露戦争後の韓国に対する統監政治に反対し韓国独立義勇軍参謀中将安重根による伊藤博文暗殺事件の真相を明らかにしたもので、戦前は極秘にされて、今日まで陽の目を見ることのなかった「安重根等殺人被告公判記録」の全文と、事件の発生と経過に関する外務省記録の他、最近発見された安重根自身の筆になる「自伝」の全文が収められ、独立志士安重根の人間像を知るうえの、最も貴重な資料として、韓国人必読の書である。

菊版・三百七十一頁に収録した同記録は①伊藤博文の暗殺②伊藤博文暗殺の経過③安重根等人被告公判記録④安重根事件判決文、安重根自伝を資料、解題と共に政治学博士金正明氏編で著したもの。

原書房刊(東京都新宿区花園町一〇六・電話(三五四)〇六八五番)定価五、〇〇〇円。

韓民族独立運動の貴重な資料を網羅

「朝鮮統治史料」全10巻

かねてから日帝治下における基礎史料を収集・整理して、世に公刊することを企画してきた韓国史料研究所長金正柱氏の編集・解説による日帝の「朝鮮統治史料」全十巻が刊行されたことは、その意義きわめて大きく、時宜を得たものといえよう。

しかも同史料集は、第一巻を出刊してから満二年、史料収集に着手してから実に二十余年の歳月を要したといわれる。

全巻を通じてみると、日本のいわゆる統監府設置から総督府終末にいたる約四十年間の、日本の対韓政策、およびこれに抗拒する韓民族の独立運動を主軸にして、ほとんどが未公表の機密資料で満たされている。各巻の項目としては、間島問題・間島出兵・韓日合邦・民族運動・共産運動・不逞鮮人・沿境関係・在外韓人などに区分して、関連する基礎史料をよく網羅している。

しかし、これらの史料は、編者も断っている通り、もちろん日帝側の政府文献なので、読者はまず厳しい批判的態度が要求される。

それにしても、日本政府の大陸進出に関する政策立案や独立運動に対する抑制弾圧が、いかに冷酷峻厳を極めていたかが十分にくみとれる。

編者のこうした意図をくんで、この史料集が多くの同胞たちによって、座右の蔵書として備えられることをあわせて望むものである。

各巻、九五〇頁平均、B六版特製総「朝鮮統治史料」全十巻一組定価五万円

◆

申し込みは、東京都千代田区神田猿楽町二ー五ー五 韓国史料研究所・電話二九二ー八九九五。

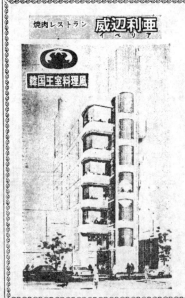

韓國新聞

在日大韓民国居留民団
中央本部機関紙
韓國新聞社
発行人　李禧元
東京都文京区春日町
2丁目20－13
電話 (815)1451～3
(813)2261～3
振替口座 東京 163774

民団綱領

一、われわれは大韓民国の国是を遵守する
一、われわれは在留同胞の権益擁護を期する
一、われわれは在留同胞の民生安定を期する
一、われわれは在留同胞の文化向上を期する
一、われわれは世界平和と国際親善を期する

朝総連の陰謀暴露！

朝大生ら強制北送

「祖国進出」美名のもと

三月十日に二五九人

"赤化野欲の人質に"

北傀の手先である朝総連では、四月十五日金日成還暦記念行事に関連、「祖国への進出」という美名のもと、朝鮮大学在学生百九十九名、朝鮮青年同盟員六十余名を、三月十日北送船「万景峰」号便で、強制北送することになった。これは北傀の所謂、統一革命戦略に基礎をおく、「日本地域において朝総連組織をより強く掌握する」ための計略である。

新潟市内にたてられ北送の脅威を訴えた民団側の立看板

[illegible]

本国論調

米・中共同声明に考える

冷厳な現実を洞察

自由力量一体化で適応

[illegible]

若人に民族の主体性を要求

朴大統領 ソウル大卒業式で演説

[illegible]

三・一精神の生活化を提唱

[illegible]

高い次元での相互信頼と理解を推進

後宮新駐韓日本大使が着任

[illegible]

ウォン・円交換認める

旅行者を対象、看板も漢字と英文並記

経済企画院 観光開発へ画期的な措置

[illegible]

「経済協力に努力」

韓日民間合同委が共同声明

日本企業進出へ推進委

[illegible]

韓日協定永住権者の出生子女に対する永住権申請手続に関するお知らせ

[illegible]

中央本部民生局

第53回 三・一節

中央民衆大会盛況

一部に組織の汚点残し

第五十三回目の三・一節を迎えた在日同胞は、全国各地でいっせいに盛大な記念式典をおこなった。この日、東京での中央民衆大会は韓国青年協議会(金基殷事務局長)主催で例年どおり東京・日比谷公会堂で開催されたが、神聖でかつ厳粛的であるべきはずの式典が、一部の妨害によって、まるで野党演説大会の観さえ呈してしまうという事態がおきてしまった。会場の日比谷公会堂には、都内二十二支部と関東七地方本部から手旗や貸切りバスなどで二千余の同胞が参集するという盛況。

定刻より遅く十一時三十八分に、東京韓国学校生徒のブラスバンドによる三・一節の歌の演奏とともに開会され、[illegible]東京本部事務局長の司会で国民儀礼のあと、韓国青年協議会事務局長の開会辞、[illegible]中央本部文教局長による「在日韓国人教育憲章」[illegible]氏の「三・一独立宣言文」と朗読がつづいてから、尹達鏞中央団長代理の記念辞が述べられたが、[illegible]から野次がとび、[illegible]に於ける事前合意に[illegible]して組まれた式順にはなかった飛び入り発言など、[illegible]中央議長が制止に入ってもやまないので、尹団長代理は、神聖な三・一節を政争の場に利用することの[illegible]を責めて退場、つづいて[illegible]、[illegible]民生局長、[illegible]婦人会長、[illegible]らも退場するという事態に至ったのである。そのあと[illegible]などがあってから式典は終り、第二部には東京韓国学校による民俗歌舞の披露で閉幕した。いずれにしても、このような同大会の[illegible]事件は、主催の任に当った韓青協が負わねばならず、近いうちに団当局において厳重に糾弾追究されることとなろう。(写真は記念辞を述べる尹団長代理)

春を呼ぶ再会

険の姉に27年ぶり

男泣き 喜びの金中領一家

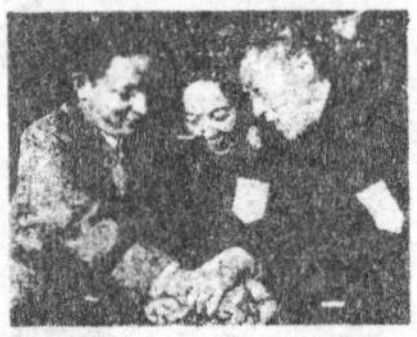

27年目の春

☆☆☆☆ 訪日亜細亜青協 奥冬夕食に招待 民団中央本部

在日大韓体育会 マークを懸賞募集

第3回 在日ミス・コリア・コンテスト

あなたも応募できます

締切り3月15日まで延期

巣立つ高等部89名

東京韓国学校で卒業式

三月十日に合同卒業式

学校法人として認可

4月一日に開校 尼崎韓国学園

四月三日に在日韓国人サッカー大会

自主講演会議長海外訪問を終え帰国

新潟県本部定期大会

団長に李咏鐘氏を選出

李英介氏出版記念祝賀会盛況

"独自の研究成果"

唐画から朝鮮画検出

東洋通信筆禍事件は無罪に

最高裁が判決

ウガンダへ行く韓国人医師40人

科学協会世界大会 四月ソウルで予想

韓國新聞

在日大韓民国居留民団中央本部機関紙
韓国新聞社
発行人 李禧元
東京都文京区春日町2丁目20−13
電話 (815)1451〜3
(813)2261〜3
振替口座 東京 163774

民団綱領

一、われわれは大韓民国の国是を遵守する
一、われわれは在留同胞の権益擁護を期する
一、われわれは在留同胞の民生安定を期する
一、われわれは在留同胞の文化向上を期する
一、われわれは世界平和と国際親善を期する

〝国内政争を波及させるな〟

尹団長代理 一部本国政客に警告

同胞社会の混乱助長を排撃

民団の宣言・綱領に透徹せよ

尹達鏞民団中央本部団長代理は、本国を訪問中、三月二十日ソウルで「本国内の政争を日本在留同胞にまで波及させ混乱を助長することは断呼と排撃する」内容の声明を発表し、一部破廉恥な本国の政客に警告を発した。尹団長代理は、声明を通じ、去る三・一節記念中央民衆大会で、某党の人士が、本国の政争を民団に飛火させる恐れのある発言をしたのは、在日同胞社会はもちろんのこと、国際的にも甚だ遺憾なことであり、このような無責任極まる発言は、在日同胞になんらプラスしないばかりか、朝総連との闘争においても、戦力を低下し、混乱を助長する発言であると厳しく非難した。声明書全文は次の通り。

「国意に違背することや、海外同胞の政策に関する是々非々論はあり得ても、国内の政争に対しては、これに加担、若しくは支持、反対を表明してはならぬ」と民団の宣言・綱領に明示されている。

在日本大韓民国居留民団は、日帝から解放された直後の混乱と窮乏、そして軍政時代から生ずる混乱の中で、一九四六年十月三日（開天節）、在日同胞の民生安定と文化向上、そして国際親善と世界平和を期し、独立したわれわれの政府の出現を強く期待しながら、同胞同士の親睦を図る自治団体として結成したのであります。

その後、一九四八年八月十五日、ついに大韓民国の政府が樹立をみるに至ったので、われわれは大韓民国の国是遵守と、在日同胞の民権擁護の綱領を加えて、祖国大韓民国の発展に寄与することを明確に宣明したのであります。

民団結成後、金日成徒党の手先である朝総連を相手とする反共闘争の傍ら、民権擁護と民生安定に全力を傾注し且つ邁進してきたし、特に、韓日国交正常化によって新しい歴史の一ページが始まった時点から、在日同胞の法的地位向上（永住権取得運動）と、安定生活を期するための基礎作業として、三十五万を越える申請成績をおさめたことによって、韓国国籍の取得者四十万以上を突破し、在日同胞六十万のうち三分の二以上を民団傘下におさめることになりました。

このように、わが民団組織は日増しに発展をつづけ、国威宣揚に最大の力量を発揮するようになりました。

現在民団は、日本における朝総連勢力を封鎖せんとする段階に至り、彼との闘いを大々的に展開すると共に、民団の飛躍的な前進を図るための組織整備作業に着手しており、作業進行には尚一層の協力を要するものであります。そして、民団が全力を集中し団結が要請される現時点において、宣言、綱領に明示されている通り、本国に対しては国策に違背することや、海外同胞の政策に関する是々非々論はあり得ても、国内の政争に対しては、これに加担、若しくは支持、反対を表明してはならぬことになっており、これが本団の姿勢であり、態度であります。

このような基本態度と時期において、今年の三・一節記念中央民衆大会の意義深い記念行事に際し、本国の与政界の人士、その中でも知名度の高い某氏は、本国の政争を民団社会に導入するが如き内容の発言を行なったことによって、団内は勿論、在日同胞社会に非難の物議をかもしたてたことは当人の没知覚と政治人としての醜態をさらけだしたものとして、甚だ遺憾とするものであります。今般の事件に限らず、本国政界の与野をはじめ、政治人、知名人たちの来日する中には、むしろ、民団の分裂を意識的ではなくとも結果的に助長する言動を行ない、朝総連との闘争における戦力の低下を招来するが如き、容認しがたき過誤を犯す方々がいるが、どうか、そのような言動を慎んで下さることを要望するものであります。

また、与野の政争だけにとどまらず、ときには地方色をかざして同胞の団結を促求する方向とは別の小さな自負心から、よくない影響を及ぼす有閑客もあって、われわれひとつに固まっている居留民としては、これまた歓迎せざる客であることを指摘します。

願わくは、日本において朝総連を相手に闘争している民団の発展と育成のために、もう少し深い関心をもち、民団の実情に気を配って訪ね、後援してくれることを本国の諸氏にお願いするものであります。

また本国の言論界、そして指導層の諸賢に重ねてお願いすることは、国外まで出て国内の政争を波及しないでほしいというわれわれの訴えを肯定して下さるのでしたら、そのように世論を喚起して下さるよう希望してやみません。特に関係当局の皆さんにおかれましても、われわれの叫びを当然だと認めて下さるのでしたら、そのような方向へ果敢に処して下さるようお願いしながら、ここに声明する次第であります。

米除く全物価を三月六日基準に抑制

太完善経済企画院長官は十五日、米を除くすべての物価と賃金をさる三月六日現在の基準に抑制すると発表、政府の許可を受けずに引上げた価格、新聞用紙はすぐに還元措置をとる。物価抑制は第一段階として韓銀の物価調査基準に従って工場出荷を、第二段階は流通過程で生ずる不当利得を取締る方針であり市場基準価格の公示は近く決定する。太長官はまた、物価抑制期間は「当分」であると語ったあと、米価については現在の基準で続く限り政府米を放出して価格調整はしないと、語った。

社債投資ブームで預金低調

社債投資ブームなどで去る二月中、金融機関の貯蓄性預金増加率は大幅に低下、貸出し総額も相対的に減少した。

韓国銀行集計（推定）によると二月末現在、全金融機関の貯蓄性預金総額は八千七百三十一億ウオンで、一月末に比べ四十七億ウオンの増加にとどまった。一方、貸出し総額も一兆二千二百八十一億ウオンで百四十九億ウオンが増加したたけである。

一月中の貯蓄性預金増加額は三百十二億ウオンで、貸出し増加額は三百八億ウオンだったが、二月中の貯蓄性預金の鈍化は金利引下げで市中高利性資金が銀行に預入されずに社債の方に集まったためだと分析させた。

非武装地帯に新陣地

北韓・重火器と8千8百名の正規軍投入

金溶植外務長官が声明を発表

金溶植外務長官は十五日声明を発表し「北韓は最近国際的な緊張緩和気運のスキに乗じて最も明白かつ危険な休戦協定違反行為をほしいままに行なっており、この地域に再び深刻な問題を提起している」と指摘、「非武装地帯内に構築されているすべての陣地と武装兵力、重火器を即時撤去すること」を促求してつぎのように述べた。

一、もし北韓がこれを拒否した場合、北韓のいわゆる平和攻勢の欺まん性はいよいよ明白なものとなる。そしてこれによって招来されるであろう平和への脅威にたいする責任を北韓は決して免れ得ぬものと知るべきである。

一、休戦協定が締結された一九五三年以後、北韓はこれまでに何と二万九百二十一回にわたって協定違反を繰返してきた。

一、さる数ヵ月間、北韓は秘密裏に休戦線内に総二百二十五個所の陣地を構築し一方、野砲、迫撃砲、無反動銃など重火器まで武装した約八千八百名の正規軍を投入したことが判明された。

一、これは休戦協定の最も大きな違反であるだけでなく、平和にたいする重大な脅威である。（韓国）政府はさる二月十二日、韓半島平和のため、武力放棄、非武装地帯平和利用、スパイ南派中止、拉北被害者送還の四条項を宣明したし、特に非武装地帯の徹底した非武装化と平和的利用にかんする国連軍側の提案を受諾するのが平和のための最も有力な誠意表示の一つになるということを北韓側に対してははっきりさせている。

一、しかし北韓は休戦協定に違反し、戦争準備を完了していまや軍事分界線を事実上二回前進させたことにより大韓民国にたいする重大な挑発を行ないその安全に脅威を加えている。

一、このような事実にもかかわらず、北韓はこれを隠ぺいするため対外的には偽装した平和攻勢を展開している。しかし全世界はこのような偽装の平和攻勢のかげにかくされた北韓の危険な軍事的脅威に注目すべきである。

一（韓国）政府は、韓半島の緊張緩和のため四条項を提示したことがあるが、北韓の平和にたいする脅威が明らかに高められているこの時点においてつぎの事項をいま一度強調する。

第一に、非武装地帯内に構築されたすべての陣地を即刻撤去すること。第二に、非武装地帯内にある武装兵力と重火器を即時撤去すること。

外換銀行長に金禹根氏

商工次官には金鍾旭氏

政府は七日付で外換銀行長を依願解職し、その後任に商工次官金禹根氏を任命した。なお、商工次官後任には前秘書室長補佐官金鍾旭氏を同日付で起用、発令した。

◇金禹根外換銀行長略歴 ソウル出身（51歳）東京帝大経済学部卒、企画院長代理、商工部総務局長、同工業第一局長、商易局長、同商易次官補、同次官。

◇金鍾旭商工次官略歴 忠南保寧出身（41歳）ソウル大法大卒業、行政考試合格、財務部理財局長、財務部税政次官補・農林部次官補、青瓦台秘書官・秘書室長補佐官。

日本人入国が47%でトップ

金浦空港71年の統計

七一年の一年間金浦空港から出国した韓国人のうち一番多いのが二七%を占めた移民で、出国目的別では断然トップ。韓国を訪れた外国人では全入国者の四七%が日本人。その次が米国人の三一%であることが判明した。

法務部出入国管理局が発表した出入国人数は四十二万四千八百九十九名で七〇年に比べ約三四%の増。このうち内国人出国者は六万五千二百六名だが、その二七%の一万七千七百七十名が移民で、出国目的別で最高を示しており、次が商用一万二千八百三十三名、就業一万三百八名、訪問視察七千三百三十五名、文化、宗教、体育関係六千七百十七名等の順となっている。

外国人入国者は十二万四千八百一名で、その五二%にあたる六万四千六百六十五名が観光目的で入国しており、このうち七〇%の四万五千六百名が日本人、次が米国人一万一千九百九十七名（一九%）。

南北赤会談の成功希望

アンカク全体会議開く

アンカク（UN韓国統一復興委員団）では、去る七、八日の二日間ソウルで、今年度第一回全体会議を開き、韓半島の安保、政治及び、経済発展ぶりを討議した。「マレイシアGMブシュエ」オーストラリア駐韓大使主宰のもとに開かれたこの会議で、今年の秋UN総会に提出する、報告書のあらましを承認し、南北赤十字社の会談が成功することを望んだ。

なお、同委員会は、第二回全体会議を来る六月、日本で開催する予定である。また第一回全体会議には、オーストラリア、オランダ、フィリッピン、タイ、トルコ等の代表が参席した。

韓日協定永住権者の出生子女に対する永住権申請手続に関するお知らせ

記

(一) 出生日より十四日以内に出生申告。
(二) 外国人登録手続は出生日より三十日以内に管轄の市、町、村、区役所に申請する事。
(三) 在留資格取得は出生日より三十日以内に管轄の出入国管理事務所に手続する事。
(四) 協定永住権者の子女として一九七一年一月十七日以後に出生した子女は、出生日より六十日以内に必ず永住権許可申請をしなければなりません。万一六十日以内に永住権申請をしなかった場合は永住権申請資格を喪失する事になりますので特に注意して下さい。

中央本部民生局

本国論調

北韓の対米微笑外交の真意

ロジャーズ米国務長官はさる七日、下院会見で北韓が対米接近を望む〝信号〟を下院レベルでの意思表示を通じて送ってきたことを明らかにした。そして米国政府もロジャーズ発言を通じて一般的にニクソン政府はすべての国との関係改善を望み、これを促求しているとし、無論、北韓もこれに含まれると米外交政策の基調の一端を公表した。いうまでもなく、ロジャーズ長官は「無論、韓国政府と協議し、北韓の意図をはっきり知るまでは積極的行動はとらない」と述べ、同盟韓国との協調を強調した。

一方、米ワシントン・ポスト紙は十日付け社説で、日本にいる北韓のスポークスマン（朝総連の金炳植第一副議長）がすでに同紙記者（セリグ・ハリソン駐日特派員）との会見で「駐韓米軍の撤収以前にも北韓は米国と接触する用意がある」と示唆したことを指摘、北韓のこのような対米接近姿勢の兆候はいうまでもなく米中会談に順応して起きたものだと解釈した。

休戦後も「南」掌握をねらって

以上のように、米国で公開された事実は韓国の安保ならびに統一問題に重大な影響を及ぼす性質を持つものであり、従って、遠からず、（韓国）政府はこれに関する公式態度を表明するに違いないが、ここでまずわれわれは韓国国民としての立場を提唱したい。

六・二五（一九五〇年六月二十五日勃発の韓国戦争）の侵略・南侵が失敗に終わってから金日成一派はずっと南を赤化することをねらい、そして休戦後北韓は表面的には平和宣伝をもっぱらにしながら、共産圏および一部親共中立国の外交ルートを通して、ひっきりなしに米軍の韓半島撤収を主張してきた。一方で北韓は武装スパイや武装ゲリラを南派し、他方では〝平和〟とか〝自主〟〝主権〟という人類共通の理念をわがもの顔に打出し、しかもこれを共産主義革命のイデオロギーによって、かれら独自の解釈で宣伝、普及につとめた。

無論、北韓が要求し続けた韓半島からの米軍撤収は南韓における軍事的空白と政治的孤立状態を望んでのことだった。そして六六年八月以後のいわゆる〝自主路線〟採択以来北韓の対南戦略は〝自主的平和統一〟路線に具体化されたのである。

北韓のいう〝自主的平和統一〟

だが、この北韓のいう〝自主的平和統一〟というのはすでに周知のように、文字そのものがもたらせる快い響きとは大きく異ったものである。それは、米軍を撤収させ、南から追い出し、これまでも北韓が武装スパイを送って工作してきたように南韓に〝人民蜂起〟を起こし共産革命に持って行く政府を樹立することによって金日成はこれと呼応して外部の勢力を排除し〝自主〟で祖国を〝平和〟的に統一するというものである。従って、この〝平和〟のウラには〝人民革命〟という流血が存在する。そして韓国の国民がそうしたものを望んでいないことはあまりにも明らかな事実なのに、金日成一派は〝人民〟がそう望んで〝蜂起〟したというだろう。

従って、この北韓の〝自主的平和統一〟論は、これまで北韓がしきりに唱えてきた〝南朝鮮解放〟論および〝南朝鮮革命〟論と表裏一体の関係にあるものである。

金が平和的イメージ売りに出るまで

北韓のこれらの〝論〟は韓国の現実からするとまことに幻想的なものである。この幻想的党路線はこれまでも韓国国民、すなわち南の大衆によって行動で排撃された。そこで北韓でも金日成一派の独善はある局面たちの間で不信を買った。そのたびに金日成一派は「環境がよくない」としてこれらの人びとを粛清してきたのである。この粛清騒動のある度に、金日成一派は金日成個人崇拝を強め、南の大衆からみれば笑止な〝狂的な金日成独裁主義〟で、そうした幻想的党路線を強化し続けたのであった。

ところが、この金日成一派の対南革命路線を追従して止まなかった中国でさえも、米国との間で和解を模索している。これで金日成一派は全く窮地に追いこまれそうということだ。

北韓の住民たちはいまもなお、しれつな反米教育を受けており、休戦線上での不法侵犯、武装スパイの南派などは引続き行なわれている。こうした北の行為をみながら、どうしてわれわれがそれを南北間の〝平和のための金日成の誠実性〟と考えることができようか。

北韓の対米接近策は、金日成の従来の対南政策がことごとく破綻に陥ったことをみずから是認したものに他ならない。かれはここで新しい活路を見出すために攻勢転換を図らざるをえないのだ。金日成が最近とみに世界のあちこちで、可能な限り、平和的なイメージを売り込んでいるのは、新しい活路を見出すための一つの方途にすぎない。

平和望むなら武装スパイや拉致止めよ

わが国は南北間の緊張状態を緩和させたいとする民族的念願から金日成一派が同族相残の南侵野望を放棄するという条件での南北韓交流推進の用意があることをたびたび表明した。従って、いま試図されている北韓の対米接近策が本当の韓半島の平和を実現させようとして行なわれるものであるならば、われわれにとっても文句はない。しかし、この時刻現在における北韓の意図はこれまでと寸分変わるところがない。北韓の戦略は変わっておらず、戦術だけを変えようとしているに過ぎぬ。そしてかれらは暴力的な対南政策の失敗を〝平和宣伝〟によって取戻そうとしているのだ。

政略的対米微笑の中で基本戦略促進

無論、金日成一派は、いま、ある時期には韓半島も、ニクソン・ドクトリンにより米軍が撤収するだろうと予見しているだろう。従ってかれらは「捨ててはよい」と考え、これまでの対米強硬政策を柔軟和政策に転換、政略的対米微笑の中で米軍撤収の過程を短縮させようとしている。そして北韓は、かれらの基本戦略の促進を図るためには、まず南韓の軍事的孤立を推し進めようとするだろう。（無論、北韓はますます強化した中国との協定により、北韓自身は現在の軍事路線を続けて行くだろう。ソ連も中国も北韓とは近く、当局は北韓内に待機していると同様だとみている）

こうした情勢の中で、北韓は東北アジアで変わる政治状態の間を縫って、かれらの平和宣伝、外交攻勢をますます加熱させて行くだろう。こんご南北間では貿易、郵便、外交などの競争が熾烈になるだろうが、韓国当局はこのさい断固たる対策を樹立すべきである。

そこで明白なことは、もし米国が現在の対中和解ムードの中で安易に北韓の対米接近策を受入れれば、遠からず韓国の国民と政府に一大打撃を与えるような結果を招来せしめる。（朝鮮日報—S・S・A）

八万件 九億円に

対日民間請求権の申告

補償にはなお時日が

70%が各種預入金

昨年五月二十一日から受理された対日民間請求権申告受付が、去る二十日夜十二時、十個月めに締め切られた。申告最終日であるこの日、ソウルの対日請求権申告管理委員会事務局には、早朝から約三百名がおしかけ、夜十二時現在、一千七百余件を受付、昨年五月以来最高の記録を残した。申告管理委員会事務局を始め、全国三十個所の税務署に申告された総申告件数は、総八万件、請求額は九億円に達した。

最終日当日の申告内訳は旧軍政法令五十七号に依る預入金が全体申告額の七十%、一億三千七百十八万五千円（一万三千四百八十件）で首位を占め、そのつぎが日本国債、三千七百五十六万円（六千四百十四件）で十五%を占めている。

このほか生命保険が一千三百九十一万八千九百円（一万四千三百五十件）を始め次の順序である。▲日本金融機関預入金＝四百五十二万四千円▲郵便貯金＝三百四十一万九千円▲日本国公法人発行の社債＝二百五十万八千円の順位で死亡者等人命被害も五千六百四十四件に達している。

個人申告の最高額は、金※※氏（54・大阪市※※96）の七十万円である。

大規模物資借款の導入承認

政府は国際収支悪化に対する短期対策として大規模物資借款の導入を継続承認した。七日午後経済企画院で開かれた外資導入審議委員会は一千百六十万ドル相当の原資材物資借款を含む三千百七十九万ドルの新しい借款導入を認可した。これとともに七件二百六十万ドルの新規外国人投資と二件の技術導入も承認した。

この日、外資委はとくに東国製鋼（張相泰）に古鉄六千ドル分、青丘木材（朴会永）に合板など原木百万ドル分、韓国肥料に無煙石炭百六十万ドル分、東洋ナイロンにカプロラクタム（ナイロン原料）三百万ドル分など全部で一千百六十万ドルの物資借款の導入を認可した。

このような大規模物資借款は今年の外資事情がごく窮迫するだろう…

南北赤十字会談に関心

米外交白書の韓国事項　スパイ浸透は58件

古都慶州を国際観光都市へ計画確定

午後五時のソウル人口は二・五倍に増

反共ビラ騒ぎの中で

朝大生ら二一六五名強制北送

会長に李麟基氏再選

在郷軍人会日本支会第六回総会

非常体制下の姿勢の強調

新任役員・顧問

故崔允三氏に団民勲章授与

国民勲章「冬柏章」をもつ未亡人藤田スミエ女史（右）と長男藤田一郎氏（中央）円内は故崔允三氏

多☆彩☆な☆祝☆賀☆会

横浜商銀が創立10周年

韓国電子工業人が平山氏に感謝牌

李鱗基会長

國体派遣選手も選抜

在日同胞サッカー大会

全経連企業金融の実態調査

尋ね人

民団正常化に積極協調せよ

鄭在俊一派の反民団・反政府

鄭在俊(右)の発言に抗議する張聡明議長(中央後姿)

言動は許されない事実

民団中執委が声明発表

三月十一日、民団中央執行委員会では、去る三月一日、東京日比谷公会堂で開催した第五十三回三・一節記念行事における鄭在俊一派の反民団、反政府的言動に対し、その真相を明かすと共に、全団員が一致団結して民団正常化に積極的に協調するよう、次のような声明書を発表した。

去る一九七二年三月一日、東京日比谷公会堂にて、民団関東地方協議会(事務局長・金… 神奈川県本部団長)の主催により開催された第五十三回三・一節記念中央民衆大会において、本団組織規律を離脱した一部分子たちが、秩序を乱りんするだけでなく、会員な団員たちが、独立先烈を追慕するために参集した機会を狙って計画的な宣伝の場所として利用した事実は、実に破廉恥にして、破壊的な行為であり、…

(一)鄭在俊一派の反政府的…

朴栄河三多摩団長代理

強引な鄭在俊に憤り

“引揚げの江戸さんら何処に”

戦後、咸興西湖から千余人の日本人を救出した金相烈さん

中・高校生のための正統な韓国語講座

四月から韓国YMCAで

…受講希望者は、YMCAあて韓国語講座案内を申しこまれるとよい。

招請事業を完結

札幌五輪　東京地区対委が解散

参観家族ら全員無事に帰国

功労者招き熱海で慰労

罹災同胞に救護金品

民団三多摩地方本部　三宮アパート火災で

▲衣類・食料等＝七百七十六点
▲白米＝十二斗。

婦人会講演会

韓国新聞協会長に申範植氏

非敵性国家との関係改善へ

華燭

公認会計士・税理士

日本・日本人・日本文化〈上〉

金海宗

金熙明 訳

「魏志」「倭人伝」と日本

日本は、久しく東洋文化圏に属して来たし、現在もまた東亜三国と称する、中国と韓国そして日本がそれに含まれている。ひとつ、日本文化の歴史的特徴をなす一つの重要な要素は、漢文化を中心とする東亜の文化圏に属してきたことである。

日本は、歴史時代以前すでにわが国をつうじ、または直接に大陸文化の影響をうけてきた事実が、考古学とか文化人類学をつうじて実証されるが、歴史時代が始まるころから大陸との接触が活発になった。日本に統一的国家が形成される以前、すでに日本にたいする比較的詳細な記述をなし、日本と大陸との接触についての記録をなしているのが「魏志」「倭人伝」である。「魏志」は、西紀三世紀につくられた記録であるが、それより二世紀も先だって書かれた「漢書」「地理誌」にも、日本にかんする記録がある。だが、この記録はきわめて簡単にして、倭人の国が百余国にも分れているのだ。倭というものは、本来その存呼が賎なることを意味するもので、日本人にたいする名称につかわれている。

「魏志」「倭人伝」は、約二千字でなるもので、比較的仔細に、いろいろと重要であり、面白い記録になっている。第一に、「倭人伝」は夫余、高句麗、東沃沮、挹婁、濊などわが国の古代国家とともに「東夷伝」のなかに入っているが、「東夷伝」の序文には倭についての言及がなく、その叙述の比重も少ない。すなわち倭国は、中国に隣接せる国として余り重視されているわけではないが、わが国に付随している程度に叙述され、微々たる存在である。第二に多くの国になっているといったが、これはつぎに言及するように、日本が島国である事実にあわせて、日本人・日本文化の重要な特性をなす要素となる。「倭人伝」は、その多くの国の大体の位置と、とくに重要な官制、戸口数、産物、風俗も簡略ながら記され、倭人らは漁業を生業とするが、農業も営むということが、第二に指摘された点である。

倭人の風俗を記したなかで、そのいくつかをあげると、占（うらない）をして吉凶を示め、会合の席では父子男女の区別がなく、酒を好み、長者の前では跪いて礼をなし、寿は百歳におよび長寿で、一夫多妻で婦女は淫の男と罪せず嫉妬をしない。また盗まず、争訟が少ないと記されている。これは異民族を夷狄すなわち野蛮人と見なす中華意識からみると、倭人にたいする評価は、古朝鮮にたいする評価と同じくあまり悪くはなかった。これが第四に指摘される点である。上代において大陸の文物が日本に渡り、その国家的形成と本格的文化発展をなした理由はいろいろあろうが先にいったように倭人にたいする評価が悪くなかったために、韓人か漢人が渡航して、大陸の文化を移植し、日本が東亜文化圏の一員となるのにおおきな助けとなったのは確かである。

後に言及するように、倭人すなわち日本人は、好戦的であり、その好戦性は中国の北方にあった諸民族と比較することができる。それにもかかわらず、北方の民族は異に侵食がはなはだしく、現在は消滅した。これに比べて、日本は島国として、その安定性保守性を持続し、島国であるゆえに外侵の機会が少なかった特異な点があった。

「魏志」「倭人伝」には、その女王卑弥呼が、中国に使節をおくり、親魏倭王という称号と下賜物を受けた内容が、細かに記されている。これが古代における大陸と日本との交渉史上に、重要な問題であることは言を要さない。

島国日本

日本は島国で、大陸と地理上に直接隣接してこない事実自体が、日本文化の特徴をなす。日本が、自らの文化の基盤がない時代、大陸の高度文化は容易に日本に伝播されることができた。だが、外部よりの文化を受入れて、ある程度それを消化した後は、外部の文化はつねに発展をつづけているのに、その影響を日本に及ぼさなかった。島国の文化は、大陸の文化圏から離脱していくのが一般的傾向で、日本の場合もそれが例外ではなかった。これが、日本が島国である事実の第一の特徴である。

島国の場合は、相反する二つの傾向が現われる。すなわち開放性と閉鎖性である。大体に島嶼民族は、その周辺が海であって何処へ行っても大海である。そこで開放的であり、進取的でありうる。近世の英国がそうであり、古代オリエント沿海の民族がそうである。そして近世初めのスペインとポルトガル、フィンランド半島、または沿海の民族もそうである。しかし日本の場合は、それとは反対に閉鎖的である。これが日本の第二の特徴である。日本の場合は、時によりは部分的に日本の進取性が現われた時もあった。だがその進取性は、好戦性と偏狭な優越性――この優越性は劣等感を裏返したものである――が入り混ったものであり、倭寇の猖獗として現われ、豊臣秀吉の倭乱となり、さらに十九世紀以後引つづき軍国主義的大陸侵略に現われた。

日本語に、「島国根性」という言葉がある。島国というよりか、島国の人間すなわち島の人間の悪い気質という言葉である。偏狭で排他的であり、寛容性がなく激しやすい。根拠のない優越感で他を蔑視する気質である。また日本語には御国自慢という言葉がある。自国を自慢する意味で、ここでいう国というのは「藩国」とか「領国」とかにあらわれた国、または封建時代の諸侯の領地で、いいかえれば自分の成長した地方の自慢ということである。島国根性とか御国自慢という言葉であって、これは完全に熟語化して普遍使われたものである。ここでいう、その国の大きさについて考えてみよう。日本の総面積の三分の二を占める本州は、韓半島の大きさと似ている。だからわが国の一つの道ぐらいの国がいくつもあって、それが日本人の世界であったのだ。したがって、日本の島国的な風景と、異質的な人情に好感をもつ外国人が帰化したのち、後悔した者がいかに多かったことか。

明治時代日本にきた「クルム」という英国人がいた。外国商社の社員であったが、日本女子を妻にして、その子らには英語の使用を禁じ、洋服の着用まで禁じた帰化人であった。近隣にたいしても善行を施したというので、その後近隣はその家庭にたいし記念碑まで建立してやった。しかし第二次大戦の時、日帝の官吏はその記念碑をこわしてしまった。戦後その碑の再建が決定されたが、その後裔らはこれを堅く拒絶した。いずれまたこわすであろうものを、再建する必要はないという理由からである。

「ラモエス」というポルトガルの文学者は、あまりにも日本を愛好したために、カトリックを捨てて仏教を信じ、日本の衣服を着用して、日本の聖域にむかってはるかに合掌礼拝をした。しかし後日になって、あるポルトガルの外交官は、日本の新聞に寄稿して「彼は自分は日本人になりきった心算であったが、彼を愛する日本人は一人もなかった。いかに努力をしても、日本人になりきることは出来ない事実を、彼自身がよく知っていたはずであった」といっている。日本に帰化したある韓国人は日本人社会の排他性にたえきれずついに自殺をとげてしまった。金嬉老事件もその一つである。

日本人の故郷自慢は、近代日本の国力の発展に伴い、愛国心になりかわった。だがその愛国心は、先にいったように、何ら根拠のない優越感になる傾向が多い。このようにして、日本のある思想史家がいったように、彼らの愛国心は、敗戦後わけもなく自虐にとって変ったのである。

戦闘的農耕人

一般的にいって、戦闘的という言葉と農耕人という言葉は、うまく符合するものではない。人類の歴史をみる時、遊牧民族は戦闘的であり、農耕民族は平和的であるという事実は、否定することができない。わが国の歴史をみても、契丹族、女真族と後の満州族、そして蒙古族の場合がそれであり、中国の漢民族と北方民族の闘争においても、これを確実と知ることができる。ところが日本は、比較的早く農耕生活に入ったにもかかわらず、きわめて好戦的である。すなわち相反する傾向が共存しているが、好戦的な面がより強く、農耕民族としての平和的面は弱い。そしてこの二つの性格は、合一または調和されたというよりも、異質的なままで共存している。

また好戦性について調べてみよう。前にいったように、海洋民族は開放的であり、進取的にもなりうるが、日本の場合は、閉鎖性で狭い地域に囲まれているために、その進取性と好戦性が圧縮されて理由のない優越感と戦闘性になって現われたものだ。「然らば斬る」そこが、武人たちの常用語であった。わざと肩をいからせて、眼下無人の勢いで闊歩するのが、彼らの素振りであった。彼らは、頭髪の前の部分を、カミソリで剃り落したが、それは満州族の辮髪か、北方民族の頭頂とおなじものである。カブトを被ったとき、頭髪が長いと不便だからである。漢民族が、首を切られる日にあっても、弁髪すなわち辮髪をするわけにはいかないといって抵抗したのは、満州族の好戦性にたいする抗拒である。好戦性は死をも恐れないというほどまでにいたった。清国の末期、政治改革に失敗した梁啓超が、日本に亡命をしていた時に、戦争に出かける兵士を歓送する場面に出会った。歓送する旗幟に「戦死を祈願する」と大書したのを見て、彼は、深刻な衝撃を受けたという。日本の戦陣訓にも捕虜の恥辱はなく、戦死せよとされたのである。しかし日本人が、かならずしもそう行ったのではなかった。

日本人の両面的傾向は、その矛盾が相当激しかったようであるが、とくに中世以後ほとんど七世紀のあいだつづいた武人政治は、日本人の好戦性をさらにはなはだしくし、明治以後の軍国主義的大陸侵略は、その当然のなりゆきということができる。

前にいったとおり、日本は比較的早くから農耕生活を営んだために、その生活の定着性によって保守的であり、平和的傾向もあったしかし長いあいだの武人政権の支配下で、農民の生活与奪の権限が武人らの手中にあったために、平和的傾向は発展できなかった。農民の社会的地位が、ある程度向上したのは、明治維新以後のことである。

武人支配の封建体制と関連して言及しておきたい問題がある。それは封建体制下においては、社会階層の区別が厳格で、階層の移動はほとんど不可能であった。中国やわが国では、階層の差がそれほど厳しくなかったばかりでなく、若干移動の可能性があったのと異る。その反面、主として科挙制度とか王朝交替による身分の移動が可能であったために、中国とわが国では政治的地位を志向する傾向が強かったのにたいし、日本では一定した社会階層に縛られて、止むなく与えられた環境のなかで、その生活内容を豊かにしようとする目的志向性が強くて、庶民の文化・趣味、娯楽が発達したのである。

日本の身分社会と好戦性は、緊張感をおこす。規律にしばられて生活し、心に余裕がなく包容力が欠除される。日本人が沐浴を好み温泉を好むのは、その風土の関係によるが、緊張感のためだと説明する人もある。垢がつき、土地が狭いのは規模されたもので、緊張して生きながらえるものでないので日本人はわざと緊張を緩和する方法をこうじた。それが、日本人が好んでつかう「無礼講」すなわち礼儀・節次（順序・手続）を省いて、何事かをなすということである。

（文博・西江大学東洋史教授＝雑誌「親和」から転載）

釜関フェリー二号が誕生へ

韓日間の定期連絡船が七三年までにもう一つ増える。交通部は観光振興策として交通施設を増強するため七三年中に韓国と日本を往復するフェリー二号を就航させる計画を明らかにした。

権修賢さんの 東洋しゅう展
21日から東京・韓国公報館で

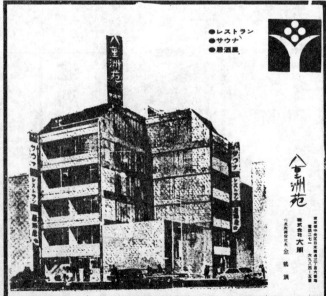

権修賢さん（韓国ししゅう協会理事）のししゅう個人展が、三月二十一日から二十七日まで一週間、東京・赤坂の韓国公報館展示室で開かれている。展示された作品は、浮世絵・山水画・花鳥画・書画・四君子などのびょうぶを繊細・精巧な東洋ししゅうの特色を生かした作品ばかり。

権修賢さんは、本国で世和手芸社を経営するかたわら、東洋ししゅうの普及に活躍している。

なお作品は展示後、韓国貿易センター（東京）に陳列、希望者の注文にも応ずる予定である。権さんは今月末まで滞日の予定。

写真は「松鶴図」㊤と㊦は作品を説明する権女史。

洪吉童傳（十）

許筠著

洪相圭 訳・編

「きっそく、大頭領様のお許しを得ようじゃないか。こんな企てはずっと前から考えていたのだが、なにしろ多勢に無勢、手を出せなかったが今はわけが違っている。われらには天の与えた、大頭領がおわすのだ。」

主だった頭領たちは、すぐその足で吉童を尋ねた。いつのまにか、大頭領の威厳がすっかり身についた吉童は、悠揚迫らぬ態度で一同を迎えた。

「ほう、ご一同お揃いで、どうしたことかな？」

年嵩の頭領が一同に代わって、答えた。

「はあ、だしぬけに参上いたしまして恐れいりまする。拙者らすでに前から、陜川の海印寺に目をつけておりましたが、何しろ、天下に聞こえた寺院でもありますし、また朝廷の覚えもめでたい大刹であるだけに、その警護は水も漏らさない厳しさであります。これにつけあがった住持どもは、近頃ますます増長しまして、そのふしだらな行状は鼻持ちのならない沙汰とのことです。布施はともかく、苦難に喘いでいる庶民の財宝を掠めての体裁悪い奢りぶりを横目に眺めているのも業腹でありますから、仏罰代わりに我らが懲らしめるのも一興あろうと、手前ら一同大頭領様のお許しを仰ぐ次第であります。」

無言で、終わりまで聞いていた吉童はにっこり笑った。

「そうであったか。話するところは一つじゃな。すでに策はなっておる。ただ、時の熟するのを待っていたのみじゃ。それまで皆の者は軽挙することなく、各々の受け持っている責務に粗相のないように心がけよ。」

果たして、吉童の胸中にどんな神謀鬼策がなっているのか、こんな評議があってから二・三日後、急に旅装束に身を固めた。

見送りに立っていた頭領どもを、ずっと見渡しながら一語を残し

「皆の者、よく聞け。わし直き直きに行って、海印寺の動向を探ってくるつもりである。予の留守中、諸頭領は力を合わせ、山寨の守備を疎かにせぬよう。くれぐれも頼みおく。きっと吉報を持って帰るであろうぞ。」

従僕数名を連れた旅路の貴公子に、扮した吉童はすぐ山をおりた。

だれが見ても裕福な貴公子の物見遊山よろしく、ゆったりと華やかな駕の上で揺れながら、急ぐのでもなくゆっくりと目的地に向かった。

こうして、寺に着いた吉童は遠慮もせずに、すぐ住持を呼んで、しばらく待っていたら、ずしずし[illegible]重くきしむ音がこちらに近づいてきた。

扉を開けてはいってきた住持は、噂に違わず、でっぷりと脂ぎった赤ら顔に、ぶくぶくとした体の持主であった。権門のご大身と昵懇に通っているせいか、なかなか、しっかりとした物腰であった。対座した住持がさきに口を切った。

「どなたでございましょうな。拙僧が住持でございます。」

「ああ、和尚が住持であるか。名をあかせないのを許されたい。理由があって、ただ京のさる宰相の息子だとだけ知っておいていただこう。」

その傲慢な態度、そのおおらかな応酬、その高貴な風貌は、高貴な生まれであることに一点の疑いさえ挟む余地がなく、住持をして吉童のことばを鵜呑みさせるのに充分であった。気品にすっかり圧倒された住持は、内心たじたじとなった。遠く人里離れた、深山の寺にありながら、権力に媚びるのが、いつのまにか習慣になっていた住持だからであった。

「お見それいたしましてまことに恐れ入ります。いずれ京でお目通り願える時がありましょう。その機会にはお引き立てのほどを……」

「和尚は如才が無いのう。仔細承知いたした。それはさておき、わしは名高いこの寺でしばらく逗留しながら、精進しようと思って、はるばる参った。以後随分と世話になるぞ。」

吉童の前では、流石に大きい和尚の図体も萎むかの様に見えたのも哀れであった。

「勿体ない仰せで恐れいります。どうぞ、ごゆっくりとご滞留くださいませ。」

「さっそくの承諾かたじけない。後刻に二千俵程の米を送ってくる手はずであるから遠慮なく受取って欲しい。いずれ、水入らずの一献でも進じたいと思う。」

和尚は心の中で思わず唸った。

「ご大身の息子だけに、いうことがでかいわい。一献に二千俵とはなんと桁はずれの裕福ぶりか。ゆくゆく、寺の大檀那になって貰えば、我がやも春じゃ。」

と胸の中で、ぱちり、ぱちりと算盤の珠をはじく、卑しい心があったから、頭の向きはますます、うだつがあがらなくなってきた。

「雑は喉々。」

と、吉童は腹の中でほくそえみながら、もうぼち遅く潮時だと思った。

「和尚、お世話になった。さきほどにも言ったように、後日おん身らと一夕の夕餉でも共にしたいと思っておる故、その節にはさぞご苦労であろうが、身を入れて世話をしてくだされよ。」

と前もって労いながら、吉童は立ちあがった。

住持は追従笑いの顔で腰をくしゃくしゃにし、大きい体をかがめて、前手を揉みながら、精いっぱいの親切を見せた。

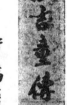

韓國新聞
在日大韓民国居留民団
中央本部機関紙
韓國新聞社
発行人 李禧元
東京都文京区春日町
2丁目20−13
電話 (815)1451〜3
(813)2261〜3
振替口座 東京 163774

民団綱領

一、われわれは大韓民国の国是を遵守する
一、われわれは在留同胞の権益擁護を期する
一、われわれは在留同胞の民生安定を期する
一、われわれは在留同胞の文化向上を期する
一、われわれは世界平和と国際親善を期する

国際信義尊重せよ

日本政府に厳重抗議

朝総連幹部に再入国許可

韓・日条約の基本方針離脱

日本の法務省は、去る三月十八日、所謂、金日成還暦祝賀団の名目で北傀訪問を申請した朝総連幹部十三名の中六名と、朝総連系在日同胞十二名を含めた計十八名を親族訪問という理由をつけて、出国並びに再入国を許可したのである。そこで、名実ともに在日六十万同胞を代表する民団中央本部（尹達鏞団長代理）では、韓日条約により規定された基本方針を離脱した日本政府に対し厳重に抗議するとともに、佐藤総理大臣、衆・参両院議長、外務、法務各大臣をはじめ七百余国会議員に、次のような抗議文を伝達した。抗議文全文は次の通り。

尹達鏞団長代理

再入国許可は遺憾

民族史観確立を強調

全国教育者大会で訓示

朴大統領

人物登場

中央韓日協会を設立

大湖南の建設が夢

民主共和党 鄭判局議員

またも北傀スパイ

鄭基竜ら二十二人逮捕

市民を脅迫暴行

朝鮮大学の認可取消しへ

運動ようやく本格化

"第二の赤軍暴徒!"

金鶴烈元副総理

ウィーンで非公式接触

板門店会談を論議

小平市議会へ提出された陳情書

日本・北米地域出振興会議ひらく

国際赤十字委、離散家族事業に協調

アジア友の会が国会議員激励会開く

日本の斜陽業種誘致を検討

高句麗古墳

奈良・明日香村で発掘

古代の文化交流はっきり

奈良県明日香村の高松塚で、古代の"壁画古墳"が発掘され、日本の考古学界をはじめ歴史学界までも、日本民族の発生の秘密を探ぐる貴重な資料の発見として大騒ぎをしている。しかも、高句麗古墳と似ているし、その壁画の見事さなどから、古代史や古代韓国との文化交流史など、各方面から異常なほど注目をあびているが特に壁画の画材といい、モチーフといい、いままでの装飾古墳とははっきり一線を画すほど見事なできばえであり、女性像は、薬師寺の吉祥天女像や、正倉院の樹下美人像を思わせるものだとし、婦人の服装なども当時の高句麗風で、この古墳は、いったい、いつ、だれの墓として作られたか、これが考古学上の大きな問題点になっている。

明大の大塚初重教授は「天皇ではないにしても、大和朝廷と密接な関係にあった重要人物」とみているが、壁画の流麗なタッチからみて、描いたのは、渡来した高句麗人であろうと推定している。

そうなると、われわれ韓国人にとっても、祖先たちが遠い異国に残した民族の遺産として、日本の学者たちが良心をかけて、徹底的に調査研究してくれることを望んでやまない。

文化財の海外搬出取締りを強化

尹文公部長官が発表

尹文公部長官は三日、韓国文化財の海外への不法搬出を徹底的に取締るため、指定文化財の外人への販売禁止等、一連の強化策をたてたと発表した。これによると①全国の所蔵品類を一斉に調査して違反者を摘発する②骨董商が所有している登録文化財に印紙等を貼って区分して外人に対する販売を禁止し③非文化財でも当局の許可なくして海外に搬出できない、となっている。

このため当局、所属に鑑定官を駐在させると共に、外国への文化財搬出禁止を徹底させることにしている。

十名がソウルへ

第二回国費母国留学生

写真は羽田空港を発つ国費母国留学生

今年度国費母国留学生十人が三月三十一日KAL七〇四便で駐日大使館奨学官引率のもとソウルに出発した。今度の国費母国留学生は、昨年に引続き第二回目の留学生である。

民団指導者養成を目的に日本全国から選ばれた母国留学生は民族精神が強く、学業成績も優秀な在日韓国中学卒業者のなかで厳格な選考を経て選んだもの。

これら母国留学生はソウル大学校付属の予備教育課程を修了した後、同大学附属高等学校に入学する予定である。留学費用は高校、大学課程を卒業するまで往復旅費、滞在費、学費等一切を国費で支給される。

昨年度第一回留学生十人は所定の予備教育課程を修了して、ソウル大学附属高等学校に入学することになっている。第二回国費留学生は次の通り。（カッコ内は出身地）

▲[illegible]（東京）▲[illegible]（千葉）▲[illegible]（大阪）▲金斗学（神戸）▲[illegible]（三重）▲高休淳（大阪）▲朴伸洽（広島）▲[illegible]（[illegible]）▲李晴洽（大阪）

全国遊説盛了！

在日大韓婦人会

大韓婦人会中央本部（会長[illegible]）で進行中の時局講演会は大阪を皮切りに全国的に開催、各地で大変な人気を博しているが、去る三月二十二日は、婦人会愛知県本部主催で、名古屋市の"中日会館"で参加者が会場をうずめた盛況のうちに開らかれた。

[illegible]

なお、四日には午後六時から東京韓国会館で講演会が開らかれ、時間の都合で映画、また、会[illegible]会長も[illegible]の講演をした。

北加瀬分団を結成

南部支部

民団神奈川県南部支部（団長[illegible]）では、かねてより北加瀬分団結成を準備中であったが、このほど実現をみることになり、三月二十六日川崎市[illegible]町一六六一の金[illegible]宅で結成大会を開き、分団長に[illegible]を選出した。

[illegible]

春季講演会開く

愛知韓国人経友会

愛知県韓国人経友会（[illegible]会長）では、第八回春季講演会を三月二十三日、名古屋市西区那古野町"なごやキャッスル"で開き、評論家江戸川弘氏を招いて「大陸[illegible]の秘密」の題で講演した。

講演会は午後二時から、会議次第長の司会で開会、部会長の挨拶の後、続いて同氏の講演に移り、ユーモアもまじえての話に、聴講者の中から時々笑い声も出る等、終始なごやかな雰囲気のうちに終った。

同会では人間生活に直結の問題をテーマに時々座談会や講演会を催おすとのこと。

韓国が生んだ世界のピアニスト

李清さんの東京リサイタル

十二日・虎の門ホールで

本紙既報（二月二十九日付）ウィーンの俊才、李清さん（28）のピアノ・リサイタルは、いよいよ四月十二日（水）午後七時から、東京・虎の門ホールでひらかれることになった。

李清さんは、さきのウィーン、ロンドン、ニューヨークでのデビュー・リサイタルでは、「韓国が生んだ世界のピアニスト」――と、ニューヨーク・タイムズなど[illegible]して、東京の国立音楽院に留学してからは、これが初めての東京凱旋リサイタルとあって、長年期待されていたこともあって、各方面から期待されている。

なお、このリサイタルのあと、李清さんは、四月[illegible]日[illegible]でソウル市民会館での帰国リサイタルが予定されている。

後援・韓国公報館。入場券は、都内各プレイガイド。

《当日のプロ》

☆モツアルト……ソナタ・ハ短調（KV457）
☆ベートーベン……ソナタ第28番イ長調（作品一〇一）
☆ショパン……バラード第四番へ短調（作品五二）
☆シューベルト……幻想曲「さすらい人」（作品十五）

戸籍を整備しましょう

☆戸籍とはなんであるか？　法によって国民の身分関係を公簿（戸籍簿）に登録し、公証（謄本、抄本交付）することを目的とする制度で、個人の出生から死亡に至るまでの身分上の重要な事件を統一的に記録する、所謂身分関係の公的帳簿をもっているものであります。

☆申告義務と申告方法　戸籍申告には法定期限があります。申告者は駐日大使館または領事館に申告書を提出すればよいので、本籍地市町村役場に届出る時に必ず実行せられるよう注意下さい。（詳しい事は大使館、領事館、民団又は本研究所にお問合わせ下さい）

☆日常生活と戸籍との関係　戸籍がなくては、完全に国民であることを証明することができないのはもちろんで、例えば婚姻、財産相続、入学、保険、旅券交付、外国人登録関係、その他公的な面に戸籍謄本を必要とするので、戸籍はわれわれの日常生活と直結しているともいえましょう。

☆戸籍の未整備による不便　多くの同胞が数十年間、全く戸籍の申告をしないで居住地の市町村役場にだけ届出を済ましている方が非常に多いのです。これが未整備ケースで、家庭の不調和財産上の損失、海外旅行の不便の原因となり、その他生活上多くの不利を受けております。このような事のないよう予め戸籍を整備しておく必要があります。

☆何を整備すべきか？　戸籍が全くない方（現在臨時特例法が施行中です）の出生、死亡、婚姻、その他の申告をしなかった方は本籍地に戸籍はあるが、出生場所または出生年月日が実際と相違している方もその他。

☆戸籍相談と手続きについて　戸籍問題に関するご相談やお手続きの依頼などどんな問題でも、各民団又は本部又は本研究所相談部にご連絡下さい。親切にご指導いたします。

◇

韓国戸籍法律学会日本国支部〈在日韓国人戸籍問題研究所〉東京都新宿区[illegible]一―五一柏ビル5F、電話（03）[illegible]（〒160）

大阪事務所　大阪市東成区大今里西三―[illegible]電話（06）九七四―六六六六

神戸事務所　神戸市生田区下山手通り二―一五　[illegible]コリア・ホーム・センター　電話（078）三九一―二六五九、三六五三

中央本部民生局

大邱市へ吉野桜の苗木千本

長野国際親善クラブが寄贈

かねてから、韓日両国の文化交流を通じて、親善の実をあげている、長野国際親善クラブ（長野市[illegible]）では、このほど、姉妹都市の関係にある大邱国際親善会（[illegible]会長）を通じて、大邱市の自然公園などへ、四月五日の植樹記念日に、植樹するよう、吉野桜の苗木千本を寄贈し、花ひらく四月を迎えて、心温まる話題をよんでいる。

これは長野国際親善クラブが、昨年の訪韓旅行の際、大邱での厚いもてなしをうけた返礼として計画されたもので今後とも同市は、親善交流をつづけていく予定であるという。

なお、同クラブでは、今年度の親善事業として、来たる七月四日から十日間にわたる「日韓親善訪韓使節団」と、十月五日から一週間にわたる「日韓親善民間使節団」の二つを計画しており、すでに希望者の申し込みを受けつけているが、いずれも、ソウル、大邱、慶州、釜山、済州島の観光がふくまれている。同クラブでは、この計画を、単なる観光にとどめず、韓国人家庭での民宿など実のある心からの親善交流にしたいといっている。

四月から公務員勤務時間を延長

9時AM～6時PM

政府は四月一日から公務員の出勤時間を一時間延長することにし出勤時刻は従来の午前九時を九時に繰上げ、退勤時刻はこれまでの午後五時半を三十分遅らせて六時と決めた。なお、この勤務時間延長はきたる十月末まで実施される。

一方、ソウル市は公務員の出退勤時間変更に伴い、男女学生の登校時間を再調整し、男子中・高校生は現在の午前八時から十分繰上げて七時五十分に、女子中・高校生は午前八時三十分から三十分繰上げて八時十分に決めた。

李澔駐日大使帰任

輸出振興公館長会議に参席のため帰国中の、李澔駐日大使は、四月四日公務を終えて帰任した。

国体候補選手も選抜

在日同胞サッカー大会

去る四月三日午前十時、東京・調布の第二球技場で在日韓国人サッカー大会が在日同胞多数参観のもと、盛大に開かれ盛会を極めた。

在日本大韓体育会主催、駐日大使館、民団中央本部後援で開かれたこのサッカー大会は、在日同胞相互間の親睦を図る趣旨のもと、競技は終始一貫、和気あいあいの雰囲気の中で進められた。戦績は次の通り。

▲第一試合＝杉並区少年第一小学校対東京韓国学校初等部（1―0）

▲第二試合＝関西地区青年部対関東地区青年部（6―0）

▲第三試合＝韓国高校対東京韓国学校高等部（2―1）

▲第四試合＝民団OBチーム対体育会OBチーム（3―2）

▲第五試合＝全関西対全関東（3―1）

なお、この日選抜された「国体」派遣候補選手は次の通り。

◇高校部（国体派遣）＝李[illegible]、韓[illegible]化、金[illegible]世、韓相鍋、金永弼、尹万昊、金[illegible]、金良学、趙誠竜、慎永[illegible]（以上関東）[illegible]、金文玉、金正道、高太文、羅広和（以上関西）

◇一般部（国体派遣）＝崔在国、金正真、金[illegible]、鄭光一、朴正吉（以上関東）玄[illegible]、[illegible]、曹正均、梁圭一、尹[illegible]、尹聖国、朴成同、金鍾実、張又鉉、金正国、玄孝順（以上関西）

尋ね人

☆権萬石さん（権萬寿の兄）

本籍＝慶尚北道[illegible]郡[illegible]面[illegible]洞四二一番地。終戦前から日本に居住、一九五三年に一度消息あり。

〇大邱市西区坪里洞二区八五班一三六〇番地　[illegible]さんまで。

☆金キセイさん（54・金貴南の兄）

出生地＝慶尚南道[illegible]郡[illegible]面[illegible]里。二十五年前まで四国モハラに居住。妹さんが尋ねています。

〇鎮海市中坪洞九ノ一五、金貴南さんまで。

☆李相度さん（40・本籍＝咸北吉州）

済州道出身の女性と結婚。弟の李相化さんが捜しています。

〇ソウル市中区[illegible]洞七〇ノ二七番地、朴文松さんまで。

韓國新聞
在日大韓民国居留民団中央本部機関紙
韓国新聞社
発行人　尹　達鏞
東京都文京区春日町2丁目20－13
電話 (815) 1451～3
(813) 2261～3
振替口座 東京 163774

民団綱領
一、われわれは大韓民国の国是を遵守する
一、われわれは在留同胞の権益擁護を期する
一、われわれは在留同胞の民生安定を期する
一、われわれは在留同胞の文化向上を期する
一、われわれは世界平和と国際親善を期する

明らかに韓・日条約違反

朝総連幹部の再入国許可するな

朝令暮改の措置に憤満

北傀の手先である朝総連の韓徳銖ら幹部六人は四月十日、政治的目的で北韓渡航後の日本再入国許可申請を提出した。これに対し、日本法務省は、政治的な会議に参加のためなら許可はむずかしいとの見解を明らかにしたが、これに先立つ三月十八日、いわゆる金日成還暦祝賀団の名目で北傀訪問を申請した朝総連ら十八人に、親族訪問という理由をつけ、再入国を許可したこともあるので、この問題に関し、民団は、日本政府の今後における諸般の措置に対し、警戒の色を濃くしている。

許可せぬ方針

休戦線に異常あり

非武装地帯を要塞化

二五五の陣地築き重装備

北　韓

統革党再建はかる

スパイ団二十二人検挙

金日成は自己権力の強化だけ

一万ウォン券発行

千・五千ウォン券は発行しない

六月一日から流通

19日から ロスまで

KAL海外航空網拡張

銀座・東急ホテルで祝賀会

新聞通信協会会長に金聖根氏を再任

本国論調

南北、真の平和統一への道

南北間で熱意と真しな努力で

"南朝鮮革命"と呼ぶ名の武力統一

私たちと意味の違う"平和統一"

わが五項目こそ最小限の条件

ソウル大海外教研に 在日同胞百十九人が入学

民族教育一年間受け進学

在日同胞百十九名が、祖国の言語、文化、歴史を学ぶため四月七日、ソウル大学校の海外国民教育研究所に入学した。これら同胞は向う一年間、民族教育を受けたのち、各自の希望する高等学校や大学に進学する。この日の入学式にはソウル大学校総長をはじめ父兄と親戚など、多数が参加して入学を祝った。

なお、六二年から昨年まで六百六十五名の在日同胞が同研究所で民族教育を受けている。

海を渡る隣人愛

30年ぶりにさがしあてたわが娘

観光客・森田みち子さんの— 心温まる美挙

[illegible]

まず手はじめに30人

看護補助員が日本進出

[illegible]

文化財の搬出防止へ

外国人でも逮捕 専担捜査機構設く

[illegible]

釜山も半自動交換に

韓・日間の国際電話改善

[illegible]

一般通話の三分制実施検討

[illegible]

4月23日に開館式

同胞二世に無料で開放

武道の殿堂松田会館・勝広道場

[illegible]

民団愛知県本部で幹部講習会ひらく

[illegible]

団長に鄭鎮烈氏

山梨地方定期大会開く

[illegible]

東京韓国学校で第十七回入学式

[illegible]

身元証明制度など改善

"一時的通訳" 反発の国民救済

[illegible]

女流「本因坊」同胞の尹希律嬢

[illegible]

戸籍を整備しましょう

[illegible]

中央本部民生局

新任挨拶兼ね来団

文化センター所長団一行

[illegible]

大阪で安在祜社長の胸像除幕式

[illegible]

14日研究発表と卒業歓送会

新韓学術研究会

[illegible]

尋ね人

☆任鍚基さん (本籍…)

[illegible]

韓國新聞
在日大韓民国居留民団
中央本部機関紙
韓國新聞社
発行人 李禧元
東京都文京区春日町
2丁目20—13
電話 (815)1451〜3
(813)2261〜3
振替口座 東京 163774

民団綱領
一、われわれは大韓民国の国是を遵守する
一、われわれは在留同胞の権益擁護を期する
一、われわれは在留同胞の民生安定を期する
一、われわれは在留同胞の文化向上を期する
一、われわれは世界平和と国際親善を期する

民団史上、最大の汚点

天人共に許せぬこの暴力

中央三機関長を監禁殴打

暴徒と化した反民団分子ら

東京本部、韓青、韓学同などからなる七十余名は、去る四月十八日午後四時から翌十九日午前四時にかけて、民団中央本部に乱入し、三機関長を監禁状態にして暴言、脅迫、暴行などを加え、理不尽に覚書なるものを強要し書かせる一方、李禧元団長には、肋骨三本骨折の重傷を負わせ、呉敬福事務次長兼組織局長には、左眼頭の打撲傷を負わせるなど、民主主義社会では到底、容認し得ない犯罪行為を敢行し、民団史上まれに見る大不祥事件をおこした。

李禧元団長肋骨骨折

去る十八日午後四時頃、さいきん、民団正常化問題をめぐって、一連の不穏な行動を示してきた東京本部、韓青、韓学同の一部と、鄭在俊、裵東湖、郭東儀を中心とする七十余名は、ついに、中央本部の事務所と、会議室に乱入し、執務中の朴性鎮事務総長を取り囲んで、三時間にわたって大声でどなり散らした。（当日、中央には朴事務総長他三局長、次長と、局員だけいた）朴総長は、三機関長に連絡はしてあるが未だ来ていない。と言ったところ、朴総長を会議室に引張りこみ、大勢の若者が取り囲んで、この野郎、馬鹿野郎など、あらゆる悪口雑言をあびせての罵言を吐きながらこづき廻した。

局員にも暴行

ちょうどその時、局員の一人が写真を撮ったところ、なんで写真を撮るんだ、この野郎と叫びながら、大勢で袋叩きにし、カメラを取りあげフィルムを抜いてしまうという一幕もあった。

五時頃、呉敬福事務次長兼組織局長が外出から帰り、ただならぬ騒動を静めるべく会議室に入ったところ、待ち構えていたかのように取り囲んであらん限りの暴言でののしりながら、暴力を振るい、左眼頭と腰や股をけとばし重傷を負わせた。

こんな騒ぎがつづく中で、午後七時三十分頃、尹達鏞団長代理が現われた。（尹団長代理の事務所には三時過ぎから韓青、韓学同の連中が待機していて、社用から帰ってきたところを連れてきた）

尹団長代理とて例外ではなかった。

暴言暴行に堪えること二時間半。九時頃には李寿成監察委員長、（李寿成委員長の自宅にも青年たちが出向いて待機していた）十一時頃には張聡明議長も現われたので、こんどは、三機関長が揃って吊しあげられはじめたのである。

鄭在俊、裵東湖、郭東儀等の激しい折衝に追いうちをかけるように青年学生たちの暴挙のくりかえしが何時間もつづき、尹団長代理が座っていた椅子が目茶苦茶にこわされてしまったほどだから、如何にひどかったかが想像されよう

というものである。

これら暴徒らの要求は、直ちに除名、停権処分を撤回しろ、さもなければ辞表を出せという一点張りの脅迫であった。

十二時頃、李禧元団長が現われ、私が在任中にしたことだから、責任は私が負うとはって入ってきたが、辞表を出せ。お前にはそんな資格がないから出ていけとなり、廊下に出され若い者らに囲まれて四方から蹴られ、肋骨三本が折れるという重傷を負わせてしまった。

脅迫、強要による覚書

ありとあらゆる暴乱に堪えてきた三機関長は、午前三時三十分頃、このような険悪な空気を避けるべく別室に移って「暴徒の要求」をのうえ不愉快ならぬ"書"なるものを強引に書かされたのである。

大体、以上が、十八日午後四時頃から翌十九日午前四時頃までに惹起された事件のあらましである。如何に道義が地に落ち、理性が失墜している今日とはいえ、同じ大韓民国の国民であり、しかも民団の最高機関長である父親のような年齢の上司に対し、二十才前後の若い二世たちをして、野郎呼ばわりで暴行を働かせたという天人共に許せぬこの暴力事実は、民主々義に逆行する非人間的行動のほか何ものでもないことを、民団全同胞に訴えるものである。

○おことわり 四月十九日付本紙一面の、一万ウォンを発行…事中、□は×の誤りで、おことわりします。

◇現在、渋谷病院で加療中の李禧元団長

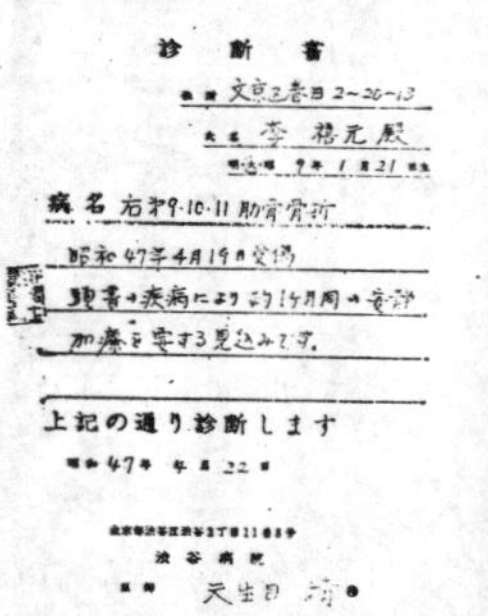

診断書
住所 文京区春日2−20−13
氏名 李禧元殿
明治 9年1月21日生
病名 右第9・10・11肋骨骨折
昭和47年4月19日受傷
頭書の疾病により約1ヶ月間の安静加療を要する見込みです。
上記の通り診断します
昭和47年4月22日
東京都渋谷区渋谷3丁目11番8号
渋谷病院
医師 天生田 [illegible]

◇全治一ヵ月間の安静を要すると書かれた李団長の診断書

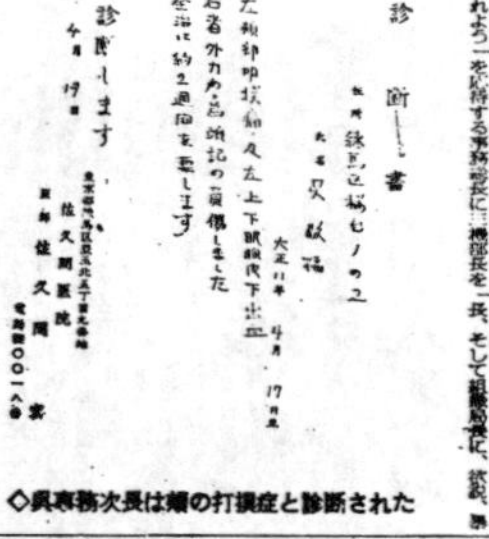

診断書
住所 練馬区桜七ノの三
氏名 呉敬福
大正11年4月17日生
一、病名 左頬部挫傷、及左上下眼瞼皮下出血
右者外力加わりたる前記の負傷しました
全治に約2週間を要します
右の通り診断します
昭和47年4月19日
佐久間医院
医師 佐久間 [illegible]

◇呉事務次長は頬の打撲症と診断された

九州地協でも暴力糾弾声明

四月二十四日、民団福岡県地方本部内で、管内全地方本部代表参加の下で、九州地方協議会を開き(1)四月十八日東京本部及び韓青、韓学同の民団中央本部三機関幹部に対する暴力行為糾弾声明書を発表すること(2)韓国で全国的に行なわれている"新しい村づくり運動"に積極的に参加することなどを満場一致で決議した

暴挙にあらゆる闘争

韓青、足立支部で声明

足立韓青支部では、十八・九日の韓青中央、韓学同の暴力行為に対し、強く糾弾すると共に、韓国青年本来の姿に戻るよう、次のように言明した。

「4・18事態に関する声明書」

4月18日〜19日にわたって、韓青中央・韓学同約70名の青年が、民団中央本部に「3・20要望書」なるものの不当要求に抗議するという口実のもとに、大挙おしかけ、民団中央の団長代理・監察委員長及び議長、そして前団長などを拉致し、18日の午後8時から翌日の午前3時までの長時間にわたって、不当に監禁し、暴力手段に訴えたえるという前代未聞の暴挙を行なった。

彼らは、自分たちのアポジにも相当する人々に対して"バカヤロウ！""この野郎！"呼ばわりをし、民族としての品性をも持ち合せない無法者集団に堕落してしまっている。

いやしくも、「民主主義」を標ぼうし、民主主義的方法による民団の混乱収拾を口号する者たちが、全くの反対物である暴力と、暴力によって事態の混乱状況を助長しようとしている企図は、一体何なのであろうか？

我々、足立韓青は、昨年8月2日の「暴力事態」以来の韓青中央・韓学同の一連の行動を顧みる時、彼らは、民主主義よりは暴力を、民団の収拾よりは混乱を助長しようとしていると断定せざるを得ない。

我々足立韓青は、民団の混乱事態を一日でも早く解決し、民団の正常化を促進するという立場から、現在の韓青中央・韓学同に、一際の暴力手段を放棄し、韓国青年としての本来の姿に立ち戻ることを断固要求するものである。

自分らの気にくわないものは、すべて暴力によって排除できると信じているならば、とんでもないことである。

我々足立韓青は、韓青中央・韓学同がこれ以上常軌に逸した行動をとるならば、これ以上容認することはできないし、本来の"韓青""韓学同"の姿に戻すべく、あらゆる斗争を展開することを声明する。

在日本韓国青年同盟
足立支部

犯罪的な行動と断定

中央執行委員会声明書発表 厳重な処断を宣言

四月十八、九日の事態を重視した民団中央本部では、二十日午後一時、緊急中央執行委員会を招集、事態の一部始終を報告し、その前後策に関し真剣な討議を七時頃まで重ねた結果、暴力の制圧による覚書は無効である旨宣言する一方、かような乱動事件は理由の如何を問わず、民主主義社会では絶対に容認できない犯罪行為とみなし、厳重な処断を宣言する次のような声明書を発表した。

声明書

一九七二年四月十八日午後四時頃、民団中央本部に東京本部だといって七、八十名が来た。かれらを応待する事務総長に三機関長をさがし出せと要請する一方、外出中の団長代理の個人事務室と監察委員長自宅に各々青年らを待機させて連行するようにして深夜の中央本部に監禁状態にした。

先着した尹団長代理と事務総長、そして組織局長に、狀況、暴言、脅迫、暴行を敢行した。つぎに到着した監察委員長にも同じく狀況、暴言、暴行を継続して、おくれて到着した議長にも狀況と暴言をもって脅迫した。

暴行の程度に対しては、同日、すすんで出席した李禧元前団長の診断書には、肋骨三本骨折の重傷、団長代理、事務総長、組織局長等にも負傷を負った。その脅迫要旨は

一、除名、停権を無条件撤回せよ。

二、然らずんば辞職書をこの場に出せ。との内容であった。

以上のような状態が翌四月十九日午前三時が過ぎるまで続いた。自分等の主張に応じない時は、帰らせないといい出した。その後三機関長は、不祥で険悪な雰囲気を避ける為、来る四月二十一日迄彼等の要求に応ずる努力をする、でない時は引責するとの覚書をもって、険悪の境遇を避けた時は午前四時頃であった。以上が十八日午後四時から始まって十九日午前四時頃まで、中央本部でおこった事態の全貌である。

この事態に対して、四月二十日午後一時半に招集された中央執行委員会では、多数意見を少数意見が暴力により制圧しようとする不法的な乱動事件と断定して、当日かかされた覚書は無効であることを宣言すると共に、この様な乱動事件は理由如何を問わず、組織内では勿論、民主主義社会では絶対に容認出来ない犯罪的な行動といえる。

これに対しては早急に処断することを宣言し、以上声明するものである。

一九七二年四月二十一日
在日本大韓民国居留民団
中央執行委員会

民団正常化を破壊

明治大学韓国研究会でも声明

四月十八日午後四時から十九日午前四時までにおける東京本部、韓青、韓学同等、七十余名による暴挙に憤りを感じた明治大学韓国社会文化研究会では、二十二日、「全国の在日韓国同胞へ」と訴える次のような声明を発表した。

全国の在日韓国同胞へ

韓学同、韓青は、去る4月18日、民団中央本部において、70余名という集団で民団団長代理、尹達鏞氏と三機関長以下の幹部数名を、午後9時から翌朝4時まで監禁し、聞るに堪えぬ暴言に及んだ上、韓学同、韓青の要求を受け入れなければ、民団中央執行部を総辞職させるという書付けまでも強要した。

彼等のこの様な異常なまでの暴力行為は自らが唱えてきたところの民団民主化を結果的には破壊している。

一体彼等は民団組織の混乱を助長する事だけが目的であるか。

彼等がこの一年間、同じ民族として、在日韓国同胞に及ぼしてきたものは、測り知れない失望、怒り、不信、混乱で、在日韓国同胞社会を弱体化させているのは周知の事実である。

我々はこの事を銘記すべきであり、彼等は、この様な一連の不祥事を起こした事への責任を取るべきである。

我々は在日韓国人同胞として、彼等に強く抗議すべきである。

我々に現在必要なのは、真の意味での民主的な話し合いによる、民団の正常化そして民主化である。

一九七二年四月二十二日
明治大学韓国社会文化研究会

告知

民団中央本部では、去る四月二十四日（一日）を臨時休務にしましたが。

これは さきの十八・九の東京本部、韓青、韓学同による事件発生に対する前後措置として取られた方止むを得ない処置であります。

全国の各地方本部並びに各関係機関との業務上支障を来たしましたことをお詫び申し上げます。

一九七二年四月二十五日
中央本部 総務局長
李 [illegible]

戸籍を整備しましょう

☆戸籍とは何であるか？ 法によって国民の身分関係を公証（戸籍簿に登録し、公証（〇本、抄本交付）することを目的とする制度で、個人の出生から死亡に至るまでの身分上の重要な事件を統一的に記録する。所〇身分関係の登録的機能をもっているものであります。

☆申告義務と申告方法 戸籍申告は法定期限があります。申告は駐日大使館または居住地を管轄する領事館に提出すればよいので、皆様が市町村役場に届出る時に必らず実行せられるようご注意下さい。（詳しい事は大使館、領事館民団または左記研究所にお問合せ下さい）

☆日常生活と戸籍との関係 戸籍がなくては、完全に国民であることを証明することができないのはもちろんで、例えば婚〇、財産相続、入学、就職、旅券交付、外国人登録関係、その他広範囲に戸籍〇本を必要とするので、戸籍はわれわれの日常生活と直結しているともいえましょう。

☆戸籍の未整備による不便 多くの同胞が数十年間、全く戸籍の申出をしないで居住地の市町村役場にだけ届出を済ましている方が非常に多いのです。これが未整備のケースで、家庭の不調和財産上の損失、海外旅行の不能の原因となり、その他若干多くの不便を受けております。このような事のないよう予め戸籍を準備しておく必要があります。

☆何を整備すべきか？ ①戸籍が全然ない方（現在臨時特例法が施行中です）②出生、死亡、婚〇その他の申告をしなかった方③本籍地に戸籍はあるが、出生場所または出生年月日が実際と相違している方④その他

☆戸籍相談と手続きについて 戸籍問題に関するご相談と手続上のどんな問題でも、各民団支部及び左記研究所相談室にご連絡下さい。親切にご指導いたします。

◇

韓国戸籍法務学会日本国支部、〈在日韓国人戸籍制度研究所〉 東京都新宿区西新宿七丁目一五一一 柏ビル5F、電話(03)三六三一九八七四(〇一六〇)

大阪事務所 大阪市東成区大今里南三丁三一一 〇〇ビル〇F〇大和事務所、電話(06)九七四一一六六六

神戸事務所 神戸市生田区下山手通り二丁目一五〇〇〇ビル三〇一、コリア・ホーム・センター電話、(078)三九一一二六五九、三六五五

中央本部民生局

通告文

民団中央本部では、去る18・19日に強要によって書かされた覚書なるものに対する通告文を、21日午後2時頃、東京本部に伝達した。通告文は原文のまま。

対日民間請求権申告の最終集計

総十四万余件、四十億円に

被徴用死亡者は一万余名

対日民間請求権申告内容

(単位・円)

事項	件数	金額
1. 旧軍政法令第57号に依る保管金	22,239	190,201,131
2. 日本金融機関預入金	1,444	114,414,322
3. 日本政府寄託金	404	2,717,199
4. 郵便貯金	11,885	5,929,642
5. 郵便年金	124	157,776
6. 日本国政府国公債	21,890	8,819,111
7. 日本国公法人社債	29,140	4,494,654
8. 海外送金	83	1,612,212
9. 生命保険および簡易生命保険	43,731	28,470,358
10. 被徴用死亡者	10,852	
小計	141,794	356,816,405
11. 金融機関分	9	3,547,837,144
合計	141,803	3,904,653,549

さる三月二十日に締切られた対日民間請求権申告の最終集計は、総十四万一千八百三件で金額では三十九億四百六十五万三千五百四十九円に達し、また、被徴用死亡者は一万八百五十二名にのぼった。

同集計によると、政府分が三十一億五千余万円にのぼっており、民間の持っている分は対日民間請求権の申告額が十七億四千八百四十九万三千八百八十二円に達している。

対日民間請求権申告事務局はこんご年末まで引続き事務を行ない、二重申告の有無調べや日本政府にたいする事実確認、申告書類の正確さなどを検討することになっている。

韓米、三千万ドル長期低利借款に合意

韓米両国は韓国北岸でのサケ、マス、ヒラメ漁業を五年間自主規制する代りに米国は三千万ドル相当の長期低利食糧借款を提供することで合意した。

金東洙水産庁長はこのように明らかにしたあと、韓米漁業協定並びに貝類衛生協定は来週中に署名される。三千万ドルの食糧販売代金は全額水産基金にして内水面漁業養殖業、漁船代替作業資金に使用する方針だ。

また貝類衛生協定により対米カキ輸出は本格的になり…

実勢為替レート維持　太長官談

太完善経企院長官は本年の為替レートは漸次引上げる方向へ手直し物価上昇率とバランスを保つ実勢レートを引続き維持せる方針であると言明し、最近一部に物価安定のため為替レート上昇を抑えて固定させよとの意見もあるが、長期的なバランスを図るには固定はとらないと述べた。

対韓外国人投資の業種別実態

トップは電子および電気製品

業種別に見た対韓外国人投資の状況は、電子および電気製品が最も大きく、次いで石油、化学などとなっている。

経済企画院によると、さる三月末現在で外国人投資の認可は累計三百九十二件、二億七千万ドルの業績となっているが、その内容は、電子および電気製品がトップで五千二百万ドル(一八・九九%)、つぎに石油二千八百万ドル(一〇・三%)、化学二千六百万ドル(一〇・〇%)となっている。

東南ア旅行者に日本円支給

外換(外国為替)当局は、これまでドルで支給していた海外旅行者の経費を、東南アジア旅行者に対しては日本円で支給することを検討中である。

南大門周辺は二百五十万ウォン

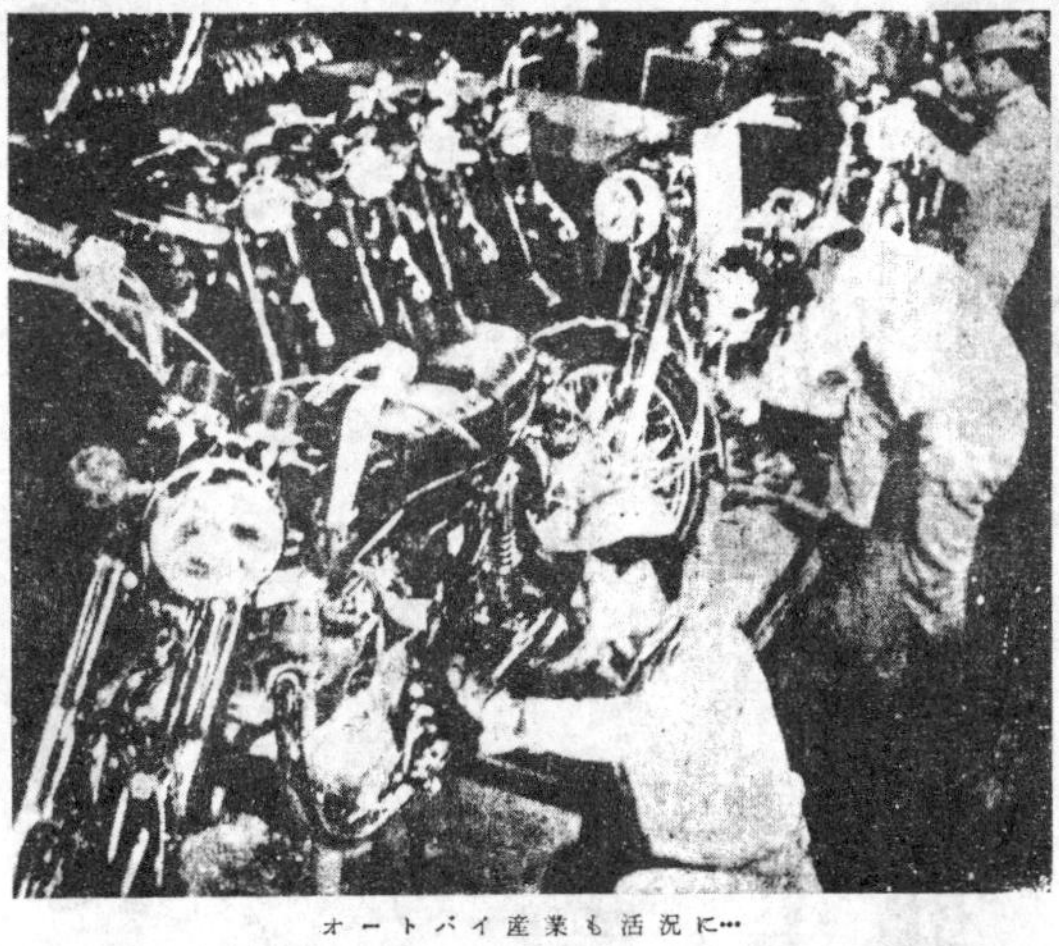

オートバイ産業も活況に…

マナスル登頂の登山隊遭難

隊員ら15人死ぬ

ヒマラヤの高峰マナスル(八、一五六メートル)登頂を目ざしていた韓国登山隊(総隊長=金禎燮、三九、五南鉄鋼専務)、宋俊行氏…

中学に「能力別」学級制を採用

地下鉄1号線「鍾路線」と命名　ソウル駅―清涼里間　22%進捗

徐前大衆党党首に判決　反共法で有罪

李寿栄駐仏韓国大使が逝去

税務相談

受取配当金の税法上取扱について

解答者　尹達鏞
民団中央本部団長代理
公認会計士・税理士

【問い】受取配当金等の税法上に於ける取扱いについて

【答え】

韓国で働く同胞技術者を募集

ソウル現代建設で

13ヵ国で40人が代表参加

日比谷公会堂で『世界勝共大会』

◇三千の大群衆は勝共を叫びデモ行進に移った。

三千余名がデモ行進

四月二十五日午後二時、世界勝共大会が日比谷公会堂でひらかれ十三個国代表四十名を始め、会員三千余名が参席し、勝共意欲を高め、盛会を極めた。

大会は久保木実行委員長開会宣言で行われ、各国代表の紹介に入り、世界十三個国で共産独裁と血みどろの闘争を展開した勝共の反共闘志を、久保木委員長が紹介、満場の拍手喝采をえた。

つづいて、各国元首のメッセージを、参加国の代表が読み上げたのち右正義WACL名誉議長は、祝辞を通し「反共・勝共や勝ちとるには、勇気と忍耐が必要であり、自由の勝利を確信すると述べ、全会衆の拍手喝采を浴びた。つづいて孫元一大韓民国反共連盟理事長は、祝辞を通し、今日の世界は対立から対話の世界に入っている。ところが、共産主義者は、口先では平和をとなえながら、赤化統一の野欲をすてず、暴力・破壊を常としている。南北赤十字会談でさえ会議進展に誠意を見せず政治宣伝の場に利用しているのが現状である。私たちは常日頃から後弱を警戒、精神武装を堅固にして自由を死守、民主主義をけらねばならないと述べ、大きな感銘を与えた。

このほか、李東元（韓国国会外務委員長）氏が特別講演を、丁来赫韓国国防長官が国民感謝の辞を、それぞれ述べたあと、大会決議文を採択、午後四時半閉会した。

なお、大会に参席した勝共会員三千余名は、日比谷公会堂を出発、デモ行進に移った。

国籍誤記による合格取消しに抗議

民団中央

去る二十二日東京都北区西ヶ原の武蔵野高校（校長高橋一彦）では、朝霞市に居住する韓国人三世、黄真紀（十五才）嬢が、入学手続に本籍を出生地（山口県下関市）に、誤記されたことによって、すでに入試に合格し制服まで支給しておきながら、戸籍の提出により国籍を偽ったとのことで、黄嬢の入学取消し処分にしたことが明らかになった。そこで民団中央本部（文教局長宋鎬用）では、学校当局に出向き、その真相を追求した。

学校側は原点にもどし、あくまでも入学させることを前提に、前向きの姿勢で解決するとはいいながら、その原点が合格取消と編入試験によるため、民団側はその原点錯誤と、すでにテストに合格したその事実は、当然認めるべきだと抗議すると共に、われわれ在日同胞の歴史的な背景を日本国民は勿論、学校当局も、おもいやりをもってこの〃誤記〃を善意に取扱ってくれることを強く要望した。

韓日親善音楽の夕べ

五月四日午後六時半 日比谷公会堂にて

韓日親善音楽の夕べが、来る五月四日午後六時三十分、東京、日比谷公会堂で開催される。

韓国側からは、崔三烈（テノール）申鉉雄（バリトン）等、日本側は、栗林義信（バリトン）伊藤京子（ソプラノ）等、四国の有名歌手多数が出演、特に、在日韓国婦人合唱団五十名が出演する。

主催は、韓国文化院、韓国研究院、韓国文芸協会、在日本大韓民国居留民団、マハ日本支店東京支店、後援は韓国公報館、共催ヤ[illegible]。なお、入場券は東京都内各プレイガイド及び楽器店で、入場券は一〇〇〇円。

四国地方協議会 13日終る

民団四国地方協議会が、去る四月十三日、愛媛県新居浜市の岡本[illegible]で開催され、①本国の非常事態宣言に関する説明、②民団一部の不純分子の策動と今後の対策に関する説明、③在日同胞の法的地位及び処遇問題等に関する建議と活動方針、④戸籍事務等に関する中央本部及び本国政府に対する建議等々を真剣に討議した。

在日代表の成批禎子さんが友情賞

ミス・コリア全国決選

去る四月十七日から二十二日（22）は、本国内各道代表のミスたち（全員三十六人参加）の二年度ミス・コリア全国決選大会に参加した在日代表三人中の一人、成批禎子さん（東京・中[illegible]）は、票により、晴れの「友情賞」をかくとくする栄誉に輝やいた。

大阪北摂地区第一回体育祭

四月二十三日、大阪市立豊崎中学校々庭で、在阪同胞千二百余名の団員が参集、民団北摂地区第一回体育祭が盛大に行なわれた。

運動会は民団大阪府地方本部北摂地区協議会主催、駐大阪大韓民国総領事館、民団大阪府地方本部後援で行なわれた。

競技は選手団入場などの入場式に引き続き、午前の部に移り、幼児競走からはじまって、スプーンレース、聖火リレー、借物競走などの競技、午後の部では、ボールけり、はさみ玉、徒歩走、パン食い競走、玉入れ、対抗リレーなどの競技が行なわれ、余興として、在日大韓婦人会[illegible]などによる[illegible]や韓国学園生徒によるコーラスなどが行なわれ、在阪同胞の相互理解と親善に大いに役立った。

なおこの大会を成功裡に動かした役員は次の通り。

大会委員長に杜炳[illegible]、副委員長に[illegible]、[illegible]、金永[illegible]、[illegible]、競技部長に金[illegible]、宣伝部長に金[illegible]、体育部長に金性玉の諸氏。なお救護班は東水外科が担当した。

埼玉県本部議長に李根洙氏

四月二十日、民団埼玉県地方本部では臨時大会を開き七一年十二月大然開火災で不幸にも亡くなられた前議長崔允注氏の後任として、李根洙氏を新議長に補選した。

大阪本部で29日臨時大会

民団大阪府地方本部（朴玄団長）では四月二十九日、同本部講堂において、臨時大会を開く。

韓国情緒でにぎわう

沖縄で韓国物産展

在日大韓婦人会沖縄本部では去る四月十四日から十九日までの六日間、沖縄那覇市山形屋特設会場で「韓国物産展示会」を開き、韓日進善国物産の認識をより深め、盛会を極めた。

民団中央本部、沖縄貿易協会、沖縄商工会議所を始め、KOTRA、KAL、地元言論機関など十四カ機関後援でひらかれたこの展示会は県良子氏や金信子在日大韓婦人会長、上原（沖縄婦人会長）らの手でテープカットが行なわれ、会期中満員の好評を博した。

沖縄の本土復帰を直前に控え、韓国の優秀な物産の種々を沖縄では始めて展示紹介した沖縄大韓婦人会本部では韓国民俗、演芸の実演コーナーなども設け、より一層韓国的ムードを盛り上げた。

なお、距離的に近い韓国と沖縄の交流は今度の物産展を機会に、一層深め、今後貿易面でも大いにプラスをもたらすものとして、沖縄県民に与えた影響は大きいものがあった。

吉共和事務総長改憲発言を否認

吉典植共和党事務総長は十八日「全民民が〃新しい村づくり運動〃に熱中している現時点でどうして改憲問題など差口にできようか」と語り、さきに報道された吉氏自身の国会議員任期延長と関連した改憲発言を否認した。

吉総長は十六日長興で「国会議員任期は現行の四年から六年に延ばすのが望ましい。さる六九年改憲のさいに国会議員の任期を延ばす問題が論議されたが実現しなかった」と語ったが、この発言は〃大統領と国会議員の任期延長のための改憲を目指すものだ〃とした。

米国務長官〃有償〃の示唆を

韓国軍近代化五ヵ年計画終われば

対外軍事販売計画適用の意向

ロジャーズ米国務長官は十七日、きたる七五年に韓国軍近代化五カ年計画が完了すれば米国の対韓無償軍援を全般的に変えて有償とし、対外軍事販売計画を適用する意向だと示唆した。

ロジャーズ長官はこの日上院外交委員会に回付された七三会計年度対外援助授権法案にかんする声明でこのように示唆したが、同長官は七三会計年度軍援を受ける国家のうち韓国は軍近代化五カ年計画のため〃二億三千五百万〃に達する最大規模の単一無償軍援〃を受けるようになろうと説明した。

ロジャーズ長官は、韓国軍近代化計画がじゅうぶんな資金提供さえあれば、七五年には完了すると語り、その後は韓国が対外軍事販売計画を通じて自主防衛需要の大部分をまかなうだろうと期待すると述べた。

ロジャーズ発言に尹外務次官語る

尹錫憲外務次官は十八日、対韓軍援を七五年以後軍事販売借款で代替するとのロジャーズ米国長官の発言にたいし「この問題にかんし米国政府と協議したこともなければまた、なんの通告も受けていない」と語り「これは米政府の一方的な希望だと思う」とつけ加えた。

CTSの総合妥当性調査始まる

政府が済州島和順に建設を計画中のCTS（大規模貯蔵施設）の建設に先立ち十九日から総合妥当性調査が本格的に始まった。

建設部はこの妥当性調査を当初三月中旬から着手することにしていたが、用役を担当する日本側調査団がさる十八日に来韓したことにより、計画より約一カ月遅れて始められた。

この調査は産業開発研究所（所長=朴忠勲）と日本調査団との共同で行なわれ、こんご十九日ないし二十日間にわたって一次調査を終えた後、五月中旬から六月末までに二次調査をくりひろげる。

なお、こんどの調査では和順港の港湾施設と気候潮流など港湾問題をはじめ建設に伴う経済性などを総合検討にする。

これにたいし、吉総長は「ただ去る六九年、（大統領）三選改憲を推進したさい沿資館での議員総会で論議されたことにふれたに過ぎない」と説明、「共和党が検討中の大選挙区制の選挙制度改革案は、憲法に手をつけない範囲内で推進されるだろう」と述べた。

長崎商銀 九期総代会

長崎商銀信用組合（理事長[illegible]）では、第九期総代会を四月二十九日午後一時、長崎県漁協会館（長崎市五島町又二ー六）でひらく。

新民党、吉総長の公式否認受入れる

新民党は十八日党の党首の主で政務会議を開き、吉典植共和党事務総長の長興発言を検討、共和党が公式に否認したため、これ以上問題にしないことにした。

尹公報館長が在日言論人と懇談

尹奎燮駐日公報館長は二十四日午後三時からニュージャパンホテル内の回館に在日言論人を招き懇談会を催した。

咸陽郡民会

新しい村づくりにセメントを寄贈

李彩雨会長

祖国近代化の一環であり、凡国民運動として進めている本国の「新しい村づくり」運動に、在日同胞も無関心ではいられないと立ちあがった在日咸陽郡民会（李彩雨会長）では、同会の有志十五人が出しあった献金でセメント一、五〇〇袋を咸陽郡守宛に寄贈したことが、このほど明らかになった。

南財務らADB年例総会に出席

韓国の三次五ヵ年計画支援に訴える

南悳祐財務長官を首席代表とする七名の代表団一行が二十日から三日間ウィーンで開かれるADB（アジア開発銀行）第五回年例総会に派遣された。

同総会には三十一会員国代表約五百名が出席、その中で南長官は二十一日基調演説を通し、先進諸国がADB資本金増資措置に能動的な態度を取るよう強調するとともに、韓国の第三次五カ年計画の支援を訴えるかたわら、域内経済開発のため他の国際機構との共同支援と協調を要望した。

南長官はまた、会議期間中、幕裏で主要先進国および国際金融機構の金融界人士らと接触、韓国の経済開発に必要な外資誘致を積極的に交渉し、渡辺ADB総裁と会って係留中の借款導入の早期妥結を協議する。

なお、ADB総会が終わったあと、南長官は米国に渡り、第三次五カ年計画に必要とされる未確定分八億〃にたいする米国政府の支援を要請するかたわら、世界銀行など国際金融機関ともこの問題を協議する予定である。

日本・日本人・日本文化

〈下〉

全海宗

金熙明 訳

血統の重視

韓国三国は、歴史的に血統を重視してきたのが事実であるが、それぞれ程度の差があり、とくに日本がもっとも血統を重視したと考えられる。中国でも、家門・門閥が重視されたが、王朝の交替が頻繁だったので、布衣をきて将相になることができたし、賤民が天子（皇帝）になることもできた。わが国では、王朝の交替が少なかったばかりでなく、後になって両班制度が発達し、血統が重視されたのが事実である。

最近の研究の結果は、身分階層の移動も相当にあったし、両班でないながら両班を僭称する場合もあった。農民の地位は、日本の農民にくらべてはるかに上位にあった。農民の地位は、日本の農民にくらべてはるかに上位にあったのに間違いない。中国でも礼は庶民におよばず、刑は士大夫におよばなかったが、日本では農民や商人が、その人格をほとんど無視されたために、実際に血統が問題になったのは、貴族層と武士階級に限られた。身分社会で、家が問題視されるのは当然なことで、とくに日本のような厳格な身分社会においてそうであった。

日本民族は、元来混血民族といっている。混血民族の血統をいうのはおかしなわけだけれども、混血だからゆえに血統をいう逆説的な意見もある。中国やわが国とは異って、日本では官僚制が成立されなかった。自分はもとより、地位も大部分の場合世襲的であった。

血統や家門中心の傾向を象徴する回家制は、日本にはなかった。戦闘に先だっては、大声をはっして自分の家門を紹介し、自分の姓名をなのる。また日本人は、家をさらけだして、よい家門であることを、しばしばある。これは日本人の血統の重視と、異国人の気質を現わすものである。

日本では、武人政権の交替はあったけれども、王朝の交替がなしに、一つの血統がつづいたのも、血統を重視した結果である。

……

ヘロデアン的月光文化

外部との接触において、外来的要素が突入してきた場合に、いかなる反応を見せるかの問題を考えるとき、およそ二つの態度がある。その一つは、自分らの伝統的要素がもっとも良いものであり、したがって、その範囲内でそれを守りつづける立場であり、もう一つは、外来的なものの長点をたやすく採用することによって、その長点を利用し自分を保全する方法である。中国の場合は、前者であり、日本の場合は後者である。この後者の場合をヘロデアン的といえよう。それはクリスト文明の挑戦を受けたときの、ユダヤ文明の反応の一つの方法でもあったのである。

日本文化の性格を特徴的に示す、もう一つは月光文化ということである。太陽（日）は、それ自体が発光体であり、太陽をまともに見られないのにたいして、月はそれ自体が発光体ではないが、他の光を反射して、あたかも自らの光のようにひかって、とろかする光と太陽よりもなお鮮明なものである。ただ、月光の場合は太陽のすべての要素をそのまま現わすものではない。いいかえれば、日本の文化は創造的でなく模倣性が強い。また体系的であり綜合的であるというよりも、複合的でありながら散発的である。

日本では思想が歴史に構造化されなかったと、日本の高名な国学者であり、日本学者である本居宣長は、「道」、「性」などの抽象的規範ちゅうを一切排斥したのである。儒教という思想体系は、中国では相当に規範化・神聖化されたと同時に、中国人の生活のほとんどすべての領域、すなわち政治、経済、教育、文化を規制するものにたいし、日本に伝播された儒教は、表面的理念の一部にすぎず、日本人の生活のおおくの部分を規制するにいたらなかった。

……

政治・文化の分離と野合

日本では、政治と文化が分離されている。これは、中国とわが国は政治と文化が結合されており、……

許筠著

洪相圭 訳

（十一）

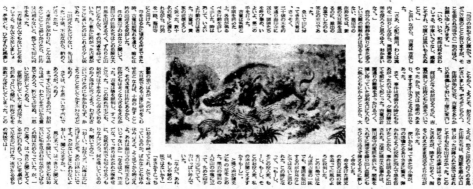

……

韓國新聞

在日大韓民国居留民団
中央本部機関紙
韓國新聞社
発行人　李禧元
東京都文京区春日町
2丁目20－13
電話 (815)1451～3
(813)2261～3
振替口座 東京 163774

民団綱領
一、われわれは大韓民国の国是を遵守する
一、われわれは在留同胞の権益擁護を期する
一、われわれは在留同胞の民生安定を期する
一、われわれは在留同胞の文化向上を期する
一、われわれは世界平和と国際親善を期する

出入国法案反対

日常生活にも脅威

人権侵害の悪法

「改悪」に、民団の基本見解

世界に類を見ない非人道的な悪法として日本の国会で二度も廃案になっている外国人に対する出入国法が、今回三たび日本国会に提出された。過去二回にわたり「出入国管理法案」として改正法案が提出され、いづれも在日韓国同胞をはじめ野党側の強い反対運動にさえぎられ廃案になったこの法案が、新たな「出入国法案」として、今国会に上程されたことは、一部改正になったとはいえ、最終的には、同胞の在日活動を規制する排外的なものがその根底になっている以上、あくまでも在留同胞の権益擁護を標傍する民団として、この立法化を阻止する方向を打ち出している。

特に"特別在留者に厳しい"

〈出入国法案反対に関する見解〉

去る三月十四日、日本政府は閣議決定によって、現行出入国管理令を出入国法に改定して、在留外国人の合理的管理を名目に今国会に上程し通過を期していることに関し、本団では日本国会の会期等を考慮に入れ、第十七回中央委員会の決議に基き、法案の経緯に対し重大な関心をもって注視してきたが、日本政府は会期を延長してまで、同法案を通過せんとする傾向にあり、今般の出入国法案の改正内容中には有利になった点もあるが、結果的には規制する方向にあるので、反対の意志を表明すると同時に、阻止するよう努力されることを指示する。

在日外国人の九〇%を占めている在日同胞の人権の侵害を受けることが憂慮される規制条項に対しては、基本的に反対する立場を再確認し、次の如く問題条項に対する見解を表明するものである。

(一) 九条五項二十六条（活動指定と中止命令）

在日外国人の活動範囲規制条項によれば、入国審査官は必要と認めたときは、外国人の活動の場所と機関等を指定することが出来るようになっており、許可なく資格外活動、指定違反活動をするとか日本国の機関の指定した政策に反対する公開の集会、あるいは集団示威運動、志願指導、または政策の実施を反対することを公衆に提示する演説文書、図画の頒布展示等の政治活動を行なった時は、在留外国人は中止命令の対象になり、この中止命令に服従しない場合は退去強制処分の対象になり、処罰は最高六個月の懲役、禁固、または最高五万円の罰金に処することになっている。この中止命令制度は本住者、協定永住者（一二六－二－六）の該当者の二世は当分間適用対象から除外されてはいるが問題は約五万名に近い特別在留許可者が、この条項の適用を受けることになるので政治活動が出来なくなり、違反すれば中止命令の対象とされ、反復すれば退去強制条項の適用を受けることになる。

(二) 十条五項八十六条（口頭審理）

入国管理官署の長は職権をもって証人の出頭を命令して証言を要求することが出来るし、拒否すれば罰をうけることになる。

(三) 四十条、四十二条（違反調査）

中止命令条項に違反した場合、……

韓国民族自主統一同盟
敵性団体規定を解除
第21回中央執行委で決議

一九七二年四月二十一日付で、"韓国民族自主統一同盟"（略、韓民自統）の代表委員であった……元心昌氏より、民団中央本部団長李禧元氏宛に「韓民自統」に対する敵性規定の解除要請があった。つづいて同年七月十二日、「韓民自統」の宋斗根氏名義で……長宛に解除要請があり、再度、同年十一月二十四日も宋斗根氏名義で「本同盟の結成宣言を廃棄し、大韓民国の立場を固守することを決議した」ので既に敵性団体規定を解除要請する、という申出があった。

そこで民団中央本部では、同解除要請に関し長時間検討のうえ、第十八回中央執行委員会に提議し、前後四回にわたる執行委員会で慎重な検討を重ねた結果、次の通り「韓民自統」を敵性団体規定より解除した。

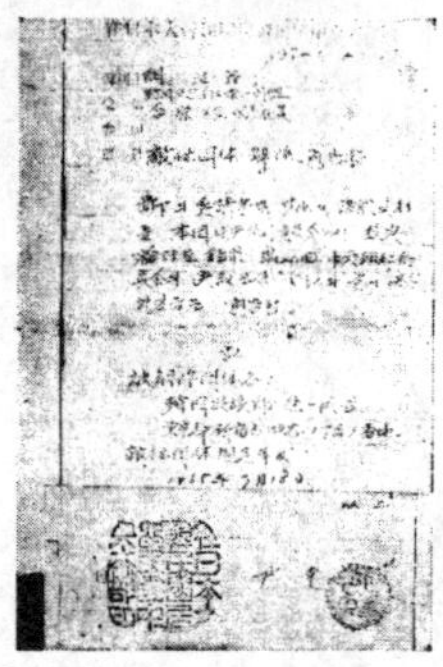

◇「韓民自統」の敵性団体解除通告書

大阪地方本部臨時大会

姜桂重氏団長に当選

議長卞先春、監委長張起説両氏

◇大阪地方本部第40回臨時大会、登壇するのは新任団長（前面中央）の挨拶

沖縄団長に閔匡基氏

定期大会

李七斗氏再選

民団横浜支部第25回大会

◇李七斗支団長

"条件急変に対処"

三次五カ年計画を全面再検討

幹部講習会

愛知県本部で

海外駐在員教育

有給休暇日数決定

公務員服務規程改正

民社党議員ら訪韓

自民党議員26人訪韓

航空路線を拡張

韓英航空協定締結

ソウル・大阪間も追加

対日輸出のり五月末頃船積

二千ドルまで随時送金

外銀で無料扱いも

◇……日本政府は、国際金融界の変遷に伴い、外国為替管理を緩和、三月十日から、在日同胞の本国親族宛送金を大幅に緩和し、送金手続を簡素化し、送金限度額も従来五〇〇ドルの制限を廃止、件当り二、〇〇〇ドルまでは随時送金が可能になった。なお、韓国外換銀行東京支店、同大阪支店では韓国系信用組合を通し、本国に送金の場合は、銀行手数料、郵便料など、無料で取り扱うことになった。在日同胞の多数利用を望んでいる。……◇

携帯品通関抑制

課税対象TVなど小品目

関税庁は外貨浪費を防ぎ奢侈風潮をなくし、倹素な気風を造成するため海外旅行者の携帯品通関を大幅に抑制することにした。

李関税庁長は、去る一年間、海外旅行者が帰国時に導入した無換輸入品が二千万ドルを超過した点明らかにし、初段階措置として携帯品に対し、①一品目当り（課税対象不揚記品目）十個以内だけを許容し②課税対象品目も十三個から百十一個に大幅伸ばし③簡易税率適用を排除して一般無換で適用し高い税率で課税する大原則を立てた旨述べ、今後、施行結果によって品目を二百個以上に伸ばす旨述べた。

「携帯品と移徙物品の通関処理要領」を新たに制定して一線税関に示達したが、実際のない業務遂行を期するため、約二カ月の期間を置いて一般国民と海外僑胞に周知させたのち、七月一日から施行すると語った。

同要領によると輸出携帯品は出国の目的、施行の期間、職業、其他の事由を総合して処理するが物品の数量又は価格の過多又は転売するものと認定されるものは特恵に該当しないものとして通関許容し、出国後の搬出は本人の出国日から六カ月以内に輸出申告したものは別途に認定するようにした。

輸入携帯品の場合は（1）身辺品、ワイシャツ、内衣等の身辺品（2）職業用具（3）再輸入品（4）移徙物品（5）酒類（二瓶）、煙草（二〇〇本）等と、移徙物品中、居住を維持するのに必要と認定される物品に限り免税通関となる。

なお簡易税率表適用を排除して商業用と認定される数量の物品を旅行者が携帯した場合と便宜上、旅行者が携帯輸入した物品でも、携帯用に製作されてない携帯手荷物の冷蔵庫、コンソル型TV等（重量二〇kg程度）は託送輸入物品として処理する。

来る七月一日から課税対象となる牛乳製品、ラジオ真鍮、録音器、カメラなど百十一個品目である。

商社の海外活動強化

支社設置 駐在員派遣に補助金

商工部は輸出商社の海外支社活動を強化するため、支社設置と駐在員派遣業務を大幅に強化することにした。

従来、一〇〇万ドル以上輸出業体に支社設置を義務化していたのを存続させるが、駐在対象国市場と当該商社の取扱品目が一致するようにし、未開拓地域に支社を設置する場合には補助金を出すことにした。

一方、海外支社の事後規制を強化して当該地域公館長責任のもとに支社活動の定期的調査と監督を徹底し設置後一年過ぎても実績の不良な支社は補助金を回収し毎三カ月毎に輸出振興アイデアを提出するよう義務化したほか支社活動の優秀な業体は褒賞する。

済州島に国際空港

拡張費はKALで

四月二十六日の経済長官会議は、来年初に就航予定の済州国際空港建設計画を承認した。これは国際線が済州島にまで伸びる計画で大型ジェット機が離着陸できる二kmの滑走路を済州島に年内着工しようというもの。

この拡張工事は大韓航空（KAL）が自費（六億四千六百万ウオン）負担で完工して政府に寄付し、その代わりに政府はKALにたいし国内航空施設使用料（年間三億ウオン）を免除することにしている。

月城郡にゴルフ場

韓日合弁で建設

慶州にある五英観光株式会社（李鍋万代表）は日本の「太平洋クラブ」との合弁投資で慶北月城郡陽北面岡川里の四十余万坪林野に各種娯楽施設を備えたゴルフ場をつくることになり、この十日に起工式を行う。これによると投資総額は約六億ウオンで太平洋クラブが十万ドル（三千九百万ウオン）を、そして五英観光が五億六千万ウオンを出資する。

全国信用組合

預金20％伸長

全信中協（師岡賢平会長）がとりまとめた速報によると、全国五百二十六信用組合の四十七年三月末預金残高は、月中一、三二二億二百万円増加して、二兆四、六九一億一〇〇百円となった。予想されたニ兆五千億円にはやや及ばなかったものの、年度間約四、二六四億円増加して、増加率で二〇・九一％となり三年ぶりに二〇％台の伸び率に乗せた。

信用組合の二兆五千億円台乗せはもう一息だった。しかし、四十六年三月末の二兆四百二十七億円の二兆円大台乗せから一年間に四千二百六十四億円と最近にない増加額を示し、伸び率も二〇・九一％と久しぶりに二〇％を突破した。

増える家出人

一万七千人も

内務当局の集計によると昨年一年間に一万六千九百十六名の家出人が当てもなく上京している。これらはほとんどが犯罪を繰り返したり、歓楽街へ転落したりしていろいろな社会悪をつくりだしている。警察当局の推算によると家出した婦女子の六〇～六五％が歓楽街に身売りしているが、家出の動機を大別すると△家庭貧困二千八百五十九名△家庭不和二千五百十三名△家庭の放任二千四十四名△都会への憧れ千五百九十五名△交友関係千五百名△求職千四百八十三名△家庭が厳しい六百六十四名△進学関係三百四十九名△その他三千二百八十四名となっているが貧困と不和が大きな比重を占めているのが注目される。

特にこのうちには十六—十九歳以下の思春期の少年少女が三一％に当たる五千三百六十五名にものぼっており、家庭の保護を受けねばならない十二歳未満が一〇％に相当する千七百六名もおり精神的にも未熟な少年少女に対する暖い保全な家庭生活の必要性が痛感される。上記の家出人数は警察によって保護された数字で、実際の数はもっと多いものとみられる。市当局が調査したここ十年間の統計によると地方からソウルに転入した人口は三十一万名でこのうち、をしており四〇・九％がバラック建ての住居。これに対する政府の対策はほとんど講じられていないと言える程度だ。この問題について社会学者は、工業化、都市化で急激に変化する社会情勢が青少年少女に伝統的価値観や行動、思考方法面で新らたな混乱と葛藤を呼び起し、ついには家庭を飛び出す要因をつくると指摘、家庭や政治的な安定を通じてこれを未然に防ぐことが急務である。従って生活保護法や児童福祉法等によって適切な保護または家庭福利を図ることが必要だと強調している。

千六百四億ウオン

通貨発行高

韓銀、三月末集計

韓銀発表によると三月末現在の貨幣発行高は千六百四億六千五百万ウオンで前月の二月より百六十二億六千百万の減。一方、通貨量は三千五百七十三億ウオンと前月比五十四億ウオンの減少となっている。

一兆三百六十九億ウオン

三月末の預金総額

韓銀によると三月末現在の全金融機関の預金総額は一兆三百六十九億二千九百万ウオンで二月比四十五億千五百万ウオンと、二月比三百七十五億八千七百万ウオンの増。一方、貸出し総額は九千六百六十五億千五百万ウオン...

海外建設契約は順調

六カ国で二千四百七十五万ドル

今年にはいってからさる四月二十四日までの海外建設契約高は全部で六カ国で、二千四百七十五万七千ドルにのぼった。

地域別契約現況は、南ベトナムが三件、四百三十四万一千ドル、グアム島が三件、八十万三千ドル、ニューギニア一件、百七十一万六千ドル、マレーシア一件、六十四万九千ドル、そしてネパールが一件、四百七十万ドルとなっている。

また、五月中に契約締結が確実となっているところが四カ国、一千三百八万七千ドルであり、現在有利な立場で契約推進中のものが六カ国十三件、九千四百四十万ドル相当になる。

東京商銀総代会

東京商銀（許弼奭理事長）では第十八回通常総代会を、来る五月十八日午後一時から同本店七階の大会議室で開催する。

出入国法案（抜粋）

第二条

十三　観光、保養、スポーツ、親族の訪問、見学、講習若しくは会合への参加又は業務連絡の目的その他これらに類似する目的をもって、短期間本邦に滞在する者としての在留資格

第二節上陸許可の手続

〈上陸許可の申請及び審査〉

第九条

9　第五条第二号に該当する者で、第三項の上陸許可を受けたものは、最後の出国時における在留資格及び在留期間をもって本邦に在留するものとし、その者がその当時第二十二条第二項又は第二十四条第一項に規定する指定を受けていたときは、当該指定は、その上陸許可の後においても、なおその効力を有するものとする。

〈口頭審理〉

第十条

5　地方入国管理官署の長は、口頭審理に当たって、当該外国人の請求に基づき、又は職権に基づき、法務省令で定める手続により証人の出頭を命じて、宣誓をさせ証言を求めることができる。

〈中止命令等〉

第二十六条　地方入国管理官署の長は、次の各号の一に該当する外国人に対し、書面をもって、当該各号の一に該当することとなった行為を継続しないよう又は同種の行為を反復しないよう命ずることができる。

一、第二十二条第二項若しくは第二十三条第一項又は第二十四条第二項の規定に違反して、在留活動若しくは指定に係る活動をし、又は職業につき、若しくは報酬を受ける活動をした者

二、日本国の機関において決定した政策の実施に反対する公開の集会若しくは集団示威運動を主催し、若しくは指導し、又は公衆に対し、日本国の機関において決定した政策の実施に反対することをせん動する演説若しくは文書図画の頒布若しくは展示をした者（第二条第二項第十二号の在留資格を有する者を除く。）

2　地方入国管理官署の長は、前項第一号に該当する外国人に対し、同項の規定による命令をしようとするときは、あらかじめ、法務大臣の承認を受けなければならない。

3　地方入国管理官署の長は、正当な理由がないのに、相当の期間、その行なうべき活動をしていない在留活動者又は特定在留者に対し、書面をもって、当該活動を行なうよう命ずることができる。

〈永住許可〉

第二十九条　法務大臣は、在留資格を有する外国人が第二条第二項第十一号の在留資格への変更を希望する場合には、その者の申請に基づき、当該外国人が次の各号に掲げる要件に該当し、かつ、その者の永住が日本国の利益に合すると認めたときに限り、これを許可することができる。

一　引き続き五年以上本邦に在留すること。

二　素行が善良であること。

三　独立の生計を営むに足りる資産又は技能を有すること。

〈特別在留許可〉

第三十二条　法務大臣は、外国人が第三十七条各号の一に該当する場合でも、その者が次の各号の一に該当するときは、その者に対し、在留資格の区分及び在留期間を定めて特別に在留を許可することができる。

一、日本人の配偶者で、その扶養を受けているものであるとき。

二、本邦に本籍を有したことがあるとき。

三、第三十七条各号の一に該当した時において、第二条第二項第十一号の在留資格を有していた者であるとき。

四、前三号に掲げる場合を除くほか、特別に在留を許可すべき事情があるとき。

2　前項の規定による許可（以下「特別在留許可」という。）は、地方入国管理官署の長に、当該許可に係る外国人の所持する旅券に在留資格の区分及び在留期間を記載し、特別在留許可の旨を証させ、又は当該外国人に対しこれらの事項を記載した在留許可書を交付させて行なうものとする。

3　特別在留許可を受けた外国人は、当該許可を受けた時から、新たな在留資格及び在留期間をもって在留するものとする。

4　特別在留許可を受けた外国人については、当該許可をした際に明らかであった第三十七条各号に係る事実によっては、第六章に規定する手続による退去強制をすることができない。

5　地方入国管理官署の長は、特別在留許可を上申することができる。

6　法務大臣は、前項の規定による上申があった場合において、特別在留許可をしないときは、地方入国管理官署の長にその旨を通知するものとする。

〈出国確認の留保〉

第三十五条　入国審査官は、本邦に在留する外国人が本邦外の地域におもむく意図をもって出国しようとする場合において、関係機関から、当該外国人が次の各号の一に該当する者である旨の通知を受けているときは、前条第一項の出国の確認を受けるための手続がされた時から二十四時間を限り、当該外国人について出国の確認を留保することができる。

二　禁錮以上の刑に処せられ、その刑につき執行猶予の言渡しを受けなかった者で、刑の執行を終わるまで、又は執行を受けることがなくなるまでのもの（当該刑につき仮出獄を許されている者を除く。）

三　逃亡犯罪人引渡法（昭和二十八年法律第六十八号）の規定により仮拘禁許可状又は拘禁許可状が発せられている者

〈再入国の許可〉

第三十六条

5、法務大臣は第一項の許可を受けて出国した者について、当該許可の有効期間内に再入国することができない相当の理由があると認めるときは、その者の申請に基づき、一年をこえない範囲内で、当該許可の有効期間の延長を許可することができる。

6、前項の規定による許可は、再入国許可期間延長許可書を交付して行なうものとし、その事務は、日本国の領事官等に委任するものとする。

〈強制退去の対象者〉

第三十七条十二項　旅行者、その他生活上の保護を要する者で、国又は地方公共団体の負担になっているもの。

第二節　違反調査

（違反調査）

〈容疑者の取調べ等〉

第四十条　入国警備官は、違反調査をするため必要があるときは、容疑者若しくは参考人に対し出頭を求め、これらの者を取り調べ、又はこれらの者が所持し、若しくは提出した物件を領置することができる。

3　入国警備官は、違反調査について、公務所又は公私の団体に照会して必要な事項の報告を求めることができる。

〈臨検、捜索又は差押え〉

第四十一条　入国警備官は、違反調査をするため必要があるときは、その所属官署の所在地を管轄する地方裁判所又は簡易裁判所の裁判官の許可を受けて、臨検、捜索又は差押えをすることができる。

4　第一項又は第二項の許可を申請する場合には、地方裁判所又は簡易裁判所の裁判官は、臨検すべき場所、捜索すべき場所、身体若しくは物件又は差し押えるべき物件が違反事件に関係があると認めるに足りる状況があることを示す資料……

……（以下略）

き、その他必要な処分をすることができる。

3　入国警備官は、住居その他の建造物内で臨検、捜索又は差押えをするときは、住居主、所有者若しくは管理者又はこれらの者に代わるべき者を立ち会わせなければならない。これらの者を立ち会わせることができないときは、隣人又は地方公共団体の職員を立ち会わせなければならない。

4　臨検、捜索又は差押えは、旅館、飲食店その他夜間でも公衆が出入りすることができる場所でその公開した時間内にこれらの処分をする場合を除き、前条第四項の許可状に夜間でも執行することができる旨の記載がなければ、日没から日出までの間には、してはならない。ただし、日没前に開始した臨検、捜索又は差押えについては、必要があると認めるときは、日没後も継続することを妨げない。

5　入国警備官は、臨検、捜索又は差押えをするに際し必要があるときは、警察官又は海上保安官の援助を求めることができる。

〈収容〉

第四十五条

2　地方入国管理官署の長は、前項の請求により、前項の収容令書を発付するものとする。ただし、次の各号の一に該当する容疑者については、同項の収容令書を発付しないことができる。

一　刑事訴訟に関する法令、刑の執行に関する法令又は少年院若しくは婦人補導院の在院者の処遇に関する法令の規定により身体を拘束されている者

二　老幼、疾病その他身体の状況により収容に堪えることが困難であると認められる者

三　逃亡のおそれがなく、かつ、収容を猶予すべき事情があると認められる者

第三節　審査、口頭審理及び異議の申出

〈審査及び口頭審理〉

第五十条

5　地方入国管理官署の長は、口頭審理の結果、容疑者が第三十七条各号の一に該当すると認定した場合には、当該容疑者に対し、すみやかに、理由を附した書面をもってその旨及び次条第一項の規定による異議を申し出ることができる旨を通知しなければならない。

〈異議の申出〉

第五十一条　前条第五項の規定による通知を受けた容疑者は、同項の規定による認定に異議があるときは、その通知を受けた日から三日以内に、不服の事由を記載した書面を地方入国管理官署の長に提出して、法務大臣に対し異議を申し出ることができる。

2　地方入国管理官署の長は、前項の規定による異議の申出があったときは、意見を附して、口頭審理に関する記録その他の関係書類を法務大臣に提出しなければならない。

第五十六条

4　第一項の規定により容疑者を収容することができる期間は、同項の規定による収容を開始した日から三十日以内とする。ただし、地方入国管理官署の長は、やむを得ない事由があると認めるときは、二十日を限り延長することができる。

〈収容の一時解除〉

第五十三条

5　第二項の場合において、地方入国管理官署の長は、当該容疑者に対し、法務省令で定めるところにより、住居及び行動の範囲その他の事項に関して必要と認める条件を付し、又は五十万円をこえない範囲内で法務省令で定める額の保証金を納付させることができる。

〈送還先〉

第五十六条　次条第六項の規定により送還する場合の送還先は、退去を強制される者の国籍又は市民権の属する国とする。

2　地方入国管理官署の長は、退去を強制される者を前項の国に送還することができないとき、又は送還することが適当でないと認めるに足りる相当の事情があるときは、次に掲げる国のいずれかを送還先に指定することができる。

一、退去を強制される者が本邦に入国する直前に居住していた国

二、退去を強制される者が本邦に入国する前に居住していたことのある国

三、退去を強制される者が本邦に向けて船舶又は航空機に乗った港又は飛行場の属する国

四、退去を強制される者の出生地の属する国

五、退去を強制される者の出生時にその出生地の属していた国

六、前各号に掲げる国以外の国で、退去を強制される者が希望するもの

3、前項の規定により送還先を指定する場合には、できる限り退去を強制される者の希望を尊重しなければならない。

〈退去強制令書の執行〉

第五十七条

4　退去を強制される者は、退去強制令書の執行が開始された日から七日を経過する日（七日を経過する日以前に第六十四条の規定により船舶若しくは航空機の長又は運送業者が送還するときは、当該送還する日の前日）までの間において、自らの費用により、自ら本邦を退去すること（以下「自費退去」という。）を希望するときは、自費退去をすることができる。

第十一章　罰則

第八十四条　第二十六条第一項の規定による命令に従わなかった者は、六月以下の懲役若しくは禁錮又は五万円以下の罰金に処する。

第八十六条　第十条第五項（第五十条第四項において準用する場合を含む。以下この条において同じ。）の規定による命令に違反して出頭せず、又は第十条第五項の規定による宣誓若しくは証言を拒み、若しくは虚偽の証言をした者は、三万円以下の罰金に処する。

附則第十六条

5　第一項に規定する者については、当分の間、新法第二十六条及び第三十七条第十号から第十二号までの規定を適用しない。

6　法律第百二十六号の施行の日以後本邦で出生し、引き続き本邦に在留する外国人（旧令第五十条第一項又は第二項の規定による……）で、……の許可を受けたものについては、当分の間、新法第三十七条第一項……の規定を適用しない。……

暴力行為を強く糾弾

「4·18乱動事件」糾弾大会

混乱助長は卑劣な策動

事態収拾に決意固め

二日、東京で三百余青年決起

○…去る四月十八、九日、民団中央で起きた暴行事件を糾弾する"韓青現中央執行部乱動糾弾大…○
○…会"が五月二日午後一時から、東京文京区の"文京区民センター"に三百余名が参集して開…○
○…催された。特に当日は、糾弾される方の一部韓青員等数十名が実力で妨害せんとして乱入を…○
○…繰り返したが、案内員たちの毅然とした排除によって大会が進められ、次のような要請文…○
○…並びに抗議文を採択して成功裡に終了した。…○

○韓青現中央執行部乱動糾弾大会（上）一部韓青員らともみあう大会入口（下）

きる。年の間くりかえされてきた民団の混乱・紛争事態を心痛む思いで注視してきたわれわれ在日韓国青年は、去る四月十八日、民団中央において、韓青現中央執行部および民団東本現執行部一派による中央機関役員等に対する集団暴行・監禁・脅迫事件が発生するにおよび、もはや事態を座視してはいられないとの決意を固め、ここに韓青現中央執行部乱動糾弾大会を開催いたしました。

[illegible]

民団中央本部への要請文

[illegible]

民団東本現執行部に対する糾弾抗議文

[illegible]

民団東本現執行部は、民団的・反民主的行為を敢行し、つぎのように要求する。

民団東本現執行部は、一部の反民団的・反国家的行為をそそのかし、青年学生をそそのかし、暴団暴力の先

一九七二年五月二日

韓青現中央執行部乱動糾弾大会

「韓青現中央執行部に対する糾弾抗議文」

きょう、この「韓青現中央執行部乱動糾弾大会」に参集したわれわれ在日韓国青年は、去る四月十八日午後から翌日にかけて、民団中央でひき起こされた韓青現中央執行部の集団的暴行を断固糾弾し、つぎのように抗議する。

一、韓青現中央執行部は、[illegible]

[illegible]

一九七二年五月二日

韓青現中央執行部乱動糾弾大会

"憤怒禁じ得ない"

東京本部 管下十三支部で抗議声明

去る四月十八、九日に起きた東京本部、韓青、韓学同による一連の暴力行為に対し、東京本部管下十二支部は、次のように厳重に抗議する声明を発表した。

〈声明書〉

四月十八日深夜、中央本部で起きた一連の暴力行為と、背景なるものを取りまき、是非云々する雑音が、組織内に再び起こし、物議をかもしだしている今日、第一線の末端組織の責任を荷なっているわれわれとしては、上部組織である東本幹部たちと、韓青、韓学同等の没知覚な行為に対し、憤怒を禁じ得ないものである。

われわれは、組織の正常化を待ち望んで、約一年という歳月を、忍び難い苦痛を忍び、上部幹部たちの理性と、知性による組織的な良識だけを期待してきたが、このたび起きた暴力行為をみるに至り、到底、黙過することが出来ない。

民団の唯一な指導団体であり、団規約に依る秩序ある対策をもって、民団の正常化を促求し、如何なることがあろうとも、暴力行為だけは容認しないことを厳重に抗議し、ここに声明する。

一九七二年四月二十八日

在日本大韓民国居留民団

▲台東支部 [illegible]
▲新宿〃〃 金炳栄
▲豊島〃〃 金熙淑
▲足立〃〃 金周奉
▲墨田〃〃 洪聖哲
▲荒川〃〃 [illegible]
▲中野〃〃 金[illegible]
▲板橋支部 石相奉
▲品川〃〃 高昌運
▲江東〃〃 [illegible]
▲文京〃〃 金[illegible]
▲中央連合 [illegible]
▲港〃〃 金[illegible]

東京韓国高校に入学

黄真紀さん……

本紙既報、本籍紀により入学を取消された、黄真紀（一五・埼玉県朝霞市）さんは、このほど東京韓国学校高等部（宋基鶴校長）に入学手続を終えた。

黄真紀さんは、在日韓国人三世で、東京都北区西ケ原、私立武蔵野高等学校（高橋一彦校長）に志願、合格したが、入学願書に韓国籍を記入せず、日本の出生地を書いたのが問題になり、学校当局から合格を取消された。これに対し

民団中央本部は学校当局を非難、抗議をすると共に、[illegible]

[illegible]

忠武公誕辰記念祭

四二七周年迎え、顕忠祠で

忠武公李舜臣将軍の誕辰四百二十七周年を迎え、四月二十八日午前、忠南牙山郡顕忠祠で金鍾泌国務総理を始め、尹文公部長官、忠南出身国会議員、各界代表、遺族、地元住民多数が参席、忠武公誕辰祭典が、顕忠祠本殿でかに挙行された。

「近くて安い」のが魅力

韓国旅行ブーム

連休に十万余人

国際観光公社によれば、連休を利用して韓国を訪れる日本人観光客が、ことしは、異常なほどふえた。ゴールデン・ウイーク期間中に十万人の日本人が観光ビザーで訪韓するという。日本人客のほとんどは、三泊四日程度の短期間、各種団体を始め、国会議員、商社、メーカーの韓国得意先招待旅行のほか、かつて韓国に住んだことのある「追憶組」。かわったところではゴルフ旅、釣旅。東京近郊や、北海道、九州よりも「近くて安い」のがみりょくであるという。

なお、金浦国際空港は連休を迎え、四月二十八日から、連日日本人観光客でごったがえしている。平日、三百七十人程度の入国者が二十八日には二百人ふえた五百八十余人、二十九日には四百七十二人、三十日は六百人観光客と肉薄している。

国際観光公社金浦空港案内所によれば、二十八日から日本人観光客が三十%も急激にふえ、ホテルの予約申込みを受けても予約ができず、やむをえず、一般旅館を斡旋することが多いと語っている。

金浦空港からソウル市内を出入りする観光バスも二倍にふえ、人参、のり、宝石商などの土産物店は、予想以上の売上げで嬉しい悲鳴を上げている。

日本を運航する航空便は、一日、KALが四便で二百余人、NWAが二便で百余人、JALが二便で二百余人である。

なお、昨年一年間の日本人観光客は十万人であるが、今年は二倍にふえた二十二万人が予想され、その大部分は四・五月の連休に大半をしめしている。

◇日本人観光客でにぎわうソウル景福宮。

韓日親善の夕べ盛況

好評を博した韓日親善音楽の夕べ

「韓・日親善音楽の夕べ」が五月四日午後六時、東京・日比谷公会堂で、二千余人の聴衆が集まりひらかれ、近来まれに見る大盛況を呈した。

この夜、韓国側からは、[illegible]（テノール）、申[illegible]（バリトン）氏ら、日本側は栗林義信（バリトン）[illegible]

[illegible]

在日韓国人学生奨学生募集

在日韓国人教育後援会では、七十二年度奨学生を次の通り募集している。

奨学生選定は、書類銓衡合格者に面接考査を実施、六月初旬に採用者決定を本人に通知する。

民団中央本部文教局では、駐日韓国教育文化センター会議の上、来る五月三十一日までに中央本部文教局に書類が必着するよう望んでいる。

①応募資格…高校・大学・大学院在学中の在日韓国人学生。
②採用人員…約一八〇名
③募集期間…5月1日～25日
④奨学金…①理工系大学生、年間八万四千円（月七千円）②人文系大学生、年六万円（月五千円）③高校生、年二万四千円（月二千円）
⑤提出書類…①願書（所定様式）②在学証明書③成績証明書④学校長の推薦書⑤所属民団の推薦書⑥国民登録
⑥願書交付及び提出先…民団地方本部文教部又は韓国教育文化センター

文化

"高血圧症"治療に革命

東大・朴応秀博士の研究成果

長年カナダや、米国で医学を研究の末、日本のカドミウムや水銀中毒を見るに見かね、自分の研究成果を実際に応用しようとして来日したのが三年前。東京大学医科学研究所構内の一隅にたてた研究室で、二十六人の日本医学徒と力を合せ一億を越す私費を投じて日夜研究にいそしんだこの人、医学博士朴応秀氏(五〇)である。

その後、着実な研究成果をあげる一方、昨年十二月一日には、不治の病といわれる高血圧症治療の分野へ乗り出し、(財)団法人「東京高血圧症センター」を、巨億の建設費を投じて完成させた。研究員九十二人をようし、最新医療設備を誇る同センター所長としての朴博士は「一期、二期の患者ならば三カ月の治療で完治でき、三期でも根本的療法をほどこせば自信がある」と断言する。

治療方法としては、精密な検診をおこない、食事は一切せず、そのつど違う水薬を与え、一週間に二回の通院でよいというのだから、私たちには、何とも意外な感すらある。

しかも高血圧に影響を及ぼす心臓、腎臓、心筋梗そくまで健全になるというのだから、まさに"現代の福音"といわなければならない。

論より証拠、今年三月現在、すでに二百人以上の患者が、高血圧の苦しみから解放されている事実を見のがすわけにはいかない。

以下、朴博士の二つの研究成果と、そのプロフィルを大きく報じた毎日新聞の抜すいをここに紹介し、人々の判断にゆだねることにしよう。(P)

カドミウムと水銀毒に新治療

水銀を食べさせて、人工的に中毒症をおこした実験動物のラット(ダイコクネズミ)に、プロトポルフィリン・クロムという薬を与えると約二週間で全身的に回復する。予防もできる——その発表は、約三百人の医学者が…

朴博士は、昭和十八年にソウルの京城大学医学部を卒業した。…

三十一年除隊して渡米、カリフォルニア州立大学医学部で内分泌学を研究、四十年からモントリオール大学へ移って本格的な研究をはじめた。…

クロム化合物で高血圧正常に

Ⓐ東京・本郷の一角に、数億の建設費を投じ、最新設備を整えて、昨年十二月に発足した現代の福音「東京高血圧症センター」の威容。Ⓑは朴博士。★問合せはTEL(814)4401～3☆

洪吉童傳 (十二)

許筠著

洪相圭 訳・編

韓國新聞

在日大韓民国居留民団
中央本部機関紙
韓國新聞社
発行人　李禧元
東京都文京区春日町
2丁目20－13
電話(815)1451～3
(813)2261～3
振替口座 東京 163774

民団綱領

一、われわれは大韓民国の国是を遵守する
一、われわれは在留同胞の権益擁護を期する
一、われわれは在留同胞の民生安定を期する
一、われわれは在留同胞の文化向上を期する
一、われわれは世界平和と国際親善を期する

乱動責任者を厳重処罰せよ

速やかに事態収拾を 新たな青年指導案も

第一七〇回近畿地方協議会

四月十八、十九両日にわたる、東本幹部や韓青・韓学同幹部らの、事件は、全組織内に大きな波紋をなげかけている。この真相が明らかになるにつれて、各地協や地方本部では、各種会合を通じ、組織内の非民主的暴力行為を糾弾する態度を次々と表明している。近畿地協をはじめとする各地方本部の声明ならび要請文内容は次のとおりである。

〈声明書要旨〉

〝沖縄同胞の権益擁護を〟

尹団長代理　日本政府、本国に望む

尹達鏞団長代理

声明書要旨

本国論調

機雷封鎖措置を支持

米大統領の勇気 ある決断を支持

〝最後の選挙〟が無にない世界

民間人の犠牲もいとわぬ「北」

大衆側の狙いと神経戦を展開

この重大事態はベトナムに平和を

当面の事業発表

祖国近代化に協力

中央文教局で学生にアピール

任期満了で資格喪失

「東本」問題で13支部が声明

声明書要旨

鄭然朔氏就任

東京商銀総代会盛況

三多摩支店設置を発表

利敵行為慎しみ

暴行、容共分子排除

岡山

声明書要旨

中北地協

断じて許されず

中央委員は勇気もて対処

自守委解散が正常化の前提

反民団分子には仮借ない糾弾と処断

山口

声明書要旨

要請文要旨

全国団長会議で不純分子を究明

韓国人信用組合 総代会たけなわ

―島根商銀は未定―

[illegible]四月二十九日、長崎商銀を皮切りに各地の商銀で総代会が開かれているが、五月二十日以後の各地の総代会日程は次の通り。

開催日	組合名	場所
二〇日	広島商銀	商工会議所
〃	三重〃	武陵地方会館
〃	静岡〃	本店会議室
〃	滋賀〃	〃
〃	熊本〃	商工会館
〃	愛知〃	本店会議室
〃	千葉〃	千葉県会館
〃	石川〃	中小企業会館
二二	福岡〃	本店会議室
二三	大阪〃	新大阪ホテル
〃	山口〃	本店会議室
二五	宮城〃	晩翠会館
〃	横浜〃	本店会議室
二六	京都〃	都ホテル
二七	岡山〃	韓国会館
〃	兵庫〃	本店会議室
二八	岩手〃	文化ビル

在日同胞の参加を

=大阪総領事館で呼びかけ=

新しい村運動 故郷の発展に協力

駐大阪韓国総領事館（[illegible]）では、このほど、新らしい村運動に在日同胞も積極的に参加するよう呼びかけている。

この運動の意義について、同総領事館では[illegible]

三重商工会が発足

初代会長に姜済連氏

姜済連会長

三重県韓国人商工会の発起人会が、去る六日、同県の四日市駅前"新北京"でひらかれ、正式に発足した。

発起人会は、[illegible]五十余人が参加し、発起人会に至るまでの経過報告のあと、定款案を可決し、会長および理事を次のとおり選出した。

この日、民団中央本部からは、朴[illegible]

▲会長=姜済連（四日市）▲理事=[illegible]▲監事=[illegible]

団長に孫桂雲氏

北海道地方本部

北海道地方本部では、さきほど同本部会館で第三十一回臨時大会を開いたが、十九日あらたに役員を次の通り選出した。

執行機関=団長孫桂雲、副団長[illegible]

全南開協が慰安会

全羅南道開発協会（[illegible]会長）は[illegible]

釜山港拡張

釜山港は最近、日本からの観光客の増加に備えるため、釜山国際ターミナルの開発[illegible]フェリー・ターミナルの機能[illegible]外国人の入国に便宜をあたえることにした。

愛知韓国人大運動会

岡崎で五月二十八日

愛知県地方本部（[illegible]団長）では、五月二十八日午前十時から岡崎総合運動場で、駐名古屋領事館後援のもと、愛知県韓国人大運動会を開く。

新しい村運動と在日韓国人 (1)

全北益山郡で「新しい村づくり運動」の現場で、村の婦人、一人一人に握手して激励している朴正煕大統領（写真）

新しい村運動とは何か

新らしい村運動とは、新らしい村精神の具現のための運動であり、全国民の自助精神涵養と経済建設をともに達成する、国家発展の基本政策であり、その推進力の源泉となる運動である。

新らしい村づくり精神と、新らしい村生活運動と、新らしい村づくり事業をする―この三つの総合したものが新らしい村運動である。

今年三月七日の地方長官会議で、朴大統領閣下は、訓示を行ない、第三次五カ年計画中に約三兆ウォン（京釜高速道路五〇本程度を建設できる金額に相当する）を投資すること、を明らかにした。

朴大統領閣下は「投資をする[illegible]

一九七一年から新らしい村運動が始まって以来、韓国全土に大きな変革が起りつつある。農村に大きな共感を呼び起した[illegible]

新しい村運動の基本目標

基本目標の第一は、新らしい村精神を国民精神の本領として深く根を下させ、すべての国民の思考と行動の基本に浸透させる。

第二は、五千年にわたる農村の生活環境を改善することによって新らしい村精神に立脚したる。

農村の生産・所得増大図り

七六年までに二兆ウォンの支援

新しい村精神

新しい村の事業

[illegible]

韓国学校長ら挨拶

[illegible]

茨城に教育センター

茨城県地方本部（朴[illegible]団長）では、去る十六日、[illegible]「茨城韓国教育文化センター」（[illegible]）の開所式を行なった。

写真左は38年前大阪で撮影

尋ね人

☆金廣郁さん（出生地…[illegible]）

☆あし子、はち子さん

☆梁玉出さん（62、[illegible]）

華燭

▲[illegible]氏長女[illegible]嬢は、二十一日正午から京都グランドホテル（京都市下京区堀川通塩小路）において、[illegible]氏の媒酌により結婚式を挙行する。

支部便り

朴鎮夏氏㊐を長再選

前支団長河仁植氏を表彰

河仁植氏

神奈川県湘南支部（[illegible]）ではこのほど、川崎市中原区民会館で、[illegible]

団長に李讃浩氏当選

相模原支部定期総会

28日川崎支部大会

神奈川県川崎支部（朴[illegible]団長）では、きたる二十八日正午、[illegible]で、第三十八回定期大会を開き、[illegible]

湘南西部会館落成式

金達斗支団長

池上韓国会館が竣工

顕忠日に慰霊祭

在郷軍人会日本支会

組織強化懇談会

大阪本部役員就任祝賀会も

韓国へ親善旅行

埼玉韓日親善協会

虹

ムヂゲ

▼…[illegible]

「東本事件」真相の全容と経緯

断じて許せぬ、反民団分子らの暴力・混乱助長・組織破壊行為

韓國新聞

在日大韓民国居留民団
中央本部機関紙
韓國新聞社
発行人　李禧元
東京都文京区春日町
2丁目20－13
電話 (815)1451～3
(813)2261～3
振替口座 東京 16377

民団綱領

一、われわれは大韓民国の国是を遵守する
一、われわれは在留同胞の権益擁護を期する
一、われわれは在留同胞の民生安定を期する
一、われわれは在留同胞の文化向上を期する
一、われわれは世界平和と国際親善を期する

民団破壊分子による一年間の紛糾の真相

組織発展のガン、許すまじき暴力行為

民団は創団以来、最大の試練期にそう過しているといわれる。事実、多難な幾つかの関門を通りこしてきた民団の今日は、正常化の糸口を探し求めているといっても過言ではあるまい。とりわけ、その難局の頂点をむかえたのが、民団東京本部を中心とした一連の破壊的行為による組織混乱といえよう。ここ一年間にわたる反民団、反国家的な分子たちによる許すまじき乱動の実相を、厳正な事実の記録により、いまいちど全組織に報道し、民団組織の明日への限りなき発展を期するための、反省の資料にした。

東本事件に対する李監察委員長の記者会見（1971、6、11・中央本部会議室）

全国団長会議ひらく

民団正常化を積極推進

五月二十九日、箱根・湯本で

民団中央本部では、来る五月二十九日午後一時、箱根湯本の「ホテル・南風荘」で全国団長会議を開催する。

暴力、デマに憤激

韓青荒川支部、東本に強く抗議

中央三機関長を監禁

「脅迫、殴打で覚書とる」

利敵行為と断定した中執委

直轄に伴う諸事項指示

録音の公開に来ない衰の底意

脅迫による覚書は無効

絶対容認できぬ犯罪

中央執行委員会で声明

義務履行せず…東本直轄の理由

公文

題目―東京本部直轄通告の件

（二）直轄実施時日

一九七一年七月五日

以上

団長　李禧元

反国家行為に規約違反で除名

除名、停権に二百人の暴徒

正体不明の「民主改造報」

神聖な三一節行事も政争に

四・一八乱動は民団最大の汚点

三年間の停権処分

鄭在俊、閔泳相に措置

規約第66条を犯す

停権処分通告

氏名　鄭在俊

停権処分通告

氏名　閔泳相

生年月日　一九二一年五月十五日

国民登録番号　四六二一号

該当事項

一、六月十八日、集会動員
一、七月五日、中央直轄拒否
一、七月十三日、東京都内各支部に対する誹謗談話文

停権内容

①被選挙権停止
②選挙権及び被選挙権停止
③任職員就任拒否

停権期間

自一九七一年七月十五日
至一九七四年七月十五日

中央監察委員長　李寿成

反国家的言動に終始

北傀讃揚、祖国を誹謗

裵東湖は　録音公開に立ちあいを拒絶

一貫した反民団、反国家的言動に終始し、北傀の政治体制が、南より、かえって民主的であり、合理的であるとまで讃揚してきた裵東湖は、ついに私たち民団組織から葬り去られて（一九七一年七月八日付で除名処分）はや一年近くなろうとしている。

そこで本紙は、裵東湖が、どのような言動をつづけてきたのか、電話録音内容とはどんなものだったのか、そして、具体的にどのような理由で除名処分になったのかなど、彼をめぐる一連の記録をいまいちどふりかえり、民団正常化への資料にしたい。

除名処分公告文

一九七一年七月九日
在日本大韓民国居留民団
中央監察委員長　李　壽　成

（一）除名処分者

姓名　裵　東　湖

生年月日　一九〇九年十一月十三日

本籍　大韓民国慶尚南道晋州市中安洞一六八

住所　東京都台東区上野一－十一－七

職業　韓国新報社々長

国民登録　東京第一三三九八番

（二）本団規約に該当する条項

上記の者は、別揭に明示、同件別にて明らかにした如く本団規約第六六条運用規定第一条第一項に該当する反国家行為の事実を犯した事実を本委員会の合議の結果、是を認定し、一九七一年七月八日付で上記の者を本団より除名する事を決定したので、ここに公告する。

〈除名処分経緯〉

〈除名処分理由書〉

民族の恥を自ら招く

計画的に利敵行為を策謀

電話録音内容の概要

李禧元団長の証言内容

裵東湖処分に関する談話文

全国の民団団員に告ぐ

中央監察委員長　李壽成

韓日協定永住権者の出生子女に対する永住権申請手続に関するお知らせ

記

中央本部民生局

東京本部監察委員会調査報告

監察委第七一－一四号五月二八日公文の報告内容は、つぎのとおりである。

一九七二年度・第七回 在日韓国学生夏季学校 入校生募集要項

（一）入校資格

日本の高等学校並びに大学生（男女）但し、韓国学校生及び日本国籍者、又は過去、夏季学校履修事実のある者は除外

（二）募集人員、計八〇〇名

男子　高校生　二〇〇名、男子　大学生　二〇〇名

女子　高校生　二〇〇名、女子　大学生　二〇〇名

（三）募集期間及び締切

自　一九七二年五月二十四日

至　一九七二年六月二十八日

（四）費用

（五）提出書類

（六）提出所

熱海で慰安会

荒川韓国人商工会で

開店

金判鎮氏死去

"北傀の欺瞞あばく弘報を"

駐日公報官会議ひらく

二十三日、東京・韓国公報館で

尹長官 日本世論に反映を強調

尹貴栄長官

悪質な暴言誹謗

狂人に刃物の「民団東京」紙

沖縄に領事館

同胞千人保護のため6月中旬

古都慶州の十カ年計画

害団要因一掃せよ

到底許しがたき暴力行為

広島県本部で声明

内務部に白バイ千二百台

大阪の姜桂重、李熙健氏ら経済人

姜桂重団長

短期旅券所持者の再入国を制限

アジア映画祭 ソウルで盛況

ミュンヘン五輪 選手団39人を選抜

在日同胞選手も3人ふくむ

韓国産ピアノ

四千万ドル新規借款 日本から

経済体質強化のため

高句麗人の製作？

戸籍法律相談室

在日韓国人戸籍法律研究所

尋ね人

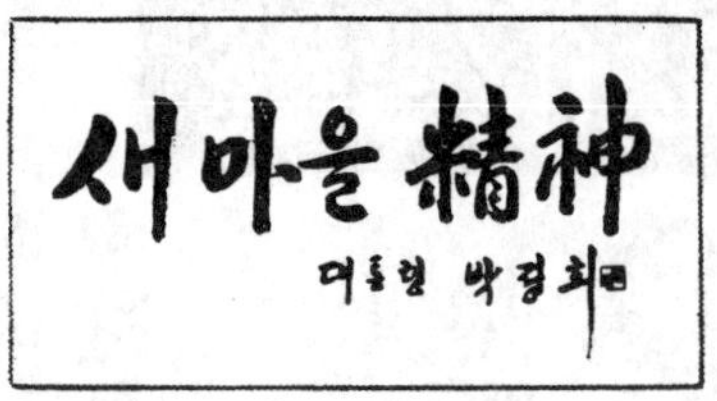

朴正熙大統領の「新しい村精神」の揮毫

超規模の民族事業

新しい村運動と在日韓国人（２）

七一年の経験

新しい村運動を展開する場合、過去の経験をより多くすることは何よりも有益と言わねばならない。

七一年、新しい村運動に参与した村は、全国で三三、二六七里洞で、里洞当りセメント三三五袋を支援した。里洞開発委員と全住民が、七〇年十月から七一年五月まで推進し、実施件数は三八五、三二七件に達し、総事業費一二一億ウオンのうち、投資の内訳は、住民努力負担分が全投資額の四五％をしめる五五億ウオン、次が、セメント代と輸送費が三〇％の三六億ウオン、その他となっている。

その効果面においては次の点をあげられる。①自助精神向上の点火②共同参与意欲の鼓吹③勤勉、誠実の気風と活成④少ない支援で大きな成果。

このような効果のある反面、いろいろと問題となる面が指摘される。①村の指導者の不足②住民啓蒙及び運動に対する認識不足③行政指導の未普及④個人が利益事業に投資した例、等々をあげることが出来る。

そこで、この事業を積極的に推進している全国、道別の七二年度事業状況をながめて見よう。

ソウル特別市

ソウル特別市は今年五万区、四十五カ村を"新らしい村づくり"事業対象地域に選定し、

①袋小路整備事業四十二件
②袋小路下水道事業六件
③台地および階段補修十九件
④共同井戸および水道周辺の改良事業三件
⑤そのほか村民宿願事業十四件

合計八十四件の事業を今年六月十日までに完了する計画である。

ソウル特別市はこの事業を効果的に完遂するため、セメント二三五〇〇袋と鉄筋四五トンを、地域を対象に平均して支援し、村民自体の努力と資材負担を合わせて行なう自助、協同体制でこの事業をなしとげようとしている。

このほかに、事業対象に選定された村では、毎月一日づつを"新しい村の日"と定めて、区、班長、村開発委員と、村有志人士たちの出席する"新しい村づくり"会を開催し、村の共同関心事項などを討議することによって、相互理解と協力、団結のきっかけをつくり"新しい村づくり"事業はもちろん、早起き、清掃と近所助け合い運動なども同時に展開してゆくことになっている。

釜山直轄市

釜山市は"新しい村運動"を、農村型と都市型など三とおりの形態で効果的特性にあてはめるよう推進する計画である。

農村は、"新しい村づくり"とし、都心地は"新生活実践運動"としてこの事業を推進する。

この計画により、市の中心三十洞に六〇〇万ウオンを補助、六七棟鉄塔をたてて一、〇〇〇万ウオンをかけ、四百棟の屋根を改良し、"わが家の前は自分で掃く"、"ゴミを捨てない"、"共同秩序をまもる"、"貯金通帳を持とう"、"不遇市民を助けよう"、"ふるさとを助けよう"運動などを活発に広げ、市民たちが自発的に新しい生活運動を実践するよう、あらゆる努力を傾ける。釜山市は効率的な新らしい村運動遂行のために住民の信頼と尊敬を持っている人、勤勉、誠実で、開発意欲が旺盛な者、篤農家、など二、二八六人（洞単位一人）を新らしい村の学校に入学させ、この運動の指導者に養成する計画である。

これと同時に、"緑の釜山づくり"運動をひろげ、クボン山、ファンリョン山、クドック山などの五百ヘクタールに百二十万株の木を植え、公園、遊園地、ロータリーなどに結婚、記念、卒業などの記念植樹を奨励し、学生および各種団体の協調を得て高速道路、幹線道路、アパートなどの周辺の"花壇づくり"運動も一緒にくりひろげる計画である。

京畿道

京畿道の"新しい村運動"は

①遊休地
②遊び人
③迷信
④ぜいたくと浪費
⑤かけごと

など五つの悪い風潮を無くする運動をいう。

"新しい村づくり運動"には、総額八十二億八千五百万ウオンを投入し、総和指導体制、総和参与体制の事業を推進する。

とくに京畿道は休戦線と接しており、武装スパイの浸透路である西海岸をかかえており、防衛態勢の強化に力を注ぎ、敵機の不時着が可能な地域の防衛施設、予備軍中心の創設、市、郡単位の装備保管だけでなく、自発団と連絡される防衛幹線道路網の建設計画をたて、今年には七九・四キロの道路を新設する。また、開田地を市内化する"開田都市開発"を計画し、七二年まで九十六億ウオンを投入し、[illegible]田園都市を建設しようとする自構のもとに、今年には二十億ウオンの事業費で用地買収、宅地造成などの事業をひろげ、生活環境を大きく改善する計画である。

このほかに城南、新葛、烏山など八個の首都圏衛星都市建設計画を推進し、"自由の村"である非武装地帯の中の大成洞には、六千六百四十万ウオンをかけて、家ごとに電気を架設し、スピーカーを掲げ、住宅を改良する事業をひろげる。

江原道

江原道の七二年度基本施策は

①総力安保態勢の確立
②新しい村精神の具現
③農漁村生産増大
④合理的地域開発
⑤社会福祉増進

であるが、これは地域的特殊性が、おり込まれた総合開発施策である。この中には"新しい村づくり運動"推進事業部門の内容を探ってみるとつぎのとおりである。

"新しい村精神具現"

①"新しい村学校"を設置し、千九百四十三人の新しい村づくりの指導者を養成する。

全道の村農業訓練所を拡張し、一百五十人の技術者を養成する。

千九百四十三の里、洞を対象に"新しい村"をつくりつつこの中から七十六里、洞を模範農村に育て二段の計画でこれを拡大する。

①四千九百万ウオンをかけ三百七十七キロの新しい農道を開設し、屋根改良事業は、目標十三万六千六百八十九棟の中から今年には一億九千八百万ウオンをかけ、一万四千七百二十一棟の屋根を改良する。一軒に約四万ウオンを必要とする屋根改良費は、道費補助金一万五千ウオンと融資および四〜五百が一つの組となる屋根改良組合により段階的に施工される。

忠清北道

忠北道が"新しい村運動"に使う予算はすべてで八億ウオンであり、"新しい村づくり"など七つの細部事業に投入する計画である。"新しい村づくり"事業は、農村指導者と住民の協同心が強い千百五十三の里と洞を選び、二億三千万ウオンの予算をかけ七千七百五十件の事業を推進する計画で、農家屋根の改良事業は三万二千七百六十二棟を対象にして、三億三千四百万ウオンを投入、今年内にすべて完成する予定である。

このほか"新らしい村建設"に二千六百万ウオン、農道開設に七千六百万ウオン、橋梁架設に二千六百万ウオン、燃料改良（メタンガス）施設に千二百万ウオン、簡易給水施設に五千三百万ウオンを投入するなど、躍進忠北を建設する大小事業が包含されている。

特に忠北は、精神啓発事業を重視し、次のような細部計画でこれを積極的に推進し、自主、自立、自衛精神を大きく振作させる計画である。

①農村では農民、青少年、指導者教育を強化する。
②都市では市民講座を開設。
③国民学校の学区単位で"農村の家"を建立して愛郷心を育てる。
④農民スポーツ"百五十万道民合唱"、"桜井大会"など各種文化行事を通じた道民の団合を助ける。
⑤冠婚葬祭の簡素化、迷信打破、"緑の村づくり運動"などをくりひろげる。

忠清南道

忠南は"新しい村運動"に十八億九千百万ウオンを投入する計画であるが、この資金で次のような重要事業を施行する。

①四三六キロの農道を開設する。
②三万三百戸に屋根改良事業を完了する。
④一万四千戸に電化施設を完了する。
⑤冠婚葬祭の簡素化運動を展開する。

全羅北道

"新しい村づくり運動"には、総額八億五千九百万ウオンの予算を投入して、行政と精神と技術の三位一体を通じ"村の中の道ひろげ""砂防造林""簡易上水道設置"など、みんなで一万七千六百十一件の事業を完了する計画である。

新しい村づくり運動のために、全北は自然部落当り一人づつ、全部で六千四百七十一人の農村指導者を教育させ、自助、自立、協同の精神的指導者に養成する計画であるが、今年にはまず四千三百八十四人に対し四泊五日づつの新しい村づくり精神および農業教育を実施する。

新しい村づくり運動には、このほかにも七六年まで全道内五千百部落に一農家づつ専門的な営農技術農家を選定、集中指導することにより、全農家に波及させる意欲的な計画もたてている。

新らしい村運動と関連して、既存の改良と農道開設事業も大規模にひろげるが、屋根改良事業は、都市民の「故郷の家に瓦をふく運動」推進と農漁村屋根新設加制を、今年に四億三千百万ウオンをかけ、二万八千棟を改良し、農道は三九一キロを新しく開設する計画である。

このような新しい村運動を一層効果的に推進するために、産業と学校、行政とアカデミーの提携を積極的に勧奨、農村指導所と農業高等学校の計画的な提携はもちろん、実業学校と工場の提携を実現させる計画である。

全羅南道

全南は今年三十六億九千四百万ウオンの予算をかけ、新しい村づくり運動事業を本格化する。

二千七百の洞に、セメント五百袋と鉄筋一トンづつを平均に支援し、共同井戸、小河川補修、メタンガス施設などの共同利用施設を架設し、屋根改良四万九千百八十一棟、農道開設六一四キロなどと、一万二千三百七十戸に電気を架設する。

このほかにも、高速道路周辺に果樹、高等園芸、西洋キノコの主産団地をつくるなど、十四の事業をひろげ、高速道路を名実ともにそなわった産業道路にする計画と、非常事態下に郷土防衛態勢を強化するため、地下文書庫、射撃場の建設と、四百十家口の独立家屋を集団するなどの計画もたてている。

全南は、南海内の多島海に点々とちらばっている有、無人島に対する開発計画も推進する。四百二十八の有人島中三十戸未満の島を除外した二百三十七の島を対象にして、今年から七四年まで三カ年計画で生産、所得、文化基盤を造成する五十五種目の開発事業を実施する。

今年にも道路を拡張し、船着場をつくり、各種生産団地を造成するなど四十九の事業を四百三十二カ所にひろげる計画である。

全南地方の村づくり現場を視察する金玄玉内務部長官（右から二人目）

"新しい村金庫"を五千二百十二カ所に設置し、"新しい村サービスセンター"と、農村指導者養成および養成事業をひろげ、二千三百余村を集中事業対象に選定し、そのうち百部落を模範"新しい村完成部落"として建設する。三万余棟の農家を瓦屋根に改良し、六〇〇キロ余りの農道を新しく開設するなど、大小事業が網羅されている。"新しい村"化の礎石"となるよう計画されている。

慶尚北道

慶北は今年"新しい村運動"に総額六十億八千六百万ウオンを投入する計画であるが、これはどの「道」に比べても最も大きな規模となる。

慶北の"新しい村づくり運動"は公務員一人が一部落づつを受け持って責任制で推進される。

主要事業自体をみると、新しい村づくり三千八百二十一の里、洞、部落。新しい農村建設が百二十の里、洞。屋根改良が十万棟、新農道開設が六一四キロ、簡易上水道九十カ所、模範部落一カ所、衛生井戸は六百三十一カ所、メタンガス施設千五百基を達成する計画である。

新しい村運動の推進体制確立のため慶北出身者で故郷を離れて生活している人たちに"故郷の村に寄金、資材を贈る運動"を展開し、運動に参加する先輩団体を助成する一方、有関機関長の責任指導を励行する方針である。

慶尚南道

慶南は今年十四億三千万ウオンをかけ"新しい村づくり運動"事業を大きく展開する。

この事業は自助、自立精神を鼓吹し、意欲と熱意ある部落から優先的に着手し、対象の村の里、洞開発委員会を中心に"慶南事付近代化"を推進する。

新しい村づくり運動のうちで屋根改良事業は、今年に十万棟該当家庭に、一棟当り一万ウオンづつを融資し、自力二〇％、支援八〇％の比率で推進していく方針である。

済州道

済州道は今年六億八千四百万ウオンをかけ"新しい村づくり運動"を展開する。

この予算で施行する"新しい村づくり"事業は二百二十七の部落を対象にして今年中にすべてを終える計画であり、"新しい農村建設"事業を、十カ所選定された部落に対し完了する予定である。

このほか、屋根改良事業は総数四千四百六十一棟の農家に実施し、新しい農道開設一四〇キロ、新生井戸四十カ所、メタンガス利用施設百基などを設備する計画である。

火山島である済州道の悩みも大きな問題は飲料水問題として、道当局は八万トンの不足飲料水問題を解決するため、別途に総額八億余ウオンの予算をかけ"[?]川"を開発する一方、地下水開発にも努力を傾注し、一日八万二千トンの飲料水を確保することにより、この飲料水問題をすっかりきれいに解決する計画である。

四カ年計画で市町を整備

なお内務部はさる十日、新しい村づくりの第二次事業として、全国の国道筋に位置する千四百八十二カ所の村所在地以上の町と、国道周辺の環境整備事業を、今月から四カ年計画で段階的に実施することを決定した。この町の整備作業の、第一段階の作業対象は、ソウル—釜山、ソウル—春川、ソウル—板門店、ソウル—仁川、ソウル—全州、光州—木浦などで、六つの幹線国道上の百八の町と村の国道周辺で、今年十月末日までに事業を完了する計画である。

第二段階の事業対象は、各道庁所在地で、第三段階の事業は全部村所在地である。

ゆえにこの超規模の民族事業である村づくり運動は、決して本国同胞のみに課せられた責任ではなく、本国に家族や知人など、血のつながりをもつ私たち在日同胞にも全く同じ立場が与えられているということである。すでに多くの在日同胞たちが、故里の村づくり運動に、具体的な貢献をなしているときく。このさらに大きなひろがりを、私たちは願い、その結実を期待したい。（完）

洪吉童傳　(十三)

許筠著

洪相圭訳・編

「…歴史をようちょうするのを本領とする我が活貧党のよく座視し得ないものがある。特に今、わが耳に届いた報せによれば、咸鏡監司の強欲は貪官汚吏の最たる者、庶民の膏血を絞りとった不浄の財宝での不逞の豪遊はその身分を弁えず、私邸の増築のために牛馬より重い賦役を庶民に課して顧みない厚顔無恥さは、今や咸鏡の官庁を民の怨府と化さしめているとのよし。

全国不浄役人どもの見せしめのためにも、われら起って此奴を懲らすべきであると思う。諸頭領、異議はないか」。

頭領たちに異議あるはずがなかった。事あれよかしとむずむず腕が鳴っていた連中であったからである。

「よろしく天誅を加えるべきです。」

「庶民の敵を伐って、貧者を助けるべきです。あの官衙は守備の厳しさでは類がありませんが、大頭領様のご采配一下、わが活貧党、天馬空を行く勢いの勝戦になること必定かと存じます。」

頭領たちは各々一言づつ付け加えた。

「これ、これ、今のことばよろしくない。驕敵は必ず敗れるの理を知らぬか。生兵法で深入りするのは、そもそもその油断のためである。まして、かの官衙は守備堅固であると言いつつ、敵を侮るのはよろしくない。慎みおけ。

それはさておき、すぐ出陣するから、諸頭領は各部下の兵卒によろしきを得るよう、万全に力め、軍略を備べて疎漏のないようにせよ。

作戦を下知する。わが党員をあげて一体に動けば、間者の目につきやすく、戦わざる前に事機を漏らす結果になるゆえ、各々扮装して、気づかれぬよう三々五々、ここを出発することにする。その後には、刻限違えずに目的地に集結するよう心に銘じよ。」

大頭領、吉童の命令通り、活貧党員は一人、二人と山寨を抜け出し始めた。行商人に扮装した者もあれば、あるいは薬売りに、はては婦吏に化けて、悠々と国道を闊歩して行く者もいた。それこそ百人百様の奇観であった。こうして難なく咸鏡道入りをした党員たちは、数十日後定められたところに集結して、すばやく武装をした。

「皆の者、一人の落伍者もなく揃って重畳である。今から、すぐ二隊にわけて行動することにする。第一隊は南門の外で火を放ち、敵の注意をそこに集中させるよう、陽動作戦をその目的とする。第二隊は敵の虚に乗じて城内に侵入、敏速に動いて、まず官営の倉庫を襲い、米穀、金銀財宝、軍器などを一つも残さず奪うのを目標とする」

軍令一下、党員は、二隊にわかれて、目標を達成すべく、暗い大地を蹴って走った。

第一隊は、前もって油をまいておいた目印の所に、松明を投げつけた。あっという間に、火柱は南門一円の空を赤く染めた。この放火に臨んでも、あたりの民家に、火の粉が飛んで、思わぬ被害を加えることのないように、ちゃんと延焼の範囲を調べておいていた。この放火はあくまでも主流である第二隊の行動を隠蔽すべく、敵の目をひくために過ぎなかったから、小規模の放火作業を念頭に入れて、その燃焼時間と延焼範囲を決めていたのであった。

ここでも、民衆の生業と財産に支障のないようにと細かく気を配った吉童の一端がうかがえた。

南門の火炎は天に連なり、暗黒の夜空を背景にしていたゆえに、火柱が一段と鮮明に燃えあがるかのように見とられた。

第二隊は、この隙に乗じて、すばやく城壁を乗り越え難なく城内に忍びこんだ。

酒と色の疲れが一時に出て、ぐっすりと、寝ついていた咸鏡監司は、それこそ寝耳に水と、驚かさるを得なかった。視に映える深紅色に、度を失った監司は、城の守備はさておき、金銀絹がかりでも早く鎮めるよう、それこそ、本当の火のような下知ぶりであった。

どこでも、喧嘩と火事は邑の華であることに変りはなかった。物見高い邑民たちも、久しぶりの大火見物にと先を争いながら、南門に詰めかけたので、城内は人の影さえ疎なありさまであった。こうして、作戦は見事に図にあたり、潜伏していた活貧党員たちは、無人の境をゆくかの勢いで、指図通り、官営要衛の倉庫を自分の庫にでも、はいるように、悠々と開けて押し入り、穀類、財宝、軍器など目標の物品を一つも余さずに掠めて、北門より、悠々と立ち退いて行った。

漸く火を鎮めてほっと胸なでおろしながら帰ってきた監司は、すっかり空となってしまった、倉庫を見せつけられて、前に倍する憤怒と驚きわなわなと戦いた。

「何者の仕業だ。これは！監司のお膝元の心臓を、このように荒らし掠めるとは、尋常な賊の仕業ではない。邑内に間者があって手引きしたのかも知れぬ、はてな、さては南門の火事は彼奴らの小策であったか、しまった！」

と臍の緒を噛む思いをされたが、既にとり返しのつかないことであった。夢にさえ想像することもできない未曾有の大事件に胆をつぶした監司は、すっかり虚になった顔面蒼白と、全軍の間を右往左往しながら、ただ怒鳴りたてるばかりであった。東の空が白むころには、さすがに冷静をとりもどした監司は、全軍をくり出して、賊徒の探索に大童になったが天に昇ったのか、地に潜んだのか、十里四方を血眼になって、針を探すように捜し回っても、香としてその行方すら知ることができなかった。

組織破壊分子を索出せよ

韓國新聞

在日大韓民国居留民団
中央本部機関紙
韓國新聞社
発行人　李禧元
東京都文京区春日町
2丁目20－13
電話 (815)1451～3
(813)2261～3
振替口座 東京 163774

民団綱領

一、われわれは大韓民国の国是を遵守する
一、われわれは在留同胞の権益擁護を期する
一、われわれは在留同胞の民生安定を期する
一、われわれは在留同胞の文化向上を期する
一、われわれは世界平和と国際親善を期する

東本の卑劣なテロ行為を非難

不純分子浸透警戒せよ

"北傀の対民団工作に乗るな"

二十九日、全国団長会議で激論沸とう

一年間にわたる民団組織混乱の正常化をはかるべく、民団全国地方団長会議が、五月二十九日午後一時半から、神奈川県箱根湯本温泉の「ホテル・南風荘」で、四十九県本部中、四十一県本部代表が集まり、ひらかれた。この日、会場にあてられた「ホテル・南風荘」一階大広間には、全国代表のほか中央三機関、韓国大使館から李澔大使、本国々会の権逸議員、李裕天顧問らの特別来賓が参席、民団中央の呉点竜組織局長の司会で、まず国民儀礼がおこなわれ、尹達鏞団長代理の開会あいさつがのべられたあと、張聡明中央議長が登壇、「第十九回中央委員会が流会したことに対する責任を深く感じ、三月か四月頃には、ひらくように考えを進めてきたが、東本正常化をめぐる一進一退の困難な状態がつづき、万止むを得ず今日に至った。願わくば、この団長会議をじゅうぶんに活用し、意見を交換して、組織正常化への糸口を見つけて欲しい」との要旨のあいさつがあった。

全国団長会議・参加名単

中央三機関、中執委、地協で

特別委設け中央組織強化

全国地方団長会議（上）重要案件を挙手で決議する団長たち（下）

六月二日　組織整備特別会議

東本には不穏集会中止指示

民団は国是遵守の団体

民族課業の隊列に参与せよ

李澔大使のあいさつ（要旨）

組織防衛に立ちあがろう

尹団長代理あいさつ

瓦解と破壊狙う工作
不純勢力の偽装警戒
東本事件基調報告（要旨）

〈はじめに〉

仮装した不純勢力の正体

当面活動目標

本性むきだした鄭在俊一味

朝総連以上の欺瞞宣伝

大阪地方本部で強固な糾弾文

民団大阪府地方本部では、東京本部鄭在俊一味らの度重なる暴力行為を、あらためて糾弾する次のような談話を発表し民団内に浸透した反動分子を徹底的に糾弾、追放する決意を固めた。

昨年八月から、暴力行為を常としていた鄭在俊ら一味は、自分らがもくろんだ目的達成が最後の段階に落ちいるや、最後のあがきを始めた。

それは、東本の機関紙「民団東京」で「大阪の殺し屋」などと、気違いじみた語句を駆使した一つの事実を見てもわかる。これは、かれらの本性を現わしたものといらべく、民団の仮面をかぶった反民団分子ということを自から明らかにしたものである。

すなわち、大阪地方本部の委任団長は、誰でもよく知っている愛国者であり、大阪三十三支部、十七万人が選び出した団長である。この団長を〝殺し屋〟と呼ぶかれらこそ、民団の仮面をかぶった民団破壊の反動分子といらべくここに指摘するものである。

特に、五月二十四日付「民団東京」第二四八七号附録に掲載された内容は、全く事実無根の、目的のためなら手段方法を選ばない、卑劣極まる悪質な欺瞞の一端を如実に自ずから暴露したものといえよう。

〝暴力事態傍観忍びず〟

中執委の声明を全的支持

山梨・新潟本部で声明

四・一八乱動事件を糾弾する全国的な声明がだされているが、山梨、新潟の両地方本部は共同で次のような声明書を発表した。

声明書

今日、われわれの祖国は、民族の強い主体意識と民族的精神姿勢の一元化を助けて、一層、豊かな国家を形成し、ひいては民族中興という大きな課業を遂行して、新しい歴史の新紀元を創造せんとする現時点において、われら民団社会の組織の大義を無視し、組織綱領と民主主義の原則を逸脱した一部、没知覚な者たちの不法と暴力行為は、民団史に類例のない汚点を残してしまった。

そこで、われわれは、かくの如き事態にまで進展させた中央の力不足を攻めるまえに、われわれ自身も事件発生に対する責任を感じつつ、まず祖国と在日六十万同胞のまえに、心からなる謝意を申しあげるものであります。

そして、かくの如き事態を傍観するに忍びず、次の如く声明するものであります。

(一) 四月二十一日付の、在日大韓民国居留民団中央執行委員会の声明を、全的に支持する。

(二) 民団綱領に違反する行動を犯した者たちを、すみやかに且つ厳重に追求し、その真相を明らかにすることを要求する。

(三) 地方団長会議における良い成果が得られるよう期待すると共に、早い期日内に中央委員会及び大会を召集し、断新的で新しい体制を前提とする民団を構成し、正常な業務活動を実施するよう要望する。

一九七二年五月二十五日

山梨県地方本部 団長 鄭[illegible]

新潟県地方本部 団長 [illegible]

第十九回中央委員会流会をさせた背景

昨年十月二日、第十九回中央委員会を、大阪興銀本店講堂でひらこうとしたとき、中央委員らの入場阻止のため、一部韓青と学生を動員して、中央委員会開催を最後まで妨害、ついにひらかせなかった事実は、周知の事実である。

彼らは、中央委員会がひらけば自分らの仮面があばかれ、彼らが犯した罪状がばれることを恐れたからである。彼らは、自分らの妨害工作をかくす目的で、我々とはなんら関係がない日本人が会場近

ソウルで夏季学校

在日韓国学生八百人、母国訪問

民団中央本部文教局では、七二年度第七回在日韓国学生夏季学校入校生男女八百人の募集にあたって、募集要綱を各地方本部に送り、韓国教育文化センターと緊密な連絡の上、多数応募させ、期間までに所定の人員を確保するよう望んでいる。

この夏季学校は、毎年夏休みを利用してソウルでひらかれ、三週間は学校教育、一週間は見学をすることになっている。

在日韓国学生が母国を知る唯一の機会であり、海外旅行のたのしみを分つ機会でもある。

夏季学校の授業は男子はソウル大学校、女子は梨花女子大学校のキャンパスで実施し、母国の学生とも交歓の場がもうけられている。出発は七月三十日、下関出港のフェリーで入国する予定。

入校資格及び募集人員などは別掲の広告の通り。

新しい村運動に初の僑胞視察団

新しい村作り運動は韓国全土に拡がり在日僑胞も物心両面から、出身村に多大の支援を送っているが、今度はその運動をこの眼で見ようという初の〝新しい村作りを視る〟視察団が近く本国に出発する。即ち京都韓国人商工会(尹仁述会長)では六月上旬約四十名の会員を視察団第一陣として出発させる。

出入国法案採決を断念

衆院法務委

排外法案として厳しく批判されていた出入国法案が、今国会では成立しないことが確定した。

衆院法務委員会は、五月三十日の理事会と引続く理事懇談会で、出入国法案の取扱いを協議したが野党側が一致して同法案に強く反対し、また会期も残り少ないことから、与党側は委員会での採決を断念することを明らかにした。この結果、同法案は今国会では成立しないことが確定した。

日本政府は現行の出入国管理令を廃止し、六九年、七一年、の通常国会に出入国管理法案を提出したが、二度にわたりいずれも野党側をはじめ、在日韓国人の強い反対にあい成立しなかったが、今国会に三たび出入国法案として提出されたものである。

新しい村づくり運動の現場を視察する朴正熙大統領

新しい村づくり運動進展

自助・自立・協同の新風

＝一戸当り年五十九万ウォン目標＝

農漁民の所得増大事業進む

[illegible]

出発直前、東京・韓国公報館で注意をきく夏季学校入校生ら(1971年)

中央合唱団を創設

大韓婦人会中央本部で団員募集

[illegible]

釈迦誕生日を記念

金剛一千五百寺院で一斉法要

[illegible]

工業振興庁新設

[illegible]

母国訪ねた金正一氏

ゴルフ・ツアー盛会のため

金正一氏

[illegible]

輸出額は四億四百七十万ドル

[illegible]

豚肉輸出300万ドル突破

[illegible]

韓国人登録生活協同組合長に韓楨俊氏

[illegible]

団長に趙鏞奉氏

滋賀県本部、19回定期大会

[illegible]

李龍演氏再選

石川県本部団長に姜仁熙氏

支団長に尹仲守氏

[illegible]

尋ね人

[illegible]

一九七二年度・第七回 在日韓国学生夏季学校 入校生募集要項

(一) 入校資格

日本系高等学校並びに大学生(男女)但し、韓国学校生及び日本国籍者、又は過去、夏季学校履修事実のある者は除外

(二) 募集人員、計八〇〇名

男子 高校生 二〇〇名、男子 大学生 二〇〇名
女子 高校生 二〇〇名、女子 大学生 二〇〇名

(三) 募集期間及び締切

自 一九七二年五月二十四日
至 一九七二年六月二十八日

(四) 費用

1、一人当り宿食費 九〇ドル
2、宿食費を除いた一切の経費は政府負担

(五) 提出書類

(イ) 志願書(所定様式)一通
(ロ) 写真二枚
(ハ) 国民登録完了証一通
(ニ) 外国人登録済証一通
(ホ) 在学証明書一通
(ヘ) 民団支部団長推薦書一通
(ト) 誓約書一通

(六) 提出所

民団地方本部を経由し、中央本部文教局へ。
○詳しいことは民団中央文教局、又は駐日韓国大使館奨学官室へ問い合わせること。

民団中央 〇三―八一三―二二六一
奨学官室 〇三―四五二―七六一一

組織を整備浄化・不純分子の排除着手

役職歴任者で人選

二日、「民団組織整備委員会」発足

去る五月二十九日、箱根・湯本の「ホテル・南風荘」でひらかれた、民団組織正常化を期するための全国地方団長会議は、東京本部を中心とする一連の規約無視と乱動事件を糾弾、これを排除するとともに、中央組織の強化をはかるため、中央三機関と執行委員、各地方協議会事務局長の三者が加わり、今後におけるすべての民団問題を協議、実施していくため、特別委員会をもうけることに合意を見たが、六月二日午後一時から、中央本部において、その第一回会合がひらかれた。

全国から集った団長に「組織整備委員会」の発足経緯を報告する尹団長代理（中央本部）

混乱早急収拾・正常化に邁進

神奈川地方本部

領事補佐事務を停止

駐横浜鄭領事が通告

第十一回定期地方委席上で

国是遵守の精神を忘却

反民団、背信行為を指摘

鄭在俊、呉宇泳氏を地検に告発

東本の利敵行為依然

不穏集会中止の公文受取拒絶

真相遊説班派遣

第一陣は八日から

ソウル・平壌で本会談

丁一権議員パリで友好声明

五千ウォン券は七月から　一万ウォン券は来年三月

韓銀、高額新紙幣を発行

参謀本部議長に韓信大将を任命

政府は合同参謀本部と陸軍首脳部の異動を六月一日付で断行した。こんどの異動で参謀本部議長に陸軍第一野戦司令官韓信大将が任命され、陸軍参謀次長の盧載鉉中将は大将昇進とともに陸軍参謀総長に、崔世寅中将が第一野戦司…

韓國新聞

在日大韓民国居留民団
中央本部機関紙
韓國新聞社
発行人　李禧元
東京都文京区春日町
2丁目20－13
電話（813）1451～3
（813）2261～3
振替口座 東京 163774

民団綱領

一、われわれは大韓民国の国是を遵守する
一、われわれは在留同胞の権益擁護を期する
一、われわれは在留同胞の民生安定を期する
一、われわれは在留同胞の文化向上を期する
一、われわれは世界平和と国際親善を期する

韓日釣り大会と観光
水産庁後援でサンケイ・スポーツ主催
魚族豊富・名勝地見学

応募要領とコース

期日＝七月八日から七月十二日まで四泊五日。

会費＝八万二千円（往復航空券ほか）

人員＝一〇〇人（定員次第締切）

申込締切＝六月二〇日

☆コースその他のお問い合せは大韓航空＝電話五八一－七四八一番。サンケイ新聞事業部＝電話…一一二番。

観光収入が急増
五月末で二千百万ドル

荒川韓国人商工会員の記念撮影

商工人も立ちあがる
民団正常化に努力
荒川支部に全的な支援

東京・荒川韓国人商工会結成祝賀

英霊よ安かれ！
第十七回顕忠日むかえ
故在日自願軍の慰霊祭
東京

自立への意志
韓国民必読の書　朴大統領語録集

死境の朴少年命拾い
国境越えた愛の交信
韓日アマ無電士の効実る

異国に咲いた"美の祭典"
愛知県本部で　民俗色豊かな大運動会

大会を盛り上げたチャジョンノリ合戦

高麗大、米式蹴球チーム来日

世界最初の金属活字本
高麗の「直指心経」パリで発見

映画界は沈滞

韓国10大財閥系譜
三星グループが19社でトップ
韓進、新進、現代など急成長
〈国税庁発表〉

…もつ三星グループがこれにつづいている。

そして、ここ十年以内に財閥として成長した新進グループを始めとし、韓進、現代などいくつかの財閥の系列法人数は、大部分が十社未満となっている。

知らせてきた。小林博士は金氏の中継でソウル医大付属病院金弘基博士と三角通話をしていたところ、横浜の桜井外科病院長の桜井ひろ博士（四二、JA１EZL）も「いま、クスリが届いた。すぐ送る」と返信、交信を始めてから八時間後にクスリはKAL機で金浦空港に送られてきた。こうして朴少年が「死なないですんだ」と胸をなでおろしたというわけ。

…百二十五個より五％（四十二個）ふえた。しかし入場客数は三千五百六十一万九千名で昨年の同じ期間中の四千三百三十一万人より二一・四％（七百六十九万一千人）も減っている。

なお、劇場の入場客数が引続き減っているのは、テレビ普及およびの観光などサービス業の発達に起因しているといわれるが、映画界の沈滞ぶりが反映したものとされている。

団長に姜弘実氏
大阪・東淀川支部30回定期大会

洪象観支団長

東京・墨田支部総会ひらく

尋ね人
☆李方沢さん（51）
…まで消息がわからない。
日忠南天安市城井洞一七一番地、李龍石まで

華燭
▼民団中央執行委員朴永翔氏次男正雄君と、具南道氏次女久子嬢の華燭の典が、六月九日午後一時から東京・上野の東天紅で具允昔氏の主礼で行なわれた。

▼李鐘珊君（李光鎬氏二男）と孫恵淑嬢（孫琴光氏三女）の結婚式が、六月三日十一時半から、大阪駅前第一ビル十二階の「北京」で行なわれた。媒酌人は駐神戸大韓民国領事館李智珩領事夫妻。

◎案内
金丙俊氏が東京新宿歌舞伎町にクラブ・ゴールデン・ソウルを開店営業中（電話二〇九－〇三四五）

韓日協定永住権者の出生子女に対する永住権申請手続に関するお知らせ

記

（一）出生日より十四日以内に出生申告。
（二）外国人登録手続は出生日より三十日以内に居住地の市、町、村、区役所に申請する事。
（三）在留資格取得は出生日より三十日以内に管轄の出入国管理事務所に手続する事。
（四）協定永住権者の子女として一九七一年一月十七日以後に出生した子女は、出生日より六十日以内に必ず永住権許可申請をしなければなりません。万一、六十日以内に永住権申請をしなかった場合は、永住権申請資格を喪失する事になりますので特に注意して下さい。

中央本部民生局

一九七二年度・第七回在日韓国学生夏季学校入校生募集要項

（一）入校資格
日本系高等学校並びに大学生（男女）
但し、韓国学校生及び日本国籍者又は過去、夏季学校履修事実のある者は除外

（二）募集人員、計八〇〇名
男子　高校生　二〇〇名
男子　大学生　二〇〇名
女子　高校生　二〇〇名
女子　大学生　二〇〇名

（三）募集期間及び締切
自　一九七二年五月二十四日
至　一九七二年六月二十八日

（四）費用
1、一人当り宿食費九〇ドル
2、宿食費を除いた一切の経費は政府負担

（五）提出書類
（イ）志願書（所定様式）一通
（ロ）写真一枚
（ハ）国民登録完了証一通
（ニ）外国人登録済証一通
（ホ）在学証明書一通
（ヘ）民団支部団長推薦書一通
（ト）誓約書一通

（六）提出先
民団地方本部を経由し、中央本部文教局へ
○詳しいことは民団中央文教局、又は駐日韓国大使館奨学官室へ問い合わせること

（電話）
民団中央－〇三－八一三－二二六一
奨学官室－〇三－四五二－七六一一

韓國新聞
在日大韓民国居留民団中央本部機関紙
韓國新聞社
発行人　李禧元
東京都文京区春日町2丁目11-20-13
電話 (815)1451～3 (813)2261～5
振替口座 東京 163774

民団綱領

一、われわれは大韓民国の国是を遵守する
一、われわれは在留同胞の権益擁護を期する
一、われわれは在留同胞の民生安定を期する
一、われわれは在留同胞の文化向上を期する
一、われわれは世界平和と国際親善を期する

経済人も乗りだす

東本正常化委員会を構成

李澔大使、経済人招いて真相説明会

駐日大韓民国大使館では、六月十五日午後一時から、東京赤坂・プリンス・ホテルに、在京経済人三十余人を招き、民団混乱真相説明会をひらいた。

"北傀の手先に乗るな"

民団混乱収拾に協力を強く望む

委員長に尹達鏞氏

民団組織整備委員会

在日同胞の協力を要請

姜永奎公使、新聞人招き談話発表

民団は国是を遵守する反共団体

民団混乱は対共闘争を麻痺

不純分子の排除と正常化に積極

悪質化する不純分子の挑発行為

国家安全保障と居留民安全保障

新聞、通信発行責任者を招き談話を発表する姜公使

再三の警告を無視

朝総連の魔手浸透

横浜総領事　領事補佐事務停止に説明

六月中に大会ひらき正常化

〈当日出席した経済人〉（順不同）

組織防衛活動強化

害団分子は必ず締出す

兵庫県地方本部で決議

"東本執行部みとめない"

中央連合支部定期総会は流会

アスパックに門戸を開放　朴大統領

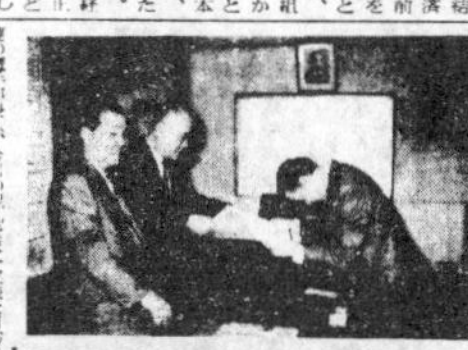

李楠基総領事に感謝状

尹達鏞団長代理

民団中央本部では、ハンブルグに栄転することになった李楠基総領事に感謝状を授与した。これはさきの永住権取得運動に献身的な活動を惜しまなかった功績に報いたもので、駐日総領事としては初めてのケースである。尹団長代理から感謝状を授与される李楠基総領事

召集公告

第二十回定期中央委員会を次の通り召集する。

記

一、日時　一九七二年七月十日午前十時

一、場所　日傷会館
東京都新宿区市ケ谷本村町42
電話（〇三）二六九―八一五一

一、議題　一九七二年度活動方針案・予算案、中央会館建立の件、地方建議案、その他

一九七二年六月十九日

在日本大韓民国居留民団中央本部
議長　張聡明

お願い

全国民団地方本部、各支部、分会等における大会、総会、役員改選等、また、在日同胞社会に関係のある事件、催し等に及ばず、団員みなさんの御意見、御感想などを紹介したいと思います。

読者皆さんの御通知、御投稿の程をお待ちしております。

韓国新聞編集局

一九七二年度教育後援会総会

我々は再考せざるを得ません。

教育後援会の事業内容

同胞子弟の育英事業に参加しましょう！

在日韓国人教育後援会々員倍加促進運動

在日本大韓民国居留民団
中央本部文教局
電話 〇三―八一三―二二六一～五

駐日本国大韓民国大使館奨学官室
電話 〇三―四五二―七六一一

在日韓国同胞の皆様へ！

平素私どもの銀行を御愛顧頂きまして誠にありがとうございます。御存知のとおり私どもの銀行は外国為替専門銀行として発足し、あわせて今日まで在日同胞の金融支援に力を注いでまいりましたが、その間の皆様方の御協力に対しましては私ども職員一同心から感謝いたしております。

さて、今般日本政府は国際金融界の変遷に伴い、外国為替管理を漸次緩和中であります事は皆様御承知の事と存じます。これに伴い本年三月十日から在日同胞の本国の親族宛送金も大幅に緩和され送金手続の簡素化は勿論のこと送金限度額におきましても従来の年間五百ドルの制限は廃止され、件当り三千ドルまでは随時送金が可能になりました。

このような時期におきまして、私どもの銀行では本国の経済開発と外貨獲得に大きな意義をもつ本国送金を積極的に支援させていただく所存であります。

ちなみに、在日同胞の皆様方が韓国系信用組合を通し本国送金をなさる時には私どもの銀行では手数料及び郵便料は無料（ただし、電信料は実費）で御奉仕いたします。

あわせて業務一般につきましても御便利なお取扱いに努めておりますから、今後とも一層御利用くださいますよう御願い申し上げます。

韓国外換銀行
東京支店　〇三（二一六）三五六一
大阪支店　〇六（二五一）七六五一

一九七二年度・第七回在日韓国学生夏季学校入校生募集要項

（一）入校資格

日本系高等学校並びに大学生（男女）

但し、韓国学校生及び日本国籍者又は過去、夏季学校履修事実のある者は除外

（二）募集人員、計八〇〇名

男子　高校生　二〇〇名
男子　大学生　二〇〇名
女子　高校生　二〇〇名
女子　大学生　二〇〇名

（三）募集期間及び締切

自　一九七二年五月二十四日
至　一九七二年六月二十八日

（四）費用

1、一人当り宿食費九〇ドル
2、宿食費を除いた一切の経費は政府負担

（五）提出書類

（イ）志願書（所定様式）一通
（ロ）写真二枚
（ハ）国民登録完了証一通
（ニ）外国人登録済証一通
（ホ）在学証明書一通
（ヘ）民団支部団長推薦書一通
（ト）誓約書一通

（六）提出先

民団地方本部を経由し、中央本部文教局へ

○詳しいことは民団中央文教局、又は駐日韓国大使館奨学官室へ問い合わせること

（電話）
民団中央―〇三―八一三―二二六一
奨学官室―〇三―四五二―七六一一

羅執行部は即時退陣せよ

東本捜索、逮捕などで

都内十三支部団長が通告

民団東京本部の正常化をはかりその具体的対策におわれている都内各支部では、去る十四日、警視庁外事二課と富坂警察署合同による民団東本、韓青中央、東本韓青、韓学同中央と、■在俊、■■■、■東■、■東湖、金■夫など家宅十カ所の捜索と、監禁、暴行容疑で逮捕された韓青中央本部の高■■■宣伝次長らの事件に関し、目黒など十三支部団長の連名で、■■■執行部即時退陣を要求する次のような通告文を発表した。なお、逮捕状が出た韓青中央の李■■■部長は逃走中である。

通告文

六月十七日付の各■新聞を通して、東京六万同胞の聖域である在日本大韓民国居留民団東京本部が、日本警察当局により家宅捜索された新聞報道に接し、■■■執行部に対し、在京全団員は驚きと怒りを感じるものである。

■■■執行部は、過去の諸般過程はもちろん、民団史上前例のない、この恥ずべき事件に対して、■任を■り、即時退陣することを人共に怒れる行為であるだけでなく、民団組織として、とうてい、うけいれることができないことを、いま一度強調し、ここに通告するものである。

一九七二年六月十七日

在日本大韓民国居留民団

支部	団長
目黒	李■元
豊島	金■叔
品川	洪■■
荒川	高■■
足立	金■■
江東	金■安
渋谷	金■■
板橋	石■■
新宿	金■栄
文京	金■弘
中央	全■大
台東	李■■
港	金■徳

大阪地方本部さん下三機関長会議

不純分子を徹底排除

大阪本部 支部三機関長会議ひらく

傍観の責任痛感

東本正常化に積極参与

女性同友会で声明

"俺の財産は五億円"

最後まで闘うと鄭在俊

組織強化に最善

不穏文書は一切返送

静岡県本部 支団長会議

声明文

鄭■■団長

在日韓国人社会にあるベトコンの正体は何か?

裏と表の違うベトコン

有志懇談会とベトコンの初まり

規約も名簿もない秘密グループ

資と質、変ったメンバー

はちまきは太極旗

裏では朝総連と取引

暴力の先頭は韓青・韓学同

実は同じ穴のムジナ

「民団自主」に変身

アンタッチャブル組織に連結

朝総連の新聞より一枚上手

今時自鉢巻きは時代錯誤

青年将校は資金の出処知るや?

政治と商売直結する

■東湖

尋ね人

☆李福童さん(58・過名大山、本籍=慶北達城郡月背面松峴洞八九二)

終戦直後一時帰国してから、再び渡日後消息なし。■さんが尋ねています。

■大邱市南区大■洞三区二二七五番地、李■吉氏方、李福録まで

☆金龍?・さん(五〇才位・本籍・慶北金泉郡金泉邑南山町)

☆李得七さん(55・本籍・慶北金泉郡秋風嶺)

右の二人は、在韓当時、金泉の南朝鮮米油会社につとめておりましたが、名古屋に行ったきり消息がありません。

■大阪府寝屋川市池田南町十八の二十二、坂本勇吉まで(電話〇七二〇(2)七六二〇)

☆崔末祚さん(一九一六年三月五日生)

江原道注文津出身、戸主は崔大吉(■)。

■福島県白河市中町十九の三、李鍾根(電話〇二四八二(3)四〇五七)まで。

張仁建氏の星和ビル落成式盛大

六月十日午後二時から、星和ビル(東京・日本橋兜町二丁目五十五番地)落成式が日本韓善弥を始め、在日同胞多数が参席のもと、盛大にひらかれた。

この星和ビルは東京・民団東支部長張仁建氏が十億一億三千万円を投じて建築した地下一階地上八階の現代式ビルである。

外国郵便為替御利用案内

大韓民国逓信部は、一九七〇年一〇月一日から、日本国郵政省と、外国郵便為替業務を始めまして以来、年々利用者が増加する一方、皆様から歓迎されています。

在日同胞の皆様が、御承知の通り、外国郵便為替制度は、簡単で、安全な送金制度であり、両国政府が、絶対的に、責任を負う、また便利な方法でありますので、皆様の積極的な御利用を御勧め致します。

一、外国郵便為替の御利用を望む方は、日本全国のどの郵便局においても、送金を請求することが出来、郵便局は、韓国中央郵便局宛てに、書留で為替を直接送付致します。

二、韓国中央郵便局では、到着日の外貨換算率で韓国通貨に換算し、受取り人宛に書留で送付すれば、為替を受取つた方は、居住地の指定郵便局に、為替を差し出すと同時に、現金を受けられます。

三、外国郵便為替の支払には、一切の税金、取扱料などがかかりません。なお、同為替には、簡単なお便りを書き入れることも出来ます。

〈郵便為替の送金条件〉

送金目的	送金限度額
(1)外国に居住する親戚に対する贈与金	送金者一人当り2,000ドル
(2)外国に居住する親戚、雇傭関係のある医療費	実費範囲内
(3)個人の新聞審籍、予約購読料	送金者一人当り2,000ドル
(4)外国にある協会、団体への入会金	加入者一人当り2,000ドル
(5)検定手数料、証明手数料、弁護士調査費用、戸籍抄本等	送金者一人当り1件当り2,000ドル
(6)年金、退職一時金其他社会保障に関する給与	政府又は公共団体が支給する金額 範囲一件当り5,000ドル
(7)海外ニュースおよび記事の紹介提供を受ける代価	一件当り5,000ドル
(8)図書出版権、著作権	(1)出版関係者が送金する場合代金全額 (2)その他の場合は一件当り5,000ドル
(9)小額雑送金(別に規程なし)	送金人1人当り100ドル

大韓民国逓信部

ソウル平壌で本会談

南北赤十字会談
五項目議題で完全合意
板門店で二十回目の予備会談

ニクソン訪中計画発表後、激動した国際情勢の中で、ほぼ十カ月間にわたって三八度線に隔てられた南北離散家族捜し運動を進めてきた南北赤十字の両代表は、去る十六日午前十一時から板門店の中立国監視委員団会議室で二十回目の予備会談を開き、ソウルと平壌で交互に行う本会議で討議する五項目の議題に、完全に合意した。これによって本会談の開始が現実的なものとなり、韓半島五千万民族の希望である南北交流問題にひとつの転機を迎え悲願である統一問題への明るい展望が生れた。

……ソウルと平壌で交互に開催することを決めた。

しかし、その後、本会談の議題のなかで、家族捜し運動の対象をどうしぼるか、などをめぐって双方の意見が対立、今年二月三日の第十七回予備会談まで約百日間、話合いは平行線をたどった。このため二月二十一日から実務者だけの非公開会議に移り、本会議の議題問題はさる五日の十三回目の会議で合意に達した。これが十六日再開された予備会談で確認されたわけである。

板門店でひらかれた離散家族捜し南北赤十字予備会談

朝総連幹部が転向
金栄天氏　33年ぶりに祖国訪問

"私の作品に通う祖国の心"
山脈見下し血脈感じる
＝芥川賞作家の李恢成氏が帰国＝

国際情勢分析
明大韓文研で合宿セミナー

明治大学韓国文化研究会（学会本部学館で、夏季合宿セミナー）は、六月十五日から四日間、同大……をひらいた。同会では、会員相互間の親睦を図り、激動する国際情勢に伴な……

二十二たび
六・二五動乱記念日

一九五〇年六月二十五日。私たち五千万同胞が、もっとも忘れられない民族悲劇の日。六・二五動乱が、北傀の奇襲的な不法南侵により、突如ひきおこされ、血で血を洗う史上未曽有の民族相剋はつづいた。

明日二十五日は、その二十二周年にあたる。

……（写真は、六・二五動乱当時爆破された平壌の大同江鉄橋……）

青年指導部を結成
大阪本部　組織幹部の養成目的

読者の声
研磨不足の宝石と勉強不足の民主主義

徴兵検査通知
住所移動未届で
大阪の金泰彦さん

出入国法案廃案

三多摩本部
新任役員発表

韓日親善の旅

団結の親睦会
江東婦人会

新聞よおごるなかれ 座談会（上）

さきほどの日本外務省機密漏洩をめぐる西山記者事件について、毎日新聞ほか数紙は、ベトナム・レポートに関するニューヨーク・タイムスのすっぱ抜き報道にかこつけて、本質的に縁もゆかりもない、いわゆる〝知る権利〟を主張していたが、それならば、世界的関心事の中共やソ連の暗い面については、読者（国民）に何を、どのぐらい、今まで知らせてきたのだろうか──。国益に反し、外国の手先に利用されるだけの〝知る権利〟が大きな問題となっている現今、取材活動にも当然、国民としての倫理感覚と責任が要求されなければならない。明治政府の反戦派に抗し、日露戦争をあおり、極右ナチス・ドイツの思想行動を讃美、鼓吹し、戦後は、鬼畜米英であったはずのアメリカにぺったりで、日本語廃止、ローマ字採用論まで飛び出し、近年では、インドを理想化し、国交正常の韓国を軽視、未来訳の北韓と、中共礼讃に夢中で、反体制論をあたかも、国民全般の声のように代弁、印象づける御都合主義の日本の大新聞たち。この問題を今、私たち在日同胞社会の中で、荒れ狂っている、自由をはき違えた反体制風潮にてらし、一つの反省のための参考資料としたい。▼「心情公論」の好意により、特別掲載

漆山成美（評論家）

村松剛（評論家）

芳賀綏（東京工大助教授）

言論表現の自由とは関係ない、西山事件における毎日新聞の奇妙な話

漆山　……毎日新聞の西山事件は、新聞のあり方などについて深く考えさせられる点が含まれているように思うのですが、まず、これまでの全体的感想について、村松さんにおうかがいいたします。

村松　全体的感想といえば、毎日新聞とは何とみっともない新聞であることか、の一語に尽きますよ。（笑）

ニューヨーク・タイムスの例を出して〝知る権利〟を主張してきたわけですが、実は、事件はニューヨーク・タイムスの場合とは縁もゆかりもないものです。つまり、

[……]

（つづく）

洪吉童傳（十四）

許筠著

洪相圭訳・編

[……]

韓國新聞

在日大韓民国居留民団
中央本部機関紙
韓國新聞社
発行人　李禧元
東京都文京区春日町
2丁目20－13
電話 (815)1451～3
(813)2261～5
振替口座 東京 163774

民団綱領

一、われわれは大韓民国の国是を遵守する
一、われわれは在留同胞の権益擁護を期する
一、われわれは在留同胞の民生安定を期する
一、われわれは在留同胞の文化向上を期する
一、われわれは世界平和と国際親善を期する

宋賛鎬公使着任

南北、平和統一で合意

ソウル・平壌で7項目共同声明

双方閣僚級、既に訪問

調整委、ホットライン設置

十三年前から朝総連で工作

民団破壊の秘密指令

民団組織整備委員会が暴露

北傀統一戦線に沿って

不純分子が民団に浸透

対話のある南北対決へ

中央の公文入り郵便を東本、またも受取拒絶

意慾の三六五日

朴正熙大統領就任一周年

第7次ASPAC会議で演説する朴大統領

経済成長10%上回る

＝GNP一人当り二五三ドル記録＝

新しい村運動で農漁民の所得増大

東本正常化めぐり熱気溢れる討議

民団組織整備委員会初の総会

五大綱領の精神生かせ

東本を再直轄

中央本部、六月二十六日付で

領事々務取扱いは東京直轄事務所で

組織整備委員名単

中央本部人事

『南北統一共同声明』に関する声明書

今日（一九七二年七月四日午前十時）ソウルと平壌で歴史的な南北共同声明が、同時に発表された。

共同声明の内容は－

① 祖国統一は自主的に解決する。

（イ）平和的方法で実現し

（ロ）思想、理念、制度の差異を越えて、民族の大同団結を図る。

② 緊張緩和のため、武装挑発を避け、不意の軍事衝突を防ぐ措置をとる。

③ 自主的平和統一促進のため、多方面の交流を実施する。

④ 南北赤十字会談が成功するよう積極的に協力する。

⑤ 軍事事故を防止し、懸案処理のため、ソウル、平壌間に常設直通電話を設置する。

⑥ 統一問題解決等のため、南北調整委員会を設置する。

⑦ 双方は、以上の合意事項を誠実に履行することを、厳粛に約束する。

以上、七個条目で平和統一の基本原則が明示された。

南北五千万同胞はもち論、在日六十万同胞も、祖国の平和と統一を念願しない者はないので、本団としても双手をあげて、この共同声明を歓迎するものである。

思うにこれは、急変する国際情勢下において平和的に祖国を統一せんとする巨視的な眼目で、四半世紀にわたる極端的な分断、対立されていたわが民族の統一念願を柔軟性をもって対処し、統一の目的を達成せんとする、朴大統領閣下の信念と抱負を実践に移した英断であるといえるし、歴代のわが政府が成就できなかった統一課題を、戦争による悲劇を抑制する信念と民族の座標を正して、全国民の総和の上で平和統一の目的を実らせようとする歴史的な事実であり、朴大統領閣下の卓越な領導力によるもので、本団としても高く評価するものである。

従って、六十万在日同胞は、朴大統領閣下が意とするところを諒とし、全民族の念願である平和統一を達成するに鑑み、大韓民国々民としての主体性を確立し、本団内の団結と結束を堅くして、本団を破壊せんとする不純勢力が侵透できないよう、団員各自は自覚をもって国家と民族のため、一層、奮発されんことを切望する。

一九七二年七月四日

在日大韓民国居留民団
中央本部
団長代理　尹達鏞

共同声明に関して全国地方本部への指示

在日大韓民国居留民団
中央本部
組織局長　呉敬福

東本の不純分子締めだせ

反逆・破壊行為を糾弾

再直轄の事後処理など論議

都内各支部三機関長・事務部長会議

都内各支部三機関長及び事務部長会議を終えて出てくる一同

中央方針を支持

不純破壊分子らは徹底排除

中国地方協議会ひらく

許されない組織破壊

組織動員、中央に協力

東北地協

商銀組合員倍加

中央と呼応、不純分子排除

静岡県本部地方委員会

静岡県本部第16回定期地方委員会

大韓体育会九州本部発足

韓青指導を討議

新潟県本部定期大会ひらく

韓青長野県本部で声明

国是と民団綱領を遵守

逸脱した韓青本部に抗議

全国団長会議の

合意事項を遵守

三多摩本部、一部誤解に声明

徴兵誤報ケリ

税務相談

貸家住宅の割増償却適用方法について

解答者　尹達鏞

民団中央本部顧問　公認会計士・税理士

還れ故国の土へ！

太平洋戦争の戦歿同胞 無縁の英霊奉安運動を

遺骨引渡し交渉で鄭琪永氏来日

鄭琪永氏

東京の二、三三二九柱のうち 僅か一二四六柱だけ奉安

（上）無縁の英霊が奉安される霊園寺のふかん図（下）抗日闘士故韓聖洙氏の記念碑

遺骨の中に抗日闘士韓聖洙氏も

戦歿同胞奉安の霊園寺を建立

62年前の祖父の名著 「新玉篇」日本で発見

驚き、喜こぶ鄭達鉉氏

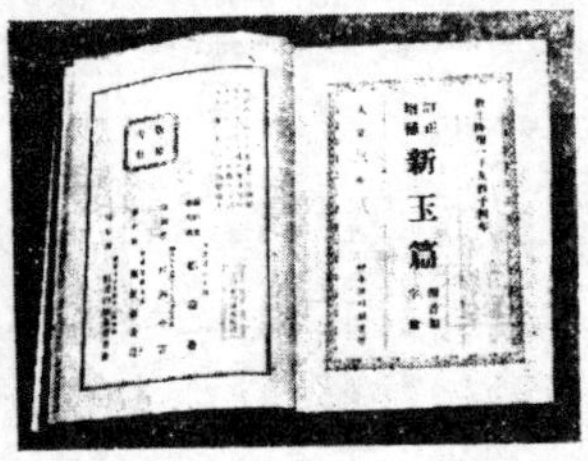

（写真は東京で発見された辞典の扉と奥付）

〈故鄭益魯先生の略歴〉

光復節慶祝訪問団 新入団員は優先

人選結果を25日まで中央に報告

来たる8月15日は、第27回光復節を迎えるが、民団中央本部では、ソウルで挙行される光復節記念慶祝式典に、在日同胞を代表して参加する慶祝訪問団を結成

……ている。

本団訪問のうち、民団訪問が初めてであり、永住権申請者、取得者の中で新規した新入団員などは特に優先的に選定されることになっており、各地方本部団長は人選の結果を7月25日までに関係地区事務局および中央民生局あてに報告することになっている。

六・二五国際勝共デー

東京都民集会ひらいてアピール

一連の反共、勝共運動を通じて国際間の紐帯を保っている、日本の国際勝共連合では、最近の日本マスコミにおける容共的風潮に毒された世論を正常化するため、今年も第四回国際勝共デーを、東京中心に神奈川、新潟、福島などで、それぞれ開催、着々その成果を高めている。

六月二十五日、東京では、約五百名の青年、学生、中年の会社員、婦人などが集まって「6・25国際勝共デー東京都民集会」を、午後六時すぎから渋谷区の千駄ケ谷区民会館で開催した。

神宮外苑の近くにある会場では、午後六時すぎに開会、国歌斉唱、井利支大会実行委員長のあいさつ。つづく来賓あいさつでは韓国を代表して姜永奎公使が立ち、都民を代表して……

日共と活発な理論斗争

朝鮮大学の取消運動展開

韓国動乱の悲惨な状況を自己の生々しい体験から訴える崔晄皓氏（後右から二人目は姜永奎公使）

民族教育に全力

全国文教部長会議ひらく

ミュンヘン五輪 参観便宜図る

在日大韓体育会で

第一回アジア人懇話会開く

尋ね人

☆尹有出さん（68・本籍＝慶北醴泉郡……）終戦まで広島県内に居住。民団中央本部経済局次長……まで（電話〇三―八一三―二六一一・五番）

新聞よおごるなかれ

座談会（下）

さきほどの日本外務省機密漏洩をめぐる西山記者事件について、毎日新聞ほか数紙は、ベトナム・レポートに関するニューヨーク・タイムスのすっぱ抜き報道にかこつけて、本質的に縁もゆかりもない、いわゆる"知る権利"を主張していたが、それならば、世界的関心事の中共やソ連の暗い面については、読者（国民）に何を、どのぐらい、今まで知らせてきたのだろうか——。国益に反し、外国の手先に利用されるだけの"知る権利"が大きな問題となっている現今、取材活動にも当然、国民としての倫理感覚と責任が要求されなければならない。明治政府の反戦派に抗して日露戦争をあおり、極右ナチス・ドイツの思想行動を讃美、鼓吹し、戦後は、鬼畜米英であったはずのアメリカにべったりで、日本語廃止、ローマ字採用論まで飛び出し、近年では、インドを理想化し、国交正常の韓国を軽視、未承認の北韓と、中共礼讃に夢中で、反体制論をあたかも、国民全般の声のように代弁、印象づける御都合主義の日本の大新聞たち。この問題を今、私たち在日同胞社会の中で、荒れ狂っている、自由をはき違えた反体制風潮にてらし、一つの反省のための参考資料としたい。▼「心情公論」の好意により、特別掲載

漆山成美（評論家）

村松剛（評論家）

芳賀綏（東京工大助教授）

つまり、読者というものは常に不平不満があって政府に対してはケシカランと思っているのだ、と勝手に思い込んでいる。朝日は、幸か不幸か、一番売れゆきがいい。すると他紙は、うちの新聞は保守的だから売れないのだ、というような図式を作ってそれに観念的にあてはめている。

第三は、非常に素朴な疑問になるんですが、内部問題として新聞記者の養成が記者クラブの中でなされているということです。記者クラブで、各官庁と慣れあっていたり、申し合わせをして、これはオフレコにしようとか、これは面倒だから翌日の朝刊まわしにしょうとかいって、そこにギルドの如きものを作りあげ、二三人の年名主が刷様をつけている。

私は新聞は第四権力だとは思わないけど、第四権力的な力を持っていることは事実ですね。実際、大学出て二、三年の、また西も東もわからぬ者に、大臣までも何もいわずにペコペコするということになる。記者クラブという徒党をなしているのですから恐いものですよ。自分というものについて錯覚するわけですね。

村松　西村防衛庁長官の失言事件の時なども、国連を冒瀆して怪しからんと、社会部の記者あたりが書いていたでしょう。国連が、実に無力な組織だということは、世界的な常識でしょう。国連で機能しているのは食堂だけだっていうのですから（笑）

現にあの外相事件の最中に、私はたまたまイスラエルのゴルダ・メイア首相に会っていましたが、彼女も同じことをいいましたよ。

いずれにせよ与党と野党の足の引っぱり合いなのだから、彼らには何でも材料になるわけです。国連の悪口をいったというのも材料。その滑稽さを描くのならわかりますが、大新聞がまるで小学生なみに国連神聖論を書いているのですね。そのことの方がよほど滑稽ですよ。

こういった記事をみるたびにいつも思いますのは、専門的訓練を受けていないひとにどうしてこんなことを書かせるのかということです。

例えば、サツまわりなどで十年ほど訓練を受けた記者は、その方では専門家でしょう。しかしそのひとが国際政治にかかわる問題についてものをいう。

だからおかしいので、では意図的な口をどこかで喰わせているのかということです。

漆山　それがないんですね。なかなか今の新聞がそれをやるということができないでいます。

本物の一新聞記者になるためには、新聞の内部で育ちながら、十年に一度ずつぐらいは外部からながめてみて、読者の立場に立って要求するものを作らなければ、そのうちに新聞は夜郎自大になってしまう。"作りつつ"、かつ"読みつつ"という新聞も必要と思うのです。

また、現在のところ新聞記者は単なるレポーターの段階だと思うんですが、すぐれたレポーターは鋭い観察者でなければならないと思うんです。そういう点で現代を敏感に察知する人が少なくなりましたね。

芳賀　反体制風というお話があったんですがまさに反体制風ですね。新聞と野党の体質が共通している。というのは、野党の中から共に不平分子の集団という性格が抜けていませんね。

西村失言の問題にせよ、今度の問題にせよ、野党が政府に攻撃を加えたと称されることは、要するに些細なことで、高邁な英知をもってたたかったということではありません。ところがまた、新聞記者や一般国民の精神年令の問題というのがありまして、高まいな英知に基づく言論の価値は容易に理解できない。一方、単純な不平に基づくものには簡単に共鳴する

ベトナム問題でも、南北でフェア・プレイ欠ける一辺倒

漆山　私は、最低限のモラルとしてのフェアプレイの精神がないと思うんです。たとえば、今度の北ベトナムの攻勢について、四月十七、八日頃の朝日の社説に"北ベトナムは北を守るより南を解放しようとしているだけだ"。それを、アメリカが邪魔するとはなにごとだ"というものですが、こんなトンチンカンな社説を読んだことはありませんよ。（笑）

ベトナムに平和を、というのなら、同時に北に対しても抑制を求めなければいけないと思う。アジア・ナショナリズムなら何をしてもいいんだというのではあまりにアンフェアですよ。

同じように六〇年の安保騒動の時もそうでしたね。あの時新聞は日本の民主主義が終わりになる、といわんばかりのキャンペーンを行なった。ところがある日、七社共同声明などで態度を一変させてしまいましたね。ところが安保がいいのか、悪いのか新聞は結局、何もいわなかったですね。

今度の沖縄協定の問題についても、新聞として沖縄協定に賛成なのか反対なのかというのが不明です。

もちろん、この点は村松さんもある雑誌の中でおっしゃっていたように、言論人にも問われていることですが……。責任をとったら自由がなくなる、という羽仁五郎氏の発言もあるわけですが、芳賀さん、その辺をどうお考えになりますか。

芳賀　責任をとったら自由がなくなる、というのは由々しき発言ですね。（笑）

しかし、現在の日本の不安定な反体制ムードの中には、たしかにそのような感覚があります。現在、民主主義といわれているものは、さながら終戦後日本的混合型民主主義といったようなもので、自分に都合のいい要素だけを雑多に寄せ集めている。一貫する原理原則がない。自由は主張するが責任が伴なうのは御免だ、という気分もそうです。

羽仁さんの言葉はその根が深いだけに広がりも広いだろうと感じます。だから言論人の責任というのはそういう現象に対して勇敢に"間違っている"ということでしょう。ただ、これは言論人側の責任のみならず、日本の社会風土の問題であることも事実で、正しいもの、秀れたものが受け入れられにくいということですね。

言論人のこれからについていえば思想の内容については勿論、言論の展開の仕方についても、深い英知を要すると思いますね。

村松　おっしゃったように無責任な風潮は全体に多いが、今に始まったことではないですね。

やはり、日本の社会は家族的な非常にウェットな社会で、その時代特有のムードというものがある。ムードからあまりズレたことを言っていると村八分になって、非常な孤独感を感じるわけですよ。戦争前に鬼畜米英と言っていればよかった。それがムードだった。ところが日本は敗けてしまった。むろんそういうものに対する責任追求がなかったわけではない。しかしそれも何か曖昧な形でおわる。

いまは左のムードですね。いつかはまた、右になるのかも知れない。時代のムードの中で、ムードとあまり違ったことを言わないようにする、これはあらゆる組織に共通ですね。だから、本当の意味での責任の追求は、日本では行なわれない。十年、二十年前に妙なことを言っていた人たちの、過去の言辞を指摘しても、あまり問題にされませんね。

芳賀　指摘するとイヤがらせをしているとしか思われない。

自由を守るのも国家あればこそ

村松　これは日本人の体質ですね。ただ困るのは新聞というのは昔と違って巨大な権力でしょう。帝王ですね。

政治家でも新聞を怒らせては大変だ、と思っている気配がある。そういう新聞が、ムードで動いてもらっては迷惑です。ノブレス・オブリージ"（貴族は[illegible]——権力者には当然の責任が求められる——の意）が新聞にも当然求められるわけですね。

政治家の場合は批判されることが多い。ことに政権担当者はそうです。しかし、新聞に対する批判者はない。あっても微弱の差ですね。今は週刊誌が新聞にせいぜい噛みついているところでしょう。しかし、これも限度がある。恐らく売れなければなりませんから、場合によっては新聞よりもっとセンセーショナルになる。結局、この不羈の帝王を誰が批判するか、批判者をどうやってつくるか、ということだと思う。三権分立という思想があるんだったら、言論界にもこれと似た形があってもよいはずです。

漆山　本来、新聞社内には編集局、論説室、記事審査室というものがあって、一種の三権分立の形態をとっているものです。しかし、実際はあまり機能していない。

ですから、結局新聞社内からの自制力というものが必要なのです。ザルツバーガー（ニューヨーク・タイムス記者）がせんだって、フランスのクープドミュルビル前首相に冷やかされた、とヘラルド・トリビューンに書いている。つまり、アメリカで何か話すとみんなそれが現れて困る、というわけです。

もう一つは、村松さんのおっしゃったことにまさに同感で、新聞社の外からの非難もいいのですが、新聞社間でもっと論争がなければいけませんね。

敗戦直後の空気が鈴木東民に率られてものすごく極左偏向になった時、そのアジテーションぶりを朝日がたしなめたことがありましたね。今は皆無ですけれども……。

村松　レストンやザルツバーガーの言ってること、これは究極のところは最初に出た"自由と国家"の問題に帰着してゆくんじゃないかと思います。

共産主義国では国家が何ものよりも優先するわけです。彼らは階級というかも知れませんが、現実には国家ですから。自由などというのはブルジョア的発想である。

日本は戦争前、あるいは戦争中に（これは特殊な状況下でしたが）自由が国家の名のもとに迫害されたことがありましたが、それに対する反動、あるいは反動にプラスイデオロギー戦争による外からの働きかけといっていいでしょう。

それに、さきほどいった不満士族いらいの伝統がある。そういうことが重なって、国家を弾劾することが即ち知識人の任務だという簡単な公式が流布されている。アナーキズムですよ。なるほど国家が自由を否定することはあり得ます。しかし、国家が滅びたら自由はないわけで、自由を守るのも国家である。関係は常に二面性を持っていますね。だから、国家という問題と自由という問題をどうやってうまく両立させていくか、ということでは自由主義国の政府も言論界も非常に苦慮しているわけです。

だから、ニューヨーク・タイムスなどはそんなに簡単に割り切っているのでは決してないんで、例のベトナム・レポートのスッパ抜き事件の時、私はたまたまニューヨークにいたのですが、反対側の投書をいろいろ載せているんですね。たとえば、国家の機密を解放しろというけれども、日本が真珠湾を攻撃した時に日本はその秘密を新聞に載せましたか、なんて書いている。（笑）それをちゃんとニューヨーク・タイムスに載せるんですよ。民族的な利益を損って何の自由であるか、国がほろびちゃうじゃないかと言っているわけです。

ベトナム・レポートへの評価はいろいろありましょうが、ともかくそういう苦慮はしているのです。日本の場合、それがないでしょう。ただ国家の悪口さえいっていればうまくいく。これは形を変えた甘えですよ。誰が責任をとるか、という問題はどこにも出てこない。

甘えムードの日本人と無責任な新聞風潮

芳賀　甘えの風土がいろんな所にいろんな形で顔をのぞかせているわけで、類似の問題は多いですね。たとえば国家と自由の関係のように、本来は厳しい緊張関係を持った関係についても、深刻な苦悩など素通りした議論がまかり通っている。

司法権の問題などもそうで、裁判官というのは国民が特権を与えている。それだけに厳しい制限が伴うはずですが、どうもそういう考え方が通用しない。裁判官を私人一般と同列に置いた主張の仕方ばかりです。そういう場合、個人の厳しい倫理的抑制とか自制といったことはほとんど期待できませんね。

何でも甘えムードで、子供じみた二元的思考をしてしまう。つまり、正しい人間は法に抵触するはずがないとか、主観的に正しい行為だから法に照らして裁いてはいけない、というエモーショナルな議論ですね。

行為が正当か不当かという判定は多分に主観に任されうるものだと思う。しかし、合法か不法かということは、そうはいかない。われわれは裁判所に判断の権限を委任しているわけですよ。主観的に正しくとも、行き過ぎがあれば納得して法のもとに服する。これが法治国家の国民のあり方でしょう。こういう点は二元的に峻別して考えることが必要ですね。

漆山　これは一種、女性的な精神状況ですね。

村松　結局、日本人全体がそこまで成熟していないということかも知れませんね。戦争に負けて亡国の民になって、経済力はついたけれど無責任な亡国の民の感情はつづいているような気がする。占領ボケですね。それに平和な消費社会のもたらすアナーキイな気分が結びついているから、ますます収拾のつかないことになる。

私は近ごろ、半分くらい絶望しているのですよ。日本人はもう二、三度失敗して、外国に破壊されたりなんかをくりかえさなければ、目がさめないのではないかと思う。一億玉砕もムード、逆に国なんかいらない、国に秘密はいらないのもムード。国家という問題でさえ、冷静に眺まれに見られないのですから。勝手にしろ、という気に近ごろはなりはじめているのです。本当ですよ。

（完）

許筠著

訳・編　洪相圭

（十五）

「稀代に買りまして聖恩を蒙っておりまする臣は、慎んで凶賊逮捕の大任を負荷させてくださいますよう、お願い申し上げまする。聖上におかせられましては、なにとぞご聖慮をお煩いなされませぬよう。一介の賊徒のために天下の左右捕盗庁を動かしては、聞こえも悪く、かえって人心の動揺を招くこと必定かと存じますれば、計略で捕えることが最上の策かと存じまする。」

李治は人に倍する野心家であったから、功の独り占めにその目的があったとはいえ、そのことばに七分の理はあった。聖上におかせられては李治の願いを許され、一日も早く逮捕して、物情騒然としている各府の人心を鎮めるよう、うながされた。

李治は詔をうけて、感謝に身を固くしながら御前を退がった。すぐ出陣の手はずを整えた。李治はいろいろと策略を考えてみたが、真正面に向かっては到底、神算がないと思った。

「今までの経緯から推してみても、古来の忍術を破るには、搦め手に回らざるを得まい。たとえ百万を動かすとも、徒に人心の動揺をきたして、物笑いを招くのみ。これには奇策を練って、敵の隙に乗ずるのが最上の策であろう」このように結論をくだした李治は、おもだった部下たちを呼んだ。「諸将も知るとおり、賊徒洪吉童一党の乱で、今や全国が不安で沸きかえっている。畏くも今度、殿下におかせられては不肖本人に優渥な詔を賜わり、乱賊の討滅を命ぜられたからには、諸将とともに万死もって君恩に報いる覚悟して出陣する。

さて、我らは敵の在りどころさえ、また知らぬ状態であるから、大挙、隊を組んで出撃するのは愚のまた愚に過ぎぬ。忍術を使う逆賊との戦いは、ややもすればひとり相撲を取らされるおそれが多分にあるゆえ、これに対応して、三々五々、分れて敵の所在を探ぐりつつ、其月の其日まで関慶の地に集結する。諸将卒は本人の軍令に逆らうときには、厳重にその罪を問われることと覚悟せい。」

こうして、李治の配下は三々五々と隊を組んで、くりだされた。

李治自身も心服の部下数名とともに巧みに変装して、吉童一党を追跡すべく出発した。

ある夕暮れに李治は酒はたのお茶屋で、疲れたからだを休めていた。薄い暮色がようやく地面を包みかけたころ、驢馬に乗ってきたひとりの少年が店の前で降りた。

その少年は、李治と知ってか、知らないでか深々と礼をするので、李治も崩していた姿勢を直して、これに応えた。日ごろは非常に巨大な男であるが、むさ苦しい男に変装しているから、頭が低かったのだ。身分を隠そうとして変装したのにもかかわらず、この少年が自分の正体を見抜いているようなしぐさに、李治は少なからず焦燥を覚えた。

「はてな、見覚えのない少年だが？　なりふりとか、顔つきから推して、こんな山深い土地の生まれではなさそうだが……。

はて、京でおりてきたのかな。そうでない限り、見知りもしないわしに、あれほどいん勲な物腰で対するはずがない。さても世の中は狭いものだ。油断ならんぞ。」

李治はこう心の中で思いながら、少年の次の言動を見守っていた。ゆっくりと店の床几に腰かけた少年は、別に李治に気がねするそぶりすら見せず、なにか曰くのありそうな暗い顔をして、しばらくの間、黙々とすわっていたが、やがてだれに話しかけるともなく、ぼつり、ぼつりと独り言を呟きだした。

「草の根をわけても、此奴をきっと捜しだし、恨みの一刀を浴びせてやらねば、気がすまぬ」

李治は、

「おや、この少年、何か深い仔細のありそうな顔つきをしていると思ったら、あだ討ちなんだな」

と心の中で思っていたら、その少年はまた、別のことを呟きだした。

「天下が悉く王土ならざるところなく、民草として、服を蒙らざる者はおらないはずだのに、きやつは人をないがしろの横暴、きっと、この腕にもの言わしてでも懲らしめなくては気が晴れないぞ。

しかし、このまま行けば、お邦は、どうなるというのだ。朝廷に人なく、ひとりの小童にさんざんな目にあうとは、ほんとうにだらしのない限りだ。あ、あー」

李治は戸惑った。

「はてな、あだ討ちかと思ったら、そうでもなさそうだし、この小童、はても、見当がつかんわい。ともかく話しかけてみるか」

「もし、そこな御仁、だしぬけに失礼でありますが、お一寸おうかがい申す。人事に口出しするのを笑止と考えられようが、若い身空でさぞご難渋のようす、さしつかえなければ、仔細話してくださらんか。

相見互いと申す。話のいかんによりましては、不束者ではございますが一臂の力でもお貸し申さぬとも限らぬ。」

少年は一そう、憂いの色を濃くして、「やあ、ありがとうございます。ほかでもありません。近ごろ、洪吉童という盗賊が、全国八道の要路に出没しながら、万民を煩わしているのに、指をくわえてなす術を知らぬとは、国のためにまことに憂うべきことではございませぬか。この驕った凶賊をふん捕まえないことには、到底、腑がくだらない思いでありますよ。」

韓國新聞

在日大韓民国居留民団
中央本部機関紙
韓國新聞社
発行人　李　禧元
東京都文京区春日町
2丁目20－13
電話 (815)1451～3
(813)2261～5
振替口座 東京 163774

民団綱領

一、われわれは大韓民国の国是を遵守する
一、われわれは在留同胞の権益擁護を期する
一、われわれは在留同胞の民生安定を期する
一、われわれは在留同胞の文化向上を期する
一、われわれは世界平和と国際親善を期する

第20回中央委員会ひらく

統一問題特別委設置
韓青・韓学同 傘下団体 取消
臨時大会は八月十五日までひらく

民団第二十回中央委員会が七月七日午前十時から、東京市ヶ谷の日傷会館で開かれた。過去、東京本部や韓青、韓学同の一部不純分子らの妨害により大阪で一度、流会の憂目をみた会議だけに、いつになく緊張した雰囲気のうちにひらかれ、(1)南北共同声明に対する決議文、(2)統一問題の特別委員会設置、(3)敵性団体規定の解除、(4)韓青、韓学同の傘下団体認定を取消し、(5)中央委員三人を含む八人を処分するとの監察委員長の重要報告を了承通過させた。

開会数日前から、東本、韓青、韓学同の一部不純分子が、「二千人を動員して中央委員会をぶっつぶす」という流言があったので、全国の組織人が多数総結集して警備するなかで、定刻の十時に開会、厳かな国民儀礼のあと、中央委員点呼が行なわれ、定員一六〇人中一〇八人出席、李聖明議長は第二十回中央委員会の成立を宣言した。

次に三機関長あいさつに入り、李寿成監察委員長、尹達鏞団長代理、李聖明議長の順に別紙のようなあいさつのあと、李裕大顧問のあいさつがおわり、李澔駐日大使による別掲の激励祝辞が述べられ、つづいて、権逸国会議員の祝辞、議長による来賓新任公使の紹介が全員われるような拍手をもって歓迎された。

つづいて、式順どおり、議決機関報告を白丁赫副議長が行なったあと朴性鎮事務総長の総括報告があり、各局の報告は、質疑応答のときに質問することにしたい、という議長の提言に全員が同意した。

次に、監察機関報告を文性植事務長が代読したあと、特に昨年、混乱事態を収拾するために辞表を…

あいさつを述べる尹達鏞団長代理（上）重要決議案を表決する中央委員ら（下）

"北傀"を北韓に
政府の新たな対応措置

政府は五日、"七・四南北共同声明"の対応措置として"北傀"を"北韓"になおすことにした。
また文教部は新年度教科書から"北傀"という用語をなくするという基本方針をたてた。

青年指導委を新設
羅鍾卿(東本)金恩沢(韓青)金君夫(韓青)を停権

組織攪乱の常とう戦術
裏では不穏なおどし

組織破壊分子に対する中央議決機関の表明書

親愛なる中央委員および全国団員のみなさん！
昨年10月に召集された中央委員会が不純な乱動で流会した経緯と、その後今年3月に予定された召集がやむを得ない事態で延期となった実情に関しては、皆さんがすでに知悉しておられることと存じますので、ここでの解明は省くことにいたします。

ところがこのたび、第20回中央委員会召集を公告した数日後にいわゆる民団東京本部の名のもとに中央委長あてに送られたいわゆる要請書という一文を受け取りました。

その内容は、今回の中央委員会をば中央本部が非法的な政治道具化しようとする……。そのため暴力団、外部勢力、日本警察などの動員を計画している……虚偽の事実を報告し、東京本部と韓青、韓学同、有志人士などを一方的に糾弾し不当な制裁を加えるで…

暗中模索は過ぎ去り
活気漲る組織整備
尹団長代理あいさつ（要旨）

今日、待望の中央委員会開催にこぎつけたのは、組織の責を負う人々すべてが本団の危機感を自分のものとしてひたすら団のため奮発した結果であり、感激にたえないしだいであります。

民団組織発展を祈る
統一までには険しい課題
李澔駐日大使あいさつ（要旨）

組織整備に万全を

中傷謀略は許せぬ

72年度活動方針案
組織整備と幹部養成
会館建立・教育・宣伝に重点

総務局

一、人事
(1) 人事採用基準および給与体系の全国的統一
(2) 任職員任免の規定厳守
(3) 掲示板の公告と派任および採用の戦正

二、共済制度設立
(1) 任職員の相互扶助精神

三、割当金納付制度

組織局

経済局

民生局

文教局

宣伝局

不純勢力の破壊活動
組織整備委て対処
＝東本、宣伝機関利用して利敵行為＝

71年度総括報告

東京本部事件

決議文

朴大統領の英断、高く評価
対話ある南北対決を支持

和気あいあいの雰囲気

双方代表は七人ずつ

南・北赤十字第21回予備会談

南北平和統一への一歩前進の明るい展望をのぞかせた四日の「南北統一共同声明」は、その後、南北両地域に大きな民族的興奮をまきおこしたが、一方の南北赤十字予備会談は、十日午前十一時から板門店において、その第二十一回目をひらいた。

なお、この日の板門店は、双方あいさつをかわしあうなど、今までのどの会談よりも和気あいあいのふんいきをかもし出していたといわれる。

不純勢力に激憤

韓青員らの体質改善が急務

韓青新潟本部声明

一九七二年七月一日

在日韓国青年同盟新潟県地方本部

村づくり運動に協力

商銀育成強化も

山口県本部地方委員会

ふえた本国送金

二ヵ月間四百万ドル上回る

在日同胞

栄養摂取改善

平均二、六七八・九カロリー

南北共同声明は何を意味するか

対話ある対決を

朴大統領の平和統一構想実る

解説

(1)

はじめに

一ヵ月内に全国大会

韓国人商工連合会会長会議で決定

新会長に李熙健氏

信協十七回総会開く

北韓承認否定

学界・経済界で歓迎

〈南北共同声明〉

すぐ統一の空想は慎め

預金51億円突破

広島商銀、第十一回総代会ひらく

五千万ドル円借款協定締結

五千ウォン券お目見え

孫道鉉氏

生まれた男の子の名を「統一」

東部幹線道路開通

反共教育は継続強化

教科書等は改編せず

朴大統領強調

共同声明は統一への道

朴正熙大統領は、青瓦台で国務会議を主宰し、「南北共同声明を発表するようになったのは、北側の戦争挑発を未然に防止、韓半島での戦争再発を回避して、敵対と不信の障壁のかわり、南北間の対話をひらき、平和統一への道をひろめるのにある」と指摘し、「国際的には北側をして、武力と暴力行為を放棄する言質をとっておくところに、その目的があるもの」と語った。

高校で日本語教育

朴大統領　第二外国語として指示

金烏工業高校、設立に四億円

日本、物資と用役提供

神戸で在日韓国人教育者大会ひらく

8月1日から5日間

在日同胞選手も5名

ミュンヘンオリンピック韓国代表に

国語基礎能力診断

東京韓国学校で指導の資料に

韓国衣裳展好評

六日　東京・九段会館でひらく

宋養鎬公使歓迎晩餐会

カイライ呼称改ため速かに調整委を

異色！沖縄民団の李敬烈女史

関泳相ら左翼弁護団を選任

東本乱動分子など

中央委　暴徒六百人会場包囲

「青法協」とは？

新種ポプラ開発　在来種より四倍

玄信圭博士

第二十回中央委員会のスローガン

(一) 国是遵守と秩序維持は民団の生命であり組織発展の基本である。

(二) 組織を発展させるためには、すべての妨害要素と不純勢力を除去しよう。

(三) 祖国平和統一のための南北共同声明を歓迎支持する。

(四) 南北共同声明を悪用し、わが組織を攪乱せんとする一切の策動を排除する。

(五) 南北共同声明に対応する姿勢は、主体性の確立と団結の力で。

戸籍の重要性（上）

在日韓国人戸籍問題研究所

一、戸籍とは？

二、戸籍はなぜ重要か？

三、戸籍に関する法令は？

四、戸籍に関する申告の種類は？

教育用基礎漢字1781字を選定

韓国政府文教部は、中学校に漢字教育を実施するという方針にそい、「学生教育用基礎漢字」一七八一字を選定、発表した。

これは、一時中止していた漢字教育を①古典文化継承の基礎をつちかい②漢文文化圏との親和を図るため「学生教育用」として制定するもので、一般官公署の公文などでの通用を目的とするものではないと閔寛植文教部長官は、その方針を明らかにしている。

文教部はこの基礎漢字中、やさしい文章作成に必要だと思われる八八八字を選び、中学生に教えることにしたが、この選定原則として、①漢文教育の目的を達成するのに、もっとも有効であると認定する漢字に限り②漢字の数は、中学および高校課程で履修可能なものにし③人名、地名、固有名詞は、例外にすることにした。

その選定方法は、①従来の常用漢字の有効を検証し②現行人文系高校漢文教科書中、任意選定した三冊中、常用漢字以外に使用された加用漢字を抽出③日本の当用漢字（一八五〇字）と、米国のエール大学選定の一、〇〇〇字を常用漢字と比較、常用漢字に無い字を選び出した。

文教部は、この基礎漢字を、今月末まで、学界、言論界、教育界など、百二十個団体の諮問と意見をきき、さらに調節補完したい意向である。

来たる二学期より実施される予定の中学での漢文時間は、週あたり一、二時間とし、一時間あたり九字の割合で、教えるようになるが、文教部では、この漢字教科書として、質が高く、安い教材であることを目的に、現在編さん中にあり、その内容は、国語を幅ひろく理解し、中学生たちが、わが国の文化に対する眼目を育てるのに適切な格言、俗談、古事、成語などを含め、やさしく面白いものになるだろうと文教当局者は語っている。

文教部は、この基礎漢字の選定につれ、中学にて漢文を担当する教師の確保に、夏季休暇を利用して国語の教師を再教育したいとしている。

北韓無形文化財伝授会館を設立

北韓出身の望郷の道民たちのために「北韓無形文化財伝授会館」が近くソウル国楽芸術学校内にたてられる。

この会館は文化財管理局が一千七百万ウォンを入れて七月中旬に着工、九月二十八日までに完工する予定であるが、一階には北韓の重要無形文化財である『北青獅子遊び』（15号）、『鳳山仮面おどり』（17号）、『西道歌』（29号）、『康翎仮面おどり』（34号）と黄海道民謡など指定文化財伝授室十個が設けられ、二階にはこれら文化財を公演する野外舞台（86坪）がつくられる。

金元竜博士講演後帰国

韓国の考古学の権威金元竜博士（ソウル文理大教授、前国立博物館長）がこのほど初日『韓国で新発見された重要遺跡と遺物』という題で大阪、京都地方で講演会、座談会をしたあと、東京では高松塚古墳と武寧王陵と共通の関心事について日本学者らと意見を交換して七日帰国した。

韓国学盛んな米ポイント大

米国で韓国学受講生がもっとも多い大学の中の一つであるウイスコンシン・スティブンス・ポイント大学のヒュー・D・ウォーカー助教授（歴史学）は、四十人の学生たちに、韓国史を二講座教えているが、同教授は、サンディゴエ州立大学のアジア研究協会にて「韓国の対西反応と現代化要求」という論文を発表、話題にのぼったことがあるといわれる。

文化だより

日本時代小説またも台頭

韓国図書雑誌倫理委員会（姜永寿委員長）は、さいきん、新聞などマスコミへの誇大広告といっしょに、またも台頭しつつある日本の時代小説訳刊ブームに、遺憾の意を表明した声明書を発表、日本の低質文化を、無分別に輸入発売する出版社たちに、猛省を促したが、その中で、民族、国家の体面と威信をおとす、このような競争出版は、健全な市民読者をむしばむものであると主張した。

英・韓翻訳コンピュータ

梁博士が研究試行

米語—国語の機械翻訳が、米国ランド研究所に籍をおく韓国人言語学者により試行されている。

言語学者の梁博士（32）は、昨秋、ハワイ大学に韓国語構文に関する博士論文を出すと、すぐにランド研究所と契約を結び、約十カ月間、英語を韓国語に移すコンピューター翻訳を研究してきたが既に基本単語五百語を主軸とする翻訳の記憶細胞（メモリセル）を完成し、簡単な軍事文書などは実験ずみであるという。

二つの言語の機械翻訳は、英・ソ、英・日などが、ハーバード大学、スタンフォード大学などで実施されているが、韓国語の場合これが最初であり、梁博士は「一つの言語から他の言語への機械翻訳は、コンピューターの性質上、すべての言語に共通する翻訳原則があるので、別に、英・韓語の言語学的特性をとり出して、新たな記憶細胞装置をつくり、構文分析過程を改善すればよい」と語った。

ハワイ大に韓国学センター

四十三万ドルの基金で、米国のハワイ大学に、世界最大の規模を誇る「韓国学センター」が新設され韓半島に関する本格的研究機関として発足することになった。

今度の七・四南北共同声明により活発な動きを見せてくれる米国の韓国研究機関になりそうだと、先ごろ夏季休暇を利用して一時帰国したハワイ大学の新聞学教授富祐（34）博士は語ったが、米国一流の北韓問題研究家である徐大粛教授がその所長に就任するといわれる。

ハワイ大学には、数万冊に達する韓国関係書籍があるが、今までには、ハーバード大学、カリフォルニア大学に次ぐといわれたが、これでその順位が変るだろうと予想されている。

現在、同大学には、徐教授以下、韓国人教授が二十三人おり、約百人の学生が在学しているが、そのうちの六、七十人が東西文化センターの奨学生であり、学生たちは、大学で「檀山学会」という集まりを設け、学術論文の発表機関にし、教授たちは「無窮花会」という親睦団体をつくっている。

西独の尹伊桑作品「礼楽」初演

尹伊桑氏

韓国が生んだ世界的作曲家、尹伊桑氏の代表作「礼楽」が、十三日午後七時半から、ソウル市民会館で、元京洙指揮によるソウル市響第百七十八回定期演奏会でとりあげられ、歴史的な韓国初演をおこなった。

この作品は、西ドイツで活躍している尹氏が、去る一九六六年に作曲、西ドイツで発表初演されたものでル・モンド紙から「強力な個性の表現であり、静中動の深奥な人生の神秘な魂をとらえた、抒情あふれる多彩な作品」と最大限の賛辞をうけており、欧米の有名交響楽団が先をあらそって、この曲を演奏、世界的旋風をおこしている。

なお同氏は、ミュンヘン・オリンピック文化祭のために韓国の古典「沈清伝」—オペラーを作曲、発表することになっており、世界音楽界の話題を集めている。

日本映画の輸入緩和方針

第九回韓日貿易会談が五日、二日間の討議をおえた。同会談で韓国側は貿易不均衡是正のため五十七品目の関税引下げ、農産物の特恵関税品目指定、委託加工原資材に対する関税の減免等を要請し、日本側は工業所有権協定早期妥結、日本商品の輸入緩和、日本映画の輸入等を要望した。双方は共同声明で前向きに取組み早期解決をはかることを申合せた。

同会談の韓国側首席代表尹外務部通商局長は六日、日本映画の輸入を除々に緩和して行く方針であると語った。

田駿氏の「朝総連研究」

高麗大学アジア問題研究所（金俊燁所長）では、共産圏研究叢書として、三冊の統一問題研究叢書と五冊の北韓関係研究叢書を出版したが、そのうちの一冊に、「朝総連研究」というのがあり、在日中の評論家・田駿氏が著者となっている。

お願い

全国民団地方本部、各支部、分会等における大会、総会、役員改選等、また、在日同胞社会に関係のある事件、催し等に及ばず、団員みなさんの御意見、御感想などを紹介したいと思います。

読者皆さんの御通知、御投稿の程をお待ちしております。

韓国新聞編集局

教育用基礎漢字表

[illegible]

●삭제된 59字

注　点線下の59字は削除された文字。明朝体は高校生用、ゴジック体は中学生用を示す

洪吉童伝（十六）

許筠著　　訳・編　洪相圭

李治は使い余のありそうなこの少年を、古巣攪乱に利用しては、といち早く決心した。

「年少のお方であるようでございますが、おっしゃることも気に入りました。とくに、身構えにも寸隙の隙さえないのを見ましても、相当、腕に覚えのある御仁と見てとった。なんなら、拙者と一緒に、凶賊古童を捕えてみませんか」

と、李治は誘ってみた。少年は否応なしに承諾しながら、彼もまたわが意を得たり、と、ばかりますます意気こんで話し続けた。

「それがしは、ずっと以前からつけねらっていたのですが、なにしろ相手が相手ですから独りの力では到底、おぼつかないことと、日ごろから口惜しがっていました。偶然にも尊公みたいな豪傑とともに、志を一つにして、凶賊退治に乗り出せますとは、正に、これこそ天の配材でございましょう。これにはまず腕が要りますよ。尊公の腕を信じたいのは山々ですが、なにしろ今はじめてお会いしたばかりですからお世辞にも、あんたの腕前を高く買い被るとは申し上げにくいわけです。これが私の本音でござるから、なにとぞ、悪しく取られず、ちょっと外で、お手の内を披露していただきましょう。」

相当にずけずけと言ってのけたが、その言い振りはどこまでも真剣で、少しも人を愚弄するようなところがなかったから、李治も快く承諾した。

「それもよかろう」

ふたりは並んで茶屋を出た。少年は李治を連れて、ある大きな岩の下にきた。少年は岩の上に飛び上がり、背を丸くして、うずくまりながら、

「尊公が拙者を力いっぱい、けとばして、この岩の上から落とすことができるか、一つ試してみてくれませんか」

と言い出した。

李治は少し面憎く思った。

「何を若僧が！力がどれほどあるかは知らんが、そんなことは朝飯前ではないか。つまらんことを言い出して怪我をしてもわしのせいじゃないぞ。あとで泣き面をするなよ。」

と心のうちでつぶやきながら、ありったけの力を出して容赦なく少年を蹴倒した。少なくとも李治の目には少年はひとたまりもなく蹴倒されて岩の下に転り落ちるような幻覚にとらわれていた。しかし少年の姿は依然として岩の上にあったし、少し姿勢を変えただけであった。

李治は内心ひそかに驚嘆してやまなかった。少年は、「やっぱり強いですな。これでも、それがしは相当に腕の利く人たちと自負している達人とも立ち合って見ましたが、これ位にそれがしを動かした人は、いままでなかったのですな。

いや、貴公に蹴られた時には腸がちぎれるのじゃないかと思うほど、痛かったですぞ。貴公とならば、間違いなく古童を捕えることができましょう。さっそくながら出発と決めましょうか。

古童の一党が隠れている山寨に行くのだと案内する道は、ますます山深くなってゆく一方であった。すっかりこの少年を信じきっていた李治は、導かれるままについていった。道もないところ草を分けながら、ある所にきたときに、少年は後ろについて来る李治に話しかけた。「ここからが古童一派の山寨ですが、拙者がさきに行って、やつらの動きを探ってきましょう。その間ここで待っていてくれますか」

わざわざここまでつれてきて、今更一人で行って来ると言うのもおかしい話だと思ったが、少年が帰って来るまですわって待つことにした。

しばらくの間待っていたら、谷間のあっちから、突然に、鬨の声があがり、数十名の雑兵どもが李治目がけて突進して来るのではないか。

李治は非常に驚いて、どこかに隠れようとしたが、なんといっても案内の不勝手なところであったので、ついに正体の知れない雑兵どもの手にかかって高手小手に縛られてしまった。その頭らしい者はひげを逆立て、目をむいて大声でしったした。

「貴さまが捕盗大将、李治という者であろう。われわれは、閻魔大王の命を受けて、貴さまを捕えに出向いてきたのだ。つべこべぬかさず神妙にしろ。」

いかめしい鉄の鎖が冷たく首筋にくいこむときには、李治はすでに生きた心もしなかった。魔か？神か？とにかくこの世の者とも思えなかった。恐ろしい考えで震えながら、彼らに引きずられて行くうちに、いつの間にか気絶してしまった。

むこうの世界で呼んでいるような、遠いわめき声におこされて、あたりを見回せば、豪壮な宮殿のようであった。左右には黄色のはち巻をした壮士たちがずらりと並んで立っていた。御殿の前には、いかにも、品のある若い人が、威儀を正して坐っていた。

「こりゃ、李治、お前はよくよくの思い上がり者であるのう。一不浄役人の分際で、洪将軍を手にかけようとするとは、いや、たわけのそりというべきじゃ。その罪は百年地獄に落とし、餓鬼道に堕してもあきたらぬやつじゃ。思い知れ。」

凛然と叱咤した。

李治は後生大事とばかりに、一途に弁明するのに、いとまがなかった。

「私めは人間世界の中でも、ごく微々たる存在に過ぎない者でございます。罪なくして大王の前に引き出されましたから、お慈悲でございます。どうぞ、命ばかりは助けてくださいますよう。」

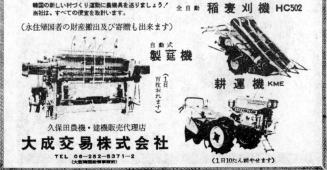

韓國新聞
在日大韓民国居留民団
中央本部機関紙
韓国新聞社
発行人　李禧元
東京都文京区春日町
2丁目20－13
電話（815）1451～3
（813）2261～5
振替口座　東京　163774

民団綱領

一、われわれは大韓民国の国是を遵守する
一、われわれは在留同胞の権益擁護を期する
一、われわれは在留同胞の民生安定を期する
一、われわれは在留同胞の文化向上を期する
一、われわれは世界平和と国際親善を期する

韓日閣僚会議
九月五日ソウルで

第六回韓日定期閣僚会議が九月五、六日ソウルで開かれる。韓国側はこれまでどおり太炳元副総理兼経済企画院長官、日本側は田中新内閣の大平外相が首席代表となる。

民団中央　総合会館着工の段階
総工費七億五千余万円投入

敷地問題は既に解決
全団員の夢ついに実現へ

さきの第二十回中央委員会で最終的な決議をみた、民団中央の多年間にわたる懸案であった中央総合会館建設問題は、今ふたたびその本格的第一歩をふみだすことになった。

去る一九六五年の第五回中央委員会での決議以来、今回の最終決議に至るまでの七年間、団内に派生した多くの難問題のため、その建設実現が遅れていたが、その間政府の温情ある援護と、献身的な愛団有志たちの積極的協力もあって、敷地問題も解決建設委員会の拡大増員による再発足と相まって、今ようやく、在日同胞の一つの念願がかなえられようとしている。

そこで、この実現のために、担当局である中央経済局（実録用局長）では、中央総合会館建設に関する経緯および方針」という全文次のような建設白書を内外に発表、全国経済人と組織人の献身的協力を呼びかけた。

一、現在までの経緯

一九六五年九月、本団第5回定期中央委員会で中央総合会館建設推進問題が決議され、本団の現実性と条件にかなう具体案が第9回中央委員会で再議され、その後も教団、本国政府に建議し、去る一九六八年度に政府との協議をへて建設許可の内示をうけるにいたった。

その後、熱意ある会館建設準備委員諸位のたゆまざる努力と愛国心から、ひきつづき論議され、第16回定期中央委員会で決議された「万国博覧会」を契機として、経済的な援助のもとに、本格的軌道にのり、…[illegible]…することになった。

その間、10数カ所の候補地の…[illegible]…

[illegible]

民団中央総合会館建設基金拠出計画案

期間　1972.8～1975（約3年）

区分	対象・金額	金額（万円）	期間	方法	備考
団員募金	82,500世帯　1世帯 3,000円以上	24,750	自1972.8 至1974.3（20ヵ月）	全国の組織を総動員して本会委員及び中央常任は全国巡廻推進する	永住権申請33万を推計して1世帯4名計上
組織（A）	中央三機関及び直属中央長 全国三機関（本部）150名 各50,000円以上	2,230	自1972.8 至1973.3（8ヵ月）	全国組織責任者率先垂範（分割可）	組織を総網羅して指導
組織（B）	中央局長、全国支部三機関 各30,000円以上 事務局長、中央次長 20,000円以上 本部部長、事務部長 10,000円以上	11,627	〃（〃）	全国組織幹部、任員率範（分割可）	
商工会	役員420名 各20,000円以上	840	自1972.8 至1973.3（20ヵ月）	韓国新聞広告協助	商・興銀兼職者以外
組合	1,261.（口） 1口 20,000円	2,522	自1972.8 至1973.3（8ヵ月）	全国組合預貸金億単位数 韓国新聞広告協助	総預量高1,274億）（億以下切捨）
〃理事	715名 各50,000円以上	3,575	自1972.8 至1974.3（20ヵ月）	韓国新聞広告協助	
在日本韓国人工業者（体）	1,738社 各20,000円以上	3,473	〃（〃）	〃	各地方別業体数（資料）基準
駐日本韓国企業体	100社 各20,000円以上	200	〃（〃）	〃	業体資料依拠
駐韓国日本商社	40社其他 各100,000円以上	400	〃（〃）	〃	〃
特別賛助		20,000	自1972.8 至1975.3（2年8ヵ月）	公館の強力な支援を受ける 韓国新聞広告協助	特別賛助 大都市中心の経済顧問、経済人建設委員の篤志家を対象
事業収益	5,000名 1人当 10,000円	5,000	1975年（会期）	本国家族招請	沖縄海洋博覧会参観中央総合会館参観（兼）
其他収入	月 約100,000円	360	自1972.8 至1975（約3年）	領事事務手数料積立	中央本部（年間120万円）
合計		（万円）75,000			

（第十八回中央委員会で承認を得た募金額）

[illegible]

収支表

（単位円）

収入の部（予想）

1、現民団敷地（七七四坪三一・坪…）

2、朴竜九氏寄贈敷地（二七一坪八五・坪…）

小計

支払の部

1、契約金（裁判所関係）

2、債権者（栄和関係）

〃（久保関係）

小計

支払内訳

合計

[illegible]

（1）地代支払

本団は、現在購入地に対し…[illegible]

（2）建設

[illegible]

内外に宣伝のための充分な宣伝を兼ね、既盛で活発な雰囲気を造成することによって、募金運動に着手する計画である。

▲A・位置

▲所在地は東京都港区麻布飯倉町3丁目2－2。交通は国鉄山手線浜松町駅か地下鉄・日比谷線六本木駅から約千米

▲周囲は高級住宅地であり、駐日外国公館が多く、韓国大使館にも近い。

▲民団の対内外的権威と信用度を高めることができ、傘下団体および各種友好機関を同一庁舎に集め、組織的な連帯を強化させることができる。

▲本団運営に必要な固定収益体制が成り立ち、将来の発展性がある。

▲B・規模

▲宅地―七七五・六三平方米（二三四・六七坪）

▲建立予想坪数・五四六八・十万米（千六百五〇坪）百六十五坪×10階

▲建物

鉄筋代式鉄筋コンクリート造で電気、給・配水、衛生、ガス、動力、暖冷房、エア・コンディション、昇降機、其他一切完備。

▲総工費は約七億五千万円

旧建物取り壊し―（延べ三千五千平方米、費用約千八百三十万円含む）

※設計・設計士と建設会社が合同一場する。設計および図案作成中なので、近日中発表予定。

▲賃貸料（収入予算）

八百坪賃貸―坪当り5千円

四〇〇万円

一階公衆館賃貸　二〇万円

公会堂　賃貸　二〇万円

月収　四二〇万円

年収　四、九〇〇万円

管理費（年間）五〇〇万円

C・建設委員会

従来、中央会館建設を推進して来た過程において、建設準備委員会など中央3機関長など経済人有志を代表した有力な人士数人を招待して、本建設を推進し交渉しながら今日の実現までにこぎつけたが、建設が本段階にさしかかった現在、中央総合会館は在日韓国人が総体として建設すべきものであるとの観点から、今後、経済界は経済人を総動員させ、組織は組織側は勿論、有力人士が網羅され、犠牲的精神を発揮することによって、はじめて会館建設が可能となることを再確認したい。

以上のように本建設委員会は、挙国的な見地から本事業が推進されるためのものであり、また、進んで本会館となることによって本目的が達成されることを信じ、今後さらに拡大増員しようとするもので、委員会が構成されしだい、公表する予定である。

活発な募金運動展開
経済人と組織人の献身的な協力必要
各界から建設委員を大幅増員

※各対象別募金割当基準

本案対象数は、諸般資料による基準から算出されたものだが、同胞業体数に関しては、正確な一部資料と人口比率を考慮し算出したため、本案が基準となって、今後地方別の募金額が割当てられることになるが、最善を尽くされるよう再検討し漏れないようにすることを了承いたします。大体、以上の基準を土台として建設する予定でありますが、協力をお願いいたします。

※会館建設募金拠出計画案は別表の通り。

[illegible]

傘下団体認定取消し
韓青、韓学同に通告

民団中央では、朴正勲議長名義による韓居中総第34－23号公文により、韓青、韓学同に対し、傘下団体認定取消を、七月十二日付で通告した。

同公文は、受信を韓青会長と韓学同委員長にし、本文は「認定取消に関する件」と題し、本文は「去る第二十回本団定期中央委員会において、貴団体に対して、傘下団体認定の適用を取消すことに議決されたから、ここに通知する」としている。

[illegible]

憲政、形式より内実
朴大統領、24回制憲節慶祝辞

朴正煕大統領

（要旨）このたびの南北共同声明は、私の重ねての武力挑発放棄要求を、北韓共産主義者が受け入れたもので、新たな民族史の序章であり、平和統一を指向する、民族の偉大な前進において、その第一歩であり、平和統一を念願する五千万同胞が武力統一のみを、固執して来た北韓共産主義者からおさめた勝利の最初の勝利なのである。

しかし、われわれが、はっきりつかむべきことは、この勝利の第一歩はそれすなわち試練と挑戦のはじまりを、意味するということである。

われわれは、去る4半世紀の間積み重ねられた敵対感情と、不信の障壁に対して、ようやく、小さな、しかし民族の命運がかかっている、対話の道をつくりだしたけである。

真の勝者は、最初の小さな勝利におごらず、最後の勝利のため、鎮静な、毅然たる姿勢を以って次の対話にそなえるべきである。

われわれは、今まで憲政制度を運用する過程で、果して、代議制度の名の下で非能率に甘んじていたことはなかったのか。

自由のみを、分別なく主張したあまり、社会紀綱の確立をも独裁だと決めつけたことはなかったかかつまた、民主主義が、あたかも分裂と派争を意味するものとして錯覚したことは無いかを反省すべきである。

われわれは、今後、民主制度の運用が、形式の次元からでなく、実質的な内実の次元から、より効率で能率的なものへと発展すべきだと思う。

このようにすることこそ、南北間の対決において、われわれの民主体制が、共産独裁体制より、きわめて優れたものであることを実証する道であり、かつ、われわれの体制が共産体制と対決して勝利をかちとる道でもある。

今や、北との対話を前にした対決において、われわれが理解を正しく認識する道は、…[illegible]

全国で記念式ひらく
民主体制の優越性強調

第24回制憲節記念式典が、17日全国の都市で盛大に行なわれた。

ソウルでは、この日、午前10時から市民会館で、白斗鎮国会議長、閔復基大法院長、金鍾泌国務総理、会議員、閣僚、内外貴賓をはじめ、政府職員、市民、学生、3千余名の参席裡に開催された。

式は朴正煕大統領の慶祝辞（別項）につづいて、団の「制憲の歌」斉唱を最後に、30分で終った。

北韓の履行注視
韓国新聞協会南北声明を支持

韓国新聞協会は民族の宿願である祖国の平和的統一のために発表された南北共同声明に関して、一九七二年七月六日・理事会の決議を経て次のとおり宣言する。

一、南北共同声明は平和的統一を達成するうえで民族と全国民の念願に符合的な決断であると確信し支持する。

2　このような統一政策的な追求は民族的な次元で同族相互の葛藤が再び起ることのないようにすると同時に半世紀に亘って外部勢力で断絶された祖国の統一を…[illegible]

[illegible]

八人を懲戒処分
鄭在俊らは加重で五年停権
郭東儀もついに三年の停権

[illegible]

李耕権―規約違反内容や停権三年間（前韓青宣伝次長）

高昌拳―右に全く同じ内容で停権三年間。（前韓青副委員長）

韓国人青年会で発足
韓青・韓学同認定取消に措置

先の第20回定期中央委員会では、韓青および韓学同に対し民団の傘下団体としての認定を取消すことに決定されたが、このたび当決定に関する実施措置が、中央本部組織局から各地方本部へ次のように指示された。

1、既存指導委員会を構成、傘下団体を積極指導することとし、指導を受ける青年、学生の新団体は、在日韓国人青年会という名称のもとに集結するよう指示した。

[illegible]

訂正　七月十五日付本紙一〇四五号第20回中央委員会ひらく欄下の記事中「国際都東本団長代理」は「国際都東本団長代理」の誤りで訂正します。

ミカン研修生よぶ
済州開発協会で12人

済州開発協会、肝入りで済州道から指導研修生十二名が来日し、十五日から向う一年間の研修を行う。一行は韓国の南国済州島からの十二人で、一年間の研修を受けるという。

東京サマーランドで
関東地協光復節慶祝大会

民団関東地方協議会（尹達鏞事務局長）では、同会主催の第二十七回光復節記念慶祝大会を八月十五日午前十時から、八王子にある「東京サマーランド」で開催することにした。

サマーランドは、東京都秋川市上代継字南原600にあり、大プールや植物園など総合レジャーセンターで、交通の便は、中央本線で新宿から35分の八王子駅下車、京王線では35分の八王子駅下車。

当日は、祝日であるだけに、主催者側では、レジャーを兼ねての家族連れ団員の来場を歓迎している。

会場電話（〇四二五五二一六五二一）

八月八日に臨時中央大会

さきほどの第二十回中央委員会で決議された、民団中央の第三十五回臨時大会が、来る八月八日午前十時から、東京九段会館でひらかれることとなった。

召集公告

本団規約第3章第1節第13条によって第35回臨時中央大会を次のとおり召集する。

記

一、日時　一九七二年八月八日（火）午前十時
一、場所　九段会館（東京都千代田区九段下）
一、議題　1、第20回中央委員会報告
　2、規約に関する件
　3、任員改選

一九七二年七月二十日

在日本大韓民国居留民団中央本部
議長　張　聡　明

南北交流、目前に迫る！

第一回南北赤十字本会談

八月五日開催で合意

ソウルか平壌かは次の会談で

南・北赤十字会談は、いよいよ八月五日に、本会談をひらくことになり、ここに韓民族宿願の南北交流実現の第一歩がふみ出されることになった。両赤十字は、十九日午前十一時から、板門店の中立国監視委員団会議室で第二十二回予備会談をひらき、その席上で、ソウルと平壌で本会談を交互にひらく代表団問題で合意、本会談を八月五日にひらくことでも原則的に合意を見た。

首席代表問題も合意

赤十字正副責任者で

営林公社を新設

21標準樹種指定地域別に団地

南北経済競合

可能性に対備

外国資本の対韓進出促す

韓日漁業委

本会議開く

海上事故処理など討論

上半期15万に迫る

外来観光客で三千余万ドル稼ぐ

統制線南方を開発

30世帯移住し農業を

南北間の物資交流

マンモス日本人観光団ソウルへ

近鉄が募集した三千名の第一陣

解説

南北共同声明は何を意味するか

（2）

統一は民族の至上課題

成敗の鍵は約束の遵守から

3、基本政策との関連はどうであるか

観光客の聖地、慶州仏国寺の壮観

国内供給ふえる

輸出用原資材

団長に朴鐘氏再選

山口県地方本部定期大会ひらく

輸出8億ドル突破

45・9パーセント達成

日本船加害件数

韓国の二十三倍

韓日漁業協定発効後

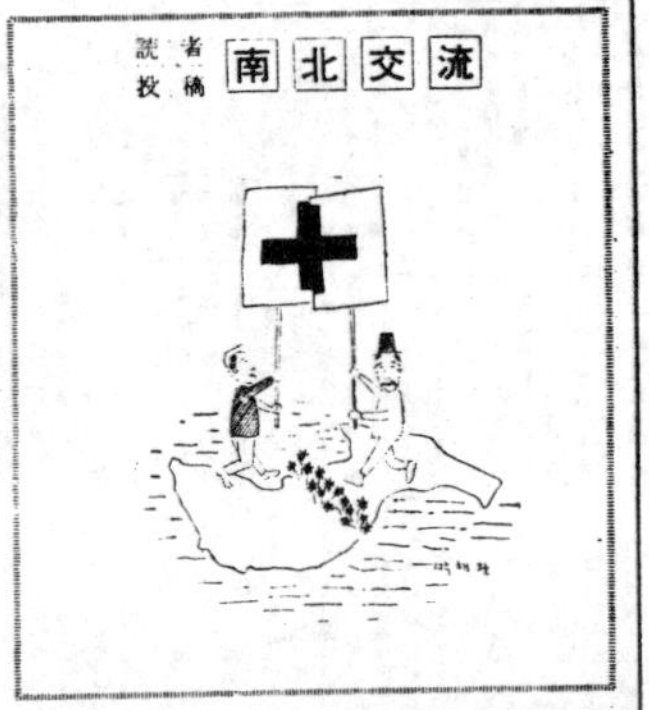

お願い

全国民団地方本部、各支部、分会等における大会、総会、役員改選等、また、在日同胞社会に関係のある事件、催し等に及ばず、団員みなさんの御意見、御感想などを紹介したいと思います。読者皆さんの御通知、御投稿の程をお待ちしております。

韓国新聞編集局

文船長、自由の祖国へ

重労働でひどい衰弱

サハリン抑留同胞も目撃

出身地では歓迎騒ぎ

療養後家族のため働く

大韓民国万才！ ソ連から釈放され、423日ぶりに釜山水営国際空港タラップをおりながら万才を叫ぶ文鍾洞船長

昨年5月31日、カムチャッカ半島沖で操業中、船員14名とともにソ連警備艇に拿捕された文船長は、……

新団長に朴成準氏

孫前団長ら不信任

神奈川県本部　不純分子妨害の中で大会

朴成準氏を新団長に選んだ神奈川県地方大会

中央宣伝局公報文発表

まだ応じられぬ

朝総連との集会

組織整備協力強調

都内支部団長会議

八百六人が出発

第七回夏季学校

〈学生引率団〉

宋贊鎬公使歓迎

和やかな晩さん会

写真は領事人、経済人でにぎわうパーティ

戸籍の重要性（下）

在日韓国人戸籍問題研究所

五、戸籍訂正はなぜするのか？

（1）無形の戸籍とは？

（2）有形の戸籍とは？

韓日協定永住権者の出生子女に対する永住権申請手続に関するお知らせ

記

（一）出生申告は出生日より十四日以内。

（二）外国人登録手続は出生日より三十日以内に居住地の市、町、村、区役所に申請する事

（三）在留資格取得は出生日より三十日以内に管轄の出入国管理事務所に手続する事

（四）協定永住権者の子女として一九七一・一・一七日以後に出生した子女は、出生日より六十日以内に必ず永住権許可申請をしなければなりません。万一六十日以内に永住権申請をしなかった場合は永住権申請資格を喪失する事になりますので特に注意して下さい。

中央本部民生局

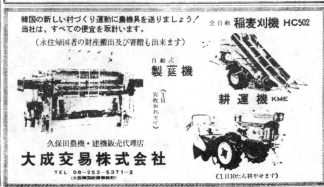

韓国で「前方後円墳」発見

忠清南道扶余郡内の五カ所

韓日古代交流に新事実

日本固有の古墳様式であり、今までにも日本だけで発見されてきたといわれる「前方後円墳」とそっくり同じ外形をしている丘陵が韓国忠清南道扶余郡内の五カ所で発見され、またもや韓日両国考古学界の話題を集めている。

これは、訪韓中のデンマークのエスピア博物研究所ユテ・ラオソン氏が初めて発見したもので、慶熙大博物館長黄教授と高麗大博物館主任尹氏は、十七日、三回行なった現地調査と空中写真撮影の結果、前方後円墳だと断言した。

たとえば、その一つは長さ約二百米、高さ約十米でたんぼの中に突出しており自然の山ではない。

黄、尹両氏は❶丘陵の土質が周囲の黄灰石粘土とは異なる粘砂質積土であり❷古墳に使われたと思われる石材が発見され❸周囲の山と続いていないので前方後円墳に間違いないという。たまたま訪韓中の関西大網干（あぼし）教授は「空中写真をみれば、確かに前方後円墳に似ている。もし、そうだとすれば韓国はもちろん、日本の古代研究にも大いに役立つだろう」と語った。前方後円墳は三世紀末ごろから主として日本の関西地方にあった古墳である。

扶余は百済の最後の都で、新羅に攻めほろぼされたが、百済から仏教をはじめ漢学が日本に伝わるなど当時の日本と百済の関係は深く、もし今後の発掘によって前方後円墳であることが確認されれば、先の高松塚古墳壁画発見と並んでまた興味ある史実が明らかになるものと期待されている。

韓日文化シンポジウム開く

第二回韓日文化シンポジウムが、八月十三、十四日の両日ソウルのタワーホテルで開かれる。これは韓日協力委文科委が主催するもの。第一回は昨年十一月東京で開かれている。今度の会合には韓国から六十余人、日本から四十四人が参加する。

仏図書館で新羅唐関係史料発見

フランス国立図書館で中世中国の記録文書の中から新羅の僧侶[illegible]と[illegible]の政府間[illegible]と三国時代の民衆庶民の雇用契約書、新羅人の[illegible]に関する記録等貴重な資料が発見された。

映画政策にも弾力性もたす

映画界は、南北共同声明発表以後、明るい期待に満ちている。映画関係者によると、(1)映画部門に対する政府の強力なあと押しがありそうだ(2)北韓の図式的な映画とは異なり、韓国映画に自由な雰囲気を感知できるよう関係当局の規制緩和が実施される可能性が強いとみられている。

鄭薫姫さんの「タンシン」（あなた）アテネ歌謡祭入賞

韓国[illegible]委員会は10日午前、アテネで開催された第5回国際歌謡祭（7月6日～9日）で鄭薫姫さんが歌った「タンシン」（あなた）がベスト7に入選、入賞[illegible]も授与されたと発表。

崔唐渉氏新作「シャローム・エルサレム」

韓国記録映画作家がますます困難になってきている中で、記録映画作家・崔唐渉氏はまたも意欲作を創った。去る七月八日、在日同胞の[illegible]である[illegible]の主催で、太平スタジオの試写室で崔監督の新作「シャローム・エルサレム」が試写された。

崔監督は「高麗村」「萬博」、「三・八度線」と「一万才」などの民族文化シリーズで、わが民族に深いかかわりをもつ貴重な主題を取り上げて来たが、今回の新作はいままでの作品とは趣を異にしている。日本にはシオニズムに共鳴する隠れたクリスチャンがいて、彼らは何れの教会教派にも属さずその名を「無教会の幕屋」と呼ばれており、この作品はこの「無教会の幕屋」と呼ばれる三百名の聖地巡礼の旅程を記録したものである。内容を簡単に紹介すれば、聖書をもとにする無教会の幕屋は、信仰の父アブラハムを、イサクを、ヤコブをそしてモーゼを、多くの神の人を生み、またイエス・キリストも歩いたという聖地パレスチナの首都エルサレムを魂のふるさとと呼び、それらの聖地を感動の中に巡礼し、現地イスラエルの人々との交流の姿を丹念に記録し三巻にまとめたもので、またもや、注目される作品となった。

学界、往来に備え北韓研究へ意欲

これまで技術的に難点があった北韓に対する学術研究が、新しい関心を集めている。現在北韓および共産圏に関する資料を扱っているところは高大アジア問題研究所、行政問題研究所、慶南大の3大学と3新聞社、2図書館、それに政府機関およびその他団体など全部で18個所が政府の許可を得ている。このように北韓に対する研究は狭く限られたものであったことは否めない。また共産圏問題に関する論議のたびに常に引っかかる問題は法律との関連性。このため学界では法律の改正を要求する声も出ている。

政府はこれに対し大学、言論および共産圏問題研究所（社団法人）などで自由に「北韓の実情と実像」を研究できる雰囲気の造成に格別な配慮を施す方針であると伝えられる。そして又、こうした公共機関で今後、共産圏問題研究所を設置、資料購入時には最大限の便宜を図る方針である。

真興王巡狩碑遺址史蹟指定

文化財委員会で

文化財委員会は13日、北韓山新羅真興王巡狩碑の遺址を史蹟として指定、碑を移したあともひきつづき保存することにきめた。

文化財委は、また忠清道[illegible]郡所在の[illegible]、万余寺、鉄造如来座像を国宝として、忠北報恩郡[illegible]三年山城を史蹟として指定した。

三年山城は、現在残っているわが国の山城のなかで本城の規模がたしかで、原形が完全に保たれていることで有名である。

望郷

陳　政　白

慶尙[illegible] 河東땅은 산기좋은 고장이오。
고향 떠난 30여년에 내 고향을 찾어서니、
옛 모습 간곳없고 낯선 靑春 뿐이네。
어와 靑春 젊은이들、내 하소연 들어보소
黑髮에 떠난 고장、白髮에 還鄕하니 만
사가 새로운고 山川조차 변모했네。
나라에 忠誠하고 國土防衛決意하여 民族
은 團結하고 兄弟간에 우애하며 烈士烈婦
기약하여 이 江山을 보전하여 永久万代子
孫에게 길이길이 伝하소서。先祖代代 모신
고향 내가 어찌 버릴소냐。
外敵의 [illegible] 행패、心苦万難 [illegible]
幸이 [illegible] 우리 國土 [illegible]、아끼
고 [illegible] 이 [illegible]하세。
[illegible] 無窮하게 [illegible]。
（投稿）

奇蹟ではありません

聾唖、精薄児の演劇公演

話し・歌い・踊る天使ら

[illegible]以来の[illegible]に苦しむ聾唖の子どもが、言葉を話し歌を唱う。奇蹟ではない。絶望のさなかでの言葉の勝利である。

韓国口話学校（ソウル麻浦区旧水洞21）が19日、3・1堂でもよおす開校10周年記念公演で、幼稚部、初等部、中等部の聾唖児童と精神薄弱児がくりひろげる、歌と踊りの学芸会である。公演のハイライトは、聾唖児童をめぐるある家庭の哀歓をつづった演劇「奇蹟じゃないのよ」である。

平和な家庭に生れた唖の子ども「ソンチル」のため、父親は悲しみ、次第、アル中となり、狂暴な父の振舞いにこらえ切れず、母は「ソンチル」をつれて実家に戻った。

1年後、妻に離婚同意を求めに来た父の前で、ランドセルを背負って現われた「ソンチル」は、はっきりと呼びかける。「お父さん！」

——「これは、奇蹟ではないか」という父に、「それは奇蹟ではありません」と涙ながらに微笑みながら、血の惨むような教育の結果を語る母の姿で家庭はふたたび平和をとり戻すということで、幕はおりる。

主人公「ソンチル」役を聾唖の金泉鉉君（10・初等部3年）がこなす。

抑揚と高低抑揚の調和が不可能な聾唖特有の言葉を意識するのかどうか、熱心にセリフをくりかえす金君には、劇自体が自分がたどって来た自分の経験である。

金君の父親である金相仁さん（39・麻浦区食前洞39）は予備役陸軍大尉。勤務処を転々としながらも、あらゆる努力を重ねたが結局無為に終り、金君のため予備役を前編入し、去る66年、現在の口話学校の前身である「聾唖幼稚園」に入学させ、学校の前へ引越した。

舌を動かす筋肉のためくちびるに神経をぬってやるお母さんと砂糖のすじをたどりながら、舌を廻す子。この子が「お父さん、ぼく話せるよ。僕は唖でないよ」。不完全ながらも、拾うようにセリフを口ずさみながら、ジェスチュアを使う金君は、演出担当の徐圭鎬さん（29歳・6年担任教師）お母さん役の趙[illegible]姫さん（20・KBS・TVタレント）など、まわりの人々を何度ともなく泣かせた。

合唱と舞踊の練習をしていた、他の児童も、このリハーサルを興味ありげに見る。

お母さんと金君が抱きあって泣くシーンでは、顔を曇らせ、主人公が話を始めるや一斉に歓声をあげ、父親との温かい家庭が築かれる場面では、どっと拍手が湧く。

「お礼をすれば「すみません」というべきところを「ありがとうございます」といってしまう子どもを見ると、われしらず、抱いて泣いてしまう」という教頭の金加世子さん（[illegible]）は「社会は、この子たちに、より温かい目を向けるべきである」といいながら、金君の肩をなでていた。

学芸会の合唱には、学生が、全部参加する。楽譜を持って、指揮者の、口の動きを追いながら、熱心にうたう歌には抑揚と音の高低が無い。

「しかし、リズムを身にしませ、メロディーの感覚を吹き込むのは、上手な歌をうたえるようにではなく、より調和的な自己表現を助成するわが校の教育重点の一つです」

創立者である崔[illegible]校長の話である。

聾唖児童の合唱は「指揮者の口の動きを追ってそのとおり口を動かす」矯正の過程である。

洪吉童傳 (十七)

許筠著

訳・編　洪　相　圭

彼はここが地獄への一丁目とでも思っていたのであろう。

上座より、にわかに朗らかな笑い声がおこり、御殿のまらしい人の整った相好が笑いでくずれ、いかにも愉快そうに話しかけてきた。その声はずっとくだけて、仕事のものらしかった。

「おい、おい、おん身の目はまるで節穴じゃな。地獄にでも引きこまれたような顔をしているが、ようく、わしの顔を見よ。わしがほかならぬ活貧党の頭領洪吉童じゃ。聞くところによれば、その方がわしを捕えると広言していたとのこと。それでそちの胆力をも試す一方、前後のどうかも知りたくて昨日はわざわざ小作をやって、そちを迎えさせたのじゃぞ。そちの力では手に負えないということも知らしめてやる目的でな」

といいつづけながら、左右の壮士どもに命じて李洽の捕縛を解かしめ、上座に招いて酒まですすめた。

「むだ足を踏まずにとっとと帰れ。そちらがなんぼ力んでみたところで、わしを捕えることができるものではないわ。帰ってもわしに会ったとは言わぬが上策であろう。わしに会ったといえば、そちもただでは済むまい。」

と穏かに諭しながら酒をすすめた後に、左右に命じて無事に帰してやるように命じた。

現か？ 幻か？ 魂の抜けた蜆の殻みたいな状態に陥って、今更ながら洪吉童の神秘な力に畏れ戦きながら、御殿を抜け出ようとしたら、これはまたなんとした変化狐狸の業であろう、身動きが利かないのだ。李洽はもう一度気をしずめて検べて見たら、自分は今、あの幻のような御殿にいるのではなく、それとはおよそ似ても似つかない一つの皮袋の中にとじこめられているのを悟った。手足をもがいて、やっと袋の中から抜け出た李洽は、少し前に確かに自分の目で見た御殿、はら[illegible]の壮士らを目で捜したが、煙のようにかき消えたのか見まわすかぎりは、寂寞たる深山幽谷であり、今やっと、抜け出た皮袋と同じもの三個が大きな枝にぶらさがっているのが目につくだけであった。李洽はその三つの袋をおろして、解いて見た瞬間、また一驚を喫してしまわなければならなかった。

袋の中には京で共も身近く連れていた腹心の捕吏らが自分と同じように込められていたのであった。四名の主従は、ただ呆然としておたがいにまじまじと顔を見合わせるばかりであったが、しばらく後には、ほとんど同時に、同じようなことばが、四つの口をついて出た。「これはなんの仕業だ。我らが京を発つ時には関東で会おうと約束して、分れ分れになったはずだが、どうしてこんな所で会うことになったんだ。」

そうして今いる所がどこかと、よくよく見れば、どうも見馴れた達山の麓が京から遠くない、はずれであることを思わせた。なんと漢陽城のすぐ北にある北嶽の山中に外ならなかった。

四人はもう一度あきれて、目の下に広がっている漢陽城府内を見おろし、何もいえずに顔を見合わして驚くばかりであった。

まっさきに李洽が口を開いた。

「お前らはどうして、ここにきたのか」

と尋ねたら三人は口をそろえて答えた。

「それがしらはある所で、しばらくの間でも目をとじて疲労を癒してみようと思いましたのです。どうも夢か現か、今でもはっきりしませんが、とにかく激しい暴風雨に襲われ、それを避けるため来るともなくきたのが、ここということになります。どうも我ながら合点がゆきかねます。狐狸のいたずらに、だまされたようでございます。」

李洽はそれを聞いて、

「物笑いの種になりそうだわい。だから、お前たちもこのことを絶対に人々にもらすな。口をこそあれ一利ないことだからな。吉童という凶賊の変化は実に人知の測り知れない空恐ろしいところがある。神出鬼没とは正にあれをさしていうのであろう。人の力で捕えられそうもないわ。だからといって、我らがこのまま手を空しくして帰れば、必ず罰せられることは必定であろう。何カ月かをぶらついたあとで帰るより他に手だてはあるまい。」と、話しながら、山をおりていった。

李洽の不首尾はすでに京洛一円に広がって、洪吉童騒ぎをますます大きくしたばかりか、朝廷のご威光にも影をさした。

聖上は痛く震怒せられ、八道をあげて、吉童を捕えるのに総力をつくすよう、厳命を下されたが、いたずらに騒ぎの輪を大きくするだけで、何の効果もなかった。流言は京洛の巷を賑い、撒言は村落のすみずみにまで走った。

こんなに騒然とした物情の中でも、吉童は軺軒（乗物の一種）に悠然と乗って、都の大通りを狭しとばかりに、往来するばかりでなく、もっと大胆なことを平然とやってのけていた。

すなわち、参上の日を予告して公然と地方官署を襲い掠めることであった。

ちょうど、朝廷の大官が各道の長に何月何日にゆくから、そのつもりで迎えの準備をせよというふうに。そしていつもその日時と刻限は寸分も違わなかった。

韓國新聞
在日大韓民国居留民団中央本部機関紙
韓國新聞社
発行人 李禧元
東京都文京区春日町2丁目20—13
電話 (815)1451〜3
(813)2261〜5
振替口座 東京 163774

民団綱領
一、われわれは大韓民国の国是を遵守する
一、われわれは在留同胞の権益擁護を期する
一、われわれは在留同胞の民生安定を期する
一、われわれは在留同胞の文化向上を期する
一、われわれは世界平和と国際親善を期する

朝総連との集会は不法
政治的悪用は断固排撃

閔らベトコン一味が策動
大田集会は不法行為
中央の中止指示に逆らう

民団規約の度重なる違反で、停権五年を通告された前東京本部議長閔泳相は、中央の集会中止指示にもかかわらず、自己の住みなれた地元の利(大田区居住)を幸いに、南北共同声明を歓迎支持するとの大義名分の下にかくれ、民団大田支部の名を勝手に使用、都内大田区民会館において去る二十三日、朝総連との合同集会を催すに至った。そして、民団側の主動人物には、同じく停権五年の鄭在俊ほか郭東儀、羅鍾卿ら不純分子らが関連しており、民団組織の混乱と破壊をますます助長している。しかも、この日の集会には、閔ら極く少数のベトコン派を除いて、そのほとんどが朝総連の系幹部や同胞が集まった事実から、これは明らかに朝総連側の一方的な政治的利用であり、真に祖国統一を祈願しての純粋な民衆の集いではなかったと、中央では、これを排撃する次のような声明文を発表、その態度を再確認した。

民団の名儀を盗用
集会参加はほとんどが朝総連系

声明書

一九七二年七月二十三日、南北共同声明を支持する、いわゆる大田支部同胞会議という名目で、朝総連と合同民衆大会を開いたことに関しては、去る一九七二年七月二十日付、中央の東組発第七号をもって、不純集会中止の指示を通達した如く、民団とは全く関連性のない不法集会であることを再闡明するものである。

民団の名称を使用して、同集会を誘導した主動人物の閔泳相、鄭在俊、郭東儀、裵東湖、羅鍾卿、金君夫、李鋳植、高昌[illegible]等は、既に、民団組織から反体制、不純分子として処分措置された者たちで、極少数民団員(呉宇泳、趙活俊、郭栄月等)が参加したのは、在日ベトコン派の追従者に過ぎないのである。

東京都内の善良な民団員は、ただの一人も参加しておらず、朝総連が主体となり、民団から不純分子として処罰された対象らともった同集会は、民団とは、何等の関連のない朝総連が独自的に、民団の名儀を盗用して開催した不純集会である事を言明するものである。

国家、政治的な次元で行なわれている七・四共同声明に対し、民団としては、同声明に対する誠実な実践を見守りながら、民団の次元で、これを支持するも、同声明を政治的宣伝に悪用する行為は、一切これを排撃する。

一九七二年七月二十四日
在日本大韓民国居留民団中央本部
団長代理 尹達鏞

朝総連に利用されるな
国是を遵守する模範国民たれ

荒川支部、団員に緊急通達

南北共同声明後、あたかも統一が今にも実現するかのような錯覚におち入っている同胞たちが見うけられ、共同集会など、朝総連の宣伝に利用される危険が多いことから、民団々員は、これらの不透明な誘惑にのらないよう、都内荒川支部では管下団員に、次のような緊急通達をした。

(一) 南北共同声明は、南北双方の高位政治会談によりもたらされたもので、その意図を深く認識して、合意事項が実現されるよう関心をもって、成果を期待しなければならない。

(二) 対話の相手が、私たちとは違って、思想と利害と社会制度が異なる北韓であるだけに、南北対話の進展が成熟するまで、国民的自覚により自重しなければならない。また国民である私たちとして、統一に対する政治論議とか行動は、時期尚早である。

(三) 七月二十三日にあった民団大田支部と、朝総連大田支部合同支持大会は、民団東京本部直轄監察委員長が、中止警告(東本直監第34—35)を通達したが、民団組織の系統と本部指示を無視して強行されたから、団員皆さんは、この事実を特に周知されるよう望む。

(四) 今後、南北共同声明に関連したどのような集会にも、当支部民団長名義の公文通告なく、参席してはならず、万一、参席した場合は、これは国是と民団規約を犯した不純不法集会に参加したものとして処罰せざるを得ない。

(五) 前記各項に留意され、民団は前と変りなく、本国政府の施策と中央本部の指示により団結力を強化しているから、団員皆さんは、国是を遵守する模範国民として、当支部に倍前の協力を惜しまないよう望む。

全組織波及の恐れ
共同集会処断せよ
尹団長代理 李監察委員長に要請

民団中央本部の尹団長代理は、七月二十四日付、韓居中組第34—二二九号公文を通じ、李寿成監察委員長に対し、七月二十四日付、韓居中組第34—二二四号公文で、「七月四日、ソウルと平壌で、同時に発表された南北共同声明に対しては、本団がこれに対処する態度と方針を指示したにも拘らず、大田支部では、敵対陣営である朝総連と野合して、七月二十三日午後一時に大田区民会館において、いわゆる"南北共同声明支持歓迎大会"を、大田支部と朝総連が共同で主催したということは、本団規約に違背するのみでなく、政府方針にも背馳するものであるから、査察を要請する」との査察依頼があったことを再確認し、この不純集会に関する具体的な名単が入手されたから一部添付すると、し、この主動的役割をした者たちに、規約に明示された通りの処分措置を早急にしなければ、組織全体の規律を正しく把握することができないばかりか、全組織に波及する恐れありと、厳重にその処断を要請した。

なお、尹団長は、六月五日付、韓居中組第34—九九号でも、李監察委員長に対し、去る四月十八、十九の両日、東本、韓青、韓学同一部幹部らの、中央三機関長、幹部に対する暴言、脅迫、暴行、監禁など乱動事件に関し、徹底的な査察を要請したことがある。

不法合同集会中止
大田支部に公文で指示

朝総連では、去る二十日の日本記者団との会見で、民団へ共同集会開催を申し入れたと一方的発表をする一方、中央本部にも共同集会を呼びかけるなど、しきりに、さきほどの南北共同声明を政治的に利用しているが、民団中央では、この種の共同集会呼びかけに対し、今のところ応じる方針は全くなく、もうすこし冷静な判断期間をおくものとして、軽率な言動にはしらないよう全国に通達しており、さる二十日付の民団東本直轄本部組織部長名義の公文(写真)でも大田支部団長代理あてに、二十三日付の公文で、朝総連との共同集会を中止するよう指示している。

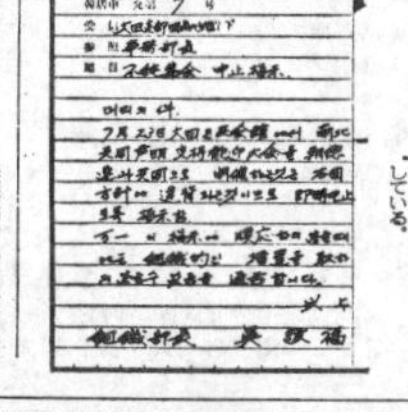
在日本大韓民国居留民団中央本部
1972年7月24日
韓居中 発第 7 号

韓日漁業会議
十三日、共同声明採択

ソウルで開かれていた第七回韓・日漁業共同委員会年次会議は、海難救助および緊急避難協定を締結することの漁業資源保護のための調査研究を推進することなどを骨子とした共同声明を発表して十三日閉幕した。

朝総連の手先糾弾
統一を妨害する売国、売団行為
東京各支部三機関長声明

去る二十三日、民団大田支部と朝総連大田支部が、大田区民会館で、いわゆる南北声明を支援する共同集会をひらいたことに対して都内各支部三機関長及び事務部長は、この集まりは、不純分子らが朝総連の手先となってひらいた不法集会であり、真の統一事業を妨害する売国、売団の不法行為であると、このほど糾弾文を発表した。

なお、民団大田支部の前団長、閔泳相ら一派は、中央の停権処分をうけた鄭在俊ら一味の不純分子集団で、既に同支部は東本直轄本部の管下に属しており、五年の停権処分をうけた閔泳相らが民団の名称を詐称、集会をひらいたことは不法である。

糾弾文

今日、東京都内各支部三機関会議の決議をもって、民団大田支部名儀で乱送した、韓居大田支発第二八九号怪文書に対し、厳重に糾弾する。

7月4日、ソウルと平壌で同時に発表された南北共同声明は、南北間において、軍事的な衝突を避け、平和的な手段で国土統一をなしとげようとする、国家的次元における声明である。

同声明の背景と、これに対する本団の態度に対しては、明白に指示したにも拘らず、民団大田支部では上部組織の指示を無視して、敵対陣営である朝総連の手先となり、不純集会をもよおすというにいたっては、本国・本団行為であるにとどまらず、かえって、統一事業に妨げとなる行為であると、これを糾弾する。

かつ、同集会が、旧東本利敵行為者たちの残党である不純勢力が、朝総連と結託して、善良なわが民団員を欺瞞誘引して、本団を破壊しようとするたくらみであるため、われわれはこれを徹底的に粉砕することを決議する。

一九七二年七月二十二日

渋谷支部団長 金勲瑛
台東支部団長 李鎮浩
〃 議長 趙弁訓
〃 副団長 李柱熾
文京支部 団長 金尚弘
〃 事務部長 宋成復
練馬支部事務部長 諸兌鉉
板橋支部 副団長 金鍾声
〃 副議長 池栄沢
〃 監察委員長 崔甲出
〃 委員 許元道
江東支部 団長 金光和
〃 議長 呉真洙
〃 監察委員長 全賢漢
荒川支部 団長 高昌運
〃 副団長 李石規
港支部 団長 金周健
〃 事務部長 金鍾大
葛飾支部 団長 金玉男
〃 監察委員 文明煥
〃 事務部長 [illegible]元植
豊島支部 団長 金照波
〃 事務部長 金時元
新宿支部 副団長 蔡洙仁
〃 事務部長 李昌夏
足立支部団長 金周奉
〃 副議長 [illegible]元
〃 事務部長 金潤道
目黒支部団長 姜高元
〃 事務部長 方永吉
世田谷支部 〃 宋信寿
江戸川支部議長 鄭昌煥
中央連合支部団長 金容太
〃 事務部長 金東圭
北支部監察委員長 羅大煥
〃 副議長 李俊根
〃 事務部長 明博文
墨田支部 団長 洪象観
〃 副団長 姜尚用
〃 議長 朴周植
〃 副議長 申伯南

◆右署名は、発表に参席した各支部の三機関代表と事務部長。

徹底的懲戒処分を要請
大田共同集会で
組織整備委員会

民団組織整備委員会では、七月二十四日午後六時から委員会をひらき、組織を混乱させている不純分子らを除去する問題等に関し、真摯な討議を重ねたすえ、大田支部に対する懲戒処分を徹底すること、諸般対策を地方本部及び都内各支部に依頼して、民団正常化のための正論を普及させること等に合意をみた。

豊島園で開催
光復節記念大会

第二十七回光復節を迎え、民団関東地方協議会では、その慶祝記念民衆大会を、八月十五日午前十時から八王子の「東京サマーランド」で開催する予定だったが、会場を都内随一の行楽施設を誇る豊島園(練馬区向山三ノ二五ノ一・電話九九〇—三一三二)内のローラースケート・リンクに移してひらくことになった。

交通の便は、西武線池袋駅から豊島園行きに乗車、終点で降りればよく、入口正面に駐車場(三百円)もある。なお、大会参加者に限り、入場無料となっているから、リクレーションを兼ねた団員家族の来園を主催側では歓迎している。

本國論調

サハリン同胞対策
日ソ間で送還交渉せよ

文船長がもたらした涙の消息から

ソ連領海を侵犯したという疑いで裁判にかけられ、サハリンで服役生活をしていた第55東盛号の文鍾同船長が昨秋のように四百二十三日目に故国の土を踏んだ。文船長とその家族はこの瞬間も、相抱き合って"喜びの涙"にむせていたが、文船長は"喜び"とはうらはらに、サハリンではなお、ふるさとを離れたまま「いつ帰れるのか……」と望郷の涙にかきくれている一群のいることを伝えた。その数は一時、四万といわれたが、いまでは正確な数も把握できぬほど、忘れ去られた存在になりつつあるという悲しい知らせだった。

金浦空港に降り立った文船長を迎えた人びとの波は彼にひとしお"故国の土"の喜びを味わわせたようだ。しかし、文船長はその"喜び"にひきかえ、サハリンになお、数知れぬ"ふるさとなき人びと"が涙の生活を送っていると伝えた。第二次世界大戦が終わってからでさえも、すでに二十七年。

戦争当時、日本の軍事政府によって徴用され、労働力としてサハリンに送られた人びと、あるいはそれ以前に、生業(なりわい)を求めて、遠くサハリンの地へ渡ったままの人もいる。中にはすでに四十年という歳月を過ごしたという人もおり、かれは、当時紅顔の美少年だったろうに、いまは白髪となり、ただむくつけく、死の訪れるのを待つのみ……という悲惨さだ。

夫は生きていた…
金ばあさんの場合

これらサハリン同胞の"帰還問題"は当然、日本政府の戦後処理問題の一つであった。にもかかわらず、日本政府は、かれらが戦後はもう日本国民ではないという理由で、対ソ交渉段階において非常に消極的態度を取ってきた。

文船長はこんどの帰国で、サハリンからの便りを持ってくるに当たり、三十四年前に単身でサハリンへ渡った徐向根老人の家族たちに伝えた。徐さんの妻、金ばあさんは二男一女を育て上げてまだ健在だが「もう死んだとばかり思っていた……」と涙にかきくれた。

金ばあさんは夫を忘れ得ず、毎年お盆には徐さんの"霊"を弔っていたという。

このように、まるで運命のいたずらによって"さいなまれた"人びとが、サハリンにはかなりいるということだ。

戦後、サハリンがソ連領となった理由により、こうした同胞らの六〇%は北韓の公民権を取り、二五%がソ連国籍を取得している。その方が生活する条件がよかったからだということは無論だが、しかし残りの一五%はいまだに無国籍のままである。

なぜ、居住地選択の自由がないのか

われわれとしてはサハリン同胞が北の市民権を持っていようと、南側であろうと、そのようなことに関係なく、純粋に人道主義的見地から、これらの人びとに"居住地選択の自由を"と叫ばずにはいられない。故郷に帰る自由もないということは、ひどいことではないか。

われわれはソ連当局がこれほどまでに長く、居住地選択の自由を与えずにいることを理解することができない。

サハリン同胞はまさに、日本軍国主義の犠牲者だ。

かれらの多くは貧民で労働階級に属していた。だが、われわれは、これらの人びとが、いかなる"罪"のもとでこのようにみじめな晩年を迎えなければならないのか、理解に苦しむのである。

日本はいま、これらの人びとの送還交渉を、送還費用問題でためらっているといわれる。しかし、もし、日本が本当に文明国だというならば、人知れぬ異境にあって、ふるさとをしのびつつ涙にくれる人びとの群れを(それが何国であろうとも)何としてでも「送りかえそう」という努力をしてくれてもよさそうなものだと思う。

それは純然たる人道的見地からしても望まれることなのだが……

ソ連の少数民族対策と日本の責任は

さて、人道精神はさておいても、ソ連は世界最大の雑国の一つである。

このソ連が、少数民族に対する政策をどのようにするか、また法的責任の[illegible]をどのようにするか等問題が日・ソ間で協議されるよう希望する。

4万同胞の流れ島サハリン島のノサップ海岸
(朝鮮日報=SISA)

大阪で七人懲戒処分
反民団・反政府行為を指摘

民団大阪府地方本部監察委員会では、韓国青年新聞第8号の報道内容およびその他の声明書が歪偽の事実により、善良な青年を欺瞞煽動し、反民団・反政府的言動を行ない、一部不純分子の行動隊として、組織の秩序をみだし本団の威信を失墜させたかどとで、関係者7人に対し19日次のような処分を決定発表した。

金博男—5年間停権
朴泰昭—
李泰実—5年間停権
金宗男—4年間停権
申明実—
李泰和—3年間停権
文穆充—

召集公告

本団規約第3章第1節第13条によって第35回臨時中央大会を次のとおり召集する。

記

一、日時 一九七二年八月八日(火)午前十時
一、場所 九段会館(東京都千代田区九段下)
一、議題 1、第20回中央委員会報告
2、規約に関する件
3、任員改選

一九七二年七月二十日
在日本大韓民国居留民団中央本部
議長 張聡明

南北赤十字会談

最終合意にいたらず

本会談場所で対立

次回予備会談で決定

本会談の開催場所をきめることになるとして、内外の注視裡に26日開かれた南北赤十字予備会談では、本会談の進行に関する手続き問題で最終合意にいたらず、27日からさらに実務者会談を開いて検討をすすめ、次回の第二十五回予備会談で合意することになった。

次回予備会談の日程は、南北連絡で決定される予定である。

この日、午前十一時から開かれた予備会談では、韓国側から「代表団、同行記者団の身辺保護に関して保証する」、「本会談のそれぞれの会期は、四日ないし六日間とする」、「会談場外での行動は、主催者側の案内に従う」などの具体的、積極的な提議で、合意に歩み寄った。

ところが、韓国赤十字の提案である八月五日の第一回本会談開催場所を、ソウル、第二回の二十二日には、平壌で開くことに対し、北韓赤十字側は依然として第一回本会談を平壌で開くことを固執し合意に達しなかった。

とくに、北韓側が「本会談には南北の諸政党、社会団体代表を招請する」ことを主張したためこの問題を実務者会談に移して検討することにした。実務者会議は27日から開かれることになるが、結論が出次第、次回の予備会談でとりあげることにした。

人事刷新で強化

兵庫県韓国人商工会

兵庫県韓国人商工会では、六月二十一日ひらかれた第二十一回理事会と、七月十五日にひらかれた第二十二回理事会を通じて、飛躍と発展を期すための刷新強化された新役員陣を次のように選出した。

顧問＝李諸炯
常任相談役＝黄孔煥、姜順費
会長＝姜古煥
副会長＝金寅勲、方賢植
専務理事＝鄭柔
理事＝金福奎、呉永久、金鳳鶴、宋守道、申永鎬、朴龍淳、李春桂、金永培、鄭在叔、朴命寿、徐鉉勲、崔鍾官、李斗煥、鄭鎮植、南彰洙、金成権、李宗祥、金鳳林、陳木述、権枚翊、李大根、鄭琥福、朱徳治、姜順錦、具鍾俊、黄昌守、李錦泰、姜又玉。
監事＝徐鳳教、李義載

明るい対日輸出

五月末、昨年同期より倍増

金鎮顕参事官は今年に入り対日輸出展望がいろいろな面で漸次、明るくなっていると述べ、業界が対日輸出増大のため努力を集中する場合、対日輸出規模は大きく伸びるだろうと指摘した。

金参事官はこの日、わが国の対日貿易構造は今年に入り五月末まで（通関基準）輸入規模は昨年同期より二％減の反面、輸出額は一億二、六七〇万ドルで昨年同期の増加率二七・三％よりほぼ倍に近い二六・五％ポイントが増加した五四・三％の増加率をみせていると述べた。

さらに日本の七一年度の輸出入規模をみる場合、輸出は二三六億ドルで七〇年より二四・七％増加した反面、輸入は三一・五％増加の一五七億ドルで全体輸入規模が伸びるのに加えて輸入が漸次、自由化される傾向をみせており対日準備規模も六月末現在の一五九億ドルに伸びており、今後、対日地域輸出増大のための業界の努力が集中される場合、対日輸出規模は大きく伸びるだろうと展望した。

去る五月末現在、わが国の対輸出規模は昨年同期より四一・五％が伸びた九億二、二四〇万ドルであるが、このうち米国地域増加率は二八・一％（二億五、〇六〇万ドル）欧州など其他地域が五八・七％（一億四、五二〇万ドル）日本は五四・三％（1億二、六七〇万ドル）である。輸入総額は昨年同期より二・二％伸びの九億五、一〇万ドルのうち米国地域が三・九％減の二億八、〇八〇万ドル、日本は二％減の三億五、三五〇万ドル、其他地域が一三・二％増加の三億一八二〇万ドルと明らかにされた。

南北声明を説明

李駐日大使、大平外相と語る

李澔駐日大使は十七日昼、大平日本外相を訪ね、七・四南北共同声明は韓国政府が北との戦争を回避するためにとった措置だと説明、こんごも日本政府が韓国政府と引続き友好協調関係を強めて行くことを要請した。これに対し、大平外相は日本政府の大韓民国や北韓に対する基本的政策には従来どおり変わりがないと語り、今秋の国連総会でも韓国の立場を支持すると約束した。

金日成支配下の再統一目標

米国務省が刊行物

米国務省の共産主義活動に関する刊行物"世界共産党組織の勢力"がこのほど、発表したところによると、北韓はこんごもなお、大韓民国を政治的に転覆しようと試み、政治工作員の浸透努力を重ねるだろうが、一九六六年から六八年にみられたような大がかりなテロやゲリラ活動には出ないだろうとしている。

同刊行物は、北韓がまだ金日成が全韓半島を支配するという形の"再統一"目標は捨てていないとしながらも金日成が最近「武力侵略によって統一を達成することは考えていない」と、繰返していると述べている。さらにこの刊行物は金日成がここ数年間も相変わらず北韓の労働党をきびしく統制したと述べ、金日成個人崇拝主義はソ連のスターリン、中国の毛沢東のそれを上回るものだと指摘した。

同刊行物は毎年、米国務省情報調査局が出しているものである。

韓比公務員交換教育

呉定根国税庁長とベラ・フィリッピン国税庁長はソウルで記者会見を行い、両国間の税務公務員を交換し相互税政発展に寄与させるための税務公務員交換教育に合意し、これを具体化させたいと明らかにした。

国連上程を阻止

金外務、友邦十六カ国会議を説明

金溶植外務部長官は十五日、「今秋の第二十七回国連総会で韓国問題に関する一切の論議を抜本的に封鎖するため、韓国政府は国連総会運営委員会で韓国問題を議題として採択しないよう、今年の国連対策として"不上程方針"を確定実施することにした」と明らかにした。

この日、金長官は記者会見で「さる十三日、国連代表部で友邦十六カ国戦略会議を開き"七・四共同声明"に伴うわれわれの国連対策を説明したが、この席で友邦国代表たちは国連総会において韓国問題を上程しないことで完全に合意した」と語った。

また、金長官は「共産側ではソ連、中共が共同で歩調を合わせながらアルジェリアを先頭に立てて①南北韓の国際協商と②国連軍の撤収など、新しい決議案を提出させることに決定、韓国問題を討議するためにあらゆる外交努力を注いでおり、例年よりは激（し）烈な論争が予想されるが、わが政府としては共産側案を根本的に封鎖する計画である」と語り、次のように述べた。

一、アルジェリア案は従来の共産側案と同様の性質を持つもので、偽装されている。わが政府は南北韓共同声明の基本精神と南北赤十字会談の進展など自主対話経緯を友邦国に説明し、さらに現在は北韓が国連の権威と権能を否認しているから事実上、国連で韓国問題を討議するということは無意味だということ、すなわちいたずらに論議を呼ぶだけだということを友邦在外公館などを通じて広く知らせるよう、外交努力を強化している。

一、共産中国加盟後、始めて迎えるこんどの国連総会では一九五〇年共産中国を侵略者だと規定した国連決議案を廃棄するなど、共産側は六つの決議案を準備しているということである。

一、また、どの国からも南北韓国連同時加入に関する具体的な動きは出ていない。

なお、金長官は駐南ベトナム韓国軍の撤収時期にふれ「早期撤収方針には変わりがないが、その確かな日時についてはまだ明らかにすることはできない」と述べた。

納税首位は崔俊圭氏

趙重勲氏、かつらにトップ譲る

かつら輸出ブームで財界版図がぬりかえられた。国税庁が発表した今年度総合所得税納付ランキングをみるとここ数年間トップを維持しつづけた韓進の趙重勲氏が三位に落ち、かつら輸出業者のソウル通商の大株主でありユニオン・セロハン、東方海上火災の崔俊圭氏が総所得九億一千万ウォンに対する二億七千万ウォンの所得税で昨年の二十二位から一躍トップにジャンプした。

高額納税者番付をみると三十人中九人までがかつら輸出業者の株主たちである。つまり昨年はランキングに名もなかったソウル通商の曹成坤氏が所得四億六千万ウォンに対し一億三千六百万ウォンで二位に躍り出たのをはじめ、一、二位のほかソウル通商系だけでも六位の朴秀運、十一位金寿岡、昨年の三十九位から五位に進出のターナー貿易安仁模、やはりターナー貿易の金仁沃二十八位、八、九位のY・H貿易張龍虎、李東振も昨年の三十三位、四十七位から進出した。

昨年一、五、六人で高位を占めた韓進の趙重勲氏はトップから三位に、税金も一億三千万ウォンで昨年の一億九千万ウォンより減った。趙氏夫人金貞一氏も昨年七位をマークしたのに十六位に落ち、韓進で三十位に食込んだのは趙氏夫妻だけである。ベトナム景気の退潮がわかろうというものだ。韓進、十建業の後退もハッキリしている。昨年二位の現代建設鄭周永氏が二十九位に落ち、三扶土建の趙昭九も昨年十二位から二十二位に下った。

しかし韓国火薬の金鍾喜、湖南来の李承鎬が好調で十五、二十位、東国製鋼張敬沫、連合鉄鋼権哲鉉氏が二十四、二十五位に登場。起亜の金喆浩氏は昨年ランキングにも入らなかったが今年は二十三位。東納七番の京南企業鄭衛成、東洋ナイロン趙錫来、白花醸造姜正俊氏らは四位、十二位、十七位と昨年と同様安定している。三星綜師李秉喆氏は一億三千五百万ウォンで所得に三千四百万ウォン納税で昨年の二十七位から十九位に返り咲いた。

自民党議員訪韓

去る十九日、自民党の山中貞則氏ら中曽根派の国会議員五人がソウルへ出発し二十三日まで滞在、この間朴大統領ら要人と会談、アジア情勢について意見を交換するほか、馬山のフリーゾーン（自由貿易地域）を視察する予定。

商工会の強化計画

民団で支援約す

民団中央本部経済局では、商工会の体質強化および、未組織地区における組織促進を、71年度から事業推進方針の一つとしてかかげて来たが、このたび7月6日商工連合会が商工会々長会議を開催し、商工会の発展、拡充をめざす計画に対し、積極的な支援を表明する旨を伝えた。

李東元無任所長官、田中首相訪問

李東元無任所長官が十九日李澔駐日大使と共に田中首相を官邸に訪ね朴大統領、金総理のあいさつを伝え、南北共同声明についても説明を加えた。李長官はこの日同長官招待の自民党山中貞則氏ら五人の議員と帰国した。

金外務、駐韓日本大使と会談

金溶植外務部長官は十八日、後宮駐韓日本大使と外務部で会談、今秋の国連総会での韓国問題処理対策などを協議した。

金駐米大使打合わせのため帰国

金東祚駐米大使は、南北共同声明に伴う政治情勢と最近論議されている各種懸案の相互関係問題の対策を協議するため二十三日に一時帰国する。

尋ね人

☆権万石（本籍慶北英陽郡英陽面県洞里四二一）

終戦まで日本に在留していたことは確かで、一九五三年頃、弟に一度だけ便りがあったとのことで弟の権万寿さんがさがしています。

連絡先＝慶北金泉郡城西面竹田洞一八三番地、郵合述方、権万寿まで。

神奈川県本部新役員決定

本紙前号既報の民団神奈川県地方本部第三十回臨時大会において選出された三機関役員のうち、一部未発表の分は次の通り。

副団長　金恒徳
〃　黄二柱
事務局長　金鴻鎬（兼）
副議長　金允岡
監察委員　金振慶
〃　金哲換
常任顧問　朴述祚
顧問　李康元
〃　金柱善
〃　張聖明
〃　李鍾大
〃　洪勻杓

解説

南北共同声明は何を意味するか（3）

成否は北韓の誠実如何

安定による国力増進が課題

（承前）ここでわれわれは、平和統一を望む朴大統領の一貫した熱意と提議を明らかにすべきである。

遠くさかのぼるまでもなく、一九七〇年八月十五日、朴大統領は北韓が武装ゲリラ南派などあらゆる戦争挑発行為を即刻中止し、所謂「武力による赤化統一」や「暴力革命による大韓民国の転覆をたくらんで出た今までの態度を完全に放棄するという点を、明白に内外に宣言し、行動で実証すれば、南北韓によこたわる人為的障壁を段階的に除去していくという意図を示し「開発と建設と創造の競争」をはじめることを提唱した。

このような平和統一の構想を、朴大統領は機会あるごとに、一貫性をもって提示し、去る3月、陸士卒業式上においても、平和統一のための先行すべき条件を提議したのである。

このように見れば、北韓が共同声明の約束をどれほど誠意を持って履行し、また、統一のための対話に臨むかというところに成敗の鍵があるといえよう。

南北間の政党・社会団体代表者会談を開いて統一選挙を実施しようと提議してから20日もたたず、六・二五南侵をはじめたことや、休戦協定に調印しながら、今まで一万件をこえる協定違反事件を起したこと、また一九六二年以後から、いわゆる「4大軍事路線」というものを採決して、全体北韓同胞を武装させ、北韓全域を要塞化するなど、戦争準備に全力を傾けて来た北韓が果して誠実に、誠意を持って南北共同声明でちかった約束をどれほど遵守していくか、いろいろな努力をするかということに、全国民の関心と期待が集中されているのである。

祖国統一は、分断27年のあいだ一日千秋のおもいで待ち望んで来たわが民族全体の、血のにじんだ念願であることを考えれば、われわれは何よりも、北韓が、誠意ある対話で臨むことによって、民族の期待を裏切らないことをのぞむだけである。

要するに、南北対話の今後は、過度の楽観も、また過度の悲観も許さないものがあり、したがって、早まった感傷的統一論議に陥ってはならず、冷徹な判断で、われわれがすすむべき正しい方向をさぐるべきである。

5、どのような姿勢で臨むべきか。

今や4半世紀にいたる分断の歴史に、新たな転換点をもたらす「南北共同声明」は発表された。自主平和統一のための、南北をつなぐ対話の門は開かれた。

読するための対話——このような対話が分断された南北の障壁を貫ぬいてゆきさしはじめた。

しかし、本格的な対話はこれからである。人為的障壁と思想の障壁をとりのぞくための、極めて困難な対話が、これから展開されなければならない。

この困難な対話は、一人や二人の力だけで結実されることではない。すべての国民が参与し、声援しなければ、対話は円満に成功的に進行されない。では南北対話にのぞむ国民の姿勢はどのようなものであるべきか。われわれは何をどのようになすべきか。

第一に、対話に臨むすべての国民は、自由民主主義に対する不動の信念を持つべきである。

自由民主主義を、日常生活に修み込ませながら、民主的な秩序とほこを発展させて行かねばならない。しかも、北韓に対しては、自由民主主義を教え、その優越性を自然に感じとるようにしなければならない。

そうして、自由の波が北韓の地に至れ、北韓の同胞が自由のための闘争にさきがけるようにしなければならない。

これこそ、北韓との平和的対決であり、総力の競争で勝利できる近道である。

今から二年前に、朴大統領の提議により、われわれは、これから「民主主義と共産主義のどちらの体制が、国民によりよい暮しを保障し、より良く暮す条件を備えた社会であるかを立証する、開発と建設と創造の競争」をはじめることにしたのである。

われわれの一貫した提議を北韓が受け入れた以上、われわれは、民主主義の優越性を実証する平和的対決でも、かならず勝利をかちとらなければならない。

第二に、対話は、国力を基盤に進行されるという原則を考えるばあい、対話を成功裡に進めるためには、まず、国力をのばすべきである。われわれが南北間の対話を主導していることも、それなりにわが国力が成長したことを意味するものである。

事実上、われわれは、去る60年代の第1次および第2次経済開発5カ年計画を成功裡に完遂し、工業化の基盤をかため、70年代にさしかかっては、一方では、北韓の戦争準備に対処できる自主国防の能力をのばしながら、他方では、第3次5カ年計画を、新たに着手することによって「安定と均衡」をめどに、年ごとに発展を重ねている。

それぱかりでなく、今年から勤勉、自助、協同する精神のもとに、暮しよい村、ゆたかな国をきずくための「新しい村運動」が全国津々浦々にわたって燎原の火のように燃えあがっている。

北韓をはるかに、先まわることのような国力の成長が、結局、われわれをして、自信と勇気をもって平和統一の構想を先導的に提議しわれわれの主導のもとに北韓と相対して統一の道をさぐるにもさきがけるべくしたものである。

したがって、これから展開されるべき北韓との対話を通じて、われわれが追求する自主・平和統一の念願を成就させうるためには、今年から新たに着手した、第3次5カ年計画の推進に拍車をかけながら、祖国繁栄をめざす「新しい村運動（セマウル運動）」を成功裡にみちびく、経済的内実を実現しなければならない。

ひとえに、経済的内実だけでなく、政治・経済・社会・文化などすべての分野で、北韓をしのぐ国力をそだてあげることによって、南北間の対話を成功させることができるのである。

第3に、対話の成否は、北韓がどれほど誠実に対話へ臨むかにかかっていることをかんがえれば、なによりも、わが国民は対話の成果の期待をいそぎすぎてはならない。

忍耐と誠意を以って対話をおしすすめる姿勢が、何よりも必要なものである。

朴大統領が、周辺情勢の正しい判断により、平和統一を提議し、北韓がこれを受け入れた以上、国民の間に異見があってはならず、偏頗もするべきではない。

感傷的平和統一論議をつつしみ、また度をこえた批判もすべきではない。

われわれと同じような状況にあるドイツが、全国民一丸となった支援を受けながらも、長いあいだの会談過程をへて、はじめて、解決のいとぐちをさぐりだした例は、分断された国家を統一しようとする対話が、結実にいたるまでには、長い期間を要するということを実証しているのである。

ひたすらに、こちらが、勝ちながら声援する態度、これこそ、西ドイツが東ドイツを先がけて、対話を主導した原動力であった。

一方、北韓が対話に誠意をもって臨まない場合にも備えなければならない。

金日成は、一九五〇年、偽装された平和攻勢をくりひろげながら、六・二五動乱を起し、休戦後には、武装ゲリラを南派し、戦争準備を完了したという事実を、われわれは瞬時たりとも忘れてはならない。

したがって、われわれは、南北間に対話をすすめながらも、万一の事態にそなえて、総力安保の態勢をより一層、かためて行くべきである。現段階で対話がはじまったということ、平和の努力がはじまったということのほかは、何も変化がなかった点をわれわれは、明白に、自覚すべきである。

第四に、南北間の対話を成功させ、統一を成就するためには、なによりも国民の総和をかためるべきである。

南北の対話をうちつづけるために、国論が一つに統一されるべきであり、国民の努力はひとつに集結されるべきである。

祖国統一の大業を成就するためすべての国民が一致団結すべきである。

このようにしてこそ、分断27年目にはじめて試みられる、自主、平和統一のための対話は進展され、また実ることであろう。（完）

ミュンヘンの空に太極旗を

現地で合同応援団

金沢寿会長 南北スポーツ交流で語る

南北共同声明によりスポーツ交流が一層早く実現するのではないかとみられている。金沢寿体育会長は北韓のオリンピック単一チーム構成提案に対し、ミュンヘン・オリンピックはすでに六月末でエントリーを締切ったため不可能であるが、現地で合同応援団を構成する用意のある旨明らかにしている。これまで十数年の間、南北が単一チーム構成のための話合いやユニバシアード、オリンピック、世界選手権大会、国際会議等々で顔を合せている。

北韓がIOCに加入を申請したのは一九五七年、一九六〇年IOC総会は北韓を地域代表と認め、IOCに加入させ、オリンピック出場権をめぐって、バレー等の対戦があり、冬季オリンピック、卓球世界大会等でも対戦している。北韓は、六四年東京オリンピック、六七年東京ユニバシアード、六八年メキシコオリンピックをボイコットした。東京オリンピックでは、宗今丹選手対面、札幌冬季オリンピックでは、韓国北の呼称をめぐる問題がクローズアップした。六八年メキシコでのIOC総会で七二年から北韓の呼称をDPRKとすることに決着した。八月二十六日からミュンヘン・オリンピック出場をかけ、七月三十日からパリで男子バレー南北対戦が行われる。六三年以来九年ぶりである。パリ対決は共同声明後初の接触である。七〇年代中頃から南北スポーツ対決が活発になると予想されてはいたが、共同声明でテンポが一そう早まるかも知れない。今後予想されるのはバスケット、サッカーの定期戦、ソウル、平壌、両国の三都市戦等であろう。スポーツ交流が実現するとしてもその範囲、種目、時期等をどうするかなど技術的問題がともなうので、相当な準備期間が必要であろう。それよりも来月にせまったミュンヘンでの合同応援団構成が注目される。

銀座韓園でひらかれた在日オリンピック選手歓送会

"頼むぞ！金メダル"

在日オリンピック選手歓送会ひらく

かつては、マラソンの孫基禎選手が、ベルリン・オリンピックにおいて、世界記録を出して優勝、誇り高き韓国健児の健在を、全世界に知らしめたが、再び、歴史はめぐって、ゆかりの国、西ドイツのミュンヘンで、オリンピックが開かれようとしている。

そこで、在日大韓体育会では、七月二十二日午後六時から東京銀座の「韓園」に、このミュンヘン・オリンピックに栄えある韓国選手として出場することになった、在日同胞選手と、トレーニングのため、来日中の本国選手やコーチらを招き、ミュンヘンでの悔いなき活動を祝願するため、関係者らと共に、盛大な歓送会を催した。

なお選手たちは、八月一日、結団式をおこない、ミュンヘンへ向かう。

☆在日同胞選手
- 金　[illegible]（柔道、無差別級）
- 呉　勝立（〃　中量級）
- 朴　道根（射撃）
- 朴　姓台（〃）
- 鄭　光雄（レスリング、ライト・ヘビー級）
- 金　南九（〃）

在日韓国人テニス大会

在日大韓体育会の趙［illegible］理事長は七月二十四日、第八回在日韓国人テニス選手権大会が、来たる八月六日(日)午前九時から、大阪・近畿大学総合グラウンドのテニス・コートでひらかれると発表した。なお、この大会の目的は、十月、本国でひらかれる第53回国体と、第27回全国テニス選手権大会に出場する参加資格をきめるものである。

国体参加など討議

在日大韓体育会常務理事会

在日大韓体育会（鄭建永会長）では、去る七月八日午後一時から「銀座韓園」で、同会をはじめ、関西、九州本部、北海道代表など二十余人の役員が参集する中で、第四回常務理事会を開催、次の各案を討議、原案を通過させた。
（一）体育会九州本部結成に対する承認
（二）第五十三回国体参加にともなう選手選考および選手派遣
（三）傘下競技団体の組織と整備
（四）機関紙発刊
なお、財務理事に朴［illegible］氏、［illegible］理事がそれぞれ選出された。

同胞生徒教育担当の日本人教員を招請

文教部が二十三人をソウルに

在日同胞の子弟が在学している日本公立小・中学校の教員を、韓国に招請、在日同胞の祖国を正しく認識させ、教育を通した両国の理解増進と友好協力を高める計画を、韓国政府文教部が推進している。

文教部では、在日同胞児童が多数在学している日本公立学校の教員を全国から23人選び、来る8月11日から8月20日まで10日間、韓国の産業・文化・教育・民俗などの視察旅行に招いた。

一行は、来る11日に大阪に集結し午後のKAL便で金浦空港経由で入国することになるが、特に韓国の名勝・古蹟などを中心とする文化的背景の理解をはじめ、教育関係者との座談会や討論を通じて交流がおこなわれる予定である。

一行は早稲田大学を卒業し、22年間教育経験を持つ、荒川区教委主任指導主事である谷田部朗（43）氏は招請をうけたことに関して次のように語っている。

「韓国同胞は、はじめてである。が区内の小・中学校には、多くの韓国人子弟が在学しており、日本は、日本の児童を国際人として育てていくための意義ある経験であると思う。韓国では、教育委員会の教育行政の実際に関して、勉強しようと思う。」

中波で対日放送

在日同胞対象にKBSで

ソウル中央放送局（KBS）では、在日六十万同胞を対象とする韓国語による新たな対日放送を実施することになった。

七月十八日から、実施されているこの放送は、従来の国際放送とは違い、中波による放送を新設したもので、在日同胞のひろい聴取をすすめており、この放送に対する建設的意見をひろくもとめている。

放送時間は夜九時半から十時までの三十分間で、九七〇KHzにあわせればよい。

放送プロ内容

月曜～土曜までの午後九時半から十五分間は、本国ニュースと、時事解説。

九時四十五分から十時までは、「今日は！ソウルです」と題取者の時間」「私たちの歴史」などが一日交代に放送される。

日曜は、午後九時半から十五分間は、週間ニュースで、九時四十五分から十時までは「歌謡半世紀・歌の花園」の特別プロとなっている。

海外支社拡大

輸出公団

輸出公団は韓国輸出産業公団の海外支社設置をさらに拡大させる一方、これらの運営を強化するよう措置する方針である。

これにより年内に米州地域と方ナダ、ブラジルに新たな支社設置を推進中であり特に同公団内入住業体らの対米輸出増大のため支社設置の拡大と支社運営の強化を具体的に研究中の公団は去る六月までにニューヨークとロスアンジェルス支社を設置している。

夏季韓国語講座

中・高校生対象の

YMCAで八月七日から

都内随一の優秀な講師陣により祖国理解の総合的な成果をあげている在日韓国YMCA教育部（東京・千代田区猿楽町二ノ五ノ五、電話二九一—一五一一）では、夏季休暇を利用しての「夏季韓国語講座」をひらくことになった。

日本各地の中・高校に在学している同胞学生を対象とするこの夏季講座では、国語（初・中級）と社会（歴史、地理、文化一般、映画）の二課目を中心に、民族教育を施すもので、期間は八月七日から十八日（土・日は休み）まで、毎日午前十時から正午までの二時間である。

なお、この夏季講座を終了した学生は、すでに、今年四月からひらかれている中・高校生の正規の韓国語講座（火・木）に編入できる便宜を与えられている。

会費は三千円。問合せ申しこみは、八月五日（土）までYMCA教育部へ。

四月から開講中の韓国語講座は熱心な学生たちで好評だ

韓国映画を見る会

27日東京で発会式、定期鑑賞

作品「百本以上の劇映画が製作されている韓国映画が、日本との正式交流がないため、一般観客に見られる機会を逸しているところから、日本語スーパーの入った優秀作品を鑑賞できるよう、このたび「韓国映画を見る会」が結成された。

[illegible]氏を代表とする同会は七月二十七日午後六時半から、都内神田神保町にある岩波ホールで、次のようなプログラムで発会式をおこなったが、来たる八月十八、九の両日、日韓文化協会の協賛の下、その第一回一般鑑賞会（後記作品のほか「反乱」の二作品）をひらくことになっており、これを契機に定期鑑賞会がつづけられることになった。

☆発会式プログラム

第一部＝韓国ヒット曲を歌う（コロムビアの歌手ほか出演）

第二部＝映画「愛を売る歌」カラー・ワイド版、金芝美、尹静姫、南宮遠、張一鎬監督。

なお、同会に関する問合せは、東京都港区新橋一—一八—十四、山田ビル八階、電話五〇一—〇三二一から四まで、「韓国映画を見る会」へ。

写真＝主演の金芝美さん

言論人基金発足

退職後の生計支援

各言論団体（新聞協会、通信協会、放送協会、編集人協会、記者協会）は十八日、文化公報部長官室で尹冑榮長官出席のもとで代表者会議を開き、きたる八月一日から"韓国言論人基金"を発足させることに合意した。

同会議はまた、二十四日創立理事会を召集、定款を通過させ、五億ウォン規模の基金確保を検討するが、この基金は長期勤続言論人たちの退職後の生計支援のため中・長期低利融資、退職後の手当支給などを主要事業とする計画である。

"休日事故"ふえる

七月交通事故は一〇%増加

韓国でも"休日事故"がふえている。治安局統計によると交通事故は毎年夏期にふえており、とくに七月が最も多く、それも日曜、祭日などに集中している。

過去五年間（一九六七〜七二年）の交通事故趨勢をみると、毎年交通事故は一〇・七%ずつ増加しており、中でも七月の一ヵ月間は八・七%〜一〇・三%を占め、とくに日曜日などの休日には全体の一三・八%〜一四・五%を示している。

休日の事故はさる六七年に二千六百六十二件（全体の一三・八%）六八年には三千五百三十三件（一四%）六九年が四千百三十四件（一四・二%）七〇年五千六百九十二件（一四・四%）七一年には六千八百五十件（一四・五%）で、事故発生件数の増加とともに休日事故が占める比率も毎年約〇・二%ずつふえている。

治安局は七月が一月中で最も交通事故率の高い理由として①遊客が海や山に押し寄せ"休日人波"が集団で移動しているために車両の接触や衝突事故が多く②また、七月は風水害が多いので、これが伴うことによって路面が破損されるなど、運転に障害が多いからだと分析した。

資金規模伸びる

韓国投資金融

企業の短期資金供給のため去る五月十日に正式発足した韓国投資金融は漸次、資金供給規模が拡大している。最近の手形売買利率は九〇日間の場合、月二%で売出す場合は一八%に引下げられた。

「投資金融」は開店以来七十日間、八億ウォンの手形を買入れ、このうち六億ウォンを売出し二億ウォンを保有している。

財務部当局は今回国会で短期金融業法案が通過され機外出資が実現されれば、企業の短期資金供給規模が大きく伸びるものとみられている。

戸籍法律相談室

在日韓国人戸籍問題研究所

問い　私は正式に婚姻申告をしていますが、夫は死亡し、夫との間に生れた子供を婚姻外の子として入籍させるのがいやで、一家創立をさせたいと思いますが、一家創立をするにはどうすればよいのですか。その手続方法を教えて下さい（山梨県甲府市　金梅枝）

答え　[illegible]

問い　[illegible]

答え　[illegible]

問い　[illegible]

答え　分家は出来ませんなぜかと申しますと、わが国の民法第七九〇条に戸主の直系卑属長男子は本家相続と[illegible]

国是論（上）

裵成東（ソウル文理大助教授・政治学）

国是とは何か、辞典には「国の根本にてらし正しいと判断された主義と方針」とある。最近、国会で、ある議員が国是とは何であるかとただしたのに対し、国務総理の答弁は「反共が国是であり、民主主義は、国民福祉増進のための方法である」であったが、質疑は幾分か物足りなさを感じたように反応したようすである。

緒論

「国是」という用語が、演説や史書では時おり見かけるが、日常生活の会話にまでのぼるようになったのは、5・16軍事革命以後ではないかと思われる。

革命後、発表された革命公約の第一項に「反共を国是の第一義とし……」がある。「反共即国是」論に関してもいろいろな問題がありうる。何が国是であり、それは誰によって決定されるのかの原初的問題においても、新たな考察を要するほどわれわれには、うとい概念であり用語であったといえる。

その第一の原因は、われわれが受け入れた西欧政治学の理論や体制とわれわれが歩いてきた政治機構この生理的体質の差である。

西洋では、国家を建設するにいたり国家理性を考究したのに比べ、東洋人は今までの家産制的国家を清算できないまま、西欧国家をモデルとして主に政治権力の構築に注力したのである。

したがって、20世紀の新生諸国は国家に対する国民の意識が、西洋の意識とは異なり、これが根本的な原因となって理想と現実間のさつがおこり、その結果、たび政治の失敗をおこしている。

東洋社会は制度化を伝統としていない。すなわち政治的な行態を客観化し、近代のヨーロッパの如く「国家」という価値の秩序を築き得なかった。

したがって、政治的人間はつねに「修身」を前提とし、さいわいに、哲人を得れば政治がよくなるが、そうでない場合には、国民が不幸な目にあわなくてはならない。

このように、国家が制度化されていない状況では国是はつねに、国家理性と同一になり得ない。

東洋的国是の次元

李栗谷は、東西分党を憂慮し、大司諫の職を辞しながら、王を諫する疏を送ったが、その中で国是に関してふれている。

「人々が共に正しいとするを公論と称し、公論が定まったものを国是という。国是とは、一国の人々すべてが正しいとするもの故、利をもってまどわし、威を以っておどすものでもないが、無知な者ですら、その正しさがわかる。そのようなものが国是である。（人心之所同然者謂之公論、公論之所在謂之国是、国是者、一国之人不謀而同是者也、非誘以利非怵以威、而三尺童子知其是者、此乃国是也）」

ところが、栗谷は、当時の論旨として理解に困るが、国是が両分されたと表現しているが、ここに、問題の分岐点がある。

すなわち、上の引用文で明らかにしている国是は、全国民の合意或は認定によって、形成された基本的な価値を意味する。

これは比較するならばルソーの一般意思と何ら異なるものではない。

問題は、それが定立されていないで砕け去ったばあい、国家が以前として存立できるものであるかということである。ルソーの観念形式から見れば、国是が砕け去ったばあいその国は崩れ去るのである。それ故、ルソーは、一般意思が砕けることのない本質を持つとのべ、また、それを防御するため、個別意思の集積と区別している。

しかし、栗谷の国是は砕け去ったとはいえ、朝鮮王家の支配は継続した。それは当時の国是がルソーの一般意思のように主権として展開されていないためである。

いわば、朝鮮は、西欧的な国家でなかったために、それなりに維持され得たのである。

しかし、それからは、国是に依存してでなく、党争力によって支配が維持され、終局にいたっては、この勢力まで衰えるにいたり亡びることになったのである。

国是論の源泉は李栗谷の改革論

朝鮮末期に、外見としては、党争が止揚されたように見られたが勢道政治は、国是すらなかったため、急激に傾むきはじめたのである。

朝鮮は、建国初に、支配の手段として、勢力を放棄し、政治に注力した。

そうして、右文政策を採択して、支配装置として、立派な（例えば17世紀にはじまった日本の徳川政府にくらべれば）官僚機構を形成し、国民形成の基礎として、正音（ハングル）を作り、これを手段として政治権力を正当化する努力である「龍飛御天歌」を創製し国民にアピールまでしているのである。

政治的には、初期に、このような努力を傾むけたのにも拘らず、政治が経済との調和を求めず、一方、繁文褥礼に落ち入り、士禍が起りはじめてから、根本を無視し、末端だけを持ってさわいでいたのである。

国が危くなるのを見て、朝鮮末の李恒老は、疏文の中で朱子を引用し、「その根本を、ただすものは、たとい、遅々とするようであるが、実は、作用し易く、その末端をただす者は、速やかに到ると見えて、功をおさめがたい。それ故、昔、事をよく究める者は、必らず根本と末端の所在を探く、きわめまずその根本をただした。根本がただされれば、末端の不治は、憂れうるに如かない」（朱子曰正其本者、雖若迂緩而実易為力、救其末者、雖若切至而実難為功、故昔之善論事者、必探明夫本末之所在、而先正其本、本正則末之不治非所憂。「華西集」収録。）

このように、本末が転倒されれば、国是も最高の政治的価値を昇華させたものでなく是非の対象となった。

李瀷は、「党争が、甚だしければ、賢愚の分別がつかず、国是に関する論争が、多ければ、正邪が転倒する」とのべた（朋党之議盛而賢愚無別、国是之説勝而邪正転倒。「星湖塞説」）。国是は不可侵でなく論争しうる対象となり、したがって国是が国非（李瀷の用語）にもなる。国是は、目的でなく手段に関すること、即ち政策の次元におちた。そして、朝鮮末にいたっては国是というより国家という語が用いられ、或は、対外的な意識から国権、国家という用語が使われるようになった。国是は「立国之論」として取扱われるにいたった。（「星湖塞説」国是）

日本のばあい国是はどのように用いられたかを考察しよう。私の推察では、現在、わが国で国是という用語が用いられる背景には、近代日本の影響もあるのではないかと思う。

即ち、明治維新以後、軍国日本にいたるまで国是という用語が強調されていたが、当時、教育を受けたことのある韓国人の脳裡にその概念がしみこんでいたのが復活したものとも思われる。

このようなわけで、国是という用語が、自由主義者には威圧的に感じられ、戦後に西欧式教育をうけた者にはうとく受け入れられるようである。

明治維新の直後に、木戸孝允は「国是確定に関する建白書」を出しているが「朝旨」と「国旨」、そして「前途之大方向」という意で用いている。

明治維新以前に、幕府体制の下で政治を改革しようとする際に、横井小楠という者が「国是三論」（一八六〇）という著作を出した。それは、富国論、強兵論、士道の3論となっており、基本的な精神は「民寛」であった。のちに彼は「国是七条」を草して、幕府に建議しているが、内容を見れば、基本的な政策といわれる者である。

上で、大体、論議した線にしたがって見れば、国是は、政治の基本的な方針であるということができる。

国家目的論―国家理性の成立

ヨーロッパで国家の存在理由、或は政治の目的を表明した理論にあたるものが、東洋にもあった。栗谷は、明らかに国是をそのような意味で用いている。彼の「論正名為治道之本」を見れば、はじめに

「客が「現在の急務は、ひたすら民を安らかにして、人材を育成するにあるか」と問うや主人が答えていわく「良い質問である。民を安らかにし、人材を育成するのは、間違いなく現在の急務である。しかし、国是が未だ定められていず、名分が正しく立てられていない今、民を安らかにし、人材を育成しようとしても進むべき道がない」

とした際、国是と道とは政治的な価値判断を下すことができる規準をさす。彼は問題意識を持っていたが、ついに問題の核心にはいたらず、政治の目的として「民被万物」を提示しただけである。

東洋では、目的論が発達したより方法論に偏重した。「君子以経綸」だとか、「率天下以仁而民従之」、または「導之以政、斉之以刑」というばあいの「経綸」「仁」「道義」がそろって、徳という概念も君子には、目的であるが政治としては手段となる。

政治は、孔子が「為政在於得人」といったごとく、人格を中心として展開され、したがって、ヨーロッパでのとおり、公法的概念としての国家が生成されなかった。

韓元祖が「有法無人則徒法不能自行、有人無法則惟人可以制法、不患法之不美而患人之未善耳」としたことを見ても、制度化とはほづれているのである。政治に対する基本的思想がこのようで、一方社会経済史的発展が、政治の変化を誘発する程度でなかったので、二千年にわたって国家に対する観念は固定されてしまった。わが国においては、政権が易姓によるので国家思想は変化する機会がなかった。東洋では、国家という用語が二千五百年にわたって不変であるが、西洋では、ポリス（都市国家）、帝国、共和国などをへて近代国家として展開されて来た。

もちろん、東洋にも国家より大きい概念として邦とか、天下または、帝国があったが、これらは制度化されていなかったのである。

発展段階から見れば、初期の国家は、東西洋が類似していたが、西洋は変り、東洋は最初の国家観がそのまま今日まで伝えられて来た。

東洋では、国家は、その言葉自体に「家」を含めているが、元来から家産制的な、かつ家父長制的な原則に基づいている。

したがって、国家は家の外延的拡大概念として理解できる。そうして家庭の存在に異議が無いのと同様に国家に対して疑問を提起しなかった。

東洋に経済思想はあるが、反国家思想（無政府主義まで含めて）が無いのは、そのためである。

このような反作用が無いため、積極的な国家の防御理論もまた生じえない。儒学は政治学ではあるが、国家学ではなかった。

ヨーロッパでは、近代国家が形成期において、この新たな価値観を持つ体制に、たやすく適応して行けなかった17世紀の、ある法律家が国家を「ほとんど信ずることができないもので、野蛮な、恐いもの」だと罵倒している。

（つづく）

文化

昨年7月8日、公州の武寧王陵から発掘された王冠①と王妃冠②

高松塚壁画の源流は韓国
網干教授、訪韓講演で語る

奈良県明日香村高松塚古墳の彩色壁画に関する研究のため、訪韓中の網干善教教授（関西大学）は十九日午後三時、韓国日報社十二階の講堂で韓国の学者、専門家など四百人余りが出席した中で"古墳壁画"について学術発表を行なった。網干教授は約二時間にわたって、高松塚古墳発掘の過程と、これまでの研究資料について述べ、さらに八日間にわたる韓国遺跡実地踏査の状況とその比較など、約百五十枚の天然色スライドで説明、見解をのべたが、同教授は古墳の副葬品の装飾、壁画や、壁画の画風などが、新羅、百済、高句麗のそれと酷似していると語り「高松塚壁画の源流が、韓国であることを再び感じた」と述べた。

☆張潤宇美術工芸展

七月十七日から東京・赤坂駐日公報館で好評開催中。三十一日まで。

忘れ去られる武寧王陵

今世紀三大発掘の一つと騒がれた公州の武寧王陵は、遺物は博物館に深く死蔵され補修の王陵は一般接近を許さず、正式な報告書もなく忘れ去られようとしている。

資料収集で訪韓
米国で韓国文化会館設立の李光徳氏

米国ロスアンゼルスに、韓国文化会館を設立した李光徳館長(44)が、必要関係資料を収集するために訪韓した。

六十二年に渡米した李氏は、彼地で貿易商を営み、南カリフォルニア州の韓国人商工会議所理事として活躍中、昨年の中共国連加入で、韓僑社会が分裂するのを見て、その余波が、わが同胞社会にまで及ぶのを憂慮、同胞の団結のために私財をなげ、四月一日、「韓国文化会館」を設立した。

日本人の場合、各州ごとに、日本文化館が設置され、その地域の日本人たちの求心点になっているが、韓国人同胞社会では、これが初めて設けられた文化館だという。①同胞社会の団結②韓国文化の宣揚③韓国を訪れる観光客の増加を運営目標にしている同文化会館は、ハングル学校、青少年指導など、十二個委員会にわかれ運営されており、韓国関係の図書、映画など資料不足になやみ、直接、資料を収集するために訪韓したものであり、李氏は、文化会館が運営する図書室用の図書と、ハングル学校用の教材、映画などの収集に協力してくれる心ある人たちの出現を期待している。

韓国演劇人柳氏
初の共産圏巡演

演出家柳敏警氏が、フィリッピンの文化使節「カリナンガン・アンサンブル」と、世界巡回公演中共産圏を訪れることになり、注目をひいている。

「カリナンガン」のレパトリー「アラルマン」の演出をひきうけた柳氏は、「カリナンガン」と合流するため、二十日マニラへ向ったが、同劇団は、フィリピン文化使節として、二カ月間、香港、イスラエル、ドイツ、米国など、西方国家と、ソ連、ポーランド、チェコなど、共産国家でも公演をもつことになっている。

これにより柳氏は、韓国演劇人としては最初に共産圏に入ることになり、同氏が演出した「アルラマン」が、韓国の放送劇である「夢想」をオリジナルとしている点で、西方側の反応とともに共産側の反応にも、関心を集めている。

洪吉童傳（十八）

許筠著

訳・編　洪相圭

それだけでなかった。吉童は暗行御史（国王親察使のような職）のように従卒を率いて各邑をねり歩きながら貪官汚吏どもを容赦なく切り捨て、聖上にその旨の上書文まで上奏するようにさえなったので、聖上の震怒は、その極に達せられた。

「この賊は八道の要路を無人の境をゆくように荒し回っているが、だれひとり、まともに、刃向かうことさえ、かなわぬようでは将来が思いやられる」

痛く宸襟を悩まされながら、重臣にその対策をご下問なさる間にも、ひっきりなしに上奏文が届けられたが、これがまた全部、仮御史洪吉童という名の署名が、はいった上書文であった。

「ある邑の、ある郡守に在任中の某は、職を利用して私を営み良民の膏血を絞りとること、おびただしくして、万民を塗炭の苦しみに陥れておりますれば、よって仮の御史洪吉童は、まずこれを切って懲戒したるのちに、慎んで奏し奉る次第でございます。」

と人をくったような文句が羅列されてあった。

聖上の御憂慮はますます深まり、ある日は左右に向かって、この者の素性を問われた。

「この者の素性は恐らく人ではなく鬼神の類でもあるのであろうか、だれかこの者の身元を知る者はおらぬか。」

と、おおせられたから、ある重臣のひとりが立ちあがって、奏上した。

「洪吉童はもと、吏曹判書でありました洪某の庶子でありまするし、または兵曹佐郎、洪仁衡の庶弟でありますれば、この父子に殿下親しくご下問を垂れたまいますれば、自からその根拠が明るみに出されることと存じます。」

聖上は、その事実を隠して今まで上奏しなかったことに対しても、非常に激怒なされた。

聖上は、すぐ命をくだされて兵府都事（刑罰をつかさどる部署）に、洪某を監禁せしめ、宣伝官には仁衡をすぐ、参内（さんだい）させるように命じた。

宣伝官に守られて参内した仁衡は、聖上のおん前にひれ伏した。

聖上は御震怒のあまり、思わず龍床を激しくたたきなさりながら鋭く詰られた。

「凶賊吉童がそちの庶弟であるとな。今にして聞いたところじゃが、朕は兄としてすみやかに吉童の乱を禁断することなく、王国の大木を危うくするとは何事であるぞ。そちの手で吉童を捕えずんばそちら父子が、これまでの無類な忠勤ありといえども、必ず罰を免れることはかなうまいぞ。さっそく兇賊を捕えて朕の憂いを解くよう、厳に達し置く」

意外にも莫大な処罰に仁衡は恐懼おくところを知らず、冠を脱いで深く低頭し、慎んで聖上に申し上げた。

「臣の賤弟は以前に罪をおかしことで人を殺め、家を抜け出しましてより、なんのたよりもなく、その生死のほども確かめることが出来ずにおりましたところ、かような国法の大賊になろうとは、夢にも考えはなかったことでもありまする。

このことによりまして臣の老父は憂慮のあまり、病を発し命、旦夕に迫っている次第でございます。吉童の無道極まりなる行動により聖慮を煩わし奉りますれば、臣、万死をもっても、なお足らぬ罪であると存じております。ただ臣が老父のみは、その罪をお赦し下さり、家で病をいやさせますよう、お計らい下されますれば臣は、死を決して吉童の捕縛に務め、臣ら父子の罪を少しでも軽くしようとの所存でございます」。

仁徳の厚い聖上は仁衡の忠孝心に深く感動なされて、洪某をすぐ赦され、仁衡には慶尚監司の職を授けられた。「慶尚監司という地方長官の職でも帯びなければ、吉童を捕えるのに少なからず、さしつかえると思われるがゆえに、敢えてこの職に任ずる。一年を限りとして吉童を捕えるようにいたせ」。

仁衡は聖恩に感泣しながら宮中を退出し、すぐ慶尚監営にと直行した。任地に就いた彼は隷下の各邑に布告文を発せしめた。

「人と生まれたからには人倫の大道は五倫を守るにある。五倫が立ってこそ人の世に、仁・義・礼・智・信が明らかである。これも弁えずに君父の命に背き、敢えて不忠・不孝をなせばいかで世間がこれを容れようぞ。我が賢弟吉童は人倫の大道にだれよりも明らかであるゆえに、自ら出てきて縛に就け。

我父は吉童のあまり、病に臥し、命や命、旦夕に迫っておられる。また聖上におかせられても痛く宸襟を悩まされておられる。これは明らかに汝の重かつ大なる罪に由来するものである。

兄は、この地方の道伯（地方長官）になり速かに汝を捕縛せよとの厳しき上命を奉じて、下りてきたのであるから、汝が姿を隠していつまでも捕縛を免れ、汝ひとりの命の保全にのみ専念する暁には、累代にわたる洪氏一門の徳は地に堕ち、一族一門の破滅は火を観るよりも明らかである。これまた一大痛恨事でなくしてなんであろうぞ。

吉童よ、深くこの辺の経緯を察して、自らこの兄の縛につけば、すなわちその罪も一等を減ぜられるであろうし、またわが一門の保全を期することができようから十分に熟考して、自ら進んで出頭することを再三にわたり、この兄は望む」

一国の顕官である地方長官が罪を犯したその弟に、肉親の情で訴える布告文を各邑に貼らしめた後に仁衡は全ての政事を全廃し、ただ吉童の出現に全部の希望をかけていた。

韓國新聞
在日大韓民国居留民団中央本部機関紙
韓國新聞社
発行人　李禧元
東京都文京区春日町2丁目20－13
電話（815）1451～3
（813）2261～5
振替口座 東京 163774

民団綱領
一、われわれは大韓民国の国是を遵守する
一、われわれは在留同胞の権益擁護を期する
一、われわれは在留同胞の民生安定を期する
一、われわれは在留同胞の文化向上を期する
一、われわれは世界平和と国際親善を期する

朝総連は 南北声明を政治宣伝に悪用

民団の質問書を拒否

撹乱工作の底意暴露を恐れ

民団中央本部では、東京の朝総連中央本部の韓徳銖議長に、南北共同声明発表以後の組織行動に対する質問状を伝達することに決定、呉敬福組織局長、李聖南総務局長、鄭達鉉宣伝局長の三人が、七月二十九日午後一時に、質問書を携行、同本部を訪問したが、朝総連側は結局質問書の受取すら拒否した。この日、朝総連中央本部を訪れた呉局長ら三人に対し、応待に出た朝総連側の幹部四人は、去る七月四日の南北共同声明に対する民団中央から全国組織に通達した指示公文（朝総連による民団組織撹乱にのらないよう共同集会の中止を指示）を、まず撤回するよう強く要求、その場での質問書受取りを堅く拒否した。

その時、応待に出た朝総連幹部は「この時点から、朝総連と民団の対話が始まったことを認めてくれれば、質問状を受けるが、そうでなければ受取るわけにはいかない」と言明したのに対し、わが方は「この時点で、対話はまだ始まっていない。この質問状を受けて、その内容に対する明確な返答があって始めて、対話の場がひらけるかどうかきまる」との見解を表明、引き揚げてきている。

朝総連中央本部を訪れ、幹部たち（左側）に質問書受取りを要請する民団中央幹部（右側）

「不純分子抱きこみ」 不法集会を画策

これは、去る七月二十三日、東京・大田地区で催された、民団から停権処分をうけた一部不純分子と、朝総連の宣伝工作による一方的な不法集会、また、来る八月七日に、東京体育館でひらかれると、うわさされている、民団第二十回中央委員会で傘下団体としての認定を取消された韓青や韓学同を抱きこみ、朝総連の傘下団体である朝鮮青年同盟が、民団組織撹乱工作の一環としての不法集会を画策するなど、南北共同声明の基本精神に違背するものであるとの見解からとられた措置で、朝総連のこの事実に対する公式的な見解を強く要望するものであった。

質問書全文は次の通り。

在日本大韓民国居留民団中央本部
韓居中組発第一号
一九七二年七月二九日
受信　在日本朝鮮人総連合会中央本部常任委員会議長韓徳銖貴下
題目　南北共同声明に関して、朝総連の態度に対する質問書

祖国平和統一に関する、7・4共同声明は、わが民族が長い歳月にわたってのぞみもとめてきた念願を具現させる出発点を築いた画期的なものであり、この時点において、南北双方が共にこれを支持歓迎すべきであることはいうまでもありません。しかし、この尊い声明が祖国で発表されるや、貴総連では、傘下の各種宣伝機関をはじめ、各級組織までも動員して、所謂「金日成主体思想の偉大な勝利」というスローガンのもとで、一方的な政治宣伝にだけ没頭している事態は、黙過できない遺憾な事と指摘せざるを得ません。

周知のごとく、祖国の自主的な統一は、南北韓が、従来から提唱してきた民族事業であり、ただ北韓だけが独創的につくりあげた原則でないことは、誰よりもわれわれ在外同胞がよく知っている事実であります。たとえ、南韓または北韓だけに限られていた主張であるとはめるにしても、すでに共同声明で、双方が合意した以上、その瞬間からは、双方の意思であるのが論理的な帰結であるのにも拘わらず、改めて勝利だとか敗北だとかをいうのは、[illegible]の偏向であることをわきまえるべきであります。

この基本原則を土台として、それこそ、思想、理念及び体制の[illegible]を超越して、幅ひろく民族を単位とする団結を南北の最高当局者の間で約束したのが、このたびの声明の基本精神でありましょう。

それにも拘らず、貴総連では、いままでの戦術そのままに、一方的な勝利論を宣伝することによって、政治的目的を達成しようとする意図は、すでに共同声明の根本精神に違背するのみならず、かえって南北陣営の対立を招く[illegible]行為であるといわざるを得ません。

これはかりでなく、わが民団の組織系列から離脱状態にある下部機関と、懲戒処分を受けた脱線分子らと結託して、所謂「共同声明の支持大会を合同開催する」との名分のもとで、民団組織に、侵透工作を敢行するのは、結局民団の体系を無視し、組織の破壊を画策する撹乱策動以外、何ものでもありません。

特に「おたがいに相手を中傷誹謗しない事」を約束した七・四声明の基本精神を想起しても、このような政治的自我宣伝と組織的侵透工作がつづく限り、今後とも南北対話の要請にも応ずることが出来ないのは勿論、民団の立場としては、貴総連の欺瞞性を徹底的に糾弾せざるを得ません。

以上で指摘した、七・四声明以後に展開された北韓勝利統一論にもとづく諸活動に対する貴下の率直な意見と、併せて日本地域における組織の対立激化を助長する一連の活動を、ただちに中止させる意思の有無に関する総連側の公式的な見解を、すみやかに文書で回答して下さる事を望む次第であります。

本國論調

サハリンで泣く同胞四万

日本政府の無誠意で送還遅延

去る5月、ソ領カムチャッカ近海で、操業中、ソ連領海を侵犯したとの理由で、ソ連に抑留されてから四百十一日ぶりに、祖国の懐に戻った、東成55号船長、文種河さん（43）の帰国は、その間、われわれの記憶もしだいにうすらいでいた、サハリン同胞四万人に対する同胞愛をふたたび、呼び起した。

1938年4月に発表された、日帝のいわゆる「国家総動員令」と翌年7月に発効された「国民徴用令」にしたがい、韓国人の総動員人数は、6百万人にいたり、そのうち、日本へ強制連行された72万人のうち、サハリンの炭鉱村へ、連行されたのは、記録上では1万6千人であるが実際には、約4万人。

しかし、現在、サハリンに残って故国の空を眺めながら、望郷の想いにふけっている同胞は、総計2万余人である。元来、サハリンは、ソ連の領土であった。しかし、一九〇四年にはじまった日露戦争が日本の勝利で終った結果、ポーツマス条約にしたがって日本領土に編入されたが、一九四五年、二次世界大戦の終結で、ふたたびソ連領になった。

現在のサハリン同胞は、日本がわが国を強制統治していた時、サハリン炭鉱へ強制徴用された同胞である。

解放とともにわが政府は、サハリン同胞の帰還のための交渉を、日本外務省や国際赤十字社を通じて、くりひろげて来たが、そのたびごとに、韓・日・ソ間にまつわる利害関係のため進展が見られなかった。

サハリン同胞であった在日サハリン抑留韓国人帰還会会長朴魯学さんが調査した資料によれば、現在、サハリンには、約2万人の同胞が住んで居り、この同胞のうち約4千人は、ソ連の国籍を、約9千人は北韓国籍を取得したといわれ、現在7千余人の同胞だけが韓国への送還を胸を痛めながら、待っているとのことである。

ソ連当局によって、ビスカルパンスキー（無国籍者）と呼ばれるこれら7千人の名簿は、すでに韓国政府が入手しており、去る68年、彼等の名簿を日本政府と国際赤十字社に伝え、彼等の希望にしたがって送還されるよう、交渉にとりかかったが、わが政府と日ソ政府間の意見がかみあわず、結局、今まで未解決の状態なのである。

しかし、この同胞のうち、去る57年と58年の二年間に、4百86世帯、千7百94人が日本へ送還された。

もちろん、これら送還者は、純然たる韓国人の資格としてではなく、日本国籍を持つ人と結婚することによって、日本国籍を得た者にすぎない。

去る66年2月28日、わが政府がこれらサハリン同胞の送還のための交渉をはじめてくれることを、日本に要請した際、日本政府は、「送還に必要な経費を韓国政府が全担し、送還同胞全員を本国でうけ入れるならば、交渉する用意がある」と積極的な反応を見せたが、これに対して、わが政府は、サハリン同胞が、日帝の強制徴用で被害を被むった人々であり、世界人権宣言がすべての人々には、居住地選択の自由があると指摘した点をあげて、送還経費の一部または全部、そして抑留者が横浜港に上陸した際、自由に居住地を選択しうるという点を強調することによって結局、交渉は決裂したのである。

それだけでなく、日本政府は65年まで日本へ送還された同胞が、永住権を申請したが、いまだ抑留者に対する永住許可を保留している消極的な態度を示している。

結局、わが政府としては、日本の誠意ある態度と、ソ連赤十字社の問題解決のための努力に、依存するしかない不利な立場にあるためサハリン同胞の送還への展望は明るくない。

一般に、サハリン同胞の生活実態は貧しい。

このたび、東成号船長、文種河さんが、もたらしたサハリン同胞の消息からも、その生活実情をうかがうことができるが、去年、7月10日、日本をへて帰国した孫致奎さん（71・全南高敞）の証言からもよくわかる。

孫老人の証言によれば、サハリンでの、一日の労賃は、3ルーブルにすぎない。わが国のばあいにくらべれば約千五百ウォンにあたるが、この地域の物価は、相当高く、1ルーブルといっても、砂糖1キロとパン一片程度を買えるくらいで、一日、3ルーブルでは、生活が苦しくなるしかない。それに大部分の同胞は、命令で労働を毎日つづけることができない実情なので、同胞は生活するため、しかたなしに、ソ連国籍を取得するか、北韓国籍を取得しているとのことである。

孫老人のばあいも同様であった。送還当時、70才であった孫老人は労働力を失なっただけでなく、長男が、日本人妻と結婚し、日本へ送還されてからは、5年間もの間、日本政府へ請願、41年に強制徴用されてから30年目に、祖国の土をふむことができたのであった。

彼が住んでいたチェホ市だけでも45世帯の同胞が住んでいたが、彼等も、貧しく、祖国への郷愁を抑えることができない有様であった。

チェホ市のとなりにあるナホトカ市には、北韓の領事館が設置され、北韓情報要員が常駐して、2万名の同胞のうち、韓国に送還されるのを望む7千人のビスカルパンスキーを監視していたとのことである。

サハリン同胞が、抑圧からぬけだし温かい祖国のふところに戻るためには、何よりも、彼等を強制連行した日本が、より積極的で、誠意ある態度を示すべきであると思う。

日本政府が居住地選択の自由を認めないということは、実に遺憾なことであり、特に孫さんが送還される当時も、ただ一カ月だけ日本に滞在するという条件で、交渉に応じたということは、この問題に対する日本の無誠意をずばり示したものといえる。

しかし、サハリン同胞の送還展望が、暗いものだけではない。

去る1月27日、グロミコソ連外相が日本を訪問したさい、当時外相であった福田氏は、サハリン同胞の送還問題を正式に要請し、このような要請をうけたグロミコが、この問題を考慮するとの約束をした点と、最近、韓半島での緊張緩和のための韓国の努力を、ソ連が高く評価しているという点から推して見れば、若干の希望を託すこともできるかも知れない。

しかし、問題は、日本が、サハリン同胞が日本帝国主義の犠牲者であるという点を素直に認め、彼等の送還に誠意を示すかということにかかっていると思う。

まことに、これら7千人のサハリン同胞は、あまりにも長い間、「忘れさられた人々」であった。

このたびの文船長の釈放をきっかけとして、政府や大韓赤十字も送還交渉により拍車をかけると思うが、すでに老境にさしかかった彼等ビスカルパンスキーたちの祖国への悲しみを、ぬぐい去ってやるのが、われわれに与えられた任務だといえよう。

（新亜日報＝尹玟九記者）

雪でおおわれたサハリンの山道で木材運搬の重労働にこき使われる望郷の同胞。

朝総連の挑発に対処

南北声明に民団の姿勢確認

全国三機関長会議ひらく

民団中央本部では、八月一日午後二時から、東京文京区のホテル・大栄三階ホールで、全国地方本部三機関長並びに事務局長会議をひらいた。八日の全国大会を目前に控えてのこの会議は、南北共同声明発表後、朝総連の政治的な宣伝攻勢が日増しに強化し、民団各県本部をはじめ、各支部、分団など、すべての民団系各階層に侵透している事態に当面しているので、改めて南北共同声明の真の目的とその意義を明確に知らしめ、一般団員が朝総連の欺瞞宣伝に乗ぜられないようにするために大きな目的があった。

この会議には、全国から百五十人余りの三機関長並びに事務局長が参加し、午後二時過ぎに開会され、国民儀礼のあと尹達鏞団長代理、張聡明議長、李寿成監察委員長の順にあいさつがあったあと、宋良鎬駐日公使による祝辞では、中共の国連加入、南北赤十字会談、中共の対日政策の変更、さらに七・四声明等、このように激動している今日、かれらの言論が本当に自由であるか、どうかはみなさんが充分に周知しているところである。わが民団は、自由民主々義を信奉する団体である。だからといって、自由がありすぎて国家を破壊するようなことは、断じて許されてはならない。

民団問題についていくつかを指摘すると、（1）傘下団体としての認定を取消された前韓青…

大栄ホテルでひらかれた全国三機関長会議

中央大会の良き成果を祈る

李監察委員長会議であいさつ

全国からお集まりの三機関長、そして、事務局長の皆さま、公私御多忙のところ、炎天下にもかかわらず、多数御参席下さいましたことに対し、衷心より敬意を表わします。

過ぐる七月初旬の中央委員会席上におきまして、組織の混乱事態に対しまして、言及したことがありましたように、一部不純分子らの、良からぬ行動によりまして、われわれの組織が、未曽有の危機に逢着したことは、事実であります。

現在、彼等の行動は、相変らず継続されている状況であります。

この席を借りまして、特に一言申しあげたいことは、彼等は七・四南北共同声明を口実に、中央の指示と警告を無視し、公々然に敵対陣営である朝総連と附和雷同することによって、民団組織内外に甚大なる混乱を拡大させ、同胞社会の人心を撹乱する作戦をとっております。

金正柱氏、団長に立候補

金正柱氏

来たる八月八日の民団第三十五回臨時中央大会を前にして民団中央顧問金正柱氏は、去る七月二十八日午後二時から、東京・帝国ホテルで記者会見をもち、今度の中央大会での団長選に立候補することを明らかにした。

不純集会排撃

葛飾支部団員へのお知らせ

大田支部を直轄

七月二十八日東本直轄本部

"朝総連の手に乗るな"

港支部議長声明

五千万ドル正式協定へ

対日財政借款

アルジェリア案の撤回要求

駐仏大使に鄭一永氏

美濃部東京都知事がソウル訪問

米へ看護補助員

家族で参加しよう！

豊島園の光復節大会

＝参加者に入場無料、プールも無料提供＝

前号既報、第二十七回光復節を迎え、民団関東地方協議会では、慶祝記念式を八月十五日午前十時から東京・豊島園（練馬区向上三一二五一一）内のローラースケート・リンクでひらくことになった。

この日の慶祝記念行事プロは、第一部と第二部にわかれ、第一部の記念式典につづき、第二部では、韓国演芸人団の特別出演があり、主催側ではリクレーションを兼ねた団員家族同伴の多数参加を歓迎している。

この日の慶祝記念行事式順は次の通り。

▼第一部＝①開会宣言②韓国学校バンド演奏（光復節の歌）③国民儀礼④会長団着席⑤開会辞⑥中央団長記念辞⑦駐日大使記念辞⑧記念講演⑨決議文採択⑩朴大統領に送るメッセージ朗読⑪田中日本首相に送るメッセージ⑫閉会辞⑬万歳三唱

▼第二部＝韓国演芸人団の特別出演による歌と踊りのアトラクションなどがある。

なお、交通の便は、西武線池袋駅から豊島園行に乗車、（約十分）終点で降りれば正面に入口がある。よく式典参加の同胞に限り入場無料で同園名物の流れるプールも無料で入れる。入口正面には駐車場（三百円）もある。

南北共同声明に伴う指示

南北共同声明発表の経緯

一、南北共同声明の必要性

あくまで主導は韓国側

二、朝総連の宣伝では、大韓民国が白旗をかかげて、金日成の平和統一路線を無条件

金日成は武力統一を修正

三、金日成はなぜ、武力統一路線を修正し、平和統一路線に同調しなければならなかったのか。

本国の統一政策支援

民団組織強化徹底で対処せよ

不純分子らの朝総連との陰謀結託を警戒

朝総連は民団撹乱を企図

四、では南北共同声明が、どの程度すんだのか。

五、民団はどのような姿勢で臨むべきか。

民団が対処すべき問題点

的は、民団組織をこの機会に撹乱しようとする奸計であると同時に、あたかも人民民主主義（共産主義の同意語）の勝利のように民団も眩惑させ、破壊しようとするたくらみなのであります。

（一）本国国家次元で、多くの難関を控えて、初めて対話をはじめる現時点で、民団は表裏不同の金日成との対話であるため、冷徹にこれを見つめるべきであります。

（二）北韓の実情も知らない朝総連が、地上楽園であるという北韓社会と軍事境界線上で苦しむ大韓民国社会が、現実において正反対現象であるように、人民民主主義（共産主義）よりは、自由民主主義の優越性を今後朝総連に正しく、教えるべき道義的な責任が、民団にあることを自負すべきであります。

（三）、対話の成否が、国力にかかっていることく、朝総連よりは、数的、理念的にも圧倒的に優勢な民団としては、毅然たる態勢で内部結束をよりかため、本国の統一施策をたえまなく支援すべきでありましょう。

（四）民団の仮面をかぶって朝総連と結託した反体制分子は、彼等ののぞみどおり、人民民主主義側へ移ることにし、民団組織内で論議をはかる一切の行為を許してはなりません。

（五）今後、七・四共同声明に対する本国支援事業において、民団は主体性を持って、自体の事業として施行して行くことをおしらせするしだいです。

一九七二年八月一日

在日本大韓民国居留民団
中央本部　団長代理　尹達鏞

信用組合を育成強化

民団組織動員で支援

預金増大にとりくむ

商銀預金運動を徹底化

民団中央　全組織に推進要領指示

団内気風を刷新

千葉県本部新任団長に鄭淵秀氏

第二十三回定期大会で選出された三機関役員

沿海漁業を近代化

政府、五年間に五百七十九億ウォン投資

中進国隊列に　韓国は輸出国

対日輸出好転

原油がトップ

団長に朴振業氏　愛媛県地方本部大会

カラーテレビ生産　年内に10%市販

米・日に転換

国策銀行間の人事交流実現か

関係部処で作業班

徴収額の四倍

百万ドル突破　うなぎの輸出

尋ね人

成万周氏　成万慶氏

成萬慶(50)　成萬周(46)　兄弟

南北対決…感激の勝利

韓国、北韓制圧で五輪出戦

男子バレーアジア予選

自由中国にも3—0

ミュンヘン・オリンピック、アジア地区男子バレー予選は、韓国、北韓、自由中国、…フランスのサンディエで開かれたが、韓国は、…北韓を3対1で制圧、…

この日の勝利は、七・四共同声明以後、最初にもよおされた南北スポーツ対決でおさめたもので意義が深い。

[illegible]

韓国 3	15	15	13	15	1 北韓
	10	6	15	11	
韓国 3	15	15	15		0 自由中国
	1	11	8		

応援も圧倒…太極旗の波

ヨーロッパ各地から同胞かけつけ

[illegible]

ムルデカ優勝杯を高くかかげて喜ぶ韓国チーム

サッカーもアジア制覇

ムルデカ杯、マレーシアに二対一

韓国は、クアラルムプールで開かれた第16回ムルデカ杯サッカー大会決勝戦（29日夜）でマレーシアを、二対一で制圧、2年ぶりに優勝をとりもどした。

韓国は、前半戦で、マレーシア選手の個人技ドリブルで1点を加え、勝利をかためた。

4万余の観衆…10余名の韓国同胞のもとで韓国は、この大会5度目の優勝をなしとげたが、単独優勝は、去る70年についで、2度目であり、共同優勝は、4回（60年）、9回（65年）、11回（67年）など3回である。

選手団は、栄光のムルデカ杯をかかえて、31日午後帰国した。

高知本部で国語講習会

民団高知県本部では、…ハングル講習会をひらいて大きな成果をあげている。

商銀が東京支店新設を推進

[illegible]

40億から80億に

五都市商銀の資本金

[illegible]

原爆落ちて二十七年

"被爆の父母救え"

[illegible]

来日の韓国二世、日本政府に差別なき対策を強く要求

[illegible]

天体望遠鏡が捉えた彗星（57年、米国のパロマ・ウイルソン天文台で）

韓国で流星雨

十月九日午前三時

来る10月9日、午前3時ごろ、東北アジア一帯で、数千個の流星が、空の噴水のように、…えがきながら、そそがれる世紀の壮観が、韓国全域で見られることになると見られる。

この流星雨は、ほう星であるジャコビニ・ジナ（Giacobini…）…ジナは、来る10月9日、午前3時ごろには、今までになかった、空前の「世紀の大流星雨」をまきちらすことになると期待されているが、特に三日月が浮く、ほの暗い天空なので、肉眼でも充分、流星雨を見ることができるといわれる。

一方、南山子供会館天文台の…さんによれば、日本の知りあいで天文学関係者などが、韓国では、東京より北のソウルの空で、大流星雨を直接見るため、来韓するという連絡を受けており、10月9日の流星雨観測は大きく期待されている「宇宙の花火」見物であろう。

渡日女工27人が苦境

在日同胞に騙された

[illegible]

朝総連と袂別

作家金達寿、李恢成さんなど13人

[illegible]

写真は釜関フェリー…の学生たち

夏季学校生歓送

山口県本部主催で

[illegible]

国際青年会議に韓国代表

[illegible]

戸籍法律相談室

在日韓国人戸籍問題研究所

一、問い　私は父の婚姻外の子ですが、…

[illegible]

読者の声

日共は友好団体か

ベトコン讃美に暴ねる

[illegible]

今からでも遅くない民族教育

[illegible]

国是論（下）

裵成東
（ソウル文理大助教授・政治学）

国是のない国治は無く　王個人の人治あるのみ

（承前）このような状況であった故に、マキャベリから始めて国家の理性（Ragione hi stato）を追求しているのである。

また、国家理性は、時には国家の存在理由を提示して、政治権力に正当性を付与するばあいもあれば、時には、新たな国家理性の概念によって、既存秩序を崩壊させるばあいもある。

前者のばあいは保守主義であり、後者は革命思想である。いかなるばあいも国家は確固たる理論と説得力をもたなければならない。国家理性は、為政者の上位に存在するものである。それは、政治家の方向感覚を[illegible]する。したがって国家理性を身につけるのが、政治家の基本的な資質となるのである。[illegible]では、政治指導者は選挙の手続をふむが、突出するものではない。おもむろに、育つものでなければならないという所以が、ここに、そこにあり、幼時から政治教育をするということもそのためである。

国家理性は、政治的目的の集約であり最大公約数である。歴史の進行にしたがって、それは必然的に変化すべきであり、この変化は逆に政治家が遂行すべきである。国家理性はたえまない新陳代謝をすべきで、新たな価値と目的をきわめるべきである。

古代ローマは、征服を通じて国家を形成し、帝国は政治的自由を、フィヒテのドイツは精神的自由を、ロシアは東進政策を、アメリカは開拓精神を国家の理性または目標とした。

しかし、ローマは共和主義と万民法を創始し、帝国は帝国主義を、ドイツは帝国植民策を、アメリカは孤立主義を採択して成功したが、ロシアはぼうちょうに対する相対的調和を得られず、帝政は崩壊してしまったのである。

この調和に対する認識が、政治家に欠けてはならない。それは、ある程度政治家の適格的資質にかかっているといえよう。

ビスマルクの地力で統一はなしとげたが、後続の政治家がビスマルクの事業を誤まって処理し、20世紀の悲劇を体験することになるのである。

マイネックは、彼の「国家理性の理念論」の序論で、国家理性の概念をば、実際に政治に関わる政治家と、運命を回顧する史家に分担させているが、学問や科学が、歴史的難関の解決をどの程度処理することができたか、疑問である。

科学の発達は、むしろ、問題を複雑にし、理性的判断を迷わすこともある。科学も信仰を誘導するという点では、宗教と同じである。

ヒットラーが、原子爆弾の製造に期待をかけなかったならば、他の判断によって、王朝の運命は免れ得たかも知らない。史家や政治学者は、自然的な国家理性の形成には、相当寄与できる。またかれらが批判力を持っていることは否めない。しかし彼等の本質的役割は評論的である。

行動する時期において、国家の目標を定め、それを急速に実践に移すには学者が関与できない。この成否は、学者の資格を政治家が、どのように利用するかにかかっている。学者が示すのは、大概理想論である。しかし政治家は、現実的な功利性と直結している。それ故、両者が国家理性の形成に関与するとすれば、国家理性はつねに力と倫理の葛藤を経るべきである。

事実上、国家を建設し、歴史を創造するには、クラトス（Kratos）と倫理（Ethos）の葛藤を経るようになるのである。

ところが、この一時の権力的機構が、場合によって、その統[illegible]がどのように適うかは重要な問題である。「国家の政治的特性は、実際に政治家の支配と権力的動動が、どの程度作用しているか、また、それに対して、全体の福祉を実現する倫理的要素がどの程度の制御力を持って作用するかによって決定される。

このようなクラトスとエトスの関係するに権力への意志と倫理的責任の間を国家的な次元で、適切に調整するのが国家理性である。マイネッケは、国家理性が充足するところに、はじめて人間の生活理念が実現されると見た。

右で指摘したように、国家理性は、二つの要素から展開される。それを、政治の主体として区別して見れば、伝統的な意味としては、支配者と被支配者の関係として現われる。

前者は、限りのない権力行使の衝動を持ち、後者は、自分の生活意欲に執着する。結局、両者は、生活圏を同じくする共生関係なので「共同体を高揚する人間の相互的希望にしたがって共同の相手を持つ」ということは、古の東西を問わず政治社会の本質である。東洋では、彼の「明学頓要」の中で「君依於国、国依於民、王者以民為天、民以食為天、民失所天則国失所依、此不易之理也」といった。

国家理性の実際

「マキャベリ」は、分裂したイタリヤを救うために、あらたな国家[illegible]こうとした。彼は「運命」が[illegible]をして、国家（stato）に関して論ずるよう定めている。[illegible]は、[illegible]するか、でなければ国家に関して論じょう」という理性を[illegible]ひれきしている。

ローマ時代から、国家は他にも存在したが、キケロで見るごとく、共和国という意味で用いたが、この stato という用語は、君主政か民主政かを区別するばあいに用いた。

これを、マキャベリが新たな秩序を[illegible]する[illegible]に昇化させながら、その属性として、名誉、力、権威、権勢などを付与した。

彼の国家は、統合と完成を指向している。彼は国家の統治原理として道徳をかかげた。彼の理論として、しばしば、権力を代表的な名前とるが、これは、統治技術にあたるだけである。彼は「君主論」で、暴力と詐欺と残虐によって支配をかちとることはできるが名誉はかちとり得ないとのべた。

「マイネッケ」によれば、「それは、彼の「道徳」の倫理的範ちゅうには、日常の道徳的はんちゅうとともに、固有の[illegible]がある。ところが、これは高位の世界である。なぜならば、道徳が国家生命の源泉であり、生動する政治の根源であり、創造する人間の最高意志の表現である故である」。

マキャベリの国家理性は、世俗の君主が、教会の支配から脱皮して近代国家を発展させて行くにおいて精神的な支柱となった。

しかし、18世紀にさしかかっては、君主の道徳を主軸とした国家即、絶対主義国家は危機に直面するようになった。その間、ボダンが出、リシュリエの政治、そしてグロチュース、ホッブスの思想がいままでの国家理性を一変するに一役を担ったが、新たな政治の主役、すなわち、ブルジョアジーの挑戦には、どうすることもできなかった。

ルッソー、ヴエールテール、ディドロを代表とする啓蒙主義思想家は、新たな国家理性によって、人間の自由と権利の問題を提起した。

アメリカの独立運動とフランス革命を経て、その理念は具体化され、正確な事務機構がかたづくられていった。

パトリック・ヘンリは、「自由にあらずんば死を！」と絶叫したし、バージニアの権利章典をかちとった。それは、永遠のおくり物でなく、かち取ったものである。

「一、人間は、元来、共に自由で、自立している。

二、すべての権力は、人民にあり、したがって権力は、人民から生ずる。

三、政府は、公共の福祉と人民を保護し、安全を守るため存在する。

アメリカ憲法の前文には、次のように書かれている。

「われわれ、米国の人民は、より完全なる連邦を形成し、正義を確立して、国内の安定を確固にし、共同防衛を用意するため、また、全般的な福祉の増進と、かつ、われわれ自身およびわれわれの繁栄に自由の祝福を守るため、ここに米合衆国の憲法を制定する」

このように、新時代の国家理性が民主政治を指針としていることは当然である。彼等には、民主主義という理想でなく、民主政治という現実しかなかった。

われわれの国家理性

われわれには伝統的に、人政があったが国政はなかった。国政をするためには、国家理性が先立される国家を、まずきづきあげるべきである。

ここでわれわれは、マキャベリとヘーゲルが、いだいていた苦悶を連想せざるを得ない。国家とは何ぞや？彼等は、分裂した諸侯国を国家とはみなさなかった。マキャベリは、ローマを回想し、ヘーゲルはルイ14世と、リシュリエのフランスをせん望した。われわれにも、そのような国家的鼓舞がある—韓国初の朝鮮、民族を単位として、福祉をもった国民として向上しようとした一時期。その理性に、自由と人民主権を加え「よりよく生きるための方法」である民主政治を具現すべきである。

民主主義を理念とするということは、民主政治を具現できない際のいいわけであることを、知るべきである。

おわりに、崔漢綺氏の言葉を引用して見たい。

「一国の事は、すべからく、その国の人民すべてが共に治めるべきであり、一、両人が私事として行なうべきではない。その国の公論が、ともに望む人を取って、官に任命し、速やかに、責任を負わせることである。公論とは、国の人民が共にあえることである。公論でなければ、いかにして、人民の心を合わせうるや！人民が願わざることまでも、考慮すれば……わざわざ治めるということまでにも及ばない」。

われわれも道徳を国家理性として築かれた国家に生きるよう努力しよう。（完）

文化

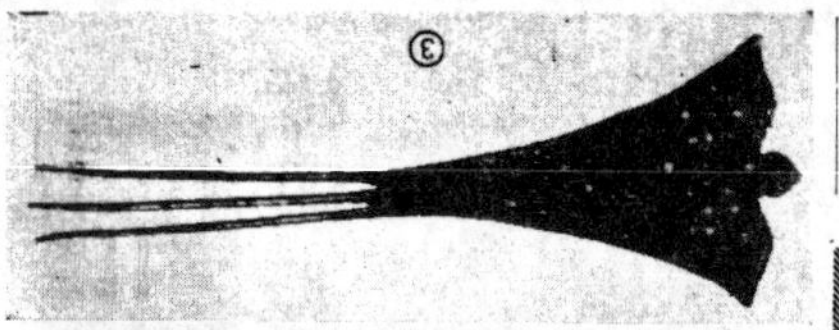

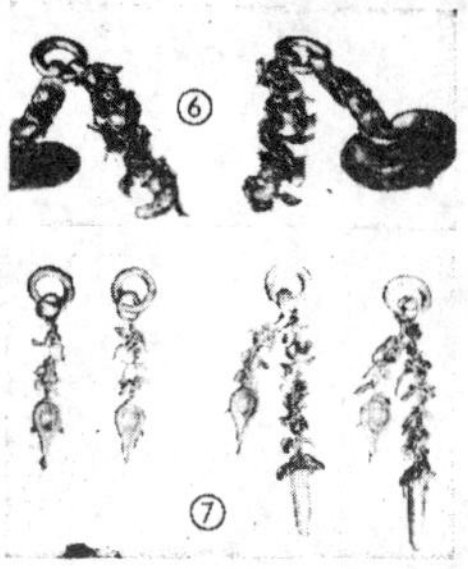

写真説明
③王妃のかんざし④腕輪⑤曲玉⑥耳飾り⑦耳飾り

武寧王陵から発掘された副葬品（前号につづく）

洪吉童傳（十九）

許筠著
訳・編　洪相圭

一家の浮沈がかけられた重大な瞬間であった。このように身を焦がし骨をもけずられる思いで待っていたある日に、数十名の従者を従い、轎輿と迫らず鷹揚に[illegible]ってたずねてきた少年があった。監司は「あるいは」と、一条の希望を抱いて招じいれさせた。恭しくお辞儀して、上げた顔を見たら、この少年こそ間違いのない吉童[illegible]の人であった。胸いっぱいに広がった驚きは、ついで満面の喜色となった。周囲の人を退かせて、ただ人となっては、吉童の手を握り、はらはらと泣きながらその間の家のたよりを知らせてやるやら、国に不忠、家に不孝な行為を恨みながら、ときのうつるのさえ忘れた。

「吉童よ、お前が家を出てからなんのたよりもなく、生死さえ知れないものだから、父上は痛く嘆かれ、それが病となったのか、終に病床に臥せられてこのかた、日を追ってますます重くなられる一方である。それにもかかわらず、お前はどんな了見で不忠、不孝を行なうのみか、はては逆賊にまでなり下って、無類の害を世に流すのであろうか！聖上も非常に嘆かせられておられるゆえに、どっち道、逃れぬものとあきらめて、京に上り、素直に天命を承けるのじゃよ。」

しまいまで言いきれずにさめざめと泣いた。吉童は頭を垂れて静かに話し出した。

「吉童が兄上の許に参りましたのは、どこまでも父上・兄上の危急な立場をお救い申し上げようと思っての所存であります。ほかに何を申し上げることがございましょう。賤しい生まれと蔑まれず、父上を父上と呼び、兄上を兄上とさえ呼べるようになっていましたら、なんでこのような事態に至ったものでございましょう。しかし、そんな恨みはすべて、過去への未練に過ぎない女々しい泣き言でございましょう。さ、早く不肖のこの身を縛って京に送ってくだされ」

洪監司は弟の健気な心情に心[illegible]されながら、吉童を縛り京にこの旨の上奏文を送った。日を決めて、吉童を懐中に入れ、屈強な強者二十余名を護衛として、京に発たしめた。この一行は、昼夜兼行の強行軍を敢行した。道すじには噂を聞いて、たかって来た人の群で市を成すありさまであった。

こうして京に着いたが、これまたなんという妖化の仕業であろうか。京に送られてきたのは慶尚道からの吉童だけではなく、八道からひとりずつの吉童が送られてきたのであった。しかもその顔つき・身こなし・衣服にいたるまで、めいめい、自分こそは洪吉童ではないと言い張っているのでは、まさに真偽の見分けといわざるを得なかった。

このような情況にあっては、朝廷でもなす術を知らなかったし、府内の人民らは未曽有のことだと噂は噂を呼んで、府内は朝野上下を問わずこの話で沸きかえった。

ついにほんとうの見分けがつかないので、聖上おん自ら親しく糾問されることになった。[illegible]有司の環視の中で、この八人の吉童は「あれこそほんとうの吉童であって、私は[illegible]ではありません」と言い争い、はては打つ蹴るの大乱闘までひき起こすに至った。

朝廷では、ほとほとに弱って吉童の父、洪判書を召し出して、見わけるように言いつけた。

「その子を知るには、その父にしかずというが、この同じ八名の中で、どれが真の子か見分け出して見よ。」

「恐れ多きことでございます。この罪万死をもってもなお軽きに過ぎるかと存じます。恐れながら臣の不肖の子吉童は左側の内股に紅の痣がありますれば、八人のうち、これあるものが真の吉童でございましょう。」

と、申しあげてから、向き変をかえて、こんどは八人の吉童らを、はたっとにらみすえたあと、吉童らに語気も鋭く叱咤したが、気力が尽きたのか、その場に血を吐いて卒倒した。周囲の人たちの驚きも大きかったが、聖上の驚きも一方でなく、すぐに薬院の侍臣に命じて救護させられたが、なかなか正気に返らなかった。八人の吉童もこのありさまを見て、同じように涙に咽びながら、懐中から一粒の丸薬を取り出し、これを洪判書の口にふくませてやった。稀代の霊薬でもあったのか、霊験もあらたかに、半時間あまりで息を吹き返した。吉童らは、ついで聖上の前に伏し、慎んで上奏した。

「数々の騒乱をなし、剰さえ、聖上殿下のおん前にてご心痛を悩まし奉りし罪は、万死なお軽きものと存じております。臣の父はもとより聖恩を蒙って、無上の栄華を受けましたからには、その子、またどうして不忠・不義をなし得ましょう。

臣、まっとうな身分に生まれ得ず、一賤婢の腹に、生まれたことだけで、上下が挙って臣を卑しめ、蔑みますれば、人の子としてこの悲しみに堪え難いものがありましたので、むしろ人を避けて遠く深山の林間に孤独の一生を埋めようと家出しましたが、これでさえ意のようにならず、ついに身を賊徒の群に投じましたのも、考えますれば、一つに臣の運命でございましょう。一賊徒に堕したとはいえ、臣は毫も民の財産を犯したことはございませぬ。ただ、各邑の守令どもが不正な手段で蓄えた財を奪って、不正蓄財の意味を兼ねたに過ぎないのでございまする。このような所業が啓蒙に背く人でであることを、臣もよく知っております。今後十年も経てば[illegible]するところがありますので、朝鮮国を立ち去ろうと決心しております。聖上、なにとぞ吉童逮捕の令をお取り消されますよう、平に…」

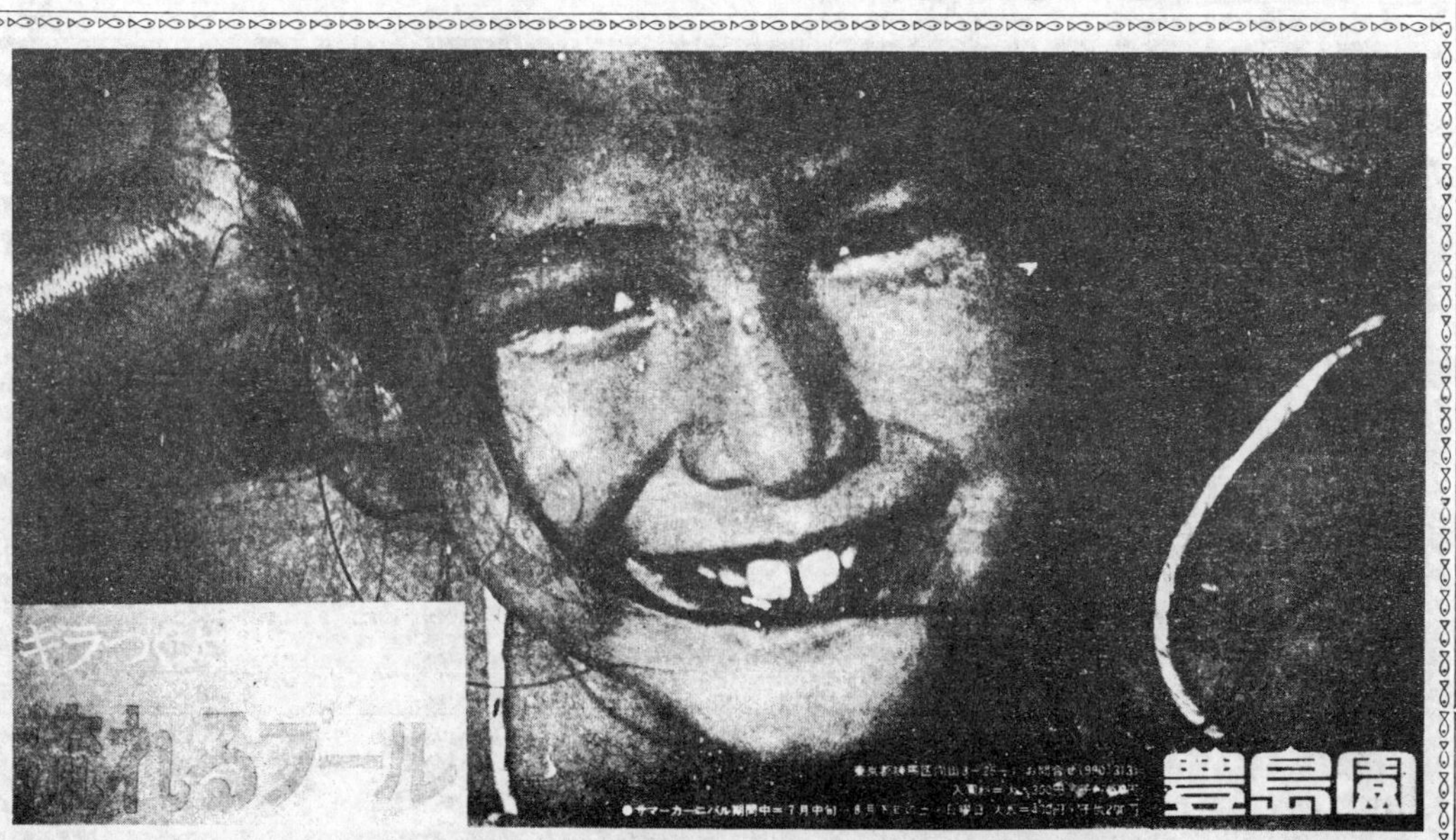

韓國新聞
在日大韓民国居留民団
中央本部機関紙
韓國新聞社
発行人 金 正柱
東京都文京区春日町
2丁目20－13
電話 (815) 1451～3
(813) 2261～5
振替口座 東京 163774

民団綱領
一、われわれは大韓民国の国是を遵守する
一、われわれは在留同胞の権益擁護を期する
一、われわれは在留同胞の民生安定を期する
一、われわれは在留同胞の文化向上を期する
一、われわれは世界平和と国際親善を期する

第35回臨時中央大会ひらく

団長に金正柱氏当選
議長は朴太煥氏、監察委員長は金泰変氏

民団中央の第三十五回臨時中央大会は、八月八日午前十時から東京・九段会館においてひらかれた。会場は全国からの代議員四百十一人をふくむ、約千五百人の団員たちで立錐の余地もないほど。

大会は、不純分子たちの襲撃に備え、約三百人からなる警備員たちの警備する中に、中央の李聖南総務局長と呉吉竜組織次長の司会で、国民儀礼、代議員の氏名点呼、張聡明議長の大会成立宣言のあと、尹達鏞団長代理、李寿成監察委員長、李禧元前団長、李裕天常任顧問、李澔大使、梅逸国会議員が、それぞれあいさつに立ち、白丁赫副議長による議決機関の報告があった。このあと、第二十回中央委員会でもとりあげられた規約修正案に関し朴性鎮事務総長から、昨今問題になってきた韓青、韓学同の傘下団体認定取消しに伴う、青年、学生たちの新たな指導機関設置に関し、これを「青年学生指導局」にしたいと、規約第二十六条修正を提案した。つづいて、同件に関し、第二十回中央委員会で提案可決した近畿地協の建議案が、李総務局長によって朗読されると、京都の兪錫濬議員は、指導局設置も、規約修正も絶対反対すると激しくくいさがった。

しかし、洪議長は、この件は、さきの中央委員会での決定事項であるとし、建議案提出者の姜桂重議員（近畿地協事務局長、大阪本部団長）は、民団組織正常化のためには、中央に、青年指導局（仮称）を地方に青年指導部をぜひ設置すべきだと主張、場内のわれるような拍手喝さいを浴びたあと、採決に関する挙手可決に入り、僅か八人の反対挙手のほか、全代議員の圧倒的多数挙手で、同建議案が採択された。正午から約一時間の休憩のあと中央三機関役員に対し、近畿地協から労苦をねぎらう花束贈呈があり、執行、議決、監察の役員全員が、場内一同の感謝こもる拍手裡に総辞職した。

つづいて、今大会のハイライトともいうべき、役員選挙に入り、団長選出では、金正柱、金任述、崔学阜の三氏が推せんされ立候補、それぞれ所信をのべたが、金任述候補は、民団混乱の原因は云云のくだりで、「金正柱氏も私も立候補からおりて、崔学阜氏を押そう」などと、突拍子もないことを口ばしり、場内はこの発言をやじる怒声で一時騒然となった。結局金任述氏は、形勢不利とさとってか、立候補を辞退し、金、崔両氏が対決、二百八十六票対百二十三票で、金正柱氏が、倍を上回る圧倒的得票により団長に当選した。

このあとの議長選出では、二百十八票対百八十五票で、元事務総長の朴太煥氏が尹致夏氏をおさえて当選、監察委員長選出では、ほとんど全員一致で金泰変氏が対立候補なく当選した。

顧問と直選議員監察委員と副議長、副団長、事務総長は、それぞれ三機関長に一任することに可決、午後三時半、万歳三唱裡に大会の幕を閉じた。

◇金正柱団長略歴
▲一九一五年生（慶南晋州出生）
▲晋州高等普通学校卒業後渡日
▲明治大学商学科卒業
▲民団事務総長
▲東京韓国学園長
▲経済人連合会事務総長
▲現在、韓国中料研究所長
△著書、韓来文化の末裔、九州と韓人、日帝統治史料など多数

投資国際経済人会議
九月頃ソウルで

全経連は韓国に投資を希望する英、仏、独等欧州七カ国のシーメンス、バイエル、フイリップス等大企業代表を来る九月頃ソウルに招き投資振興国際経済人会議を開く計画である。同会議はUNIDC（国連工業開発機構）と共同で推進するもので①オーストリア五社②フランス十社③西独二十一社④イタリア九社⑤オランダ四社⑥スイス五社⑦英国十五社等六十九社。プロジェクトの内容は、電子、陶磁器、化学パルプ、自転車、船舶修理、紳士既成服等十五業種で、ほとんど輸出を目的とする三十五にのぼり、これに対する外人投資が実現すれば、年間三億ドルの輸出増大が期待できる。

東京・九段会館でひらかれた第35回臨時中央大会（上）新しく選ばれた三機関長、左側から金泰変監察委員長、金正柱団長、朴太煥議長。

新任金正柱団長の抱負
理念の確立と実践を
まず内部体制の強化から

民団史上、特記すべき組織の混乱と反目という障害に悩んだ旧李―尹執行部についで、金正柱新団長の当選は、民団発展に新たな期待と志向をいだかせている。在日同胞六十万の権益を守り、民団の大せいを担う新団長の抱負を、出馬所感を通じてうかがうことにする。

一、組織混乱の収拾姿勢

内部混乱の収拾方針に関する民団の基本方針は、すでに確定されております。すなわち、混乱の根源である不純分子を除去し、乱動事態を一掃するということが、われわれの基本的姿勢であります。

しかし、技術的には、彼等を最後まで、民団路線において包容し組織分裂を、未然に防止すべきだとする雰囲気が、一方に厳然と内在していることも事実であります。執行部が、そのいずれかをえらぶかということが、重大な分岐点となることは、いうまでもありません。

重ねてのべる必要もありませんが、団長の職責としては組織における多数意思にしたがって行動するのが一次的な姿勢であり、綱領と規約にてらして、組織を防衛するのが最終的限界であると存じ、今後にも、今までのような撹乱工作が続行されるかぎり、断固とした措置で対応し、組織秩序を確保する義務感を自覚しております。

しかし、規約違反の行動にいたる前に、あらかじめそのような、善意の少数意見をも考慮して、建設の礎石として転換させる努力が、二次的課題であろうと思っております。

二、朝総連攻勢の制止方針

南北平和統一をめざす七・四声明を、政治的に悪用し、対話の広場を自らの組織拡大に利用しようとする、朝総連の、目的のためには手段をえらばない行動は、根本的に是正されなければなりません。

民族の次元から始め、民族団結に寄与しようという、共同声明の崇高な精神を、彼等は完全にふみにじり、宣伝で狂乱し、思想に結論を見出すという手くだで、わが組織への内部侵透を強行する、嫌悪すべき事態は、いまもなおわれわれの眼前に、はっきりとくりひろげられています。

今からでも、このような不純事態を制止するため、総連当局と理論的に対決し、行動の実際におい

（二面につづく）

光復27周年

日帝の、血に飢えた毒牙にさいなまれた苦渋の三十六年。麗わしく、清らかな祖国と民族を、暴虐と圧殺の鉄鎖から救うため民族の精気がどよめき、憤怒がたぎった半世紀……。

その血にまみれた毒牙が、もろくもくずれ、骨をきざむ鉄鎖が砕け散った一九四五年の八月十五日。

その日の歓喜と感激が、白衣民族ひとりひとりの網膜には、くっきりと刻まれ、子に、孫に遺伝子のようにつたわることはたしかである。

その感激と歓喜は、一九四八年八月十五日、第一共和国建国の感激と歓喜に重なるが……。

しかし、日帝の血生臭い毒牙の痕跡と、朽ちた鉄鎖の屑は、亡霊となって、三十八度線の呪いを生んだのではなかろうか。

長上を敬まい、幼きを愛し近隣相扶け、平和と愛と自然を尚とぶ、平和と礼讃の民族に、流血と停戦にけぶる鼻の悩み、民族の悲劇をもたらした共産侵略が、それである。

六・二五動乱の廃墟の上に雄々しく立った第三共和国が、六十年代を通じて築いた国際的躍進と近代化のあしどりは、韓民族の血に潜むたぐい稀な英知と精力に火をつけた。

そして今、光復二十七周年。

めまぐるしい国際情勢の変遷の渦のさなか、われわれ在日同胞は、七十年代にかける祖国の大望と生気溌剌な民族のすがすがしい息吹きを祖国同胞と共に胸一ぱい呼吸する。

南北平和統一をめざす、民族の英知にかける、民族の悲願、国民総和体制による大韓民国の国力培養。

そして、新指導体制を迎える、居留民団の躍進。

青空にはためく太極旗を仰げば、われわれは二十七年前の、その日の感激と歓喜を、未来への期待と希望を、そして使命感の自覚を、総身でひしひしと感じとることができるのだ。

忍耐、誠意、総和で
国力培養と増強を
李大使記念辞（要旨）

あいさつを述べる李澔駐日大使

代議員の皆さん！

今日、在日居留民団第三十五回臨時中央大会を迎え代議員の皆さんと民団中央執行部の皆さんの労苦に感謝いたします。

南北共同声明の確実な理解および今後における南北赤十字会談を前にして、われわれ国民は、第一に自由民主主義に対する信念の強化、第二に忍耐と誠意と総和、第三に、国力の培養、増強をめどにはげむべき時です。このような時点において、六十万在日国民の福祉増進と地位向上のため、かがやかしい歴史をもつ民団幹部みなさんの責務は、大なるものといえます。

大韓民国の国是のもとでかためてきたわれわれの団結を破壊しようとたくらんだ、若干の不純分子のため、ひきおこされた民団組織の混乱は、果敢に排撃されるべきであり、組織の強化と結束がより強く要請されます。

六十万在日国民の代弁者としての皆さんの健斗を祈ります。

一九七二年八月八日
駐日本国大韓民国特命全権大使
李 澔

民団組織の整備強化で在日同胞の権益を擁護し南北平和統一をなしとげよう

一、国是遵守と秩序維持は民団の生命であり、組織発展の基本である。
一、組織を発展させるためにすべての妨害要素と不純勢力を除去しよう。
一、祖国平和統一のために南北共同声明を歓迎支持する。
一、南北共同声明を悪用してわが組織を攪乱させる一切の策動を排除する。
一、南北共同声明に対応する姿勢は、主体性の確立と団結された力で。

祖国の平和統一成就へ
六十万同胞の権益を護る

金正柱中央団長記念辞

金正柱中央本部団長

親愛なる在日同胞の皆さん！

光復節二十七周年を迎え、皆さんとともに喜び、慶祝するしだいであります。

国を奪われた三十六年間の悲しみが去り、よろこびと希望の光復を迎えた二十七年前の今日をかえりみるにわれわれはどれほどか感激にひたったことでしょう。

しかし、その後、六・二五動乱により、同族の血は祖国の山河をいろどり、国土が分断されたまま、四半世紀にわたって数多くの試練をへて来ました。

わが大韓民国は、第三共和国の誕生とともに、受難の歴史から繁栄の歴史に転換され、高度の経済成長をもたらし、これと併行して全国の津々浦々で、よりよい生活のための「新しい村運動」が、活発に展開され、祖国の山河すみずみまで希望にあふれる国民の姿を見かけることになったのです。

賢明なる朴正熙大統領閣下は、祖国の平和的統一をなしとげるために、まず南北赤十字会談を積極的におしすすめ、去る七月四日には、南北共同声明を発表することをなしとげました。

本国の全国民はもちろん、海外のわが在日同胞は、このような閣下の英断を双手をあげて支持歓迎するしだいであります。

親愛なる同胞の皆さん！


われわれは、たとい身は海外にあっても、心はひとすじに祖国山河にあり、祖国発展をねがって燃えているのであります。

この愛国の心情は、ことばだけでなく、具体的な行動で、心身一丸となって貢献すべきであります。

今日のように、内外情勢が、われわれの団結を必要とし、団結した力が要求される時機はありませ[illegible]

さらに友好親善関係を
協定精神に立脚、同胞の権益擁護

田中総理大臣に送るメッセージ

田中総理大臣閣下！

[illegible]

金総理の訪日
日時は未確定

世界銀行調査団が訪韓

平和統一を成就
先烈の教訓生かし

決議文

南首都圏は五十四人ずつ

光復節式場を無料提供

大韓婦人会一部人事改編

人蔘は肝毒除去剤

発電機を寄贈
金熙淑団長美挙

金熙淑団長

民族解放の日、1945年8月15日、感激と歓喜に雀躍りし、ソウル駅頭に集い万才を叫ぶ民衆

祖国近代化に参与
朴大統領閣下に送るメッセージ

尊敬する朴正熙大統領閣下！

今日、わが在日本大韓民国居留民団は、栄光にかがやく第二十七回八・一五光復節を迎え、祖国光復の聖なる民族課業達成のため、身を捧げた愛国先烈の皆さんの冥福を祈ると同時に、祖国の繁栄のため忠誠をつくすとの堅い誓いのもとに盛大な慶祝大会をもよおし、本大会の名において大統領閣下にメッセージを送ることを光栄に存じます。

尊敬する大統領閣下！

激動している国際情勢に備え、国防態勢をより堅実にするため、国家非常事態を宣言したのは、まことに賢明なる施策であると思うと同時に、セマウル運動を全国的に展開し、わが民族のより良い暮しのための基盤建設に、昼夜、努力して居られることに対して、敬意を表してやまないしだいであります。

また七月四日には、わが民族がひとすじに念願してやまない祖国の平和的統一をなしとげるため、南北共同声明を発表された大統領閣下の英断を双手をあげて支持歓迎する次第であります。

尊敬する大統領閣下！

われわれは、海外に住みながら、つねに祖国の繁栄と祖国近代化に積極的に参与しようと努力しており、祖国建設の使命に力をつくそうとしております。

また、われわれはつねに大韓民国の海外国民としての栄誉と矜持を持って、われわれの主体性を再確認し、自由民主的な平和統一の姿勢をよりかためております。閣下の御健勝を祈りつつ、今日の喜びを閣下におくるしだいであります。

一九七二年八月十五日
在日本大韓民国居留民団
第二十七回光復節慶祝大会

南北赤十字本会談日程決る
平壌(8.30)ソウル(9.13)で

南北家族さがし運動のための、南北赤十字第一回本会談は、三十日午前十時、平壌で、第二回が九月十三日午前十時、ソウルで開かれることになった。

また南北両赤、大衆団体の代表を平壌とソウルでの初会談に招く問題は保留することにした。これでまず七人の代表以下随行員、[illegible]

(一面からつづく)

三、会館財政の確立
四、青年学生の指導育成
五、中央会館の建立完成

南北共同声明と休戦線

休戦線よさらば、の日はいつ
十九年目迎えた悲劇の分断線

南北赤十字会談が始まってから初めての休戦協定締結記念日（七月二十七日）を迎えた。しかも、今年の記念日は七月四日の南北共同声明があって間もなくのことだったから、ひとしお心が注がれた。しかし、この境界線には事実上、何の変わりもなく、依然として南北の軍隊がにらみ合っている。これらの軍隊は互いに南は北からの防衛のために、北は南との対立ゆえに配置されているのだ。無論、この軍隊はソ連や中国、あるいは米国や日本を意識して対備しているものではあるまい。（もしそうであれば、それくらいの軍備、装備ではとてもおっつかないはずだし、大国には他の方法で噛みつくにかぎる）そこで、南北がお互いを警戒する軍備、装備にかかるカネを（武力不行使宣言をしたのだから）そっくり国民福祉のために使うようにでもすれば、二十年前の同族殺戮（りく）のとむらいになるかも知れない。

この七月二十七日は南北間の休戦協定が結ばれてから十九年目に当たる。"休戦"ももう二十年近く続いたのだから「不戦」を恒久的にできないはずはなかろう……との願いこめて宣言したのがさる七月四日の"平和統一"を目指す武力不行使共同声明だったともいえる。しかし、二十年前の同族殺戮（りく）の悲劇はいまだに深い不信感となって内面にこびりついており「南北はお互いに約束を厳守する」ことを誓しながらも、何かうらをかかれて、だまされるのでは？という疑惑を払拭することができずにいるようである。

二度にわたり外勢が"分断"

韓半島にかくも深刻な苦悩を与えた罪深い"分断線"は二度にわたって、外国勢力によって韓国国民の同意なしに取決められた。一度目は一九四五年二月、第二次大戦中に連合軍側の米英ソ三国首脳が密約で決めた"三十八度線"だった。それは同年八月、終戦間ぎわに三十八度線以北の韓半島を占領したソ連軍と南半部に進駐した米軍とによって事実上の"分断"をもたらせた。

二度目が、三年間にわたる悲惨な韓国戦争の結果、調印された休戦協定による"休戦線"だ。これは相互敵対行為を中止する線として設けられた軍事境界線で、そこに非武装地帯を置いており、一度目の三十八度線と少し違って、西部では若干南方に、東部ではそれより大幅の部分が北方に食い入っている。

この休戦協定成立の日が十九年前の七月二十七日で国連軍司令官が代表し、北の共産側は北韓と中国軍司令官が協定に調印した。韓国ではほとんどの国民が、こうしたやり方は"統一"の可能性をなくすると"反対"を絶叫したが、聞き入れられなかった。……当時これは必然のものだったのだ。しかし、このことによって、韓半島の分断はいよいよ決定的なものとなったのである。

五条六十三項目の休戦協定

昨年からの南北赤十字会談など……協定を守ることによって"平和"が保たれるとして休戦委本会議では専門的、事務的な話を進めてきたが、北側はこれを最初から政治宣伝の目的に利用してきた。それは発言の八割以上……

……ようではあるが、また、この休戦線には何も物理的変化があらわれていない。

三つの"交戦団体"によって結ばれた休戦協定は五条六十三項目から成り、非武装地帯を設けて敵対行為を相互に禁じている。国連軍はこれまで七千百余りの休戦協定違反をおかした北側――その休戦線さえじゅうりんした北側――のために、四百名にものぼる犠牲者を出した。

過去十九年の間、協定調印当事者たちは三百十一回に及ぶ軍事休戦委員会本会議と四百三回の秘書長会議を行なったが、それは"非難と宣伝の場"に化して、一千万語にのぼる舌戦が続けられてきた。……

「汽車は走りたいのだ」

[illegible]

健全な韓国青年たらん

反国家、反民団を排除
兵庫県韓国青年会準委発足

八百余人の青年があつまり韓国人青年会結成準備委員会を発足させた。

兵庫県韓国人青年会結成準備委員会が、さる四日、神戸市内の私学会館に六〇〇余人の県下青年と、韓国居留民団兵庫県地方本部団長ら二十余人の来賓参加裡に、盛大に発足し、別紙のような趣旨文並びに決議文を採択すると共に、各地域の責任者を、下記のように選出した。

（地区責任者）

[illegible]

決議

今日ここに集った我等は、韓国青年の立場と、使命を明確にし、……

一、我々は反国家、反民団的行為をする一沈の誤った青年運動を……

[illegible]

安保の価値観確立
神戸で韓国人教育者大会ひらく

第9回在日本韓国人教育者研究大会が八月一日から九日間、在日同胞の教育関係者、百十名の参集裡に、兵庫県神戸市の「湖月城」……

[illegible]

ミュンヘンで激讃
尹氏のオペラ「沈清伝」

[illegible]

不純集会を粉砕
兵庫県本部　団員の説得が奏効

[illegible]

声明書

[illegible]

慶　第27回　光復節　祝

海外旅行は
信頼できる当社へ！
統一産業株式会社
観光事業部
世一観光
本社(〒150) 東京都渋谷区神南1－19－10
丸恵ビル5F TEL(03)464－2090

韓国居留民団
岡山県本部
団長 金甲文
議長 朴泰鎮
監察委員長 李錫均
事務局長 趙三源済
岡山市駅前町一－五－二
電 二五－〇八二六～七

韓国居留民団
港支部
団長 金周億
議長 張仁建
監察委員長 李鎔吉
事務部長 金鍾大
東京都港区三田四－六－一八
電 四五五－一一八八～九

韓国居留民団
目黒支部
団長 姜高元
議長 鄭埈汶
監察委員長 黄晩伊
外役員一同
東京都目黒区青葉台一－三〇－一〇
電 七一三－〇四七〇
　　　　　〇三七六八
▲女子職員募集（給四万－四万五千、交通費別）

韓国居留民団
江東支部
団長 金光和
議長 具興洙
監察委員長 全翼漢
外役員一同
東京都江東区木場六－八－一〇
電 六四四－〇九〇二五七一七二
　 六四五－〇二五九

韓国居留民団
荒川支部
団長 高昌運
議長 李昌植
監察委員長 文斗河
事務部長 高昶徳
東京都荒川区荒川三－三一－九
電 八九一－〇五五五－六

民団千葉県本部
団長 鄭淵秀
千葉市新宿町二－一－三五

高木商会
(朴南会)
川崎市川崎区京町一－一五－八
電 二三三－一一四五九
　 二四－六一三八

株式会社
西濃組
社長 金有権
本社 大阪市西淀川区竹島町三－三－一
　　 電話(472)二二八四～六30
出張所 京都市北区紫野南舟岡町五
　　 電話(06)四三一－一八四五
出張所 舞鶴市倉梯町四十一－八の五
　　 電話 舞鶴②四五八八

東亜ゴム工業株式会社
社長 黄秉甲
本社工場 大阪市生野区猪飼野西一－三十
　　 電話(06)七三一－五五三一～四
大府支店 愛知県知多郡大府町大字横根字
　　 坊主山一の六四
　　 TEL大府(0562)四六－一二五八五

製鋼原料商
淀川製鋼代納店
三起商会
丁用鎮
(松本克三)
営業所 大阪市生野区生野田島町一丁目十八
　　 TEL(七五八)二二二一五五番
　　　　　　　　 三三二七四五番
シャーリング工場 大阪市生野区巽大地町
　　 TEL(七五七)代表三二〇一～〇三六

高級注文紳士服
赤坂
ウインザーテーラー
一、韓国新聞講読者には一割引
一、お電話頂ければ参上致します
代表 古川準一
(蔣準植)
東京・赤坂一つ木通り
電 五八五－七六一九
　 二〇七〇

韓国居留民団
大阪生野西支部
支団長 秦慶春
議長 趙鏞和
監察委員長 黄秉甲
外任転員一同
大阪市生野区猪飼野中2－36
TEL七二一－七三一～二

韓国居留民団
大阪生野北支部
支団長 崔翼龍
議長 曹原鎬
監察委員長 崔海龍
外任職員一同
大阪市生野区新今里一－一－六
TEL七五三－一五三一

韓国居留民団
大阪生野南支部
支団長 徐孝淳
議長 金賢圭
監察委員長 鄭晒碩
外任職員一同
生野区舎利寺町一－一－八二
TEL七一二－六一二三

韓国居留民団
大阪生野東支部
支団長 高桂煥
議長 康順和
監察委員長 金東準
大阪市大阪市生野区大友町一の六二
TEL 752－三七七一

精巧社塗装工業所
代表者 金賢圭
TEL(06)七五七－七七三九
　　　 七四一－五九四一
本籍 全羅北道南原郡

近畿電解クローム鍍金工業所
宋基洙
(山田甚郎)
第一工場 大阪市生田区猪飼野東十ノ二
　　 TEL(06)(757)一〇〇四～五
第二工場 大阪市生野区巽西足代町四二二五
　　 TEL(06)(七五二)七〇二九

韓国の新しい村づくり運動に農機具を送りましょう！
当社は、すべての便宜を取計います。
(永住帰国者の財産搬出及び寄贈も出来ます)

自動式
製莚機
(1日百枚おれます)

全自動 稲麦刈機 HC502

耕運機 KME

(1日10たん耕やせます)

久保田農機・建機販売代理店
大成交易株式会社
TEL 06－252－5371－2
(大阪韓国総領事館前)

横浜に韓国クラブ誕生！

連日豪華ショウ上演
韓国本場のお嬢さんが
郷愁そそるサービス!!
☆ホステス募集（20才－30才）
最高給優遇、寮有り。帰りはバスで送ります☆
代表取締役 林 秀行

コーリャンクラブ　釜山
TEL (251) 5172（代表）

海外旅行・国内旅行・航空貨物は日航機で

ソウルへ、釜山へ、日航機ならお近くの空港から。

飛んでしまえば、アッという間に着いてしまう韓国です。ですから、お乗りになるまでに時間がかかっては困りもの。ぜひ、日航機をご利用ください。日航機はソウルへ、釜山へ、お近くの空港から、毎週、計21往復。機内では、チマ・チョゴリの韓国人スチュワーデスも皆さまのお世話にあたっています。

お手紙でのお問合せは日航メイルボックスへ――
クーポンをハガキにはり、ご質問のほか行先、出発希望日、渡航目的、住所、氏名、年令、職業、電話番号などをご記入のうえ〒100-91東京中央郵便局 私書箱 205号 日本航空メイルボックスへ。

クーポン
韓国
1－17－8
11－2－5

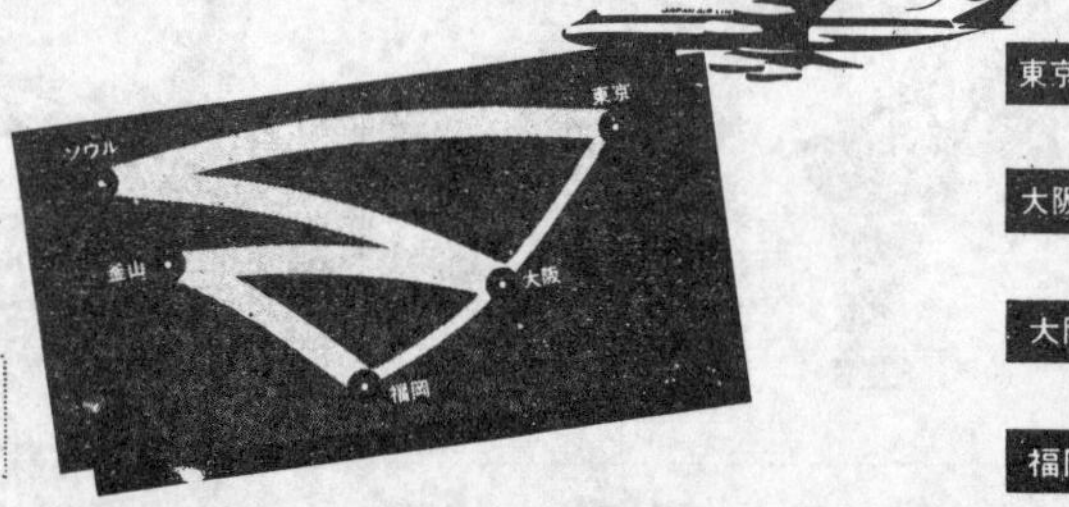

東京↔ソウル
JL951便 東京発10:10→ソウル着12:20(毎日)
JL954便 ソウル発18:20→東京着20:20(毎日)

大阪↔ソウル
JL961便 大阪発15:50→ソウル着17:20(毎日)
JL962便 ソウル発13:20→大阪着14:50(毎日)

大阪↔釜山
JL981便 大阪発11:55→釜山着13:00(日・月・水・金)
JL982便 釜山発14:00→大阪着15:00(日・月・水・金)

福岡↔釜山
JL971便 福岡発12:20→釜山着13:00(火・木・土)
JL972便 釜山発14:00→福岡着14:40(火・木・土)

JAL
日本航空
東京支店……(03)747－3111
大阪支店……(06)203－1212
名古屋支店…(052)561－2401
福岡支店……(092)27－4411
鹿児島支店…(0992)51－2950
札幌支店……(011)231－4411
沖縄支店……那覇55－3311

祝　建国記念日

韓國新聞
在日大韓民国居留民団
中央本部機関紙
韓國新聞社
発行人　金　正柱
東京都文京区春日町
2丁目20－13
電話　(815)1451～3
(813)2261～5
振替口座　東京　163774

民団綱領
一、われわれは大韓民国の国是を遵守する
一、われわれは在留同胞の権益擁護を期する
一、われわれは在留同胞の民生安定を期する
一、われわれは在留同胞の文化向上を期する
一、われわれは世界平和と国際親善を期する

派閥越え鉄の団結を
誠実と能率と愛国心で
朴大統領が光復節へ慶祝辞

朴正熙大統領は十五日「政派と地域、そして血縁をこえて」南北統一のため大同団結することを呼びかけ「統一の念願を、われわれのすべての体制と政策に反映させるにおいて最善をつくすこと」をちかうと、明らかにした。朴大統領は、この日、ソウル市民会館で挙行された光復節二十七周年記念式に参席し、慶祝辞を通じてこのようにのべ、国力を平和統一に効果的に活用する道は「正しい民族意識と国家観を確立し、鉄石のように大同団結するところにある」と、平和統一にそなえる団結をよびかけた。朴大統領は「統一のためわれわれに最も必要なことは、派閥争いや、浪費でなく、誠実と能率と愛国心を基盤とする大同団結」であると重ねて強調した。朴大統領は、また、北韓同胞も「運命共同体」であると強調し「イデオロギーは違っても、民族は永遠である」とのべ「一日も早く韓民族としての自我をとりもどし、北韓の地に民族の良心をよみがえらせる歴史的転機をきずくことに果敢であるべきだ」と呼びかけた。朴大統領は、また、北韓共産主義者に対しても、南北赤十字会談を誠実に運営し、所期の成果をおさめるべく、最大の協力を惜しまないことを促がし、七・四共同声明の誠実な履行を期待するとのべた。朴大統領は「わが民族の自主統一のための大韓民国政府の正当な努力を尊重し、これを正義と平和の名のもとに、積極的に支援すること」を、平和と自由を愛する世界のすべての国家と国民によびかけた。朴大統領の慶祝辞(要旨)はつぎのとおり。(写真は朴大統領)

親愛なる南北の五千万同胞のみなさん!

われわれは、今日、祖国統一に対する新たな希望と、明るい期待の中で、いかなる時よりも感慨的な二十七回目の光復節を迎えました。

この式典は、当然、解放の感激を統一の感激として昇華させる民族的決意の祭典とならなければなりません。わが民族の進路を、われわれ自らの力で、きりひらいてゆくことは、韓半島に恒久的な平和をきずき、分断された祖国を統一することであり、その統一の栄光の中で、われわれ五千万同胞がすべて良く暮していける、繁栄の福祉社会を建設することであります。

この平和!この統一!そしてこの繁栄は、われわれに託された時代的使命であり、召命であります。この時点こそ、われわれの民族史上、最も希望に満ちた重要な瞬間であると強調すべき時であります。

それは、われわれ自身の力で、平和統一をなしとげることができ……

さらに団結して前進
駐日特命全権大使　李　澔

李大使

きょうは、わが民族が今を去る二十七年前感激と歓喜のうちに迎えた光復の日です。われわれは毎年この日を迎えてきましたが、今年迎えるこの光復節は格別な意義があるように考えます。

これは即ち、わが大韓赤十字社のイニシアチブによって始められた、南北に裂かれた離散家族問題などを解決するための南北赤十字本会談が遠からず開催されようとしており、一方わが政府の先導的……

海外から統一へ貢献
駐日韓国公報館長　尹　泰　魯

尹公報館長

李大使招待の光復節パーティ

光復節記念パーティの来賓と挨拶を交わす李澔大使夫妻

27回光復節慶祝式盛況

関東地協　豊島園で中央式典

日帝の悪夢に満ちた鉄鎖から、祖国と民族の解放なった八月十五日。第二十七回目の光復節を迎えた民団では、東京、大阪をはじめ、全国各地で、民族気概を高め、士気を鼓舞する記念慶祝式典を挙行、この日を祝った。

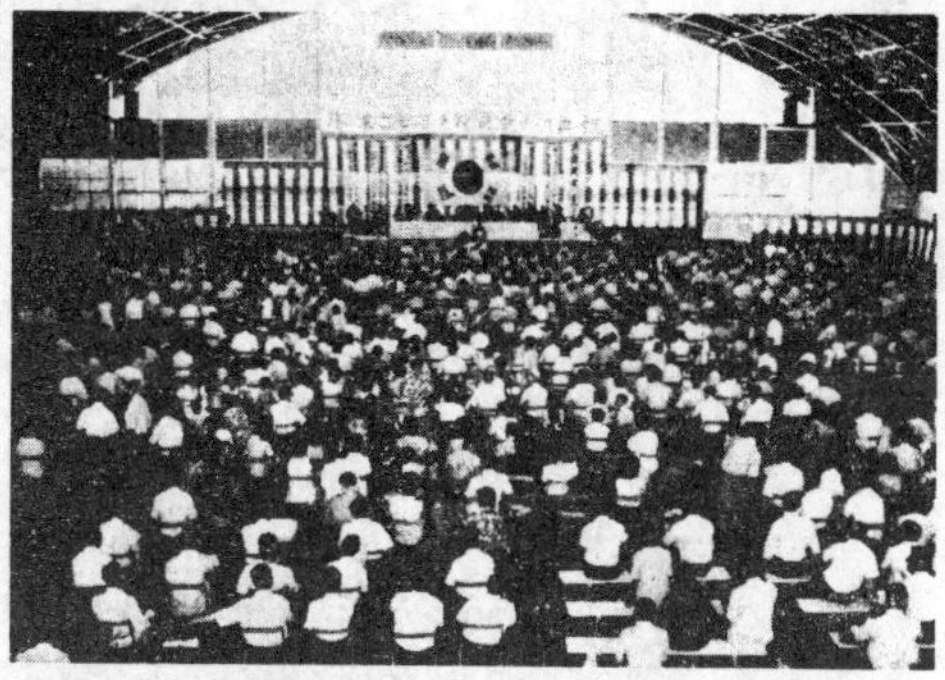

光復節記念中央式典は東京・豊島園に三千人の団員を集めて開かれた

中央式典で記念辞を読みあげる金正柱中央団長

李澔大使の祝辞を代読する宋鶴鎬公使

団員家族も楽しく
民俗色豊かな歌と踊り

気運もり上る
神奈川県本部

お国自慢大会
の茨城県本部

京都でも盛んだった祝典

四千人の団員家族で溢れる
大阪

セマウル運動で自立を

誠意ある南北対話の道開こう

朝総連側で政治宣伝

侵透工作は統一を阻害

民団中央本部の金正柱団長は、団長就任以来、当面の基本方針に関し"団員に告ぐ"として、八月二十一日付をもって、次のような談話文を発表すると同時に、その具体的方案を全組織に即時通達するよう指示した。

金正柱中央団長談話文を発表

金正柱団長

親愛なる団員の皆さん！

不肖、本人が第35回臨時中央大会で、全国組織関係者みなさんの委託をうけ、去る八月九日から中央団長の重職に就任、二十日には新執行部を構成し、今日から新たに発足することとなりました。

おもえば、現在、わが民族は、まさに祖国統一に対する希望と期待の中で、光復27周年を迎え、人道的立場から提唱された南北赤十字会談も、今や本会談の成果を注視する段階にまでいたりました。

一方、七・四南北共同声明が発表されて以来、統一をめざす対話の道も、また大きな可能性をはらみつつ高調されています。

これらすべての結果は、なによりも、祖国を第一とし、体制よりは民族を第一に愛した朴大統領閣下の英断がもたらした結果であると思われます。

わが民団は、南北赤十字会談と七・四南北共同声明が発表された時点で、これを支持歓迎する旨をすでに声明しております。これは単に、かけ声にとどまる支持歓迎でなく、在日同胞においても十万に達する離散家族をさがさねばならないという人道的な使命感と、一元から対話の道をひらこうとの崇高な精神からめばえたものであったためであります。

団員のみなさん！　民族の良心と、南の平和統一をなしとげるという、民族の良心から、四半世紀にわたって対立してきた理念・理念と社会制度をこえ、単一民族の次の前には、法律があってはならず、政略もまたあってはなりません。このような折に、朝総連はあいもかわらず、自分らの一方的な勝利論を主張しており、わが組織の基本意思を無視し、少数の脱線分子と結託して、撹乱をたくらんでいますが、このような浸透工作は統一聖業の助成はおろか、相互不信と組織対立を激化する政治宣伝以外の何でもないことを心に銘ずべきです。

わが民団の組織活動家は、この重なる統一聖業に際して、旧態依然な政治宣伝を旗とする策動をそなえるべきであります。そして、われわれが念願する誠実で真しな南北対話が、在日同胞社会でも実現される道が開かれるよう努力すべきであります。

このような観点から、本職は、相互部門に、つぎのような基本方針を実現できる具体的方案を、全組織に即時通達するようにとの指示をだしました。

民団主催の共同声明支持大会ひらけ

（一）民団の主催で各級組織が南北共同声明支持歓迎大会を開催すること。

（二）南北赤十字本会談の成功のための激励大会を開催すること。

（三）これに関連する総連の提議は、中央で基本了解が成立するまでは、一切拒否すること。

（四）総連と結託して、乱動を継続する離脱分子と、旧執行部一派の煽動に対する団束を、一層きびしくすること。

一九七二年　八月二十一日

在日本大韓民国居留民団中央本部団長　金正柱

中央・新人事を発令

民団中央本部では、さきの第三十五回臨時中央大会以来、未決定の三機関の人事構成を急いでいたが、八月十九日に新執行部を次のように発令、つづいて議決、監察機関もそれぞれ新人事を発表した。

〈執行機関〉

副団長	姜学文	〃	金振浩
〃	李彩雨	組織局長	姜学文(兼)
事務総長	姜学文(兼)	経済局長	宋鎬用
総務局長	李聖南	民生局長	李鍾舜
文教局長	孫秀祺	宣伝局長	鄭達鉉
青年局長	李彩雨(兼)		

〈議決機関〉

副議長　白丁赫

〃　崔成源

〈監察機関〉

監察委員　呉敬福

〃　李様鎬

カーン博士、韓国の経済開発を語る

訪韓中の米国の未来学者ハーマン・カーン博士（ハドソン研究所長）は九日、全経連主催の"アジア経済の展望"という主題講演で「こんご十年間、韓国は可能なあらゆる手段をつくして最大限の経済開発を達成すべきだ」と強調、韓国の場合、現在の経済成長率を七％、人口増加率を二％、そして三百ドル以下の水準にある一人当たり国民所得増加率を五％に見つもれば、韓国は、二十年ないし二十五年以内に"大衆消費時代"にはいるだろうし、つづいてすぐ"脱工業時代"を迎えるだろうと展望した。

カーン博士はこんご、中国文化圏に属する諸国家のうち、共産中国を除く韓国、日本、タイ、シンガポールなどは驚くべき成長をするだろうと語り、中国文化圏の諸国は活用力が強く、韓国も多国籍企業の活用を通じ、より早い成長を成しとげるだろうと予測した。

70余カ国元首から

光復節　朴大統領に祝電

ニクソン米大統領をはじめ、裕仁日本天皇とハイネマン西独大統領など七十余カ国の元首たちが十五日の光復節（解放記念日）を祝賀するメッセージを朴正煕大統領に送ってきた。

ニクソン大統領は祝電で「米国民の祝賀を伝えることができるのをうれしく思います。われわれは世界平和と発展という共同目標を追求してゆくうえで、こんごも朴大統領および韓国国民と緊密な友好関係を維持してゆくことを期待します」と述べた。

八月三日現在で凍結

糧穀以外の物価と料金

緊急命令が発動された八月三日現在で全面的に凍結された。

経済企画院によると、去る三月六日の一時凍結措置以後、エネルギー価格と一部工業品価格が現実化したが、緊急命令と共に政府は物価上昇率を年三％内外に抑制しようとする経済安定総合計画の執行に着手したが、一部糧穀を除くすべての物価および料金は…

輸出十億ドルを突破

年間目標の57%に達す

76年の輸出目標大幅増額へ

新年度予算六、八九三億ウォンに圧縮か

企業に税制上の支援を拡大

三千五百七十万ドルの外資導入認可

韓国最大の貨物船

パン・コリア号が進水

わが国造船史上、最大規模の一万八千トン級大型貨物船が建造され、このほど釜山港で進水した。

この進水式で「パン・コリア」と命名されたこの貨物船は、昨年十月着工以来、八カ月ぶりに完成したもので、総一万八千六百トンの多目的貨物船として、十四億九百万ウォンの建造費を要し、全長百五十五メートル、船幅二十二・八メートル、高さ十四・七メートル（マストまでの高さは…）、八千四百馬力の巨大なメイン・エンジンを装備し、時速十七ノットの高速を誇る五大洋航海船の一つである。

写真はわが国造船史に新紀元を記録した大型多目的貨物船「パン・コリア」号の進水場面。

大成毛紡が初めて英に紳士服地輸出

大成毛紡は来る九月、英国に初めて紳士服を輸出する。同業体は今回、三万ドルの梳毛服地を試験輸出する。

本国論調

民族的感激の中で27回「光復節」

南北の対話に期待

——朴大統領の慶祝の辞に思う

金日成政権がモスクワ寄りであった時も、北京寄りであった時代も、そして自主独立路線を推進している今日も、ソ連政府と北韓政府の間に、さらにソ連共産党と朝鮮労働党との間にどのようなやり取りがあったか——という問題は皆目わからない。もちろん断片的情報は流れているものの、北韓とソ連との関係ほど、わかりにくい関係はない。

それだけに南北韓の統一がもし実現した場合、一ばんあわてるのはクレムリンだと評する人もいる。それからジャンプして、南北韓が手はじめにゆるやかな形で合同して朴正煕大統領が統一韓国の大統領に就任することとなってありうるなどと取沙汰する者が現われている。事実上はそのように簡単な問題なのではないのだが…。

※　※　※

第二十七回光復節は民族的感激の中で記念された。この祝賀は南北韓の歴史的対話と接触が始められたという背景もあって感激のものだった。朴大統領の光復節慶祝のあいさつも、南北統一に関する政府の基本態度を明白にしたもので、そこには統一に対する民族的な抱負があった。折しも南北赤十字本会談が目前にせまっており、また、さきの七・四共同声明に示された南北韓の間で政治会談がすでに始まっていることもあって、今年「自由民主体制の中での平和統一」と要約される…

北韓同胞に語りかける

こんどの朴大統領の慶祝の辞で目立ったのは、良心をつくしながら北韓同胞に直接、訴えていたことである。すなわち、われわれが運命共同体であることを改めて語りかけながら、民族的"自我"、民族的"良心"の蘇生が必要だと力説した。

祖国統一と福祉社会の実現

朴大統領の慶祝の辞はまず「戦後、わが民族が歩んできた受難の歴史」を想起させながら、民族の自主的力量の結合を目指し、その進路開拓への意志を強調、これにまつわるさまざまな「反省」について述べている。

民族的意志と情緒に満ちて

最後にわれわれは、この朴大統領の、南北統一に対する民族的意志と情緒にみちた意義深い慶祝の辞が、全国民に共感を呼び起こしたことを眼のあたりにしながら、そのような民主的平和統一の実現が一日も早く訪れることを望んでやまない。（朝鮮日報＝SA）

荒波高い独島

独島を開発

漁業前進基地に貯油施設など五ヵ年計画

水産庁では、東海の独島を、来年から五ヵ年計画で開発、独島に漁船待避施設と油類貯蔵所などを設置する計画を、検討中である。

十九日水産庁によれば、独島開発計画は、まず三億七千万ウォンを投入して、独島の二大島の間に、防波堤を築き、大きな島と小さな島の間を埋め立て、貯油施設や、燃料施設を設けるということである。

この開発計画が成功すれば、年間六千隻の漁船が、施設を利用できることとなり、漁業前進基地としての役目も果たすことになるが、水産庁では、開発計画確定にさきだち、独島調査を実施する予定である。なお、独島には灯台施設があり、警備隊（10名）が駐屯している。

「経済外交」を一元化

外務部次官補の専担で

政府は、今後、経済関係の外交を外務部に一元化し、外務部次官補が専担するよう、体制を再編した。

九十八の経済部処海外駐在官を外務部に編入する一方、現在の通商局に、技術協力課、経済機構課、通商3課を新設し、国際経済課を経済調査課と改編することにした。

金鍾泌国務総理は、十八日、総力経済外交強化のための細部実践方案を、関係各部処に通達し、

(1)経済部処の海外派遣員の身分を、外務部所属として、在外公館長の指揮監督をうけるようにする。

(2)今まで、各部処に計上された経済外交費に対する予算を、特別のばあいを除き、外務部所管とする。

(3)外務部の経済外交機能強化のため、経済部処との定期人事交流を断行する、などの方策を実現するよう指示した。

この実践方案は、また…

いよいよ迫る赤十字本会談

参加者の『身辺保障』

李厚洛部長が声明発表

李厚洛・韓国中央情報部長

南北調節委員会の韓国側共同委員長である、李厚洛中央情報部長は、22日午後、きたる30日から平壌、9月13日からソウルで開かれる赤十字本会談参加者たちの「身辺保障」に関する声明を発表した。これは、さる11日の第25次予備会談で合意をみた、手続事項の第2項である「双方は、代表団、諮問委員、記者団らの往来と、滞在期間中の身辺の安全を保障し、相互往来一週間前にこの旨を声明として発表、その文書を交換する」に基くもので、第一回本会談の韓国側代表団が29日に出発することに関しての声明発表となる。なお、当事項にもとづいて北韓側の金赤代表長も23日声明を発表、24日板門店では声明原本が交換された。韓赤代表団は29日平壌へ出発のはこびとなるが、一年かかってあらゆる難関をこえ、ようやく家族さがしの本会談へこぎつけた現在、北韓側の誠意が一貫して発揮されることが望まれている。

北赤側が物言い

離散家族一員当然

鄭代弁人語る

韓赤諮問委の以北五道会長あげ

首席李範錫・交替代表金錬珠氏

家族さがし本会談代表団決まる

李範錫首席代表

金錬珠交替代表

47年目の暴雨 韓国を襲う

ソウルに四五二ミリ

死亡・行方不明三二七人

李大使館に義捐金を伝達する金中央団長

民団から義捐金

李澔大使を訪れ手渡す

ヨボセヨ！こちらソウルです！

平壌へ対話の架橋

「ヨボセヨ、ピョンヤン」試験的通話の黄覚一さん

南北本会談に直通電話

経済局税務メモ

国税庁、資産税に硬姿勢

北韓からの漂流少年水死体

国軍が北へ引渡す

人道的立場から政治排除を

金総裁が談話

「美術親善」は私たちの手で

民団を訪れた美術の得意な本国生徒たち

李建植氏ら四人に国務総理表彰

ボーイスカウトが統一祈願の大行進

在日女子大生が女軍に一日入隊

華麗な天使たち

ザ・リトル・エンジェルス

尋ね人

☆余乙鎬さん（日本名余村義雄）(65)

☆余徳鎬さん（日本名余村勇）(58)

☆江戸さん一家

☆奉大成さん(61)

趙相文（安田）

川崎市小倉町二〇

中高校の教育用基礎漢字千八百字を最終決定

文教部確定公表

文教部は、漢文教育撤廃から2年目の16日、中・高校漢文教育のため基礎漢字、千八百字を確定発表した。去る6月7日、千七百八十一字の漢文教育用基礎漢字試案を発表した文教部では、その間、各界の与論と漢文科教育課程審議委員会をへて、そのうち38字を除き、新たに57字を補充、千八百字を教育用基礎漢字として確定したのである。

確定発表された漢字のうち、9百字は、中学用であり（別表のゴジック体）残りの9百字は高校用である。

文教部では、この基礎漢字を、来る2学期から、中学校では、1週1～2時間づつ（3年間に、一〇八～二一六時間）、高校では従来どおり一一四時間の漢文教育を、行なう方針である。

また、文教部では漢字公表と同時に、

①人名、知名など固有名詞は、この基礎漢字にこだわらず指導し、

②学習効果のため、やむを得ないばあいには、中・高校別にそれぞれ学習漢字の10％程度まで追加して指導することにするが、追加した漢字は、入試評価対象から除外し、

③一つの字で二つ以上の、音と字体を持つものは、一つだけを採ったが、実際の指導では、そのすべてを指導するなどの、指導上の留意事項をも発表し、字数制限にまつわる教育上の問題にも、基本的な形をうちだした。

中学・高校がそれぞれ九百字

一方、文教部では上、中、下の台本で、3年間、教科書として用いる中学用漢文教科書も発刊した。

文教部では「基礎漢字が、確定公表されたが、まだ不備な点が少なくないと思う」として、「今後教育実施とならんで、補完作業もつづけていく方針である」とのべた。

文教部が、基礎漢字確定のため意見を聴取したのは、中・高44、大学45、学会16、言論機関32カ所など百三十七団体であり、このうち九十七ヵ所から、意見が寄せられた。

なお、沈剛裕文教部次官はこの日、「確定された基礎漢字は、学校教育用として用いられるので、言論・出版などに、基礎漢字の使用を強要するものではない」とのべた。

[illegible]

太字（ゴジック）は中学用
細字（明　朝）は高校用

国宝「真興王巡狩碑」国立博物館へ

北漢山頂1400年目に

博物館に移される真興王巡狩碑

古代新羅の真興王巡狩碑（国宝第3号）が、16日、北漢山から景福宮の国立博物館に移された。わが国最古の金石文であるこの碑が、千四百年の風雨にさらされた末、博物館に安置されることになるが、上の部分にひびができて若干の衝撃にも、くずれるおそれがあるので、やむをえず、二つにわけて運搬し、接着剤で再現することになった。

海抜五百メートルの北漢山巡狩碑跡は、史蹟第二百二十八号に指定される。

碑跡には、巡狩碑より37糎低い高さ一メートル20センチの標石が立てられる。

標石前面には「史蹟第二二八号新羅真興王巡狩碑遺址」と陰刻され、裏面には「ここに立てられていた新羅、真興王巡狩碑（国宝3号）は、千四百年の長い歳月でその碑身保存が、危ぶまれ、安全に保存するため、一九七二年八月十六日、国立博物館に移転し、遺跡を、史蹟に指定する。一九七二年八月、大韓民国」と縦書きされる。

真興王巡狩碑は、三国統一を果す、新羅の国力をかため、内外に雄飛する基盤をかたちづくった、生きたあかしともいえる。

洪吉童傳 (三)

許筠著
訳・編　洪相圭

とい終わるが早いか、八人の吉童は一時ぱったりと倒れて、何時の間にか見る目にもおかしい藁人形に変わってしまった。聖上のお驚きは大きく、真物の吉童を逮捕せよと、矢次のように憤られた。

さて、真物の吉童は、このようなことがあった以後も悠々と四方を漏歴し回っていたが、ある時、京にはいってきて、四大門にでかでかと覚え書きをはりつけた。

「いかに手をつくしても、洪吉童逮捕の儀はかなうまいと思う。ただし朝廷で兵曹判書（現今の防衛庁長官級）を授けたら自ら進んで縛につくであろう」と。

あらゆる手段をつくして逮捕に努力したが、それを嘲笑するかのような、彼の神人ぶりに、ほとほと困じ果てた朝廷では、彼の要求する兵曹判書の官職を授けることについて甲論乙駁があった。国法を乱し王厳をないがしろに振る舞う、一賊徒を捕えることができなくて、驕りに驕った賊の、恐れを知らぬ不敵な要求を受け入れることは天下の大本を損ね、ひいては王威を地に堕すことであるとの名分論が優勢であった。聖上もこれが事理の当然であると思われ、吉童逮捕を任として慶尚監司を授けた彼の腹違いの兄、仁衡に吉童逮捕のことを、いっそう厳しく督課して早くその身柄を京師に押送するよう、再び詔を下された。

慶尚監司は厳しい王命に、恐懼おくところを知らず、なんとか早く方法を、講じなくてはならないと、心は早ったが、全く、手も足も出せないので困っていたある日に、とつぜん、天より降ったのか地より湧いたのか、忽然と吉童が現われ、仁衡に恭々しく礼をしながら静かに、こう言うではないか。

「一あまり世を騒がせました。兄上、ご覧の通り正真正銘の吉童でございます。兄上、すぐさまこの至らぬ弟を縛って、京に送って下され」

死地に飛びいるその殊勝な態度に側々と動かされ、早くも仁衡は涙が先立ち、ひしと吉童の両手を握った。

「お前はなんということをしてくれたのだ。予と、そちと兄弟であるのに変わりないはずだが、そちは父兄の教訓を徒にして、一国の物情を騒乱とせしめた。どうしてその身を全うすることができようぞ。しかしじゃ、死を覚悟して死地に飛びこみ、進んで縛に就こうと決意したのには、兄として、ただ泣かされるほかない」

と、ことばも続べずに男泣きに泣くのであった。このように、濃やかな肉身の情にむせびながらも藁人形に図られた苦い経験は、今の彼こそは本当の吉童であろうかと、一片の疑心をはさましめざるを得なかった。かの足をまくり上げて見れば目当てのあざが白い肉地にくっきりと浮かび上がり、吉童の背負って生まれた運命を象徴する星のように、また庶子と生まれた人の子の悲しみを訴えるように思われるのも哀れであった。

九、兵曹判書となる

吉童は手足を厳重に縛られ、屈強な吏卒、数十名に守られる檻車に乗せられて、京に送られた。一行は疾風のように京へ、京へと走った。不眠不休の堪え難い強行軍にも吉童は眉一つ動かさず泰然と端座していた。このようにして、数日後には京に着き宮門をはいろうとした時に、吉童が強かに身をねったら、身車にも手足と首を縛っていた鎖が、腐った縄切れのように千切れ飛び、檻車はこっぱ微塵になった。そして吉童が一度、身軽く地を蹴ったら、ちょうど空を飛ぶ小鳥のようにみるみる、空高く遠ざかって、かすかに一つのしみとだけしか映らないぐらいに小さくなって、遂には雲間に隠れてしまった。

途中で事が起こっては大変と、眠ても覚めても心の重荷がおりず、はち切れそうな緊張でくたくたに疲れきっていた護衛の諸将は、宮城の門まで着いたとき、始めてほっと、安心の一息をついたばかりであった。その瞬間にこのような珍妙不可思議な変化が起こることは何としたことだと現を抜かして呆然と吉童が消えていった天の一角を眺めていたが、隠しようもなかったので一伍始終を聖上に上奏し奉った。あまりに意外なことの成り行きに聖上も非常に驚かれた。

「古今に亘って、このような怪妙が、ほかにもあったであろうか？」

と、つぶやかれながら、ご心配のあまりに眉をひそめられた。万朝の百官、いずれも吉童の人間業ではない神機妙計に今さらながら恐れて、敢へて一言も奏する者もなく、ただ、顔を見合わせているときに、ひとりの重臣が進み出て申し上げた。

「恐れ多いことでございますが、事、ここに至りますれば お上におかせられては吉童奴が日ごろから執心の兵曹判書の官位をお授けなされるとの、上命をお下しなさることこそ上策かと存じまする。剛を以って剛を制し得ざるとも、柔能く剛を制し得るの妙計かと存じまする。」

韓國新聞
在日大韓民国居留民団
中央本部機関紙
韓國新聞社
発行人　金　正柱
東京都文京区春日町
2丁目20－13
電話（815）1451～3
（813）2261～5
振替口座　東京　163774

民団綱領

一、われわれは大韓民国の国是を遵守する
一、われわれは在留同胞の権益擁護を期する
一、われわれは在留同胞の民生安定を期する
一、われわれは在留同胞の文化向上を期する
一、われわれは世界平和と国際親善を期する

誠実な南北対話実現へ

真情溢れる単一民族の姿勢で

南北共同声明・赤十字会談支持歓迎大会へ民団中央・金正柱団長が激励の辞

金正柱中央団長

民団中央本部金正柱団長は、さきに中央が全国民団組織に公文で指示した「七・四南北共同声明および赤十字本会談支持激励大会」開催について、朝総連の一方的な思想、政治宣伝と、民団組織攪乱の陰謀を暴露糾弾すると共に、真情溢れる単一民族の姿勢から、平和統一のための、誠実で真摯な南北対話を実現する方向で、大会を導くようにとの要旨の激励辞を、全国組織におくった。

今日、われわれは、民族の悲願である平和的な南北統一の初歩となるべき、七・四南北共同声明と南北赤十字本会談を支持歓迎し、わが組織の鋼鉄のような団結と発展のために、ここに集まりました。

不肖、本人が、中央団長職に就任しながら、皆さんに申しあげたことがありますが、いま、わが民族は、祖国統一に対する希望と期待の中で、七・四南北共同声明の会談と七・四南北共同声明が発表された時点で、これを支持歓迎する意志を明らかにしました。

しかし朝総連は、平和統一を志向する同声明を、政治的に悪用して、民族的聖業である統一事業を妨害しているだけでなく、民族和合に帰着しようという共同声明の崇高な精神を、彼等は完全にじゅうりんして、旧態依然たる思想宣伝に狂奔しているわが組織の内部攪乱をたくらんでいる憎むべき行為を、私たちの目の前で、悪びれもせずに恣行しております。

スローガン

一、七・四南北共同声明を、まことの民族的良心の姿勢から、支持歓迎する。

一、南北赤十字本会談を成功させ、祖国分断により離散した一千万離散家族の再会を実現しよう。

一、朝総連は、民団名義を盗用する反体制不純分子たちとの野合行為や、不法集会を中止し、相互不信と対立激化を助長する政治宣伝と、歌誦策動を止めよ。

一、日本政府は、南北韓民族自決の平和的な統一方案を、妨害しようとする七・四南北共同声明に対し、一切の干渉を止めよ。

太極旗を破損暴行

自称〝合同集会〟の朝総連

川崎事件

七・四共同声明と、赤十字本会談支持激励大会は、朝総連の一方的な政治宣伝と欺瞞策術を排撃し、誠実で真摯な民族的良心の姿勢から、民団が主体となってひらくよう、さきほど民団中央では、全国組織に指示したが、民団神奈川県地方本部（朴成準団長）では、九月三日、いわゆる民団と朝総連の合同集会を川崎・産業文化会館においてひらこうとしている朝総連側の動きを察知、これを未然に防止しようと、九月二日、宣伝カーで、団員説得のため民団川崎支部管内を巡廻していたところ、朝総連の集団暴力による妨害にであった事件が起き、多くの問題を投げかけている。

即ち、朝総連神奈川県本部では、民団組織から離れた一部不純分子を抱きこみ、民団神奈川県地方本部の名を盗用、あたかも民団と合同主催であるかのようにでっちあげ、この合同集会なるものをひらこうとしたが、これに憤慨した民団神奈川県地方本部と、地元の民団川崎支部では、九月二日、さきの宣伝カーをくり出し、団員たちへの不参加を呼びかけるために巡廻中「午前十時四十五分ごろ川崎市内、京急前のいわゆる〝ナバッチ部落〟にさしかかったところ、朝総連の〝体当り部隊〟と称する自転車一台を先頭にした六十名近くからなる暴徒たちが、当方の宣伝カーをとりかこみ「オレたちのシマをふりかざし「オレたちの部落で殺してやる」とわめきながら、なだれこみ、宣伝カーに飾られた太極旗を引き裂き、民団神奈川県地方本部の朴組織部長に一週間の打撲傷を負わせるなど乱暴の限りをつくした。

間もなく、川崎署の警官があつまり騒ぎはおさまったが、この〝体当り部隊〟の大部分は犯行現場から、突然逃走した、とのことで、一部不純分子を利用したこの人は、池上新町の朝総連第三分会長であるといわれている。

この騒乱のあと、民団川崎支部内で、午後六時半から、民団神奈川県地方本部は、この報に接し、中央からかけつけた呉敬福監察委員や尹達鏞宣伝局長らも加わって、「九・三不法集会対策委員会」をひらき、前記の太極旗破損と、不法集会に関する問題解決に全力をあげることに意見の一致を見た。

このあと、九月三日の不法集会は、民団神奈川県地方本部の承認もなく、一部不純分子を利用しての名義盗用ばかりでなく、暴行による加害は、一連の計画的犯行であり、日本の多くの新聞は偏向的な記事を書き、公平を欠いている面が多いのは遺憾であるとの要旨の見解を発表、その見解を発表、その責任を追及した。

五ブロックにわけ大阪で一万人参加

共同声明・赤十字支持歓迎大会

民団大阪府本部では、中央指示による、民団を主体として、ひろく在日同胞に呼びかける集会としての「南北共同声明と赤十字会談支持歓迎大会」を、去る八月二十五日から九月四日までの間、五ブロックにわけてひらき、多くの成果をおさめ、九月十七日の全大阪大会にさらに大きな期待をかけることになった。

民団大阪府本部では、管内三十三支部を、第一地区（生野東・西・南北、東住吉、枚岡、八尾、天王寺）第二地区（城東、東成、北河内、布施、都島、旭）第三地区（西成、西淀川、大正、港、南大阪、福島、此花）第四地区（堺、住吉、泉南、泉北、泉大津）第五地区（東淀川、吹田、豊能、茨木、高槻、北大阪、中央）に分け、トップを切って、八月二十五日午後六時から、第四地区の泉大津市民会館で、約千五百人の管内同胞を集めて、支持歓迎説明会と、ソウル国楽団出演による慰安芸能大会がひらかれたが、説明会では、金正柱中央団長と望月済高公報官が、それぞれの立場で南北共同声明解説と、それに関連しての在日同胞のあり方などにつき、懇切ていねいな説明講演がおこなわれ、聴衆の感銘をよんだ。

このようにして、あくる二十六日は、第一地区の東大阪市民会館、二十七日は、第五地区の吹田市民会館（中央から姜学文事務総長参加）二十八日は第二地区の団員を集めて、これも東大阪市民会館（金振浩中央副団長参加）で集会をもち、九月四日、大阪郵便貯金会館での第三地区を大会で、全五ブロックを終了した。

なお民団大阪府本部では、九月十七日の全大阪大会をふくめ、一万人動員を突破したいと意気ごんでいる。

南北対話に国連干渉するな

金総理外人記者に語る

金鍾泌総理は、このほど外人記者との会見で「われわれは今対話を始めたばかりだ。国連が韓国問題解決を願うのであれば、そっとしておいてほしい」と語った。

共同声明支持山口県大会

==3,500人参加==

民団山口県地方本部（朴鍾団長）主催の〝南北共同声明支持山口県韓国人大会〟が、九月二日午後一時から、下関市細江町の市民文化会館に三、五〇〇余同胞が参集し盛大に催された。

この大会開催にあたっては、国民儀礼のあと、同県本部三機関長

南北赤十字本会談開く

分断の壁越えて

わが五十四人平壌入り

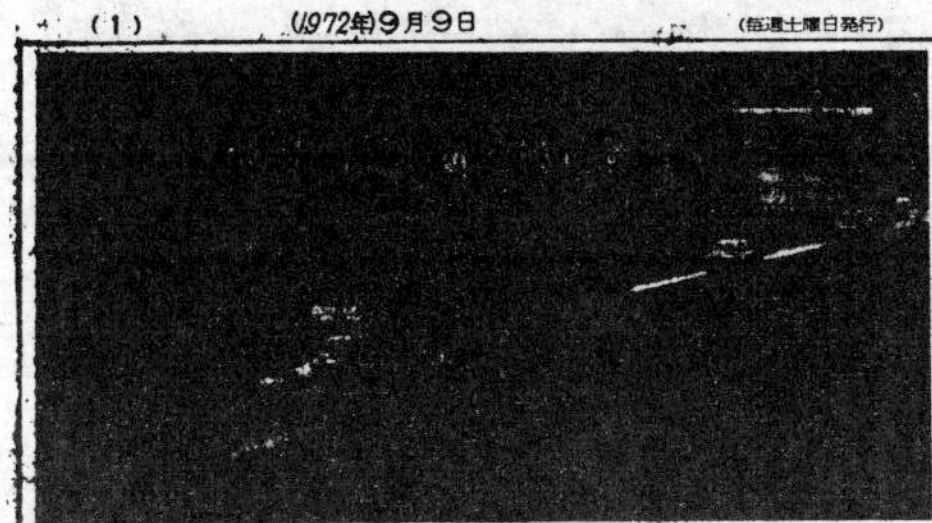

八月二十九日午前七時半、ソウル南山のふもとにある韓国赤十字社本部前を乗用車十五台に分乗して出発した韓国赤十字社代表団、同行記者団ら五十四人は、板門店で、北韓の車に乗換え、一路平壌に向った。四分の一世紀以上にわたる祖国の南北分断は、この日、五千万同胞の統一への念願をこめてひらかれる南北赤十字会談のために、大きくその分断の壁が一時とり除かれたのである。

「帰らざる橋」渡る韓赤代表団一行

この日、北韓入りしたのは、李範錫韓国赤十字社副総裁を首席とする七人の代表、随員と諮問員から選ばれた七人の諮問委員と二十人の随員、東亜日報など二十人の国内記者団、規定通りの五十四人である。

一同の一行は五十台近い車をつらねて「帰らざる橋」を渡り、北韓の地へ入っていった。

一行は、開城、金川、沙里院を経て夕方平壌着、わが代表団は牡丹峰にある迎賓館で旅装をといたが、…

二十五回の予備会談、十六回の実務会談を経て、ようやく本会談にとぎつけたもので、ふりかえれば多くの難関を突破してきたものだ。

一階の会議場には、双方の代表団が入場、中央演壇をはさんで、右に韓国、左に北韓と向かいあってテーブルに着いた。両代表団の握手のあと、北韓の金団長が開会を宣言し、次いで金団長、李首席代表が、それぞれ祝賀演説を行なった。

正午すぎに、さきの予備会談で合意に達している①南北離散家族の生死の確認②離散家族の訪問、再会③手紙の交換④自由意思による再居⑤その他の人道問題――という五項目の議題を相互で確認、さる七月四日の南北共同声明で示された自主平和統一を基礎とする合意文書に双方代表が署名した。まさに歴史的な瞬間である。

これで同日の午前中の日程を終え、午後からは、北韓側の主催で芸術公演が行なわれたが、この日の公開会議で、第一回本会議は実質的に終了しており、第二回本会談は、九月十三日、ソウルでひらかれることになった。

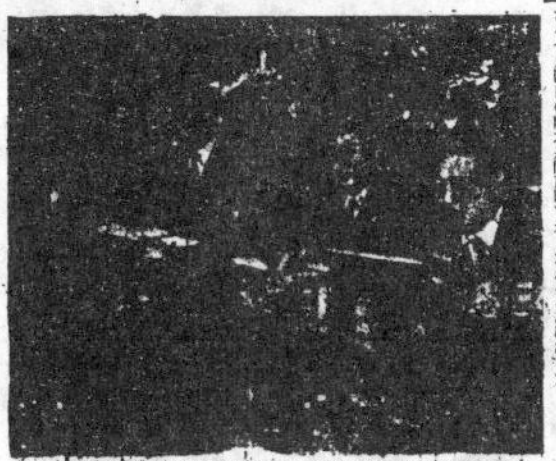

平壌（右）わが李範錫代表、（左）北赤の金泰熙代表

次回はソウルで核心に入る論議

第一回本会談を終えた、韓国代表団、記者団ら一行を歓迎するレセプションは、同日午後八時半から平壌市内の「玉流館」で、李範錫首席代表を主賓格に、五百人を越す内外関係者の参席する中で盛大にひらかれた。

翌三十一日午前には万景台を訪問し、夜は、韓国側一行五十四人が全員、北韓の朴成哲第二副首相主催の晩さん会に招かれて歓談。

九月一日は、市内を見学、朝鮮民主青年主催の昼食会に出席、万寿台芸術団公演を観賞して、すべての滞在日程を終了、二日午前九時三十分、平壌をあとに、板門店経由で午後四時五十分、ソウルに到着した。

このようにして、祖国の平和的統一への第一歩である南北赤十字第一回本会談は、とどこおりなく終了したが、ソウルでひらかれる第二回本会談で、いよいよ核心に入る論議が、一千万離散家族の注視のもとに、展開されることになる。

忍耐と譲歩で解決

相手を中傷非難せず

韓赤李範錫代表挨拶

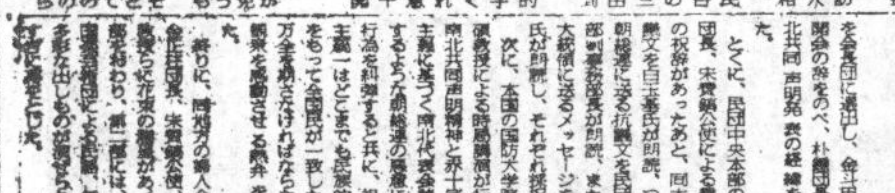

新年度予算案提出にともなう

朴正熙大統領の施政演説

南北競争に対備して

内部体制を果敢に整備

朴正熙大統領

『関東大虐殺』の真相を追う

その日から49年

七千の血はむくわれたか

警察により連行収容された当時の同胞

関東大震災の概況

「フテイ鮮人」襲来のウワサ

"虐殺"のありさま

自警団のものものしい検問

大震災で惨殺された韓国人の死体

おわりに

特別寄稿

南北統一論議

李英介

民団で救護運動展開

本国水災 義援金続々と寄託

八月十九・二十日の大豪雨による被害（本紙一〇五〇号に既報）の復旧が本国では、国をあげて進められているが、八月二十一日民団中央本部では、本国水災民救援のための義援金募金運動の展開を各地方本部と傘下団体に通達した。

これによると、募金の期間は、八月二十二日から九月二十二日までの一ヵ月間で、各地方本部に託された義援金は、所管領事館を通じて本国政府関係部処に送金し、その名簿と金額を、公文で中央本部民生局あてに報告するよう、望んでいる。

なお、通達後、はやくも愛知県地方本部で五十万円、日本人を含む多摩全多摩協助会で三万五千八百三十一円など、温かい心ざしが続々と寄せられている。

このほか大阪の在日韓国人信用組合協会では、一百万円、李熙健氏が百五十万円、韓緑春氏が二百万円をそれぞれ伝達してきた。

水災地へ一刻も早く善意が到達するように、第一次分、二十七万八千円が、ひとまず伝達された。

東京墨田支部が38万円

往年のスター ハヤブサ氏も一灯

このたびの本国水災民に対する救援義援募金運動に積極的な都内民団墨田支部では、洪象根団長を先頭に、全団員がぞくぞく救援の手を差しのべているが、その中には、同支部管内居住の日本人からの義金もふくまれている。

なかでも、オールド・ファンにはなつかしい往年の無声映画スターであった剣劇俳優ハヤブサ・ヒデト氏の暖い一灯もあって、支部関係者をおおいに感激させており

このあと、同支部では、前記ハヤブサ・ヒデト氏の好意にこたえるため、現役スター時代のフィルム、ブロマイド、雑誌などの資料を集めており、ハヤブサ氏に一時貸してやって欲しいと団員たちに呼びかけている。

なお九月五日付で重ねて十万八千五百円が寄せられ、同支部の義援金総額は、三十八万六千五百円となった。

みたまよ安かれ

—関東大震災殉難第四十九周忌—

非業の死七千の霊を慰む

今を去る四十九年前の一九二三年九月一日、突如、関東地方をおそってきた大震災は、多くの人命と財産を奪い去って焼きつくしたが、当時、関東地方に在住していたわが七千あまりの同胞たちも、赤狩りに狂奔していた日帝の官憲により、無実の汚名を着せられ、ゆえなく虐殺された。

この非業の死を強いられた同胞のみたまを慰めるための、第四十九周忌関東大震災殉難韓国人慰霊祭は、今年も九月一日の午前十一時半から民団中央の中庭で、しめやかにとりおこなわれ、故人たちの霊を慰めた。

この日、献花で飾られた質素な祭壇の前には、都内各機関の代表や民団各支部の役員、有志たちが参列、李海翊総務局長により祭順が進められ、別掲のような追悼文が金正柱団長によって朗読されたあと、呉允台牧師の、当時を偲ぶ追悼記念講演が昨年同様、大きな感銘を与え、地震が襲い始めた十一時五十八分を前後して、殉難者への敬けんな黙祷を捧げ、焼香がつづけられ、祭典をとどこおりなく終えた。

追悼辞をよみあげる金正柱中央団長

追悼の辞 霊位に祖国統一の歩み報告

四十九年前の今日、霊位皆さまは、故国を離れ、異域万里のこの土地で、予期せぬ日本人の蛮行的な迫害により、非業の殉難をうけ、国なき民族の悲痛を胸にひめ、黄泉の客となったのでした。

その後、祖国は解放されたのであり、ようやく日本帝国主義者たちの鉄鎖は、韓国人の手首から切り離されてしまったのです。

しかし、解放後、二十七年という長い歳月が過ぎ去るまで、未だに私たちの祖国は、統一を達成できず、ただ今も北韓地域には、千五百万に達する同胞が、共産圧制の中で苦しんでおります。

朴正熙大統領閣下におかせられては、このような民族の悲運を打開するために、今年の七月四日に南北共同声明を満天下に発表し、祖国統一可能に着手したのであります。

であるから、今日、霊位皆さまに、五千万のわが民族は、子孫万代に輝く歴史を継承するため、全民族の国家建設と、祖国統一のために邁進していることを、追悼の辞と併せてお報せ致します。

四十九年前に霊位皆さまが、想像にも惨虐されたことを哀しみここに冥福を祈ります。

願わくは、安らかにねむられんことを―。

一九七二年九月一日、在日本大韓民国居留民団中央本部 団長 金正柱 再拝。

☆☆☆ 国立中央博物館が開館

朴大統領参席

景福宮内に、新築した国立中央博物館が八月二十五日午前十時、開館された。開館式には、朴正熙大統領夫妻と内外貴賓など百余名の人々が参席、十一個の展示場に陳列された三千七百点の遺物を見学した。

十二億七千万ウォンを投入して、五年九ヵ月目に竣工された国立博物館は、地下一階、地上三階の鉄筋コンクリート及び鉄骨建物で、展示面積だけで千三百八十坪にもなる。

二十六日から一般に公開される博物館の入場料は、大人60ウォン、学生30ウォン、大人団体30ウォン、学生団体20ウォンであり、入場時間は午前九時から午後五時三十分、月曜日と公休日の翌日は休館する。

写真は第五年九ヵ月目に完成した国立中央博物館

洪賢基氏永眠

民団創設者の一人である洪賢基氏が、入院中の東京・九段坂病院で肝臓疾患のため、薬石の効なく八月三十日午前八時二十五分、永眠した。

告別式は、八月三十一日午後二時半から、東京新宿区河田町の月桂寺で民団関係者らが集まりしめやかに行なわれた。

全羅北道高敞高普から早大法科に学んだ洪氏は、祖国解放後、いち早く東京で建国促進青年同盟を結成、初代委員長をつとめたあと、民団東京、中央などで数多くの要職を歴任し、その功績が大きかった。享年五十四才。

喪主は長男易光氏、自宅は、東京都杉並区桃井町一の六（電話三九〇ー一四八七）。

民団生みの親

洪賢基氏に寄せて

十年程前の話だが、有名な朴春琴氏が既に故人となった故李海三民団東本団長から年齢を聞かれた。先生は私より十何歳も上だから、先生の方が先きに墓場に行きますナ、とはったところ、かの朴先生曰く、君ノ年と墓場行きは関係ないよ、とやり返した。

その李氏はそれから間もなく他界、当の朴先生は84歳で未だにピンピンしている。全くうまいことを言ったものである。

話は全然違うが、岡山在住の某氏、経験から民団に転向した時金日成から貰った勲章を犬の首輪につけてやったという話も有名な話である。

扨て前者の例は、人間の寿命は人間の力でそう勝手には伸縮が出来ないことを意味するものであり、国家が発行する勲章もやるべきところにやらねば意味がないことを意味するものである。

朝鮮建国促進青年同盟は、終戦後朝連が発足し、間もなく、朝連の共産主義的行き方に不満を抱いた青年層が同年十月十六日結成したもので、引続き朝鮮建国同盟（朴烈委員長）が生れ、翌年これを居留民団と改称したのである。従ってこの建青は民団の生みの親であり、母体の建青はそのまま残されたのである。

動乱後の52年、時の文相安浩相氏が来日して韓青と改称し、初代から委員長であった洪賢基氏は建青から離れた。その日から洪氏の失意の日は始まったのであり、民団中央議長をやったこともあるが、ここ数年は「アジア友の会」の仕事に熱中していた。

時の移り代りは早いもので、現職の地方団長も彼の名を知らない人が多くなった。終戦当時製金で百万円を持っていたのだから、今の60億円にも匹敵する。彼程、組織のため金銭を投げ打ち、彼程顧みられなかった人も少かろう。

病篤きことを知りつつ病院にも入れず、未だに借家住いの彼に酬いられたのは何もなかった。旧建青の同志が葬儀万端何かと親身に世話を焼いていたことだけが印象的であった。民団組織功労者として勲章を贈るなら彼こそ第一号であるべきだったことを筆者に代り証言しておく。

（兪允中記）

婦人会東本を直轄

前会長梁氏ら五人に停権

在日大韓婦人会中央本部（金信三会長）では、八月三十一日付で同会東京本部会長だった梁花子(38)氏ほか四人を最高二十年から最低六年の停権処分にしたと発表した。

同公告文によれば、梁氏が規約第六章第一節第二十四条に該当する違反を犯したので、第九章第三十四条ナ項タ項に依り停権処分したとなっており、処分いきさつは、昨年六月十八日、停権中の前民団東本団長らが主催した不法集会に参加しないようにとの同会の中止勧告や、警告を無視して参加したなど、不純分子らとの一連の行動を共にしてきたことが、その主な理由になっている。

梁花子（停権二十年・前東本会長）
姜貞心（停権十年・前大田支部会長）
崔春心（停権六年・前東本副会長）
洪貞淑（停権六年・前世田谷支部会長）
金成子（停権六年・前東本総務部長）

また、同会中央本部では、同会東本の韓道淑副会長あてに、九月三日付、第二一八号公文で、地方本部として中央本部の指示に従わなかったとの理由で、同じく規約第六章第一節第二十四条にてらし直轄実施を通告した。

透徹した史眼で分析

金廷鶴編「韓国の考古学」

高松塚古墳の壁画発見以来、わが国古代文化への世界的関心が高まっているおりから、このほど東京の河出書房新社で、韓国考古学界の泰斗釜山大学教授の金廷鶴氏編になる「韓国の考古学」が出版された。

わが国と日本とは、一衣帯水の距離にあり、日本は古代史上、わが国から巨大な歴史的、文化的な多くの影響を受けているという観点から、日本の起源、古墳文化の起源、日本国家の起源、飛鳥文化の源流の問題などを解くカギが、わが国の古代文化、歴史の中にひめられていることに大きな目を向けなければならない事実と理由を、この本は教えている。

特に本書は、長いその時代を生きぬいてきた韓国の研究学徒たちが、戦乱など困難な環境の中で、たゆみない調査と発掘をつづけ、透徹した史眼をもって分析解明し、語り伝えられ、再創製されてきた古代史に、鋭利なメスを入れた史料をもとにしているだけに、その評価は高い。

冷徹で偏見のない記述
日本古代史研究にも必要
東大教授井上光貞氏評

「日本古代史の研究には、最近、飛鳥で発見された高松塚をめぐる論議でもわかるように、古代朝鮮の文化や歴史の理解が必須である……各地で発掘が進み、百済の武寧王陵のように、貴重な遺跡があちこちに発見されているのに、われわれは充分にその成果を消化しているとはいえない。また韓国の学者は、活発に、考古、文献の両面から、日本古代史にさまざまの問題を問いかけている。……「韓国の考古学」を通読すると、着実な偏見にとらわれない記述によってみごとに全体を体系化しており、しかも多くの示唆に満ち満ちている。日本古代史に少しでも関心をもつものは、この本から多くのものを学びとることができるだろう」

◇A4版・本文三〇六ページ・原色と単色版一七二点・本文挿図二五六点・三国時代古墳分布図（三色刷）・布クロース装上製本・定価3、900円（〒200円）・東京都千代田区神田小川町三ー六、河出書房新社刊

十月韓国へ電子工業視察団

日本のメーカー50社

目ざましい勢で発展している韓国電子工業界を視察するため、日本のオンキョーなど電子関係五十社五十人からなる韓国電子工業視察団が、韓国電子工業インフォーメイション東京事務所の御昭浩所長に引そつされ、来たる十月二日、東京をたちソウルへ向かうことになった。

この視察団出発は、たまたま九月二十七日から十月四日まで、ソウル徳寿宮でひらかれる第三回韓国電子展覧会に時をあわせたもので、韓国電子業界への紹介が期待されている。

大韓交通社で実施

アメリカ学生ツアー
ヨーロッパツアー

去る四月、恒例の「第三回ハワイ・ツアー」で、在日同胞ハワイ観光団を編成、ますます好評を博している東京の大韓交通社（左玉花社長）では、昨年から企画推進していた、在日同胞子弟のための第二次KBSアメリカ学生ツアーを、夏季休暇を利用、二十五人編成で三十一日間にわたり実施、日本での新学期を前にして、このほど全員帰ってきた。

一行は、左社長と姜貞子さんをリーダーに、東京→ホノルル→ロスアンゼルス→ホノルル→東京のコースで日程を消化したが、ロスアンゼルスでは、有名なカリフォルニア大学で研学研修と寄宿生活週末の家庭訪問を通して、サンマースクールの実績をあげ、ホノルルで最後の三日間を楽しみ、真黒に日焼けした顔で、全員元気で帰ってきたものである。

また一方、同社の朴武熙、徐富子両氏引そつによる第一次ヨーロッパツアーは、同じく在日同胞二十五人編成、十七日間の日程で、東京→パリ→ローマ→マドリッド→ロンドン→チューリッヒ→ガーミッシュ→ハンブルグ→東京のコースでヨーロッパを一周、スイスのおとぎの国のような三日間、ロンドンのバッキンガム宮殿の衛兵交替、西ドイツでのオリンピック観戦など、見るもの、聞くもの、食べるもの、すべて珍らしいものばかりの観光とショッピングに追われた楽しいかけ足旅行をすませて、九月二日に羽田空港へ戻ってきた。

なお、同社では、毎年一月一日を期しておこなわれている、恒例の新年ハワイ・ツアーと併せて前記のアメリカ学生ツアーとヨーロッパツアーも、継続していきたいといっている。

問合せと申し込みは、電話（四五五）〇三二一へ。

ハワイ大学の前で……在日子弟の一行

同胞子弟の育英事業に参加しましょう！

在日韓国人教育後援会々員倍加促進運動

一九七二年度教育後援会総会では、五月二十五日、李澔大使、奨学官、理事並びに全国会員達参席の下、会員倍加促進運動を全国的に拡大する事を満場一致で可決しました。

教育後援会の現状を見ますると、現在のような小額の後援会基金をもっては、小人数の学生にしか奨学金を支給出来ず、全国の有数の韓国人事業家や、有志の方々が多数居るにも拘わらず、会員も基金も少く、従って育英事業も小規模にならざるを得ない実情であります。果してこれで良いのでしょうか？

我々は再考せざるを得ません

現在の日本世相を省りみる時、国家の為にも、将来の社会の為にも、「役立つ立派な人材を養う」教育事業が、如何に重要且つ困難であるかはもはや多言を要しません。全マスコミをあげてその重要性を叫んでいることは、同胞諸賢もよく御存じのことと思います。近い将来、祖国大韓民国の社会、ひいては在日韓国人社会において活躍し、指導的役割を果す人材を養成する教育後援会事業に、この際、諸賢が深く意を用いられるよう切望致します。

教育後援会の事業内容

としては、大学生、高校生への奨学金支給、韓国学校、全国文化教育センター、留学生、学術団体への補助金附与、褒賞費附与、奨学通信の発刊、日本教育機関への渉外等々でありますが、諸賢が我々の後孫のため、この聖なる育英事業を御理解下さって、各県の有力事業家並びに有志の方々が、この際奮って、教育後援会々員に多数御加入下さるよう力説し、駐日公館や民団に御推薦下さるよう切望致します。会員は、特別会員、正会員、準会員の三種があります。

なお事業計画、歳入、歳出等は、同会の理事会で運営されていますが、駐日公館の絶大な後援を受けています。詳細なことは、駐日公館、または民団中央本部並びに、県本部文教部へ御問合せ下さい。

在日本大韓民国居留民団
中央本部文教局
電話〇三ー八一三ー二二六一～五

駐日本国大韓民国大使館
奨学官室
電話〇三ー四五二ー七六一一

世界平和と新しい世代に対する指導理念

第四回韓日教授親善セミナーのテーマ講演

ソウル・明知大学学長　兪尚根

一、はじめに

悲惨なる叫び！

皆様と人類全体の上に、更なる神の御恩寵が共に注がれる様に御祈り致します。我々人類は、只今滅亡するのか、それとも幸にして存続するのか、重大なる時期に直面しているのであります。

現在、世界の列強は、我々人類が数千年間築き上げた大部分の施設を、またたく間に全滅させ、そして徹底的に破壊することが出来る核武器を保有しています。

ところが、この恐ろしい物質的な破壊力と破壊力よりもっと恐ろしい精神的破壊力と根本的破壊力を持っている思想というものがあります。

人間が、どんな恐ろしい破壊力のある核武器をもっていても、人間愛を殺し合い、相手方の財産と施設を破壊してしまおうとする人間の意志が発動しない限り、どんな破壊力も決して発生しないのであります。

人間の意志が、人を尊重し、そして愛し、人類の共同福祉と平和を永続しようとすれば、このような偉大なる核エネルギーはかえって、人類の文化と福祉の増進に寄与させることが出来るのであります。このようなわけで、現在においても歴史的過去のように、人類の危機は、物理的側面にあるのではなく、思想的な側面にあるのであります。

われわれ人類の祖先達は、数多くの思想を創案して説明してくれたのですが、今このような数多くの思想を一々説明する時間を私は持っていません。そして説明する必要もないのです。

私は、現代社会を支配している政治思想を一般大衆がわかりやすいように、素朴な表現をもって説明するならば、二つに分けることができると思います。第一は、政治の目的価値を人間におき、人間の尊厳性を確認し人間を愛する政治、すなわち人民のために、そして人民による人民の政治である自由民主主義という政治思想があります。第二には、正反対にいわゆるプロレタリアート独裁体制を持続する為に、全人民の全ての自由と権利を徹底的に抑圧し、人民をして互いに憎みあうようにして、お互いに監視告発させる所謂憎悪の哲学に依る統治方法があるのであります。

この共産主義政治は、無産階級の独裁とはいっても、結局は、一人或いは数人の少数支配者による独裁体制であるのです。ソ連のスターリン体制その他共産主義体制下の支配体制のようなものであります。

そしてこの共産主義は、自分達の統制する地域だけの人民のみを統治しようとするのではなく、機会さえあれば、手段と方法を択ばずに、全世界と全人類を、このひどい共産主義統治の支配下に征服しようとする世界赤化の野望にもえているのであります。

この二つの思想の中で共産主義思想は、人類に対して数多くの被害と苦しみを加え、今尚又、残虐な苦難を強要しているのであります。即ち、ベトナムと特に韓半島においては勿論、ソ連と東ヨーロッパ、中国大陸だけではありません。この日本においても、世界至るところで、人民を乖離し、脅迫強要して、手先にし殺人、破壊等、数多くの罪を犯させて、再び共産主義者の組織集団から離脱することが出来ないように縛り付けておくのであります。

この共産主義者達は、非人道的なる手段をもって躊躇なく、必要には「テロ」をもって或いはゲリラ部隊を侵入せしめて、ときには、ベトナムでのように非戦闘員を虐殺して、自由世界の人民を苦しめているのであります。

世界第二次大戦が終って以来、この共産主義者達の為に、世界いたるところ、共産主義国家とか共産集団と接している地域では、局地戦争或いは種々様々な紛争が連続的に継続しているのであります。

二、自主平和原則について

去る七月四日、南の韓国政府と北韓の共産政権当局者達は、武力に依らずに自主的に、そして平和方法に依って南北統一を祈ることと南北間の緊張状態を緩め、相互信頼の雰囲気を醸す為に、お互いに中傷するとか、非難しないこと等七ヶ条項の自主平和原則に合意したことを発表しました。

これは、我が韓国国民が去る四半世紀の間南北が、お互いに中傷非難し、ついに北韓の共産軍は、一九五〇年六月二十五日の未明に急に三十八度線を越えて南韓国の殆んど全地域を席巻して、悲惨なる同族血闘の悲劇を経験したのでありますが、果して我が民族は、何を得たのでしょうか。南北全韓国民の全財産を失い、数百万人の死傷者を出した悲惨な被害以外に何一つ得したものはありませんでした。このような経験から考えてみますと、七・四宣言は、民族的歴史的当為（Sollen）だと、私は確信するのであります。

然し我々韓国民は、一方非常に心配な事があるのであります。その心配な事というのは、果して北韓の共産側がこの七・四宣言を忠実に守るだろうかどうかを心配しているのであります。それは、我々が過去四半世紀の間、共産主義者達の思考方式と行跡をあまりにもよく判っているからであります。

痛い昔のことを思い起こす必要もありません。現在ベトナムで起っている戦争の経過と事情を皆様はよくわかっていらっしゃることと存じます。

パリで、平和会談を進めながら、北ベトナム共産軍は、ソ連から莫大な軍需品の支援を受けて莫大な戦争準備を秘密裏に整えて去る四月、南ベトナム全地域に亘って大々的な攻勢を始めたのであります。四月以来数多くの人命を失い、南ベトナム軍を含む連合軍側は多くの主要都市と拠点を放棄したのであります。

然し連合軍も戦いに負けてばかりはいられなかったのであります。

制空権を利用して、トンキン湾を封鎖しました。空軍力を動員して北ベトナムの地域の軍需施設と補給地と補給ルートを連日爆撃したのであります。新聞が報道するところに依れば、北ベトナム地域の産業施設の半以上が破壊されたというのであります。

悲惨なる叫び！

現代戦争は勝者も敗者も区別がつかない程、お互いに莫大な損害をこうむるものであります。我々平和と自由を愛する国民達は、鋼鉄の如く団結して共産側が裏切って侵略行為を敢行することが出来ないように強力な体制を常に整えておかなければならないのであります。

三、共産主義とは何か

私は、只今北韓国の共産主義者達を憎むとか、中傷する考えは、寸毛もありません人を憎むということは、それも同じ血を継いでいる同胞を憎むということは、私が信ずる神様の真理に背き、イエス・キリストの教えにそむくからであります。

然しながら、私は今此処で、我々が同胞と人類を愛する敬けんな考えをもって、共産主義が理論的に又実証された歴史的事実をもって、間違っていくつかの事実を指摘して説明することに依って、我々人類がこの恐ろしい共産主義思想の被害から逃れるように念願するのであります。

我々は、共産主義を批判する前に共産主義の祖先である「カール・マルクス」が生きていた時代（一八一八～一八八三）即ち十九世紀前半の社会的状況を反省してみる必要があると思います。当時封建的な資本主義は政治権力と経済力（富）を極少数の貴族階級と資本家階級が独占して独断独善を恣いままにした事実は、歴史の審判に依って確認することができるのであります。

これは、イエス・キリストとその弟子達を通じて句々節々に教えて下さった「他の人をあなた自身を愛する如く愛しなさい」といった御言葉を徹底的に実行しなかった為に共産主義思想のような無慈悲な闘争方法を考え出させるようにしたのだと私は信ずるのであります。

この恐ろしい共産主義の思想の為に過去半世紀以上我々人類は世界至るところで悲惨な被害を被って来たのであります。

然しながら、現今では、我々人類は、特に数多くのクリスチャンと仏教徒、儒教徒、モスリム教徒等宗教人と人道主義者達は、政治的に又経済政策をもって、或いは、社会福祉政策を通して、或いは社会事業を通して貧乏な人又は、生活能力のない人達が、人間らしく生活することが出来るように力を尽して立派な成果を得たのであります。

これに反して、一切自由の抑圧と経済的貧困のないユートピアである共産主義社会を建設する口実で、暴力をもって全ての人間の自由と権利を徹底的に抑圧する、所謂過渡的な政治方法であるところの剥奪的な社会主義政治を実現したのが一九一七年であるから、半世紀以上の長い期間が過ぎ去ったのでありますが、ソ連の現状は我々自由世界の人達が或いは、直接旅行し、或いは間接的に見聞した人達の報道に依って、その事情をよく分っているのであります。

第二次世界大戦では、敗戦したこの日本国と西独国民達が今日楽しんでいる自由と高い生活水準は、共産主義者達が自慢するところの戦勝国であるソ連国民の生活程度を比較してみれば、共産主義が時代遅れの間違った政治思想であることが、自から明らかになるのであります。

第二次世界大戦以後、北韓国の共産政権支配下の地域から南韓国政府の統制地域に脱出してきた人数は、五、一四三、〇〇〇名であり、東ドイツから西ドイツに脱出して来た人数は三八〇万で、中国大陸から香港に脱出した人口は約三三〇万名にのぼるのであります。

人類は、歴史以来、自由を生命よりももっと尊重しそして、その自由を追求して来たのであります。

このような生命よりも尊い自由を徹底的に剥奪された社会で囚人のような生活を続けるよりは、かえって死を選ぶ方がずっとましだと[illegible]する人達が生命の危険をかえりみないで、このように自由世界の方へ脱出して来たのであります。

然しながら、脱出できなかった人数が脱出することが出来た人数よりもずっと多いのであります。

このように、共産主義の政治哲学とか[illegible]社会主義経済政策は、この歴史的実証に依って、自由民主主義の社会制度よりも、ずっと衰えていることが立証されたのであります。

このような実証は、日本とソ連そして東ドイツと西ドイツの経済的発展程度に依っても立証され、南韓国と北韓国の住民の生活程度に依っても立証されたのであります。

一九五九年米国を訪問したソ連首相フルシチョフは、米国農村を視察してのち帰国して、ソ連の社会主義的生産体制を根本的に放棄して、所謂生産単位別独立採算制に改革したのであります。これは事実上、経済的社会主義を投げすててしまったことなのであります。皆様がよくおわかりのように、このようなソ連の社会主義政策の重大な修正は、中共との国際的利害関係とからんで所謂中ソ理念紛争にまで進展し、遂に、中ソは国境紛争を惹起せしめ、今日に至るまで尚、ソ連と中共は決して円満な関係ではありません。

四、共産主義の本質

「カール・マルクス」は人間の完全な喪失に直面し人間の完全な回復は、自己を回復する事のできる唯一の階級、即ちプロレタリアの形成に依る解放闘争だけが、人間的解放を成就することが出来るものだと断定したのであります。

然し今日共産主義社会は人間の完全なる喪失状態を半世紀以上強要して来たのであります。そして尚又この惨憺なる状態を何百年継続すれば、彼等の豪語する共産主義ユートピアが到来するであろうか。その展望は漠然たるのみです。いやそのようなユートピアは永遠に到来しないことが明らかであります。現在我々人間が持っている戦争用道具即ち武器はあまりにも恐ろしい破壊力を持っているからであります。人間は如何なる自己利益の為にも相手方と平和的な方法をもって真理に基いて妥協せずに、武力をもってすれば、お互いに滅亡してしまうからであります。

ここで我々は、過去半世紀に亘って共産主義者達が使用して来た欺瞞戦術を計算に入れなければならないでしょう。然し我々人類は、共産主義者達の此の様な欺瞞と計略には、これ以上だまされないだろうと思います。何故かと言えば、我々は、過去半世紀以上ソ連でそして又第二次世界大戦以後東ヨーロッパ諸国で、中国大陸で韓半島にて現在はベトナムで共産主義者達の戦略戦術をあまりにも深刻に骨にしみるまで体験して来たからであります。もうそろそろ共産主義者の階級闘争理論は廃棄しなければならない、やむを得ざる状況と時点におかれたのであります。人間は本来人類の共同利益の為にお互いに妥協し、協力することが賢明な方法であることを自覚したのであります。

然し愚かな一部共産主義者達の発作的な事業は共に直面に警戒しなければなりません。

五、共産主義の克服の道

ところが、日本のように共産主義の本態を実際に接していない地域の人達は、特に若い学生層の人達は、で論理に依る巧妙な偽装宣伝の内容に魅力を感じ共鳴し、或いは、行動する人達がいるようであります。

然し日本の大学生総数は二〇〇万名近いのですが左翼学生数は四〇〇〇名内外というから、それ程多い数でもありません。

私自身も若い学生時代に堺利彦著「資本主義からくり」「第二貧乏物語」河上肇著「資本論」「ソ連党史」「レーニン全集」を耽読したことがあります。然し人間社会をユートピアに建設するのに憎悪の哲学とか、暴力による方法又は、偽計に依る方法をもってしては決して成就することができないものであることを神の真理と生命なる愛の御言葉の中で悟ることが出来たのであります。

このような共産主義者達の方法とは全く反対の方法である、憎しみでなく愛する方法に依ってユートピアは建設することができるのであります。

暴力ではなく、平和的方法に依って、人類世界のユートピアを建設することができるのであります。人を偽瞞する方法でなく信義と誠実をもって人間世界のユートピアを実現することが出来るのであります。闘争によらないで妥協と協力に依って人類の理想社会はより能率的に達成することが出来るのであります。

六、共産主義に対する我々の態度

然しながらわれわれ自由国民達がはっきり認識せねばならないことがあります。

偽計（いつわり）と背信と破壊的な犯罪行為に対しては、われわれは遅滞なく対処し徹底的な排除作業を継続しなければなりません。

悔い改めない犯罪行為の責任は寛容ではありません。寛容でもありません。それは放縦に犯す不作為に依る共犯なのであります。私は、この恐ろしい不作為に依る罪を犯さない為に今共産主義理論の矛盾を指摘し、神の愛なる真理を叫ぶのであります。

カール・マルクスはいいました。資本主義は自体が内包する生産と分配の矛盾のために自然的に崩壊するのだと主張しました。

しかし今日キリスト教精神に立脚する自由民主主義政治は、資本主義経済体制をよく修正発展させて、自由諸国の今日の繁栄をもたらしたのであります。

親愛なる皆様！

今日共産主義諸国と自由主義諸国の文化的経済的水準を比較すれば、共産主義体制よりも自由民主主義体制がはるかに優越であることが明確に立証されたのであります。

只今ソ連は、シベリヤ開発の為に日本の技術と資本の援助を受け入れる交渉を進めているのであります。

勿論自由世界にも社会的問題が全然無いと断言することは出来ません。

間違った考えを持っている人達が無いとは言えません。

然し自由世界が指向する根本的指導理念は人間愛の精神をもって、平和的な方法により信義誠実の原則に基づいて人類の共同理念に向って前進しているのであります。

七、新しい指導理念の必要性

又カール・マルクスは万物は停止しているのではなく、全ての万有は共に流動発展しているのだと主張しました。共産主義者達は、共に歴史的必然性を強調し、彼等が徹底的に無視する運命論者のいうことを言葉をかえて、人類歴史の運命論を主張するのであります。誠に矛盾撞着も甚だしいものであります。

然し観念的なものも実在的なものも共に流動変革するものもあれば、永遠不変なものもあります。

太陽と地球と無数の星は常に公転しているのですが、惑星は流れ星になって消失することもあります。然し大部分の星は、悠久なる太古より同じ軌道を同じ速度で公転しながら存在しているのであります。観念的なものの中にも時間と共に変るものもあれば、永遠に変わらぬものもあります。

或るものは短い期間だけ存続するものもあれば、あるものは長い期間存続するものもあります。

私は今、このような事柄を詳しく説明する時間がありません。カール・マルクスが主張したように、万有が共に変遷することが真理であるならば、百三十年も昔、封建的資本主義の原始時代に当時の政治が産業革命以後、急転回する時代と共に、まだ十分な役割を果し得なかった状況の中で発展した共産主義理論が一世紀半の長い期間、それも人類歴史以来、類例のない急テンポをもって発展してきた現代史上において古い共産主義理論が、いまだに有用であると信ずるならば、それは「カール・マルクス」の万有は常に流動し変革するものであるという自分の理論に対する反逆なのであります。

私は共産主義者たちも人間としては、尊重し愛します。然し、共産主義者たちが信じ行う、憎しみの哲学と無慈悲な闘争方法そして人間の自由と権利を徹底的に弾圧する政治方法は、これをきらい排撃するのであります。

八、人類平和実現のために

親愛なるクリスチャンの皆様！宗教人の皆様！われわれは人類がこの恐ろしい憎悪の哲学をもって始終する共産主義思想に汚染するのを防ぎ、既にこの恐ろしい思想に汚染された人と地域に新鮮な自由の波と愛の大気を送り込まねばなりません。強力な洗浄と浄化作用を継続せねばなりません。

我々がもしこの重大な使命をなまけるならば、我々は神様の恐ろしい罰を受けなければなりません。然し我々には、これよりも最も緊急なことがあります。我々は隣り人を自分自身のように愛する自身の生活革命が緊急事なのであります。そのような政治の徹底的実現が緊急事なのであります。我々の子供達に愛の哲学と信仰を賢明にそしてより立派な人格的影響を与え伝承しなければなりません。

我々周辺の汚染された思想的患者達には、先ず愛の手をひろげて、親切に看護してやって治るようにせねばなりません。

それは、自分自身が、愛の真理をもって武装しなければならないことなのです。

ところが、これらの諸問題よりももっともっと緊急なことがあります。

人間は長い間、自身の失敗や不幸が世の中の不条理が、その責任が自分自身にあるのでなく、社会と政府と他人のせいだと思っていたのであります。

それで世の中のすべての人間はお互い責任の転嫁にせいをこめていたのであります。

然し果して自分自身が完全無欠に思考し行動した人がおよそ何人位いたのでしょうか？

人類の一人一人が皆善良なる良心をもって誠実有能な行動をしたならば、今日人類が抱えている全ての不条理は解消されたはずであります。

私一人一人が集まって人類社会を形成しているからであります。

親愛なる皆様！愛と真理をもって先ず自分自身から武装をしましょう。

そして人類の為にお祈り致しましょう。

そして熱心に愛なる真理を伝道しましょう。

そして偉大なる霊力をかち得ましょう。

そして人類の本当の愛と平和が永続する永遠なる世界を建設しましょう。

終りに我々日韓両国国民と全人類の上に愛なる神様の祝福が永遠につづきますように切に御祈り申し上げます。

御静聴下さいまして有難うございました。

李朝肖像画と民衆画展

去る九月四日から、九月二十八日まで、東京・銀座八丁目の東京画廊にて、「李朝肖像画と民衆画展」がひらかれているが、美術愛好家の鑑賞をおすすめします。

離散家族の記念切手を発行

逓信部は三十日、南北赤十字本会談記念切手を発行した。

洪吉童傳（二）

許筠著
訳・編　洪相圭

また、聞くところによりますれば、彼がこの[illegible]には、自ら進んで朝鮮を立ち去るとの由でございますれば、殿下におかせられましては、勅示をお下しあそばされて吉童を招かせたまえば、鬼神にあらざれば、彼も必ず王恩に感泣して、自ら謝恩のために現われてくるものと思いまする。」

王上もこれに同意され、その日に吉童を兵曹判書に任ぜしめ、その旨を四大門などの人盛り場に貼らしめた。

さて、庶子と生まれた吉童にはとうてい望むこともできないほどの大官である兵曹判書に任ぜられて、感慨深かった。庶子の生まれは即ち人非人と異ることがなかった。虐げられ、蔑まれた果てに

は、人の世を離れた孤独な生涯の道を行き、寥々と秋風に吹き落ちる枯葉のように散ってゆくか、世の矛盾に反抗してたてば、世の人々はよってたかって、反逆という大げさな罪をなすりつけて、三尺高い所につり上げるのが慣であった。

荒波となって寄せくる悲しみを背負った人の子の怒りもたけだけしかったが、これを防ぐ伝統の土手は一石だに崩れるのを拒んだ。

過ぎ去った歳月に思いを走らせば、自分自身が可哀想になり、思わず目に涙が浮かんで来るのであった。ともかく吉童は王命で兵曹判書となったのである。正に奇跡の誕生であり、一匹の蝿が千丈の十手を崩したのだった。壮であり快であると、いわざるを得ない。

吉童はすぐに、兵曹判書の官服と、冠帯に身をこしらえ、高々と輿に座れば、威風はあたりをはらって、天晴れ兵曹判書として一点の非のうちどころもなかった。

都の大通は洪吉童参内の話でもちきれ、兵曹の属ぞともに、うやうやしく迎えいれられた吉童は、判書の格式に従った礼遇を受けながら宮中へと向かった。

しかし、好事には魔が多かった。宮中の百官どもは、目出度しめでたしと吉童を祭り上げようとしていたのだけでは決してなかった。それどころか任官謝恩のために参内して帰る吉童を待伏せ、刺客の手で暗殺せしめようと手配をしておいたのだった。

吉童は堂々と乗り込んできた。王上の竜座に近い階下に進んで、うやうやしく拝礼をし、慎んで奏し奉った。「竜顔の麗わしきを拝し奉り、真に感激の至りに堪えませぬ。国を乱し世を騒がせた罪はもとより万死に当たってなお軽きにも拘らず、殿下におかせられましては、かえって天恩をくだされたまい、かたじけなくも不肖の臣洪吉童、国家の重職たる兵曹判書を拝し、ただただ感泣の至りでございます。臣、この一生の願いをとげましたからには憾みを残すことなく、王土を立ち去る所存でございますれば、殿下、千歳におわたりまして聖寿無疆であられますよう。」

と言い終わるが早いか、さっと身をひるがえしたら、ひれ伏していた吉童の姿は中天を飛び、雲に隠れてどこともなく消え去った。

王上はこのありさまを見て、つくづく讃嘆のおことばを惜しまなかった。

「あの昔の入神の業はおそらく古今東西に比ぶべきものなかろうぞ。遠く人業の及ぶところではない。朝鮮を去ると言ったからには二度と国内にて弊害をなすようなことは万々あるまい。また、疑わしい節が全くないのではないが、みればみるほど優に快男子たるの節があるゆえに自らの一言を固く守るであろう。心配無用ぞ。」

と王上は信を吉童の胸中に置かれ、すぐ全国八道に命を下した吉童逮捕の令を取消したもうた。

一〇、故国を去る

山寨に帰ってきた吉童は数日の間、深い物思いに沈んでいた。きょうもまた部下らは大頭領の兵曹判書に任ぜられたお祝いの宴を張って、喜んでいた。

「天下に号令する兵曹判書の印綬を帯びられたのだ。京で大頭領様の晴がましいお姿を見せつけられたときには、嬉しくて、嬉しくてぽろぽろとこの二つの目が泣きおったわい。子孫代々の自慢話になるな。」

「よかったなあ、あの日、わしもお伴して行くはずだったのに、あの岩の上で足を挫いたのが誤りだ。畜生、残念でならん。あの岩めただではおかんぞ。」

「おっと、おっと、そう怒りで力んだところで返らぬことだぞ。まあ一杯飲み干して、気を直すんだな。大頭領様のお腕前と度胸は、ほんとうにわれら凡人には計り知れないわい。同じ人様でも格がそんなに違うもんかな。」

と一人が言ったら酔が回りかけた者がこれに応えた。

「何を言っているのだい、同じお天道様に照されるからって、同じじんではないぞ。造りが違う、造りが。お一人で朝廷相手の戦に勝った方だ。どんなお方は古今東西ありっこなしさ。今孔明と言いたいぐらいだ。」

むやみに大きい百姓あがりの部下の声は吉童の耳にも届いて、浮かばない顔を自然にほころばせた。

彼らは彼らの大頭領の話を一日中しても、あきそうもなかった。

「門違いのわしらはころしてお祝いしているが、近ごろ大頭領様のお顔はすぐれんぞ。朝夕に沈んでいらっしゃる。心配事でもおありかな。だれかわけを知っている者はおらんか。われらのような武骨者ばかりでは、うまくお慰めすることもできないし、弱ったぞ…！」

韓國新聞

在日大韓民国居留民団
中央本部機関紙
韓國新聞社
発行人　金正柱
東京都文京区春日町
2丁目20－13
電話　(815)1451～3
(813)2261～5
振替口座　東京　163774

読売の言論蛮行に憤怒爆発

韓国の主権と国民を冒涜

民団全組織をあげて抗議

読売関係の刊行物不買運動も展開

民団中央本部では、さいきん発売されたばかりの別冊「週刊読売」(一九七二年九月号)の掲載記事中、読売新聞社論説委員会の高木健夫顧問が書いた巻頭解説「チュチェの国－朝鮮」が、言論の自由に名をかりて、韓国の主権と国民を極度に冒涜し、善良な韓日両国民の民心を惑わせたことは、国際関係における重大な過誤として、ぜったいに看過することはできないと、別掲のような読売新聞社におくる「抗議文」と、一般団員、日本社会に呼びかける「読売新聞社に対する抗議・声明」を発表すると同時に、民団全国組織に、読売関係の刊行物不買、集会不参など、全団員総意による抗議活動を強力に展開するよう、ひろく指示した。

民団綱領

一、われわれは大韓民国の国是を遵守する
一、われわれは在留同胞の権益擁護を期する
一、われわれは在留同胞の民生安定を期する
一、われわれは在留同胞の文化向上を期する
一、われわれは世界平和と国際親善を期する

駐日公報館でも抗議

読売東京本社で抗議文をよみあげる鄭進紘宣伝局長と、きき入っている二宮出版局長(中央)

中央で読売に抗議

朝総連との野合許さず

李彩雨副団長ら激しく責任追及

別冊週刊読売の筆禍事件

読売ソウル支局を閉鎖

政府、十一日まで特派員も追放

週刊読売回収
謝罪文も掲載

南北赤十字 ソウル本会談ひらく

人道主義主張のわが代表

政治介入意図示す北韓側

ソウル会談の北側代表

スポーツも南北交流

ミュンヘンで南北韓代表間合意

朝総連に抗議書状

南北声明を政治宣伝に悪用
民団名称を盗用、暴力行為も

金正柱団長　必要あれば話し合う用意

……この要求書状に対する見解は、文書で回答してくれることを願い、もし、この件に関し意見交換の必要があれば、何時でも貴下と直接会って対話をする用意があることを表明しておきます。

一九七二年九月五日
在日本大韓民国居留民団中央本部
団長　金正柱

朝総連で受取り拒絶

金正柱中央団長

統一運動を妨害

李彩雨副団長　韓国を冒涜した読売に談

李彩雨中央副団長

許せない蛮行

問題の高木氏

北韓で国賓待遇

14日、民衆大会

都支部三機関

意識的な悪意で韓国を誹謗中傷

抗議文

ぜったい許せない

一般団員におくる声明

お願い

全国民団地方本部、各支部、分団等における大会、総会、役員改選等、また、在日同胞社会に関係のある事件、催し等に及ばず、団員みなさんの御意見、御感想などを紹介したいと思います。

読者皆さんの御通知、御投稿の程をお待ちしております。

韓国新聞編集局

私が見た北韓百時間

新亜日報特派員 鄭道賢記

記者は二十三年ぶりに、生れ故郷平壌の土を踏んだ。山も河も昔のままであるが北と南の人間はどうしてそんなに様子が変ったのか。私と出会った「北」の人々は皆そっくりの衣服、申しあわせたような態度、同じヘアスタイル、更に判で押したような話し方であるのをまざまざと目撃して私は胸が痛けるようなやるせなさに涙をかみしめた。

四泊五日間寸時も離れることなく鄭道賢特派員（中央）を案内した北韓案内員（右）と北韓民主朝鮮崔一記者（左）

故郷は、まぐれもない生れ故郷であるが人々は私を親しく迎えてくれなかった。いや私を親しく迎えてくれなかったのではなく、親しく迎えてくれることが出来なかったのが事実であろう。悠々と流れる大同江の水さえ

金日成唯一思想で一色

制服の社会、かたい表情の住民

画一社会、四泊五日でもう退屈

彼等は私に見せてくれなかった第一江山＝牡丹峰は遠く、陵羅島を超え、カメラの望遠レンズをようやく合せてジャンテチャ教会（平壌で一番古い教会堂）の跡には所謂少年宮がたち本平壌駅から烽林里に至る中心道路

た状況の中で、記者はなるべく多くのものを許す限り探し取材して読者に知らせることを努力した。

ところが時速八十一百二十キロの高速で走る車での取材では、読者に満足を与えるほどの取材

は「スターリン通り」であった

短くて長い旅程

北韓に於ての四泊五日は、実に、短い旅であった。しかし、記者にはほんとに長い長い旅であるように感じられた。

私にとっては二十三年間という長い歳月の間一度も見たことのない北韓の土・故郷を只今私の目で目撃しているのである。ところがその時間はすごく短く、そこを見る自由でさえ制限され見せてくれた内容は、四泊五日がまたしていくつかほどであった。

このようにきわめて制限され

が出来なかったのを遺憾に思う次第である。

我々の北韓を見る目は二つの基準で評価する傾向がある。それは我々の自由社会の現実と比較することであり、もう一つは故郷を北韓にもつ人が故郷を離れた当時の状況と比較する点である。

しかしながら、遺憾にもこの度の記者取材旅行はその二つの基準でさえ適用することが出来ないことを痛感、確認したのである。

北韓は別の世界

北韓は過去二十余年の間あま

りにも違う制度に変っている。即ち我々の現実と全然違う別の方向に突走ってきたのである。

一口にいって今日の北韓はいわゆる彼等が唱える「金日成唯一思想」に満ちた社会であった。

それが北韓国民の支持と呼応によるかは別として金日成唯一思想が、今日の北韓を徹底した組織と厳格な規律で固めたことは確かである。よって今日の北韓は一口にいって彼等なりの独特な発展を遂げた社会であることを率直に指摘するものである。

たやすくない北韓の体制理解

言いかえれば北韓を理解するのは一般家庭生活から経済生活、文化生活、政治生活、対外関係等生活の全分野に於てたやすく理解することとは考えられることの出来ない新しい体制を固めたのである。

このように自ら生み出来ない新しい体制を整えた基本路線は＝金日成唯一思想＝あらゆる国民の生活が…即ち金日成という一人の個人の思考と方針と計画によって左右されるのである。

幼児は勿論、子供たちが始めて習った言葉は「父なる金日成首領さまありがとう」である。社会全般のあらゆる実績はそれが良くても悪しくとも皆「金日成首領」によって着手執行されたことによって「すばらしい業績」と讃えなければならない。

すなわち、すべての人民は金日成一人に自分の運命を托するように組織されている。

実際のない自由という用語

勿論、彼らは日常用語の中で「自由」という言葉がないのではない、ところがその「自由」は金日成唯一思想範囲内に限っての自由であり人民らはそれを又当然のように考えるようになったとしかほかに表わす表現がないのが北韓の実情である。

我々は我々に先立ち北韓を取材して帰った外国記者が伝える北韓の断面を見てきた。

しかし、これら外国記者は北韓支配勢力を公式的には認めなくともその体制だけは認める基礎の上で取材報道してきた。よって彼らと我々は北韓を見る立場が違うのである。

彼らよりは我々の立場で見るのがより批判的であることは止むを得ない。しかしここで批判と評価は違うことを明らかにする必要がある。

平壌の市街は広く三~四階或いは四~五階のアパートが広い町かどに列をなして立ち並び、道路にはプラタナス、柳などの街路樹が青々とそびえ、そのような都会の有様を彼らは僅か一~二年で成し遂げたと北韓の発展相を書きたてて説明している。

苦悩する北韓

ところが二十余年間鉄のカーテンで閉ざされていた北韓社会を始めて見る人には一種の神秘感さえ感じられる。しかし、その素面をのぞけば別に讃えるほどの事実でもないことがわかるのである。ここに北韓の苦悩があり又その苦悩ははてしなく大きいのである。

彼らが讃える発展が一部の命令一下で発展形成したければならない社会制度の下でできたものと見れば驚くほどのものではない。

こんな状況を目撃した記者はかえって多少の意見違いはあっても個人の意見が尊重される我々の社会がどれほど生き甲斐に満ちているかを更めて確認することができた。

これが即ち体制の違いで我々の社会に対し更めて今一度自信を持つようになったのが板門店を越え再び帰えってきた記者の率直な結論である。

なぜ生れ故郷よりは異郷のほうが恋しいのか？記者は短い旅程の中で北韓社会の実相を数回に亘って聞いたまま見たままを伝えるつもりである。

東平壌から眺めた大同橋

本國論調

在日居留民団に望む

謙虚・温健・着実を生かせ

（一）

いうまでもなく、海外同胞の分布では日本在留同胞がいちばん多い。

しかし、十余年前からひきつづき、概算六十万として変らないのは、出生による増加と、帰化・北送による減少の均衡によるものと思われるが、在米同胞の五万とくらべれば、なみなみならぬ数である。

このたび、金正柱氏が在日韓国居留民団の団長に、選ばれたのを契機として、組織と運営の刷新にとりかかると見られて、われわれは、在日同胞が日本という状況の中で、教育、就業など生活上の問題で、あまりにも同胞の自力的解決に期待しすぎた感がある。

異国社会で疎外され、孤独感にさいなまれやすい同胞において、そのような印象と実際は、ともすれば二重の疎外と孤独を感じ取らせやすいものでもある。

民団は、そのよって立つ社会である日本国の、思想的傾向性と、朝総連を昇揚している在日共産系同胞の戦術的妨害により、迂余曲折のおびただしい、いばらの道を歩くしかなかったのである。

勿論、そのような責任の一部は民団を率いて来た歴代民団幹部の体質と能力にもあるといえるが、それよりは、民団の存立と発展に当然伴うべき、本国のあとおしが果して充分であったかという点を、きびしく検討しなければならない。

北韓が朝鮮総連に巨額を投入し、組織強化と年五現実に根をおいた結束をはかってきたのに対し

二

今後において、民団はよりひと際いばらの試練を経るものと思われる。朝総連の対民団攻勢が、七・四声明を契機として激化しているためである。

しかし新任団長金正柱氏の領導のもとに組織を強化し、悪徳を幸に喚然とせざるを得ない。

新する民団に望みたいことは、注意深く、朝総連の動向をみつめ、慎重に対決しながらも、彼等の戦術にまきこまれないよう、民団のみが持つ謙虚な性格を保ちながら、ねばり強く正道をおしすすめて行くべきだという点である。

イデオロギーの公式から脱しえない朝総連は、すでに、その病弊の一端をのぞかせている。

文化人を含めた相当数の幹部を除名処分したことなどが、それである。

また、それも、南北分断を止揚し、思想と理念をこえた統一のため、民族的大団結をうたった七・四声明後に行なわれたということに

もちろん、われわれは、朝総連の内紛などによりかかって、民団に活気を期待するほど、浅薄ではない。

ただ民団は、韓国の民団であるだけに本国で志向する自由と民主主義にいたる、本然の軌道をあゆめば足りるということである。

わが、国のことわざに「憎い奴に似る」ということがあるが、あまりにも戦闘的で、挑発的な朝総連を意識するあまり、或は、そのような誤りを犯すかが懸念される。

元来、韓国人は謙虚、温健、着実な性格を持っている。

民団は、日本社会の中でそのような韓国人の性格を示す行動によって結束すれば、よいのである。

学究的な、新任金正柱団長の性格が、民団発展に消極的な反映としてではなく、積極的な表現としてあらわれることを望む心情が切なるしだいである。〈朝鮮日報〉

忙中閑・慶州仏国寺復元工事を視察中、朴大統領はそこで遊んでいた子供たちとしばし楽しんだ。

朝総連の暴行を糾弾

神奈川県韓国青年会　太極旗破損事件で抗議

本紙既報、去る九月二日、神奈川県川崎市池上町において、朝総連分子数十人による民団宣伝カーの太極旗破損事件に関し、在日韓国人青年会神奈川県本部結成準備委員会では、次の要旨の抗議文を発表した。

抗議文（要旨）南・北共同声明をまず、相互尊重と大同団結をうたった、南・北共同声明の基本精神を歓迎し、民団と共同で支持大会を開き、全同胞的、全民族的運動に広げんとする朝総連が、韓国を象徴し、民団を表徴する太極旗を破るということは、共同声明の一方の当事者韓国の存在の否定であり、また、共同大会の相手になる民団の存在の否定である。そこには真の意味での統一とか共同はありえず、じゅうりんであり、反統一的行為である。このような行動は突発的に起ったのではない。共同声明を南・北双方の共同の努力によるものとせず、一方的に「金日成主体思想の勝利」とする、朝総連の事大主義的な発想と独善的なやり方から出てきた必然的な結果であろう。

前民団神奈川県本部執行部一派は、過去一年以上続いて民団の混乱に一方的に加担した責任を問われ、去る七月十六日の民団神奈川県本部第三十回臨時大会において再度不信任を受けたものである。ゆえに県本部の名を詐称しての共同大会は、不当なデッチ上げ大会であるといわざるをえない。

神奈川県青年会結成準備委員会は、南・北共同声明の基本精神に背反する太極旗破損事件を引起した朝総連と、民団の組織決定と組織秩序を無視し、不当な大会を開いた、前民団県本部執行部一派を以下のごとく弾劾・糾弾する。

一、朝総連神奈川県本部は太極旗を破損したことに対し謝罪せよ！

一、民団神奈川県本部名を詐称し、太極旗を破損した朝総連と不法集会を共催した、前県本部執行部一派を断固糾弾する！

一、朝総連は、共同声明の基本精神に背反する「金日成主体思想勝利論」を放棄せよ！

一九七二年九月四日

在日韓国人青年会神奈川県本部・結成準備委員会

韓国被爆者慰問　広島折鶴の会員ら

広島折鶴の会（原爆被爆者援助会）では、内山晃子さん（高校二年）を団長とする一行七人が、細井教生広島女子学院教諭引率のもと、去る八月十八日、韓国を訪問、韓国原爆被爆者の会「ヒドルギ会」（鳩の会）を尋ね会員を慰問、韓国の被爆者を見舞わせた。

一行は、去る八月十八日釜山に到着してソウル、慶州など各地の会員や被爆者たちを訪問、十日間の旅程をおえて帰ってきたが、私たちは、良心の指図に従い、韓国に帰られて苦しんでいる多くの被爆者を、少しでも慰める事が出来ればと訪韓したが、今後日本政府ならびに、おとな達に、援護や理解を求めて行きたいと抱負をかたった。

これは、民団広島県本部（団長韓文照）の提唱主宰で、毎年行なわれる行事の一つで、今年で三回目。同本部からは、黄在揖氏が一同を案内した。

訪韓した広島折鶴の会員とヒドルギ会員

国立科学館　八日に開館

三千百五十坪の展示館に、電気電子・宇宙航空など、十二分野にわたる、二百二十三テーマの展示品をひろげる国立科学館（ソウル鍾路区、臥龍洞2、金相根館長）が、八日、午前十時、開館した。

一九七一年六月に着工、一年二カ月目に竣工開館される、国立科学館のすべての展示品は、動物・昆虫など、博物学関係を除いて、観覧者が、直接、展示品とむかいあって操作できるよう、「動く、科学教室」の面目をそなえているのが特徴である。

国立科学館は、年間、百万名の観覧者誘致をめざして、農漁村からの観覧者の通路を新設し、農漁村の観覧者を無料入場させ、科学館の入館者には、農漁村入場者から、科学館入場料（大人30ウォン、子ども20ウォン）を割引くようにして、学生はもちろん、一般が広く科学に親しめるようにもつとめている。

輸出実績十億ドルを越える

八月末までの輸出実績が十億ドルを越えた。商工部集計によると八月末現在の輸出実績は十億六千八百七十六万六千ドルで、年間目標の六一・一％に達した。八月末までの信用状到来額は十一億二千五百六十七万ドルである。

対日貿易逆調比率は三・六対一

経企院が第六回韓日閣僚会談のために準備した基本資料によると、去る七一年中の韓日両国間の貿易逆調は、対日輸出二億六千二百万㌦、輸入は九億五千三百八十万㌦で三・六対一の割合を示し、七〇年の三・五対一よりかえって悪化した。

また、今年にはいってから四月末現在までの対日輸入は二億六千六百万㌦で、輸出実績九千五百三十万㌦に比べ二・八倍にのぼる入超を見せた。

敬老の日高齢者招待　東京商銀で

毎年「敬老の日」に都内の高令者を招き慰労している東京商銀（許弼奭理事長）では今年も九月十五日の「敬老の日」正午に七十才以上の高令者を七階ホールに招き慰安会を催す。昼食をとりながら譚斉羅荘のホステスによる歌と踊りを観賞し本国の芸術映画「上京列車」も上映される。なお、会員に預金通帳もプレゼントする。

尋ね人

☆洪徳（得）煥さん（57）

通名は共田さん。本籍は、慶北聞慶郡永順面末応里で、戦前は、福岡県鞍手郡山田町で、戦後、土木事業に従事。○連絡は岡山市中央町六ー一、洪晃源（大林）まで。電話二三ー一九三五。

☆金田昌太郎さんと古岡賀義さん

命田さんは、太平洋戦争中、関西大学から、古嗣さんは、関西学院大学から、それぞれ学徒兵として福井県敦賀の中部方面第三十六部隊に入隊、終戦を迎えたが、戦友であった立命館大学の朴明煥さんが尋ねております。○電話・東京四五五ー四一五八水原か、ソウル特別市中区忠武路二街十番地、中央ビル、ゼネラル・サプライ・カンパニー、朴明煥まで連絡して下さい。

朝総連の悪辣な政治攻勢を粉砕しよう

団員に告ぐ！

総連の政治宣伝と滲透工作に対して

親愛なる団員のみなさん！

最近朝総連は、民族的次元から祖国の自主平和統一をめざす南北共同声明を、政治的に悪用し、双方合意事項の根本精神に逆行する「金某主体思想の勝利論」をもって、宣伝しています。

彼等は、共同声明が発表された直後に、幹部会議を開き「敬愛する首領が主唱した祖国統一の三大原則に立脚して、

一、政治宣伝事業を、大大的に展開して内外の与論を決定的に高める。

二、民団傘下の同胞と末端組織同胞を含む全同胞に対し、どの時よりも猛烈で、広範囲な政治宣伝をする。

三、金日成が提示した祖国統一の三大原則の内容と、正当性に根拠する共同声明であることを、全在日同胞に徹底的に解説侵透させ、偉大な首領の主体思想を鼓吹させる云々」の決定事項を作成、常套的な政略戦術をもって、民団組織に対する侵透工作を、展開しています。

また、周知のとおり、朝総連は、本団組織から離脱された、一部不純分子と結託して、民団名称を盗用し、いわゆる「合同集会」をもよおすなど撹乱策動をつづけております。

これはいうまでもなく、思想と体制を超越して、純粋な民族的総和を提唱した、共同声明を歪曲賎りんするものであり、人道主義的見地から、肉親の再会を目的とする南北赤十字会談を政治的に利用するなどの行為は、民族的立場からは決して、容認できないものであります。

このような、一連の反民族的行為、民団を撹乱しょうとする破壊的行動が、一掃されないかぎり、われわれは、彼等とは、如何なる対話や共同行動も不可能であることを、重ねて、確認するしだいであります。

本職は、民団が単独で、共同声明支持歓迎および、南北赤十字会談激励大会を開催するよう通達しましたが、すでに、大阪・山口などの各地方本部で盛大な大衆集会が、成功裡に開催され、ついで、京都、福岡等の地方本部でもこれを準備しております。

これに対しても、総連は、あらゆる卑劣な方法で、妨害工作をたくらんでおり、はては、集団暴力行為もあらわれています。

親愛なる団員の皆さ

本職は、このような朝総連の、悪意にみちた行為に対し、総連側に別紙のような即時中止の要求書をおくり、その回答を待っているしだいであります。

また、朝総連の、共同声明を契機とする、民団に対する戦略戦術を該当部署を通じて、各級組織機関に通達することを指示しました。

団員の皆さんや、一線組織活動家の皆さんは、そのような朝総連の策動に、一層の警戒心をもって組織防衛に最善をつくして下さることを望み、同時に、このような悪辣な誘引に、わが団員がおち入らないようよりいっそう警覚心をたかめることをお願いするしだいであります。

一九七二年九月五日

在日本大韓民国居留民団中央本部

団長　金正柱

経済施策の基本方向を明示

社会間接資本を拡充

輸出増加、農漁村開発など四項目

朴大統領、73年予算施政演説の意義

既報のとおり（本報一〇五一号）朴大統領の一九七三年度、予算施政演説が、去る二日行なわれたが、そのうち経済施策の基本方向としてあげた四大項目、すなわち、（一）安定基盤における持続的成長、（二）農漁村の画期的開発、（三）輸出増加による国際収支の改善、（四）重化学工業の振興と社会間接資本の拡充に関して、その計画概要を観察して見よう。これら4項目は、近代化推進において、どれ一つないがしろにできない相互関連の深いものである。たとえば、重化学工業が育成されるには、エネルギー・輸送力などのあとだてが必要である。

安定の上の成長約す

浦項製鉄完工、高速道路建設

セマウル運動現場指導の朴大統領

農漁村開発の施策

重化学工業の育成

輸出22億ドル目標

第一回韓・日対抗サッカー

双方とも国家代表チーム

14日、国立競技場で

除名処分解除

民団兵庫県本部

民団兵庫県本部では、去る一九六五年十一月二十五日付で除名処分された全海建氏に対し、監察委員会（朴漆行委員長）で慎重に検討した結果、一九七二年八月二十四日付をもって、除名処分解除が決定したことを公告した。

記

本籍―忠清北道清原郡北一面九城里

住所―神戸市長谷区菜井通六丁目二番地

姓名―全海建（一九〇五年十二月二十九日生）

旧兵4566号

解除理由―去る七月七日第二十回中央委員会で、右本人が所属していた「韓民自統」が敵性団体の解除をうけたことによる。

本国水災義援募金活発

茨城本部は49万円

岩手本部でも26万円を募金

民団中央本部ではこのたびの本国水災民に対する救援義援金募金運動を展開、各地方本部を始め傘下団体から続々義援金がよせられているが、九月四日、民団岩手県では各団員から、二十六万三千五百円の義援金を醵出、在仙台領事館に寄託した。内訳は次の通り。

◆盛岡支部金東旗氏外十八人＝十万六千円。

◆県南支部金判文氏外十四人＝四万四千円。

◆宮古支部団員一同＝四万円。

◆久慈分団李栄石外四人＝二万四千円。

◆岩手商銀職員水氏外十三人＝四万九千五百円。

また茨城県地方本部では、第一次分として県西支部が文福度氏外二十九人で二十八万七千円、県南支部が金鍾君氏外二十人で二十万円をそれぞれ募金、東京都江東支部でも金鍾武氏外三十九人の団員から一万九千円を醵出、中央へ寄託した。

調布少年野球団

母国訪問競技で善戦

先史時代の土器発見

ボタンなど八千点水没地域で

アジアン・ゲーム

シンガポールで開催

韓国商品展示商談会ひらく

大阪・名古屋・東京で

問展示商談会に特別出品されるのは、繊製品（綿寝具・タオル）工芸品、かつら、衣類（スーツ・コート・スラックス・ドレス・シャツ・ブラウス・パジャマ・レインコート）などで、近代的モードを折り込んだ斬新的なデザイン商品を厳選しており、この展示会を通じ韓国製品のイメージアップをはかることはもとよりも、商談成約の面でも大きな期待が持たれている。さらに今回は、出品業者も来日し、直接個別に応じているので、商談の引合いも会場内でスムースにはこぶものと考えられている。

なお、大韓貿易振興公社（コトラ）では、世界各地に貿易センターをもち、とくに対日貿易振興には力を入れており、現在東京・大阪・名古屋・福岡の四カ所に貿易センターを置いている。

東南アー週し

秋夕に墓参り

日韓文化協会で

李英馥氏

東洋画展

十八日から大阪韓国で

李英馥氏

金泰伸氏

12回個展

全国の団員に告ぐ！

本国では、史上未曾有の豪雨により、多くの人命を失ない、家屋財産が破壊、流失されるなど、甚大な被害をこうむっており、被災者たちは、この非情な大自然の暴威にさらされ、今日も生活の不安におののいております。

同族愛溢れる全国の民団々員皆さん、血は水よりも濃いといわれます。

母国に水災義援金を贈ろう

本国の被災同胞たちのために、在日同胞の心こもる善意の誠金を集めて贈りましょう。

私たちの贈った、温かい義援金は、すぐ、被災者たちの救援につながるのです。

も寄りの民団支部を通じ、一日でも早く義援金を寄託して下さい。お願いします。

在日本大韓民国居留民団中央本部

読者の声

天下の公器を蹂躙

高木健夫氏と読売にもの申す

「高木健夫と読売新聞にもの申す」

高木氏！

別冊週刊読売を通じて貴公の所見なるものをのぞき知ることが出来た。

貴公と読売新聞が金日成集団からいくら貰ったかは知らないが天下の公器を以て自負する読売新聞であるならば、また、その綿脱委員会顧問を自任する貴公であるならば、ものごとは公正を期すべきが道理というものである。

無料寮生募集

日韓文化協会

韓国初の電子工学博士

ベトナム政府などに衝撃

海東詩社で漢詩募集

楽泰五氏植木を寄贈

国際青年旅行交流

韓日オートバイ旅行よびかけ

座談会　母国夏季学校に参加して

▲一九七二年九月七日・新橋「清望閣」

出席者

金　明　美（明治大学商学部三年）
玄　東　実（慶応義塾大学法学部一年）
姜　秀　碩（東京都立三鷹高一年）
尹　汝　姫（神奈川県立藤沢高三年）
金　順　姫（東京・文京学園女高一年）
☆
金　秉　錫（引率者・前民団中央本部文教局長）
孫　秀　祺（民団中央本部文教局長）
司会…姜　徳　才（民団中央本部文教次長）

座談会で熱論をはく学生たち

悪くとも良くともわが祖国

司会　一九七二年度第七回母国夏季学校で学んだ五人の皆さんをお迎えしまして、座談会をひらき、全国の皆さんに、韓国新聞の紙面を通して、御意見や感想を聞かせようと思います。

まず第一問として、祖国での初印象と、得たもの、失望したことなど、忌憚なく話して下さい。

玄　ぼくは二度目なんですが、今度の韓国での印象を申しあげますと、まず第一に日本で問題になっている公害の元凶である産業施設つまり、ソウルや釜山などの工場は、わりと少なかったようだし、車でもトラックなどの産業車が少なく、バス、タクシーが、目立って多かったですね。

得たものとしては、自分が韓国人であるという自覚です。海外から見た祖国というものでなく、傍観できなくなった祖国という心境です。それから、失望といえば、夏季学校の運営では、不手際が目立っていたし、街で見られる道路拡張はけっこうだが、川べりの貧民街は何とも痛ましかった。

金（明）　朝早くソウルに着いてバスで梨花大まで行ったんですけど、街中は活気に溢れていました。東京よりずっといきいきとしてー。得たことといえば、帰国する前は在日同胞は在日同胞でしかあり得ないと思っていたが、実際この目で本国を見て、貴重な体験をしたわけですが、日一日と自分が変っていくのがわかりました。それから在日韓国人としての生きる道といったものを考えさせられました。本国の皆さんに親切にしていただいたことはもちろん、大きな収かくでした。

姜　街自体が雑然として、大分前の日本といった感じで、車なども改善の余地があるものと思われ、建物も立派な高層があるが、まだチャチだという面も見うけられ経済的にはおくれていると思った。いつも親切だったことは嬉しかったし、本国同胞たちは、愛国意識が私達よりはるかに強かった。もう一つ、発展途上国であるからとは思うが、貧富の差が激しいのが目立った。

尹　悪くとも良くとも、本当に祖国を見たという自信をもったのが初印象です。また、日本と比べて緊張ムードを感じました。それに日本の若者たちより韓国の若者たちが、活動的であるということ。

見た範囲での[illegible]面は、おくれていたが、同時に、これから伸びるといった希望を実感しました。特に「新しい村づくり」運動は全国いたるところで目につき頼もしい光景でした。反面、経済成長では十年前の日本に似たものを感じながらも、中間層がなく貧富の差が大きく小業者が多いのは残念でなりません。

金（順）　私は五年前にも行って、二度目ですが、あの頃よりは、ずっと発展しており嬉しかったです。それに相変らず、空は高く澄みわたり、空気もおいしい。

おおぜいの人たちと接しているうちに、韓国人として誇りをもつようになったことは、何よりの収かくだし、「新しい村づくり」運動には大きな期待と希望をいだきました。それに民泊での親切が身にしみて嬉しかったです。

"ウリマル"に重点おけ

司会　では、何をどのぐらい学んだのですか？

玄　学校の講義は形式的なものが多く、韓国の現状に、じかにふれたのが、いちばん学んだものだと思っています。それで、自分なりに、現在の祖国を理解できました。また、私の場合、ウリマル（国語の意）に重点をおいて教育するのかと思ったら、見学とかいわゆる行動するものが多く、講義内容も興味の少ないものがありました。それに親身な指導も感じられなかったし……。

金（明）　正直言って、さいしょの頃は、歴史、文化が面白かったが、お料理や韓服づくりなど、科目が多く、広く浅い感じでした。私個人の希望としては、歴史文化をもっと教えて欲しかったです。そのほか、印象に残っているのは、反共教育の方法でした。

姜　夏季学校三週間で学んだことのうち、ウリマルは、学校が終[illegible]の家で、自然に覚えたのが役立つような気がするんです。そのほかのことでも、実用的なのは解散してからの方が覚えられました。それから、本国の現状は、反共教育で感じました。

尹　梨花大で学んだ文化、歴史国語などは、少しわかりかけたがスケジュールがハードで、充分に学べなかったです。日本に住んでいる私たちが、国語を知らず[illegible]とは、何か中途半端で、恥ずか[illegible]みじめな思いをしていただけに、夏季学校の一カ月間で、相当マスターしたかったです。それが実現できないのが残念ですが、日本に帰ったら、またやって見ようという気をおこさせただけ、梨花大で学んだのは結局役立ったと思います。また韓国人としての自覚や認識を祖国で学んできてよかったと思います。これからの自分の生き方をも考えるようになりました。

金（順）　私も行く前に、国語をたくさん教えられて、帰ってきたら、両親をびっくりさせて喜ばせたかったが、実際には、そうはいきませんでした。見学もいいけど、何といっても国語を覚えたかったです。その意味で、国語の授業時間が少なかったですね。

ほかに、私たちの担任先生が、以前、在日同胞だったということで、在日韓国人としての心構えや母国に対する誇りをもたなければならないことを強く教えられ、よかったと思いました。

異国にいても祖国に貢献

司会　祖国との関係における今後の決意、抱負といったものをどうぞ……。

玄　文教部長官も話されていたが、どんな異国にいても、祖国に貢献することができるということです。この点は、ぼくの考えも、それに尽きます。"立派な韓国人として日本に生きる"ということは、直接的でなくても、祖国に対する一つの貢献になるという考え方です。

金（明）　夏季学校参加で、母国と自分との関係が、いっそう明確になったということです。実際自分の目で見るまでは、祖国という観念が抽象的であやふやだったが、何らかの形で国に尽したい、私は自分の主体を祖国大韓民国にかけるといいたいのです。そういう意味で帰国するまでは、国語にしても覚えたい気持はあっても、必然性見たいなものは、ぜんぜん感じなかったが、夏季学校に参加してからは、ぜったいに必要だと感じるようになりました。

姜　今まで日本にいて、国籍は韓国でも、日本人と同じ生き方をしていたが、こんどの母国で"自分は韓国人だ"という自覚をもつことができたこと、できれば大学は母国の大学で学びたいという考え方が、だいぶ固まってきました。

尹　私はまだ、母国に住もうという意味ではないが、日本の社会において、"チョウセン人"という劣等感で生きてきたのも不快な事実です。そのため自分が韓国人だということを明かさないのも悲しいことです。しかし、これからは人間として、一人の韓国人として胸をはって生きていかなければならないと目ざめました。そして、私なりに祖国発展のために貢献し[illegible]ました。

司会　この種の行事につ[illegible]ればいいとか、指導[illegible]する意見とか、あなた方が学んだ梨花大やソウル工大、また政府の文教部、民団の文教局、引率者に対しての要望とかいったのを具体的にきかせて下さい。

玄　引率者については、連絡のスイッチが充分でないこと、学校での私たちの扱いが、どういうわけか男女平等でなく、生活指導についても、学校と民団側のいっていることと、やっていることが違いすぎていたということです。例えば、授業終了後の自由時間にしても、約束したことと違い、規則もあってないようなもので、しまいには事切れ主義が目立ち、管理不充分でした。

金（明）　夏季学校に参加した人たちの間での交流が欲しいと思いました。あんまり、スケジュールが多くこれをこなすのが、せいいっぱいでしたのは、残念でした。

姜　はっきりいって、ぼくもいい生徒ではなかったのですが、質的に悪い生徒がいくらかいたようです。酒をのんだり、麻雀やカードをしたり、寄宿寮をぬけ出したり、授業をさぼったりするような生徒も見かけました。

ですから、数ばかりをそろえるのではなく、質のいい生徒を選ぶ方法を研究すべきだと痛感しました。

それから、男女の"別待遇"ということですが、これは事実で、宿舎の施設も、食事の内容も、男子の方は、女子の方より、はるかに劣っていたのはどういうことでしょうか……。

尹　スケジュールの中に、座談会など、人間関係を深める機会を設けて欲しかったです。

それに、スケジュールがハードだったことについては、自由時間の使い方が、みんないいかげんなせいではなかったでしょうか？

部屋で寝ていて、授業もろくに出ないということは、たしかに資質の悪い生徒がいたということですから、私も、選抜試験をやるぐらいでなければ、ならないと思っています。

金（順）　私もみんなと同じ意見です。

成人に高校生の規則は不当

司会　正規の高校、大学生と、韓国学園（民団各級機関内に設けられている韓国語講習会など）の学生たちが、一緒に夏季学校に参加していたようですが、それでよかったのか、どうか、皆さんの意見をきかして下さい。

金（明）　その前におききしたいのですが、どうしてそんな質問がでるのですか？

金（秉）　それはね、梨花大とソウル工大の先生から話があったからです。人数に関係なく、正規学校の生徒・学生たちは、比較的にまじめだったが、いわゆる韓国学園の学生たちの間には、ふまじめなことが多かったという与論がでてきたのです。それに対する皆さんの率直な声をきかせて下さい。

玄　問題の原因の一つには、規則自体が、高校生中心に合わせてあるということです。ほとんど成人が多いと思われる韓国学園の学生たちは、普通の成人と変らない生活に慣れているのに、あの中では、高校生と同じ生活を強いられたところに問題が生じたと思います。

つまり、大人たちのやりきれなさ見たいなものがあったのではないでしょうか？

だから学校側の目から見れば、悪い学生にうつるわけですね。そのような反感は、大学生たちにもあったようです。私も不満でしたから―。高校生は高校生、大学生は大学生同志の人的交流の場が別にあって、ちょうどよいのではないかと思いました。

行動性ある立派な韓国人に

孫　去年の夏季学校生の中の約十名が、韓国の現状に接して見て日本人に同化したいという与論調査の結果がでていたが、皆さんの中では、この現象をどう見ているのか、私たちが期待しているのは民族意識を固めて帰ってくるとか何か祖国のために役立ちたいという気持になったといったようなことかが…。

皆さんの中でも、帰化したいと考えている人はいないでしょうか？

金（明）　私は反対です。帰化という問題をかかえて、私は祖国を訪ねました。でも、日本に帰ってきた今、とても帰化などできないと思いました。

自分は韓国人として、たとえば南北赤十字会談にしても、喜びをわかち合いたいと思いました。

玄　今度の場合、祖国を学ぶと同時に、観光気分もあったと思います。

また、釜山の小さな貧しい家並を見て、このままではだめだと痛感、自分がやらなければならないという覚悟、使命感みたいなものが、みんなにも湧いてきたと思うんです。自分から行動にうつるということが、何よりも必要な時が今現在だと思うのです。

そして、この祖国の現状を見て今までの自分たちの生活に対する深い反省があったと私は思いたいのです。

司会　ほんとうにありがとうございました。夏季学校に参加した全国の皆さんと、民団各級の方々にも、皆さんの今日の感想や意見を活用し、今後のために、役立てたいと思います。では皆さん、お元気でー。

下関埠頭で歓送をうけ出発する学生たち

故洪賢基氏　民団葬決る

今日の在日大韓民国居留民団の前身ともいうべき旧朝鮮建国促進青年同盟初代委員長故洪賢基氏は既報の通り、去る八月三十日永眠、三十一日には近親知友だけの葬儀を行なったが、民族陣営における氏の功績に報いるため、四十九日に当る十月十七日（場所未定）に民団葬を行うことになった。なお民団中央本部では、本国政府に対し、叙勲を申請した。

許筠著　洪吉童伝（三）

訳・編　洪相圭

聞こえてくる声は、すべてが針となって、吉童の胸をつくのであった。

「あの者どもを見捨てにすることはできない。あれらこそ、わしの第二の肉身なのだ。兄弟なのだ。

いや、血肉だけわけた肉身以上の同志たちである。絶対に見捨てることはできない。しかしわしは聖上殿下にこの地を去ると固く約束申しあげたから、そのまま、行なわざるを得ない。諸代の勲士の家門であるわが家の面目だけでなく、父上・兄上のおためにも、早く朝鮮を去るべきだ。これこそ、朝廷のご恩に報いする唯一つの道である。殿下は傷ついたわしをお赦しくださっただけでなく、前古にない兵曹判書の官位さえ、ご下賜下さったのだ」

ここまで考えてきた吉童は、別の考えが一条の光明のように暗い脳裏にひらめいてきた。

一人だけがこの光栄に溺れているのは理ではない。あのものどもの身を考えてやらなくては。わしの[illegible]、一将功成り万卒枯るの例を予自身が犯すところであった。

あれらがおったからこそ、今日の、吉童もあり得たのだ。朝鮮の天地にあれらを受け入れてくれるところはないのだ。わし独りがここを立ち去ったら、またげられた民であり、一介の山賊になりさがるであろう。そうだ、あれらをつれて、豁然たる新天地を海外に開拓するのも男の本領だ。」

吉童はそう思い立つと、いてもたってもおられなかった。すぐ部下どもを呼んで、その旨をかんで含めるように伝えた。

「海を渡ったむこうにはわが国に数十倍する大地が人の手を待っていると思う。しかし、そこは遥かに遠い。

そこにはまだ城もなく、なんの徒もないはずであり、持てる者と持たざる者、虐げる者と虐

「おう、そうであった。わしげられる者との非人情なからくりがあるはずがない。

予は聖上殿下にこの地を去ると申しあげたから、諸君とともにここを発って、海外の新天地に移転し、そこにわれらの族を築き、われらの田地を耕して幸福の種を新規にまきなおさんと思う。」

全員を耳して聞いていた活貧党の人たちは、吉童のことばにびっくりした。海むこうの新天地とは彼らには聞きなれていない新しい話であった。彼らの目は希望と好奇心で燃えあがった吉童の話はまだ続いていた。

「この国にしかたなく残らなくてはならない者は一歩進んで前に出よ。」

しかし、残ると言い出す者は一人もおらなかった。党員たちは一斉に声を合わせて歓喜の歓呼を挙げた。

「われらが兵曹判書洪吉童将軍万才。」

この部下らを離して、もはや吉童が成り立たないように、この党員らは吉童を離れては生きてゆく力もなかったのであった。それほど彼らは吉童を頼っていた。孫子が親を慕うかのように。

「まず、わしがむこうの事情を視察してくる間、皆の者は決して、山寨をおりることなく、予の帰りを待っておるよう、くれぐれも命じておく。」

部下らに見送られて山寨を発った吉童は、すぐ遁甲術を使って南に南にと飛んだ。目的地は、南京であったがその途中に、遥か下界を見おろしたところ、ふと見慣れない島影があった。幸島国（仮想地名）であった。地勢を調べて見たら、山川の景観が秀で、人口も少なく大した不便を感ぜずに住めるところだと見てとった。

一気に南京に飛び、この華やかな都の隅々を残すところなく見物した後で、また、猪島（仮想地名）に入り、地勢、人心などの動きを探りながら、猪島山に着いたときに、吉童は初めて気に入ったところを発見したと思った。

実に飛ぶこと数千里、数十島を綿密に探った苦労は無駄ではなかった。島は見るからに落着いて、安住の地に適していた。周囲はおよそ七十里、肥えた土地に恵まれ、人の数万を養うことも、それほど難しくなさそうに見えた。

これ以上探り回る必要がないと思ったので、吉童は帰路についた。

山寨に帰ってきた吉童は話すまでもなく喝采と歓呼の内に迎えられた。吉童は自分の目撃した事実を詳しく話してやったら党員たちはその珍奇な風物談に引き込まれて好奇心の瞳を輝かし、中にはあんぐりと口をあけている者もいた。

「さあ、いよいよ船出の手はずを決めなくてはならないが、まず船を造ることだ。[illegible]川の川口は船を造るのに最適の地であるゆえに、ここで必要な数だけの船を造り、予が指定する日まで、漢江の岸辺に船をうかべて待つようにせよ。その間に予は聖上殿下にお願い申しあげて、千俵ほどの米穀を殿下に下賜くださるよう、上奏するつもりであるきっと、聖上も御快諾して下さることと確信しておる。乾坤一てきの壮挙にのぞんで必ず心して動け。

諸党員は予の命ずるところに従って、全力を尽くし、まちがいのないようにせよ。」

さて一方、吉童の父洪判書の重病も、その子の孝行が治まった以後は、日ましによくなり、お上もまたその後は吉童の乱を耳にせられず、現代の太平を楽しんでおられた。ある日、秋も半ばを過ぎる九月夜ふけの十五夜は、わけても冴えかえり、一段と夜の壮観を添えていた。

韓國新聞
在日大韓民国居留民団
中央本部機関紙
韓國新聞社
発行人　金　正柱
東京都文京区春日町
2丁目20－13
電話 (815) 1451～3
(813) 2261～5
振替口座 東京 163774

民団綱領
一、われわれは大韓民国の国是を遵守する
一、われわれは在留同胞の権益擁護を期する
一、われわれは在留同胞の民生安定を期する
一、われわれは在留同胞の文化向上を期する
一、われわれは世界平和と国際親善を期する

読売新聞の反省と覚醒を促す

全国各地で抗議集会

東京に中央闘争委員会
南北会談支持に水さす読売に断

「七・四南北共同声明ならびに南北赤十字本会談、支持激励関東地区民衆大会」が、民団関東地区協議会主催で九月十四日午前十一時、東京の神田共立講堂に、関東一円から三千五百余人の民衆が参加して盛大にひらかれた。会場は、立錐の余地すらない超満員のうちに開会し、国民儀礼、会長団選出のあと、大会スローガンを全員が斉唱し、朴成準神奈川地方本部団長による力強い開会の辞で幕をあけた。

次に、姜学文事務総長の経過報告に入り、南北共同声明ならびに南北赤十字会談が、大韓民国政府の提唱によって始められた事実を裏付ける証拠をあげて説明、朝総連の欺瞞宣伝を鋭く訴えた。ついで、金正柱中央団長が壇上に立ち、民族の宿願である崇高な南北共同声明と、一千万離散家族の再会という人道的に解決すべき南北赤十字会談は、ともに民族から出発し、民族として結実されなければならないことを力説された。

来賓祝辞に入ってからは、姜永奎駐日公使が激励文を朗読されたあと、来日中の崔容圭氏が登壇し、南北赤十字本会談の平壌、ソウル本会談にからむ珍現象を引用しての熱弁に、会衆は熱狂、われわれはどこまでも自由平和統一を目的とし、永遠に幸福な祖国を建設するところにあり、非良心的な読売新聞が、さいきん、韓国を中傷誹謗していることは、とりもなおさず日本国民を欺し、日本を亡ぼす道につながるものと断定、講演をむすんだ。

このあと決議文を鄭東基三多摩地方本部団長、朝総連に送る抗議文を李根埼玉地方本部団長、読売新聞社に対する抗議文を諸湖洪群馬地方本部団長、朴大統領閣下に送るメッセージを趙鏞行静岡地方本部団長が、それぞれ朗読し、万場一致でこれを採択、金信三大韓婦人会々長の閉会の辞で第一部を終り、引きつづいて二部の映画観賞に入ったが、その間、李彩雨中央副団長の提案で、読売新聞に抗議団を送ることに決り、代表三十名が選ばれ、車に分乗して読売本社に向った。

東京神田共立講堂でひらかれた民衆大会

韓国中傷誹謗は日本を亡ぼす道
14日、共立講堂で三千余民衆激怒

国連の韓国討議たな上げ

国連総会一般（運営）委員会は二十日、韓国問題議案を来年の総会に繰延べすることを賛成一六、反対七、棄権一の大差で可決した。二十二日の本会議で、再びこの問題がむし返された場合でも、一般委員会の、勧告通り繰延べが承認されることは確実である。この票決は今総会最大の焦点と見られただけあって内外から非常な関心を集めていたが、「韓半島の統一促進のための好ましい条件づくり」と題するアルジェリア案に対する、同議題および「UNCURK報告」の両議題を来年の総会まで繰延べることによって、真の話し合いの条件をもりあげようとする英国案の勝利である。

誠意あるまで抗議
大阪民団、婦人会ら読売大阪本社で
機動隊と衝突、九人重軽傷

週刊読売の横暴筆禍事件を追及、糾弾している民団では、中央の指示による抗議が、全国的な規模でひろがりつつあるが、民団大阪府本部（姜桂重団長）では、九月八日一時から、緊急地方委員会を召集、抗議活動を継続することに決定、管内各支部代表百人からなる抗議団を編成、十一日午後一時半頃、太極旗を先頭におし立てて、同本部を出発、行進して読売大阪本社に到着、宋台植副団長ら七人が、同社会議室で高津寛治総務部長ら六人と対談、韓国の国家主権と国民を侮辱、中傷した高木健夫氏の、横暴な筆禍を激しく糾弾、抗議文を手渡した。

これに対し、読売側は、自分たちが直接、同誌面を扱ったわけではないが、読売の一員として、真心から陳謝すると同時に、この意を東京本社に伝達すると約束した。

さらに、高津部長は、問題の週刊読売を回収するのに全力をあげており、東京本社では、副社長が、韓国まで出向き、金総理に謝罪する一方、韓国大使館にも同じ目的で訪ねていると弁明した。

また、大韓婦人会大阪本部（　会長）でも、十九日の午前十一時すぎに同本部を出発、読売大阪本社で、先の横暴筆禍事件に対し、読売は、その後も、反省、謝罪の誠意ある態度が足りないとし、民団々員らも加わって、夕刊発送中の同社トラックに立ちふさがるなど、実力行使にうつり、ついに機動隊の阻止排除行動と衝突、十九日午後三時現在、重軽傷九人のケガ人を出すに至った。

なお大阪の民団傘下全組織は、今後も、納得のいくまで、読売に対する、あらゆる抗議活動をつづけるかまえを見せている。

抗議団に弁明する読売東京本社出版局原清治総務部長（上）。
読売大阪本社で高津総務部長らに抗議する民団代表（下）。

誠意解決　読売回答
民団大阪本部に

一九七二年九月発行の「別冊週刊読売」のなかで高木健夫氏の記述について、貴本部から強い抗議とともに、申し入れのあった事項についてお答え致します。

読売新聞大阪本社は貴本部の意向を即刻、読売新聞東京本社、同出版局に伝えるとともに、十一日午後の代表団との話し合いの席上既に店頭に出た一九七二年九月発刊、市販中の同別冊を回収する。週刊読売九月二十三日号（九月十三日発売予定）誌上でおわびの社告を掲載する旨東京からの回答をお伝えしました。

しかしながら重ねて申し入れのあった高木氏の解任についてはその決定権は本社にはなく残念ながら貴意に沿う回答ができません。また謝罪文については当該誌である週刊読売誌上での「おわび」社告が最も適しているとの結論をみております。

なお読売新聞東京本社は、大韓民国政府並びに駐日大使館に対し遺憾の意を表明するとともに、問題の全面的解決に当っておりますが、大阪本社も今後とも誠意をもって努力致す所存であります。

昭和四十七年九月十二日
読売新聞大阪本社
編集局総務　桂川實知良
在日本大韓民国居留民団
大阪地方本部
団長　姜桂重　殿

京都府内で五千人参加
日本議員らも祝辞

七・四南北共同声明ならびに南北赤十字本会談支持歓迎の京都地区民衆大会は、予定通り、十九日午後六時半から、五千人の団員を集め、民団京都地方本部主催により、京都会館第一ホールでひらかれた。

大会はまず、河炳旭議長の開会の辞ではじまり、張成道組織部長により、七・四共同声明文が力強く読みあげられ、万雷の拍手を浴びたあと、李相権団長の基調報告、沢大阪総領事と、民団中央金正柱団長の激励辞に次いで、日本側から小川半次衆議院議員（自民党）竹村明京都府会議員（社会党）中島西京都市会議員（民社党）各氏がそれぞれ祝辞をのべた。

つづいて、来日中の大韓赤十字代表の崔容圭氏による時局講演が場内をわかせ、別掲の決議文と朴大統領におくるメッセージを万場一致で採択、韓昌祐副団長の閉会辞で大会を終わった。

誠意不足の回答
李彩雨中央副団長　読売東京本社に再び抗議

読売の横暴筆禍事件

十四日の神田共立講堂で行なわれた南北共同声明、赤十字本会談支持民衆大会で選ばれた週刊読売に対する抗議代表三十余名は、同日午後四時ごろ東京大手町の読売新聞社に到着、二宮出版局長、原清治総務部長らとあい、一時間にわたり抗議を重ね、次の四カ条の要求を提示し覚書をとった。

（一）週刊読売に明確な謝罪文を一ページ大で掲載する。

（二）読売新聞社の出版物については厳正中立の取材姿勢をとる。

（三）新聞社として謝罪文を新聞に掲載するようにとの申し入れがあった（九月十八日まで）

（四）高木氏の処遇について申し入れがあった。（九月十八日まで）

このあと約束の九月十八日に至り、午前十一時すぎ、読売の原清治総務部長以下三人が民団中央を訪問、李彩雨副団長以下各部長が応待したが、別掲の四カ条の回答を示したので、李彩雨副団長は、（一）（二）はいいとしても、（三）（四）については、承諾するわけにいかない旨を強く抗議し、翌十九日に最終的な回答をくれることになり、十九日午後四時すぎ、前日と全く同一の返答をもってきたので、ついに謝罪交渉は決裂するに至った。（同日、週刊読売九月三十日号を持参、十八ページに掲載のおわび文を示す）

なお、二十日午後三時すぎ現在東京都内の民団支部団員有志、大韓婦人会中央本部役員ら婦人会有志たちが、読売本社におしかけ猛烈な抗議活動をつづけている。

なお、同日あらたに手渡された抗議文は次の通り。

抗議文

読売新聞社発行「週刊読売」九月号、別冊週刊臨時増刊"チュチェの国"朝鮮"で高木健夫の巻頭論説は大韓民国の主権と国民を侮辱し冒涜したもので読売の蛮行に対し、在日本大韓民国居留民団は左記項目が貫徹するまで闘争を続行する。

記

一、読売新聞社は今回起した一連の事件の責任を明確にし、われわれが納得できるような、内部措置を取る事。

一、大阪抗議団の負傷事件に対する一切の責任を取る事。

一九七二年九月二十日
在日本大韓民国居留民団
読売暴言横暴糾弾中央闘争委員会
読売新聞社社長殿

読売新聞社の謝罪文

民団中央本部からの九月十四日付抗議書に対する読売新聞社の謝罪文は次の通りである。

一、週刊読売での謝罪文について。

出版局では、週刊読売九月三十日号（九月二十日発売）の誌面に一ページ大の謝罪文を掲載いたします。

二、出版局の取材姿勢について。

これは現在でも厳正中立であり、したがって今後もまたこの方針は当然維持されます。

三、読売新聞紙上での謝罪社告について。

今回の問題は、出版局の刊行物によって発生したものであり、本紙の論調ではありませんので、この点については貴意に添いかねます。

四、高木健夫氏の処遇について。

これは本社の人事問題に属することなので貴意に添いかねます。

昭和四十七年九月十八日
読売新聞社
出版局長　二宮信親
在日本大韓民国居留民団
中央本部
団長　金正柱　殿

おわび

衷心より、お詫びし友好平和に努力する

別冊週刊読売「チュチェの国朝鮮」九月号に掲載された同誌の、わが国と国民を侮辱した横暴筆禍事件に対するおわび文は次の通り。

なお、「週刊読売」九月三十日号

「チュチェの国"朝鮮"」のなかで、高木健夫氏が執筆した「チュチェの国」の一部にある「南、大韓民国という『国』は……」をはじめ「在韓米軍が韓国人民を虐待する数々の蛮行…」「この国の若者をベトナム戦争の最後の弾丸除けに動員させた」「また南半分の赤化云々」など、以上の諸点が、大韓民国の国家主権と国民感情を著しく傷つけたことを本誌は衷心よりおわび致します。もとより日韓友好と平和に、今後とも努力を重ねることはいうまでもありません。

南北会談支持決議文

わが在日本大韓民国居留民団団員一同は、今日、民族の念願である平和的な祖国統一をなしとげるための「七・四南北共同声明および南北赤十字会談支持民衆大会」を、盛大に開催し、この大会の名で次のように決議する。

一、われわれは、民族の念願である平和的な祖国統一を成就するため、合意声明された七・四南北共同声明を積極支持歓迎する。

二、われわれは祖国の分断によって、意に反して離散した一千余万の家族をさがすため、南北赤十字本会談の成功を、同族人道的立場から積極的に支持する。

三、われわれは、統一のための聖なる南北赤十字本会談を悪用し、民団から離脱した反体制分子と野合して民団名儀を盗用、いわゆる合同支持大会などの不法集会をもよおして、本団組織攪乱をくわだてる朝総連の政治的な術策を徹底的に糾弾する。

四、われわれは、祖国の民族自決の平和的な統一方案を貫徹するため、如何なる他からの干与も許さず、ひたすらに、民族的良心の要求から、南北共同声明を支持推進する。

七・四南北共同声明および南北赤十字会談支持民衆大会
在日本大韓民国居留民団

大統領閣下へ送るメッセージ

尊敬する朴大統領閣下！

今日、在日本大韓民国居留民団団員一同は、今日、民族の念願である祖国統一に対する初々たる期待を抱いて、「七・四共同声明および南北赤十字本会談支持民衆大会」を開催し、平和統一への契機を果敢にもたらされた大統領閣下に、われわれの決意と希望をお伝えすることを光栄に存じます。

四半世紀にわたって、つづけられた葛藤、理念と政治社会など諸般の障壁をこえて、平和統一への新たなビジョンを提示し、先導的な決定をくだされた閣下の英断に対し、全在日同胞は、感激にあふれる歓迎とともに声援をおくるしだいであります。

また、永遠に民族史にのこる統一聖業の隊列に参与する決意をかためるしだいであります。

一九七〇年の八・一五宣言で、閣下は分断された祖国を平和的に統一させるに対する漸次的で、合理的な青写真を提示されました。

これを基礎とする韓国赤十字社の「離散家族さがし運動」の、切々たる血肉の呼びかけから一年後で、今や本会談が開かれ、七・四南北共同声明は、同族間の争いを止揚し、賢明なる平和統一への里程標をもうけたものと思われます。

わが大韓民国居留民団は、閣下が先導し、宣言、決定された南北共同声明と南北赤十字本会談に対して、挙団的な支持と協助を送り、閣下の御健康を祈ります。

一九七二年九月

七・四南北共同声明および南北赤十字本会談支持民衆大会

等距離外交考えない
大平外相、記者会見

九月十一日、大平外相は外人記者団と会見し、さきに北韓の朴成哲第二副首相が、日本は南北と等距離外交をすべきだという趣旨の発言をしたことに対し「政府としてはその考えはない。韓国との従来の友好親善関係を維持しながら、北朝鮮とは経済、文化、スポーツなど用心深く交流を進める」とその見解を語った。これは朴の呼びかけに対する日本政府初の公式反応である。大平外相はまた、韓国問題での国連対策で、韓国はタナ上げを希望した。

名古屋は千五百人

民団愛知県地方本部でも、十二日午後六時から、名古屋市公会堂で、七・四南北共同声明及び赤十字本会談支持愛知県民衆大会が千五百余人の団員を集めてひらかれた。

この日、韓禧錫議長の開会辞でひらかれた民衆大会は、本部議長の力強い南北会談支持の激励辞が述べられたあと、李団長のあいさつがあり来賓が祝辞を述べた。

大会はつづいて朴大統領閣下に送るメッセージを採択、大韓民国を中傷誹謗した読売新聞社に対し抗議文を送ることにして第一部を閉会、つづいて第二部にうつり大韓ニュースを始め「光栄のその日まで」など韓国映画を鑑賞して十時すぎ閉会した。

私が見た北韓百時間 (2)

新亜日報特派員 鄭道賢記

唯一思想にがんじがらめ

懐しい山と河、住民は無表情・人間本能も歪曲か

「主体思想」被動的に盲信

代表団が乗ったベンツ乗用車の一行を無表情に見つめている平壌市民

（前号につづく）平壌の少年宮殿は延建坪数万坪に学習教室も数百個に達する巨大な建物である。その位置も平壌の都心にある。我々が訪れた九・一五托児所も約一千人の子どもを受け入れる大規模なものである。室内プール、屋外プールを始め各種の施設を整えている。

私は金日成が子どもたちを至極愛し、もてなしているとの宣伝を耳にたこができるほど聞いている。

彼らは「子どもは王様だ」と好んで話している。子どもたちには牛乳を飲ませて栄養が良いともいっている。

ところがこのような彼らの宣伝とは違って私が直接目撃した子どもたちには大きな食い違いがあった。雨が降る田舎道を雨傘もなく両手を左右に振りながら太鼓をうち大声をあげて歌をうたいながら、三、四十台のベンツ乗用車行列にわき目もふらず行進だけするその子どもたちは何を考えているのだろうか…

「父なる金日成首領」の懸際をとなえる四才の子どもも果してその意味をわかっているのか。北韓では子どもが出生と同時に社会にほうり出される。父母の下で育つ人間本能と愛情、倫理は今はもうない。父母は子どもをわかるが子どもは父母をわからないのである。

托児所、幼稚園、人民学校を了える間、子どもたちは徹底的な集団活動を通し金日成唯一思想で精神武装させるのである。

北韓では多くの質問が必要でない。その答はいつも一つしかないのである。私は、自分自身もわからなくなった数多くの青少年を見たのである。今、彼らは金日成思想にほとんど本能的に動いているのである。科学を語り誰よりも論理をわきまえる社会主義の追従者の中で私は迷信の如き非科学性、教条主義がしみこんだ硬直不動性が表象を占めているのには驚くほかなかった。仮説の設定、論理の飛躍には憤然を感じ、哀れなほどである。

人為的に人間を改造する

これが今度の旅行で私が見た子どもと中年以下の世代である。彼らは大衆というよりも選抜されたエリートであるのは、確かである。

彼らは金日成唯一思想が完全にしみこんだ狂信者である。彼らは口ぐせになった「主体思想」をくり返すが、それは明らかに被動的であった。北韓では人間が人為的に改造されているのである。生れながら愛も、創意も、能率も、信仰もない人間、ただ一つのことしかわからない人間として成長するのである。そのため、ずうずうしくも恥をわからない人間になってしまったのである。私はようやく托児所、講話、教育のスローガン、宮殿、このあらゆる真の意義が理解できるようになったのである。

思想を指導する新聞記事

然しながらこのような教育は単に幼ないときだけに限らない、また、托児所、幼稚園、学校だけでない。あらゆる日常生活は思想教育である。北韓の新聞がそうである。北韓の新聞ではニュースの概念が違うのである。ただ消息を伝えるだけでは意味がないというのである。

そのニュースの中には思想をくみ入れなければならない。思想がない記事は記事でない。それは彼らの話しで「唯一思想」という唯一の目的がくみ込まれていない記事は記事でない。新聞は労働新聞を基準で制作されるのである。同じ日付、同じ時間に発行されながら労働新聞の論説をそのまま伝載することをあえて明示している。記事の大部分は論説と解説である。

放送は思想講座である

ラジオ放送、テレビ放送も同じく、放送聴取は決してレクレイションになれない。思想講座である。演劇・映画も全く同じである。街角に看板がないのも「唯一思想」を啓蒙宣伝するスローガン、肖像画、銅像をもっと見せつけるための意図が主なる理由であると思う。彼らは映画・演劇の規模を誇っている。またその撮影期間は何年も続くのである。もともと考えて見れば偏安い投資である。

北韓の住民はいつも何処かで聞き、見て、勉強する。そして話すのが彼らがいう思想である。所謂、画一的であらゆるものは徹底的に組織化された規律で支配されるのである。今度の北韓取材で配達された写真と記事の内容が単調であり、同じ写真、同じ記事を反復するようであるが止むを得ないことである。

誰かが話した通り、北韓は巨大な兵舎、巨大な教室である。我々の考えでは鳥肌が立つ感じである。

然しながらそれが当然の如く受話されるその社会の現実は重要な意義をもつものである。あり得ないことがあるのが北韓の現実である。北韓の執権者は四方八方に門を固く閉じてこのような秩序の甘い汁を満喫しているのである。

見ることも、知ることも、聞くことも、食べることもできないようにしておいて人間を機械化し享受する幸福である。

変化の兆に注視を

然し記者はその中でも変化が起っている事実を目撃したのである。

その変化は特に指導階級内部で見受けられた。ろくに勉強もしたことのないインテリの中で感じられた。経済がある程度発展したお陰であろう。我々が見られなかった数多くの大衆の中にはより大きな変化の動因が作用しているかも知れない。

やはり彼らも人間なのである。世界にそむいてまっしぐら突っ走っている北韓が今世界の大勢にいやおうなしについてくる感覚を感じられたのである。

北韓の内部社会でこのような事がそれほどたやすく公開されることはないだろう、このような変化の現象をそこの住民が悟るまでの時間上のギャップを我々は注視するものである。

彼等が、めざめた人間として、よみがえる過程において、同じ同胞であるわれわれの、はたすべき役目をはっきりとわきまえることも、必要である。（つづく）

割当金強力徴収

不履行の場合は適切な規制

民団財政確立態勢を整備

中央本部総務局では、新執行部がめざす、強力な民団財政の確立を実現する一環として、各地方本部に対し、割当金納付に関する通牒を通達した。

通牒は、民団財政収支の合理化と正常化をめざし、活動方針の円滑な実現をはかるため、つぎのような実践要項を指示して、財政確立のための新たな態勢確立を指示している。

実践要項

一、各地方本部は、運動期間中に、今年八月分までの滞納分と、来年二月末までを「六等分した額の支払手形六枚（一九七二年九月―一九七三年二月まで毎月末決済）を、一括発行し、今月二十五日まで中央総務局に納付する。

二、手形発行が不可能な地方本部は、必らず上記に準ずる金額を九月から毎月末まで納付する。

三、手形と小切手は、総務局に送付し、現金は、大和銀行上野支店経由、東京商銀上野支店、民団中央本部団長 金正柱当座預金口座へ送金する。

四、各地方本部は、管下各支部に、上記のような納付要項を強力に指示し、支部が地方本部の滞納金を完納するよう督励する。

五、各支部は、地方本部の指示のもとに、全団員から所定の団費を徴収し、団員の義務感を喚起する運動を強力に展開する。

なお、割当金納付の義務履行を怠る地方本部や支部に対しては、中央本部、または、地方本部で、機関紙に発表など適切な方法で規制を行なう。

公害裁判被告勝つ、

ソウル高法は、不法行為による損害賠償事件でその因果関係証明を被害者（原告）が負わねばならないとの従来の理論とは異なる「公害に因る損害賠償事件の場合被害者は蓋然性だけを証明すれば足りる」と判示し、慶南蔚山で果樹園を経営する朴二俊氏が韓電を相手にした訴訟で韓電に七百七十一万ウォンの損害賠償を支払えとの判決を下した。朴氏は二百米離れた韓電から排出するガスで梨、りんごが実らなくなり六七年から二千五百万ウォンの損害を蒙った。

常緑会も十万円

光陽会では十四万六千円

本国水災義援募金

常緑会の金柄守氏が本国水災義援金として一金十万也を民団中央本部に伝達した。常緑会は東京で二年ほどまえに旗あげたささやかなグループで、会長もなければ規約もない。但し、心を規約とし、心の通じ合う者同志が、一カ月五千円ずつを出しあって積んだ数百万円を元金として、祖国のために使うことを申しあわせているとのこと。

会員は次の九人。張世俊、金振守、金致仁、許機、柳谷鎬、李昌基、金正明、崔機、鄭淳鉉

◇

全南光陽郡出身者で構成された親睦団体である大阪の「全南光陽相助会」では（宣宇珠会長）このたびの本国水災義援金として会員から募金された十四万六千円を、民団大阪地方本部に寄託してきた。

ちなみに同会は、四十四年前に創立され、会員間の相互扶助と親睦だけでなく、社会福祉のための各種事業にも手を出し、光陽色には六年前に女子中学までも設立して、教育事業もおこなっている異色団体である。

本国論調

統一への対話さまたげ

読売新聞の編集態度に怒り

韓国政府はさる八日、日本の読売新聞社のソウル支局に閉鎖を命じ同時に駐在記者数名には十一日までに韓国から出るよう通告した。日本の三大新聞の一つである読売新聞がこのような措置を受けるに至ったのは、数日前に発行した「週刊読売」別冊が「チュチェの国―朝鮮」と題した緊急特別企画の中で、特に北韓が一方的に主張している"宣伝文句"をそのまま"読売の記事内容"として載せ、北韓を賛美しながら、韓国の主権を冒涜（ぼうとく）したためである。とくに高木健夫読売論説委員会顧問の書いた内外には何百年人たちが憤激し、"南半分の赤化"うんぬんに対しては市民たちが「共産主義の押し付けはいやだ」といっている南半部の三千二百万人を無視した、それこそ"内政干渉"以外のなにものでもない」と主張した。

もし、言論の使命が世界平和と人類の福祉を追求するところにあるとすれば、こんどの読売"特集記事"内容は明らかにこれにたずさわるものであり、国境を越えて、全言論界のためにまことに遺憾なことだといわなければならない。

自己を、そして自国を大切にするのであれば、他人を、そして他国をも同様に大切にしなければならぬということは初歩的常識である。

政や論調だとか、特定紙の場合は、あるものの利益のために節を曲げることもあろうが、日本の一般新聞で、しかも三大新聞の一つである読売新聞が信じがたいような北韓賛美論を繰り広げるのはいったい、どうしたいわれのためなのだろうか。（今回の週刊読売別冊だけでなく、読売新聞本紙はさきに三十二回にわたるシリーズで高木健夫氏の執筆により"革命の芸術家―金日成首領"を連載。あまりにも北韓の一方的宣伝にすぎていたため、韓国の尹胄栄文化公報部長官から「韓国敵視だ」と警告され、中止（六十回連載の予定）したことがある。

偏狭軍人の憤激は当たりまえ

韓国はちゃんと日本と国交を持つ独立国であるのに、読売があのように韓国の主権を冒涜（ぼうとく）したことの根底にはいったい何があるのだろうか。しかも韓国は日本と共通した国家利益を追求している状況にあるが、読売がそれに抵抗したのだとすれば、何ともおかしなことである。第一によくないことは事実でないことを記事の内容にしていることだ。さる七月四日に南北韓が互いに「お互いを中傷、誹謗（ひぼう）するようなことは止そう」と話し合って合意、発表した直後に、日本の大新聞の一つが、七月四日以前に北韓がしきりに使っていた"悪口雑言"をそのまま高木氏が自分の意見のように述べるとは何たることだ。

読売の記事内容、すなわち、われわれがいま物議をかもしている記事の文句と言葉については、ここで口にしたくもない性質のものである。（韓国戦争で自分の住むところ、自国を守ろうと戦ってかたわになった人びとが病憤し、ベトコンに両手両足を切りとられた傷痍軍人たちが激怒するのは当然のことである）

日本言論風潮の氷山の一角

しかし、なぜ、そのような記事を書くことになったのか、その意識、その発想については考えざるをえない。言論の自由とは、中傷やウソを書いてもよいということではないのだ。言論の自由には"真実に対する責任"が伴っている。自由と放縦を混同すれば、それは必ずや悲劇につながるだろう。

社会秩序を乱すような発想や行動が決して"自由"でないことはいうまでもないが、もし言論機関がそうした硬性な発想と行動に走れば"言論の自由"は形骸（がい）化してしまうだろう。

こんどの読売新聞のおかしな誌面は、小さな角度からみると読売新聞だけの過失といえようが、大きな角度からみると日本言論の風潮の氷山の一角だということができる。自由を謳歌している日本の"言論"は極端から極端に走っている。

現在の日本言論の特徴は健全な批判精神よりは、一方に強く傾いた"偏頗（ぱ）"のものである。中庸の道と健全な批判精神をその行動規範にするのでなければ日本の言論も、「極は極端に通ずる」で、いつなんどき、またかつてのような極端な論調に左右されるという悲劇を演ずるかわかったものではない。

軍国主義復活の萌芽はどこから

最近、世界の識見ある人びとが日本の軍国主義復活の可能性を話しているが、この憂慮は一つの世論となりつつある。どうしてこのような憂慮が生じたのか。

それは日本の言論に責任があると思う。一部の日本言論は極端から極端に走って付和雷同する。しかも慎重な姿勢を持たぬため、いかなる結果につながるか――を考えることなしに書きたてる。

こうした言論姿勢は、諸外国に日本はいつまたグルリと"軍国の道"を突っ走るようになるか分からない"といった憂慮を覚えさせるのだ。いかにも日本の言論は右だといえば右へ、左だといえば左に走るような極端さを持っている。

軍国主義はいかなる角度からみても決して受入れられる性質のものではない。それはその国自身にはもちろんのこと、隣接国を含むすべての国に対して適用する。

韓半島は現在、長い長い断絶の末、南北韓が武力を放棄し、平和的に統合しようと相互対話を始めたばかりのところである。この時点で、日本の新聞が韓半島の平和統一をあたたかく見守ろうとするでもなく、かって北韓が南韓に対してぶつけていた中傷の決まり文句をそのまま繰り返すとは……。これはまさに"平和統一のふん囲気"に対する妨害である。

読売新聞の反省と覚醒を促す

韓国はこんどの読売新聞事件でソウルの読売新聞支局の閉鎖を通告し、駐在記者の追放を決めたが韓国が外国新聞支局の閉鎖と追放を行なったのはこれが初めてである。やむをえず、これほどの措置を取ることになったこんどのことが読売新聞の反省と覚醒を促すことになればよいが、とわれわれは思わずにはいられない。

こんどのことほど、一部の層ではなく、韓国全国民の怒りを爆発させた事件は近来なかった。「自分がされていやなことは、他人（ひと）にもするな」という格言がある。読売新聞のこんどの事件はこれを忘れたとしかいいようがないが、広く世界"社会"に参与し始めている日本は改めてこの格言について思い知る必要があろう。

（東亜日報―SISA）

読者の声

レフリーは公正たれ

韓日サッカー試合を見て

去る十四日の夜、東京・千駄ケ谷の国立競技場において行われた両国を代表する、もっとも権威ある第一回韓日サッカー試合は、結果として2対2の引分けに終った。筆者は、その試合をNHK第一チャンネルを通じて見ていたが、2対1で韓国がリードしていた時、アナウンサーは「もう時間はほとんどありません五秒前です」と告げてから一分以上経過して、はじめてタイムアップのホイッスルの音を聞いたのである。当夜この試合を見ていて、レフリーのこの不届きな態度に、義憤を感じたのは、筆者だけではなかったはずである。

翌朝の日本の各新聞は筆を揃えて「結果は2対2の引分けだったが、全日本の最後の一点はルク・タト・スン主審（香港）の"お情け"といってもよかった。電光計時板の時計はタイムアップ五秒前を指したままで、約一分は止まっていたろう。手元の時計をのぞいた主審は、全日本が最後のタテ攻撃に移ったのを見て、口にした笛を吹くのを止めた。その直後、小城から出た長いタテパスを、釜本がゴールにスミに押し込み、試合終了となった」等々と書いている。これを見ても、レフリーが公正でなかったことが、はっきりしている。

ルク・タト・スン氏よ！次からは公正な審判になってもらいたい。あのような不届きな態度をとると、日本側からもてなしを受けたのだなとかんぐりたくすらなるのである。

スポーツは、フェアプレイでやるべきであり、審判は公正なる態度でのぞむべきである。（吐正書）

申且贊氏に 政治学博士

申且贊博士

民団滋賀県地方本部顧問委員長、同県本部監察委員長を歴任した滋賀県栗太郡栗東町大字出庭居住の申且贊氏は、去る五月、アメリカのカリフォルニア・カルチュア・ディベロップメント大学から、政治学の博士学位を授与された。

徐明宰氏死去

徐明宰（芸名・徐東健一）

糖尿病で多年にわたり闘病生活をおくってきた徐明宰氏が、去る十五日午後六時五十五分尿毒素のため入院中の東京女子医大病院で死去した。故徐明宰氏は芸名を徐東健一として、戦時中はキング・レコード専属歌手として、また、当時の「朝鮮楽劇団」で活躍し、戦後は民団社会にあって、「無窮花楽団」を創設、全国津々浦々に巡業公演し、忘れかけていた故国の民俗芸能を披露してきた功績は大きいといえよう。享年五十六歳。十七日午後一時―二時、練馬区の自宅でしめやかな葬式を奉行した。

長寿祝う敬老会

東京商銀・大阪興銀主催で

東京商銀（許弼奭理事長）は「敬老の日」に都内に居住している高齢者を招いて慰安行事を行っているが今年も9月15日の「敬老の日」に70歳以上の高齢者百五十人を招待して同銀七階ホテルで慰安会を催した。

この日の慰安会には本国の芸劇映画「上京列車」が上映され文銀座秘苑の技年らの歌と踊りの出し物などで楽しい一日を過した。

また参加者全員には預金通帳がプレゼントされ最高齢者の朴福月さん（板橋区居住・八十五才）と宋敬錫氏（江東区居住・八十二才）には長寿式が贈られた。

なお、同慰安会には民団中央本部から金正柱団長、尹拡鎬副団長それに大韓婦人会から金信三会長も出席、高齢者の健康と長寿を祝福、激励した。

なお、大阪商銀主催の恒例の韓国人敬老会も十四日大阪興銀本店一階において六百人余りの老人を迎え盛大に催された。

これは大阪興銀が一九六八年から毎年在阪の老人方を迎えその長寿を祝福して催されてきたもので今年で五回目になる。

この日、前日からの雨天にも拘わらず六百人も集まったもので式典は午後一時から始まり李熙健理事の紀念辞につづき駐日大使李澔氏からの祝電が鄭領事から披露され民団大阪地方本部団長姜桂重氏ら関係諸氏から祝辞があった。

このあと今年度最高令者の表彰があったが男子では金翔於氏、女子では申土潤氏（九十七歳・天王寺区在住）がそれぞれ表彰され同胞社会に永年功労があった金達寛氏、金敏洪氏、崔嘉慶氏、金剛秀氏もそれぞれ表彰された。

午後二時過ぎ敬老を祝って民族舞踊がひらかれ楽しい一日を送った。なお全員にエアポットと紅白餅をプレゼントをした。

写真＝大阪でひらかれた第五回韓国人敬老会

杉の子学園で 衣類五十点

都下東久留米市大門町の「杉の子学園・手をつなぐ親の会」では村上杏二、文菊子、古屋さんらが代表となり、中古衣類五十点を集め、水災民にと寄贈してきた。

特別寄稿

南北問題、世論に答えて

李英介

九月八日の朝日新聞第一面のトップに北の朴成哲副首相が日本人記者を集め会見した記事が大々的に報道されている。

その要点とするところ日本に向って南北の当初行為をやめて政治・外交・経済・文化などあらゆる面に於て同距離政策を主張し強く要求しているのである。

私は此の記事を見た瞬間、何ごとかを予想したいたその事が早くも露出しはじめたと直感したのであるが、さすがに北の手口の機敏さには驚いたのである。

北にとっては、日本はその接近が必要であり利用価値のある国はソ連や中国など両雄でない程に高価なものに違いない。

日本は彼等の主義路線の温床でありしかも楽園であることは現実問題として今更云うに及ばないのである。

それを更に強化するためには今迄冷遇されたと云う日本の政策を変えさすことが彼等にとっては生命線とでも云えるのだろう。

七・四南北共同声明以来突如として南北問題が内外の大きな関心と与論を巻き起しその中でも日本は目前に迫る日中国交開始ということも背景となってその歓迎ぶりは当事者よりも遥かに上回ったものがあるようである。

もう南北は思想を度外視して敵対視することもやめ統一が目の前に来ているかの如き印象を与えられているのが日本の各界一般の考えであるといっても決して過言ではない。

一方日本のこれらの与論造成に在日朝総聯が懸命に手段方法を選ばずして各界に働きかけ北の戦術に輪をかけていることも見逃すことの出来ないことである。

かようにして日本の南北平和統一を望む多数の高潮に突け込んで先づ第一弾を放ったのがあの戦略に充ちた朴成哲の記者会見である。

七・四南北共同声明の結果去る八月三十日平壌で開かれた赤十字会談なるものの成果は如何ばかりぞ百時間を南の代表等が平壌で過したというが、会議は僅か数時間で終りあとは歓迎攻めや共産宣伝劇など見せられ終始して金日成礼賛に凄い喧騒として帰って来たようであるが、そもそも赤十字会談は純全たる南北離散家族探しの会談であって政治がそれに関与する余地のないのが本来の使命である筈なのに、南はこの会談で第一歩から完全に北の巧妙な政治謀略と戦術に巻き込まれた結果となってしまった感を禁じ得ないのである。

これも韓国は此の会議を開くために譲歩に譲歩を重ね忍び難きを忍んで来たという実情の延長と解すべきであろう。

次には九月十三日に、ソウルで南北赤十字会談の第二回が開かれる予定のようであるが、これも平壌同様にその成果を期待することは暴かそのものであると思う。

今後尚も成果のない会議を開き続けるであろうが、それは北が打ち出した世紀的？な七・四声明の手前の偽装であり時を稼いで世論を高め特に日本に接近し、強いては韓米の離間策を弄し南の安心と油断を狙い二十七年間虎視眈眈として来た武力侵略を夢見ていないという保証はどこにもないのである。

六・二五南侵事変を血を以て体験した韓国は、何もかも知り尽しているから何もいうことはないが、国を思う老婆心から何となく心配である。

日本は二十七年間も固定化している南北関係の柔軟化という期待感から最高潮に盛り上っているムードに眩惑されることなく冷静な理性を以て事態の推移を見守ってもらいたい。

いくら七・四の立派？な声明が出されその第一歩として南北会談が開かれているとしても問題は複雑怪奇に包まれ常識では考えられない安易簡単なものでないことを付言する次第である。

尚一方に於て、在日民団関係の同胞は事更にこの厳しい南北の現実を凝視し早計な言動を慎み事態の推移を静観し本国の北に対する体制に心して慎重な処身を望んでやまない次第である。

離散家族の再会に人道主義を

南北合意文書を交換
赤十字ソウル本会談おわる

南北赤十字第二次本会談に参席の北赤代表団一行五十四人は、十二日十二時十五分、板門店をへてソウルに到着、中区奨忠洞のタワーホテルで旅装をとき、十三日午前十時二十分から二時間余にわたって朝鮮ホテルで、第二次本会談を終え、そして、十四日午後、タワーホテルで合意文書を交換するにいたった。三、四次の本会談は、平壌、ソウルでそれぞれ10月、11月に開催され、議題の実質討議が行なわれる見とおしであるが、十六日午前九時半、北韓へ帰った北韓赤十字代表団一行の「ソウルにおける四泊五日」の動静を追って見ることにする。

十三日午前十時二十分からソウル朝鮮ホテル・ブルールームでひらかれた南北赤十字第二次本会議。右側に李範錫首席代表を始め、韓赤代表団、左側に金泰熙団長を中心に北赤代表団が着席している。

北赤代表団 四泊五日 の表情と動静
自由の風土にとまどう
ソウルの発展ぶりに驚く一同

板門店—ソウル間五五㌔を、一時間半で北碳するあいだ、北韓記者は、高速バスの窓からのぞく「最初の南韓観光」で、驚きと羨望に満ちているようであった。しかし、北韓記者は、すべてが……

南北赤十字合意文書（全文）

①双方は、全民族の意思と念願を反映して、南北赤十字会談の議題に決定されたすべての問題の解決において、民主主義的原則と自由の原則、南北共同声明の精神と同胞愛、そして赤十字の人道的精神を徹底して具現する。

②双方は、第一次および第二次南北韓赤十字本会談を通して、よりかためられた双方間の理解と信頼の雰囲気を基盤として、第三次南北赤十字会談からは、議題に対する討議を進める。

③第三次南北赤十字本会談は、一九七二年十月二十四日平壌で、第四次南北赤十字本会談は、一九七二年十一月二十二日、ソウルで進めることにする。

一九七二年九月十四日

ソウルで
双方首席代表

三次、10月24日…平壌で
四次、11月22日…ソウルで
本会談合意文書署名

南北韓赤十字第三次会談は、来る十月二十四日（火）平壌で、第四次会談は、十一月二十二日（水）ソウルで開かれることとなった。

〝われわれの力で再結合〟
李調整委員長、ばんさん会で歓迎

李衡九親子 対面さける

周知のように、「別冊週刊読売」九月号の紀行記事がわが国と国民を冒瀆していることが問題になって、読売新聞のソウル支局が閉鎖され、特派員が退去されるという事態にまで発展した。読売新聞社はこの事件に関連して、九月二十三日号の週刊読売に短い「おわび」を載せているが、報道によれば、これが問題になって、読売側はこの二つの雑誌を回収するという。私が見た限り東急沿線の駅売店では後者が、早大周辺の本屋では、両者とも十九日現在売られていた。私はここで事件の顛末をむし返すつもりはない。ただ、前記「おわび」に示された読売新聞社の事件に対する態度と、今のところあまり問題とされていない一部の記事とをつき合わせながら、いくつかの問題点を指摘したい。

週刊読売九月二十三日号に掲載された「おわび」とは、「別冊週刊読売『チュチェの国—朝鮮』について、関係方面にご迷惑をおかけしました。記事中、高木健夫氏の『チュチェの国』には一部表現に妥当を欠く点がありました。これは高木氏個人の意見ですが、ここにおわび申し上げます。……」というごく簡単なものである。これは要するに、今度の事件の発端となった高木健夫氏（読売新聞論説委員会顧問）の一文に対する謝罪ないし釈明であるので、ここからは当然次の問いが出てくる。

[illegible]

NAM　SEOULカントリー倶楽部

推薦の言葉

この度、京原建設株式会社が、許鼎九代表理事の御尽力でNAM—SEOULカントリー倶楽部を完工しました。そして新規開場を記念して、在日韓国人をはじめ、日本ゴルフ愛好家から会員を募集し、広く門戸を開放しています。これは本国と在日同胞、韓国と日本の友好親善を促進するのに大いに役立つものとして、心から共鳴するものであります。

韓国でもつとも近代的な設備を誇るこのNAM—SEOULカントリー倶楽部は、京畿道広州郡楽生面に位置し、SEOULの都心から僅か20分のドライブ距離で、敷地65万坪に全長7,064ヤードのチャンピオンコースをもっていると聞きおよんでいます。

この地は風光明媚で、ぬけるような青空の下で、のびのびとゴルフを楽しむことが出来、ゴルフを通して、韓国の政財界や経済人たちと、人的交流を密にすることによって、事業の推進にも大いに役立つものとして、日本の皆様にも自信をもって推薦するものであります。

NAM—SEOULカントリー倶楽部が、韓国の新らしい観光名所となり、母国訪問の在日韓国人や韓国で活躍している日本の皆様に、健全な憩いの場所となり、ゴルフ愛好家たちのみでなく、一般の方々にも開放され、親しまれる素晴らしい観光地として発展し、日本の皆様が、韓国を身近かに感じられる足がかりになる日も遠くないと信じ、ゴルフ愛好家や一般有志に、NAM—SEOULカントリー倶楽部の会員になられるよう推薦するものであります。

在日本大韓民国民留民団中央本部

副団長 李　彩　雨

クラブ・ハウス正面全景

コース建設概要

所在地：京畿道 廣州郡 楽生面

用地面積：總65万坪

規　模：18HOLE 7,064 YDS

基本設計：井上誠一

設計監修：淺見緑藏

施工担当：池蓮奉

ハウス設計：嚴徳紋

着　工：1969年11月

完工開場：1971年10月

附帯施設

1. 倶樂部ハウス 1,100坪
2. モテル(Motel)
3. 住宅團地
4. 子供遊び場 及びプール場
5. 其他レジャー施設

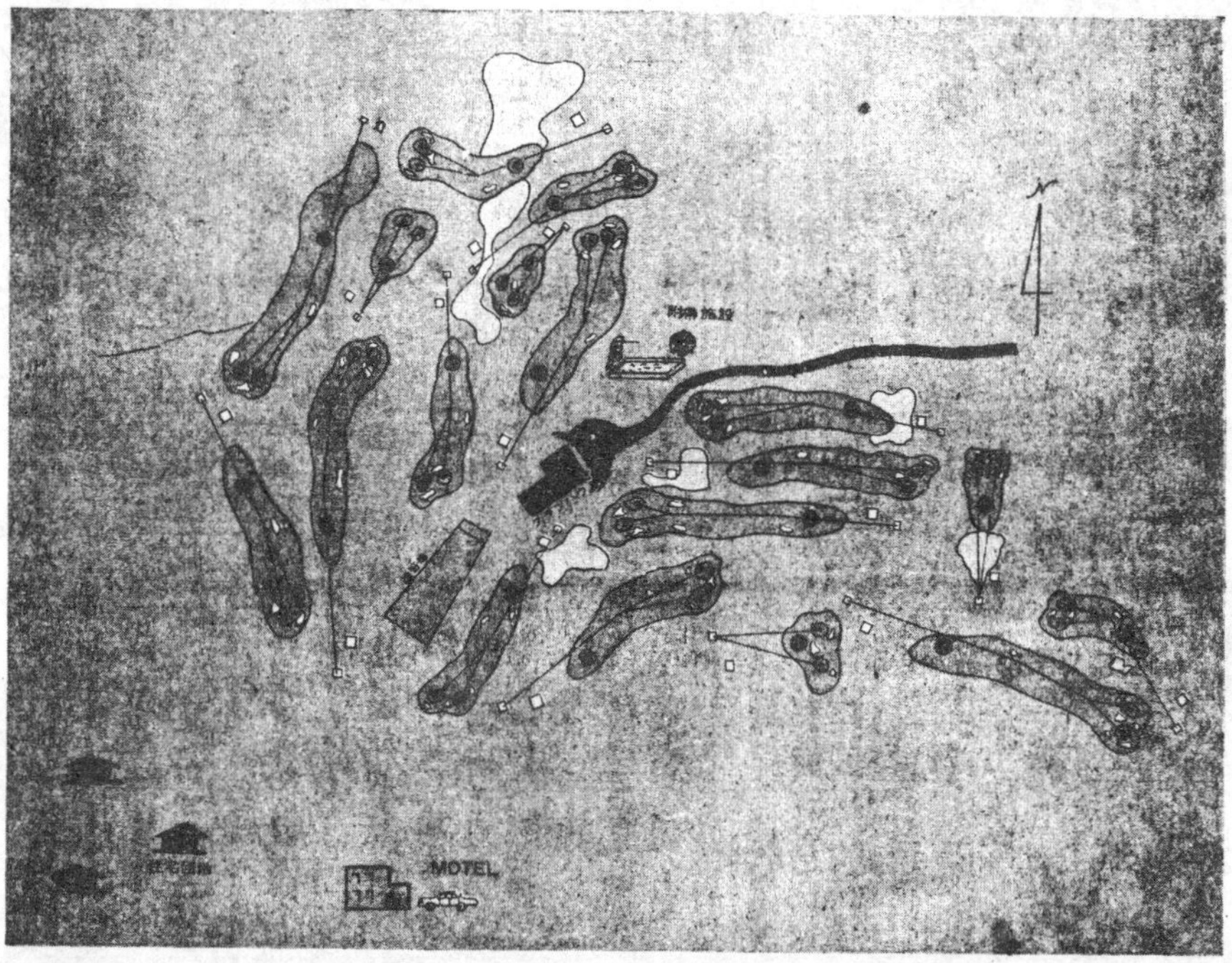

● YARDAGE

HOLE NO.	1	2	3	4	5	6	7	8	9	OUT
YARD	426	198	368	390	510	362	530	220	420	3,426
PAR	4	3	4	4	5	4	5	3	4	36

HOLE NO.	10	11	12	13	14	15	16	17	18	IN	TOTAL
YARD	418	446	197	543	427	220	427	415	545	3,638	7,064
PAR	4	4	3	5	4	3	4	4	5	36	72

第二次会員募集案内

人　員　200人

入会金　50万円（日貨）

募集主体

京　原　建　設　株　式　会　社

NAM—SEOULカントリー倶楽部

〈ソウル連絡事務所〉

ソウル特別市中区太平路二街70—7　海南ビル514号

〈倶楽部〉

京畿道広州郡楽生面

TEL（楽生）51—100

〈日本地域申込連絡事務所〉

〒151　東京都渋谷区代々木二ノ三九ノ七、メゾン代々木三〇三

TEL (03) 379—3668

クーポン　韓国72.9

資料御希望の方は住所、氏名、年令、職業、電話番号、ゴルフを始められた年などを御記入のうえ、〒151東京都渋谷区代々木二ノ三九ノ七、メゾン代々木三〇三号、NAM—SEOULカントリー倶楽部日本地域申込連絡事務所まで御送り下さい。

御挨拶

弊社は、Seoul市近郊の広州郡楽生面に、敷地六十五万坪を確保して全長七、〇六四ヤードのチャンピオンコースを建設し、一九七一年十月に開場致しました。

Seoul都心から二〇分のドライブ距離にある此処(Nam-Seoulカントリー倶楽部）は風趣溢ぎる景勝の地に位置しておりますと同時に、ビギナーからロー・ハンデイに至る迄ゴルファーなら誰もがゴルフを味わい楽しめます様、其の設計に特に念を入れております。

コース建設に於てゴルフ場の生命であるグリーンとフェアウェイの芝の造成には物量と精力を惜しまず其の完璧を期しており、家族と一緒にカントリーライフを楽しめます様、プール、子供遊び場モテル(Motel)等のレジャー施設を完備する計画であります。なお、周囲の美しい景色に相応しい会員住宅団地も準備しております。

都心から僅か二〇分の交通条件、そして格調高き周囲の雰囲気は必ず、皆様に充分御満足戴けることと確信し、先ずは御挨拶申し上げる次第で御座居ます。

京原建設株式会社

代表理事　許　鼎　九　拝上

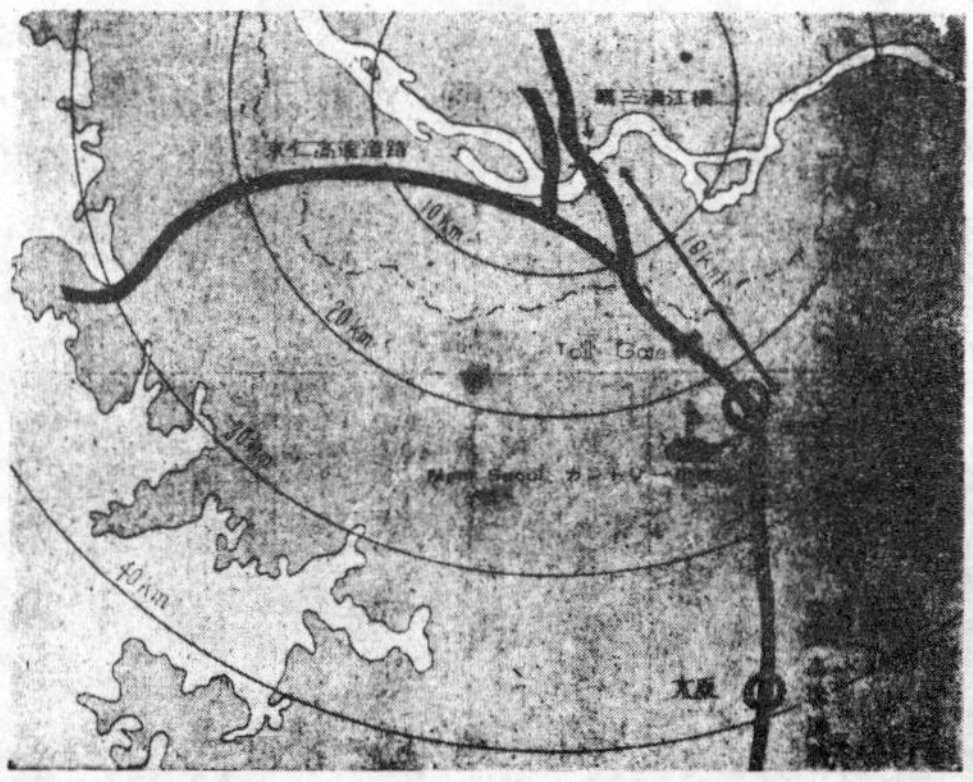

韓國新聞

在日大韓民国居留民団
中央本部機関紙
韓國新聞社
発行人　金正柱
東京都文京区春日町
2丁目20－13
電話 (815)1451～3
(813)2261～5
振替口座 東京 163774

民団綱領

一、われわれは大韓民国の国是を遵守する
一、われわれは在留同胞の権益擁護を期する
一、われわれは在留同胞の民生安定を期する
一、われわれは在留同胞の文化向上を期する
一、われわれは世界平和と国際親善を期する

読売の言論暴挙事件に一段落

再三の謝罪行為を認め

中央闘争委で抗議活動中止を発表

九月発行の別冊「週刊読売」に掲載された高木健夫氏（読売新聞社論説委員会顧問）の執筆になる緊急特別企画「チュチエの国 朝鮮」の中において、韓国の王朝と国民を極度に冒瀆し、善良な韓日両国民の民心を惑わせ、両国の国際関係にいちじるしく損傷を与えた横暴きわまる事件に端を発した、在日韓国人による抗議行動は、その後、燎原の火のように民団とその傘下組織に燃えひろがり、東京・大阪におけるわが方の実力行使など、一触即発の危険な空気をかもし出していたが、読売側の再三にわたる謝罪行為が現われるにつれ、民団中央本部内に設けられた「読売言論横暴糾弾中央闘争委員会」では、度重なる協議の結果、読売の謝罪行為をいちおう認め、その誠意ある態度が今後においても継続されることを条件に、われわれが提示した要求条件が充足されたものと解して九月二十一日付をもって、抗議活動をいったん中止状態にもどすことを内外に発表した。

組織の底力を誇示

日本の全言論機関に警告

金正柱中央団長
全国団員に告示

要求ほとんど貫徹

良識ある自律行為に期待する

鄭達鉉中央宣伝局長の表明書

広島（上）と尼崎（下）でひらかれた民衆大会

広島で民衆大会盛況

南北会談支持激励 有功者表彰も

朝総連に抗議文

8日尼崎でも民衆大会

北韓の加盟を否決

徴発法案など通過

ソウルから移転

中央本部人事

任 民生局専門委員長
金秉錫

団長 金正柱

総会でもタナ上げ可決

韓国問題国連で圧倒的勝利

南北会談の主体的推進を支持

南北の対話は肯定的な希望

年例報告書を提出

職業訓練公団を新設

韓日協定永住権者の出生子女に対する永住権申請手続に関するお知らせ

記

(一) 出生日より十四日以内に申告する事。
(二) 外国人登録手続は出生日より三十日以内に管轄の市、町、村、区役所に申請する事。
(三) 在留資格取得は出生日より三十日以内に管轄の出入国管理事務所に手続する事。
(四) 協定永住権者の子女として一九七一年一月十七日以後に出生した子女は、出生日より六十日以内に必ず永住権許可申請をしなければなりません。万一、六十日以内に永住権申請をしなかった場合は、永住権申請資格を喪失する事になりますので特に注意して下さい。

中央本部民生局

私が見た北韓百時間 (3)

新亜日報特派員 鄭道賢記

閑散な街角で交通整理をする交通安全員

（前号につづく）私と出あった北韓の住民たちは口をそろえて軍事準備が完了したことを誇らしげに語っている。プエブロ号事件に刺激をうけなによりも武力強化に全力を尽した結果であると註釈までつけて話している。彼らによれば第一次人民経済計画を五六年に始め、予定通り六十年に完遂、第二次経済計画は七年間を予定、六七年に終る予定であったが七年計画は十年かかった。

十年かかって予定通りの計画が完遂されたかどうかは明らかにしなかった。

ただ、その理由が軍事力拡張にあり、現状では全人民の武装化、全国土の要塞化をなしとげたと自信満満であった。

それなりの知的水準にある人たちも日本又はアメリカが挑戦すれば相手にして闘うばかりか彼等の本土まで攻めていく実力があると豪言壮語している。

軍事専門家でない私のせいかも知らないが北韓滞在中軍事施設を別に見うけられなかった。板門店付近を除けば制服の軍人でさえあまり見うけられなかった。

これは彼らの偽装戦術がたいしたものであるからである。

私は私と出あう人々がみな相当な軍事訓練を充分に受けていることを確認することができた。

内部資源も限界点に
無理な軍事費、経済発展ふさぐ

徹底した軍事施設の偽装

彼らから事あるとき、軍事動員体制をきくことはできなかったが、農村の部落を一定の地域に集中したこと、都市アパートの構造などから見てこのような動員を容易に、より迅速にできるよう効果的な方向で設計しているに違いない。彼らはこのような軍事力の拡張を彼らの強味として誇っているのである。

彼らの強味が特に軍事力において我々とどのような関係をもつかは読者が充分に理解することである。

しかし、これから北韓が対外関係において軍事力の拡張で犠牲されたと考えられる経済的な必要から如何に変貌するかは慎重な検討が必要である。

私は今日、の北韓は経済的に新しいくぎりに到達したものと解釈したいのである。現在の北韓経済水準は我々が第二次経済開発計画を始めたときの水準とほぼ同じ段階と判断されるのである。彼らの基礎産業又は社会間接投資の現場面だけをみると私の見解が間違ったと評価されるかも知れないが、国民生活水準を左右する最終消費産業の水準から見たら私の見解は妥当といえるであろう。

工業製品の品質は低質

我々一行は北韓の工業製品を全部見たわけではない。しかし我々が見たものは間違いなく最もすぐれたものばかりであるが事実と思うのである。アパートを一つの誇りと誰えているがその裏には数多い古家があった。アパート自体も写真で見るほどの立派なものではなかった。私は我々一同がとまった招待所の内部設備を始め、備品、道具などから見て充分に推理されるのである。すなわち頑張で低質である。南の基準からいえば新聞その外のマスコミから絶え間なく批判されることは確かである。

建設中のアパートを案内しながら一世帯当り二、三個の部屋が割当られると誇っているのをみても一世帯当りの占有スペースは知れたものである。衣類、靴、ネクタイを始め自動車、彼らが誇るトラクターそのほかあらゆる生活必需品は我々に比べて五―六年以上も遅れているのである。最近ベンツ乗用車をにわかに導入したらしいが北韓の社会ではふさわしくなかった。

質的に高度した技術が必要

今北韓は外資が必要になったのである。彼らは我々よりは自然資源に恵まれているのは事実であるがそこにも限界が現われたのである。

第一に国内の資源だけでは質的な発展に問題があり、それより重要なのは活用できる内部資源が尽きた事実である。このような結果を招いたのは、無理やりに軍事投資を拡大したからであると思われた。

電気の例を見ても水力を利用した発電はもう限界に達したもようである。その代案は火力発電であるが、これは外資を絶対に必要とするものである。電気の場合は一つの実例であるが外資の必要性は各方面にわたって切実なのようであった。

門戸を開放する必要に直面

北韓は一日も早く門戸を開放せねばならない段階に追われている。それが北韓体制に如何なる影響を与えるかについては北韓の指導者が深刻に研究をつづけてきたのであろう。UN対策、西側接近など今までの北韓の対外接触は彼らの面子も維持しながら突破口を探す試みであったといえよう。南北赤十字会談、七・四共同声明はその一環であろう。彼らはわが大韓民国が彼らの対外接近をいつもさえぎっている事実を看破したようであった。南北間に於て如何なる形の接近も彼らとの対外接近の前提条件になることを覚ったのであろう。

多資導入の交渉は活発

これからの北韓経済は、結局外資導入に左右されると云えよう。こんな必要がなければ彼らは門戸開放も南北接触も不必要である。このような理由で彼らは南に比べて軍事的に優越感をもっていても、多少やわらかい態度にでた大きな原因の一つであると記者には考えられる。

北韓は昨年から第三次経済計画（六個年）を始めた。如何に人力の動員が容易であり、その量が多くても外資がなければ大きな効果は期待できないであろう。（つづく）

セマウル事業急ピッチ
六千四百億投入
水利施設拡大など4ヵ年計画

政府は総投資規模を六千四百二十四億ウォンに策定した「セマウル（新らしい村）事業」四ヵ年計画を確定した。二十一日、経済企画院によれば、農村の革新的な開発のための大規模事業は、八ヵ部門に分類、七六年を目標年度としている。

八ヵ部門の内容は、▲水利施設を大幅に拡大、畠にまで農業用水を供給すること▲四大江流域を総合開発▲全国の主産団地助成▲耕地整理▼農業機械化事業の国産化完結▲流通および処理加工施設拡充▲農漁村電化率を八〇％にひきあげ▲保健診療施設を拡充するなどである。

当初、三次五ヵ年計画の農業部門投資計画（九千九百九十七億ウォン）に追加された、この4ヵ年セマウル事業計画によって来年以後、七六年までの農業投資総額は、すべて一兆六千四百二十一億ウォンに大きくのびる。

セマウル事業投資額は、①二四％である千五百四十八億ウォンを財政資金として支援し②六七％である四千二百九十一億ウォンを、日本およびアメリカの借款（十億七千三百万ドル）で調達③五百八十五億ウォンを民間が負担するように編成されている。

53件は実用段階
科技研 開所以来実績六三五件

韓国科学技術研究所（KIST）は、二十日、一九六七年から現在まで開発研究二〇九件、基礎研究二二件、応用研究一一四件、調査研究七一件、其他二一九件など計六三五件の研究を完了したと発表した。

特に開発研究二〇九件のうち、五三件は、現在企業化または、実用化段階に用いられるものであるとのことである。

これらの品目のうち、民需用合繊人毛、小型卓上計算機などは、実験室規模の開発をおえた品目をふくめ、酸化チタン、イオン交換樹脂、無煙火薬など、パイロット・プラントが終ったのもあり、TV・リモコン、トランシーバー・リジタル・ボルトメーターなどは企業化を推進中であり、十三件はパイロット・プラントを推進中である。

GMコリア社が新車
シボレー一七〇〇一般公開

GMコリア社はこのほど新車発表会を持ち、初めて組立生産した乗用車のシボレー一七〇〇とレコードを一般に公開したが、シボレー一七〇〇は十月初から百九十三万八千ウオンの価格で市販される なお、レコード（一九〇〇ccの中型乗用車）は十一月初旬から市販されるが、価格はまだ決まっていない。

時論
"和解"にそぐわぬ北韓
自画自賛の不条理な政治宣伝

金日成と日本記者団の会見から

最近、いっそう加熱化してきた北韓の政治・外交攻勢の矢は明らかに韓国に向けられている。そのきびしさは、これまでの南北対立から見れば当然のことかも知れないのだが、ようやく本格的道のりにはいりかけた南北対話の"和解努力"にはふさわしくないものである。とくに北韓が日本に接近しようとする姿はあまりにも矛盾しており内外の関心を集めるに至っているが、「悪魔のような日本人」（このほど平壌を訪問したAFP通信のジャン・レクレル・ド・サブロン特派員のみた北韓人の対日感情の表現）をあやつる金日成はそも何ものぞ？という評が率直に出されている。韓国人の多くは、またも「信じられぬ北韓…」と気持も滅入るようだ。

周知のごとく、北韓はさる九月十三日のソウルにおける赤十字本会議で、その人道的対話を明らかに"政治協商"化しようとした。これはいたく、韓国民を失望させたが、それから数日も経ぬうちに、金日成は日本からきた毎日新聞特派員団と四時間余りにわたる会見の中で片や北韓を自画自賛しつつ、韓国に対し一連の政治的攻勢の矢を発した。

これはさきに七・四共同声明で南北は「互いに信頼の子ん囲気を造成し、中傷、誹謗（ひぼう）は避けよう」と約束したのにたがうものである。それに最も悪いことは内容が我田引水であるのみならず、事実に反する不条理に満ちている。

日本マスコミの効果をねらって……

金日成の発言内容は、時期的にみて、ちょうど第二十七回国連総会が開かれようとする折をとらえ、韓半島問題の討議いかんをめぐる舌戦展開に"火ぶた"を切る形のものだった。（しかし、いま、国連総会はアルジェリア案など北韓側主張の案を来年までタナ上げすることを、賛成七〇、反対三五棄権二一で可決した）

「主体性、主体性」と叫ぶ北韓が、日本マスコミの効力をねらって、何と四時間以上も毎日新聞特派員団をもてなしつつ会見、金日成は半日の日程を全部棄てて記者会見に熱中した。毎日新聞の会見記によると、金日成は国連総会で韓半島問題審議が延期されることに反対し②UNCURK（国連韓国統一復興委員団）の解体と③国連軍の撤収要求など、従来どおりの主張を繰返しながら、激しく韓国を非難した。

韓国ではまだ、突如として攻撃を受けた六・二五（一九五〇年六月二十五日、北韓の侵略によって起きた韓国戦争）の悲惨な経験を忘れ得ぬ人びとがたくさんいる。七・四南北共同声明が韓国国民によって絶対的支持を受けたのも、あのようにむごい同族殺戮（りく）の戦争を再び起こしてはならぬという強い願いがあったればこそである。

韓国がこんどの国連外交で世界の平和愛好諸国とその国民たちと手を携え合ったのも、そうしたところに根拠が置かれていたのである。

まず、戦争準備を撤回せよ

南北韓はいま独自の対話を始めており可能な問題から解決をしようとしているから、国際的檜（ひのき）舞台で韓半島問題が共産側、非共産側の政治的対立の材料になるような"けわしい環境"にその身をおかぬ方がいい。かといって勿論、国連は世界の平和維持機構であって弱少民族を抑圧するような"外勢"ではない。

だが、北韓は国連を"外勢"と取り違えるような発言をしたかと思うと、他方では国連にUNCURKの解体と国連軍撤収要求の決議案を出したりする。しかし、北韓はそのような要求をする前に戦争準備を撤回しなければならないし、また暴力革命論を放棄したという信頼できる実証を示さなければならない。

韓国の方からは「絶対に北進しはせぬ」ということは、李厚洛中央情報部長とじっくり語り合った金日成はじゅうぶんにそれを知りえたはずだ。そうでなくても、ゲリラ工作により、韓国内をスパイしてきた北韓は韓国の本意を認識しているはずだ。それなのに、北韓の方は戦争準備を捨てずに、韓国に対してだけ、そのような要求をつきつけるのはなぜなのか。

韓国の交易に陰性的妨害

また、金日成は、最近訪中問題でクローズ・アップされている田中新内閣に秋波を送りながら"日朝関係正常化"の布石を捷歴して日本に南北均衡政策を取るよう促求した。なお、北韓は、さきほどの韓日閣僚会談で合意をみた韓日経済協力の増進に反対した。それは端的にいって北韓に不利だからである。北韓は共産圏国際経済協力の破綻以来、日本に目をつけ、さかんに秋波を送りはじめたので"利害関係で変わった"のは北韓自身である。

一方、北韓は、韓国がわが国に敵対しない国であればどのような国ともつき合いたいと表明し、東欧共産圏諸国と貿易を進めようとしているのに対し、猛烈に陰性的妨害をしてきた。

韓国は緊張緩和の気運になってからギブ・アンド・テイクの原則でどの国とも交易しようとしてきたが、北韓の妨害こそ常識にはずれた行為であり、またそれこそ緊張緩和に逆行するものである。

北韓の態度はあまりにもわが方に比して対照的差異がある。南北赤十字会談にしても「一日も早く実を結ぶよう努力する」と言いながらも、むつかしい"政治"を折込もうとする。人道的次元の問題なら、同じ人間として南北に違いはないから、早く問題解決に至るのはわかりきっているのに、チャンスをとらえては政治宣伝をする。ソウル会談でもそうした態度があまりにもはっきりしていたため、ソウル市民を硬化してしまった。

いま一つの常設対話通路に…

南北会談で性急な飛躍が望めないのは現実を直視すれば明らかだが、七・四共同声明に伴う南北調節委員会の公正な運営はいま一つの常設対話通路になれる。調節委員会の活動はまだ未知数だが、共同声明の前文にあるように①誤解と不信をとき②緊張の高潮を緩和させて行くことに努力すれば③進んでは祖国統一を促進して行く着実な前進が可能となろう。

北韓はすぐに"政治協商"を主張するが"政治協商"にはこれに先行する環境雰囲気の好転と相互信頼が必要である。それには少なくとも赤十字会談のような人道問題解決が成功しなければならない。金日成が日本記者たちに説明した連邦制統一方案はすでに一九六一年八月十四日に提唱したもので新しい内容を持たぬものである。

やはり、南北調節委員会によって相互に調節しながら、経済文化、体育、芸術、学術、記者などの交流から、次第に幅を広げ、通行自由を経て一段一段と実績をあげて行くほかはなかろう。（SISA）

東南アから印刷物注文
造幣公社

造幣公社は東南ア諸国から納税証紙、収入印紙、切手、タバコ等の印刷の注文をうけ今年だけでも二百万ドルの外貨をかせぐ計画である。すでにタイは三カ月毎に五千万枚のタバコ包装紙、ベトナム、タイ、クメールからは毎月一千五百万枚のビール瓶レッテルの注文をとりつけた。このほかにもフィリピンからは年間百万ドル分の証紙類、ベトナムとは切手の印刷契約

群馬商銀が発足
29日、前橋で創立総会ひらく

民団群馬県本部（韓源春団長）では、県内の同胞経済人を中心に群馬商銀信用組合の結成を急いでいたが、二十九日午後一時から、前橋市の「群馬県農業共済会館」で、創立総会をひらくことになった。

原子力民間利用
韓・米協力のための協定締結

国務会議は十九日、「原子力の民間利用にかんする韓・米協力のための協定」を締結することを議決するかたわら「安全措置適用にかんする国際原子力機構、韓・米政府間協定」を修正した。

日本から財政借款23億ドル
第三次五ヵ年計画

政府は来年から七六年までの四年間、日本から毎年五億ドル相当の財政借款を導入、第三次五ヵ年計画事業およびセマウル事業に投入する方針である。

経済企画院によると、政府は第六回韓・日閣僚会談で近代化計画の青写真を提示し、経済成長（三次五ヵ年計画事業）のための借款十億ドル、経済均衡（セマウル事業）のための借款十億ドル、そして経済安定（国際収支改善）のための借款三億ドルなど、計二十三億ドルの財政借款を要求したが、日本側はこの支援要求を原則的に受け入れると答えたものの、第三国との関係を考慮して共同コミュニケには今年度分三億五千万ドルだけを妥結した

国産ヨット「アレン号」
太平洋横断成功

去る六月二三日、馬山港を出発して太平洋を横断するロスアンジェルスまでの航海についた、「アレン号」が八十一日目の十三日、午後一時四〇分（現地時間）、サンテドロ港から五マイル離れた海上に姿を現わした。

「アレン号」に乗船して、長い航海を了えたマイクさんとマクドナルドさんは、取材のため近づいた報道陣の乗ったボートに向って「遂に、太平洋横断に成功した」と叫んだ。

尋ね人

☆朴昌鎬さん
通名 福岡義久さん
朴さんは一九四七年迄熊本市大江町に居住しておりましたが、其後の消息がわかりません。ソウルで弟さんがさがしております。

お願い！
ハヤブサ・ヒデトさん
この人は往年日本の大都映画で活劇俳優として活躍しておりましたが、太平洋戦争で昔の資料を全部失くして手元にありませんので、全国の往年のファンで、フィルム、ブロマイド、雑誌等お持ちの方に、拝借できましたら幸いです。（本人依頼）
・前記二件に付いての連絡は東京都墨田区太平一―一四―八 韓国居留民団墨田支部まで

わが骨埋めてよ故国の土に

太平洋戦争戦殁韓国人 遺骨奉還事業本格化

善意ある日本人らの手で

本紙既報（一〇一九号・一〇四四号ほか）、太平洋戦争中で戦殁した韓国出身将兵二一、九一九柱のうち、二、三三九柱が、東京の祐天寺にあり、日本の厚生省が管理している事実から、韓国遺族会の委任により、遺骨の故国奉還事業のため、昨年九月来日、遺族が確認された二百四十六柱だけを故国に奉還した一・二〇同志会（張桐浮会長）のソウル事務局長である鄭琪水氏が、今年七月に再び来日、事業推進のため、東奔西走していたところ、民間の心ある著名日本人たちが共鳴、「太平洋戦争戦殁韓国人慰霊事業協賛会」を発足させ、受入側の韓国遺族会委任による主管団体である遺骨を奉安するための「平和寺建立委員会」（張尚勲委員長）と共に、ようやく奉還事業は本格的段階に入った。

9月15日、九段会館でひらかれた第一回理事会

すなわち、去る九月十五日、東京・九段会館でひらかれた、日本側の慰霊事業協賛会の第一回理事会などの決定によると、北韓地方出身者の一部四百柱を除いては、本年中に、東京祐天寺に安置されている前記の無縁遺骨の残り全部を奉還する目標で事業を進めることになっており、来年十月竣工を期し、釜山に建設計画推進中の慰霊塔、納骨堂、平和寺など、資金総額一億三千万のうち、第一次、第二次分あわせて六千五百万円の募金目標を立て、日本の各界からの善意あふれる浄財に待つことになった。

なお「太平洋戦争戦殁韓国人慰霊事業協賛会」は、東京都杉並区高井戸東三ー二ー二三、日韓文化協会内（電話・三〇四ー三三三三）にあり、主な役員は次の通り。

会長 石井光次郎
副会長 鈴木一
理事長 八木信雄
監事 楢川武久
事務局長 石原正二郎
顧問 賀屋興宣
〃 安岡正篤

ほか六十氏だが、韓国人では、民団中央の金正柱団長がひとり、顧問に名を連ねている。

事業協賛会長 石井光次郎氏談

石井光次郎会長

日韓国交正常化以来、両国間の提携協力関係は、政治、経済、文化等の諸分野に亘り、年と共に緊密の度を深くし、正に善隣友好の実を挙げつつあるやに認められるのでありますが、永遠に運命を共にすべき日韓両民族の宿縁に思いを致しまするとき、この両国々民の結びは、精神的、道義的要素による裏付けがなされてこそ、真にあるべき本来の姿が顕現されると確信するのであります。

このような見地に立って両国関係の現状を眺めまするに、吾々日本国民として、更に一層の努力を傾注して解決を図らなければならぬ道義的問題が少くないのでありまして、先の太平洋戦争に際し、わが日本国軍人として戦陣に斃れた人々を初めとする数多くの韓国人戦没者の遺骨にして、今なおわが国に安置中のものの祖国奉還並びにこれら戦没者慰霊のことは、その第一に挙ぐべきものであり、この問題の解決なくしては、日韓両国の真の善隣友好関係は成立し得ないと言って過言ではありません。

ここにおいて、われわれ有志相計り、太平洋戦争戦殁韓国人慰霊事業協賛会を設立し、これと目的を同じくする韓国側「平和寺建立委員会」の事業を協賛する方針を決定致しました。何卒「趣意書」「規約」等御高覧の上、御協力を賜わりたく、篤と御願い申し上げる次第であります。

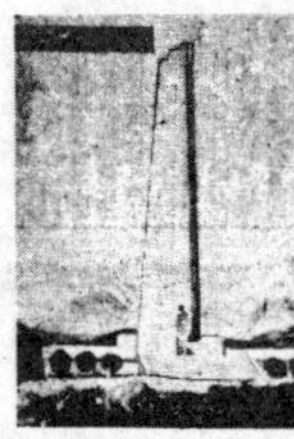

慰霊塔の完成予想図

国体選手団結団

26日、在日体育会移転披露宴も

在日大韓体育会（鄭建永会長）では、二十六日午後六時から、移転先の港区西麻布一ノ一ノ五（東洋ビル八階）で、移転祝賀並びに第五十三回国体参加在日同胞選手団結団式、札幌冬季オリンピック後援会の解散並びに功労者に対する感謝状授与式等をかねて、盛大な披露宴を催した。

特に、李澔駐日大使をはじめ、宋賛鎬、姜永奎両公使、そして、東京をはじめ、関西、北海道からの有志三百余人が参加し、はなやかな祝宴が九時ごろまで続いた。

「国軍の日」参観団

在日同胞 千二百余人出発

第二十四回・国軍の日（十月一日）を迎えて、民団中央では、恒例の在日同胞参観団を今年も参加させることになり、三十日までに各地区単位で、約千二百余人にのぼる団員が、それぞれソウルに向け出発した。

中央では、関東、東北をふくめた編成で百十二人が、李彩雨副団長引そつのもと、三十日のKAL機で飛び立つが、大韓婦人会愛知県本部の二十四日出発を皮切りに、二十八日の民団静岡県本部につづいて、三十日までには、京都、広島、大阪、福岡、神奈川各県本部が出発する。

本国における参観団一行の統一日程は次の通り。

〇十月一日ー「国軍の日」記念式参加と国軍墓地参拝。
〇十月二日ー空軍精鋭による大航空ショー参観（中止の時は温陽にある「顕忠祠」参拝）
〇十月三日ー解散帰郷。

本紙特派員として金宣伝委員長

なお本紙では、新たに就任した金東錫宣伝委員長が随行し、国軍の日の模様と、国体開会式のもようを特別取材報道することになった。

各地で敬老会ひらく

三多摩では運動会も

民団三多摩地方本部（鄭東秀団長）では、「南北赤十字本会談成功歓迎大会」と銘うち、恒例の第二回韓国人運動会を、来たる十月一日午前九時から、昭島市営陸上競技場（昭和公園内）でひらく。

特に今年は、小・中・高校生はもとより、管内調布支部団員と、三多摩婦人会員による民俗色豊かな模楽、フォークダンスなど、十五種目にわたる盛り沢山なプログラムが予定され、一般団員家族ぐるみでの参加を呼びかけている。

なお同日は、老齢の方たちのために、敬老席を特別に用意することになっている。

秋夕の日に敬老会

民団群馬県桐生支部（安万道団長）では、去る二十二日の秋夕を迎えて、桐生在住の同胞のうち、七十才以上の老人二十人を、「桐生ヘルス・センター」に招待し、長い人生の労苦をねぎらい、今後における長寿を祝うための敬老会をもよおし、参加全員に、記念品として洋掛フトンを贈った。

神奈川では釜プロ温泉で

婦人会神奈川県本部（会長趙福順）では、敬老会を、九月二十六日川崎市藤崎町の釜プロ鉱泉の三階で、横浜領事館鄭奎哲領事夫妻を始め、民団同県本部朴成準団長、議長田炳武、婦人会中央本部会長金信三各氏参席のもとでひらいた。

同日は、県内居住の六十六才以上になる老婦人たちの参席があったが、中には八十九才の長寿者もおり、祝賀者は、県本部と管内九支部の役職員ら合せて二百人以上に達する超満員の盛況ぶりで、全員が韓服を着飾り、全く本国にいるような錯覚を起す程のふんい気であった。敬老会は、午後六時過ぎまで歌や踊りのうちに、楽しい半日をすごした。

韓国の夕べ（10月16日日比谷で）

崔三烈氏ら出演

在日韓国音楽家の一人で（声楽テナー）崔三烈氏が主宰している音楽事務所を中心とする「韓国の夕べ」が、同音楽事務所主催、韓国公報館、韓国研究院後援で、来たる十月十六日（月）午後六時から日比谷公会堂でひらかれる。

出演者は、声楽部門で、前記の崔三烈、竹内雅子（ソプラノ）、申鉉錫（バリトン）新井照子（ソプラノ）松原照子（ソプラノ）高崎和子（メゾソプラノ）内山富美子（ソプラノ）の名で「鳳仙花」「山有花」「アリラン」の韓国歌曲のほか歌劇「トスカ」「椿姫」「蝶々夫人」など。

また舞踊では小沢恂子、金錦枝、中村友美、金好子らが「剣舞」「扇の舞」「女心」など民族舞踊をひろうする。（写真は崔三烈氏）

団長に金鍾南氏

第28回徳島県臨時大会

民団徳島県地方本部では、去る九月三日、第二十八回臨時大会を催おし、次のように新任役員を選出した。

議長 李康鎬
副議長 李達守
団長 金鍾南
副団長 金一成
事務局長 李石山
監察委員長 朴輔福
監察委員 李石俊
顧問 金性貮
〃 河奇鳳
〃 薛萬学

韓日親善の使者 池田さん表彰さる

民団地方本部の事務員として、十六年間、えいえいと民団事業推進に身をささげてきた日本婦人が、このほど、李駐日大使と金正柱中央本部団長から表彰をうけ、民団組織関係者はもちろん、在日同胞からのねぎらいと称讃の的となっている。

話題の主人公は、民団東京三多摩地方本部の事務員、池田千秋さん（54才）で、池田さんは一九五六年四月に、三多摩地方本部に勤めてから、すでに十六年間、歴代団長のもとで、民団の事務一般や団費徴収などはもちろん、団員の福祉をはかり、韓日国際親善の無名の大使として献身して来た方である。

（写真は、ひたすらに奉仕と献身に身をうちこんできた池田さんに表彰状を授ける李大使）

婦人会東本中央に移転

直轄後支部長会議

大韓婦人会中央本部（金信三会長）では、さきほど、同会東京本部の直轄処分にひきつづき、会務執行上の理由で、同会東京本部を、同会中央本部（東京都文京区春日二丁目二〇ー十三所在）内に移転したと九月十九日付公文で各機関に公告してきた。

また、これに伴ない、二十五日午後一時から、都内赤坂の駐日韓国公報館ホールで、直轄後、第二回目の都内支部長会議をひらき、今後における活動方針を討議したあと、十月二十二日ひらかれる東京韓国学校（新宿区若松町）運動会のプロの一つである、婦人会支部対抗リレー試合への出場チーム編成に関する打合せをおこなった。

大阪韓国商品展 三百万ドル契約

さきに大阪で開かれた韓国商品展示会に六社が参加、四日間で三百万ドルの契約に成功した。これは貿公による今年下半期主要海外展示会計画の一つで、工芸品、衣類、繊維品、かつら等四百三十八点を出品、二百八十万ドルを契約、現在三百六十万ドルの商談がつづいている。

長野本部で百四十八万円 千葉本部でも九十一万円

本国水災義援募金

水災義援募金中の民団千葉県本部では、鄭潤来団長陣頭指揮のもと、千葉支部の金嘉河氏をはじめ安房、成田、長生、君津、旭、東葛、横芝、佐倉、下総の各支部と千葉商銀信用組合（張在昶理事長）の各団員らが、心からの誠金を寄せ集め、計九十一万円余りを去る九月二十六日午後、民団千葉県本部の高楠鍾事務局長が、中央本部を訪ずれ、直接寄託してきた。

また、民団長野県地方本部でも、民団水災民救援義援金を募金、百四十八万一千円を民団中央本部に寄託した。募金内訳は次の通り。

▲松本支部＝鄭徳永氏外七十人、七十二万七千円。
▲北信支部＝鄭埈和氏外四十人、二十四万円。
▲諏訪支部＝劉斗祚氏外二十三人、六万二千円。
▲東信支部＝尹占均氏外四十二人、十六万六千円。
▲飯田支部＝金学棟氏外四十人、二十万七千円。
▲伊那支部＝安丙洙氏外三十九人、七万九千円。

兵庫県明石支部では二十七万円

民団兵庫県明石支部（曹周官団長）でも母国の水災義援金を募金、二十六万七千五百円を神戸領事館を通じ寄託した。また神戸市灘区で製紙原料商を経営する張相朗氏（張原商店代表）夫婦も十万円を神戸領事館を通じ寄託した。

豊島で48万円 民団・婦人会 板橋も三十七万円

本国水災義援募金運動をつづけている民団全国組織では、傘下各級団体と共に、着実な募金成果をあげているが、二十一日午後、都内の民団豊島支部金熙淑団長と、同じく婦人会豊島支部の李寿福会長が、民団中央本部に金正柱団長を訪ね、民団が呉京洙氏ら管内団員からの四十四万五千円と、婦人会が、李長礼さんら管内会員からの三万二千三百円を、それぞれ丁[illegible]領事を通じ、駐日大使館に寄託した。

また、民団板橋支部でも、石相[illegible]ほか四十一人が三十六万八[illegible]金、寄託してきた。

水害義援金寄託のため金正柱団長を訪れた右から豊島支部金熙淑団長と婦人会豊島支部李寿福会長（中央）

有功者14人表彰

一九七二年光復節を期し、在日同胞の福祉増進に寄与、祖国への貢献が大きい有功僑民十四人に対する表彰式が、九月十三日、駐日大使館で行われた。

李澔駐日大使の主宰で行なわれた表彰式には、民団中央本部から李彩雨副団長、呉敬福監察委員、李聖南総務局長が参席し、表彰者の栄誉を祝した。

李澔駐日大使から大統領表彰状を授与された朴台守前民団茨城県地方本部団長は、過去三期、七年間茨城県本部の団長をつとめ、同本部会館にも六百余万円を寄附するなど、同胞社会への貢献が大きい功労者である。

当日の表彰者はつぎのとおり。

大統領表彰
朴台守前民団茨城県地方本部団長

国務総理表彰
金領俊・山梨県信用組合創立準備委員長
李根洙・埼玉県地方本部議長

外務部長官表彰
韓相鳳・山梨県地方本部監察委員
李栄九・山梨県地方本部副団長
李鐘万・〃 監察委員
安鍾洙・〃 団長
金鐘洙・〃 婦人会長
金竜煥・前長野県地方本部団長
李鶴泰・埼玉県商銀熊谷支店長
呂海得・〃 副理事長
趙孝衡・三多摩武蔵野支部議長
朴在鳳・八王子支部顧問

駐日大使表彰
池田千秋・三多摩地方本部事務員（日本人）

秋晴れの韓国観光 九、十月に十万推定

八月末21万、四千五百万ドル稼ぐ

秋晴れの観光シーズンを迎え、今ソウルは観光客でにぎわっている。

韓国の秋晴れは、九月から始まり、雲ひときれないスカットした晴天が冬までつづくのが特徴である。

その韓国の秋を訪ね、さいきん、日本の観光客がうんとふえている。

これに対応すべく、政府当局も、殺到する観光客に対備して輸送力の増強、名勝古蹟の手入れなど、観光開発にピッチを上げているといわれる。

韓国交通部によれば九月二十七日から四日間、ソウルでひらかれる第十一次東南アジア・ライオンズ大会に参加する四千五百人の会員および一万余人の外国観光客が秋晴れの韓国観光のため、すでにソウル市内各ホテルを予約してあることが明らかにされた。

予約済みの八十％が日本団体観光客でほとんどが三泊四日の短期旅行である。彼らが予約しているソウル市内の主要ホテルは次の通りである。

▲朝鮮＝五百五十九人▲ウオーカーヒル＝四百八十八人▲ローヤル＝三百二十八人▲ソウル東急＝三百人▲KAL＝二百人などである。

このほか、ソウル、釜山、慶州、済州などのハイクラスホテルもほとんど予約ずみ、交通部は観光シーズンである九、十月の間、韓国を訪ねる観光客を十万人に推定、ことしの目標三十万人線を突破するものと見通している。

なお、交通部の集計によればさる一月から八月末まで韓国を訪ずれた観光客は総数二十一万千六百四人で四千五百二十一万ドルの外貨を稼いでいる。（写真は[illegible]）

済州島へもフェリー

外国観光客増加に備え検討

政府交通部は済州島総合開発計画ならびに日毎にその数を増す外国観光客の輸送需要をカバーするため済州島にフェリーを就航させることを検討している。

このほど韓国交通部によれば現在、済州島を往来している連絡船だけでは日毎に増加する輸送需要をカバーすることができないのでこれと別に釜山、木浦、麗水から済州島まで旅客、貨物車などを輸送できるフェリーを就航させる計画を検討していると語った。

女の韓国ひとりあるき (1)

サトウ・サナエ

ソウル・南大門市場で露店商人と記念撮影

女が一人で韓国に行くということが、男性の目には、よほど不思議なことらしく、「どうしてまた？」と異口同音に言われたものだ。そしてその意味するところは、きまって「あの男性天国の韓国に、なぜ」という、いとも単純な発想なのだが……

それはともかく、私が羽田を出発したのは、七月四日、これから雨期にはいるというときであった。

生来せっかちな私は、オテントウさんを待ってから、なんて悠長なことは考えられない。「行こう」と思いたったら、もうなにがなんでも早く行ってみたかったのである。

韓国の雨期は、予定通り、ちようど私の韓国入国と同時にやって来て——だから私の記念写真のほとんどに傘が登場している。

私が今、一番興味をもっていることは、「人間」（大別すると男と女になるが）であり、そのことに関連して日本の祖国ともいえる韓国を、ぜひこの目でみたいと思うようになったのである。

私は、どちらかというと「騎馬民族説」を信じているのだが、日本の文化は韓国から、はいったものが非常に多く、それはいろいろな歴史的事実が証明している。

しかし、私は学者でもなければ政治家でもない。だから、決して高度な学問としてではなく、ほんとうに泥くさい、人間的次元から、韓国の地を訪ねたい。そして韓国の人々と深く接したいと願ったのである。

国の要人が視察するような、赤いジュータンの敷かれたコースや、あるいは観光旅行者のおきまりのおたのしみコースなど全く興味はない。

日本の兄貴分である韓国の庶民が、現在どのように在って、どのように生活しているか、良いところも悪いところも、すべて赤裸々な姿を見、そしてその中に、はいりたかったのである。私にとっては、現実をよく知り、理解するためにこそ、遺跡や、遺物や、歴史を知りたいと思った。

飛行場からソウル市内までの車中から見た風景は、とても印象的であった。

始めて見たのにもかかわらず背の低い緑木や、茶色の土肌や美しい稲田に、自分でも信じられないほどの、なつかしさと感動を覚えた。

私は少しでも韓国を知るためにと思い、合理的ではあるが、画一的なホテル生活をさけて、オンドル式の旅館に泊った。

その旅館の支配人は女性で、しかも娘時代まで日本で育ったということで、日本語は達者だし、とても親切にしてもらえて、とても幸せであった。夏だったので、オンドルに火がはいっていなかったのが、一つ残念であった。部屋には、赤いタンスと、どもありそうな大きな鏡台がおいてあった。それには貝細工が一面にあり、その美しさに、しばしみとれてしまった。私は毎朝その、みごとな鏡台の前で化粧をしては、あちこちと、ほっつき歩いたのである。（筆者はイラストレーター、近著に「戦闘的な叙情」）

特別レポート(一)
もっとも自由のない北韓　外国人旅行者の北韓評

金昌順（高麗大・アジア研）

今年の初めごろから北韓は一方ではこれまでのスローガンどおり"米帝侵略者を追い出せ"と叫びながら、他方では米国に次々と微笑を送り注目を浴びた。ところが最近では日本に微笑し始め、"抗日"を国是としてきたにもかかわらず急速に日本との接触を深めようとしている。それには大きな理由がある。カネだ。カネの力に柔軟姿勢を取りはじめたのだ。当然なこととはいえ、カネの力を否定する北韓の共産主義者にはまことに皮肉なことといわなければならない。北韓は共産党員の数が人口比では世界で一位（東独と争っている）にもかかわらず、貿易額の点では共産諸国の中でもビリから一番だ。それに北韓はそろそろ、モデル・ケースだけの建設では追っつかない状態になり一千四百万人全部の生活改善を図らなければならぬ苦境に陥っている。

北韓を訪問した外国人旅行者の最も多い"北韓評"は「北韓が数多くの共産主義諸国の中でも最も自由のないところだ」ということである。また、北韓を評して「最も極左的共産主義が君臨しているところだ」という人もかなりいる。こうした批評の出る根拠は大体、次のような点にあるようだ。

すなわち、北韓の政治権力を持つ共産党は憲法以上の絶対的力を持っており、すべての国家機関の活動を鉄の規律で統制しているだけでなく、各個人の生活に至るまで一々統制している。他の共産諸国も非常に強い権力で政治を行なっているが、北韓の場合はそれが徹底している。それに北韓の個人偶像化政策はなきスターリン、または現存している毛沢東、カストロ、その他の幾人かより、いっそう徹底的なものである。これは"良し悪し"の批判は別として、北韓を理解する上で一つの要素となるものである。

北韓は世界最大の共産党天下

この共産党の超憲法的権力と金日成の個人偶像化政策による体制は北韓における生活、生産、教育、文化に至るまですべてをその影響下においている。そして、無論、こうした体制はわれわれのそれとは全く異っているが、この差異は重要である。というのは、北韓の人たちの価値観や倫理観の相違につながるものだからだ。

われわれが、北韓を理解するには北韓の生産の倫理、消費の倫理関係を知らなければならないし、のみならず、教育、文化の価値体系を知る必要がある。

北韓が徹底した個人偶像化政策を取っていることが北韓の強力な"権力政治"をうみ出していることは異論の余地はないが、もう一つ北韓には共産党員の数が多いということも、その理由の一つになっている。あるいは、それは理由ではなく、結果かも知れないのだが、北韓は人口比からみて、共産党員の数が世界で一位を争うほどに多い。

東独の共産党員は一九七〇年現在で人口一千七百万人に対し百九十万人、北韓の場合は同年現在、人口一千四百万人に対して共産党員数は百六十万である。東独と北韓における共産党員数は人口十人当たり一人以上という比率になっているが、北韓の"共産党天下"はこうしたところにもじゅうぶん起因している。

貿易では共産圏最下位で、日本接近図る

これに次いで共産党員数はルーマニア、ポーランド、ソ連の順であるが、ソ連はレーニン革命以来、すでに半世紀を経ているのに人口二億四千万人に対し党員は一千四百四十五万五千人（七一年）である。また、ソ連と並び立つ共産国中国は人口七億三千万人に対し党員は一千七百万人（七〇年現在）である。

共産諸国の統計は経済の集計をはじめ、非常にずさんで、はっきりしないことが多いが、このように共産党員の数がはっきりしているのは、共産党員は"人民の師"とあがめ奉られ、その資格が"上層特殊"のものとなるため、陽性化しやすいのである。

以上、述べたように、北韓は共産党員の人口比率が世界でも一位を争っているのに、貿易では恐らく世界国家のうち、最下位である。東独はソ連に次ぐ貿易国で、七〇年に九十二億九千万ドルの貿易額を示した。同年、ポーランドは七十一億ドル、チェコスロバキアは六九年に六十六億一千万ドル、ハンガリーが七〇年に四十八億二千万ドルであった。これに対し、北韓は六九年六億九千万ドルでケタ違いに少ない。

これまで北韓の貿易実績は非常に少なかったが、それでも平壌政権は外貨獲得に並々ならぬ力を用いている。これまで"抗日"を国是として体制維持と統制政治の基本にしてきた北韓が近年、日本に接近しようとしているのは、この外貨獲得への努力のためである。最近、北韓が、日本をはじめ先進工業諸国との貿易拡張策に踏み切ったことは注目すべきことである。

世界的位置の中で、もう一つ北韓の特徴として知られていることは、北韓が中ソ両国の谷間にある、という事実である。地理的にみても中国とソ連の両国に国境を接しているのは外モンゴル、すなわちモンゴル人民共和国と北韓だけである。モンゴルは（四六年人民投票により中国から独立）伝統的にソ連勢力の支配を受けてきているから、中ソの谷間にあるとはいえない。しかし、北韓は中ソの谷間にあって、中ソ紛争が激化してからは直接、間接に中ソ対立の影響を受けざるをえなかったのである。

中ソ紛争利用して双方から援助

北韓は中ソ紛争が明らかになったころ、すなわち一九五〇年代後半、中立の態度を保っていたが、すぐにまたソ連寄りに傾いた。これは、いきおい"背中"的姿勢となり、六〇年代半ばごろまで続いた。しかし、一九六〇年代後半には"自主的政策"を打出し、これを名目に中ソのいずれ側にも偏向しない独自の姿勢を取り出した。かといって、中ソの影響を全く排除しているのではなく、適当に両方から援助を受けている。だが、北韓共産主義者たちが韓国を指して"米帝の植民地"だというとき、われわれがこれを受け入れることができないように、われわれが北韓を赤色帝国主義の植民地だといえば、かれらもまたこれを受け入れることはできないに違いない。むしろ、北韓は中ソ紛争を"チャンス"にして"弱小国家"の地位を強化し、ある意味では大国隷属から独立の立場へと、その地位を高めることに成功したといえる。

北韓の共産主義者たちは近来、自分たちのものを非常に大切にする傾向が強いが、共産主義も自分たちのものが一ばん良いと主張、文化、生活様式までも自分たちのものが最も良いと言い張っている。こうした北韓の傾向は個人偶像化の考え方を基本に非常に保守的でさえある。北韓としては自分たちの伝統を自慢すべき理由をつくり出すのに懸命なのであろうが、この特徴は世界潮流にも乗ろうとする政策と交錯して非常にむつかしい面をあらわしている。

金日成こそ"至上の偶像"

北韓の個人偶像化政策は金日成を持上げるために、他のすべてのものを否定し去っている。韓民族固有の文化、生活様式も"個人崇拝"の金日成と結びつけ、（ついには歴史まで塗り直して"抗日"の愛国者はひとり金日成のみならず、かれの父、祖父もそうであったとしているように）すべてをそこから出発させ、また、すべてをそこに帰結させようとしているところに特殊なものがあるが、それなりにムリも生じているのではないかと考える。

特別レポート(二)
人道問題こそ優先せよ　政治介入は本旨の違反

金昌悦（韓国日報社会部長）

体制の違いはあっても、南北赤十字会談の続く限り、南北の対話は進み、交流もふえてゆくだろう。しかし、この赤十字会談には"政治"を入れぬ方が話はこわれない。というのは平壌を訪問したAFP通信の北京駐在特派員のジャン・ド・サブロン記者も伝えているように、北韓は「平壌のこともしようと計画している」からである。"敬愛する五千万民族の指導者たちが歌の中でうたっているように"民族の太陽金日成"の讃美を始めると、それまでは涙を流して北からの同胞を歓迎していたソウル市民が急に目をむいた。やはり赤十字会談は人道問題の解決に限るべきだ。政治会談は七・四共同声明に沿って別個に努力すべきだろう。

ソウルでの第二回南北赤十字本会談に出席していた北韓の赤十字代表団と随行記者団は十六日午前また板門店を通って北へ帰って行った。これで赤十字本会談の第一ラウンドは終わったといえる。

本会談の第一ラウンドは多分に儀礼的性格を帯びたものとなり、実質討議のための整地作業ともいうべきものだった。そこで平壌での議題合意、ソウルでの本会談日程合意と本会談の原則確認などは一つの成果だったと評価することができる。

この反面、二回にわたる本会談を通じていよいよはっきりしてきた双方の基本的立場の相違は、こんごの赤十字会談が決して平坦な道のりだけではないことをわれわれに認識させることにもなった。

政治で一挙に解決はかる北の意図

韓国の大韓赤十字は離散家族捜しと人道問題解決のためには赤十字精神と人道主義を基盤にして行きたいと主張した。（大韓赤十字としては政治会談は別に行なうべき性質のものだと考え、赤十字人は自分の仕事の範囲で、まず家族捜しを成功させたいというのである）

これに対し北韓赤十字はこの会談に政治を大きく前面に打出している。北韓の主張は離散家族問題は政治で一挙に解決できる、というもので、従って南北は政党、社会団体連席会議を開き、即時南北交流をなすべきである、ということに要約される。こうした主張は北韓が"上"からの命令ですべて動かしうることをあらわしているが、そうした体制の違いが、最も問題視されているからこそ、双方に共通な"人道問題"の解決から始めようと試みたのが、この赤十字会談である。

北韓赤十字の主張は金日成のいわゆる"統一三原則"をそのまま反復したもので、赤十字会談の性格からはみ出したものであるばかりでなく、それは結果的には赤十字会談の否定につながって行く可能性を持っている。

千余曲折に会談導く北の底意は？

こうした南北の基本姿勢の差異にもかかわらず、さきの平壌会談は円満な雰囲気の中で終わった。それは韓国側が招請を受けた立場にあったから韓赤は甘受し、譲歩したのである。だが、こんどソウルに招請された立場にある北韓は韓赤に譲歩はおろか、互譲の精神さえ示さず、初めから北赤代表団は"ソウル"が"平壌"の下にあると印象づけようとする「格下げ」努力に終始していた。それは演説をはじめその他の発言にしばしばあらわれ、北赤代表は、われわれなら率直に「ソウル会談」とか「ソウル」でとかいうところをわざわざまわりくどく「平壌会談の偉大なる成果を継承したソウル会談」とか「由緒深い祖国の首都平壌とソウル」でとかいうのだったが、これこそ会談を千余曲折に導いた原因である。これでは本質的討議はいったい、どうなるのかと韓国国民は始めて、この会談が楽観できぬものになりつつあるのを認識したものである。

初めて韓国入りした北赤代表を韓国国民は感激をこめて、ものすごく歓迎した。それはあまりにも長い断絶であったため、市民としては当然の感情のほとばしりだった。だが、かれらはこれを"語弊"で受け止め、祝賀演説は金日成礼讃の政治演説の連続だった。（もっとも、演説の中味は北を出発する前から決めていたものだろうが――）

だが、この北赤代表の祝賀演説の内容と調子は、歓迎でみせたソウル市民の態度が硬化すると、北韓代表はあわてた。ソウル市民は"教師ヅラ"して演説する北赤代表に目をムいてみせたが、これこそ期せずして起こったソウル会談への"世論の参加"だったといえよう。

北韓が赤十字会談も政治で一挙に解決できる、といったのは北の体制が上から下に命ずるものであることをあらわしているものだ。これに反しこんどのソウル会談で、韓国赤十字代表らが北赤代表の"偉大なる金日成"うんぬんの政治演説を黙って聞いてやったにもかかわらず、ソウル市民が目をむいたのはやはり韓国国民の世論の力に押されたためで、韓国の体制が一般（下）から上がってくるものであることを証明した。そして"世論の参与"は世論に基礎を置く自由民主体制の勝利である。

この点、ソウル会談は、市民の反応なしに進行した平壌会談とは非常に対照的だった。

忍耐と誠意の韓赤に北は譲歩せず

もう一つ、ここで指摘しておきたいことがある。それはソウル会談を進行した韓赤の態度がまことに真摯で誠意にみちたものであったにもかかわらず、国民はそれに、何か物足りなさを覚えたようだということだ。だが、韓赤としては平壌会談での前例もあるし、平壌では招待された韓赤側が譲歩したが、こんどは北赤が譲歩する番だと計算していたようだ。ところが、北赤は"前例"をそうは受け取らず、何の譲歩もせず"前例"どおりに"政治演説"をぶち（進行係が韓赤だったので前のように九人も次々に演壇に立つことはできず、韓赤代表と同数の二人の演説ではあったものの）、さらに政治ですべてを解決しようと主張した。

些少な千余曲折なら、そのまま見過ごすこともできよう。しかし根本的相違にぶつかり、絶対に解決を見出せなくなれば、何のために家族捜しのために苦労しているのか分からなくなるではないか。

たとえ、南北の基本的差異がどうしようもないものだとしても、人道的問題は共通である。従って人道的次元での妥結を期待して、忍耐と誠意をもって実質的討議を継続して行けば少なくとも人道問題の解決は可能なはずである。

なお誠意ある根気強さが必要

とにかく、南北赤十字の二回にわたる本会談は人間交流の第一ラウンドであったという面からは非常に大きな意義があった。無論、第一ラウンドの段階が、まだ相互の隔たりを確認するにとどまったという印象を受けるにしても、距離の確認がとりもなおさず接近の始まりだとみれば、こんどの人間交流の皮切りははかり知れぬほどに大きな意味を持つものとなろう。

南北問題で速断は禁物である。そのことは、こんどの二回にわたる赤十字本会談においても、じゅうぶんに感じさせられたものであるが、しかし、改めて、会談を一年がかりでここまで運んできた当事者たちの忍耐に敬意を表する。しかし、赤十字会談が成功するよう、会談の意義をよく認識し、こんごもなお誠意ある根気強さが要求されるだろう。

（SISA）

洪吉童傳 (三)

許筠著　訳・編 洪相圭

聖上は心持ちよく、銀色の月光にぬれながら、優艶で和やかな一時を送っておられた。このとき一条の涼しい風が起こり、玉をころがすような笛の音が、はるかに中空で鳴るかと思えば、すっと、一人の少年が降りて、聖上の前に拝伏していた。聖上は非常に驚いて、

「天上界の仙童とも見ゆるそなたが、何用あって人間界への降臨かの。何か、とくに話すべきことでもあるのか。」

と問われた。

「臣は、元の兵曹判書、洪吉童でございまする。竜顔の麗わしきを拝し奉り、臣、至極歓びに堪えませぬ。」

聖上は一層、驚かれて、

「この夜更に、どうしたことであるか。」

とお問いなさったら、吉童はいっそう低く、平伏しながら慎んで申し上げた。

「過ぎし日に、奏し奉りましたように、臣は将に、王土を離れて外国に発とうとしております。

きょうをかぎりに、またと拝謁わることがかなうまいと思い、咫尺に天顔を拝し奉り、臣の感懐の一端を上奏し奉ろうと参内仕りました。

臣は、もとより殿下に末長くお仕えする事ができましたら、一生の本懐これに過ぎるものはございません。

しかし、生れ落ちてより殿下のおそば近く、お仕え申し上げることのできない運命に陥りました。文を能くしても、弘文館に与かることができませんし、武に優れていても、宣伝官への道が、ふさがれましたから臣、厭世の感にとらわれまして、先頃のように朝廷を、騒がせ申し上げましたことは、万死以外にはおされる道もございませぬ。恐れ多い極みでありますが臣の意図しましたところはわざと大乱をなして、臣の名前が、聖上の御上聞に達することにありました。本意ではありませんでしたが、殿下のご宸襟を悩まし奉りましたのにもかかわらず天恩の高きに浴しまして、不忠の臣、吉童はただただ感泣のほかはございませぬ。

王土を去るに当たりまして、恐れ多いことでございますが千石の米穀を御下賜願えましたら臣、吉童ひとりだけでなく数千の衆徒が同じように感泣して己まぬところでございます。さんざんの不忠を、お許しくださり剰え、破格にも官位を給わりました臣吉童が、またもや深夜に上聞を煩わし奉るも一段の不忠かと思います。」

聖上は、即座にこれを快諾されただけでなく、優渥なおことばまで賜わった。

「朕の顔をとくと見たい。面を上げて朕を見よ」

と言われて、吉童は始めて顔を上げたが、目は閉じたままであった。聖上はそれを不審に思われて、

「なぜ、目を開けぬのかな。」

「はあ、臣が、目を開けましたら、聖上殿下におかせられましては、驚きなされる、おそれがあるからでございます。」

と申しあげた。聖上は非凡な人となりに、今更ながら深く感じいられ、去る者を暖かくねぎらわれた。吉童は深く天恩を謝した後、身を起こして、雲に乗り、また消え去った。

聖上はその翌日に宣恵堂の長に命を下され、米穀千石を漢江の川辺に輸送させられた。こういう経緯を知らない宣恵堂の長は、さも不思議そうな顔して、川岸に米俵を山と積んだ。上流から滑き下りてきた正体の明らかでない数十隻の船が素早くそれを積んだ。行きがけに、その首領らしい者が、

「元兵曹判書、洪吉童、恙なくもご下賜の千石の米を積んで行く。」

と高らかに言った。宣恵堂の長が、この様を上奏したところ、聖上は、笑われながら、

「朕が吉童に賜えたものだ、構うな。」と仰せられた。

このようにして千石の食糧を準備した吉童は、三千の衆徒を率いて大海に出て、一路南京の猪島を目指して船を進めた。

幸薄き少年の日であったとはいえ、それでもなお、数多の夢を育ててくれた朝鮮の国土は黒々として遠ざかり、遂に水平線の彼方に消えると、一抹の哀愁が吉童の心を覆い、病む父、泣く母、ほほえむ聖上、端正な兄の面影などが、かわるがわるに脳裡をかすめて、はいった。いつの日にか、また会えるであろうか？涙をのみ、心の中で慟哭した。三千の部下の思いも同じらしく、涙にかれた彼らとはいえ、父母の国を去る顔は、やはり寂しく沈んでいた。

しかし、彼らの暗い運命も、遠ざかるあの水平線の下に捨てて行くのだ。未知ではあるが明るい運命めざして、船は帆を上げ人は櫓をこいだ。長い単調な航海も終わって、遂に南京の地猪島に錨をおろした。島に上陸した彼らは数十の家を建て、農地の開墾に力めて怠ることなく武器を作っては武術の鍛錬に精進したので、精兵の一大集団となり、食糧はありあまった。ひとり残らず豊かな生活に、日々を送る彼らは幸福であった。

韓國新聞
在日大韓民国居留民団中央本部機関紙
韓国新聞社
発行人 金正柱
東京都文京区春日町2丁目20-13
電話 (815)1451~3
(813)2261~3
振替口座 東京 163774

民団綱領
一、われわれは大韓民国の国是を遵守する
一、われわれは在留同胞の権益擁護を期する
一、われわれは在留同胞の民生安定を期する
一、われわれは在留同胞の文化向上を期する
一、われわれは世界平和と国際親善を期する

中央人事体制を整備強化

直選中央委員など決定

顧問三十人推戴、執行部も強化

民団中央本部の第三十五回臨時中央大会において、三機関長に委任された直選中央委員などの選出にあたっては、多くの難関に満ちた会合を重ねてきたが、このたびようやく大同的な立場での人選に関する合意がまとまり、中央執行委員、顧問団、空席中の局・次長らが、相前後してそれぞれ次のように決定、発令され、躍進民団の中央人事体制が一段と整備強化された。

〈顧問団〉
[illegible]

〈直選中央委員〉
[illegible]

〈中央執行委員〉
[illegible]

〈執行部〉
青年局長 卞周浩
組織局次長 呉吉竜
経済局次長 崔[illegible]
文教局次長 姜徳才
宣伝局次長 朴英勲
◇
組織専門委員長 金致淳
宣伝専門委員長 金秉錫

開天節記念式

十月三日は四千三百四周年(檀君紀元四千三百九年)の開天節。全国各地で記念式が催され太白山の神木のもとで国を開いた檀君神話をしのび民族の半万年の歴史をかえりみながら、希望にみちた祖国の未来をちかい開国を祝う国慶節である。

橋本幹事長に修交勲章授与

李澔駐日韓国大使は、九月二十六日、橋本登美三郎日本自民党幹事長に大韓民国修交勲章(光化章)を授与した。

執行部構成につぐ第二の難関

直選中央委員選出をおえて

「金正柱中央団長、全国団員に告ぐ」

[illegible]

一九七二年九月三〇日
在日本大韓民国居留民団中央本部
団長 金正柱

金鳳鶴氏に国民勲章

大邱合成金鳳鶴社長が去る二十五日「第九回貯蓄の日」ソウル市民会館に大統領長官ら関係長官金融団体、一般市民等三千余人が集って行われた記念式で国民勲章を授与された。済州銀行長として貯蓄活動の功が認められたものである。

黄哲秀校長ら留任

東京韓国学校

[illegible]

南北対話の後だて「平和の力を組織化」

朴大統領 国軍の日記念諭示

朴正煕大統領

[illegible]

朴大統領稲刈り 最大所得を保障

[illegible]

不純分子らを懲戒

神奈川県本部で 十五人に除名・停権処分

[illegible]

本国論調

日本を再検討する

極東安保の基本態勢をくずす者

[illegible]

(東亜日報社説)

日朝議連結成を反対

南北赤十字会談妨げる

足立支部、自民党に陳情書

都内民団足立支部(金周奉団長)では、さいきん北韓の赤化統一のために進展しつつある南北赤十字会談に水をさす妨害行為になるものとして、自民党足立支部長の鯨岡兵輔氏と、足立区議会の議長にそれぞれ結成反対の陳情書を送って、その中止方を強く訴えた。

陳情書

(前略)
特に足立区には七千世帯の同胞が在留しております。その内四千世帯が韓国人であることは御承知の通りだと思います。我々民団足立支部は勿論、在日大韓民国居留民団中央本部も勿論全国組織も、南北赤十字会談を妨げる日朝議連組織に反対の意向を表明しております。我々韓国人は独立民族として自主性を持って、日本において法的秩序を守り、足立区民の平和はいうまでもなく、ひいては日本の平和に貢献し、祖国の幸福と繁栄に寄与したいと願うものであります。故に足立区議の皆様は相互の信頼と理解を深くし、相互協力、相提携して韓日両民族が恒久平和親交と共存を計り両民族の紐帯を強化して、永遠の親善友好を確立し、もって足立区民並びに、日本全国国民の平和と幸福を断じてやまないものであります。以上の目的を達成する為に日朝議連の組織に反対するものであります。

西紀一九七二年九月二十九日
団長 金周奉
議長 全漢弼
監察委員長 鄭東淳
足立区議会議長 恭荣 秀殿

韓日協定永住権者の出生子女に対する永住権申請手続に関するお知らせ

記

(一) 出生日より十四日以内に申告する事。
(二) 外国人登録手続は出生日より三十日以内に管轄の市、町、村、区役所に申請する事。
(三) 在留資格取得は出生日より三十日以内に管轄の出入国管理事務所に手続する事。
(四) 協定永住権者の子女として一九七二年一月十七日以後に出生した子女は、出生日より六十日以内に必ず永住権申請をしなければなりません。万一、六十日以内に永住権申請をしなかった場合は、永住権申請資格を喪失する事になりますので特に注意して下さい。

中央本部民生局

南北赤十字会談取材手帖から (1)

KPI社長　金允中記

金允中社長

金允中KPI通信社長は、八月十二日ソウルでひらかれた第二次南北赤十字会談の取材に参加、本会談を始め四百五日間北韓側代表団の動静を追って詳細な取材をする一方、朝総連記者を始め、李衡九朝鮮通信社長など在日朝総連の五人の記者と顔を合せるなど在日民団側記者として幅広い取材をした。そこで本紙は、数回に亘って金氏の取材手帳を紹介することにした。

板門店で朝総連記者に会う

ソウル市民の表情は複雑

南の国会議員と旧交温める

徹夜の合意書間に合わず

金泰禧北赤団長もホスト役

北赤代表の演説に市民怒る

宿所は不夜城

座の白けた本会議

北側の拍手係

顔をかくした北の紅一点

板門店で熾烈な取材戦

韓服の李青日女性北韓代表が韓国の女学生からもらった花束を持っている。その手前はメガネをかけた金泰禧代表団長

裸踊りに眼をそむけた北の人

TVアンテナを見せかけとナイトクラブは演説の場?

金炳植と初めて握手を

京釜高速道路を新義州まで

李舜臣将軍にもソッポ

飲まず食わずの強行軍

偉大なる金日成云々は習慣

(つづく)

私が見た北韓百時間 (4)

新亜日報特派員　鄭道賢記

開城—沙里院間道路を走る赤十字本会談代表一行の車

(前号につづく) 北韓社会ではその間大きな人口移動があった模様である。記者とであった人々は大概その地方の出身ではなかった。

標準語もかってに造る

誰がどこで何をしているか数時間でわかる高度情報網・戸籍制度は廃止

組織改造のため人口を分散

方言の混じった標準語

(つづく)

民団組織に再び波紋

北支部総会を襲う

手にタオルまきガラスわる暴徒50人

鄭在俊ら停権組が陣頭指揮

去る八月の鄭泰月前団長辞任以後、空席中の団長選出を中心とする都内の民団北支部（尹鉉福団長代行）第二十回臨時総会は、十月一日午後五時から、同支部会館内でひらかれたが、同総会開催を妨害する目的で、おしかけてきた、停権中の前東本団長鄭在俊らの指揮による暴徒の襲撃で、重軽傷十人近くを出すという不祥事件がまたもや発生、さいきん平静になってきた民団組織に、再び大きな波紋を投じてきた。

重軽傷多数…警察出動で鎮圧

暴徒と化した青年たちに襲撃された北支部、内部の什器がメチャクチャに破損された。

この日、同支部二階で百人近い団員が集まる中でひらかれた臨時総会は、午後四時半頃になり、前記鄭のほか、羅鍾卿、郭東儀、韓昌圭、金声浩ら、停権組を擁えた一派が、暴徒と化した学生、青年たちと共に、一階表におしかけ、悪口ぼうの末、会場になだれこもうとしたため、これを防衛する主催側と衝突したもので、暴徒の数は五十人に近く、タオルを手にまき、ガラスを割り、あたり構わずけ散らすなど、乱暴ろうぜきの限りをつくし、修羅場と化した会場から、重軽傷者を救急車が二台も出動して運び出すという大騒ぎを演じた。

この乱斗騒ぎも、あとからかけつけた警察の鎮圧もあって、八時三十分ごろようやくおさまったが、これを重視した民団中央では、十月二日から地元民団要員と共に事後処理のための緊急会議を度重ねているが、容赦しがたい暴力破壊行為として、厳罰方針でのぞむことになった。

団長に羅大煥氏

議長に李能相氏、監委長に金介童氏

なお、この騒ぎと混乱の中でも、総会は慎重に進行され、役員選出にあたっては、投票制にするか、推せん制にするかで意見が対立、五五対二六の挙手可決で、詮衡委員推せん制にすることにし、李能相臨時議長に一任、李臨時議長をふくむ朴容奎、申孝一、李宗植、李州春の五氏が、詮衡委員に指名され、団長に羅大煥氏、議長に李能相氏、監察委員長に金介童氏が、それぞれ選出された。

なお、この日、暴徒らの襲撃による被害は、前記被害団員のほか、スチール製事務机と椅子、折りたたみテーブル、正面入口の窓ガラス、傘立てなどが原型もわからないぐらいに叩きつぶされた。

各級学校の教育課程を改編

地域特性にそって

文教部は、郷土教育とセマウル運動の効果を高めるため、各級学校の教育課程を地域特性に沿うよう、改編する方針である。

文教部は、二十六日、忠清南道教育庁で、全国セマウル教育研究示範学校会議を開き、郷土およびセマウル教育の振興方案として、①各級学校の教育課程を、郷土文化と直結させる内容に再構成し、②抽象的な教育目標を止揚し現実と政府の施策にあわせて、正しい国家観を確立し、③生産的な教育ができるよう、各級学校で新たな教育方法を実践するよう指示した。

文教部はまた、各級学校を、郷土開発および文化・教育・体育・保健などの総合センターに改編し学生と国民に郷土学習および技術教育などを実施することも指示し来る十月末まで、各教育庁単位で実践要綱を作成するよう指示した。

千三百万ドル借款

アジア開銀から

アジア開発銀行はこのほど、韓国の水産業開発計画を支援するための一千三百三十万ドルの借款を承認した。借款条件は年利七・五%、三年据置き後十五年分割償還となっている。

千三百万円突破

大阪…700万円、足立100万円、婦人会…72万円

本国水災義援募金

民団は全国組織をあげて本国水災義援募金を展開、各級組織単位で相当な成果をおさめているが十月四日現在、民団中央本部に寄託された義援金累計は千三百八十一万五千八百十七円に達した。

なお、九月三十日以後十月四日までに寄託された分は次の通りである。

▲民団東京足立支部＝金周奉氏外九十七万円。

▲東京足立区大韓生活協同組合＝十万三千円。

▲民団大阪本部大正支部外三十一支部及び大正婦人会本部並び有志＝七百十九万九百六十七円。

▲在日大韓婦人会各級組織役員及び各地方本部・支部＝七十二万一千円

玄子聖氏 四十万円

また、大阪の東洋貿易社長玄子聖氏は豊かな国造りを目指して、韓国全土にひろがっている「セマウル運動」に少しでも役立てばと二十万円。また、全国的にひろまっている本国への水災義援金に二十万円を、それぞれ、去る九月二十九日、大阪総領事館を訪ね、鄭度淳総領事に伝達した。

水災義援金を鄭度淳大阪総領事（右）に伝達する[illegible]民団大阪府本部団長（左）

百万円寄託 広島県本部でも

広島県本部（李文熙団長）でもセマウル運動支援並びに本国水災義援金百万円を募金、九月二十八日渋萬基副団長を通して下関領事館に寄託した。

群馬商銀 役員決定

去る九月二十九日、群馬前橋市で新しく結成を見るに至った、群馬商銀信用組合では、定款その他の事務規定を通過させると同時に、次のような第一次新役員を選出した。

理事　黄命東、李長俊、鄭鉉栄、鄭禧鎬、鄭信寿、劉寅寿、河田用、趙心奎、石在俊、金奉永、李泰作、金西得、高占竜、鄭永台、朴基鎮、崔合道、安万道、権重石、郭相俊、鄭元錫、角田幸三

監事　鄭潤浚、朴慶植、徐文振

理事長　鄭鉉栄

副理事長　趙心奎

〃　劉寅寿

専務　黄命東

常務　角田幸三

本国受訓団 大阪から百一人出発

民団大阪府地方本部（金晋根団長）では、青年会結成以来初めての、第一次本国受訓団百一人を九月二十四日午後大阪伊丹空港からKAL機で歓送した。

若狭敬吉氏

サハリン同胞救出に乗り出す

大東亜戦争が終り、二十七年もの歳月が流れ去った今、ソ連領のサハリン（旧樺太）には、四万人ものわが同胞が、さいはてのこの異国の島で、故国に帰れる日を、一日千秋の思いで、涙ながらに待っているという。このサハリンの抑留同胞早期帰還をめぐって、同地はもちろん、本国内では、その家族たちが、「サハリン抑留韓国人帰還促進会」―韓栄相会長―を中心に、活ぱつな帰還促進運動が展開されているが、去る八月十五日、大阪でひらかれた第三回総会促求決起大会に参加したことのある、「在日樺太抑留韓国人会」の名誉顧問である日本人の若狭敬吉氏（民社党新宿支部）が、九月十日付で、「樺太抑留韓国人帰還促進に関する決議案」を、民社党東京都支部連合会第十三回定期大会に提出、注目をひいた。その決議案全文は次の通り。

帰国促進をめぐり　民社党定期大会に決議案

サハリン（樺太）抑留韓国人帰還促進に関する決議（案）

われわれ人間社会において最も尊重されなければならないものに、人間の生命と居住に対する選択の自由がある。

かつて、日本軍の軍事基地の建設や戦時増産の要員として徴用され、樺太に連れて行かれた日本人として、樺太在住を余儀なくされた韓国人が、第二次世界大戦終了後祖国が分裂国家となり、祖国とソ連との国交が樹立されていないために帰還の道が閉され、四半世紀を過ぎた現在樺太在住韓国同胞四万人の中、既に老齢に達した八千名近くの人々が祖国韓国の肉親の許へ帰還を希望しつつ抑留の日日を送っている。

また祖国においては五十万余の家族が三十年以上肉親の帰還を待ち続け、身も心も悲しみの中に呻吟させられているのを想う時、日本国民の戦後処理問題として当然解決されねばならぬものがいまだに放置されているということはあきらかに政府の責任である。

わが党は去る七月田中新内閣成立と同時に、衆議院議長を通じて政府に対し国会質問書を提出し、即刻その解答を得たが帰還費用については自己負担として全員韓国に帰国させることについて検討したいというが、国家分裂と動乱という二度に亘る大変動を経て来た韓国に、肉親の所在すら不明の現状と、老令期に達して樺太から祖国までの旅費負担という厳しい条件を、日本政府が適当国としてつけたならば帰還希望者の多くは更に帰還への厚い壁にぶつかり永久に肉親の許へ帰る事は不可能である。

肉親が別れ別れに離散し、その消息を知り得ないということは人間として最も悲しい事である。

人間社会において政治、経済、文化の如何なる交流がなされても人道問題が解決されずして真の国交はあり得ない。もし、樺太在住の韓国僑胞をこのまま放置したならば世界人類史上において、また日韓両国民にとって一大汚点となるであろう。

わが党は領土問題と国交回復の促進と同時に、即刻この置き捨てられた樺太抑留韓国僑胞の帰還促進に温い心使いをもって救出に乗り出さなければならない。そして日韓請求権問題で実の結ばなかったこの問題についても人道問題の解決の施策として取り組む事を強く要望する。

雪でおおわれた酷寒のサハリン山道で木材運搬の重労働にこき使われる望郷の韓国人

大流星雨三時間

九日0時30分韓国東北上空に

本紙既報（一〇四八号・八月五日付）のとおり、韓国の東北方上空に現われる世紀の大壮観、ジャコビニ・ジナー彗星の大流星雨観測が南怡島（京畿道楊州郡）と東九陵（京畿道加平郡）で行なわれる。このため、わが国最初の韓国アマチュア天文家クラブ（会長南宮[illegible]）が、九月二七日、科学世界社（ソウル鍾路区寿松洞12）七階小講堂で発起人総会をもって正式に発足した。

日本からは、広島大学学長で、日本の権威ある天文学者でもある村上忠敬博士を団長とする「広島アマチュア天文家一行二八人が、来る十月七日、韓国に行く。

このジャコビニ・ジナー彗星の流星雨は、来る十月九日午前零時三〇分から約三時間に亘って、韓国の東北方上空北極星付近の、竜の座にあらわれ、肉眼観察も可能である。

一時間に数千個の流星群がふりそそぐことと予想されるこのたびの「ジャコビニ・ジナー」彗星による大流星雨は、一九二六、一九三三、一九四六、一九五二年などと4回に亘って、欧米で観測されたが、極東では、昼であった関係で観測ができなかった。

韓日親善の架橋斎藤さん

厚生省船員寮施設を　韓国船員や民団に提供

民団愛媛県地方本部（朴振謨団長）では「韓日親善を色どる明るい話題が生じ、さっそく本紙にその内容を寄せてきた。それによると、厚生省社会保険庁管理の新居浜船員保険寮（新居浜市泉宮町六番六号）の施設を民団や韓国船員たちに提供利用させている寮の日本人、斎藤猶（41）さんが、その主人公となっている。

斎藤さんは、前記船員保険寮の寮長として在職しており新居浜港への入港が多い韓国貨物船々員たちと、日頃接触していることから、韓国友好親善の現われとして、民団側でその身元を保証してくれれば、日本船員と同じ待遇をすることにきめ、外国人としては例外の船員寮での宿泊、食事などと、すべて実費でまかなってあげてきたという。

そのうえ、四国にある民団四地方本部合同の民団四国地区夏季教養講習会や、その他の会合、研修会にも心やすく寮室を提供するなど、いつも変らぬ配慮をしてくれ、名実ともに韓日親善のかけ橋的役割を果たしつづけており、心ある両国市民たちから尊敬と期待の念を一身に集めている。

お願い

全国民団地方本部、各支部、分団等における大会、総会、役員改選等、また、在日同胞社会に関係のある事件、催し等に及ばず、団員みなさんの御意見、御感想などを紹介したいと思います。読者皆さんの御通知、御投稿の程をお待ちしております。

韓国新聞編集局

韓国に原爆病院

ソウルでライオンズ大会

十カ国で三千余人参加、設立決議

第十一次東洋および東南亜ライオンズ大会が、二八日、午後三時主催国の韓国をはじめ、日本、自由中国、泰国、フィリッピン、ホンコン、シンガポールなど東南亜十カ国代表の参加裡に、ソウル市民会館で開かれた。

韓国で、二回目に開かれたこのたびの大会は、三十日までの三日間、ライオンズ事業目標である奉仕と国際間協力および相互紐帯と韓国原爆病院設立問題などを論議した。

金鍾泌総理は、この日、祝辞を通して「ライオンズ会員は人道主義的連帯感と責任感で結束し、過去五十年間、引きつがれて来た地域社会奉仕事業と世界平和への寄与に尽すことを願う」とのべた。

このたびの大会には、国際ライオンズ・クラブ総裁ジョルジ・フレデリックス氏をはじめ、東南亜各国の代表および家族三千五百人が参席した。

代表一同は、会議開幕に先だち二八日朝、国立墓地に参拝、十一時半には、局屋前で韓国会員が百五〇万ウォンで建立した時計塔を除幕した。

ライオンズ・クラブは、一九一七年、アメリカで創立され、選挙民救済、疾病者治療など奉仕事業をひろげ、一九五九年、国際ライオンズクラブに加入した韓国には百五十七個の各地域クラブと六千余人の会員を擁している。

とくに、二九日午後閉大会分科委員会国際協力委員会が、朝鮮ホテル、グランド・ブルールームで開いた会議では、韓国原爆被害者救護対策の一環として、韓国に、原爆病院の建設を推進することを決議した。

病院設立計画に対する具体的な方案は、追って論議することになったが、韓国側代表は、七三年度五月の、日本ライオンズ総会を契機に韓国被爆者救援運動が本格化され、七四年度には、病院設立にもち込むことと見こされている。

金鍾泌総理は、二九日夜、青瓦台で、代表団のため晩さん会をもよおし、三千名の会員が招かれたが、古水連盟日本代表は、金総理に、江戸人形を贈呈した。

二千八百万石予想

今年の米作、平年の七%増収

去る八月十五日現在調査された今年度秋穀収穫予想量は、二千八百五十七万石台で、平年作である二千六百十二万石にくらべ、六・九%である二百三十四万石が増収されるものと見つもられている。

各市・道当局は、八月十五日現在、今年の稲作状況は、平年作を上廻る豊作を予想しているが、結実期である八月中旬から九月上旬までの間、急激に気温が下り、全国的に冷害および稲熱病がひろまり、中北部と嶺南地方の一連の豪雨被害、忠北・全南地方のひょうあられ被害が重なり減収が予想されてはいるが、今後気候条件に急激な変化のないかぎり、昨年水準の収獲は可能と予想されている。

穀倉地帯である湖南地方はひょう、あられなどの被害が多かったにも拘らず、豊作が予想されている。

女の韓国ひとりあるき（2）

サトウ・サナエ

（前号につづく）私は、ソウルが東京とほとんど変りないのに驚いた。おまけに歩いている人たちも、日本人とまったく同じ顔だ。

これでは言葉も通じないなんてはじがたいほどであった。

韓国のショーウインドウは美しい。日本のそれよりも、ずっと良いと思ったのは「紳士服」と「婦人服店」であった。なかなか高度なセンスである。私も一枚欲しいと思ったのだが、全部オーダーの店で、注文の品ばかりだったのだ。

私は日本を出発する前から、韓国に行ったら、ぜひチマ・チョゴリを買って帰ろうと思っていた。

アーケードの店で、私はローズピンクの韓国シルクを買った。やはりアーケードの中の仕立屋さんにそれを早速持っていったら、お店の主人が「まあ、お店をはじめて以来、こんな大きなチマ・チョゴリを縫ったのは、はじめてですよ」と言って驚いていた。チョッピリ恥かしかった。（私の身長は、タッタ一米七十二糎である）

嬉しいことに、私はだまっていれば、誰でも韓国人だと思ってくれた。日本人は、もっともっと小さいはずだというのだ。顔もどこか韓国的らしい。私は今度韓国に行く時は、新調のチマ・チョゴリを着て、完全に韓国人に、なりすましてみようと楽しみにしている。

韓国では、道端のあちこちで、とうもろこしや、じゃがいもの焼いたのを並べて売っている。私はそれが食べたくて、しばしば買って食べた。

韓国人の友だちKさんが、それを知って、「それじゃ、いいものを食べさせてあげるネ」と言って、むこうから煙をなびかせながらやってくるリヤカーを止めた。

「なんですか？」

「ビタミン、たあーくさんありますョ」Kさんは、ほこらしげに言った。

リヤカーのおじさんは、新聞紙をまいて作った三角の袋に、何やら、ザクとすくっていれた。Kさんはそれを受取ると、「さあ、食べましょ」と言って私の鼻先に、その三角袋をつき出した。

私は、それをみて、ビックリ仰天した。

なんと、それは虫だったのだ。土の中にいるイモ虫、羽の無いゴキブリといった感じの虫なのである。

Kさんは、「おいしい、おいしい」といってムシャムシャと口を動かしながら、一つ、つまんで私の口にいれようとした。

私は恐ろしくて逃げまわった。

それは韓国名産の絹の原料であるカイコのサナギだということであった。

韓国の人たちは、朝鮮人参やニンニク、とうがらし、そしてこのカイコのサナギ、とスタミナのつくようなものを、沢山食べているから、あんなにみんなエネルギッシュなのであろうかと、あらためて感心したことであった。（つづく）

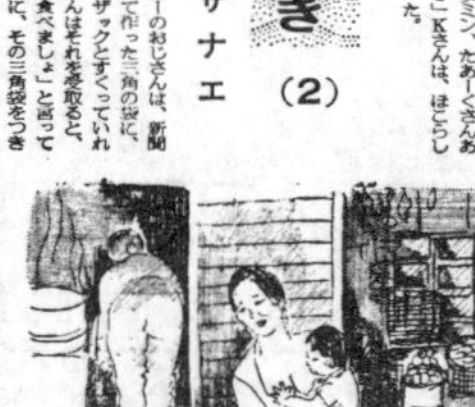

NAM SEOULカントリー倶楽部

推薦の言葉

この度、京原建設株式会社が、許鼎九代表理事の御尽力でNAM—SEOULカントリー倶楽部を完工しました。そして新規開場を記念して、在日韓国人をはじめ、日本ゴルフ愛好家から会員を募集し、広く門戸を開放しています。これは本国と在日同胞、韓国と日本の友好親善を促進するのに大いに役立つものとして、心から共鳴するものであります。

韓国でもつとも近代的な設備を誇るこのNAM—SEOULカントリー倶楽部は、京畿道広州郡楽生面に位置し、SEOULの都心から僅か20分のドライブ距離で、敷地65万坪に全長7,064ヤードのチャンピオンコースをもっていると聞きおよんでいます。

この地は風光明媚で、ぬけるような青空の下で、のびのびとゴルフを楽しむことが出来、ゴルフを通して、韓国の政財界や経済人たちと、人的交流を密にすることによって、事業の推進にも大いに役立つものとして、日本の皆様にも自信をもって推薦するものであります。

NAM—SEOULカントリー倶楽部が、韓国の新らしい観光名所となり、母国訪問の在日韓国人や韓国で活躍している日本の皆様に、健全な憩いの場所となり、ゴルフ愛好家たちのみでなく、一般の方々にも開放され、親しまれる素晴らしい観光地として発展し、日本の皆様が、韓国を身近かに感じられる足がかりになる日も遠くないと信じ、ゴルフ愛好家や一般有志に、NAM—SEOULカントリー倶楽部の会員になられるよう推薦するものであります。

在日本大韓民国民留民団中央本部

副団長 李　彩　雨

クラブ・ハウス正面全景

コース建設 概要

所 在 地：京畿道 廣州郡 樂生面

用地面積：總65万坪

規　　模：18HOLE 7,064 YDS

基本設計：井上誠一

設計監修：淺見緑藏

施工担当：池 蓮 奉

ハウス設計：嚴 德 紋

着　　工：1969年11月

完工開場：1971年 10月

附帯施設

1. 倶樂部 ハウス 1,100坪
2. モテル(Motel)
3. 住宅團地
4. 子供遊び場 及びプール場
5. 其他 レジャー施設

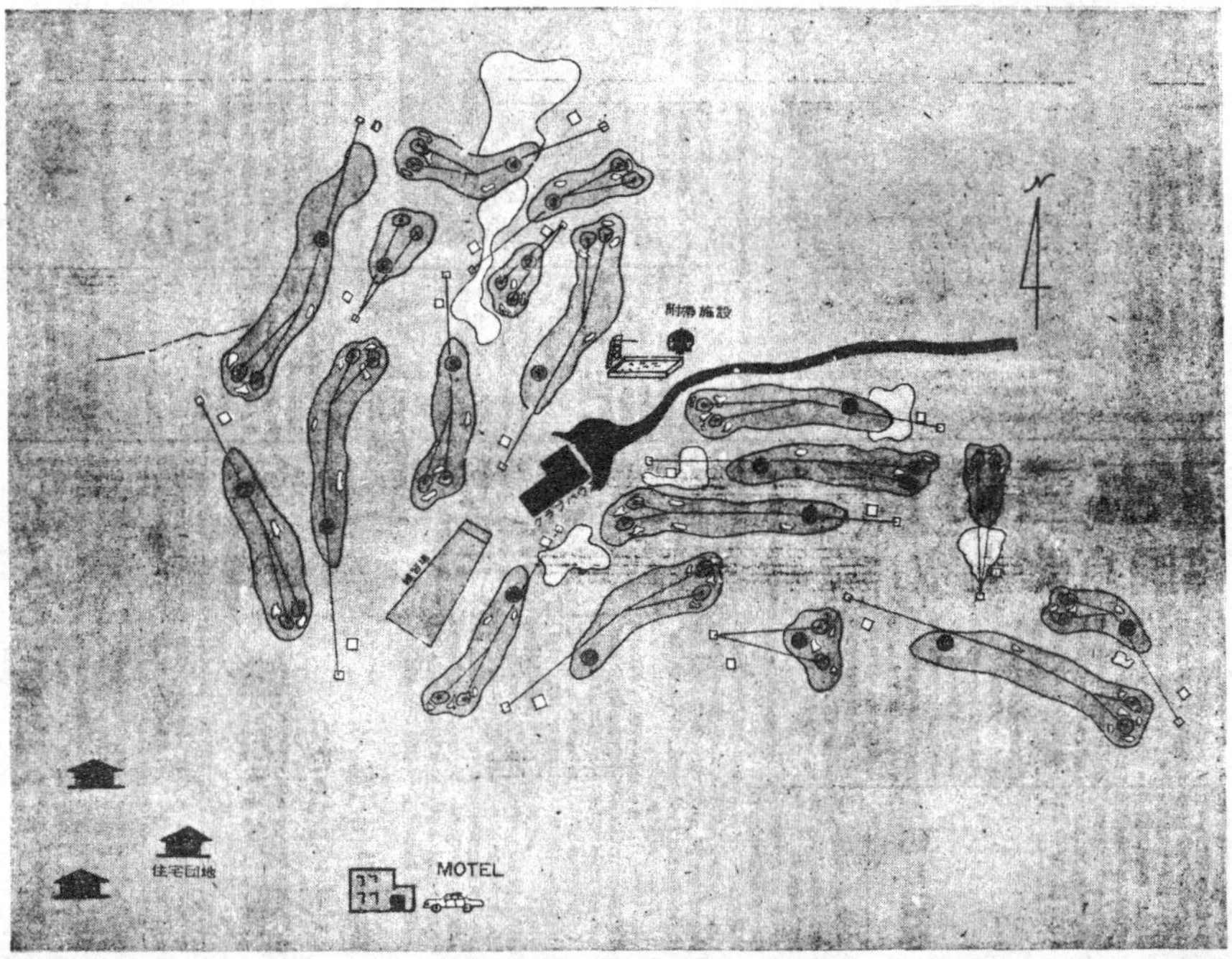

● YARDAGE

HOLE NO.	1	2	3	4	5	6	7	8	9	OUT
YARD	428	198	368	390	510	362	530	220	420	3,426
PAR	4	3	4	4	5	4	5	3	4	36

HOLE NO.	10	11	12	13	14	15	16	17	18	IN	TOTAL
YARD	418	446	197	543	427	220	427	415	545	3,638	7,064
PAR	4	4	3	5	4	3	4	4	5	36	72

第二次会員募集案内

人　員　200人

入会金　50万円(日貨)

註 日本で取得した会員券の韓国での売買は5年据置後でないと認められません。
日本国内での売買は自由ですが名儀書換料が必要です。

募集主体

京原建設株式会社

NAM—SEOULカントリー倶楽部

〈ソウル連絡事務所〉

ソウル特別市中区太平路二街70—7　海南ビル514号

〈倶楽部〉

京畿道広州郡楽生面

TEL(楽生) 51—100

〈日本地域申込連絡事務所〉

〒151　東京都渋谷区代々木二ノ三九ノ七、メゾン代々木三〇三

TEL (03) 379—3668

クーポン 韓国72.10　資料御希望の方は住所、氏名、年令、職業、電話番号、ゴルフを始められた年などを御記入のうえ、〒151東京都渋谷区代々木二ノ三九ノ七、メゾン代々木三〇三号、NAM—SEOULカントリー倶楽部日本地域申込連絡事務所まで御送り下さい。

御挨拶

幣社は、Seoul市近郊の広州郡楽生面に、敷地六十五万坪を確保して全長七、〇六四ヤードのチャンピオンコースを建設し、一九七一年十月に開場致しました。

Seoul都心から二〇分のドライブ距離にある此処(Nam-Seoulカントリー倶楽部)は風趣張ぎる景勝の地に位置しておりますと同時に、ビギナーからロー・ハンデイに至る迄ゴルファーなら誰もがゴルフを味わい楽しめます様、其の設計に特に念を入れております。コース建設に於てゴルフ場の生命であるグリーンとフェアウェイの芝の造成には物量と精力を惜しまず其の完璧を期しており、家族と一緒にカントリーライフを楽しめます様、プール、子供遊び場モテル(Motel)等のレジャー施設を完備する計画であります。なお、周囲の美しい景色に相応しい会員住宅団地も準備しております。

都心から僅か二〇分の交通条件、そして格調高き周囲の雰囲気は必ず、皆様に充分御満足戴けることと確信し、先ずは御挨拶申し上げる次第で御座居ます。

京原建設株式会社
代表理事 許 鼎 九 拝上

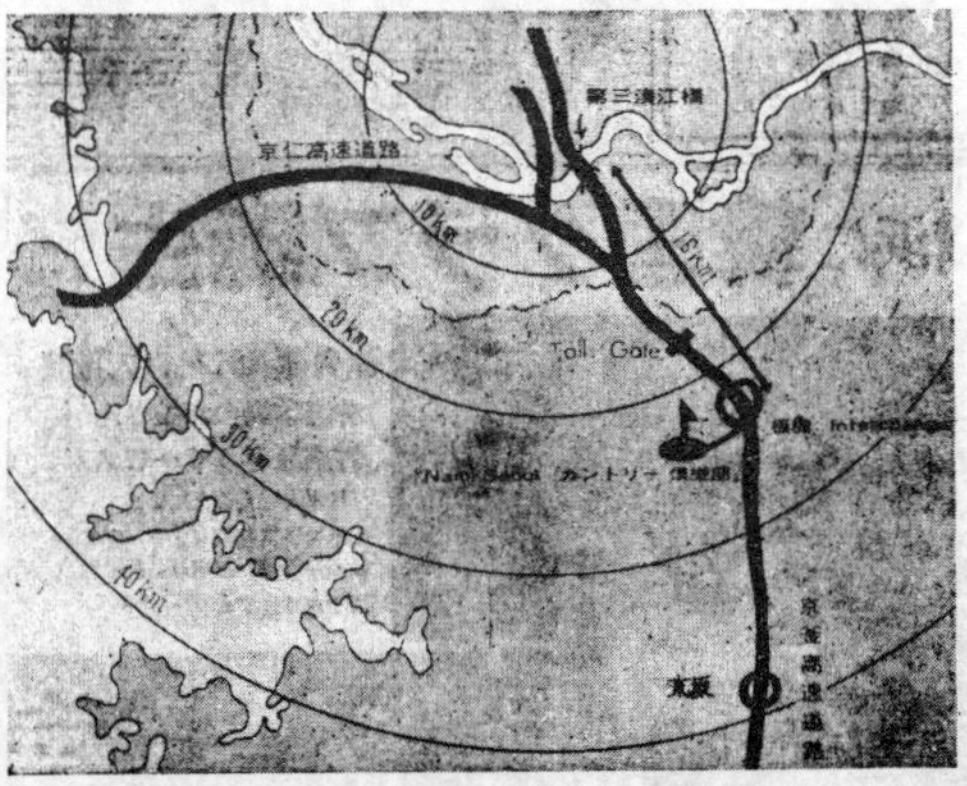

韓國新聞
在日大韓民国居留民団
中央本部機関紙
韓國新聞社
発行人　金正柱
東京都文京区春日町
2丁目20－13
電話 (815)1451～3
(813)2261～5
振替口座 東京 163774

民団綱領
一、われわれは大韓民国の国是を遵守する
一、われわれは在留同胞の権益擁護を期する
一、われわれは在留同胞の民生安定を期する
一、われわれは在留同胞の文化向上を期する
一、われわれは世界平和と国際親善を期する

朴大統領、日本を公式訪問

天皇の招きで

民団、全組織あげて歓迎準備

朴正熙大統領夫妻は、来る十一月十三日から十八日まで、裕仁日本天皇の招請を受諾、日本を公式訪問することが、去る六日、両国政府から発表された。日本政府は閣議で、朴大統領夫妻を国賓として迎えることを決めている。六日、金聖鎮青瓦台代弁人は、朴大統領の日本訪問は韓・日両国間の友好親善のため、重要な意義をもつものであるとのべた。朴大統領は、夫人陸英修女史、長女槿恵さんと共に日本を訪問、六日間の日本滞在中、田中角栄日本首相とも会談する。また、日本天皇が催す晩さん会に参席する予定である。

朴正熙大統領

太副総理ら随行員13人

夫人陸女史、長女槿恵さんも

月末まで青年部開設を

中央青年局、組織完了を指示

事務局長研修会

23日、狭山湖温泉でひらく

熱延工場完工

三段階平和統一

南北調整委会議終る

相互中傷やめる、次回は下旬開催

外穀導入九億ドル

12億ドル突破

全国で民衆大会盛ん

七・四共同声明、赤十字会談支援

共同発表文

北海道地方本部

奈良県地方本部

北海道地区民衆大会（上）奈良地区民衆大会（下）

全国の団員に告ぐ！

母国に水災義援金を贈ろう

本国では、史上未曽有の豪雨により、多くの人命を失ない、家屋財産が破壊、流失されるなど、甚大な被害をこうむってお り、被災者たちは、この非情な大自然の暴威にさらされ、今日も生活の不安におののいております。

同族愛溢れる全国の民団々員皆さん、血は水よりも濃いといわれます。

本国の被災同胞たちのために、在日同胞の心こもる善意の誠金を集めて贈りましょう。

私たちの贈った、温かい義援金は、すぐ、被災者たちの救援につながるのです。

も寄りの民団支部を通じ、一日でも早く義援金を寄託して下さい。お願いします。

在日本大韓民国居留民団中央本部

同胞子弟の育英事業に参加しましょう！

在日韓国人教育後援会々員倍加促進運動

一九七二年度教育後援会総会では、五月二十五日、李澔大使、奨学官、理事並びに全国会員達参席の下、会員倍加促進運動を全国的に拡大する事を満場一致で可決しました。

教育後援会の現状を見まするに、現在のような小額の後援会基金をもっては、小人数の学生にしか奨学金を支給出来ず、全国の有数の韓国人事業家や、有志の方々が多数居るにも拘わらず、会員も基金も少く、従って育英事業も小規模にならざるを得ない実情であります。果してこれで良いのでしょうか？

我々は再考せざるを得ません

現在の日本世相を省りみる時、国家の為にも、将来の社会の為にも、「役立つ立派な人材を養う」教育事業が、如何に重要且つ困難であるかはもはや多言を要しません。全マスコミをあげてその重要性を叫んでいることは、同胞諸賢もよく御存じのことと思います。近い将来、祖国大韓民国の社会、ひいては在日韓国人社会において活躍し、指導的役割を果す人材を養成する教育後援会事業に、この際、諸賢が深く意を用いられるよう切望致します。

教育後援会の事業内容

としては、大学生、高校生への奨学金支給、韓国学校、全国教育文化センター、留学生、学術団体への補助金附与、褒賞費附与、奨学通信の発刊、日本教育機関への渉外等々でありますが、諸賢が我々の後孫のため、この型なる育英事業を御理解下さって、各県の有力事業家並びに有志の方々が、この際奮って、教育後援会々員に多数御加入下さるよう力説し、駐日公館や民団に御推薦下さるよう切望致します。

会員は、特別会員、正会員、準会員の三種があります。

なお事業計画、歳入、歳出等は、同会の理事会で運営されていますが、駐日公館の絶大な後援を受けています。詳細なことは、駐日公館、または民団中央本部並びに、県本部文教部へ御問合せ下さい。

在日本大韓民国居留民団
中央本部文教局
電話〇三－八一三－二二六一～五

駐日本国大韓民国大使館
奨学官室
電話〇三－四五二－七六一一

一九七三年度在日韓国人(自費)母国留学生募集

一九七三学年度在日韓国人母国留学生を次のように募集します。

一、募集対象
母国の大学課程以上（大学又は大学院）で自費修学を希望する在日本大韓民国国民

二、志願資格
①日本外国人登録法に依る登録を済ました者
②日本国内で高等学校を卒業した者（一九七三学年度卒業予定者を含む）
③日本国永住権を取得又は申請中の者

三、留学手順
①大使館が主管する銓衡に合格しなければならない。
②大学志望
大学は三校まで志望が可能です。
③入学許可
志望校に対する入学可否は一九七三年初に本国政府が決定通報し、一九七四学年度に入学が許可されます。
④予備教育課程及び大学就学時期
母国大学に入学が許可された学生は全員ソウル大学校内に設置されている『在日韓国人留学生予備教育課程』に入学して一年間所定の課程を履修し入学が許可された大学において一九七四学年度から就学します。

四、提出書類
①母国留学志願書（所定様式）志望大学別……各一通
②留学希望者調書（所定様式）……三通
③卒業証明書又は卒業予定証明書……二通
④成績証明書（最終学校分）……二通
⑤国民登録済証……二通
⑥外国人登録済証……二通
⑦所属民団長推薦書……二通

五、志願書交付及び提出先
駐日韓国大使館　奨学官室
駐大阪韓国総領事館　奨学官室
駐札幌韓国総領事館　奨学官室
駐福岡韓国総領事館　奨学官室
在日大韓民国居留民団中央本部　文教局
在日大韓民国居留民団各地方本部
各地方韓国教育文化センター

六、志願書提出期間
一九七二年十月五日から十一月四日まで

七、銓衡実施
①日時　一九七二年十一月五日(日曜日)午前九時試験場集合
②場所
(1)関東地区　東京韓国学校
（東京都新宿区若松町二一　電話〇三（三五七）二二三三）
(2)東北地区　札幌韓国教育文化センター
（札幌市南九条西四丁目　電話〇一一（五一一）八九三一）　仙台韓国教育文化センター
（仙台市本町一－五－三四電話〇二二二（二三）六九七〇）
(3)中部地区　大阪韓国学校
（大阪市西成区梅南通五－五　電話〇六（六六一）二八九八）
(4)西部地区　福岡韓国教育文化センター
（福岡市博多駅前一－一八－一七電話〇九二（四三）四五八五）
③銓衡科目
(1)大学志望者……国語・英語・数学・作文・面接
(2)大学編入・大学院志望者…国語・英語・論文・面接
※予備教育課程履修希望者は書類銓衡のみで合格者を決定します。

八、其他の事項
①一九七四学年度入学が予定されている者でも予備教育課程の成績が極めて不良で成業の見込みがないとみなされた場合は大学就学を保留します。
※特に「ソウル大学校」は予備教育課程修了後同大学が別に実施する「母国留学生特別銓衡」に合格しなければなりません。
②学校入学は第一－第三志望校中で許可されますが留学期間中の大学及び学科の変更（転学・転科）は指導教授・ソウル大学校在外国民教育研究所及び文学部が妥当な理由があると認めた場合に限りますので学校及び専攻学科の選定には慎重を期して下さい。
③その他の事項は最寄の韓国教育文化センターに問い合せて下さい。

駐日本大韓民国大使館　奨学官室
〒一〇六　東京都港区南麻布一－二－五
電話〇三（四五三）九六五三
〇三（四五二）七六一一～九（内線八二）

415

私が見た北韓百時間 (5)

新亜日報特派員　鄭　道　賢　記

個性無視はかえって非能率

拍手もリズムで意味をふりわけ

曲者だけでなく、指揮者、……俳優の名前さえ同じことである。ただ知っているのは「血の海」は金日成の原作で、いわゆる「革命歌曲」というだけのことである。それでありながら、この歌曲のあらましをほとんどの住民がわきまえているようであった。

妙な様式の平壌大劇場

平壌大劇場（血の海を公演している劇場）は外城の大同江のほとりに位置している。ところがその建築様式は韓国（朝鮮）式でも、外国式でもない異様な模様の建物であった。案内人は韓国式固有の建築様式に社会主義を加味して建てたと説明してくれた。私はこの建物の設計者が誰かと聞いて見た。ところが始めは「越北」したある建築士でありましょうと説明したがそのあと集体作品だと説明をかえ

分割は他力で　統一は自力で

南山が一番高いのか？

鄭道賢氏

赤十字会談平壌取材をおえてソウルに帰る途中、開城にある善竹橋でポーズをとっている韓国記者

南北赤十字会談取材手帖から (2)

KPI社長　金　允　中　記

韓国記者置いてけぼり

威力発揮したホットライン

商売気をだせないKAL

ソウル最後の晩サン会

珍問奇答続出

ソウルはいいな

理由なき反抗　李朝末期症状

根強い不信の壁から解放感

九月十三日、ソウル朝鮮ホテルでひらかれた南北赤十字本会談

（つづく）

韓国経済に有利

海外市場で中共と競争

日中国交正常化がアジアの緊張緩和に役立ち韓国経済に有利に作用すると大韓商議や全経連が見通しているのに対し貿易を中心とする業界は日本、東南アジア等海外輸出市場で中共と激しい競合が予想されるとし今から総合対策を立てておかなければならないと強調している。中共の輸出商品構造が農産物や労働集約品をふくむ軽工業製品であることは韓国と似ているが価格面は韓国より有利で激突はさけられず長期的には米、カナダ、欧州にも波及するものと分析している。

為替率四百ウオン

南財務、維持語る

ワシントンで開かれていたIMF（国際通貨基金）総会に出席した南悳祐財務長官は二十九日、「こんご国内経済情勢の大きな変化がない限り、為替率の四百ウォン線を維持することにIMF側が了解した」と語り「未決のまま残っていた今年下半期の財政安定計画にも合意、国内与信増加率に対しわが政府が提案した年率二八％増加を承認した」と明らかにした。

南長官はまた、世界銀行側と新農村建設事業のための三億ドル借款交渉でも原則的な合意を見たと語った。

尋ね人

☆高在髙さん(53)(高山)　○光州市山水洞二一五三、本籍まで。

☆曺福寿さん(65・通称…山口、本籍＝忠北沃川郡沃川面馬岩里)　○連絡先＝曺鍋権まで（電話〇三一八三三一六六三二番）

喝采あびた在日同胞選手

金5・銀8・銅4の猛活躍

水泳の朴恵子は新記録で二冠王

53回全国体典おわる

去る十一日、熱戦六日間の幕をおろした第五十三回全国体育大会で、在日同胞選手団は、十六カ種目百八十四人の役員、選手を派遣し、金メダル5、銀メダル8、銅メダル4、計十七個のメダルを獲得する好成果をおさめ、昨年度の最下位から脱皮、済州道を押さえて、十三カ選手団中、十一位をしめると同時に、模範選手団として、表彰された。

特に水泳女高部に出場した朴恵子(17・京都家政学院3年)さんは、平泳百メートルと二百メートルで、韓国新記録を樹立して優勝、大きなセンセイションをおこした。

朴恵子さんは、初日の平泳百メートルで一分九十六秒二で、従来の金論京がもっていた韓国記録を0・2秒短縮した新記録を樹立したのであり、二日目の九日には平泳百メートルで一分二十三秒四で、ベテラン金南淑さんの韓国記録をやぶり、新記録を樹立、足ぶみ状態にある韓国水泳界に警鐘を鳴らした。

一㍍72、61kgの大型選手である朴さんは、現在日本でも将来が嘱望される有望株として指おられており、韓国水泳界では、これを機に、朴さんを育成、74年イランのテヘランでひらかれるアジア競技大会に韓国代表として出場させる計画だといわれる。

また、陸上女子一般走り高とびで一㍍48を出し金メダルをかくとくした金勝子さん(21)は今度の国体で初の金メダリストとして誕生、国内マスコミの脚光を浴びた。

選手団は、例年に見られなかった大活躍で、大学男子部で準優勝をとげ、高校柔道でも銅メダルをかち取った。

なお、在日同胞選手団は、総合点数で三、七一八点である。

リトル・エンゼルス、東京に立ち寄る

ロンドン公演に向う平和の天使「ザ・リトル・エンゼルス」欧米隊一行四十一人が七日東京に立寄り十日まで滞在した。

◇写真説明

第23回韓国国体に参加する在日同胞選手団結団式で団長の李俊明氏に団旗を授与している(上)、団旗先頭に多くの優勝カップをもらって勢ぞろいした在日同胞選手団(中)、女子一般走り高とびで国体初の金メダリストになった金勝子さん(下左)、女子水泳で新記録を出し多くの話題をさらった朴恵子さん(下右)・

舞踊家陳完順さん アメリカで発表会

陳完順さん

舞踊家陳完順さん(38・梨大舞踊科長)は、アメリカでの舞踊発表会をおえ八カ月目の、去る九月二八日に帰国した。

発表会をおえたのち、カナダ、イギリス、イタリヤなど十二カ国の舞踊界を見学した。

「世界舞踊界の最高峰はやはりアメリカです。舞踊の種類と系列が多彩です。観衆の鑑賞態度もとくにすぐれています。舞踊界はクラシック・バレーがよく保存されているが、現代舞踊に傾きつつあるといわれる。

クラシックバレーと現代舞踊が並存しているとのことである。

一方、陳教授がアメリカのサンディエゴ州立大学劇場、イリノイ州立大学劇場、そしてニューヨークのカーネーギ・ホールで持った舞踊発表会は韓国舞踊家としては最初のもの。

「六月二九日、カーネーギー・ホールの発表会は誇らしいものでした。1部は韓国舞踊、2部は現代舞踊を発表しました。

本国水災義援金を鄭求部札幌総領事(中央)に伝達する孫桂雲北海道本部団長(左から2番目)

割当金納付励行を

各地方本部によびかけ

全力をあげて完納を強調

李聖南総務局長指示文

……あります。

従ってこの運動は、期間如何を問わず継続して行くことは勿論でありますが、ともすれば納付義務を忠実に履行している一部地方本部の不平を買って、組織全般に相互不信をかもしだす要素を考えると寒心にたえません。

このようなことは、各地方本部と支部との場合も同じであり、全国組織が義務履行に関して無関心であってはいけないことは組織人の正道であります。

いずれにしても、これを是正しなければ団の正常な運営と発展は期し難いことを銘記し、率先して義少県の義務を守るよう強く要望するものであります。

参考までに中央本部の方針にそい全力をあげて完納した地方本部は次のとおりであります。

▲大阪府地方本部
▲埼玉県 〃
▲静岡県 〃
▲三重県 〃
▲岩手県 〃
▲三多摩 〃
▲福井県 〃
▲愛知県 〃
▲高知県 〃
▲香川県 〃
(七月分まで)

本国水災義援募金

千六百万円突破

北海道の金勉君=十円玉で一万九百円

小遣貯めて義援金寄託

ソウル人口六百万突破

十月一日現在のソウル人口が六百四万人と推計された。これは上海につぐ世界第六位。

三分制公衆電話

十月一日からソウルと釜山で実施

十月一日からソウルと釜山間の公衆電話に三分断絶制が実施された。この三分断絶制は、通話開始後三分たてば自動的に切れるもので、切れる三十秒前に予告音が出る仕組みとなっている。

韓国学術代表団

高松塚で基本見解

三多摩本部で大運動会

"南北共同声明支持と赤十字本会談の成功を祈る"のテーマのもとに、500人が参加してひらかれた三多摩地方本部の大運動会。

国立体育学校を設立

寄贈農機具を通関保留

李光鎮氏

女の韓国ひとりあるき (3)

画・文…サトウ・サナエ

マッカリの味は官能的

胸が痛むかつての帝国主義

私は、友だちになった韓国人Kさんに、韓国の労働者たちが一日の労働を終えて、ホッと一息つきたい時、「今晩はいっちょう飲もうか」と言ってくりこむような居酒屋に行ってみたいとだだをこねた。

Kさんは、そんなところは女が行くところじゃないし、第一韓国の恥部を外人に見せるなんて—と言って渋った。

私はそんなところを恥部だなんて思ったことがないのでまったく驚いてしまった。

でも親切なKさんは、友だちまでさそって五人でつれて行ってくれた。

外から見た限りでは、とても居酒屋には見えないような玄関をはいると、中央通路をはさんで両側に三畳間ぐらいの障子で仕切った部屋がズラリと並んでいた。そして韓国特有のゴム履物や皮靴が思い思いに脱いである。部屋のなかから、大きな歌声とリズムをきざむ箸の音が、すごいエネルギーをはらんで流れてくる。ニンニクの臭いがかすかにただよって、私はやっと韓国に来たのだという気持になれた。

チマ・チョゴリを着た可愛いサービスの女性二人をふくめた七人が席につくと、障子が破れはしないかと思えるほどいっぱいになった。テーブルには、アッと言うまに料理とマッカリが並び、待望の酒盛りがはじまった。話には聞いていたけれど、はじめて飲むマッカリの味は官能的な舌ざわりでとてもおいしかった。

いい気持に酔ってくると、……

慶州仏国寺多宝塔前での筆者

戸籍法律相談室

在日本韓国人戸籍問題研究所

五、問い 私は日本人女子と日本の区役所で一九六二年五月七日婚姻届出をしましたが韓国の本籍地の戸籍には未だ婚姻届出をした日本人妻の入籍が出来ておりません。このような場合韓国の本籍地面事務所にまた婚姻申告をしなければならないのですか、そうでなかったら日本の区役所で婚姻届出証明書一通が韓国の本籍地面事務所に送付されなければならないのですか教えて下さい。(東京都江東区 林大中)

答え 外国で韓国人との間に婚姻又は韓国人と外国人との婚姻などを問わず外国において婚姻する場合は渉外私法(日本法例)第十五条によって婚姻の成立要件を各当事者に関しその本国法によってこれを定めます。しかしその方式は婚姻挙行地の法によることになっています……

六、問い 私は一九六五年六月十五日日本に帰化をしましたが韓国の戸籍にも日本に帰化したために戸籍が抹消されているのですか……

八、問い 私の戸主である父は一九五八年十二月二十一日死亡して長男である私の兄と……

高等教育の改革

国際シンポジウム

韓国高等教育の理念および制度の方向

ソウル大学教授　金鐘喆

大学社会の学生活動

「平和の中の創造」基盤に

延世大学教授　成来運

シャーマニズムの…的意味と機能

韓国・金泰坤教授

日本・桜井徳太郎教授

研修の窓で…

日本のカラーTVに学ぶ

姜大振

NHKスタジオで、TVドラマ「赤ひげ」の演出研究中の筆者

洪吉童傳

(二四)

許筠著

訳・編　洪相圭

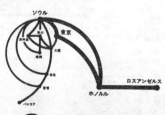

韓國新聞
在日大韓民国居留民団中央本部機関紙
韓國新聞社
発行人 金 正柱
東京都文京区春日町2丁目20－13
電話 (815)1451～3
(813)2261～5
振替口座 東京 163774

民団綱領
一、われわれは大韓民国の国是を遵守する
一、われわれは在留同胞の権益擁護を期する
一、われわれは在留同胞の民生安定を期する
一、われわれは在留同胞の文化向上を期する
一、われわれは世界平和と国際親善を期する

韓国全土に非常戒厳令

統一達成への体制改革

朴大統領特別宣言 憲法改正、国民投票

朴大統領は、十七日夜韓国全土に非常戒厳令を布告するとともに、ラジオ放送で全国民に別項のような特別声明を発表した。声明はわが国が当面している課題の焦点を「われわれの運命をわれわれ自身の力で守り、切り拓かねばならない現実」としてとらえ、その所以を「韓半島をめぐる大国間の力関係の変化」によって「大国が第三国あるいは中小国家を犠牲にすること」もありうるとの問題意識でとらえている。

そして現在の諸法規や体制は、民族の対話など新たな国際情勢に対応するためには大きな改革が必要としているものとし、憲法改正をはじめとする諸制度の改革をめざしている。

しかし、政府の対外公約、国民の日常生活、外国人の投資はいっそう勧奨保障されるべきことを明らかにし、非常措置の基本指標を民族の新次元における躍進であることを明らかにしている。このたびの措置による祖国のより高い発展に対する期待が高い。

朴正煕大統領

祖国の新たな運命を切りひらく改革の契機

緊張緩和の潮流に肯定的な姿勢で臨まなければならないことをすでに前々から明らかにしてきました。しかし、緊張緩和の本質はいまのところは列強のもう一つの新たな問題解決方式にすぎず、この地域では不幸にも緊張緩和がいまだ定着していないことを私はみております。それゆえ緊張緩和という名のもとに、いわゆる列強が第三国や中小国家も犠牲の供え物とすることが充分あり得るという点をわれわれは警戒すべきであります。いまわが韓半島をめぐる列強の既存勢力均衡関係は大きな変化をきたしております。

私はこの変化がわれわれの安全保障に直接的または間接的な影響を及ぼすことになるとみております。なぜなら、そのような変化は、すなわちアジアの既存秩序を逆転させるものであり、これまでこの地域の平和を維持してきた安保体制さえも変質させようという大きな脅威を内包しているからです。

……

大な決心を国民の皆さんの前に明らかにするものであります。

いまわれわれをめぐる国際情勢は甚大な変化を起こしつつあります。私は人類の平和と繁栄のための……

"対日政策に影響ない"

李澔大使、韓国の立場説明

李澔駐日韓国大使は十七日夜、外務省に法眼事務次官をたずね、朴大統領が同日とった非常戒厳令の布告などの措置について「南北韓の対話を継続してゆくためにとった非常措置であり、対日政策にはなんの影響もない」と韓国政府の公式的な立場を説明した。同大使は、来月中旬に予定されていた朴大統領の訪日がどうなるかについては「一切連絡を受けていない」と説明した。

国会を解散

政治活動禁止

内外情勢にてらし

不可避の英断であると判断

金正柱団長談話文発表

金正柱民団中央本部団長は、十八日午後、団員に告ぐ談話文を発表、十七日に発表された非常戒厳措置は、激動する国際情勢にてらし韓国の国内事態を整備強化して北韓との対話に対処する緊急措置であり、朴大統領の英断であると判断、ついで民団が推進中の組織整備強化対策には何らの変更がない旨闡明した。談話文は次の通り。

親愛なる団員の皆さん！

昨十七日に発表された朴大統領の国家に対する非常戒厳措置は、現下のすべての内外情勢にてらし不可避の英断であると判断するしだいであります。

このような重大措置にいたるまでの慎重で深遠な大統領閣下の配慮は、現在急展開をつづけている国際情勢に呼応し、国内事態を整備して強力な政治態勢のもとで、一面、北韓に対する対話続行を果敢に前進させ、韓国の周辺国家にも威厳をもって対処するための意図であることが明らかであります。

思うに祖国が国力を効率的に発揮しようとすれば、まず政府体制を強固にすべきであり（「国軍の日」の大統領談話）、またわが民族の自主的な決断と主体的な努力が必要であるのと同じく（「ハングルの日」の大統領談話）、わが民団もこの際、実力体制を完備し強力な組織体系の形成を速やかに実現することが、いままでのどの時よりも要望されると信ずるしだいであります。

したがって、中央本部で推進中の当面課題である青年対策、東本対策、総連対策などは何らの変更なく、着々進行させる必要を再び闡明するしだいであります。

傘下各級機関の組織活動家は、より責任ある指導力を発揮し、特に言行（流言蜚語）に留意して下さることを望みます。

このたびの大統領宣言を契機として、団員のみなさんがその真意と実相を体し、今後、より強力な組織整備と内実のある実力培養が実現され、民団組織に期待する海内外同胞の好意にこたえるようお願いするしだいであります。

統一問題特別委員会

委員補強してスタート

韓国青年会 東京本部結成

都内支団長会議で意見一致

民団の第二十回中央委員会と、第三十五回臨時中央大会で、傘下団体としての認定を取り消された韓青と韓学同に対する措置のあと、中央本部には青年局、大阪など地方本部には青年指導部が暫定的措置として設置されていたが、去る十三日午後一時から民団中央会議室でひらかれた、東京都内民団支団長会議で、名実共に在日韓……

中央執行委員会と顧問会議ひらく

組織整備事業に 誠金五十万円寄託

三和商事の崔淳悦氏美挙

混乱を未然防止

国民の生命と財産保護

アジア開銀借款協定に調印

韓日大陸ダナ実務者会議で合意

崔東龍氏

若狭湾で理学博士 在日同胞崔東龍氏

韓国との友好親善を深める

サハリン韓国人救出を

若狭氏、山下官房副長官に陳情

大邱でひらかれた第2回サハリン抑留同胞帰還促進大会

一九七三年度 在日韓国人（自費）母国留学生募集

一九七三学年度在日韓国人母国留学生を次のように募集します。

一、募集対象
母国の大学課程以上（大学又は大学院）で自費修学を希望する在日本大韓民国国民

二、志願資格
①日本外国人登録法に依る登録を済ました者
②日本国内で高等学校を卒業した者（一九七二学年度卒業予定者を含む）
③日本国永住権を取得又は申請中の者

三、留学手順
①大使館が主管する銓衡に合格しなければならない。
②大学志望
大学は三校まで志望が可能です。
③入学許可
志望校に対する入学可否は一九七三年初に本国政府が決定通報し、一九七四学年度に入学が許可されます。
④予備教育課程及び大学就学時期
母国大学に入学が許可された学生は全員ソウル大学校内に設置されている『在日韓国人留学生予備教育課程』に入学して一年間所定の課程を履修し入学が許可された大学において一九七四学年度から就学します。

四、提出書類
①母国留学志願書（所定様式）志望大学別……各一通
②留学希望者調書（所定様式）……三通
③卒業証明書又は卒業予定証明書二通……二通
④成績証明書（最終学校分）……二通
⑤国民登録済証……二通
⑥外国人登録済証……二通
⑦所属民団長推薦書……二通

五、志願書交付及び提出先
駐日韓国大使館 奨学官室
駐大阪韓国総領事館 奨学官室
駐札幌韓国総領事館 奨学官室
駐福岡韓国総領事館 奨学官室
在日大韓民国居留民団中央本部 文教局
各地方韓国教育文化センター

六、志願書提出期間
一九七二年十月五日から十一月四日まで

七、銓衡実施
①日時 一九七二年十一月五日(日曜日)午前九時試験場集合
②場所 (1) 関東地区 東京韓国学校
（東京都新宿区若松町二一 電話〇三（三五七）二二三三）
(2) 東北地区 札幌韓国教育文化センター
（札幌市南九条西四丁目 電話〇一一（五一一）八九三一）仙台韓国教育文化センター
（仙台市本町一－五－三四電話〇二二二（二三）六九七〇）
(3) 中部地区 大阪韓国学校
（大阪市西成区梅南通五－五 電話〇六（六六一）二八九八）
(4) 西部地区 福岡韓国教育文化センター
（福岡市博多駅前一－一八－一七電話〇九二（四三）四五八五）
③銓衡科目
(1) 大学志望者……国語・英語・数学・作文・面接
(2) 大学編入・大学院志望者…国語・英語・論文・面接
※予備教育課程履修希望者は書類銓衡のみで合格者を決定します。

八、其他の事項
①一九七四学年度入学が予定されている者でも予備教育課程の成績が極めて不良で成業の見込みがないとみなされた場合は大学就学を保留します。
※特に「ソウル大学校」は予備教育課程修了後同大学が別に実施する「母国留学生特別銓衡」に合格しなければなりません。
②学校入学は第一－第三志望校中で許可されますが留学期間中の大学及び学科の変更（転学・転科）は指導教授・ソウル大学校在外国民教育研究所及び文学部が妥当な理由があると認めた場合に限りますので学校及び専攻学科の選定には慎重を期して下さい。
③その他の事項は最寄の韓国教育文化センターに問い合せて下さい。

駐日本大韓民国大使館 奨学官室
〒一〇六 東京都港区南麻布一－二－五
電話〇三（四五二）九六五三
〇三（四五二）七六一一～九（内線八一）

(前号につづく)

南北赤十字会談取材手帖から (3)

KPI社長　金　允　中　記

離散家族再会一号実現せず

南北赤十字会談の第一の命題は何といっても、南北に別れている一千万離散家族の再会である。南北統一は、この会談がうまくいけば統一にもつながるという第二次的な副産物である。一千万離散家族の苦痛を軽減することこそ我々の責務である、というのは会談に参加している南北代表が等しく口にする決り文句である。では代表団に参加している人の中で、離散家族を自分の目前に置いて会わない場合、彼は会えない場合、このことをどう説明すべきであろうか？偶々代表団員の誰かが偶然にも自己の眼前に姿を現したとしても「大事の前の小事だ、公的渉業の前には私情は許されない」と簡単に片づけられようか？これを赤十字精神といえるのだろうか？赤の他人だって握手も出来れば、声もかけられる者だ。身を以て実践出来ない人道主義、それなら赤十字精神という名に汚辱された政治的取引に過ぎない。

東京ーソウル直行出来ない

去る九月十二日ソウルにおける第二次本会談には朝総連第一副議長である金炳植朝総連副議長、李衛九朝鮮通信社長ら五名の朝総連機関紙記者が参加した。彼らは東京から平壌に飛び、北側代表団の一員としてソウルに向ったのである。その人達は北韓の支持者なるが故に東京に、東京ーソウルと直行出来ない異邦人なのである。同文同種同胞、全くの同胞でありながら文字通り異邦人なのであるあわよくば肉身を一眼でもという希望はあったろうが、分断国家の悲哀はここにも明々白々と立証してくれたのである。南北の場合はソウルに八一歳の老母がいる。長兄の李衛九氏は三星財閥の子会社中央開発の社長である。もちろん彼が来ることは、兄も母も知っていたのである。彼自身、家族の消息は知っていたはずである。金炳植委員の場合も全南木浦に肉親という弟がいる。だが会いたくなかったのか、会えなかったのか、会わなかったことだけは事実である。

顔で笑い心で泣く複雑な心

記者は彼らが到着した第一夜(九月十二日夜)晩餐会後のパーティで李君に会った。「お母と兄さんの消息が放送された(十一日)のを知っているか？」「知らない」「会いたくないか？」の質問に対し、イエスともノウとも答えぬ心情である。顔で笑い、心で泣いているのかも知れぬ。彼の眼鏡の奥にチラリと光る何物かを見たといって、これはオーバーな表現だろうか！そこへ、国内外の記者がどっと押しよせて取りまくのである。「お母さんと兄さんが健在です、会いませんか？」とこれらの記者達の総攻撃に、李君の返事は「複雑になります」(面倒になり…)コメント。ソウル市東南洞在住のこれはちょっと旧聞に属するが…ますの意)と答えるだけで、本人に意思があるか、ないのかさえ判定するのは困難であった。

本当はこの人達が離散家族として実現第一号になってもよい筈なのだが、そうはいかなかったようだ。表向きの理由はある。即ち公的立場で来た人間が私情第一号になっては相済まぬという面もあろう。だが、会えなかったということは、正に断腸の思いであったろう。

辛金丹親子らの奇蹟起らず

今一人の金炳植副委員長は全南木浦市近くの荏子島生れである。僅か数百戸のこの荏子島出身では、昨年朴大統領の向うを張って野党大統領候補に出た金大中氏がいる。この金炳植は目下、朝総連切っての人である。偶然にもこの小さい島から二人の時の人が出たが、李、金両氏の場合、辛金丹親子の劇的対面(昭和四十五年一月)の奇蹟は起らず、昨年の韓国花の実らざる肉親の対面に終ったのも気の毒である。

十一日T放送が報じたニュースでは、八一才の老母(元氏)の声もきこえた。「あの子は城南高校卒、二〇才の時、一九四七年二月頃家を出て行方不明、私は昨年胃の手術をして九死に一生を得た。今一眼でも会えたら安心して死ねる」というのであった。彼の兄李奎九氏はノ

托児所優良児とお茶目記者

今まで何処の新聞にも報道されなかった小話の一つ。時は去る八月三十日から平壌で開かれた南北赤十字会談の時の話である。韓赤代表団は平壌市内の一つの托児所に案内された。そこには数十人の丸々と肥った幼児ばかり、正に栄養満点の様子。南から随行した20名の記者の中の一人、ちょいと茶目気を発揮、指導員の眼を盗んで一人の幼児に近ずいて話かけた。彼としては余り利口そうでない児を選んだ。

忠南温陽にある顕忠祠を訪ずれた北赤金泰禧代表団長(前から二列目中央黒ぶち眼鏡の背が低い方)

△記者＝坊や！年幾つだ？
子供＝五つデス(今指導員が傍に居た違う子を選んだ。笑眼り少しボーッとして見える子を、その子＝四つデス、と言い直し)
記者＝今朝何を食べた？
子供＝モグモグ、返事に困った様子(傍の指導員がニラむ。)
子供＝イッパップ(米のメシ)食べた。(この言葉自体が米を常食としない咸鏡道の方言だが、北では一般語となっている)
この記者は、三人目の子供に話かけた。
記者＝金日成首相さまを知っているか？
子供＝ハイ(と直立不動)正に立板に水と金日成の生立ちから業績を滔々と述べること約五分。今度は記者より指導員が驚いたらしい、テレ臭さそうに指導員は遠ざかった。そのスキにこの茶目気記者、余りの流暢な演説に小ニクらしさを感じた。辺り一帯を注意深く一べつした記者、チャンスだとばかり、件の子供の赤い可愛いホッペをツネった。
△子供＝あっ！痛い！(と反射的に声を張り上げた。)
この記者は「お前初めて本当のことを言ったナ」と内心ほくそ笑んだという。全く罪な大人である。「もう二度と平壌には行かない。本当のことが書けないんだぞン」とはソウルに帰っての感想。(おわり)

中央技能センターでひらかれた研修生会議

一流メーカーで研修

国際技能開発計画に16人

◇……韓国からの女子研修生が岐阜の縫製工場で、「酷使」された人……◇
◇……道にもとる前例は、同胞の憤激をかってやまなかったが、この……◇
◇……たび、日本政府労働省のきも入りで、財団法人日本ILO協会……◇
◇……が、研修生の医療措置や災害補償措置までを含む本格的な研修……◇
◇……システムを創立、その第一回の研修生うけ入れが行なわれた。……◇

日本政府労働省、日本の大企業、財団法人日本ILO協会などによって行なわれるアジア発展途上国を対象とする国際技能開発計画にもとづく第一回海外技術研修生三十人のオリエンテーションが十六日から千葉県千葉市六方町の中央技能センターではじまった。

この事業は、日本ILO協会が主体となって日本国において民間企業の協力によって、職業訓練を実施することにより、中堅技能者指導者等の指導的立場にたちうる者を養成し、アジア諸国の人的能力の開発と産業の発展ならびに友好と国際親善に寄与することをうたっている。

このたびの研修には、韓国から16人、シンガポール9人、タイ2人、マレーシア1人、フィリピン1人、インドネシア1人など30人である。

韓国研修生は十月十四日、東京芝パークホテルに旅装をといたが民団千葉県本部では高権範事務局長が迎え接待や案内、通訳をつとめたが、今後とも県内における三カ月の研修期間中には千葉県民団本部をあげて温かい支援とはげましを続けて行くとのことである。

研修生は、三カ月間、雇用促進事業団中央技能センターで、日本語、基礎的職業訓練、研修旅行などのオリエンテーション・コースを終えれば、日立造船、東芝電気などの大企業で、現場実習を一年間行なうことになる。

なおこのたびの韓国研修生はつぎのとおり。(括弧内は現場実習企業)

玉満五・23才(日本電気)
金奴洙・25才(〃)
金栄圭・25才(〃)
金南植・25才(〃)
韓東準・23才(〃)
崔晋鎬・24才(東芝電気)
柳創植・25才(〃)
郭允信・24才(〃)
安鎬善・21才(〃)
李東旭・26才(〃)
韓敬成・23才(新潟鉄工業)
李　喆・25才(〃)
李大烈・24才(〃)
梁伯坤・21才(〃)
韓弟錫・23才(〃)
ほか一人

在日同胞も統一問題にとりくめ

黄　益　浩

特別寄稿

激動する世界情勢に対処
民団組織内に研究機関を

(一) 過去において、我々の祖国分断の要因は、外部勢力の介入による事が多く、その外部勢力とは、中国と日本であったし、現在にあっては、我国の分断に関連のある当事国として、ソ連と米国の両大国と中国の日本が登場しているのである。

こうした国際情勢を背景として、今日の南北統一の動向を捉えない限り、本当に我々が祖国を統一することはできないであろう。

しかしながら、勿論、統一実現の為には、それが具体的な政策として問われねばならないのである。

(二) この点について、朝総連は、所謂「金日成主体思想」が、その役割を果すものと考えているようである。

しかし、私は、今度の南北統一への動向を劇的転換が一金日成個人の思想や権威でもってつけようとするのは誤りである。

[illegible]

(三) それでは、我々の行動の基盤である「民団」が、そうした状況の中でいかに対応すべきであろうか。

[illegible]

(四) 従って、民団にあっては、この祖国統一運動は、かつて一九四五年以前の祖国独立運動と同様の比重をもった行動として、統一問題の意識化に努めることを提唱したい。[illegible]

(おわり)
(筆者は統一問題研究家)

日本人より体質が優秀

ソウル医大で韓国人と比較研究

韓国人は体質面から日本人と比較すれば、9～10才ごろには発育がおくれ、日本の同じ年令層にくらべて劣っているが14～15才からは急速に発達、成人(18才以後)のばあい、頭部の長さを除けば足の長さなどすべての部分で大きく優れていることが明らかになった。

このような事実は、ソウル医大の羅世振教授など解剖学関係教授4人が59～71年にわたって済州道民、千七百七十二人(男千人、女七百七十二人)を対象に、来る韓国解剖学会に報告する「済州道韓国人の体質人類的研究」論文で明らかにされたものである。

羅教授が済州道原住民を調査対象としているのは、全国的に各地方の体質的特徴がとけあって薄くなっているのにくらべ、済州道は幾代にもわたって、島内でひきつづき生活して来た要素が大部分であり、他地方との通婚(混血)が少く、固有の慣習、血統、食生活などをほとんどそのまま温存していて、島地方である日本、九州住民と人類学的にも比較するためである。

この調査によれば、済州島児童のばあい、7才から15才までは身長幅が平均三九・六糎で、日本文部省が六五年度に調査した日本児童より、成長はおそいが15～17才の間に胴部が8～9糎も急激にのび、十八才以後には平均身長がひきつづき日本人を抜いているということである。

成人のばあいには、済州島原住民が小浜氏が調査した日本九州の住民より胴幅が□・七糎、頭の上端の長さが四糎ほど短いだけで、頭幅、顔面幅、腹面の長さなどすべての部分の長さがはるかに上まわっていることを示している。

数値から見れば済州島原住民は、九州人より身長面で五・五糎が上まわり、特に下肢の長さが著るしく長く、全般的には日本人より韓国人が、西洋人に近いからだを持っていることがわかる。

羅世振博士は「この調査結果を見れば、十八歳以後、成人のばあいには、韓国人が体質人類学的な面で日本人を上まわっていることは、明らかに韓国民族が遺伝的に優秀なことを証明するものであるが、九～十三歳の間にむしろおくれているのは外的環境の差から来るものと思われる」とのべ、「低年齢層の発育過程で阻害の要因を除去、生活様式などを改善することだけが国民体質を向上させる道」であると結論した。

のびのびしたさいきんの韓国児童の肢体

日本の斜陽産業韓国で誘致調査団

農林部は対日農林物市場開拓と日本の斜陽産業を国内に誘致するための調査団を十一日、日本に派遣した。

十四人からなる同調査団は十一月十日までの一ヵ月間滞日しながら先の第九回韓日貿易会談で協議した豚肉、加工食品、木製品、その他水産物の輸出増大のための市場調査と合せて日本の農林水産、斜陽業種の国内誘致問題を関係方面と話し合う予定。

ゴルフ大会　民団大阪本部主催

民団大阪府本部(団長、[illegible])では十九日、兵庫県大庭市瀬田カントリークラブに府下有志らを招き駐日大使杯争奪ゴルフ大会を開く。

同本部では、組織人と商工人らの交流を深めることに意義をおいており希望者も二百人に達しているという。

開業

民団大阪府本部[illegible]五日、大阪府大正区の大通筋に焼肉大陸園を開業した。[illegible]万円。

ソウルは超満員　観光客で賑わう

日中国交正常化後台湾行きの日本観光団が韓国へ殺到、十月に入ってからソウルはほとんど「満員御礼」の有様である。市内三十五のホテルはほとんど予約で満員、国際線も三対一で座席の奪い合いとなっている。交通部によると、一二部観光業者は折角の観光客をことわっている。交通部によると、九月末まで来韓の外国観光客は二十四万三千人で昨一年間の二十三万人を軽くオーバー、年末までには目標三十万人(外貨獲得六千万ドル)を上回る三十五万人になると[illegible]。

尋ね人

☆伊藤準之助さん(57)東京都新宿淀橋に住んでいた。
☆小長寺健治さん(60)東京都大田区大森に住んでいた。
新於疫病院がなく、この二人をソウル特別市内大門区硯底洞98—32の朴東福が捜しています。
〇東京都(03)四一三一四六一八　柳心平まで連絡して下さい。

韓国情緒漲ぎる民族舞踊

愛と美と善溢れる

平和の天使「リトル・エンゼルス」

11月19日から日劇で公演

"日本の皆さまこんにちは"と、あのかわいらしい世界的人気を浴びている"リトル・エンゼルス"が、また、やってくる。ファンの要望に応えて来月十九日、三度目の日本公演の□□だが、こんどは、十一月から来年二月末まで、東京をふり出しに、大阪、京都、名古屋、神戸の五大都市で百日間にわたる長期公演とあって、早くも各地のファンの心を躍らせている。八つから十四歳までの韓国の小さなレディたちは、韓国民俗舞踊団として一九六二年創設以来、世界各国で九百六十五回におよぶ公演で、その生き生きしたダイナミックな演技と調和と迫力にあふれた洗練された舞踊は、英国のエリザベス女王をはじめ、日本の□□□下ご夫妻、ニクソン米大統領夫妻など世界の□□から一様に大賞讃……

華麗なる「扇の舞い」（上）神技に近い「九鼓舞」（下）

世界の新聞評

英国新聞

Evening News（一九七一・九・七）……

The Daily Telegraph（1971.9.7）……

The Frederic Post（1968.11.8）……

日本公演日程

東　京	1972年	11月19日－12月29日	日本劇場
大　阪	1973年	1月3日－1月27日	大阪サンケイホール
京　都	〃	1月28日－1月30日	京都会館
名古屋	〃	2月1日－2月11日	名古屋市民会館
神　戸	〃	2月3日－2月16日	神戸国際会館
名古屋	〃	2月18日－2月26日	名古屋（第二次）

A席 3,500円　B席 3,000円　自由席 2,500円
P.M 1時30分とP.M 6時30分開演

女の韓国ひとりあるき（4）

画・文…サトウ・サナエ

朝寝、朝湯で庄助の気分

ところ変れば品かわる

私が、韓国に行ったら、ぜひ見たいと思っていたものの一つに、韓国の公衆浴場があった。日本の文化の数々は、韓国を経て日本に定着したわけだが、どういうわけか銭湯は日本から韓国にわたったようである。

日本人の銭湯好きは、世界に例をみず、外人の目から見ると日本の銭湯のありかたは、奇妙にすら感じるようである。

一四三〇年に、使節の一行として来訪した朴瑞生が、日本の銭湯を見学し、日本人の清潔好きと、銭湯の意義に感服したという。そして帰国後に、朝鮮での銭湯の必要性をといたが、そのときにはまだ受けいれられなかったということである。明治になってから朝鮮半島に銭湯を紹介し、普及させたという。その銭湯が、現在の韓国で、……

慶州博物館前での筆者

（つづく）

本国水災義援募金

千八百五十九万円

唯一の新羅人面紋瓦

日本から30年目に戻る

日本から慶州博物館に寄贈された新羅人面紋瓦

国際秩序の中で明日の韓国を展望

新韓学術研究会シンポジウム

十一月四日、東京の経団連会館で

戸籍法律相談室

在日本韓国人戸籍問題研究所

第一回「文化賞」授与

金正柱氏に決定

海外同胞青年研修会ひらく

長野、新潟青年会で

韓国へ修学旅行

滋賀の近江兄弟社高校

引そつ団長に洪炯圭教師

崔□天氏

NAM SEOULカントリー倶楽部

推薦の言葉

この度、京原建設株式会社が、許鼎九代表理事の御尽力でNAM−SEOULカントリー倶楽部を完工しました。そして新規開場を記念して、在日韓国人をはじめ、日本ゴルフ愛好家から会員を募集し、広く門戸を開放しています。これは本国と在日同胞、韓国と日本の友好親善を促進するのに大いに役立つものとして、心から共鳴するものであります。

韓国でもつとも近代的な設備を誇るこのNAM−SEOULカントリー倶楽部は、京畿道広州郡楽生面に位置し、SEOULの都心から僅か20分のドライブ距離で、敷地65万坪に全長7,064ヤードのチャンピオンコースをもっていると聞きおよんでいます。

この地は風光明媚で、ぬけるような青空の下で、のびのびとゴルフを楽しむことが出来、ゴルフを通して、韓国の政財界や経済人たちと、人的交流を密にすることによって、事業の推進にも大いに役立つものとして、日本の皆様にも自信をもって推薦するものであります。

NAM−SEOULカントリー倶楽部が、韓国の新らしい観光名所となり、母国訪問の在日韓国人や韓国で活躍している日本の皆様に、健全な憩いの場所となり、ゴルフ愛好家たちのみでなく、一般の方々にも開放され、親しまれる素晴らしい観光地として発展し、日本の皆様が、韓国を身近かに感じられる足がかりになる日も遠くないと信じ、ゴルフ愛好家や一般有志に、NAM−SEOULカントリー倶楽部の会員になられるよう推薦するものであります。

在日本大韓民国民留民団中央本部

副団長 李　彩　雨

クラブ・ハウス正面全景

コース建設概要

所在地：京畿道 廣州郡 楽生面

用地面積：總65万坪

規　　模：18HOLE 7,064 YDS

基本設計：井上誠一

設計監修：浅見緑蔵

施工担当：池蓮奉

ハウス設計：嚴徳紋

着　　工：1969年11月

完工開場：1971年 10月

附帶施設

1. 倶樂部ハウス 1,100坪
2. モテル(Motel)
3. 住宅團地
4. 子供遊び場 及びプール場
5. 其他レジヤー施設

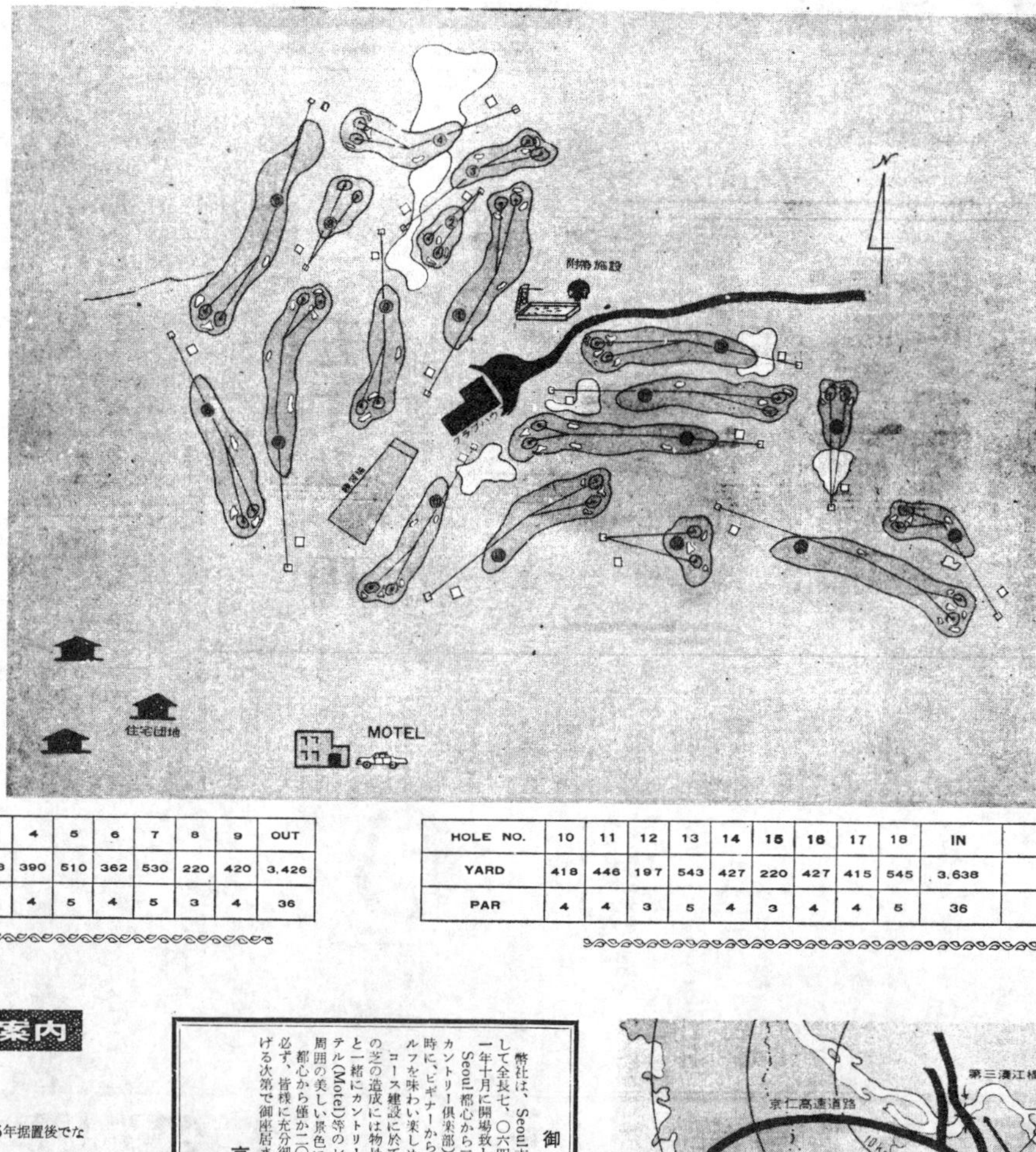

● YARDAGE

HOLE NO.	1	2	3	4	5	6	7	8	9	OUT
YARD	428	198	368	390	510	362	530	220	420	3,426
PAR	4	3	4	4	5	4	5	3	4	36

HOLE NO.	10	11	12	13	14	15	16	17	18	IN	TOTAL
YARD	418	446	197	543	427	220	427	415	545	3.638	7.064
PAR	4	4	3	5	4	3	4	4	5	36	72

第二次会員募集案内

人　員　200人

入会金　50万円(日貨)

註 日本で取得した会員券の韓国での売買は5年据置後でないと認められません。
日本国内での売買は自由ですが名儀書換料が必要です。

募集主体

京原建設株式会社

NAM−SEOULカントリー倶楽部

〈ソウル連絡事務所〉

ソウル特別市中区太平路二街70−7　海南ビル514号

〈倶楽部〉

京畿道広州郡楽生面

TEL(楽生) 51−100

〈日本地域申込連絡事務所〉

〒151　東京都渋谷区代々木二ノ三九ノ七、メゾン代々木三〇三

TEL (03) 379−3668

クーポン 韓国72.10　資料御希望の方は住所、氏名、年令、職業、電話番号、ゴルフを始められた年などを御記入のうえ、〒151東京都渋谷区代々木二ノ三九ノ七、メゾン代々木三〇三号、NAM−SEOULカントリー倶楽部日本地域申込連絡事務所まで御送り下さい。

御挨拶

弊社は、Seoul市近郊の広州郡楽生面に、敷地六十五万坪を確保して全長七、〇六四ヤードのチャンピオンコースを建設し、一九七一年十月に開場致しました。

Seoul都心から二〇分のドライブ距離にある此処(Nam-Seoulカントリー倶楽部)は風趣溢ぎる景勝の地に位置しておりますと同時に、ビギナーからロー・ハンデイに至る迄ゴルファーなら誰もがゴルフを味わい楽しめます様、其の設計に特に念を入れております。

コース建設に於てゴルフ場の生命であるグリーンとフェアウェイの芝の造成には物量と精力を惜しまず其の完璧を期しており、家族と一緒にカントリーライフを楽しめます様、プール、子供遊び場モテル(Motel)等のレジャー施設を完備する計画であります。なお、周囲の美しい景色に相応しい会員住宅団地も準備しております。

都心から僅か二〇分の交通条件、そして格調高き周囲の雰囲気は必ず、皆様に充分御満足戴けることと確信し、先ずは御挨拶申し上げる次第で御座居ます。

京原建設株式会社

代表理事　許　鼎　九　拝上

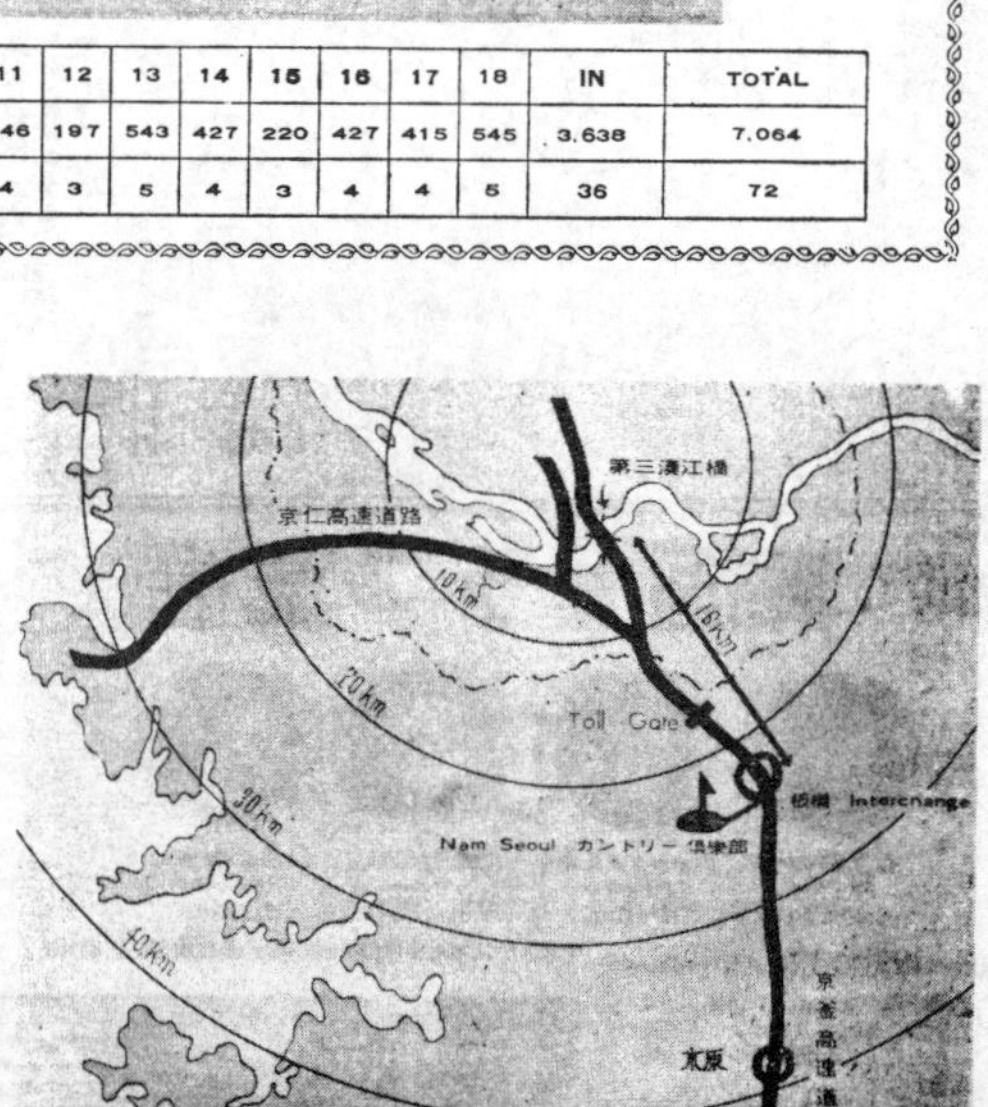

韓國新聞
在日大韓民国居留民団 中央本部機関紙
韓國新聞社
振替口座 東京 163774

在日本韓国人青年会 東京本部を結成

花郎精神生かし 祖国の繁栄を誓う

◇……年内に中央大会開催を目ざし、地方組織を着々結成中の在日韓国青年会結成準備委員……◇
◇……会では、その東京本部結成大会を、去る二十二日正午から、都内杉並区公民館で、約……◇
◇……四百人の韓国青年たちが集まる中で、盛大にひらいた。大会は、民団中央青年局の韓相……◇
◇……竜次長の司会で進められ、国民儀礼のあと、下周浩青年局長が、険悪な周囲情勢にも拘……◇
◇……らず、意志を同じくする同胞青年たちが一堂に会し力強く青年会東京本部を結成発足……◇
◇……させることは、その意義が大なるものであり、千年間にわたる新羅の発展と繁栄は、愛……◇
◇……国的な青年たちの花郎精神に起因するものであるとの要旨の開会あいさつをのべた。……◇

杉並公民館でひらかれた在日本韓国青年会東京本部結成大会

会長に尹隆道氏を選出 副会長には孔政幸、李相善氏

つづいて、[illegible]公使、[illegible]中央副団長、金[illegible]中央婦人会長らの祝辞があり、一同総意に青年会を結成した[illegible]東京本部の[illegible]会長と、同じく[illegible]本部の[illegible]

尹隆道会長

在日本韓国人青年会 東京本部役員

▲会長 尹隆道
▲副会長 孔政幸
〃 李相善
▲代表[illegible] [illegible]
▲監査 [illegible]
〃 金[illegible]
▲総務部長 李[illegible]
▲組織部長 李[illegible]
▲宣伝部長 玄[illegible]
▲文教〃 李[illegible]
▲体育〃 高[illegible]
▲女子〃 李[illegible]

非常措置を支援 所期の目的実現を熱望

決議文

祖国韓半島の[illegible]を堅守し、韓国の民主発展を念願するわが在日本韓国青年会東京本部は、このたびの朴正煕大統領閣下の非常措置に対して積極的な支持と歓迎を決議した。

いままでにない急激な国際情勢の[illegible]に対処するための南北赤十字会談と南北共同声明を基盤とする統一機運が高潮されている現在、わが大韓民国がこのような諸情勢に対応するため、国政の安定をはかり、諸体制の改革を遂行するということは叡智にみちた英断として高く評価すべきである。

一部の人々は、非常措置に対して不安と異論をいだいているように見られるが、朴正煕大統領が言明されたように韓国社会の民主化と統一推進のための、一大民族主体勢力の総集結とその促進のための措置であるため、一日も早く所期の目的が実現されることを熱望するしだいである。

したがって、わが在日本韓国青年も微力であるが、われわれとしても可能な最大の支援を決定し、このたびの朴大統領閣下の英断がまさに民主発展と統一推進への具体的措置として貢献されることを期待するしだいである。

一九七二年十月二十二日
在日本韓国人青年会東京本部結成大会
会長 尹隆道

中央委員会 11月中旬開催

民団中央では、来たる十一月[illegible]日に第[illegible]回中央委員会をひらくことに内定をみた。日時、場所、議題などは[illegible]に発表する。

民団綱領

一、われわれは大韓民国の国是を遵守する
一、われわれは在留同胞の権益擁護を期する
一、われわれは在留同胞の民生安定を期する
一、われわれは在留同胞の文化向上を期する
一、われわれは世界平和と国際親善を期する

経済活動七項目指示

[illegible]

第三次赤十字本会談 平壌でひらかる

北側、適切な場所に代表部設置提議

第三次南北赤十字本会談が、二十四日午前十時から北韓平壌の大同会館でひらかれた。双方首席代表の演説ののち、非公開で会議にはいった。この日公開された部分については、ラジオによってソウルまで中継された。そのラジオ放送によると、本会談では、まず北韓赤十字会代表団の金泰熙団[illegible]席代表が約五十分[illegible]

南北調整委員長会議 二次、11月2日平壌で 三次、11月30日ソウルで

南北調整委員会共同委員長[illegible]次会議が、来る十一月二日平壌で、第三次会議は十一月三十日ソウルで、それぞれひらくことが決定された。このような決定は南北調整委双方の合意によって、[illegible]二十一日午前十時、ソウルと平壌で同時に発表された。この会議の[illegible]

団長に尹致夏氏 民団葛飾支部定期総会ひらく

[illegible]

北韓も改憲を準備 平壌で韓国記者団が伝える北韓最高議で草案の討議始める

南北赤十字の第三回本会談カバーのため平壌に滞在中の韓国新聞通信共同取材団が二十四日ソウルに伝えてきたところによると、北韓も現在憲法の全面改正を準備しているという。

報道は二十四日付の平壌各紙に一斉に出たニュースを引用しているが、それによると、ニュースは「新しい社会主義憲法の改正」という見出しになっており、[illegible]

共同声明支持 民衆大会開催 石川、福井、富山で

[illegible]

朴大統領訪日中止 韓・日同時発表 国内事情で

朴正煕大統領

来る十一月十三日に予定されていた朴正煕大統領の日本公式訪問（本報一〇五五号で既報）が中止されることになった。

金東祚駐日大使[illegible]代弁人は20日、朴大統領夫妻は、日本国の招請により国賓として十一月十三日から十八日まで日本国を公式訪問する予定であったが、国内事情によりやむをえず中止することに決定されたと発表し、「駐韓日本大使を青瓦台に招き、この事実を通告した」と明らかにした。

この日、午前十一時、ソウルと東京で同時に行なわれた。

[illegible]

韓国視察団来韓

東京商工会議所視察団（[illegible]団長）一行九人が[illegible]二十五日来韓する。[illegible]

国民投票特例法 23日非常国務会議選管特例法公布

政府は二十三日非常国務会議を開き「非常国務会議法」、「選挙管理委員会に関する特例法」と「国民投票に関する特例法」および「同施行令」を一括議決通過、二十三日付で公布した。この日、非常国務会議は「10・17」宣言以後、はじめて午前十時[illegible]

朴大統領の特別宣言支持 在日韓国新聞通信協会

駐日大使館の[illegible]公使は、二十五日正午、在日韓国人新聞通信発行人編集者を東京・赤坂の山王飯店に招き、十七日発表された朴大統領の特別宣言について説明し、言論人の協力を要請した。

当日は尹奎秀駐日公報館長、李[illegible]公報参事官も同席した。

なお在日韓国人新聞通信協会の総会である当日の出席者は本国の新聞協会とも歩調を合わせるため支持声明を出すことを申合せ二十三日付で次のような共同声明を発表した。

「10・17特別宣言」に対する声明

①われわれは、朴大統領の「10・17特別宣言」は、祖国の平和的統一のための南北対話の進行に対応する体制改革にその目的を置く、一大革新措置であることを確信しこれを支持する。

②われわれは、これを契機として、わが国を蝕むあらゆる不健全な現象を徹底的に改革することによって、健全な自由民主々義の基盤をかためることを促求する。

③われわれは、このたびの措置は、そのめざすところが、あくまで制度の革新にあることにてらし、一日も早く、過渡措置をおえ憲政秩序が回復されることを切望する。

一九七二年十月二十三日
在日韓国新聞通信協会
韓国新聞社

特別寄稿 金鍾大（大韓商議常勤副会長） 10・17宣言と経済建設 国力総和で発展基盤構築

[illegible]

10・17非常措置の意義

朴正熙大統領は十月十七日午後七時を期して全国に非常戒厳令をしき、国会解散、政党の政治活動禁止など、憲法の一部条項の効力を停止させる措置をとった。

しかし、同措置は決して無謀な速断によるものではなく、また、国民の基本権や正常な活動を侵害する目的から出たものでもない。韓国の政治・経済が過去十年間安定、改善され、そして近代化されたのと同様、国の体制そのものを、新しい国内外情勢に適応できるよう改革する――という、一つの大きな目的のために慎重に計画、断行された措置である。

ここで特に留意しなければならない点は、今回の非常措置が、明確に時限を限定していることである。新しい体制改革案つまり憲法改正案は、国会の機能を代行する「非常国務会議」によって、戒厳令宣布の十日後である「十月二十七日」までに公示され、それから「一か月以内」に国民投票に付されるが、国民の支持を得て通過すれば、憲政秩序は「年内」に正常化されることになっている。従って、今回の戒厳令は、単純に新体制確立までの過渡期における秩序を維持するためにとられた、暫定的必要措置に過ぎない。

同措置はまた、政治的集会や示威の禁止、言論の事前検閲、大学の臨時休校など、万やむをえない措置をとっている。しかし、これは国民の日常生活を脅やかすものではなく、朴大統領もこの点については特に強調している。

一方、外国人旅行者、観光客、事業家は一切の制約を受けず、全ての対外公約と外国資本の投資は保障されることになっている。

では、朴大統領はなぜ制度改革の必要を感じ、なぜ今の時期にこういう措置を断行したのだろうか。

北東アジアの情勢について一片の関心でも持っている人なら、ここ数年間の韓半島情勢で、いくつかの明るい要因を発見することができるはずである。韓国は毎年高度の経済成長を継続したほか、二十七年間にわたる分断と対決状態から一転して、南北間に初めて慎重な接触が始まっている。

激動する内外情勢に備え
平和統一めざす地盤を築く

分断と動乱によって休戦線を挟んで南北に離散した一千万離散家族の、所在と生死を確認し、再会を斡旋し、本人の希望によっては再結合させよう――という、大韓赤十字社の人道的提案に始まった南北赤十字会談は、一年間の予備会談を経て、ソウルと平壌で交互に本会談を開催するところまでこぎつけた。

同会談は、それまでの南北関係から見れば、全く画期的な明るい進展といわざるえないだろう。諸外国のオブザーバーたちも、同会談が長い分断状態に最初の突破口をつくったということだけで、会談が目的とする人道的価値以上の意義を持つものとし、「統一への第一歩」とまで高く評価したのである。

さらに劇的な事実は、今年七月四日に発表された南北共同声明である。共同声明は南北双方が遵守すべき重要な原則と合意を、内外に宣明したもので、①双方が武力行使を放棄し ②南北問題解決で一切の外勢を排除し ③ソウルと平壌間にホット・ラインを架設し ④小規模ながらも強力な影響力を持つ南北調節委員会を設けることが、その主要骨子である。このほか、ミュンヘン・オリンピック期間中には、南北スポーツ関係者が、国際競技への南北単一チーム構成問題など、きわめて重要な合意を発表するにいたった。

これら一連の事態の進展は、①人道的交流②スポーツ交流や物資交換など非政治的交流③政治的交流――という、韓国政府の統一三段階論を基本として着実に進められた結果である。

ところで、少くとも表面上は明るい雪解けムードで一ぱいの現情勢のもとで、なぜ朴大統領はあえて非常措置をとらなければならなかったのか、という点について、より深く考察してみる必要がある。

まず第一に認識しなければならないことは、現在の南北接触は、どこまでも共産主義者との慎重な接触の始まりの段階に過ぎないということである。現代史上まれに見る長期間の武装休戦下にある南北の国民は、一人として奇蹟を期待してはいない。南北赤十字会談はいうまでもなく、南北関係の進展は、たとえ小さな成功を収めるためにも、長くそして険しい難関を一つ一つ克服していかねばならない。

一九五三年休戦が成立して以来、南北は臨戦体制のもとで重武装を保持してきた。このことについては朴大統領も十月十七日の特別宣言で指摘したように、現事態は「この地域で戦争が再発しないと保障できるものは一人もいない」状態といえる。

国際情勢の変化と進展は韓国情勢に多大な影響を及ぼしてきたし、今後とも影響を及ぼすことは否定できない。朴大統領は、国際的な緊張緩和潮流を「人類の平和と繁栄のために」歓迎するとのべながらも、「不幸にもこの地域では緊張緩和がまだ定着していない」と指摘した。さらに朴大統領は、「わが韓半島周辺列強の既存勢力均衡関係の変化は、…この地域の平和を維持してきた安保体制までも変貌させる危険を内包している」と警告し、「われわれは列強間の緊張緩和のために第三国や中小国が犠牲にされる可能性に、十分対処できる準備を整えなければならない」ことを強調している。

このことは、はっきり名指したわけではないが、アメリカと中共の和解、国連の中華民国追放、日本と中共の接近、それにアジア諸国から軍事力と影響力を逐次撤退させることを目標としたニクソン・ドクトリンについて言及したものであることはいうまでもない。

つまり、韓国は決して友好的だとばかりいえない世界情勢の中で、「独自の力で克服していかねばならない」状況と、戦争準備を完了して、欲するときはいつでも戦争を再発させ、民族の念願である統一すらも武力によって韓半島全体を赤化させようとする、「北の脅威」のもとに置かれているわけである。

強大国の無関心ないしは勝手な取り決めをけん制しつつ、置かれた状況と脅威を打破するために、韓国は韓国なりに、力を基礎とした政治的協商のみちを拓かねばならない、というのが朴大統領の決心である。朴大統領は今年八月十五日の光復節（独立記念日）記念式典で、「韓国の全国力を国家最大の利益のために集中させる必要性」と「自由で民主的な平和統一達成のために国民の英知を統合する必要性」について力説した。

朴大統領が真の民主主義信奉者であることは、これまでの発言や行動が余すところなく証明している。十月十七日の特別宣言でも「われわれは、自由民主主義体制より立派な政治制度のあることを、いまだかつて知らない」と断言している。

しかし、「これを守りぬく能力がないときは、この民主体制ほど虚弱な体制もまたとない」と前提し、朴大統領は「われわれの民主体制に活力素を吹き込み、これに基づいて平和統一と繁栄の基盤を固めるために、改革を断行することにより、民主体制を保護するとともに、より成長し発展する能力を保有しうる制度にしなければならない」と説明している。

朴大統領はまた、急変する内外情勢に適応するための一大改革は、正常的な方法では到底実現できないことを、率直に認めた。朴大統領が常に引用する比喩のように、韓国が西欧式民主主義を文字どおりそっくりそのまま採り入れるのは、他人の着古した着物に無理に体を合せようとするのと変らず、これを立派に着こなすことは、初めからできない相談ではないだろうか。朴大統領の主張は、韓国は仕着せの民主主義制度を鵜呑みに模倣すべきではなく、韓国独特の民主体制を開発していなければならない、というものである。

朴大統領は特別宣言を通じて、「正常的な方法で改革を図る場合、かえって混乱を招くと同時に、南北対話を支援し急変する周辺情勢に対応していく点で、決してためにならない」という信念を表明した。また、いまだにこの社会に蔓延している無秩序と非能率を指摘し、民族的使命感を忘却した無責任な政党とその代議機構が、派閥闘争と政略の葛藤に明け暮れていることを、痛烈に指弾した。朴大統領の言葉を藉りれば、「このような無責任な政党と、その政略の犠牲にされてきた代議機構に、果して民族の念願である平和統一の達成を期待し、南北対話の支援を信ずることができようか」ということになる。ひいては国家民族の最高課題ですら、政治的攻撃対象として利用しようとする傾向まであり、この点については、韓国民が長い間追求してきた平和統一と繁栄の基礎固めとなる南北対話までも、「憲法違反だ法律違反だという法律的あるいは政治的論争の対象となった」という、朴大統領の言葉が十分説明して余りがある。

要するに、朴大統領の真意は、韓国の政治的現実の責任を、制度の機能作用ではなく、制度の形態に問うものである。韓国の憲法と各種の法規、そして現体制は、朴大統領の指摘しているように、「東西両極体制下の冷戦時代、南北の対話など予想すらできなかった時代につくられたもの」である。従って、現時点で必要なことは、「根気強い英知と不退転の勇気、それに鉄の団結」なのであり、「困難かつ貴重な南北対話を積極的に支援し、急変する周辺情勢に能動的に対応していけるための、体制の早急な整備」のほかにない。この体制の整備が、現行の代議制度下の政治体制では、並大抵の方法では不可能であることは、いまさら言うまでもない。

また、体制の改革が行われても、それにともなう政治形態は、どこまでも国民の直接、普通、秘密投票を通じて決められるということを忘れてはなるまい。韓国民は四半世紀にわたる民主主義への信念と、貢献を通じて、民主的力量を高めてきたため、今回の国民投票でも賢明な選択を行うだろうことは、間違いのない事実である。

朴大統領自身、民主主義に逆行する考えは毫もない。それは「この国の自由民主主義をより健全かつ充実したものに、そしてより能率的なものに育成、発展させなければならないという信念を明らかにしておく」という、朴大統領の特別宣言が十分に証明している。

さらに朴大統領は特別宣言の最終部分で、「わたくしは民主体制の健全な発展と、祖国統一の光栄あるその日だけを祈願しており、わたくしのこの祈願こそわが国民全体の祈願でもあると信じている。われわれは一致団結して、祈願成就のその日まで、力強く前進をつづけよう。そして統一祖国の栄光の中で民主と繁栄の花を永遠に咲かせよう」と結んでいる。

朴大統領のこの言葉をよく理解するためには、朴大統領の歩んできた足跡を検討してみる必要がある。

朴大統領は史上まれな卓越した指導者である。一九六一年には、崩壊に直面したこの国を救出するため、自ら先頭に立って革命を指揮し、二年間にわたって秩序を建て直して、民族飛躍の基礎固めを行なったうえで、一九六三年民選大統領として出馬した。軍事革命当時の心情について、朴大統領は後年その著書を通じてこうのべている。

「わたくしとしてできるかぎりの手段をつくして祖国を累卵の危機から救う方法を考えながら、毎晩をまんじりともせず考えあぐねた。というのは、わたくしが軍人であったからである。軍人が政治に干与することはわたくしの本意ではなかったからである」と。

朴大統領の以上のような心情の吐露がまぎれもない真実であることは、これまでの行動哲学で証明済みである。若しやろうとすれば、軍事的手段を動員してでも、これまで政権延長を図る機会はいくらでもあったはずである。それにもかかわらず、今回の体制改革企図にさいしても、わざわざ時限を決めて国民の意見を問う方法をとったばかりでなく、「万一国民が憲法改正案に賛成しないならば、南北対話を希望しないという国民の意思表示として受け入れ、祖国統一に対する新しい方法を模索することを、ここに明らかにしておくものである」と約束した。しかも、「祖国の統一と繁栄を希望する心から、わが国民全体が一心一体となって、今回の非常措置を支持するものと信じているため、諸般の改革が公約した期間内に順調に完結できるものと信じて疑わない」と強調している。これらの点は、朴大統領がどこまでも国と民族の将来だけを思い、あくまでも国民の英知に期待している生きた証拠なのである。

韓国は経済的、外交的、軍事的に誇りと目的意識をもって、短期間に険しい難関を克服して長足の発展を遂げた。こういう輝かしい実績をもたらした朴大統領の指導力が、こんどは国家と時代の要求を、より十分にそして弾力性をもって充足させるための政治体制改革を通じて、国を泰山の安きに置き、民族の繁栄を永遠に保障しようとする、最後の努力に振り向けられている。

これは決して容易な課業ではない。今後とも数かずの難関が横たわっていることはいうまでもない。しかし韓国民は過去においてもそうであったように、民族的自覚と誇りをもって、外国の影響と制度を同化融合させて独自のものにしながら、全ての試錬をみごとに乗り越えていくだろう。こうして、韓国は近い将来、深く根を下ろした固有の民主主義を発展させていくための最後の努力に、渾身の力を傾けて力強く前進をつづけていくだろう。

本国論調

平和統一への新たな転機
―朴大統領の戒厳令宣布

平和統一のための政治体制改革
中央日報十月十八日社説

（前略）この特別宣言は南北の対話をバックアップし激変する国際情勢に対し能動的に対処するため民族陣営の大同団結を促しながら、民族主体制力の形成を促進する一大転機をつくるためだとみなされる。

特別宣言が指摘している通りわが憲法と各種法令それに現体制は東西両体制下の冷戦時代、すなわち南北対話のようなものは全く予想すら出来なかった時期に制定されたものである。従って、今日のような新しい局面に処してはこれに適応する新しい体制への一大改革が行なわれなければならないし、またそのような転換には憲法改正が不可避的に要請される。

このような体制改革と法律の[illegible]を認めながらも、どんな方法を採択するかが問題であった。朴大統領は正常の方法による改革試図は[illegible]だけ助長させ南北対話をバックアップしながら一方で急変している周辺の情勢に対応するのに何らの助けもならないと判断した結果、正常の方法でない非常措置を取ったのである。

特別宣言は「こんどの非常措置が決して政権の立場からでなく、[illegible]を超越した誠実な対話を通じて戦争再発の危険を未然に防ぎ、ひいては五千万民族の栄光ある統一と中興を達成しようとする実にわが民族の運命と直結している不可避の措置」であると闡明したが、われわれは朴大統領が非常な決意で大胆な体制改革的行動を取った衷情を十分に理解し積極的に受け入れなければならない。（中略）

非常国務会議は平和統一時代に[illegible]（中略）

非常戒厳令宣布の意義
東亜日報十月十八日社説

十七日午後七時を期して朴正熙大統領は全国に非常戒厳を宣布する大統領特別宣言を発表した。[illegible]

体制改革の一大転機
韓国日報十月十八日社説

[illegible]

平和統一のための新体制
十月十八日朝鮮日報社説

[illegible]

（中略）

アジアにおいても既存秩序が変わりつつある状況の中で、今まで平和を維持してきた安保体制までも変貌していることは、朴大統領の特別宣言が見抜いている通りである。このような情勢の中で確実なことは、われわれの運命は自らの力で守り開拓してゆかねばならないという朴大統領の結論を支持する。

新羅時代遺物出土

慶州で石灯籠花台など

慶北慶州市東川洞[illegible]南方の川（北川上流）で新羅時代の石灯籠花台石など、石造遺物十余点が二十三日出土された。

この日、現地を調査した朴日薫国立慶州館長はその間、位置を確認できなかった新羅時代の[illegible]址と推定した。この遺物は砂利を採取していた平和建設社の人夫が河床一尺の地中から掘り出したもので、一部柱礎石と長台石は破損されていたが出土された石灯籠花台石の、長さは九十センチで、彫刻がせん細で文化財的価値があると朴館長は語った。

張基洙氏母堂逝去

張基洙氏（元民団大田支部団長）の母堂が、（金[illegible]氏、六十四才）さる九月十二日、慶北[illegible]郡山内面鎮内里で老衰のため、逝去された。

なお、来る十月二十九日（日）午前十一時三十分から、大田区の池上本門寺において追悼式をとりおこなうことになる。

大田区池上六丁目四三ノ九
（電話）七五一ー一、一三二一
張基洙
（山内）

尋ね人

☆陳 有炳さん
八年前まで、新潟市関屋町二丁目九六ー三東商会から音信があった。

☆陳 正夫さん
福井県福井市堀田町八八番地から連絡があったが、今は消息なし。慶南四川郡四川面柳南里、陳達洙さんが探しています。
〇東京都03（811）三六〇九、民団世田谷支部まで連絡して下さい。

☆李相経さん（金本泰光）
九年前まで、東京都中央区日本橋室町一丁目八番地、金本海苔株式会社から音信があり日本人妻との間に二人の男児がいた。一九六〇年四月に帰国、一九六三年十一月の祖父他界には[illegible]があった。[illegible]さんが探しています。
〇本社「尋ね人」係まで

☆宋 三岩さん
本籍 慶北達成郡[illegible]
生年月日 西紀一八九七年四月二十三日（七十五才）
連絡先は 神奈川県[illegible]一四一ー一五 電三三ー二七二九
慶北大邱市東区新岩洞六区三七ー一〇二
成實勲方
宋[illegible]

旅券発給規程を緩和
手続書類大幅に省略
家族調査書提出も廃止

民団中央本部民生局（李鍾舜局長）では、十月十九日、協定永住権未申請者には発給されていなかったKJ旅券の発給規程を緩和する政府の方針にともない、つぎのような要旨で各地方本部に通達した。

協定永住権申請有資格者中、未申請者に適用して来た制限規定を大幅に緩和し、来たる一九七二年十一月一日からつぎのように施行することを決定したとの通報があったので、各地方本部では各支部を通じ該当団員に周知させ誤れないよう措置して下さることをお願いします。

一、協定永住権申請有資格者中、未申請者で、つぎの要件を具備した者に対しては旅券を発給する。

①国民登録をおえた者

②外国人登録証明書の国籍表示が韓国となっている者

二、本規定施行と同時に通報した家族事項調査書の提出を廃止する。

はためく太極旗
2・3世のかわいい妙技に喝采
東京韓国学校秋季運動会

去る二十二日（日）の雨で順延になった東京韓国学校大運動会は、去る二十三日午前九時から新宿区若松町の同校グラウンドで、月曜日にもかかわらず学父兄ら約千人が集まる中で、盛大にひらかれた。

運動会は、黄哲秀校長の開会辞につづいて、朱袋鎬公使、柳成烈奨学官、金正柱民団中央団長らの祝辞がのべられたあと、競技に入り、午前中には、初等部一、二年の「パパとママのデート」と、可憐で力強い高学年遊技「太極旗」がひかり、午後には、姜寿一（東京オリンピックの韓国選手）教師と高校男子による模範体操演技が、妙技を見せ、初、中、高男子全員による勇壮な綱引「綱引き」が士気を鼓舞させた。また機関対抗のリレー競技では、同校教師陣が地力を発揮して優勝、全校生徒と教師、PTAの学父兄たち参加のもと、くりひろげられたフォーク・ダンスでフィナーレを飾った。

特にこの日、目立ったのは、京都韓国学校のリレー選手二十人の優勝と、学父兄たちの積極的協力により、場内秩序が整然と運んだことで、例年に見られなかった大きな精神的収かくの一つといえよう。

環境大学院新設を推進
ソウル大学校

ソウル大学校は、一九七三学年度から特殊大学院である環境大学院を新設して、美術大学内に「環境デザイン学科」を追加設立する計画である。

わが国ではじめて設立される環境大学院は、急激な工業化と都市化過程で醸しだされるいろいろな環境問題を総合的に研究する専門家を養成し、この分野の発展をめざすものである。十七日、ソウル大学行政大学院が、大学本部に提出した環境大学院新設案によればこの大学院内には都市計画学科（定員40人）、地域計画学科（定員60人）、造景学科（定員30人）、都市設計学科（定員30人）など5学科を設し、院生定員を二百人としている。

在日韓国学校 総合体育大会
11月3日、大阪総領事館で主催

駐大阪韓国総領事館（総領事）主催の「第三回在日韓国学校総合体育大会」が十一月三日午前十時から大阪・西成区梅南通りの大阪韓国学校運動場で開催される。

同体育大会は今年で三回目を迎え、在日学生の心身を鍛練し、体力の向上を期することを主目的としている。また在日学生らの民族的矜持と親密感を深めるとともに教職員間の親睦を図るもの。

同日は京都韓国学校、東京韓国学校、韓国中・高校（大阪）、大阪韓国学校の四校が参加して行なわれ、競技種目はバレーボール（男・女）、バスケット・ボール（男・女）、卓球（男・女）、柔道（男）、バレーボール一般部となっており、競技の申請締切りは十月二十五日まで。主管は大阪韓国学校である。なお、同体育大会は毎年「学生の日」を記念して開催しており、雨天の場合は延期される。総領事館では近隣府県の同胞多数の参加を望んでいる。

二千二百万円
本国水災義援募金

本国水災義援募金は、その後も引きつづき寄託され、民団中央本部に報告された募金は二十五日現在、二千万円を突破した。この金額は民団中央本部に報告された金額分だけで本国に直接送金又は縁故地に個人送金などを合わせれば実際の義援金は相当な金額に達するものと思われる。

▲香川県本部＝六万円

▲栃木県本部＝八十九万円（宇都宮連合＝二十三万八千円、小山＝十二万五千円、佐野＝十二万四千、足利＝十二万五千円、栃木＝九万八千円、県北＝十六万円、鹿沼＝一万円、今市＝一万円）

▲秋田県本部＝十三万六千円（秋田＝六万四千円、北秋＝四万八千円、能代＝一万二千円、仙北＝一万二千円）

▲静岡県本部＝百万円、（静岡直轄＝五十五万円、浜松＝三十万円、東部＝二十万円、清水＝十五万円、志太＝八万円、御殿場＝五万円。）

▲神奈川県本部＝八十五万千百円（湘中＝十一万四千五百円、横須賀＝十五万九千円、南武＝二十万三千円、横浜＝六万円、高座＝十八万八千円、鶴見＝四万六千円、湘西＝八万六百円）

▲神奈川県内婦人会横浜支部外八支部＝三十八万七千円。

累計＝二千二百六万三千九百八十五円。

セマウル後援金も 三十三万円を寄託
静岡県本部

民団静岡県本部では同県管下における本国水災義援金を募金、百万円を横浜領事館を通じ本国政府に寄託する一方、新しい村造り運動後援金として三十三万円も寄託した。

在日同胞に有利な保険
海外旅行中でも保障持続

さいきん、在日同胞の生命保険加入をめぐりいろいろな物議をかもしているが、なかでも被保険者が日本国を離れたら、その時点で解約されるとか、日本国外の旅行中に事故が生じた場合は、保険会社側に支払い義務がないなど、不利な点が多いことから、民団中央の李鍾舜民生局長が、関係各機関と保険会社を調査した結果、在日同胞にも有利な条件で加入ができる保険があることを発見、次のような調査内容を発表した。

李鍾舜民生局長談

「日本国内の生命保険契約締結時、日本国に居住する外国人（同胞を含む）に対し、会員事項（約款）がある事をあらかじめ知って頂く必要があります。

一般的に見受けられる外務員達の安合制に依り、会社の約款事項である条件を、加入者の契約ためらいを嫌い、提示せず、契約してしまう場合もあり得る事で、事後になっては、遅すぎます。これは日本の生命保険会社側では、現在海外に支店または、サービス網を設けていない関係上、止むを得ず条件付けられているのです。そこで私として調査したこの問題に関しての結果をお知らせします。それは、日本政府大蔵省の正式認可を得て、外国人（同胞を含む）に対して、円貨で加入契約出来るアメリカン・ライフ・インシュランスCOがあるということです。唯一的存在であるこの会社は、世界中に支店網を持っておりますから海外旅行中でも保険機能をそのまま持続し且つ保障出来るという点で、公的な立場からも推せんしたいと思います」

文化賞授与規定

目的

在日韓国人の文化水準を向上発展させるため、多年間当該分野で献身し、同胞社会にすぐれた功績をのこした者を表彰することを目的とする。

第一条　賞および賞金

一…文化賞と称し、学術・文学・芸術・教育・体育各分野で功績が顕著な者のなかで毎年一名あるいは若干名を選定し、金一封を授与する。

二、死亡した者の功績は本賞の対象から除く。但し、推薦者に確定されたのち死亡した者に対しては賞を授与することができる。

第二条、授賞者の資格

民団団員として学術分野で創意を発揮し、研究、著作を発表した者、芸術部門で多年間研究創作した者、教育部門において民主教育発展に寄与した者、体育部門において在日同胞の体位向上のため多年間、尽力した者でその業績が顕著で同胞社会に大きく貢献した者でなければならない。

第三条　授賞候補者の推薦

一、授賞候補者の推薦書類は、随時受付けるが毎年九月末に締切り、文教局で審議し中央執行委員会の決定で十月三十日（文化の日）に施賞する。

二、推薦者は次の書類を中央本部文教局に提出する。但し受付けされた書類は一切返還しない。

1、推薦理由書

2、被推薦者の略歴および写真

3、審査に必要な証明資料

4、国民登録済証

第四条　施賞

施賞者は、中央本部団長とするが授賞者が中央本部団長のばあいには、駐日大使に依頼する。

第五条

本規定は、一九七二年度から施行される。

一九七二年十月

在日大韓民国居留民団中央本部

薛昌洙氏詩画展
中央本部主催、在日同胞のための

わが国の著名な詩人として知られる薛昌洙氏の在日同胞慰問詩画展が、去る二十三日、東京商銀七階ホールで、朱袋鎬公使、金正柱中央団長らにより、テープカットされて開幕した。

期間は三十一日までで、展示作品は八曲詩画屏風五点のほか、額ぶちなどである。

写真は詩画展テープを切る白衣の薛昌洙氏（左から三番目）そのつぎが金正柱団長

金正柱団長に第一回文化賞

民団が五年前に制定した文化賞第一回受賞者に民団中央金正柱団長が選ばれ、二十日、駐日公報館で関係者参席裡に李澔大使を代理して朱袋鎬公使から賞状が授与された。なお、文化賞授与規程は別項の通り。

塩十万屯を輸入

商工部が確定発表した越冬需給計画をみると石油、石炭、電力は一部を上回っているが食用塩だけは来年一・四半期分まで合計十万屯を輸入することになっている。つまり来年三月まで石炭需要七百六十七万屯に対し供給は生産六百六十万屯と貯炭二百十二万五千屯、石油需要は八百二十九万一千㎘に対し九百三十七万四千四百㎘も供給できる。電力は年末大需要は二百十五万四千㎾と予想されるが出力は三百四十七万八千㎾である。食塩だけは来年四月まで七十万屯が必要なのに供給量は六十万四千屯で不足量を輸入する。

郷土予備軍 訓練を中止

国防部は十九日、戒厳令の措置にともなって郷土予備軍の訓練を中止すると発表した。その緩和措置は「商売や職場での勤務にさしつかえぬよう…」との理由により取られたもので、一般市民には歓迎されている。

予備軍は一九六八年一月二十八日の北韓武装ゲリラの大統領官邸襲撃事件を契機につくられたもので、全国で約二百五十万人の予備役の軍人により編成されており、一年間に八十時間（月六～七時間）の訓練が課せられ、商売人や勤め人にとってはなかなかの重荷だった。

なお、政府は朴大統領の指示により、戒厳令発動三日目の二十日から全教育大学の一時休講措置を解くなど、これまでの政策を緩和する方向で動いている。

朝鮮ホテルで記念撮影（左から二番目が筆者）

第二輸出自由地域 麗水地区調査着手

政府は馬山輸出自由地域につづき麗水に第二輸出自由地域を造成するための予定調査に着手した。

麗水市、昇川郡、光陽郡等三地域が候補に上っており年末まで調査をおえ、七三年末頃着工、八一年まで完成の計画である。

宇部支部で敬老会
十月十五日

民団山口県宇部支部（白玉東団長）では、去る十月十五日の日曜日、同支部管内在住の六十五歳以上になる老齢同胞三十五人を宇部商工会議所に招いて、団員百二十人が参加、七十三年度敬老会を盛大に催して、長寿を祝った。

同支部ではこの日、参加老人たちに、チャンチャンコなどの記念品を贈り、余興として、故国の民謡、舞踊などをひろろう、苦難に満ちた異国生活での老いゆく人生をねぎらった。

（写真は宇部支部が主催した長寿敬老慰安会）

読者の声
田英夫議員にもの申す

田英夫氏！

週刊ポスト十一月一日号に田英夫国会からの記事「韓国の非常戒厳令発動の裏をよむ」という記事が載っていた。その中で貴公は我が韓国政府のこのたびの非常戒厳令宣布を「民主主義を破壊する強引な手段、もともと反人民的なこの政権の体質を考えると当然の成行」などと云々している。

そこで貴公が考えている所謂反人民的政権とは如何なる政権なりや？　貴公が考えている為人民的政権とはトロツキストを野放しにして、あさま山荘事件のような事件、ハイジャック、シージャックの如き事件をいつでも起し得る状態にしておく政権かと反問したい。

我が韓国現政府の施策は、日本の社党・共産党政府をふくめて近世韓国では終も得れた政治を行っていることだけは確かである。

地球上にある政権の中で問題のない政権があるだろうか！問題のない政権は一つもない筈である。ニクソン政権・ブレジネフ政権・毛沢東政権・田中政権にも問題がない訳ではない。況んや四十年の永きにわたり他民族の支配下にあたったわれわれ韓民族には、それだけ問題も多いのである。われわれ韓民族は、過去における日本の政治「当時の日本と日本のための素晴しい政治」より解放されて四半世紀を経た今日、なんとか統一しようと北韓政権ですら最高人民会議に新憲法草案を提出するなど努力しているのである。

共産国家にデモやストライキがないということは、初めから戒厳令を宣布したような状態におかれているからにほかならないのである。

田英夫！

我が韓国において非常事態宣言、或は非常戒厳令を宣布せざるを得ない背景には、貴公の如き無責任な報道を扇動する言論を封じ込むとともに統一への努力を継続するためである。

我々韓民族が永久に分裂した方が貴公の脳裡にえがく日本に有益かも知れないが、我々韓民族の統一を妨害するような言辞は厳に慎んで頂きたい。断じて許されないことを銘記していただきたい。（杜正雲）

女の韓国ひとりあるき （5）
画・文…サトウ・サナエ

途方にくれた銭湯の脱衣場
あきらめて裸になったわたし

私が、ソウルで泊っていた旅館の屋根の上には、真赤な温泉マークのネオンがついていた。しかし温泉が湧いているのではなく、普通の旅館のようであった。日本でも、かつては、アベック旅館に温泉マークがついていたが、もしかしたら、その種の旅館だったのかもしれない。

銭湯にも、その同じ温泉マークがついているところもかなりあったようだ。

私が韓国で一番最初に行った銭湯にも、やはりそのマークがついていた。その銭湯で私は面白い体験をした。

病院の受付のような窓口で、入浴料を払って中にはいると、脱衣場らしいところがあった。ソウル市内の大抵の銭湯には受付台があり、ロッカーがあるが、しかしこの銭湯には、ロッカーも無ければ、日本によくあるあの丸い脱衣カゴもみつからないのだ。四角なその部屋は、一方に一つの鏡があるほかは、まったく何もない。

浴室のほうからは、湯の音や声が聞こえてくるので、何人かの者がいることはたしかであった。

そこで私はしばし考えた。もしかしたら韓国では、よく街で見かけたようなスタイルで一つまり脱いだものを、ひとまとめに風呂敷かなにかで包んで、頭の上にのせて入浴するのではないかと。私が途方にくれて立っていると、どこからともなくポチャッとした可愛い十八歳ぐらいの女の子が、四角いカゴを持ってやってきた。それは日本で、つい何年か前まで、八百屋さんなどが自転車のうしろにつけて、注文の品を配達するのに使っていたあの竹のカゴと同じものである。その竹のカゴに麻の布で袋がしてある。

その女の子は、手まねで私に、脱いだものをそのカゴの中にいれるようにと教えてくれた。そして、私が脱ぐのをジーッと立って見ているのだ。おまけに受付の女性までが現われて見ているではないか。

女同志とはいえ、ことさらにジーッと見られてはちょっと恥かしくて脱ぎにくいものだ。だが、私の知っている韓国語、アンニョンハシムニカとカムサハムニダでは立ち去ってはもらえそうもないので、あきらめて私は裸になった。そして、そのカゴの中に脱いだ物をいれると、待っていた少女はニッコリして、サッと持ち去ってしまった。私はあわてた。言葉もわからないのに、入浴後裸で出て来たとき困ると思ったのである。

彼女の後についていくと、隣の部屋にカイコ棚のような段が沢山あり、そこにカゴがずらりと並んでいたのだ。私はやっと納得して浴室にはいることが出来たのである。

私は湯船の中にザンブリと……

私は今でも時おりだいだしてしまうのである。（つづく）

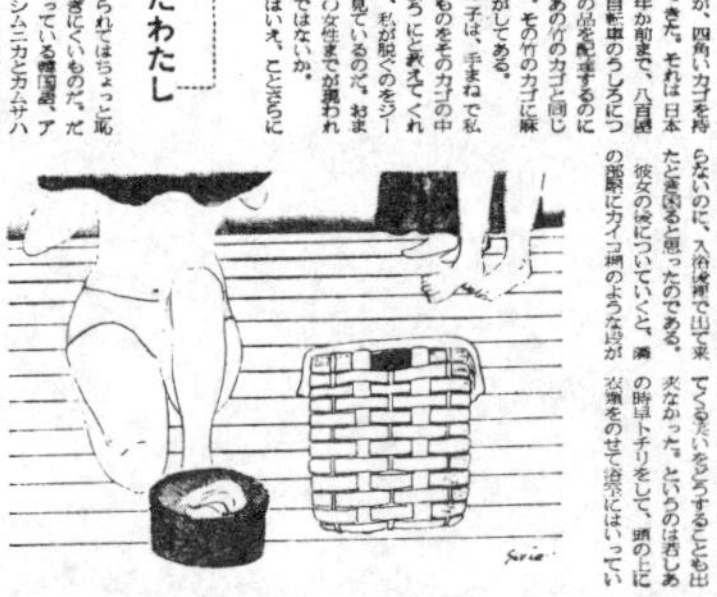

韓国の夕べ盛況
崔三烈音楽事務所の主催で
義援金二万四千円も伝達

十六日、東京日比谷公会堂でもよおされた、崔三烈音楽事務所主催（崔三烈所長）の「韓国の夕べ」は、つめかけた六百余の聴衆を二時間に亘って魅了し、満堂感激に…えた。

韓日親善をうたうこのたびの発表会は第一部では、崔三烈さんがうたう韓民族の情緒「鳳仙花」をはじめ西欧の歌曲がひろうされ、第二部では、30余名からなる「アリラン・トラジ婦人会中央合唱団」の「アリラン」と「トラジ」について、小林桃子舞踊団による韓国舞踊が多彩にくりひろげられ満堂の観衆の喝采をあびた。

なお、崔三烈氏は、祖国をおもい、祖国にたいする情を、祖国の水害救済の援金として、「韓国の夕べ」の収入の一部である二万三千百四十五円を、駐日大使館へ伝えた。

（写真はアリラン・トラジ合唱団の公演光景）

韓国の花嫁

着付/挙式　朴　玉基
色直し　李　春子
解説/美容師　趙　英子
(大韓美容師会中央会常任理事)

◆韓国衣裳の変遷過程は、きわめてさまざまな過程をたどっています。

原始時代、檀君朝鮮を継いだ古朝鮮時代（四千余年前）には早や独特の衣裳が登場しており、三千二百年前に建国された扶余国時代には白衣を好んで着用し、冠婚葬祭の礼服をそなえたと「古朝鮮記」で著わしています。今なお韓国人を白衣民族、または白衣同胞とよぶのは、この時代に由来しています。

また馬韓、辰韓、弁韓の三韓時代および高句麗、百済、新羅の三国時代にはおのおの、その国によって発達をとげました。高句麗時代の王朝では青、赤、黄、白紅など、五色の五采服を作って着るなど、独特の衣裳が発達しました。新羅が唐国と連合して三国を統一するに伴い、中国衣裳、いわゆる唐衣を朝廷で採用しました。

その後、李氏朝鮮に至っても一貫して服飾も中国制度を採ったが、婦女子の服装だけは旧習を受け入れて今日、韓国衣裳が中国と異なる理由になっています。

この婚礼衣裳は三韓、三国時代から伝わった礼服で、元来は宮中で王女が宴会などで着飾る円衫（ウォンサム）と名づけられていますが、民間では婚礼式礼服として今なお広く用いられています。また模様も一般、宮中ともに全く同じですが、ただ違いは袖の色彩で見分けるわけです。すなわち宮中礼服は白、赤、黄、緑の四色ですが、一般礼服は白、真紅、黄、緑、紅、藍の七色となっています。したがって一般礼服のほうが、より派手になっています。

筆者紹介…趙英子氏は大韓美容師会中央会常任理事を歴任した韓国の美容研究家として知られている。一九七二年八月渡日、現在山野愛子美容学校で韓・日ヘアスタイル、衣裳の比較研究に精励している。韓国古典（宮中）ヘアスタイル、韓国花嫁衣裳研究発表会を来春、東京でもつ予定。

〈編集者註〉ここに紹介する「韓国の花嫁」は去る三月日本を訪れた韓国美容師らの作品である。

◆この礼服はスカート（チマ）、上衣（チョゴリ）の上にウォンサムを着飾り、チマは足が見えないようにして長く垂らすようにします。礼服の帯（冠帯）は後ろで一人でもとけるように結び、両側へ垂らします。履物は現在はゴム製でマルンシンといい、靴下はポソンといいます。

◆この髪型は額の中心で分けめをつけ、ナンダジャ（まげ、シニョン）という三つ折りにして結んだ髪に長いピニョを挿し、長い赤リボン（タンギー）を両側から前に下げます。次に頭の上にクラウン型のチョクトリをのせます。花嫁は人前で肌を見せないために両手は正面で組み、白布を折り重ねたものを持ちます。

◆韓国に於ては昔から手母とよばれる美容師の役わりをする世襲制の階級があり、手母は新婦の化粧はもちろん、礼儀作法を教え、婚礼式などの礼節を挙行する時の手助けをします。現在は昔の手母に代わって美容師が化粧、結髪、礼服着付など、日本の美容師と全く同じ役目をはたしています。

〈写真は百日草提供〉

洪吉童傳（二五）

許筠著
訳・編　洪　相　圭

人間よりは動物の方が感が鋭いと言われるように、この腕怪な動物は、早くも心臓がなみたいていでない人物であることに感づいたようであった。強い者に尾を振るのは、動物の本能である。怖気づいた三匹は、反射的に体重を後ろにかけるよう二・三歩を退きながら話しかけてきた。

「どなたでしょうか？ここはわれらの領域です。滅多に人通りもなく、あっても、そのままでは済まされないところですのに、今、あなた様は難なくここまで来たようですが、一体なんの目的ですか？」

吉童はこんな話を聞きながら心の中で考えた。

「さてな、一挙にかかってくると思ったが、案に相違じゃ。きやつら、よほど愚か者のようである。下手に回るに限る。」

それで、とっさに、

「いや、わしは何も知らずにここまで迷いこみましたわい。たいへん恐ろしいところだそうですがお願いします。わたしは朝鮮国の人ですよ。遠路、ここまで参りましたのは、薬草採りのためでした。それがし、少々医術を知っておりまするんでな。」

事実、吉童は医術にも長けてその道の者でさえ顔負けするくらいであったが、ここで大っぴらに、そんな事を打ちあけるのには、下心があってのことであった。

「こやつらは間違いのない、昨晩の[illegible]。[illegible]くべく、わざと[illegible]を外したが手傷は[illegible]のるまい。[illegible]ここで、[illegible]おることで[illegible]あろう。しかも、昨夜の[illegible]ことで[illegible]

[illegible]が身につけられない業だ。わしが、ここいらで、医術のことをいったら、きっと、手柄立てさにも、わしを親王の前に案内するだろう。」

吉童がこんなことを考え巡らしているとは知る由もない怪物は、案の定、おどりあがらんばかりに喜んでちょうど語り出した。

「あー、そうであったか。医者だな。それこそ、もっけの幸い、わしら初め見かけたときには武夫かと思ったが、医者であったことはお互いにとって幸いであった。もしも、そちが両刀挟む、武士であったら、二・三を言わさず、一刀両断にすべきところだが、医者であるから、考え直しているのだぞ。」

狡知に長けているとは言え、そこがやはり畜生の浅ましさであるが、丸腰の医者と見て侮りだした。怪物どもは、吉童に対する態度が、がらりと変わり、すべてが横柄ずくであった。吉童は[illegible]のがりであったが、あくまで下手に回ってみえた。

「あ、そうでしたか、お陰様で命拾いをしました。そのご恩がえしのつもりで、なんなりと拙者にできますことなら、力を尽くすでありましょう。」

と恭しくいったら、三匹の妖怪は満足な面をますます[illegible]めてせせら笑った。

「どうせ、お前は生きてこの山を降りられはしないのだ。利用するだけ利用して、[illegible]らすはずだのに、[illegible]しとはおかしい」

こう思いながら[illegible]している三匹の[illegible]の内を、吉童は[illegible]かしこ見たようにわかっていた。[illegible]れに見える三匹の中でも、一番、[illegible]のありそうな奴が、とうとう[illegible]けだした。

「[illegible]、われらのいうなりにすれば、一命はたしかに[illegible]受けた。しかし、それがためには、わしらの[illegible]もなくてはならぬぞ。どうせ、あとでわかることだから、今[illegible]してつかわす。

大きい声では言えないが、実は昨夜、わが大王が新妻を娶られ祝宴を張っていた。ところがその場で急に傷つき、今や一刻も争う危急な状態におられる。貴さまはその医術で大王の傷を術せばよし、そうでなければ、ただにはおかないと思え。」

と凄みながら、早くも彼らは連れ立って行こうと意気込んだ。吉童は妖怪どもの喋舌るのも上の空で聞き流しながら、心の中ではほかのことを考え巡らしていた。

「果たせるかな、傷ついた奴は確かに昨夜の矢に当たったのに違いあるまい。一つ知らん顔をして行って見るか。」

彼らのいうままについて行って見ると、間違いなく体から流れ出たような血の痕が、点々と門口に来るまで発見することができた。吉童を連れてきた妖怪どもは、ひとまず吉童を門前で待たしておいて、自分たちだけが中にはいっていったが、すぐに出てきて、手を引っぱらんばかりに性急に連れてはいった。

敷居をまたぎ案内されるまま、あるへやに足をふみ入れたときには、さすがの吉童もその絢爛豪華な構えと飾りに度肝を抜かれたほどであった。しかしこうしたきらびやかな雰囲気とは、およそ似ても似つかない醜悪極まりない[illegible]のような怪物が、寝台の上に横たえていた。吉童がはいって来るそのひとときでさえ、もどかしそうに、身動きのとれない体をようやくおこして[illegible]も迎え迎えに話しだした。

「そこな者、聞けばそなたは医術にはいい心得があるとやら。実は昨日不[illegible]にして偶然に傷ついたが、それが深くて死病をさまよっている。そちの力でなんとか助けてくれや。[illegible]は[illegible]み次第であるぞ。」

韓國新聞
在日大韓民国居留民団中央本部機関紙
韓國新聞社
発行人　金正柱

十月維新に総結集

憲法改正…積極支持

民…を希望

韓国的民主主義定着を歓迎

金正柱団長、全団員に談話文発表

去る十月十八日付で、大韓民国居留民団中央本部は大統領閣下の十月維新を現在のすべての内外情勢にてらし、不可避な英断と判断し、支持するしだいであります。

その理由は、祖国の平和統一をめざし急転する国際情勢に適応できる弾力的な国内体制を早急に整備させようとの朴大統領の固い決意を讃えたためであります。思うに、わが国の現行憲法は、本来が西欧式民主主義をそのまま模倣したものであるため、韓国に適合する土着的民主主義には、いろいろな不条理を内包していたことも事実であります。また、最近の国際動向を見れば、強大国間の共存のためには、弱少国の生存権はあたかも、弊履のように忘れさられる傾向すら露出している点も否めない事実であります。

平和統一を志向

非常国務会議で議決　憲法改正案公告

安定、繁栄、統一への道

―改憲案に映った韓国の意志―　(1)

栄光ある統一祖国の実現

事大的憲政論への反省

〈つづく〉

民団綱領

一、われわれは大韓民国の国是を遵守する
一、われわれは在留同胞の権益擁護を期する
一、われわれは在留同胞の民生安定を期する
一、われわれは在留同胞の文化向上を期する
一、われわれは世界平和と国際親善を期する

東京、関東八県　領事事務担当

かつてない好成果

全国事務局長研修会終る

「10月維新に」10・17宣言名称

21日に憲法改正国民投票

政府は二十七日の閣議で憲法改正のための国民投票を十一月二十一日実施することに決定、この旨告示した。国民投票は九月末現在の人口数を基準に全国一万四百二十投票区で行なわれ、有権者の過半数の投票、投票者の過半数の賛成を得て成立する。

改憲案が確定すれば、それに伴い、今後大統領を間接選挙する「統一主体国民会議」（代議員数＝二千人乃至五千人以内）が構成されるほか、それによって大統領が選ばれる。

アジアでの観光増加率　韓国が第一位…34%増

獲得したドル高のトップは香港

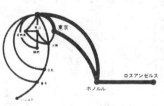

大韓民国憲法改正案

前文

悠久な歴史と伝統に輝くわが大韓民国は、三・一運動の崇高な精神と四・一九義挙および五・一六革命の理念を継承し、祖国の平和的統一の歴史的使命に立脚して、自由民主的基本秩序をより強固にする新しい民主共和国を建設するにおいて、政治・経済・社会・文化のすべての領域における各人の機会を均等にし、能力を最高度に発揮させ、責任と義務を全うさせることにより、内には国民生活の均等な向上を期し、外には恒久的な世界平和に寄与することによって、われわれとわれわれの子孫の安全と自由と幸福を永遠に確保することを誓いながら、一九四八年七月十二日制定され、一九六二年十二月二十六日改正された憲法を、ここに国民投票によって改正する。

一九七二年　月　日

第一章 総綱

第一条 ①大韓民国は民主共和国である。②大韓民国の主権は国民にあり、国民はその代表者または国民投票によって主権を行使する。

第二条 大韓民国の国民の要件は法律で定める。

第三条 大韓民国の領土は韓半島と付属島嶼とする。

第四条 大韓民国は国際平和の維持に努力し、侵略的戦争を否定する。

第五条 ①この憲法によって締結・公布された条約と一般に承認された国際法規は、国内法と同じ効力を持つ。②外国人に対しては、国際法と条約の定めるところによりその地位を保障する。

第六条 ①公務員は国民全体に対する奉仕者であり、国民に対して責任を負う。②公務員の身分と政治的中立性は、法律の定めるところにより保障される。

第七条 ①政党の設立は自由であり、複数政党制は保障される。②政党はその組織と活動が民主的でなければならず、国民の政治的意思形成に参与するに必要な組織を持たなければならない。③政党は法律の定めるところにより国家の保護を受ける。但し、政党の目的や活動が民主的基本秩序に違背したり国家の存立に危害となる場合には、政府は憲法委員会にその解散を提訴することができ、政党は憲法委員会の決定によって解散される。

第二章 国民の権利と義務

第八条 すべての国民は人間としての尊厳と価値を保有し、このために国家は国民の基本的人権を最大限に保障する義務を負う。

第九条 ①すべての国民は法の前に平等である。誰でも性別・宗教または社会的身分によって政治的・経済的・社会的・文化的生活のすべての領域で差別を受けない。②社会的特殊階級の制度は認めず、如何なる形態であれこれを創設することはできない。③勲章などの栄典はこれを受けたものにだけ効力があり、どのような特権もこれにともなわない。

第一〇条 ①すべての国民は身体の自由を保有する。誰でも法律によらなくては逮捕・拘禁・押収・捜索・審問・処罰・強制労役と保安処分を受けない。②すべての国民は拷問を受けず、刑事上自己に不利な陳述を強要されない。③逮捕・拘禁・押収・捜索には検事の要求によって法官が発付した令状を提示しなければならない。但し、現行犯人である場合と、罪を犯して逃避または証拠隠滅のおそれのあるときには事後に令状を要求することができる。④誰でも逮捕・拘禁を受けるときは、直ちに弁護人の助力を受ける権利を保有する。但し、法律が定める場合に刑事被告人が自ら弁護人を求めることができないときは、国家が弁護人を付ける。

第一一条 ①すべての国民は行為時の法律によって犯罪を構成しない行為で訴追されず、同一の犯罪に対して重ねて処罰されない。②すべての国民は遡及立法によって参政権の制限または財産権の剥奪を受けない。

第一二条 すべての国民は法律によらないかぎり居住・移転の自由の制限を受けない。

第一三条 すべての国民は法律によらないかぎり職業選択の自由を制限されない。

第一四条 すべての国民は法律によらないかぎり住居の自由を侵害されない。住居に対する押収や捜索には検事の要求によって法官が発付した令状を提示しなければならない。

第一五条 すべての国民は法律によらないかぎり通信の秘密を侵害されない。

第一六条 ①すべての国民は宗教の自由を保有する。②国教は認めず、宗教と政治は分離される。

第一七条 すべての国民は良心の自由を保有する。

第一八条 すべての国民は法律によらないかぎり言論・出版・集会・結社の自由を制限されない。

第一九条 ①すべての国民は学問と芸術の自由を保有する。②著作者・発明家と芸術家の権利は法律で保護する。

第二〇条 ①すべての国民の財産権は保障される。その内容と限界は法律で定める。②財産権の行使は公共福利に適合するようにしなければならない。③公共の必要による財産権の収用・使用または制限およびその補償の基準と方法は法律で定める。

第二一条 すべての国民は二十歳になれば法律の定めるところにより選挙権を保有する。

第二二条 すべての国民は法律の定めるところにより公務担任権を保有する。

第二三条 ①すべての国民は法律の定めるところにより国家機関に文書で請願する権利を保有する。②国家は請願に対して審査する義務を負う。

第二四条 ①全ての国民は憲法と法律の定めた法官によって法律による裁判を受ける権利を保有する。②軍人または軍属でない国民は大韓民国の領域内では軍事に関する間諜罪の場合と、哨兵・哨所・有害飲食物供給・捕虜に関する罪のうち法律に定められた場合および非常戒厳が宣布されたか大統領が法院の権限に関して緊急措置をとった場合を除いては軍法会議の裁判を受けない。③すべての国民は迅速な裁判を受ける権利を保有する。刑事被告人は相当な理由がないかぎり遅滞なく公開裁判を受ける権利を保有する。

第二五条 刑事被疑人として刑拘されたものが無罪判決を受けたときは、法律の定めるところにより国家に補償を請求することができる。

第二六条 ①公務員の職務上の不法行為によって損害を受けた国民は法律の定めるところにより国家または公共団体に賠償を請求することができる。但し、公務員自身の責任は免除されない。②軍人・軍属・警察公務員その他法律で定められたものが戦闘・訓練など職務執行と関連して受けた損害に対しては法律の定めた補償以外に国家や公共団体に公務員の職務上の不法行為による賠償は請求できない。

第二七条 ①すべての国民は能力にしたがって均等に教育を受ける権利を保有する。②全ての国民はその保護する子女に少くとも初等教育と法律の定める教育を受けさせる義務を負う。③義務教育は無償とする。④教育の自主性と政治的中立性は保障されなければならない。⑤教育制度とその運営に関する基本的な事項は法律で定める。

第二八条 ①すべての国民は勤労の権利を保有する。国家は社会的・経済的方法で勤労者の雇傭の増進に努力しなければならない。②すべての国民は勤労の義務を負う。国家は勤労の義務の内容と条件を民主主義原則にしたがって法律で定める。③勤労条件の基準は法律で定める。④女子と少年の勤労は特別な保護を受ける。

第二九条 ①勤労者の団結権・団体交渉権および団体行動権は法律の定める範囲内で保障される。②公務員である勤労者は法律で認められたものを除き団結権・団体交渉権または団体行動権を保有することができない。③公務員と国家・地方自治団体・国営企業体・公益事業体または国民経済に重大な影響をおよぼす事業体に従事する勤労者の団体行動権は法律の定めるところによりこれを制限したり認めないことができる。

第三〇条 ①すべての国民は人間らしい生活をする権利を保有する。②国家は社会保障の増進に努力しなければならない。③生活能力のない国民は法律の定めるところにより国家の保護を受ける。

第三一条 すべての国民は婚姻の純潔と保健に関して国家の保護を受ける。

第三二条 ①国民の自由と権利は憲法に列挙されていない理由で軽視されてはならない。②国民の自由と権利を制限する法律の制定は国家安全保障・秩序維持または公共福利のために必要な場合に限る。

第三三条 すべての国民は法律の定めるところにより納税の義務を負う。

第三四条 すべての国民は法律の定めるところにより国防の義務を負う。

第三章 統一主体国民会議

第三五条 統一主体国民会議は祖国の平和的統一を推進するための全国民の総意による国民的組織体として祖国統一の神聖な使命をおびた国民の主権的受任機関である。

第三六条 ①統一主体国民会議は国民の直接選挙によって選出された代議員で構成する。②統一主体国民会議代議員の数は二、〇〇〇人以上五、〇〇〇人以下の範囲内で法律で定める。③大統領は統一主体国民会議の議長となる。④統一主体国民会議代議員の選挙に関する事項は法律で定める。

第三七条 ①統一主体国民会議代議員として選挙されうるものは国会議員の被選挙権があり選挙日現在三十歳に達したもので祖国の平和統一のために国民主権を誠実に行使できるものでなければならない。②統一主体国民会議代議員として選挙されうるものの資格に関しては法律で定める。③統一主体国民会議代議員は政党に加入することができず、国会議員……

第四章 大統領

第五章 政府

第六章 国会

第七章 法院

第八章 憲法委員会

第九章 選挙管理

第一〇章 地方自治

第一一章 経済

第一二章 憲法改正

〈二面につづく〉

銀杏の葉輸出 西独に十万ドル

造船工業支援 二百億規模で

本国に民団事務所

ソウル国民大内に設置

常任委決議 本紙の本国内活動開始

民団中央の新執行部発足以来、第五回目の常任委員会が、十一月二日午後一時から、中央会議室で、金正柱団長、李彩雨、姜学文両副団長（兼事務総長）参席のもとにひらかれ、当面の諸問題に関し、真しな討議を重ねた結果、次の通り意見の一致を見た。

〈決議実施事項〉

（一）民団本国事務所

かねてから準備中の民団本国事務所は、ソウル市の国民大学内に事務所設置がきまり、きたる十一月八日十一時のKAL便で中央三機関長と事務総長が出発、政府関係当局を礼訪したあと九日には、関係要員多数を招き盛大な事務所びらきをおこなう。そして、本国事務所長には、中央の局長級を入選、赴任させ、同事務所内には三機関室を設けるほか、関係要職員も常駐させ、常時、本国との緊密な連携業務をとらせる。

（二）中央委員会延期

二十三日開催予定の第二十一回定期中央委員会は、団内外の諸事情により、若干延期することにした議長団の決定を確認する。

（三）週一回常任委

[illegible]

そして、週一回を原則に、常任委員会をひらく。

（四）「韓国新聞」の本国内活動

さいきん、「韓国新聞」の記者[illegible]を使用し、本国内で不正行為を[illegible]ており、国内支社も承認しておらず、記者証も発行していないことを再確認、その事実を国内新聞に公告、被害を未然に防止する。

さらにこれを機会として民団本国事務所内に公報活動のできる機関設備の準備を急ぐ。

問題が臨時中央委員会に[illegible]するため、[illegible]らず中央常任委員会は、これをとりあげ、充分な討議を加え対策を練ったあと、中央執行委員会に上程、その決議を得って実施に移す。

[illegible]なしているとの意見が中に[illegible]ているので、本団では、去る第三十五回臨時中央大会開催以来、中央常任局が「韓国新聞」を通じ[illegible]

第二回南北韓調節委開く

広汎な問題討議

第二回南北調節委員長会議は、[illegible]日午後三時四十五分からピョンヤンの万寿台議事堂で開かれた。韓国の李厚洛中央情報部長、張基栄元副総理、崔圭夏前外務部長官と北韓の朴成哲第二副首相（共同委員長代理）、柳章植労働党組織指導部副部長、そして五人ずつの随員が出席した。

会議は非公開で行なわれたが、韓国側記者団によれば、①南北調節委の構成問題が主な議題であったと伝えられる。

会議終了後の夕食会で、李厚洛委員長は、南北間の話し合いが引き続き成果を生み、最終的に成功することを信ずるとのべ、双方は関係改善と南北間の平和統一に向って進展しつつあると語った。

外国人にも国民健康保険

東京都、来1月実施

東京都は[illegible]国民健康保険委員会の答申に基づいて、来年一月実施をメドに、都内に住む一般外国人に国民健康保険制度を適用することを決めた。

肥料生産90万屯

今年目標の68%

[illegible]

ウナギの輸出好調

ウナギの輸出が去る二十日で自九十二万ドルにのぼり今年の目標九十二万ドルをはるかにオーバーした。主な輸出先は日本で年末までには一百万ドル達成は容易とみられる。

と合作でインドにナイロン織布工場建設を進めている。米社が投資し、韓国側はすべての用役を担当するというもの。

〈二面からつづく〉

[illegible]

付則

第一条　この憲法は公布した日から施行する。但し、この憲法を施行するために必要な法律の制定とこの憲法による大統領・統一主体国民会議代議員および国会議員の選挙とその他この憲法施行に関する準備はこの憲法施行前に行うことができる。

第二条　①この憲法によって統一主体国民会議で選挙された最初の大統領の任期はこの憲法施行日から開始される。

②この憲法によって選挙された最初の統一主体国民会議代議員の任期は最初の集会日から開始され一九七八年六月三十日に終了する。

第三条　この憲法による最初の国会議員選挙はこの憲法施行日から六[illegible]

第四条　一九七二年十月十七日からこの憲法による国会の集会日までは非常国務会議が代行した国会の権限はこの憲法施行当時の憲法とこの憲法による国会が行ったものとみなす。

第五条　この憲法施行当時の公務員と政府が任命した企業体の役員はこの憲法によって任命されたものとみなす。但し、この憲法によって選任方法や任命権者が変更された公務員はこの憲法によって後任者が選任されるまでその職務を行い、この場合前任者である公務員の任期は後任者が選任される前日までとする。

第六条　①この憲法施行当時の法令と条約はこの憲法に違背しないかぎりその効力を持続する。

②この憲法施行当時の大統領・国務院令と閣令はこの憲法による大統領令とみなす。

第七条　非常国務会議で制定された法令とこれにしたがって行われた裁判と予算その他の処分などはその効力を持続しこの憲法その他の理由で提訴されたり異議を提起することはできない。

第八条　この憲法施行当時にこの憲法によって新しく設置される機関の権限に属する職務を行っている機関はこの憲法によって新しい機関が設置されるまで存続してその職務を行う。

第九条　一九七二年十月十七日からこの憲法施行日まで大統領が行った特別宣言とこれにともなう非常措置に対しては提訴したり異議を提起することはできない。

第十条　この憲法による地方議会は祖国統一が実現するまで構成しない。

第十一条　①特定犯罪処罰に関する特別法・不正選挙関連者処罰法・政治活動浄化法および不正蓄財処理法とこれに関連した法律はその効力を持続しこれに対して異議を提起することはできない。

②政治活動浄化法および不正蓄財処理法とこれに関連する法律はこれを改廃することができない。

兵庫青年会結成

会長に尹達世氏を選出

去る十月二十二日の在日韓国青年会東京本部結成に一日先だつ二十一日、民団兵庫県本部内の青年会結成準備委員会では、神戸市生田公会堂で、午後七時から、県内韓国青年ら約三百人が集まり、在日韓国青年会兵庫県本部の結成大会を盛大にひらいた。

選任された役員は次の通り。

会　長　尹達世
副会長　[illegible]
〃　[illegible]
総務部長　朴　貞愛
組織〃　金　[illegible]
宣伝〃　高　[illegible]
文教〃　[illegible]

兵庫県韓国青年会結成大会

尹選手が国籍復帰か

日本女子バレー代表

ミュンヘン・オリンピックで銀メダルを獲得した日本女子バレーチームの白井貴子選手（二〇、旧韓国名尹正順）が所属チームの倉紡に引退を申出たことからユニチカへの移籍説、韓国籍復帰、韓国説が流れ今後の身のふり方が注目されている。

白井選手の故郷は慶北高霊、父親は四十年前来日、母親の金順女史（五七）は今でも岡山市の動物園の近くで飲食業を営み、五人兄弟。白井選手がバレーをはじめたのは岡山県石井中学二年から、片山高校に進学してからも二年までは韓国名尹正順で通した。一・八〇米、七五キロのめぐまれた身体、ジャンプ力、破壊的スパイク等で倉紡の白井者治前監督にスカウトされ、オリンピックに出場するため白井氏の養女ということで国籍を変えた。ミュンヘンでの活躍は期待通り目ざましかった。

熊本でも50万円

水災義援損金二千二百五十万円

熊本県本部でも本国水災民救援義捐金及びセマウル運動[illegible]を展開、駐福岡総領事館を通じ寄託した。（各支部募金額は次の通り）

〈総金額＝五十万円〉（熊本市＝四十三万円、荒尾＝三万円、八代＝二万九千円、人吉＝八万六千五百円、県本部＝六万円、水俣＝三万円、玉名＝一万二千円）・累計＝二千二百五十六万三千九百八十五円

なお韓国人洪[illegible]「不二之塔」建設資金十万円も寄託した。

"地に塩を"

東京韓国学校運動会に婦人会中央本部で

去る十月二十三日にひらかれた東京韓国学校の秋季運動会に際して、大韓婦人会（会長）で、は、運動場の整備用に塩七十袋を寄贈したことが、このほど明らかにされ、関係者一同に深い感銘を与えている。

印度にナイロン工場

韓国ナイロンが米ケミテックス

蒋介石総統86歳生誕祝賀

東京華僑総会主催

十月三十一日の蒋介石総統八十六歳誕生日を祝うため、東京華僑総会（呂漢祥会長）では、同日午後六時から、都内新宿の「東京大飯店」に、内外の貴賓約三百人を招いて、盛宴を催した。

祝賀会は、中華民国駐日大使の彭孟緝氏の「旧恩に徳をもって答えた蒋総統こそ、二十世紀のもっとも偉大な人物」との挨拶のあと、さらにつづき、日本側では灘尾弘吉元首相、[illegible]韓国側では、民団中央の金正柱団長が、それぞれ祝辞をのべたが、金団長は、祝辞の中で、韓国は、同盟国としての中華民国との友好を、今後もかわりなくつづけていくとのべ、参会者に大きな感銘を与えた。

写真は韓国学校の[illegible]校長だった[illegible]先生との記念写真。

女の韓国ひとりあるき (6)

画・文…サトウ・サナエ

情熱的で短気な韓国女性

いいかげんなことは許せない

韓国の銭湯でも、日本の銭湯でも、女湯での女たちは外見での女たちの生態とはかなり違うようである。

そこには女同志という気やすさと、絶対に男が迷いこんでくることがないという保証からくる解放感がある。したがって女湯での女たちは、キドらない、心身共に赤裸々な姿である。

日本の銭湯には、番台があり、そこにはたいてい助平ったらしいおやじが座っているものだ。そして着物を脱ぐあいだ、ジーッと観察しているので、日本の女は浴室の中にはいってしまうまでは、全身緊張させるを得ない。そこへいくと、韓国の銭湯の場合は、完全に独立していて、着物を脱ぐと同時に、女だけの世界になれる。

韓国の銭湯には、出歯亀なんぞが、のぞけるような隙間などどこにも見あたらなかった。私は日本を出発する前、韓国の女性は、日本女と違って、非常にひかえめで、内向的性格だと聞いていたが、私が見た女湯での韓国女性は、とても解放的で、自由奔放で、しかも、なかなか情熱的であった。

情熱的ではあるが、短気なところがあるように思えた。言葉が通じないので、原因は理解出来なかったが、女湯の中で、つかみ合いにならんばかりの大げんかに出くわしたことがあったが、そのような風景は風呂の真中でも、二、三度みかけたことがある。

つまり韓国女性は、いいかげんなことは許せない、筋を通したいという性格のように私には思えた。

韓国の田舎の商店街での筆者

日本男性の韓国女性に対するもう一つの誤解？は、韓国女性には"ノーヘアー"が多いということである。

私が韓国から帰って、韓国の女湯にはいって来たと言ったら、すべての男性が、私に異口同音に、その事で質問された。私は日本の男たちが、それほどまでに、その問題に興味を持っていたとは意外であった。だが、男性の期待に反して、私は全く"ノーヘアー"という女性には出逢わなかったのである。

ヨーロッパの男性にも、アメリカにも、日本にも、ゴリラのような腕をした男性をよく見かけるものだが、韓国では、そんな男性に一人もお目にかからなかったから、男女共あまり濃くはないのかもしれない。

のだが、プラスチック製であり、直接下から火を燃やすことは出来ないのだそうだ。

韓国では冬になると、オンドルを使うので、お湯はいつもよんだんにあり、その風呂の中にお湯を入れて、湯あみをするのだそうであった。

韓国の街で、ときどきみかけた風景に――宇宙服の缶のようなものを、いくつも重ねて、リヤカーに乗せて売り歩いているのがあった。

韓国の人に聞いてみたら、やはり、それは風呂には違いないと。考えてみれば、一度銭湯に行けば、百ウォンで経済的ではないと思って心配していたところであった。

銭湯には、せいぜい一週間に一度ぐらい行くだけだとのことであった。

（つづく）

標準韓国語、カセットも

わかりやすく編集された良書

新刊紹介

韓国書籍、雑誌輸入販売、出版をしている高麗書林では、このほど韓国語学者のための教本「標準韓国語」を発行、同教本カセットテープも完成、発売され韓国語学者を喜ばせている。

韓国外国大学の朴成媛教授編著、全東濃ソウル大学院長監修で発行された「標準韓国語」は菊判、三六六頁で定価は一千五百円。同教本「カセットテープ」は三巻（三時間）、定価五千四百円である。

韓国語学習を志す初心者の基本的な文法構造は平易に多角的な説明を加え、万国音標文字を使ってわかりやすく理解を得るように編集されている。

購読は一般書店又は直接同書林に申込んでいる。

東京都千代田区神田神保町一－二－一五

高麗書林（電話[illegible]）

尋ね人

☆伊藤準之助さん(57)　東京都新宿区に住んでいた。
☆小長寺健治さん(60)　東京都大田区大森に住んでいた。解放後消息がなく、この二人を32の朴準福が捜しています。ソウル特別市西大門区[illegible]〇東京都(03)四三一－四六一八　細心平まで連絡して下さい。

☆崔学珉さん（山本）　慶尚南道山清郡[illegible]で生れ、第二次世界大戦（一九四一年）直前に父母、兄学秀さんと共に来日、京都方面で居住。兄は病死、父母と別れを迎えた。伯父崔禹三氏の外孫に当る[illegible]さんが探しております。〇ソウル市城北区下渓洞一七六一紀三班、李英宗方郭徳乙がまた、民団韓本県本部まで御連絡下さい。

☆孫大植さん（51・大村）　三十三年前に川崎市[illegible]町一丁目五五に居住、日本鋼管につとめていた。兄は三年前に帰国したことがある。本籍は、ソウル市西大門区[illegible]弟さんが尋ねております。〇ソウル市城東区金湖洞一街一－一三七号、二級十四班、孫準[illegible]まで。

NAM SEOULカントリー倶楽部

推薦の言葉

この度、京原建設株式会社が、許鼎九代表理事の御尽力でNAM―SEOULカントリー倶楽部を完工しました。そして新規開場を記念して、在日韓国人をはじめ、日本ゴルフ愛好家から会員を募集し、広く門戸を開放しています。これは本国と在日同胞、韓国と日本の友好親善を促進するのに大いに役立つものとして、心から共鳴するものであります。

韓国でもつとも近代的な設備を誇るこのNAM―SEOULカントリー倶楽部は、京畿道広州郡楽生面に位置し、SEOULの都心から僅か20分のドライブ距離で、敷地65万坪に全長7,064ヤードのチャンピオンコースをもっていると聞きおよんでいます。

この地は風光明媚で、ぬけるような青空の下で、のびのびとゴルフを楽しむことが出来、ゴルフを通して、韓国の政財界や経済人たちと、人的交流を密にすることによって、事業の推進にも大いに役立つものとして、日本の皆様にも自信をもって推薦するものであります。

NAM―SEOULカントリー倶楽部が、韓国の新らしい観光名所となり、母国訪問の在日韓国人や韓国で活躍している日本の皆様に、健全な憩いの場所となり、ゴルフ愛好家たちのみでなく、一般の方々にも開放され、親しまれる素晴らしい観光地として発展し、日本の皆様が、韓国を身近かに感じられる足がかりになる日も遠くないと信じ、ゴルフ愛好家や一般有志に、NAM―SEOULカントリー倶楽部の会員になられるよう推薦するものであります。

在日本大韓民国民留民団中央本部

副団長　李　彩　雨

クラブ・ハウス正面全景

コース建設概要

所在地：京畿道廣州郡楽生面

用地面積：総65万坪

規模：18HOLE 7,064 YDS

基本設計：井上誠一

設計監修：浅見緑蔵

施工担当：池蓮本

ハウス設計：厳恵紋

着工：1969年11月

完工開場：1971年10月

附帯施設

1. 倶楽部ハウス 1,100坪
2. モテル(Motel)
3. 住宅團地
4. 子供遊び場 及びプール場
5. 其他レジャー施設

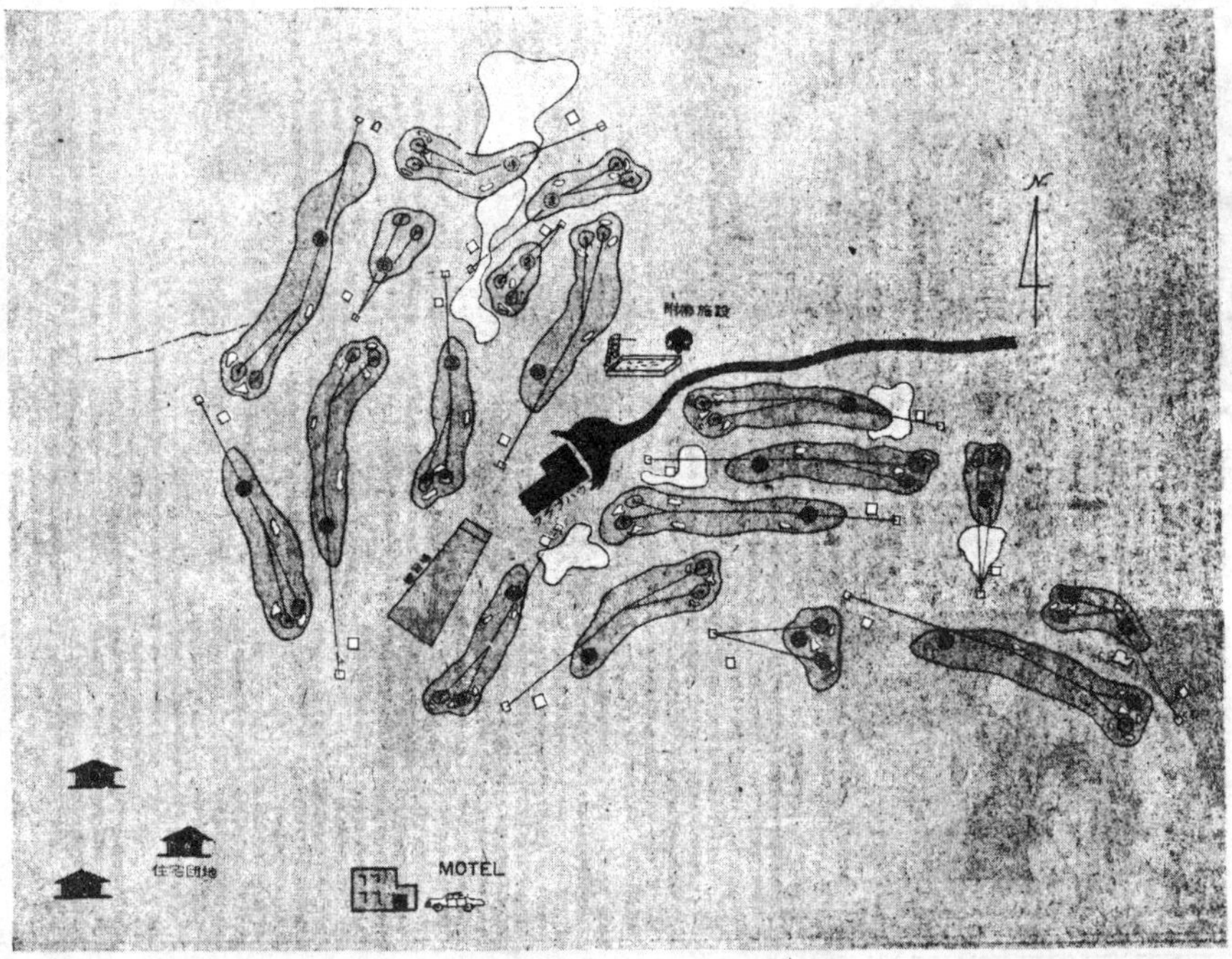

• YARDAGE

HOLE NO.	1	2	3	4	5	6	7	8	9	OUT
YARD	428	198	368	390	510	362	530	220	420	3.426
PAR	4	3	4	4	5	4	5	3	4	36

HOLE NO.	10	11	12	13	14	15	16	17	18	IN	TOTAL
YARD	418	446	197	543	427	220	427	415	545	3.638	7.064
PAR	4	4	3	5	4	3	4	4	5	36	72

第二次会員募集案内

人員　200人

入会金　50万円(日貨)

註　日本で取得した会員券の韓国での売買は5年据置後でないと認められません。
日本国内での売買は自由ですが名義書換料が必要です。

募集主体

京原建設株式会社

NAM―SEOULカントリー倶楽部

〈ソウル連絡事務所〉

ソウル特別市中区太平路二街70―7　海南ビル514号

〈倶楽部〉

京畿道広州郡楽生面

TEL(楽生) 51―100

〈日本地域申込連絡事務所〉

〒151　東京都渋谷区代々木二ノ三九ノ七、メゾン代々木三〇三

TEL (03) 379―3668

クーポン　韓国72.10

資料御希望の方は住所、氏名、年令、職業、電話番号、ゴルフを始められた年などを御記入のうえ、〒151東京都渋谷区代々木二ノ三九ノ七、メゾン代々木三〇三号、NAM―SEOULカントリー倶楽部日本地域申込連絡事務所まで御送り下さい。

御挨拶

弊社は、Seoul市近郊の広州郡楽生面に、敷地六十五万坪を確保して全長七、〇六四ヤードのチャンピオンコースを建設し、一九七一年十月に開場致しました。

Seoul都心から二〇分のドライブ距離にある此処(Nam-Seoulカントリー倶楽部)は風趣豊かる景勝の地に位置しておりますと同時に、ビギナーからロー・ハンデイに至る迄ゴルファーなら誰もがゴルフを味わい楽しめます様、其の設計に特に念を入れております。コース建設に於てゴルフ場の生命であるグリーンとフェアウェイの芝の造成には物量と精力を惜しまず其の完璧を期しており、家族と一緒にカントリーライフを楽しめます様、プール、子供遊び場モテル(Motel)等のレジャー施設を完備する計画であります。なお、周囲の美しい景色に相応しい会員住宅団地も準備しております。

都心から僅か二〇分の交通条件、そして格調高き周囲の雰囲気は必ず、皆様に充分御満足頂けることと確信し、先ずは御挨拶申し上げる次第で御座居ます。

京原建設株式会社

代表理事　許　鼎　九　拝上

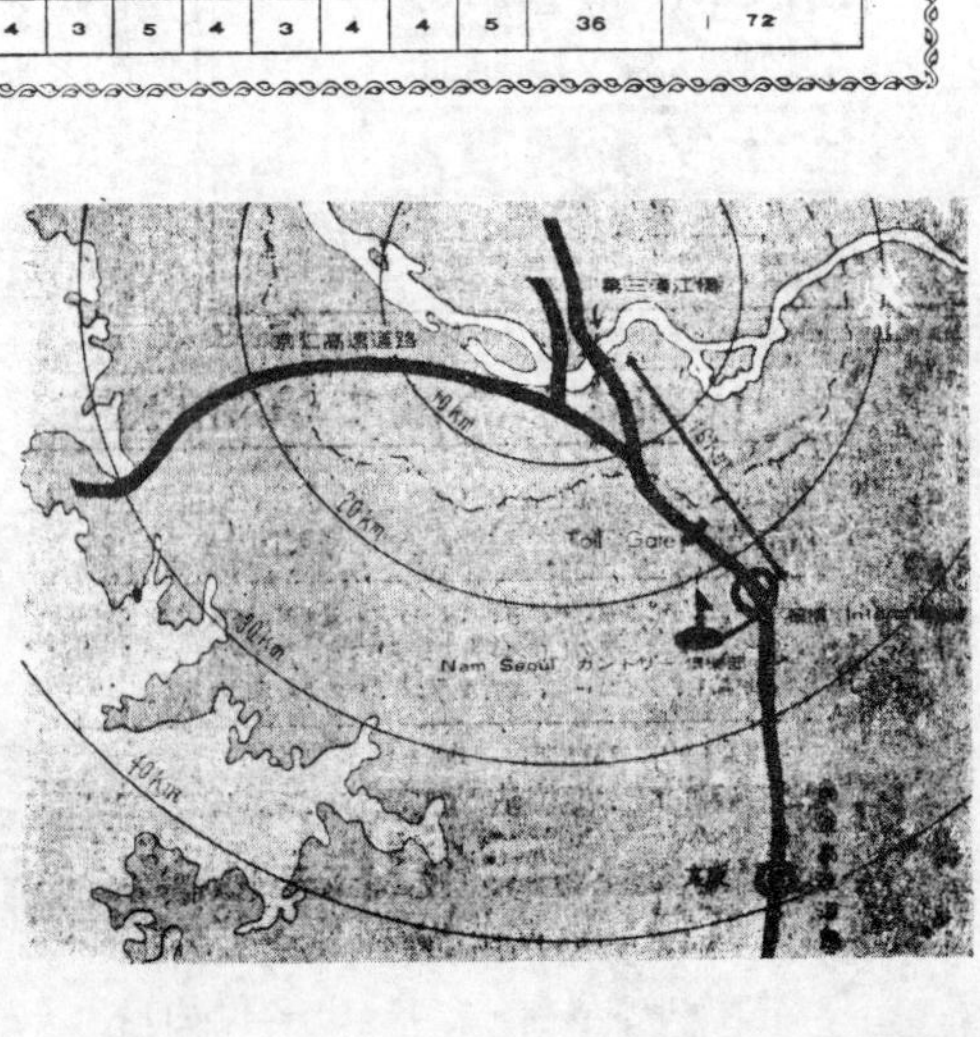

韓國新聞
在日大韓民国居留民団中央本部機関紙
韓國新聞社
発行人 金 正柱
東京都文京区春日町2丁目20-13
電話 (815) 1451〜3
(813) 2261〜5
振替口座 東京 163774

民団綱領
一、われわれは大韓民国の国是を遵守する
一、われわれは在留同胞の権益擁護を期する
一、われわれは在留同胞の民生安定を期する
一、われわれは在留同胞の文化向上を期する
一、われわれは世界平和と国際親善を期する

第二回南北調節委ひらく

自主平和統一めざし

南北間の経済・文化・社会交流も実現へ

広範な政治的交流を保証

横浜市教育会館でひらかれた韓国青年会神奈川県本部結成大会

「十月維新」を絶対支持

各地方本部団長ぞくぞく声明

神奈川県本部 青年会を結成

会長に李敬一氏、監査委員長には尹汝甲氏

十月維新理解させる時局講演会ひらく

四日から各地方本部で

青年会を直接指導

八日、第三回中央執行委ひらく

第2次南北調節委員会会議を終え合意文書を交換する李厚洛委員長（前列左）と北の朴成哲代理（前列右）

輸出13億5千万ドル

今年目標額の七七・二%を達成

自由経済体制
成長政策追求

輸出政策で成果

外貨一億ドル節約

統一稲反当り
四二七㎏収穫

対外投資が約束

トヨタ再投資の動き

対日輸出好転か

日関税引下げで40余品目

先進国への頭脳
流出問題を論議

農漁村学校教
育条件を改善

石油化学系
列工場完工

韓国との企業提携を促進

日本商工会議所などで視察団派遣

三多摩で憲法
改正説明会

中央委員会延期

西南海石油探査
十月頃試掘着手

安定、繁栄、統一への道
改憲案に映った韓国の意志
(2)

〈前号からつづく〉

五・一六軍事革命以前の政治的混乱、政治的腐敗、これに伴う経済的成長の停滞など遺憾な現象は、すべてがまさしくこのような盲目的に導入採用した形式的な西欧式憲政秩序の不合理から生じた産物だといわざるを得ない。

五・一六軍事革命が起きてから朴大統領は西欧的憲政秩序の不合理性をいち早く喝破し、韓国の実情に合致した土着的民主憲政秩序への改革が試みられた。しかし、過去十余年間の犠牲と内外のいろいろな抵抗要因によって、朴大統領は制度的改革よりは、強力なリーダーシップの駆使と経済建設の急速な推進、国力安保による自立基盤の完備など、国力の蓄積を通じて徐々に土着的韓国民主主義の整地作業を進めて来た。この度の改憲は、これまで成就した整地作業に基づいて、本格的に韓国的民主主義を土着化させるため、統一指向とともに、国家基本法である憲法の制度的様式を整えようとしているのである。

民族主体勢力の形成

新民族主義の要請

二、平和統一への指向

統一念願の具現

統一国論の集約化

統一国力の組織化

三、韓国的民主主義の土着化

安定基調の上の能率極大化

領導者の「リーダーシップ」確立

国民創意領域の保障

（つづく）

高木論説顧問を解職

二宮出版局長ら三人も処分

読売言論横暴事件　民団側の要求受け入れる

九月発行の別冊「週刊読売」に韓国と韓国民を不当に中傷誹謗した記事を掲載して、韓国政府を刺激、読売新聞ソウル支局を閉鎖と同時に同社特派員が退去を命ぜられるなどの不祥事件をおこした読売新聞社（務台光雄社長）では、十一月一日付で問題の筆者である同社高木健夫論説委員会顧問を解嘱する一方、出版責任者の処分を次のとおり発令した旨駐日韓国大使館に通告があった。読売新聞社の今度の人事措置は民団側のかねての要求条件をうけいれたものと解釈される。

鄭達鉉中央宣伝局長談話

全国土を作業場化

73年度セマウル事業計画確定

朴大統領国務会議で指示

狭山茶栽培成功

忠武市で製茶産業を開発

アカデミア賞受賞　洪起華氏一行視察団訪韓

洪起華氏

韓国語講習会

台東支部で、週二回無料

印尼進出韓国企業団出発

原資材適間関係強化

読者の声

日本における技術研修

「産業観光」からの脱皮を

世界最大の「龍」の字

李基俊博士

同胞利用待つ　コリアン・チャペル

KS制度強化

しぼり輸出好調

女の韓国ひとりあるき（7）

画・文…サトウ・サナエ

ビアホール

大規模な施設に驚く

純真、情熱、解放感を満喫

朝鮮ホテルでコメディアン徐永春氏との語らい

（つづく）

岐阜で運動会

千二百人参加、親睦図る

岐阜でひらかれた韓国人運動会

神奈川韓国学園で公開授業

"アイデア買います"

WIBで本国と情報提供

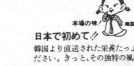

金珍孚社長

文化公報部長官に提議
要求される大衆のための音楽芸術の革新について
張世辰

わが国 における音楽芸術は、革新的転換期に直面したと思われ「新しき村づくり運動」と共に、国家発展に、民族新音楽をもって寄与し、役立せたいと願うものであります。

解放 以来、6・25動乱のため、四十年の立遅れが感じられます。先進国家においては、英米仏独の四カ国が、二十余年以前に音楽の革新をめざして発展し、また隣国日本においてもこの文化事業を成し遂げたのです。

音楽 は、何も古典だけのものではなく、現代である以上、現代にも古典も、近代性が必要なのです。文化はその時代にそって、大衆と共に浴せているからなのです。

しかし、四十年間の古い形式の音楽は、日本においては、二十年間にその自体すら完全に消えてなくなり、今は近代化で、完全に化されております。

われわれは、四十年間も今も、時に遅ってはおらず、作家は、ただもがいているという感じなのですが、皆さんは共にこの現状を感じとっておられることと思われます。しかし、どうにもならないのは、[illegible]

[illegible]て歓迎されることでしょう。また国内においても、あらゆる文化面に至るまで、機敏さを増し、洗練されて、共通点を見出して発展し、また国家間の文化交流面においてもわが国のもつ芸術が、あらゆる人達に数多く採択されて、運用され、世界的に発展することでしょう。

ここで [illegible]

文公部 [illegible]

このたび [illegible]

また芸術家 [illegible]

芸術は [illegible]

外国 [illegible]

韓国ナツメロの決定盤！
韓錫善氏のLP盤完成

三十六人編成のオーケストラ演奏
編曲から製作まで自主一貫
キラ星のような想い出のメロディ

[illegible]

韓国でも鍼麻酔

[illegible]

円仏教の欧米布教活発
ウォン・ブーディズム発刊も

23ヵ国320余ヵ所に紹介されている「ウォン・ブーディズム」

米国 [illegible]

わが国 [illegible]

さて [illegible]

洪吉童傳 (二六)
許筠著
訳・編 洪相圭

[illegible]

[illegible]

同胞子弟の育英事業に参加しましょう！
在日韓国人教育後援会々員倍加促進運動

一九七二年度教育後援会総会では、五月二十五日、李澔大使、奨学官、理事並びに全国会員達参席の下、会員倍加促進運動を全国的に拡大する事を満場一致で可決しました。

教育後援会の現状を見ますると、現在のような小額の後援会基金をもっては、小人数の学生にしか奨学金を支給出来ず、全国の有数の韓国人事業家や、有志の方々が多数居るにも拘わらず、会員も基金も少く、従って育英事業も小規模にならざるを得ない実情であります。果してこれで良いのでしょうか？

我々は再考せざるを得ません

現在の日本世相を省りみる時、国家の為にも、将来の社会の為にも、一役立つ立派な人材を養う」教育事業が、如何に重要且つ困難であるかはもはや多言を要しません。全マスコミをあげてその重要性を叫んでいることは、同胞諸賢もよく御存じのことと思います。近い将来、祖国大韓民国の社会、ひいては在日韓国人社会において活躍し、指導的役割を果す人材を養成する教育後援会事業に、この際、諸賢が深く意を用いられるよう切望致します。

教育後援会の事業内容

としては、大学生、高校生への奨学金支給、韓国学校、全国教育文化センター、留学生、学術団体への補助金附与、褒賞費附与、奨学通信の発刊、日本教育機関への渉外等々でありますが、諸賢が我々の後孫のため、この聖なる育英事業を御理解下さって、各県の有力事業家並びに有志の方々が、この際奮って、教育後援会々員に多数御加入下さるよう力説し、駐日公館や民団に御推薦下さるよう切望致します。

会員は、特別会員、正会員、準会員の三種があります。

なお事業計画、歳入、歳出等は、同会の理事会で運営されていますが、駐日公館の絶大な後援を受けています。詳細は駐日公館、または民団中央本部並びに、県本部文教部へ御問合せ下さい。

在日本大韓民国居留民団
中央本部文教局
電話〇三—八一三—二二六一＝五

駐日本国大韓民国大使館
奨学官室
電話〇三—四五二—七六一一

第1061号

韓國新聞

在日大韓民国居留民団
中央本部機関紙
韓國新聞社
発行人　金正柱
東京都文京区春日町
2丁目20－13
電話（815）1451～3
（813）2261～5
振替口座　東京　163774

民団綱領

一、われわれは大韓民国の国是を遵守する
一、われわれは在留同胞の権益擁護を期する
一、われわれは在留同胞の民生安定を期する
一、われわれは在留同胞の文化向上を期する
一、われわれは世界平和と国際親善を期する

十月維新を積極支持

全民団員の参与推進

九日、民団本国事務所びらき盛大

◇……政府合同庁舎（前国民大学跡・ソウル特別市鍾路区昌成洞一〇七番地……◇
◇……（電話七三－〇一六二、〇一六五、〇一九二）四階で在日居留民団本……◇
◇……国事務所が九日、事務所開きをした。この日の開所式には、金溶植外……◇
◇……務部長官、李撹現文公部海外公報館長などの来賓を迎え、金正柱中央……◇
◇……団長をはじめとする三機関長と、姜学文副団長兼事務総長が参席した。……◇

"祖国繁栄に全組織を"

金正柱中央団長 本国で記者会見

民団本国事務所開所式でテープをきる金正柱中央団長（上左）と金溶植外務部長官（上中央）、記者会見する金正柱中央団長（下）

燃えひろがるセマウル運動

生活環境改善など三段階

勤勉、自助、協同の精神生かし

……に推進している社会・経済改革のことである。この運動は精神開発、生活環境の改善、農漁民所得の増大という三段階からなる。精神開発の面からは、祖国近代化の底力となる勤勉、自助、協同の精神を開発し活性化することによって、固有の伝統と新しい価値観を結合、発展させている。生活環境改善の面では、農家の屋根や台所、便所、井戸、下水などの改良や簡易水道、共同洗濯場、井戸端、子供遊園地など部落の共同施設を新設または改善し、村道や農道の拡張、部落近辺の河川堤防の改修、崖崩れ防止工事など、部落自身の力で環境を改良することが眼目となっている。

所得増大については、農漁民……

部落民が総動員して農路造りの共同作業をくりひろげている

民団と一体で闘争

東京で韓国青年会二支部結成

荒川支部会長に李恵吉君

台東支部会長に尹淳満君

在日本韓国人青年会荒川支部結成大会

民団規約改正要望

活発な宣伝活動も

静岡県本部支団長会議ひらく

"改憲で強固な体制を"

千葉県本部傘下団体長会議

冬のセマウル学校設置

医薬品輸出好調

10月で97％の達成

要路に協力依頼

民団本国活動に万全

＝姜学文中央副団長帰任談＝

規約修正委員決定

民団中央では、かねて……中であった規約修正委員……うに決定、発表した。

金正柱、……

十月維新支持声明

各地方本部で

農村と都市の所得差を解消

耕地拡張計画を推進

高岐に大規模養魚場

本国の文教部出入記者一行本団来訪

81年まで輸出百億ドル

国民所得も千ドル目標
10月維新で経済成長年率25パーセントを

朴大統領経企院で指示

朴正煕大統領は七日、わが国の一人当国民所得を、八一年には千ドル水準にひきあげ、輸出は八十年には百億ドルにのびるよう目標を設定、政府と国民が心を合わせて努力することを促した。朴大統領は、この日、経済企画院で催された月間経済動向の報告をうけ、「過般の八・三措置にともなう果敢な産業合理化政策の追究と十月維新を通じた政治、経済および社会の安定基盤造成により今こそ、経済活動と輸出を伸長させる準備がなった」と前提し、「今後、年平均25%の輸出増加を続ければ、八十年には、少くとも百億ドルの輸出は難なく達成できると思う」とのべた。

朴大統領はつづいて「去る一、二次経済計画期間中、年平均九・九%の経済成長を達成した実績を基盤に、ひきつづき努力すれば、第四次経済計画が終わる八一年には、一般国民所得は千ドル水準になると確信する」とのべ、「輸出産業は、今後ひきつづきわが国の経済発展を主導していく、重要な戦略産業分野である」と強調した。

朴大統領は「輸出は、外貨獲得と技術向上および連関産業への波及効果も大きいが、より重要なことは、より多い国民に仕事をあたえ、経済と生活に活力をふき込む雇傭増大の効果にある」と指摘し、「八九年の輸出、百億ドル目標は、今年度十八億ドルを基準に、年間二十五%内外の増加率をもとにしたもので、このような伸張率は、いままでの経験にてらして見れば、決して無理なことではない」とのべた。

朴大統領は、また「一人当国民所得千ドルと輸出目標百億ドルを達成するため、わがすべての国民は、熱心にはたらき、政府はわが輸出産業の国際競争を勝ち抜いて行く、基盤造成と支援のための財政金融面の補完、そして社会間接資本の拡充など可能な措置を取り、七三年の政府施策に具体的に反映させるよう」指示した。

1973年完成予定の地下鉄工事

電子・鉄鋼など50億ドル
80年度輸出計画確定

七日、商工部は重化学製品の画期的な輸出増大に力点を置いた、八十年度の百億ドル輸出計画を確定発表した。

朴大統領の指示により、商工部が作成した輸出計画は、七二年から八十年までの年平均輸出増加率が、当初の十六・六%より八・四%高い二五%に策定されたが、七二年から七六年（三次五カ年計画期間）までの輸出増加率は、二七・八%、七七年から八十年までは二二・四%となっている。

これとともに商工部は重化学製品の輸出比率を大幅に高め、輸出産業の構造改善をはかることにしたが、特に電子製品、船舶、鉄鋼製品、機械類など四品目の輸出目標を、来る七六年度には十五億ドル、そして八十年度には五十億ドルで八十年度にはこれらの、輸出が全体の五十%を占めることに策定されている。

一方、商工部は百億ドル輸出実現のためには、八十年まで輸出産業部門に一兆八千億ドルが投入されるべきだと投資規模を推定している。

八十年までの年度別輸出目標は次のとおり。

▲七三年＝23億5千万ドル（30・6%増）
▲七四年＝30億ドル（30・6%）
▲七五年＝37億5千万ドル（25%）
▲七六年＝46億ドル（22・7%）
▲七七年＝56億ドル（21・7%）
▲七八年＝68億ドル（21・4%）
▲七九年＝82億5千万ドル（21・3%）
▲八十年＝100億ドル（21・2%）

二百万KWを突破
11月7日現在最高発電出力

韓国電力の発電出力が二百万KWをこえた。

韓国電力の発表によれば、七日午後七時現在の発電出力は、わが国最高水準である二百万千三百KWにいたった。

この発電出力は、一九六八年十月百万KWを突破して以来、四年間に二倍となったもので、経済開発ブームにのって、肥料、セメント、鉄鋼など生産業体の稼動が大きくのびたためと見られる。

東莱郡古里原子力発電所
七六年から60万KWワット

科学技術処は、慶南東莱郡長安面古里に建設中である東洋第2位の六十万KW原子力発電所の建設費総規模を七百七十億ウォンに最終確定した。

尹東鎬原子力庁長は、八日「去年の三月十九日、起工された古里原子力発電所の総建設費は、当初より大きくのび、一億九千八百五万ドルに確定された」とのべ、七五年に完工、七六年から本格的な送電をはじめる計画であるとのべた。

尹庁長は、原子力発電所による公害問題および安全管理に対しては、各部門ごとに三十人からなる施設安全審査委員会を構成し、安全性に関する検討をおえたとのべた。

水害復興住宅完工
一千七百余棟入住おえる

中央災害対策本部が八日、明らかにしたところによれば、去る八、九月の暴雨および津波による全国の水害復旧住宅、一万七千六百十四棟を完工、水害民全部を入住完了した。

住宅復旧事業に投入された資金支援はなべて四十四億ウォン、セメント七万八千トン、ブロック二千六百三十五万枚など資材と軍官民、学生など百三十一万四千人の人員が復旧事業に動員された。

去る五日現在無償救護対象人員、延べ千百余万人に対し救護穀三千四百二十トンが支給され、延べ八十七万余人が就労救護をうけた。

66世帯入住の亭越部7里団地

農漁村に電話架設
来年末まで五千余里洞に

逓信部では10月31日、セマウル通信網建設計画を確定発表した。

この計画は来年末まで、七九億四千万ウオンを投入し、セマウル事業模範部落を優先して山間のへき地と孤島等地に里洞単位通信網を集中建設して、交換台の無い面をなくし、全国の市外電話を三十分内通話圏に改善し、農漁村に郵便局を増設することなどを骨子としている。

セマウル通信網建設計画の細部は次のとおり。

①里洞単位通信網＝八億五千万ウオンで全国一万九千四百七十八カ里洞中五千三百八十五里洞に通信網を建設。

②孤島無線通信網＝三億ウオンを投入し、全国常駐人口五百人以上、孤島二百三十八のうち、百四十五個孤島に無線施設を完備。

③無交換面一掃＝十一億六千万ウオンで、全国千三百八十二カ面のうち九百二十三カ面に、総十四万九千回線の磁石式交換施設をそなえ年次的に増設、七六年までは無交換面を一掃。

④全国三十分内通話圏形成＝四十億ウオンを投入し、ソウルを中心とする全国大都市間と郡庁所在地および道庁所在地と郡庁所在地二百七十三区間に四千五十回線の市外回線を増設、全国の市外電話を三十分内に通話するようにする。

その結果、来年度にはソウル―道庁所在地間は十分以内、ソウル―郡庁所在地間は三十分以内、道庁所在地―郡庁所在地間は二十分内に通話可能にする。

⑤郵便局の新設＝十二億六千万ウオンでソウル市周辺八カ局をはじめ、全国に五十一カ局を新設し七十一カ局を改築する。

⑥郵便物伝送の加速化＝三億七千万ウオンを投入して、鉄道郵便専用貨車二両を製作し、郵便車二十四台、オートバイ五十六台、自転車五千四十三台を全国各郵便局に配備、配達時間を短縮する。

安定、繁栄、統一への道
―改憲案に映った韓国の意志―
(3)

（前号からつづく）

とくに、国民教育を暢達するため義務教育を拡大しようとする志向を反映、国民らの子弟に対し、少くとも初等教育ばかりでなく、法律が定める教育を無償で受けさせる義務を負わせた。

また改正憲法は、国民が国政に直接参与する直接民主主義制度を一部導入し、国民の参政権をある面では強化したともいえる。大統領が、重要政策を直接国民投票に付する場合には、国会はこれに関与せず、国民が直接その可否を決定することになり（第四十九条）、大統領が提案する憲法改正案もまた、国民投票だけで確定することになっている（第百二十四条二項）。もちろん、このような国民投票規定は、大統領の権限面においてもうかがわれるが、大統領は、国民の正当性と良心を代表するという意味において少くとも重要な国政に関するかぎり、大統領と国民を直結させたという理論をもって説明できる。

自助力量の培養

これまで零細な耕作地、立ち遅れた営農技術、不足がちな農業資源、他力本願と無気力の中で挫折していた自立意欲など、脆弱そのものであった農業構造のために、韓国の農民らは、貧困のどん底から脱出し得ず、悪循環だけをくり返して来た。過去の弥縫的でうわべだけの農業政策は、農業発展を阻害したばかりでなく、農民らに他力本願な姿勢だけを助長し、自立意志までもくじいて、農村近代化を暗たんたるものにしたのも、また事実である。

しかし、朴大統領は、祖国近代化の目標を、農村近代化におき、実質的な営農政策を強力に押し進めながら脆弱であった農業基盤を強化した。農業の機械化、営農技術の科学的な革新、品種の改良、農民の自立精神の高揚などを成就したことによって、現在韓国の農業は近代化への基盤が整えられたのである。これと相前後した勤勉、自助、協同のセ・マウル運動は、農漁村経済の自立と他力本願と無気力の中でとんざ（頓挫）していた農漁民の精神的自覚を覚醒させるに至った。

ところで、セ・マウル運動は農漁村ばかりでなく、都会にまで波及して活発に展開されており、一方では、経済的自立運動に、また、他力本願的にして消極的な国民精神を進取的にして創意的であり能動的なものに脱皮するための国民精神改革運動に昇華され、展開されている。

また、自助と協同を通じた団結と自治能力を涵養することによって、自主的な民主主義土着化運動に発展しつつあるのである。このような背景の中で新憲法は、第百二十条に農漁民の自助を基盤とする農漁村開発のための計画を樹立し、地域社会の均衡ある発展を期することを規定している。事実上セマウル運動を国家課業として設定しておいた。

セマウル運動は、物質的側面では所得増大による農漁民の生活向上と、地域社会の均衡ある発展を図り、精神的な側面では、自助、自立による主体性を確立し、協同による自治能力と民主力量を培養する運動である。ところで、新憲法のこの条項はセマウル運動を国家課業の一つとして、一層積極的に推進するという国民決意の表示であると同時に、平和統一の底力となる国民的民主力量を、セマウル運動を通じて培養し、結集するという国家目標の設定だと解釈される。これによって韓国農漁村の画期的な開発は、国家の積極的な営農政策と農漁民らの自助的努力によって成就されるものと確信されるようになった。

一方、統一に対する国民意志の表示であり、平和的統一指向の象徴である統一主体国民会議は、農漁民の直接的な参与と、その選出によって構成されるので、農漁民の自主的な民主力量は、ただちに統一主体国民会議に反映される。

ところで、平和統一を指向する民族主体勢力の形成にあたり、農漁民の民主力量が大きな比重をしめることになった。したがって、地域社会の均衡ある発展と、農漁民の民主力量を培養するセ・マウル運動は、統一国力の蓄積運動であり、韓国的民主主義の土着化のための基盤強化運動にもなるのである。それは、地域社会の均衡ある発展による地方財政の独立と民主主義訓練を促進し、地方自治の能力を培養する道になるからである。

さらに、新憲法は第百十七条に「国土と資源は国家の保護を受け、国家はその均衡ある開発と利用のための計画を樹立する」と規定し、国土の総合的な開発意欲を積極的に示している。

これまで韓国の国土は、総合的な開発はもちろんのこと、保護さえも与えられぬまま、おきざりになっていた。その結果、国土は効率的に活用されず、したがって国家資源の効率的な利用と、開発、保全が阻害されていた。

ところで、新憲法は国家的見地から、国土の保護と均衡ある発展、長期的な総合開発を、政府が主導的に積極推進し得る基盤が整えられたのである。

四、民族活路の開拓
民主主義の国籍回復

韓国の運命は、何人でもない韓国人自身の努力にかかっている。今、韓国は内外のきびしい試錬と挑戦を克服し、民族の活路と繁栄を開拓すべき重大な局面に立たされている。分断二十七年の民族的傷痕をいやし、平和的な南北統一を成就すべき民族的至上命令にこたえるため、制度と体制を整備せざるを得ない。また、自由民主主義を憲政秩序の基としながら、内実もなく体質にも合わない、制度的矛盾から脱皮し、韓国的民主主義の国籍を回復すべき時である。民主主義が放縦とあやまって理解され、自由社会の多様化が国力の分散にとってかわって運用され、議会政治が政争と浪費の母胎になってもよいという不条理から醒めなければならない厳粛な段階におかれている。

改正憲法は、このようなこれまでの不条理と非現実的な制度に一大改革を断行し、政治、経済、社会、文化などすべての領域において能率を極大化し、浪費を排除し、政治的安定基調の上に統一国力の組織化と民族の永遠な繁栄を成し遂げようとするものである。憲法は、国家基本法という法規範を美辞麗句を持って装飾するためにあるのではなく、その国の現実政治の課題を解決するための規範でなければならない。改正憲法は、このような観点から韓国の憲政史二十五年を反省し、統一を指向する現実的な要求に副応し得るよう憲政秩序を、韓国的実情に見合うように改革した。

過去二十五年間の憲政史を振り返って見るに、率直にいって韓国ではただの一度も、民主主義の爛熳とした花を咲かせたことがない。これまでの改憲は、統一への意志が結束されず、これを基とした歴史の方向意識が定立されない条件のなかで行なわれたのである。

少くとも五・一六革命以前の停滞と混乱、不安と無秩序が、みなこれらの土台の上に築かれた不幸な所産であったといわざるを得ない。停滞はすなわち後退である。五・一六後、過去十余年間、朴大統領の強力な指導力と経綸によって築かれた高級を土台として、韓国はその次元を高め、跳躍しなければならない段階に到達したのである。何が真実であったかは歴史が実証する。国籍のない従来の西欧的憲政をわれわれの意志と体質に合致するように改修すべきである。栄光ある統一祖国の実現は現実への執着ではなく、改革への勇気によってのみ可能である。ためらうものは落伍する。前進するものだけが勝利をおさめることができるのだ。韓半島周辺の情勢は現在も、そして未来においても激動するであろう。

新しい憲法案は、このような現実の上に立って、韓国の生存権の保衛と祖国近代化の上に平和統一の達成を可能ならしめる国力の組織化のための基盤を整えたのである。国力組織化の方向は自明である。過去の非能率と浪費の抑制、政治的安定基調と能率の極大化を期するものである。しかし、国力の組織化は南北対話と周辺の情勢に対処する制度的体制の整備を意味するもので、自由民主主義の本質を損うものではない。かえって、国民の自由と創意領域を暢達することによって能率の極大化を増進し、自由民主体制の優越性を強調しようとした。

民族生存権の保衛

新憲法案の目的は端的にいって民族の生存権を保衛するのにある。敵と同志の区別がない冷酷な現実の中で、韓民族の生存権を伸張し、保衛しようと身悶えている絶叫を決して無視できない。

韓国は伝統的に海洋勢力と大陸勢力が衝突する飛石に、なっていたという地政学的な悲劇がある。旧韓帝末の複雑にして停迷を呈した韓半島の情勢と、その後の悲劇も、正しくこの地政学的な不幸の産物であった。国力を組織化し体制を再整備する自律的な対処を怠たるとすれば、今日だからといって旧韓帝末の悲劇が繰り返されないという何らの保障もない。したがって、列強政治の無原則な妥協によっていけにえ（生贄）になるかも知れない。民族生存権の保衛は韓国の現在における切迫した課題である。

この基本的な脅威に対処する民族生存権を保衛しうる道は、ただ力あるのみである。力あるものは生き残り、力のない者は汚辱を繰り返すだけである。列強政治の脅威を排除し、国際情勢に能動的に対応して民族の繁栄を追求する道は、自主的な力の蓄積と体制整備の外にあり得ない。

新憲法案は、この民族生存権を保衛するため力の培養に重点を置いたものといえる。国力の組織化と国政の能率化を図るのも正しく民族自衛の力を培おうとするのにその目的がある。なお、冷戦の産物である分断祖国の現実と北韓との対話が不可避な状況の中で、国力の培養と組織化は寸刻の余裕も許されない当面の急務である。

救国への道

国力の能率化と組織化を主眼とした憲法改正の決断は、ほかならぬ民族の活路を切り開くための「救国の道」である。非能率と浪費の紙土を清算し、祖国統一の栄光と繁栄を指向する新らしい歴史を記録しはじめたのである。

この課業は韓民族が今、断行しなくとも、いつかは必ず達成しなければならない課題である。ただ、過去の指導者らは救国の道を切り開く歴史的使命意識と勇気、そして強力な「リーダーシップ」が欠けていたのに反し、現在の韓国民の指導者は指導者としての責務と使命に忠実であり、決断する勇気と行動力を兼そなえているため、維新的な大改革の英断が可能であった。

見よ！この道のほかに救国の道があるだろうか！国際情勢は韓国のために動いているのではない。韓国民の運命に対する審判者は外ならぬ韓国民自身である。救国の道は開かれた。全国民は民族的良心と正義に従って虚心担懐、この救国の隊列に参加し、子孫へその栄光を遺産に残そうではないか。

（おわり）

米、ファントム機一個大隊韓国に追加供給へ

米国は、韓国に供給されるF5A戦闘機をベトナムに移送することによって生じた間隙をうめるため、韓国空軍に追加分としてF4戦闘爆撃機一個大隊を、移譲することになると十日、発表した。

ニューヨーク・タイムズは、十日、政府消息筋が米国は最近、ベトナムへ百十六台のF5A機を貸与した韓国、自由中国、イランなど各国に対し、F5A機の改良型である、新鋭F5E戦闘機（一名自由の闘士）を提供することを望むことを表明したと報道した。

線材輸出順調
市場多辺化で伸張勢

輸出市場多辺化をはかっている高麗、漢国両大メーカーの線材類輸出実績が一〇月末現在、総二六六万五、〇〇〇ドルを記録することにより予想外の快調を示している業体別にみると高麗製鋼が輸出目標二五〇万ドルの九七％に該当する二四二万五、〇〇〇ドル（ワイヤーロープ一六四万九、〇〇〇ドル、ACSR線四四万五、〇〇〇ドル、其他三三万一、〇〇〇ドル）を達成し輸出業体では位置を確固にしたほか高麗製鋼はワイヤーロープ単一品種で二四万ドル相当を輸出した。

一方、高麗製鋼は既存取引先の米国、スウエーデン、シンガポール、香港のほかに昨年一年間だけで中近東地域のギリシア、イラン、イラク、パキスタン、アブダビ、モロッコ等に輸出市場を確保したのに続き今年に入ってもペルーなど南米地域の市場を開拓することで輸出市場を多辺化している。

荒川商工会
創立十周年

東京都内の韓国人商工会では、もっとも活発な動きを見せている荒川韓国人商工会（金栄洪会長）では、創立十周年を迎えて地元の民団、婦人会、商銀の後援のもと、さる十二日（日）正午から、日暮里の会館に管内同胞多数を集めて記念行事として、本国の劇映画「義士・安重根」と「鴨緑江七百里」を、それぞれ上映、好評を博した。

一九七二年度教育後援会総会では、五月二十五日、李澔大使、奨学官、理事並びに全国会員達参席の下、会員倍加促進運動を全国的に拡大する事を満場一致で可決しました。

教育後援会の現状を見ますると、現在のような小額の後援会基金をもっては、小人数の学生にしか奨学金を支給出来ず、全国の有数の韓国人事業家や、有志の方々が多数居るにも拘わらず、会員も基金も少く、従って育英事業も小規模にならざるを得ない実情であります。果してこれで良いのでしょうか？

我々は再考せざるを得ません

現在の日本世相を省りみる時、国家の為にも、将来の社会の為にも、「役立つ立派な人材を養う」教育事業が、如何に重要且つ困難であるかはもはや多言を要しません。全マスコミをあげてその重要性を叫んでいることは、同胞諸賢もよく御在じのことと思います。近い将来、祖国大韓民国の社会、ひいては在日韓国人社会において活躍し、指導的役割を果す人材を養成する教育後援会事業に、この際、諸賢が深く意を用いられるよう切望致します。

教育後援会の事業内容 としては、大学生、高校生への奨学金支給、韓国学校、全国教育文化センター、留学生、学術団体への補助金附与、褒賞費附与、奨学通信の発刊、日本教育機関への渉外等々でありますが、諸賢が我々の後孫のため、この聖なる育英事業を御理解下さって、各県の有力事業家並びに有志の方々が、この際奮って、教育後援会々員に多数御加入下さるよう力説し、駐日公館や民団に御推薦下さるよう切望致します。

会員は、特別会員、正会員、準会員の三種があります。

なお事業計画、歳入、歳出等は、同会の理事会で運営されていますが、駐日公館の絶大な後援を受けています。詳細は駐日公館、または民団中央本部並びに、地方本部文教部へ御問合せ下さい。

同胞子弟の育英事業に参加しましょう！
在日韓国人教育後援会々員倍加促進運動

在日本大韓民国居留民団　中央本部文教局
電話〇三―八一三―二二六一～五

駐日本国大韓民国大使館　奨学官室
電話〇三―四五二―七六一一

セマウル運動参観

全国代表二百五十人出発

本国のセマウル運動事業参観団の一行は、さる十四日羽田と伊丹の空港から出発し同日午後本国に到着した。一行総数は二百五十人で、うち六十人が東京都を中心とする関東地区からの参観団である。引率団長は鄭建永中央本部顧問（在日大韓体育会会長）で、全国からの参加者は本国で合流し、約二日間にわたり代表的なセマウル事業成功地区を参観し、そのあと解散、郷里のセマウル運動を訪ねることになっている。なおこの参観団と一緒に帰国した民団中央本部李彩雨副団長は参観団とわかれたあと、民団本国事務所（さる九日開設）で事務運営の打合せなどをおこなう。

小さな外交使節団

ザ・リトル・エンゼルス と 恩石氷上舞踊団

今月あいついで来日

十一月に入り、韓国から"小さな外交使節団"のザ・リトル・エンゼルスと、恩石氷上舞踊団が、相ついで来日、韓日親善に大きな役割を果すこととなった。

花のリトルエンゼルス

十九日から日劇で公演

十一月十九日から第三回日本公演を日劇ではじめる予定の"ザ・リトル・エンゼルス"がさる九日空路日本に到着、明日の開演に備えて万全の準備を終了した。

今回の来日総人数は四十六人、うち出演する児童が三十九人で、[illegible]

記者会見のエンゼルスの申団長（上）と共立講堂で歌う恩石氷上舞踊団（下）

きょう十八日は日本劇場でドレス・リハーサルがおこなわれ、いよいよ明十九日から、年三回の恒例の催し以外としては、日本劇場はじまって以来のロングラン公演がはじまる。

なお、NHKテレビでは、十一月二十日の"昼のプレゼント"（十二時十五分から四十五分まで）の番組で放映する予定となっている。

恩石氷上舞踊団

成果あげ帰国

ソウルの恩石国民学校の"恩石グループ・スケート団"のうちフィギュア・グループ二十九人（八歳から十四歳）と、団長ら五人の役員は、さる十一日から東京で開催された第二十六回全国レクリエーション大会に招かれて十日に来日したが、全日程を終了して十五日帰国した。

日本三笠宮殿下が総裁をしておられる財団法人日本レクリエーション協会の招きにより来日した一行は、到着したその日のうち、東京共立講堂で開かれた前夜祭に参加し、ご臨席になった三笠宮殿下の前で民謡アリラン、夕やけこやけなど三曲を歌い、満場の拍手を浴びた。

ついで十一日には東京体育館での「全レク大会」開会式に参加、翌十二日には国立代々木スケート場の全レク大会カーニバルにみごとな氷上舞踊を披露して盛んな拍手をあびた。そのあと三笠宮殿下招待のパーティに参加し楽しく歓談の栄を賜わった。

[illegible]

女の韓国ひとりあるき《8》

画・文…サトウ・サナエ

ピア・ホールB

すごい金セレナの人気

徐永春コンビに笑いころげ

私は、日本を出発するとき、当時在日中だった作曲家の徐氏から、現在韓国でコメディアンとして活躍しているという弟の徐永春氏を紹介してもらっていた。

ある夜、ピア・ホールに行ったとき、幸運にも偶然に、そのピア・ホールのショウに徐永春氏が出演しているとのことだった。

私は期待に胸をふくらませてビールを飲みながら徐氏の出演を心待ちにしていた。

その日のショーは、金・セレナという歌姫の歌と、三人娘の踊り、そして徐永春氏のコメディだということであった。

[illegible]

釜山の影島をバックに筆者

本国水災義援金

故郷の堤川郡に五百万ウォン

千葉の全鳳学氏の快挙

千葉県に居住の全鳳学氏（千葉市春日一丁目）が故郷の堤川郡災害対策本部に去る八月の水災民救済のため五百万ウォンを寄託した。[illegible]

全鳳学氏

新潟県本部は六十三万円

練馬婦人会 十万円と物資

大韓婦人会練馬支部では、さきごろ本国で発生した水害に対し、義援金品を贈るためにかねてから会員に呼びかけていたが、このほど現金十万円と救済物資九十点が集まったので、さる四日、救済品を本国の保健社会部長官宛に郵送するとともに、[illegible]

左の李澔大使に自作「秘苑」を贈呈する林雄一氏（中央）

李大使に贈る

林氏が作品「秘苑」を

テレビの人気プロ「オハナさん」の作者で、日本チャーチル会の幹事長として著名な林雄一氏は、韓国への観光旅行でソウルを訪問中、漫画家金一標氏の案内で名勝「秘苑」を描き、このほど駐日大使館に李澔大使を礼訪、寄贈した。

日本初の夫婦会員

韓国教育後援会に

在日韓国人教育後援会に、日本国内では初めての夫婦会員がうまれた。[illegible]

金潤先氏

秋田韓国学園長 李さんも会員に

[illegible]

尋ね人

☆高在喜さん（高山・五三）

全南栄山浦から渡日、東京・浅草に住んでいたこともあり、若い時はボクシング選手で、十年前まで連絡があった。

〇光州市山水二洞五三、李福[illegible]

☆権真弼さん（六一）

兵庫県尼崎市神田南通二丁目二十四のガラス工場に勤務したあと、仙台地方に移り、[illegible]の花田さんと結婚した時までは消息があった。

〇慶南鎮山郡清原面清原里一五三、権奇[illegible]まで。

大阪に「味楽」開店

民団中央の李聖南総務局長

[illegible]

場所は、大阪府枚方市星ケ丘一二〇 十二・電話（〇七二〇）四三－九〇五七。

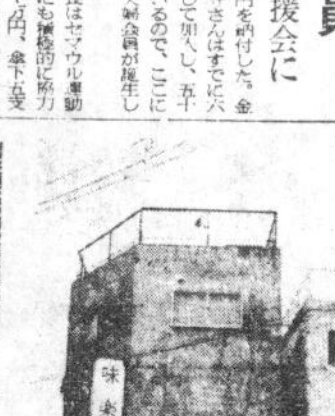

日本人母の愛情

十七歳で嫁ぎ今は韓国婦人

江原道長省色　姜晋子さん

自転車おばさんの栄光

四人の子供に捧げた十一年

[illegible]

〈新亜日報　卓最明記者〉

今日も四人兄弟を立派に育てるためペダルを踏んで野菜行商に励む姜晋子さん

放送通信大学創立六カ月

初期の苦難克服土台築く　無計画な学習指導は問題

韓国放送通信大学(金宗西学長)が開校後六カ月がたった。高等教育をうける機会をのがした成人層や職場の人々の再教育と、都市、農村の文化的隔差をなくすため創設された同大学は、その間多くの問題点を克服し、たしかな土台を築きあげて来た。しかし、一年間の運営結果は、受講生の立場よりは学習進度にかかわりすぎるとか、試験のための教育、短い放送時間、無計画な学習指導など、多くの問題点を含んでいる。

一学期に登録した学生は、一万千百七十二人。科目別にわければ経営学科二千八百四十八人で最も多く、行政学科二千八百十三人、初等教育科千八百七十六人、農業科千八百四十二人、家政科千七百九十三人である。

地域別には、ソウル、大邱、釜山など大都市出身が三千八百五十九人(34%)、中小都市二千二百四十七人(20%)、農漁村五千六十六人(46%)で都市と農村の比率が等しく同大学設立趣旨と一致する。

講義時間は、MBC(午前六時―六時三十分、九百KHZ)、MBC・FM(午前七時~七時三十分、九一・九MC)、KBC第三放送(昼十二時~十二時三十分九七〇KHZ)など、一日に三度もほとんどMBCに依存している実情である。

三放送局中、全国的な放送網を持つのはMBCだけであり、KBC第三放送とMBC・FMはソウルおよび京畿道一円だけをカバーしているためである。

去る十月十五日に締切った二学期登録現況は、登録予定者一万千百十九人のうち、七千八百七十八人が登録し、八百十三人が休学、二千三百九十五人が登録していない。

このように、受講生が減少するのに対して、行政科受講生の朴錫鎮さん(31・文公部総務課)は、「講義が受講生の立場を考えず、一方的に進むので、ついていくのが難かしく、学習意欲がそこなわれる」とのべ「学校当局は、より効率的な講義方法を研究しなければならない」と強調した。

例えば、統計学のばあい、十五分間に、20―30ページ程度が進む―ということである。

行政科李承喜さん(30・商業)も「講義自体が、実力培養よりは学習進度と試験に重きを置くようである」とし「十五分間の講義時間すら、[illegible]」とのべた。

また、李さんは、夏季の休学期に、全国二十二カ所の大学で行なう補充授業にも、一、二[illegible]分間に一冊の本を読破することもあるという。

講義時間が短かく、進度が早いために講義内容を録音し、再度聴取する人が多くなった。

家政科宋恵子さん(32・家庭主婦・ソウル西大門区忠正路三街一七五)は、一男一女の母であり、時々講義時間に間に合わせることができないので、近頃は、かならず録音して聴き、あとで勉強するというのである。

宋さんは、教科課程および学習進度に対し「教科全目には不満がないが、学習進度は多少無理があるようである」とし「哲学のばあい、ただ、テキストを読み進んで行くより、説明をより多く望む」とのべた。したがって、現在三十分に限られている放送時間をふやすべきだと主張した。

受講生は、講義内容とか、自習するうちにわからないことがあれば、学校に書面質疑形式で解答をもらえるようになっている。しかし大部分が係員不足の時間関係で、ほとんど行なわれていない。

一時は、大学進学の夢がかなわず失意にくれていたが、今では国立大学に通う誇りを持つという家政科金春福さん(23・文公部企画管理室)は「休学の時、補習学校に出席するため、職場を二週間も欠勤するのが困難だ」として職場に勤める人の問題点をあかしている。しかし、それよりも苦しいのは、体系的な指導がないため、キーポイントをつかめないことだとのべた。

金さんは、現在行なわれている放送時間外に次の11時頃、1時間は[illegible]と講義をしてくれればとのべた。

このように、多くの問題点をはらんでいる通信教育に対し、金宗西学長は「これは、韓国だけの問題でなく、通信教育を実施している世界各国の共通点」とのべ、「なによりも教育放送局創設が急務である」とのべた。

また、金学長は「教授により多小説得力に差があるが、ほぼ理解できる教科水準であり、放送時間は倍にふやす計画であるが、放送回数は、予算の事情で難かしい」とのべ、受講者は、放送通信教育の先駆者であるというほこりをもって、努力してくれることを望むとのべた。

全国団員の皆さん!

私たち民団のシンボルであるバッジを胸に誇らしくつけましょう!

☆民団組織、地域職場グループごとに、前金にて注文して下さい。十個以上に限ります(一個あたり三百円)

民団中央本部宣伝局

国際コンクールでラジオ部門最高賞

第八回ラジオ・テレビ教育番組国際コンクール(NHK主催)のラジオの部「日本賞」に、韓国KBSの「トルトリ少年のすばらしい旅行」が選ばれ、在日同胞の鼻を高くさせている。

ことしのコンクールには、五十二か国・八十二放送機関が参加し、そのうち最も優れた教育番組に対して「日本賞」が贈られたもので、各国審査員の話によると、韓国KBSの「トルトリ少年のすばらしい旅行」は、「ラジオ幼稚園」用に製作されたもので、密蜂に刺された少年が、痛さとくやしさからこんど見付けたら復讐をしてやろうと思っていたその夜、夢の中に可愛らしい声の密蜂に呼びさまされ、密蜂の世界に案内される。そして密蜂の生活や規律、労働や分業、さらに道徳などをやさしいことばで、いつの間にか理解を深めさせる。とくに密蜂の子供のことばや音楽効果がたくみに生かされており、十七分という放送時間も適当な長さで、世界各国で吹きかえをすれば、そのまま利用できると絶賛していた。

なお、入賞作品は次の通り。

【ラジオ】▽日本賞「トルトリ少年のすばらしい旅行」(韓国KBS)▽文部大臣賞「科学のなぞ」(南ア放送協会)▽北海道知事賞「子どもたちにチャンスを―家庭教育と親の役割」(アイルランド放送協会)▽特別賞「山から海へ」(インド国営放送)、「話のまとめ方―山岳救助隊」(ケニア国営放送)、「詩人の世界」(ウルグアイCX16)▽審査委員長賞「1・2・3そして」(ポーランド国営放送)

【テレビ】日本賞「生命―卵の二十一日間」(NHK)▽郵政大臣賞「かちかちとけい」(NHK)▽国際賞「集合の概念」(ベルギー放送協会)▽ユニセフ賞「マダガスカル」(ノルウェー放送協会)▽特別賞「アッカー・パッカー」(パキスタンテレビ)、「変圧器」(ヨルダン国営放送)「神の敵」(メキシコテレシステマ)▽審査委員長賞「法案から法律へ」(アルバータ視聴覚教育放送)

「三国遺事」英訳出版　東洋史研究に重要な資料

韓国史研究にとどまらず、東洋史研究のもっとも重要な資料の一つである「一然」の「三国遺事」がはじめて英訳出版された。

「Samguk Yusa」という題名に「三国時代の伝説と歴史」というサブタイトルをつけ河奎興氏とグラフトン・ミンツ氏の共訳で延世大出版部から刊行された。

金富軾の「三国史記」とともに古代史分野で最高に評価される史書である「三国遺事」は、「三国史記」が御用学問的な年代記中心の記述で、その他のすべての社会的・民俗的事実などを無視したのに比べ、官辺記録から除外された多くの事実を収録した点から特に価値が認められているものである。

古代人の信仰と風俗に関連された事件を理解するのには、たとえ荒唐無稽けいの伝説と見られる記述が「説話調」で、ある面ではではあるが、これが実際には大きな意味を含んでいるため、最近「三国遺事」の再解釈が、韓日両国で試みられている。

僧一然(一二〇六~一二八九)の「三国遺事」に関して、韓国では六堂崔南善の「三国遺事解題」以来、多くの研究があり、李丙燾博士と李載浩教授の国訳本が出版されている。

したがって、この英訳本も六堂の解題にともなう脚注と説明が多く付加されており、李丙燾博士の翻訳と李載浩教授の翻訳が参考となったと英訳者河奎興氏(72・前駐米大使館公報担当者、「自由の鏡」編纂者)は語っている。

一然が書いた「三国遺事」は漢文で書かれているので、これを英訳するには、国訳および解題本をもとにするほかなかったとのことである。

翻訳にかかったのは3年。難解な故事を、西洋人が理解できる現代の英文に書き表わすことはなみたいていのことではなかった。

すでに二十余冊の英文著書をだした彼としても、このたびの「三国遺事」の翻訳は難事であったとのこと。

延世大出版部が刊行した「コリアン・カルチュラル・シリーズ」全十冊を翻訳するに際して、すでに「韓国4千年史」「古典と伝説」「韓国民話」などから「遺事」の訳文に対する準備をしたともいえる。

しかし、現代英語を西洋人の趣向にあわせるには、やっぱり外国人の力が必要で、「コリア・タイムス」紙ではたらくグラフトン・ミンツ氏の作業が大きく手助けとなったといわれる。

また「三国遺事」がもつ本来の文学性をも生かすため、大低の用語は平易にときほぐして、主なものだけを巻末の註としてつけくわえた。

巻末には、三国および駕洛の年表と、地図および引用図書、漢字明語の索引などをくわしくつけくわれている。

文化短信

ユーゴ、韓国を招請　世界作曲家会議に

世界音楽家連盟(本部ローマ)会員国であるユーゴスラビアは、来年4月、同国スプリット市で開催される世界作曲家会議に、韓国の参加を求める招請状を寄せて来た。

韓国が共産圏で開催される音楽祭に招かれるのははじめてのことである。

同招請状によれば、来年の会議には八十余カ国の代表が参加するが、会議閉幕後には、参加作曲家と同作家[illegible]の「ショー」も催される。

第四回文化芸術賞各部門に授賞

第四回大韓民国文化芸術賞授賞式が七日午前中央庁第一会議式で行なわれた。受賞者は文化部門で[illegible]大韓日報社長(六二)、美術部門では林完頼ソウル大学美術大学長(六一)、音楽部門で白楽濬ソウル大学音楽大教授(四三)で、それぞれ賞金九十万ウォンを受けた。

日韓文化交流協会　創立一周年記念パーティ

創立一周年を迎えた日韓文化交流協会(西岡政徳会長)は十一日午後一時半から大阪市北区の中之島中央公会堂第二会議室で記念パーティを開いた。

アラブ新聞が激讃―　朴大統領著「民族の底力」

文公部は11日、朴正熙大統領の著書「民族の底力」アラブ語版が去る八月十五日、ベイルートのアル・キタブ・アルザチット出版社によって発刊され、その後、主要新聞に書評が掲載されたと発表された。

呉昌林駐ベイルート総領事が本部に報告したところによれば、アラブ圏に影響力の大きいアルハヤト、アルアマル紙および仏語週刊誌のアーチ・チラ紙などが「外国の占領と苦難をへた国を再建することはたやすいことではない。この目標を達成するためには、賢明な指導者の指導のもとに、国民のすべてのエネルギーが動員されなければならない」と論えた。

京都に泗溟大師筆蹟保存

東国大学校　李 鍾 益

李鍾益教授

数年前に、日本京都興聖寺に韓国の泗溟大師の筆跡があるというのを伝聞したが、たしかめる機会がなかった。

去る10月、韓日仏教研究のため訪日し、京都市上京区[illegible]町に位置する興聖寺をたずね、その筆跡を確認した結果、果して「泗溟松雲」の筆跡二幅を発見できた。

その二幅は、[illegible]

泗溟大師の遺墨、すなわち西山大師[illegible]壬辰倭乱にあたり、金剛山に[illegible]いたが[illegible]に侵入した倭将を[illegible]し、関東一帯の人民と財産を保[illegible]し、また僧兵を起して敵と対決[illegible]たわが国難を救い[illegible]ため渡日したとの文句が書かれているのも[illegible]にとって重要な証[illegible]である。

そして、韓国仏教史上にまた一つの生きた証[illegible]となったのは、[illegible]の陣中に四回も往復して[illegible]と対談しその無名の動兵と[illegible]行を宣言し、彼等を回心させ、[illegible]内内侵後、敵が敗れ帰った十余年後倭は朝廷に通好を請う一方、ひそかに再侵をたくらむとのうわさがあった。

その際、京都に円耳という禅僧があった。彼はます、日達・天台学を学んだのち、臨済宗建仁寺で大師が滞在したことがあった。

その際、円耳が自ら語った[illegible]をのべるや、泗溟大師はそれを印可(みとめ)し「無染」という法号をつけた。

このたびの筆蹟の発見で、泗溟大師が興[illegible]能大師の37世孫であるという生きた証拠を確認したのは、韓国仏教曹渓宗史に大きな貢献となった。

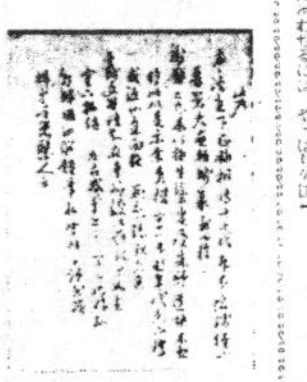

京都の興聖寺で確認された泗溟大師の筆蹟

[illegible]十年[illegible]有意、[illegible]に朝鮮宗著」となっており、他の一幅は「画月古中朝春門古山影禅古今人(門は本[illegible])泗溟[illegible]」であり、またの一幅は、中国臨済宗大慧禅師(一〇八八~一一六三)の象[illegible]に対し、それに対する跋文を泗溟大師が書いたものである。

その文は[illegible]永十七代本[illegible]ある。

[illegible]には、朝鮮宣祖25年(一五九二)の壬辰倭乱とつぎの丁酉再乱において、高僧本、大古[illegible]の臨済[illegible]とつたえられたのが、偽造されたものであることがたしかとなったと主張している。

という事実で、従来、曹渓宗法統により、朝鮮では僧の敵情も探知し、日本朝野に名のしれわたった泗溟大師を国使に命じ、宣祖37年(一六〇四年)に使命を帯びて対馬に渡って、[illegible]に逢って、敵情をきき、日本へわたった後をへたのち泗溟大師を国使とし日本へ送ったという史実に関して、史学家らは文献上に説明したが、一般人は一つの伝説としてだけ考えて来た。このたび、万暦[illegible]巳(一六〇五年)すなわち、宣祖[illegible]八年に泗溟大師が日本で書いた筆蹟が発見されたということで、宣祖[illegible]になったと見られる。

その意味で、韓国仏教曹渓宗史上で四百年間の偽史をただすことのである。

大師は、日本京都に滞在しながら、臨済宗五山禅僧などと交遊しながら、禅旨の問答―詩句の交換もした。

大師(一五四四年―一六一〇年)は西山大師(一五二〇年―一六〇〇年)の高弟として宣祖二五[illegible]

洪吉童傳 (二七)

許筠著　訳・編 洪相圭

時がたつにつれ、妖怪はますます難病を訴えてきた。そして喚き出し、はては痛さに堪えかねて、床板をたたき出した。この時になって、やっと、妖怪はだまされたのを覚ったようであった。

「さては、こやつ、わしをたばかりおったな。む、む、む、…!」

と、のたうちまわりながら、意味の分らない断末魔の大声をはりあげたのが、その最期の呼吸であった。後はどす黒い血がだくだくと口角から小川のように流れ出て、忽ちあたりを濡らした。体は影と化したが、真獄に鋪った大きな白玉だけはまだにきぬこの世を追っているようであったのも無気味な限りであった。この無惨な最期に慌てた小妖怪どもは、口々に「仇」と喚きながら、一斉にかかってきたから、吉童はせせら笑いながらもすばやく、身構えた。

「小しゃくな化物ども奴。畜生の分際で人間の真似をするとは。一匹・二匹は面倒だ、束になってかかってこい!」

値合はよしと、はかっていた吉童は、「やあ」と発する気合とともに空中高くとび上がり、呪文を唱えて大風を起こし次いで雨も防げぬ妖怪どもの頭上にやじりを雨と降らした。変化に堪能な妖怪どもではあったがこの吉童の人間業を離れた神変鬼化に何を堪えられよう。

一匹残らず全部殺されてしまった。化物退治が終わってから彼はこの妖怪御殿の四方八方をのぞきまわっていたら、あるところに頑丈な石造りの扉があった。これは何であろうと訝りながら中を見まわした。ふたりの少女が互いに手をとりあって殆んど瀕死の状態にあった。

これはめすの妖怪らしいと思って、これも一刀のもとに斬り捨てようとしたら、少女らは悲しく泣きながら、かぼそい声で話し出した。

「妾らは妖怪ではございません。正真正銘の人間でございます。ここの妖怪どもに捕えられて死にかかっていましたところでしたが、将軍の化物退治で、ほっと安堵の胸を撫でおろしております。お互いに喜びあっていました。すでにない命とあきらめていましたのに、お助けくださいましてなんとも感謝に堪えません。どうか妾どもを無事に故郷まで帰らせて下さいますよう、お慈悲をおたれ下さいませ。」

と糊のように細やかな肩・腰を震わしながら泣き訴えるのであった。義侠心に動かされた吉童は、そういうこともあり得るのだろうと思いながら、じっくりと少女らの顔に見いった。薄暗くて、はじめのうちは、よく見分けられなかったが、こうして正面に見たら、ふたりとも実に輝くばかりの美貌の持ち主であった。

「お前らの家はどこか。」

と聞いてみたら、ひとりは、

「洛川県の白竜の娘です。」

と答え、もうひとりは、

「鄭哲の娘です。」

と答えた。教坊な様であると心の内で驚嘆しながら、ふたりを連れて洛川県に白竜を尋ねた。

今までに起こった一伍一什を話して、夢かと疑う白竜に娘を引きあわしてやったら、嬉し涙にくれながら、親娘がひしと抱き合い、さめざめと涙にぬれたお互いの顔を、あくことなく見いっていた。

鄭哲もまた、すでにあきらめていた娘の生還戻ったことを指して、

「あの地獄よりこの世の世界に引き戻してきたような気持ちであります。」

と言いながら、涙をどっと流していた。

白竜は鄭哲とも相談の上で親戚を召び集め、吉童を迎えて婿にすることに決し、その日に大きな宴会を催して白竜の娘を正夫人と決め、鄭哲の娘を第二夫人とした。

齢、二十になりながらまだ男女の契りさえ交えたことのなかった彼が一時に両手に花を握り代わる代わる天に昇り地をくぐる快楽に酔ってしまったから、その濃やかな情のもつれは固く結ばれてほぐしようもなかった。

甘い生活に溺れて幾らかの月日を過ごした吉童の胸の内にも細々と懐郷の灯が点きだした。思えば懐しいあの島、あの山、あの顔など、望郷心にそそられた婦心は矢の如く、白・鄭両家の全財産と一族郎党を率いて猪島へと向かって発った。

一方、猪島ではふっつりと切れた吉童の便りがないので、島の人たちは顔を曇らせていた。

こうしているうちに、吉童帰るの報せに接して、今まで死んだように無気力であった全島が活力にみちみち、熱狂的に迎えの準備をした。この島のどこを行っても、吉童の話で活気づいていた。

「やあ、わしはようやく[illegible]を聞いたよ。『すぐ帰る。』と言いなさって発たれたお方が、お帰りなさるのはともかく、ふっつりとたよりさえ途絶えてしまったからな。」

「うむ、それはお[illegible]されている[illegible]まで心配していたくらいだ。[illegible]おられてこそのわれらだからな。」

「そう湿っぽいことばかし言うんではありませんよ。判書様のお長い道中には、あだっぽい話がおありだそうです。今度、一度に正室夫人と第二夫人までがお伴なさって、島にお帰りだそうですよ。」

と一番若い男が、さも自慢らしく話したら、皆の視線がそちらに集まった。

「相も変わらぬ地獄耳だな。それ事実かな?そうだと、目出度し目出度しというわけだが……」

「そうだとも。ぜひ、そうあって欲しいものだ。全島をあげて迎えの準備をしようではないか。」

改憲案、選挙史上最高の支持獲得

韓國新聞

在日大韓民国居留民団
中央本部機関紙
韓国新聞社
発行人 金正柱
東京都文京区春日町
2丁目20−13
電話 (815) 1451〜3
(813) 2261〜5
振替口座 東京 163774

民団綱領

一、われわれは大韓民国の国是を遵守する
一、われわれは在留同胞の権益擁護を期する
一、われわれは在留同胞の民生安定を期する
一、われわれは在留同胞の文化向上を期する
一、われわれは世界平和と国際親善を期する

投票率91%・賛成92%で確定

年末まで新体制確立

国民投票で統一の基盤を固める

朴正熙大統領は、韓国の自主平和統一の国家至上の命題を完遂するについて、韓国選挙史上最高の支持を国民投票によりかち得た。憲法改正案の国民投票は、さる二十一日韓国全土で一斉に行なわれ、史上空前の九一・九%の投票率をもって終了し、同日夜から徹夜で開票が続けられた結果、二十二日早朝にはすでに賛成票が圧倒的に多く、支持確実とみられたが、全投票の九一・五%が賛成票であることが判明し、新憲法は予想通り国民の絶対的支持を獲得した。

今回の投票は千五百六十七万人余りの有権者のうち、実に千四百二十八万人余りが投票し、しかもその九一・九%が賛成票という韓国史上初の結果となった。

これに伴ない早急に「統一主体国民会議」の代議員の選挙が公布されて代議員が選出されれば、朴正熙大統領が、新憲法下の初代大統領として間接選挙で選出されることになる。

現在伝えられるところでは、十二月九日から同二十五日までに統一主体国民会議の代議員選挙から、新大統領の就任式までを全部済ませ、年内に新らしい体制が確立することになる。

今回の国民投票に課せられた改憲案は、……

民団の全組織あげて歓迎

維新事業推進を期待

金正柱中央団長 祖国情勢に合致する施策実行

金正柱中央団長は、二十二日午後声明を発表、維新改憲案の国民投票が圧倒的支持を獲得したのを歓迎する一方、民団も祖国の新しい体制に合致するよう全組織をあげて果敢な施策を遂行することを再確認した。声明書全文は次の通り。

声明書

維新憲法は、国民の総意により、絶対的支持を得ることになった。

それによって、朴大統領が希求したところの、祖国の自主的な平和統一の基盤が、ここに強固に形成された。

われわれ在外国民は、本国の同胞と政府に対して、維新事業をより一層の自信をもって、果敢に推進されることを期待してやまない。

民団組織においても、今後は祖国の情勢に合致するあらゆる施策を、勇気をもって実行することを再確認する。

われわれが意とするところは、ひたすら民族の念願の大前提であり、目的達成の達成があくまでも目的だという純粋なものである。もしも、この崇高な目的達成を、政治的手段化とする、相手団体の底意が明らかとなったときは、民団は全組織を結集してこれを阻止することに、少しの手心も加えないことをここに警告しておく。

全国の団員は、今後において、祖国と直結する使命が、新たに負課されることを自覚し、従来と変りない堅実な前進を続けられるよう、切に要請する次第である。

一九七二年十一月二十二日
在日本大韓民国居留民団
中央本部団長 金正柱

新体制に積極参与

在日僑胞は「在外国民」の用語で統一

金正柱中央団長帰任談

人力・物力を組織化

二百人の評価教授団、政府に建議

二百人の評価教授（中央九〇、地域開発百十）がこのほど中央庁で「セマウル運動シンポジユーム」を開き「セマウル運動はわが民族の人的、物的力を組織化する運動であるのでこれを支援する制度、立法、教育、文化が体系的に確立されなければならない」等五項目の建議案を政府に提出すると共に汎国民的セマウル運動を母体とする十月維新の成就に中枢的役割を果すことを決議した。

韓日協定永住権者の出生子女に対する永住権申請手続に関するお知らせ

記

（一）出生日より十四日以内に申告する事。
（二）外国人登録手続は出生日より三十日以内に……
（三）在留資格取得は出生日より……
（四）協定永住権者の子女として一九七一年一月十七日以後に出生した子女は、出生日より六十日以内に必ず永住権許可申請をしなければなりませんので特に注意して下さい。……

中央本部民生局

十月維新を支持

青年会三多摩本部結成

会長に朴春熙君、総務には呉泰鳳君

立川でひらかれた青年会三多摩本部結成大会

第四回南北赤十字 ソウルで本会談

離散家族 生死調査事業など論議

南北赤十字の第四回本会談は、二十二日午前十時からソウル市南山の大韓赤十字社会議室で非公開で開かれた。

大韓赤十字スポークスマンによると、会談には南北双方から代表と諮問委員、随行員が参加、李範錫韓国側首席代表の開会のあいさつの後、双方首席代表が基調演説を行なった。

この日の会談では離散家族捜しに関する五項目議題のうち、第一議題である「離散家族と親戚の住所と生死を調査し……

韓国的民主主義を歓迎

在日芸術文化人一同、維新支持声明

機関紙を創刊

青年会足立支部

全日図書館に寄贈

年平均二十万人の雇用増加

クメール共和国と文化協定締結

国際航空線拡張

全国邑・面に『セマウル工場』

770カ所完工で自給・輸出
76年まで農工併進を具現

朴正熙大統領は十五日、金玄玉内務、金甫炫農林、李洛善商工長官を青瓦台に招集、「全国土の重要開化方針にしたがい、セマウル模範部落に工場を建設することによって農工併進政策を、より発展させるように」と指示した。朴大統領は「農民や都市民の区別なく、すべての国民が共に豊かな暮しが、できる繁栄の均衡化施策を関係部処が共同で作成、早急に執行するように」とのべ「このため政府は全国千四百個邑・面のうち、まず七六年まで七百七〇個邑・面に工場一個づつを完工させるように」指示した。朴大統領は、この事業のため年次的に七六年まで、三百五十億ウォンの資金を投入するよう推進するよう指示した。この日、金聖鎮青瓦台代弁人が発表した朴大統領の指示内容は次のとおり。

「人間が、土地をふまえて立っていることと同じく、われわれの工業も農村の所得増大無しには、健実で持続的な発展を期することはできない。

したがって、模範セマウル部落に工場を建設、農村をより生産的に一新し、農村の生産潜在力を活用することによって、農民の所得増大を農業にだけ依存せず、農家の所得を極大化するようにしなければならない。

今回…を…化するということは、すべて市民の手から農村の工業化ないし工場化をちかう、力強い声がひろまって来るようにはじまらなければならない。

政府は、このため全国千四百の邑面のうち、工場がなく地理的与件から見て工場建設の可能な、七百七十の邑面を対象に、七六年まで一個面に一個工場を建設完了すること。

セマウル模範部落に優先的に工場を建設し、この計画にしたがって建設される工場をセマウル工場とよびつけること。

この工場で生産される製品は、ただに農民が使用できる安価で良質の物となるべきだけでなく、海外に輸出できる物とならなければならず、これをうらづけるため、繊維類・工芸品など各種製造業種（43個）と輸出業体（百八十四個）が積極的に参与できるようにすること。

この計画をあとだてする資金指標として、まず今年に、一般予算から十億ウォン、産業合理化資金から四十億ウォン、総計五十億ウォンを支援すること。

この計画が執行されれば、農村の遊休労働人口中、初年の七三年には十万人、七六年には六十万人が就業することになるが、平均一カ面あたり六百人の就業が可能となるのである。

また、農業外の所得は、七三年には百二十億ウォン、七六年に九百億ウォンとなり、八一年には、農家当り、所得百三十万ウォン線にいたることになる。

この事業は、年次的に継続、七六年までは、三百五十億ウォンを投入するよう政府は資金措置をすること。

これにともなう農家に対する工業技術普及を望む人は誰でも学べ農村時日内に習得すること。

この施策が推進されれば、今年現在の農工間所得隔差二三%が、七六年には同じ水準となり、八一年には、農家一戸当り所得が都市勤労者の一家あたり所得水準を上まわることになる。

したがって、新憲法案で強調されている国土と資源のつりあいのとれた開発、利用のための計画と農漁民の自助を基盤とする農漁村開発の実効をおさめることができると思う」とのべた。

「新しい村」運動事業の現場を親しく訪ね村人を激励する朴大統領

建設用役海外進出 一億二千万ドル超過

財務部は海外に進出したわが国の建設および用役業体らが導入した外貨は去る八月現在一、〇〇五万七、〇〇ドルで昨年一年間の実績の七七〇万ドル線をはるかに超えており外貨表示契約高は一億三、六〇〇万ドルに達すると発表した。

るのはベトナム事業の参与でわが国の技術と能力が海外で大きく認められ、ベトナム以外の第三国にまで進出が急テンポで進展しているためだと説明した。

去る六九年以後、米国をはじめ十二国に進出して導入した外貨額は八月末現在、建設業が一、九九八万八千ドル、山林開発業が二九一万三千ドル、用役業が一二〇万七千ドルで合計二、四一〇万八千ドルと集計された。

済州港にカーフェリー 釜山—済州間を8時間

政府は、来年末まで済州港へ、自動車に乗ったまま上陸できる旅客専用「カー・フェリー」さん橋を建設、七四年から利用される。

十四日、建設部によれば、このさん橋建設は済州港の急増する貨物と観光客の輸送難を解消するためのもので、現在の済州港旅行さん橋は、貨物まで扱っているが、このさん橋が完工されれば、済州〜釜山間の千五百トン級（乗船能力七万五千人）一隻と、済州〜下関間、三千九百トン級（15万人）一隻をそれぞれ運行させる計画である。この桟橋建設で現在の釜山—済州間、所要時間は、十二時間から8時間に短縮される。

解説

韓国経済の回顧と抱負

人口密度の問題点かかえ
十年前と十年後の青写真

韓国重化学工業の象徴蔚山精油工場の夜景

国土構造を機能化
重化学・食糧・水産など5圏

外資経常収支 68年以来黒字に

消費者物価前月比1%下る

三養企業中東進出 高速道路建設担当

16個造船所を統合
遠洋漁船建造に14億支援

65,000t級船舶の建造可能な蔚山造船所ドック

尋ね人

十月維新は不可避な措置

南北対話推進のため
72統一専門家会議で結論

◇…全国各大学と言論機関および各団体の統一問題専門家八十人は、このほど嶺南…◇
◇…大学統一問題研究所が主催した〝七二韓国統一会議〟における南北対話進展のた…◇
◇…めの諸方案〟というテーマ発表を行ない、その討論を終えたあと「現在、進行…◇
◇…中の南北対話と統一の効率的な推進のために十月維新は不可避な措置である」…◇
◇…という結論を出した。…◇

なお、同会議での主要合意事項は次のとおりである。①現在進められている南北対話は統一の念願を具体化させて行く主体的な対話だという点で歓迎する ②南北赤十字会談の着実な段階的進展を歓迎する。③南北調節委員会の活動、とくに南北間の信頼の回復、対南対北放送の中止など、双方雰（ふん）囲気の改善を歓迎する ④いまや、南北関係は論議の段階から実行の段階にはいったと認識する ⑤南北対話を役だてするための国民エネルギーの統合、動員には体制改革が必要であり、そのため十月維新は肯定的に評価されるべきである。⑥韓国の政治風土と韓国の対内外的条件に適合する民主体制確立のため、十月維新は肯定されなければならぬ。

沈清伝を上演好評
拓大語劇祭　韓僑会で　〝なつかしいなあ〟喝采

さる十七日から十九日までの三日間、拓殖大学（豊田悌助総長、東京都文京区）では、恒例の第三十六回語劇祭（学生たちが日頃学んだ外国の言葉で劇をする）を催おしたが、同大学の韓国人学生の愛好会である韓僑会（姜又石会長）では十八日に「沈清伝」を演じて好評を受け、韓日親善に一役果たした。また昼の民族衣裳ショウにも、駐日公報館が提供した結婚式の衣裳をつけた男女一組が参加し、各国衣裳の中で一きわあでやかさを誇った。そして十九日には韓僑会のまねきで、東京韓国学園の舞踊部が韓国舞踊ショウを紹介した。

この大学の韓僑会は三年前に、現会長の姜君の呼びかけで、韓国人学生が寄ってつくったものである。

今度の語劇祭で、韓僑会が催した各行事に対しての一般学生の関心は非常なもので、とくに韓国で合宿したことのある研究会や学寮の学生たちからは「なつかしいなあ」という声も多かった。

なお拓殖大学には、三年前から韓国語の特設講座が週三回あり、朴用五、金貞淑の両講師が担当している。これは夜二時間づつであるが、学内外では、早く正科として大学のカリキュラムに組み入れてほしいとの声が強い。

拓殖大学でひらかれた恒例の語劇祭で沈清伝を上演して好評を博した

対北韓放送も中止　二十四年ぶり

南北調節委員会第二回共同委員長会議で合意されたとおり、韓国では十日午前十時を期して対北放送が中止され、この日の午後二時には中央放送局の陳貴官アナウンサーが最後のサヨナラ放送を行なった。（共同声明では十一日午前零時を期して対南、対北放送などを中止すると決めていたが韓国では、この合意時間より十四時間繰上げて実施した）

これで一九四八年八月十五日〝北韓同胞に送る放送〟として始められた対北放送は満二十四年ぶりに終止符を打った。

中央放送局（KBS）はこれまでラジオ第三放送と、ラジオ第一第二放送の一部番組で対北放送を行なってきたが、十一日からはこの第三放送を①放送通信大学講義②学校放送③国軍放送④南北会談関係放送⑤教養放送⑥維新およびセマウル（新農村）放送などに重点を置く新しい番組を編成した。

『おたあジュリア』故国の土に
韓国から渡った殉教者
国境越えた島民の善意実る

東京・七島新聞社　田中英一　記

カトリック信者のいない素朴な島で韓国生れの殉教者の墓が数百年もの間守られてきた。島民は〝先代に立派な教えを施した神のような人〟として国境や宗教をこえて遺徳をしのぶ行事をおこない、さらにこの善意が発展して墓を四世紀ぶりに故国へ里帰りさせようと墓土を韓国へ運んだ島民の代表者はかけがえのない〝平和の使者〟として熱狂的な歓迎を受けて帰った。

話題の善意の島は東京から南へ約一七〇キロ離れた人口約二、三〇〇人の神津島。この島に灯籠形をした墓碑がある。島民はこの墓が誰の墓を祀ったものか知る人もなく、ただ墓に線香を十字に組んで、花のかわりに榊を供える習慣が四世紀近くも続けられてきた。

神津島の松本村長より盧大主教の手に渡されるジュリアの墓土（上）移葬式場で大理石のツボに入れた墓土を披露する松本村長（下）

おたあジュリアの肖像画

七年ほど前ローマのイエズス会記録やロンドンの大英博物館などから「おたあジュリア」に関する記録が発見されたことがきっかけとなって、神津島へジュリアが流刑されたことが明らかにされた。これを知った島の人々はうなずいた。「やっぱり偉大な人だった」とこの島に新たな島民の目が向けられた。

おたあジュリアは貴族の生れと伝えられ、文禄元年（一五九二年）、豊臣秀吉の〝朝鮮戦争〟のとき、カトリック大名と言われた小西行長がまだ三歳の幼いおたあを戦地から連れて帰り、小西家の養女として育てられた。その後、おたあは小西家の感化を強く受けカトリックの道に入り、洗礼名がジュリアと名付けられた。

小西行長は、石田三成の関ケ原の戦いに加勢して敗れたことにより、小西家は没したあと、ジュリアは徳川家康の[illegible]城の大奥につかえた。

家康は美しく理知的なジュリアをこよなく愛し続けたが、自から出した幕府の禁教令でジュリアにキリスト教を捨てるように迫った。

家康はそれを固く断わったジュリアを手離すことを惜しみながらも、遂に慶長十七年（一六一二年）伊豆大島に流刑した。

そして一カ月後には新島、神津島と配送して神津島で約四〇年間の流人生活を送って病死したという〝もの。

島の人々は「ジュリア様はきっと仏徳の先代を[illegible]した偉大な人であったに違いない」として、島ぐるみで国境や宗教をこえてジュリアの遺徳をしのぶ祭りを計画し、三年前にカトリック関係機関の協力を得て第一回の「ジュリア祭」をはじめた。

このジュリア祭も今年で三回目。

毎年全国各地からカトリック信者約五〇〜六〇〇人が参加し、またそのたびに在日韓国人信者も五、六〇人が参加するほかこの行事に毎年韓国本土からもかけつけて来る人も多くなって来るなど、行事は年ごとにもりあげられてきた。

行事は野外ミサを中心とするものであるが、このように大勢の巡礼団を編成して、一つの行事に参加するということは、日本のカトリック界にも例のないことといわれるほどに関心が高められ、また年ごとにジュリア祭は日韓親善の集いの場のような雰囲気さえ感じられてきている。

島の人々はこのような雰囲気もあってジュリアを四世紀ぶりに故国へ里帰りさせ、墓を慰め

神のような人と偲び
四世紀つづいた、祈りの島で現地ロケ
六千万円投じて映画化

ながら、ジュリアが人類の平和を願っていたであろう遺志のもとに、韓国へ親善訪問し、その友好を図ってこれからのジュリア祭を日韓両国の友好の場とするという考えである。この計画は島民の善意に心を打たれた日本政府外務省、在日韓国公報館、日本と韓国の文化交流を図る機関である韓国研究院などの努力もあってスタートした。

ジュリアの墓を託した墓土を韓国へ運ぶ一行に島の松本一村長はじめ村議員等二十九人が決り「ジュリアと共に日韓親善訪問団」が結成された。一行の韓国出発を前に、島では島民あげての盛大なジュリアの墓土の採土式が行なわれ、さらに東京ではこの墓土に対するミサ、祝別式が東京・文京区関口のカテドラル教会で行なわれた。数々の祝福を受けたジュリアの墓土を抱えた訪韓団は、さる十月二十六日朝、羽田空港を飛びたった。

一行の金浦空港到着を待って三、四十人の報道陣が取り巻き思いもよらぬ取材に出会い、空港の広場には、歓迎の幕をかかげそのカトリック関係者五、六〇人による歓迎陣。

一行は、予想もしていなかった空港での歓迎から、いよいよ殉教者の墓が開かれた。墓土の移葬式場はソウル市郊外のカトリック殉教の地「切頭山」にある殉教者記念館の広場。

式場にはすでに関係者約四〇〇人が集って一行の到着を待ち受けて移葬式が同午後三時からはじめられた。広場の中心にはジュリアの墓土を受けて埋葬する墓碑が御影石で建立され、松本村長から盧大主教へ手渡された墓土は、この墓の中にていねいに納められた。

このあと、金寿煥枢機卿からは感謝牌、高名な画家の描いた三〇号大のジュリアの肖像画など数々の心温まる贈物が松本村長の手に渡された。ジュリアがかけ橋となった友情を、今後はますます深めようと[illegible]の間で〝姉妹結縁〟の盃も取りかわされた。

移葬式は約二時間で神津島民の善意をたたえ、代表者一行を歓迎するムードのうちに終了。

一行は翌二十七日午前十時から韓国政府を親善訪問した。韓国は戒厳令下にあり、この日は改正憲法の発表の日で、政府機関はとくにあわただしいときであったが、このような折りにもかかわらず、政府でも、〝平和の使者〟としての温い歓迎を一行に示した。一行の面会に出た文化公報部総文化局長は、親善に至った説明を松本村長から聞き、涙を流して感謝した。趙局長は神津島民の善意に対し、文化公報部長官の感謝牌（大臣牌）を松本村長に贈り「ジュリアが親善のかけ橋となったかけがえのない友好を今後とも互に大切にしましょう」と固い握手で誓い合った。韓国の報道関係では、一行の訪韓模様を連日にわたり写真入りで大きく報道し、その多くは〝平和の使者〟として島民の善意をたたえていた。これらの報道でジュリアの関心が一挙に韓国全土に高められた感じで、早くも韓国の映画界では、ジュリアの映画化を計画し、約六千万円を投じて大作をつくることになり、今月下旬から神津島へ渡り、現地ロケを行なう。訪韓団の一行は親善親交を含め五泊六日の日程を終え、関係者多数に見送られ同三十一日金浦空港を飛びたち、日韓親善の民間外交の大役を果して全員無事に帰国した。また例年行なわれている神津島のジュリア祭は来年は五月二十七日に行なう予定であるが、このジュリア祭からは日韓友好の行事へと盛展的な内容に一新し、韓国本土からも多くの人々を招いて行なう予定で早くも準備にとりかかっている。

女の韓国ひとりあるき　(9)
画・文…サトウ・サナエ

キャバレー
踊って飲んで楽しむ〝気楽〟
日本では見られない微笑ましい風景

…は、韓国のビアホールと並んで、大衆の娯楽場として切っても切れないところ、キャバレーに行ってみた。

そこは二流のキャバレーだということであったが、ソウルの中心からちょっとはずれた静かなところにあった。特別に、かわったこともないビルの二階にあるのだが……

一歩中に入って私は我が目を疑った。とにかく、ウヨウヨと大勢の人の気配はするのだが何も見えない。

ホールの一方に並べてある、白いテーブル・センターのかかったテーブルの上に、ローソクが一本づつおいてあり、そのやわらかい光が、かろうじて辺りを照らし出している。よく見ると、あちこちに紫色や赤い照明があるのだが、とにかく暗い。

目が慣れて来ると、相当に広いホールであるにもかかわらずまさに〝イモを洗う〟といった感じに踊っている。まるで、日本のダンスホールと[illegible]じなのである。

日本では、キャバレーでも、ダンスホールでも、デカデカと[illegible]ダンサーが[illegible]だが、韓国のそのキャバレーにはダンサーなど一人もいない。

踊っている人たちは、全部客たちであり、そのほとんどがこのキャバレーに来てから出来た即席カップルなのである。

ブルース、ワルツ、タンゴ、ジルバー等が次々に演奏されているのだが、それが、何となく全部同じようなソフトな感じに演奏され、踊っているほうも、フワフワと雨に浮いたようなジルバでありタンゴである。

驚いたことは踊っている人たちの年齢である。十代としか思えないようなカワイイコチャンから七十歳ぐらいのおばあちゃんまでが、たくみにジルバ等を踊っているのだ。どうして七十歳のおじいちゃんは一人もみつからなかったかは、ともかく、日本ではとうてい見られない微笑ましい風景に、私は驚異と羨望のまなざしで、しばし見とれた。

[illegible]

ティンエイジャーから70代までが楽しむキャバレー（中央は筆者）

[illegible]だそうで、その[illegible]さは、キャバレーにおいては、ひとしおである。なにしろ、ダンスというものは、男一人に女一人と相場がきまっている。いくらエネルギッシュな韓国男性といえども物理的に無理というものであろう。[illegible]ことは、すでにすばらしいことである。日本にも、なや、老人が気楽に行けるキャバレーがほしいものだ。

（つづく）

社会福祉長期総合対策発表
保健医療網体制の確立も

李炳鎬保健社会部長官は十四日、国民の保健、医療、生活環境、人口、海外移住などを含む総合的な社会福祉長期対策を発表した。李長官はこの発表で、現在モデル事業段階にとどまっている医療保険を段階的に拡大、第四次五カ年計画が終わる八一年には国民の五五％に当たる四百四十万世帯が医療保険に加入できるようになると語り、このため政府は六百四十四億ウォンの予算を投入することを明らかにした。

また、李長官はこんご五年の間に国立病院百四十などに九千個の病床をふやし、八一年までには総二万四千個の病床を増設すると述べ、国民医療網を先進国水準に引上げると語った。

なお、保健社会部は保健医療網の体制を確立する上で、現在八四対一六で都市偏重現象をみせている医療施設を六〇対四〇へと変えていく計画である。

就業22％ふえる　失業は24万人減る

経済企画院の経済活動人口調査によると、さる六月末現在全国の経済活動人口中、就業者数は千百四十二万人で三月に比べ二二・九％ふえ、失業者数は四十万六千人で三カ月前より二十四万人減った。

また、失業率も六・五％から三・四％に落ち、昨年末の三・六％の水準に近づいた。

おわび　本紙一、〇六一号三面掲載「李大使に贈る・作品「祝苑」…」記事中漫画家金一煥氏とあるのは、間違いで、漫画家と錯覚したことをおわび致します。

焼肉屋に朗報
高速網洗機ハイクリーン

何んでも省力化の時代とはいえ最近焼肉屋にとっての省力化装置が出現した。つまり焼肉用の網をいとも簡単に洗い落とす機械が出てきたわけ。

製造元は〝アイデア買います〟の株式会社WIB三会社。これを使えば今まで調理士を〝ゆううつにさせ〟〝わずらわしく〟〝ふけつ〟で〝力がいる〟網洗いが、楽しく愉快になるよし。装置そのものは比較的に小さく、二つのモーターがブラシを回転させて汚れを取るようになっているが、網の汚れを取る場所が四ヵ所にあり、どんな焦げつきの網でも簡単な操作で秒速でどんどん、ピカピカになるとのことである。

商品名はハイクリーンZ—1型。ご希望の向きは左記に問合せるとよい。

横浜市神奈川区西神奈川四—九七、電話〇四五—四三三—一四三一、東栄通商（株）

写真＝ハイ・スピードで清潔な網洗い

廣開土王陵碑文

日帝の「ねつ造拓本」めぐり 日本学界で新たな論争

高麗大学助教授 金 貞 培

広開土王陵に関する研究は、このところ、活発な動きを示している。この陵碑は、単に韓国古代史にかぎられた資料だけではなく、古代韓日関係研究でも重大な意味をもつものでいい前から論議の多かった金石文として現在に至っている。特に日帝の侵略政策とあいまつて、日本古代史がこれにまきこまれ、紀元前四—五世紀に日本の大和政権が韓半島南端に植民地を建設したという徹底した皇国史観の底には、日本の資料でない広開土王陵碑文が唯一の金石文として活用されてきた。そのため、日帝の韓半島独占を古代における韓半島で、任那経営という歴史的史実と結んで、その意味を強調することによって侵略行為を合理化させる道具として、利用した。

百殘新羅舊是屬民
由来朝貢而倭以耒
卯年来渡海破百殘
□羅以為臣民
以六年丙申王躬率

広開土王碑文の一部「辛卯年来渡海破」の七字は造作されたものだとわが国から主張

1,500年前の原型に復元した仏国寺正面全景

仏国寺復元

杉田徹写真展

韓国の石仏

百済・新羅・高麗

十一月二十七日まで京王プラザホテル・ロビー

洪吉童傳 (二八)

許筠著

訳・編 洪相圭

韓國新聞
在日大韓民国居留民団
中央本部機関紙
韓国新聞社
発行人　金 正柱
東京都文京区春日町
2丁目20－13
電話 (815)1451～3
(813)2261～5
振替口座 東京 163774

民団綱領
一、われわれは大韓民国の国是を遵守する
一、われわれは在留同胞の権益擁護を期する
一、われわれは在留同胞の民生安定を期する
一、われわれは在留同胞の文化向上を期する
一、われわれは世界平和と国際親善を期する

国民的団結を誇示

維新課業推進を立証

高い支持率は統一熱望の現れ

朴正熙大統領、維新憲法確定で談話発表

朴正熙大統領は、二十二日、維新憲法が国民投票で90%以上の高い投票率と支持率を得たことは、国民的団結をあますことなく誇示したもので、全国民が維新課業を推進する主体勢力であることを神聖な主権行使によって立証したとのべ、国民投票の結果に対して次のような談話を発表した。

親愛なる国民の皆さん、21日の国民投票で憲法改正案は絶対的な支持を受けて確定しました。

本人は今回現れた国民の絶対的支持は祖国の平和統一と繁栄を自らの力で民族の運命を切り拓こうとする全国民の強力な意志と勇気の現れであるとみるものであります。また今回の国民投票の結果は国民的団結をあますところなく誇示したもので、

全国民が維新課業を推進する主体勢力であることを神聖な主権行使によって立証したものと言えます。

我々は、この絶対的な支持と鞭撻を土台に、祖国の栄光ある新しい歴史を創造するため力強い前進を続けなければなりません。

本人は国民の絶対的支持の中で、これからの維新改革作業に更に献身することを誓いながら、国民の継続的協調と奮発を訴えるものであります。

朴大統領の領導力絶讃

米下院ガリガー委員長

十月維新支持

インドネシア国会副議長から電文

J・ナロ・インドネシア国会副議長は十七日、韓国の十月維新を支持するという電文を朴正熙大統領に送ってきた。

調節委、正式に発足

南北実力メンバーで構成

統一主体国民会議代議員

12月15日に選挙

朴正熙大統領は、十一月二十七日、統一主体国民会議の初代代議員選挙を十二月十五日に実施することを公告した。

十九人を懲戒処分

暴行、脅迫、監禁、朝総連と野合で民団破壊企図

呉宇泳、鄭在俊ら17人は除名

民団中央監察委員会（金泰変委員長）では、過去一年有余にわたって民団組織の攪乱と、反民団反国家的言動をもってたび重なる暴行、乱動を繰り返し、同胞社会からひんしゅくをかっていた一部不純分子十九人を、民団規約に基いてそれぞれ除名、停権などの懲戒処分に付した。

懲戒公告

規約違反および不服事実

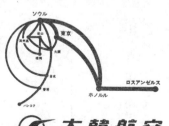

本委員会では、一九七一年六月ごろから現在まで、団の規約を無視、蹂りんし、暴行、乱動、脅迫、恐喝、監禁、其他、朝総連と野合した破壊工作等々のあらゆる悪辣な方法をもって、団内外に騒擾の混乱を惹起し、団組織を破壊せんとする行動と、加えて、到底国民としては理解しがたいほどの国家威信を毀損させ、国家と民族の名誉を毀損させ、民団全組織と全国民に至るまで、莫大な損失を及ぼした者ら、非民族的な行動を挙行する不純分子らに対し、徹底的に調査、審議した結果、十一月六日付で次の如く懲戒処分することに決議したので、ここに公告する。

中央委員会召集公告

本団規約第三章第一節第十八条に依り第二十一回定期中央委員会を左の如く召集する。

一、日時　一九七二年十二月十三日（水）午前十時
一、場所　日本傷痍軍人会館
東京都新宿区市ケ谷本村町42
電話〇三－二六九－八一五一

在日本大韓民国居留民団中央本部
議長　朴 太 煥

東京本部大会召集公告

本団規約第四章第一節第三五条に依り、直轄中の東京本部第三二回定期大会を本団規約第三章第一節第十三条を適用、左記の通り召集する。

記

一、日時　一九七二年十二月四日（月）午前十一時
一、場所　東京都新宿区市ケ谷本村町四二　日本傷痍軍人会館
電話　〇三－二六九－八一五一番

一九七二年十一月二十四日

在日本大韓民国居留民団
東京直轄本部　議長　朴 太 煥

電鉄京釜線を新設

ソウル釜山二時間台

鉄道庁発表　七六年から高速電鉄着工

△…十七日、鉄道庁は総工事費二千二百五十七億を投入、京釜線四百四十…△
△…四・五キロにそって、別途の京釜線電鉄を建設し、八十年代には京釜間…△
△…を二時間台で走ることができるようにすると発表した。この電鉄建設…△
△…計画によれば、七五年度に基礎調査をおえたのち、七六年度から工事…△
△…に着手、これに所要される高速電気機関車と客車も完全国産化するこ…△
△…ととなる。

農漁村を完全電化

釜山〜日本間　国際直通電話

五千万ドル突破

連合鉄鋼、十月末で輸出目標越す

金炳植不参加の裏

朝総連での地位崩壊は決定的

高速経学生号

コトラ海外組織網拡充

50ウォン銅貨を発行

韓国銀行12月から

NASAの技術移植

＝韓国科技研でゼミナール＝

アポロ計画利用論議

無公害のソウルに

煉炭から都市ガスにきりかえ

預金百七十七億円突破

東京商銀　一四半期業務実績みのる

孫さんの居所判明

ヨルダンと貿易協定

国際原資材免税取扱要領を改正

解説

二十一世紀の人類と環境

よみがえった生き甲斐

＝われわれの住む環境と時代変遷で＝

先進工業国の後悔を繰返すな

そして、われわれは、われわれにとって「甲斐ある道」を進むのがよい―ということを忘れてはならない。

（朝鮮日報＝S・I・S・A）

尋ね人

☆林鍾沫さん
☆黄月慶さん
☆ユ・ドナールさん
☆森田治道さん

韓日協定永住権者の出生子女に対する永住権申請手続に関するお知らせ

記

(一) 出生日より十四日以内に申告する事。
(二) 外国人登録手続は出生日より三十日以内に居住地の市、町、村、区役所に申請する事。
(三) 在留資格取得は出生日より三十日以内に居住地の出入国管理事務所に申請する事。
(四) 協定永住権者の子女として一九七一年一月十七日以後に出生した子女は、出生日より六十日以内に必ず永住権許可申請をしなければなりません。万一、六十日以内に永住権申請をしなかった場合は、永住権申請資格を喪失する事になりますので特に注意して下さい。

中央本部民生局

サハリン抑留韓国同胞を救い出せ

国赤へ提訴も準備

日本は人道的戦後処理急げ

▽…解放二十七年がすぎた今日なお、サハリン（樺太）…△
▽…には、四万余人にのぼる韓国同胞が、望郷の念やる…△
▽…せ方なく、韓国への一縷の希望をつなぎ、今日も故…△
▽…国の空をみつめ、悲歎にくれているという。…△

若狭敬吉氏

日本に徴用された韓国同胞４万の流れ島サハリンのノサップ海岸

サハリン同胞帰還促進のための団体は国内に「サハリン抑留同胞帰還促進会」、日本国内には「樺太抑留帰還韓国人会」があり、すべて韓国人によって組織されているが、これとは別に日本人で組織されたサハリン抑留韓国人問題研究所では、民社党了解のもとで幅広く人道的問題をとりあげ、日本政府要路は勿論、国際赤十字に提訴を準備するなど、国際問題への

民社党の協力得て与野党の懇談会も

樺太抑留韓国同胞問題研究所

◇常任理事

◇常任顧問

41万人に旅券発給

毎月二万人以上が韓国を訪問

外務部集計

企業分離化かえる

韓・独査証免除協定

女の韓国ひとりあるき

画・文……サトウ・サナエ　(10)

昌徳宮

古宮、寺院の偉大さに驚嘆

韓国の文化芸術感覚が基盤

慶州仏国寺大雄殿を訪れる筆者

（つづく）

人造人蔘可能か

トリテペロイドから成分抽出

ソウル大生薬研韓博士チーム

韓魯勲博士

韓国コーナーで絶賛

静岡農高で韓国生れの河合昭教師が披露

写真は静岡県立農業高校の韓国コーナー

〈本国水災義援金〉

山口県本部で87万円

在日韓国人体育会

本国でパーティ

『昌慶苑』開店

焼肉「錦水」と

本部顧問事務職

無窮花を寄贈

世田谷　宋さん

宋□□氏

華婚

荒川韓国人商工会十周年記念慶祝式

（円内は金栄洪会長）

戸籍法律相談室

在日本韓国人戸籍問題研究所

◇常任理事

◇常任顧問

樺太抑留韓国同胞問題研究所

所長　若狭敬吉

東京都新宿区北新宿一丁目十四−三　〒一六〇　TEL〇三（三六八）一九三九

サハリン抑留韓国同胞救出運動＝人道主義的戦後処理を急げ＝

韓日伝統文化報道の現状

新聞研究所ゼミナールから

さる16日、午前9時30分から2日間、ソウルのアカデミーホテルのクイーンズ・ルームで、韓国と日本の新聞人が集まり、ささやかな論議をかわした。

社団法人韓国新聞研究所（李寛求所長）と日本新聞協会の共同主催でもよおされた第10回韓日編集幹部ゼミナールである。

主題は、①韓日両国間の伝統文化と報道の問題、②報道を通じて見た韓日文化交流の現状と展望などであったが、論議は、歴史・政治・社会・文化、文化交流など広くおよんだ。

参加者

▲韓国側

李哲範（京郷新聞・論説委員）、鄭鳳知（大韓日報・編集局長代理）李鍾烈（東亜日報・文化部長）張相憲（新亜日報・文化部長）金庚浩（ソウル新聞・論説委員）李圭雨（朝鮮日報・調査部長）洪思重（中央日報・論説委員）金次来（東洋通信・文化部長）芮庸海（韓国日報・論説委員）金尚鉉（同和通信・理事兼製作総局長）朴頡基（合同通信・文化部長）李相寛（毎日・編集副局長）徐在日（全南毎日・論説委員）

△主管・韓国新聞研究所・李寛求所長、朱昌基幹事

▲日本側

松本博（毎日新聞論説委員）君島佳彦（日本経済新聞・文化部長）、三浦昇（名古屋・中日新聞・文化部次長）、皆森力（広島・中国新聞・論説委員）、林利隆（日本新聞協会編集部副主管）

第一主題「韓日両国の伝統文化と報道の問題」の韓国側発表者は芮庸海氏。

七二年三月二十一日、日本奈良で発見された高松塚壁画の報道問題がまず、例としてあげられた。

日本最古の多色極彩色壁画古墳、高松塚発見という「事件」は、日本民族の源流と古代史の疑義を解明するための史的重要性などからみるばあい、日本報道機関が興奮するのは当然である。

しかし、韓国の新聞やラジオまでが、こぞって連日、大書特筆したという事実は、両国伝統と報道の問題を考察するにおいて、一つの前提となるのである。

そこで示された韓日両国の報道機能の殆んど同時的な反応は、長い史的相関関係の反映とも見られる。

しかし、高松塚発見にさきだち、韓国の非常に重要な考古学的収穫である武寧王陵発掘に対する、日本での報道は、韓国における高松塚報道熱に比して、あまりにも微々たるものであり、東洋三国を通じて史的重要性が、武寧王陵や、高松塚のそれに劣らない[illegible]影刻（新石器時代の石影）は韓国ですら、重きを置いていないようであった。

また高松塚報道で、日本側は、①埋葬者の日本皇族説、②壁画の中国（唐）大陸影響説などがあったのに比べ、韓国側報道は、古代文化が一方的に韓国から、日本側へ移植されたとの点が一貫して強調された。

このような両側の報道の異質性は、十日、韓日（北韓を含む）学者共同調査後の「高松塚は韓国系が日本へ入り新たな唐の様式と現地土着民の影響を同時にうけ入れた、八世紀初期における日本の新たな文化形態の所産である」という大体の結論を契機に「鋭角的な対立」から「調和への復元力」を指向することによって、伝統文化に対する報道態度の一特質（鋭角的な対立とともに調和への復元力を共におびる）を見せた。

芮庸海氏の主題発表以後、このたびのゼミナールのうち、最も長かった討論（司会張相憲）が展開された。

日本報道機関の高松塚報道に対する大きな関心は、①まず、文化的価値よりは、事件的感覚としての興奮性（君島）②最近二～三年来、日本ジャーナリズムの「日本人とは何か」ということを糾明しようとする姿勢（三浦）などが背景として作用した。

同時に、高松塚初期報道で、①日本一部新聞の韓国の影響に対する意識的な排除傾向、②韓国新聞の持つ、歴史意識（古代文化の流出関係）よりは、事件性への傾倒などが、伝統文化報道の問題点として提起された。

戦前の文献学的基盤の上の日本史観である皇国史観の学者（日本歴史だけでなく、三十六年間植民支配とともに韓国史までも歪曲した）による古代日本文化の韓国の影響に対する意識的な排除性などが、辛らつに（李哲範）指摘された。

戦後、韓日史などに対する修正が相当加えられているアカデミズムの研究結果が、ジャーナリズムを通じて正確に報道されているかが提起された（洪思重）。

一例として、江上波夫の「騎馬民族説」もセンセーショナルにのみ報道され、学説として扱われはしなかった。結局、①文献学だけでない考古、人類、民俗、芸術史など総合的な国家間の共通的歴史研究②その結果としてあらわれたアカデミズムの真実を、ジャーナリズムが真摯に報道することによって「日本人とは何ぞや」だけでなく「韓国または、韓国と日本の関係」を読者、韓日両国民が理解するにおいて一助となるべきであるとの問題などが浮刻された。

第一主題の日本側発表者、松本博氏は、「騎馬民族説」が学術としては認められなかったとしても、日本の古代文化が韓国から入って来たというのは、ほぼ、一般知識人間で常識化されており、戦前の皇国史観は、民衆の常識として否定されていると前提した。

したがって高松塚報道でも、新聞が日本民族の、自己優位性を意識的に示そうとの感情の介在のようなものは無く、そのおりおりの学者の意見を忠実に伝えたと見る。

ただ、その間、日本の韓国を含むアジア諸国に対する考えは、誤った面が多かった。

日本知識層の皇国史観ー帝国主義政策に対する反省は、人間として考慮すべき歴史意識と見、そのような誤った考え方の反省なく韓日間の真の理解も交流も成立し難いものである。

松本氏も、自身が分析、論評した毎日新聞記事（七二年十一月二四日）を提示、近来「韓国（南北）」問題に対する日本人の関心が歴史的反省をふまえ、高まって行く」事実も、日本における韓国関係書籍出版増加（七八種目録提）傾向をもとに提示した。

松本氏の主題発表に対する韓国側の反響として、①ここに提示した七八種の韓国関係図書のうち、真に韓国理解の価値があるものが果してどれほどあるか（朴頡基）②戦後、日本人の文化的反省が政策的にどの程度に配慮されたか（李哲範）という質問と問題提起が注目をあつめた。

第二主題「報道を通じて見た韓日文化交流の現状と展望」の韓国側発表者、洪思重氏は、高松塚に対する両国新聞の同時的報道現象から、韓日両国間の報道網の相互に密接な連結性と両国文化交流における報道体制の重要な位置を抽出した。

しかし、韓国新聞の報道は、文化的な面よりは、より時事的な接近法により扱われた感がある。

それは、三島由紀夫や川端康成の自殺のばあい、よりはっきりしている。

このような韓国新聞の報道傾向は、特派員の人的構成、限られた文化面のスペースなどの制約性のためではあるが、ニュース物だけを追うセンセーショナリズムは、外来文化のイメージを、歪曲させる可能性が非常に多い。

これに対しては、①新聞が問題を文化的な接近法で追求するにしてもそれには、制約がある（君島）②どうせ、新聞が重要な外国文化を体系的に一々紹介することは不可能で、外国文化への接近契機は事件性から始められるにしても、接近自体は、文化的な観点ですすめるのが望ましいという意見が交された。

第二主題の日本側発表者は、三浦昇氏、日本新聞の文化部記者は大概二十一二十八歳で成功は大部分政治、経済、社会関係取材としての三年～十年の経験者が転補される。そのうちほとんどが三年～五年間、文化部につとめる。（音楽、美術、演劇などの特殊分野の記者はより長期間）。このような半専門的な文化部記者に、文化交流問題などの担当は重荷になるしかない。

したがって、韓国を含む他国文化の報道は、紙面の制限とあいまって、ショッキングな事件中心とならざるを得ない。

このような事件のもとで必要な課題は、①相互の高度な文化および生活文化に対する関心、②高松塚共同調査で好結果をおさめたような中世、近世、近代、現代史などに対する共同研究の継続③日本人の対韓国観（または侵略した中国、東南亜諸国含む）における贖罪的な明らかな反省を通じた真の交流としての韓日間の新たな関係確立などである。

特に、三浦氏の贖罪論に対し、韓国側の意見は、「贖罪論よりは過去からのより深い歴史意識が、韓日の未来にどのように投影され結実されるか」（李哲範）が問題であるということに集約された。

二日間の対話は、非常に自由な雰囲気の中で終った。李寛求韓国新聞研究所長は、国家間の文化と報道問題を論じて学者、新聞人の交流、研究の道がより開けることを望むと同時に、韓中日、三ヵ国を基盤とする、東洋だけでない人類のための文化の新たな展開があることを望むという、閉会の辞をのべた。

李文姫女史の韓国美展開く

韓国美術研究院（李文姫院長、ソウル城北区上院三洞）では、同研究院創立十周年にあたり、このたび記念行事の一つとして、さる十一月二十七日から、東京の韓国公報館（千代田区永田町二丁目、ニュージャパン・ホテル内）で「韓国美展」をひらいた。

今回日本に特設した韓国美術品は全部で七十点であるが、現在の展示場は場所の関係でそのうちの三十七点しか展示できなかったとのことである。展示された美術品は水彩画、淡画、墨画などで、その殆どは韓国での第一級作品であるとのことである。

主催者の韓国としては、もっと広い画廊に七十点全部が展示できなかったことが残念とのこと。展示品は非売品であるが、どうしても欲しいといわれれば、一、二点は手離すことを躊躇しているという。

会期は十二月三日まで、午前九時より午後五時まで展示。

公報館の「韓国美展」、円内は李文姫女史

任直淳個展

四日から下村画廊で

来たる十二月四日から九日までの六日間（午前十時ー午後六時）東京の下村画廊（中央区京橋三丁目六番地・第一下村ビル・（電話）二七一ー八一〇五）で、韓国から来日した任直淳画伯個展がひらかれる。

任氏は、一九五六年以来、文教部長官賞、大統領賞を数多くうけ、韓国画壇を代表する洋画家で、現在は光州の朝鮮大学教授（美術教育科長）として在職中である。

李慧淳さんに台湾の国家博士

韓国最初の女流記者崔恩喜氏の次女である李慧淳（30）さんが、台湾での二十六番目の国家博士学位を授与された。

さきほど帰国した李さんは、この種では台湾内外を問わず、女性としては初めての博士で、母親（名誉文学博士）と、姉の美淳（医学博士）女史と共に、同家女性の三博士が誕生したわけである。

八年前、ソウル大学国文科を卒業し、同大学院で「歌詞、歌辞論」をもって碩士（修士）学位をうけた李さんは、米イリノイ州立大学で比較文学を研究したあと、韓国文学が多くの影響をうけた中国文学にとりくみ、台湾師範大学で四年半目にこのたびの博士学位を授与されたものである。

論文の主題は、二十四万字にのぼる「水滸伝研究」で、今後も「西遊記」など、中国の四大古代小説にとりくむつもりだと、抱負を語っている。

広開土碑文は偽造でない

実地踏査の金鍾武氏が反論

広開土王碑文拓本が偽造かどうかで韓日学者間の論争が注目を浴びたが史学者で水原女高校長金鍾武氏が広開土王碑を直接踏査した一人として「偽造の可能性は薄い」と次のように日本側の主張に反駁をあげている。

偽造説は根拠のない話だ。少くとも碑を直接見た人ならそんなことは言えない。崔南善氏も同じ意見だ。偽造説に韓国史学者が共感を表示したのは驚きだ。李進煕氏は碑を見たこともないのに五十余種の拓本をもって断定を下せるのがおかしい。北韓の朴、金教授たちは一九六六年現地踏査し問題の「倭以辛卯年来渡海破百残□□」の文句解釈にばかり汲々とし碑文そのものは全面的に肯定しているのに碑文も見ていない人が大胆な解釈を下すのは納得がいかない。これに対する日本学者の反論は十分ではないが正当でありかれらの韓日関連問題に対する真剣な態度は田中内閣が南北韓等距離外交を否定している現時点で特に共感を呼ぶ。偽造説の不条理性は次のようにあげられる。

①石灰をぬり偽造したとの主張は不当である。拓本をとるため石灰をぬるのはやむをえない。石灰をぬって永久に偽造できるものでない②石灰をぬって原文が生きているのに他の文字を入れるのは困難だ。故意にこわした所もない③改造したなら「百済」の次の三字空欄を有利に補填したことだろう。④百済を「百残」と表記したのは他の文献にみられぬ唯一の貴重な資料である⑤倭軍惨敗記録はどうしてぬりつぶさなかったのか⑥軍部の偽装意欲は盛んであっても碑文改造までは手がまわらなかったろう⑦改造したとしても文詞に誤りがなく漢隷古体が完璧なのをみると日本軍部は大学者の集団といえる。山に入っても山を見ないこともあるが山にも行かず山を語るのはどうかと思われる。現地をみた崔南善氏からも何の異議がなかったことも有力な論拠である。南北交流が実現すれば学術調査も可能となろう。

洪吉童傳 （二九）

許筠著

訳・編 洪相圭

「必ず帰ってくると思います。その時には、父上のお志通り、弟を真当な系譜に入れて、あれの長年の恨みを晴らしてやりますから、どうぞ心安らかにお願いします。」

「そうあって欲しいぞ。兄弟が和してこそ、我が家も春じゃ。あれは決して凡庸な子ではない。きっと家門の誉れを揚げるであろう。泉下でそれを楽しみにしているとあの子がきたら伝えるんだ。あれの笑顔が見えるわ。

仁衡、母を頼むぞ。お前はもとから気立ての優しい子であるから、余計な話かな……。

おさおさ御孝心に抜かりのないよう、気をつけてな。」

このような遺言を遺して、洪判書はその晩に逝った。

哭く声は夜の静かな帳を破って、聞く人の胸を衝いたが、判書はこの世になんの恨みの残しようもない、安らかな大往生であった。

洪判書は生前、公私において清廉温厚な人柄であったから、訃報に接した隣近所、親戚はもちろんのことであるが、知面のある人として、お悔みに参じない人はひとりもなかった。

お通夜の場間では、しめじめと故人の生前が偲ばれていた。

「ほんとうに、もっと生存していただきたいお仁でおわした。わしの方が先に逝くはずだったのに、逆になったわ。」

「好いお方でした。判書さえおられたら、どんな争いでも丸く納まったからな。なんといおうか、やはり徳望ですな。天寿を全うされたのも、一にそのお人となりによるのです。」

主に堂上大であった同僚たちの間では、こんな回顧談が交されていた。また、そのうちのひとりが思い出したように話し出した。

「僕ご存知のお話ですが、あの吉童めの腕白さかんな時ですよ……」

と遠くを見つめるような目になった。お悔みの席であったから、皆が暗い顔をしていたが、吉童の話が出たとたん、だれもが口元を少し綻ばせざるを得なかった。

「いや、あのときには一時どうなることかと、冷や冷やしましたですぞ。」

「それにつけても、あの子は今どこにいるのですかな。厳父のお弔いには帰るはずだが…」

「海外に出ているそうですがね。たよりでもありそうだと、今でもときどき殿下はお聞きなさるそうです。よほどあのときのことがお気に入っておられるようです。」

こんな話をとめどなく話しているときに、この、喪家の門前を行ったり、きたりしながら、なかの気配をうかがっているような僧形黒衣の人がおった。笠を目深かにかぶり、手には錫杖をつき鳴らしながら、口の中ですさむよう、微かに唱える念仏に浮世のおしみがこもられていた。

案内なしにはいるのが憚られるのか、人の近づくのを待っているようでもあった。使いから帰りの下男が出家の方に視線を送りながら門をくぐろうとした。その人は静ぐ一歩を踏み出しながら、あいている手を少しあげて件の下男を制した。

「あいや、しばらく、この家の喪であろうか？」

「はい、さようでございますが、お坊様はどちらのお寺で…」

「いや、名乗れるほどの仏門ではござらん。生前の判書様とは昵懇な間柄であったから、ご霊前に焼香でもと思って参ったが、この旨ご主人に伝えてくだされい。」

このとき、この家では墓地探しに迷っていた。先代を墓におさめすることは、子孫繁栄の要諦であるからだけでなく、子として最後に尽くす孝行と見なされていたからその墓所の地が当主としては問題であったのだった。陰陽五行にぴったりと叶ったところが、見当たらなかったからである。それで師を集めて相談しているときに下男が旅の僧について話した。

「なに、旅の僧じゃと。さて、わしには仏門に、覚えのある縁の者は思いつかんがな。もしや、生前の父上にでも……」

「あ、言い忘れておりました。そのお坊さんがおっしゃるのには、大殿様と昵懇の間柄だそうです。」

「そういっておったかのう、生前の父上に仏門の馴染とは…はて、わからんな。ともかく、お悔みにきていただいた方だから、早々にご案内しろ。」

「はい」

旅の僧は静かな物腰で入ってきたが、だれの面相かわかりようがなかった。位牌の前で後ろ姿だけ見せていた出家はその場にうつ伏して、激しく慟哭しだした。聞く者も涙の雨に誘わなくてはやまぬ、悲しい身もだえさえしながら、たやすく終わりそうもなかった。

お通夜に戻っていた洪宰相の幼馴染でさえ、驚いていた。

「死者の霊を安めるに礼をもってするのは、古今に変わりあるはずがないが、さて、あの僧侶はだれだというのか。わたしは洪宰相とそれこそ竹馬の友であるが、宰相が仏門に縁者がおったとは初耳だわい。それにしても、あの旅の僧はどういう因縁であれほど親身に泣くのかな？」

僧侶はしきたりにならって、仁衡の前でいっそう丹念の話をおしまなかった。

向かいあっているとはいえ、お互いに深くうなだれていたために、確かめることはできなかったであろうが、仁衡はただ薄馴染の出家としか考えていなかったのだ。

韓國新聞
在日大韓民国居留民団中央本部機関紙
韓國新聞社
発行人 金正柱
東京都文京区春日町2丁目20－13
電話(815) 1451～3
交(813) 2261～5
振替口座 東京 163774

民団綱領
一、われわれは大韓民国の国是を遵守する
一、われわれは在留同胞の権益擁護を期する
一、われわれは在留同胞の民生安定を期する
一、われわれは在留同胞の文化向上を期する
一、われわれは世界平和と国際親善を期する

東京本部直轄を解除,正常化

団長に鄭東淳氏選出

議長には金尚弘氏、監委長に徐興錫氏

過去一年有余にわたって、鄭在俊ら一派の反民団、反国家的な暴行乱動により民団中央から直轄の止むなきに至った、直轄東京地方本部を、正常組織に戻すための第三十二回定期東京地方本部大会が、十二月四日午前十一時から、都内市ケ谷の日傷会館でひらかれ、直選代議員、直轄大田支部、旧韓青、懲戒処分者ら四十人を除く代議員定員百四十人のうち、百三十七人（十二時十分現在）が出席し、問題の諸懸案を真しに討議、役員改選など、かつてない大成果をおさめ、午後一時半に終了した。

四日、第32回民団東本大会ひらく

この日、開会の午前十一時には場内二百八十席は満員、場外の青年会員ら警備員まで入れると五百人を越える団員が集まる中で、民団中央の呉吉龍組織次長の司会で国民儀礼、代議員点呼（この時間には百五人参席）とつづき、朴太煥中央議長が大会成立宣言、あいさつの中で、混乱収拾中にあった東本大会が、ようやく開かれることになったのは喜ばしい。これはひとえに、愛国、愛団心溢れる団員皆さんの努力による結晶であり組織正常化への具体的現われであると力強くのべた。

このあと、金正柱中央団長が登壇、直轄東京地方本部の団長としてこの大会成立により、直轄が解除されることは喜びにたえない。撹乱分子らのデマビラを見ると、旧東本幹部らとある種の合意を見たと書いてあるが、その事実は全くないことを明言したい。それから、暴力による妨害行為を未然に防止するための旧東本幹部らに対する仮処分申請は、妨害行為をしないとの確約を東京地裁がとってくれたので、これをとり下げたにもかかわらず、鄭らは今日の大会は無効だなどと提訴するなど、相変らず組織撹乱をつづけているので中央としては、法廷闘争のために万全を期していると大会成立までの経過を、あいさつの中で説明した。

さらに、金宰淑中央監察委員長は、民団の正常な発展は、規約遵守にある。反省の機会をことごとく逃してしまった旧東本幹部らこそ憐れむべき存在であると力説した。

愛国、愛団で混乱克服

大使館の宋賛鎬公使は、祝辞の中で、十月維新と憲法改正は、祖国の平和的統一のために、ぜったい必要なもので、在日国民が、これを全的に支持したのは愛国、愛族の至誠のあらわれであり、心から感謝していると語った。

つづいて李彩雨中央副団長から東京地裁の東本直轄無効の仮処分決定については、さっそく異議申し立てをしておいたとの中間報告があり、大会の焦点である役員改選に入った。

まず団長選出では、豊島支部の金鍾淑団長が鄭東淳氏を推せん、続いて丁贊鎮氏が自薦したが、丁贊鎮氏に対しては、場内から中央本部顧問が地方本部団長に自薦とはナンセンスだと野次がとび、李裕天中央顧問と白丁赫中央副議長も、規約解釈からみてもこの自薦は妥当でないと、辞退を勧告、場内騒然のうちに降壇するという一幕があったのち、万場喝采のうちに、鄭東淳氏が団長に選出された。続いて、文京支部の金尚弘団長も万場一致で議長に選出されたあと、徐興錫氏と金沢奎氏が監察委員長に立候補、投票の結果、七一対五三で、徐興錫氏が選出された。

この三機関長選出のあと、新任の鄭東淳団長から金致淳氏と金栄洪氏を副団長に、さらに金致淳氏を事務局長に兼任させたいと発表、代議員全員による大会承認を得た。

さらに、副議長、監察委員、顧問、直選議員、中央委員選出は、それぞれ三機関に一任することにし、その他に入って、在日韓国青年会東京本部の尹隆道会長から、青年会は都内だけで、すでに十一支部が結成されており、あと四支部結成を準備中であるから、民団の全面的協力を望むとのアピールがあり、[illegible]白丁赫副議長の閉会の辞で、午後一時半大会を終え、二時から、新宿大飯店で盛大な祝宴をひらいた。

なお、この日、場内外警備にあたった青年会の男女会員たち百余人が、出口に整列し、われるような拍手で、帰途につく全団員たちを歓送したのは印象的だった。

東京・日傷会館でひらかれた第32回民団東本大会

徐興錫監察委員長　金尚弘議長　鄭東淳団長

東本直轄解除通告

中央本部

民団東京本部の直轄処分は、さる四日の東京本部大会の結果、新しい三機関長が選出されたので、翌五日、中央本部金正柱団長は直轄を解除したと、東京本部鄭東淳新団長に通告した。通告文は次のとおり。

韓居中組発第三五一一九号

東京地方本部団長鄭東淳貴下

直轄解除 通告文

一九七二年十二月四日第三十二回定期東京地方本部大会が、代議員定員百四十名中百三十七名出席により大会が成立し、東京地方本部三機関任員が選出されたので、一九七二年六月二十六日附韓居中組発第三四一一〇六号に依り直轄されていた東京地方本部は、一九七二年十二月四日附で直轄を解除したので通告する。以上

一九七二年十二月五日
在日大韓民国居留民団
中央本部 団長 金正柱

東本正常化を祝福

宋賛鎬公使 在日国民の祖国への貢献望む

今日、在日居留民団東京本部の正常化のため召集された東京本部第三十二回定期大会を迎え、本職がごあいさつをのべることを、欣快に存じます。

民団中央および東京本部のみなさん、代議員の皆さんに心からの敬意を表すしだいであります。

本国では、朴正煕大統領閣下の賢明なる領導のもとに、歴史的な十月維新課業が、国をあげて推進されています。

祖国の平和統一をうらづけし、国論の集約化と国力の組織化をめざす憲法改正案は、国民投票を通じて、全有権者の九十数％以上という絶対的支持をかちえましたが、わが国民の鉄石のような団結力を内外に誇ったものといえます。

在日居留民団中央本部をはじめ全国四十八個県民団は、一様に積極的な支持声明を発表することによって、わが民団の団結力をも立証し、国力の総和と国論の統一が強く要請される現在、その間、麻ひされていた東京本部の機能を正常化するための第三十二回定期大会が召集された意義は大きく、本職は、心から讃辞と激励を送るしだいであります。

わが民団は、いままで共産主義者との対決を通じて在日国民の地位向上は勿論、祖国大韓民国の発展に大きく貢献した伝統があります。

東京本部の発展は、全国民団発展の関鍵となっているだけに、首都民団としての模範となるよう、団員皆さんの努力をお願いいたします。

本大会を通じて正常化される東京民団組織が、都内団員の真の代弁機関として発展育成されることを望むしだいであります。

一九七二年十二月四日
駐日大韓民国大使館
公使 宋賛鎬

東本直轄めぐる仮処分等の経緯

民団中央では、十二月四日の第三十二回定期東京本部大会を開催するのに先立ち、鄭在俊ら元東本幹部らの妨害行為が予想されたので、これを未然に防止するのを目的に、十一月二十四日、鄭在俊以下十一名に対する「妨害禁止仮処分申請」を東京地裁に出したところ、民事第九部の中村裁判長が、前記鄭らを十一月三十日に審尋した。そこで鄭らの絶対に暴力をもって妨害工作をしないとの確約をとったので、民団中央としては、この仮処分申請をとり下げた。

ところが、これとは別途に、十一月二十五日、鄭らは、「処分執行停止等仮処分申請」を、同じく東京地裁に出しており、債務者の民団中央が、六月二十六日、債権者民団東本に対してとった直轄処分の効力を停止するという主文の決定を十二月四日付で下されるに至った。

これに対し、民団中央では、東本大会当日である右の日付で「仮処分決定に対する異議申立」を即刻、東京地裁に出し、前記処分決定を取消し、債権者鄭らの仮処分申請はこれを却下せよとの趣旨を主張、以後、鄭らの不当行為を徹底的に追及することにした。

韓日経済懇談会

駐横浜領事館主催でひらく

駐横浜韓国領事館（[illegible]領事）主催で韓日経済懇談会がさる十一月三十日、午後二時から横浜市中区のシルクホテルで開かれた。

この懇談会は、毎年一回開かれる恒例の行事で、地元神奈川県商工会議所（会頭「りのいえ」本会頭）が業者の取りまとめ役として協力して開催された。今回は特に横浜貿易あっ旋所（[illegible]）が、この日のためにわざわざ韓国から取寄せた韓国商品百点あまりを午前九時から午後六時まで会場に特別展示して参加した貿易関係者らに公開して好評を博するなどの協力もあり、地元主要貿易商社およびメーカーのほか、米国など諸外国の貿易関係者を含め約二百人が参加した。

韓国側からは李澔大使、金正柱民団中央団長ら関係者十数人が出席、懇談会のあと午後五時から韓国輸出[illegible]の映画を上映、同六時からシルクホテル五階で横浜領事館主催のレセプションがあり、同八時すぎ散会した。

なお李大使は懇談会に出席する前に神奈川県庁を訪れ、津田文吾神奈川県知事と面談した。

韓ベ経協委を設置

政府はベトナム終戦後の同国との経済協力と復旧に参加する問題を協議するため関係当局者が韓ベ経済協力委員会を設置した。これはさきに朴大統領司会で開かれた第十回輸出振興拡大会議に報告されたもので今後ベトナム復旧援助提供方法等を研究するという。

一方、金交通部長官は同会議に鉄道車両及び部分品の輸出が有望で鉄道用品年間一億ドルの輸出国に発展する可能性があると報告し、電線あげ用品、電気的通信用部品、証紙類、テンプレート、罫紙、ポリプロフィレン等六つの新品目の輸出見通しも明るいとのべた。

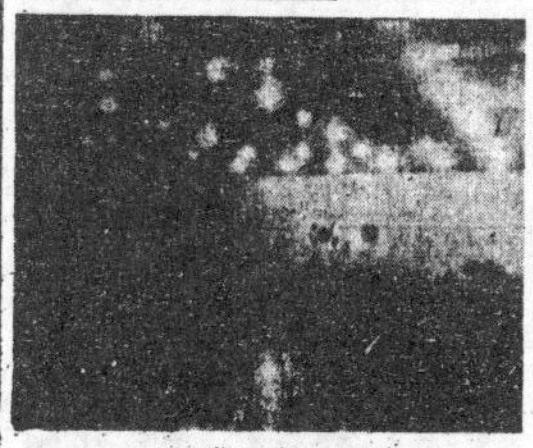
横浜でひらかれた韓日経済懇談会

ガイアナ経済使節団と懇談

李商工

李商工長官は中南米のガイアナ経済開発長官キング氏を団長とする使節団を迎え、両国間の通商増進と経済協力方法について話合った。韓国の通商調査団を派遣してもらいたいとの要請をうけた李長官は、通商増大部門や技術合作可能性等に対する分野や手続等について検討する旨を伝えた。

釜山に商工部分室

商工部は来年中に釜山に分室を設ける計画である。釜山は輸出総額の二五％を扱い業者も集中しているところから同分室は輸出業務を専門に扱うことになる。

中央委員会召集公告

本団規約第三章第一節第十八条に依り第二十一回定期中央委員会を左の如く召集する。

一、日時 一九七二年十二月十三日（水）午前十時
一、場所 日本傷痍軍人会館
東京都新宿区市ケ谷本村町42
電話〇三－二六九－八一五一

在日本大韓民国居留民団中央本部
議長 朴太煥

米の消費量減る

今年は412万石も

72米穀年度中の米の消費量は四百十二万石が減って一億ドル以上の外貨負担を減らした。去る十月で終った年度中の政府米放出は四百七万五千石なのに前年度は八百二十万石だった。

一億三千万ドル

水産物輸出目標突破

水産庁によると、今年の水産物輸出実績は十一月二十五日で一億三千三百七万ドルにのぼり目標を七万ドルもオーバー年末まで一億五千万ドルに達するとみられる。実績は昨年同期比三千四百万ドル増してある。

特恵関税地域

輸出58%のびる

EECはじめ日、英、デンマーク、スエーデン等特恵関税を実施中の地域に対する輸出が今年に入り急増し、十月末現在四億一千四百十五万四千ドルで前年同期に比べ五八・八%もふえ、総輸出増加率三二・九二%をもはるかに上回っていると商工部が発表した。これら地域に対する特恵関税受恵額は三三・八%の一億四千二十五万七千ドルにのぼる。

韓日大陸棚共同開発

大陸棚海底油田共同開発のための韓日実務者会議が十一月二十八、九両日、東京の日本外務省で開かれた。日本側吉田、韓国側池部アジア局長を代表とする同会議では共同開発問題と関連して配分方法、採掘経費負担等を協議したが、大陸棚所有権問題を棚上げして、双方から開発具体案が出され合意をみるには至らなかったが相当の前進がみられたという。なお次回は十二月末ソウルで開く。

IMF局長と通貨量で協議

南財務

南財務長官はこのほど来韓のIMFアジア局長に財政安定計画執行状況について説明した。南長官は八・三措置後の年末国内与信限度と通貨量の動き、ことに輸入増加の動きが鈍ったこと、輸出好調による海外部門通貨増発要因を考慮し余裕ある通貨量増加幅を認めるよう説明し、同局長も原則的には了解したという。

金炳植失脚は確実

かねてから内紛をうわさされている"朝総連"の金炳植は、おおかたの予想どおり、ついに失脚したことがこの程明らかになった。

自から「第一副議長」の肩書をせん称し、韓徳銖議長を無視して朝総連内に自己の勢力拡大を計ったとうわさされていた金炳植は、南北赤十字会談の北韓側の諮問委員名簿から削除され、第四回のソウル会談には病欠ということになっていたが、さらに北韓側が発表したいわゆる"最高人民会議"の代議員候補者名簿からも名前が消えていた。五日韓徳銖が新聞記者会見で語ったところでは、日本への再入国を放棄することも考えられるようである。このことは表向きの理由を病気としているにもかかわらず金炳植が北韓内に足止めをくっていることを物語っており失脚を裏づけてあまりある。また韓徳銖が金炳植を同志と呼んでいないことも一つの事実である。

"祖国繁栄に寄与を"

広島県本部で維新憲法説明会

民団広島県本部（姜文熙団長）では去る十一月十五日正午から、呉市内おんどろちで第三回支分団長会議及び研修会をひらき、青年会など当面問題を論議したあと、維新憲法制定に伴う、本国の新しい体制づくりに対する説明会を臨席の朴[illegible]下関領事、金栄庠副領事が演壇に立ち、詳びらかに解説、在日六十万国民も積極的に参加して祖国繁栄に全力を尽すよう訴えた。

広島でひらかれた維新憲法説明会

二・四倍の競争率

七三学年度大学入学予備試験

二十七日、全国十一都市百三十二カ所で、一斉に実施された七三学年度大学入試予備試験の応募者は、十八万二千六百八十八人で競争率は大体二・四倍である。高校卒業予定者二十万七千二百三十九人の五七%にあたる十一万八千二百十一人と浪人六万四千四百七十七人が応募し昨年より約二万人がふえた。大学定員の一八〇%程度が合格するとみている。問題は高校全課目から出される。

輸出百億ドルを施政目標

輸出構造を転換拡充

完製品・重化学製品など全世界へ

朴大統領「輸出の日」祝辞

朴正熙大統領は、30日「八十年代初までの百億ドル輸出目標達成を七十年代行政の確固たる施政目標に設定する」とのべ、「この目標の達成こそ国民所得千ドルの達成と直結されるもの」と力説した。朴大統領は、この日奨忠体育館で開かれた第九回「輸出の日」記念式のあいさつで、以上のように語り、「いままでの取締本位の百億ドル台をめざす弾力性のある輸出支援体制をそなえるため、各種法規とその運営を、より助長的なものに転換し、自由な貿易活動を積極的に保障、海外進出を積極的にすすめ、国際競争にたえ得る貿易商社の大型化育成にも必要な措置をとっていく」と明らかにした。

朴大統領は、また「百億ドル輸出目標達成のため、政府は可能なすべての支援と協力をおしまない」ことを力説し、①都市の工場だけでなく、農村のセマウル工場にいたるまで、すべての産業を輸出産業化し、②完製品と重化学製品および資本財輸出をふやして、輸出の構造をかえ、③世界のすべての国を輸出市場の対象とし、④資本と技術を輸出できる画期的な転換をなしとげることを強調した。

朴大統領の致辞の要旨は、つぎのとおり。

去る二十一日、実施された国民投票で、維新憲法案は国民の皆さんの絶対的な支持と賛成をうけ、通過確定されました。

われわれが、維新課業に着手したのは、われわれの国力をかため

祖国の平和統一と民族の永遠な繁栄を、一日も早く実現させることにその目的があります。

一国の国力は、その国の経済力にかかっています。

しかし、私は、国の経済力が、かならずしもその国の自然資源によって左右されるとは思いません。

私はむしろ、一国の経済力は、国民の意志と資質にかかっていると信じます。

われわれには、明晳な頭脳が豊富であり、勤勉で優秀な技術が無尽蔵であります。

今や、われわれは、中興の基盤をよりかためるため、ふたたび新たな目標を設定しました。

それは、八十年代初まで百億ドルを輸出しようということであります。

百億ドル輸出と国民所得千ドル、それは、たやすく達成できる目標ではありません。しかし、決して不可能なことではありません。

今や、残った問題は、都市の工場は勿論であり、農村のセマウル工場までも、すべての産業が輸出産業化され、輸出戦線に参与することであります。

今まで、われわれは、一次産品と半製品、そして軽工業製品など消費材中心の輸出を行なってまいりました。

しかし、今後においては完製品と重化学製品および資本財輸出を大幅にふやし、輸出の構造をかえていかなければなりません。

また、輸出市場も、特定国への偏重から世界のすべての国を対象とすべきであり、資本と技術を輸出できる画期的な転換点をきづきあげるべきであります。

政府は、今後、八十年代初に、百億ドルの輸出目標を達成するため可能なすべての支援と協力をおしまないつもりであります。

われわれの輸出支援体制は、今までの十億ドル台を志向する弾力性のある支援体制に果敢に転換されるべきであります。

そのためには、輸出業者の誠実性を信頼し、今までの取締を主とする各種法規と、その運営は、より輸出助長的なものに転換されるべきであります。

そして、自由な貿易活動を積極保障し、海外進出を積極勧奨し、熾烈な国際競争をかちぬいていけるよう、貿易商社の大型化育成にも必要な措置をとるつもりであります。

私は、わが民族史の将来を展望するに際して、百億ドル輸出目標達成は民族の生存と繁栄のため、わが経済が、一時も早くこえるべきほこらしい関門であると信じ、この目標達成を、七十年代行政の、確固たる施策指標として設定するしだいであります。

私は、この目標達成を信じ、これを通じて、国力が飛躍的に増強され、この地に繁栄の花が満開する、その日が遠くないことを確信します。

世界各国へ船積みされるメイド・イン・コリア百億ドル輸出達成実現の80年には現在の102カ国から140カ国へ、商品は997種目から1200種目へふえることになる。

三・四分期の産業生産報告

経済活動は初期に低調

韓国銀行が発表した三・四分期経済報告によると、同分期中の産業生産は前分期水準の一〇・七％にとどまった。また、経済活動は同期初期には夏閑期の需要低下で不調をみせたが、輸出の継続的な好調と政府投資の増大、それに期末から活発化した建築投資活動、八・三措置（私債凍結）に伴う企業の金融費用負担軽減および金融支援の円滑化に力を得て同期末から回復勢を見せた。

米、対韓経援増額

73年度、一億三千四百万ドル線

政府は米公法四八〇号による剰余農産物借款およびAID（国際開発処）開発借款など七三年度米国の対韓経済援助規模より三千四十万ドルふやし一億三千四百七十万ドルにすることで米側と正式に合意した。

このうち特にAID開発借款は主として農業機械化事業などセマウル（新農村づくり）事業に投入することで合意された。

維新事業への能動的参与

解説

新憲法確定と近代化態勢

国民主権基盤に体制改革を

国民投票の結果、維新憲法案は確定したが、これはまさに民意の集大成によるものだった。投票率は九一・九％という高さで賛成率も九一・五％という圧倒的支持、これはまさに韓国の選挙および国民投票史上類例をみないものだった。新憲法上、最高の国家機構である統一主体国民会議の代議員たちが国民によって直接選出されることになり、国民会議が構成されれば、まず第一に大統領の選出を行なうことになる。なお、国会議員選挙は来春に予見され、それまでに政界改編に伴う複数的政党登場の新しい顔ぶれをみることになるだろう。

これから体制改革の日程は忙しくなるが、それが順調に完遂して行く基盤は保障されたわけである。そして〝十月維新〟が可能となる唯一の正当性——国民主権原理の〝導出〟——はまさに投票結果による国民的合意のあらわれ、すなわち、直接民主主義の登場で確認された。こうして維新の基盤はできたものの体制改革の本格的着手はこれからのことである。旧体制との格別もさることながら、新体制の到来とその実現は口にするのはたやすいが、実際には国民の良識ある参与が必要となる。さらに、このことは環境への認識と思考方式の転換を促求するものである。

国民を失望させた旧政治家たち

格別しなければならなかった旧体制は一口でいうと東西合戦の落とし子だった。それに西欧式民主主義の模倣的面が多く、これに依存していたという点で決して自主的なものとはいえなかった。旧体制が南北対話などは予想だにしなかった時代の所産であることはいうまでもない。そこで、対話から祖国の平和統一をめざす現在、当然、それは変えられなければならぬものだった。

こうした古い政治体制に嫌悪感を覚えていた国民はこんどの投票で〝完全に近い賛成〟を示し、同時に平和統一接近に前進的指向を明らかにしたのである。

現に、ほんのこの間までは、政界が派閥争いにうつつをぬかし、世情の推移や時代の進運もどこ吹く風かと〝政略暴挙〟の渦をなしていたのである。そうした政界の動きはまさに「無秩序と非能率」きわまりなきもので、国民の失望をいやが上にも呼び起こし続けていた。そして幾度かの選挙の繰返しの後も、〝垢（あか）のついた旧政治家たちの行為と態度〟はまたしても「ああ、同じあの顔だ……」と、国民の嘆声を呼ぶだけだった。

こんどの新体制移行は歴史的に一線を画すものとなろうが、同時に五・一六（一九六一年五月十六日の軍事革命）で完遂しえなかった懸案課題なども完成されて行くことになろう。

新体制の推進に伴い、〝政界世代交替〟なども行なわれるようになろうが、この場合、単に年齢切下げなどで単純に論ずべきでないことは無論である。前向き姿勢で民心刷新を図ることが重要である。

近代化過程における韓国的民主主義は権威の合理化と政治参加の拡大をどのように結びつけるかという点で一つの問題を提起している。これにはまず、国民主権の言揚と統一主体国民会議の構成において進取的措置が要請されるが、こんど、政党と新しい官僚層の基盤が関心事となるであろう。

一方、対話体制の要請は政府の代議機構と政党の両方から研究して行かなければならないが

近代化に必要なことは能動に耐えるという一つの権威である。そして近代的人間というのは停滞性を打破して発展軌道進入により国際社会へ堂々と参与して行く行動的な人間をいい、また競争要因に思考力、行動力を持つ者でなければならない。これは明らかに一つの〝覚醒〟であるが、これをわが民族の基礎社会に注入させた最初の政治家が朴正熙大統領であった。

こんど、われわれは韓国的ルネッサンスを展望して行かなければならない。従って近代的人間の〝多士済々〟というところを必要としている。近代的人間のしるしは環境適応の能動性と改革、または変化に対する前向き的寛大性をいう。また、近代的社会にはアレックス・インケルスのいうように①教育の役割②マスコミの役割③生活環境の改善④政府の能率的合理的イニシアチブ⑤よく管理された企業—などが必要である。

あらゆるシステムがすべての場合、人間によって動かされるものだということを忘れてはならない。

旧体制ではその点、法と社会環境を恒久的、固定的〝所与〟とみようとするところから〝伝統的人間〟が西欧式民主主義模倣によって、あちらこちらで観察した結果、しばしば〝補助的修正〟を余儀なく受入れるという体（てい）だった。

近代的社会に必要な五つの条件

十一月二十一日の国民投票を経て、体制改革は本格的に動き始めた。この機会に当たり韓国は諸分野にわたってなすべきことがたくさんある。しかし、窮極には、〝人間〟の問題が最も大切だということを肝に銘じなければならない。

こんど、上からの嚮（きょう）導的役割と底辺からの参与姿勢の結びつきが重要であることはいうまでもないが、すべてにわたって新しい心構えが切実なものとなる。そこで初めて韓国民は不条理の自律的是正と果敢な福祉均衡政策の具現を展望しうるようになるのである。

体制改革の成敗はどこにあるか

結局、国民投票の〝成果〟は国民参与を鼓舞するものだった。そしてこれはまた新しい歴史を創造して行く上における前進信号に他ならなかった。前途に安定と繁栄、秩序と効率のみえる平和統一が横たわっている。

体制改革はわれわれ自身の問題提起に他ならないということが、こんどの国民投票ではっきりと証明された。あるいは、すでにそれは社会通念となっていたのかも知れないが、体制改革の成敗はひとえに国民の能動的参与いかんにかかっているといえよう。

（韓国日報＝SISA）

南海に待望の大橋

10分の距離を30秒で、竣工まじか

「脚」のない「橋」が、南海露梁と河東露梁間に曲芸をひろうするかのようにかけられた。

わが国では初の試みであり、東洋でも最大規模を誇る、橋脚のない鉄橋、南海大橋は、来年五月の完工を前に、おもむろにその巨大な姿を現わし始めた。

慶南南海郡雪川面露梁里と河東郡金南面露梁里をつなぐこの大橋は長さ六百六十メートル、橋幅十二メートル（二車線）のサスペンション・ブリッヂ（吊橋）。

南海大橋は、創世紀以来、水と孤立された南海島を連陸化する、十四万南海住民の生命の綱である。

それほど南海の人々が、南海大橋にかける期待は大きい。この大橋工事が終れば南海は、島でない陸地となるのである。渡船で、十余分かかる南海島と陸地との距離は、ただの三十秒にちぢめられる。

また今まで渡し船で百台の車両を輸送していた原始的な交通手段が大きくかわり、大橋が完工されれば、車輌が自由に橋の上を走り、往来することになる。

それればかりか、南海の特産物がそのまま陸へなだれこみ、南海の絶景といわれる錦山など、南海島の観光資源開発は、本軌道にのることになるのである。

このため、南海の人々は、南海大橋をさして第二の開闢とよぶ。

南海の第二の開闢をもたらす、南海大橋工事は、それほど難工事であった。

内外資あわせて、十八億二千万ウオンの工事費が投入されるこの大橋工事に、今まで動員された人員は35万人。

工期を見ても、六八年五月に着工され、完工予定である来年五月まで、単一工事としては最長の五年を上まわる大工事である。

工期がこのように長いのは、この大橋がわが国では、はじめてのサスペンションブリッヂであり、高度の特殊技術を必要とするためである。

橋を吊るためには、まず、高さ六十メートル、重さ二百十七トンの巨大な塔を、両側に架設しなければならなかった。

この塔架設にだけにも、一ヵ月がかかり、二百五十トンのフローティング・クレインを動員しなければならなかった。

また千九百メートルにいたる橋を支えるためのケーブルを架設するには二千百二十八個の鋼線を平行に連続するパラレル・ワイア・エアスピニング方法を初導入する試練もへなければならなかった。

ケーブルを両側にかけたあと、流線形「バックス・ガター」で橋を作る。

南海大橋建設のため、導入された新技術は、韓国では初の試みであった。

南海大橋工事を担う技術者は、このように新たな技術が完璧に行なわれているのに満足している。

そして、十四万南海住民らは南海大橋が新たな歴史のあしばとなるであろうとの期待に、胸をふくらませている。

南海島と陸地を結ぶ大吊橋の竣工まじか

李エリザ制覇

スカンジナビア卓球

北韓・中共選手を破る

十一月二六日、スウェーデンのブラスで開かれた、第十五回スカンジナビア・オープン卓球選権大会、個人戦女子部で、韓国の李エリザさんは、単複式で優勝し韓国女子卓球の優秀さを世界に誇った。

女子単式部門競技で、李エリザは、北韓の車慶美、中共の馮夢雅を三—〇で連破、決勝に進出し、韓国の鄭賢淑は、チェッコのボストバを三—〇で制圧し、決勝戦では韓国選手どうしで対決したが、李エリザが鄭賢淑を3—1で退け優勝した。

また、女子複式決勝戦では、李エリザ・朴美羅組が、中共のチンパウチン・リンメイチュンを三—〇で制圧、覇権をかちとり、女子個人戦では李エリザが優勝した。

李エリザ

韓米原子力民間利用協定に調印

慶尚南道梁里に建設中の原子力発電所に使う二万二千七百kgの動力用核燃料（ウラニウム）を米国から購入する内容の韓・米原子力民間利用協定が二十五日ワシントンで調印された。

扶余と縁結び

明日香村村長等訪韓

高松塚古墳が発見された明日香村岸下村長ら一行九人が扶余と姉妹関係を結ぶ為二十七日訪韓した。一行は十二月三日まで滞在予定。

来年の主要物資備蓄資金を確保

経企院は来年度物資備蓄事業計画の可用資金七十三億ウォンを確保し対象物資の値上りを極力抑えることにした。同資金で確保される物資は生ゴム、電気銅、塩、鉄筋、パルプ等。

尋ね人

☆李和雄さん（一九六四年十一月三日、長野市新田町で亡くなられた李起沢（山田）さんの長男37歳）を伯父である韓国の李聖沢さんがさがしています。

○連絡先＝韓国忠清北道中原郡蘇尼面馬水里李聖沢さんか民団中央本部、民生局まで

☆金長寿さん(37)才

福井県勝山市勝山駅前に住んでいた金己山さんの長男である金長寿さんを、韓国の姉である金淑子さんがさがしています。

連絡先＝慶尚北道永川郡永川邑本村洞三七二番地鄭賢順方金淑子さんか民団中央本部民生局へ

☆張命友さん（大正13年8月14日生れ）

☆張命康さん（大正9年2月26日生）

解放前、群馬県桐生市にすんでいた張さんらを釜山に住んでいる張甲戌（日本名＝北山宗市）さんがさがしています。

○連絡先＝釜山市東萊区中洞九五三番地、張甲戌さんか、民団静岡県本部へ

在日教育有功者を表彰

教育憲章宣布四周年　韓国学校で記念行事

朱洛弼前理事長に冬栢章　安聖出理事長は国民褒章

東京韓国学校（東京都新宿区若松町二一、安聖出理事長、黄哲秀校長）では、さる五日、国民教育憲章宣布四周年記念行事を同校で開催し、朱洛弼前理事長に対する国民勲章冬栢章の伝達をはじめ、各種の展示会などを行なった。同日は午前九時から、まず全教室での公開授業が行なわれ、十一時からは運動場に全員が整列して記念式を行なった。記念式は国民儀礼のあと、黄校長から国民教育憲章の朗読があって、勲章、表彰状などの伝達式が行なわれた。その後、李澔大使、金正柱民団中央本部団長ら来賓から祝辞が述べられた。終って教室に入り、生徒の実習をかねた手作りの料理で簡単なパーティを開き、この日を祝福して解散した。

東京韓国学校で催された記念式典（上）と……

野田卯一氏受賞祝賀会

民団岐阜県本部主催でひらかれた野田卯一氏の勲章受章祝賀会

女の韓国ひとりあるき (11)

画・文　サトウ・サナエ

東鶴寺

他人は出入禁止の東鶴寺楼門で

深山で淡々と生きる尼僧　憐憫！理解できない嫉妬も

（つづく）

ソウル市民会館全焼

死者51人、83人が入院治療

原因は照明用の豆電球の過熱

殴るけるの暴行

除名された金允鐘、鄭泰浩ら一味の蛮行　朝総連と野合、民団組織破壊企図

神奈川県本部で糾弾談話文

除名

停権五年

国立公園を開発

智異山、鶏竜山など十個所

仏援助で技術初級大学設置

日本観光客にふえる

JAL

ナイロン香港輸出

輸出保険料引下げ

洪句杓氏永眠

飛鵝入管登録課長

戸籍法律相談室

在日本韓国人戸籍問題研究所

UNESCOに 科学技術情報機構

国連の教育科学文化機構（UNESCO）は汎世界的な科学技術情報機構（UNISIST）を創設することにし、来年から設立に着手する。ユネスコは七十年、第十六回総会で全世界が共同で利用できる国際的な科学技術情報機構の創設を事業目標に採択したのち、今年の十八回総会でこれを最終的に確認、来年度の設立着手のための具体的方案と運営問題を論議したものといわれる。

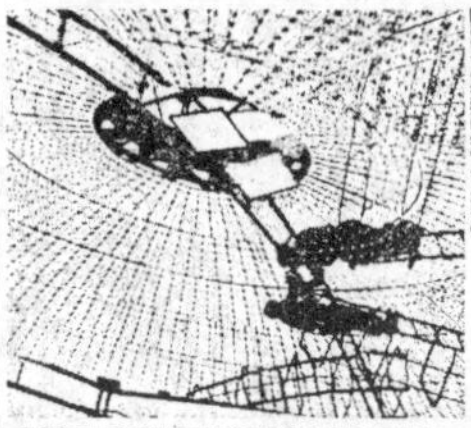

フランスにある世界最大の太陽熱高温炉の反射鏡。ここに集めた太陽熱で鉄を溶かすことができる。

高麗王朝時代（AD935—1392）に作られた世界で有名な「高麗青磁」近頃精巧なイミテーションが作られ手頃な価段で求められる。

曹渓宗で国訳仏教聖典
仏陀の生涯、経典語録など

昭陽、安東ダムの文化財を移転保存

国際版画展 郭徳俊さん入賞

入賞の郭徳俊さん

新書 朝鮮のこころ 金思燁著

講談社現代新書、B6判、二百三十ページ、定価二百六十円。

洪吉童傳 (三〇)

許筠著
訳・編 洪相圭

韓國新聞
在日大韓民国居留民団中央本部機関紙
韓國新聞社
発行人 金正柱
東京都文京区春日町2丁目20―13
電話直(815)1451～3
交(813)2261～5
振替口座 東京 163774

民団綱領
一、われわれは大韓民国の国是を遵守する
一、われわれは在留同胞の権益擁護を期する
一、われわれは在留同胞の民生安定を期する
一、われわれは在留同胞の文化向上を期する
一、われわれは世界平和と国際親善を期する

民団中央綜合会館
敷地問題最終落着
年内登記、来春三月着工
建設委の尹、范、鄭氏の努力実る

二十日、民団中央本部経済局(宋鎬用局長)が明らかにしたところによれば、さきの第二十回中央委員会の最終決議でとり組んだ中央綜合会館建設問題は、建設委の尹達鏞、鄭建永、范塡圭氏らの努力で、去る七〇年八月十一日付で仮契約した東京都港区飯倉所在、一二三四、六四坪の敷地問題が去る十二月十八日付で完全に解決をみて、登記手続中のところ年内に名義書換えが可能になった。

周知の通り現中央本部屋舎及び敷地は、去る七月五日売約され、前記敷地が購入された。それで明年初に会館設計を練り直し、三月中に着工の予定であるので関係者はもちろんのこと一般団員の積極的な協力が望まれている。

本格的執務を開始
民団本国事務所

去る十一月九日、開所をみた民団本国事務所は、事務管理担当に金炯善氏を任命、金淑姫事務員を配置して、本格的な事務運営に入った。

在日国民の領事補佐業務を始め本国家族との連絡など事務は広い範囲に及んでいる。在日同胞はもちろんのこと、本国家族の利用を望んでいる。

写真は民団本国事務所がある政府合同庁舎

なお、金英鎬民団中央本部宣伝委員長は、民団本国事務所と業務打合せのため、十二月一日帰国、用務を終え九日帰任した。

民団本国事務所の所在地及び電話番号は次の通り。

ソウル市鍾路区昌成洞一一七(政府合同庁舎四階)
電話七三―〇一六二、〇一六五、〇一九二番

貨車マレーシアへ

双竜産業はマレーシア政府の鉄道車両買付入札で貨車六百両(七二〇万四千ドル)を全量落札し国産車両がはじめて進出する。納期は来年八月から十一月まで、メーカーは韓国機械、造船公社、富谷車両の三社。

経企院、経済白書で分析
韓国の経済回復段階に

経済企画院は九日発表した七二年度経済白書で七一年度の下半期から沈滞を続けてきた韓国の経済活動が今年下半期に入ってから完全に回復段階に入ったと分析した。

同経済白書は、七一年下半期からずっと問題となってきた①景気後退、元利金償還負担増加、国際価格の引上げ、為替変動などによる企業負担の漸次的な増加とこれによる生産コストの上昇②インフレ圧力の持続③工業部門の急速な成長による農業部門の相対的立ち遅れ④輸出の急速な伸長にもかかわらず輸入が継続的に増加したことによる国際収支逆調⑤高度成長にもかかわらず需要、資本、技術、経営などの問題による重化学工業建設の低調⑥企業財務構造のぜい弱⑦技術と経営能力の低水準など七項目は七一年度の経済が提起した課題だったが、しかし、このような七一年下半期の景気後退と物価上昇現象は八・三措置(私債凍結)など強力な安定化政策と経済自立のための政策的努力により、今年下半期から完全に回復の段階にはいったと白書は明らかにした。

貿易面で初めて黒字

今年にはいってから大きく好転してきた輸出増加と輸入抑制に伴い、十月末現在、貿易面で初めて六千百六十万ドルの黒字を出した。

関係当局の集計によると、十月末現在①通関基準の輸出額は十三億七千八百九十九万ドルで②借款援助を除く商業ベースの輸入が十三億一千七百三十万ドルとなり③一般貿易面で五千百六十万ドルの黒字を現わした。長い間慢性的な赤字を出していた貿易収支が今秋になって初めて黒字に転換したのは、十月末現在で輸出が昨年同期よりも三二・九%ふえ、また、貿易上の輸入が昨年同期より一・三%減ったためである。

六六年以来の貿易面の赤字はつぎのとおり。(単位=百万ドル)

▽六六年=一八六▽六七年=四二二▽六八年=六〇八▽六九年=六〇八▽七〇年=五九六▽七一年=七七六

フランスと科学交換の了解覚書

科学技術処は五日、フランス国立科学研究所と、科学者の相互派遣、科学技術情報交換を目的とする了解覚書を交換した。

この了解覚書は一九六八年に発効した韓国政府とフランス政府間の文化および技術協力にかんする協定の精神に立脚したもので、崔亨燮科学技術処長官とジュリアン・フランス国立科学研究所長の間で調印された。

非常戒厳令解除

朴正熙大統領は、十三日午後六時、十月十七日午後七時を期して全国に公布した非常戒厳令を十四日午前零時から解除すると発表した。これは十三日午後開かれた閣議で決定されたものであるが、閣議は解除の理由として一〇・一七措置が国民の絶対的支持のもとで成功的に遂行されていること、それに維新体制の確立に伴い社会秩序が平常事態に回復したことなどをあげた。

また、金鍾濬青瓦台スポークスマンは政治活動問題について「政治活動の禁止と国会解散は、戒厳令とは別に、大統領の就任と新憲法公布によって再開されることになる」と語った。

この戒厳令解除に伴い、新聞、放送の検閲は廃止され、令状なしの拘束も中止された。なお、全国的に設けられていた戒厳軍法会議の機能も近く一般裁判所に戻される。

朴大統領はこの日非常戒厳令解除に寄せて談話を発表「私は国民各自がこんご統一主体国民会議代議員選挙をはじめとするすべての維新課業遂行において、先の国民投票と同じように透徹した維新理念を発揮し、それぞれ自分の生活領域で秩序維持と十月維新の理念具現に継続協調するように望んでいる。政府はこんごも一層果敢に維新課業を遂行してゆくことを約束する」と述べた。

軍事機密保護法などを議決

非常国務会議は十三日、軍事機密保護法など軍事三法を議決した。軍事機密保護法は軍事政策や軍の編成、装備、動員にかんする機密を不当に探知したり、たま取集したりした場合は十年以下の懲役または禁固に処せられるというもので、新聞、放送関係者がこれをもらすと、この五割増しの罰を受ける。この日議決された他の二法は軍事施設保護法と軍事徴発法である。

"親切で明るい民団"
五項目活動方針などうち出す
東本傘下支部三機関長会議

民団東京本部管下支部第一回三機関長合同会議が、十六日午前十一時四十五分から、東京赤坂の駐日韓国公報館会議室で各支部三機関長を始め事務部長など百余人が集まり、東本正常化後初の会議をひらき、執行部構成に伴う団務運営など当面活動方針を論議、午後二時すぎ閉会した。

金致淳副団長兼事務局長の司会でひらかれたこの日の会議では経過報告につづいて、鄭東淳団長、金尚弘議長、徐興錫監察委員長の三機関長はあいさつの辞を通じ一年有余に亘って混乱を重ねてきた東本が正常化されたのは皆様の献身的な愛国、愛団の努力のたまものであると高く評価し、明るい民団、親切な民団、仕事をする民団という活動方針を打出し、一同に深い感銘を与えた。

ついで金正柱中央団長は祝辞を通じ、東本正常化は今年最大のハイライトであり、本国を始め在日六十万同胞の衆議を浴びたと正常化に尽力した関係者を激励した。

つづいて金信三在日大韓婦人会長の祝辞のあと、十二月四日定期大会で委任された副議長、監察委員の任命発表があり、執行部構成に伴う各部長人選を発表した。

▲副議長=蔡洙仁、権寧珣
▲監察委員=廉旺奎、朴珪秉
▲副団長=金致淳、金栄洪
▲事務局長=金致淳副団長兼任
▲総務部長=李敏基
▲組織部長=韓相龍
▲民生部長=安正根
▲文教部長=高昶徳
▲経済部長=李祖雨
▲宣伝部長=金栄洪副団長兼任
▲青年部長=尹隆道
▲無任所部長=柳龍雨

なお、金致淳副団長兼事務局長は団務運営の姿勢を明らかにした当面活動方針を説明、各級執行部に協力を訴えた。

この日打出した東本の活動方針は次の通り。

一、規律を強化する。
二、親切で明るい民団に…。
三、仕事をする民団であること。
四、中央本部と組織的に表裏一体の団務を運営する。
五、本国政府方針に呼応、施策に積極的に参与する。

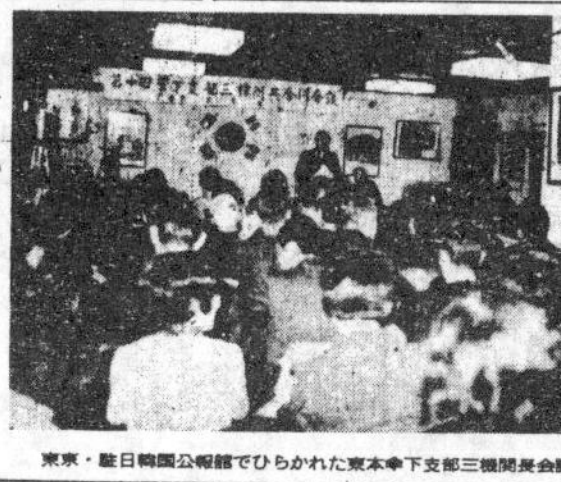

東京・駐日韓国公報館でひらかれた東本傘下支部三機関長会議

本國論調
韓国からみた日本の総選挙結果
試練に立たされた自民党
あいまいさの嫌われた"中道"

十日実施された第三十三回日本衆議院議員選挙で、与党の自由民主党は内外の予測どおり無難な勝利をおさめ、引続き執権党の地位を維持することになった。総有権者数七千四百十六万人のうち、約七一・五%が投票に参加して日本国民の政治意思形成がなされたが、この内容をみると、総四百九十一議席のうち、二百七十一議席(無所属で当選した十三人のうち十一人が自民党により追加公認されたが、これを含めると二百八十二人)が自民党の議席確保となり、いま一度、自民党は国政を委任されることになった。このような結果は、いうまでもなく日本国民の大多数が自由民主党治下での安定を望んでいることを端的に現わしたものであると受留められる。

田中総理の主導による日中国交正常化問題の解決が野党の対与攻勢の鋭いホコ先をかわしたことは事実だった。そしてそれは風を呼び起しながら与党自民党の再執権をすでに選挙前から既定事実としてしまっていた。

なお、日本経済は対米交易問題をめぐり若干のトラブルがあったとはいえ、引続き成長しており、国民の所得も上昇を続けていた。こうしたことだけでも野党は政権交替を可能にするような挽回ぶりはとてもできないことだろうとみられていた。その上田中内閣はまだ発足後、日も浅く、国政全般において、非難されるほどの失政を"行なう"いとまがなかったのである。それどころか、むしろ、田中氏個人の若さと決断、庶民的ムードがブームとさえなっていた。

こうした意味合いからみるとき、田中氏がこの時期に総選挙日を選択したということは、自民党にとって戦術上、まことに賢明だったということができる。

一方、野党は、社会党、公明党、民主社会党、共産党などがそれぞれ自分の党の議席を伸ばすために熾(し)烈な攻防戦を繰広げたが、その努力はさほど自民党の票を食わず、野党間でのとも食いになった。第一野党の社会党は口では反自民連合戦線を主張して出たが、その実、内部は汎野党合派と社―公―民共闘派に分かれ、実際には執権の意志をすでに喪失していた。

それでも社会党が八十七席から百十八席にまで勢力回復をかちえたのは総評中心の組織労働者たちの団合もさることながらやはり与党自民党のゆきすぎた肥大を憂慮する人びとの"けん制"票のおかげだったといえる。また与野均衡論者たちの票が社会、共産両党に投げられたことも事実で、共産党は十四議席から三十八議席に大挙進出、野党第二党となった。

こうした共産党の躍進は同党の"自主独立路線"と"小市民的な政策提示"が多くの有権者たちに国民政党的イメージで支持されたのだろうし、また、大きくて長い与党自民党にパンチをくらわす"けん制力"を買われた、というところにその原因がみられる。なお、共産党は熱心にたゆまず、その組織と宣伝を拡大強化してきたが、それが功を奏したことも事実だろう。共産党のこの意外な勢力拡張は日本政界の"珍現象"でこんご引続き注目と関心のマトとなろう。

一方、中道革新を標ぼうしていた公明党と民主社会党は、前進の道をはばまれ勢力を失ったといえる。公明党の場合は、宗教の方の創価学会と政党としての公明党組織とを遊離させて考える。いわゆる政教分離原則が当てはめられてからの最初の選挙だったからだ、というのが、やはり日本国民があいまいさに魅力を覚えなかったのではないかと見られる点が多い。このことは民主社会党の不振にも当てはめることができ、民社党は有力な党幹部議員たちの死亡に伴う人物難と組織の脆(ぜい)弱性などが、不振原因の具体的問題として指摘される。しかし前述したようにやはり、日本政局の今日の現実の中では"中道政治"の持つあいまいさと迫力のなさが、うとまれ、反与党の票のうち、従来の公明、あるいは民社支持票が左派革新を打出す社会、あるいは共産両党に大きく流れこんだのだといえる。

このような結果は、こんご、社会党が何らかの戦術で、急進的立場を取るようになるだろうという可能性を提示している。

田中総理はきたる二十五日ごろ、彼の第二期内閣を組織するだろうと伝えられている。ところで、自民党幹部たちの人物構成を見ると、また彼らの政見発表からみても田中内閣の対内外政策にはこんごも画期的変化は起き得ないだろうと思われる。

一方、野党の場合はこれからも公害問題、福祉問題、日米安保条約などで与党を守勢に追込むことは非常にむつかしかろう。これらの点を総合して予想するとき、わが政府の対日外交は新しい角度で再検討し、万全を期さなければならぬ時点に到達したと考えられる。

(朝鮮日報=SISA)

東本直轄解除めぐる諸問題について解明
姜学文副団長が発表

去る十二月四日ひらかれた、第三十二回定期東京地方本部大会で同直轄本部は、一年有余にわたる民団中央からの直轄が解除され、正常な組織に戻ったが、この大会に至るまでの経緯及び民団中央の[illegible]姜学文副団長(兼事務総長、兼組織局長)は、次のように発表した。

〈談話要旨〉

(一)直轄東京地方本部大会について

十二月四日開催された直轄東京地方本部大会について、旧東本幹部たちの悪質な宣伝により、若干にとかくの疑惑を起しているように見えるので、これまでの経緯のあらましを指摘することにする。

①民団中央が申請した「大会妨害の禁止仮処分申請」は、旧東本幹部側から弁護士立合いの下で、東京地裁に対し、「大会妨害は絶対にしない」旨、申し出があったため、中央は自ら進んで、大局的な見地で、この申請は取下げを行なった。これは、彼等のいう「却下」などでは決してない。

②東京地裁の決定は、「直轄処分効力停止」であって、換言すれば、これまで持続してきた効力を一時停止する措置である。

この決定に対しては、中央はただちに、「異議申立て」を申請し、ひきつづき審議中にあるが、いずれ本訴の決定を待たなくてはならないが、その結果に対しては、不利な決定を招くような何らの根拠がないことを付言する。彼らのいう通り「不法で無効」などでは決してないことは言うまでもない。

また、今度の東本大会が、傘下二十支部代議員百四十名定員(二十二支部中大田[illegible]支部と中野支部を除く)のうち、百三十七名参席のもとで円満に開催され大会席上で選出された三機関役員はもちろんのこと、その他の決議事項も規約に照らして完全に有効であることを再闡明する。

(二)いわゆる「合意書」なるものについて

①民団中央の金団長が、李栄氏に対して、鄭在俊との対話を斡旋して欲しいと要請したというが、この事実は全く無く、先方の要請によって対話がなされた。

②「すべての処分問題はあとで解決するから、東本大会を開いてくれ」と要望したとあるが、これなんかは言語道断な表現である。

いくら中央団長といえども、これだけの広範な権限があるわけもなく、そうした脱線的な発言をするわけもない。東本大会はあくまで直轄の下に開催された定期大会であるべきこと。処分解除は、前任者の措置を尊重すべき立場にあるので、組織の実情に応じて可能な方法で良識的に解決する他に方法がないと示唆したのみである。

③李氏と鄭在俊と金団長とは何らの直接的な連けい関係が無い。

④それに対し「金団長が肯定的な態度を表明し」云々とあるが、これはとんでもないことで、要するに合意に達した話しあいは、一度もなかったことを確言しておく。

いずれ、旧東本幹部側との交渉経緯は、時期を選んで全貌が明白になると思うが、いちおう根本的な数ヵ所について指摘するだけに留めておく。

一九七二年十二月十三日
民団中央本部
副団長・事務総長・組織局長　姜学文

中央委員会延期
朴議長、金団長談話文を発表

さる十二月十三日に開会が予定され、朴太煥中央本部議長より各中央委員に召集公告が出されていた第二十一回中央委員会について延期を決定した朴太煥議長と議長団に中止を要請した金正柱中央本部団長は、延期の理由について次のような談話文を発表した。

朴太煥議長談話文

「尊敬する中央委員ならびに各級任員の皆さん。

第二十一回中央委員会を召集公告したにも拘わらず、二次に亘って延期したという事実は、その理由が何であれ、全的に本職の責任であることを自認します。

わが組織はさる一年を前後して創団以来はじめてといっても過言でない苦難の道を歩んで来たし、現在もその道から完全に脱し切ってはおりません。このような状況下で多くの期待と激励を受けて選ばれた本職が、またもや混乱の要因となったことは、組織に不忠実であったというあまりにも厳然たる事実であるため、責任を回避するとか、自己を弁護したりはしません。

今般の措置は本人としては、二十余年間従事して来た組織生活中の、そのいつのときよりもつらい瞬間であったし、その如何なる事実よりも悲しいことでありました。

二十四時間を前にして延期をしなければならなかった具体的理由は、やがて明らかになると信じますが、これによって起った組織混乱と団の威信を失墜するとき、本職は重大な責任を感じており、正しい組織の制裁と、皆さんの当然の糾弾をためらうことなく受けることを約束する次第です。

尊敬する中央委員ならびに各級役員および団員の皆さん。

本職が取った今般の措置が各級組織に与えた影響を考え、ここに深く陳謝する次第であります。」

金正柱団長談話文

「十二月十三日に予定されていた第二十一回中央委員会には、執行部として就任以後の団務執行を報告するとともに、本国における①維新体制と民団の基本路線②青年会結成に関する活動方針を提議して、充実した会議を願う予定であったが、この二大案が何れも諸般の事情によってこんど開く予定であった中央委員会には提案できなくなってしまった。

歳末にさし迫ったこの時期にこのような重大案件もない内容の欠けた委員会を強行するよりも延期した方が組織のためにも、利益をもたらす道であろうと判断して、議長団に対して延期を要請した。

従って、中央委員会の延期要請はひとえに組織全体の実利を主眼とする執行部の判断によってなされたやむを得ない緊急措置であり、他機関への背信事項は何ら伴わないことを特に付言しておきたい。」

第三回韓日大陸ダナ実務者会談
開発方法など意見調整

済州島西南方の石油資源共同開発のための第三回韓・日大陸棚実務者会談がきたる二十日から二日間、ソウルで開かれる。

こんどの会談では先の第二回東京会談で討議された開発区域、開発方法、石油が出た場合の利益分配などにたいする具体的な意見調整が行なわれる見通しである。

代議員2,359人当選
23日初の会議で大統領選出
統一主体国民会議

統一主体国民会議代議員選挙の開票が、数カ所の島嶼地方を除き、十六日すべておわり二百六個選挙区の無投票当選者二百二十五人をふくめ、全国千六百三十の選挙区で、二千三百五十九人の当選者が確定した。

このたびの選挙の投票率は七〇・三%であったが、当選した代議員で構成される統一主体国民会議は、十二月二十三日、初の会議を開き、無記名秘密投票で、任期六年の第八代大統領を選出する。

朴璟遠氏任命

朴大統領、国民会議事務総長に

朴正熙大統領は十二日、統一主体国民会議議長の資格で国民会議法付則に基づき同会議事務総長に朴璟遠石炭公社総裁(前内務長官)を任命した。

告知

民団中央本部年末年始の事務取扱いについてのお知らせ。
○七二年 終務日 十二月二八日
○七三年 始務式 一月五日
○七三年 新年会 一月八日
民団中央本部
総務局長 李聖南

民団東京地方本部新年会
時日 一九七三年一月十日午後一時
場所 韓国会館(港区芝公園五号地九番)(電話)四三三―一六三三

▣訂正 本紙第一〇六三号一面「十九人を懲戒処分」記事の中で、裵学泳の本籍、慶北「義城」を「義城」に、慎達縣の本籍「慶北」は「慶南」の誤りで訂正します。

農漁村の所得格差を解消

農村投資効果を拡大

工場建設で農工併進の基盤強化

朴大統領国務会議で指示

朴正熙大統領は、八日午後、青瓦台で開かれた定例国務会議を主宰し、「セマウル運動は、農漁民の所得を増大させる、生活改善運動であると同時に、勤勉・自助・協同する新人間像を定立する精神革命」であると再強調し「今後、来る農繁期においては、政府の関係部処がおたがいに緊密な協調のもとに体系をたしかめ、より効果的に、展開するように」とのべた。

朴大統領は、この日、関係長官に指示した。

朴大統領は、ついで「このセマ……」のべた。

また、朴大統領は、「したがって、農繁期には、農繁期なりに、農閑期には農閑期なりの実情にしたがい、セマウル運動の基本理念にしたがって、ひきつづき全国的に、たゆみなく展開されて行かなければならない」とのべた。

韓国の津々浦々までセマウルの建設譜はひびきわたる

セマウルへ誠金を配定

セマウル支援十億ドル

対韓国際協議体会議で決定

太副総理

第六次IECOK（対韓国際協議体）年次会議は、韓国政府が提示した第三次経済開発五カ年計画期間中（七二年～七六年）の投資計画と、セマウル事業が韓国経済開発に必要であるということに意見をまとめ、今後二年間、セマウル事業に対し、一年に五億ドルずつ支援することに合意し、十三日午後、二日間の会議をおえた。IECOKは、閉会後、発表した議事録に「……」とのべた。

十三日、午後、IBRD（世界銀行）パリー事務所で記者会見にのぞんだ……セマウル事業の特殊性にてらし、……

農業機械化案修正

七六年まで八百億投入

国産貨車六百両　マレーシア輸出

永東住宅団地竣工

永東一戸建て住宅団地竣工式でテープカットする陸英修女史（中央）

石油化学工場　大幅に拡張

解説

統一主体国民会議の性格

国民主権の受任機関

超党的統一政策を審議

市道別 投票状況

（16日午前0時）

市道別	選挙区	代議員数	選挙人数	無投票当選人（当選者数）	投票者数	投票率	国民投票投票率
ソウル	67	303	3,113,767	(　)	1,773,567	57 %	80・5%
釜山	24	104	979,034	37,150(4)	642,677	68・2	93・9
京畿	207	280	1,732,699	43,069(12)	1,152,812	69・3	94・2
江原	111	145	819,788	52,895(11)	636,139	80・7	97・1
忠北	107	127	703,464	100,910(22)	461,646	77・6	94・9
忠南	185	231	1,388,733	109,990(19)	926,137	72・4	94・8
全北	190	200	1,155,795	69,270(14)	835,787	75・1	94・2
全南	242	312	1,912,541	276,159(52)	1,144,888	70・0	93・4
慶北	268	351	2,231,460	259,994(44)	1,509,438	76・6	95・3
慶南	236	278	1,551,101	211,521(45)	1,039,035	77・6	95・3
済州	15	25	184,050	13,232(2)	138,577	81・1	94・9
合計	1,630	2,359	15,802,435	1,168,199(225)	10,215,127	70・1	91・9

広島県商工会で勤続表彰式

10社のベテラン40人を激励

広島県勤続表彰式

株式取引量が急増

UNCURK代議員選挙を参観

尋ね人

歳末扶け合い運動展開

支部単位で募金

身体障害者、孤児を重点援護

◇…民団中央本部民生局（李鍾舜局長）では、年末年始を迎え歳末扶けあい運動を…◇
◇…展開、次の要領で義援金を募金、生活貧困者、孤児、身体障害者など社会的に…◇
◇…恵まれていない同胞に温い手を延ばすよう各地方本部、支部に望んでいる。…◇

▼実施期間＝十二月十日から三十日まで。

▼募金方法＝各支部単位に募金を実施して管内の有志を個別訪問するなど実情に応じて効果的な方法を講ずること。

▼扶助対象＝被災者、貧窮者、身体障害者、孤児などに重点援護

▼報告＝各地方本部は醵出者の名簿と金額を個人別に記入、中央本部民生局に報告すること。

セマウル運動に誠金寄託

山口県宇部支部

民団山口県宇部支部（白□基団長）では、本国のセマウル運動に協力するため、傘下団員から誠金を集めていたが、このほど、二十二万円を下関領事館（朴純哲領事）に本国への寄附金として手渡しした。金額は多いとはいえないが、団員の心からの誠金ということである。

15万円寄托　歳末救援金

民団尼崎支部

民団兵庫県尼崎支部（□相□団長）では、例年末、社会福祉事業に多額の寄附を行なっているが、今年もさる十二月十一日、神戸市の愛隣孤児院（□区東通四ー二七）を訪れ、同支部に寄せられた年末救援金十五万円（うち五万円は婦人会の分）を、院長の安□□□に手渡し、収容中の孤児たちに年末の贈物とした。同孤児院には、現在身寄りのない幼い子供たち六十二人が収容されており、各界からの暖かい救援を待っている。

73年度大学の定員をふやす

四万七千八十名に調整

文教部は七三年度大学入学定員を今年度の四万四千二百五十人より二千八百三十人ふやし四万七千八十名に調整した。増員された定員を学系別にみると、師範系が五六〇の一千五百九十五名でもっとも多く、ついで産業人力養成と関連した理工水産系、輸出振興と関連した貿易、外交学科などの順である。

文教部はこんどの調整過程で三十科を廃止し八十八科を新設した。この措置に伴い文教部は五つの師範大学の新設を許可するとともに『地方大学特性化事業』を図めることにした。

米国から大型旅客機

KALの航空機大型化計画

大韓航空（KAL）が航空機大型化の一環として米国から導入…十一一回運航することになった。これでKALはジェット機十二、プロペラ機十二など二十四機を保有することになった。

"相互交流図る交歓会"

韓国青年会東京本部で主催

24日、大久保の三福会館で

在日韓国人青年会東京本部（…会長）では、明二十四日午後五時から東京・大久保の三福会館（新宿区内の韓国人青年会館）で…交流をはかる"交歓会"を開催する。この交歓会は、民族的ふんい気のなかで、韓国青年達の親睦を深めながら、民族の一員としての自覚と連帯感を保持するところにその趣旨があるとのことで、…

「在日韓国青年は、日常的なものを追求したい。せめて…交流・親睦活動を会の目的の一つとして設定し、今回初めて交歓会を準備しました。当日は第一部としてダンスパーティを予定し、第二部として参加者の交歓ゲーム、…ています。参加は自由です」

なお当日、入場料は不要だが、年末助け合い運動金として一口二百円の寄付を求める。また女性の参加者はできるだけ、チマ・チョゴリを着てほしいとのことで、更衣室を準備してある由。

通商問題研究

日本から経済協力調査団

韓日両国間の経済協力および通商振興問題を総合的に調査、研究するための日本の調査団が十二日JAL機で訪韓した。

同調査団は野見山勉日本貿易振興会理事長を団長に、通産省、農林省官史および経済界代表十六人からなっており、二十二日まで滞留しながら両国間の分業体制を強化するための企業提携方案および貿易不均衡是正を中心とする経済協力方案を検討する。

なお、韓国政府は日本の分業体制的な中小企業を誘致するための計画を提示、具体的な協議を進めている。

30年ぶりに里帰りした在韓日本夫人一同（右端金周奉団長）

30年ぶり里帰り

在韓日本夫人、84人実家を訪問

金周奉団長の世話で実る

国道三六〇キロ年内に舗装

韓国最新のボーリング場

12月5日、朴炳憲氏が釜山で開場

釜山で開場したボーリングセンター、円内は朴炳憲氏

…冷暖房、娯楽室、休憩室、シャワールームと超デラックス施設を完備している。

このオープンにあたって、朴氏は「今やボーリングは、大衆のために開放されたスポーツである。願わくば、釜山市民の健康と娯楽のために、あるいは社交、商談の場として利用していただければ、この設立の目的は果たされたも同じである」と抱負を語っている。

なお、経営にあたっては、朴氏の旧友であり、東宮の元韓学同幹部（慶応出）だった敏腕事業家、鄭永相氏（東和産業社長）が共同であたっており、在日同胞の本国訪問の折は、ぜひ御立ち寄り下さるようにと、希望している。

女の韓国ひとりあるき

画・文…サトウ・サナエ　(13)

美容院で正装した韓国の花嫁

ソウルに着いて、四、五日たった頃、私は日本でも、あまり利用には行かなかった美容院へ行ってみたいという心境になった。

美容院

私は何度か行ったり来たりして美容院を捜したが、それらしいところは、ついにみつからなかった。日本でなら、外からでもドライヤーが並んでいるのが見えたり、看板が見えるのだが、ハングルが読めないので捜しようもない。知人のKさんにその言葉をすると、Kさんは、「美容院？　いくらでもありますよ」と言って教えてくれた。その美容院はいつも通っていた道のビルの二階にあった。

扉を開けると正面に何故だか、ショウケースがおいてあった。お客がなく、すぐにとりかかってもらうことが出来たのだが…じつは美容室の中央においてある見なれない器械に、恐怖を感じて、私は座ることも出来ないので、コテはイヤであり、…

セットよりすばらしいコテ

案適なヘアスタイルにほっと

…ロパンガスのボンベが裸のままデンとおいてあって、その上にコンロのようなものがおいてあり、あかあかと威勢よく燃えさかり、その中にはコテが二、三本近く突き立ててあるのだ。もしかしたら、そのカッカと焼けたコテで私の頭をセットするのではないかと……

読者の声

写真は韓国映画上映広告前で学生たちの記念撮影

"真の韓国を理解した"

映画「鴨緑江七百里」を見て

さる、十一月三、四日、国立埼玉大学（埼玉県浦和市下大久保）の文化祭に私たち韓国語を学ぶ会と、浦和の主婦の会主催で「鴨緑江七百里」の映画と、…先生の講演の会を催しました。

埼玉県下の在日大韓婦人会のお母さまたちのご協力を頂いて、…したのに、百四十人の参加を得て日本の国立大学の文化祭で初めて、韓国をとりあげることができました。

はるかな故国の、生の風物がうつる映画とトーキーの韓国語に、年老いた韓国人の方たちは涙を流していました。

私たちは、同情の違い、風土の違い、そして知らない人情をこうした映画から知りました。こんなに喜んで戴ける在日韓国の多くの方たちを前にして機会あるごとにこうした催しを取り組んでいきたいと、在日大韓婦人会のお母さんがたとも語り合いました。

大学内に作られたモギ店のおでん屋や、スナック、喫茶店でチョゴリ・チマのお母さんたちは、楽しくゴーゴーを踊ったりお茶席の招待を受けたりして、とても楽しい二日間でした。

民団側からも「今後はもっと前から相談して下さい御協力しますよ」といわれました。今年はテストケースでしたが、来年の文化祭は今年の経験を貴重なものとして、よりよいものを創りあげていきたいと思います。

（三原　令＝浦和主婦の会会長）

TVふえ乗用車減る

年間出荷実績

国税庁が調べた過去一年間の主要工業品の出庫実績をみるとテレビが前年より五〇・九％ふえたのに乗用車は三三・一％も減っている。

ヒルトン・ホテル建設

米ビジネス・ウイーク誌は韓国にヒルトン・ホテルとホリデイ・イン（モーテル・チエイン）を建設する話合いが進んでいると報道した。このほかにもフォード自動車が九百万ドルの合作投資、フランスのペシニーがアルミプラント建設計画をそれぞれ進めている。

新羅金冠、慶州で発見
三国時代初期の国宝級
埋蔵文化財まだありそう

わが国の三国時代、新羅のかなり旧い様式と推定される金冠をはじめとし、七種類、六百五十七点におよぶおびただしい遺物が、最い古墳が多数散在しているものと見られ、埋蔵文化財がまだあるようすだとの見方から、来春には解氷を待って崔さん宅を中心として大々的な発掘作業を行なう予定である。

居昌古墳の彩色壁画
高麗時代の「舞踊図」

書評
戦争と愛の葛藤
妖しい「静かな迫力」
姜龍郷 著「火 印」

○語文社発行、一九七二年刊、二六三ページ、ハングル版、定価九百ウオン。

後進国の経済開発と日本の経済協力

アジア諸国と日本の経済協力

軍国主義から平和主義へ

新太平洋時代の日本の役割
ドナルド・C・ヘルマン　ワシントン大学教授

今日の日本をどう見るか
過去の日本とどう違うか
日本問題国際学術会議

洪吉童傳（三）
許筠著
訳・編　洪相圭

한국신문 (전8권)

재일본대한민국거류민단중앙기관지 (영인본)

지은이: 편집부
발행인: 윤영수
발행처: 한국학자료원
서울시 구로구 개봉본동 170-30
전화: 02-3159-8050 팩스: 02-3159-8051
문의: 010-4799-9729
등록번호: 제312-1999-074호
ISBN: 979-11-6887-162-5

잘못된 책은 교환해 드립니다.

정가 920,000원